Contratos de Adesão e Cláusulas Contratuais Gerais

Contratos de Adesão e Cláusulas Contratuais Gerais

2021 · 2ª Edição

Ana Prata

ALMEDINA

CONTRATOS DE ADESÃO E CLÁUSULAS CONTRATUAIS GERAIS

AUTORA
Ana Prata

EDITOR
EDIÇÕES ALMEDINA, S.A.
Rua Fernandes Tomás, nºs 76-80
3000-167 Coimbra
Tel.: 239 851 904 · Fax: 239 851 901
www.almedina.net · editora@almedina.net

DESIGN DE CAPA
FBA.

PRÉ-IMPRESSÃO
EDIÇÕES ALMEDINA, SA

IMPRESSÃO E ACABAMENTO

Janeiro, 2021

DEPÓSITO LEGAL

ALMEDINA | GRUPOALMEDINA

BIBLIOTECA NACIONAL DE PORTUGAL – CATALOGAÇÃO NA PUBLICAÇÃO
PORTUGAL. Leis, decretos, etc.
CONTRATOS DE ADESÃO E CLÁUSULAS
CONTRATUAIS GERAIS [anot.]
Ana Prata. – 2ª ed. – (Legislção anotada)
ISBN 978-972-40-8532-6
I – PRATA, Ana, 1949-
CDU 347

INTRODUÇÃO

1. Este trabalho é uma anotação à lei que contém o regime dos contratos de adesão e das cláusulas contratuais gerais e não um estudo dessas realidades.

Este último projecto teria implicado a consulta de bibliografia que consciente, deliberadamente mesmo, não foi utilizada. Neste domínio, fiquei-me pela "prata da casa", o mesmo é dizer pelos livros e revistas das minhas estantes, a internet a que acedo no meu computador e, em alguns raros casos, por algum livro ou revista existentes na biblioteca da Faculdade de Direito da Universidade Nova de Lisboa.

Por outro lado, aquele outro propósito suporia, do ponto de vista substancial, a consideração, entre outros, do problema, hoje aparentemente esquecido, da natureza das cláusulas contratuais gerais: realidade normativa ou mera forma de contratação susceptível de se reconduzir aos quadros do direito dos contratos, com algumas especialidades. Quando me refiro à normatividade das cláusulas contratuais gerais, não utilizo o termo em sentido estritamente jurídico[1]. É, aliás, o questionamento

[1] Não considero, por isso, que tenha cabimento a discussão acerca das fontes de direito e dos órgãos legitimados constitucionalmente para produzir o direito legislado, nem, do mesmo passo, me impressionam as considerações feitas por alguns autores (v., por todos, Mario Marsili, «Le condizioni generali di contratto", *in Nuova Rivista di Diritto Commerciale, Diritto dell'Economia, Diritto Sociale*, Vol. quarto (1951), p. 125; Oberdan Tommaso Scozzafava, "La «natura» dei contratti standard: un problema di metodo", *in Rivista Trimestrale di Diritto e Procedura Civile*, Anno XXXIII, n.º 3, Setembro 1979, pp. 967-968; García-Amigo, *Condiciones generales de los contratos (Civiles y Mercantiles)*, 1969, pp. 47-48), acerca do acolhimento da teoria normativista no período do nacional-socialismo alemão ou do fascismo italiano. Por razão paralela, também não me impressiona a observação de

da colocação dos problemas levantados por esta realidade económica e social em termos jurídico-privados que deve fazer-se. O contrato, tal como concebido – e mantido – nos quadros do liberalismo oitocentista, produto da autonomia privada[2], é uma realidade conceitual que desde

que a concepção normativa das condições gerais de contratos tem o efeito contraproducente de legitimar o poder das empresas que as formulam ou utilizam, porque julgo que a consequência é exactamente a inversa (García-Amigo, *ibidem*, p. 965; Michael R. Will, "Le condizioni generali di contratto secondo la nuova giurisprudenza tedesca: la loro disciplina nei rapporti interni e internazionali", *in Rivista del Diritto Commerciale*, Anno LXXVII (1979), p. 84).

Para o salientar da importância desta normatividade, v. Mário Reis Marques, *Introdução ao Direito I, Programa, conteúdos e métodos de ensino*, 2009, pp. 52 e 53, onde se lê: que "o direito estadual vê-se confrontado com um direito alternativo [...]", ganhando este fenómeno "uma visibilidade especial no domínio das actividades económicas", que se "libertam do respaldo estadual [...] para criarem os seus próprios mecanismos disciplinares", e: "nesta auto-regulamentação ganha especial acuidade o contrato. A uniformização de modelos contratuais, imposta pelos consultores das associações empresariais e pelos escritórios de advocacia das multinacionais, dá *corpus* a um direito de pendor transnacional produzido pelos privados. É, pois, através destes contratos [...] que nos mercados internacionais se padronizam as práticas comerciais e se contornam os particularismos jurídicos nacionais". E, adiante (pp. 84-85): "[...] as condições gerais dos contratos apresentam as mesmas características da lei (generalidade, abstracção, uniformidade) e são utilizadas pelas grandes empresas transnacionais como alternativa aos sistemas normalizados de cada país. [...] estas empresas agem como verdadeiros corpos intermédios entre o Estado e os cidadãos, vinculando estes a modelos contratuais uniformes" (v. também pp. 66-67).

[2] Como acentua Vittorio Simoncelli Scialoja, "Il c. d. contratto per adesione e gli art. 1341 e 1342 cod. civile, *in Il Foro Italiano*, Vol. LXXII, Anno 1949, pp. 33 e 34, "se aquelas características genéticas" dos contratos de adesão "não podem considerar-se como elementos de diferenciação jurídica da proposta ou da aceitação, estas nunca poderão reputar-se qualificativas de uma estrutura contratual", o que "comporta necessariamente a impossibilidade de considerar qualificada por características jurídicas diferenciais a estrutura de um contrato, só porque o seu conteúdo e a sua declaração resultam unilateral e integralmente predispostas através de uma proposta rígida, sendo indiferente, quanto à sua estrutura, a medida em que exista o consenso [...]". Da continuação do texto resulta claro que esta não constitui uma reflexão crítica do autor, mas uma sua tomada de posição (v. também pp. 35 a 38).

Também Vittorio Salandra, "I contratti di adesione", *in Rivista del Diritto Commerciale* (1928), pp. 507-508, entende que os contratos concluídos com base em cláusulas contratuais gerais constituem "uma livre manifestação da vontade de quem consente em

há muito não tem qualquer correspondência com a realidade do mercado[3]. E a intervenção estadual, isto é, legal, no seu domínio, vista como forma excepcional[4] de restringir os abusos de poder negocial de sujeitos jurídicos – iguais a todos os outros, designadamente aos singulares e não operadores económicos[5] – que, por motivos pouco claros, estão em condições (preferentemente tidas como acidentais) de os realizarem, não é senão uma reafirmação da legitimidade do poder empresarial perante os

concluí-los", apenas admitindo que essa liberdade está ausente nos casos em que ambas as partes ou uma delas se obrigaram previamente a adoptar o seu conteúdo ou em que a lei o tenha imposto; nestas hipóteses, trata-se de "categorias especiais" de contratos que designa como "contratos de adesão com conteúdo obrigatório [obbligato]".

[3] Como observa Guido Alpa, *Tutela del consumatore e controlli sull'impresa*, p. 11, "o esquema normativo que até agora regula a passagem da mercadoria nas várias fases do processo produtivo e distributivo, até ao consumidor, é o da *compra e venda*, codificado nos diversos códigos civis, e que [...] contém grande parte das normas que vêm "indirectamente do *Code Napoléon* que remonta a 1804".

[4] Como eu escrevia há muitos anos, em *Das limitações à autonomia privada e da funcionalização do contrato de arrendamento*, Relatório apresentado no curso de pós-graduação em Ciências Jurídicas na Faculdade de Direito de Lisboa, 1978, "a dificuldade em assumir a desconformidade do modelo com a realidade traduz-se na convicção de que todos os desvios àquele são recondutíveis a perturbações de natureza anormal, excepcional e tendencialmente transitória, de forma que a disciplina por eles imposta há-de ser vertida em normas que se defende serem de natureza ora especial ora excepcional, sendo, em consequência, aquelas a estender com máxima cautela e estas insusceptíveis de aplicação analógica". Aliás, como adiante também dizia: "Toda esta intervenção que, no seu conjunto, representa uma importante evolução das concepções jurídicas liberais e individualistas, se apresenta, no entanto, com um carácter fragmentário, pontual, transitório, excepcional – são, repita-se, a explicitação de actuações de recurso, vocacionadas a *reinstaurar* o equilíbrio perdido, a *repor* a igualdade destruída, a *corrigir* os desvios verificados, mas não traduzem o pôr em causa do modelo, o reconhecimento da necessária alteração dele".

[5] A este propósito, escreve Gustavo Tepedino, "Direitos Humanos e Relações Jurídicas Privadas", *in Temas de Direito Civil*, p. 83: "Aponte-se [...], no plano do direito privado, permeado pela mesma lógica de mercado, uma perigosa e equívoca tendência a reduzir a pessoa humana – e portanto a sua tutela – a simples sujeito de direito, através de expediente técnico que, em verdade, desconsidera a diversidade axiológica [...] entre a pessoa humana e a empresa privada".

sujeitos singulares, *maxime* consumidores[6][7][8]. Esta manutenção dos quadros jurídicos liberais tem efeitos consolidadores do poder empresarial nas sociedades desenvolvidas, tanto mais que a construção da personalidade colectiva e a sua transposição para o domínio societário comercial, com a ficção da igualdade de todos os sujeitos – singulares ou colectivos –, teve, e tem, a consequência não inocente de colocar em posição de paridade nominal os parceiros contratuais em contratos que com aqueles quadros – concebidos para relações entre sujeitos individuais e tenden-

[6] O que não põe em causa que se aceitem com aplauso as intervenções legislativas que considerem que a questão do controlo das cláusulas contratuais gerais "coloca exigências próprias que reclamam uma forma (de controlo) diversa da que se exerce sobre (o conteúdo do) contrato individual cuja predisposição e adopção seja imputável, pelo menos formalmente, a ambas as partes" – Adolfo di Majo, "Il controllo giudiziale delle condizioni generali di contratto", pp. 193-194.

Explicando que a colocação do problema na perspectiva do contraente débil se deve sobretudo às jurisprudência e doutrina alemãs, Pietro Barcellona, "Condizioni generali di contratto e tutela del contraente debole", *in Condizioni Generali di Contratti e Tutela del Contraente Debole*, Atti della Tavola Rotonda tenuta presso l'Istituto di Diritto Privato dell'Università di Catania, 17-18 Maggio 1969, p. 109, afirma que "não é, contudo, claro se, para além de tal razão contingente, continuam a existir motivos de ordem técnica para uma consideração unitária das várias questões".

[7] Como escreve Adolfo di Majo, "Il controllo giudiziale delle condizioni generali di contratto", in Rivista del Diritto Commerciale, Anno LXIII(1970), Parte prima", cit., p. 196, "vem-se assim a concretizar uma espécie de «direito comum de empresa», que se qualifica e impõe pela sua destacada adesão «ao real», de tal forma que essa normativa se destina a sobrepor-se à normativa legal, pela sua natureza geral e abstracta. A exigência do controlo é pedida por este estado de coisas: já que é de qualquer maneira inegável que com o *poder normativo da empresa* se persegue por um lado a finalidade de racionalizar as formas de desenvolvimento da iniciativa económica, ele tende por outro lado a reforçar e consolidar esta última na sua estrutura de *poder económico*. É a prossecução desta segunda finalidade que pode revelar tendências distorcedoras com o risco de custos sociais que viriam a impender sobre aqueles que gozam dos bens ou serviços que a empresa lhes oferece".

[8] Para uma análise tendente a, reconhecendo a normatividade das cláusulas contratuais gerais, introduzir-lhes restrições, isto é, a enunciar critérios de "validade de enunciados normativos", Nicolò Lipari, "Condizioni generali di contratto e principio d'effettività, *in Condizioni Generali...*, Atti della Tavola Rotonda..., cit., *passim*, em especial pp. 42 a 44.

cialmente iguais – não têm nem sequer aproximada relação[9] [10] [11]. Dito por outras palavras, um estudo desta temática nunca poderia prescindir da indagação da realidade económica em que ela se inscreve e nunca pode-

[9] Como no meu antigo estudo já citado escrevia: O raciocínio de que a autonomia privada constitui uma manifestação dos direitos de personalidade é falso, o que resulta "do facto de não poder hoje afirmar-se que exista uma relação entre o homem e a sua autonomia privada. Isto é, a autonomia privada é a do sujeito jurídico económico e este não é confundível com a pessoa física nem com as pessoas físicas que o conceito de pessoa colectiva pode envolver. Quando se pensa no ordenamento económico de uma sociedade capitalista moderna, não pode afirmar-se que a esfera que nele é reconhecida à eficácia da vontade privada se reconduza ao poder que aos cidadãos é reconhecido de se autodeterminarem nos vários campos da sua actividade e, portanto, também na sua actividade económica".

[10] E não se trata da questão – que no texto também surge várias vezes colocada – de saber se a disparidade de poder negocial justifica a intervenção judicial dirigida a corrigir as injustiças do regulamento contratual. Nem a formulação de Andrea Zoppini, *Il contratto asimmetrico tra parte generale, contratti di impresa e disciplina della concorrenza, in* http://judicium.it/news/ins_05_03_08/zoppini%20nuovi%20saggi.pdf, se encontra mais próxima da problemática que deveria ser tratada. Diz este autor: "A questão [...] é a de saber se a assimetria no poder contratual das partes define hoje uma nova categoria conceitual e dogmática, idónea a colocar-se como centro na aplicação e selecção de uma disciplina específica. Constitui um segmento lógico essencial desta investigação a interrogação sobre se se pode sistematicamente ordenar as múltiplas normas destinadas a dar remédio à disparidade estrutural na relação contratual [...]. Quem adopta uma resposta afirmativa retira-a de que a assimetria existente entre as partes – informativa, económica, relacional – pode justificar a intervenção do juiz no equilíbrio normativo e económico do contrato: é, portanto, a disparidade de força contratual antecedente que autoriza o juiz a reformular um programa contratual se bem que expressamente querido e negociado pelos privados".

[11] Não ignoro – talvez uma razão mais para a questão constituir objecto de detida análise expressa – que, há mais de um século, Menger, *Il diritto civile ed il proletariato, apud* O. Tommaso Scozzafava, cit., p. 964, escrevia que "o direito das obrigações «regula aqueles contratos mediante os quais as classes possuidoras de bens (*benestanti*) retiram das classes pobres um rendimento sem trabalhar 'fingindo' que os ricos e os pobres se encontram face a face com direitos iguais»". Não é certo que este entendimento justifique consideração particular no quadro económico em que se colocam os contratos concluídos com base em cláusulas contratuais gerais, pois ele refere-se ao contrato de trabalho, que, como se verá, foi aquele em que mais cedo foi apercebida a diferença qualitativa das partes e das respectivas vontades contratuais.

ria tomar esta como "um elemento meta-jurídico"[12] indiferente para o Direito[13][14].

Outra questão nuclear que um estudo dos contratos de adesão e dos concluídos com base em cláusulas contratuais gerais teria forçosamente de colocar e discutir é a da consideração do direito dispositivo geral como matriz[15] [16] da regulação justa ou equilibrada dos contratos, sendo por

[12] Vittorio Simoncelli Scialoja, cit., p. 34; O. Tommaso Scozzafava, cit., pp. 966 e 969.

[13] Como há mais de quarenta anos escrevia Pierre Pécastaing, "La conclusion du contrat de consommation", *in Le Contrat de Consommation. Contribution à l'étude de la condition juridique du consommateur*, p. 18 – inspirando-se aliás no pensamento de L. Josserand –, "o contrato tornou-se a expressão, por excelência, de uma política económica e social afirmada pelos Poderes Públicos ou pelos organismos profissionais".

[14] Como acentua Guido Alpa, *Tutela del consumatore..., passim*, em especial pp. 9, 10-11, 36, 39, 89 e ss., 98 e ss., 110 e ss., 118 e ss. e 123 e ss., é "indissolúvel" o "vínculo que liga o momento da produção ao momento do consumo", pelo que "um plano de providências orgânicas a favor do consumidor não pode deixar de compreender – e de ter como fim imediato – o controlo das actividades que são dirigidas ao consumidor".

Verónica M. L Glibota Landriel, «Condiciones generales de la contratación", Comunicaciones Científicas y Tecnológicas, Universidade Nacional del Nordeste, Departamento de Derecho, Argentina, 2003, *in* http://www.estig.ipbeja.pt/~acdirito/Glibota.pdf, defende que a eficácia das condições gerais não "postula consentimento por parte do aderente, mas apenas autorização".

[15] Tal núcleo normativo funcionaria como uma espécie de direito básico ou constitucional, face ao qual se apreciariam não apenas as cláusulas contratuais, mas também as próprias regras de protecção dos aderentes, para já não falar do papel central que ele revestiria em sede de valoração de estipulações à luz da boa fé.

A questão foi colocada por Ludwig Raiser na sua obra *Das Recht der allgemeinen Geschäftsbedingungen* de 1935, em que o autor distinguia, dentro do direito dispositivo, normas com diferentes conteúdos ou gradações de "justiça", entendendo que apenas quanto àquelas que são inspiradas por critérios de justiça distributiva se justificaria impedir o afastamento reiterado.

Para uma análise do problema – na versão do questionamento sobre se a sistemática derrogação das normas dispositivas constitui uma violação da ordem pública –, Giovanni B. Ferri, "Condizioni generali di contratto, diritto dispositivo e ordine pubblico, *in Condizioni Generali...*, Atti..., cit., pp. 61 a 64, concluindo pela negativa.

Também Adolfo di Majo, "Condizioni generali di contratto e diritto dispositivo", *in Condizioni Generali...*, Atti..., cit., pp. 73 a 75 e 76 a 78, procede a uma análise da questão, pondo em evidência a importância da boa fé na apreciação da admissibilidade de derrogação sistemática do direito dispositivo.

[16] Para ilustrar este ponto de vista, v., por todos, Anteo Genovese, "Osservazioni «de

referência a ele que deverão ser avaliadas as cláusulas incluídas em tais contratos. Este entendimento, adoptado por grande parte das doutrinas, está longe de ser inquestionável, pelo que a sua abordagem é elemento incontornável de um estudo daquela natureza.

Estas questões não são tratadas senão incidental e apressadamente, quando indispensável, partindo o texto da aceitação, como boa, da decisão legal de configurar tais cláusulas contratuais gerais, quando aceites, como contratos, embora com especialidades de regime – o que, em si, não os afasta do de outras figuras contratuais para que também há regimes algo especiais –, decisão expressa nomeadamente no art. 4.º do diploma que agora se anota.

Sendo o contrato um dos instrumentos jurídicos privilegiados da produção e da troca, não é possível, num estudo que tenha por objecto os que são concluídos com base em cláusulas contratuais gerais, ignorar a realidade económica a que (cor)respondem e a abissal diferença que intercede entre estes e o contrato concebido como negócio entre dois sujeitos, em regra pessoas singulares, que, em condições de paridade, definem o conteúdo normativo da regulação dos seus interesses[17][18]. É, contudo, isso que o texto que segue fará: salvo uma ou outra observa-

iure condendo» circa le condizioni generali del contratto", *in Studi in memoria di Tullio Ascarelli*, Vol. III, *passim*, em especial pp. 875, 876 e 878 a 880.

[17] Em livro em que o demonstra, Cosimo Marco Mazzoni, *Contratti di massa e controlli nel diritto privato*, *passim*. Para a análise de como o Direito, alheando-se da realidade económica, parificou os contratos "de massa" aos contratos clássicos, v., em especial, pp. 31 a 63.

É irrelevante para o problema que aqui se coloca a afirmação de Michael R. Will, cit., p. 87, de que, tendo a *AGB-G* consagrado no essencial as soluções que a jurisprudência tinha adoptado, "se torna claro [...] que o controlo do conteúdo das condições gerais de contrato não representa uma intervenção feita excepcionalmente no campo de uma liberdade contratual de outro modo intocável, mas constitui aplicação comum de um instituto jurídico".

[18] Como exemplo de recusa de "confusão" do "procedimento técnico da conclusão do contrato com os factores de ordem sociológica ou económica que estão na sua base", García-Amigo, cit., pp. 22-23 e *passim*; a p. 73, escreve o autor: "[...] a localização ôntica do fenómeno das condições gerais situa-se no marco da liberdade contratual, enquanto poder dos particulares de configurarem o conteúdo normativo do contrato" (v. também pp. 80 e ss).

ção, não se discutirá, repete-se, a recondução destes contratos ao modelo clássico, como a lei faz em toda a medida do possível.

Também quanto ao problema da consideração, como paradigma do justo e desejável, do conteúdo das normas supletivas do Código Civil, não se tomará posição, deixando-se citadas sem comentários as opiniões expressas nesse sentido pela doutrina utilizada, embora sempre diga que, como há muitos anos já pensava, "o sistema das normas supletivas nem sequer constitui um conjunto de soluções «melhores» de um ponto de vista social; a proposta de regulamento de interesses que a lei oferecia traduz a mera formalização das regras pelas quais os sujeitos privados pautavam a sua actividade negocial"[19].

2. É hoje[20] uma evidência a afirmação de que a maior parte das vezes os limites introduzidos pela lei à liberdade das partes resultaram de a

[19] Este é excerto de *Das limitações à autonomia...*, cit., que, aliás prosseguia: "Isto é, com o seu carácter não imperativo, a lei limita-se a recolher e a fornecer um quadro que é o da actividade negocial privada típica, um conjunto de fórmulas negociais mais frequentes, procurando assim, e apenas, facilitar aos sujeitos a formalização dos seus interesses de acordo com regimes que a prática negocial aprovou e adoptou".

[20] Quando, nos idos do princípio dos anos 80, escrevi e publiquei sobre este assunto (*A tutela constitucional da autonomia privada, passim* e, em especial, pp. 18 a 24, 35 e ss., 75 e ss., 91 a 98, 104 a 109 e 197 e ss.), defendendo este ponto de vista, a hostilidade, mascarada de indiferença, a esta (e outras) afirmação relevava de se tratar de um não--adquirido, se bem que o tema da protecção do contraente débil não fosse propriamente novo nas civilísticas europeias e, mesmo em Portugal, em que pelo menos Carlos Mota Pinto ("Contratos de adesão. Uma manifestação jurídica da moderna vida económica", *in Revista de Direito e de Estudos Sociais*, XX, 1973, pp. 199 e ss.) já dele tratara, ao tema tendo regressado em *Direito Civil*, segundo as lições do Prof. Doutor Mota Pinto, em 1979-1980, ao curso complementar da Faculdade de Direito da Universidade de Coimbra, pp. 5 a 71.

A. Menezes Cordeiro, *Tratado de Direito Civil Português I, Parte geral*, Tomo I, 2.ª ed., 2000, p. 425 e nota 939, indica referências às cláusulas contratuais gerais em textos doutrinários portugueses muito anteriores. Já Joaquim de Sousa Ribeiro, "O regime dos contratos de adesão: algumas questões decorrentes da transposição da directiva sobre as cláusulas abusivas", *in Direito dos Contratos. Estudos*, p. 182, explica o alheamento da jurisprudência e da lei destes temas pela ausência de enquadramento constitucional e pela demora na recolha de dados de outros ordenamentos.

Limitam-se as referências a fim de evitar o superlativo enfado da repetição, se bem que em formulações não exactamente coincidentes, das mesmas ideias.

ordem jurídica verificar a fantasia ou a falência dos pressupostos da concepção liberal oitocentista do princípio da autonomia privada; ou, numa versão menos radical (e também, por isso, menos rigorosa), de que os sujeitos não são livres e iguais na celebração dos contratos, isto é, foram consequência da constatação de haver frequentemente limites materiais à liberdade contratual, situações contratuais em que uma das partes não dispõe do mesmo poder negocial que a outra. Para usar as palavras de Ole Lando[21], falando do século XIX, "a autonomia das partes permitiu à parte mais forte obter vantagem à custa da mais fraca. A liberdade da vontade governou mesmo quando as partes não tinham exprimido a sua vontade". Ou, usando a formulação de Cláudia Lima Marques[22], "igualdade supõe uma comparação, um contexto, uma identificação no caso, como na relação entre o leigo e o profissional, o consumidor e o fornecedor de produtos e serviços. A igualdade só pode ser abordada sob o ponto de vista de uma comparação".

Constituir isto hoje uma banalidade continua a não obstar a que continuem a encontrar-se afirmações caracterizadamente liberais, como a de Marco Dias[23], segundo o qual a regra é a de que, tendo as partes poder negocial equivalente, "podem negociar as cláusulas do contrato, precavendo os seus interesses e, assim, assegurando o equilíbrio de interesses no contrato". Ora, no sistema económico em que vivemos, não é apenas uma questão de poder negocial a que prejudica a realização do ideal liberal; também a concentração e a concertação empresariais, isto é, a inexistência de soluções alternativas no mercado, ou a escassez – quando não a ausência – de informação acessível a todos, determina a imposição de regras clausulares por um dos contraentes ao outro[24].

[21] *Principles of European Contract Law*, *in* http://www.kclc.or.jp/english/sympo/EUDialogue/lando.htm, p. 1.

[22] "Introdução ao Direito do Consumidor", *in* Antonio Herman, V. Benjamim, Cláudia Lima Marques e Leonardo Roscoe Bessa, *Manual de Direito do Consumidor*, p. 33.

[23] "O critério da boa fé no D. L. n.º 446/85", *in Estudos de Direito do Consumidor*, n.º 6, 2006, p. 438, nota 2.

[24] Para uma muito interessante, embora sucinta, análise da evolução da concepção do contrato como produto do encontro de duas vontades a objecto decorrente de duas declarações. como consequência (a par de outras) da passagem de uma economia essencialmente agrária para uma economia industrial, v. Oberdan Tommaso Scozzafava, cit., pp. 969 a 973.

A constatação desta realidade, realizada num primeiro momento em tipos contratuais como o contrato de trabalho[25] [26] [27], veio, mais tarde, a incidir em situações paradigmáticas de desigualdade de poder negocial das partes, como a que foi, historicamente, identificada e designada por "contrato de adesão"[28].

3. Numa formulação banal, contrato de adesão pode caracterizar-se como aquele cujo conteúdo clausular é unilateral e rigidamente definido

[25] Talvez esteja neste facto histórico a origem da ideia, comum a muitos autores e não aderente à realidade, como se dirá na anotação ao artigo 20.°, de que a debilidade contratual de uma das partes resulta da sua condição económica inferior; v., em ilustração deste raciocínio, Anderson Schreiber, "A tríplice transformação do adimplemento. Adimplemento substancial, inadimplemento antecipado e outras figuras", *in Revista Trimestral de Direito Civil*, Ano 8, Vol. 32, Out/Dez 2007, pp. 4-5.

[26] Há autores, como, p. ex., Eliseu Jusefovicz, *Contratos: proteção contra cláusulas abusivas*, p. 45, que afirma ter sido "no âmbito interno da empresa, para uniformizar a contratação dos trabalhadores" que os contratos *standard* começaram a ser utilizados, só depois se tendo expandido "paulatinamente" "para a distribuição de bens e serviços aos consumidores", tendo a vir, já na actualidade, a ser usados "na contratação entre empresas e fornecedores não empresários, bem como em relações interempresariais".

Embora pareça uma evidência ter-se tratado do primeiro campo em que sistematicamente se celebraram contratos de adesão (e, até, muitas vezes, com base em cláusulas contratuais gerais), além do autor citado, só em Renato Scognamiglio, "Le contrôle judiciaire des conditions générales", *in Les Conditions Générales du Contrat*, Actes du 8e Colloque de Droit Européen, Strasbourg, texto policopiado, 1979, p. 61, encontrei referências às relações contratuais de trabalho como paradigma inicial das chamadas condições gerais de contratação que justificaram a intervenção legislativa para reprimir os abusos clausulares dos empregadores. Creio que se supôs tratar-se de uma área muito específica – e é-o, na verdade, como o demonstra o surgimento e desenvolvimento do Direito do Trabalho –, não sendo muitos problemas aí sentidos extensíveis a outros domínios.

[27] Encontra-se quem assinale que a preocupação com a ligeireza ou precipitação dos sujeitos que manifestam o seu consentimento "surge em primeiro lugar no domínio extrapatrimonial", dando como exemplos o consentimento para a adopção ou a interrupção voluntária da gravidez, mas trata-se claramente de afirmações proferidas no contexto da necessidade de reflexão dos sujeitos que emitem declarações negociais em geral e não, como o título do estudo sugere, de problema especificamente ligado às declarações contratuais das partes; v. Didier Ferrier, "Les dispositions d'ordre public visant à préserver la réflexion des contractants", *in Recueii Dalloz Sirey*, 24.° cahier, 18 de Junho de 1980, p. 177.

[28] No sentido restrito que se caracteriza de seguida.

por um dos contraentes que o apresenta à contraparte, não podendo esta discutir qualquer das suas cláusulas: ou aceita em bloco a proposta contratual que lhe é feita, ou a rejeita e prescinde da celebração do contrato[29] [30] [31] [32] [33].

[29] Discordo – se é que o entendo – de Carlos Ferreira de Almeida, *Contratos I*, 4ª. ed., p. 195, quando este diz que, "se um contrato é individualizado, a elaboração prévia das cláusulas não pode significar que tal anteceda o início do processo de formação do contrato, porque qualquer projecto contratual comunicado à eventual contraparte integra já esse processo". Mais compreensível, em relação ao que ficou citado, é o que de seguida escreve: "Também não pode significar que a elaboração das cláusulas seja prévia em relação à conclusão do contrato, porque, sendo essa prioridade temporal inevitável, não tem aptidão para ser arvorada em elemento distintivo. Assim, e considerando que está fundamentalmente em causa a inexistência de negociação, *elaboração prévia* tem de significar elaboração inicial, única e completa das cláusulas contratuais por uma das partes, isto é, comunicação por um dos eventuais contraentes ao outro, logo no início do processo de formação do contrato, de um projecto completo de clausulado contratual, de tal modo que se compreenda não ficar para o destinatário outra alternativa [*sic*] além da adesão, no essencial, a esse projecto ou da sua recusa em globo".

Tem razão o autor, *ibidem*, p. 196, ao dizer que "a predisposição unilateral de cláusulas pode ser [...] também veiculada em convite a contratar a cujos termos o destinatário adira, adicionando tanto quanto seja necessário para que a sua redacção assuma a natureza de proposta (v.g., identificação da obra, em contrato de empreitada [...])".

Sousa Ribeiro, "O regime dos contratos...", cit., p. 182, sem caracterizar o contrato de adesão, afirma que ele se define "pelo modo de formação do consenso e não por um particular objecto negocial, de âmbito limitado, [...] [atravessando] horizontalmente toda a vasta área contratual da circulação de bens e da prestação de serviços, constituindo, em sectores relevantes (bancário, de seguros, de fornecimento de bens duradouros, etc.) a forma largamente dominante, quase exclusiva, de contratação". Porém, encontrando-se o texto citado a propósito da caracterização do objecto do Dec.-Lei n.º 446/85 na sua versão primitiva, é de duvidar que o autor não utilize a designação para significar as cláusulas contratuais gerais, dúvida que outro trecho do mesmo estudo (em especial, pp. 186 a 189) dissipa; o autor precisa que "a preformulação só é factor de aplicação do regime especial de tutela quando afaste a possibilidade de participação da contraparte na modelação do contrato: Mas os dois dados têm de vir interligados por um nexo causal, só relevando a impossibilidade de influência que resulte da prefixação rígida do conteúdo". O mesmo autor, *Cláusulas contratuais gerais e o paradigma do contrato*, Separata do volume XXXV do *Suplemento* ao *Boletim da Faculdade de Direito de Coimbra*, pp. 131 a 136, depois de assinalar que as expressões "contrato de adesão" e "cláusulas contratuais gerais" "são normalmente consideradas fungíveis entre si", escreve que a expressão "contrato de adesão" deixa "inteiramente na sombra a fase prévia, indispensável para explicar a forma de consentimento, e para individualizar esta técnica em face de outros modos de contratação", ocultando "a aplicação generalizada de cláusulas formuladas em abstracto a uma série de contratos do mesmo tipo", e conclui que "«contratos de adesão» é um conceito mais amplo, pois nem todos os contratos celebrados por adesão têm na sua base [...] c.c.g.". O facto, também invocado pelo autor, de as cláusulas contratuais gerais poderem circunscrever-se a uma só cláusula – não podendo, segundo as suas palavras, "considerar-se apropriado designar esses negócios, *in toto*, por contratos de adesão" – não impressiona, pois pode haver cláusulas de adesão em contratos negociados na parte restante. Aliás, como o próprio reconhece (p. 171), também a locução cláusulas contratuais gerais, sendo plural, não impede que haja "uma única disposição prefixada, contida num contrato individualmente negociado".

[30] Neste sentido, v., p. ex., Yara Miranda, "As cláusulas contratuais abusivas em matéria de relações de consumo", *in Direito Privado e Direito Comunitário. Alguns ensaios*, Faculdade de Direito da Universidade Nova de Lisboa, pp. 656 e 668-669; a autora aprecia a nomenclatura utilizada pela directiva, que é flutuante, concluindo que "têm razão [...] aqueles que defendem a conveniência em evitar o referente «contratos de adesão»".

[31] O art. 54.º do Código de Defesa do Consumidor brasileiro caracteriza o contrato de adesão como "aquele cujas cláusulas tenham sido aprovadas pela autoridade competente ou estabelecidas unilateralmente pelo fornecedor de produtos ou serviços, sem que o consumidor possa discutir ou modificar o seu conteúdo". É curioso que se equipare ao conteúdo fixado por um dos contraentes o que for aprovado pela "autoridade competente", privilegiando o aspecto da inalterabilidade por uma das partes. O art. 1379.º do Código Civil do Quebec tem a seguinte noção: "O contrato é de adesão quando as estipulações essenciais que comporta foram impostas por uma das partes ou redigidas por ela, por sua conta ou segundo as suas instruções, e não tenham podido ser livremente discutidas".

Já no direito italiano, dadas as regras nele vigentes, se encontra o contrato de adesão caracterizado como aquele "em que há um *contraente forte* que impõe um certo regulamento contratual, rígido e uniforme e um *contraente débil*, que se encontra perante a alternativa de aceitar, sem possibilidade de modificar o conteúdo da convenção" – Ernesto Cesàro (a cura di), *Le condizioni generali di contratto nella giurisprudenza*, Vol. I, pp. 1 e 23.

[32] Jacques Ghestin, *Traité de Droit Civil. La Formation du Contrat*, pp. 76-77, depois de referir autores que sustentam que o contrato de adesão não é susceptível de definição, acaba por formular uma noção semelhante.

[33] Menezes Cordeiro, "Da natureza civil do direito do consumo", *in Estudos em Memória do Professor Doutor António Marques dos Santos*, Vol. I, p. 691, refere a categoria dos "contratos pré-formulados", "também ditos contratos rígidos", que se distinguem das cláusulas contratuais gerais, "seja por se introduzirem, no texto, modificações personalizadas seja, mais simplesmente, por não se demonstrar uma disponibilidade para celebrar, na sua base, uma multiplicidade de negócios". Embora a designação seja diversa, parece

Se começarmos pelo princípio, não é, contudo, esta a primeira definição que nos surge: Raymond Salleilles[34] caracterizava os contratos de adesão como aqueles "em que há predomínio exclusivo de uma só vontade que, actuando como vontade unilateral, dita a sua lei, já não a um indivíduo, mas a uma colectividade indeterminada [...]". Desta noção transparece de imediato a ideia de que, para o autor, contratos de adesão são caracterizados por um elemento adicional ao da ausência de negociação do conteúdo, já que no conceito reentra a pluralidade de destinatários do modelo contratual unilateralmente elaborado e indiscutido, bem como a sua imposição a estes.

As confusões não fizeram mais do que multiplicar-se com a discussão, levada a cabo sobretudo em França, acerca da mais apropriada designação: se contrato *de* adesão, se contrato *por* adesão[35].

Admitindo a noção de contrato de adesão que ficou enunciada, neste, uma das partes, se quer contratar, vê eliminada a sua liberdade de estipulação; quanto à liberdade de celebração, não pode afirmar-se, em abstracto, que a mantém ou vê suprimida, tudo dependendo do sector de mercado, da conjuntura deste e das circunstâncias em que aquele que quer contratar se encontre[36]. Não subscrevo, por isso, integralmente a afirmação de alguns autores, segundo os quais, salvo se se estiver numa situação de

haver, senão sinonímia, pelo menos grande proximidade desta categoria dos contratos de adesão; porém, mais adiante (p. 692), o autor parece contrapor os contratos pré-formulados aos contratos "por adesão". Já José Manuel Sérvulo Correia, *Legalidade e autonomia contratual nos contratos administrativos*, p. 462, caracteriza o contrato de adesão pelo carácter *standard*, apto para utilização num número indefinido de contratos singulares. Não distingue, pois, entre contratos de adesão singulares e cláusulas contratuais gerais, escrevendo mesmo que "o que caracteriza um contrato como *contrato de adesão* é precisamente a circunstância de ser formado por *cláusulas contratuais gerais*".

[34] *De la déclaration de volonté. Contribution à l'étude de l'acte juridique dans le Code Civil allemand*, pp. 227-228.

[35] V., p. ex., Georges Dereux, «De la nature juridique des «contrats d'adhésion»», *in Revue Trimestrielle de Droit Civil*, Ano IX (1910), p. 304.

[36] Antunes Varela, *Das Obrigações em geral*, Vol. I, 10.ª ed. p. 252, escreve que "ao outro contraente fica apenas, na prática, a liberdade (tantas vezes bastante precária) de aceitar ou não o contrato [...]".

Menezes Cordeiro, *Tratado...*, cit., p. 432, escreve que "o recurso a cláusulas contratuais gerais não deve fazer esquecer que elas questionam, na prática, apenas a liberdade de estipulação e não a liberdade de celebração". Não desconhecendo – como o autor

monopólio, a liberdade de celebração do aderente se conserva indemne. Excepto se em situação de monopólio se considerarem compreendidos os casos em que o predisponente[37] não é o único a operar no mercado, antes havendo uma pluralidade de operadores económicos[38], mas o interessado no contrato não dispuser, por razões que podem ser muito diversas, de possibilidade de encontrar alternativa contratual. Isto é, se a noção de monopólio não for de natureza estritamente económica, antes disser respeito à concreta situação em que as partes no contrato se encontram, de tal forma que se qualifique como de monopólio a situação do comerciante – para usar um exemplo especialmente claro, farmacêutico – que é o único a poder fornecer, em tempo útil, o bem de que a contraparte carece, então estarei de acordo com os mencionados autores[39] [40] [41].

demonstra exuberantemente – o tipo de contratos que se concluem na base destes modelos contratuais, a afirmação é ligeira.

[37] Se bem que não haja identidade necessária entre predisponente e utilizador das cláusulas contratuais gerais, neste texto utilizar-se-ão os dois termos em sinonímia.

[38] E uma pluralidade não concertada nos termos dos contratos oferecidos no mercado.

[39] Carvalho Fernandes, *Teoria Geral do Direito Civil*, Vol. II, 2.ª ed., pp. 219 e 226, anota que, "em múltiplos casos, a liberdade de celebração só se mantém em teoria: por certo ninguém é obrigado a consumir água ou energia eléctrica, a utilizar transportes colectivos ou a adquirir um veículo automóvel. As exigências da vida social, no primeiro caso, os condicionalismos da sua organização, no segundo, ou do exercício adequado de algumas actividades, no terceiro, tornam irreal a possibilidade de opção".

E, se do contrato de adesão individual se passar para os contratos *standard*, tem razão Leone Niglia, *The Transformation of Contract in Europe*, p. 33, quando escreve que estes não constituem o resultado de poder monopolista (ou até oligopolista), "mas têm de ser vistos como intimamente ligados à específica forma organizatória dentro da qual a produção e a distribuição em massa têm tipicamente lugar na nossa sociedade".

[40] Adolfo di Majo, "Il controllo...", cit., p. 217, prefere às categorias de monopólio de direito (ou de facto) e de abuso de posição dominante a utilização da noção de "prevaricação de tipo intelectual-psicológica" que a empresa exerce sobre o contraente débil, por considerar que as primeiras são de contornos incertos, o que pode redundar em prejuízo deste último contraente.

[41] Em coerência com a linha de pensamento que defende, García-Amigo, cit., pp. 80 a 96, desvaloriza todos os aspectos de supressão ou limitação do poder negocial do aderente, dizendo, quando se trata de contratos concluídos com sujeitos que se encontram em situação de monopólio: "de facto a arbitrariedade do monopolista pode ter lugar; mas não é menos certo que a arbitrariedade pode dar-se tanto nos contratos celebrados

Como escreve o insuspeito José de Oliveira Ascensão[42], ao aderente não resta, frequentemente, sequer a "liberdade económica" de decidir contratar, dada a necessidade que tem de o fazer[43] [44] [45] [46] [47]. O preâmbulo do Dec.-Lei n.º 446/85, de 25 de Outubro, na sua versão originária, quase

com base em condições gerais como em qualquer outro; o poder contratual de monopólio produz as mesmas consequências se o exerço face a um só parceiro – impondo-lhe umas condições contratuais leoninas, formuladas apenas para aquele contrato – como se o actuo face a toda a minha clientela [...]". A conclusão geral do autor é, pois, a de que os contratos concluídos com base em cláusulas contratuais gerais "não constituem uma categoria *a se* que requeira uma disciplina distinta da dos demais contratos. Tais características são meta-jurídicas, pré-contratuais ou meramente sociológicas; e as que poderiam ter relevância jurídica não são exclusivas deste pretenso tipo de contratos, antes são ou podem ser comuns a qualquer negócio contratual".

[42] "Cláusulas contratuais gerais, cláusulas abusivas e boa fé", *in Revista da Ordem dos Advogados*, Ano 60, II, Abril 2000, p. 587.

[43] Ou, em outro estudo – *Cláusulas contratuais gerais, cláusulas abusivas e o novo Código Civil, in* http://www.fd.ul.pt/Portals/0/Docs/Institutos/ICJ/LusCommune/AscensaoJoseOliveira6.pdf, p. 2: "De facto, não há para o aderente liberdade de criação de tipos negociais, nem liberdade de estipulação. Nem sequer há na maior parte dos casos liberdade económica de celebração, porque o aderente não pode prescindir de bens ou serviços essenciais".

[44] Neste sentido, p. ex., A. M. López y López, "El Contrato", *in Derecho de Obligaciones y Contratos*, coordenado por Mª. R. Valpuesta Fernandez, p. 333; também F. M. B. Reynolds, "La formulation des conditions générales et leur incorporation aux contrats", *in Les Conditions Générales du Contrat*, Actes du 8ᵉ Colloque..., p. 15; Cosimo Marco Mazzoni, cit., pp. 62-63; v. ainda Sousa Ribeiro, *Cláusulas contratuais gerais...*, cit., p. 138, nota 265.

[45] Não pretende afirmar-se que, em contratos de adesão, haja sempre uma necessidade primordial do aderente a satisfazer; não são dessa natureza as que muitos contratos de aquisição de bens e de serviços – de viagens turísticas, de espectáculos ou de restauração – se destinam a resolver.

[46] Se bem que, tanto quanto parece, por outros motivos – os da celeridade –, também Menezes Cordeiro, *Tratado...*, cit., p. 413, afirma que "os negócios formam-se e executam-se a um ritmo incompatível com um esquema negocial que faculte aos intervenientes um consciente exercício das suas liberdades de celebração e de estipulação". Porém, continuando (pp. 413-414), diz que "a liberdade de estipulação é posta em causa [...] [porque] as pessoas [...] se limitam a aceitar ou a recusar certos esquemas que lhes são propostos. [...] a própria liberdade de celebração é puramente teórica: as pessoas utilizam esquemas jurídicos de tipo negocial sem que, verdadeiramente, chegue a haver qualquer manifestação de vontade, mesmo que de mera aquiescência. [...] O particular modo de circulação jurídica que prescinde de uma efectiva liberdade de estipulação,

o reconhecia, quando nele se afirmava: "Motivos de celeridade e de precisão, a existência de monopólios, oligopólios e outras formas de concertação entre as empresas, aliados à mera impossibilidade, por parte de destinatários, de um conhecimento rigoroso de todas as implicações dos textos a que adiram, ou as hipóteses alternativas que tal adesão comporte, tornam viáveis situações abusivas [...]".

4. A problemática do contrato de adesão ocupou durante muito tempo sobretudo as jurisprudências europeias, designadamente dos sistemas de *civil law*[48]. A partir de certo momento histórico, houve jurisprudências e doutrinas que privilegiaram, como objecto de atenção, não tanto o facto

através de adesões maciças a esquemas pré-elaborados, corresponde à técnica da celebração negocial, mediante cláusulas contratuais gerais".

[47] Sérvulo Correia, *Legalidade...*, cit., pp. 463 e 464, diz que alguns autores se interrogam "sobre a constitucionalidade do prática representada por tais cláusulas, quando a imposição unilateral do clausulado do contrato surge manifestamente articulada com a detenção do poder económico", escrevendo que, "embora nestas situações o desequilíbrio das situações das partes possa gerar vícios do contrato (violação da ordem pública ou dos princípios da boa fé, negócio usurário ou pacto leonino), formalmente se mantém uma auto-determinação da situação jurídica. [...] Isso leva a que se fale em meras «restrições factuais» ou em «restrições aparentes ou de facto» da liberdade contratual", concluindo que "o risco de que tais violações ocorram com frequência é restringido por diplomas como [o agora anotado]".

[48] Sobre a posição de hostilidade dos tribunais britânicos à intervenção nos contratos e a sua tendência para interpretar restritivamente as leis (*statutes*), v., p. ex., Ole Lando, cit., pp. 2 e 5; o autor sublinha, no entanto, que os resultados alcançados pela utilização das chamadas *cláusulas gerais*, em especial no Direito alemão, não são muito diversos dos obtidos no Direito inglês por *rules of law* "mais específicas". Stefan Grundmann, "General Standards and Principles, Clauses Générales and Generalklauseln in European Contract Law – A Survey", *in General Clauses and Standards in European Contract Law*, edited by Stefan Grundmann and Denis Mazeaud, pp. 3 e 4, observa que, se a utilização das *cláusulas gerais* de direito privado é menos comum nos sistemas de *common law*, isso deve-se ao facto de os tribunais, para obterem os mesmos resultados, não precisarem do recurso a elas, reconhecendo, contudo, que os tribunais ingleses são mais avessos ao uso de instrumentos equivalentes a estas. V. também, Simon Whittaker, "Theory and Practice of 'General Clause' in English Law: General Norms and the Struturing of Judicial Discretion", *in General Clauses and Standards...*, cit., pp. 61, 62 e 64 e ss.. Colin Scott e Julia Black, *Cranston's Consumers and the Law*, p. 80, afirmam que "não existe qualquer princípio geral no direito Inglês segundo o qual um consumidor possa obter a desvinculação porque

de uma das partes estar reduzida à alternativa de aceitar em bloco o contrato ou de desistir dele, mas aquele outro problema que emergia do facto de tais contratos serem muitíssimas vezes celebrados por empresas[49] com grande poder de mercado, que adoptavam este procedimento para a celebração de contratos com um número indeterminado de sujeitos, tantos quantos aqueles que as pessoas – os adquirentes ou utentes dos bens e serviços por elas prestados – tivessem de celebrar[50]. Este fenómeno da

um contrato é violento (*harsh*), ou em que esse contrato seja preterido se uma das partes tinha um poder negocial superior ao da outra".

Contudo, o *Unfair Terms in Consumer Contracts Regulations* qualifica como abusiva (*unfair*) a cláusula que, não tendo sido individualmente negociada, haja de assim ser considerada se, contrariando as exigências da boa fé, causar um desequilíbrio significativo nos direitos e obrigações das partes.

[49] Acentuando a caracterização como empresarial do contraente que utiliza as cláusulas contratuais gerais, v., por todos, C. Massimo Bianca, *Diritto Civile*, III – *Il Contratto*, pp. 341 e 348, nota 94.

Sousa Ribeiro, *Cláusulas contratuais gerais...*, cit., pp. 181-182, observa que se verifica uma "progressiva utilização, por operadores não profissionais, nos seus contratos, de cláusulas negociais preformuladas por empresas para contratos do mesmo tipo (por exemplo, na venda por um particular de bens em segunda mão) ou a padronização do conteúdo de certos contratos (o de arrendamento, por exemplo) resultante do uso maciço, por razões de comodidade e de segurança, de formulários negociais".

[50] O que, desde logo, suscitou, como seria inevitável, reacções no sentido de que esta realidade não era reconduzível ao regime dos contratos, carecendo de tratamento tão diferenciado que seria de questionar se ainda estaríamos perante um contrato. Embora restringindo a questão aos contratos bancários, v., por todos, Joaquin Garrigues, *Contratos bancarios*, pp. 21 a 26, acabando o autor por concluir pela natureza contratual; Mario Marsili, cit., pp. 124 a 126, dedica-se à análise da natureza das condições gerais de contrato, dizendo que, para a jurisprudência italiana, se trata de contratos; a sua posição é, contudo, a de que se trata de "verdadeiras fontes de direito comercial, ao lado dos usos, típicas regras que têm de ser consideradas de maneira semelhante à lei" (pp.127 a 135 e 137). Enzo Roppo, *Contratti Standard*, pp. 83 a 99, analisa muito detidamente a questão – cuja colocação imputa à formulação de Salleilles que ficou citada, o que tem justificação, como resulta da sua análise –, adoptando a perspectiva contratualista. Na doutrina nacional, Galvão Telles, *Manual dos Contratos em geral*, pp. 332 a 334; com conclusão idêntica, Almeida Costa, *Direito das Obrigações*, pp. 250-251, nota 2. No mesmo sentido também C. Ferreira de Almeida, *Texto e Enunciado na Teoria do Negócio Jurídico*, III, pp. 878 a 881 e nota 5. Carvalho Fernandes, *Teoria Geral...*, cit., p. 226, enuncia a seguinte afirmação que é, pelo menos, muito equívoca: "as cláusulas contratuais gerais, enquanto conjuntos predispostos, não têm, por si, valor negocial [...]. A sua estrutura é próxima da de uma norma

uniformização das condições contratuais – após o seu surgimento nas relações laborais – manifestou-se e multiplicou-se nos contratos bancários, nos de seguros e nos de transporte, só depois se estendendo ao sector da indústria[51], sendo hoje preocupante também em outros sectores, como o das telecomunicações e o financeiro.

Se bem que a expressa atenção e preocupação doutrinárias e jurisprudenciais com o fenómeno não sejam contemporâneas do seu aparecimento no mercado, não se trata de abordagem propriamente recen-

jurídica supletiva, apta a integrar o conteúdo de um concreto negócio jurídico". Por seu lado, Sousa Ribeiro, "O regime dos contratos...", cit., p. 184, referindo-se ao Dec.-Lei n.º 446/85, emite a seguinte interessante observação: "nesta óptica macrojurídica, não estava em causa apenas a relação intersubjectiva entre as partes (e a situação de vulnerabilidade negocial de uma delas), mas também a relação predisponente-ordenamento. De facto, num papel concorrente com o do legislador, o predisponente, fazendo uso do seu *law making power*, põe fora de acção as soluções legislativas. E dada a sua aplicação generalizada, as cláusulas contratuais gerais acabam por retirar, em amplos sectores do tráfico, efectividade ordenadora ao direito estadual".

Sobre a questão do carácter contratual ou normativo desta realidade, diz F. M. B. Reynolds, cit., p. 15, citando Lord Justice Aktin, que, "«no caso de associações poderosas tais como a que está em causa (a 'Refined Sugar Association'), que podem impor aos seus membros as suas próprias cláusulas de arbitragem e que podem, pelo seu contrato uniforme, impor condições a todos os não membros que negoceiam com os membros, isto poderia levar à elaboração de diversos códigos jurídicos que seriam aplicados nos diversos sectores e que seriam substancialmente diferentes do direito comercial inglês»". V. também Adolfo di Majo, "Il controllo...", cit., pp. 208 e 209.

C. Massimo Bianca, "Condizioni generali di contratto usi negoziali e principio di effettività", *in Condizioni Generali di Contratti...*, Atti della Tavola Rotonda..., cit., pp. 31 a 34, entende que os formulários e modelos contratuais assumem, objectivamente, o "carácter de normas objectivas de disciplina dos contratos, com eficácia mais ou menos extensa conforme o âmbito de actividade do operador", apreciando a questão do ponto de vista das fontes do direito, domínio em que rejeita o monopólio da lei escrita.

Eduardo Polo, *Protección del contratante débil y condiciones generales de los contratos*, pp. 22 e 32-33, escreve que a problemática das condições contratuais gerais constitui "uma manifestação do poder normativo da empresa". Em sentido paralelo e com grande desenvolvimento, C. Marco Mazzoni, cit., *passim*.

Sobre a questão, também Paolo Amato, "I contratti del consumatore e le clausole vessatorie", 16 Setembro 2002, XVII Corso di Perfezionamento per Giuristi d'Impresa, *in* http://www.tidona.com/pubblicazioni/settembre02_4.htm.

[51] Enzo Roppo, cit., pp. 4 a 6 e 11.

te[52] [53]: na Bélgica, por exemplo, encontram-se numerosas decisões judiciais, desde os anos quarenta do século passado, sobre as questões mais

[52] Demonstra-o desde logo a caracterização deste fenómeno realizada por R. Salleilles no início do século XX, o que é bastante para compreender que o mesmo já existia perceptivelmente. Georges Dereux, cit., pp. 503 e ss., escreve que "a sociedade se transformou no decurso do século XIX. Ao lado da pequena loja em que pode discutir-se o negócio, há os grandes armazéns, as sociedades poderosas com administrações sabiamente complicadas e hierarquizadas. Aí não se vê sequer a pessoa jurídica com que se negoceia, mas apenas empregados que se limitam a repetir o que os encarregaram de dizer; [...] impossível discutir com eles [...]. Oferecem-vos uma tarifa acompanhada de cláusulas ou de fórmulas impressas antecipadamente: em vão objectarei com a sua complexidade ou a sua obscuridade; apresentam-vo-la como um bloco a pegar ou a largar".

[53] Enzo Roppo, *ibidem,* pp. 2 e 3, escreve que "o afirmar-se da contratação de massa é etapa (*momento*) de um processo de desenvolvimento que tem as suas raízes em época anterior ao início deste século [XX]"; e acrescenta, mesmo, que uma "análise mais refinada intui uma ligação ideal entre a actual prática da negociação por *standards* e a actividade da jurisprudência cautelar, que se vinha desenvolvendo – nos tempos da baixa idade média – sobretudo nas cidades italianas do norte, onde notários e outros juristas, aos quais os privados se dirigiam para obter assistência legal no desenvolvimento dos seus negócios, tinham o costume de elaborar – para cada tipo de operação económica – formulários e esquemas de contratos destinados, com o tempo, a adquirir uma mais ampla difusão nos meios mercantis e a realizar desse modo a progressiva tipificação do conteúdo dos negócios de mais comum emprego na vida do tráfico" E um pouco adiante (pp. 4-5): "[...] na realidade a génese e difusão das técnicas de contratação uniforme (tal como hoje estamos habituados a entendê-la) deverão reconduzir-se seguramente às profundas transformações que algumas economias do ocidente conheceram no decurso do século dezanove. Tendo explodido em Inglaterra entre os finais de setecentos e o início de oitocentos, propagou-se depois ao Continente com alguns decénios de atraso, a (primeira) revolução industrial havia de facto de estabelecer as premissas dos fenómenos que determinaram o nascimento e a afirmação dos métodos de conclusão dos negócios na base do emprego uniforme de esquemas negociais unilateralmente predispostos".

Em estudo de 1963, Gino Gorla, "Condizioni generali di contratto e contratti conclusi mediante formulari nel diritto italiano", *in Rivista del Diritto Commerciale,* Ano LXI, Parte prima, p. 108, escreve – quiçá com algum exagero ou limitação de consideração das economias ditas desenvolvidas – que "o problema da medida do reconhecimento jurídico a dar-se às cláusulas contratuais onerosas, impostas pela parte que tem maior poder contratual, é sentido em todo o mundo".

Guido Alpa, *Tutela del consumatore...*, cit., p. 11, situa o fenómeno da divulgação da contratação de massa nos EUA nos finais da primeira grande guerra e, na Europa, alguns decénios mais tarde.

frequentes que os contratos *standard* colocam[54], situação semelhante se verificando em França[55]; no Reino Unido, onde a jurisprudência e a lei tardaram a considerar esta problemática, encontra-se pelo menos uma obra de 1937, da autoria de Prausnitz, com o claro título "*The Standardisation of Commercial Contracts*"[56] [57].

O fenómeno é ligado por alguns autores, dos quais é representativo C. Marco Mazzoni[58], à dimensão das empresas; se "a amplitude da empresa não é necessária, do ponto de vista teórico, para configurar o sujeito que predispõe as condições gerais", "é indubitável [...] que a exigência de generalização e de racionalização das relações de troca nasce no seio de uma empresa diversa, porque quantitativamente mais ampla, do que a tradicional. Para esta última, como para os outros sujeitos de direito, o instrumento de trocas que lhe era funcional era o contrato individual. O aumento das relações de troca e a consequente procura de instrumentos mais idóneos do que o contrato individual surge de forma consequente e paralelo ao aumento da extensão da empresa. [...] Os contratos de massa são relevantes como fenómeno jurídico próprio na medida em que são instrumentos da grande empresa, preferentemente monopolística ou

[54] Irma Moreau-Margeve, «Les conditions générales de vente», in *Renaissance du Phénomène Contractuel*, Séminaire organisé à Liège, les 22, 23 et 24 Octobre, 1970, pp. 280 a 283.

[55] Michel Trochu, "Les silences de l'adhésion", *in Le Contrat de Consommation. Contribution à l'étude de la condition juridique du consommateur*, pp. 25 e ss..

[56] F. M. B. Reynolds, cit., p. 17 e nota 5. O autor salienta que os tribunais sempre apreciaram a validade de uma ou outra cláusula, isto é, não deixaram de se ocupar, incidentalmente, de questões ligadas à temática das cláusulas contratuais gerais.

Enzo Roppo, cit., pp. 17-18 e notas 39 e 41, dá conta de numerosos estudos franceses, datados dos anos 30, sobre o fenómeno; nas pp. 18-19 e nota 44, são referidos estudos alemães da mesma época, com destaque para o de Ludwig Raiser, de 1935, *Das Recht der Allgemeinen Geschäftsbedingungen*. Segundo o mesmo autor, "a literatura anglo-americana oferece, pelo seu lado, um quadro [...] diverso. Mesmo no ambiente de common law, um interesse específico pelos problemas do contrato standard nasce com os anos trinta, e perpetua-se até hoje manifestando-se num número de (estudos e outros) contributos que no entanto não pode considerar-se notável" (p. 23).

[57] V. estudo de Vittorio Salandra, "I contratti di adesione", cit., pp. 506 e ss., em que o autor refere a necessidade de intervenção "indirecta" e "directa" no conteúdo dos contratos, qualquer delas realizada por via administrativa (p. 517).

[58] Cit., pp. 64 a 74.

oligopolística, e não nas hipóteses excepcionais [...] de instrumento à disposição do indivíduo. [...] O elemento da dimensão não apresenta, senão raramente, relevância jurídica. [...] O jurista não conhece [...] as empresas, pequenas, médias, grandes, mas a empresa como categoria válida para todos os sujeitos de direito, do indivíduo ao Estado: tal como conhece, nesta perspectiva, a categoria do contrato. [...] O aspecto da dimensão da empresa pode assumir relevância jurídica de *per* si, na medida em que tende a autonomizar-se e a resultar diverso daquele que é postulado em abstracto pela doutrina da empresa em geral. [...] Deveria ser suficiente, mesmo na perspectiva jurídica do fenómeno, ou fortemente indicadora de uma tendência político-económica, a observação de que a contratação de massa constitua o instrumento normal destas empresas, e não de outras". O autor prossegue salientando como para os economistas a grande empresa constitui uma realidade diferenciada, opinando que o mesmo deveria acontecer para os juristas, já que "as variações de quantidade determinam variações de essência ou de funções"[59].

5. A caracterização distintiva entre contratos de adesão e condições gerais de contratação (cláusulas contratuais gerais, na terminologia da lei portuguesa) nunca foi clara, como já ficou aludido. Segundo alguns[60], a primeira categoria constituiu o género de que a segunda é uma espécie. Para outros, a distinção não é aparente, para não dizer inexistente. Para alguns ainda, contratos de adesão são aqueles que são individualmente celebrados pela(s) aceitação(ões) das condições gerais de contratação[61][62].

[59] Em sentido paralelo, Guido Alpa, *Tutela del consumatore...*, pp. 9 e ss..

[60] É o meu caso. Embora a questão não seja analisada especificamente neste estudo, este parece ser o entendimento de António Pinto Monteiro, "Cláusulas limitativas do conteúdo contratual", *in Estudos dedicados ao Prof. Doutor Mário Júlio de Almeida Costa*, pp. 293 e 294. Parece (embora não seja inequívoca) também esta a posição de Oliveira Ascensão, *Cláusulas contratuais gerais, cláusulas abusivas...*, cit., pp. 4 e 6.

[61] Sobre este sentido, v., exposição em Mario Marsili, cit., pp. 125 e 127, que, aliás, dele discorda.

[62] Há quem, aparentemente, não estabeleça distinção, falando em contrato de adesão e similares: assim, p. ex., Cristiano Heineck Schmidtt, *Cláusulas Abusivas nas Relações de Consumo*, pp. 69 a 74 e 81. Também Vittorio Salandra, cit., pp. 507 e 508, não distingue entre as duas figuras.

Enzo Roppo realça[63] que, em especial no Direito norte-americano, a expressão "*standard contracts* designa duas realidades muito diversas: por um lado, a dos *model contracts* (esquemas de negócio «used between parties of equal bargaining power», susceptíveis de ser modificados no decurso das negociações «in order to achieve a balance of economic interest between the negotiating parties» e – em razão disso – «economically innocuous»; por outro lado, a dos "*contracts of adhesion*, entendidos como complexos de regras negociais oferecidas à contraparte na base de uma alternativa rígida entre *take it or leave it*, e cuja imposição unilateral pode bem legitimar a suspeita de que «the imposing party [...] might misuse his economic strength at the expense of the other economically weaker party», ou [...] manifestar-se na distinção entre *contracts for the sale of consumer goods to the public* e *commercial contracts* estipulados *between two commercial bodies*, nos quais as condições, ainda que em larga medida standardizadas, «may be freely agreed between equals»". Na análise que faz deste pensamento, que considera "pecar por superficialidade e esquematismo", salienta que o facto de os contratos serem concluídos entre empresas não obsta a que haja contraentes fortes face a contraentes fracos, gerando os mesmos riscos que existem nos contratos com consumidores[64] ou com outros sujeitos não organizados empresarialmente.

Não distingue o STJ por vezes entre os dois tipos de contratos: tome-se como exemplo o acórdão de 30 de Março de 2017 (pr n.º 4267/12.3TBBG.L1.G1, João Trindade), onde se lê: "O contrato de adesão, na sua forma pura, poderá definir-se como sendo aquele em que uma das partes, normalmente uma empresa de apreciável dimensão, formula unilateralmente cláusulas e a outra parte as aceita mediante a adesão ao modelo ou impresso que lhe é apresentado, não sendo possível modificar esse ordenamento negocial", ou o de 25 de Outubro de 2018 (pr n.º 85/15.0T8ALJ.G1.S2, Oliveira Abreu): "Contrato de adesão é «aquele em que um dos contraentes, não tendo a menor participação na preparação das respectivas cláusulas, se limita a aceitar o texto que o outro contraente oferece, em massa, ao público interessado», sendo que tais contratos contêm, por via de regra, cláusulas preparadas genericamente para valerem em

[63] *Ibidem*, pp. 47 e 48.
[64] *Ibidem*, p. 49.

relação a todos os contratos singulares de certo tipo que venham a ser celebrados", ou, ainda, no acórdão de 17 de Fevereiro de 2011 (pr n.º 1458/056.7TBVFR-A.P.S1, Távora Víctor), onde se afirma: "O «contrato de adesão» na sua forma pura poderá definir-se como sendo «aquele em que uma das partes, normalmente uma empresa de apreciável dimensão formula unilateralmente as cláusulas negociadas e a outra parte aceita essas condições mediante a adesão ao modelo ou impresso que lhes é apresentado, não sendo possível modificar o ordenamento negocial apresentado»; Entre o contrato de adesão e o contrato consensual não existe todavia uma dicotomia absoluta, havendo ainda a considerar uma figura híbrida, o «contrato de adesão individualizado», onde a par de cláusulas que se mantêm inalteráveis de contrato para contrato, se verifica a inserção de disposições específicas moldadas no interesse das partes e em particular do aderente; estes contratos têm uma regulamentação diversificada, de harmonia com a índole das normas que deles constam".

6. Olhando agora exclusivamente as cláusulas contratuais gerais, é de referir que, como assinalava Mario Bessone em 1973[65] [66] [67], este é um instrumento que as grandes empresas de todos os ramos têm utilizado para "operar um autêntico controlo do mercado", porque constitui um elemento de planificação económica que, estendido aos diversos sectores da produção e comercialização, permite dominar a "«política do direito» concertada pelas grandes empresas"[68]. Daí que Bessone, concordando com David Slawson, opine que as chamadas condições gerais de contra-

[65] "Condizioni generali di contratto, «potere normativo d'impresa» e problemi de *democratic control*", *in Rivista Trimestrale di Diritto Pubblico*, n.º 4, pp. 208-209.

[66] Aspecto de que se ocupa e preocupa em especial, como se assinalou, C. Marco Mazzoni, cit., *passim*.

[67] C. Heineck Scmidtt, *Cláusulas Abusivas...*, cit., p. 32, diz que "os contratos de massa [...] são de existência fundamental para as relações de consumo, visto que nem o fornecedor-empresário, nem o consumidor, dispõem de tempo para discutir as cláusulas contratuais envolvendo objectos corriqueiros e necessários para a vida moderna".

[68] Citando Slawson, *Standard Form Contracts*, diz que nos EUA se chegara (já nesta época) à conclusão realista de que "a contratação considerada típica ainda tida em conta pelos tribunais e pelos professores de direito, na qual ambas as partes participam na escolha da formulação do seu completo acordo já não tem muito mais do que uma importância histórica".

tação – ou cláusulas contratuais gerais – representam uma actividade de produção de verdadeiras normas e que "só um exacerbado formalismo poderia [...] excogitar fórmulas para contestar a existência de um autêntico poder de normação (em termos de facto) garantido às empresas"[69]. A massificação dos contratos *standard* coloca o problema já não apenas na perspectiva da justiça contratual de cada contrato, isto é, na da liberdade e igualdade dos contraentes enquanto partes em contratos singulares, mas, de um ponto de vista geral, ou social, impõe que se considere a questão do contrato como instrumento de dominação dos operadores económicos empresariais no mercado. Isto é, o problema deslocou-se do contrato individual para a perspectiva social, em que o contrato desempenha um "papel económico, instrumento de trocas e factor de crescimento das riquezas"[70] [71].

Os contratos negociados individualmente constituem inegavelmente uma pequeníssima parcela daqueles que se concluem nas sociedades industrializadas[72], o que tem como consequência que os problemas jurí-

[69] "Condizioni...", cit., pp. 2029-2030.

[70] Camille Jauffret-Spinosi, «Théorie et Pratique de la Clause Générale en Droit Français et dans les Autres Systèmes Juridiques Romanistes», *in General Clauses and Standards...*, edited by Grundmann and Mazeaud, cit., p. 25; v. também p. 26.

V. Cosimo Marco Mazzoni, cit., *passim* e em especial pp. 64 a 74.

[71] Não concordo com Paulo Luiz Netto Lôbo, "A informação como direito fundamental do consumidor", *in Revista de Direito do Consumidor*, Vol. 37, Jan./Março 2001, p. 69, quando este, num arrobo de entusiasmo, escreve: "A informação e o dever de informar tornam realizável o direito de escolha e autonomia do consumidor, fortemente reduzida pelos modos contemporâneos de atividade econômica massificada, despersonalizada e mundializada. Nessa direção, recupera parte da humanização dissolvida no mercado e reencontra a trajetória da modernidade, que prossegue o sonho mais alto do iluminismo, a capacidade de pensar e agir livremente, sem submissão a vontades alheias, cada vez mais difícil na economia globalizada de Estados e direitos nacionais enfraquecidos, em que as principais decisões econômicas são tomadas por conselhos de administração de empresas transnacionais".

[72] Como já ficou assinalado, esta não é exactamente uma realidade recente; como diz Jacques Ghestin, *Traité...*, cit., p. 75, "já correntes no princípio do século, estes contratos são hoje, pelo menos para os particulares, a maneira normal de concluir uma convenção de alguma importância". J. M. Grossen, "Introduction Générale," *in Les Conditions Génerales...*, Actes..., cit., p. 9, afirmava que, à época – finais dos anos 60 – em alguns sectores económicos, as condições gerais de contratação eram já utilizadas a 100%.

dicos que os contratos em massa suscitam tenham quase sempre que ver com desequilíbrio de poder e com efeitos sociais e económicos que não podem ser ignorados politicamente, o mesmo é dizer pela lei[73].

Por isso que, excedendo – embora não necessariamente consumindo[74] – a problemática do contrato de adesão, tenha surgido a das chamadas "condições gerais de contratação" – ou "contratos *standard*" – ou, na terminologia da lei portuguesa, das "cláusulas contratuais gerais"[75] [76].

[73] Antunes Varela, *Das Obrigações em geral*, Vol. I, 10.ª ed., cit., p. 247, nota 1, afirma que aquela função social "não se revela apenas através das *normas imperativas* que restringem a autonomia individual", mas se "reflecte também em larga escala nas regras supletivas destinadas a integrar o conteúdo do contrato ou a disciplinar a sua execução e no frequente apelo da lei a critérios de equidade".

[74] Como escreve A. M. López y López, cit., pp. 326-327: "ao lado do fenómeno da intervenção estadual por estas razões de disciplina económica, coloca-se o da imposição de conteúdos contratuais por uma das partes, que por sua vez alimenta também aquela intervenção, visando a protecção do contraente mais débil singularmente, ou de interesses de «classes» ou «categorias», como é o caso das normas sobre os consumidores e usuários".

[75] Sousa Ribeiro, *Cláusulas contratuais gerais...*, cit., p. 173, caracteriza-as assim: "as cláusulas preformuladas com vista à disciplina uniforme de uma série, em regra indeterminada, de contratos de certo tipo a celebrar pelo predisponente ou por terceiro". Em texto diverso ("O regime dos contratos...", cit., pp. 187-188), porém, o autor mostra-se mais prudente, escrevendo que a "precisa definição [...] [do] requisito contratual [da "prévia conformação inegociável"] é matéria delicada, já que as situações contratuais apresentam, a este respeito, diferenciações muito chegadas, numa escala gradativa sem descontinuidades, não sendo fácil, por isso, estabelecer uma linha divisória segura. Para esse efeito, a preformulação, só por si, nada nos diz de decisivo, pois não exclui a posterior abertura de um processo negocial. [...] nada obsta, e é, até, normal que as negociações incidam sobre um texto pré-redigido por uma das partes e apresentado à outra para apreciação. O que verdadeiramente conta é saber se essas cláusulas são propostas ou, pelo contrário, rigidamente predispostas [...]".

[76] Luis Díez-Picazo e António Gullón, *Sistema de Derecho Civil*, Vol. II, sétima ed., p. 77, estabelecem a fronteira entre os contratos de adesão e as condições gerais de contratação do seguinte modo: enquanto os primeiros correspondem a contratos massificados, pré-definidos e não discutidos pelos aderentes, mas cujo conteúdo lhes é dado a conhecer, as segundas referem-se a contratos cujo conteúdo o aderente ignora, como sucede tipicamente nos transportes públicos colectivos, em que o aderente se limita a pagar a remuneração, sendo-lhe entregue um título (recibo) que lhe permite ser transportado, sem que possa aceder ao conhecimento do conteúdo do contrato que concluiu. Porém, adiante (p. 78), parecem prescindir do critério distintivo enunciado, ao dizer que "por

Estes modelos tornaram-se inevitáveis, porquanto representam, por um lado, um factor não negligenciável de racionalização de gestão e, por outro, um substancial aligeiramento dos custos de funcionamento empresarial, em particular quando a empresa opera no mercado prestando bens ou serviços sempre da mesma natureza, o que é quase incompatível com a negociação individual de cada contrato[77] [78] [79] [80] [81] [82]. A generaliza-

«condições gerais do contrato» [...] deve entender-se o conjunto de regras estabelecidas por uma empresa ou grupo de empresas, constitutivas do conteúdo total ou parcial dos contratos que hão-de se celebrar no desenvolvimento das suas actividades".

W. Freiherr von Marschall, "Contenu, portée et critères d'évaluation des condtions générales", *in Les Conditions Générales...*, Actes..., p. 33, depois de genericamente formular um conceito de condições gerais de contratação, afirma surpreendentemente: "Tanto pode tratar-se de condições que tenham sido formuladas por uma das partes no futuro contrato como de condições negociadas entre as duas partes tendo em vista a sua aplicação a algumas ou à totalidade das suas futuras transacções".

Miguel Pedrosa Machado, "Sobre cláusulas contratuais gerais e conceito de risco", *in Revista da Faculdade de Direito da Universidade de Lisboa*, Vol. XXIX-1988, p. 90, afirma que "por *cláusulas contratuais gerais* entende o sistema jurídico vigente não o mesmo que contratos de adesão", o que reafirma, mas não caracteriza distintivamente.

[77] Dizendo, numa perspectiva diversa mas realista, que "o recurso às condições gerais dos contratos representa [...] o *principle of order* das relações negociais objectivamente coerentes com a estrutura de qualquer modelo de modelo capitalista", M. Bessone, "Condizioni...", cit., p. 2030. Com formulação diferente, mas conteúdo muito próximo, J. Garrigues, cit., p. 21, e Eduardo Polo, cit., pp. 31 e 32-33.

C. Massimo Bianca, *Le autorità private*, pp. 63-64, e *Il contratto*, cit., p. 367, afirma mesmo que a necessidade empresarial de contratação com modelos uniformes é inerente à actividade empresarial, seja esta de "gestão capitalista ou não". Sousa Ribeiro, *Cláusulas contratuais gerais...*, cit., pp. 48 e 49, afirma claramente que "o fenómeno não é [...] específico das economias capitalistas, aparecendo antes coligado à estrutura típica das sociedades industrializadas, com um determinado grau de desenvolvimento", ilustrando a afirmação com referências aos Códigos Civis da República Democrática Alemã e da Hungria. Enzo Roppo, cit., pp. 25 a 27 e nota 3, depois de afirmar que "as formas da contratação estandardizada reflectem de modo quase exclusivo a organização empresarial e a sua presença no mercado", admite univocamente, citando Rescigno, que "a contratação em série, realizada através de condições gerais ou a predisposição dos módulos e formulários é fenómeno igualmente difundido nas economias dos países socialistas". O. Tommaso Scozzafava, cit., p. 975, escreve que "socialismo e neo-capitalismo não são conceitos homogéneos entre si, respeitando o primeiro a um determinado modelo de distribuição da riqueza [...] [e] o segundo [...] a um modo de ser da estrutura produtiva. Neste sentido é evidente [...] que também os países socialistas, na medida em que dispõem de uma tal estrutura produtiva, podem conhecer os fenómenos típicos com ela conexos (flutuações cíclicas, concentração industrial, etc.)".

Descrevendo a situação em algumas ordens jurídicas socialistas, García-Amigo, cit., pp. 49 a 53 (sobre a situação na DDR).

[78] Para a defesa do entendimento de que esta "técnica de *organização* de interesses" é coessencial ao desenvolvimento da liberdade de iniciativa económica, não sendo possível limitá-la por via da ordem pública económica, com fundamento na derrogação constante do direito dispositivo, Giovanni B. Ferri, "Condizioni generali...", cit., pp. 52, 53 e 62 a 64.

[79] Para uma boa síntese das vantagens económicas para as empresas da utilização de cláusulas contratuais gerais, v. F. M. B. Reynolds, cit., p. 16.

Também W. Freiherr von Marschall, cit., pp. 34 e 35, enuncia as suas vantagens – entre as quais encontra (em posição que está longe de ser isolada) a de regularem aspectos de que a lei não se ocupa (como se o conteúdo de qualquer contrato negociado não providenciasse soluções para aspectos não regulados normativamente), considerando-as mesmo indispensáveis em sectores como os dos "seguros, transportadores, bancos, agências de viagem".

Enzo Roppo, cit., pp. 29 a 45, chama a atenção para, entre outras, as seguintes vantagens: imposição de limites "à iniciativa individual (e eventualmente ao arbítrio) dos auxiliares do empresário que se ocupem das actividades negociais, assim garantindo à estratégia contratual da empresa aquela coordenação a nível central, aquela necessária homogeneidade que inevitavelmente desapareceriam em *standards* de negociação perigosamente desagregada (e numa *bargaining policy* fragmentária [...]) em que a representantes, agentes, comissários fosse deixada plena liberdade de (discutir com a contraparte e) determinar de cada vez o conteúdo dos contratos individuais"; na fase da execução, as cláusulas contratuais gerais, dando "corpo, no seu conjunto, a uma regulação mais analítica, exaustiva e clara do que a que é oferecida por um direito dispositivo não raro lacunoso e ambíguo, [...] removem motivos de incerteza e fundamentos de controvérsia tendo em vista a correcta administração da vida contratual, assim manifestando relevantes efeitos de prevenção dos litígios (e [...] dos custos que lhes são inerentes) [...]; operam como coeficiente de racionalização da gestão empresarial num sentido ainda mais relevante, que é fácil de apreender se se considerar em que medida decisiva tal objectivo é condicionado pela possibilidade de prever e calcular antecipadamente (com a maior aproximação) todos os elementos susceptíveis de figurar [...] como entrada[s] idea[is] [...] passiva(s) no balanço da empresa. [...] sujeitar as transacções da empresa ao regime uniformemente predeterminado por condições e esquemas negociais *standard* significa predispor instrumentos para um cálculo mais pontual do custo de produção dos bens e dos serviços oferecidos no mercado. [...] política contratual homogénea elaborada a nível central; contenção da litigiosidade; uniforme aplicação à generalidade das relações de mercado de uma disciplina jurídica mais bem funcionalizada aos fins da sua administração lucrativa". O autor continua analisando as vantagens das cláusulas de exclusão e de limitação da responsabilidade, que considera componentes forçosas das cláusulas contratuais gerais, e conclui dizendo que as vantagens imputadas à utilização de modelos contratuais uniformes são sempre enunciadas do ponto de vista da racionalização da actuação empresarial. O autor aprecia ainda criticamente algumas das "vantagens" que enuncia (pp. 30 e 31). Adolfo di Majo, "Il controllo giudiziale...", cit., pp. 194-195, escreve: "Trata-se [...] de uma típica *situação de poder* que se liga à empresa ou melhor à inteira organização produtiva, poder que a actual sociedade tecnológica tem aumentado gradualmente e cujo exercício parece em concreto orientar-se para finalidades de *regular o mercado* (através de acordos de sub-divisão do mercado entre concorrentes e de acordos que estabelecem uma determinada política dos preços)".

García-Amigo, cit., pp. 24 a 28 e 91, salienta a "regulação pormenorizada da relação contratual de que se trate", com a inerente maior segurança na troca de bens e serviços, "eliminando incertezas e dúvidas e com isso uma série de controvérsias jurídicas *inter partes*", a facilitação de "um cálculo mais aproximado dos gastos por parte da empresa tornando possível a redução de preços, ao limitar as margens de lucro que teria de ir acumulando para com eles cobrir os possíveis gastos de responsabilidades e defesa judicial", a redução do tempo de conclusão dos contratos, a uniformização do conteúdo jurídico das suas relações negociais, facilitando enormemente a contratação através de representantes nos lugares mais diversos e distantes", a facilitação da apreciação judicial, pois "a norma contratual aplicável é sempre idêntica", a sua capacidade de resposta às novas relações contratuais com preenchimento de lacunas da lei, "a unificação do Direito comparado relativamente às relações contratuais a que se referem, dada a aplicação sem limites de fronteiras de muitos dos seus modelos". Mas vantagens também para os aderentes, segundo o autor: "situação de igualdade para cada um dos contratantes com a empresa predisponente"; "difusão e conhecimento das condições em que se contrata, que sem elas não se obteria em muitos casos, pois por vezes substituem ou contêm uma série de usos negociais ou normativos incertos e não uniformes, e, em qualquer caso, incontrolados ou desconhecidos"; facilitação da "contratação por categorias profissionais [...], tornando possível uma normativa da relação contratual flexível que se acomoda melhor às necessidades das diversas categorias sociais da produção e do consumo do que a própria regulação legal"; "regulação mais equitativa das próprias relações contratuais pela intervenção das respectivas associações profissionais [...] colaborando com todos os interessados ou seus representantes na redacção".

[80] A. Carneiro da Frada, *Conflito de Clausulados e Consenso nos Contratos Internacionais*, pp. 31-32, atribui a contratação *standard* à "necessidade de escoar toda a produção" e à "de que esse escoamento se desse o mais rapidamente possível". Luís Noronha Nascimento, "As cláusulas contratuais gerais na jurisprudência do Supremo Tribunal de Justiça", *in Estudos de Direito do Consumidor*, n.º 5, pp. 99-100, escreve: "[...], o processo de industrialização que se fixou como imagem de marca do mundo moderno com aumento constante da concorrência empresarial e a necessidade premente de potenciar ou man-

ter em níveis elevados as taxas de lucro para relançar periodicamente a modernização empresarial, levou ao início da estandartização contratual. [...] Com a pós-industrialização contemporânea os contratos de adesão invadem as esferas de comportamento social ao penetrarem nos fornecimentos massificados de bens e serviços básicos".

[81] Menezes Cordeiro, *Tratado...*, cit., p. 418, afirma mesmo que "as cláusulas contratuais gerais são uma necessidade" e que "a manutenção efectiva de negociações pré-contratuais em todos os contratos iria provocar um retrocesso na actividade jurídico-económica em geral", com o que "todos seriam prejudicados"; conclui que "as cláusulas contratuais gerais devem, pois, manter-se, por necessárias". Embora tratando do direito de protecção do consumidor, o mesmo autor, "Da natureza civil...", cit., p. 679, escreve que, "por definição, o consumidor irá suportar todos os custos do processo conducente à disponibilidade dos bens que ele procura. As cautelas e os controlos que o legislador queira impor traduzem-se em novos custos pagos, fatalmente, pelo próprio consumidor. As medidas a encarar terão, de certo modo, de se suportar a si próprias, reduzindo despesas alhures, adentro do circuito económico. Mas essa redução só é pensável na parcela em que se combatam preços monopolistas ou práticas abusivas que distorçam a verdade do mercado. Além disso, haverá que contar com a resistência dos agentes que ocupem segmentos a montante do circuito económico".

Já o preâmbulo do DL n.º 446/85 denunciava o entendimento de que se trata de uma necessidade de algum modo benéfica; aí se lê: "Em última análise, as padronizações negociais favorecem o dinamismo do tráfico jurídico, conduzindo a uma racionalização ou normalização e a uma eficácia benéficas aos próprios consumidores". Também Almeida Costa, *Direito das Obrigações*, cit., p. 247, lhes encontra utilidade para os aderentes singulares.

García-Amigo, cit., pp. 14, 15 e 31, depois de considerar uma inevitabilidade o recurso a este processo de contratação por parte das empresas, diz (p. 33) que "o perigo grave, o inconveniente mais difícil de vencer é o de que as empresas predisponentes gozem de uma posição económica monopolística ou dominante no mercado", pois, "em tal caso, é claro que pode haver e há realmente perigo de abusos por parte das empresas, pois unidos o natural egoísmo dos sujeitos económicos em regime de economia capitalista, ao poder económico dos mesmos nessas situações têm como clara consequência a exploração da clientela [...] para aumentar precisamente a sua margem de lucro. Mas a prevenção deste perigo não deve buscar-se na solução radical de suprimir através de lei imperativa o uso das condições gerais dos contratos, pois com isso suprimir-se-iam ao mesmo tempo, todas as vantagens que a ausência da lei imperativa representa na contratação: fundamentalmente, a autonomia da vontade". Segundo o autor, devem atacar-se as causas, com submissão das empresas à lei da concorrência, "declarando aquela concorrência defendida justamente pelo princípio de ordem pública – ordem pública económica [...]". Noutro passo (pp. 24 a 27) enuncia as vantagens do recurso a esta forma de contratação, entre as quais encontra, como ficou referido, a redução de preços e o estímulo à concor-

ção destes padrões contratuais tem, pois, grandes vantagens económicas empresariais, apenas se afigurando como realista procurar reduzir os custos individuais e sociais que, para os utentes e compradores, resultam da sua generalizada utilização[83], ou, na formulação de M. Bessone[84], "[...] as intervenções legislativas [...] procuram o ponto de equilíbrio racional

rência, bem como, para os aderentes, um tratamento igualitário, uma maior difusão e mais fácil conhecimento das condições contratuais, a certeza destas regras por contraposição às de "usos negociais ou normativos incertos e não uniformes, e, em todo o caso, não controlados ou desconhecidos".

Para uma análise circunstanciada da evolução histórico-económica e das razões por que as cláusulas contratuais gerais são necessárias e inelimináveis, v. Sousa Ribeiro, *Cláusulas contratuais...*, cit., pp. 43 e ss., em especial 51 a 56. Este autor alerta (*ibidem*, p. 61) para que deve "ser encarada com extrema reserva a invocação da racionalização como automática razão legitimadora das c.c.g. Se uma cláusula divergente do modelo legal, em benefício do utilizador, não deverá, só por isso, ser considerada abusiva [...] menos avisado ainda será ver na actividade conformadora do predisponente uma pura e desinteressada pesquisa da solução reclamada pelas leis imanentes ao sistema produtivo, uma descoberta do direito (*Rechtsfindung*), que suplante uma criação do direito (*Rechtssöpfung*) vulnerável à invasão de factores subjectivos e arbitrários". E, adiante (p. 63): "O interesse económico do predisponente não pode ser absolutizado, pois não passa de um entre vários outros interesses, digno, sem dúvida, de ser levado em conta, mas no quadro complexivo de uma ponderação alargada a todos os interesses em presença". O mesmo autor, *ibidem*, p. 67, nota 117, refere autores que contestaram a legitimidade dos contratos celebrados com base em cláusulas contratuais gerais.

[82] Jacques Ghestin, *Traité...*, cit., pp. 77-78, observa que a existência de minutas impressas reforça a sensação de inalterabilidade do conteúdo do contrato e que a uniformização traz consigo "o sentimento de uma igualdade de tratamento, que facilmente se confunde com justiça".

[83] Dizendo que a lei (italiana, mas a asserção não se restringe à realidade italiana) não manifestava uma atitude de hostilização do fenómeno, limitando-se a procurar limitar e reprimir "os abusos aos quais um sistema destes pode, por parte do contraente predisponente, muito frequentemente dar lugar a danos ao contraente que presta a sua adesão, Mario Dossetto, "Condizioni generali di contratto", *in Novissimo Digesto Italiano*, Vol. III, p. 1110.

Como refere Sousa Ribeiro, *Cláusulas contratuais...*, cit., pp. 67-68, o problema das cláusulas contratuais gerais foi colocado como o do seu controlo e não o da sua admissibilidade, o que, do ponto de vista jurídico, resultou do pressuposto não inocentemente indiscutido da liberdade contratual.

[84] "Economia del mercato e controllo amministrativo degli standards dei contratti d'impresa", in *Rivista delle Società*, anno 24.º, Novembro/Dezembro 1979, 6.º, p. 1296.

entre estratégias de lucro da empresa e tutela dos consumidores". Custos que têm que ver com a inevitabilidade da aceitação indiscutida delas por parte de um infindável número de sujeitos – na esmagadora maioria dos casos consumidores, mas não apenas nem necessariamente[85] –, que, se querem obter bens e serviços quantas vezes essenciais, têm de o fazer com ignorância do conteúdo contratual que aceitaram, mas, sobretudo, com a submissão a cláusulas expressivas do poder de dominação dos seus utilizadores, numa palavra, abusivas[86]. Quando aqui uso o qualificativo de abusivas para as cláusulas contratuais gerais formuladas por uma empresa ou conjunto de empresas de um sector de actividade, não estou a utilizar o termo em sentido estritamente técnico-jurídico próprio[87] [88], nem, muito menos, quero exprimir um qualquer juízo de avaliação do impacte de cada uma dessas cláusulas na economia dos contratos formados com base nelas. Pode acontecer – e não raro assim é – que algumas, ou muitas, dessas cláusulas sejam formuladas apenas por razões de economia ou racionalidade de gestão empresarial e que não tenham como objectivo a obtenção de vantagens em detrimento ou prejuízo dos aderentes. Basta, no entanto, a completa desconsideração do interesse das contrapartes – ainda que ninguém pretenda retirar vantagens à sua custa ou que as cláusulas não representem desvantagem significativa para o outro

[85] C. Massimo Bianca, *Le autorità...*, cit., p. 65, chamava já a atenção para que "o fenómeno se manifesta de igual modo no comércio internacional em que, apesar da tradicional dificuldade de aceitar uma disciplina unitária, começa a aperceber-se a exigência de uma protecção do contraente que não seja constituída sem mais pelo princípio da livre autonomia das partes".

[86] Sousa Ribeiro, *Cláusulas contratuais...*, cit. p. 65, escreve que o abrir das "portas aos desequilíbrios e abusos que se conhecem" "explica que o direito sobre as c.c.g. se tenha constituído e desenvolvido como um direito de tutela de uma das partes contra a outra".

[87] Que, aliás, é objecto de soluções doutrinais e legais diversas, como resulta, por exemplo, do estudo de Ruben S. Stiglitz, "Contrato de consumo y clausulas abusivas", *in Estudos de Direito do Consumidor*, n.º 1, pp. 310 e ss..

[88] Não se trata aqui da discussão da questão da natureza verdadeiramente contratual dos instrumentos jurídicos resultantes, pois o problema, cuja solução, se tem pertinência jurídica, como ficou dito, não é analisado neste trabalho, antes o sendo o dos mecanismos, especialmente legais, de protecção daqueles que a elas se submetem, adquirido, como o é, que os tradicionais institutos do regime geral dos contratos é insuficientíssimo para o resolver ou, ao menos, atenuar. Sobre este problema, v. síntese em Sousa Ribeiro, *Cláusulas contratuais...*, cit., pp. 70 a 73.

contraente – para que se possa falar, neste sentido amplo, de abuso da liberdade contratual e, por isso, de cláusulas abusivas[89]. Em sentido restrito, abusivas serão tão-só aquelas estipulações de que o utilizador retire proveito à custa da contraparte, isto é, com prejuízo ou desvantagem para esta, podendo discutir-se se basta para a qualificação a verificação dessa desvantagem ou se ela tem de ser qualificada como significativa, excessiva, desproporcionada ou de qualquer outra forma.

Por outro lado, as cláusulas contratuais gerais podem conter estipulações favoráveis aos aderentes, o que tipicamente sucede quando são integradas por mensagens publicitárias, que, pela sua função, têm teores que visam levar à contratação e que, portanto, são estimulantes e vantajosas para os possíveis aderentes. Da questão da inclusão destes conteúdos nas cláusulas contratuais gerais se ocupa com detenção C. Ferreira de Almeida[90], que demonstra convincentemente a resposta positiva, só não me sendo claro por que parece o autor sentir necessidade de responder ao argumento de que o facto de serem vantajosas para os aderentes – não afastando os regimes supletivos legais em detrimento deles – constitui obstáculo a que se qualifiquem como cláusulas contratuais gerais[91]. Se, como se verá, estas constituem oportunidade e, por isso, frequente ensejo de inclusão de cláusulas abusivas, daí não resulta que tal facto seja uma característica identificadora delas.

Também Netto Lôbo[92] – ocupando-se apenas dos contratos com consumidores – afirma que "a informação nas relações de consumo, e particularmente a publicidade lícita (adequada, suficiente e veraz) integra-se nos contratos de modo objetivo e inevitável, desde quando concretiza-

[89] Embora não o diga expressamente, parece ser este também o entendimento de Stefano Rodotà, "Condizioni generali di contratto, buona fede e poteri del giudice", *in Condizioni Generali di Contratti...*, Atti della Tavola Rotonda..., cit., pp. 81-82.

[90] *Texto e Enunciado...*, cit., pp. 891 a 923; v. já, antes, do mesmo autor, "Negócio jurídico de consumo. Caracterização, fundamentação e regime jurídico", *in BMJ* n.º 347, Junho-1985, pp. 23-24.

[91] *Ibidem*, pp. 891, 894 e 895.

[92] Cit., p. 67.

dos. Não pode ser objeto de retratação ou de escusa da obrigação, sob alegação de erro"[93].

Aliás, o art. 7.º, n.º 5, da Lei de Defesa do Consumidor estabelece: "As informações concretas e objectivas contidas nas mensagens publicitárias de determinado bem, serviço ou direito consideram-se integradas no conteúdo dos contratos que se venham a celebrar após a sua emissão, tendo-se por não escritas as cláusulas contratuais em contrário"[94].

7. Enzo Roppo[95] analisa os argumentos em que assenta o entendimento de que a utilização de cláusulas contratuais gerais favorece a tendência para a concentração, já que conduziria a uma redução de custos que é especialmente favorável às grandes empresas, concluindo que "a predisposição e o uso de esquemas *standard* é, tudo somado, elemento neutro relativamente às dimensões das empresas". Não que não reconheça que aquela utilização é especialmente útil à racionalização da gestão das grandes empresas; mas, segundo o autor, isso «não equivale [...] em sentido algum a afirmar que o uso de condições gerais só por si induza na economia das empresas de grandes dimensões vantagens diferenciais inexistentes nas pequenas empresas justamente por serem «pequenas»». Conclui que "a prática da contratação através de condições gerais serve para satisfazer exigências e para resolver problemas típicos das primeiras; problemas e exigências que as segundas – em razão da sua estrutura orga-

[93] O autor acrescenta, *ibidem*, pp. 67 e 68, que "a informação insuficiente ou deficiente [...] não pode ser óbice à vinculação obrigacional do fornecedor, em benefício do consumidor. Em outras palavras, a informação obriga, ainda que não esteja explicitada, pouco importando que essa omissão seja intencional ou involuntária. Informação, não explícita, que vincula é toda aquela necessária ao conhecimento e compreensão do consumidor típico, e no seu interesse, emergente da natureza do produto ou do serviço. Nesse sentido, também integra o contrato de consumo. As regras técnicas aplicáveis à segurança de determinado produto, por exemplo, integram a informação como se neles estivessem. Do mesmo modo, as características de qualidade utilizadas em produtos e serviços similares, pelos demais fornecedores. Se assim não fosse, estar-se-ia a admitir, por via tranversa, conduta fundada em *venire contra factum proprium*".

[94] Também o Código de Defesa do Consumidor brasileiro determina, no seu art. 36.º, que a informação ou publicidade suficientemente precisas "obriga o fornecedor que a fizer veicular ou dela se utilizar e integra o contrato que vier a ser celebrado".

[95] Cit., pp. 56 a 65.

nizativa diversa – não manifestam (ou manifestam em medida inferior)". Pelo que respeita à vantagem de "remover ou delimitar ou pelo menos tornar «calculáveis» os riscos ligados às diversas operações contratuais", também não pode dizer-se que ela seja maior para as grandes empresas, antes pelo contrário; "[...] a razão consistiria no facto de que o ónus de ressarcimentos imprevistos e não calculáveis pode ser tanto melhor absorvido quanto maiores são [...] as dimensões da empresa, enquanto é susceptível de provocar desequilíbrios perigosos entre custos e rendimentos nas empresas caracterizadas por uma estrutura organizativa e financeira menos consistente". Todavia, Roppo conclui que tem de se reconhecer "o impulso que o fenómeno da contratação standardizada conhece na «idade dos monopólios» [...], assim como, por outro lado, não prejudica de modo algum a consideração de todas as diversas, e relevantes a diverso título, interferências entre as práticas da contratação através de condições gerais e a problemática que pode genericamente intitular-se de dialéctica entre o «monopólio» e a «livre concorrência»". Analisa também a ideia de que a utilização de cláusulas contratuais gerais constitui "um factor de «transparência do mercado» e, por isso, indirectamente, de mais viva concorrencialidade entre as empresas". Observa, a este propósito, que se trata de uma ideia que parte do princípio de "que a expansão das técnicas de contratação por *standards* realiza [...], a longo prazo, a homogeneidade substancial da disciplina das relações estabelecidas no âmbito de todo o mercado (consequência resultante da circunstância de que as condições gerais predispostas para um certo tipo de operações pelas empresas de um mesmo sector da economia tenderiam em larguíssima medida a uniformizar-se) [96]. Subtraído às condições contratuais [...] qualquer papel significativo de diferenciação concorrencial entre os produtores de um mesmo bem ou serviço, a concorrência deveria assim deslocar-se

[96] Já Anteo Genovese, "Osservazioni...", cit., p. 878, chamava a atenção para que "a moderna organização da produção dos bens e dos serviços [...] conduz à formação de grandes e potentes empresas especializadas, que gozam de uma posição económica de monopólio de facto ou de direito", ao que acrescentava que "a actual organização económica leva à criação de poucas empresas, que facilmente se põem de acordo e adoptam condições gerais de contrato iguais". Isto permite-lhes abusar da clientela, sem que esta possa encontrar alguém disposto a fornecer aquilo de que tem necessidade em condições melhores".

– com benefício para os consumidores – para o plano do preço e da qualidade. Adquirentes e utentes resultariam assim em qualquer caso seguramente beneficiados pela simplificação das suas escolhas de mercado, que se tornariam mais fáceis por uma oferta mais decifrável por assim dizer ou, realmente, mais «transparente», como aquela cuja apreciação [...] se esgota na consideração do preço e qualidade. [...] Mas, vendo bem, é duvidoso se o indicado papel de promoção da *Markttransparenz* deve de facto atribuir-se ao mérito das condições gerais [...]". O autor salienta que não é certo que se verifique uniformidade das cláusulas contratuais gerais, dizendo que aquela poderia ser desempenhada de forma mais eficiente pela aplicabilidade do direito dispositivo. E conclui: "na medida em que [aquele entendimento] não leva em conta a consideração que os [...] efeitos da acrescida transparência do mercado e decifrabilidade da oferta são resultado, em concreto, da imposição unilateral ao público de disciplinas jurídicas (por vezes «vessatorie», e em qualquer caso sempre elaboradas pelas empresas no seu exclusivo interesse próprio) tão rígidas que não deixam aos destinatários nenhuma margem de negociação, aquela posição acaba por resultar objectivamente falsificadora. Acaba, mais exactamente, por dissimular a circunstância de que – na medida em que se realiza – a transparência da oferta operada pela sua standardização, longe de assegurar aos consumidores oportunidades acrescidas de uma conscienciosa apreciação desta [...] resolve-se antes na subtracção substancial da sua liberdade de escolha".

As questões analisadas pelo autor prendem-se directamente com o problema de saber se o controlo das cláusulas contratuais gerais pode ser deixado ao mercado ou tem de ser resolvido essencialmente pela lei e pelas autoridades, administrativas e/ou judiciais. Na verdade, há quem defenda que, desde que haja pluralidade de operadores em cada sector económico, oferecendo cada um modelos contratuais diferentes, os consumidores e usuários escolherão os contratos que lhes sejam mais vantajosos, o que terá o efeito de obrigar as empresas, em situação de concorrência, a adaptar as cláusulas contratuais gerais de forma a torná-las atraentes para os clientes. É este o tema do estudo de Verónica Glibota Landriel[97], que conclui que o escrutínio realizado pelos consumidores

[97] Cit., *passim*.

não é, nem de longe, suficiente para disciplinar o comportamento das empresas no mercado, já que aqueles não se preocupam tanto com o conteúdo clausular dos contratos que realizam, mas sobretudo com os elementos essenciais deles.

8. Creio justificar-se que refira aqui a distinção feita por Stefano Rodotà[98] entre: "*a)* condições predispostas para um só contrato; *b)* condições predispostas para uma série de contratos; *c)* condições próprias de um único contraente (única empresa); *d)* condições relativas a operações de rápida conclusão ou a retalho; *e)* condições relativas a operações complexas ou duradouras".

Se a primeira categoria corresponde à realidade que constitui um contrato de adesão singularmente celebrado, que pode ser – e, na maioria dos casos, será – alheia a qualquer actividade empresarial típica, e a segunda consubstancia o fenómeno designado, genericamente de forma quase consensual, por cláusulas contratuais gerais, já as restantes merecem atenção.

Em certos segmentos de mercado encontram-se cláusulas contratuais gerais privativas de cada operador económico, o que poderá levar à conclusão (indemonstrada na realidade do mercado) de que os potenciais parceiros contratuais de negócios naquele sector têm a vantagem (relativamente à situação anterior) de poder escolher entre modelos contratuais diversos. A hipótese referida na al. *d)* tanto pode respeitar a contratos entre operadores económicos como com consumidores ou utentes, e a sua justificação encontra-se porventura mais na necessidade de celeridade e simplificação da realização dos negócios do que na imposição de estipulações desvantajosas para os aderentes. Na última hipótese, podem incluir-se, além dos contratos duradouros, outros tipos de operações económicas. Há sectores de actividade em que um profissional faz vários contratos com o mesmo cliente, sendo um ou vários deles integrados por cláusulas contratuais gerais imutáveis para todos os clientes, e os restantes compostos por um conjunto clausular fixo que se acorda venha a integrar todos os futuros contratos a serem realizados entre a empresa e aquele cliente. Estamos, pois, perante situações em que, não

[98] Cit., pp. 86 e ss..

sendo necessariamente duradouros os contratos celebrados, existe uma espécie de contrato normativo que constitui o núcleo integrador de todos os contratos que venham a concluir-se entre a empresa e o cliente, que mantêm uma ligação negocial complexa[99] que se prolonga no tempo. Nesta, compreendem-se contratos em que, além do núcleo imutável previamente acordado, as restantes estipulações podem ser cláusulas contratuais gerais ou, no todo ou em parte, negociadas individualmente.

Pertinente é também a distinção que C. Ferreira de Almeida[100] realiza entre multiplicidade horizontal, multiplicidade vertical e multiplicidade vertical-horizontal das cláusulas contratuais gerais na conclusão de contratos. A distinção releva do modo como os contratos são celebrados, do seu posicionamento na cadeia de produção e distribuição dos bens e das partes que neles intervêm. Enquanto, "na multiplicidade horizontal, o enunciado único, repetido em diferentes negócios, é formulado pelo contraente comum [o mesmo contraente] a uma série de negócios e contém, total ou parcialmente, a referência performativa e descritiva das funções negociais e/ou dos elementos objectivos e circunstanciais", "na multiplicidade vertical, o enunciado único é relevante para uma cadeia de negócios, assumindo cada novo enunciante como seu o enunciado emitido pelo seu antecessor na mesma posição negocial, mantendo-se todavia evidentes traços de autonomia imputável a quem originariamente o emitiu e participou no contrato que constitui o primeiro elo da cadeia"; já, na multiplicidade vertical-horizontal, combina-se o encadeamento de contratos entre sujeitos sempre diversos, mas com conteúdo parcialmente, ao menos, idêntico, com negócios realizados por um único contraente com uma pluralidade de partes.

Nas situações que o autor chama de multiplicidade vertical, está-se tipicamente face à cadeia negocial que leva os bens do produtor através da rede de distribuição: o primeiro vende-os ao grossista e este ao retalhista, podendo, naturalmente os grossistas e retalhistas envolvidos ser em número variado. O que aqui se toma em consideração é a componente fixa dos contratos sucessivos, não obstante serem concluídos entre sujeitos que vão variando: cada um dos aderentes a um contrato assume

[99] Diz-se complexa porque formada por vários contratos.

[100] *Texto e Enunciado...*, cit., pp. 874, 877 e ss., 924 e ss. e 937 e ss..

a posição de utilizador das cláusulas contratuais gerais que aceitou relativamente ao sujeito com quem contrata de seguida, na medida em que faz suas aquelas com base nas quais adquiriu. Para a análise circunstanciada da razão de ser desta apropriação de conteúdos contratuais fixos pelos diversos elos da cadeia, quer na venda sobre documentos quer na de produtos embalados e rotulados, C. Ferreira de Almeida[101] chama a atenção para que "entre os dois casos de eficácia multiplicadora vertical de um mesmo enunciado negocial há uma diferença mais, além das já apontadas: nos sucessivos endossos de documentos à ordem e na tradição de documentos ao portador, o enunciado reporta-se a um objecto único e específico – a mercadoria em trânsito, em depósito ou a entregar; na rotulagem, o «documento» é reproduzido e aposto repetitivamente numa série de produtos aos quais o embalador atribui um conjunto de características idênticas. Na venda de bens sobre documentos, a possível integração múltipla do mesmo enunciado restringe-se a contratos com o mesmo objecto; na venda de bens rotulados, a integração múltipla alarga-se a todos os contratos em que o objecto seja qualitativamente igual. No primeiro grupo de contratos, o enunciado tem uma aptidão multiplicadora exclusivamente vertical, que é comum nos contratos encadeados; no segundo grupo de contratos, o enunciado tem uma aptidão que é cumulativamente vertical e horizontal, generalizando, para cada série de contratos, a sua inserção vertical em sucessivos estádios da cadeia distributiva".

Já as situações chamadas de multiplicidade horizontal correspondem ao que paradigmaticamente são os contratos com consumidores: o vendedor ou fornecedor predispõe ou utiliza cláusulas contratuais gerais para celebrar contratos com todos aqueles que queiram adquirir os bens ou serviços; um dos contraentes (o vendedor ou fornecedor) é sempre o mesmo sujeito em todos os negócios, variando as contrapartes na medida em que sejam pretendentes à aquisição dos bens ou serviços providenciados pelo primeiro.

Finalmente, na multiplicidade vertical-horizontal, designa-se a combinação, quantas vezes indispensável e inultrapassável, entre os dois tipos de contratação.

[101] *Ibidem*, pp. 924 a 941.

9. A problemática das cláusulas abusivas, em especial nos contratos de consumo, não se confunde com a dos contratos de adesão[102] ou, mais restritamente, com a das cláusulas contratuais gerais[103] [104], pois, como observa Ruben S. Stiglitz[105] [106] [107], para que se esteja perante uma cláusula abusiva, é indiferente que o contrato tenha sido pré-elaborado pelo profissional ou tenha sido objecto de uma negociação em que o consumidor tenha participado, muito embora seja no domínio dos contratos de adesão, *maxime* das cláusulas contratuais gerais, que elas encontram terreno

[102] Isabel Afonso "Cláusulas contratuais gerais", *in Estudos de Direito do Consumidor*, n.º 1, cit., p. 476, escreve: "Sendo o contrato de adesão em vários sectores da economia a forma privilegiada de contratar entre profissionais e consumidores – atente-se no sector financeiro quer se trate da banca ou dos seguros, nos serviços essenciais, água, energia eléctrica e telecomunicações – a presença de cláusulas abusivas na maior parte dos contratos é uma realidade".

[103] Almeno de Sá, *Cláusulas Contratuais Gerais e Directiva Sobre Cláusulas Abusivas*, 2.ª ed., pp. 26-27, referindo-se à Directiva n.º 93/13/CEE, parece entender que o facto de constituírem seu objecto quaisquer cláusulas não negociadas tem que ver com o facto de contratos em que tais cláusulas se encontram serem contratos concluídos com consumidores; não tenho por certo que este seja o entendimento do autor, dada a forma como exprime o seu pensamento, mas, se o for, julgo que se trata de uma interpretação incorrecta, resultante de a directiva ter simultaneamente como objecto contratos com consumidores e contratos de adesão. Na verdade, os contratos (total ou parcialmente) de adesão podem ser contratos de consumo ou de tipo muito variado e diverso, em todos sendo frequentes as chamadas cláusulas abusivas.

[104] Assim, p. ex., Yara Miranda, *cit.*, p. 703.

[105] Cit., pp. 310, 311, 319 e 321.

[106] Pietro Barcellona, "Condizioni...", cit., p. 111, depois de afirmar que a utilização de cláusulas contratuais gerais favorece o surgimento de cláusulas abusivas em detrimento do aderente, observa que "o contrário não é verdadeiro: uma coisa é, de facto, a garantia da participação consciente na formação e conclusão do contrato; outra coisa é, em concreto, a garantia de uma regulação equitativa dos interesses recíprocos e da proporcionalidade dos sacrifícios".

[107] Em sentido diverso, isto é, restringindo as cláusulas abusivas às que tenham sido "inseridas em contratos em que uma das partes pode impor a sua vontade à sua contraparte", Hélène Bricks, *Les clauses abusives*, p. 2.

mais propício ao seu aparecimento[108]. Como diz C. Massimo Bianca[109], "fora destas hipóteses [de aproveitamento de uma parte pela outra "em situações patológicas de consenso"], a gravosidade e, correlativamente, a vantagem do negócio ou da cláusula entram geralmente no jogo da contratação"[110].

Mas é, como se disse, incontroverso que, não consumindo os contratos *standard* a problemática das cláusulas abusivas, estas são muitíssimo frequentes e abundantes neles, o que permite a Massimo Bianca[111], por exemplo, dizer que "as cláusulas abusivas [*vessatorie*[112]] uniformes são de facto o indício da sujeição de uma categoria ao poder contratual de outrem". O mesmo autor[113] chama a atenção para que este indício pode encontrar-se fora "do seu típico âmbito empresarial (ex: proprietários-

[108] A Lei (francesa) n.º 95-96, de 1 de Fevereiro, regula a problemática das cláusulas abusivas nos contratos com consumidores, independentemente de aqueles terem sido formados na base de cláusulas contratuais gerais ou de serem contratos de adesão, o que bem demonstra que as cláusulas abusivas podem surgir em qualquer contrato.

[109] *Le autorità private*, cit., pp. 69-70.

[110] Antonino Cataudella, "Condizioni generali e procedimento di formazione del contratto", *in Condizioni Generali...*, Atti..., p. 14, defende que as cláusulas previstas no primitivo art. 1342.º do Código Civil italiano – as contidas em modelos ou formulários – não têm o regime das consideradas no 1.º *comma* do art. 1341.º do mesmo Código se não implicarem desvantagem para o aderente.

[111] *Ibidem*, p. 66.

[112] Utilizam-se aqui em sinonímia os dois adjectivos, dado que, como se refere *infra*, a lei italiana manteve o qualificativo tradicional, mas, sobretudo porque, como assinala Giovanni M. Armone, "Inibitoria collettiva e clausole vessatorie: prime disavventure applicative dell'art. 1469 sexies c. c.", *in Il Foro Italiano*, 1997, I, p. 294, essa manutenção correspondeu – na opinião de uma corrente da doutrina – a um deliberado propósito legislativo, não tendo resultado de desleixo ou incúria do legislador. No sentido de que são sinónimas, Alberto Alemanno, "L'azione inibitoria nei contratti dei consumatori", *in* http://www.jus.unitn.it/cardozo/Obiter_dictum/alleml.htm.

Sousa Ribeiro, "A boa fé como norma de validade", *in Direito dos Contratos.* cit, p. 230, nota 37, refere a substituição do adjectivo *vessatorie* por *abusive*, mas não está demonstrado que ela surja em mais do que um ou outro autor ou texto isolados, sendo igualmente certo que há autores que preferem o qualificativo de onerosas.

[113] *Ibidem*, p. 66.

-inquilinos) [[114] [115]] e até fora das hipóteses de condições especificamente predispostas por um determinado operador face aos seus clientes", alertando para a importância das minutas contratuais impressas e vendidas ao público que se mostram tanto mais "insidiosas" quanto parecem inócuas e ter um carácter de imparcialidade, levando "mais facilmente o contraente a confundir cláusulas onerosas com prescrições legais". C. Marco Mazzoni[116] dá, como único exemplo de contrato de adesão não redigido por uma empresa para a aquisição ou alienação dos bens ou serviços no mercado, o sujeito que seja titular de uma patente (o que o coloca em regime de monopólio), escrevendo[117] que a razão por que "o sujeito individual não define condições gerais" é a de não ter "nada a oferecer de economicamente relevante". O autor salienta[118] que o predisponente (ou utilizador) das cláusulas não é nunca um sujeito singular, mas sim uma sociedade organizada empresarialmente, apesar de não desconhecer as situações, algo frequentes, em que o contrato é concluído entre dois sujeitos colectivos, hipótese em que, dada a diversidade de dimensões e de organização dos dois sujeitos, entende que é "permitida uma assimilação quase total, no terreno dos resultados empíricos, com aquela outra mais comum em que o aderente é uma pessoa singular". Há quem[119], por outro lado, chame a atenção para que o "reduto *das cláusulas contratuais abusivas* [...], por uma questão de *boa disciplina legislativa*, deve [...] ser tratado [...] fora da área típica do *moderno fenómeno do consumo*", embora

[114] Pinto Monteiro, "Do Direito do Consumo ao Código do Consumidor", *in Estudos de Direito do Consumidor*, n.º 1, cit., p. 211, no contexto de uma análise da evolução da intervenção estadual no quadro da liberdade contratual, em ordem a garantir alguns valores que o funcionamento do mercado fazia perigar, refere também o contrato de arrendamento, não ficando claro, no contexto em que a referência surge, se assimila o arrendatário, enquanto contraente débil, ao consumidor.

[115] O. Tommaso Scozzafava, cit., p. 975, utiliza este exemplo para demonstrar que a rigidez das propostas contratuais, o mesmo é dizer a proliferação de contratos de adesão se encontra indissoluvelmente ligada a situações de escassez de oferta de certos bens no mercado.

[116] Cit., p. 6, nota 3.

[117] *Ibidem*, p. 61.

[118] *Ibidem*, pp. 6 a 12.

[119] Antunes Varela, "Direito do Consumo, *in* Estudos de Direito do Consumidor, n.º 1, cit., p. 404.

reconhecendo que tais cláusulas surgem "*e com especial frequência* nos contratos realizados entre produtores de mercadoria ou os prestadores de serviços *em massa* e os verdadeiros *consumidores*", pelo motivo de que "os *vícios típicos* das chamadas *cláusulas abusivas não são privativos* da área negocial instalada nas chamadas *zonas de consumo.* Trata-se [...] de *vícios* que tocam o aspecto da *justiça contratual* e, por isso, excedem o âmbito dos *negócios de produtos ou serviços em massa.* O que sucede é que essas *cláusulas abusivas,* quando existem nos *negócios em massa,* dão *mais nas vistas,* porque a injustiça *se avoluma,* a *mancha da injustiça* da cláusula *alastra,* e a *reacção social* contra a sua prática *aumenta*". Como se referirá de seguida, não se trata de dar mais "nas vistas", nem de responder a "reacção social", antes de a multiplicação destes clausulados pôr em causa valores que não são puramente individuais, mas colectivos, sociais, e de o tipo de contratos, justamente pela forma por que são concluídos, reclamar formas legais de tutela específicas.

Ponto é que não se tenha uma visão reducionista do fenómeno, que restrinja o seu âmbito aos contratos ditos de consumo: também nas cadeias de produção e de distribuição dos bens como na dos serviços não isolados, as grandes empresas utilizam, como ficou referido, os contratos *standard* para satisfazer as suas necessidades através de negócios repetidos com outros operadores económicos.

10. A generalização desta forma de contratação e a especificidade dos problemas que coloca têm levado, muito justificadamente, alguns autores – com reflexo em sistemas jurídicos vigentes – a defender que, ao lado da teoria e do regime gerais dos contratos, ela impõe uma teorização e regimes legais excepcionais[120] [121] [122] [123]. E, na verdade, a figura do contrato

[120] V. Francisca Llodrà Grimalt, *El contrato celebrado bajo condiciones generales,* 2002, p. 23, e autores aí citados.

[121] Sem que o diga ou defenda, Pinto Monteiro, "Do Direito do Consumo...", cit., p. 209, observa que "os institutos jurídicos viram-se confrontados com a necessidade de tutelar situações que eram completamente inimagináveis, quando se deu a elaboração dogmática que esteve na génese dos grandes quadros subjacentes às codificações clássicas do direito civil". O mesmo autor, em outro estudo, "Harmonização legislativa e protecção do consumidor (A propósito do Código do Consumidor Português)", *in Estudos em Honra do Professor Doutor José de Oliveira Ascensão,* Vol. II, pp. 1454-1455, parece entender que

e o seu regime foram, e continuam a ser, concebidos para uma realidade de mercado em que o consenso livre e esclarecido das partes constitui o

assim não é; escreve: "o tema da defesa do consumidor [...] insere[-se] *na linha de evolução do direito civil* no século XX, [...] faz parte dessa mesma evolução e está em sintonia com a dimensão de *justiça social e materialmente fundada* que perpassa por todo o direito civil contemporâneo", ilustrando com as "preocupações de *justiça material* e de *solidariedade social* [que] estão bem patentes [...] no direito civil português, «maxime» no Código de 1966, que generosamente acolhe o princípio da boa fé em sentido objectivo [...], proíbe o abuso do direito [...] e os negócios usurários [...], dá relevo à alteração anormal das circunstâncias [...], prevê a responsabilidade civil independente de culpa [...], permite a redução equitativa das penas contratuais manifestamente excessivas, etc.", tudo visando "corrigir abusos, promover a correcção e lealdade nas relações contratuais, impor deveres, fomentar a segurança e encontrar outros fundamentos para a responsabilidade civil", "o que releva também, e até de modo muito especial, para a defesa do consumidor".

Também Menezes Cordeiro, "Da natureza civil...", cit., pp. 704 e ss., sustenta a natureza civil do direito do consumidor, embora a posição esteja funcionalizada à defesa da integração no Código Civil das normas a ele relativas. No sentido de que "o negócio jurídico de consumo é ainda negócio jurídico", embora "especial, no sentido de que o seu conceito, fundamento e regime jurídicos se justapõem ao núcleo central do negócio jurídico de direito comum, uma vez revisto e depurado de elementos históricos e acidentais, mas dispondo de caracteres específicos e regulação própria, de harmonia com as particularidades do seu campo de aplicação, da avaliação relativa aos interesses e da protecção dispensada aos consumidores", C. Ferreira de Almeida, "Negócio jurídico de consumo...", cit., pp. 36 e 37. Dizendo que a contratação em massa impõe "uma mudança de paradigma" do contrato, que deixa de poder ser visto como uma operação individual e tem de passar a ser considerado como "uma ordem contratual como programa unitário de uma série de actos em que se desdobra uma actividade económica", Sousa Ribeiro, *Cláusulas contratuais gerais...*, cit., *passim*.

É desejável, como diz Fernando Noronha, *Direito das Obrigações*, Vol. I, 2.ª ed., p. 341, que "a problemática das cláusulas abusivas rompa as fronteiras do direito do consumidor ou, mesmo, a dos contratos de adesão e se integre como «princípio maior» do Direito das Obrigações".

[122] Encontra-se quem, como, p. ex., Leone Niglia, cit., p. 2, observe, ao invés, que o actual regime geral dos contratos não pode ser reconhecido se não se tiver em consideração todo o trabalho dogmático e jurisprudencial realizado a propósito dos contratos *standard*; trata-se de entendimento justificadamente mais radical, pois já não está em causa apenas a concepção de uma nova teorização e de regime dos contratos de massa, mas a subversão dos quadros tradicionais por aqueles novos dados de concepção e de regulação legal.

[123] Coloca e equaciona o problema, embora apenas no âmbito do regime das relações de consumo, Gustavo Tepedino, "As Relações de Consumo e a Nova Teoria Con-

cerne. O que entretanto ocorreu é que tais contratos constituem, como se disse, uma fracção menor – quase ínfima, diria – daqueles que no mercado são concluídos[124]. De onde resulta que grande parte do regime geral dos contratos – e não pode ignorar-se também o modo como ele é interpretado e aplicado – não tenha correspondência com as questões que a realidade contratual dominante coloca. Porém, como se irá vendo, os regimes próprios para os chamados contratos de adesão (na modalidade de contratos *standard* ou individuais), bem como para os contratos de consumo, partem, também eles, da concepção oitocentista do contrato e – mesmo deixando de lado as opções políticas de tutela do contraente empresarial, que também as há e não raras – não radica numa diversa concepção que a realidade impõe. Este ponto de vista é patente, por exemplo, no texto de

tratual", *in Temas...*, cit., pp. 229 a 231 e 241 a 246. O autor, reconhecendo que a área do direito do consumidor corresponde a uma nova realidade económica, entende que não pode pensar-se "que a relativização dos conceitos jurídicos, conquista indiscutível da civilística atual, altera a compreensão de fenómeno jurídico contemporâneo e permeia, portanto, a própria dogmática", concluindo, modestamente, que se está perante uma "indiscutível tendência de fragmentação dos conceitos, [...] estilhaçamento dos conceitos jurídicos ou do direito", o que, quanto ao direito do consumidor e ao Código de Defesa do Consumidor, poderia representar um "microsistema", o que o autor contesta com os irrespondíveis argumentos de que, a ser assim, deveriam as regras interpretativas ser limitadas "à tábua de valores setoriais" e os processos de analogia só admissíveis dentro desse microsistema. Em outro texto – "Dez Anos de Proteção do Consumidor", *in Temas de Direito Civil*, Tomo II, 2006, pp. 350-351 e 352-353 – diz o mesmo autor: "Os princípios da boa fé objetiva (expressão da solidariedade e do valor social da livre iniciativa), do equilíbrio das prestações e da vulnerabilidade da parte contratual mais fraca (projeções da insonomia substancial e da dignidade) constituem-se em novos pilares da dogmática contratual, alterando o cenário anterior, em que a autonomia da vontade pontificava, limitada pelas remotas (e externas) referências à ordem pública e aos bons costumes. [...] o aniversário [do Código de Defesa do Consumidor] celebra [...] o reconhecimento, pela legislação civil, da alteração do conceito de ordem pública, que assume um sentido emancipatório, pretendido pelo Texto Maior, voltado para a redução das desigualdades sociais e para a plena realização da pessoa humana. [...] O mais importante parece ser a incorporação da tutela do consumidor no âmbito da dogmática do direito civil, evitando-se a formação de guetos legislativos dissociados da legalidade civil-constitucional".

[124] Sousa Ribeiro, *Cláusulas contratuais...*, cit., pp. 47-48, escreve que este transformou-se "no modo normal de contratação" "e os contratos individualmente negociados [são] a excepção".

R. Scognamiglio[125], que, estabelecendo embora um paralelo com o direito do trabalho, parece ver neste último a especificidade da representação sindical que, do seu ponto de vista – certo, aliás, em grande media, como a realidade tem demonstrado –, "não parece de momento concebível [...] no domínio dos contratos comerciais de massa ou de categoria". Mais: como Sousa Ribeiro[126], por exemplo, demonstra, a intromissão legal no conteúdo do contrato unilateralmente definido por um dos contraentes parte do pressuposto de que, fora o contrato livre e paritariamente negociado, e estaria assegurado "um justo acerto de interesses", isto é, a justiça do regulamento contratual, ou, dito por outras palavras, que "uma justa solução compromissória é produto de uma virtualidade intrínseca do instituto contratual", concepção há muito posta em causa no quadro geral dos contratos negociados pela verificação de que a negociação é sempre "um exercício de poder, alcançando-se o acordo quando cada uma das partes crê que já não consegue obter mais da outra, continuando, apesar disso, a considerar vantajosa a conclusão do contrato"[127]. Suponho que, por não ter considerado como geral a crítica do pensamento a que procedeu, o autor[128] afirma que "o traço individualizador, unicamente presente nas c.c.g. e em nenhuma outra espécie negocial", é "a predisposição, em forma geral e abstracta, de cláusulas contratuais", o que tem como consequência que sejam afectados "círculos muito amplos de contraentes, em inteiros sectores do tráfego"; a abstenção legal de controlo em contratos avulsos "é inteiramente suportável pelo sistema, pois não põe em causa, na globalidade, a eficácia ordenadora dos padrões legais, que continuam a vigorar como o regime-regra [...]". Conclui, pois, que "não é tanto [...] a relação predisponente-aderente que está em causa, mas a relação predisponente-ordenamento", implicada pela "postura «legiferante» que o

[125] "Le contrôle judiciaire...", cit., pp. 60 e 61.

[126] 126 *Cláusulas contratuais...*, cit., pp. 206 a 217 (embora o autor o faça em análise crítica do pensamento de Schmidt-Rimpler e não como teorização geral).

[127] Criticando a ideia de que "o facto [...] de que ambas as partes, em *idem placitum consensus*, tenham concordado na adopção, nas suas relações recíprocas, de certas regras ou normas é garantia suficiente de que estas regras são conformes com os mais elementares critérios de justiça e equidade, já que, se assim não fosse, não teria uma das partes consentido na adopção delas", v., p. ex., Adolfo di Majo, "Il controllo giudiziale...", cit., p. 197.

[128] *Ibidem*, pp. 217 a 234.

predisponente adopta", admitindo expressamente que "as normas dispositivas intervêm [...] como factores de concretização dos comandos normativos da boa fé" e que "sectores há [...] em que o contrato conserva a sua função clássica de operador da mediação jurídica interpessoal, sendo a vontade dos intervenientes, consequentemente, o factor constitutivo e o fundamento dos efeitos jurídico-negociais. Aqui o recurso ao instrumento contratual representa verdadeiramente uma delegação e um apelo ao poder jurisgénico da pessoa na conformação das suas relações, à sua autodeterminação e, concomitantemente, à sua autoresponsabilidade".

Se bem que não alterando o essencial dos quadros gerais e restringindo-se à tutela do consumidor, é interessante assinalar aqui a posição assumida pelo STJ, no acórdão de 28 de Abril de 2009[129] (Fonseca Ramos[130]). Aí se lê: "Entendemos que, sopesada a gravidade do comportamento da Autora, profissional no mercado de crédito com o arsenal de meios logísticos, *marketing* e publicidade, de que dispõe, o quadro factual em que o Réu (a parte mais fraca no contexto negocial, repetimos) invocou a nulidade, não exprime abuso do direito, por não ser *clamorosa* e chocantemente violadora das regras da boa-fé. [...] Concluímos, assim, que a pretensão do Réu não deve ser paralisada pela invocação do abuso do direito, sendo certo que nas relações de consumo a regra é a protecção do consumidor, só devendo ser *desconsiderada*, em casos de conduta, a todos os títulos censurável e injustificada, com grave prejuízo da contraparte, o que aqui não é evidente [...]".

11. A intervenção legal, o mesmo é dizer estadual, no âmbito da liberdade contratual, por forma a repor condições de justiça contratual[131] destruídas por estas formas de contratação, em particular na área da protecção do consumidor, é explicada por Pinto Monteiro[132] com recurso a vários elementos: "razões de ordem económica, desde logo, pois é o próprio sistema, a fim de evitar a *entropia*, que carece de regras que assegurem a *confiança* dos seus agentes, em especial o consumidor, no funcio-

[129] Sem indicação de número de processo.

[130] *In www.dgsi.pt.*

[131] Da existente, isto é, da possível no enquadramento clássico e persistentemente geral.

[132] "Do Direito do Consumo...", cit., pp. 208-209.

namento dos mecanismos do mercado [...]. Mas [...] também e sobretudo razões sociais e de equidade a reclamar especiais medidas de protecção do consumidor [...], a que acabaram por se aliar argumentos políticos de peso". E acrescenta: "[...] por estas razões, e também para corresponder ao apelo de uma opinião pública cada vez mais intensa e organizada, o Estado intervém, assume esse apelo como «incumbência prioritária» da sua acção e confere dignidade constitucional aos direitos dos consumidores. [...]. "[...] numa palavra, o Estado intervém, invade um sem número de domínios com a preocupação de corresponder, em sede legislativa, ao imperativo politico, social e jurídico de defesa do consumidor"[133] [134].

[133] Antes dessa intervenção já a realidade do direito se tinha ocupado, na medida em que lhe era permitido, da problemática.

Antunes Varela, "Direito do Consumo", cit., p. 393, diz que "os casos em que, *pela primeira vez*, a jurisprudência *mais avançada* de alguns países europeus *de elaboração doutrinária* mais evoluída sentiu a necessidade de uma *tutela especial dos consumidores* registaram-se em *situações contenciosas do foro cível* em que os compradores de certos produtos farmacêuticos ou medicamentosos (como a célebre *Talidomina*) e, mais adiante, de artigos da *indústria têxtil* de mais fácil expansão comercial não encontraram *cobertura jurídica satisfatória* para a *justa reparação* dos danos que sofreram com a *deficiente qualidade* ou o *risco especial* dos produtos comprados, nos quadros clássicos da *responsabilidade civil* baseada na *culpa* do vendedor. A primeira reacção da doutrina traduziu-se [...] no fácil alargamento da *moldura excepcional* dos casos da *responsabilidade civil objectiva*".

[134] Netto Lôbo, cit., pp. 59 e 60, opina do seguinte modo: "É interesante notar que os temas relativos a direito do consumidor estejam em franca expansão, justamente no momento em que se discute a aguda crise por que passa o Estado social [...]. o avanço da globalização econômica dá-se a expensas do Estado social, compelido a reduzir ao mínimo a intervenção na atividade econômica, em que se insere o direito do consumidor. Os Estados e os direitos nacionais que intervieram na ordem econômica, para consecução da justiça social, ao longo do século XX, são obstáculos naturais à hegemonia do mercado global, que passou a ser pedra de toque desse fenómeno inquietante, na últimas duas décadas. [...] A tensão entre globalização econômica e Estado social levou à contradição entre a demanda econômica do Estado mínimo, dominado pelo mercado, e a demanda social da função regulatória. Mas a substituição do Estado empreendedor pelo Estado regulador não altera, substancialmente, a natureza jurídica de Estado social, que se diferencia do estado liberal, da etapa anterior, justamente por intervir nas relações privadas. Ou seja, enquanto houver ordem econômica constitucional [...], nela fundado haverá Estado social. O direito do consumidor [...] insere-se nesse contexto de reforço do papel regulatório, pois as suas regras tutelares configuram contrapartida à

Sousa Ribeiro[135], destacando "o bloqueamento do poder de conformação de uma das partes", escreve que "o predisponente, senhor único do ordenamento do negócio, fica com o caminho livre para a prossecução arbitrária e *a outrance* dos seus interesses", dizendo que "é este abuso que a disciplina própria das c.c.g. quer evitar [...]. O controlo do conteúdo funcionaria, assim, como uma espécie de *Ersatz* de uma livre negociação, visando tutelar o aderente perante a impossibilidade de defesa autónoma dos seus interesses".

Algo diversa é a opinião de Martin Ebers[136], que afirma que o privilegiamento da protecção dos consumidores resulta de uma concepção dos fundamentos da intervenção legislativa no controlo das cláusulas pré-formuladas – que designa por "teoria do abuso" – de que "o critério principal de controlo das cláusulas não é o perigo que representam as cláusulas pré-redigidas, mas antes a protecção de uma dada categoria de pessoas. A superioridade económica, social, psicológica e intelectual do profissional não permite escolha diversa da de aderir aos contratos em questão".

12. Antes de a lei tomar como objecto estes contratos[137], foram os princípios básicos de direito comum no âmbito do acordo contratual, a in-

liberdade irrestrita de mercado, na exata medida do espaço de humanização dos sujeitos consumidores".

[135] *Cláusulas contratuais...*, cit., pp. 205 a 207.

[136] "Directive relative aux clauses contractuelles abusives (93/13)", *in* Hans Schulte-Nölke, (coordenador-geral), Christian Twigg-Flesner e Martin Ebers, *Compendium CE de Droit de la consommation*, 2008, *in* http://ec.europa.eu/consumers/rights/docs/consumer_law_compendium_comparative_analysis_fr_final.pdf, p. 396.

[137] Sobre a evolução de tratamento jurídico, ao longo do século XX, das cláusulas contratuais gerais, v. sumário em Menezes Cordeiro, *Tratado...*, cit., pp. 418 a 420 e 425-426. Carvalho Fernandes, cit., p. 220, escreve que, antes de a lei portuguesa se ter ocupado da matéria, "o seu enquadramento doutrinal era muitas vezes feito, segundo o modelo francês, através da figura do contrato de adesão, mediante aplicações específicas de instrumentos técnico-jurídicos gerais, como a boa fé".

Martin Ebers, cit., pp. 399, 401 a 404, 407, 412, 413, 414, 417 a 419, informa que o Direito belga não tinha até 1991 qualquer medida de protecção expressa no domínio das cláusulas abusivas, sendo aplicáveis as regras gerais sobre a validade dos contratos, designadamente a boa fé. No Direito búlgaro, era igualmente o direito comum dos contratos o aplicável, sendo a contrariedade à boa fé o fundamento de nulidade de cláusulas contratuais. O mesmo se passava no Direito cipriota até 1996 quanto às cláusulas contratuais gerais. No Código Civil de 1964 da Checoslováquia não existiam igualmente regras próprias sobre cláusulas abusivas, situação que se alterou após a separação entre a República Checa e a Eslováquia. Nos sistemas dos países nórdicos (Dinamarca, Finlândia e Suécia), "uma característica essencial [...] é o recurso importante à regra geral, de direito comum, [...] [que] prevê a possibilidade de não executar um acordo no todo ou em parte (mesmo que tenha sido objecto de uma negociação individual), se a cláusula for abusiva/não razoável à luz do conteúdo do contrato, da situação das partes e das circunstâncias no momento e após a conclusão do contrato". No Código Civil da República soviética da Estónia de 1964, entrado em vigor em 1965, não existiam normas expressamente respeitantes às cláusulas abusivas. Na Grécia, desde os anos 70, que "as comunidades académica e judiciária tinham começado a interessar-se pela prática crescente de conclusão de contratos pela utilização de cláusulas estandardizadas", assentando a protecção no controlo da inserção, na interpretação e no controlo do conteúdo da cláusula. Quanto à Hungria, "na época socialista, as condições gerais do comércio eram praticamente inexistentes, e não foi senão no fim dos anos 1960 que as cláusulas contratuais pré-redigidas surgiram", tendo a jurisprudência desenvolvido princípios sobre a sua inserção nos contratos, situação que se alterou em 1978. Também no Direito irlandês, antes da transposição da directiva, era a "lealdade" que se encontrava na base de diversas concepções no domínio dos contratos, como acontecia com as de violência, dolo ou erro. Na Lituânia, "as questões do direito do consumo eram reguladas pelo Código Civil de 7 de Julho de 1964 (código da época soviética)". Também em Malta, "não havia normas jurídicas expressas relativas à utilização de cláusulas abusivas nos contratos concluídos com consumidores" até à transposição da directiva, sendo as disposições do Código Civil "utilizadas pelos tribunais [...] como um instrumento legislativo que permitia regulamentar a utilização das cláusulas abusivas pelos comerciantes, em particular cláusulas de exoneração da responsabilidade". Do mesmo modo, inexistia no Código Civil holandês "qualquer regra específica relativa às cláusulas contratuais abusivas", que "eram analisadas pelos tribunais na base da teoria geral", tendo estes "aplicado frequentemente o princípio da «boa fé» a fim de preencher as lacunas e anular as cláusulas inaceitáveis". Na Roménia, antes de 2000, não existia "nenhuma regra expressa que permitisse controlar os contratos de adesão", sendo aplicáveis as normas do direito comum. O Código das Obrigações esloveno de 1978 – que foi substituído em 2002 – continha duas normas sobre cláusulas contratuais gerais: o art. 143.º dispunha que qualquer estipulação contratual contrária "à finalidade para a qual o contrato tinha sido concluído ou contrária às boas práticas do comércio, devia ser considerada nula [...]", podendo os tribunais afastar a aplicação de cláusulas de um contrato "que suprimissem o direito de impugnar ou de agir em juízo contra a outra parte, ou as cláusulas que fizessem perder direitos contratuais, o benefício de prescrições, ou ainda as cláusulas que fossem injustas ou excessivamente estritas para a outra parte".

terpretação dos contratos[138], as *cláusulas gerais* de direito privado, em especial a boa fé[139] [140], os instrumentos de que se socorreram as doutrinas

[138] Sobre o papel que coube, e cabe, à interpretação do contrato no sistema inglês, designadamente pela tomada em conta da *fairness* e da *reasonableness*, e na Alemanha pela boa fé, v. O. Lando, cit., p. 7.

V., p. ex., Camille Jauffret-Spinosi, cit., p. 36; Almeno de Sá, cit., p. 64.

[139] Mas também a ordem pública, como resulta, p. ex., do texto de Bianca, *Le autorità...*, cit., pp. 70 a 72, alertando para o prejuízo social que eles envolvem e para a sua inconveniência para "a economia em geral ou em termos de exigências globais da comunidade".

Analisando a situação em diversas ordens jurídicas, García-Amigo, cit., pp. 47 a 49, informa que, antes da segunda Grande Guerra, "as condições gerais eram consideradas na Alemanha, em geral, como um fenómeno incluído dentro do princípio da autonomia da vontade e, por isso, submetido às regras desta"; a situação alterou-se durante o período nacional-socialista, posto o que, nada prevendo os Códigos de Direito privado para este tema, a jurisprudência do *BGH* passou a aplicar "com especial rigor as *Generalklausen* contidas nos parágrafos 138 – *Guten Sitten* – e 142 – *Treu und Glauben* – do B. G. B.", tendo-se desenvolvido "pela doutrina e aplicado pela jurisprudência do Tribunal Supremo alemão determinados princípios jurídicos que se afastam das normas do Direito contratual clássico, chegando em alguns casos concretos a produzir-se uma contradição básica e radical". É o recurso à imperatividade da ordem pública, da moral e dos bons costumes que o autor vê como possíveis limitações à autonomia privada neste domínio (*ibidem*, pp. 80-81).

Mario Marsili, cit., pp. 137-138, defende que a jurisprudência, no controlo delas, deverá "ver se elas correspondem a princípios de justiça segundo o direito natural, no qual todo o direito comercial se funda".

Michael R. Will, cit., p. 86, descreve dois casos decididos pelo *BGH*, em 1956 e vinte anos depois, que considera respectivamente o precursor e o consolidador da jurisprudência alemã nesta área.

Netto Lôbo, cit., p. 63, escreve: "Anteriormente ao advento das legislações específicas, a jurisprudência dos tribunais socorreu-se à larga da boa-fé como cláusula geral definidora do limite das condições gerais dos contratos e do efetivo cumprimento do dever de informar".

[140] Para uma análise dos termos em que a boa fé intervém[inha] na apreciação dos contratos concluídos com base em cláusulas contratuais gerais, Pietro Barcellona, "Condizioni generali...", cit., pp. 112 a 114.

Sobre o papel que a boa fé desempenhou, e desempenha, no regime dos contratos, na Alemanha, v., entre outros, Ole Lando, cit., pp. 3-4, que também chama a atenção para a proximidade à alemã da situação na Dinamarca, em razão do art. 6/2 do Código Civil dinamarquês de 1992. V. também Eike von Hippel, "Defesa do consumidor", *in BMJ* n.º 273, Fevereiro 1978, pp. 21 e 23.

e jurisprudências para reduzir os prejuízos que este tipo de contratação acarretava para os aderentes[141][142]. A conjugação deles implicou necessariamente a adopção de orientações predominantemente casuísticas[143], além de insuficientes, já que a percepção do acentuado desequilíbrio contratual num contrato isolado não podia – ou só muito raramente o podia – ser considerado, à luz do regime geral, como um vício susceptível de provocar a invalidade do negócio ou de uma parte do seu conteúdo. Não pode, porém, subscrever-se a afirmação de Noronha Nascimento[144] de que, "antes da regulamentação legal das c.c.g. inseridas em contratos de adesão, difícil se mostrava a defesa judicial dos interesses que aquela regulamentação visa hoje salvaguardar". Tem razão ao dizer que "não havia um corpo coerente de normas vocacionado para tanto", mas não quando diz que não "havia uma teorização sistémica dos contratos de adesão", ou que "a filosofia liberal e individualista que impregnava todo o discurso social dificultava a limitação imperativa da vontade contratual e dos direitos subjectivos a ela inerentes". Viu-se como em outros espaços jurídicos tal não aconteceu[145] e, em Portugal, é este mesmo autor[146] que refere um acórdão do Supremo Tribunal de Justiça que, em 1978, recorreu à interpretação das declarações negociais para entender que o segurado tinha direito à indemnização da empresa seguradora numa situação

[141] Por se tratar de texto que opera em grande medida com a realidade do direito aplicado, em que é, pois, patente o recurso a estes instrumentos, v. I. Moreau-Margrave, cit., *passim*.

[142] Sem querer tomar posição sobre a questão, de que este texto evidentemente não pode ocupar-se, diria, usando as palavras de Martijn W. Hesselink, "The Principles Of European Contract Law: Some Choices Made By The Lando Commission", *in Global Jurist Frontiers, in* http://www.bepress.com/gj/frontiers/vol1/iss1/art4/, p. 13, que "muitas afinidades na substância se escondem em diferenças terminológicas".

[143] O adjectivo é aqui utilizado para significar que as sentenças judiciais, proferidas quando alguém intentava uma acção, tinham efeitos limitados a esse caso, como é regra; não havendo normas legais acerca da matéria, por muito estável que fosse a jurisprudência, era inevitável a diversidade de apreciações. Sobre este ponto, a propósito da jurisprudência alemã, v. Michael R. Will, cit., pp. 77 e 78.

[144] Cit., p. 102.

[145] Aliás, o autor, *ibidem*, p. 103, enuncia alguns dos instrumentos jurídicos de que era possível lançar mão "para a eliminação dos abusos que o emprego das c.c.g. acarretava consigo".

[146] *Ibidem*, pp. 103 a 105.

que qualificou de "incêndio casual", hipótese que esta última sustentava encontrar-se fora da previsão clausular do contrato de seguro. Como diz Yara Miranda[147], embora seja certo que, apesar de já existir lei, são "raras as decisões relativas aos contratos pré-elaborados", o que sobretudo revela que os sujeitos a ela não recorriam.

É incontroverso que os institutos do erro, do dolo ou da usura[148] [149] [150] [151] constituem ainda corolários de uma concepção liberal da contratação, desajustada à realidade do mercado, que, principalmente a partir de meados do século XX, demonstrou que a iniquidade dos contratos – ou a danosidade social, se se olhar a realidade de um ponto de vista macro-social e económico – é um custo da liberdade negocial ou, mais amplamente, da autonomia privada[152] [153].

[147] Cit., p. 724.

[148] Carvalho Fernandes, cit., p. 223, parece não ver senão esta dimensão do problema, pois escreve: "Algumas destas questões poderiam ser deixadas ao funcionamento de instrumentos gerais, como a boa fé, a usura, o erro, etc.. Contudo, uma das vantagens da consagração legislativa do regime das cláusulas contratuais gerais é o de dotar este esquema negocial de meios específicos de tutela do aderente, mais adequados e eficazes".

[149] Pedro Pais de Vasconcelos, *Teoria Geral do Direito Civil*, 5.ª ed., p. 630, liga directamente a usura com "a questão do controlo do conteúdo dos contratos celebrados com recurso a cláusulas contratuais gerais", dizendo que esta última tem, como "característica especial", "a da massificação".

[150] Para o apelo à lesão – não no preço, "mas naquilo que se poderiam chamar as condições gerais do contrato –, Michel Trochu, cit., p. 23.

[151] Há autores que se ocupam da obrigação de informação pré-contratual, mesmo na área do direito do consumidor, a propósito do dolo omissivo. Assim, p. ex., Álvaro Villaça Azevedo, *Código Civil Comentado. Negócio jurídico. Atos jurídicos lícitos. Atos ilícitos*, Vol. II, 2003, pp. 209 a 212.

[152] Para uma análise da função social do direito privado na protecção da pessoa, v. Cláudia Lima Marques, "Introdução...", cit., pp. 36 e ss..

[153] Almeno da Sá, cit., pp. 53 a 55 (v. também p. 210), pronunciando-se sobre o DL n.º 446/85, observa que "o *ponto de partida* da lei é o fenómeno em si das condições gerais, com os riscos para a justeza do contrato que estas globalmente implicam, e não propriamente o consumidor enquanto «contraente débil»". E continua: "Mas não se esgota aqui o escopo tutelador da lei. Ela pretende igualmente impedir um abuso, *de tipo institucional*, da liberdade contratual. [...] Está aqui em causa algo de mais objectivo do que a pura necessidade de tutela de um contraente: o objecto de protecção é agora a própria *integridade da autonomia privada* ou, se quisermos, a sua *função de ordenação* no quadro global do sistema jurídico".

13. A partir deste ponto, ocupar-me-ei do regime legal das cláusulas contratuais gerais em vários ordenamentos, designadamente europeus, descrevendo, de forma abreviada, a sua configuração. A análise do regime português de 1985 constitui o ponto seguinte. Depois ver-se-á a questão no quadro do direito do consumo que tendeu a absorver grande parte do regime desta matéria, em especial no direito europeu, em que avulta, em importância para este texto, a Directiva n.º 93/13/CEE, do Conselho, de 5 de Abril de 1993, que justifica alguma detenção. Regressarei ao regime português, para analisar a transposição nele realizada da referida directiva; nesta fase, faz-se uma descrição dos traços gerais e mais marcantes do regime nacional e uma apreciação crítica da versão final do Dec.-Lei n.º 446/85, a propósito da qual surgem colocados alguns problemas gerais atinentes a estas cláusulas.

14. A primeira ordem jurídica europeia a ocupar-se legislativamente deste problema[154] foi a italiana, cujo Código Civil, na versão originária do art. 1341.º, que tinha por epígrafe "Condições gerais de contrato", e as caracterizava como "aquelas que são predispostas por um dos contraentes"[155] [156], estabelecendo que "são eficazes relativamente ao outro, se no

[154] Quando se refere o direito italiano como pioneiro nesta área, tem-se em vista, por um lado, a importância do diploma em que o regime foi consagrado e, por outro, o carácter sistemático dele. Jacques Ghestin, *Traité ...*, cit., p. 65, dá notícia de uma lei francesa de 16 de Agosto de 1940 – revogada em 1946 – que criou "comités de organização que tinham designadamente por função «fixar as regras que se impunham à empresas no que respeitava às condições gerais da sua actividade»".

[155] Para uma minuciosa caracterização das "condições gerais de contrato", v. Massimo Bianca, *Il contratto*, cit., pp. 340-341 e 348 a 351.

Menezes Cordeiro, *Tratado...*, cit., pp. 416 a 418, caracteriza as cláusulas contratuais gerais pela generalidade e pela rigidez, acrescentando, como elementos frequentes, a desigualdade das partes, a complexidade das cláusulas e a natureza formulária. Já em texto anterior se lia que estas se caracterizam pela pré-elaboração, rigidez e indeterminação: v. M. J. de Almeida Costa e A. Menezes Cordeiro, *Cláusulas contratuais gerais, Anotação ao Decreto-Lei n.º 446/85, de 25 de Outubro*, 1986, p. 18. Almeno de Sá, cit., pp. 212-213, aponta, como "características essenciais do conceito" a "pré-formulação, generalidade e imodificabilidade", chamando a atenção para que elas "não devem ser tomadas como elementos autónomos ou isolados, mas antes como aspectos parcelares de um todo: elas só ganham sentido na unidade conceitual, sendo certo que todas elas reciprocamente se implicam [...]". Pedrosa Machado, cit., pp. 89-90, escreve que a redacção do

momento da conclusão do contrato este as conheceu ou deveria tê-las conhecido usando de comum diligência"[157] [158]. Foi também a lei italiana

art. 1.º, n.º 1, do Dec.-Lei n.º 446/85 "não quer [...] necessariamente dizer [...] que a *rigidez* entre na sua definição", acrescentando, acertadamente, que "não é porque não permitem alterações que as cláusulas se transformam em contratuais gerais; [...] «Rigidez», a existir, verifica-se não no *quid* dessas cláusulas ou sequer da sua apresentação, mas no modo da sua integração no acordo negocial".

[156] Em afirmação cujo sentido, face à história, me é incompreensível, Almeida Costa, *Direito das Obrigações*, cit., p. 247, nota 1, diz sobre esta designação: "a lei italiana, em paralelismo com a terminologia alemã, refere-se a «condizioni generali di contratto»".

[157] A possibilidade, aberta pela versão primitiva da lei italiana, de o aderente ficar submetido a estipulações de que na realidade não teve consciência – ou, até, conhecimento – levou a que alguns autores tenham sustentado a natureza não contratual dessas disposições; sobre a questão, v. Massimo Bianca, *Il contratto*, cit., pp. 343 e 344. Anteo Genovese, "Condizioni...", cit., p. 803, observa que "noutros tempos se recorria simplesmente ao conceito, entretanto abandonado, da tácita ou presumida vontade do aderente"; v. também o mesmo autor, "Osservazioni «de iure condendo»...", cit., pp. 870 a 877.

Independentemente de qualquer tomada de posição sobre tal problema, é inegável que a solução legal revestia uma indesejável timidez na protecção do aderente, que, se explicável pela época histórica em que foi adoptada, é hoje inaceitável. Critica-a Mario Marsili, cit., pp. 135 a 138, com fundamento, por um lado, no entendimento legal de que se trata de contratos como quaisquer outros e, por outro, no carácter taxativo do elenco das cláusulas consideradas abusivas. Em sentido crítico, também Eduardo Polo, cit., pp. 39-40, que diz que "a regra da cognoscibilidade não só é insuficiente, mas também decididamente contrária ao interesse do contraente débil, já que – além de entrar em contradição com outros preceitos do *Codice* – resolve-se na imposição de uma obrigação [...] sobre a empresa de fazer chegar as condições gerais ao conhecimento do aderente; e, sobretudo, porque permanecendo incólume a liberdade contratual com apoio na inalterada prevalência e interpretação das normas de direito dispositivo se contribui uma vez mais para legitimar o poder normativo da empresa, de tal modo que em lugar de se exercer um controlo interno sobre o conteúdo das condições gerais do contrato, a norma propõe um mero – e modesto – controlo externo do consentimento". Muito crítico da solução legal italiana originária é também Marco Mazzoni, cit., p. 5, que a considera mesmo um "retrocesso", na medida em que ficciona um acordo onde ele nunca teve lugar. V., em sentido paralelo, Michael R. Will, cit., p. 81.

[158] Diversa das anteriormente referidas é, naturalmente a posição de Simoncelli Scialoja, cit., pp. 38 a 40, como a de García-Amigo, cit., pp. 37 a 39 (v. também pp. 42 a 47), que escreve: "A finalidade perseguida pelo legislador italiano ao ditar os preceitos [...] [dos artigos 1341.º e 1343.º] não foi outra que a de assegurar uma contratualidade efectiva nas hipóteses socioeconómicas de contratação por adesão a condições gerais pre-

que se ocupou, desde a entrada em vigor do seu Código Civil, das cláusulas *vessatorie* (abusivas[159][160]), enunciando as que assim deveriam ser consideradas e dispondo para elas um especial regime de aceitação que procurava garantir o seu conhecimento efectivo pelo aderente[161]. Finalmente, foi ainda este Código Civil que uniformizou o regime que estabeleceu para os contratos formados sobre condições gerais com o dos contratos celebrados com base na "subscrição de modelos (*moduli*) ou formulários predispostos para disciplinar de maneira uniforme determinadas relações contratuais"[162][163][164].

dispostas unilateralmente por um só deles. [...], já que o legislador, ao exigir a aprovação específica por escrito, das cláusulas mais onerosas entende que o cumprimento deste requisito restabelece a igualdade entre as partes na formação do contrato, substituindo à falta de discussão sobre o seu conteúdo a observância de um requisito que, se bem que de carácter formal, ofereça a certeza de que o contraente mais débil [...] tenha não só tido conhecimento das cláusulas mais onerosas como as tenha aceitado conscientemente".

[159] Embora se trate de noções não completamente coincidentes, creio, como já disse, que podem utilizar-se como aproximadamente equivalentes. C. Massimo Bianca, *Il contratto*, cit., pp. 351-352, caracteriza as cláusulas *vessatorie* como aquelas que "agravam a posição do aderente relativamente à disciplina legal do contrato", acrescentando que esse agravamento tem de ser "injustificado".

Na doutrina italiana, ainda considerando o regime originário do Código Civil, havia quem, como Anteo Genovese, "Condizioni generali...", cit., p. 805, rejeitasse o adjectivo, "para evitar a suspeita de ilicitude que parece estar ligada a tal definição", preferindo qualificar as cláusulas como "onerosas" ou "perigosas", o que não se me afigura forma de qualificação expressiva da razão por que a lei as rejeita; aliás, o adjectivo resistiu durante décadas, mesmo após a transposição da Directiva n.º 93/13/CEE.

[160] Não é verdade, pois, como escreve Oliveira Ascensão, «Cláusulas contratuais gerais...», cit., p. 576, que a questão das cláusulas abusivas "derive" do direito do consumidor; no mesmo sentido, o autor *in Cláusulas contratuais gerais, cláusulas abusivas e o novo Código Civil*, cit., p. 7.

[161] A. Cataudella, Condizioni generali...", cit., pp. 16 a 18 e nota 9, opina não surpreendentemente que a falta de conhecimento de parte do conteúdo não põe em causa, no regime geral, a natureza contratual do acordo, acrescentando que o utilizador também pode não conhecer o conteúdo nos casos em que as cláusulas tenham sido elaboradas por um terceiro.

[162] Para a crítica da insuficiência das soluções legais, C. M. Bianca, *Il contratto*, cit., pp. 368-369, e Anteo Genovese, "Condizioni...", cit., pp. 803-804. Já Renato Scognamiglio, "Le contrôle...", cit., p. 66, chamava a atenção para o carácter "insignificante" da inter-

C. Marco Mazzoni[165] escreve: "as intenções de política económica e política em sentido estrito do legislador de 42 resultam [...] claras. Aqueles artigos obedeciam a um modelo do desenvolvimento que o capitalismo dos últimos decénios utilizou largamente. Eles permitiam à classe empresarial, de modo mais ágil do que antes, a obtenção de objectivos de crescimento de forma quase completamente isenta de controlos externos. E uma das primeiras enormes ajudas vinha do segundo *comma* do art. 1341, que, submetendo a específica aprovação um dado número de cláusulas onerosas, impedia formalmente ao juiz intervenções diversas da de uma mera verificação da observância dos requisitos de forma; e permitia de facto à empresa uma planificação total e segura dos riscos resultantes dos contratos com os clientes. De facto, aquela norma, justamente na medida em que precludia ao aceitante invocar um erro de conhecimento, acabava por agravar ainda mais a situação de predomínio do sujeito que predispunha as condições gerais. Na verdade, aquela disciplina permitiu que se formasse uma 'certeza do direito' nas grandes empresas, que utilizam aquele modelo contratual, de poder dispor de um sistema regulamentar seguro e homogéneo, inatacável justamente porque protegido preventivamente". Já Adolfo di Majo[166] manifestara a convicção de que aquele regime permitira um controlo indirecto "tranquilo" que "não

venção legal italiana, na primeira versão do Código Civil, por não permitir "o controlo do conteúdo das condições gerais de contrato".

Criticando a lei italiana, de um ponto de vista completamente diferente, diz Oliveira Ascensão, *Cláusulas contratuais gerais, cláusulas abusivas...*, cit., p. 5, que, "se o avanço foi grande no que respeita à configuração do tema, não o foi na solução trazida. Esta é irrealista: é impossível que nos contratos de massa, nos serviços fundamentais como a água ou a electricidade, por exemplo, haja uma aceitação individualizada de cláusulas predispostas".

[163] Anteo Genovese, *ibidem*, p. 802, diz que "o modelo mais antigo é o dos modelos [*moduli*] ou formulários, nos quais o proponente fixava no todo ou em parte o conteúdo do negócio".

[164] Ocupa-se da análise da distinção de regimes entre as cláusulas previstas no art. 1341.º e as constantes de modelos ou formulários, A. Cataudella, Condizioni generali...", cit., *passim*.

[165] Cit., pp. 21 e 22; v. também pp. 29 a 31.

[166] "Il controllo giudiziale...", cit., pp. 207-208.

punha em causa o essencial daqueles regimes pré-estipulados"[167]. De forma não surpreendente, García-Amigo[168] considera que o regime do Código Civil italiano assegura "nos contratos por adesão uma contratualidade efectiva e funcional, e não apenas estrutural e formal", garantindo "a recíproca igualdade das partes na formação do contrato; [...] [que] a parte aderente conheça efectivamente as cláusulas mais prejudiciais para ele, garantindo uma formação consciente da vontade contratual; [...]".

Entretanto, a Lei n.º 52/96, de 6 de Fevereiro de 1996, procedeu à transposição da Directiva n.º 93/13/CEE[169], incorporando no Código Civil as suas disposições[170], no capítulo XIVbis, tendo vindo em 2005 estas a ser parcialmente retiradas do Código Civil e integradas no Código do Consumo[171] [172].

15. Há ordens jurídicas a que não se deixará mais do que uma brevíssima referência, como a da Etiópia, cujo Código Civil de 1960 continha

[167] Paolo Amato, cit., diz que "um trabalho muito importante foi realizado, em tema de contratos estipulados mediante modelos ou formulários, pela jurisprudência, que teve de dirimir numerosas controvérsias surgidas em sede de interpretação e legitimidade das cláusulas contidas em tais contratos, jurisprudência na base da qual, por outro lado, o mundo empresarial teve de ir adequando progressivamente os seus próprios formulários"; "a título de exemplo", refere uma decisão do tribunal supremo que afirmou que a específica aprovação por escrito constitui um requisito de forma *ad substantiam*, com a consequência de a sua falta dar origem a uma nulidade de conhecimento oficioso.

[168] Cit., p. 37 e 42.

[169] Do Conselho, de 5 de Abril de 1993.

[170] A discussão sobre a necessidade de alterar o Código Civil no sentido de proporcionar mais ampla protecção ao contraente débil, e as iniciativas que foram levadas a cabo – e goradas – nesse sentido são descritas por Guido Alpa, "Il recepimento della direttiva comunitaria sulle clausole abusive nei contratti dei consumatori", *in Estudos de Direito do Consumidor*, n.º 1, 1999, p. 70.

[171] Embora se tenham mantido no Código Civil muitas das normas que lá estiveram desde a sua origem. Paolo Amato, cit., chama a atenção para que o âmbito de aplicação dos dois conjuntos de regras é diverso, quer do ponto de vista objectivo (as normas do Código do Consumidor são aplicáveis também aos contratos de adesão singulares) quer do subjectivo (o Código do Consumidor só se aplica a contratos com consumidores, enquanto o regime do Código Civil tem aplicabilidade também a contratos entre profissionais).

[172] Este teve alterações várias, as mais recentes em 12 de Abril e 3 de Maio de 2019.

vários preceitos acerca de cláusulas contratuais gerais, que considerava pertencerem a uma de três categorias: "*a)* condições gerais para os contratos administrativos; *b)* condições gerais para os contratos privados que tenham sido aprovados pela Administração, e *c)* condições gerais para os contratos privados não aprovados pela Administração", valendo para os contratos cujo conteúdo não tivesse sido aprovado administrativamente o regime geral dos contratos. Existia, porém, uma disposição que consagrava o princípio *contra proferentem* em matéria de interpretação destes contratos (o art. 178.º, 2.º, cuja epígrafe era, enganadoramente, "interpretação a favor do devedor")[173]. No Código Civil russo de 1964, segundo García-Amigo[174], a questão da utilização de condições gerais de contratos encontrava-se prevista relativamente a alguns tipos contratuais e sempre "regulados com base num mesmo princípio, a saber: a direcção estatal da economia, que se traduz para o nosso problema de que as ali chamadas condições gerais ou contratos-tipo, modelo ou standard não são projectos de normas formuladas pela vontade de um ou de vários particulares, antes constituem autênticas normas jurídicas de procedência administrativa, ou directamente ou por aprovação constitutiva – geralmente procedem de um Decreto do Conselho de ministros".

Em Espanha[175], a Lei n.º 26/1984, de 19 de Julho (Lei Geral da Defesa dos Consumidores e Usuários), teve como objecto o regime das cláusulas contratuais gerais e a protecção dos consumidores e usuários[176], dela dizendo López y López[177] que a sua ambição de objectivo, de par com a imperfeição técnica, faziam temer que não estivesse a ser "aplicada em todos casos em que o deveria ser, nem sempre, nem com adequada extensão". Mais tarde, a Lei n.º 7/1998, de 13 de Abril (Lei sobre as Condições Gerais da Contratação), que transpôs para o Direito espanhol a aludida

[173] García-Amigo, *ibidem*, pp. 53 a 55.

[174] *Ibidem*, pp. 71 e 72.

[175] A Constituição espanhola de 1978 dispunha, no seu art. 51.º, que o Estado deveria garantir a defesa dos consumidores e utentes, protegendo os respectivos interesses económicos; a Lei n.º 50/1980 de 8 de Outubro sobre contratos de seguro contém, no art. 3.º, regras sobre cláusulas contratuais gerais e cláusulas abusivas naqueles contratos.

[176] Sobre os antecedentes da lei e o essencial do seu conteúdo, v. Eduardo Polo, cit., pp. 18 a 21.

[177] Cit., p. 334.

directiva, tem como objecto os contratos celebrados entre um profissional e um aderente, podendo este ser consumidor ou outro profissional, pessoa singular ou colectiva[178]. Entretanto, o Real Decreto Legislativo n.º 1/2007, de 16 de Novembro, aprovou o texto refundido da Lei Geral da Defesa dos Consumidores e Usuários e outras leis complementares, tendo revogado a Lei n.º 26/1984, mas não a Lei n.º 7/1998; o regime das cláusulas contratuais gerais, em especial das cláusulas abusivas, é objecto dos seus arts. 80.º a 91.º.

No direito inglês – não contando com o *Fair Trading Act* de 1973 que criou o cargo do Director geral das práticas comerciais, de cujas funções fazia parte a de "promover nas associações a preparação e difusão entre os seus membros de códigos de práticas para a orientação na defesa e promoção dos interesses dos consumidores no Reino Unido" –, vigorava, desde 26 de Outubro de 1977, o *Unfair Contract Terms Act*[179], tendo sido publicado depois o *Unfair Terms in Consumer Contracts Regulations* em 1994, para transposição da Directiva n.º 93/13/CEE, o qual foi substituído pelo *Unfair Terms in Consumer Contracts Regulations* de 22 de Julho de 1999, entrado em vigor em 1 de Outubro desse ano, que não revogou o *statute* primitivo. Informam, porém, Collin Scott e Julia Black[180] que os tribunais ingleses continuam, a despeito do *Consumer Credit Act* de 1974, a entender frequentemente que, se o contrato foi assinado, o aderente o conhece, muito pouco tendo alterado a orientação que vêm seguindo "nos últimos cem anos".

O direito francês teve, como primeira expressão legal da preocupação com a protecção do consumidor, a Lei n.º 73-1193 de 27 de Dezembro de 1973, que expressamente ressalvou o regime do art. 3.º do decreto n.º 56-149, de 24 de Janeiro de 1956, estabelecendo-se que as associa-

[178] Martin Ebers, cit., p. 420, explica que, enquanto a lei sobre cláusulas contratuais gerais respeita à inclusão e à interpretação destas, o controlo do conteúdo das cláusulas é regulado, nos contratos de consumo, pela Lei Geral de Defesa dos Consumidores e Usuários.

[179] Neste, algumas normas tutelavam qualquer contraente cuja contraparte actuasse no quadro de uma actividade profissional e outras apenas o consumidor (dentro destas últimas encontram-se as de exclusão e de limitação da responsabilidade, e de exoneração total ou parcial da obrigação). A listagem de cláusulas proibidas é taxativa.

[180] Cit., p. 132.

ções estatutariamente dirigidas à tutela dos interesses dos consumidores podiam "propor perante qualquer jurisdição acções cíveis relativas aos factos que levassem a um prejuízo directo ou indirecto ao interesse colectivo dos consumidores".

Na ordem jurídica sueca, iniciou a sua vigência uma lei proibitiva de cláusulas abusivas ou ilícitas em 30 de Abril de 1971, diploma que foi sendo reformulado em várias ocasiões, designadamente em 1977, altura em que se substituiu o qualificativo *otillbörlig* ("manifestamente desigual ou não equitativa") por *oskälig* (abusiva)[181].

O Código Civil austríaco tem, "desde 1979, [...] regras específicas sobre a inserção e validade das cláusulas contratuais: em virtude do Art. 864a do CC, as cláusulas estandardizadas, desvantajosas para a outra parte, só podem ser consideradas como parte integrante do contrato se foi chamada especificamente a atenção da outra parte para essas cláusulas"; também em 1979, entrou em vigor a Lei relativa à protecção do consumidor; e, de acordo com o art. 879/3, "uma cláusula que figure nas condições gerais de um profissional ou nos contratos que ele propõe, e que não indique claramente as obrigações acessórias de uma das partes, é nula se, tendo em conta o conjunto das circunstâncias, essa cláusula for largamente desvantajosa para uma das partes"[182].

Em diploma autónomo, o Direito alemão, com a *AGB-G*[183] [184], veio ocupar-se expressa e circunstanciadamente das questões que os contratos *standard* colocam.

16. Foi justamente o modelo desta última lei o utilizado pelo legislador português para definir o regime do Dec.-Lei n.º 446/85, de 25 de Outu-

[181] Eduardo Polo, cit., p. 5, nota 60.

[182] Martin Ebers, cit., p. 399.

[183] Acerca da história da elaboração da lei, v. Michael R. Will, cit., pp. 78, 79, 87 e 89.

[184] *AGB-G*: *Allgemeinen Geschäftsbedingungen Gesetz* de 9 de Dezembro de 1976, entrada em vigor em 1 de Abril de 1977 e alterada em 29 de Março de 1983 e em 25 de Julho de 1996, tendo vindo a ser parcialmente integrada no *BGB* em 2002, através da *Gesetz zur Modernisierung des Schuldrechts*, (§§ 305 a 310, designadamente), com o complemento da *UKlaG* de 26 de Novembro de 2001, sobre as acções inibitórias.

bro[185] [186]. Aquele diploma, mais do que fonte inspiradora, foi, em alguns aspectos, modelo acriticamente decalcado pelo legislador nacional[187]. O que se explica, em grande medida, pelo facto de, na Alemanha, a lei ter surgido como cristalização de soluções jurisprudenciais e na sequência de abundante trabalho doutrinário, e, em Portugal, por iniciativa legislativa desprovida de base de estudo e/ou de qualquer efectivo conhecimento da realidade do mercado.

A aproximação da fonte alemã explica, por exemplo, que, na sua versão inicial, o Dec.-Lei n.º 446/85 não tenha tido como objecto os contratos de adesão singularmente celebrados, mas tão-só aqueles em que uma das partes formula um modelo contratual destinado a integrar um número indefinido de contratos, se bem que a caracterização das realidades que têm por objecto seja formulada diversamente numa e na outra das duas leis. Embora Menezes Cordeiro[188] afirme que "a influência da Lei alemã de 1976 [...] [foi] temperada pela doutrina e pela jurisprudência, o que permitiu nítidos avanços", à uma, não são identificadas as doutrinas e jurisprudências e, à outra, não são indicados os "avanços". Já Sousa Ribeiro[189] opina que a "abstenção reguladora" da versão originária do diploma se "explica pelo relativo atraso da doutrina e da jurisprudência nacionais na consciencialização do alcance dos problemas suscitados por este modo de contratar", explicação que não deixa de surpreender, tão antiga é – comparativamente com a das cláusulas contratuais gerais – a preocupação doutrinária europeia continental (bem conhecida em Portugal) com os contratos de adesão.

[185] Carvalho Fernandes, cit., pp. 219-220, atribui o tardio interesse da lei portuguesa pela temática ao facto de a elaboração doutrinal na matéria ser escassa e de a "pouca frequência de casos jurisprudenciais em seu redor desenvolvidos" não ter colocado "ainda uma necessidade premente de tratamento legislativo".

[186] É justificadíssima a menção – embora neste quadro não a transcrição – das disposições que Vaz Serra propôs sobre esta temática para que constassem do Código Civil de 1966, inspiradas tanto na lei italiana quanto nas soluções jurisprudenciais alemãs: v. Fontes das Obrigações. O contrato e o negócio jurídico unilateral como fontes de obrigações, *in BMJ* n.º 77, Junho de 1958, pp. 162 e ss..

Sobre ele, v. também M. Pedrosa Machado, cit., pp. 113-114.

[187] Di-lo, p. ex., Antunes Varela, *Das Obrigações...*, cit., p. 258.

[188] *Tratado...*, cit., p. 428.

[189] "O regime dos contratos de adesão...", cit., p. 181.

Não era, desde a sua versão originária, completamente linear a identificação dos objecto e finalidade da lei portuguesa, já que, se aquele era o das cláusulas contratuais gerais, como resultava, além do mais, da epígrafe do seu art. 1.º, se dava particular ênfase ao aspecto da eliminação da possibilidade de discussão do conteúdo clausular nesse mesmo artigo[190]. Ora, se é certo que é da própria natureza das cláusulas contratuais gerais a sua tendencial não negociação individual, também o é que esse problema não se coloca apenas em contratos *standard*. Por outro lado, relevava o conteúdo dos arts. 5.º, 6.º e 8.º, als. *a)* e *b)*, de uma acrescida[191] preocupação de conhecimento e aceitação das cláusulas pelo contraente que não tinha podido discuti-las[192]. Finalmente, tendo o diploma níti-

[190] O ac. do STJ de 10 de Maio de 2007 (pr n.º 07B841, João Bernardo), *in www.dgsi.pt*, observa: "Numa primeira interpretação, existiriam, então, ccg que não resultam de ausência de negociação ou que os proponentes ou destinatários indeterminados não se limitem, respectivamente, a subscrever ou aceitar e que escapariam ao referido diploma. Haveria um círculo referente às ccg e dentro deste círculo, as que se caracterizassem de acordo com o referido pela lei, estariam submetidas ao regime desta. De fora ficariam, então, ccg que não tinham estas características. Ficaria, então, uma lacuna sobre o que são ccg".

[191] Em particular face às obrigações pré-contratuais resultantes do art. 227.º do Código Civil.

[192] Também Almeno de Sá, cit., pp. 96 e 97, salienta que "a lei acentua [...], logo na sua redacção originária, o elemento da falta de negociação individual", acrescentando que "a ideia de ausência de negociação individual não é [...] um puro dado acidental, antes é co-constitutivo da essência do fenómeno das cláusulas contratuais gerais". Já Sousa Ribeiro, *Cláusulas contratuais...*, cit., p. 140, entendia que "a situação de disparidade do poder contratual não integra os elementos caracterizadores da figura [...]. O seu âmbito de aplicação está basicamente determinado pela ocorrência dos índices exteriores objectivos descritos no artigo 1.º [...], sem qualquer necessidade de averiguar, em concreto, se tal se deve à pressão de uma situação material de inferioridade, ou antes a qualquer outra circunstância". Adiante (pp. 196 e ss.), o autor observava que a disparidade de poder negocial constituía "um pressuposto fixo" da lei, que o não mencionava expressamente, por "partir do princípio de que a sujeição a c.c.g. configura, só por si, um caso típico de necessidade de tutela. [...] o ordenamento [...] a estabelecer uma espécie de presunção inilidível de inferioridade do aderente, arcando de ânimo pensado com a possibilidade de, no caso concreto, essa perspectiva poder surgir como menos adequada às circunstâncias individuais". As observações de Sousa Ribeiro – aliás não originais (veja-se Gino Gorla, cit., p. 118) –, sendo essencialmente correctas, nada dizem sobre a *ratio legis* quanto à não negociabilidade dos conteúdos dos contratos regidos pelo diploma.

das motivações de tutela dos contraentes consumidores, como resultava designadamente das normas conjugadas dos arts. 20°, 21.°, 22.° e 25.°-*a*), não tinha como objecto único – nem sequer central – a protecção do consumidor[193] [194].

Poder-se-ia pensar que um dos principais fins do diploma era o de tutelar o contraente aderente a um contrato – ou a parte dele – que não tivesse tido possibilidade de o discutir, isto é, o de regular os chamados contratos de adesão[195]. Daí que fosse defensável, desde a redacção inicial,

193 Isabel Afonso, cit., escreve, creio que algo inadvertida ou muito genericamente: "vários diplomas foram publicados no âmbito da protecção dos direitos dos consumidores. É neste contexto que surge o Decreto-Lei n.° 446/85, de 25 de Outubro sobre cláusulas contratuais gerais".

194 Dizendo que "em relação ao aderente a lei prescinde inteiramente de qualquer critério pessoal de qualificação" e que "o *status* do aderente – consumidor final, empresa, profissional livre – não é um elemento determinante do conceito de c.c.g., relevando unicamente para efeitos da sua disciplina e, designadamente, para a fixação do âmbito das cláusulas proibidas [...]", Sousa Ribeiro, *Cláusulas contratuais...*, cit., p. 183.

195 Galvão Telles, "Das Condições Gerais dos Contratos e da Directiva Europeia sobre as Cláusulas Abusivas", *in O Direito*, Ano 127.°, III-IV, pp. 301 e 302, parece circunscrever a noção de contrato de adesão àquele que tenha sido elaborado com a finalidade de servir de base a um número indeterminado de contratos. Em sentido idêntico, o mesmo autor, *Manual...*, cit., pp. 311 e 312. Também Antunes Varela, *Das Obrigações...*, cit., pp. 252 e 253-254, caracteriza o contrato de adesão como "aquele em que um dos contraentes – o cliente, o consumidor – como sucede, por exemplo, na generalidade dos contratos de seguro e de transporte por via aérea, férrea ou marítima ou dos contratos bancários, não tendo a menor participação na preparação e redacção das respectivas cláusulas, se limita a aceitar o texto que o outro contraente oferece, em massa, ao público interessado". Já Pinto Monteiro, "O novo regime dos contratos de adesão", *in Revista da Ordem dos Advogados*, Ano 62, p. 113, utiliza, em aparente sinonímia, as expressões "contratos de adesão, condições gerais dos contratos, cláusulas contratuais gerais, contratos «standard» ou contratos em série", dizendo que "a terminologia é variada". Mais adiante, porém, o autor, questionando o âmbito de aplicabilidade da lei portuguesa, distingue entre contratos de adesão e, como sua espécie, contratos concluídos "com base em cláusulas contratuais gerais" (p. 114). E, depois, esclarece que "as características que *definem* os contratos de adesão *em sentido estrito*" são "a *pré-disposição*, a *unilateralidade* e a *rigidez*" (p. 115), constituindo "a *generalidade* e a *indeterminação*" características dos contratos de adesão em sentido amplo (p. 116). Afirmando que "«mass contracts» e contratos de adesão designam a mesma realidade", Leone Niglia, cit., p. 14, nota 2. M. Pedrosa Machado, cit., pp. 90-91, referindo-se à versão primitiva do diploma, depois de dizer que "por *cláusulas contratuais gerais* entende o sistema jurídico vigente não o mesmo que contratos de

adesão", afirma que a realidade de que a lei parte "é outra coisa, de contornos que não se podem rigorosamente apresentar como sendo mais amplos ou mais estritos do que os contratos de adesão: não são mais nem menos do que estes – são outra coisa". Naquele que é o primeiro estudo dedicado aos problemas da protecção do consumidor, em Portugal, Carlos Ferreira de Almeida, *Os Direitos dos consumidores*, 1982, p. 95, caracteriza os contratos de adesão como aqueles "cujas cláusulas (na totalidade ou nos seus elementos mais importantes) são impostos por uma das partes à outra, conforme um modelo genericamente aplicável", acrescentando que "tais contratos têm como elementos comuns: – uma das partes é uma empresa ou um conjunto de empresas que entre si acordaram, ou às quais foi imposto (ou recomendado), um mesmo modelo de contrato; – o contrato tem um conteúdo repetitivo, com a inclusão de condições gerais idênticas (*allgemeinen Geschäftsbedingungen – ABG*, nomenclatura germânica consagrada na lei respectiva)", considerando, pois, sinónimos contratos de adesão e contratos concluídos sobre modelos uniformes. O mesmo autor distingue contrato de adesão de contrato celebrado com base em cláusulas contratuais gerais, *in Contratos I*, cit., pp. 176-177 e 194. Almeida Costa, *Direito das Obrigações*, cit., pp. 244-245, e nota 5, distingue entre condições negociais gerais – as "cláusulas padronizadas" que têm esta designação por influência alemã – e os contratos de adesão – os contratos singulares que são celebrados com base naquelas, observando que "as duas expressões podem ser encaradas como traduzindo uma única realidade [...] [o que explica] a sua frequente utilização indistinta". Reconhece, entretanto, que a posição que adopta, "embora corrente, não é pacífica", referindo o critério de García-Amigo, que é o seguinte, nas suas palavras: "no contrato de adesão, os aderentes singulares limitam-se a prestar o assentimento à disciplina negocial, antecipada e inflexivelmente formulada, sem a sua intervenção, pela lei ou pelo outro contraente; ao invés, a rigidez das cláusulas contratuais gerais, predispostas privadamente, não chega ao extremo de impedir que os particulares, ao celebrarem contratos com base nelas, possam afastá-las mediante estipulações especiais que sobre as mesmas prevaleçam".

Tem, pois, razão, Yara Miranda, cit., p. 660, nota 18, quando diz que "a preocupação inicial da doutrina portuguesa recaía única e exclusivamente sobre as ccg [...]. Os contratos individualizados não eram incluídos na órbita da reflexão dos autores portugueses. [...] Para a maioria dos autores, contrato de adesão era sinónimo de contrato celebrado através de ccg". Como sublinha a mesma autora, p. 692, para a lei espanhola, "contrato de adesão é sinónimo de contrato que incorpora ccg".

Já F. M. B. Reynolds, cit., p. 13, parece incluir dentro das cláusulas contratuais gerais os contratos de adesão, ao dizer, falando das primeiras, que, no seu interior, é possível estabelecer, entre outras, as seguintes distinções: "as condições gerais elaboradas por uma das partes para uma só transacção"; adiante (p. 14), ao invés, afirma que tanto as cláusulas elaboradas para um único contrato como as que o tenham sido por "um grupo de partes que se encontrem na mesma situação (vendedores, empregadores, transportadores, expedidores, etc.)" designam-se por contratos de adesão.

Distinguem entre contratos de adesão e "contratos pré-formulados", Carneiro da Frada, cit., pp. 32-33, e Sara Luísa Branco Dantas, "As cláusulas contratuais gerais", *in Estudos de Direito do Consumidor*, n.º 4, 2002, pp. 276 e 291. Menos clara – embora mais rigorosa, salvo quanto à invocada "preferência" – é a posição de Calvão da Silva, *Compra e venda de coisas defeituosas (Conformidade e segurança)*, 5.ª ed., p. 136, que diz ser "preferível" a expressão contratos de adesão à de cláusulas contratuais gerais, "porque *abrange todas as cláusulas contratuais que não tenham sido sujeitas a negociações individuais*, sejam *elas gerais*, redigidas com vista a utilização generalizada em contratos com consumidores ou mesmo em contratos individualizados [...]". Menezes Cordeiro, *Tratado...*, cit., pp. 466-467, distingue entre o que designa por "contratos pré-formulados" e cláusulas contratuais gerais. Noronha Nascimento, cit., afirma que a lei se limita a "elencar as suas [das cláusulas contratuais gerais] características básicas: são pré-elaboradas unilateralmente, rígidas e gerais".

Na jurisprudência, encontram-se decisões que tomam como sinónimas as expressões contratos de adesão e cláusulas contratuais gerais: assim, p. ex., o ac. do STJ de 28 de Abril de 2009 (Fonseca Ramos), *in www.dgsi.pt*, onde se lê que "os contratos de crédito ao consumo são **contratos de adesão**, já que, a par de cláusulas específicas que exprimem a particularidade de cada contrato, contêm cláusulas pré-determinadas, destinadas à massa dos consumidores e que não são passíveis de negociação individualizada. [...] Os **contratos de adesão** suprimem a liberdade de negociação e de estipulação, correspondem a necessidades de contratação em massa estando de um lado empresas de grande envergadura económica – bancos, seguradoras, transportadoras, sociedades financeiras – prestadores de serviços, fornecedores de bens essenciais; água, gás, electricidade, etc., e do outro consumidores mais ou menos informados".

García-Amigo, cit., p. 132, depois de dar a seguinte noção de condições gerais dos contratos: "a série de cláusulas formuladas previamente de forma geral e abstracta com vista à celebração de uma série indefinida de contratos que ao serem aceites pelas partes passam a regular a relação contratual que aquelas desejam criar, estabelecendo o seu conteúdo normativo", observa (pp. 136-137) que o conceito de contrato de adesão "é mais amplo" e "mais limitado" do que aquele: é que o utilizador de cláusulas contratuais gerais pode dispor-se a negociar todas ou parte delas, mas estas últimas são pré-redigidas para um número indefinido de contratos, enquanto os contratos de adesão "são actos concretos que dão virtualidade jurídica normativa às condições gerais, já redigidas, para cada relação contratual concreta e são perfeitamente independentes de todos e de cada um dos demais contratos por adesão que se celebrem com base nas mesmas condições gerais".

Os Princípios relativos aos Contratos Comerciais Internacionais (UNIDROIT), versão provisória em língua portuguesa, UNIDROIT, Roma, 1995 – doravante Princípios UNIDROIT – contêm, no n.º 2 do art. 2.19, a seguinte noção: "São cláusulas contratuais gerais as disposições elaboradas antecipadamente por uma das partes para uso geral e

que o respectivo regime fosse aplicável analogicamente aos contratos de adesão singularmente celebrados, analogia fundada em identidade de razão: a protecção do contraente aderente, por ser essa uma das *rationes* do diploma[196] [197] [198].

repetido e efectivamente utilizadas com ou sem negociação com a outra parte". Os Princípios de Direito Europeu dos Contratos (*PECL*) caracterizam-nas, no n.º 3 do art. 2:209, da seguinte forma: "[...] são as cláusulas que foram estabelecidas antecipadamente por uma parte para um número indefinido de contratos de uma certa natureza e que não foram objecto de uma negociação individual entre as partes".

E prescinde-se aqui (por se afigurar que não se justifica alongar este texto) da distinção, também operada por alguns autores, entre condições gerais de contratação e condições gerais dos contratos em particular, referindo-se a primeira categoria aos modelos contratuais predispostos para uma pluralidade de contratos, ainda que não tenham sido concluídos quaisquer contratos com base neles, e reportando-se a segunda às condições gerais que, depois da aceitação pelo aderente, passem a integrar um concreto contrato. V. F. Llodrà Grimalt, cit., pp. 36-37, citando Federico de Castro, mas concluindo que "ambos os conceitos se referem ao mesmo fenómeno [...]".

[196] Na opinião dos seus autores materiais, cláusulas contratuais gerais, "condições gerais dos contratos", "condições negociais gerais", "contratos de ou por adesão", "contratos em série" e "contratos estandardizados" apresentam-se, aliás, como expressões sinónimas ou, para usar as palavras dos autores, "a sua utilização é indistinta": M. J. de Almeida Costa e A. Menezes Cordeiro, cit., p. 2.

[197] Manifestando-se contra aquilo que qualifica como interpretação extensiva, Almeno de Sá, cit., pp. 100-101.

Apesar da sua opinião acerca do âmbito de aplicação subjectivo do diploma na sua versão primitiva, da qual diz que "a [sua] esfera de aplicação [...] aparece, assim, «referida a uma situação» e «não referida a pessoas»" e que ele visa "disciplinar genericamente um determinado modo de contratar, opondo-se aos abusos que propicia", Sousa Ribeiro, *Cláusulas contratuais...*, cit., pp. 184 e 185, nunca coloca sequer a hipótese de ele ser aplicável, nessa sua primeira formulação, aos contratos de adesão em geral.

Menezes Cordeiro, "Da natureza...", cit., p. 691, referindo-se à original categoria dos contratos pré-formulados – que não se afiguram, na sua caracterização, diversos dos contratos de adesão –, informa que já defendia, "com outra doutrina, a possibilidade de [...], perante situações similares [lhes] aplicar a LCCG".

[198] Este ponto de vista tinha como pressuposto o reconhecimento de que a lei não tratava directamente das situações em que, num contrato individual, uma das partes, dada a sua posição no mercado, pode impor à outra a totalidade do regulamento contratual.

17. As dificuldades que sempre existiram de clara identificação do objecto da lei são, em grande medida, corolário das incertezas dogmáticas que desde há muito rodeiam estas matérias.

Era esta a situação de falta de clareza a existente quando emergiu a já referida preocupação das doutrina e jurisprudência alemãs com a realidade que se deixou descrita e que foi designada por "condições gerais dos contratos".

A tudo isto se somou, a partir essencialmente dos anos 70 do século passado, o interesse pela tutela do consumidor[199] [200] [201] [202] [203], de que cons-

[199] Encontra-se quem como Antunes Varela, "Direito do Consumo", cit., pp. 397--398, caracterize distintivamente "o movimento do *direito do consumo*" do "*regime* das *cláusulas contratuais gerais*" nos seguintes termos: "O primeiro tem como alvo os *fenómenos do consumo generalizado*, e da *produção em massa.* O segundo aponta directamente para as *cláusulas praticamente impostas, na área do direito privado*, por um dos *contraentes ao outro.* O *direito do consumo* é essencialmente um *sector do direito administrativo, baseado na progressiva ampliação da esfera das atribuições do Poder executivo*; o regime das *cláusulas contratuais gerais*, directamente apontado à disciplina dos contratos e às relações entre os contraentes, cabe rigorosamente na área do direito privado, e só *acessoriamente penetra*, com uma *função marcadamente preventiva*, nos domínios do *processo civil.* Por fim, enquanto o *direito do consumo*, na sua *vasta e significativa expressão actual*, é uma criação de origem *caracterizadamente americana*, o tema das *cláusulas contratuais gerais* é o produto duma *iniciativa geral de raiz europeia*, historicamente nascida do *apelo* que o *Conselho das Comunidades* lançou *em 14 de Abril de 1976* aos membros da *União Europeia*, no sentido da criação de um regime tão uniforme quanto possível de combate às cláusulas abusivas dos contratos cada vez mais frequentes nos *países comunitários*".

Sobre a questão da natureza (pública ou privada) do direito do consumo, opina Pinto Monteiro, "Do Direito do Consumo...", cit., p. 210, que "o direito do consumidor emerge [...] também como manifestação da insuficiência, perante a realidade contemporânea, da dicotomia tradicionalmente estabelecida entre direito público e direito privado. De facto, o surgimento de fenómenos de massa, que ocupam o ciclo da actividade económica que vai da produção ao consumo, acarreta conflitos aos quais o direito é chamado a dar resposta. Este *novo tipo de conflitualidade* reclama um conjunto articulado de medidas, que não pode deixar de traduzir-se na *invasão* da esfera da autonomia privada por normas imperativas destinadas a *restringir* o livre jogo da iniciativa individual". Na sequência (pp. 210-211), o autor reconhece, contudo, que "o direito sempre acolheu restrições à autonomia privada, com o objectivo de assegurar a justiça interna que o próprio contrato pressupõe. [...] Vem isto a propósito de se ter dito que o espaço de liberdade que o direito privado assegura no âmbito das relações inter-individuais sempre esteve modelado por *uma ordem objectiva de valores*, legitimadora de intervenções de cariz *restritivo*".

[200] Menezes Cordeiro, *Tratado...*, cit., p. 422, escreve que, "a partir da década de oitenta", se impuseram as cláusulas contratuais gerais e "as leis intervêm para restabelecer o equilíbrio. Posteriormente [?], impôs-se, com valores autónomos, a ideia de tutela do consumidor". Mais adiante (p. 461) e em outro texto (*Tratado...*, cit., p. 461, e "Da natureza civil...", cit., p. 676), opina que "a tutela do consumidor será tão antiga quanto o Direito".

Já Pedro Romano Martinez, *Direito das Obrigações, Programa 2004/2005, Apontamentos*, 2.ª ed., com a colaboração de Pedro Ferreira Múrias e Pedro Paes de Vasconcelos, p. 127, escreve, ao referir-se à responsabilidade do produtor: "[esta] está intimamente relacionada com a protecção do consumidor que, esquecida após a Idade Média e completamente afastada depois da Revolução Francesa e, em especial, da Revolução Industrial, reapareceu no século passado".

Sousa Ribeiro, *Cláusulas contratuais...*, cit., pp. 189-190, descreve brevemente a evolução europeia quanto às questões de protecção do consumidor, dizendo que "é [...] este clima que explica o renovado interesse pela questão [das cláusulas contratuais gerais], e o afã reformista de que dão mostras alguns legisladores [...]", concluindo que "o movimento da tutela do consumidor traz [...] um forte «impulso para a politização do problema das condições gerais do contrato», confere ao tema uma «dinâmica suplementar», servindo de propulsor e de catalisador do debate doutrinal e de medidas legislativas que, em muitos casos, acabaram por ultrapassar o quadro das relações de consumo".

[201] Pinto Monteiro, "Do Direito do Consumo...", cit., p. 206, alertando embora para "tudo o que de artificial, simplista e redutor pode encerrar a divisão do processo por fases", diz que "o tema da protecção do consumidor se pode equacionar em *três momentos*. Numa primeira fase, avulta a *denúncia* da situação de debilidade do consumidor, enquanto *vítima indefesa* da *sociedade de consumo*; num segundo momento, é o *direito do consumo* que desponta, em resultado da imensa legislação que prolifera e da reflexão que a doutrina lhe vai dedicando; por último, no momento actual, é a um *código* que se apela, como que a coroar todo este movimento e a reconhecer ao direito do consumidor a *maioridade* e a *autonomia* que uma codificação requerem".

[202] Michael R. Will, cit., p. 78, informa de que, na Alemanha, a insuficiência das soluções jurisprudenciais na tutela dos consumidores deu origem, "no início dos anos setenta", a "uma discussão de política do direito sem igual. Uma enorme produção literária inundou o pais; o governo federal ocupou-se prontamente da questão, e ambas as partes mais representativas entraram em competição para formular o melhor projecto de lei".

[203] Oliveira Ascensão, "Direito europeu do consumidor e direito brasileiro", *in Revista Trimestral de Direito Civil*, Ano 8, Vol. 32, diz que o "ramo Direito do Consumidor" "brota, com data certa de nascimento, do discurso do Presidente Kennedy dos Estados Unidos da América, em 15 de março de 1962, que assenta na ideia-força: somos todos consumidores". Na verdade, a Mensagem que o então Presidente John Kennedy dirigiu ao Con-

titui uma das manifestações mais salientes a Resolução (76)47 do Conselho da Europa de 16 de Novembro de 1976 sobre a matéria[204 205].

gresso norte-americano constitui um marco histórico, por ter passado a ser considerada um espécie de *consumer bill of rights*, mas é claramente excessivo afirmar que é ela que marca o início do Direito do Consumo.

Cristian Ricardo Piris, Comunicação, *in Comunicaciones Científicas e Tecnológicas 2000*, *in* http://www.estig.ipbeja.pt/~ac_direito/Piris2.pdf, diz que "a problemática da protecção do consumidor [...] começa a evidenciar-se não há mais de três décadas. De facto o direito do consumidor começa a desenvolver-se no mundo jurídico nos anos '60, a partir do reconhecimento do status de consumidor e das especiais fronteiras que começam a perfilar-se na relação de consumo e que tornam possível diferenciá-la das tradicionais relações civis ou comerciais". O autor acrescenta, em afirmação difícil de compreender, que "nos tempos anteriores à sociedade de consumo o contrato era um acto quase excepcional e que por esse motivo resultava previamente negociado, discutido e acordado quase em detalhe". Por outro lado, considera simultâneo o surgimento da preocupação com a protecção do consumidor e o de contratos concluídos na base de cláusulas contratuais gerais.

Artur Jenichen Filho, "Os Direitos dos Consumidores e a Constituição da República Portuguesa", *in ESMERC*, n.º 19, *in* http://www.estig.ipbeja.pt/~ac_direito/Jenichen.pdf, escreve (pp. 144-145): "A Revolução Industrial ocorrida na segunda metade do século XVIII, caracteriza-se pela mecanização dos sistemas de produção em detrimento do artesanato, ou seja, as máquinas substituíram as ferramentas. Desde então, os métodos de produção se tornaram não apenas mais eficientes, como a produção de bens se tornou mais rápida, barateando o preço e estimulando o consumo. O relativo equilíbrio até então existente nas relações de consumo entre o fornecedor e o consumidor é rompido em face do surgimento da denominada *sociedade de consumo*. Dessa relação advém o fortalecimento do fornecedor, ou seja, ele se torna a parte mais forte dessa relação de consumo, e por assim dizer, passa a *ditar as regras*. Para que seja restaurado o equilíbrio nessas relações que se avultam e, já na atualidade, em razão da *globalização*, os Estados passaram a intervir em favor da parte mais fraca, ou seja, em prol do consumidor, pois o mercado não constituiu mecanismos suficientes para mitigar essa sua vulnerabilidade".

Observe-se que, já em 1928, Vittorio Salandra, cit., p. 511, se ocupava dos contratos de adesão (para ele sinónimos de cláusulas contratuais gerais) com consumidores.

C. Heineck Scmidtt, cit., pp. 51 e 69, parece situar o interesse jurídico pelos problemas do consumidor na segunda metade do século XIX, época em que "a produção em massa, decorrente da revolução industrial, [...] exigia um instrumento negocial capaz de garantir o menor tempo possível no momento da contratação [...]".

[204] Há a ter em conta, anteriormente, que Comissão de Direitos Humanos da Organização das Nações Unidas, na sua 29.ª Sessão, em 1973, aprovou o que veio a designar por Direitos Fundamentais do Consumidor, tendo sido elaborado o Relatório da Organização para a Cooperação e Desenvolvimento Económicos (OCDE) de 1972 sobre política

[205] Em síntese feliz, António Carlos dos Santos, Maria Eduarda Gonçalves e Maria Manuel Leitão Marques[206] enunciam assim os factores de necessidade de protecção do consumidor: "Por um lado, constata-se a cada vez maior sofisticação dos modos de captação de clientela, com recurso à publicidade ou a outras formas de promoção de vendas, por vezes agressivas ou enganosas [...]. Acresce a este factor a concentração dos espaços de distribuição em grandes superfícies e consequente aumento da distância entre consumidor e vendedor. Por último, são hoje mais complexas e frequentemente globalizadas as formas de organizar a produção, o que contribui para aumentar o risco do consumidor [...]"[207]. Com a consequência de – para usar a célebre formulação de F. Kessler – "efectivos instrumentos nas mãos de poderosos feudos (*overlords*) industriais e comerciais [que] lhes permitiram impor uma nova ordem feudal elaborada por si e impendente sobre uma vasta hoste de vassalos"[208].

do consumidor nos países membros da OCDE; a Resolução n.º 543 de 17 de Maio de 1973, adoptada pela Assembleia Consultiva do Conselho da Europa, aprovou a Carta de Protecção do Consumidor; e, ainda, a Resolução de 14 de Abril de 1975 respeitou a um programa preliminar da comunidade económica europeia para uma política de protecção e de informação dos consumidores. Diz Artur Jenichen Filho, cit., pp. 148-149 que "outro marco significativo na consolidação dos *direitos* do consumidor foi dado, em 1985, quando a 106.ª Sessão Plenária da ONU reconheceu, por intermédio da Resolução no 39/248, o denominado *princípio da vulnerabilidade do consumidor*, que tem o consumidor como a parte mais fraca da relação de consumo de molde a se tornar o destinatário certo de uma tutela jurídica específica, mais conhecida por *direito do consumidor*".

Cristian Ricardo Piris, Comunicação, cit., refere a criação, em 1948, da *Federal Trade Comission*, que começou a proteger o consumidor, embora se tratasse de tutela "incidental".

[205] Eduardo Polo, cit., p. 61, diz que os números 2, 3 e 4 desta Resolução "constituem uma autêntica cláusula geral, já que do seu conteúdo se depreende que são cláusulas abusivas aquelas que comportam no contrato uma posição de desequilíbrio entre os direitos e obrigações das partes em prejuízo dos consumidores, contrárias ao direito imperativo ou cuja redacção seja desadequada ou enganosa".

[206] *Direito Económico*, 2.ª ed., p. 59.

[207] V. também o enunciado de Cristian Ricardo Piris, Comunicação, cit..

[208] Citado, entre outros, por Leone Niglia, cit., p. 32, e Colin Scott e Julia Black, cit., p. 74.

Martin Ebers[209] enuncia duas diversas explicações para o controlo das cláusulas contratuais gerais e para o do conteúdo dos contratos com consumidores. Segundo ele, a primeira "baseia-se na tomada em consideração dos custos de transacção"; porque uma das partes – o utilizador – dispõe de mais informação sobre o conteúdo das cláusulas, "elaborando a cláusula para múltiplas transacções, [...] pode repartir os custos um número infinito de vezes, enquanto para a outra parte é muitas vezes excessivamente oneroso obter a informação necessária para negociar as condições da transacção. As assimetrias na informação [...] e a desigual distribuição dos custos de transacção devem ser contrabalançados pelo controlo das cláusulas pré-redigidas". Este é um problema que apenas se coloca nos contratos *standard*, podendo estes causar prejuízo não apenas aos consumidores, mas a qualquer contraente em detrimento de quem sejam utilizadas. Já a segunda, a "teoria do abuso" justifica apenas o controlo das cláusulas na medida em que sejam utilizadas em relação a contraentes fracos. "O critério principal de controlo das cláusulas não é o perigo que representam as cláusulas pré-formuladas, mas antes a protecção de uma certa categoria de pessoas. A superioridade económica, social, psicológica e intelectual do profissional não permite outra escolha que não seja a de aderir às cláusulas em questão. O controlo de validade contrabalança um desequilíbrio no poder de negociação e um desequilíbrio das competências".

Sousa Ribeiro[210] entende, por seu lado, que a tutela legal do aderente a cláusulas contratuais gerais não é reclamada pela posição de inferioridade dele ("a desigualdade material entre as partes não é [...] nem condição suficiente da aplicação da lei [Dec.-Lei n.º 446/85 na sua redacção originária], não constituindo um dado qualificante das c.c.g."), mas pela utilizabilidade múltipla do modelo contratual. O autor esclarece, porém, de seguida que na lei portuguesa, como na *AGB-G*, a tutela do aderente "domina", observando[211] que "ela, na valoração legal, não resulta da sua situação de inferioridade em termos gerais, e à luz de critérios sócio-económicos, mas, estritamente, da sua posição negocial", e acrescenta

[209] Cit., pp. 395 e 396.

[210] *Cláusulas contratuais...*, cit., pp. 195 e 196.

[211] *Ibidem*, pp. 196 a 203.

que "o aderente é automaticamente considerado como a parte mais fraca pelo simples facto de lhe serem opostas cláusulas preformuladas de aplicação geral, independentemente da sua posição de poder, globalmente considerada, fora do específico quadro contratual. A disparidade de poder, medida por atinência ao contrato, não é, assim, uma variável condicionante, mas um pressuposto fixo inominado do regime legal. Não é por prescindir da sua consideração que a lei o não refere, mas precisamente por partir do princípio de que a sujeição a c.c.g. configura, só por si, um caso típico de necessidade de tutela"[212][213].

18. O Direito Europeu adopta como um dos seus objectivos a protecção do consumidor com o Acto Único Europeu, assinado em Fevereiro de 1986[214], tendo os Tratados de Maastricht, de Fevereiro de 1992, e de Amesterdão, de Outubro de 1997, constituído "um importante contributo para o desenvolvimento e aprofundamento do direito comunitário

[212] Para uma crítica do controlo das cláusulas contratuais gerais do ponto de vista da protecção do contraente fraco, Enzo Roppo, cit., pp. 100 e ss., que afirma que esta perspectiva "significa precludir-se «a possibilidade de [...] [utilizar formas mais compreensivas de controlo da actividade empresarial», a banalização dos esquemas contratuais massificados em nome de um progresso inelutável", "a tentativa de dissimular atrás do véu de argumentações e motivações de ordem puramente «técnica» o alcance e a substância de fenómenos cuja correcta colocação é no interior de uma perspectiva «ideológica» em sentido próprio".

[213] Diz que "o novo modelo é amparado, dentre outros fatores, no campo das relações contratuais, em que proliferam os contratos de adesão, pela busca de equilíbrio concreto entre as partes contratantes, pela disciplina das cláusulas contratuais gerais [...] e também pela garantia de direitos mínimos ao contratante vulnerável", Mirella Cristina Fior, "A Responsabilidade Civil Pré-Contratual", *in Revista do Curso de Direito da Faculdade de Humanidades e Direito*, Vol. 9, n.º 9, p. 134.

[214] Antes ainda, o Parlamento Europeu manifestara-se no sentido da aprovação de uma directiva que regulasse as cláusulas contratuais gerais, pela Resolução de 16 de Outubro de 1980, e a Comissão fizera uma comunicação ao Conselho em 14 de Fevereiro de 1984 sobre cláusulas abusivas em contratos com consumidores. Nesta última, refere-se que "muitos argumentos aqui avançados valem igualmente para outros contratos, designadamente para os concluídos entre os pequenos comerciantes e os seus fornecedores" (Sousa Ribeiro, *Cláusulas contratuais...*, cit., p. 191, nota 387).

do consumo"[215] [216]. Menezes Cordeiro[(217)], sem se referir ao direito anterior, diz que a "Directriz n.º 93/13/CEE" teve a finalidade de "introduzir a específica dimensão da tutela do consumidor"[218].

[215] Ana M. Guerra Martins, "O Direito Comunitário do Consumo", *in Estudos do Instituto do Direito de Consumo*, Vol. I, 2000, p. 64. Sobre a evolução do direito comunitário na área do direito do consumo, v. *idem, ibidem*, pp. 68 e ss.. V. também Menezes Cordeiro, "Da natureza civil...", cit., pp. 679 a 684.

[216] Para referência às mais relevantes directivas europeias no domínio da protecção do consumidor, v., além da autora *supra* citada, Ole Lando, cit., pp. 9-10.

[217] *Tratado...*,. cit., pp. 422-423.

[218] A transposição da directiva para os direitos nacionais foi feita de formas e em momentos diversos nos Estados membros. Martin Ebers, cit., pp. 339 a 405, 407 e 408, 410 a 416, 418, 419 e 421, analisa todos os casos, deixando-se aqui referidos apenas aqueles que não são mencionados no texto: (a) na Áustria, existia uma Lei relativa à protecção do consumidor desde 1979, que foi alterada em 1 de Janeiro de 1997, com o alargamento dos casos de cláusulas nulas, e que acolheu, como fundamento autónomo de nulidade do contrato (ou de uma sua cláusula), a falta de transparência; (b) na Bélgica,"a lei de 14 de Julho de 1991 relativa às práticas do comércio e sobre a informação e a protecção do consumidor [...] foi a primeira regulamentação geral das cláusulas abusivas", tendo antecipado a directiva; mas houve necessidade de a alterar em Dezembro de 1998 e em Maio de 1999, "a fim de responder às exigências da directiva", sendo o seu âmbito mais alargado que o daquela, pois inclui as cláusulas que tenham sido objecto de negociação individual; (c) na Bulgária, foi publicada em 1999 uma lei de protecção dos consumidores, substituída por outra com idêntico objecto de Dezembro de 2005, que entrou em vigor em Junho de 2006: "quanto às consequências legais, o direito búlgaro estabelece uma diferença entre as cláusulas negociadas individualmente ou não [...]"; as que o não foram "são automaticamente nulas", enquanto as outras "podem ser sanadas pelo direito comum dos contratos"; (d) em Chipre, foi aprovada, em 1996, a "lei relativa às cláusulas abusivas nos contratos concluídos com consumidores", lei que foi alterada em 1999, para efeitos de transposição da directiva; (e) esta foi transposta "quase literalmente" na República Checa para o respectivo Código Civil; (f) foi através de uma alteração da "lei relativa aos contratos" que se operou a transposição em 1994 da directiva na Dinamarca, permitindo-se não apenas a declaração judicial de invalidade de uma cláusula mas também a sua modificação; (g) na Estónia, a Lei de Protecção do Consumidor foi aprovada em 15 de Dezembro de 1993, com entrada em vigor no dia 1 de Janeiro de 1994, tendo a directiva sido transposta para as secções 35-44 da lei relativa ao direito das obrigações; (h) desde 1978 que existe na Finlândia uma Lei de protecção do consumidor, tendo sido alterada em 1994 para a adaptar à directiva: aquela lei aplica-se também às cláusulas negociadas individualmente e nela se "prevê expressamente a adaptação do preço"; (i) na Grécia, depois de, em 1991, ter sido aprovada uma lei de protecção do consumidor,

Como assinala Guido Alpa[219], na comunicação e na introdução da proposta de directiva apresentada pela Comissária Emma Bonino, "sublinha-se que a proposta não pretende introduzir normas novas, mas apenas permitir o exercício efectivo dos direitos dos consumidores já reconhecidos pelas directivas existentes, que são pontualmente elencadas no anexo ao texto, e melhorar o acesso à justiça".

Martin Ebers[220] descreve sumariamente o processo de elaboração da Directiva n.º 93/13/CEE, explicando que as primeiras propostas "seguiam

que foi substituída por outra em 1994, a transposição da directiva foi realizada em 1999, tendo o seu campo de aplicação no direito nacional grego sido estendido às pessoas colectivas que sejam destinatárias de bens ou serviços, seja qual for a natureza do contrato; (j) no direito húngaro, embora, desde 1978, o Código Civil previsse já as cláusulas contratuais gerais, aquele sofreu alterações, a primeira das quais em 1997 e as ulteriores, até 2006, que tiveram em vista consagrar as normas da directiva e a jurisprudência do TJCE; (l) na Irlanda, a transposição foi operada pelo "Regulamento relativo às Comunidades Europeias [...] de 1995", mas este só estendeu em 2000 "às associações de consumidores a possibilidade de agir judicialmente prevista no Art. 8 do Regulamento de 1995"; (m) "na Letónia, o primeiro acto normativo no domínio da protecção do consumidores entrou em vigor em 28 de Outubro de 1992", mas "de 1992 a 1999 (data em que a nova lei de protecção dos direitos do consumidor entrou em vigor), a protecção dos direitos dos consumidores desenvolveu-se de modo relevante"; a lei foi alterada em 1999 para ser adaptada à directiva"; (n) na Lituânia, "tanto o Código Civil [de 2001] como a Lei relativa à protecção do consumidor (de 2001) [com alterações posteriores] desempenham o papel de transposição da Directiva 93/13"; (o) no Luxemburgo, a Lei de 26 de Março de 1997 trouxe ligeiras modificações ao direito anterior; (p) em Malta, havia uma Lei do Consumo de 1994 que foi posteriormente alterada; (q) o direito holandês contém no seu Código Civil de 1992 as regras sobre cláusulas abusivas, tendo sido objecto de alterações, designadamente em 13 de Maio de 2004; (r) no Direito polaco, foi alterado o Código Civil em 28 de Julho de 1990 e em 2 de Março de 1994, para adaptação à directiva; (s) o Código Civil eslovaco foi alterado em 2004, tendo passado a integrar as disposições da directiva "quase literalmente", e tendo essas "regras sido completadas pela Lei relativa à protecção do consumidor, adoptada também em 2004"; (t) a lei de protecção do consumidor eslovena foi alterada em Fevereiro de 1998 para a sua adaptação à directiva; (u) na Suécia, existia, desde 1971, uma lei sobre cláusulas contratuais nos contratos de consumo que foi revogada após a adesão do país à UE, e substituída pela LCC de 15 de Dezembro de 1994.

[219] "La proposta di direttiva sulla azione inibitoria promossa dalle associazioni dei consumatori", *in Giurisprudenza Italiana*, 1996-IV, p. 153.

[220] Cit., pp. 396 e 397.

inicialmente o modelo francês [inspirado pela chamada "teoria do abuso", isto é, de protecção dos consumidores, "mesmo que as cláusulas tivessem sido objecto de uma negociação individual"] [e] a partir da Posição Comum do Conselho de 1992, foi proposto um compromisso entre os modelos francês e alemão: em virtude do art. 3 (1) e (2) da Directiva 93/13, as cláusulas que tivessem sido objecto de uma negociação individual – diversamente do direito FRANCÊS – foram excluídas do campo de aplicação da directiva, mas – diversamente do direito ALEMÃO – não é necessário que as cláusulas contratuais sejam pré-redigidas tendo em vista uma utilização generalizada numa multiplicidade de contratos. [...] Esta mistura dos dois sistemas foi salientada no 9.º considerando da Directiva 93/13, que remete tanto para a necessidade de proteger o consumidor contra os abusos de poder – como em FRANÇA – como para o perigo para o consumidor da exclusão abusiva de direitos essenciais – uma alusão ao modelo ALEMÃO –, particularmente frequente nos contratos de adesão [[221]]".

O mesmo autor[222] enuncia um longo conjunto de aspectos que justificam esclarecimento das "incoerências e [d]as ambiguidades" da directiva, começando pela noção de consumidor, pela substituição dos termos "vendedor/fornecedor" pelo de "comerciante" ou "profissional", pela indicação clara "de que se aplica a todos os tipos de contratos", pela precisão "quanto ao carácter cumulativo ou alternativo dos critérios «boa fé/desequilíbrio»", pela clarificação do "valor jurídico do Anexo", pelo esclarecimento de que "o juiz tem a faculdade de conhecer oficiosamente o carácter abusivo de uma cláusula (em conformidade com os casos *Océa-*

[221] Menezes Cordeiro, "Da natureza civil...", cit., p. 692, afirma que "a grande novidade da Directriz n.º 93/13 foi [...] a de alargar aos contratos pré-formulados a defesa dispensada aos contratos por adesão. Com uma particularidade: em ambos os casos, a defesa apenas funciona perante consumidores". E, sobre ela, acrescenta (pp. 692-693) que "a opção em causa da Directriz [...] tem a ver com compromisso entre o Direito francês e o Direito alemão. Segundo o Direito francês [...] caem sob a sindicância legal os contratos individualmente concluídos, desde que com consumidores. Pelo contrário, o Direito alemão desde 1976 dava relevo aos contratos concluídos na base de cláusulas contratuais gerais. O compromisso encontrado acabaria por dar abrigo à solução francesa, dentro da técnica alemã. Não parece uma saída harmónica. [...] este instrumento saiu tecnicamente incorrecto: justapôs, contra a tradição jurídica europeia, áreas problemáticas diversas".

[222] *Ibidem*, pp. 392 e 393.

no[[223]], *Cofidis*[[224]] e *Mostaza Claro*[[225]])", pela imposição de regras "quanto à obrigação do profissional de fornecer ou pôr à disposição o documento contendo as cláusulas nos casos em que o contrato é redigido normalmente por escrito", pela determinação, quanto às "acções colectivas", de se saber se as associações de consumidores têm em qualquer circunstância legitimidade para agir e se uma pessoa apenas ou um grupo de pessoas não constituídas em associação podem agir nos termos do Art. 7, além de ponderar os efeitos do caso julgado" e, ainda, pela "definição da noção de «conexão estreita com o território de um Estado membro» no Art. 6(2)". O autor acrescenta[226] que, "a fim de suprimir os obstáculos mais evidentes ao comércio, convém interrogar-se sobre a exclusão da aplicação da cláusula de harmonização mínima quanto a certas disposições da Directiva 93/13, contribuindo assim para uma harmonização máxima nesses domínios". Conclui, porém, que "o carácter equitativo de uma cláusula pode [...] ser determinado apenas com relação ao direito dispositivo (pouco harmonizado) e [que] uma harmonização máxima conduziria a uma notável redução da protecção dos consumidores nos Estados membros em que essa protecção é particularmente elevada"[227] [228] [229].

[223] Ac. do Tribunal de Justiça de 27 de Junho de 2000 – Océano Grupo Editorial SA contra Rocion Murciano Quintero (pr n.º C-240/98) e Salvat Editores SA contra José M. Sánchez Alcón Prades (pr n.º C-241/98), José Luis Copano Badillo (pr n.º C-242/98), Mohammed Berroane (pr n.º C-243/98) e Emilio Viñas Feliu (pr n.º C-244/98), *in* http://curia.europa.eu/.

[224] Ac. do Tribunal de Justiça (Quinta Secção) de 21 de Novembro de 2002 – Cofidis SA contra Jean-Louis Fredout (pr n.º C-473/00), *in* http://curia.europa.eu/.

[225] Ac. do Tribunal de Justiça (Primeira Secção) de 26 de Outubro de 2006 – Eliza María Mostanza Claro contra Centro Móvil Milenium SL (pr n.º C-168/05), *in* http://curia.europa.eu/.

[226] *Ibidem*, p. 394.

[227] Giorgio Buono, *EC Commission Presents a Proposal for a Directive on Consumer Rigts, in* http://conflictoflaws.net/2008/ec-commission-presents-a-proposal-for-a-directive-on-consumer-rights/, explica que, "em 8 de Outubro de 2008, a Comissária Meglena Kuneva apresentou uma nova Proposta para uma directiva em matéria de direitos do consumidor [...] [que] tem o propósito de rever quatro directivas existentes sobre contratos de consumo [...] [entre as quais a Directiva 93/13/CEE], fundindo-as num único instrumento horizontal baseado na harmonização completa [*full-harmonization*] (i.e. os Estados Membros não podem manter ou adoptar regras que divirjam das estabelecidas na Directiva), que regule os aspectos comuns «de modo sistemático, simplificando e

actualizando as regras existentes, removendo inconsistências e colmatando lacunas»". "A perspectiva de harmonização mínima (i. e. os Estados Membros podem manter ou adoptar regras de protecção do consumidor mais exigentes [*stricter*]), adoptada na anterior legislação europeia neste campo, foi abandonada tendo em vista evitar a fragmentação no nível de protecção dos consumidores nos Estados Membros". O autor explica que "os efeitos da fragmentação são sentidos pela actividade comercial porque as normas do direito de conflitos, e em particular o Regulamento Roma I, obriga os comerciantes a não baixar o nível de protecção concedido a consumidores estrangeiros no seu país. Como resultado da fragmentação e de Roma I, um comerciante que queira vender para outro Estado Membro tem de incorrer em despesas legais e outras de adequação para ter a certeza de que está a respeitar o nível de protecção do consumidor no país de destino. Estes custos reduzem o incentivo para os negócios para além fronteiras, particularmente para os consumidores em pequenos Estados Membros. Tais custos são finalmente transferidos para os consumidores na forma de preços mais elevados ou, pior, os comerciantes recusam vender para além fronteiras. Em ambos os casos o bem estar dos consumidores fica abaixo do nível óptimo. [...] O texto da nova directiva, na actual versão proposta pela Comissão, não deveria, *prima facie*, interferir com a aplicação das normas de conflitos do Regulamento Roma I, evitando problemas tais como os que a directiva sobre e-comércio ou as cláusulas contratuais abusivas [*unfair*] colocam".

Sobre o regime de direito aplicável no espaço, v. art. 23.º e respectiva anotação.

[228] Menezes Cordeiro, *Tratado...*, cit., p. 423, afirma que uma das finalidades da "Directriz" foi a de "estabelecer um *mínimo* de uniformidade na tutela dispensada através das leis sobre cláusulas contratuais gerais, nos diversos estados da União", o que "tem sido justificado com a necessidade de facilitar a concorrência [...]; o facto de haver variações significativas de Estado para Estado surge como um obstáculo à livre actuação económica".

[229] Luis González Vaqué, "El Derecho del Consumo en la Unión Europea: la problemática planteada por la *armonización mínima* en las normativas comunitarias relativas a la protección de los consumidores", *in Diritto & Diritti* – Rivista giuridica elettronica pubblicata su Internet, http://www.estig.ipbeja.pt/~ac_direito/armonmin.pdf, *passim*, em especial pp. 1 e 2, 5 e 18, faz uma análise crítica da técnica de "harmonização mínima", dizendo que o TJCE declarou que, "apesar de o Tratado prever como objectivo prioritário *um elevado nível de protecção dos consumidores, o legislador comunitário não está obrigado a adoptar o nível de protecção mais alto que possa existir num determinado Estado membro*", defendendo o autor o entendimento de que "a harmonização total deve ser a *regra* na legislação comunitária relativa ao Mercado interior", afirmando que "*a harmonização mínima* constitui, no melhor dos casos, um *mal menor*", e concluindo: "não há dúvida de que a harmonização mínima constitui um risco para a *unidade* do Mercado interior. Trata-se, aliás, de um risco difícil de assumir, se se tiver em conta que as divergências na legislação dos Estados membros podem não só constituir um obstáculo à livre circulação, mas que

Pinto Monteiro[230] procede a uma análise crítica do estado do direito europeu de tutela do consumidor, dizendo que "as instâncias comunitárias competentes já tomaram consciência dos inconvenientes vários resultantes da multiplicidade e dispersão das directivas. Daí que, a fim de repensar o *acquis* legislativo em sede de defesa do consumidor em ordem à adopção de medidas de racionalização e sistematização, a Comissão Europeia tenha lançado, já em 2004, um processo de revisão do acervo relativo à defesa do consumidor. Este processo teve o seu início com a Comunicação de 2004: «O direito europeu dos contratos e a revisão do acervo: o caminho a seguir»". O autor explica que "já em Outubro de 2001 a Comissão Europeia apresentara o Livro Verde sobre a Defesa do Consumidor na União Europeia e, posteriormente, em 2002, a Comunicação sobre o Seguimento do Livro Verde".

19. A protecção do consumidor constitui em Portugal, desde 1982[231], um imperativo constitucional, decorrente dos arts. 60.º e 99.º-*e)* da Constituição da República[232] [233] [234] [235].

até poderiam chegar a causar *disparidades inaceitáveis para a protecção dos consumidores*". [...] não é certo que, como assinalaram alguns autores, a harmonização total tenda a reduzir a liberdade dos Estados membros para desenvolver a sua própria política de protecção dos consumidores de uma forma substancialmente diversa. Definitivamente, as cláusulas de *harmonização mínima* constituem um elemento perturbador da necessária coerência no seio do Mercado interno e podem ser origem de uma notável insegurança jurídica sem trazer benefícios reais à defesa dos consumidores".

[230] "Harmonização legislativa...", cit., pp. 1447 a 1450.

[231] Na versão originária, encontrava-se uma referência indirecta, no art. 104.º, à tutela do consumidor, a propósito da tributação do consumo.

[232] Não compreendo em que medida o art. 81.º, als. *e)* e *h)*, da Constituição tem relação com a tutela do consumidor, como diz Almeida Costa, *Direito das Obrigações*, cit., p. 258, nota 2.

[233] Segundo Vieira de Andrade, *apud* Artur Jenichen Filho, cit., pp. 156-157, "desde a revisão de 1989, não haverá dúvidas: a inserção dos direitos dos consumidores no catálogo constitucional dos direitos fundamentais, somada à sua formulação subjectiva, revela uma inequívoca intenção da sua constitucionalização como direitos subjectivos na ordem jurídica portuguesa. [...] Os direitos dos consumidores têm, pois, de considerar-se, na ordem jurídica constitucional portuguesa, pelo menos, como direitos formalmente fundamentais, incluídos no conjunto formal dos direitos mais importantes atribuídos às pessoas".

Assinale-se que, em ordens jurídicas, como a brasileira, por exemplo, a protecção do consumidor – realizada pela Lei n.º 8 078/90, que entrou

[234] Como acontece em outros países, designadamente no Brasil (arts. 5.º XXXII, E 170.º, V), em Espanha (art. 51.º da Constituição de 27 de Dezembro de 1978) e na Argentina (art. 42.º).

Do primeiro diz Gustavo Tepedino, "Os contratos de consumo no Brasil", *in Temas...*, Tomo II, cit., p. 124, que "o constituinte brasileiro não somente inclui a tutela dos consumidores no rol das garantias fundamentais, como empresta à sua protecção um caráter instrumental, ou seja, funcionaliza os interesses patrimoniais do consumidor à tutela de sua dignidade e aos valores existenciais. Trata-se, portanto, de tutelar a pessoa humana [...] que se mostra vulnerável na relação contratual, mais do que proteger o consumidor como uma categoria ou classe privilegiada, em detrimento dos empresários".

Netto Lôbo, cit., pp. 59 e ss., é apenas um dos autores que salienta a importância jurídica da sede constitucional da protecção e direitos dos consumidores, escrevendo: "Os direitos do consumidor, é cediço, radicam no interesse público social, que não se compagina no clássico interesse público estatal. Para desenvolver tal dimensão, sua tesitura está coenvolvida de inevitáveis inserções no âmbito do direito público constitucional, até porque as relações de consumo são necesariamente transindividuais, pois irradiam efeitos além dos sujeitos concretos da aquisição ou utilização de determinado produto ou serviço para alcanzar todos os que sejam por elas atingidos, em ato ou potência".

É muito pertinente e e interessante o problema da oponibilidade privada directa do direito dos consumidores à informação, mas ele não será analisado aquí, já porque respeita aos consumidores, já porque se trata de tema que não se compadece com uma séria análise que seja muito breve.

Roberto Bin, *Relazione al Convegno Diritti dell'individuo e diritti del consumatore*, Milano, 14 dicembre 2007, *in* http://www.estig.ipbeja.pt/~ac_direito/ConsumatoriRelazione.pdf, observa que "o próprio facto de o legislador atribuir à categoria dos «consumidores» e dos «utentes» alguns dos direitos definidos como «fundamentais» e relativos a bens constitucionais (como a tutela da saúde, da segurança, da informação, da promoção e do desenvolvimento do associativismo livre, voluntário e democrático, etc.), que são componentes tradicionais do sistema de direitos garantidos a todos os cidadãos (e geralmente estendidos também aos estrangeiros) revela-nos um dado que à primeira vista poderia escapar. Há pelo menos duas categorias de sujeitos aos quais a tutela dos direitos dos consumidores «retira» alguma coisa: uma categoria mais vasta – a dos «cidadãos» – que é substituída pela categoria privilegiada dos consumidores; e uma outra categoria que em contrapartida é afastada dos benefícios, a dos não possidentes ["non abbienti"], dos «não-consumidores»".

[235] Em afirmação peculiar, a propósito da tutela constitucional, Pinto Monteiro, "Cláusulas limitativas...", cit., p. 296, escreve: "Independentemente das soluções legislativamente consagradas a favor do consumidor, o *espírito* de simpatia que esta *causa* despertou acaba por se fazer sentir no plano da interpretação e, consequentemente, nas

em vigor em 11 de Março de 1991, aprovando o Código de Defesa do Consumidor – coexiste com um regime próprio para os contratos de adesão, como resulta dos arts. 423.º e 424.º do respectivo Código Civil[236] e, em alguma medida, do art. 54.º do próprio Código de Defesa do Consumidor[237]. Em Itália, o *Codice del Consumo* de 2005 (Decreto legislativo de 6 de Setembro de 2005, muito alterado, designadamente em 2016 e 2019) dispõe que se aplica aos contratos o regime do Código Civil, excepto no que naquele for mais favorável ao consumidor, isto é, o regime das cláusulas contratuais gerais não foi preterido pela entrada em vigor daquele Código[238].

Na ordem jurídica portuguesa, só com o Dec.-Lei n.º 249/99, de 7 de Julho – que tardiamente complementou a transposição da Directiva n.º

soluções judiciais que vai *inspirando*, mesmo quando não exista preceito directamente aplicável ao problema «sub judice»".

Como ilustração, cite-se a seguinte afirmação, em *obiter dictum*, do ac. do STJ de 18 de Fevereiro de 1997 (pr n.º 96A757, Cardona Ferreira), *in www.dgsi.pt:* "[...] são progressivamente ponderadas doutrinas orientadas no sentido da extensão a terceiros interessados na protecção do regime contratualista, o que é especialmente considerável quando se traga à colação direitos dos consumidores".

[236] Onde tais contratos são nominados, mas não caracterizados; dado encontrarem-se as disposições sediadas na Secção dos "Preliminares" do regime dos contratos em geral e na sequência do enunciado do princípio da liberdade contratual, julgo legítimo entender que se trate dos contratos em que a liberdade material de um dos contraentes se encontra muito reduzida ou, mesmo, suprimida.

[237] Note-se que o contrato de adesão a que se refere este artigo do Código de Defesa do Consumidor é caracterizado tanto como aquele cujas "cláusulas tenham sido [...] estabelecidas unilateralmente pelo fornecedor de produtos ou serviços, sem que o consumidor possa discutir ou modificar substancialmente o seu conteúdo", como o contrato cujo conteúdo tenha sido aprovado "pela autoridade competente", com idêntica imodificabilidade. A referência aos contratos de fornecimento de bens e serviços, por um lado, a equiparação dos contratos modelados por uma das partes aos aprovados por autoridade administrativa, por outro, leva a supor que os contratos que a norma tem em vista são aqueles que, na terminologia da lei portuguesa, são celebrados com base em cláusulas contratuais gerais.

[238] Segundo Pinto Monteiro, "Harmonização legislativa...", cit., p. 1451, o *Codice del Consumo* italiano "limita[-se] a reunir os diplomas legais existentes neste domínio, sem inovar, embora os trate sistematicamente".

93/13/CEE, do Conselho, de 5 de Abril[239] –, foi alterada a redacção do art. 1.º do Dec.-Lei n.º 446/85, em consequência de cujo n.º 2 o âmbito de aplicação directa do diploma passou a conter "igualmente [...] [as] cláusulas inseridas em contratos individualizados, mas cujo conteúdo previamente elaborado o destinatário não pode influenciar"[240]. Esta orientação é a da directiva, cujo art. 3.º, n.º 2, deixa claro que os contratos de adesão constituem o seu objecto, sendo as cláusulas contratuais gerais apenas

[239] Portugal não cumprira a data de transposição, que era o final do ano de 1994 – no que, aliás, não foi único –, só com o Dec.-Lei n.º 220/95, de 31 de Agosto, e a Portaria n.º 1093/95, de 6 de Setembro (que designou o Gabinete de Direito Europeu como o serviço a que foi cometida a função de organizar e manter actualizado o registo das cláusulas abusivas), tendo procedido àquela transposição.

Em Dezembro de 2001, em diploma cujo objecto foi o de "proceder à conversão dos valores expressos em escudos em legislação da área da justiça, por forma a facilitar a utilização dos textos legais e reduzir ao mínimo as dificuldades inerentes ao processo de substituição da moeda", o Dec.-Lei n.º 323/2001, de 17 de Dezembro, veio, no seu artigo 24.º, sem que se encontre explicação para o facto, alterar os arts. 28.º e 32.º deste diploma. A primeira alteração correspondeu, efectivamente, à conversão em euros do valor da acção inibitória; porém, o n.º 1 do art. 32.º foi modificado substancial e erradamente, acrescentando-se-lhe uma referência à sanção pecuniária compulsória, que nem dele constava nem nele faz sentido.

[240] Almeno de Sá cit., pp. 110-111, coloca a pertinente questão de saber se "a directiva pretende aplicar-se, de forma exclusiva, a cláusulas pré-formuladas", opinando que, apesar de a pré-formulação constituir um indício "de falta de negociação individual, como resulta do artigo 3.º, n.º 2, "é duvidoso que a directiva deva interpretar-se no sentido de que a «falta de influência no conteúdo» pressupõe sempre, *necessariamente*, uma pré-formulação. É esse, indubitavelmente, o caso-regra; mas não parece que deva ter-se como exclusivo. Se se demonstrar que, mesmo sem pré-formulação, o consumidor não teve qualquer possibilidade de influir no conteúdo das cláusulas em jogo, parece não existir razão, *dentro do espírito da directiva*, para se recusar a análise judicial de tais cláusulas, *não objecto de negociação individual*, em ordem a verificar se delas resulta um significativo desequilíbrio, em detrimento do consumidor, dos direitos e obrigações das partes. Tratar-se-á sempre, é certo, de *casos atípicos*, mas nem por isso menos representáveis no seu princípio. O preço a pagar é, porém, a certeza jurídica".

uma espécie daqueles[241] [242] [243] [244]. Não obstante a alteração introduzida ter tido como razão de ser a adequação da lei nacional à directiva, é de sublinhar que aquela se aplica – como já antes sucedia – tanto aos consumidores, os protegidos pela directiva, quanto a quaisquer sujeitos que tenham intervindo em contrato cujo conteúdo não puderam "influenciar".

Passou, pois, inequivocamente, o regime do Dec.-Lei n.º 446/85 a aplicar-se a todos os contratos de adesão e, mesmo, às cláusulas de contratos negociados que não tivessem, elas, sido objecto de negociação, por imposição unilateral de um dos contraentes ao outro[245], seja qual for a qualidade em que as partes intervêm no contrato. A discordância que alguns autores têm manifestado da redacção do n.º 2 deste art. 1.º, designadamente na perspectiva da directiva que também transpõe[246], não se

[241] Diverso parece ser o entendimento de Galvão Telles, "Das Condições Gerais...", cit., p. 303 (v. também p. 305), que escreve textualmente: "a directiva aplica-se *só* aos contratos *estandardizados*, porque supõe que se trata de cláusulas redigidas *previamente* e em cujo conteúdo portanto o consumidor não tenha podido influir". Porém, de seguida (p. 304), o autor admite que "a directiva extravasa dos contratos estandardizados, abarcando também aqueles outros em que o profissional - empresário ou profissional livre - apresenta ao consumidor, para aceitação, um texto por ele *previamente redigido mas não padronizado*".

Embora, em si, não se justifique, mas porque corresponde a um equívoco mais frequente do que parece à primeira vista, refere-se a afirmação de Marco Dias, cit., p. 439, segundo o qual o que caracteriza as cláusulas contratuais gerais é apenas o serem "impostas por uma das partes, sem possibilidade de prévia negociação".

[242] Martin Ebers, cit., p. 385, informa de que, na Áustria e nos Países Baixos, o regime adoptado para transpor a directiva "cobre apenas os contratos estandardizados".

[243] Distinguindo claramente entre contratos de adesão singularmente concluídos e contratos *standard*, p. ex., López y López, cit., p. 332.

[244] A já referida alteração à *AGB-G* de 1996 teve como objecto justamente estender a sua aplicabilidade a cláusulas pré-formuladas para uma única utilização.

[245] A vertente de liberdade que é suprimida para o aderente é, no essencial, a de estipulação, pois – com as ressalvas que ficaram apontadas *supra* –, não sendo o bem ou serviço essencial para ele ou se, sendo-o, houver vários fornecedores no mercado a contratar com modelos diversos, a liberdade de celebração estará preservada.

[246] Critica a alteração operada pelo DL n.º 249/99 no aditamento deste n.º 2, por inutilidade, tanto quanto parece, Almeida Costa, *Síntese do Regime Jurídico Vigente das Cláusulas Contratuais Gerais*, 2.ª ed., p. 20. Estranha-se que, antes, não tenha a doutrina em geral, e o autor em particular, chamado a atenção para interpretação que agora afirma como fácil, embora este a tenha sustentado em *Direito das Obrigações*, 7.ª ed., pp. 228-

me afigura excessivamente convincente. É certo que o preâmbulo do diploma nacional se refere ao consumidor, também o sendo que a directiva comunitária tem por objecto as cláusulas abusivas nos contratos entre profissionais e consumidores[247]. Porém, a caracterização como abusivas das cláusulas é realizada no art. 3.º da directiva também – para além do aspecto, não menor, de produzirem, contra a boa fé[248], um desequilíbrio significativo dos direitos e das obrigações das partes, em prejuízo do

229. Também Pinto Monteiro, "O novo regime dos contratos...", cit., pp. 117-118, afirma que sempre lhe pareceu "que [...] [o] silêncio do legislador português poderia ser interpretado como *silêncio eloquente*, permitindo que se *estendessem* as soluções consagradas na lei *a todos os contratos de adesão* – excepto a acção inibitória, que, pela sua natureza, pressupõe cláusulas contratuais *gerais* – «maxime» aos contratos com consumidores. Ao mesmo resultado levava o princípio da *interpretação da lei em conformidade com a directiva*, sendo certo, por outro lado, que nada obstaria a que as outras medidas, pela sua *razão de ser* (sobre o consentimento e sobre o conteúdo das cláusulas), se aplicassem, ainda que faltassem às cláusulas pré-formuladas os requisitos da generalidade e indeterminação". Menezes Cordeiro, *Tratado...*, cit., p. 468, escreve que a "versão de 1995 estava [...] municiada para se aplicar a contratos pré-formulados".

Almeno de Sá, cit., pp. 37-38, critica a solução, dizendo: "Uma tal possibilidade remete, contudo, para toda uma outra filosofia, não só em relação ao instrumento comunitário, *que apenas se preocupa com o consumidor*, como em relação à própria compreensão regulativa originária da nossa lei, que parte da ideia fundamental de que, *em ordem a proteger o empresário-cliente*, apenas se justifica a intervenção fiscalizadora do juiz quando estão em causa verdadeiras "cláusulas contratuais gerais", e não meras *cláusulas individuais*, ainda que não objecto de negociação prévia".

Oliveira Ascensão, "Cláusulas contratuais gerais...", cit., p. 577, nota (5), parece discordar deste entendimento, pois, em desacordo com Almeida Costa, escreve: "aquele n.º 2, incluído num artigo epigrafado «Cláusulas contratuais gerais» e destinando-se a esclarecer a falta de prévia negociação individual referida no n.º 1, que define cláusulas contratuais gerais, só às cláusulas gerais se pode entender dirigido". Adiante (p. 579), reafirma que o diploma "só contempla as cláusulas gerais".

[247] Como observa justificadamente Almeno de Sá, "nem todas as cláusulas abusivas fazem parte do objecto da disciplina proposta, uma vez que ficam excluídos quer o tráfico mercantil quer os próprios contratos entre consumidores. Alvo directo da intervenção comunitária são as cláusulas que não tenham sido objecto de negociação individual".

[248] Vários autores alertam para o erro da versão portuguesa, resultante de má tradução do texto francês. Creio, tanto quanto pude entender, que tal erro – que também ocorreu noutros ordenamentos – não prejudicou a compreensão do sentido da norma do n.º 1 do art. 3.º da directiva.

consumidor[249] – como aquela "que não tenha sido objecto de negociação individual", precisando o mesmo artigo que a ausência de negociação individual existe sempre que a cláusula "tenha sido redigida previamente e, consequentemente, o consumidor não tenha podido influir no seu conteúdo, em especial no âmbito de um contrato de adesão". A questão de saber se, na Directiva n.º 93/13, o art. 3.º, n.º 1, deve ser interpretado no sentido de que uma cláusula contratual [...] relativa a encargos de gestão do mútuo, que não permite identificar inequivocamente os serviços concretos prestados em contrapartida, dá origem, a despeito da exigência de boa-fé, a um desequilíbrio significativo entre os direitos e as obrigações das partes decorrentes do contrato" foi colocada como prejudicial pelo TJUE que, no Acórdão de 3 de Outubro de 2019 (pr n.º C-621/17), lhe respondeu nos seguintes termos:

> "Tendo em conta a situação de inferioridade do consumidor em relação ao profissional no que respeita tanto ao poder de negociação como ao nível de informação, a Diretiva 93/13 obriga os Estados-Membros a preverem um mecanismo que garanta que qualquer cláusula contratual que não tenha sido negociada individualmente possa ser fiscalizada para apreciar o seu caráter eventualmente abusivo. Neste contexto, incumbe ao juiz nacional determinar, tendo em conta os critérios enunciados no artigo 3.º, n.º 1, e no artigo 5.º da Diretiva 93/13, se, atendendo às circunstâncias específicas do caso em apreço, essa cláusula respeita as exigências da boa-fé, do equilíbrio e da transparência impostas por esta diretiva (v., neste sentido, Acórdão de 26 de março de 2019, Abanca Corporación Bancaria e Bankia, C-70/17 e C-179/17, EU:C:2019:250, n.º 50 e jurisprudência referida).

Assim, o caráter transparente de uma cláusula contratual, conforme exigido no artigo 5.º da Diretiva 93/13, constitui um dos elementos a ter em conta no âmbito da avaliação do caráter abusivo dessa cláusula que cabe ao órgão jurisdicional nacional efetuar nos termos do artigo 3.º, n.º 1, desta diretiva. No âmbito desta avaliação, incumbe ao órgão jurisdicio-

[249] Diz, e bem, Yara Miranda, cit., p. 670, que se trata "de uma regra aberta, que deve ser concretizada à luz das circunstâncias que rodearam a celebração do contrato, da natureza dos bens ou serviços, bem como das demais cláusulas do contrato em questão ou de um outro contrato com o qual aquele estabeleça uma relação de dependência".

nal de reenvio avaliar, à luz de todas as circunstâncias do processo, num primeiro momento, o possível desrespeito da exigência de boa-fé e, num segundo momento, a existência de um eventual desequilíbrio significativo em detrimento do consumidor, na acepção desta última disposição (v., neste sentido, Acórdão de 20 de setembro de 2017, Andriciuc e o., C-186/16, EU:C:2017:703, n.º 56)

20. Questão que alguns autores (assim, por exemplo, Guido Alpa[250]) colocam face à própria directiva é a de saber se, tendo sido dada ao consumidor a possibilidade de escolher entre dois modelos contratuais parcialmente não coincidentes, ainda se deve entender que o contrato por ele celebrado reentra naqueles que a directiva regula. A resposta afigura-se-me incontroversamente afirmativa, pois, mesmo que o consumidor tenha podido escolher entre dois (ou mais) modelos contratuais, continuou a não poder influir no conteúdo de qualquer deles.

21. Para a caracterização como abusiva de uma cláusula contribui a listagem constante do anexo da directiva[251][252], elenco que – por falta de esclarecimento da sua força jurídica – terá, pelo menos, um valor exem-

[250] "Il recepimento...", cit., p. 77.

[251] É o seguinte o teor desse anexo:

"Cláusulas que têm como objectivo ou como efeito:

a) Excluir ou limitar a responsabilidade legal do profissional em caso de morte de um consumidor ou danos corporais que tenha sofrido em resultado de um acto ou de uma omissão desse profissional;

b) Excluir ou limitar de forma inadequada os direitos legais do consumidor em relação ao profissional ou a uma outra parte em caso de não execução total ou parcial ou de execução defeituosa pelo profissional de qualquer das obrigações contratuais, incluindo a possibilidade de compensar uma dívida para com o profissional através de qualquer caução existente;

c) Prever um compromisso vinculativo por parte do consumidor, quando a execução das prestações do profissional está sujeita a uma condição cuja realização depende apenas da sua vontade;

d) Permitir ao profissional reter montantes pagos pelo consumidor se este renunciar à celebração ou à execução do contrato, sem prever o direito de o consumidor receber do profissional uma indemnização de montante equivalente se for este a renunciar;

e) Impor ao consumidor que não cumpra as suas obrigações uma indemnização de montante desproporcionalmente elevado;

f) Autorizar o profissional a rescindir o contrato de forma discricionária sem reconhecer essa faculdade ao consumidor, bem como permitir ao profissional reter os montantes pagos a título de prestações por ele ainda não realizadas quando é o próprio profissional que rescinde o contrato;

g) Autorizar o profissional a pôr termo a um contrato de duração indeterminada sem um pré-aviso razoável, excepto por motivo grave;

h) Renovar automaticamente um contrato de duração determinada na falta de comunicação em contrário por parte do consumidor, quando a data limite fixada para comunicar essa vontade de não renovação do contrato por parte do consumidor for excessivamente distante da data do termo do contrato;

i) Declarar verificada, de forma irrefragável, a adesão do consumidor a cláusulas que este não teve efectivamente oportunidade de conhecer antes da celebração do contrato;

j) Autorizar o profissional a alterar unilateralmente os termos do contrato sem razão válida e especificada no mesmo;

k) Autorizar o profissional a modificar unilateralmente sem razão válida algumas das características do produto a entregar ou do serviço a fornecer;

l) Prever que o preço dos bens seja determinado na data da entrega ou conferir ao vendedor de bens ou ao fornecedor de serviços o direito de aumentar os respectivos preços, sem que em ambos os casos o consumidor disponha, por seu lado, de um direito que lhe permita romper o contrato se o preço final for excessivamente elevado em relação ao preço previsto à data da celebração do contrato;

m) Facultar ao profissional o direito de decidir se a coisa entregue ou o serviço fornecido está em conformidade com as disposições do contrato ou conferir-lhe o direito exclusivo de interpretar qualquer cláusula do contrato;

n) Restringir a obrigação, que cabe ao profissional, de respeitar os compromissos assumidos pelos seus mandatários, ou de condicionar os seus compromissos ao cumprimento de uma formalidade específica;

o) Obrigar o consumidor a cumprir todas as suas obrigações, mesmo que o profissional não tenha cumprido as suas;

p) Prever a possibilidade de cessão da posição contratual por parte do profissional, se esse facto for susceptível de originar uma diminuição das garantias para o consumidor, sem que este tenha dado o seu acordo;

q) Suprimir ou entravar a possibilidade de intentar acções judiciais ou seguir outras vias de recurso, por parte do consumidor, nomeadamente obrigando-o a submeter-se exclusivamente a uma jurisdição de arbitragem não abrangida por disposições legais, limitando indevidamente os meios de prova à sua disposição ou impondo-lhe um ónus da prova que, nos termos do direito aplicável, caberia normalmente a outra parte contratante.

2. Alcance das als. *g)*, *j)* e *l)*

a) A al. *g)* não prejudica as cláusulas pelas quais o fornecedor de serviços financeiros se reserva o direito de extinguir unilateralmente e sem pré-aviso, no caso de razão válida,

plificativo, funcionando, na prática, como lista "indicativa e ilustrativa"[253] da vontade normativa implicada pela cláusula geral de controlo, mas não como complexo impositivo de proibições[254]. Há autores, como

um contrato de duração indeterminada, desde que fique a cargo do profissional a obrigação de informar imediatamente dessa decisão a ou as outras partes contratantes.

b) A al. *j)* não prejudica as cláusulas segundo as quais o fornecedor de serviços financeiros se reserva o direito de alterar a taxa de juro devida pelo ou ao consumidor ou o montante de quaisquer outros encargos relativos a serviços financeiros sem qualquer pré-aviso em caso de razão válida, desde que seja atribuída ao profissional a obrigação de informar desse facto a ou as outras partes contratantes o mais rapidamente possível, e que estas sejam livres de rescindir imediatamente o contrato.

A al. *j)* também não prejudica as cláusulas segundo as quais o profissional se reserva o direito de alterar unilateralmente as condições de um contrato de duração indeterminada desde que seja atribuída ao profissional a obrigação de informar desse facto o consumidor com um pré-aviso razoável e que este tenha a liberdade de rescindir o contrato.

c) As als. *g)*, *j)* e *l)* não se aplicam:

- às transacções relativas a valores mobiliários e produtos ou serviços cujo preço dependa das flutuações de uma taxa de mercado financeiro que o profissional não controla,
- aos contratos de compra ou venda de divisas, de cheques de viagem ou de vales postais internacionais expressos em divisas.

d) A al. *l)* não prejudica as cláusulas de indexação de preços, desde que as mesmas sejam lícitas e o processo de variação do preço nelas esteja explicitamente descrito.

[252] No Ac. do Tribunal de Justiça (Quinta Secção) de 7 de Maio de 2002 – Comissão das Comunidades Europeias contra Reino da Suécia (pr n.º C-478/99), *in* http://curia.europa.eu/, –, afirma-se: "Será indispensável em todo o caso, para se poder atingir o duplo objectivo prosseguido e satisfazer os requisitos da segurança jurídica, que esta lista seja publicada como parte integrante das disposições de transposição da directiva. Uma simples menção nos trabalhos preparatórios de uma lei não bastará, como decorrerá do acórdão de 30 de Janeiro de 1985, Comissão/Dinamarca (143/83, Recueil, p. 427, n.º 11). Será duvidoso que o público interessado, que inclui não apenas os consumidores mas também os operadores económicos tanto suecos como estrangeiros, e as autoridades nacionais competentes para a aplicação das medidas de transposição da directiva tenham um fácil acesso a estes trabalhos preparatórios, ou mesmo que estejam informados da sua existência e da sua importância".

[253] Palavras do TJCE no processo C-478/99, adiante referido, citadas por Martin Ebers, cit., p. 443.

[254] Como diz o advogado geral Geelhoed, "a lista oferece assim ao juiz e a outras instâncias competentes, aos grupos de interesses e aos consumidores e a profissionais par-

Martin Ebers[255], que chamam a atenção para que a natureza jurídica do anexo não é esclarecida pela directiva, tendo as precisões sido realizadas, pela primeira vez, na já referida decisão do TJCE de 7 de Maio de 2002 (Comissão das Comunidades Europeias contra Reino da Suécia): "Não obstante, as cláusulas aí acolhidas assinalam uma reprovação de princípio, que não deixa de funcionar como expressivo indiciador de um juízo de «abusividade». Dificilmente se concebe, por isso mesmo, que um qualquer tribunal possa declarar como não-abusiva uma cláusula que reproduza mais ou menos fielmente o conteúdo de uma das proibições constantes do anexo da directiva: mesmo que tal proibição não tenha sido expressamente recebida na ordem nacional, o juiz terá de considerar, na sua análise sindicante, através da mediação do critério geral de controlo, as *sedimentações valorativas* que se «expõem» nas proibições-exemplo"[256] [257].

Como se sublinha, a propósito das Conclusões do Advogado Geral Paolo Mengozzi apresentadas a 29 de Março de 2007, no processo C-429/05[258], "em virtude de uma jurisprudência constante do Tribunal [de Justiça das Comunidades Europeias], a obrigação dos Estados membros, decorrente de uma directiva, de obter o resultado previsto por esta, bem como o dever, em virtude do art. 10 CE, de adoptar todas as medidas gerais ou particulares próprias a garantir a execução desta obrigação impõem-se a todas as autoridades dos Estados membros, compreendidas, no quadro das suas competências, as autoridades judiciárias [...]. Assim, aplicando o direito interno, a jurisdição nacional deve interpretá-lo em toda a medida do possível à luz do texto e da finalidade da directiva em causa para conseguir o resultado visado por esta [...]".

ticulares [...] um ponto de apoio quanto à interpretação da noção de «cláusula abusiva»" (Martin Ebers, *ibidem*, p. 443).

[255] *Ibidem*, pp. 390, 393 e 443.

[256] Almeno de Sá, cit., pp. 19-20.

[257] O mesmo autor, *ibidem*, pp. 22-23, informa de que "foi no decurso dos trabalhos preparatórios que o carácter imperativo da lista do anexo veio a desaparecer, tendo o Conselho considerado, na fase final do processo, que a lista deveria ser meramente indicativa".

[258] No acórdão do TJCE (Primeira Secção) de 4 de Outubro de 2007 – Max Rampion e Marie-Jeanne Godard, por casamento Rampion contra Franfinance SA e K par K SAS (pr n.º C-429/05), *in* http://curia.europa.eu/.

Almeno de Sá[259] acrescenta que, "encontrando-se em determinado contrato uma das estipulações que fazem parte do anexo, o tribunal deve simplesmente proceder a uma avaliação concreta da cláusula, atendendo ao tipo de contrato em análise e às circunstâncias do caso singular"; mas também a que "uma cláusula que, à partida, parece legitimada pelo anexo não pode considerar-se automaticamente válida, tornando-se sempre necessário verificar se ela resiste a um exame fundado sobre o princípio geral de controlo". Não deixa este autor[260] de salientar que há o risco de os tribunais nacionais de cada Estado membro aceitarem, "sem discussão, a validade de cláusulas abrangidas pelo regime permissivo, afastando, à partida, a sindicância de tais cláusulas à luz do princípio geral de fiscalização do conteúdo", o que tem como consequência que "a directiva funcion[e] aqui de modo *perverso*, «legitimando» cláusulas – que, no quadro normativo anterior, estavam sujeitas, à partida, à análise da sua conformidade com os princípios e regras dominantes em sede de controlo do conteúdo". Deste raciocínio se distancia em alguma medida Antunes Varela[261], que opina que "apenas" devem considerar-se abusivas "as cláusulas que, nos termos do artigo 3.º da *mesma Directiva do Conselho* de 5 de Abril de 1993, dêem origem a um *desequilíbrio* significativo em detrimento do *consumidor*, entre os direitos e obrigações das partes [...]".

O art. 4:110, n.º 1, dos *PECL* dá a seguinte noção – claramente muito próxima da directiva – de cláusula abusiva: "uma cláusula que não tenha sido objecto de uma negociação individual pode ser anulada por uma parte se, contrariamente às exigências da boa fé, criar em seu detrimento um desequilíbrio significativo entre os direitos e as obrigações das partes emergentes do contrato, tendo em consideração a natureza da prestação a fornecer, todas as outras cláusulas do contrato e as circunstâncias que rodearam a sua conclusão"; e o n.º 2, também à semelhança da directiva, dispõe que a regra acabada de transcrever "não se aplica a uma cláusula que defina o objecto principal do contrato, desde que a cláusula se encontre redigida de forma clara e compreensível", também não se apli-

[259] Cit., pp. 20-21.
[260] *Ibidem*, p. 23.
[261] *Das Obrigações...*, cit., p. 266.

cando "à adequação entre o valor respectivo das prestações a fornecer pelas partes"[262].

Creio que é de lamentar que não se tenha aproveitado o ensejo – e pretexto justificativo – para, no domínio dos contratos com consumidores, pelo menos, adoptar, como geral, o direito de arrependimento que vários diplomas avulsos consagram no quadro de certos tipos contratuais, como sucede, entre outros, como o Dec.-Lei n.º 275/93, de 5 de Agosto[263], quanto aos contratos-promessa de transmissão de direitos reais de habitação periódica, o Dec.-Lei n.º 95/2006, de 29 de Maio, alterado, designadamente, pelos Decs.-Leis n.º 317/2009, de 30 de Outubro, e 242/2012, de 7 de Novembro[264], que se ocupa dos contratos relativos a serviços financeiros prestados a consumidores através de meios de comunicação à distância, e 24/2014, de 14 de Fevereiro, sobre contratos celebrados à distância e fora do estabelecimento comercial. Neste domínio, o Anteprojecto de Código do Consumidor contém uma disposição, no respectivo art. 188.º, que é interessante e cujo teor é o seguinte: "1. Sem prejuízo do disposto nos números seguintes, o prazo para o exercício do direito de livre resolução conta-se a partir da recepção do bem ou da conclusão do contrato de prestação de serviço. 2. Todavia, o prazo apenas começa a contar-se a partir do momento em que ao consumidor seja prestada, integralmente e na forma devida, a informação prevista no nº 4 do artigo anterior, desde que isso ocorra só após a recepção do bem ou a conclusão do contrato

[262] A propósito da limitação inserta na directiva, o acórdão do Tribunal de Justiça (Quarta Secção) de 30 de Abril de 2014 – Árpád Kásler e Hajnalka Káslerné Rábai contra OTP Jelzálogbank Zrt (pr C-26/13), in http://curia.europa.eu/, apreciando uma cláusula de remuneração de um mútuo, diz: "não se pode considerar que tal cláusula, na medida em que comporta uma obrigação pecuniária de o consumidor pagar, no âmbito dos reembolsos do empréstimo, as quantias resultantes da diferença entre o valor do câmbio de venda e o valor do câmbio de compra da divisa estrangeira, comporta uma «remuneração» cuja adequação, enquanto contrapartida de uma prestação efetuada pelo mutuante, não pode ser objeto de uma apreciação do seu caráter abusivo ao abrigo do artigo 4.º, n.º 2, da Diretiva 93/13".

[263] Alterado pelos Decs-Leis nºs. 180/99, de 22 de Maio, 22/2002, de 31 de Janeiro, 76-A/2006, de 29 de Março, 116/2008, de 4 de Julho, 37/2011, de 10 de Março, e 245/2015, de 21 de Outubro.

[264] Transpõe a Directiva n.º 2002/65/CE, do Parlamento Europeu e do Conselho, de 23 de Setembro.

de prestação de serviço. 3. No caso, porém, de se tratar de contrato que haja de ser celebrado por escrito, o prazo só começa a contar-se a partir da recepção, pelo consumidor, da cópia ou duplicado do texto contratual contendo as menções que a lei considere obrigatórias, se ela for posterior às circunstâncias a que se referem os dois números anteriores".

22. A redacção do n.º 2 do art. 1.º do Dec.-Lei n.º 446/85, referindo-se a "destinatário", compreende sujeitos jurídicos que não sejam consumidores, incluindo, diversamente da directiva, pessoas que contratem no quadro da sua actividade profissional e, por maioria de razão, pessoas colectivas[265]. Não creio que sofra "de *graves carências,* do ponto de vista da correspondente fundamentação"[266], a ampliação do âmbito implicado pelo uso daquele vocábulo. Justifica discordância Luís Menezes Leitão[267] quando opina que a "intervenção legislativa deve [...] considerar-se como totalmente desastrada, uma vez que estende o regime do diploma a todos os contratos pré-formulados, mesmo que tenham sido celebrados entre empresários e entidades equiparadas [...]" e defende uma "interpretação restritiva [...], uma vez que a intenção manifestada no próprio preâmbulo do diploma era a transposição da Directiva 93/13/CEE, que apenas se refere a contratos pré-formulados celebrados entre profissionais e consumidores. Os contratos pré-formulados celebrados entre empresários e entidades equiparadas deverão ser assim excluídos deste regime". Não são estes o local nem o pretexto próprios para relembrar os elementares cânones hermenêuticos, mas, tenham-se estes em consideração, e fica esclarecidíssimo o que pode pensar-se das afirmações do autor.

O que significa que discordo de Almeno de Sá, quando este entende que não deveriam constituir objecto do controlo legal os contratos de adesão que não tenham como parte um consumidor ou que a tutela dos não consumidores só se justificaria na hipótese de cláusulas contratuais gerais. Sousa Ribeiro[268] coloca a questão de saber se o diploma, referindo-se a "destinatário", "é aplicável, sem restrições, sempre que um qualquer contraente se encontre nessa situação negocial, ou, pelo contrá-

[265] Tal como acontece, p. ex., no direito espanhol.
[266] Para usar as palavras de Almeno de Sá, cit., p. 39.
[267] *Direito das Obrigações,* Vol. I, 7ª. ed., pp. 50 e 51; *Idem,* 13.ª ed., p. 45.
[268] "O regime dos contratos...", cit., pp. 190 a 193.

rio, é de exigir-se, numa interpretação restritiva, que o destinatário das cláusulas intervenha no contrato em veste de consumidor?". Depois de opinar que "esta é [...] a mais espinhosa questão suscitada pelos diplomas de transposição", diz que "de pouco adianta recorrer-se, para a sua solução, ao preâmbulo do DL n.º 249/99, que não fornece, em nossa opinião, argumentos que apontem seguramente num dado sentido"; "à falta de outros elementos interpretativos, fica-nos o elemento literal e as outras componentes do elemento histórico [...] [que] depõem fortemente a favor da interpretação alargada, sem restrições de índole subjectiva"; "é de presumir que a referência ao «destinatário» seja intencional [...]... Este termo é aliás, utilizado na previsão anterior [...] respeitante às cláusulas contratuais gerais, e aí indubitavelmente com uma abrangência geral, não sendo razoável admitir que, em duas normas seguidas, o mesmo termo seja empregue em acepções diversas. Com a opção pela tutela de qualquer aderente, consumidor ou não, o legislador mais não estava [...] senão a colocar-se, quanto a este ponto, numa linha de continuidade com o regime em vigor [...], referido apenas a uma dada declaração negocial, e não a uma certa categoria de pessoas". O autor prossegue, gastando muita cera com tão inútil defunto, para concluir que a solução consagrada "reveste-se de enorme significado", pois "a falta de negociação, qualquer que seja a dimensão aplicativa das cláusulas e a qualidade em que o aderente intervém, importa agora a sujeição do contrato a um regime próprio".

A única explicação – que não justificação – para aquelas posições é o entendimento de que não havia necessidade da alteração, já que a Lei de Defesa do Consumidor[269] dispõe, no art. 9.º, nºs. 2 e 3, que o regime de cláusulas constantes de contratos pré-elaborados que não estejam redigidas de forma "clara e precisa" ou que "originem significativo desequilíbrio em detrimento do consumidor" é o das cláusulas contratuais gerais; uma vez que a directiva apenas se ocupa dos contratos com consumidores, não haveria já necessidade de nova intervenção legislativa para comple-

[269] Lei n.º 24/96, de 31 de Julho – rectificada pela Declaração de rectificação n.º 16/96, de 13 de Novembro –, alterada sucessivamente pela Lei n.º 85/98, de 16 de Dezembro, pelo Dec.-Lei n.º 67/2003, de 8 de Abril, pelas Leis n.ºs 10/2013, de 28 de Janeiro, 47/2014 de 28 de Julho, e 63/2019, de 16 de Agosto.

tar a transposição. Nesta linha, Menezes Cordeiro[270] diz que a alteração de 1999 era desnecessária, pois "o tema dos contratos pré-formulados, tal como resulta da Directriz n.º 93/13, *não pertence às cláusulas contratuais gerais*. É antes um ponto de defesa do consumidor"; e, quanto a esta, já a Lei de Defesa do Consumidor a contemplava no art. 9.º; conclui, dizendo que "a LCCG foi mutilada sem qualquer necessidade" e que "mais grave é [...] que o legislador nacional, no seu afã, de mostrar «europeísmo», ter «transposto» erradamente a Directriz em jogo. Esta aplica-se apenas a contratos pré-formulados concluídos entre empresários e consumidores. O n.º 2 do art. 1.º da LCCG, introduzido em 1999, não teve a cautela de o precisar. Tal como está, parece aplicar-se a todo e qualquer contrato pré-formulado. Será, pois, necessário recorrer a uma interpretação restritiva do preceito invocado, no limite, a necessidade de conformação com a Directriz n.º 93/13".

Este entendimento é de justeza, pelo menos, duvidosa, pois continuava a limitar-se a aplicabilidade do regime às cláusulas contratuais gerais (ou contratos pré-formulados, expressão cujo sentido poderia entender-se como sinónimo do da anterior) e aos consumidores, que não são os exclusivos destinatários da tutela do Dec.-Lei n.º 446/85; em qualquer caso, a opinião não põe em causa o conteúdo da alteração legislativa realizada. Embora na mesma linha de pensamento, mais transparente é a motivação de Antunes Varela[271], que se diz preocupado pela "tendência que hoje domina alguns sectores do direito de concederem uma tutela excessiva aos interesses do consumidor [?], em detrimento dos legítimos interesses das empresas produtoras".

Por outro lado, encontrando-se longe de estar encerrada a discussão dos contornos da noção de "consumidor"[272] e da inclusão nela de algu-

[270] *Tratado...*, cit., pp. 468 a 470; semelhantes críticas se encontram em outro estudo do mesmo autor, "Da natureza civil...", cit., pp. 693 a 695.

[271] *Das Obrigações...*, cit., p. 264.

[272] Não caracterizando este Decreto-Lei o *consumidor*, pode tomar-se como valendo para ela a noção que resulta do art. 2.º da Lei de Defesa do Consumidor: "considera-se consumidor todo aquele a quem sejam fornecidos bens, prestados serviços ou transmitidos quaisquer direitos, destinados a uso não profissional, por pessoa que exerça com carácter profissional uma actividade económica que vise a obtenção de benefícios". Sobre a questão, v. *infra*, anotação ao art. 20.º.

mas pessoas colectivas[273], não se vê, mesmo do ponto de vista doutrinário, fundamento para tão veemente crítica à formulação da lei portuguesa. Tanto mais quanto é certo que as normas primacialmente fadadas para a tutela dos aderentes que sejam consumidores são também aplicáveis, como claramente deriva do art. 20.º deste diploma, a todos os que, não sendo empresários ou profissionais liberais e não contratando entre si "apenas nessa qualidade e no âmbito da sua actividade específica", concluam contratos de adesão[274].

O Dec.-Lei n.º 446/85, que este diploma de 99 vem alterar, tem, desde a sua origem, um âmbito mais amplo do que o da mera tutela do consumidor, como já ficou dito. O seu objecto é agora claramente, pode dizer-se, ainda que com alguma benevolência[275], o dos contratos de adesão ou, melhor, o das cláusulas de adesão, em sintonia com a directiva transposta. Não obstante o Dec.-Lei n.º 249/99 ter tido como finalidade primária a de completar a transposição da directiva comunitária, incidindo sobre um diploma cujo objecto excedia o daquela directiva, parece justificada a ampliação legislativa pela necessidade de manter[276] a coerência do normativo que altera. Aliás, como é sabido, a directiva não impede os Estados membros de adoptarem regimes de protecção mais amplos do que os nela enunciados.

Sousa Ribeiro[277] observa que "a extensão do controlo para além do âmbito das c.c.g. seria [...] a única solução coerente com as tomadas de posição que consideram a disparidade de poder entre as partes como o eixo fulcral do fenómeno". E acrescenta: "a primazia concedida a esse aspecto coenvolve uma correlativa desvalorização, ou, até, perda total de relevância, das características específicas das c.c.g. (e, em particular, da

[273] Sobre a questão, um pouco mais detidamente, a anotação ao art. 20.º.

[274] Quando, doravante, ao referir-me a este diploma, falar de consumidores, deverá entender-se, ainda que o não diga expressamente, que me reporto ao mais alargado âmbito pessoal de aplicabilidade dos arts 21.º a 23.º, tal como ele se encontra definido no art. 20.º.

[275] O diploma continua a usar repetidamente a expressão "cláusulas contratuais gerais", quando o seu âmbito não se restringe a estas, incorrecção utilizada por alguns autores na suas argumentações interpretativas, como, paradigmaticamente, Oliveira Ascensão, "Cláusulas contratuais gerais...", cit., *passim*.

[276] De a aumentar ou corrigir, neste particular.

[277] *Cláusulas contratuais...*, cit., pp. 195-196.

intenção de utilização reiterada), pois, se a situação de inferioridade de um dos contraentes é fundamento da tutela, ela deverá actuar sempre que essa situação se verifique, sem ficar dependente daquelas características. Desse estrito ponto de vista, não é menos digna de protecção a parte que, nos contratos individuais, teve que se curvar às imposições do outro, do que aquela que se viu sujeita a aderir a c.c.g.".

Não acompanho, pois, as críticas à técnica legislativa. Antes se me afigura que, não sendo a alteração redutora da imposição da directiva mas alargadora dela, em consonância com o sentido originário da lei nacional e com a resposta a um problema que se coloca e carece de solução[278], é de aplaudir[279] [280] [281]. Aliás, mesmo apenas do ponto de vista da protecção do contraente tipicamente desconhecedor dos conteúdos materiais do contrato e dos usos vigentes nas actividades profissionais, um profissional de sector diverso daquele em que celebra o contrato muitas vezes se encontra em situação muito semelhante à de um consumidor.

[278] Se bem que, como assinala, p. ex., Yara Miranda, cit., p. 656, sejam evidentemente mais frequentes no mercado os contratos de adesão celebrados com base em cláusulas contratuais gerais. Por ignorância da realidade do mercado, não posso, todavia, acompanhar a afirmação de que "a celebração de contratos individualizados pela via da adesão é muito pouco frequente".

A mesma autora, *ibidem*, p. 659, diz que "o interesse dos autores franceses, ao contrário dos alemães, não se reduzia às ccg, recaindo também sobre os contratos individualizados".

[279] Também não vejo em que medida "as circunstâncias que rodearam a publicação do Decreto-Lei n.° 249/99, de 7 de Julho [...] colo[quem] uma dúvida séria quanto ao actual campo de aplicação do regime dos contratos de adesão", como escreve C. Ferreira de Almeida, *Contratos I*, cit., p. 196, que, aliás, conclui que "a aplicação a todos os contratos de adesão do regime que antes se aplicava apenas às cláusulas contratuais gerais mantém [...] em plenitude a linha do direito português que, em contraste com a Directiva comunitária distingue e com a generalidade dos restantes direitos europeus, só marginalmente distingue, nesta matéria, entre contratos de consumo e outros contratos", revelando a inexistência de dúvidas (p. 198).

[280] Discordando igualmente daquelas opiniões, Oliveira Ascensão, "Cláusulas contratuais gerais...", cit., pp. 578 e ss., e Yara Miranda, cit., pp. 684 e 685.

[281] Como assinala Sousa Ribeiro, "O regime dos contratos de adesão...", cit., p. 194, os *PECL* (projecto Lando) "consagra[m] um regime próprio para todos os *terms not individually negotiated*, sem discriminações quanto à pessoa do aderente (cfr. os arts 2:104 e 4:110)".

Em sentido não exactamente coincidente, mas muito próximo, opinam Galvão Telles[282], Antunes Varela[283], Guido Alpa[284] e Marco Mazzoni[285], que também os profissionais devem estar acautelados contra cláusulas iníquas, defendendo o primeiro dos mencionados autores que a protecção deveria ser uniforme para profissionais ou consumidores[286] [287].

282 "Das Condições Gerais...", cit., p. 306; a divergência da posição do autor em relação àquela que defendo – e que se encontra, sem margem para dúvidas consagrada na lei portuguesa – está em que Galvão Telles entende que a protecção só se justificaria em contratos de massa e não em contratos singulares, ainda que, nestes, uma das partes não tenha podido influir no respectivo conteúdo.

283 "Direito do Consumo", cit., pp. 402-403, embora a referência deste autor seja tão breve que não é inequívoca; escreve, sobre a directiva, que esta exclui "*arbitrariamente* da *categoria dos consumidores* toda a *pessoa colectiva* ou *sociedade* [...], por mais *numerosas* que sejam as aquisições contratuais por ela habitualmente feitas ao *produtor em massa* dos artigos fornecidos". No entanto, o mesmo autor, *Das Obrigações...*, cit., p. 266, pronunciando-se sobre o regime do Dec.-Lei n.º 446/85, afirma que os consumidores – "pessoas *singulares* que, nos contratos com cláusulas *gerais formuladas*, actuem com *fins* que não pertençam ao âmbito da sua *actividade profissional*" – "são [...] as únicas *entidades* que, devido à *forma isolada* e *dispersa* com que actuam perante *organizações* especialmente *experientes* e *poderosas*, merecem uma tutela *especial* como contraentes *mais débeis*".

284 "Il recepimento...", cit., p. 76.

285 Cit., p. 10.

286 Almeida Costa, *Direito das Obrigações*, cit., p. 268, não toma posição sobre a questão, mas afirma, incidentalmente, que a tutela dos empresários decorrente dos arts. 17.º a 19.º é "justificada". Julgo que não querendo assumir opinião sobre esta questão, Carvalho Fernandes, cit., p. 224, observa que, nas relações entre empresários ou entidades equiparadas, de que se ocupa a secção II do capítulo V deste diploma, existe "potencial igualdade".

Yara Miranda, cit., p. 666, nota 37, refere outros autores que entendem que "a protecção mínima também devia abranger os pequenos empresários vítimas de cláusulas abusivas". Diz a doutrina espanhola – se bem que não se trate exactamente do mesmo problema –, citada por esta autora, *ibidem*, p. 694, que a adopção do conceito de "profissional", substituindo o de empresa, visou também alargar o âmbito subjectivo de aplicação da Lei n.º 7/1998 (Lei sobre as Condições Gerais da Contratação) aos sujeitos que, "não tendo o ânimo de lucro, levam a cabo uma actividade profissional para alcançar os seus fins institucionais"; no seu preâmbulo e na interpretação maioritária que dela é feita, a lei protege por igual o pequeno empresário e o consumidor. Y. Miranda (*ibidem*, p. 716) afirma que, quando os profissionais "actuam fora do âmbito da sua actividade habitual, carecem da mesma protecção que o consumidor final".

287 Falando sobre o direito alemão, Carneiro da Frada, cit., p. 41, escreve: "será então

F. M. B. Reynolds[288], para defender a mesma posição, acentua as situações de desigualdade de poder negocial[289] frequentemente existentes entre fabricantes ou produtores e retalhistas. W. Freiherr von Marschall[290] utiliza os exemplos dos "músicos, poetas e outros artistas que fazem contratos com salas de concertos e editores", acrescentando referência a "membros de certas profissões que se encontram frequentemente pouco familiarizados com os negócios" e aos retalhistas.

Não são, contudo, raros os autores que, sem diferenciar, entendem que "as relações entre comerciantes exigem maior rapidez e especialização e que [...] [estes] podem suportar riscos mais elevados sem ter necessidade de uma tutela mais intensa"[291].

23. O único aspecto em que a transposição merece crítica é o da inadvertida (?)[292] manutenção, ao longo de quase todo o texto legal, da referência a cláusulas contratuais gerais, quando esse não constitui o objecto das normas nele contidas, aspecto que é evidente e é também salientado por C. Ferreira de Almeida[293], que, a este propósito afirma que, "apesar de o aditamento legislativo não ter acautelado expressamente a necessidade de adaptações, terá o intérprete de as fazer". Almeida Costa[294] afirma que se tornou "possível a extensão do diploma, *na medida em que*

possível invocar-se a existência de uma prática habitual vigente no ramo comercial [...] ou as relações continuadas [...] para sustentar a inclusão implícita [...] do clausulado contratual geral no contrato. Merece ainda assinalar-se a generosidade com que a jurisprudência alemã tem admitido a intervenção destes critérios como fundamento da cognoscibilidade da vontade de incorporação dos clausulados contratuais gerais nos contratos, [...] em atenção às necessidades de celeridade no tráfego comercial e à experiência negocial comum entre comerciantes".

[288] Cit., pp. 16 e 21 e 27.

[289] Para uma análise da questão da desigualdade do poder negocial das partes como quase inevitavelmente associada às cláusulas contratuais gerais, v. Sousa Ribeiro, *Cláusulas contratuais...*, cit., pp. 193 a 195.

[290] Cit., pp. 37 e 38.

[291] Michael R. Will, cit., p. 87.

[292] A interrogação que a deficiência me suscita resulta de se me afigurar incúria ou desleixo excessivos, para o serem apenas, e isto quando se conhecem as discordâncias doutrinárias quanto ao alargamento do âmbito de aplicabilidade da lei.

[293] *Contratos I*, cit., p. 199.

[294] *Direito das Obrigações*, cit., p. 263.

faça sentido – é um problema deixado ao intérprete, caso a caso[295] –, a cláusulas que tenham sido preparadas para quaisquer contratos individualizados [....]". Igualmente Sousa Ribeiro[296] observa que "a genérica extensão aplicativa determinada pelo n.º 2 do art. 1.º não pode [...] ser tomada à letra, pois ela é apenas parcial, havendo que distinguir cuidadosamente os preceitos que se aplicam, tal qual, a todas as cláusulas preformuladas daqueles outros cuja aplicação requer uma reformulação adaptativa, bem como os que continuam a ter um âmbito operativo circunscrito às cláusulas contratuais gerais", concluindo que "toda a tarefa de diferenciação e de adaptação recai sobre os ombros do intérprete".

E, se este aspecto é muito censurável, conexo com ele está o da manutenção da expressão – constante dos arts. 19.º e 22.º – "consoante o quadro negocial padronizado", que, se era de felicidade duvidosa no âmbito da redacção originária do diploma, é hoje manifestamente descabida[297]. À expressão, constante do corpo do art. 19.º e do n.º 1 do art. 22.º, atribui a grande maioria da doutrina o sentido de indicar que a apreciação das cláusulas previstas nessas disposições deve ser realizada tomando em conta o tipo de negócio em que se inserem e não o concreto contrato que é submetido ao tribunal[298].

Embora, como ficou dito, não se discuta aqui a natureza das cláusulas contratuais gerais, é claro que a consideração delas, quando aceites, como contratos – o que corresponde à opção legislativa –, se não impede, pelo menos não abona no sentido da apreciação abstracta do contrato de que constam as cláusulas contratuais proibidas. Num contrato, em qualquer um, as proibições de estipulação respeitam, em princípio, ao concreto conteúdo do negócio e não a estereótipos que podem ser estranhos à realidade daquele negócio em que a cláusula interdita se inclui. Porém, o mesmo não se dirá, evidentemente, quando se considerem as cláusulas contratuais gerais em si mesmas, isto é, em sede de aprecia-

[295] Sublinhado meu.

[296] "O regime dos contratos...", cit., p. 195.

[297] Também foi pena não terem sido aproveitadas as ocasiões de alteração para corrigir quer o conteúdo quer a localização de algumas das proibições, pois a técnica de redacção que as informa é em muitos casos deficiente.

[298] Em Itália, colocou-se o problema inverso, isto é, o de apreciar, no âmbito da acção inibitória, o contrato concreto – v. Alberto Alemanno, cit..

ção abstracta. Muito claro neste sentido é, por exemplo, Mario Marsili[299], que, considerando as cláusulas contratuais gerais "verdadeiras normas de direito, verdadeiras e próprias fontes do direito comercial, defende que a sua interpretação e controlo de validade não podem ser feitos como se de cláusulas contratuais se tratasse, antes têm de o ser com desprendimento dos concretos contratos formados com base nelas. Gino Gorla[300], referindo-se ao direito italiano, escreve que a apreciação das cláusulas como onerosas não depende da verificação, em concreto, da existência de um desequilíbrio de poder negocial das partes, antes, se parte – partia, no domínio do regime primitivo – do princípio de que, constando a cláusula da lista das *vessatorie*, havia como que uma presunção absoluta da desigualdade de poder dos contraentes; trata-se de um entendimento que não respeita ao mesmo problema, embora tenha com ele paralelo. Voltar-se-á, no entanto, à questão.

24. Questão que é colocada por alguma doutrina[301] [302] é a de saber se, tendo o modelo contratual sido negociado entre uma associação de consumidores e um[303] empresário ou uma associação profissional, deve ser-lhe aplicado o regime aqui contido. A resposta a este problema não pode ser expedita, já que, por um lado, a intervenção de uma associação de defesa do consumidor poderá, em grande medida, contribuir para o acautelamento dos interesses destes, mas, por outro, ela não garante forçosamente a tutela – desde logo do conhecimento efectivo do conteúdo contratual – dos interesses individuais de cada consumidor que intervirá em cada contrato, nem, finalmente, a excepção está presente no elenco do art. 3.º[304].

Tenderia, pois, para o entendimento de que tal negociação não afasta a aplicabilidade do regime deste diploma.

[299] Cit., pp. 138 e 139, 141 e 142.

[300] Cit., p. 118.

[301] V., por todos, Guido Alpa, "Il recepimento...", cit., p. 77.

[302] Em finais dos anos 70, opinava R. Scognamiglio, "Le contrôle...", cit., p. 61, que tal hipótese não era concebível, dada a heterogeneidade dos interesses "egoístas" dos consumidores de tão variados bens e serviços.

[303] Ou vários.

[304] Voltar-se-á à questão na anotação ao art. 1.º.

25. A pretexto – que não excessivamente a propósito – da referência que acabou de ficar feita à negociação contratual de um modelo de contrato de adesão, sublinha-se que este último, apesar de não ser discutido entre os intervenientes no todo ou em grande parte do seu conteúdo, pode ser precedido de um período de conversações[305]. O que quer dizer que a noção de contrato de adesão não é incompatível com a existência de preliminares[306], em que, não sendo discutido (ou apenas em parte o sendo) o conteúdo clausular, o fornecedor dos bens ou dos serviços[307] convence o futuro aderente das vantagens da conclusão do contrato, lhe faz promessas, demonstrações dos benefícios comparativos daquele negócio relativamente a outro alternativo – numa palavra, o incentiva ou pressiona a contratar. É também neste período que o adquirente escolhe entre os vários bens ou serviços que a outra parte lhe oferece, pondera (quando pondera) e decide realizar o negócio. É justamente tendo em consideração esta realidade que, por exemplo, as alíneas *a)* e *c)* do art. 21.º deste diploma se referem à "contratação". Aliás, só a existência desse período – mais ou menos longo – de preliminares explica a utilidade de normas, como as dos arts. 5.º e 6.º, que impõem ao predisponente obrigações reforçadas de comunicação e esclarecimento do conteúdo do contrato ao aderente.

26. A lei ocupa-se da regulação acauteladora – quanto aos contratos singulares – dos aspectos essenciais que esta realidade ameaça,

[305] Não se me afigura necessariamente contraditória com o que fica escrito no texto a afirmação de Ruben S. Stiglitz, cit., pp. 311 e 323, de que um contrato de adesão obsta à existência de negociações prévias, pois, como resulta do contexto em que isto é afirmado, o autor está a referir-se a contratos negociados entre as partes.

Neste sentido, claramente, Sousa Ribeiro, "O regime dos contratos...", cit., p. 188.

[306] Se bem que se aponte como característica própria dos contratos de adesão a eliminação do período pré-contratual de negociações, a afirmação que ficou feita no texto é inequivocamente compatível com a de, p. ex., Georges Berlioz, *Le contrat d'adhésion*, p. 173. De modo semelhante, parece, Menezes Cordeiro, *Tratado...*, cit., p. 413 (v. também p. 429, em que a ideia é expressa com maior clareza), dizendo que os negócios se formam "de modo diferente", de tal maneira que seria "deslocado pretender encontrar, na antecâmara de cada um dos incontáveis negócios concretizados em cada momento, todo um processo de formação minimamente desenvolvido".

[307] Para usar os tipos contratuais estatisticamente mais frequentes no mercado.

embora, como se assinalou, sempre na perspectiva clássica do contrato como produto de um consenso livre e esclarecido[308]. Por um lado, das questões que qualificaria de procedimentais dos contratos de adesão[309]; porque respeitam à forma de conclusão do contrato, da inclusão neste de certas cláusulas[310] ou à regularidade daquela[311] – ou, usando a terminologia da directiva, à transparência –, visando garantir que o aderente conhece, percebeu e tem consciência daquilo a que deu o seu acordo, não se verificando violação das obrigações decorrentes da boa fé pré-contratual[312][313].

A reafirmação de algumas das obrigações pré-contratuais, decorrentes do art. 227.º do Código Civil, por esta lei demonstra a especial preocu-

[308] Chamando particularmente a atenção para esta forma de colocação do problema, v. Leone Niglia, cit., p. 28.

[309] Utiliza-se esta designação – porque corrente – para abranger quer os contratos singularmente concluídos quer aqueles em que há um modelo contratual destinado a servir de base a um número indefinido de contratos, por ser idêntico o respectivo regime.

[310] Está-se aqui perante aquilo que Michael R. Will, cit., p. 81, designa por "controlo de inclusão".

[311] Ou, expresso de outro modo, à inclusão das estipulações pré-formuladas no contrato.

[312] Também o art. 8.º da Lei de Defesa do Consumidor impõe ao "fornecedor de bens ou prestador de serviços", bem como ao "produtor, [...] fabricante, [...] importador, [...] distribuidor, [...] embalador e [...] armazenista", por forma que cada elo do ciclo produção-consumo possa encontrar-se habilitado a cumprir a sua obrigação de informar o elo imediato até ao consumidor, destinatário final da informação", a obrigação "de informar o consumidor, tanto nas negociações como na celebração de um contrato [...], de forma clara, objectiva e adequada [...], nomeadamente, sobre características, composição e preço do bem ou serviço, bem como sobre o período de vigência do contrato, garantias, prazos de entrega e assistência após o negócio jurídico" e dos "riscos para a saúde e segurança dos consumidores que possam resultar da normal utilização de bens ou serviços perigosos", conferindo direito a indemnização ao consumidor por danos resultantes da omissão da obrigação.

[313] Incompreendo o que queira significar Menezes Cordeiro, *Tratado...*, cit., p. 433, quando afirma: que se trata "de verdadeiros encargos, em sentido técnico que, por isso, assumem uma intensidade superior à dos meros requisitos de validade", embora suponha que a observação tem que ver com a consequência jurídica do incumprimento destas obrigações: a exclusão das cláusulas do contrato e não a sua nulidade. Sobre o pensamento do autor, v. também nota seguinte.

pação legislativa em assegurar o seu cumprimento, atenta a supressão da liberdade material de estipulação a um dos contraentes[314] [315]. De salientar que a deslocação para esta sede da imposição das obrigações pré-contratuais de que a lei se ocupa não exclui a aplicabilidade daquele regime geral do Código Civil[316], isto é, não deixa, se os respectivos pressupostos

[314] Menezes Cordeiro, *Tratado...*, cit., p. 434, afirma: "Tanto o dispositivo do artigo 5.º como o do artigo 6.º correspondem a vectores presentes no artigo 227.º/1, do Código Civil. Mas são estruturalmente diferentes: traduzem meros encargos e não deveres em sentido técnico. A sua inobservância não exige culpa, ao contrário dos deveres e tem, como consequência, não a obrigação de indemnizar mas, «apenas» a não-inclusão prevista no artigo 8.º". Reconhece, porém, que "tal não-inclusão pode, ainda, ser dobrada por um dever de indemnizar, quando se verifiquem os (diferentes) pressupostos do artigo 227.º/1". É, no mínimo, muito discutível que o cumprimento das imposições dos arts. 5.º e 6.º deste diploma prescinda da observância da diligência de um bom pai de família, isto é, que, como diz Menezes Cordeiro, no seu incumprimento seja irrelevante a culpa. Explicá-lo implicaria, no entanto, uma desenvolvida exposição da função que desempenha o dever de diligência, o que, por razões óbvias, não cabe nesta sede.

No ac. do STJ de 18 de Abril de 2006 (pr n.º 06A3336, Sebastião Póvoas), *in www.dgsi.pt*, escreve-se, a propósito das obrigações de comunicação e de informação: "Este regime já podia ser detectado nos artigos 227º nº 1 e 232º do Código Civil. Aquele impondo a quem faz uma proposta de contrato, ou quem a recebe, e entra em negociações a seu respeito, a obrigação de diligência para com a outra parte. Devem as partes comportar-se de boa fé (cf. M Ianuzzi in "Bona fede e recesso dalle trattative contratuali no foro", 667) sob pena de responsabilidade por «culpa in contraendo»".

[315] Em terminologia que não é de sua criação e que diz provir da literatura alemã, importada e trabalhada pela italiana, Leone Niglia, cit., p. 28, designa esta intervenção como de controlo indirecto, por contraposição à que consiste em qualificar certas cláusulas como inadmissíveis (por *unfairness*), que constitui o que chama de controlo directo.

[316] Prudente e acertado parece ser o art. 7.º, n.º 2, do Anteprojecto do Código do Consumidor, que, depois de ressalvar a prevalência das suas normas sobre as de direito comum no n.º 1, estabelece: "[...] os casos que, directamente ou por analogia, o Código não regule, serão resolvidos em conformidade com o disposto na legislação comum". Já desnecessária se afigura a norma do artigo 12.º, n.º 1, do mesmo Anteprojecto que determina que "o disposto neste diploma não afasta a aplicação dos princípios fundamentais acolhidos pela ordem jurídica, designadamente no tocante à proibição do abuso do direito".

se encontrarem preenchidos, de constituir o predisponente em responsabilidade pré-contratual face ao aderente[317][318][319][320].

O Anteprojecto do Código do Consumidor, em formulação mais económica e, porventura, mais clara, diz, no seu art. 28.º., que "o fornecedor de produtos e o prestador de serviços que violem o dever de informar, assim como aqueles que, nos termos do art. 21º, não lhes tenham prestado as informações que deviam transmitir ao consumidor, respondem directa e solidariamente pelos danos causados a este". No art. 80.º, o Anteprojecto volta a referir-se à responsabilidade pré-contratual, nos seguintes termos: "O consumidor tem direito a que sejam respeitados os seus interesses económicos, devendo o profissional agir com lealdade, de boa fé e em conformidade com os usos honestos do comércio e as regras prescritas nas secções seguintes, sob pena de responder, nos termos gerais, pelos danos causados"[321].

[317] C. Ferreira de Almeida, *Contratos I*, cit., p. 187, deixa esta enigmática afirmação, que pode corresponder à negação da aplicabilidade do regime da responsabilidade pré-contratual, pelo menos nos casos de omissão da obrigação de comunicação integral e adequada das cláusulas: "Quanto aos efeitos, porque, em vez do dever de indemnizar, estabelece a cominação radical de ineficácia das cláusulas".

[318] Dispenso-me de analisar aqui o objecto da indemnização a que tem direito o sujeito em sede de responsabilidade pré-contratual, pois sobre o tema já emiti opinião (*Notas sobre responsabilidade pré-contratual*, 2.ª reimp., pp. 166 a 181, e *Responsabilidade Pré-Contratual: Uma Perspectiva Comparada dos Direitos Brasileiro e Português*, pp. 217 a 227 e 229 a 242.) – que mantenho inalterada – e não é esta sede própria para a ele voltar.

[319] Parecendo-me incompreensível que assim seja, não deixo de referir aqui que Martin Ebers, cit., p. 468, diz que só na ordem jurídica alemã os tribunais concedem, a título de *culpa in contrahendo*, indemnização ao aderente pelos prejuízos por este sofridos quando ele supunha que certa cláusula o vinculava e ela é suprimida do contrato.

[320] O art. 12.º da Lei de Defesa do Consumidor prevê, com aquilo que Antunes Varela, "Direito do Consumo", cit., p. 395, nota 3, qualifica de "desenvoltura arrepiante", a obrigação de indemnizar o consumidor a quem seja fornecida coisa ou serviço defeituoso, independentemente de culpa.

[321] Estas formulações, muito amplas e vagas, têm as suas vantagens e os seus custos, como se sabe. Ponto é saber doseá-las com prescrições mais estritas, por forma a nem tolher excessivamente o papel dos tribunais nem atribuir a estes uma margem de discricionariedade que eles não devem ter. Curioso é assinalar que, por vezes, como sucede com o art. 16.º deste diploma, o carácter sumário ou vago constitui factor de restrição da possibilidade de apreciação judicial e não o contrário.

27. Se é compreensível a repetição – especificada – de obrigações pré-contratuais no quadro deste regime, dada a função esclarecedora e enfatizadora dela, já não é tão aceitável que não se tenha mencionado no texto legal a relação entre o regime geral e este último. E não basta, para salvaguardar tal omissão, a disposição do art. 37.º que determina que, no caso de disposições legais que tenham o mesmo objecto, prevalecem aquelas que se mostrem mais favoráveis ao aderente[322]. Este artigo tem sentido para a lei nova que venha a ocupar-se de matéria coincidente com alguma daquelas que o Dec.-Lei n.º 446/85 regule, mas não tanto para os regimes que já se encontravam, ao tempo da sua publicação, em vigor. Quanto aos novos, a não consideração sistemática das normas, constantes destes, que se ocupam parcialmente da mesma matéria leva a que, por exemplo[323], o art. 31.º, n.º 1, do Dec.-Lei n.º 7/2004, de 7 de Janeiro[324] [325], estabeleça – em grande medida redundantemente – que, nos contratos "celebrados por via electrónica ou informática, sejam ou não qualificáveis

Para uma crítica às formulações que "por vezes pouco mais fazem do que fornecer elementos relevantes para discussão", v. Martijn W. Hesselink, cit., p. 18, com exemplos que, para juristas portugueses – para não referir os alemães, p. ex. –, correspondem a fórmulas legais banalíssimas; só para deixar dois exemplos censurados pelo autor: "Para decidir se a boa fé e a negociação leal que exigem que uma parte forneça informação particular foram cumpridas, devem ser tidas em conta todas as circunstâncias, incluindo: (a) se a parte tem conhecimentos especiais [*special expertise*]; (b) o custo para ela da aquisição da informação relevante; (c) se a outra parte podia razoavelmente obter a informação para si; (d) a importância aparente da informação para a outra parte". "Na interpretação do contrato, devem ter-se especialmente em consideração: (a) as circunstâncias em que ele foi concluído, incluindo as negociações preliminares; (b) o comportamento das partes, mesmo subsequente à conclusão do contrato; (c) a natureza e a finalidade do contrato; (d) a interpretação que já lhe foi dada".

[322] De assinalar, como meritória regra interpretativa da lei, o art. 5.º do Anteprojecto do Código do Consumidor, que dispõe: "Na fixação do sentido e alcance das regras contidas no Código, o intérprete presumirá, na dúvida, que a lei consagra as soluções mais favoráveis ao consumidor".

[323] A outras (que não a todas) situações semelhantes se fará referência nos locais de comentário da lei em que se julgou mais pertinente indicá-las.

[324] Que transpôs para a ordem jurídica portuguesa a Directiva n.º 2000/31/CE, do Parlamento Europeu e do Conselho, de 8 de Junho de 2000.

[325] Alterado pelo Dec.-Lei n.º 62/2009, de 10 de Março, e pela Lei n.º 46/2012, de 29 de Agosto.

como comerciais", "os termos contratuais e as cláusulas gerais [...] devem ser sempre comunicados de maneira que permita ao destinatário armazená-los e reproduzi-los" (correspondendo a omissão desta obrigação pré-contratual a contra-ordenação sancionável nos termos do art. 37.º do mesmo diploma). O que se quer significar com este exemplo é que, se é evidente que este Dec.-Lei n.º 445/85 não tenha podido ter em conta normas posteriores[326], já essas normas novas o deveriam ter tido em consideração, assim como a inversa, isto é, também este diploma não deveria ter ignorado os regimes existentes[327].

28. Por outro lado e porque, ainda que lograsse assegurar o efectivo conhecimento e percepção do clausulado por todos os aderentes, tal não seria bastante para evitar que muitos deles se submetessem a contratos gravemente lesivos – já pela necessidade de contratar, já por falta de informação, já pela inexistência de parceiros alternativos ou de modelos contratuais mais favoráveis por parte de outros agentes no mercado –, trata o diploma da substância ou conteúdo clausular. Se uma das partes é um contraente negocialmente tão forte que pode impor à contraparte a totalidade do regulamento contratual, sem se dispor a discutir qualquer dos seus pontos, está então também em condições de lhe impor cláusulas que sejam gravosas e muito desfavoráveis para aquela[328] [329]. Numa

[326] Como assinala G. Alpa, "Il recepimento...", cit., p. 98 – e mais não faz do que constatar uma situação evidente –, as intervenções legislativas comunitárias são, elas próprias, porque sectoriais, múltiplas, díspares e, quantas vezes, repetitivas ou de interpretação articulada difícil, para já não falar das questões de aplicação da lei no tempo que suscitam não raras vezes.

[327] Este é um dos aspectos salientados, por Pinto Monteiro, no texto introdutório ao Anteprojecto do Código do Consumidor, com a prevenção embora "de que nenhum código tem ou pode ter sequer a pretensão de abranger todas as normas de um determinado ramo de direito", pelo que fora dele, quando for aprovado, sempre ficarão "designadamente para legislação avulsa, já existente ou a criar, muitos outros aspectos ligados a problemas da defesa do consumidor".

[328] Não é racionalmente compreensível a afirmação de Oliveira Ascensão, "Direito europeu...", cit. p. 180, de que, entre outros, Portugal teve "de mudar a legislação" para transpor a Directiva n.º 93/13/CEE, "metendo à força a matéria das cláusulas abusivas no diploma sobre cláusulas contratuais gerais".

[329] Se esta realidade é de percepção linear, isto não significa que ao regime deste

perspectiva económica, uma – e não das menores – das vantagens deste tipo de contratação pelos agentes económicos empresariais, é a deslocação para a contraparte de todos os riscos do negócio[330], designadamente das imprevisibilidades (ou inevitabilidades[331]), o aligeiramento da sua posição contratual pela redução das suas obrigações, a maximização dos lucros pela redução dos encargos, a utilização de técnicas de publicitação enganosa[332] que levem os sujeitos a contratar em condições diversas das que serão as reais.

Esta é a alegada – e, grande em parte, verdadeira – razão por que este diploma contém um extenso elenco de limitações negativas à liberdade de estipulação, o mesmo é dizer um conjunto de proibições de cláusulas nestes contratos[333]. Difícil seria que a lei tivesse utilizado a técnica das limitações positivas, isto é, que tivesse imposto que nos contratos figurasse um conjunto mínimo de estipulações, dada a imprevisível diversidade de contratos a que é aplicável. Difícil, mas não impossível, como o

diploma estejam subtraídos os contratos que, pelas razões mais diversas ou por serem integrados por mensagens publicitárias, tenham um conteúdo parcialmente favorável aos aderentes. Isto é, seja o contrato de adesão – concluído ou não com base em cláusulas contratuais gerais –, e o seu regime é o deste DL, não impedindo a respectiva *ratio* de tutela do aderente contra cláusulas abusivas, no quem a estas não respeite, tal aplicabilidade.

[330] Não se toma aqui o termos risco em sentido jurídico ou comum, mas em sentido económico, de alteração das condições de mercado ou das da própria empresa. Dizendo isto mesmo, o que não é descoberta, Leone Niglia, cit., pp. 1 e 5.

[331] Pense-se, p. ex., no risco de desenvolvimento.

[332] Também a expressão "publicidade enganosa" não é utilizada no sentido estritamente jurídico, antes no que compreende qualquer técnica de indução à conclusão do contrato, seja pela exibição de amostras não correspondentes com a realidade dos bens, seja pela criação enganosa da convicção de que o negócio tem vantagens ou corresponde a uma oportunidade única ou, ainda, entre tantas outras, de que o seu resultado será capaz de satisfazer uma necessidade ou interesse, satisfação que realmente não poderá proporcionar.

[333] Nem em todas as ordens jurídicas europeias se encontram normas que prevejam o conteúdo das cláusulas contratuais gerais; tal não acontece, segundo informa Martin Ebers, cit., p. 425, nos direitos belga, cipriota, checo, francês, grego, irlandês, italiano, da Letónia, de Malta, da Polónia, eslovaco e de Espanha. O autor, *ibidem*, p. 468, afirma que "a apreciação da transparência no momento do controlo do conteúdo não existe senão em poucos Estados membros".

demonstram os regimes de certos contratos (como, por exemplo, os chamados contratos de crédito aos consumidores, regulados pelo Dec.-Lei n.º 133/2009, de 2 de Junho, alterado pelos Decs.-Leis n.ºs 72-A/2010, de 17 de Junho, 42-A2010, de 28 de Março, e 74-A/2017, de 23 de Junho, em que justamente a lei enuncia um conteúdo obrigatório mínimo que permita a completa percepção do essencial do conteúdo negocial).

Se, originariamente, o diploma tivesse tido como objectivo primário a transposição da Directiva n.º 93/13/CEE, compreender-se-ia a opção legislativa, já porque não é esse o modelo técnico-jurídico a que aquela obedece, já porque, nos termos dela, não constituem objecto de controlo os elementos essenciais caracterizadores do contrato. Compreender-se não é, porém, sinónimo de aprovar-se, entenda-se. Por isso que, tendo o modelo legislativo sido *a AGB-G*, que também não acolheu esta orientação, não se aplauda a ligeireza do legislador nacional[334].

Aliás, as duas técnicas legislativas não são alternativas, pois as limitações positivas em regra não têm como finalidade primária o controlo do conteúdo clausular e da sua gravosidade[335], mas em particular a da tutela do conhecimento desse conteúdo pelo sujeito que vai concluir o contrato.

29. Há dois grupos de cláusulas proibidas[336] [337] que se dividem, por sua vez, em dois sub-conjuntos.

[334] Jacques Ghestin, *Traité...*, cit., p. 63, dá conta de que, em França, por iniciativa do Instituto Nacional do Consumo, são elaborados "contratos" "que não têm por objecto definir o conteúdo do contrato, mas apenas definir os pontos que devem constituir obrigatoriamente objecto de estipulações especiais cujo conteúdo permanece, contudo, livre". O autor atribui a esta "técnica" uma função de informação dos consumidores.

O mesmo autor, *ibidem*, p. 123, qualifica a ordem pública como económica e social, quando o seu objecto é predominantemente a determinação do conteúdos dos contratos, sendo esta aquela que tem aplicação no domínio dos contratos de adesão, *maxime* quando celebrados com consumidores.

[335] Neste sentido, já C. Ferreira de Almeida, "Negócio jurídico de consumo...", cit., p. 28.

[336] O primeiro conjunto é aplicável, essencialmente, às relações entre profissionais e o segundo, somando-se ao anterior, aos contratos com consumidores e equiparados.

Não pode dizer-se, como se verá adiante no enunciado das normas, com Jorge Ribeiro de Faria, *Direito das Obrigações*, Vol. I, p. 208, que, "quanto a empresários ou profissionais

Assinale-se que, ainda que o conjunto global seja extenso, não é fechado, isto é, trata-se de enumerações exemplificativas[338] [339], como claramente decorre da utilização do advérbio "designadamente" que nas quatro disposições proibitivas se encontra[340].

Apesar de assim ser, estranha-se que a fonte inspiradora das listas de cláusulas proibidas tenha sido apenas a alemã, pois há convenções que poderiam ter sido tidas em conta, se se tivesse considerado o Código Civil italiano, cujo art. 1341.º incluía já nascláusula abusivas (*vessatorie*[341]), por exemplo, as que permitam a suspensão da execução do contrato pelo utilizador do modelo contratual[342], as que limitem a liberdade de o aderente

liberais, é suficiente assegurar, sobretudo, o não afastamento da responsabilidade, mantendo-se, no resto, a autonomia privada".

337 O número e conteúdo das cláusulas proibidas resulta de a lei ter tido como modelo a alemã, em que a tomada em conta da realidade de mercado permitira à jurisprudência identificar aquelas que iam sendo as convenções recorrentes neste tipo de contratos, como ficou referido. Às inicialmente contempladas aditaram-se outras que correspondem - melhor ou pior - à consagração daquelas que constam do anexo da directiva transposta.

338 Para uma crítica do conservadorismo das soluções legais que identificam (ou tipificam) as cláusulas proibidas, Leone Niglia, cit., pp. 26 e 27.

339 Assim acontece na maioria das leis de transposição da directiva: v., a título de exemplo, o n.º 5 (5) do *Unfair Terms in Consumer Contracts Regulations.*

340 Dando conta da discussão que a redacção pouco clara da primeira versão da lei italiana sobre a questão suscitou, e opinando no sentido do carácter taxativo da enumeração das cláusulas, com o eterno argumento da sua natureza excepcional relativamente ao princípio da autonomia privada, Mario Dosseto, cit., p. 1112. Porém, o catálogo das cláusulas foi sendo objecto de interpretações extensivas muito amplas, em especial por parte da jurisprudência, que lhe foi aditando convenções naquele não contidas.

341 Qualificativo que, como já se referiu, a lei italiana manteve no art. 34.º, n.º 3, do *Codice del Consumo* de 2005; sobre essa manutenção, v. Guido Alpa, "Il recepimento...", cit., p. 74.

342 Note-se que esta matéria se encontra regulada na Lei n.º 23/96, de 26 de Julho, alterada, designadamente, pelas Leis n.ºs 12/2008, de 26 de Fevereiro, 24/2008, de 2 de Junho, 6/2011, de 10 de Março, 10/2013, de 28 de Janeiro, e 51/2019, de 29 de Julho, que contém o regime aplicável aos serviços públicos essenciais. Serviços públicos essenciais são, nos termos do art. 1.º, n.º 2, os seguintes: "*a*) Serviço de fornecimento de água; *b*) Serviço de fornecimento de energia eléctrica; *c*) Serviço de fornecimento de gás natural e gases de petróleo liquefeitos canalizados; *d*) Serviço de comunicações electrónicas; *e*) Serviço postais; *f*) Serviço de recolha e tratamento de águas residuais; *g*) Serviço de

celebrar contratos com terceiros[343]. Do mesmo modo, se poderiam ter previsto proibitivamente – evitando dúvidas, discordâncias e incertezas,

gestão de resíduos sólidos urbanos, *h)* Serviço de transporte de passageiros". O art. 5.º trata da suspensão do fornecimento do serviço público: "1 – A prestação do serviço não pode ser suspensa sem pré-aviso adequado, salvo caso fortuito ou de força maior. 2 – Em caso de mora do utente que justifique a suspensão do serviço, esta só pode ocorrer após o utente ter sido advertido, por escrito, com a antecedência mínima de 20 dias relativamente à data em que ela venha a ter lugar. 3 – A advertência a que se refere o número anterior, para além de justificar o motivo da suspensão, deve informar o utente dos meios que tem ao seu dispor para evitar a suspensão do serviço e, bem assim, para a retoma do mesmo, sem prejuízo de poder fazer valer os direitos que lhe assistam nos termos gerais. 4 – A prestação do serviço público não pode ser suspensa em consequência de falta de pagamento de qualquer outro serviço, ainda que incluído na mesma factura, salvo se forem funcionalmente indissociáveis".

O art. 313.º, n.º 2, do Anteprojecto de Código do Consumidor contém uma enumeração de "serviços públicos essenciais", menos abrangente do que a da lei portuguesa actual, uma vez que não teve em conta as alterações que houve; dele constam os seguintes serviços: "*a)* Serviço de fornecimento de água; *b)* Serviço de fornecimento de energia eléctrica; *c)* Serviço de fornecimento de gás; *e)* Serviço de telefone", dispondo o art. 319.º do mesmo Anteprojecto que a prestação destes serviços "não pode ser suspensa sem pré-aviso adequado, salvo caso fortuito ou de força maior", e que, "em caso de mora do utente que justifique a suspensão do serviço, esta só poderá ocorrer após o utente ter sido advertido, por escrito, com a antecedência mínima de 8 dias relativamente à data em que ela venha a ter lugar", desta advertência devendo constar, além do motivo da suspensão, informação acerca dos meios que o utente "tem ao seu dispor para evitar a suspensão do serviço e, bem assim, para a retoma do mesmo, sem prejuízo de poder fazer valer os direitos que lhe assistam nos termos gerais". Finalmente, o art. 515.º determina que "será punido com coima de 1.500 a 30.000 euros o prestador de serviços públicos essenciais que, salvo caso fortuito ou de força maior, suspenda a prestação do serviço com violação do disposto no artigo 319.º".

[343] O que, em grande medida, teria permitido concentrar numa só disposição as das als. *e)* do art. 19.º e *j)* do art. 22.º, além de se contemplarem outras situações, como a de subcontratação ou de empréstimos em qualquer das suas modalidades, bem como abranger muitas cláusulas de exclusividade, pactos de proibição de alienação ou de fixação de preços pelo predisponente em contratos a concluir pelo aderente com terceiros.

A jurisprudência italiana qualificava como abusivos, nos contratos *standard*, os pactos de não concorrência, na medida em que "restringiam a liberdade contratual do aderente nas relações com terceiros", em especial as cláusulas que proibissem a um comerciante a venda de certos produtos: v. Ernesto Cesarò, cit., p. 90. Idêntica qualificação, pelo mesmo motivo, era dada à cláusula que previsse como irrevogável e exclusivo o encargo

como se verá nas anotações às disposições proibitivas – as renúncias dos aderentes "a direito resultante da natureza do negócio"[344]. Igualmente se lamenta que não se tenha previsto proibitivamente a cláusula que preveja a compensação de direito do predisponente com débito indemnizatório seu; é também pena que não se tenham previsto as cláusulas, tão frequentes, de perda de montantes pecuniários pelo aderente nos casos em que este, justificadamente, desista da celebração do contrato principal, de o executar ou o extinga no exercício de direito próprio[345] [346]; ainda se deplora que não hajam sido proibidas as cláusulas que prevejam caduci-

de mediação para a venda de imóveis, desde que não tivesse prazo de duração, ou àquela pela qual um grossista impusesse ao retalhista o dever de praticar certo preço na venda ao público (*ibidem*, 96). Por serem restritivas da liberdade de estabelecer relações contratuais com terceiros, eram também qualificadas como abusivas as cláusulas que previssem a tácita renovação ou prorrogação do contrato, ainda que fossem bilaterais, o que corresponde a uma orientação bem mais restritiva do que a consagrada no artigo 22.º-*h)* deste DL n.º 446/85, já porque a qualificação não se restringia a contratos com consumidores, já porque, e sobretudo, não se tratava de interditar apenas as renovações consequentes do silêncio, mas também as que fossem tácitas.

[344] Utilizam-se os termos do art. 424.º do Código Civil brasileiro relativo aos contratos de adesão, apesar de a formulação não ser muito clara e poder originar dúvidas e discordâncias.

[345] Trata-se de cláusulas previstas, p. ex., nos 1.(d) e (f) do capítulo II da Parte II do *Unfair Terms in Consumer Contracts Regulations* de 1999.

[346] Sousa Ribeiro, "Responsabilidade e garantia em cláusulas contratuais gerais", *in Direito dos Contratos,* cit., pp. 144 a 146, entende que a proibição de "prévia estipulação das quantias devidas por factos extintivos lícitos, admitidos por lei ou pelo programa relacional, mas impositivos da obrigação de indemnizar" se encontra na alínea *c)* do artigo 19.º, escrevendo: "é pela alínea *c)* do artigo 19.º que deverá ser medida a predeterminação, em caso de revogação, denúncia antecipada ou desistência de um contrato, das prestações a efectuar ou a reter, como pagamento de despesas ou trabalho já realizados, como retribuição do uso de uma coisa, ou como compensação de desvalorizações sofridas ou de lucros cessantes"; e acrescenta que, "nestes casos, na fixação da indemnização deverão ser contabilizados os gastos que o predisponente poupou com a extinção antecipada do contrato". A ausência de norma proibitiva delas torna tentador procurar a sua presença em preceito que tenha objecto diverso e, de algum modo, relacionado, e tem sido, em grande medida no mercado, através destas estipulaçãoes, denominadas cláusulas penais que os operadores económicos procuram evitar a cessação lícita dos contratos pelos aderentes.

dade de direitos[347] ou visem impedir (na medida em que a lei o permite) que certos actos do aderente suspendam ou interrompam prazos prescricionais ou de caducidade, as que retirem a qualidade de título executivo a documento que legalmente o seja, as que alterem regras processuais em benefício do predisponente – como previa já o *Unfair Contract Terms Act* de 1977[348][349] – ou as que agravem a responsabilidade do devedor/aderente[350]. Pela sua frequência e abusividade ostensiva, lamenta-se ainda que não tenham sido proibidas neste diploma as estipulações que condicionem "o fornecimento de produto ou serviço ao fornecimento de outro produto ou serviço, bem como, sem justa causa, a limites quantitativos"[351][352], regime semelhante ao qualificado como contra-ordenação pelo art. 473.º do Anteprojecto do Código do Consumidor. O mesmo pode dizer-se das que afastem o direito de recusar a prestação com fundamento no seu carácter não pontual, ou – embora com menor importância, tanto quanto posso supor (mais do que saber) da realidade do mercado português – das cláusulas compromissórias, questão de que se ocupa a al. *h)* do art. 21.º não em termos gerais, como a seu propósito se verá. Há, por outro lado, cláusulas que, pela sua frequência, deveriam constar das listas de proibições, como, por exemplo, as de imposição de prazos excessiva-

[347] Designadamente de acção.

[348] V. F. M. B. Reynolds, cit., p. 18 e nota 21.

[349] García-Amigo, cit., p. 83, considera como um clássico das cláusulas contratuais gerais as que "estabelecem a favor do predisponente [...] prazos abreviados de caducidade das acções com as quais o aderente deveria fazer valer a seu favor os direitos ou faculdades que [...] surgem a seu favor".

[350] Sousa Ribeiro, "Responsabilidade e garantia...", cit., p. 139, nota 84, depois de opinar, e bem em meu entender, que estas devem ser consideradas vedadas pela boa fé (mas tantas das expressamente previstas o poderiam ser que não é por certo esta a razão da sua não previsão), e de dizer que elas são especialmente frequentes em cláusulas contratuais gerais de compra, escreve: "no direito holandês, presume-se exageradamente onerosa a cláusula que «[...] conferir ao utilizador um direito mais amplo de indemnização do que aquele que a lei lhe atribui» (art. 6.5.2A.4, al. g), da lei de 18.6.1987, sobre as c.c.g.)".

[351] Art. 39.º inciso I do Código do Consumidor brasileiro.

[352] O n.º 6 do artigo 9.º da Lei de Defesa do Consumidor estatui que "é vedado ao fornecedor ou prestador de serviços fazer depender o fornecimento de um bem ou a prestação de um serviço da aquisição ou da prestação de um outro ou outros".

mente curtos para o exercício de direitos contratuais pelo aderente[353], as que prevejam sinal ou multa penitencial para o predisponente, independentemente do seu quantitativo; afigura-se-me que se justificaria a previsão proibitiva[354] de cláusula que autorize o predisponente a não fornecer ao aderente "informações [...] de posse do fornecedor, tais como histórico escolar, registros médicos, e demais do género", em caso de incumprimento contratual pelo aderente.

E não estou a colocar-me em posição de exigência de protecção, aproximada sequer, da do Código de Defesa do Consumidor brasileiro, cujo art. 6.º – apenas como exemplo – prevê a possibilidade de revisão judicial do preço contratual que se tenha tornado excessivamente oneroso para o devedor, em razão de evento superveniente, que não tem (como no instituto da alteração das circunstâncias) de ser imprevisível (inciso V)[355], ou a inversão do ónus da prova a favor do consumidor, "quando, a critério do juiz, for verosímil a alegação ou quando for ele hipossuficiente, segundo as regras ordinárias de experiência" (inciso VII). Atente-se, também e por exemplo, no art. 6:105 dos PECL cujo conteúdo é o seguinte: "Quando o preço ou outro elemento do contrato deve ser determinado unilateralmente por uma das partes e a determinação deste é manifestamente desrazoável, um preço ou um outro elemento razoável substituem-se-lhe, apesar de qualquer estipulação em contrário".

Problema que não é abordado pela lei – nem estou certa de que tivesse de o ser, se bem que fosse vantajoso – é dos termos em que as cláusulas contratuais gerais podem ser revogadas. Aplicando-se o regime geral do art. 230.º, n.º 3, do Código Civil, quando elas constituam uma oferta ao público[356], poderão ser revogadas em qualquer momento, desde que a

[353] Ocorrem, a este propósito, os prazos estabelecidos, em jogos e sorteios legalmente autorizados, para reclamar os prémios obtidos pelos jogadores.

[354] Semelhante à que estabelece o artigo único inciso 6 da Portaria n.º 3, de 5 de Março de 2001, brasileira.

[355] Sobre a questão, v. Cláudia Lima Marques, "A Lei 8.078/90 e os Direitos Básicos do Consumidor", *in Manual...*, pp. 58 e 59; G. Tepedino, "As Relações de Consumo...", cit., p. 234.

[356] García-Amigo, cit., p. 90, opina que "a maioria das vezes as condições gerais não constituem uma oferta contratual, nem sequer uma *invitatio ainda offerendum*"; por um

revogação seja feita na forma da proposta ou equivalente; naturalmente que a revogação só pode valer para as situações em que ainda há apenas proposta e não contrato já concluído[357]. O problema é discutido por Mario Marsili[358], que, apesar de não as considerar como propostas contratuais, diz que "a revogação ou modificação das condições gerais devem ser conhecidas antecipadamente pelos mesmos meios por que foram levadas ao conhecimento dos possíveis clientes; elas não prejudicam os direitos que entretanto tenham sido validamente constituídos por eventuais aderentes". Ocupando-se apenas dos contratos de consumo e das mensagens publicitárias, Netto Lobo[359] diz, contraditoriamente com o que defendera acerca da vinculatividade contratual daquelas, parece-me: "[...] não se pode considerar a publicidade como oferta, no sentido tradicional do termo, melhor se concebendo como modo de integração compulsória aos contratos de consumo".

lado, o autor trabalha com um conceito de condições gerais que não é o mais comum, como se viu, e, por outro, nada sei dizer sobre estatísticas cuja existência desconheço.

Mario Marsili (cit., pp. 139-140) coloca a questão de saber se as cláusulas contratuais gerais podem ser consideradas ofertas ao público, o mesmo é dizer, propostas contratuais, problema a que responde negativamente por, na maior parte dos casos, a formação do contrato depender da aceitação e do completamento dos elementos predispostos com outros relativos a quantidades e outras precisões.

C. Ferreira de Almeida, *Texto e Enunciado...*, cit., pp. 874 a 876, refere-se a propostas ao público e a convites a contratar para significar modos como "as iniciativas empresariais [são] dirigidas ao público", precisando que a qualificação depende das características da comunicação; o autor acrescenta, em afirmação que incompreendo, que, "nos contratos formados a partir de uma proposta pública, esta não se insere, como entidade completa, em nenhum dos contratos que eventualmente se venha a formar, porque o seu destinatário – o público – é substituído, no texto dos contratos, por cada uma das pessoas que tenha emitido uma declaração de aceitação". A isto acrescenta que "só parte da declaração [...] se pode transpor repetitivamente para o texto de cada um dos contratos", naquilo que parece ser uma explicitação da afirmação anterior, o que a torna para mim ainda mais enigmática. O autor, *ibidem*, pp. 905 a 920, analisa a virtualidade de as mensagens publicitárias constituírem ofertas ao público, enunciando os requisitos que têm de preencher para poderem ser parte do contrato – o mesmo é dizer propostas deste.

[357] Esta, no essencial, a solução que Anteo Genovese, "Condizioni generali...", cit., p. 805, defendia face à versão primitiva da lei italiana.

[358] *Ibidem*, p. 140.

[359] Cit., p. 67.

O art. 123.º do Anteprojecto do Código do Consumidor estabelece: "Salvo motivo justificado, é proibido recusar a um consumidor o fornecimento de um bem ou a prestação de um serviço correntemente oferecidos ao público [...]"; o art. 479.º do mesmo Anteprojecto qualifica como contra-ordenação a recusa "sem motivo legítimo" do "fornecimento de um bem ou [d]a prestação de um serviço correntemente oferecidos ao público, assim como o acesso a um estabelecimento comercial durante os horários normais".

30. A extensão das normas limitadoras e a incipiente elaboração de muitas delas têm a vantagem da segurança e poderão ter o mérito[360] de facilitar aos operadores económicos que as usam o seu conhecimento e a prevenção da sua utilização, de forma a evitar decisões judiciais declaradoras de nulidades, mas revela pouco trabalho legislativo e resulta num texto legal excessivamente longo e, não raramente, repetitivo. Surpreendentemente, o Anteprojecto do Código do Consumidor reproduz as listas proibitivas, sem lhes introduzir qualquer aditamento, precisão ou correcção.

Não conheço qualquer avaliação do impacte do diploma nas cláusulas contratuais gerais, habitual e abundantemente utilizadas pelos operadores económicos no mercado, mas o conhecimento empírico leva-me a pensar que não terá sido muito significativo; aliás, o mesmo diz da situação em Itália Guido Alpa[361]. Situação completamente diversa foi a que ocorreu na Alemanha, onde, de acordo com a informação de Michael R. Will[362], logo no primeiro ano e meio após a entrada em vigor da *AGB-G*, "milhares de condições gerais [foram] radicalmente modificadas".

31. De aplaudir é que a lei portuguesa não tenha acompanhado a directiva transposta, quando esta exclui da apreciação as cláusulas respeitantes ao "objecto principal do contrato" e à relação entre os bens

[360] Do que é fundadamente de duvidar, mas que não pode excluir-se como hipótese teórica.

[361] "Il recepimento...", cit., pp. 72-73 e 84.

[362] Cit., 78.

ou serviços e sua remuneração[363] [364] [365] [366] [367], "desde que essas cláusulas se encontrem redigidas de maneira clara e compreensível"[368]. Mene-

[363] Já nos finais dos anos setenta, R. Scognamiglio, cit., p. 61, assinalava que "o poder do empresário caracteriza-se por uma importância bem maior aquando da realização dos elementos essenciais do contrato, isto é, na conformação dos produtos e dos serviços oferecidos assim como na fixação dos preços".

[364] Menezes Cordeiro, *Tratado...*, cit., p. 431, observa que "o problema é [também] suscitado pelo § 8 da lei alemã, segundo o qual as diversas proibições nele contidas só se aplicam a cláusulas contratuais gerais que afastem preceitos jurídicos ou que os complementem. Consequentemente, ficarão de fora do controlo o tipo, o objecto, o âmbito, a quantidade e a qualidade da prestação principal, uma vez que nunca são determinadas por lei mas, apenas, pelas partes. A própria relação de equivalência fica de fora do controlo: apenas o mercado e as partes a podem definir".

[365] Houve leis de transposição que se ativeram a este aspecto da directiva, como, p. ex., o *Unfair Terms in Consumer Contracts Regulations* de 1999 (6.(2), ou a Lei francesa n.º 95-96, outras tendo havido que dele divergiram, como, aparentemente, a espanhola, embora, nesta última, a interpretação não seja pacífica, sendo mesmo maioritária a corrente que sustenta que "o controlo dos elementos essenciais deve ser considerado uma transgressão da Directiva" - Yara Miranda, cit., pp. 697-698. Martin Ebers, cit., pp. 436 a 439 e 442, diz que também os direitos dinamarquês, finlandês, luxemburguês, sueco e esloveno não acolheram esta restrição da directiva.

[366] F. M. B. Reynolds, cit., p. 13, indica, como uma característica geral (*d'ordinaire*) das cláusulas contratuais gerais, a não inclusão nelas dos "elementos essenciais que são o preço, o peso, a dimensão, etc.". Terá o autor razão, pois, como se diz adiante, esses elementos são os que os destinatários melhor conhecem e os levam a optar por um fornecedor em detrimento de outros.

[367] Tenha-se em atenção o já citado art. 6:105 dos PECL: "Quando o preço ou outro elemento do contrato deve ser determinado unilateralmente por uma das partes e a determinação deste é manifestamente desrazoável, um preço ou um outro elemento razoável substituem-se-lhe, apesar de qualquer estipulação em contrário".

[368] Menezes Cordeiro, *Tratado...*, cit., pp. 431-432, observa: "Trata-se de um preceito bem expressivo das insuficiências dogmáticas da Directriz. Desde logo, se tais cláusulas forem (ou puderem ser, como implicitamente admite a Directriz) abusivas, não se compreende porque deixariam de o ser quando surjam redigidas de maneira clara e compreensível. Mas sobretudo: se se exclui a ponderação preço/bens e serviços, como apurar o «desequilíbrio» exigido no artigo 3.º/1 da Directriz, para se chegar a uma cláusula abusiva?". E acrescenta: "[...] quer a lei alemã – esta em menor grau – quer a Directriz pretenderam deixar fora do campo de fiscalização a parte (decisiva) da justeza intrínseca do contrato, para não «perturbar» o mercado e (mesmo) em prejuízo do consumidor".

zes Cordeiro[369] observa que a diversidade da lei portuguesa não tem o alcance que poderia atribuir-se-lhe, porquanto "as prestações principais podem ser – normalmente sê-lo-ão – ajustadas especificamente pelas partes», escapando assim ao controlo. Porém, "podem assumir posturas tais que caiam na alçada da lei. Por exemplo, vender pelo preço que o utilizador entender adequado poderá ser contrário à boa fé; a cláusula será nula, aplicando-se, então, a regra do art. 883.º/1". Creio que, infelizmente, terá razão o autor, pois, se se atentar designadamente nas als. *c)*, *d)*, *e)* e *f)* do art. 22.º deste Decreto-Lei – no núcleo proibitivo mais restritivo que é o dos contratos com consumidores –, verifica-se que nele se autoriza: (a) o direito de alteração unilateral dos preços, se "existir razão atendível que as partes tenham convencionado"; (b) que a "fixação do preço dos bens [seja feita] na data da entrega, "desde que se dê à contraparte o direito de resolver o contrato, se o preço final for *excessivamente elevado* em relação ao valor subjacente às negociações"; (c) "elevações de preços, em contratos de prestações sucessivas, dentro de prazos [não] excessivamente curtos" ou elevações que não sejam "exageradas", ressalvando-se apenas o direito "de denúncia imediata do contrato quando as elevações de preços o justifiquem". Parece subjacente à lei estar o entendimento liberal (neo-liberal, se se preferir), defendido, por exemplo, por Eike von Hippel[370] de que a defesa contra preços excessivos só pode ser obtida de forma indirecta "cuidando da conservação e fomento da concorrência".

Claro que se compreende a razão de ser daquela exclusão: ela decorre da convicção – que pode ser sociologicamente acertada – de que os candidatos a aderentes apenas atentam naqueles elementos essenciais, quando estão perante a decisão de contratar[371]. Mas isso não tem como corolário necessário que tais elementos sejam verdadeiramente negociados, nem, sobretudo, que o seu conteúdo inicial não possa vir a ser desvirtuado por cláusulas contratuais como as que ficaram referidas como parcialmente permitidas na lei portuguesa. O que vale dizer, como a

[369] *Ibidem*, p. 432.

[370] Cit., pp. 26 a 29.

[371] Neste sentido, p. ex., Verónica Glibota Landriel, cit..

mesma autora defende[372], que o Estado não pode abster-se de controlar as cláusulas contratuais gerais, ainda que se refiram àqueles elementos, "porque o Mercado resulta ineficiente como mecanismo de regulação".

32. O primeiro conjunto de cláusulas proibidas respeita aos contratos celebrados entre empresários ou profissionais liberais – sejam pessoas singulares, sejam colectivas –, desde que eles se encontrem a actuar no exercício da sua actividade profissional, isto é, desde que intervenham no contrato na sua qualidade profissional específica e, consequentemente, no âmbito dessa sua actividade (art. 17.º)[373]. Não subscrevo a observação de Menezes Cordeiro[374] – nem vejo justificação para ela, apesar de ser realmente muito limitado o conteúdo proibitivo do art. 18.º – de que, neste quadro, "apenas" se previne que as partes "se exonerem da responsabilidade que, porventura, lhes caiba". Porém, é inegável que as proibições absolutas do art. 18.º constituem interdições que são, senão na totalidade, pelo menos na sua grande maioria, repetições de proibições que já constam do regime geral dos contratos, ficando algumas delas aquém dos conteúdos proibitivos deste regime. Se pode dizer-se que, mesmo quando era, e é, entendimento pacífico (ou quase) o da nulidade destas cláusulas no regime geral, alguma justificação pode existir em reiterá-las, o conteúdo da norma é claramente revelador de que o diploma, não se cingindo aos contratos com consumidores, nos restantes, entendeu que a protecção do aderente não justifica significativa cautela, mesmo quando, além de contratos de adesão, se trata de cláusulas contratuais gerais.

Não pode afirmar-se que o conteúdo do diploma e, em especial, das proibições de estipulações contidas nos arts. 18.º e 19.º signifique uma tomada de posição quanto à orientação da *Law and Economics* que vê na cooperação dos agentes económicos, combinada com a concorrência entre eles, os factores de mercado bastantes para garantir o saudável

[372] *Ibidem.*

[373] O que a lei se dá ao trabalho de especificar redundantemente.

[374] *Tratado...*, cit., p. 440.

funcionamento deste, com eliminação dos abusos contratuais[375] [376] [377], embora, como se referiu, algumas normas[378], no seu âmbito permissivo, pareçam relevar de uma concepção liberal do funcionamento do mercado. Aliás, nem o art. 17.º prevê apenas relações entre agentes empresariais, nem ignora – pois é justamente a essas situações que a lei se dirige – que os contratos entre aqueles podem ser unilateralmente impostos por uma das empresas a outra. Tem, porém, evidentemente razão Almeno

[375] V., a este propósito, Jacques Ghestin, "L'analyse économique de la clause générale", *in General Clauses and Standards...*, edited by Grundmann and Mazeaud, cit., p. 176; v. também p. 182.

[376] Enzo Roppo, cit., pp. 81 e 82, aborda a questão das cláusulas contratuais gerais do ponto de vista da análise económica do direito, condenando a conclusão valorativa delas com fundamento numa pretensa uniformidade de tratamento dos respectivos destinatários e da simplificação das propostas que elas implicam, com os seguintes argumentos: "a primeira resolve-se no tratamento uniformemente *vessatorio* dos consumidores e utentes e a segunda coincide com a supressão da sua oportunidade de escolha e o esvaziamento da sua posição de mercado; perguntar-se se uma (de resto aleatória) redução do preço dos bens e dos serviços oferecidos ao público pode alguma vez constituir contrapartida razoável para o risco de graves perdas que a inexecução da relação – não assistida de sanções de responsabilidade a cargo do autor do dano – pode trazer à economia individual de um contraente-aderente a quem seja imposta uma cláusula exoneratória; perguntar-se [...] em que conta levar *benefits* [...] indissociáveis de *social costs* muitíssimo mais relevantes; interrogar-se, em síntese, sobre o valor a atribuir a factores de racionalização da actuação empresarial operantes através de um confisco substancial da «liberdade contratual» de inteiras classes de adquirentes e utentes (aquela mesma liberdade de apreciação e de escolha do consumidor que, nos postulados da teoria económica, constituiria pressuposto do funcionamento racional dos mecanismos do mercado) significa colocar questões que solicitam respostas absolutamente unívocas. E a incisiva fórmula de quem denuncia os *irrationale Aspekte der Rationalisierung* parece aproximar-se de modo realístico do fenómeno e das suas implicações mais relevantes". V. também um sumário da análise deste autor na anotação à al. *a)* do art. 18.º.

[377] Para a análise das regras sobre concorrência desleal (só destas), v. Jorge Patrício Paúl, "Concorrência desleal e direito do consumidor", *in Revista da Ordem dos Advogados*, Ano 65, Junho 2005-I, *passim*, defendendo o autor que, embora "os actos de concorrência desleal de indução do público em erro (alíneas d), e) e f) do C.P.I.) atin[...][jam] [...] o interesse dos consumidores que foram enganados [...] a disciplina da concorrência desleal não tem como objectivo a defesa dos consumidores" (pp. 105 e 107).

[378] Mesmo no quadro mais limitativo da liberdade de enunciar unilateralmente os conteúdos dos contratos, que é o da contratação com consumidores.

de Sá[379] quando chama a atenção para que as proibições de cláusulas nas relações contratuais entre profissionais podem compreender hipóteses não enunciadas nestes arts. 18.º e 19.º, já que a nulidade de estipulações ofensivas da boa fé, imposta pelo art. 15.º, pode conduzir à nulidade de cláusulas diversas das previstas.

Nos contratos celebrados entre estes sujeitos, são proibidas as cláusulas constantes do art. 18.º, havendo uma outra lista de proibições no art. 19.º. Enquanto o art. 18.º se refere a cláusulas absolutamente proibidas, o art. 19.º tem como objecto cláusulas relativamente proibidas[380][381]. Quer isto dizer que as cláusulas enunciadas no art. 18.º são sempre proibidas, sendo as enumeradas no art. 19.º proibidas apenas quando, apreciadas no contexto contratual em que se inserem, delas decorrer uma vantagem jurídica e/ou económica inaceitável para uma das partes – o predisponente – ou, ao invés, delas resultarem regimes significativamente desvantajosos para a outra – o aderente[382][383].

[379] Cit., pp. 69-70 e 75.

[380] Prefiro ater-me aos termos da lei do que reproduzir as fórmulas "listas negras" e "listas cinzentas" com que esbarramos nos textos de grande parte dos autores europeus.

Michael R. Will, cit., p. 87, fala de cláusulas "ineficazes em qualquer caso" e de cláusulas "suspeitas".

[381] Distinção colhida na lei alemã.

O art. 487.º do Anteprojecto de Código do Consumidor qualifica como contra-ordenação a inclusão num contrato de qualquer das cláusulas que proíbe nos seus arts. 219.º a 221.º (que reproduzem as duas disposições referidas deste diploma), sendo a coima até 2 500 euros, se se tratar de pessoa singular, e de 1 500 a 30 000 euros, tratando-se de pessoa colectiva.

[382] Desenvolvendo o modo como a apreciação das cláusulas deve ser realizada, Almeno de Sá, cit., pp. 256-257 e 261-262.

Oliveira Ascensão, *Cláusulas contratuais gerais...*, cit., p. 21: exprime-se assim: "As primeiras são taxativas, as segundas são adoçadas por uma valoração complementar: excessivo, sem justificação, sem contrapartida adequada, etc.".

[383] A valoração do carácter abusivo de uma cláusula contratual em função da ponderação da contrapartida atribuída ao contraente fraco pela vantagem que ela implica para o predisponente tem raízes no direito francês, onde o conceito de causa – não tanto do contrato quanto das obrigações – levou a este tipo de raciocínio. Sobre ele, v. Jacques Ghestin, *Traité...*, cit., pp. 842 e ss., em especial 883 e ss..

32. Quanto ao carácter relativo das proibições constantes do art. 19.º[384], como já se deixou aludido, a doutrina, se bem que muito maioritária, não é pacífica na sua interpretação, opinando alguns autores que a sua "não utilização lícita nos contratos efectuados através do mecanismo da adesão depende de um juízo valorativo suplementar que a isso conduza[385], realizado em face das próprias cláusulas, encaradas no seu conjunto – que não a partir dos negócios concretos – e de acordo com os padrões considerados"[386]. Não me parece incontroverso que esta interpretação objectiva

[384] Bem como do das resultantes do art. 22.º.

[385] Neste sentido, Almeida Costa, *Direito das Obrigações*, cit., p. 268.

[386] Almeida Costa, *Síntese do Regime...*, cit., p. 25 (e *Direito das Obrigações*, cit., 269), continuando o autor: "Assim, perante um formulário de compra e venda de andares em construção, cabe ponderar se o prazo de entrega ou a cláusula penal, por exemplo, são excessivos, partindo desse tipo de venda e não de uma venda concreta. Caso se trate de andares construídos, o juízo será feito com base no padrão «compra e venda de andares construídos». Eis o sentido da referência a «quadro negocial padronizado»". Neste sentido, também Oliveira Ascensão, "Cláusulas contratuais gerais...", cit., pp. 583 a 585, com o argumento de se tratar da apreciação de cláusulas contratuais gerais, o que, como já se viu, não pode dizer-se que seja o objecto exclusivo do DL n.º 446/85. Pouco clara é a posição de Calvão da Silva, *Compra e venda...*, cit., p. 137, que escreve, referindo-se às cláusulas relativamente proibidas, que, perante elas, "o tribunal goza de *spatium deliberandi*, procedendo à sua valoração em abstracto, no seu conjunto ("quadro negocial padronizado") **e não só no contrato concreto** [...], a fim de as permitir julgar válidas ou proibir e declarar nulas" (sublinhado meu). Menezes Cordeiro, *Tratado*, cit., pp. 441-442, depois de dizer que "as cláusulas relativamente proibidas não podem ser incluídas [...] desde que, sobre elas, incida um juízo de valor suplementar que a tanto conduza; tal juízo deve ser formulado pela entidade aplicadora, no caso concreto, dentro do espaço para tanto indiciado pelo preceito legal em causa – artigos 19.º e 22.º da LCCG", observa que "uma questão complexa tem a ver com as vias de concretização utilizadas [...]. Por um lado, estas dependem de juízos concretos; mas por outro lado, não quis o legislador que se caísse em cláusulas de equidade, que tudo subordinassem a certas impressões do caso concreto, numa situação que, desde logo, inviabilizaria a acção inibitória no tocante às cláusulas relativamente proibidas". E conclui: "por exemplo, em face de um formulário de compra e venda de um automóvel, há que ponderar: se o prazo de entrega é excessivo, tendo em conta esse tipo de venda (e não aquela concreta venda), se a cláusula penal é excessiva, etc.. Tratando-se de um automóvel usado, a ponderação será feita de acordo com o padrão «venda de veículos usados», etc.". Almeida Costa e Menezes Cordeiro, cit., pp. 52-53, insistem: "A concretização destes diversos preceitos, embora prevista para uma especial adaptação às características de cada caso, não deve operar [...] em termos casuísticos, aproximados da equidade. Caberá, antes, atender ao «qua-

da norma seja aquela – ou a única daquelas – para que apontam os arts. 19.º e 22.º. Julgo que a apreciação suplementar que eles exigem impõe, em princípio, a consideração da(s) cláusula(s) no quadro do concreto modelo contratual em que surgem, apreciando os seus efeitos jurídico e patrimonial nesse contexto e à luz da teleologia do diploma e das normas que contêm as proibições. Sendo comum a todas a protecção do aderente – que, dada a sua posição negocial, é a parte vulnerável a excessos ou abusos convencionais –, a conclusão sobre a admissibilidade ou interdição da cláusula reflectirá, privilegiada, embora não exclusiva ou necessariamente, o juízo sobre a consequência dela na posição contratual daquele. Por incompreensão talvez, não me comove o argumento da proximidade de juízo de equidade – com a sua inerente incerteza – que alguns autores associam à apreciação das proibições dos arts. 19.º e 22.º face ao concreto contrato concluído; não enxergo, na verdade, qualquer semelhança entre a valoração de cláusulas legalmente proibidas no contexto do contrato em que se incluem com uma discricionária justiça do caso concreto. Percebo que o juízo sobre a admissibilidade de certa cláusula pode – embora raramente, tanto quanto me parece – variar de contrato para contrato, mas esse é o resultado da aplicação dos critérios legais a cada um deles. Na versão originária da lei, que não contemplava – directamente, pelo menos – contratos de adesão singularmente concluídos, poderia ser mais difícil sustentar que a referência ao "quadro contratual padronizado" fosse compatível com o significado do concreto contrato[387]; antes,

dro negocial padronizado», expressão [...] [de que] decorre que a valoração das cláusulas relativamente proibidas se realiza em face do tipo negocial abstractamente predisposto e não com base nos contratos singulares que o concretizem [...]".

[387] Em observação lacónica, Ribeiro de Faria, cit., p. 209, escreve que a apreciação em função do "quadro negocial padronizado" impõe, "em última análise, [...] uma apreciação de valor em função do tipo negocial em que se integram".

Em formulação difícil de entender, mas que abre a porta para a apreciação do contrato concreto, Noronha Nascimento, cit., p. 102, escreve: "[...] o «quadro negocial padronizado» referencia um conjunto de conceitos normativos abertos e indeterminados que o julgador deve valorar e preencher em função da métrica legal abstracta e do condicionalismo do caso concreto".

Isabel Afonso, cit., p. 474, escreve o seguinte: "neste último caso [cláusulas relativamente proibidas] refere serem proibidas, «**consoante o quadro negocial padronizado**, designadamente, as cláusulas contratuais gerais» [...], cabendo ao juiz apreciar o con-

era compreensível que, com esse objecto, se significasse que o quadro contratual padronizado consistia justamente no modelo contratual abstracto, correspondente a cláusulas contratuais gerais[388]; no entanto, fora esse o sentido da lei e, então, também a interpretação do contrato deveria fazer caso omisso da vontade (ou das declarações) das partes, mormente da do declaratário e, sobretudo, de "cada contrato singular"[389], ao contrário do que, desde a origem da lei, dispõe o art. 10.º[390].

Difícil, mas não impossível, pois, mesmo aí, não estando em causa, senão em plano de fundo, as cláusulas contratuais gerais, como regras de existência e relevância económica e social independentes da sua inclusão em contratos concretos, e reportando-se as normas relativamente proibitivas à apreciação concreta de conteúdos clausulares submetidos ao julgamento judicial, não sendo irrelevante a base em que tal contrato se formara, deste tem o tribunal de curar[391].

texto concreto em que se insere o tipo de contrato para decidir se determinada cláusula é nula, poder que não concede no caso das cláusulas absolutamente proibidas".

[388] É este o argumento essencial de Oliveira Ascensão, "Cláusulas contratuais gerais...", cit., pp. 583 a 585, que afirma: "Na realidade, só um entendimento generalizador das cláusulas é compatível com a disciplina das cláusulas contratuais gerais proibidas. Basta pensar que a lei cria um registo de cláusulas contratuais gerais declaradas proibidas em juízo. Não faria sentido que se desse publicidade a cláusulas que só tivessem sido proibidas num caso e noutro não". É claro como, além de não atentar no âmbito global do objecto do regime legal, o autor mistura a fiscalização concreta com a abstracta, o que é inadmissível. É também, em parte, o argumento de Menezes Cordeiro, *Tratado*, cit., pp. 441-442. No mesmo sentido se orienta o raciocínio de Almeno de Sá, cit., pp. 260 e 261.

[389] Num quadro legal muito diferente do português e em abstracto, se posso entendê-lo, García-Amigo, cit, pp. 113-114, descreve o entendimento de que a apreciação das cláusulas contratuais gerais deve ser feita sem consideração do contrato que concretamente se aprecia, em tudo e, em especial, na sua interpretação.

[390] Não constituindo argumento decisivo, vem a propósito o acórdão do TJCE (Terceira Secção) de 21 de Novembro de 2002 – Freiburger Kommunalbauten GmbH Baugesellschaft & Co. KG contra Ludger Hofstetter e Ulrike Hofstetter (pr n.º C-237/02), *in* http://curia.europa.eu/, em que se lê: "[...] embora o Tribunal de Justiça possa interpretar os critérios gerais utilizados pelo legislador comunitário para definir o conceito de cláusula abusiva tal como consta da Directiva 93/13, não pode, ao invés, pronunciar-se sobre a aplicação desses critérios gerais a uma cláusula particular que deve ser apreciada em função das circunstâncias próprias do caso".

[391] Há quem, como Pedrosa Machado, cit., pp. 117-118, atribua à expressão um signifi-

Na configuração actual da lei, julgo dever relevar tanto a respectiva teleologia geral – a protecção do aderente, em geral, e a do consumidor, em especial – quanto a concepção consagrada em sede de fiscalização repressiva de que é contrato o resultado da aceitação do formulário contratual por cada aderente. Quanto ao primeiro aspecto, diga-se que ele não é novo, como já ficou referido: desde a sua origem que uma das finalidades da lei era inegavelmente a de tutelar a posição do contraente forçado a aceitar o contrato, e isto também, e designadamente, em sede de controlo de conteúdo: só porque o espaço de negociação se encontra suprimido é que a lei tem de intervir no controlo das cláusulas contratuais, que, não tendo sido objecto de acordo, mas de imposição, são abusivas ou suspeitas de o serem. Ora este aspecto da supressão da liberdade negocial não é privativo das cláusulas contratuais gerais, antes é característico de qualquer contrato de adesão, seja ou não formado com base em formulários gerais. Como diz Michael R. Will[392], a adequação da ponderação relativa dos interesses das partes "só pode ser verificada em relação ao caso concreto", diversamente das "condições gerais (que são formuladas para uma pluralidade de contratos) [que] impõem uma apreciação que prescinde do caso singular". Daqui decorre que a apreciação tenha de tomar como objecto cada contrato assim celebrado, tal como sucede em outras legislações, como, por exemplo, no *Unfair Terms in Consumer Contracts Regulations* de 1999, cujo 6. (1) é claríssimo na determinação dessa forma de apreciação das cláusulas abusivas.

Julgo que não basta, como defende com Sousa Ribeiro[393], dizer-se que, "na aplicação das normas de proibição relativa às cláusulas individualizadas, não se poderá ter em conta o «quadro negocial padronizado», como mandam os arts. 19.º e 22.º".

Na verdade, se a formulação nunca foi excessivamente inspirada para significar a necessidade de valoração das cláusulas relativamente proibidas, dela não decorrendo como necessário o entendimento de que as circunstâncias dos concretos contratos nunca podem ser tidas em conta, é patente que, após a alteração de 1999 do diploma, tal posição ficou expres-

cado de apreciação "objectivista" das cláusulas proibidas, embora não fique claro em que é que tal "objectivismo" se consubstancia.

[392] Cit., p. 89.

[393] "O regime dos contratos de adesão...", cit., p. 206.

sivamente abalada não apenas por não poder ser aplicada a contratos de adesão individuais, mas porque ficou definitivamente claro que o objecto da tutela legal não é apenas constituído por cláusulas contratuais gerais, antes é extensivo a quaisquer contratos de adesão. O mesmo é dizer que a teleologia do diploma releva da situação de impossibilidade para uma das partes de intervir na definição do conteúdo contratual tanto quanto da protecção do interesse social dos destinatários de bens e serviços que os obtenham através de instrumentos contratuais indiscutidos.

Dito por outras palavras: se a referência ao "quadro negocial padronizado" remetia para as cláusulas contratuais gerais com base nas quais os contratos eram concluídos, a relevância daquelas era secundária quando se tratasse de apreciar um contrato singular assim celebrado – pois esta era (e é) a posição legal quanto à (ir)relevância (ou diminuta relevância) da forma como foi formado o contrato, para que ele seja considerado como negócio. Como já se disse e melhor se verá a propósito designadamente do art. 4.º, a lei é clara na tomada de posição no sentido de que a adesão às cláusulas contratuais gerais, tem como consequência a conclusão de um contrato, não atribuindo às cláusulas contratuais gerais, em si mesmas consideradas, relevância autónoma senão em sede de fiscalização abstracta. Actualmente, não se aplicando a lei apenas a contratos concluídos com base em cláusulas contratuais gerais, mais evidente resulta que estas últimas, como realidades autónomas, só podem ser consideradas e valoradas em acções inibitórias. Coloca a questão em época e quadros normativos muito diferentes daqueles com que lidamos, Adolfo di Majo[394], que escreve: "O problema não consiste portanto em escolher entre um significado «individual» ou «supra-individual» a atribuir ao princípio (da boa fé) mas, isso sim, sendo certo que o objecto sobre que incide o controlo pode ser diverso consoante se insista no (aspecto da) relação individual ou no (aspecto do) «regulamento generalizado», consiste em considerar como distintos os critérios baseados num ou no outro".

A permanência da expressão "consoante o quadro negocial padronizado" pode, aliás, explicar-se historicamente por figurar na versão primitiva do diploma, não tendo sido objecto de atenção legislativa a sua inadequação às realidades que constituem o actual objecto dele; da desa-

[394] "Il controllo giudiziale...", cit., p. 227.

tenção legislativa aquando da aprovação dos diplomas de transposição da directiva, esta seria até a menos grave.

Quanto a este aspecto, justifica destaque o entendimento de Almeno de Sá[395], que, salientando a real diferença normativa das listas proibitivas, escreve: "[...] neste tipo de proibições [as relativas, a realizar no contexto do "quadro legal padronizado"], se abre caminho a uma valoração judicial que vai concretizar, na situação considerada, os conceitos indeterminados de que a previsão faz uso [...]; ao passo que, no outro tipo de proibições, estão presentes elementos previsionais fechados, que não justificam, de acordo com as representações do legislador, uma ulterior possibilidade de valoração, sem pôr em causa, naturalmente, aquela que inere a toda a aplicação de normas legais". Em sentido paralelo, embora com formulação menos clara, Menezes Leitão[396] escreve que "as cláusulas relativamente proibidas [...] reconduzem-se a cláusulas abusivas pelo que a sua proibição depende da realização de um juízo sobre o quadro contratual padronizado, uma vez que este permitirá confirmar ou infirmar a existência de um abuso da liberdade contratual na introdução daquela cláusula contratual geral". Também Almeida Costa e Menezes Cordeiro[397] salientam a necessidade de formulação de um juízo valorativo, dado que estas cláusulas são nulas em dados casos e não em outros, contendo as disposições proibitivas numerosos conceitos indeterminados. Mas dizem, como seria de esperar – até porque se trata de texto sobre a primeira versão da lei –, e em formulação não tão radical como as que vieram mais tarde a ser utilizadas e repetidas pela doutrina, que "o juízo valorativo não se realiza tomando como referência os vários contratos *uti singuli*, mas a partir das cláusulas – em si próprias e encaradas no respectivo conjunto – para eles abstractamente predispostas. [...] Exclui-se uma pura justiça do caso concreto, próxima da equidade e geradora de insegurança, mantendo o teor objectivo e controlável da proibição". Deve sublinhar-se, por repetição embora, que a apreciação de uma cláusula realizada à luz do concreto contrato e, por vezes, de circunstâncias sobrevindas à sua conclusão não tem qualquer relação com a "justiça do caso concreto", encontrando-se,

[395] Cit., p. 77.

[396] *Direito das Obrigações*, cit., pp. 38-39, 41 e 44.

[397] Cit., p. 46.

aliás, sistemas – como o sueco – que expressamente referem a consideração desse tipo de circunstâncias, naquele sistema se circunscrevendo a possibilidade de as tomar em conta apenas nos casos em que tal não acarrete desvantagens para o consumidor[398].

Sousa Ribeiro[399], discorrendo sobre a forma de apreciação de uma cláusula como abusiva, opina que, tratando-se de cláusulas contratuais gerais, elas "não podem ser tratadas como vulgares elementos do conteúdo de cada um [...] [dos] contratos e valoradas apenas no quadro estrito da relação intersubjectiva por elas moldado. Uma perspectiva congruente do fenómeno não pode contemplar cada contrato isoladamente, abstraindo da ordenação colectiva em que ele se integra, do «ambiente» que o condiciona". Daqui retira que "as cláusulas contratuais gerais apresentam [...] uma diversidade de aspectos, de «momentos dimensionais» [...] [e que] essa complexidade de planos constitutivos leva a um dilema de cariz metodológico, quanto à eleição do critério de valoração". Continua dizendo: "a ordem jurídica resolveu este dilema utilizando um duplo critério valorativo, em que se cumula uma perspectiva supra-individual e generalizadora com o atendimento de factores concretos de apreciação. A consagração da primeira resulta, não só da proibição absoluta de certas cláusulas, em qualquer contexto contratual, como ainda de as valorações diferenciadoras postuladas pelas proibições relativas deverem ser levadas a cabo «consoante o quadro negocial padronizado» [...]. Ainda que esteja em causa a validade de um certo e determinado contrato, este é tomado como elemento de conformação de uma disciplina geral e uniforme, pelo que, num horizonte alargado de apreciação, são tidos em conta os interesses típicos do círculo de contraentes normalmente actuantes naquela área, e não os interesses concretos dos participantes na relação em causa, na sua fisionomia particular. [...] Mas, por outro lado, na concretização da cláusula geral de boa fé, e em tutela da confiança do aderente, manda-se ponderar o «processo de formação do contrato singular celebrado», o «teor deste», bem como «quaisquer outros elementos atendíveis» (artigo 16.º, alínea a)). Trata-se aqui de factores de ponderação estritamente presos à relação individual em causa, cuja «história» e conformação

[398] V. Martin Ebers, cit., p. 422.

[399] "O regime dos contratos de adesão...", cit., pp. 202 a 205.

particulares são atendidas para ajuizar da eficácia das cláusulas contratuais gerais no quadro dessa relação. Significa isto, conjugando as duas perspectivas, que uma cláusula em geral admissível, tendo em conta o figurino padronizado dos interesses sobre que tipicamente incide, deve ainda mostrar-se compatível com a estrutura de expectativas geradas no contacto negocial entre as duas partes concretamente participantes no negócio. As duas perspectivas correspondem [...] a diferentes projecções normativas da boa fé. Na valoração supra-individual, a boa fé [...] interpenetra-se com parâmetros de proporcionalidade e razoabilidade contratuais. As cláusulas abusivas são-no porque iníquas, porque desvirtuam significativamente, de modo excessivo e intolerável, o equilíbrio da composição de interesses. [...] Mas, numa outra vertente, e particularmente no âmbito aplicativo do artigo 16.º, alínea *a)*, o ponto de referência já não é a estatuição geral e abstracta do ordenamento [...], mas o conteúdo das vinculações especificamente assumidas na relação singular, quer por meio de estipulações nesse sentido, quer por força do significado objectivo da conduta comunicativa que nessa relação teve lugar. [...] Estamos, nesta vertente concretizadora da boa fé, dentro do núcleo do seu sentido basilar, enquanto instrumento de tutela da confiança".

Como ficou dito, não deixando de ser sensível ao aspecto específico[400] – pela projecção e dimensão sociais e económicas – que revestem as cláusulas contratuais gerais, afigura-se-me que aceitar a lógica do diploma que identifica, tanto quanto possível[401], os contratos concluídos com base em cláusulas contratuais gerais com os contratos celebrados entre sujeitos singulares, de que o cerne é o livre acordo dos interesses em presença, impõe a necessidade de apreciar os efeitos de uma cláusula relativamente proibida no equilíbrio do concreto contrato que se encontre em julgamento. A dimensão uniformizadora – e, por isso, geral – das cláusulas contratuais gerais poderá ter de ser ponderada na fiscalização concreta, mas a sede própria da sua valoração é a da fiscalização abstracta.

Por se ter alterado o objecto da lei, por se referir o Anteprojecto do Código do Consumidor também (ou sobretudo) a concretos contratos,

[400] Mais do que específico, próprio e individualizador.

[401] Salvo quanto aos irrecusáveis aspectos de apreciação do modelo formulado, independentemente da sua aceitação por qualquer sujeito, como sucede na acção inibitória.

menos explicável é, segundo se me afigura, a repetição da expressão nos proémios dos arts. 220.º e 223.º daquele Anteprojecto.

Não se referindo, naturalmente, ao direito português, Leone Niglia[402] explica, com clareza meridiana, como é indispensável a análise do concreto contrato para formular juízos de admissibilidade (ou não) de cláusulas essencialmente idênticas, se bem que não ignore – antes saliente – o preço de incerteza dos resultados das decisões judiciais[403]. O autor faz relevar, além da situação de mercado na altura da conclusão do contrato, a compreensibilidade delas para o aderente e a situação de necessidade deste relativamente à conclusão do negócio. E conclui: "[...], o regime contratual deixou de ser um sistema de regras que protegem ou não o consumidor dependentemente das cláusulas em apreciação, mas um conjunto de decisões *ad hoc*"[404], conclusão que só não subscrevo na medida em que a sentença relativa a um litígio, aplicando as mesmas normas gerais e abstractas, pode divergir, em razão das características da situação apreciada, de outra proferida sobre a mesma questão de direito, igualmente por força dos seus traços configuradores.

Para o Direito espanhol, diz M. Fuente Noriega[405] que a apreciação do carácter abusivo de uma cláusula implica a realização de uma "interpretação circunstancial", isto é, feita "à luz da natureza do bem ou serviço, objecto do contrato, das circunstâncias que rodearam a conclusão do mesmo, bem como do sentido das demais cláusulas deste contrato ou de outro de que dependa". Também no direito espanhol, a listagem das cláusulas proibidas impõe o preenchimento de conceitos indeterminados e, que se saiba, nunca alguém admitiu sequer a ideia de que a sua concretização, e consequente valoração da cláusula, houvesse de ser feita tendo em conta o tipo de contrato e não o contrato individual.

Enzo Roppo[406], no contexto da exposição das teorias normativistas acerca das cláusulas contratuais gerais, contrapõe-lhes que elas implica-

[402] Cit., pp. 4 a 6.

[403] Para usar os termos do próprio, "uma particular pretensão de um consumidor em relação a uma certa cláusula pode ter êxito num caso mas não noutro" (*ibidem*, p. 5).

[404] *Ibidem*, p. 5.

[405] "La Protección Coetânea a da Realización de Contrato", *in Derecho de los Consumidores y Usuarios*, 2000, *apud* Yara Miranda, cit., pp. 728-729.

[406] Cit., p. 92.

riam, em sede interpretativa, a aplicação dos critérios hermenêuticos da interpretação das leis e o consequente afastamento da consideração "das circunstâncias do caso concreto", aspecto que se me afigura relevante também para esta temática, como já deixei referido.

A inaplicabilidade da apreciação concreta no quadro da acção inibitória, argumento muito utilizado, porque tem que ver apenas com cláusulas contratuais gerais e sua fiscalização abstracta, não se me afigura decisivo, longe disso[407].

Por outro lado, o frequente uso de conceitos indeterminados que só podem ser preenchidos, para efeitos de valoração das cláusulas, com recurso à boa fé, impõe não raras vezes a tomada em consideração das circunstâncias do contrato, isto mesmo no âmbito da redacção originária[408].

Observa Sousa Ribeiro[409 410], referindo-se a estes elencos de cláusulas, que a sua proibição se obtém "por uma tipificação parcialmente aberta,

[407] O ac. do STJ de 20 de Janeiro de 2010 (pr n.º 0362/05.0TMSNT.L1.S1, Salazar Casanova) entendeu, muito bem, que: "as cláusulas contratuais gerais relativamente proibidas podem ser apreciadas no âmbito de acção inibitória conforme prescrito no art. 22.º do DL n.º 446/85, de 25-10, cumprindo considerá-las à luz do quadro negocial padronizado (arts. 19.º e 21.º do mencionado DL)", acrescentando que "isso significa que o intérprete tomará em consideração os interesses envolvidos em função do tipo de negócio que está em causa no âmbito da regulamentação contratual predisposta, não nos remetendo a lei para o concreto negócio de cada contraente, pois, se assim fosse, não seria possível fora daquele particular negócio, declarar proibidas, com a amplitude que a lei pretende, determinadas cláusulas incluídas em contratos sujeitos ao regime do mencionado diploma".

[408] Como diz Mirella Cristina Fior, cit., p. 136, citando Alberto do Amaral Júnior, "o princípio da boa-fé passou a ter importância decisiva como cláusula geral destinada a conferir ao intérprete poderoso instrumento para avaliar a licitude das cláusulas contratuais", acrescentando que "a vagueza intencional da cláusula geral de boa-fé deixa ao magistrado a possibilidade discricionária, mas não, de modo algum, arbitrária, de lhe determinar o conteúdo segundo aquilo que exige a solução do caso concreto. E, ressalte-se a ausência de qualquer arbitrariedade, haja vista a necessidade da atuação jurisdicional ser motivada".

[409] "Responsabilidade e garantia...", cit., pp. 107-108, nota 13.

[410] É certo que o autor, ao analisar a formulação "quadro negocial padronizado", afirma que "uma inferência que seguramente dela se extrai a de que não deve relevar a fisionomia concreto-individual do caso decidendo e o seu contexto singularizado, mas as suas características típicas, os dados normalmente presentes na situação considerada (o seu figurino «padronizado»)", mas acaba por concluir pela sua discordância de Almeida

comportando elementos com um espectro de variação cuja fixação se remete, em cada caso, ao julgador [...]. Esta acrescida margem de apreciação pode conduzir a um juízo diferenciado, consoante a conformação dos factores atendíveis, ocasionando que o mesmo tipo de cláusula, incidindo sobre idêntico ponto da disciplina negocial, nuns casos seja proibido, e noutros não [...]". Daqui resulta que a opinião do autor é próxima da que neste texto se sustenta, pois a tomada em conta, por exemplo, da concreta qualidade e/ou situação do contraente implica, ou não dispensa, a apreciação do contrato em concreto. Já se viu, porém, que o autor procura – e bem, se se considerar como necessidade o não confronto com a posição doutrinária dominante – conjugar os dois planos, fazendo intervir, para sustentar a apreciação do contrato concreto, a boa fé consagrada nos arts. 15.º e 16.º do diploma, e aquela que releva para ponderação dos elementos enunciados nas várias alíneas dos arts. 19.º e 22.º.

Na verdade, é difícil saber, sem considerar o concreto contrato, por exemplo, se uma cláusula penal é desproporcionada relativamente aos danos a ressarcir?[411]; que o pré-aviso é insuficiente, a compensação adequada ou os dispêndios exigidos à contraparte "consideráveis"?; que a cláusula de escolha de foro envolve graves inconvenientes para uma das partes, sem que os interesses da outra o justifiquem[412]?; que o prazo de

Costa, dizendo que, "para além do tipo de contrato (a que caberá, naturalmente, um peso decisivo), outros factores há a considerar, interessando designadamente conhecer a natureza do bem a prestar, se, mormente na compra e venda, é novo ou usado [...], a situação do mercado na área em que o negócio se integra, o ramo económico (com os seus usos próprios), a qualidade de comerciante ou de consumidor quanto às proibições relativas de aplicação geral (art. 19.º), e, nas relações mercantis, o estádio de produção ou comercialização e a dimensão empresarial. Estes, entre outros, os elementos atendíveis, como componentes do «quadro negocial padronizado» a que a lei se refere".

[411] Quanto à cláusula penal, v. anotação à al. *c)* do art. 19.º.

[412] Assim o entendeu o ac. de 19 de Setembro de 2006 (pr n.º 06A3973, João Camilo), *in www.dgsi.pt*, que decidiu da validade de uma cláusula de escolha do foro, em abstracto, dizendo: "Pensamos [...] que a referida cláusula podendo em concreto vir a revelar-se violadora da disposição legal da citada al. g) – por análise dos dados de factos apurados –, não pode ser declarada em termos gerais. Com efeito, a mencionada alínea prevê a proibição da cláusula se esta envolver graves inconvenientes para uma das partes sem que os interesses da outra o justifiquem. Daqui que só se sabe se a fixação do foro constante da mesma cláusula envolve graves inconvenientes para uma parte quando se tiver com um concreto contrato firmado e só então se poderá avaliar da existência de concretos

vigência do contrato é excessivo?; que o direito de resolução previsto não tem motivo justificativo?; ou, ainda, e para não me alongar, que o afastamento das regras sobre cumprimento defeituoso é injustificado?

Neste sentido depõem várias disposições gerais do diploma. Assim, como já várias vezes referi, o art. 10.°, que, quanto à interpretação e integração dos contratos, remete para as regras gerais do Código Civil, acrescentando que elas são aplicáveis "sempre dentro do contexto de cada contrato singular em que se incluam"; igualmente a al. *a)* do art. 16.°, que determina que, na aplicação do critério da boa fé, como parâmetro de avaliação da validade das cláusulas (contratuais gerais), se tem de atender à "confiança suscitada nas partes [...] pelo processo de formação do contrato singular celebrado, pelo teor deste e ainda por quaisquer outros elementos atendíveis"; finalmente, o art. 37.°, ao dispor a ressalva das "disposições legais que, em concreto, se mostrem mais favoráveis ao aderente [...]".

Igualmente neste sentido parece depor o art. 4.°, n.° 1, da Directiva n.° 93/13/CEE, que dispõe que o carácter abusivo das cláusulas será apreciado em função de vários elementos, entre os quais as circunstâncias em que o contrato foi celebrado e a sua utilização. Este último critério parece apontar – para uma interpretação conforme com a directiva – no sentido de ter em conta o contrato cujas cláusulas especificamente se valoram[413]

interesses da outra parte que possam justificar ou não a fixação daquele foro. Por outras palavras diremos que se num contrato for fixado aquele foro e as partes tiverem as duas residências ou sede e centro de actividade na área da grande Lisboa, é pouco previsível o preenchimento da previsão legal da citada al. g), por aquela fixação muito dificilmente poder provocar graves inconvenientes numa parte. Daí que, repetimos, podendo a citada cláusula em determinados contratos firmados vir a revelar-se proibida, não pode, em abstracto, ser considerada como proibida por aquele dispositivo". E em outro trecho do mesmo acórdão afirma-se – bem, a meu ver – que, "se se admite que certa cláusula possa vir, em concreto, a ser nula, ela deveria ser banida do formulário contratual".

[413] Não tenho a pretensão de que este entendimento da norma europeia seja incontroverso. Pode, naturalmente, defender-se que a referência à utilização do contrato se liga à idoneidade do instrumento contratual para desempenhar a função tipicamente associada àquele modelo contratual. Porém, a existência de outra disposição – a do art. 16.°-*b)*, que se ocupa deste aspecto com clareza – reforça a convicção de que não é esse o sentido atribuído pela directiva ao critério enunciado no art. 4.°.

[414]. Neste sentido se pronunciou – em *obiter dictum* – o STJ, no já citado acórdão de 19 de Setembro de 2006 (João Camilo), quando, na apreciação em abstracto de uma cláusula (relativamente proibida), decidiu que ela não deveria ser considerada nula, a menos que "o circunstancialismo concreto vie[...][sse] a revelar um pesado ou desproporcionado encargo para o aderente, nomeadamente no caso de não haver oficina da marca respectiva num raio muito alargado da zona de residência ou da actividade do aderente, mas só em concreto é que poderá vir a revelar-se preenchida a previsão legal".

Não que o quadro de referência – o tipo de contrato, identificado pelo seu objecto e, por isso, quando contrato *standard*, o âmbito de actividade económica a que respeita – seja indiferente, ou, sequer, secundário. Longe disso, como ficou dito. Dentro dele, as cláusulas do concreto contrato têm de ser apreciadas, com recurso aos parâmetros para que a lei remeta e, designadamente, à boa fé. O tipo de contrato é evidentemente relevante para a apreciação da validade de cláusulas à luz da boa fé, como claramente decorre da al. *b)* do art. 16.°, sendo aí a valoração feita "em face da situação concreta".

Estou essencialmente de acordo com Sousa Ribeiro[415][416], quando ele diz que "o critério de valoração [...] [dos] elementos [...] atendíveis, como

[414] Não compreendo exactamente – pois não me parece admissível que esteja a referir-se ao seu próprio entendimento – o que quer dizer Sousa Ribeiro, "O regime dos contratos de adesão...", cit., pp. 205-206, ao escrever que "a directiva não estabelece, a este propósito, uma diferenciação de regimes. O art. 4.°, n.° 1, determina que, no controlo concreto (dado que a prescrição é feita «sem prejuízo do art. 7.°», norma onde se regula o controlo abstracto) «o carácter abusivo de uma cláusula poderá ser avaliado em função da natureza dos bens ou serviços que sejam objecto do contrato e mediante a consideração de todas as circunstâncias que, no momento em que aquele foi celebrado, rodearam a sua celebração, bem como de todas as outras cláusulas do contrato, ou de outro contrato de que este dependa»".

[415] "Responsabilidade e garantia...", cit., nota 13, pp.108-109; v. também pp. 130-131, em que o autor distingue entre a apreciação segundo a boa fé, que "é levada a cabo, nos termos do art. 16.° [correcção minha], «em face da situação considerada», tendo em conta a fisionomia concreta do caso *sub judice*" e o "controlo com base em previsões específicas que, mesmo quando tem que atender ao quadro negocial, como nas proibições relativas, o toma sempre na sua configuração típica, «padronizada»".

[416] Em outro estudo – "A boa fé como norma...", cit., p. 271 –, o autor é, porém, muito mais peremptório na afirmação de que da expressão "consoante o quadro negocial

componentes do «quadro negocial padronizado»", não se encontra esclarecido, porque "o diploma não é explícito", sendo "indispensável um padrão de medida, uma bitola de aferição do conteúdo gravoso da cláusula" para definir os limites que a lei não quer ver desrespeitados. Também não discordo da sua análise, segundo a qual, na apreciação de uma cláusula relativamente proibida, tem de se indagar, "em primeira linha, se há razões objectivamente fundadas que justifiquem o afastamento do direito dispositivo; em caso afirmativo, cumpre de seguida controlar a relação de proporção e adequação entre as vantagens que o predisponente daí retira e os riscos e gravames que assim são transferidos para a esfera da generalidade dos contraentes. Para que à prossecução unilateral desses benefícios seja reconhecida uma *justa causa* [...], ela tem de conter-se nos limites do atendimento mínimo dos interesses da contraparte, sob pena de contrariar o princípio da boa fé". Se bem se observar, o autor, expondo o seu pensamento em formulação inicialmente abstracta, acaba por concluir de forma que remete – ou, pelo menos, é compatível – para uma valoração concretizadora, através do recurso à boa fé, terminando com a afirmação de que esta corresponde à ideia da jurisprudência alemã, consagrada pelo § 9,I, da *AGB-G*, onde se estabelece que "as disposições contidas em condições negociais gerais são ineficazes quando prejudiquem, de uma forma desproporcionada (*unangemessen*), os princípios da boa fé, a contraparte do utilizador". Ou, regressando ao texto *supra* citado do mesmo autor[417], "as cláusulas inegociáveis preformuladas para uma única utilização não levantam, por definição, [os] [...] problemas de relacionamento entre o individual do contrato singular e o geral da disciplina instituída pelas cláusulas contratuais gerais. [...] Por isso mesmo, [...] não tem aqui campo operativo o controlo abstracto [...]. Mas a falta de dimen-

padronizado" "se infere, com segurança, que os elementos a ter em conta na formação do juízo de validade não são os que se extraem do figurino concreto-individual do caso decidendo e do seu contexto particularizado, mas os dados caracterizadores daquele tipo de situações negociais [...]". Depois de enunciar "os interesses a ponderar", conclui, enigmaticamente, que "nenhum destes factores tem a ver com a concreta *conduta* [sublinhado meu] relacional do predisponente".

[417] "O regime dos contratos de adesão...", cit., p. 205.

são colectiva impede também, a nosso ver, a utilização do duplo critério de valoração praticado em relação às cláusulas contratuais gerais"[418].

A questão é igualmente objecto de discussão na doutrina italiana, como resulta – a propósito da exigência de clareza e compreensibilidade das cláusulas – do texto já citado de G. Alpa[419] e também do de Anteo Genovese[420]. García-Amigo[421] observa que há tipos contratuais em que as dificuldades de compreensão são deliberadamente acentuadas, como sucede, por exemplo, nos contratos de seguro, designadamente nas que determinam os riscos da cobertura e os que dela se encontram excluídos.

Tomando como exemplo uma cláusula que limite o prazo para exercer um direito, se não é possível, em abstracto, afirmar que ela é proibida, propenderia para a afirmação de que só o será se limitar o prazo para o exercício do direito ao aderente, devendo considerar-se autorizada se essa limitação de prazo disser respeito ao predisponente. Como detida e casuisticamente – se assim posso exprimir-me – se verá a propósito de muitas cláusulas, só a sua consideração no concreto quadro contratual em que se incluem e em que vão ser aplicadas permite a conclusão acerca da sua admissibilidade, face às normas proibitivas. E isto tanto no que respeita às cláusulas absoluta quanto às relativamente proibidas[422].

Como ficou visto, em sentido contrário se pronuncia grande parte da doutrina, da qual se cita, suplementarmente e apenas a título de exemplo, Marco Dias[423], que escreve o seguinte: "Basta uma análise sumária das listas de cláusulas proibidas, consagradas no D.L. n.º 446/85, para vermos que elas tratam de conteúdos proibidos e não fazem qualquer referência ao comportamento do contraente que os impõe. [...] Na verdade,

[418] Tendo em consideração os textos deste autor, de que ficaram transcritos largos excertos, não é fácil compreender – salvo pela motivação de não hostilização da restante doutrina – a razão da sua declarada adesão ao entendimento dominante, pois o que escreve demonstra que dele se afasta significativamente.

[419] "Il recepimento...", cit., p. 81.

[420] "Condizioni generali...", cit., p. 804.

[421] Cit., p. 84.

[422] Veja-se, p. ex., a anotação à al. *f)* do art. 18.º, quanto a uma cláusula segundo a qual a declaração do aderente de que a prestação é pontual e ao seu sentido de exclusão da excepção do não cumprimento, ou à al. *c)* do art. 19.º, quanto a cláusulas penais "desproporcionadas aos danos a ressarcir".

[423] Cit., p. 440.

um controlo do comportamento do utilizador das cláusulas impostas não seria o método mais adequado para tratar a problemática dos contratos por adesão". Não se discute a natureza sumária da análise, mas sublinha-se o único e frágil apoio literal da conclusão, bem como, e sobretudo, o aspecto de não estar em discussão a apreciação do comportamento das partes, mas apenas a do conteúdo do concreto contrato, atentas, naturalmente, as circunstâncias das suas conclusão e execução. E o argumento corroborante, que o autor acrescenta um pouco adiante[424], de que o controlo do comportamento do predisponente pode ser feito com recurso às regras gerais dos arts. 334.º e 762.º, n.º 2, do Código Civil, não tem pertinência, porquanto, por um lado, se encontram neste Dec.-Lei n.º 446/85 tantas normas repetitivas de regimes gerais que não será esse motivo bastante para afastar a interpretação que aqui se sustenta, e, por outro, como se disse, a posição agora defendida não se confunde com a apreciação do comportamento das partes no exercício dos direitos que as estipulações lhes confiram. O último argumento invocado por este autor[425] é o de que os preceitos em causa "são, ainda, desadequados ao controlo das cláusulas de contratos por adesão de um ponto de vista metodológico [...] [porque] eles pressupõem o exercício de um direito existente (válido, validamente constituído). Ora uma cláusula abusiva é injusta, está inquinada na sua validade – é nula ao abrigo do disposto no art. 12.º do DL n.º 446/85 –, pelo que nenhum direito pode nascer dela. No abuso de direito abusa-se de um direito legítimo". Também este raciocínio, que, se bem compreendido e expresso, poderia ser pertinente, não é decisivo[426]. O que está em causa é justamente saber se a cláusula, tal como configurada no concreto contrato para ser exercida, é proibida ou válida; a invocação do abuso do direito (arts. 334.º ou 762.º, n.º 2, do Código Civil) poderá ter lugar para verificar se o exercício de um direito validamente conferido a qualquer das partes é legítimo ou não[427].

[424] Pp. 441 e 442.

[425] *Ibidem.*

[426] Voltar-se-á à questão na anotação à al. *c)* do art. 19.º.

[427] Não que o estudo de Marco Dias possa ser especialmente valorizado; adiante (p. 450), lê-se que "[...] o julgador terá de analisar o contrato e as outras circunstâncias da situação em concreto, em ordem a identificar interesses relevantes do aderente, que,

34. As cláusulas absolutamente proibidas são-no pois sempre; e, quando se diz sempre, quer-se dizer (também) que o são independentemente da averiguação no caso concreto do efeito da convenção, isto é, de saber se, na situação *sub iudice*, a cláusula tem como efeito a violação dos limites que a lei lhe impõe ou não. Tomando como exemplo uma cláusula de limitação da responsabilidade formulada em termos gerais, ela deverá ser declarada nula ainda que a conduta debitória tenha sido levemente culposa e, por isso, o efeito da limitação se contenha dentro dos limites admitidos legalmente.

Se bem que este modo de apreciação da validade/invalidade das cláusulas seja conforme com o modelo contratual mais frequente que se visa apreciar[428], nem são apenas os contratos padronizados que constituem o objecto da lei, nem é necessariamente este o modo de apreciação mais favorável ao aderente, que pode preferir a manutenção da cláusula que, no caso concreto – isto é, atento o contexto factual a que vai ser aplicada –, não se mostre como excedente da permissão da lei. O argumento de que, se o método de apreciação no controlo incidental fosse diverso daquele que é necessariamente o da acção inibitória, "estaria criada uma fonte permanente de disparidades valorativas, tanto mais indesejáveis quanto é certo que uma eventual condenação na acção inibitória tem importantes repercussões em processos que venham a ser instaurados a propósito da execução de um contrato singular"[429], embora não secundário, não me parece decisivo no sentido da justeza da solução legal (ou da sua interpretação), tanto por se referir tão-só a contratos *standard* quanto por serem muito diversos o quadro e os efeitos de apreciação judicial das cláusulas num e no outro tipo de acções.

Já as cláusulas relativamente proibidas são-no tendencialmente apenas quando o seu conteúdo seja desfavorável para o aderente, em última instância dependendo a sua valoração da que for feita caso a caso. Isto é, aprecia-se a cláusula no quadro do figurino de contrato em que se inscreve, mas, frequentemente, só pode declarar-se se ela reentra na proibição legal ou dela sai indemne, se se tiver em conta o contrato *sub iudice*.

ao serem desatendidos pelo conteúdo da cláusula ou cláusulas do contrato, revelam a existência de um significativo desequilíbrio de interesses, em detrimento do aderente".

[428] Cláusulas contratuais gerais, na esmagadora maioria dos casos.

[429] Sousa Ribeiro, "Responsabilidade e garantia...", cit., p. 122.

Reconhece-o, como já se viu, Sousa Ribeiro, nomeadamente ao escrever que é para "uma definição [...] dos limites [em que podem ser aceites "disposições desfavoráveis ao aderente, em desvio do regime comum, ou ao que resultaria de uma equilibrada composição de interesses"], perante o «quadro negocial padronizado» em que a cláusula se integra (para decidir se um prazo é excessivo, se uma cláusula penal é desproporcionada, etc.), que [...] nos é indispensável [...] uma bitola de aferição do conteúdo gravoso da cláusula".

A relevância e caracterização dos conceitos indeterminados, nomeadamente daqueles que decorrem directamente da directiva e que, frequentemente, surgem na(s) lei(s) são discutidas na ordem jurídica italiana, a propósito deles colocando Guido Alpa[430] os seguintes problemas principais: a contrariedade à boa fé é um critério suplementar relativamente ao do desequilíbrio ou é reforçador, encontrando-se implícito no desequilíbrio que a cláusula é abusiva?[431]; o desequilíbrio "significativo" deve ser entendido como sinónimo de "grave", de "excessivo", de "relevante" ou de "não irrelevante"[432]? E prossegue: "É claro que se está em presença de uma dupla cláusula geral (boa fé + desequilíbrio significativo) [[433] [434]] que permite ao juiz formar uma valoração tendo em conta

[430] "Il recepimento...", cit., p. 77.

[431] Sobre a questão, também Paolo Amato, cit..

[432] A este propósito, Yara Miranda, cit., p. 670, cobrindo quase todas as hipóteses, diz que "o desequilíbrio tem de ser significativo, manifesto, grave e injustificado", acrescentando que a sua concretização "deve centrar-se sobre o princípio da onerosidade e máxima reciprocidade de interesses, comparando-se os proveitos e os sacrifícios de cada parte". Numa frase cujo sentido não apreendo, lê-se ainda: "[...] a balança deve pender contra o aderente, pois só a cláusula que prejudica gravemente os interesses do consumidor é considerada abusiva".

[433] Yara Miranda, *ibidem*, p. 670, afirma que "o texto comunitário impõe dois critérios de valoração [...]: a contrariedade à boa fé e o desequilíbrio entre os direitos e as obrigações dos contraentes". Mas, de seguida, escreve em desarmonia com aquela afirmação: "considera-se contrária à boa fé a cláusula predisposta que não atende aos interesses do aderente, que consagra benefícios excessivos e injustificados ao predisponente, em detrimento do aderente. Logo, considera-se abusiva a cláusula que provoca um desequilíbrio importante, em detrimento do consumidor, entre os direitos e as obrigações das partes".

[434] Sousa Ribeiro, "A boa fé como norma...", cit., pp. 258 e 259, diz que, "no Direito italiano, a paleta de interpretações tem as cores mais variadas" e que, "nesse espectro,

também outros factores, relativos ao objecto, às circunstâncias, a outras previsões contratuais [...]". Jean Calais-Auloy[435], que também coloca esta questão, conclui que a interpretação da norma da directiva deve ser feita no sentido de "o desequilíbrio significativo bastar, constituindo a referência à boa fé uma mera explicação, uma redundância e não uma condição suplementar", com o argumento de que, a assim não ser, isto é, a tornar a boa fé (subjectiva) um critério suplementar de qualificação da cláusula como abusiva, estar-se-ia a enfraquecer a tutela do aderente, objectivo do diploma comunitário[436]. Martin Ebers[437] observa, em apreciação da directiva, que "a relação entre o princípio da boa fé e o critério do «desequilíbrio» continua a ser incerta"; e continua, questionando: "devem estes dois critérios ser considerados como cumulativos, alternativos, ou no sentido de que qualquer cláusula que crie um desequilíbrio significativo é sistematicamente contrária à exigência de boa fé?". A sua conclusão é a de que este é um dos aspectos de incerteza da directiva que deveriam ser objecto de esclarecimento[438] e que essa incerteza "explica os modos de redacção muito variados desta regra geral nos Estados membros"[439]; já quanto à qualificação do referido desequilíbrio, diz[440] que "a prática não revela distinção entre a aplicação dos dois critérios (desequilíbrio significativo e desequilíbrio manifesto)".

Sousa Ribeiro[441] também coloca a questão de saber "se a contrariedade à boa fé é uma componente adicional do juízo de abusividade, a somar ao

está também presente a compreensão do requisito «*malgrado la buona fede*» como um critério *aggiuntivo* ao elemento «desequilíbrio significativo»".

435 «Le devoir de se comporter de bonne foi dans les contrats de consommation», *in General Clauses and Standards...*, cit., pp. 192-193.

436 Martin Ebers, cit., pp. 388 e 437, informa de que, "dado que segundo a directiva o carácter abusivo é apenas caracterizado quando a cláusula causa um desequilíbrio significativo e que tal desequilíbrio é também contrário à boa fé, sete Estados membros aludem directamente ao «desequilíbrio significativo» sem mencionar o critério adicional da «boa fé»", acrescentando que "isto contribui para aligeirar o ónus da prova que impende sobre os consumidores".

437 Cit., pp. 390 e 434 a 436.

438 *Ibidem*, p. 393.

439 *Ibidem*, p. 435.

440 *Ibidem*, p. 436.

441 "*Responsabilidade e garantia...*, cit., pp. 248 e 249.

desequilíbrio do conteúdo, ou se, pelo contrário, basta o conteúdo significativamente desequilibrado para que, sem mais, a cláusula deva ser considerada atentatória da boa fé e abusiva". E formula, "por outras palavras", o problema assim: "a apreciação da cláusula segundo o padrão da boa fé tem ainda a ver com a valoração do seu conteúdo, ou é um juízo distinto deste, tendo por objecto o procedimento do utilizador[442]". A resposta de Sousa Ribeiro é: "a vingar [...] a segunda hipótese, a cláusula geral de controlo conteria dois critérios autónomos, de aplicação cumulativa; só seria ineficaz a estipulação cujo conteúdo inequitativo resultasse de um comportamento abusivo do utilizador»[443]. O autor aprecia a questão, dizendo que a solução da cumulação "tem por si o facto de o outro elemento de valoração apontar, inquestionavelmente, para uma avaliação de conteúdo. Averiguar se há um «prejuízo desproporcionado» ou um «desequilíbrio significativo» implica, seguramente, numa apreciação puramente objectiva, identificar e medir os efeitos vantajosos e desvantajosos que a cláusula provoca. Se assim é, poderá entender-se que seria pleonástica e inútil uma referência expressa à boa fé também ela para fixar parâmetros atinentes ao conteúdo. Só situando a referência noutro campo normativo, o da regulação e valoração de condutas, se preservaria a sua autonomia como critério de controlo. Acresce que esta leitura, que conjuga factores procedimentais com limites de conteúdo, corresponde a um paradigma mais familiar aos civilistas [...] do que a valência autosuficiente de restrições conteúdísticas". E continua: "se concebermos a proibição de certos conteúdos como uma concretização dos ditames da boa fé, de acordo com o modelo explicativo [...] traçado, o princípio actuaria aqui com uma *dupla face*: em restrição directa à liberdade contratual,

[442] Parece claro que o autor não está a conceber o desequilíbrio como a directiva o caracteriza: entre direitos e obrigações das partes, mas como um dado que tanto pode exprimir-se em posições jurídicas como em efeitos patrimoniais, ou outros, da cláusula.

[443] Sublinhe-se, como aliás resulta claramente da sequência do texto citado, como o autor coloca o problema em termos diversos dos antes mencionados: a referência ao "procedimento do utilizador" aponta para um juízo sobre o comportamento no exercício dos direitos que a cláusula lhe atribua pelo utilizador e não ao parâmetro da boa fé como critério de apreciação da cláusula no contrato e do seu efeito objectivo nas relações entre os contraentes, independentemente de se considerar conforme ou contrário à boa fé o comportamento do utilizador na actuação desse conteúdo clausular.

por um lado, e como padrão de condutas negociais, por outro". O autor recorre[444] à história da elaboração da directiva para dizer que "a apreciação do carácter abusivo foi, pelo menos originariamente, pensada como uma tarefa mais ampla do que a do puro controlo do conteúdo. Este era apenas uma das vertentes daquela tarefa, que, atenta a formulação da cláusula geral, nos aparecia claramente aberta à consideração de factores não atinentes ao conteúdo. [...] E esse entendimento sai reforçado, se tivermos em conta que a apreciação do carácter abusivo da cláusula deve, nos termos do artigo 4.°, n.° 1, ser levada a cabo «mediante consideração de todas as circunstâncias que, no momento em que aquele [o contrato] foi celebrado, rodearam a sua celebração»". Prossegue[445], numa análise muito circunstanciada da directiva, concluindo: "Perante estes dados, só uma conclusão é absolutamente certa: uma cláusula abusiva, para o ser, tem que provocar uma repartição significativa dos direitos e deveres entre as partes, em detrimento do consumidor. Não há cláusula abusiva que não tenha por efeito um prejuízo desproporcionado do aderente"[446].

35. O carácter abusivo da cláusula é apreciado, segundo a directiva, tendo em consideração as circunstâncias que existem no momento da sua fixação, bem como as outras cláusulas contratuais, mas, como informa Martin Ebers[447], em algumas ordens jurídicas, como a dinamarquesa, devem ponderar-se também "as condições que se sucedem à conclusão do contrato".

Embora tratando da questão em disposição (art. 3.10) que tem como epígrafe "Negócio usurário", a versão portuguesa dos Princípios UNIDROIT prevê a possibilidade de o contrato ou de alguma das suas cláusulas serem "anulados se, no momento da conclusão do contrato, este ou alguma cláusula atribuírem à outra parte um benefício excessivo injustificado", devendo "ser tomados em consideração, entre outros, os seguintes elementos: *a)* o facto de a outra parte ter explorado de modo

[444] *Ibidem*, pp. 252 a 254.

[445] *Ibidem*, pp. 254 a 256.

[446] O autor parece ser insensível à forma que o desequilíbrio reveste, pois fala aqui, diversamente do que acontecia antes, nos exactos termos do preceito do diploma, em direitos e deveres das partes.

[447] Cit., p. 388.

desleal a situação de [...] necessidade urgente, de imprevidência, ignorância, inexperiência ou inaptidão para negociar da outra parte; e *b)* a natureza e a finalidade do contrato". Lembra-se aqui esta norma[448], pois ela pode fundar uma invalidade com motivação semelhante à que tem vindo a ser considerada, devendo a apreciação ser realizada com ponderação das circunstâncias existentes ao tempo da celebração do contrato. Um dos factores a considerar é a posição relativa das partes, lendo-se, no comentário[449] à disposição, que, «no que diz respeito à dependência de uma parte em relação à outra, uma capacidade negocial superior devida exclusivamente às condições do mercado não é suficiente". O comentário pode proceder, se bem que a lei seja explícita quanto à diversidade acentuada de poder negocial.

36. Questão que pode, em abstracto, suscitar pertinentes dúvidas é a de saber qual o regime aplicável a cláusulas que sejam reciprocamente abusivas, isto é, que estabeleçam um regime convencional diverso do geral que confira idênticas vantagens e inconvenientes a ambas as partes[450]. Embora haja oportunidade de voltar à questão a propósito de uma ou outra das normas dos arts. 18.º a 22.º, pode desde já dizer-se – com grande parte da doutrina e jurisprudência italianas e alemãs[451] – que me parece que o facto de a cláusula beneficiar tanto o predisponente quanto o aderente não lhe retira carácter tendencialmente abusivo, já que a

[448] Como poderia fazer-se com o art. 282.º do Código Civil português.

[449] Cit., p. 100.

[450] Anteo Genovese, "Le condizioni generali di contratto reciproche onerose per l'aderente", *in Rivista di Diritto Civile,* Anno VII–1961, p. 665, coloca a questão, no quadro do primitivo regime italiano, perguntando-se se "é necessária a aprovação específica escrita". Em comentário a uma decisão da *Corte di Cassazione* de 21 de Agosto de 1950, que decidira no sentido da desnecessidade de tal aprovação, o mesmo é dizer no sentido de que tais cláusulas não deveriam considerar-se onerosas para o aderente (aliás, em consonância com uma corrente doutrinária de que foi expoente Francesco Messineo), o autor demonstra (pp. 665 a 668) o erro desse entendimento, quer face ao elemento literal dos artigos do *Codice Civile* quer face à sua *ratio* no quadro económico e social a que o regime se destina. De acordo com Genovese, v. Gino Gorla, cit., p. 118.

[451] Como diz Sousa Ribeiro, "A boa fé como norma...", cit., p. 264, "o que conta, à luz do princípio da boa fé, «para além da aparente simetria dos efeitos jurídicos» é «a efectiva incidência da cláusula nos interesses reais das partes»", posição com que concorda.

reciprocidade é, a maior parte das vezes, mais aparente do que real e que o relevante é saber se o predisponente a pode utilizar em benefício próprio[452].

37. O segundo grande conjunto de cláusulas proibidas respeita aos contratos que, do ponto de vista social, são mais justificativos de atenção e acautelamento: aqueles que são celebrados com consumidores finais, isto é, com pessoas que adquirem bens e serviços e que não o fazem no exercício de qualquer actividade profissional, mas para satisfazer necessidades pessoais, familiares ou interesses congéneres, bem como os concluídos com qualquer sujeito que não se encontre compreendido no art. 17.º.

Nestes contratos, os conteúdos proibidos são mais extensos, aplicando-se-lhes também os dos arts. 18.º e 19.º. Num como no outro catálogo das proibições estabelecidas, encontram-se redundâncias internas e, por indiferença relativamente a outros normativos, regimes repetitivos ou inexplicavelmente diversos dos definidos pela Lei de Defesa do Consumidor[453]. Isto para não referir – o que adiante se fará – as soluções incongruentes ou, mesmo, inexplicáveis na sua articulação com as regras gerais, como sucede, paradigmaticamente, com os regimes das cláusulas de exclusão e de limitação da responsabilidade obrigacional[454]. Neste aspecto, como mais claramente resultará das anotações às disposições respectivas, discordo de Sousa Ribeiro[455], quando este afirma, referindo-se às "cláusulas de responsabilidade [...]", que "o legislador preocupou-se em sujeitá-las a uma disciplina fortemente restritiva, abarcando, sem lacunas as várias espécies de cláusulas aqui coenvolvidas". Note-se que o autor reconhece, de seguida, que um "breve relance de conjunto pelo labirinto de normas que versam os pontos da disciplina negocial que

[452] Exemplar do entendimento de que a reciprocidade não influi na nulidade das cláusulas é o ac. do STJ de 11 de Outubro de 2005, (pr n.º 04B1685, Lucas Coelho), *in www.dgsi.pt.*

[453] Sendo o diploma posterior, era este que deveria ter tido em atenção as disposições daquele que agora se analisa.

[454] A explicação reside, desde a sua formulação originária, no decalque da *AGB-G* alemã.

[455] "Responsabilidade e garantia...", cit., p. 109.

agora nos ocupa deixa-nos uma primeira impressão que confirma, em pleno, as dificuldades interpretativas [...]. Com essa sincrética imagem global assaltam-nos, na verdade, dúvidas quanto à exacta linha de demarcação dos âmbitos regulamentadores de cada um desses dispositivos, já que o articulado sugere sobreposições e repetições, de significado não imediatamente transparente". Não critica, porém, o autor a não articulação destes regimes com os gerais, decorrentes dos arts. 809.º e 800.º, n.º 2, do Código Civil.

A desatenção legislativa não foi, todavia, uma característica privativa da ordem jurídica nacional: para a italiana, dá notícia G. Alpa de situação paralela[456].

Grande parte das cláusulas absolutamente proibidas corresponde – para usar a formulação da anterior Lei Federal Suíça contra a Concorrência Desleal, de 1 de Março de 1988 – a regimes contrários ou "de forma assinalavelmente divergente" dos regimes gerais[457].

De assinalar que, para além dos conjuntos de cláusulas, absoluta ou relativamente, proibidas, podem ainda vir a ser declaradas nulas outras, por força do art. 15.º que assim as comina quando contrárias à boa fé[458]. Para o efeito, terá de ser proposta acção declarativa, nos termos do Código de Processo Civil.

Esta a tutela que, na formulação de Galvão Telles[459][460], tem carácter repressivo, por intervir em momento subsequente ao da conclusão do contrato e a propósito de litígio submetido a apreciação judicial. Tutela que tem uma eficiência relativamente reduzida, porque, à uma, depende da iniciativa do aderente que, as mais das vezes, já por se tratar de bagate-

[456] "Il recepimento...", cit., pp. 84 e 98.

[457] É indiscutivelmente preferível que a lei tenha optado por enunciados exemplificativos de cláusulas a ter usado uma formulação aberta do tipo da lei suíça a que se faz referência, que é substancialmente discutível, aliás.

[458] Várias são as ordens jurídicas em que a boa fé, encontrando-se, em alguns casos, no regime geral, não constitui critério autónomo de apreciação das cláusulas abusivas: assim, p. ex., o Direito finlandês, o austríaco, o grego ou o francês – Martin Ebers, cit., pp. 436 a 438.

[459] "Das Condições Gerais...", cit., p. 307.

[460] Alberto Alemanno, cit., designa-a por "individual-successiva".

las jurídicas[461][462][463][464], já por falta de informação ou por hábitos culturais de resignação[465], não a toma; e, à outra, porque só intervém na fase sub-

[461] Lamento reconhecer que terá porventura razão Menezes Cordeiro, *Tratado...*, cit., p. 439, quando diz que, "em termos práticos, os dispositivos que determinam a nulidade das cláusulas contratuais gerais proibidas e que, depois, intentam a recuperação dos contratos singulares atingidos, só funcionarão perante negócios de vulto. No domínio dos negócios correntes do dia-à-dia [*sic*], nenhum consumidor iria mover uma custosa e sempre incerta acção para fazer valer a nulidade de alguma cláusula".

No mesmo sentido, Almeida Costa e Menezes Cordeiro, cit., p. 56, escrevem: "em regra, os prejuízos sentidos, a título individual, pelos aderentes, são de pequena monta, mal justificando as despesas e os incómodos de uma acção judicial. Acresce, ainda, que, muitas vezes, eles desconhecem os direitos que a lei lhes atribui. No limite, quem se prevalece de cláusulas contratuais gerais pode calcular o risco da perda de algumas acções em juízo e conduzir-se com impunidade perante a maioria dos aderentes".

[462] Colin Scott e Julia Black, cit., pp. 74 e 75, dão notícia de que em Inglaterra são relativamente poucas as acções propostas por consumidores e ainda menos aquelas que chegam aos tribunais superiores.

[463] V. Conclusões do Advogado Geral Paolo Mengozzi apresentadas a 29 de Março de 2007, no já referido ac. do Tribunal de Justiça de 4 de Outubro de 2007 – *Max Rampion*, 2, em que se lê: "O objectivo prosseguido pelo artigo 6 da directiva [93/13], que impõe aos Estados membros que prevejam que as cláusulas abusivas não vinculam os consumidores, não poderá ser obtido se estes deverem encontrar-se na obrigação de suscitar eles próprios o carácter abusivo de tal cláusula. Nos litígios cujo valor é frequentemente limitado, os honorários do advogado podem ser superiores ao interesse em causa, o que pode dissuadir o consumidor de se defender contra a aplicação de uma cláusula abusiva [...]".

[464] João Pires Cardoso Alves, "O Instituto de Seguros de Portugal e a defesa dos consumidores (um caso concreto)", *in Verbo Jurídico*, 2006, *in* http://www.verbojuridico.com/doutrina/consumidor/isp.html, cita os seguintes obstáculos de acesso à justiça por parte de um "consumidor normal e médio" enunciados pela "Comissão Europeia (Comunicação da Comissão, de 30 de Março de 1998, sobre a resolução extrajudicial dos conflitos de consumo [COM (1998) 198 final – Não publicado no Jornal Oficial]):

De ordem material:

– Os custos elevados da consulta jurídica e da representação.

– Os longos períodos de espera até que os processos sejam julgados.

De ordem psicológica:

– Formalismo que acompanha os procedimentos judiciais.

– Complexidade desses procedimentos", acrescentando que, "por força destes obstáculos, na maior parte dos conflitos de consumo o valor diminuto dos interesses económicos em jogo torna desmesurada a duração do processo judicial e desproporcionado o respectivo custo. Perante esta situação, muitos consumidores renunciam a fazer valer os seus direitos ou saem prejudicados ao exercê-los".

sequente à da celebração do contrato[466] e, muitas vezes, ao da ocorrência do prejuízo. A estes factores de abstenção da propositura de acções, Eike von Hippel[467] acrescenta "a desvantagem de abranger uma só cláusula e de produzir efeitos apenas quanto ao caso concreto e, sendo carregada de incertezas, só [...] [ter] lugar quando um cliente lesado arrisca uma acção contra o empresário"; o "receio de insucesso", a "inibição relativa ao contacto com o tribunal ou com o advogado", o "medo dos dispêndios necessários em energia, tempo e dinheiro", o "risco do processo", a "falta de confiança na justiça e(ou) na advocacia", a "falta de interesse dos advogados". Por seu lado, Jan Hellner[468] salienta o aspecto do risco de o processo ser caro, o que levará o consumidor a recorrer a uma associação para o desencadear, recurso que não existe quando o lesado não é um consumidor[469]. Colocando o problema num outro plano, O. Tommaso Scozzafava[470], por seu lado, defende que a nulidade que os tribunais podem

[465] Renato Scognamiglio, cit., p. 62, opina que "é difícil vencer a tendência para um resignação isolada" dos consumidores.

[466] Falando da situação na Alemanha, W. Freiherr von Marschall, cit., p. 37, diz o seguinte (que poderia referir-se a Portugal): "Para se compreender bem a situação neste país é preciso saber que a maior parte dos Alemães não tem o hábito de consultar um jurista antes de efectuar uma transacção mesmo respeitante a somas muito importantes. A ideia de ter um «homem do direito da família», como um «médico de família» não é divulgada e os Alemães não recorrem em geral ao aconselhamento senão quando sofrem um prejuízo, isto é, depois da assinatura do contrato".

[467] Cit., pp. 23 e 30-31.

[468] "Le contrôle extra-judiciaire des conditions générales", *in Les Conditions Génerales du Contrat,* Actes..., cit., p. 54.

[469] Renato Scognamiglio, cit., pp. 62 e 63, dá também conta das limitações desta forma de intervenção judicial, opinando que o controlo "só poderia ser realizado por uma acção de tipo colectivo, apta a instaurar um processo que fosse rápido e adequado e pelo qual se chegasse a uma decisão eficaz relativamente a todos os contratos daquela categoria", acrescentando que "o exemplo mais frequentemente invocado a este propósito é o das «class-actions» introduzidas no direito dos Estados Unidos", e manifesta a opinião de que "não parece que tal processo tenha encontrado até hoje, um grande êxito, face à dificuldade fundamental que reside no facto de os membros da «class» e particularmente os consumidores não se aperceberem suficientemente da validade dos interesses comuns ao grupo e não se decidirem a propor tal acção, devendo, para mais, suportar os seus custos".

[470] Cit., p. 976.

declarar constitui solução "completamente desadequada para tutelar o aceitante, o qual pode encontrar-se na necessidade de encontrar um bem com determinadas características, para a qual uma eventual declaração de invalidade só pode prejudicá-lo", acrescentando que, mesmo que se atribuam aos tribunais "instrumentos repressivos novos e mais bem estruturados", esse continua a ser remédio de escassa valia, dada que a limitação de efeitos do caso julgado torna este "um controlo episódico".

Para além das dificuldades já referidas do recurso à via judicial, sempre terá o aderente de suportar os custos dessa decisão e, mesmo em sede de responsabilidade pré-contratual, só insuficientemente obterá ressarcimento dos prejuízos que lhe provocou a insatisfação do seu direito – isto é, da necessidade ou interesse que o contrato se destinava a prover – e daqueles que a procura de alternativa no mercado comportam, nos casos em que o contrato seja integralmente nulo. Finalmente, o alcance das decisões judiciais em processos destes está, como ficou assinalado, em princípio, limitado pelo do caso julgado entre as partes na acção.

A este propósito, cabe ainda observar que a lei não confere ao tribunal poder de modificação de uma cláusula parcial ou totalmente nula[471] [472],

[471] Embora a directiva preveja essa possibilidade; informa Martin Ebers, cit., pp. 389 e 459, que em alguns Estados membros "as autoridades públicas podem, além disso, exigir a inserção de novas cláusulas a fim de evitar um desequilíbrio significativo entre os direitos e as obrigações". Em vários sistemas jurídicos europeus – em especial nos dos países nórdicos (Finlândia, Dinamarca e Suécia), mas também na Lituânia – se admite a modificação de cláusulas consideradas abusivas.

[472] No acórdão do TJUE de 30 de Abril de 2014 – Árpád Kásler e Hajnalka Káslerné Rábai contra OTP Jelzálogbank Zrt (pr C-26/13), lê-se: "se fosse possível ao tribunal nacional modificar o conteúdo das cláusulas abusivas que figuram em tais contratos, essa faculdade poderia afetar a realização do objetivo a longo prazo previsto no artigo 7.º da Diretiva 93/13. Com efeito, essa faculdade contribuiria para eliminar o efeito dissuasivo exercido sobre os profissionais, decorrente da não aplicação pura e simples de tais cláusulas abusivas ao consumidor, pois estes seriam tentados a utilizar as ditas cláusulas, sabendo que, mesmo que elas viessem a ser invalidadas, o contrato poderia sempre ser integrado, na medida do necessário, pelo tribunal nacional, de modo a garantir o interesse dos ditos profissionais", acrescentando: "no entanto, daí não resulta que, numa situação como a do processo principal, o artigo 6.º, n.º 1, da Diretiva 93/13 se oponha a que o tribunal nacional, em aplicação de princípios do direito dos contratos, suprima a cláusula abusiva substituindo-a por uma disposição de direito nacional de caráter supletivo", e: "se não fosse permitido substituir uma cláusula abusiva por uma disposição de

não se prevendo também a redução *ope legis* ou *ope judicis* de qualquer das convenções interditadas, se parcialmente nulas[473][474][(475)], o que, sobretudo em sede de fiscalização concreta, poderia constituir um instrumento útil, tanto do ponto de vista do aderente – que ficaria salvaguardado quanto à natureza abusiva da cláusula – quanto do lado da conservação do contrato que também àquele pode interessar. É certo que a lei prevê um mecanismo de redução especial nos arts. 13.º e 14.º, mas esse não respeita a cláusulas parcialmente inválidas, mas aos contratos em que estejam contidas, tendo podido ser conjugado com a possibilidade de modificação judicial da cláusula nula, sempre dependentemente do assentimento do aderente, especialidade[476] justificada já pelo regime daquele art. 13.º, n.º 1, já pela razão de ser desta norma e do diploma no seu conjunto, que é a da protecção do aderente.

caráter supletivo, obrigando o órgão jurisdicional nacional a anular o contrato na totalidade, o consumidor poderia ser exposto a consequências particularmente prejudiciais, de modo que o caráter dissuasivo resultante da anulação do contrato poderia ficar comprometido".

[473] Sempre segundo informação de Martin Ebers, *ibidem*, pp. 459-460, esta possibilidade "foi discutida num número restrito de Estados"; na Eslováquia, na Estónia e na Holanda, ela existe na lei; já na Áustria e no Reino Unido, "a legitimidade de uma tal «redução» de uma cláusula abusiva constitui ainda objecto de discussões doutrinais, enquanto na Alemanha é constante na jurisprudência e na doutrina o entendimento de que é inadmissível uma redução na medida em que isso encorajaria a utilização de cláusulas abusivas e reduziria o nível de protecção dos consumidores. A situação é similar na Grécia".

[474] Redução e modificação da cláusula podem ser sinónimas, mas não o são forçosamente. Se toda a redução implica uma modificação, esta pode ter lugar para além ou independentemente da redução.

[475] Não se tratando, em rigor, de redução da cláusula, mas, em qualquer caso, de uma conclusão de proibição parcial dela, v. o ac. do STJ de 23 de Novembro de 1999 (pr n.º 99A796, Garcia Marques), *in www.dgsi.pt*, em que foi decidido ser nula uma cláusula "apenas na parte em que confere à Ré a possibilidade de denunciar livremente o contrato desde que o comunique, por escrito, à parte contrária, «com uma antecedência mínima de três dias»".

[476] Relativamente aos regimes do Código Civil que conferem ao tribunal o poder de modificação do conteúdo do negócio, como, p. ex., os arts. 283.º, 437.º e 812.º.

Quanto a este problema, Almeno de Sá[477] pronuncia-se no sentido da não admissão dessa possibilidade, com os seguintes argumentos: "[...] isso implicaria fazer do juiz como que um «procurador» ou «representante» dos interesses do utilizador, levando-o a encontrar uma formulação da cláusula que, por um lado, *favoreça o mais possível* o utilizador e, por outro, se contenha ainda *dentro dos limites do admissível*"; um dos objectivos essenciais da lei é o de fazer com que as condições gerais utilizadas na prática sejam reconduzidas a um conteúdo adequado e justo, o que certamente se malogrará se for permitido ao utilizador ir, sem perigo, até ao limite daquilo que pode ainda ser alegado em seu favor, libertando-o assim do risco da *nulidade total* da cláusula. O utilizador retiraria mesmo daqui um estímulo para inserir, nas suas condições gerais, cláusulas claramente contrárias à lei, pois saberia de antemão que, uma vez reduzida a cláusula, se manteria, de qualquer modo, numa posição mais benéfica do que aquela que resultaria da aplicação do direito dispositivo. [...] o recurso à redução da cláusula *iludiria* a ordenação legal do efeito jurídico das proibições, que aponta para a aplicação do direito dispositivo como consequência normal da nulidade, pois impediria, na maior parte dos casos, que surgisse uma lacuna necessitada de preenchimento pela via do direito dispositivo. [...] aquela solução redundaria em uma forma de *revisão* ou *adaptação* judicial do contrato, de carácter conformador, beneficiando quem recorre a condições gerais ilegais, em clara violação do sistema de controlo instituído, marcado pela vinculação do juiz a uma sindicação *meramente negativa* das cláusulas proibidas".

De todos os argumentos, os que mais impressionam são o do estímulo ao recurso a cláusulas contratuais gerais proibidas e o do afastamento do direito dispositivo. Se bem se atentar, eles encontram-se intimamente ligados pela convicção de que o tribunal se limitaria a reconstruir a cláusula nula, amputando-a do elemento que justifica essa nulidade, deixando que ela continuasse a ser favorável ao predisponente. Ora, se este pensamento releva de uma (porventura justificada) descrença nos tribunais para aplicar este regime, parte também do pressuposto de que a nulidade de uma cláusula é sempre parcial e nunca total (isto é, que se trataria de redução e nunca de modificação – ou conversão, se se preferir

[477] Cit., pp. 264 a 266.

–, o que está por demonstrar). Quanto ao incentivo ao uso de cláusulas nulas, só a realidade de mercado poderia (poderá, nos Estados que adoptaram esta orientação) confirmá-lo ou infirmá-lo.

Sem querer nesta sede entrar na discussão do problema – cujos argumentos não conheço na totalidade –, sempre direi que, caso a possibilidade de redução (ou de modificação) da cláusula parcialmente nula existisse, poderia o aderente preferir essa redução (ou a sua diferente conformação) à sua exclusão total do contrato, pois bem poderia acontecer que a parte da cláusula válida fosse considerada por ele como preferível à aplicação do regime supletivo legal e, sobretudo, ao mecanismo de integração de lacuna, se esta ocorrer, por ser nula a cláusula.

Aliás, se tal faculdade for conferida aos tribunais também no quadro da acção inibitória[478], diria que os profissionais, vendo sistematicamente reduzidas ou modificadas algumas cláusulas, tenderiam a formulá-las nos termos legalmente admitidos.

Reafirmo, todavia, que não se trata de posição sobre a qual tenha convicção, constituindo o que ficou dito apenas uma reflexão sobre o tema, que, como se viu, não teve solução uniforme em todos os Estados da União.

38. De sublinhar que o art. 3.º da Lei de Defesa do Consumidor – embora apenas no seu âmbito, como é claro – enuncia, entre os direitos que a estes cabem, o direito à "protecção jurídica e a uma justiça acessível e pronta", estabelecendo o art. 14.º, n.º 1, do mesmo diploma que "incumbe aos órgãos e departamentos da Administração Pública promover a criação e apoiar centros de arbitragem com o objectivo de dirimir os conflitos de consumo". Esta uma forma de tutela, restrita embora aos consumidores, que pode desempenhar um papel de salvaguarda dos seus direitos, também em matéria de cláusulas contratuais gerais, bem mais eficiente do que o recurso aos tribunais comuns.

É de chamar a atenção para que o Dec.-Lei n.º 103/91, de 8 de Março, isenta o consumidor do pagamento de preparos e custas na execução de sentenças resultantes de um processo de arbitragem de consumo. De observar que, nos termos do art. 25.º, n.º 1, do Dec.-Lei n.º 34/2008, de 26

[478] Embora neste quadro tenha mais dúvidas acerca da sua justeza.

de Fevereiro[479], que aprovou o Regulamento das Custas Processuais, "são revogadas as isenções de custas previstas em qualquer lei, regulamento ou portaria e conferidas a quaisquer entidades públicas ou privadas, que não estejam previstas no presente decreto-lei". Esta norma seria, em princípio, aplicável à isenção prevista no diploma referido, mas aquele encontra-se, tanto quanto pude ver, em vigor.

António Marques dos Santos[480] observa que "é natural, neste tipo de litígios[481], o recurso à arbitragem institucionalizada", observando que esta tem "a grande vantagem, para as partes, de a sua escolha para a organização da arbitragem, implicar o seu acordo quanto às regras de processo"[482], nos termos da Lei n.º 63/2011, de 14 de Dezembro (Lei da Arbitragem Voluntária). Não subscrevo a afirmação do autor relativa à vantagem para o aderente no acordo relativamente às regras processuais, pois, sendo ele as mais das vezes uma pessoa pouco informada, tenderá a dar o seu acordo a regras que podem tendencialmente prejudicá-lo e, relativamente a estes acordos, frequentemente não poderá intervir a apreciação de validade do diploma que agora se analisa, pois dificilmente serão acordos de adesão, no sentido que este Decreto-Lei lhes atribui[483].

Já a referida dispensa de encargos judiciais na execução para o cumprimento das sentenças dos tribunais arbitrais dos centros de arbitragem institucionalizada, bem como a celeridade dos processos podem constituir elementos motivadores e tuteladores dos consumidores.

Outras formas de resolução de litígios, como a mediação, são igualmente importantes instrumentos de tutela do aderente: em Portugal, na transposição da Directiva n.º 2013/11/EU, do Parlamento Europeu e do Conselho, de 21 de Maio de 2013, a Lei n.º 144/2025, com a alteração da

[479] Sucessiva e designamente alterado pela Lei n.º 43/2008, de 27 de Agosto, pelo Dec.-Lei n.º 181/2008, de 2 de Agosto, e pelas Leis n.ºs 64-A/2008, de 31 de Dezembro, 3-B/2010, de 28 de Abril, 52/2011, de 13 de Abril, 7/2012, de 13 de Fevereiro, 66-B/2012, de 31 de Dezembro, 126/2013, de 30 de Agosto, 72/2014, de 2 de Setembro, 7-A/2016, de 30 de Março, 42/2016, de 28 de Dezembro, 49/2018, de 14 de Agosto, e 27/2019, de 28 de Março.

[480] "Arbitragem no direito do consumo", *in Estudos do Instituto do Direito de Consumo*, Vol. I, p. 285.

[481] O autor ocupa-se dos conflitos de consumo.

[482] *Ibidem*, pp. 285 e 287.

[483] E que é o correcto, em meu entender.

Lei n.º 14/2019, de 12 de Fevereiro, estabelece "os princípios e as regras a que deve obedecer o funcionamento das entidades de resolução alternativa de litígios de consumo e o enquadramento jurídico das entidades de resolução extrajudicial de litígios de consumo em Portugal que funcionam em rede".

O Anteprojecto de Código do Consumidor prevê, no seu art. 535.º, n.º 1, que, "sempre que o litígio, pela sua natureza e âmbito, esteja em condições de ser submetido à apreciação de entidades que tenham instituído, nos termos dos artigos 706.º a 708.º, procedimentos de resolução extrajudicial de conflitos de consumo, o exercício do direito de acção depende da prova de que as partes, há menos de 6 meses, tentaram sem êxito alcançar por aquela via a composição dos seus interesses"[484].

A existência de cláusulas compromissórias foi considerada, por mais de uma vez, inadmissível pelo TJCE, como o demonstram os casos Asturcom Telecominicaciones SL v. Maria Cristina Rodríguez Nogueira2[485] e o já referido Elisa María Mostanza Claro v. Centro Móvil Milenium SL (C-168-05)[486].

[484] O n.º 2 do mesmo preceito dispõe que, "nas situações a que se refere o número anterior, o recebimento da petição inicial depende da junção de certidão comprovativa da existência do procedimento extrajudicial prévio, contendo indicação sumária dos motivos que impossibilitaram a resolução do litígio".

Por seu lado, o art. 681.º do mesmo Anteprojecto prevê a criação de um "Centro Nacional de Informação, Mediação, Conciliação e Arbitragem em Matéria de Consumo" – "pessoa colectiva privada de base associativa, sem fins lucrativos" –, "com o objectivo de prestar, no território nacional, informação aos consumidores e aos fornecedores de produtos ou prestadores de serviços, regular pequenos conflitos de consumo, através da mediação, conciliação e arbitragem, e fazer o estudo e acompanhamento técnico das situações de sobreendividamento de particulares".

[485] Ac. do Tribunal de Justiça (Primeira Secção) de 6 de Outubro de 2009 – Asturcom Telecomunicaciones SL contra Cristina Rodríguez Nogueira (pr n.º C-40/08), *in* http://curia.europa.eu/.

[486] Caroline Kleiner, "Unfair arbitration clause before the ECJ", *in Journal of Private International Law, in* http://conflictoflaws.net/2009/unfair-arbitration-clause-before-the-ecj/, comentando a última destas decisões, diz que ela "parece significar que os tribunais nacionais que tenham competência para executar decisões arbitrais deveriam por sua iniciativa suscitar a nulidade de uma cláusula de arbitragem com fundamento na Directiva 93/13", quando, em sua opinião, só deveriam fazê-lo se as leis processuais nacionais os autorizarem a isso. O que quer dizer que neste caso (se bem compreendo),

39. Este Dec.-Lei n.º 446/85 institui um mecanismo de fiscalização judicial abstracto das cláusulas, com a finalidade de eliminar do mercado os modelos contratuais em que se encontrem cláusulas abusivas, podendo a iniciativa das acções – o mesmo é dizer a legitimidade activa – partir das associações de consumidores[487] [488]. Também é relevante que a acção possa ser proposta não apenas contra quem "proponha contratos que [...] incluam [cláusulas contratuais gerais] ou aceite propostas feitas nos seus termos, mas também contra quem, "independentemente da sua predisposição e utilização em concreto, as recomende a terceiros", podendo ainda "ser intentada, em conjunto, contra várias entidades que predisponham e utilizem ou recomendem as mesmas cláusulas contratuais gerais, ou cláusulas substancialmente idênticas [...]" – art. 27.º.

Trata-se de um instrumento cuja eficiência pode ser de grande importância, até porque o pedido de apreciação judicial não se restringe a cláusulas que estejam a ser objecto de utilização, antes compreende aquelas que ainda não tenham sido incluídas em qualquer contrato singular. Esta medida, que já constava da versão inicial do diploma, está de acordo com a orientação do art. 5.º da directiva[489], tendo sido concebida com o "objectivo de contrariar a difusão das cláusulas abusivas no momento de

como as regras sobre execução de decisões nacionais do Código de Processo Civil espanhol são omissas quanto a este aspecto, "os juízes espanhóis não têm de suscitar por sua iniciativa a questão da cláusula de arbitragem «unfair» [...]".

[487] A atribuição de legitimidade às associações foi uma inovação da *AGB-G*, manifestando, p. ex., Michael R. Will, cit., pp. 91 e 92, grande esperança na iniciativa destas para promover a alteração da situação na Alemanha; julgo que o autor quereria significar que a mudança essencial proviria da consagração da acção inibitória mais do que dos sujeitos que a poderiam propor.

[488] Se bem que se trate de disposição contida no art. 7/2 da Directiva 93/13, Martin Ebers, cit., p. 386, informa de que a Lituânia e Malta não atribuíram legitimidade às associações de consumidores para interpor acções contra os profissionais, podendo elas apenas "agir contra uma autoridade pública ou interpor uma acção perante uma jurisdição a fim de obter uma decisão que imponha à autoridade pública que se conforme com ela".

[489] Trata-se de um mecanismo de controlo que também já constava, p. ex., da Lei n.º 78-23, de 10 de Janeiro de 1978, francesa, embora aí não tivesse natureza jurisdicional nem proibitiva, já que a apreciação era realizada por uma comissão que funcionava junto do ministro encarregado do consumo, constituída por magistrados.

passagem da fase colectiva de redacção das condições gerais à sua inserção nos contratos individuais"[490].

Giovanni M. Armone[491] manifesta óbvio entusiasmo – porque tem grande esperança na sua acrescida eficácia na tutela dos aderentes – com o instrumento, sobretudo quando comparado com a tutela judicial *a posteriori* que depende da iniciativa de um contraente aderente, individualmente considerado. Muito embora a notícia se refira ao mercado italiano, porque se crê que as situações não seriam essencialmente diversas, é de dar aqui conta da informação de G. Alpa[492] de que a tentativa de negociação de modelos de cláusulas predispostas com associações profissionais e empresas não teve êxito, preferindo os profissionais continuar a utilizar cláusulas abusivas, em vez de corrigirem os seus modelos contratuais.

De onde decorre, com maior evidência, a importância do instrumento da acção inibitória, se efectivamente utilizado. As críticas não deixam de ser pertinentes e ficam registadas, em especial na anotação ao art. 26.º. De salientar, neste domínio, a possibilidade de o tribunal interditar provisoriamente a utilização de cláusulas proibidas, sempre que "haja justo receio de virem a ser incluídas em contratos singulares", nos termos previstos para os procedimentos cautelares.

Não contém esta lei qualquer preceito relativo à questão de esta acção ser proposta num Estado membro que não seja aquele cuja lei tenha sido violada, *in casu*, para a hipótese de a acção ser proposta num Estado da União com fundamento na violação da lei portuguesa, ou em Portugal com fundamento na violação do regime imposto pela lei de outro Estado[493].

[490] Giovanni M. Armone, cit., p. 294.

[491] *Ibidem*.

[492] "Il recepimento...", cit., p. 84.

[493] O art. 3.º, n.º 1, da Lei n.º 25/2004, de 8 de Julho, dispõe que, "quando a prática lesiva que se pretende fazer cessar tenha origem em Portugal, mas afecte interesses localizados noutro Estado membro da União Europeia, a correspondente acção inibitória pode ser directamente intentada por entidade deste último Estado que consta da lista actualizada das entidades competentes, relativa às acções inibitórias em matéria de protecção dos interesses dos consumidores, elaborada pela Comissão Europeia e publicada no Jornal Oficial da União Europeia", acrescentado o n.º 2 que "as entidades referidas no número anterior estão obrigadas a apresentar, em anexo à petição inicial, cópia do Jornal Oficial da União Europeia contendo a publicação mais recente da lista onde se encontram inscritas", e esclarecendo, finalmente, o n.º 3 que "o disposto no número anterior

Nestas situações, diz Guido Alpa[494] que "a autoridade chamada a decidir (*adita*) assume as providências previstas para a violação do ordenamento que lhe é próprio".

Este o controlo que, para continuar a usar a formulação de Galvão Telles, é preventivo.

40. A violação da sentença judicial que proíba a utilização de uma cláusula – ou de outra que lhe seja equivalente – pode levar à condenação do infractor em sanção pecuniária compulsória, desde que tal seja requerido ao tribunal que proferiu a sentença por "quem possa prevalecer-se da decisão proferida".

Um talvez importante instrumento de compulsão ao cumprimento das disposições legais na matéria encontra-se no Anteprojecto do Código do Consumidor[495]: o recurso à tutela contra-ordenacional para sancionar condutas proibidas. Trata-se de um expediente não inédito no campo do direito privado, embora ignore o grau de eficiência que a sua utilização revelou e não possa, por isso, ter expectativas fundadas quanto ao que ele possa significar neste domínio. A adopção de "sanções penais cuja vigência ameaça o inadimplente, compelindo-o a saldar seus débitos" constitui, segundo Gustavo Tepedino[496], "um subproduto dos tempos de crise, decorrente da crescente inexecução contratual", dando o autor

não prejudica a possibilidade de o tribunal averiguar se, no caso concreto, existe justificação atendível para o pedido formulado".

O art. 2.º, n.º 2, da Directiva n.º 98/27/CE, do Parlamento Europeu e do Conselho, de 19 de Maio, relativa às acções inibitórias em matéria de protecção dos interesses dos consumidores, estabelece: "A presente directiva não prejudica as normas de direito internacional privado no que se refere à legislação aplicável, conduzindo assim normalmente à aplicação da legislação do Estado-membro onde a infracção se iniciou ou da legislação do Estado-membro onde a infracção produziu efeitos".

[494] "La proposta di direttiva...", cit., p. 154.

[495] Não se quer significar que não existam já processos de contra-ordenação no domínio designadamente do Direito do Consumo. Acerca daqueles que são desencadeados por reclamações de consumidores, nos "Livros de Reclamações" impostos para o efeito, v. Adelaide Menezes Leitão, "As Reclamações no Direito do Consumo. Análise da Actual Legislação e Apreciação do Anteprojecto do Código do Consumidor", *in Estudos em Honra do Professor Doutor José de Oliveira Ascensão*, Vol. II, pp. 1477 e ss..

[496] "Direitos Humanos...", cit., pp. 118 e 119.

como exemplos as previsões dos arts. 61.º e ss. do Código de Defesa do Consumidor brasileiro, que "tipifica como crimes contra as relações de consumo [...] uma série de comportamentos anteriormente disciplinados na esfera exclusivamente patrimonial".

41. Na última versão do diploma, desapareceu a regra geral relativa às cláusulas de *electio juris*, tendo restado apenas, no âmbito dos contratos com consumidores ou equiparados, a disposição do art. 23.º, introduzida em 1999. À uma, a directiva é omissa quanto a este aspecto, à outra, a solução legal adoptada anteriormente era passível de fundadas críticas, havendo, finalmente, de compatibilizar o regime com o da Convenção de Roma de 19 de Junho de 1980, entrada em vigor a 1 de Abril de 1991 e entretanto substituída pelo Regulamento Roma I[497].

CAPÍTULO I - Disposições gerais

Artigo 1.º - Âmbito de aplicação

1. As cláusulas contratuais gerais elaboradas sem prévia negociação individual, que proponentes ou destinatários indeterminados se limitem, respectivamente, a subscrever ou aceitar, regem-se pelo presente diploma.

2. O presente diploma aplica-se igualmente a cláusulas inseridas em contratos individualizados, mas cujo conteúdo previamente elaborado o destinatário não pode influenciar.

3. O ónus da prova de que uma cláusula contratual resultou de negociação prévia entre as partes recai sobre quem pretenda prevalecer-se do seu conteúdo.

A norma do n.º 1 vem, no seu sentido essencial, da redacção originária – com substituição da expressão "elaboradas de antemão" por "elaboradas sem prévia negociação individual" –, referindo-se apenas às chamadas "cláusulas contratuais gerais". A alteração que ficou assinalada é, à uma, inútil, pois, se se trata de cláusulas contratuais gerais que alguém se limita "a subscrever ou aceitar",

[497] V. anotação ao art. 23.º.

é redundante explicitar que são conteúdos contratuais não negociados; à outra, estando em causa a caracterização de cláusulas contratuais gerais, faria todo o sentido a formulação inicial, uma vez que uma das suas características identificadoras é a pré-elaboração, destinando-se o modelo a ser usado num conjunto indefinido de contratos. Quando se diz que as cláusulas contratuais gerais são pré-formuladas para adesão não se significa, como, a propósito dos arts. 2.º e 7.º se esclarece, que elas não possam, em alguns casos, ser parcialmente negociadas: isto é, não deixam de qualificar-se como tais os contratos em que uma ou outra cláusula foi negociada especificamente, nem o regime deste Decreto-Lei deixa de lhes ser aplicável.

Omite-se a análise da questão da propriedade terminológica na opção por cláusulas em lugar de condições[498], por se afigurar essencialmente estéril; por razão paralela, não se considera a adequação do adjectivo "indeterminados" que Sousa Ribeiro[499] critica.

Almeno de Sá[500] esclarece que é essencial que as cláusulas hajam sido pré--formuladas "para uma *generalidade de contratos* ou *uma generalidade de pessoas*", o que "implica que a proposta não seja projectada tão-só para a concreta conclusão de um contrato com um sujeito determinado, mas antes para funcionar como base de um uniforme regulamento jurídico, dirigido a diversificados parceiros negociais". "Não interessa, todavia, saber se as cláusulas em jogo se aplicaram, de facto, numa multiplicidade de casos; decisivo é tão-só o propósito da sua utilização numa série de negócios, assim se revelando fundamental [...] a *finalidade intencionada* com a pré-elaboração". Explicando a sua ideia, dá o exemplo do dono de uma fracção autónoma que "recorre ao contrato-modelo elaborado por uma associação de proprietários para concretizar a sua relação contratual de arrendamento com o inquilino". E acrescenta: "em contrapartida, se dada empresa elabora um primeiro projecto de contrato para ser subscrito por aquele concreto primeiro cliente que lhe aparece, mas já com o desígnio de

[498] Sobre ela, v. Almeida Costa e Menezes Cordeiro, cit., p. 18, Sousa Ribeiro, *Cláusulas contratuais...*, cit., pp. 130-131, e Oliveira Ascensão, *Cláusulas contratuais gerais, cláusulas...*, cit., p. 5.

[499] *Ibidem*, pp. 146 e 147.

[500] Cit., pp. 214 e 215.

o utilizar numa série de contratos futuros, estaremos sem dúvida perante cláusulas contratuais gerais"[501][502].

Por falta de generalidade, Sousa Ribeiro[503] entende que não se estava perante cláusulas contratuais gerais, na situação submetida à Cassação italiana, de uma empresa que convidou as principais empresas de um ramo a "dirigirem-lhe propostas de empreitada, obedecendo às suas condições preformuladas". Porém, o mesmo autor[504] sublinha também que "não releva o número das aplicações levadas a cabo pelo próprio utilizador", dizendo que quem exclui "do âmbito das c.c.g. as utilizações ocasionais esquece que mesmo estas se integram num fenómeno global, que transcende não só cada concreto contrato, como cada concreto utilizador". C. Ferreira de Almeida[505] opina que, sem as características da "predisposição unilateral" e da "generalidade", "entrariam também no âmbito do regime das cláusulas contratuais gerais, por exemplo, aquelas que, em contrato normativo, tenham sido acordadas pelas partes para uso em futuros contratos". Ora, a contratualização da inserção de certos conteúdos em todos (ou alguns) dos futuros contratos a concluir entre as mesmas partes não lhes retira necessariamente a característica de cláusulas contratuais gerais, como ficou visto *supra*: há sectores de actividade – a bancária, designadamente – em que a empresa acorda com o cliente (celebra com ele um contrato normativo) que quaisquer posteriores contratos que venham a ser celebrados entre ambos conterão um núcleo contratual fixo, sendo este rigorosamente igual para todos os clientes com os quais a empresa admite (ou pretenda) vir a celebrar futuros contratos.

Em outro estudo[506], C. Ferreira de Almeida escreve, incontroversamente a meu ver, que "a integração múltipla de enunciados negociais não é [...] fenómeno coincidente com a enunciação dirigida ao público", havendo "propostas ao público que, por natureza, engendram um só contrato: as propostas cuja

[501] A caracterização mais circunstanciada das cláusulas contratuais gerais, designadamente neste aspecto da sua generalidade, encontra-se em Sousa Ribeiro, *Cláusulas contratuais...*, cit., em especial pp. 75 a 78, 133 a 137, 148 a 153, 162 a 171, 174 a 179 e 227 e ss..

[502] Acentua também o aspecto da generalidade R. Scognamiglio, "Le contrôle...", cit., pp. 59 e 60.

[503] *Ibidem*, p. 145, nota 276.

[504] *Ibidem*, pp. 179-180 e nota 364.

[505] *Contratos I*, cit., p. 180.

[506] *Texto e Enunciado...*, cit., p. 876.

indeterminação incide apenas na pessoa de um único aceitante possível, por ser apenas um o objecto disponível». E acrescenta que, "por outro lado, há contratos formados a partir de declarações com destinatário determinado, em que um dado elemento se define ou se qualifica por remissão para um enunciado com aptidão para integrar uma pluralidade de negócios", o que também se me afigura certo; o que já não alcanço é um dos exemplos desta última hipótese que o autor fornece: "os registos públicos de pessoas jurídicas ou de bens". Falando igualmente da generalidade, Carvalho Fernandes[507] diz que "nos casos correntes [...] as cláusulas contratuais gerais apresentam natureza formulária".

O acórdão do STJ de 29 de Outubro de 2009 (pr n.º 2157/06.8TVLSB.S1, Lopes do Rego[508]) caracteriza as cláusulas contratuais gerais pela "pré-formulação, generalidade e imodificabilidade".

Na opinião de Almeida Costa[509], "o actual n.º 1 logo esclarece que o regime das cláusulas contratuais gerais compreende também as situações em que exista um número de contratantes circunscritos através de uma pré-selecção. Exemplo característico, enunciado tanto por Almeida Costa como por Galvão Telles[510], é o dos concursos limitados por qualificação prévia. E o primeiro dos citados autores observa que "tal solução derivava da versão originária da norma, que abrangia, sem grande esforço hermenêutico, os casos de pluralidade de destinatários". Em sentido próximo, mas com formulação, a meu ver, mais feliz, escreve C. Ferreira de Almeida[511] que "a letra da lei não parece constituir obstáculo a que se considerem como cláusulas contratuais gerais aquelas que tenham sido concebidas para inclusão, por exemplo, em contratos de venda ou de arrendamento de um número definido de apartamentos ou em contratos com os autores dos artigos de uma obra colectiva". No mesmo sentido, em outro estudo[512], o autor, depois de referir a colocação da questão perante a *AGB-G*, afirma que a indeterminação numérica dos possíveis contraentes é compatível com a formulação do n.º 1 deste preceito, já que a expressão "proponentes ou destinatários indeterminados" é susceptível de um "entendimento flexível".

[507] Cit., p. 222.

[508] *In www.dgsi.pt.*

[509] *Síntese do Regime...*, cit., p. 19, e *Direito das Obrigações*, cit., p. 262.

[510] *Manual...*, cit., pp. 318-319, nota 293.

[511] *Contratos I*, cit., p. 180.

[512] *Texto e Enunciado...*, cit., p. 777 e nota 2.

Também Almeno de Sá[513] afirma que "cabem no conceito as estipulações pensadas para uma *pluralidade determinada* de situações ou destinatários, pois o «uso geral» implicado pelo conceito não é posto em causa pela identificação do círculo de parceiros, efectivos ou potenciais, do utilizador", dando os exemplos dos "contratos de edição preparados por determinada editora para concluir com cada um dos autores de uma obra colectiva" e dos "contratos predispostos por uma empresa imobiliária, referentes à alienação das identificadas fracções de um edifício acabado de construir". Yara Miranda[514] observa igualmente que "a generalidade não implica o efectivo uso reiterado e repetitivo numa série de contratos, basta que esta seja a intenção, a finalidade que está na base da pré-formulação", acrescentando que "a doutrina [espanhola] geralmente exige que as condições se dirijam pelo menos a três contratos para que se possa considerar que elas se destinam a uma pluralidade de contratos".

É interessante referir que, como informa Martin Ebers[515], "nos países nórdicos (DINAMARCA, FINLÂNDIA, SUÉCIA) o controlo do conteúdo aplica-se a todos os contratos [...], e as cláusulas que tenham constituído objecto de uma negociação individual estão também englobadas no controlo"; em França, na Bélgica, no Luxemburgo, na República Checa e em Malta, o controlo limita-se aos contratos com consumidores, mas inclui "as cláusulas que tenham sido objecto de uma negociação individual"; na Letónia, também as cláusulas que tenham sido negociadas individualmente podem ser nulas se violarem o princípio da igualdade jurídica entre os contraentes, por contrariedade à boa fé; na Eslovénia, é semelhante a situação, pois o art. 121.º do Código das Obrigações "dispõe que as cláusulas gerais que sejam contrárias à finalidade para a qual o contrato foi concluído ou contrárias às boas práticas do comércio devem ser consideradas nulas. Mais adiante[516], o autor diz que na Bulgária o regime das cláusulas abusivas "aplica-se igualmente às cláusulas que tenham sido objecto de uma negociação individual", embora as consequências jurídicas sejam diversas: as que não tenham sido negociadas são automaticamente nulas e as que o tenham sido regem-se pelo "direito comum dos contratos".

[513] Cit., p. 215.

[514] Cit., pp. 680 e 695-696.

[515] Cit., pp. 398, 411-412, 419 e 424.

[516] *Ibidem*, p. 456, nota 948.

O acórdão do STJ de 8 de Janeiro de 2009 (pr n.º 08B3722, João Bernardo[517]) entendeu que, num contrato de seguro obrigatório, "a cláusula do seguro complementar que exclui a cobertura dos danos do condutor em caso de condução com taxa de alcoolémia superior ao mínimo permitido é de interesse público, não sendo negociável nem influenciável pelo tomador do seguro", não lhe sendo, por isso, aplicável o regime deste diploma. Com o argumento de que, num contrato de seguro, ainda que a cláusula de exclusão do risco não tenha sido comunicada, ela vale porque a lei dispõe no mesmo sentido e o desconhecimento da lei é irrelevante, decidiu o acórdão de 15 de Abril de 2015 (pr n.º 235/11.0TBFVN.C1. S1, Pires da Rosa[518]); pode parecer insólito que, nos tempos que correm[519] e perante uma ordem jurídica em que a tutela do contraente fraco assume tanta importância, possa o Tribunal Supremo fazer uso desta argumentação.

É discutível o entendimento do acórdão do STJ de 19 de Fevereiro de 2004 (pr n.º 03B4155, Duarte Soares[520]) de que "um contrato celebrado entre a Caixa Geral de Depósitos e uma seguradora com o objectivo de proporcionar aos titulares do seu cartão VISA GOLD, seguros de vida ou de acidentes pessoais, não configura um contrato de adesão, uma vez que os beneficiários não são parte nesse contrato". Se é certo que os segurados não são contraentes nos contratos de seguro de vida, estes últimos são associados automaticamente àqueles pelos quais os cartões são emitidos e lhes são atribuídos; e tais contratos de seguro são em regra contratos de adesão, concluídos em termos uniformes para todos os clientes do banco emissor do cartão; por outro lado, sendo os segurados os beneficiários dos seguros, as questões relativas à cobertura do seguro e outros elementos relevantes deste contrato colocam-se em relação a eles.

Em sentido diverso se pronunciou o mesmo Tribunal no acórdão de 18 de Novembro de 1999 (pr n.º 99B869, Ferreira de Almeida[521]): estando em causa a informação prestada ao titular do cartão de crédito acerca da exten-

[517] *In www.dgsi.pt.*

[518] *In www.dgsi.pt.*

[519] O entendimento de que a ignorância da lei é indesculpável e, por isso, não relevante é um dado que se julgaria ultrapassado nas civilísticas continentais há muitas décadas, pelo menos.

[520] *In www.dgsi.pt.*

[521] *In www.dgsi.pt.*

são da cobertura do seguro, decidiu que o segurado, beneficiário do contrato de seguro a favor de terceiro, deveria ser cabalmente informado dos termos desse contrato – por aplicação do Dec.-Lei n.º 446/85 –, por ele ser titular do direito resultante de tal contrato, como qualquer beneficiário, independentemente da sua aceitação. Lê-se neste aresto: "Assiste razão ao tribunal recorrido quando considera que os supra-aludidos «guias do utilizador» não contêm propriamente «cláusulas contratuais gerais»; a sua simples compulsação logo evidencia estar-se perante um mero folheto informativo, fornecido pela B aos titulares dos cartões «unibanco gold»; e, conforme já se referiu, não é o facto de o A., ora recorrente, se haver tornado titular do cartão que transforma meras informações genéricas em «cláusulas contratuais gerais». Estas encontram-se logicamente insertas na apólice de seguro relativa ao contrato celebrado entre a B. e a C., em cuja subscrição não foi o A., ora recorrente, partícipe; e se se torna indiscutível que a B poderia arguir a nulidade de uma ou mais cláusulas desse contrato, por ser uma das partes contratantes, é, pelo menos, duvidoso o entendimento das instâncias de que tal faculdade estivesse vedada ao A. pela razão inversa. Com efeito, o risco segurado não era exclusivo da B. mas também dos terceiros beneficiários, como o ora recorrente; estes últimos é que, no fundo, seriam as potenciais vítimas de um sinistro ou doença que caísse no âmbito das garantias inerentes ao contrato de seguro de doença. Assim sendo, mais lógico seria que um terceiro beneficiário pudesse deter mais interesse em arguir ou suscitar a eventual nulidade de uma ou mais daquelas supostas «cláusulas contratuais gerais» do que a própria B., que nisso teria um interesse meramente indirecto, reflexo ou altruísta traduzido na protecção ou benefício dos seus próprios clientes".

Também diverso foi o entendimento do STJ no acórdão de 29 de Janeiro de 2008 (pr n.º 07B4422, Santos Bernardino[522]), que apreciou "cláusula – constante de contrato de seguro de acidentes pessoais em viagem agregado a um cartão do sistema VISA, celebrado entre o banco emitente do cartão e uma seguradora – que estabelece o pagamento de uma soma em dinheiro, em caso de morte do titular do cartão em acidente sofrido em viagem, se a viagem tiver sido comprada **com utilização do cartão**, e uma soma (menor) se a viagem for comprada **sem utilização do cartão** [...]", nos termos dos arts. 10.º e 11.º deste diploma. Nele se afirma: "A Banca deixou, pois, de estar confinada às actividades

[522] *In www.dgsi.pt.*

tradicionais de recolha de fundos e ao crédito ou financiamento, assumindo-se como empresa *cross-border*, sendo patente a interacção com os Seguros na distribuição de produtos financeiros, com a banca a vender «produtos» de seguros através da sua rede de balcões".

Embora não trate do mesmo tipo de contrato de seguro, no já referido acórdão, também do STJ, de 29 de Outubro de 2009 (Lopes do Rego) - em que era objecto de análise um seguro de grupo celebrado entre uma seguradora e a Caixa de Previdência dos Advogados e Solicitadores –, lê-se: "Não se questiona que o seguro de grupo apresenta algumas especificidades relevantes - decorrentes, desde logo, de estarmos confrontados com uma relação «triangular», que se desdobra no contrato fundamental e tendencialmente «colectivo», acordado entre a seguradora e a entidade que «representa» o conjunto de pessoas ligadas ao tomador de seguro por um vínculo ou interesse comum, cujos efeitos se polarizam individualmente na esfera jurídica de cada um dos interessados que manifestem a vontade de adesão aos termos convencionados pelos contraentes originários (sem que tal adesão envolva a celebração de uma nova e autónoma relação de seguro e não se tratando, em rigor, de contrato a favor de terceiro, ao menos no sentido que a tal figura é dado pelo art. 443° do CC, por a projecção dos efeitos do negócio na esfera jurídica dos aderentes depender sempre da vontade por estes manifestada). Desta peculiar estrutura da relação contratual decorre uma boa parte das dúvidas suscitadas quanto ao seu regime jurídico, algumas delas expressamente resolvidas pelo legislador (por exemplo, a definição de qual é o contraente sujeito ao dever de informação dos aderentes individuais, operada pelo citado art. 4.° do DL 176/95) e outras susceptíveis de originarem dúvidas e controvérsia (por exemplo, a determinação das condições em que podem legitimamente opor-se aos referidos aderentes alterações supervenientes da relação contratual fundamental, convencionadas por seguradora e tomador do seguro de grupo, sem que hajam sido informados do teor da modificação contratual entretanto ocorrida e a ela possam ter dado assentimento [...]. Porém [...], tais especificidades não devem precludir, em absoluto, a aplicabilidade de algumas normas incluídas no regime das cláusulas contratuais gerais, de modo a não desprover totalmente de tutela o aderente individual, destinatário último dos efeitos do contrato, responsável, no âmbito dos seguros de grupo contributivos, pelo pagamento da contraprestação dos riscos assumidos pela seguradora e sujeito a uma adesão tabelar e incondicionada às cláusulas contratuais acordadas pela seguradora e pelo tomador de seguro". De forma bastante diversa, na ponderação e formulação, pode ler-se no acórdão do STJ de 21 de

Fevereiro de 2013 (pr n.º 267/10.6TBBCL.G1.S1., Silva Gonçalves[523]) o seguinte: "Ocorrendo no «seguro de grupo» a omissão de a seguradora não ter feito as necessárias diligências tendentes à normal compreensão do segurado/aderente sobre as obrigações, direitos, a cobertura e a exclusão assinaladas no contrato em caso de sinistro, ex vi do proposto no art.º 4.º do Dec. Lei 176/95, a falta terá de ser imputada, exclusivamente, ao tomador do seguro (o Banco), salvo se outra coisa não resultar do contrato de seguro subscrito pela seguradora, a assumir este encargo perante o aderente" e "No contrato de seguro contributivo a falta de comunicação das respectivas cláusulas contratuais gerais ao aderente/segurado não implica o repúdio da validade delas". Este problema da não comunicação (e/ou informação) do conteúdo de contratos de seguro, em que o mutuante é o tomador do seguro, tem sido considerado muitas vezes pelo STJ, tendendo este a decidir que as obrigações incumpridas o foram pela entidade financeira (banco, como regra), pelo que o desconhecimento não é oponível ao predisponente. Sirva de exemplo[524] o acórdão do STJ de 25 de Junho de 2013 (pr n.º 24/10.0TBVNG.P1.S1, Lopes do Rego[525]), que, contra um muito bem fundado acórdão do TRP, concluiu que: "[...] não se mostrando legalmente prevista a comunicabilidade à esfera jurídica da seguradora dos efeitos do incumprimento dos deveres legais de informação colocados a cargo do tomador de seguro – e não podendo o tomador de seguro considerar-se juridicamente como intermediário, auxiliar ou comissário da seguradora no momento da concreta adesão das pessoas seguradas – carece de fundamento normativo a pretensão de responsabilização objectiva da seguradora por um comportamento negligente exclusivamente imputável ao outro contraente, não demandado pela interessado/aderente".

523 *In www.dgsi.pt.*

524 Os exemplos são numerosos. Assim, o acórdão de 9 de Julho de 2014 (pr n.º 841//10.0TVPRT.L1.S1, Moreira Alves), o de 18 de Setembro de 2014 (pr n.º 2334/10.7TBGDM.P1.S1, Granja da Fonseca), o de 20 de Maio de 2015 (pr n.º 17/13.5TCGMR.G1.S1, Tomé Gomes), o de 10 de Março de 2016 (pr n.º 137/11.0TBALD.C1.S1, Tavares de Paiva), o de 5 de Abril de 2016 (pr n.º 36/12.9TBALD.C1-A.S1, José Rainho), o de de 5 de Maio de 2016 (pr n.º 690/13.4TVPRT.P1.S1, Sebastião Póvoas), o de 15 de Abril de 2015 (pr n.º 385/12.6TBBRG.G1.S, Maria dos Prazeres Pizarro Beleza), o de 17 de Janeiro de 2017 (pr n.º 317/14.7TBEVR.E1.S1, José Rainho), o de 14 de Março de 2017 (pr n.º 3615/14.6TBCS.L.1.S1, Garcia Calejo), ou o de 12 de Julho de 2018, (pr n.º 3016/15.9T8CSC.L1.S1, Paulo Sá).

525 *In www.dgsi.pt.*

Quanto a um contrato de seguro celebrado entre um banco, mutuante, e uma seguradora, nos termos do qual esta garante o pagamento da dívida mutuária, "em caso de morte da pessoa segura [o mutuário, naturalmente], em consequência de doença ou acidente e em caso de invalidez permanente e definitiva que, em caso de doença ou acidente, afecte a pessoa segura", o acórdão do STJ de 22 de Janeiro de 2009 (pr n.º 08B4049, Custódio Montes[526]) decidiu não ser aplicável este diploma, por força da aplicabilidade do Dec.-Lei n.º 176/95 de 26 de Junho. Mais entendeu não ser o sujeito segurado parte no contrato, aceitando-o "tal como foi definido pelas partes", banco e seguradora; e acrescentou: "como se diz no Ac. do STJ de 10.5.2007 [...] proc. n.º 07B1277, «os aderentes ao seguro de grupo não são partes no contrato...»; são «meros aderentes, nos termos da apólice e sujeitos aos riscos que, nos termos acordados, são objecto do contrato»". Daqui resultou a decisão de que a obrigação de informação ao segurado impende sobre o banco, tomador do seguro, e não à seguradora[527]. O já citado acórdão de 30 de Março de 2017 (João Trindade) apreciou contrato semelhante, divergindo da orientação maioritária com fundamento em que estava em causa uma cláusula de limitação da cobertura de risco, alterada posteriormente ao primitivo contrato, entendeu que cláusulas ulteriores têm de ser acordadas, nos termos do art. 406.º, n.º 1, CC, e recusou a existência dessa estipulação ulterior por falta de acordo do segurado[528].

[526] *In www.dgsi.pt.*

[527] Nestas hipóteses, pode haver, até, dolo do banco, se este fizer crer ao segurado que as condições do seguro são diversas das que na verdade dele constam.

[528] Votou vencido o Conselheiro Abrantes Geraldes, dizendo: "Discordo da posição que fez vencimento essencialmente porque o contrato de seguro de grupo é celebrado entre a seguradora e o tomador, a que depois se associam os segurados que subscrevem as propostas que lhe são apresentadas. Nesta perspectiva, as modificações acordadas entre aquelas partes na vigência do contrato não exigem o acordo dos segurados, o qual, por outro lado, se revelaria impraticável em casos, como o presente, em que o seguro ficou disponível para adesão a uma série de potenciais aderentes, como ocorre com os funcionários da Caixa CC. O único aspecto que nos suscita algumas reservas é o facto de se verificar que, na ocasião da outorga inicial e também das posteriores modificações, a Seguradora – BB – e o tomador – Caixa CC – constituírem entidades integradas no mesmo grupo económico, entretanto alterado, o que potenciaria a ocorrência de modificações que objectivamente prejudicassem os segurados. Porém, no caso concreto, nada retiramos daquela constatação, na medida em que não existe qualquer demonstração de que as novas condições que foram convencionadas tivessem uma tal motivação ou que, em termos objectivos, delas decorra uma modificação das condições contratuais que

Em revista com natureza excepcional julgou o STJ, no acórdão de 14 de Abril de 2015 (pr n.º 294/2002.E1.S1, Maria Clara Sottomayor), a questão foi muito bem equacionada nos termos que seguem: "[...] a pessoa cuja esfera jurídica é protegida diz-se segurado, que pode ou não coincidir com o tomador do seguro. No caso vertente, o contrato de seguro do ramo vida oferece uma particularidade relevante: trata-se de um seguro contributivo, em que o banco mutuante é o tomador do seguro – entidade que celebra o contrato de seguro com a seguradora, sendo responsável pelo pagamento do prémio; os mutuários do crédito concedido são o grupo segurável, i.e., as pessoas ligadas ao tomador do seguro por um vínculo ou interesse comum; as pessoas mutuárias são aquelas cujo risco de vida, saúde ou integridade física tenha sido aceite pela seguradora depois da recepção das declarações de adesão ao grupo, quer dizer, do documento de consentimento da pessoa segura na efectivação do seguro – e que contribuem, no todo ou em parte, para o pagamento do prémio [...] Estes contratos são, portanto, contratos de adesão, cuja formação ocorre em dois momentos distintos. Num primeiro momento, é celebrado um contrato entre a seguradora e o tomador do seguro e, num segundo momento, concretizam-se as adesões dos membros do grupo. O contrato de seguro é predisposto pela seguradora e pelo tomador e são estas entidades que modelam o seu conteúdo: o segurado, por virtude de um vínculo que o liga ao tomador, limita-se a aderir ao contrato objecto de predisposição. A partir do momento em que se dá a adesão, constitui-se uma relação trilateral entre a seguradora, o tomador do seguro e o aderente e, portanto, o contrato deixou de regular exclusivamente os interesses do tomador e da seguradora, passando a regular os interesses do segurado, a cuja protecção a ordem jurídica confere primazia. Na vida quotidiana dos cidadãos, quando adquirem habitação própria com recurso ao empréstimo bancário, o Banco (mutuante) propõe aos mutuários a subscrição de um contrato de seguro de

[seja] genericamente prejudicial para a generalidade dos segurados. Terá ocorrido no caso concreto a falta de informação ao segurado, ora, A., das referidas modificações. Pelo menos não se provou que tal obrigação – da responsabilidade primária do tomador, nos termos do art. 78º, nº 1, da LCS – tivesse sido cumprida. Porém, na presente acção está em causa unicamente o accionamento do contrato de seguro com base nas condições contratuais iniciais que entretanto foram modificadas, e não a extracção dos efeitos que porventura possam emergir quer da falta de demonstração da obrigação de informação das novas cláusulas, quer da alteração das condições de cobertura do contrato de seguro. Defenderia, por isso, nestas circunstâncias, a confirmação do acórdão recorrido."

vida, para que, em caso de morte ou incapacidade do segurado, a quantia ainda em dívida seja paga pela seguradora ao Banco. Estas propostas negociais adoptam o modelo de um contrato de adesão, cujas cláusulas os segurados não têm qualquer possibilidade de discutir ou negociar, e que, a mais das vezes, nem conhecem na sua totalidade, por falta de transparência das entidades envolvidas, Bancos e Seguradoras, normalmente ligadas por vínculos jurídicos e pertencentes ao mesmo grupo financeiro. [...] Dada a disparidade de poder entre as partes do contrato de adesão, assume um papel decisivo a garantia do "modelo de informação" ou "imperativo de transparência", cuja finalidade é potenciar a formação consciente e ponderada da vontade negocial, parificando posições de disparidade cognitiva, quer quanto ao objecto, quer quanto às condições do contrato. [...] A Seguradora Ré não coloca agora no recurso de revista a questão de saber se foi ou não cumprido o dever de informação em relação ao segurado, mas apenas a da titularidade deste dever, alegando que esse dever pertence ao Banco, tomador de seguro, e não a si enquanto seguradora, pelo que não pode ser responsabilizada pelo incumprimento do Banco. [...] A lei frisa, de forma expressa, no artigo 4.°, n.° 1 do DL n.° 176/95, de 26 de Julho, o dever de informação do tomador de seguro – *«Nos seguros de grupo, o tomador do seguro deve obrigatoriamente informar os segurados sobre as coberturas e exclusões contratadas, as obrigações e direitos em caso de sinistro e as alterações posteriores que ocorram neste âmbito, em conformidade com um espécimen* elaborado pela seguradora». Mas significará tal disposição que nos contratos em que está em causa uma relação tripartida, como o caso dos contratos de seguro de grupo, apenas o banco tomador de seguro está vinculado a esta obrigação de comunicar integralmente as cláusulas do contrato ao segurado? [...] No caso concreto, a fonte do dever de informação da seguradora, para além do princípio da boa fé, é a lei – artigos 5.° e 6.° do DL n.° 446/85, de 25 de Outubro – em virtude de o segurado praticar um acto de adesão, limitando-se a aceitar ou a rejeitar em bloco o contrato. Este acto de adesão do segurado é uma manifestação de vontade do aderente, o que significa que, nos contratos de seguro de grupo, em que existe um acto de adesão do segurado, estamos perante um contrato individual entre cada aderente e a seguradora. Sendo assim, é aplicável ao caso o DL n.° 446/85, de 25/10 para regular as relações entre o segurado e a seguradora. O facto de o legislador ter fixado, no art. 4.°, n.° 1 do DL n.° 176/95, de 26 de Julho, deveres de informação a cargo do tomador de seguro, não significa que tenha querido onerar exclusivamente o banco com estes deveres e exonerar a seguradora, perante o aderente, dos deveres que já decorriam dos arts 5.° e 6.° do DL n.° 446/85, de 25 de Outubro. A interpretação das normas, defendida pela Recorrente, não se enquadra na finalidade das leis que visam a protecção do consumidor perante entidades com o poder de fixar unilateralmente as cláusulas dos contratos, que aquele se limita a subscrever. O que o legislador quis com o art. 4.º do DL n.º 176/95 foi sanar eventuais dúvidas que se colocassem a propósito dos deveres dos Bancos, tomadores do seguro, e resolver conflitos nas relações internas entre bancos e seguradoras quanto aos seus direitos e deveres recíprocos, mas não afastar, em relação às seguradoras, o regime previsto no DL n.º 446/85, de 25 de Outubro, pilar da defesa do consumidor na ordem jurídica. O facto de o contrato de seguro de grupo implicar a participação de uma terceira entidade, o tomador de seguro, que angaria clientes para a seguradora e funciona como intermediário na promoção dos contratos, não pode ser utilizado como argumento jurídico para diminuir as garantias do cidadão, nem para exonerar a Seguradora – entidade que recebe os prémios dos mutuários e que com isso visa a obtenção de lucros – do cumprimento dos deveres de informação. O princípio da boa fé na formação, celebração e execução dos contratos fundamenta também a vinculação das seguradoras a deveres de informação, cooperação e lealdade para com o segurado. A posição privilegiada do Banco, devido à circunstância de a subscrição do contrato de seguro se fazer nas instalações deste, não exonera a seguradora do dever de enviar ao segurado (e ao Banco), antes da data da aceitação do contrato, a documentação relativa ao mesmo, onde constem todas as cláusulas do contrato. Note-se que é a seguradora que recebe o prémio de seguro, não podendo a entidade que beneficia desta remuneração considerar-se isenta do dever de informar o segurado dos critérios de fixação do mesmo prémio e das circunstâncias em que se admite o aumento do mesmo ou uma alteração do risco de cobertura. [...] A realidade sócio-económica e psicológica associada aos contratos de seguro do ramo vida e o contexto em que são celebrados, quando ligados a um contrato de mútuo para habitação – bem essencial para a vida dos segurados – contribui, quer para reduzir a atenção do segurado sobre o conteúdo do contrato de seguro, visto como elemento meramente acessório em relação ao empréstimo, quer para a seguradora se aproveitar desta situação, inserindo cláusulas contratuais gerais prejudiciais aos interesses do segurado ou omitindo algumas das causas de exclusão de cobertura. Daí a necessidade de, como bem destaca o acórdão de 22 de Junho de 2005 (pr n.º 1497/05-1), relatado pelo Conselheiro Moreira Alves, considerar o interesse dos aderentes que decorre naturalmente da ligação funcional entre o contrato de empréstimo, o contrato de seguro e o acto de adesão a este último, interesse esse cuja protecção é exigida pelos mais elementares princípios da boa fé, sob pena de a adesão ao contrato de seguro que o banco mutuante exige ao seu devedor, com o inerente encargo de suportar o custo do respectivo prémio, não passar de «simples artifício destinado a obter mais uma prestação a favor da seguradora, muitas vezes ligada ao grupo de que o banco faz parte». [...] Entendemos, em consequência do exposto, que o dever de comunicação ou de informação deve estender-se também à seguradora, por força dos artigos 5.° e 6.° do DL n.° 446/85, de 25 de Outubro e do princípio da boa fé, que impõe deveres acessórios de informação, lealdade e cooperação. [...] A responsabilização directa da seguradora para com o segurado resulta, quer do princípio da boa fé, quer da consideração de que, estando-se no domínio do direito do consumo, se deve proteger, em primeira linha, a parte mais débil na relação contratual – o consumidor segurado. [...] A relação entre a seguradora e o banco é essencial para o acesso do segurado aos bens e serviços em causa, e portanto deve decorrer tendo em vista os objectivos de protecção do consumidor almejados pelo legislador, não podendo nenhuma das entidades referidas ficar isenta de deveres de informação em relação ao consumidor. [...] A previsão legal do dever de informação a cargo do tomador de seguro não significa que o legislador tenha querido excluir a seguradora de idêntico dever. Não se trata, portanto, de fazer repercutir na esfera jurídica da seguradora o incumprimento do Banco, como alega a Recorrente, mas sim de imputar à seguradora a titularidade de deveres de informação e o incumprimento destes, a título pessoal. [...] Também não releva o argumento da recorrente, segundo o qual o DL n.° 176/95 constitui direito especial em relação ao regime jurídico das cláusulas contratuais gerais, que prevalece sobre este segundo a regra o direito especial derroga o regime comum ou geral. A classificação de uma norma como norma especial não é um dado apriorístico, mas pressupõe uma prévia interpretação da mesma, de acordo com os cânones de interpretação fixados na lei (art. 9.° do Código Civil) [...] Ora, o contexto em que a norma foi elaborada e a razão de ser da lei – o aumento da protecção do consumidor e das garantias de transparência – indicam claramente a funcionalização da relação jurídica entre o Banco e a Seguradora à protecção dos interesses da parte mais fraca do contrato, conforme resulta do Preâmbulo do diploma (DL n.° 176/95, de 26-07), que afirma «A importância da informação do consumidor no novo quadro da actividade seguradora». A prossecução deste objectivo implica necessariamente um reforço da protecção do aderente e não a sua diminuição, pelo que não podemos considerar o DL n.° 176/95 como uma lei especial que derroga o diploma que fixa o regime das cláusulas contratuais gerais, enquanto lei geral ou comum. Até porque não se pode considerar que o DL n.º 446/85 seja lei geral ou comum, sendo antes uma lei especial em relação ao regime comum dos contratos e que o derroga. Estaríamos, então, apenas perante duas leis especiais em relação ao regime geral dos contratos e cuja interpretação e aplicação deve ser harmonizada, sem que nenhuma delas afaste a outra". Em sentido idêntico deliberou o acórdão 20 de Maio de 2015 (pr n.º 17/13.5TCGMR.G1.S1, Tomé Gomes).

Parece-me interessante o acórdão do mesmo Tribunal de 26 de Junho de 2017 (pr n.º 1709/13.4TBFLG.P1.S1, Júlio Gomes[529]), pois, depois de conceder na orientação de que cabe ao tomador do seguro a obrigação de informação do segurado, tece as seguintes considerações: "Em primeiro lugar, pela intervenção directa do mediador de seguros de várias companhias, entre as quais a Recorrente, na negociação do contrato, tendo dado ao 1.º Autor e ao seu sócio «explicações sobre o que nelas [nas cópias das propostas de seguro] foi manuscrito e quais eram as coberturas do contrato e capital seguro» [...], sendo que «aquando da adesão ao seguro o 1.º A (atenta a qualidade de pessoa segura) foi informado pela Ré SEGURO CC que o seguro a que se propunha tinha «como coberturas (...)». Ora se o segurador assume, directamente ou pelo seu mediador, voluntariamente, a tarefa de providenciar informações parece que deverá ser responsabilizado, como profissional que é, pela exactidão e completude das mesmas. Mas, e sobretudo, para que o tomador do seguro possa cumprir o seu dever de informação, o segurador há-de colocá-lo em condições de o fazer, não tendo demonstrado nos autos que assim sucedeu, já que apenas se provou que «o mediador apenas entregou ao 1.º A e ao outro sócio cópia das propostas de seguro, que constam das fls. 47 a 54» (LL), tendo-lhes dado «explicações sobre o que nelas [nas cópias das propostas de seguro] foi manuscrito e quais eram as coberturas do contrato e capital seguro»"; e conclui que a seguradora "não cumpriu os deveres de comunicação e de informação das cláusulas contratuais gerais, mormente as respeitantes à cobertura, previstos no Decreto-Lei n. 446/85, pelo que a cláusula 21 deve considerar-se excluída". Na sequência deste, no acórdão do mesmo tribunal de 18 de Setembro de 2018 (pr n.º 838/15.4T8VRL.G1.S1, Fonseca Ramos), lê-se: "sendo a boa fé e o desejável equilíbrio das partes no contrato, valores que não podem ser postergados, devendo buscar-se uma interpretação que acolha a *equação económica negocial*, tendo em vista os interesses nela

[529] *In www.dgsi.pt.*

supostos, cumpre indagar se, sendo o contrato de *seguro de grupo* um contrato de adesão, no caso contributivo, estando a parte mais fraca – os aderentes ao grupo – entre dois protagonistas muito mais fortes negocialmente (banco e seguradora) com quem tem lidar e, não podendo influir quanto a ambos, no conteúdo dos contratos, se uma interpretação que salvaguarde a protecção do aderente, não será de procurar à luz mais intensa da regra da boa fé e da finalidade social e económica da triangulação contratual. Não deve negligenciar-se que, a partir do momento em que se dá a adesão, constitui-se uma *relação trilateral*: tomador do seguro, seguradora e aderente, sendo que este é aquele cuja posição contratual, mais fraca, não se coloca no mesmo patamar daqueloutros. [...] Se aos aderentes for oponível, pela seguradora, a omissão de informar violada pelo tomador do seguro – a entidade bancária – o contrato vale plenamente em relação aos aderentes, tal como se tivesse sido concluído com respeito total por aquele nuclear dever, cujo incumprimento apenas poderia responsabilizar civilmente o tomador e beneficiário do seguro e não a seguradora em relação a quem o aderente está mais *próximo* contratualmente após a *adesão*, sendo que é à seguradora que o aderente paga o prémio por ela calculado. Não se pode esquecer que, tratando-se de uma *relação negocial complexa*, imposta pelo interesse contratual do banco mutuante e da seguradora que, normalmente lhe está associada em ostensiva sinergia económica, o aderente fica entre dois *colossos*: não tem, como consumidor, protecção eficaz perante as duríssimas consequências advenientes de lhe ser oponível a violação contratual perpetrada pelo tomador e beneficiário do seguro. [...] A interpretação que protege o consumidor segurado, como parte mais fraca, deverá considerar que, nos casos em que tiver sido demandada na acção a seguradora e o Banco tomador do seguro, e não conseguindo este (nem aquela, diga-se) provar que cumpriu o *ónus de informar* o aderente do contrato de seguro de grupo, ante a dialéctica discussão, é oponível pelo aderente, que para nada contribuiu nem violou o contrato, a falta de cumprimento do ónus de informação, e, consequentemente, deve ser excluído o clausulado em relação ao qual o tomador do seguro violou o dever de informação. [...] O acto de adesão do segurado em relação às condições do contrato de seguro consubstancia uma manifestação de vontade de que é contraparte a seguradora, o que permite atribuir ao aderente uma protecção equivalente à do segurado num contrato de seguro individual, aplicando-se o DL n.º 446/85, de 25/10 para regular as relações entre o segurado e a seguradora e que os deveres de comunicação e esclarecimento, na íntegra, do conteúdo negocial estão previstos nos arts. 5.º e 6.º do DL 446/85 e resultam directamente do princípio da boa fé contratual consagrado no art. 227.º do Código Civil, estendendo-se a todas as partes dos contratos que tenham poder de impor cláusulas negociais ao consumidor".

Refere o acórdão de 18 de Outubro de 2016 (pr n.º183/14.2T8AGD.P1.S1, Roque Nogueira[530]) a existência de duas correntes jurisprudenciais, entendendo uma – "que tem significativa adesão nas Relações" – que o dever de informação não se restringe ao tomador do seguro, pois "este age [...] por conta e em benefício [da seguradora]", não podendo esta opor aos segurados uma cláusula de exclusão de cobertura não comunicada e/ou informada, e outra que entende não estar vedado à seguradora invocar a seu favor, contra os segurados aderentes, as cláusulas gerais e particulares sobre o âmbito e exclusões do risco assumido no contrato de seguro, sem que a estes seja lícito contrapor o incumprimento do dever de informação e esclarecimento por parte do tomador do seguro".

Provando que a realidade do Direito pode surpreender-nos sempre é a questão decidida no acórdão do STJ de 26 de Fevereiro de 2015 (pr n.º 738/12.0TBCVL.C1.S1, Maria dos Prazeres Pizarro Beleza): "[...] o especial regime de invalidade das cláusulas contratuais gerais constante do Decreto-Lei nº 446/85 tem por referência "cada uma das cláusulas proibidas e não abrange, necessariamente, o contrato na sua totalidade".

Problema que já se tem colocado nos tribunais é o de saber se este diploma é aplicável a negócios jurídicos unilaterais, designadamente a concursos públicos[531]. Almeida Costa[532] ([533] opina que "não se afigura desrazoável a possibilidade de ponderar, caso a caso, a sua extensão analógica a negócios jurídicos unilaterais (por ex. concursos públicos)", citando no mesmo sentido Oliveira Ascensão, e, em sentido contrário, o acórdão do TRL de 27 de Novembro de 1997. Estranha-se a seguinte formulação do *supra* referido acórdão de 29 de Janeiro de 2008 (Santos Bernardino), que, embora referindo-se apenas às regras interpretativas do contrato, é de sentido difícil de apreender: "Estas regras interpretativas valem para as declarações recepticias, não se aplicando às declarações estrita-

[530] *In www.dgsi.pt.*

[531] Menezes Cordeiro, *Tratado...*, cit., pp. 430-431, escreve que: "a afirmação não pode [...] ser feita com generalidade apriorística".

[532] *Direito das Obrigações*, cit., p. 270, nota 2.

[533] No mesmo sentido, Oliveira Ascensão, *Cláusulas contratuais gerais, cláusulas abusivas...*, cit., p. 5, que escreve: "Com efeito, pode haver cláusulas inalteravelmente predispostas em negócios unilaterais: seja o caso de valores mobiliários, como os relativos a derivados (futuros e opções)".

mente unilaterais". Embora a situação apreciada não seja linear juridicamente, o acórdão do STJ de 16 de Outubro de 2008 (pr n.º 08A343, Alves Velho[534]) considerou submetida ao regime deste diploma a declaração de um sujeito dizendo estar de acordo e aceitar as regras de um concurso público.

Sobre a questão, subscrevo inteiramente as palavras de Sousa Ribeiro[535], que é claro no sentido afirmativo, escrevendo: "convém frisar [...] que a lei não é aplicável unicamente a cláusulas *contratuais* propriamente ditas [...]. Ela abrange também as declarações unilaterais preformuladas pelo predisponente, apresentadas ao aderente e por este subscritas, em exclusivo: Trata-se, entre outras, de declarações de renúncia, de procuração ou de consentimento, que se apresentam em ligação funcional com um contrato, mas sem integrar a sua estrutura bilateral". O autor dá exemplos, como o de autorização para intervenção cirúrgica, de declarações de conhecimento dos efeitos de uma terapêutica, de autorização de transmissão a terceiros de dados pessoais ou de submissão a regras executórias mais gravosas e expeditas. E conclui que, "independentemente da sua qualificação, tais declarações pré-redigidas destinam-se a conformar uniformemente o conteúdo de uma série de relações contratuais, pelo que nada justifica a sua exclusão do âmbito do diploma". "A LCCG nada tem de excepcional, antes correspondendo a uma concretização dos princípios gerais. Assim, caso a caso haverá que ponderar-se se, por analogia, as regras da LCCG são aplicáveis a negócios jurídicos unilaterais. Ora a analogia parece impor-se nos casos em que – como precisamente sucede nos concursos públicos – os particulares adiram a negócios unilaterais e, nessa base, façam investimentos de confiança, agindo em consequência"[536].

Pode, aliás, invocar-se em abono deste entendimento a previsão da al. *e)* do art. 21.º deste diploma que proíbe uma declaração unilateral do aderente; a declaração aí proibida respeita ao conhecimento do contrato, "quer em aspectos jurídicos, quer em questões materiais". Não raro tais declarações padronizadas

[534] *In www.dgsi.pt.*

[535] *Cláusulas contratuais...*, cit., p. 172.

[536] Decidindo no sentido da inaplicabilidade, o mesmo autor, *ibidem*, p. 430, nota 953, cita um acórdão do TRL de 27 de Novembro de 1997, publicado na *Colectânea de Jurisprudência*, 1997, XXII, pp. 110 a 113.

têm como objecto circunstâncias relativas à base negocial, que são tão improváveis (ou suspeitas) quanto aquelas[537].

Como ficou dito no texto introdutório, tem razão e oportunidade a observação de C. Ferreira de Almeida[538] de que não é de excluir "que cláusulas vantajosas para os aderentes mereçam a qualificação de cláusulas contratuais gerais, uma vez que esta ultrapassa o âmbito de protecção contra cláusulas abusivas", o que tem como não desinteressante consequência a de que o aderente se prevaleça de conteúdo clausular que o beneficia e que se encontra em "mensagens publicitárias". Alertam também para o aspecto de as mensagens publicitárias poderem considerar-se incluídas em cláusulas contratuais gerais, Eduardo Polo[539], Michel Trochu[540] e Netto Lobo[541] [542], referindo este último uma sentença judicial francesa de 3 de Maio de 1967, que admitiu a relevância jurídica da publicidade no conteúdo do contrato. Netto Lôbo[543] observa, acertadamente em meu entender, que "maior cautela deve haver quando o dever de informar veicula-se por meio da informação publicitária [...]. Tome-se o exemplo do medicamento. A informação da composição e dos riscos pode estar neutralizada pela informa-

[537] Aparentemente – mas só aparentemente –, o problema complica-se quando o aderente faz uma declaração (que pode ser sobre si próprio e suas qualificações) e outra em que atesta a veracidade da primeira. Há, na verdade, contratos em que o aderente declara não apenas ter tomado conhecimento e compreendido todo o clausulado, mas ainda ter especiais conhecimentos ou qualidades que tornam verosímil que isso aconteceu; a esta declaração adita-se uma outra em que o mesmo aderente garante ser verdadeira a primeira delas. Ambas são naturalmente preparadas pelo predisponente, que as submete à assinatura do aderente, sem discussão ou impugnação possível, por parte deste, das declarações que vai subscrever e que sabe serem falsas.

[538] *Contratos I*, cit., p. 182.

[539] Cit., pp. 27 e 28.

[540] Cit., pp. 27 e 28.

[541] Cit., p. 66.

[542] O mesmo autor, *ibidem*, diz que "a jurisprudência dos tribunais brasileiros, sem embargo de vacilações naturais ante modelos que escapam ao sistema tradicional dos contratos, tem rejeitado o argumento escusativo de erro da mensagem publicitária. A firme orientação nesse sentido previne a solução de conflitos evitáveis e favorece o cumprimento da proteção constitucional do consumidor. Esse efeito preventivo e benéfico tem sido traduzido na prática de muitas empresas em definirem, na publicidade, o número exato de unidades dos produtos à venda e melhor precisão no preço e nas condições de pagamento".

[543] Cit., pp. 64 e 65.

ção publicitária contida na embalagem ou na bula interna. Nessa hipótese, a informação não será adequada, cabendo ao fornecedor provar o contrário. [...] a informação obriga. Esclareça-se que obriga o fornecedor, pois o dever de informar de modo adequado, suficiente e veraz decorre da atividade que exerce. Essa obrigação desponta com especial força na publicidade dos produtos e serviços lançados no mercado de consumo [...]. A publicidade utiliza principalmente os meios de comunicação social, mas pode estar contida em mensagens dirigidas diretamente ao consumidor, seja por mala direta, seja pela Internet, e nos próprios produtos"[544].

Uma análise exaustiva dos pressupostos da inclusão nos contratos individuais do conteúdo de mensagens publicitárias encontra-se em C. Ferreira de Almeida[545], que enuncia os seguintes requisitos para que o possam ser, no caso de não constituírem propostas contratuais: *a)* "a expressão concreta e determinada da qualidade assegurada e, em geral, da informação transmitida. Para os mais exigentes, esta deveria ser mesmo explícita e inequívoca, o que implicaria um desvio injustificado em relação aos cânones hermenêuticos que regem a determinação do sentido da declaração negocial"; *b)* "*oportunidade temporal.* O enunciado geral terá evidentemente de ser anterior à conclusão do contrato, mas não tanto que se deva considerar que perdeu entretanto a sua eficácia. [...] Não é fácil indicar um critério seguro e único para resolver qual é o termo final de vigência de cada enunciado publicitário. Só não haverá hesitações quando a data do contrato for anterior à de um termo expressamente indicado no anúncio ou se se incluir no período que medeia entre os momentos de emissão de dois enunciados iguais. As regras dos arts. 228 e 230, nº 3, só se aplicam directamente quando o anúncio seja susceptível de ser qualificado como proposta contratual. Parece porém lícita a sua aplicação analógica, considerando as particularidades desta categoria de enunciados negociais. Os anúncios perderão assim a sua eficácia negocial por revogação [...] e por caducidade, contando-se um prazo supletivo de 5 dias após a emissão de qualquer «spot» e a recepção de catálogo ou

[544] O autor analisa o art. 60.º da Constituição da República portuguesa, bem como a Lei de Defesa dos Consumidores, opinando: "o sentido de «inequivocamente identificada» resulta em tornar ilícito o *merchandising*, a meu ver corretamente. Considera-se *merchandising* a aparição ou inserção camuflada de produtos em programas de televisão, rádio, em filmes, em espetáculos teatrais, sem indicação da natureza de mensagem publicitária".

[545] *Texto e Enunciado...*, cit., pp. 891 a 923, 942 a 948.

folheto publicitário, excepto se for de entender que esse prazo foi prorrogado pela repetição da mensagem"; *c)* "por último, a relevância contratual da publicidade exige uma *conexão adequada* entre o enunciado promocional e os restantes enunciados negociais, de modo que o seu conjunto disponha da coerência e conexão indispensáveis à composição do texto de um mesmo contrato. [...] Além [...] [das] regras de conexão substancial devem ser ainda respeitadas as regras de conexão formal. O enunciado publicitário só tem aptidão para influir na composição do texto contratual, se o contrato não estiver sujeito a nenhum requisito especial de forma, se a forma do anúncio se incluir num escalão formal pelo menos igual ao dos enunciados negociais nucleares ou se, não sendo assim, se verificarem os requisitos, previstos nos arts. 221 ss, para alargamento do âmbito de compatibilidade formal [...]". O autor conclui[546] que "todas as mensagens promocionais que tenham um sentido jurídico-negocial útil valem também como *cláusulas contratuais gerais*, porque esta qualificação é independente da autoria na sua elaboração, que tanto pode pertencer a qualquer dos contraentes como a um terceiro". No que respeita à conexão, observa que são vários os factores relevantes: "Em primeiro lugar, a *extensão* da audiência. Quanto mais a montante se situar o anunciante e maior for a rede de distribuição que nele entronca, maior é a probabilidade de se generalizar a imagem que ele próprio pretende criar, associando ao produto as qualidades difundidas pela publicidade. Em segundo lugar, a *intensidade* da mensagem. O seu poder de penetração varia em função da natureza dos canais utilizados, da persistência e da frequência da sua difusão e da densidade das remissões entre enunciados com finalidades promocionais especializadas (rótulos, catálogos, fichas técnicas) e outros com objectivos genéricos («slogans» publicitários, figuração simbólica da marca). Em terceiro lugar, a *credibilidade* da mensagem. Ela aumenta na razão directa da pormenorização e precisão do seu conteúdo, da confiança que o anunciante tenha sabido criar de si próprio. Reforça-se, quando existam ligações contratuais estáveis e notórias entre o anunciante e o contraente a quem os enunciados gerais possam ser juridicamente imputáveis".

Esta questão encontra expressa solução no art. 7.º, n.º 5, da Lei de Defesa do Consumidor, cujo teor é o seguinte: "As informações concretas e objectivas contidas nas mensagens publicitárias de determinado bem, serviço ou direito con-

[546] *Ibidem*, pp. 949 a 951.

sideram-se integradas no conteúdo dos contratos que se venham a celebrar após a sua emissão, tendo-se por não escritas as cláusulas contratuais em contrário".

É pertinente chamar aqui a atenção para a interpretação restritiva que deve ser dada ao chamado *dolus bonus*, previsto no n.º 2 do art. 253.º do Código Civil, aspecto contemplado no n.º 4 do art. 129.º do Anteprojecto do Código do Consumidor[547][548] – em termos aliás pouco restritivos – com o objectivo de

[547] Cujo texto é o seguinte: "O disposto no número anterior não prejudica a prática publicitária comum e legítima que consiste em fazer afirmações exageradas ou afirmações em relação às quais não é razoavelmente de esperar, em face das circunstâncias, uma interpretação literal por parte dos seus destinatários". A disposição tem de ser complementada com a do art. 32.º do mesmo Anteprojecto: "1. Considera-se enganosa a prática comercial que contenha informações falsas ou que, mesmo quando veicule informações factualmente correctas, induza ou seja susceptível de induzir em erro, por qualquer forma, incluindo a sua apresentação geral, o consumidor médio, em relação a um ou mais dos elementos enumerados no número seguinte, desde que, em ambos os casos, distorça ou seja susceptível de distorcer substancialmente o comportamento económico deste. 2. Para efeitos do disposto no número anterior, são os seguintes os elementos a ter em conta: *a)* A existência ou natureza do bem ou do serviço; *b)* As características principais do bem ou do serviço, tais como a sua disponibilidade, as suas vantagens, os riscos que apresentam, a sua execução, a sua composição, os seus acessórios, a prestação de assistência pós-venda e o tratamento das reclamações, o modo e a data de fabrico ou de fornecimento, a entrega, a adequação ao fim a que se destinam, as utilizações, a quantidade, as especificações, a origem geográfica ou comercial ou os resultados que podem ser esperados da sua utilização, ou os resultados e as características substanciais dos testes ou controlos a que tenham sido submetidos; *c)* O alcance dos compromissos assumidos pelo profissional, a motivação da prática comercial e a natureza do processo de venda, assim como qualquer afirmação ou símbolo que façam crer que o profissional, o bem ou o serviço beneficiam, directa ou indirectamente, de um patrocínio ou de um apoio; *d)* O preço, a sua forma de cálculo ou a existência de uma vantagem específica que lhe diga respeito; *e)* A necessidade de um serviço, de uma peça, de uma substituição ou de uma reparação; *f)* A natureza, os atributos e os direitos do profissional ou do seu agente, como a sua identidade e o seu património, as suas qualificações, o seu estatuto, a sua aprovação, a sua inscrição ou as suas relações e os seus direitos de propriedade industrial, comercial ou intelectual, ou os prémios e distinções que tenha recebido; *g)* Os direitos do consumidor, em particular o direito de substituição ou de reembolso nos termos do disposto nos artigos 259º e 260º deste Código, e os riscos a que pode estar sujeito".

[548] Jorge Patrício Paúl, cit., p. 101, observa, embora a outro propósito, que "a indução em erro resulta de falsas afirmações sobre a empresa ou o empresário, mas tem de haver um elemento concreto que induza ao engano, pois todo o empresário enaltece,

transpor norma com conteúdo idêntico da Directiva n.º 2005/29/CE, do Parlamento Europeu e do Conselho, de 11 de Maio, relativa às práticas comerciais desleais das empresas nas relações com os consumidores no mercado interno. Melhor esteve o Dec.-Lei n.º 57/2008, de 26 de Março[549] que, na transposição do diploma europeu, não reproduziu a disposição, embora lhe faça uma referência no preâmbulo.

É oportuno ter em conta as considerações que C. Ferreira de Almeida[550] desenvolve acerca da aplicabilidade do regime do dolo e não apenas por «dissolverem» «os meios persuasivos» da publicidade no *dolus bonus*, mas também por se tratar, em alguns casos, de dolo de terceiro (nas situações em que a publicidade provém de "anunciante não-contraente"), além das dificuldades, neste quadro jurídico, de prova, bem como das limitações do instrumento da responsabilidade pré-contratual[551]. É igualmente de subscrever a afirmação do mesmo autor[552] de que, "em vez de falar de publicidade enganosa e desconfiar dos propósitos dos anunciantes, [pode-se] acreditar neles e falar de publicidade negocialmente relevante", o que, se nem sempre é possível, não torna "justo (para todos os intervenientes) renunciar, sem ter primeiro ensaiado até onde se pode ir seguindo a direcção sugerida por uma concepção de publicidade em que, além do dever de veracidade, se presume que a mensagem seja efectivamente verdadeira e responsável".

Jacques Ghestin[553] afirma que "a evolução contemporânea do direito positivo, caracterizado pela protecção e informação dos consumidores, a regulamentação da publicidade, a força obrigatória dos documentos pubicitários e o desenvolvimento da obrigação de informar, parece deixar um espaço muito reduzido ao *dolus bonus*".

por regra, as suas próprias qualidades. Devem, por isso, aplicar-se, nesta matéria, os princípios da adequação social, que permitem distinguir o dolus malus do dolus bonus. [...] Quanto às falsas descrições [sobre produtos e serviços], o exagero contém-se muitas vezes no socialmente adequado e não induz normalmente em erro os consumidores". São considerações que me suscitam alguma reserva.

549 Alterado pelo Dec.-Lei n.º 205/2015, de 23 de Setembro.

550 *Texto e Enunciado...*, cit., pp. 898-899.

551 *Ibidem*, p. 900.

552 *Ibidem*, pp. 900-901.

553 *Traité...*, cit., p. 534.

Netto Lôbo[554], escrevendo a propósito do direito do consumidor, opina mesmo: "A meu sentir não há mais lugar algum ao *dolus bonus*".

Há diplomas – como o Dec.-Lei n.º 133/2009, de 2 de Junho[555] [556] – que, contendo regras detalhadas sobre publicidade no quadro dos contratos que regem, e impondo mesmo que ela (ou "qualquer comunicação comercial") contenha um conjunto de informações, não só atribuem à publicidade a função de comunicação de elementos essenciais do conteúdo contratual, como parecem supor que essas elementos se integram no contrato.

Na linha do art. 7.º, n.º 5, da Lei de Defesa do Consumidor, muito claro – embora mais restritivo – é o art. 185.º do Anteprojecto quanto à questão da integração no contrato do conteúdo de mensagem de publicidade: "1. As informações concretas e objectivas contidas nas mensagens publicitárias de determinado bem, serviço ou direito consideram-se integradas nos contratos que se venham a celebrar após a sua emissão, salvo se tais mensagens provierem de terceiro e o vendedor não conhecia nem tinha motivo para conhecer essas informações, se as corrigiu ou se demonstrar que a decisão de contratar não foi influenciada pelas referidas informações. 2. Consideram-se igualmente incluídas nos contratos que o consumidor venha a celebrar com o profissional as informações prestadas por este".

Embora não seja este o seu objecto, o art. 2:201, n.º 3, dos PECL – ao dispor que "a proposta, feita por um fornecedor profissional, numa publicidade ou num catálogo [...], de fornecer bens ou serviços a um preço fixado, é considerada uma oferta de venda ou de fornecimento dos serviços a esse preço até ao esgotamento do stock de mercadorias ou das possibilidades de prestar o serviço" – aponta no sentido da relevância das mensagens publicitárias para definir o conteúdo contratual. Já o art. 6:101, n.º 2, estabelece que, "se uma das partes for um fornecedor profissional que, antes da conclusão do contrato, presta informações sobre a qualidade ou o uso dos serviços, mercadorias ou outros bens por publicidade, colocada no mercado ou de qualquer outra forma, as suas declarações consideram-se dar origem a uma obrigação contratual, a menos que seja provado que a outra parte sabia ou devia ter sabido que elas eram inexactas";

[554] Cit., p. 66.

[555] Que transpôs a Directiva n.º 2008/48/CE, do Parlamento Europeu e do Conselho, de 23 de Abril, relativa a contratos de crédito a consumidores.

[556] Alterado sucessiva e designadamente, pelos Decs.-Leis n.ºs 72-A/2010, de 17 de Junho, 42-A/2013, de 28 de Março, e 74-A/2017, de 23 de Junho.

e o n.º 3: "as mesmas informações e outros compromissos de uma pessoa por publicidade ou colocação no mercado de serviços, mercadorias ou outros bens por conta de um fornecedor profissional, ou de uma pessoa colocada a montante da cadeia de comercialização, são tidas como dando origem a obrigações contratuais do fornecedor, a menos que este não tenha razões para ter conhecimento dessas informações ou compromissos".

Mario Marsili[557] coloca a questão de saber se as cláusulas contratuais gerais podem ser consideradas ofertas ao público, respondendo-lhe negativamente. Isso não impede o autor de considerar que a publicitação das cláusulas contratuais gerais vincula os predisponentes ou utilizadores, que, se se recusarem a concluir contratos nos seus termos, devem responder por culpa *in contrahendo*, bem como a entender que delas fazem parte as mensagens publicitárias que as acompanhem.

Problema que alguns autores colocam autonomamente, com base num conceito de contrato-tipo que não é pacífico[558], mas é corrente em algumas civilísticas, designadamente na francesa[559], é o de saber se este também deve ser incluído na categoria das cláusulas contratuais gerais e ficar, por isso, submetido ao respectivo regime; assim sucede com Massimo Bianca[560], que entende o contrato-tipo como "um instrumento utilizável para a conclusão de uma série indefinida de contratos mediante o preenchimento dos pontos em branco e a subscrição"[561]. Naturalmente que, se chamarmos contrato-tipo a um formulário contratual destinado a servir de base a um número tendencialmente ilimitado de contratos pelo mero preenchimento dos elementos específicos de cada um deles – designadamente a identificação do aderente –, dúvidas não cabem quanto à sua qualificação como cláusulas contratuais gerais. Como se disse, não é, contudo – muito longe disso –, esta uma noção generalizada de contrato-tipo

557 Cit., pp. 139-140.

558 Sobre a acepção mais corrente da expressão, diversa desta, v. I. Galvão Telles, *Manual...*, cit., pp. 242 a 244, Antunes Varela, *Das Obrigações...*, cit., p. 249, e Almeida Costa, *Direito das Obrigações*, cit., pp. 276-277.

559 V., p. ex., Jacques Ghestin, *Traité...*, cit., p. 64.

560 *Il contratto*, cit., pp. 348 e 349.

561 No mesmo sentido, Roberto Wider, "O Direito dos contratos e a autonomia da vontade. A protecção especial dos consumidores", *in Estudos de Direito do Consumidor*, n.º 5, p. 329.

e, na medida em que seja adoptada, não cabe a colocação de questões sobre a sua submissão a este diploma.

Para Almeno de Sá[562], "os contratos-modelo negociados entre associações representativas dos interesses de ambos os lados de um sector económico não deixam de ser formados por verdadeiras cláusulas contratuais gerais", ou, como esclarece, "o evento da elaboração é, por si só, irrelevante para este efeito, sendo certo que não se verifica, na hipótese, qualquer negociação das partes efectivamente intervenientes na conclusão do acordo". Para este autor, o relevante são "as reais partes contratantes", pelo que a negociação colectiva "não retira [...] ao contrato modelo o seu carácter estandardizado". Também Sousa Ribeiro[563] entende que as cláusulas contratuais gerais "podem ser [...] até negociadas por associações representativas dos interesses contrapostos de ambas as partes (por exemplo, entre uma associação empresarial e uma associação de consumidores)". Sobre a questão diz ainda Sousa Ribeiro que "esta [...] hipótese vem evidenciar [...] que a unilateralidade da predisposição, não sendo uma característica comum, não constitui um requisito essencial das c.c.g. O que não significa [...] que no horizonte conceptual da figura não esteja presente um elemento de unilateralidade. Só que ele alberga-se na fase posterior de transposição do padrão negocial abstracto para o conteúdo de cada contrato [...]". Não me parece suficiente afirmar que a elaboração não tem de ser unilateral (de uma das partes ou de alguém por ela) para que essa característica se torne dispensável. É evidentemente de ponderar o argumento de, nos contratos firmados, não haver possibilidade para uma das partes de introduzir modificações ao clausulado, igualmente o sendo o de que a representatividade das associações negociadoras não constitui uma representação em sentido técnico-jurídico. Julgo serem estes argumentos bastantes para subscrever a posição dos autores citados.

Problema que ficou colocado no texto introdutório – e sobre o qual me deterei nas anotações aos arts. 18.° a 21.° – é o de saber se este diploma é aplicável a cláusulas reciprocamente abusivas, tendo deixado também já expressa a opinião de que sim.

Como também já ficou dito, da norma decorre igualmente que nunca foi objecto próprio dos regimes estabelecidos por este diploma o consumidor e sua tutela.

[562] Cit., p. 216.

[563] *Cláusulas contratuais...*, cit., p. 175.

Embora o problema seja regulado com maior clareza no artigo seguinte, já aqui se indicia que a aplicabilidade fixada por este Decreto-Lei não é prejudicada pelo facto de o predisponente do modelo contratual figurar neste como subscritor ou aceitante e não como proponente do contrato. Relevante é que a lei esclareça – desde a sua versão inicial – que é indiferente que o aderente surja formalmente como proponente, referindo Sousa Ribeiro[564] que, "em certas áreas negociais, como por exemplo na dos seguros, a intervenção do predisponente como aceitante é, mesmo, um dado normal".

O n.º 2 estende claramente, como ficou assinalado no texto introdutório, o âmbito do diploma a todos os contratos de adesão, melhor, às cláusulas de adesão. Como, entre muitos, diz Sousa Ribeiro[565], "é frequente acontecer que nem todo o contrato seja de adesão, encontrando-se alguns pontos da sua disciplina prefixados, mas outros abertos à negociação". Menezes Cordeiro[566] escreve que "a exigência da falta de prévia negociação é um elemento necessário e autónomo, que deve ser invocado e demonstrado", citando neste sentido um acórdão do TRL de 9 de Maio de 1996[567] que, efectivamente, decidiu que o facto de um contrato de arrendamento ter sido celebrado com base num impresso feito por uma associação de proprietários constituía elemento insuficiente para provar que se tratava de um contrato de adesão. Ao problema da prova da ausência de negociação se voltará adiante.

Não se me afigura que seja da alteração do n.º 2 deste artigo – ou de qualquer outra – que resulte a sua inaplicabilidade a contratos concluídos oralmente. Almeida Costa[568] opina, a propósito deste n.º 2, na sua actual redacção: "[...] não se vislumbra motivo para limitar a protecção a contratos individualizados previamente redigidos, excluindo os contratos verbais". O que eu não vislumbro[569] é o segmento do texto que, ainda que imperfeitamente, poderia exprimir tal restrição. Diversamente de alguns autores, não enxerguei, e continuo a não o fazer, na redacção primitiva ou na actual, nada que apontasse (ou aponte) decisivamente para a restrição do âmbito de aplicabilidade da lei a contratos escritos. O facto de o n.º 1 utilizar o verbo "subscrever" constituiria, tanto quanto

564 *Ibidem*, p. 145.

565 "O regime...", cit., p. 189.

566 *Tratado...*, cit., p. 429.

567 *In Colectânea de Jurisprudência* XXI-1996, pp. 84 a 86.

568 *Direito das Obrigações*, cit., p. 263, nota 3.

569 Deficiência minha, por certo.

posso ver, o único elemento (duplamente) verbal em que poderia fundamentar-se tal posição ou a dúvida. Não só se trata de elemento literal fragilíssimo – dado que é alternativo de "aceitar" – como é claro que a lei teve em conta, na sua formulação literal, neste particular, os modelos contratuais mais frequentes no mercado, que são escritos. Não se me afigura de forma alguma daí retirável que apenas tome como objecto estes últimos. No sentido da desnecessidade de forma, dizendo que aos contratos que integrem cláusulas contratuais gerais não é aplicável "qualquer exigência que limite a admissibilidade da forma tácita, seja para a declaração do predisponente seja para a declaração da outra parte", se pronuncia C. Ferreira de Almeida[570].

No quadro do direito alemão anterior à transposição da directiva, Michael R. Will[571] afirmava ser irrelevante, para a inclusão na categoria das condições gerais de que se ocupava a *AGB-G*, serem as cláusulas escritas ou orais, o mesmo entendendo que valia para o regime do Código Civil italiano. No âmbito de regime deste último, Gino Gorla[572] falava de contratos concluídos oralmente ou por escrito em termos que eram claros quanto à admissibilidade dos primeiros.

Por outro lado, como afirma Martin Ebers[573], não pode deduzir-se da directiva que a exigência de transparência respeita apenas aos contratos escritos. Se bem que nele surja a fórmula – muito mais expressiva – "redigidos por escrito", ela está "em oposição aos considerandos da directiva: posto de lado o considerando n.° 20 que não contém qualquer limitação deste género, é expressamente sublinhado no considerando n.° 11 que o consumidor vinculado por um contrato oral deve beneficiar da mesma protecção do que um consumidor vinculado por um contrato escrito". E o autor acrescenta que "esta incoerência suscitou dúvidas quanto à aplicabilidade do princípio da transparência nos Estados membros que – como por exemplo a Bélgica – repetiram esta precisão". O autor acrescenta[574] que o artigo 5.° da directiva "revela ambiguidade[s] significativa[s]", pois a "transparência é exigida [...] «no caso dos contratos de que todas ou certas cláusulas propostas aos consumidores são redigidas por *escrito*». Esta formulação coloca a questão de saber se esta exigência de transparência se aplica também aos contratos concluídos oralmente».

[570] *Texto e Enunciado...*, cit., pp. 888-889.

[571] Cit., pp. 80 e 84.

[572] Cit., p. 114.

[573] Cit., p. 463.

[574] *Ibidem*, p. 390.

Embora não se pronuncie sobre a admissibilidade de contratos orais, mas se refira aparentemente às situações estatisticamente mais frequentes no mercado, Raúl Ventura[575] afirma que "dificilmente se concebem *cláusulas gerais* orais", acrescentado que "nada impede, porém, que num contrato celebrado oralmente sejam inseridas cláusulas gerais escritas" e que "hipótese ainda mais frequente é a de proposta escrita de contrato completo [...] e aceitação verbal". Naturalmente que, sendo a totalidade do contrato oral, uma cláusula compromissória que dele faça parte tem de considerar-se nula por vício de forma, nos termos do art. 2.º, n.º 1, da Lei n.º 63/2011, de 14 de Dezembro; pelo que, com razão, afirma[576] que "é válida uma convenção de arbitragem celebrada por escrito e reportada a litígios derivados de um contrato oral". Carvalho Fernandes[577], depois de afirmar que, em regra, as cláusulas contratuais gerais revestem natureza formulária, escreve que "significa esta nota que, em regra, elas constam de documentos escritos, por se destinarem a ser aceites em bloco [...]".

A celebração oral de um contrato de adesão pode colocar problemas de prova àquele dos contraentes que quiser impugnar uma cláusula ou que pretenda prevalecer-se dela, mas esta questão não apresenta particularidade relativamente às que suscita a generalidade dos acordos contratuais orais. Aliás, a lei não se ocupa de problemas formais, nem tinha de deles tratar, pois que os regimes gerais são bastantes. Havendo acordos orais, quando o contrato tenha sido concluído por escrito, nada obsta, em princípio, à sua validade, desde que respeitados os termos do art. 222.º do Código Civil, se o contrato não for formal.

Quando, por exemplo, Raúl Ventura[578] trata da questão de saber se uma convenção de arbitragem, porventura incluída em cláusulas contratuais gerais, que tenha sido estipulada oralmente em ordens jurídicas – como a portuguesa de resto – em que é imposta a forma escrita, pode ser questionada na sua validade pela parte que, não a tendo impugnado, participa na constituição e no funcionamento do tribunal arbitral, está a colocar um problema geral de inalegabilidade do vício de forma por força da boa fé (designadamente na fórmula de

[575] "Convenção de arbitragem e cláusulas contratuais gerais", *in Revista da Ordem dos Advogados*, Ano 46, Abril 1986, p. 25.

[576] *Ibidem*, pp. 27-28.

[577] Cit., p. 222.

Também F. M. B. Reynolds, cit., p. 13, indica como característica das cláusulas contratuais gerais a sua natureza escrita.

[578] Cit., pp. 21 a 23 e 40 a 43.

venire contra factum proprium). Não creio que o autor tenha razão, quando diz que «o problema ficaria resolvido se um texto legal, usando algum processo técnico adequado, equiparasse essa conduta das partes à forma escrita», se com esta afirmação pretender significar que esta seria a única solução da questão. Porém, como ficou dito, este não é problema próprio dos contratos que este diploma tem por objecto, nem no quadro deles reveste qualquer particularidade.

A alteração do n.º 2 deste artigo foi – tal como a versão inicial da lei – introduzida sem grande cuidado, pois tanto nos títulos de alguns capítulos quanto nos textos de várias das suas disposições se manteve a expressão "cláusulas contratuais gerais", o que tem servido de pretexto a alguns autores[579] para defender que o âmbito de aplicação do diploma é tão-só o dos contratos *standard*. Escreve Oliveira Ascensão, de forma que não me é completamente inteligível: "A integração das c.c.g. em contratos singulares não tem paralelo directo. Só por analogia mais longínqua haverá que verificar se o conteúdo predeterminado para o contrato individualizado se integra realmente no conteúdo deste". Ao que acrescenta, não me é claro a que propósito, a dificuldade de prova de que um contrato foi concluído por adesão de uma das partes ao conteúdo pré-estabelecido pela outra, afirmando que a regra do n.º 3 deste artigo não é de "tão imediata aplicação como nos casos em que se predispuseram c.c.g.". E que: "seria necessário definir, com toda a precisão possível, em que consiste aquela situação de impossibilidade de influenciar o conteúdo previamente elaborado. Para evitar que, sem bases seguras, se acabe por cair em arbitrariedade na solução dos casos. Uma vez que se tornará muito difícil provar no caso concreto que uma cláusula de um contrato resultou de negociação prévia e satisfazer o ónus da prova constante do art. 1/3", concluindo, catastroficamente, que se "adivinham problemas particularmente graves nesta determinação".

O Anteprojecto do Código do Consumidor, no domínio que é o seu, contém uma disposição, a do art. 202.º, que parece optar pela não extensão do seu âmbito às cláusulas de adesão, reproduzindo essencialmente os n°s. 1 e 3 deste art. 1.º; mas o art. 226.º do mesmo Anteprojecto, com a epígrafe "Remissão", estabelece: "Ao contrato de adesão que não haja sido celebrado através de cláusulas contratuais gerais aplica-se, com as necessárias adaptações, o disposto na subsecção anterior, excepto o que diga respeito à acção inibitória".

[579] Paradigmaticamente, Oliveira Ascensão, "Cláusulas contratuais gerais...", cit., *passim* e, em especial, p. 592.

Last but not the least, o n.º 3 deste preceito faz recair o ónus da prova de que uma cláusula contratual resultou de negociação prévia entre as partes sobre quem pretenda prevalecer-se do seu conteúdo. O mesmo é dizer que, se o predisponente das cláusulas pretender a aplicabilidade de uma delas (ainda que de uma única cláusula se trate), que a contraparte conteste, terá, desde logo e antes da apreciação da sua validade, para a não ver submetida às restrições deste diploma, de provar que ela foi efectivamente negociada e acordada. Não creio que tenha pertinência a colocação, como "dúvida" da questão de saber se a presunção respeita a quaisquer cláusulas contidas em contratos de adesão ou se se restringe aos que se tenham celebrado com base em cláusulas contratuais gerais, como faz C. Ferreira de Almeida[580], para concluir que a presunção se "estende" "a quaisquer contratos"[581]. O principal argumento do autor é o de ter havido uma alteração no âmbito de aplicabilidade do Decreto-Lei, a que acrescenta a referência a "cláusula contratual" e não a "cláusula contratual geral"; se este último elemento literal não me parece de grande valia, já o anterior, até por se tratar de disposição constante do mesmo artigo, é, a meu ver, de par com o elemento teleológico, decisivo para se concluir que a colocação do problema é, em si mesma, forçada. Poderia a questão resultar – embora infundadamente – do facto de o art. 3º, n.º 2, § 3.º, da directiva dizer que, "se o profissional sustentar que uma cláusula normalizada foi objecto de negociação individual, caber-lhe-á o ónus da prova"; significa isto que, nos termos da directiva, a regra acerca do ónus da prova só se aplica a contratos com consumidores concluídos através de cláusulas contratuais gerais (cláusulas normalizadas). Mas o objecto da lei portuguesa é, como se sabe, diverso, diversa sendo igualmente a formulação desta norma. Não que não se compreenda a *ratio* do preceito da directiva: parte-se do pressuposto de que, se se tratou de um só contrato, este foi negociado individualmente; mas não é esse o teor da alínea agora em análise. Yara Miranda[582] diz que esta norma "destoa do art. 3.º, n.º 2, § 3.º, da Directiva", verbo de propriedade duvidosa para significar a diversidade de teores normativos.

Galvão Telles[583], ocupando-se da directiva, defende que nela existe uma presunção *iuris tantum* de ausência de negociação individual sempre que se esteja perante cláusulas redigidas previamente por um profissional e em cujo con-

[580] *Contratos I*, cit., p. 198.
[581] *Ibidem*, p. 199.
[582] Cit., p. 685.
[583] "Das Condições Gerais...", cit., pp. 304-305.

teúdo o consumidor não tenha podido influir. Em sentido idêntico, julgo, mas com formulação menos clara, Almeida Costa, que, em outro passo da mesma obra[584], emite, como já ficou observado no texto introdutório, a propósito desta norma, a seguinte afirmação enigmática: "Com o n.º 3 [...], tornou-se possível a extensão do diploma, na medida em que faça sentido – é um problema deixado ao intérprete, caso a caso –, a cláusulas que tenham sido preparadas para quaisquer contratos individualizados, tanto dirigidos às relações entre profissionais e consumidores, como entre os primeiros. Isto mercê do ónus da prova aí consagrado [?]".

O preceito do n.º 3 supõe que, não sendo a prova aí referida produzida, o tribunal considere a cláusula como não negociada. Talvez seja oportuno salientar que, ainda que uma ou várias cláusulas tenham sido negociadas e essa prova seja produzida, desse facto não se retira que a parte sobrante do contrato também o tenha sido, nem que esteja subtraída ao regime desta lei, como, aliás, resulta expressamente do n.º 2 do art. 3.º da Directiva n.º 93/13/CEE transposta.

Sousa Ribeiro[585] aborda também a questão de saber qual dos contraentes se encontra onerado, observando que a letra da lei é "aparentemente neutra", já que refere "quem quiser prevalecer-se do [...] conteúdo" de uma cláusula. Ora, como diz, "os termos utilizados resultam de não se ter assumido claramente, a nível das formulações, aqui como noutros pontos do regime legal, a sua natureza de disciplina integrante de uma ordem pública de protecção unidireccionada à pessoa do aderente"; tal não obsta, contudo, a que, considerada a teleologia da lei, se entenda que esta norma apenas respeita ao predisponente e que, se o aderente invocar uma cláusula não negociada, tenha de produzir prova dessa não negociação. E conclui: "Esta interpretação restritiva impõe-se, pois, de outro modo, e tomado o preceito à letra, cairíamos no absurdo de exigir que o aderente, para poder invocar uma cláusula contratual, tivesse que ilidir a presunção de inexistência de negociação, e isto ao abrigo de um diploma que o protege tendo em conta, justamente, esse dado. Se, no contexto específico de uma dada relação, um aderente tiver interesse na aplicação de uma cláusula, não tem mais do que invocá-la". Porém, o autor defende[586] que a presunção de falta de negociação só respeita às cláusulas contratuais gerais e já não às cláusulas de

[584] *Direito das Obrigações*, cit., p. 262 e 263.
[585] "O regime...", cit., p. 197.
[586] *Ibidem*, pp. 198-199.

adesão individualizadas, com o argumento de que tal entendimento é o que é conforme à directiva (cujo art. 3.º, n.º 2, estabelece: "Se o profissional sustentar que uma cláusula normalizada foi objecto de negociação individual, caber-lhe-á o ónus da prova») e com aquele outro de que tal interpretação «tem uma justificação material evidente. Se faz parte de um determinado contrato uma cláusula preformulada, com conteúdo igual ao das que um dos contraentes inclui, por rotina, na multiplicidade de contratos do mesmo tipo que celebra, *prima facie* tudo aponta para que se trate de uma cláusula introduzida unilateralmente, sem possibilidade de negociação [...]". No entanto, como o próprio reconhece, "neste caso, o requisito não tem grande autonomia, sendo como que absorvido pelas restantes características das cláusulas contratuais gerais – preformulação e o uso generalizado –, as únicas que o aderente terá que provar". Quanto a cláusulas individualizadas, "não se vislumbra, à partida, qualquer elemento objectivo que nos diga, com uma boa dose de verosimilhança, se o contrato é de adesão ou não. Não há, assim, qualquer base factual legitimadora de uma presunção no primeiro sentido. [...] a falta de negociação é [...] o requisito autonomamente constitutivo do direito, que um dos contraentes se arroga, a beneficiar do particular regime de tutela que a tem por pressuposto. De acordo com os critérios gerais, cabe-lhe a ele a respectiva prova". Não é completamente claro o que quer dizer com a seguinte afirmação: "a justificação desta diferenciação de regimes do ónus da prova ganha, como é bom de ver, um peso reforçado para quem, como é o nosso caso, considere que qualquer aderente é protegido".

É evidente que, na sua aplicação, esta norma relativa ao ónus da prova da negociação pode ter resultados diferentes quando se trate de cláusulas contratuais gerais e de contratos de adesão individuais. Na primeira hipótese, pode dizer-se com Galvão Telles – embora este autor se restrinja injustificadamente, a meu ver, às relações entre profissionais e consumidores – que a padronização do conteúdo contratual constitui uma espécie de presunção de que a(s) cláusula(s) não foi(ram) negociada(s). No segundo, sendo o contrato único, pode o tribunal duvidar da alegação do aderente de que não existiu negociação do contrato. Neste último caso, das duas, uma: ou é o aderente a invocar a invalidade da cláusula por força do regime deste diploma, e terá de provar a falta de negociação, que não é ostensiva; ou é o predisponente a invocar a cláusula e o aderente a contestá-la com fundamento neste Decreto-Lei, e não há razão – apesar de não ser aparente que o contrato não foi negociado – para afastar esta norma sobre ónus da prova: este impende sobre o sujeito que invoca a estipulação. Não há, como com base no formulário ou modelo contratual, qualquer presunção ou evidência que beneficie o aderente, mas também não há motivo para afastar o regime aqui definido. Suponho ser esta diferente apresentação dos factos que leva Sousa Ribeiro a afirmar que há uma "diferenciação de regimes". Creio, porém, que o regime é um único: o do n.º 3 deste artigo. A diferença, na sua aplicação, pode surgir quando o aderente queira prevalecer-se de uma cláusula – hipótese que não é absurda, embora haja de ser rara, pois, como já ficou dito, esta pode favorecê-lo: se tiver contratado com base em cláusulas contratuais gerais, será bastante esta prova para que o tribunal disponha de elementos que lhe permitam presumir – quando não seja mesmo facto notório – a não negociação; já, se se tratar de contrato individual, terá ele de provar especificamente a não negociação da cláusula que quer ver aplicada.

Por falta de prova pelo predisponente de que "as condições" de um contrato de abertura de crédito haviam sido negociadas, o já referido acórdão do STJ de 17 de Fevereiro de 2011 (Távora Víctor) aplicou este diploma e recusou – bem – a inclusão no contrato de cláusulas que importariam obrigações para os avalistas. Não raro, no entanto, o mesmo tribunal recusa a aplicação do regime deste diploma por não fazer o aderente prova de que o contrato é de adesão; nessas hipóteses reentram, por vezes, situações em que a pré-formulação e a não negociação constituem factos notórios ou podem considerar-se provados por presunção judicial. Exemplo de aresto em que se negou a sujeição a este regime é a do acórdão do STJ de 28 de Maio de 2015 (pr n.º 2040/13.0TVLSB.L1.S1, João Bernardo[587]).

No direito espanhol, enquanto o Real Decreto Legislativo n.º 1/2007, de 16 de Novembro, impõe ao profissional o ónus de provar que uma cláusula foi negociada, a Lei n.º 7/1998 não contém regra semelhante, o que é justificado pelo facto de a lei entender que ela é necessária nas relações entre empresários e consumidores, mas já não se justifica nos contratos entre profissionais.

O STJ tem entendido – como aconteceu no acórdão de 10 de Maio de 2007 (pr n.º 07B841, João Bernardo[588]) em que são invocados os acórdãos de 24 de Fevereiro de 2005 e de 25 de Maio de 2006 – que, para que se aplique este diploma a um contrato ou a alguma das suas cláusulas, cabe ao aderente a prova de que se está perante um contrato de adesão, de acordo com as regras gerais

[587] *In www.dgsi.pt.*
[588] *In www.dgsi.pt.*

sobre ónus da prova constantes do art. 342.º do Código Civil[589]. Se é incontroverso que um sujeito não pode pretender a aplicação das regras deste Decreto-Lei a um qualquer contrato que haja concluído, pois bem pode ele ter sido precedido de negociação e de o seu conteúdo constituir o resultado dela, há que ser-se cauteloso na aplicação desta regra probatória. Como no mesmo acórdão se reconhece, é em regra fácil – mesmo evidente em muitos casos – a conclusão sobre a natureza do contrato (neste sentido) do seu mero conhecimento, não devendo, sob pena de se contrariar a *ratio legis*, ser o tribunal muito exigente na demonstração desta realidade. Daí que não acompanhe incondicionalmente a afirmação contida no aresto de que "não estamos perante factos que não careçam de prova por serem notórios". É que, como ficou dito, o mais das vezes, é justamente facto notório a natureza de adesão do contrato, quando ele foi concluído com base em cláusulas contratuais gerais.

Ilustrativo deste ponto é o acórdão do STJ de 24 de Outubro de 2006 (pr n.º 06A2978, João Camilo), que decidiu: "Tal como decorre do disposto nos artigos 5.º e 6.º do Dec.-Lei n.º 446/85 de 25/10 e é pacificamente entendido [...], incumbe ao proponente do contrato de adesão o ónus de prova de que informou o aderente do conteúdo das cláusulas do contrato proposto. Porém, tal como as instância disseram de forma menos clara, a verdade é que se não provou que o contrato em causa seja um contrato de adesão, por falta de prova de factos de onde resultasse tal natureza do contrato de mútuo celebrado. Este contrato consta de fls. 6 do processo principal, constituindo um documento com dizeres impressos e muitos espaços em branco onde em escrita manual foram apostos vários dizeres e sinais. Nele consta [*sic*] espaços onde foi manuscrita a identificação dos mutuários, contém também dois quadrados em branco para assinalar o tipo de contrato entre duas hipótese ali assinaladas: «Mútuo» e «Abertura de Crédito», onde foi aposta manualmente uma cruz no primeiro. Segue-se espaço onde foi manualmente aposto o montante do mútuo, espaço onde foi aposto da mesma forma o número de prestações e a sua periodicidade e o valor da 1.ª prestação. Também o montante das taxas de juro nominal e líquida foi aposta manualmente, bem como a data do 1.º pagamento dos juros. Ora o Dec.-Lei nº 446/85 citado regula as cláusulas contratuais gerais e logo o seu artigo 1.º define aquelas como as cláusulas contratuais elaboradas sem prévia negociação indivi-

[589] São numerosas as decisões neste sentido. Valha como exemplo o acórdão). de 9 de Julho de 2015 (pr n.º 36/14.4YRLSB.S1, Salazar Casanova

dual que o proponente ou destinatários indeterminados se limitam, respectivamente, a subscrever ou a aceitar. Mais acrescentam que como tal se consideram as cláusulas inseridas em contratos individualizados, mas cujo conteúdo previamente elaborado o destinatário não pode influenciar. Daqui resulta que para que a imposição dos referidos artigos 5.° e 6.° seja aqui aplicada tinham os recorrentes de alegar e provar que o contrato de mútuo em causa – ou pelo menos as cláusulas impugnadas – se tratava [*sic*] de um contrato de adesão, ou seja, que as cláusulas em causa haviam sido previamente elaboradas pela exequente e apresentadas aos executados sem que estes tivessem colaborado ou podido colaborar na sua feitura ou sua fixação. Porém, os executados na sua petição de embargos alegam de forma não muito completa, a natureza de cláusula geral das disposições do citado contrato, nomeadamente no seu artigo 6.°, ao dizerem que a proposta foi apresentada em minuta e que aqueles se limitaram a assinar, e ao acrescentarem nos artigos 12.°, 13.° e 14.° que aquando da assinatura do contrato não foram informados da taxa de juro praticada, nem da cláusula penal nem da sua responsabilidade nas despesas judiciais e extrajudiciais, assinando, mas só lhes sendo explicado o montante que iam receber, o prazo do empréstimo e o valor da prestação mensal, não lhes sendo possível discutir a taxa de juro, as cláusulas penais ou as restantes despesas. Estes factos que poderiam, eventualmente, fazer concluir estar-se em presença de um contrato de adesão, ou seja, de cláusulas contratuais gerais reguladas no referido Dec.-Lei 446/85, não se provaram, pois os quesitos da base instrutória que os continham foram todos dados por não provados, em face da não apresentação por parte dos executados-recorrentes de qualquer meio de prova, na audiência de julgamento. Por isso, bem andaram as instâncias ao dizerem que se não provaram os fundamentos da oposição à execução que incumbia aos executados. É que estes tinham de alegar e provar ser o contrato exequente um contrato de adesão, e efectuada essa prova, então incumbiria à exequente a prova da satisfação da obrigação prevista nos artigos 5.° e 6.° do Dec.-Lei n.° 445/86 citado. Não tendo os recorrentes efectuado essa prova, tinha a oposição de soçobrar». A longa citação justifica-se por se afigurar que a descrição – até meramente física – do documento contratual em apreciação é demonstrativa de que de cláusulas contratuais gerais se tratava. A aplicação das regras gerais sobre ónus da prova determina que o aderente tenha de provar a natureza do contrato para que lhe seja aplicado o regime deste diploma; todavia, quando os factos levados ao conhecimento do tribunal tornam notória a qualidade de adesão do contrato ou, mesmo, quando são bastantes para presumir que ele é dessa natureza, deve o tribunal dispensar tal prova: na primeira hipótese, porque a lei o determina e, na segunda, porque na função de controlo cometida ao poder judicial creio estar compreendida a necessidade de poupar ao aderente prova muitas vezes difícil de fazer, ao menos sempre que existam (e nem sequer afirmo que o tribunal decida da realização de diligências tendentes a tal prova) elementos suficientes para usar do meio de prova que são as presunções judiciais.

No acórdão do STJ de 11 de Março de 2010 (pr n.º 1860/07.0TVLSB.S1, Santos Bernardino[590]), decidiu-se que, apesar não ter sido alegada e provada a natureza de adesão do contrato em apreciação, "relativamente aos elementos de facto supra aludidos, carreados pelos próprios réus, ora recorrentes, que nada obsta a que deles se sirva o julgador para qualificar o contrato. Cada uma das partes tem o ónus da alegação dos factos cujo efeito lhe é favorável, mas o nosso direito processual consagra o princípio da *aquisição processual*, que tem assento no artigo 515º e que, segundo o Prof. MANUEL DE ANDRADE, se traduz no facto de que «os materiais (afirmações e provas) aduzidos por uma das partes ficam adquiridos para o processo. São atendíveis mesmo que sejam favoráveis à parte contrária». Vem, pois, alegada e provada matéria factual bastante para se operar a qualificação jurídica (contratos de adesão) que, dos contratos de seguro de Vida-Grupo invocados pelos autores, fizeram a sentença da 1.ª instância e o acórdão recorrido". E acrescenta-se, na mesma decisão: "Afirmam eles [recorrentes] que os autores, ora recorridos, não arguiram, como deviam, a falta de comunicação das cláusulas que as decisões das instâncias consideraram excluídas. Dizem os recorrentes que muito embora recaia sobre a seguradora o ónus da prova da comunicação do clausulado, o certo é que é sobre quem se pretende valer da falta de comunicação e informação que impende o ónus da respectiva alegação. Tal decorre do disposto no artigo 264.º, n.º 1, que estatui que incumbe às partes alegar os factos que integram a causa de pedir e aqueles em que se baseiam as excepções, factos esses que devem ser alegados nos articulados respectivos. E isto – continuam os recorrentes – nada tem a ver com a questão do ónus da prova de comunicação efectiva das cláusulas contratuais, a que se reportam os artigos 5º e 6º do Dec-lei 446/85, e que incumbe à parte que submeteu a outrem as c.c.g.. Do que fica exposto, decorre que o pedido dos autores não assenta na falta de comunicação de quaisquer cláusulas dos contratos de seguro, mas antes na recusa da ré seguradora, ora recorrente, em cumprir as obrigações que, veri-

590 *In www.dgsi.pt.*

ficado o risco assegurado, para ela resultam dos contratos de seguro em causa. Não se vê, pois, que sobre aqueles recaísse o pretendido ónus de alegação – ónus que, como refere o acórdão deste Supremo Tribunal, de 09.10.2003, citado pelos recorrentes, apenas recai sobre o contraente que pretende prevalecer-se da violação dos deveres de comunicação e informação a que se reportam os artigos 5.° e 6.° do Dec-lei 446/85, o que não é, repete-se, o caso dos autores. A violação desses deveres só foi equacionada, nas decisões das instâncias, porque, pretendendo os recorrentes valer-se das cláusulas de exclusão do risco, que indicaram, contidas nas apólices dos contratos de seguro em apreço, importava conhecer da eficácia dessas cláusulas, face, designadamente, ao disposto nos artigos 4.°/1 do Dec-lei 176/95, de 26 de Julho, e 8.° do Dec-lei 446/85. [...] Invocando, assim, o teor de concretas cláusulas contratuais gerais para se eximirem à satisfação das obrigações decorrentes dos contratos de seguro, impendia sobre os recorrentes o ónus da prova (e de alegação) de terem comunicado aos autores essas cláusulas, isto é, de terem cumprido os respectivos deveres de comunicação e informação, sem dependência de qualquer alegação por parte dos autores/recorridos".

Sobre a questão, Yara Miranda[591] escreve que "o aderente, caso o afirme, terá de provar que a cláusula não foi objecto de negociação", acrescentando que, "em regra, tal facto ocorre quando a cláusula é individual e não padronizada".

Julgo, em conclusão e por repetição, que o n.° 3 inverte o ónus da prova do carácter negociado (ou não) de um contrato para o contraente que invoque uma sua cláusula; que, tratando-se de contrato concluído com base em cláusulas contratuais gerais, constituirá, em princípio, facto notório (ou, ao menos, presunção ilidível) a sua não negociação; que, nos contratos de adesão individuais, ao aderente só é exigível a prova da sua não negociação na medida em que invoque contra o outro contraente uma disposição deste Decreto-Lei, ao predisponente se aplicando este n.° 3 sempre que ele pretenda prevalecer-se de direito atribuído por uma cláusula contratual.

Artigo 2.° – Forma, extensão, conteúdo e autoria

O artigo anterior abrange, salvo disposição em contrário, todas as cláusulas contratuais gerais, independentemente da forma da sua comunicação ao público, da extensão que assumam ou que venham

[591] Cit., p. 685.

a apresentar nos contratos a que se destinem, do conteúdo que as informe ou de terem sido elaboradas pelo proponente, pelo destinatário ou por terceiros.

Este regime[592] decorreu da observação do mercado. Em rigor, resultou no essencial da experiência jurisprudencial alemã que se foi ocupando dos problemas que lhe foram sendo colocados ao longo de décadas e cujas soluções a lei codificou. Para evitar a aplicação das soluções que os tribunais alemães tinham vindo a adoptar no âmbito destes contratos, alguns operadores económicos haviam começado a invocar o facto de não terem sido eles próprios, enquanto partes (tipicamente organizadas empresarialmente), a definir o modelo contratual oferecido, ou aquele outro de não serem, nominalmente, no contrato celebrado, os proponentes, mas os aceitantes da proposta, pretendendo com isso que o contrato resultante ficasse fora do âmbito de aplicação do regime tutelador do contraente fraco. M. J. de Almeida Costa e A. Menezes Cordeiro[593] dizem que "o legislador foi sensível ao sistema divulgado de os que se prevalecem de cláusulas contratuais gerais obterem a adesão dos interessados, figurando depois como destinatários delas". Vaz Serra[594], interrogava-se sobre se "a declaração, na qual se incluem as cláusulas gerais, [...] [seria] uma proposta de contrato", analisando, com Giordano, "três casos": "o interessado resolve adoptar um conjunto de cláusulas para regular uniformemente os contratos futuros, esperando que do público se lhe faça a oferta de celebração de um contrato; o interessado comunica ao público, por avisos nos jornais ou por outros meios de publicidade, as cláusulas gerais por ele adoptadas; o interessado faz chegar o conjunto das cláusulas a pessoas determinadas e pede-lhes a conclusão de contratos", opinando que "saber se as cláusulas gerais, quando delas se dá conhecimento ao público ou a certa pessoa, significam ou não uma proposta de contrato, [...]]só] pode resolver-se de acordo com as circunstâncias. Pode haver oferta ou não. Há que aplicar aqui os critérios gerais sobre a oferta de contrato".

Jacques Ghestin[595] diz que as "empresas importantes" tendem a redigir as suas próprias cláusulas contratuais gerais, enquanto as "mais modestas adoptam o mais das vezes as condições redigidas pela organização profissional a que per-

[592] Que é reproduzido pelo art. 203.º do Anteprojecto do Código do Consumidor.
[593] Cit., p. 18.
[594] "Culpa do devedor ou do agente", *in BMJ* n.º 68 – Julho – 1957, pp. 138 a 140.
[595] *Traité...*, cit., pp. 65-66.

tencem". O mesmo autor observa – asserção que está longe de ser incontroversa – que, quando as cláusulas contratuais gerais sejam elaboradas por organizações representativas de certo sector económico, não pode, em rigor, dizer-se que elas provêm de "terceiro", pois esses organismos representam os interesses de uma das partes. E acrescenta que elas "podem também, de facto, ser impostas a estes últimos [os profissionais] pelo agrupamento de que fazem parte, através de sanções estatutárias ou convencionais", podendo mesmo, "a título de uso profissional, impor-se ao conjunto da profissão, [hipótese em que] se pode considerar que estes organismos exercem um poder regulamentar de facto, tendente à criação de um verdadeiro direito profissional, por conta e em benefício dos membros da profissão".

Almeno de Sá[596], depois de pormenorizar o que entende dever considerar-se a pré-formulação unilateral, diz que esta descreve as cláusulas que são "preparadas ou «organizadas» antes da conclusão do contrato", sendo "indiferente [...] a forma externa sob a qual a pré-elaboração se manifesta no âmbito da proposta contratual ou o tipo de suporte em que se concretiza (letra impressa ou dactilografada, reprodução por qualquer processo, exposição no estabelecimento do utilizador, transmissão à distância através de novas técnicas de comunicação, etc.) [...], de igual modo não releva[ndo] a circunstância de a pré-formulação provir do próprio utilizador, de outro sujeito jurídico sob sua directa incumbência ou ainda de um terceiro".

O mais frequente é talvez que não seja o predisponente, mas um terceiro, a elaborar o modelo do contrato, não sendo, pois, qualquer dos contraentes a formulá-lo. Situação frequentíssima será a de ser alguém contratado pela empresa a elaborar a minuta de contrato; hipótese também não rara é a de uma empresa utilizar cláusulas contratuais gerais elaboradas por outra empresa do mesmo sector ou por organizações económicas dele[597]. Pode ainda acontecer, como afirma Galvão Telles[598], que seja uma associação de consumidores a redigir e propor o modelo contratual. Almeida Costa[599] acrescenta "as que nascem de estipulação bilateral de representantes dos grupos de interessados no tipo de relações contratuais em causa [...] [e] as confiadas à redacção de terceiro, por exemplo,

[596] Cit., pp. 213-214.

[597] Como já observava Anteo Genovese, "Condizioni generali...", cit., p. 803.

[598] *Manual...*, cit., p. 319, nota 295.

[599] *Direito das Obrigações*, cit., p. 246.

a título de mediador". Gino Gorla[600] opina no sentido de as cláusulas redigidas por um terceiro a quem as partes confiaram essa tarefa não estarem submetidas aos requisitos do regime italiano primitivo para as cláusulas *vessatorie*, opinião que está longe de ser incontroversa. Tenho reservas quanto à afirmação geral de Yara Miranda[601], segundo a qual "não são ccg as cláusulas predispostas cuja inclusão no contrato tenha sido decidida de comum acordo das partes ou se deva à iniciativa de um terceiro, ao qual as partes tenham confiado a formulação concreta do contrato". Percebo em que situações está a autora a pensar, mas a sua formulação é susceptível de compreender casos em que o consentimento para a redacção do contrato por um terceiro seja, já ele, uma cedência de um dos contraentes, sendo o terceiro – e o texto que ele produz – verdadeiramente mandatário de um deles; nela cabem situações em que as cláusulas contratuais gerais são elaboradas por um organismo independente das partes, hipótese em que os riscos são evidentemente muito atenuados, mas que só caso a caso podem ser analisados e ponderados. Como resulta da citação de Galvão Telles que ficou feita, este autor entende como submetidas ao regime deste diploma as cláusulas elaboradas por um terceiro, "a título de mediador", hipótese que julgo ser a considerada por Gino Gorla e Yara Miranda.

Face a esta disposição, a elaboração por um terceiro não exclui o contrato do regime deste diploma. Poderá, considerado o elemento teleológico, haver situações em que seja defensável uma interpretação restritiva da norma, com fundamento no facto de ao terceiro ter sido cometida apenas a tarefa de redacção de cláusulas cujo conteúdo substancial resultou de acordo das partes. Mas terá de se ser cauteloso em tal interpretação, pois não é nada linear – para dizer o menos – que ela possa proceder no caso de o terceiro ter sido incumbido por ambos os contraentes de elaborar o conteúdo do contrato, mesmo que lhe tenham sido dadas instruções no sentido de o fazer da forma mais equilibrada à protecção dos interesses das partes. Nesta última hipótese, o conteúdo contratual não foi negociado e a intervenção do terceiro não constituiu uma mera actividade de elaboração em termos jurídicos do acordo dos contraentes; é, pois, difícil averiguar em que medida a sua actuação se traduziu num clausulado equilibrado, sendo a melhor forma de proceder a tal apreciação a aplicação deste regime legal. Aliás, mesmo que tal tivesse acontecido, não estaria assegurada a percep-

[600] Cit., p. 123.
[601] Cit., p. 691.

ção de cada uma das partes do conteúdo das estipulações. Não se vê, pois, razão, para que se interprete a expressão "elaborados [...] por terceiros" de forma não declarativa na generalidade dos casos. Isto para não repetir que pode haver hipóteses em que o acordo sobre o terceiro indicado pelos contraentes para elaborar as cláusulas se refira a pessoa que se encontre ao serviço de um deles e que o acordo tenha constituído uma sua imposição à contraparte.

Finalmente, se os aspectos de conhecimento[602] e os de não abusividade das cláusulas estiverem salvaguardados, não se vê que interesse possa ter qualquer das partes em pretender afastar a aplicação deste regime.

Fica claro que é indiferente a posição que assuma no contrato aquele que o formulou, bem como a identidade daquele que o fez. Este regime aplica-se igualmente nos casos em que as cláusulas são elaboradas por uma associação profissional que oferece – ou recomenda a adopção – o modelo aos seus associados.

Não creio que tenha pertinência a observação de Pedrosa Machado[603], quando diz que "a *ratio* desta extensão tem infelizmente uma mera explicação contingente". De facto, a cautela da formulação legal tem todo o sentido perante a realidade do mercado, e o exemplo que o autor configura para demonstrar que ela conduz a consequências que "já pouco ou nada terão a ver com os problemas próprios dos contratos de adesão" não é suficiente para convencer. Na verdade, os pequenos comerciantes individuais que redigem previamente modelos contratuais para simplificar os contactos com os respectivos fornecedores, que ilustram o desajustamento da formulação da lei na opinião do citado autor, hão-de ser raros, se existentes. E, em qualquer caso, não se vê em que é que a aplicação deste diploma, ferindo "esse exemplo de negociação racionalizada de eventuais e surpreendentes nulidades", constitua absurdo ou entrave negocial a censurar; se nulidades houver, a sua razão de ser está na lei que as comina.

Não me parece inevitável – mas desconheço no essencial a realidade do mercado – que o facto de surgir como proponente o aderente releve o mais das vezes de o "predisponente [...] [fazer] uso do privilégio de ser a parte negocialmente mais forte, [...] [conseguir] reservar para si a última e decisiva palavra sobre a celebração do contrato, sem perder a oportunidade de incluir as cláusulas que prefigurou como mais adequadas", como escreve C. Ferreira de Almeida[604].

[602] Ou de requisitos de inclusão das cláusulas.

[603] Cit., pp. 88-89.

[604] *Contratos I,* cit., p. 184.

Naturalmente que, no caso de o aderente figurar no contrato como seu proponente, pode colocar-se a questão de a "proposta" (as cláusulas contratuais gerais tipicamente) conter uma estipulação de irrevogabilidade, o que implicará que o aderente, antes ainda de o contrato se encontrar celebrado, não possa desistir dele, enquanto o predisponente tem o direito de decidir dessa conclusão discricionariamente. Em relação a tal hipótese, a lei é omissa, salvo quanto aos prazos de duração da proposta, a que se refere o art. 19.º-*a)*, determinando que são nulas as que "estabeleçam, a favor de quem as predisponha, prazos excessivos para a aceitação ou rejeição de propostas", cautela que se afigura insuficiente.

Ocupa-se este art. 2.º de outro problema, este relativo à forma como são comunicadas à(s) contraparte(s) as cláusulas contratuais. Nos frequentíssimos casos em que a comunicação àqueles que queiram concluir o contrato é realizada através de um *placard*, tabuleta ou cartaz, em que se encontre escrito, como é estatisticamente frequente, que a contraparte não é responsável por prejuízos sofridos pelo aderente na fase de execução das obrigações contratuais, está-se perante uma proposta de cláusula que o sujeito, ao concluir o contrato, em princípio, aceita. As cláusulas comunicadas assim ou por formas similares estão também submetidas ao regime do diploma, o que significa que, se a cláusula não puder ter sido claramente vista pelo aderente, entende-se como não comunicada. Tratando-se de suporte físico do tipo *placard* ou letreiro, tem, pois, de se tomar em conta a sua visibilidade, o que tem que ver, designadamente, com a distância, a dimensão dos caracteres e a localização física, como acentua F. M. B. Reynolds[605].

Mario Marsili[606] coloca a questão da forma de comunicação, "no caso de a conclusão do contrato singular ser realizada tão rapidamente que ao cliente não reste praticamente tempo de se informar das condições gerais", entendendo que cabe ao utilizador usar os "meios adequados para obviar a este inconveniente", entre estes cabendo justamente o da utilização de avisos colocados de forma bem visível no local da contratação.

C. Ferreira de Almeida[607] dá vários exemplos de formas de comunicação: "impressos, tipografados ou em suporte informático, disponíveis para servir como documento contratual principal, como anexo ao contrato ou como texto

[605] Cit., p. 22.
[606] Cit., p. 140.
[607] *Contratos I*, cit., p. 181.

de remissão; catálogos e prospectos; cartazes colocados no local de celebração dos contratos; anúncios emitidos por qualquer meio"; o mesmo autor[608] refere "os sinais [...] utilizados em aparelhos automáticos de venda ou de prestação de serviços, a exposição de modelos em mostruários, as tabuletas indicativas da denominação do comerciante e do seu ramo de negócios, as inscrições do tipo «pagamento a pronto», as descrições e cláusulas mencionadas em catálogos e preçários, as mensagens emitidas por sistemas telemáticos», «cartazes afixados nos locais onde ocorre a celebração de um contrato», «prospectos, listas de preços e mensagens transmitidas por videotexto», dizendo que «constituem um conjunto impressionante de exemplos de enunciados negociais com vocação para inserção, simultânea ou sucessiva, numa pluralidade de contratos, que acompanham o exercício de toda a actividade do enunciante, tendo apenas como limite o escoamento dos stocks ou o termo da emissão continuada». O autor observa[609] que "uma resposta negativa sem reservas [quanto aos suportes ou meios de comunicação das cláusulas contratuais gerais] só abrange os documentos que são emitidos após a conclusão do contrato ou em simultaneidade com ela (bilhetes de transporte ou para espectáculos, facturas, recibos, guias de remessa, talões de depósito), porque tal ofenderia o requisito da «antecedência necessária»". Acrescenta ainda – apesar de me parecer que o problema não é só o da antecedência, mas o de não poderem constar deste, salvo como aditamentos ou alterações do contrato, cláusulas que não foram estipuladas nele, mas em ocasião subsequente à sua conclusão – que, "quando muito, as cláusulas que deles constem poderão, em circunstâncias adequadas, ser consideradas em contratos posteriores celebrados entre os mesmos contraentes, com idêntica função e objecto semelhante, se o predisponente provar que, por essa via, a outra parte ficou em condições de sobre essas cláusulas tomar um conhecimento efectivo e completo", afirmação que também me suscita perplexidade, pois conhecer uma cláusula que não chegou a integrar um contrato anterior nada nos diz sobre a adesão, nem sequer tácita, a ela em negócio subsequente.

No que respeita à informação veiculada por prospecto e, consequentemente, do ponto de vista da tutela dos investidores, dizem, por exemplo, Manuel Gomes da Silva e Rita Amaral Cabral[610] que se provou "que a ausência de fiscalização do

[608] *Texto e Enunciado...*, cit., pp. 875 e 890.

[609] *Ibidem*, p. 890.

[610] "Responsabilidade pré-contratual", *in O Direito*, Ano 127.º, 1995, III-IV (Julho-Dezembro), p. 443.

conteúdo dos prospectos divulgados para captar [...] capitais, e falsas indicações deles constantes, estavam na origem dos investimentos ruinosos que reclamavam a intervenção do legislador"[611].

Gino Gorla[612] salienta que nem sempre é fácil determinar se as cláusulas foram providenciadas antes ou após a celebração do contrato e admite que, ainda quando constem de documentos a que a parte só tem acesso depois de formado o negócio, à conservação do documento de que constem – bilhetes, recibos ou documentos análogos – pode ser atribuído o sentido de aceitação de modificação do conteúdo do contrato, entendimento que me parece mais do que contestável. Michel Trochu[613] dá conta da orientação da jurisprudência francesa no sentido de considerar que as cláusulas constantes de documentos deste tipo "são oponíveis quando são habitualmente usadas e conformes aos usos", entendimento que, face ao direito português (mas, actualmente, não só), é inadmissível[614].

Aos referidos meios de comunicação acrescentam Almeida Costa e Menezes Cordeiro[615] "escrito com destinatário específico", "carta circular", "meios orais, televisivos ou radiofónicos, directos ou em gravação"; e Colin Scott e Julia Black[616], citando Lord Denning, "bilhetes, seu verso e horários; ou Sousa Ribeiro[617], "talões de levantamento". Almeno de Sá[618] aprecia uma situação em que as condições gerais do contrato se encontravam no verso de um documento, que a elas se referia depois da assinatura das partes e "numa impressão gráfica substancialmente menos «visível» do que o resto do texto", concluindo que, nestas circunstâncias, não pode considerar-se que elas tenham sido "efectivamente comunicadas à contraparte, a não ser que tal inserção seja como que «compen-

[611] Os autores acrescentam (*ibidem*) que "foi neste contexto que se estruturou a responsabilidade por prospecto, hoje generalizadamente acolhida nos sistemas jurídicos a que corresponde uma economia concorrencial", "forma de responsabilidade [que] traduz o reconhecimento da absoluta essencialidade da protecção da confiança para o funcionamento de um mercado cambiário. [...]".

[612] Cit., pp. 115, 116 e 124.

[613] Cit., p. 25.

[614] Neste sentido já Anteo Genovese, "Osservazioni «de iure condendo»...", cit., p. 877.

[615] Cit., p. 19.

[616] Cit., pp. 75-76.

[617] *Cláusulas contratuais* ..., cit., p. 171.

[618] Cit., pp. 238 a 240.

sada» por um particular realce ou destaque gráfico e assim possa ser tida como um elemento da proposta do contrato claramente reconhecível pelo cliente". O raciocínio do autor não me é claro, pois não compreendo em que medida é que o aspecto gráfico da remissão para o conteúdo clausular inserido depois da assinatura das partes poderia resolver já o problema da comunicação, já, e sobretudo, o do obstáculo da al. *d)* do art. 8.°.

Pinto Monteiro[619] analisa "avisos" e "cartazes" que "surgem com alguma frequência em estradas (ou em edifícios) em reparação, chamando [...] a atenção para as obras em curso e excluindo-se a responsabilidade por qualquer acidente que venha a ocorrer, do tipo : «*Atenção, obras, responsabilidade excluída*»", interrogando-se sobre a natureza convencional de tais conteúdos e dizendo que lhe "não parece [...] que o normal comportamento do público que passa por esses locais possa ser interpretado como *aceitação tácita* de tal declaração de irresponsabilidade", e acrescentando que "igualmente não colheria aqui o recurso a uma pretensa aceitação tácita ou implícita de riscos (uma espécie de «Handeln auf eigene Gefahr») para fundar o *consentimento* prévio do lesado"[620]. O mesmo autor coloca idêntica questão nos casos em que declaração daquele tipo "consta do «ticket»[621] que recebe ao entrar [...] [numa] auto-estrada (ou está afixado em todas as entradas)", a seu propósito afirmando: "estamos em crer que tal declaração se integra no quadro *contratual* entre o utente da auto-estrada e a entidade que a explora", dizendo ainda: "ponto é que sejam cumpridos os deveres de comunicação e de informação para que tais cláusulas se considerem *incluídas* no contrato com cada utente, nos termos dos artigos 5° e 6° [...]", caso em que "já pode defender-se ser esta uma cláusula limitativa do conteúdo contratual: ficaria *afastada* do contrato a obrigação de *guarda*, de *vigilância* ou de *segurança*"[622].

[619] "Cláusulas limitativas...", cit., pp. 285 a 288.

[620] Atribui a tais declarações unilaterais o significado de representarem o "cumprimento de um dever de *advertência* ou de *prevenção* de um perigo especial", o que "não liberta a empresa, evidentemente, de outras medidas de segurança que deva tomar".

[621] O autor não se detém na questão de saber se o referido "ticket" é recebido antes ou depois da conclusão do contrato entre o utente e a empresa concessionária da auto-estrada.

[622] Cláusula que entende ser nula, "por razões de *ordem pública*, seja em atenção à índole dos *bens* envolvidos (a pessoa humana), seja em atenção à *essencialidade* desses deveres ao fim contratual [...]".

W. Freiherr von Marschall[623] afirma que é indiferente que a cláusula apareça no verso do contrato, em caracteres pequenos ou, mesmo, que apenas surja por referência a um documento não anexado ao contrato; claro que é necessário ter em conta a época em que esta afirmação é feita (1979), mas, mesmo assim e sobretudo, tratando-se de um jurista alemão, em cujo Direito já vigorava a *AGB-G*, não deixa de ser, no mínimo, bizarra.

Se a cláusula surgir momentaneamente em monitor de computador ou passar rapidamente em écran televisivo, não pode igualmente considerar-se objecto da comunicação aqui imposta, como não o é aquela que, afixada, só possa ser vista após a celebração do contrato, como frequentemente sucede, por exemplo, nos parques de estacionamento automóvel, mas também, como refere F. M. B. Reynolds[624], em estabelecimentos hoteleiros, quando algumas das condições contratuais se encontram dentro do quarto a que o cliente acede porque contratou a hospedagem, ou em contratos de transporte, particularmente aéreo, em que os termos se encontram no bilhete que é entregue ao passageiro depois de ter contratado. Outros exemplos são dados por Menezes Cordeiro[625]: "exibição de várias páginas de um formulário, em letra pequena e num idioma estrangeiro, seguida da exigência de imediata assinatura".

Aquém da cautela legal relativa à cognoscibilidade de cláusulas contratuais gerais se encontra, pois, este entendimento – praticamente indiscutido – de que não se consideram integradas no contrato pretensas cláusulas de que o contraente só toma conhecimento após a conclusão do contrato, como, por exemplo, aquelas estipulações que constem de facturas, talões de depósito, recibos ou outros documentos entregues pelo utilizador das cláusulas em fase de execução do contrato, o que vale para a generalidade das ordens jurídicas, designadamente europeias. Quanto a tais cláusulas, subscrevo, como já referi, a afirmação de F. M. B. Reynolds[626] de que, se parte do clausulado só é dado a conhecer ao aderente depois de o contrato estar realizado, deve entender-se que se tem em vista uma proposta de modificação do conteúdo contratual que, para vigorar, carecerá de aceitação. Justificadamente chama este autor a atenção para que pode suceder que o aderente actue de modo a que possa atribuir-se ao seu comportamento um significado de aceitação de cláusulas em situações em

[623] Cit., p. 33.
[624] Cit., pp. 22-23 e 26.
[625] *Tratado...*, cit., p. 433.
[626] Cit., p. 23.

que o mesmo não teve – nem tinha de ter tido – consciência quer da necessidade de aceitação, quer de tal aceitação poder ser entendida como expressa por si. Quanto a este aspecto, penso, todavia, que a aplicação da regra geral sobre as declarações tácitas, desde que feita com a acrescida cautela que estes contratos requerem, poderá evitar erros de qualificação, isto é, de julgamento.

Michael R. Will[627] coloca o problema de saber "que acontece quando não seja possível um aviso no lugar da conclusão do contrato, ou uma comunicação seja naquele momento irrealizável ou inexigível. Assim, por exemplo, se um artesão recebe um pedido de ajuda telefonicamente, porque uma casa se encontra alagada ou ficou invadida por gás"; e continua questionando como poderão cumprir esta exigência "os pequenos comerciantes que em regra estipulam oralmente os seus contratos? Estes terão de repetir de modo monótono 99 vezes por dia a sua lenga-lenga, e se uma vez o esquecem, as suas condições gerais de contrato não valerão para o centésimo cliente [...]". Se a questão da colocação de aviso visível pode colocar dificuldades em alguns casos, não creio que os "pequenos comerciantes" que "em regra estipulam oralmente os seus contratos" utilizem cláusulas contratuais gerais diversas das disposições legais, pelo que este segundo problema não se me afigura muito relevante; quanto ao primeiro, terá o profissional de encontrar uma solução substitutiva do aviso visível que possibilite ao cliente conhecer a(s) cláusula(s) geral(is).

Melhor fora, por certo, que a nossa lei, neste aspecto, tivesse colhido inspiração do Decreto n.º 78-464, de 24 de Março de 1978 francês, cujo art. 1.º estabelecia que, "nos contratos concluídos entre profissionais, por um lado, e, por outro, não-profissionais ou consumidores, era interdita como abusiva para os efeitos da alínea 1.ª do artigo 35.º da lei aqui visada [Lei n.º 78-23, de 10 de Janeiro do mesmo ano – a chamada "Lei Scrivener" –, que este Decreto regulamentou[628]] a cláusula que tenha como objecto ou como efeito constatar a adesão do não-profissional ou consumidor a estipulações contratuais que não figurem no escrito que ele assina". De forma mais clara e eficaz do que o Código Civil italiano, na sua versão primitiva, e muito mais do que a do diploma português, procura o normativo francês assegurar que qualquer cláusula que se pretenda constante

[627] Cit., pp. 84 e 85.

[628] Refiro-me ao momento da elaboração do diploma português, pois, em França, foram mais tarde publicados a Lei n.º 88-14, de 5 de Janeiro de 1988, e o *Code de la Consommation*, aprovado pela Lei n.º 93-949, de 26 de Julho de 1993, e cuja última alteração que conheço entrou em vigor em Janeiro de 2020.

do contrato neste se tenha integrado de forma visível ou transparente para o aderente. Também o art. 80.º, n.º 1-*a*), do Real Decreto Legislativo n.º 1/2007, de 16 de Novembro (espanhol), dispõe que não são admissíveis os reenvios para texto ou documentos que não sejam exibidos ao aderente prévia ou simultaneamente com a conclusão do contrato, exigindo, em qualquer caso, que neste lhes seja feita expressa referência.

Observe-se que no comentário à versão portuguesa dos Princípios UNIDROIT[629] se lê que "as cláusulas contratuais gerais que constem de um documento à parte devem normalmente ser expressamente mencionadas pelas partes que pretendem usá-las. A inserção implícita dessas cláusulas no contrato só poderá ser admitida caso exista uma prática estabelecida entre as partes ou um uso instituído nesse sentido", sendo esta última afirmação justificada com recurso ao art. 1.8 do mesmo normativo, cujo n.º 2 dispõe que "as partes estão vinculadas pelos usos geralmente conhecidos e regularmente observados no comércio internacional no sector comercial em causa, salvo quando a aplicação de tais usos não seja razoável". Estranha-se a opinião, pois nem a disposição comentada tem algo que a justifique, nem se afigura defensável que os usos, neste sector de contratação, fundem razoavelmente a admissibilidade da inclusão num contrato concluído com base em cláusulas contratuais gerais constantes de documento diverso do do contrato, sem que haja sequer remissão para ele. A norma refere-se a "inserção *implícita*", o que, seja o que for, algo terá de ser, não podendo constituir uma total omissão.

Excluídas do contrato ficarão também as cláusulas que se encontrem formuladas em língua estrangeira[630].

[629] Cit., p. 77.

[630] Assinale-se que o Dec.-Lei n.º 238/86, de 19 de Agosto, alterado pelo Dec.-Lei n.º 42/88, de 6 de Fevereiro, tem como objecto a imposição da prestação de informações em língua portuguesa. O art. 1.º dispõe que "as informações sobre a natureza, características e garantias de bens ou serviços oferecidos ao público no mercado nacional, quer as constantes de rótulos, embalagens, prospectos, catálogos, livros de instruções para utilização ou outros meios informativos, quer as facultadas nos locais de venda ou divulgadas por qualquer meio publicitário, deverão ser prestadas em língua portuguesa"; no art. 2.º, acrescenta-se que "no caso de as informações escritas se encontrarem redigidas em língua ou línguas estrangeiras aquando da venda de bens ou serviços no mercado nacional é obrigatória a sua tradução integral em língua portuguesa, devendo, conforme os casos, o texto traduzido ser aposto nos rótulos ou embalagens ou aditado aos meios informativos referidos no artigo anterior". O regime previsto neste diploma é – tal como no que res-

O mesmo limitado conhecimento empírico leva-me a questionar a suficiência das normas relativas à língua, porquanto a pluralidade de informações repetidas em mais de duas dezenas de idiomas constitui um obstáculo – muitas vezes significativo – ao acesso à informação relevante na (ou numa das) língua conhecida pelo aderente médio, *maxime* quando consumidor. Compreende-se que as empresas, que produzem ou embalam produtos destinados a mercados de identidades linguísticas muito variadas, procurem cumprir as exigências normativas com rotulagens que cubram as línguas de todos os mercados a que os produtos se destinam; também se percebe que seria difícil e oneroso apor rótulos apenas em duas três línguas nacionais e dirigir os produtos assim embalados apenas aos mercados em que essas são as línguas comuns. Trata-se, portanto, de ponderar relativamente os interesses empresariais do fabricante ou embalador e os do consumidor (pois, como ficou referido, é nos contratos com estes que o problema assume especial relevância) e proceder a uma opção que é de natureza económica e social, isto é, política. Dadas as normas de conflitos do art. 23.° deste DL, da Convenção de Roma e do Regulamento Roma I, a opção do legislador nacional não é irrelevante para o mercado interno.

Michael R. Will[631] cita decisões judiciais de sentido contraditório de tribunais alemães e italianos – proferidas em tempos hoje já remotos – em tema de inclusão no contrato de cláusulas redigidas em língua estrangeira desconhecida dos respectivos aderentes; só pode causar estupefacção, mesmo tendo em conta que se trata de sentença proferida em 1973, a decisão do tribunal de apelação de Turim de entender irrelevante o desconhecimento da língua italiana por um alemão que subscreveu cláusulas contratuais gerais em Itália.

Mesmo em sistemas em que o conhecimento efectivo das cláusulas contratuais não constitua(ía?), condição da sua inclusão no contrato – como aconte-

peita a muitos outros – reproduzido com poucas alterações no Anteprojecto de Código do Consumidor, em especial nos arts. 26.° e 456.°, n.° 1-*a*). Acrescenta-se, apenas, no n.° 2 do art. 26.°, que se admite o uso de palavras ou expressões em língua estrangeira apenas "quando: *a)* Não existam palavras ou expressões correspondentes em língua portuguesa; *b)* Se trate de palavras ou expressões cujo uso se tenha tornado corrente em Portugal e que sejam insusceptíveis de provocar equívocos quanto ao seu significado; *c)* Tal seja permitido por legislação especial ou comunitária".

[631] Cit., p. 98.

ce(ia?) na *common law* inglesa, segundo S. Kolkmann[632] –, não se admite integrarem o contrato, "por exemplo, as cláusulas que constem de um simples documento de quitação ou recibo". Não corresponde a esta a informação de F. M. B. Reynolds[633], que escreve que o obstáculo da não inclusão no contrato de cláusulas, por ausência de conhecimento e de aceitação, "até uma data relativamente recente [...] [constituiu], em Inglaterra, o método de controlo por excelência". Pode, porém, o primeiro dos autores ter em mente as hipóteses de contratos escritos e subscritos pelo aderente, pois, quanto a esses, segundo F. M. B. Reynolds[634], a orientação jurisprudencial inglesa é (era?) a de entender que, à excepção de casos raros, o contrato está concluído, não curando de averiguar do conhecimento do seu conteúdo pelo signatário.

Netto Lôbo[635] observa que "o idioma será o vernáculo", acrecentando que "alguns termos em língua estrangeira podem ser empregados, sem risco de infração ao dever de informar, quando já tenham ingressado no uso corrente, desde que o consumidor típico esteja com eles familiarizado. No campo da informática, por exemplo, há universalização de alguns termos em inglês, cujas traduções são pouco expressivas, a exemplo do aparelho denominado *mouse*"[636].

Problema que a lei não contempla – nem é de estranhar, menos de censurar, que o não faça – é o de saber quais as cláusulas submetidas ao regime deste Decreto-Lei, no caso de ambos os contraentes utilizarem cláusulas contratuais gerais nos contratos que celebram, pois, no âmbito de mercado que a lei tem em vista, raras serão as hipóteses em que a questão se coloque; ao problema se fará uma sumária referência na anotação ao art. 17.º.

Finalmente, a referência à extensão que as cláusulas assumam no contexto do contrato responde às seguintes questões:

– Há casos em que um contrato é numa sua parte singularmente negociado entre os dois sujeitos, noutra tendo um conteúdo fixado unilateralmente por um deles. Se, por exemplo, *A* é titular de um património vasto e de valor elevado, que muito interessa a uma companhia de seguros segurar, esta pode acei-

[632] "Unfair contract terms in Inghilterra", *in Le clausole vessatorie nei contratti com i consumatori, Commentario agli articoli 1469-bis – 1469-sexties del Codice Civile* a cura di G. Alpa e S. Patti, pp. 1321 e ss., *apud* A. Carneiro da Frada, cit., pp. 42-43.

[633] Cit., p. 22.

[634] *Ibidem*, pp. 23, 24 e 25.

[635] Cit., p. 64.

[636] Trata-se de autor brasileiro, note-se.

tar negociar algumas cláusulas, não significando isso, porém, que às cláusulas que subsistirem da apólice típica não seja aplicável o regime deste diploma. O mesmo sucede com frequência em contratos bancários, em que o banco está disponível para negociar com alguns clientes aspectos do conteúdo de certos contratos, constituindo o restante um núcleo fixo, previamente acordado, e normalmente integrante de qualquer dos contratos que venha a ser concluído com esses clientes.

– Pode o conteúdo contratual de adesão contemplar apenas uma parte do contrato, sendo frequente que, para além dos elementos essenciais específicos, aquele seja integrado por uma ou duas cláusulas apenas.

A este propósito, dizem Almeida Costa e Menezes Cordeiro[637] que "as cláusulas contratuais gerais podem [...] exprimir apenas parte dessa [da do contrato] disciplina. Pode ainda verificar-se que, tendo as cláusulas determinada extensão, esta só parcialmente seja acolhida nos contratos celebrados". C. Ferreira de Almeida[638] escreve que, "no mínimo, [podem as c.c.g.] referir-se a um só aspecto (v.g., a limitação da responsabilidade do predisponente)". No mesmo sentido, acrescentando que as cláusulas contratuais gerais são "aplicáveis a tipos negociais muito diferenciados", Carvalho Fernandes[639]. Também Anteo Genovese[640] observa que as "condições gerais de contratação" podem "esgotar o conteúdo do contrato estipulado, e fornecer os seus elementos essenciais ou apenas os acessórios". Já Menezes Leitão[641] diz – ignoro com que fundamento de conhecimento do mercado – que "as cláusulas contratuais gerais são normalmente completas e exaustivas, regulando todas as questões de verificação [?] entre as partes, a um nível jurídico, não acessível a leigos". Ou, finalmente, para usar a formulação sintética de Almeno de Sá[642], "a negociação de elementos contratuais singulares ou de uma cláusula isolada não exclui do controlo a parte restante do contrato, se uma apreciação global evidenciar que tal parte não chegou a ser negociada".

O único aspecto que pode justificar crítica é o de este artigo parecer, na sua letra, respeitar apenas a cláusulas contratuais gerais, não tendo sido objecto de alteração conforme com a do n.º 2 do art. 1.º. E isto porque – embora muito

[637] Cit., p. 19.
[638] *Contratos I*, cit., p. 182.
[639] Cit., p. 220.
[640] "Condizioni generali...", cit., p. 803.
[641] 7.ª ed., cit., p. 33.
[642] Cit., p. 19.

mais raramente, suponho – o problema da elaboração por um terceiro de um contrato de adesão, bem como o de nele o aderente aparecer nominalmente como proponente também podem colocar-se. Não que tenha dúvidas sobre a solução da questão, se surgir, pois é evidente que a disposição se lhes aplica, mas teria sido recomendável mais cuidado legislativo, aquando da alteração em 1999 do âmbito de aplicabilidade directa deste Dec.-Lei n.º 446/85. Este é, contudo, como ficou assinalado no texto introdutório, um problema de desleixo infelizmente geral na nova redacção do diploma decorrente do Dec.-Lei n.º 249/99.

Artigo 3.º – Excepções

O presente diploma não se aplica:

***a)* A cláusulas típicas aprovadas pelo legislador;**

***b)* A cláusulas que resultem de tratados ou convenções internacionais vigentes em Portugal;**

***c)* A contratos submetidos a normas de direito público;**

***d)* A actos do direito da família ou do direito das sucessões;**

***e)* A cláusulas de instrumentos de regulamentação colectiva de trabalho.**

A propósito da al. *a)*, diz Carvalho Fernandes[643], em explicação que, salvo o devido respeito, não explica coisa alguma: "prevalecem aqui razões ligadas ao âmbito de aplicação das cláusulas contratuais gerais decorrentes da sua razão de ser. Elas visam relações privadas patrimoniais e, com as limitações [...] expostas, não deixa de valer no seu domínio o princípio da autonomia privada. As cláusulas típicas aprovadas pelo legislador movem-se noutro plano".

Creio que, simplesmente, a lei entende que as cláusulas constantes de lei já foram objecto de um juízo valorativo que dispensa qualquer outro, designadamente judicial. Porém, o facto de constarem de lei não garante que sejam conhecidas e/ou compreendidas pelos aderentes. Muito passado vai o tempo em que se entendia que o erro de direito era necessariamente culposo, o mesmo é dizer que se exigiria a um sujeito de diligência média o conhecimento dele. Não me parece, por isso, feliz este afastamento integral do regime do diploma em relação a tais cláusulas; é certo que as obrigações de comunicação e de escla-

[643] Cit., p. 222.

recimento existem, no regime geral, por força do art. 227.º[644]. Porém, a exclusão das consagradas – ou reafirmadas enfaticamente neste Decreto-Lei – pode constituir um obstáculo a que se entenda que o seu desconhecimento é não culposo ou, dito de outro modo, que a contraparte, na fase pré-contratual, não teria tido a obrigação de ter chamado a atenção para elas. A valoração legal de regras – que podem ser repetidas em cláusulas contratuais, gerais ou não – constitui, repito, a razão de ser desta exclusão. Embora não me seja claro, creio que este foi o fundamento por que o acórdão do STJ de 1 de Agosto de 2009 (pr n.º 08B3722, João Bernardo[645]) entendeu, com infelicidade, não ser aplicável o regime das cláusulas contratuais gerais à "cláusula de seguro complementar que exclui a cobertura dos danos do condutor em caso de condução com taxa de alcoolémia superior ao mínimo", afirmando que tal cláusula "é de interesse público, não sendo negociável nem influenciável pelo tomador do seguro".

Na versão originária, integravam também as excepções contidas nesta disposição as "cláusulas impostas ou expressamente aprovadas por entidades públicas com competência para limitar a autonomia privada"[646].

Tratava-se de disposição perigosa, cuja adopção poderia ter sido evitada; bastaria que se tivesse tido em conta a realidade jurídica italiana ao tempo da elaboração do Dec.-Lei n.º 446/85, em que tal aprovação sempre foi entendida como irrelevante para a aplicabilidade do regime dos originários arts. 1341.º e 1342.º do *Codice Civile*. Por um lado, aquela aprovação não assegurava o conhecimento do clausulado contratual e a consequente liberdade e consciência da declaração de adesão, questão essencial no quadro deste regime. Por outro, ela também não garantia, na maior parte dos casos, a natureza não abusiva das cláusulas. Por isso que a norma existente devesse ter sido objecto de uma interpretação amplamente restritiva, o que nem sempre, nem o mais das vezes, sucedeu na jurisprudência, que considerou excepcionados por essa norma contratos de seguros – a

[644] Reportando-se a um texto legal muito diferente do português, Netto Lôbo, cit., p. 63, escreve que "o dever de informar tem raiz no tradicional princípio da boa-fé objetiva, significante da representação que um comportamento provoca no outro, de conduta matizada na lealdade, na correção, na probidade, na confiança, na ausência de intenção lesiva ou prejudicial".

[645] *In www.dgsi.pt.*

[646] Esta é a solução do Código Civil peruano, que subtrai à apreciação judicial as cláusulas gerais aprovadas administrativamente, segundo informa Ruben S. Stiglitz, cit., p. 317.

pretexto da intervenção do Instituto de Seguros de Portugal no controlo deles[647] – ou de locação financeira, aprovados pelo Banco de Portugal (neste âmbito, há a assinalar positivamente o acórdão do STJ de 5 de Julho de 1994[648], que entendeu não ser a aprovação por aquela entidade bastante para afastar a aplicação do diploma a um contrato com uma cláusula penal excessiva). Para as hipóteses de cláusulas abusivas decorrentes dessa excepção, continha o n.º 2 do artigo, como solução, a possibilidade de "as associações de defesa do consumidor dotadas de representatividade, as associações sindicais, profissionais ou de interesses económicos legalmente constituídas, ou o Provedor de Justiça, solicitar aos órgãos competentes as alterações necessárias", o que é bem revelador da fragilidade que a excepção comportava. Para Almeida Costa e Menezes Cordeiro[649], o preceito "talvez fosse dispensável", o que abonavam com as competências do Provedor de Justiça e o direito de petição consagrado constitucionalmente; impossível não lhes dar razão, salvo na formulação dubitativa e na restrição das entidades que poderiam realizar a mencionada solicitação.

Esta restrição foi eliminada pelo Dec.-Lei n.º 220/95, só restando, nas excepções, os "contratos submetidos a normas de direito público". Daí que se entenda maioritariamente, após a entrada em vigor deste, que também a Administração Pública, enquanto parte num contrato de adesão, está incluída nos sujeitos cuja actuação jurídico-contratual, mormente quando tenha como objecto relações patrimoniais, tem de submeter-se às regras deste diploma.

Referindo-se à directiva, escreve Almeno de Sá[650] que ela "pretende abranger, primacialmente, contratos que se inserem no domínio do direito privado, mas não está excluído que também a ela se submetam contratos de direito público relacionados com o consumidor, dado que o «profissional» pressuposto pelo diploma comunitário tanto pode desenvolver uma actividade privada, como uma actividade pública. O mesmo autor[651] escreve, a propósito do Dec.-Lei n.º 446/85, que "a Administração Pública, enquanto fornecedora de prestações e produtora de bens, está hoje tendencialmente equiparada aos profissionais da esfera privada, verificando-se simultaneamente uma progressiva

[647] V. a jurisprudência, citada por Menezes Cordeiro, *Tratado...*, cit., p. 430, nota 951, e por Almeno de Sá, cit., pp. 113 e 114.

[648] *In BMJ* n.º 493, pp. 517 e ss..

[649] Cit., p. 21.

[650] Cit., pp. 28 a 30.

[651] *Ibidem*, p. 117.

desregulamentação dos mercados onde intervêm as empresas abrangidas pelo condicionamento previsto no preceito entretanto revogado". E acrescenta que é por ser aos "contratos de direito privado patrimonial, e, de modo particular, aos contratos jurídico-obrigacionais, que a lei, pela sua própria natureza, pretende fundamentalmente aplicar-se" que se explica a exclusão da "sua vigência [?]" "aos contratos submetidos a normas de direito público, em que a especificidade dos actos envolvidos postula a convocação de regras particulares, que dão rosto aos especiais valores e interesses aí presentes". Deve tratar-se, de todo o modo, de "actividades profissionais equiparáveis àquelas que se concretizam no sector privado".

A alteração, independentemente de a sua razão de ser ter estado na transposição da directiva, é de aplaudir, e não de todo por ter "perdido sentido", dada a "tendência para equiparar, no plano do fornecimento de prestações e da produção de serviços, a Administração Pública aos profissionais da esfera privada", como escreve Almeida Costa[652], mas porque, já ao tempo da sua redacção primitiva, a protecção que a lei confere se justifica tanto em contratos concluídos entre sujeitos privados como naqueles em que seja parte a Administração Pública, designadamente no papel de prestadora de serviços ou de fornecedora de bens[653].

A Lei nº 7/1998 espanhola tem o mérito de esclarecer que a actividade do profissional tanto pode reger-se por regras de direito privado como de direito público, embora tenha a desvantagem de não se aplicar nos casos de o profissional ser uma pessoa de direito público[654].

Michael R. Will[655] explica por que entende, desde a sua origem, que a *AGB-G* alemã deve aplicar-se a actividades empresariais do domínio público: "Na verdade não se vê por que é que a administração [*mano*] pública e as suas empresas

[652] *Síntese do Regime Jurídico...*, cit., p. 21, e *Direito das Obrigações*, cit., p. 264.

[653] Neste sentido pode invocar-se também o argumento sistemático, retirado da Lei de Defesa do Consumidor, cujo art. 2.º, n.º 2, alarga o conceito de consumidor aos utentes da Administração Pública ou de entidades concessionárias de serviços públicos, das regiões autónomas ou das autarquias locais, sujeitando-as à legislação de protecção do consumidor quando prestem bens ou serviços no domínio da sua actividade.

[654] Para uma análise da administração económica, em especial na área da produção de bens e de serviços, v. António Carlos dos Santos, Maria Manuel Leitão Marques e Maria Eduarda Gonçalves, cit., pp. 165 e ss..

[655] Cit., p. 79.

monopolísticas podem continuar a pretender a aplicação face aos consumidores de cláusulas rigorosamente proibidas pelo direito privado, só porque apresentam tais cláusulas como prescrições [*ordinanze*] ou estatutos, isto é, como normas de direito público". E acrescenta: "que a administração pública, impressionada pela lei das condições gerais de contrato, se converta espontaneamente aos seus princípios, poderia talvez ficar-se apenas por um desejo de alguns parlamentares de boa vontade; até hoje isso não se verificou seguramente. Por isto penso que uma disparidade de tutela demasiado ampla entre a regulamentação civilística e a publicística não pode sobreviver a longo prazo; as cláusulas claramente desfavoráveis aos consumidores serão expostas à crítica pública graças à influência sempre crescente das associações de consumidores [[656]] e assim, num período mais ou menos longo, submetidas de facto ao âmbito de influência da lei sobre condições gerais de contrato".

De salientar que, no Anteprojecto do Código do Consumidor, estabelece o respectivo art. 10.º, n.º 2, que não obsta à qualificação como consumidor – e por isso à submissão dos contratos ao regime nele definido – "o facto de essa relação ser estabelecida com organismos da Administração Pública, com pessoas colectivas públicas, com empresas de capitais públicos ou detidos maioritariamente pelo Estado, com as Regiões Autónomas ou com as autarquias locais e com empresas concessionárias de serviços públicos".

A interpretação desta al. *c)* deve ser tendencialmente restritiva, em consideração da respectiva *ratio*: se o contrato, ainda que regido pelo direito público, respeitar a actividade económica que também possa ser – e em regra o seja – realizada por sujeitos privados, a razão de ser da excepção não o abrange, já que, combinando o diploma a teleologia da protecção do contraente aderente com a do consumidor, reentra no seu âmbito de tutela tal contrato. Menezes

[656] Roberto Bin, cit., escreve: "tal como o mercado se tornou o espaço objectivo dentro do qual a política pode movimentar-se [...], o movimento dos consumidores tornou-se a elite do agregado informe e genérico dos cidadãos, elite que, só ela, se considera legitimada a reivindicar direitos no mercado e a agir neste. [...] O êxito de tais organizações nasce da crítica à democracia representativa: elas apresentam-se como vanguardas compostas por pessoas legitimadas não pelo voto mas pela bondade e pureza das suas convicções próprias e pela promessa de que se baterão pelos ideais professados sem cedências ou compromissos. Defendem «valores não negociáveis» como todos os fundamentalistas, e como todos os fundamentalistas pressupõem e alimentam – quer tenham consciência disso ou não – uma cultura antidemocrática, justamente por ser antipolítica".

Cordeiro[657] orienta-se neste sentido, embora se limite a dizer que esta excepção "deve ser limitada ao preciso alcance dessas normas [de direito público]: um contrato que tenha aspectos públicos e privados incorrerá, nestes últimos, na LCCG".

Oliveira Ascensão[658], considerando infeliz o recurso à figura das cláusulas contratuais gerais para a normalização dos contratos celebrados em bolsa sobre valores mobiliários, pela entidade gestora daquela, entende que, por aplicação analógica da al. *c)* deste artigo, devem essas cláusulas contratuais gerais ser excluídas da aplicação deste diploma, por prevalecer nelas o carácter regulamentar sobre o contratual, dado que quem as elabora não é parte nos contratos. Se bem que o facto de o predisponente não ser contraente não constitua impedimento à aplicabilidade deste Decreto-Lei, tem razão o autor, por tais cláusulas contratuais gerais serem elaboradas nos termos da lei por uma entidade no exercício da sua actividade pública.

O acórdão do STJ de 20 de Janeiro de 2010 (pr n.º 2963/07.6TVLSB.L1.S1, Alves Velho[659]) decidiu, sem margem para censura, que "as cláusulas do contrato de seguro, mesmo aprovadas por Norma Regulamentar do Instituto de Seguros de Portugal, não perdem a sua natureza de cláusulas contratuais gerais, a que é aplicável o regime legal do Dec.-Lei n.º 446/85, de 25/10, apesar de, em razão da fonte, apresentarem notas típicas das normas jurídicas".

A excepção da al. *b)* vem da redacção primitiva, encontra-se em conformidade com a directiva e é de compreensibilidade fácil: as cláusulas que resultem de instrumentos de Direito Internacional vigentes em Portugal.

A excepção da al. *d)* resulta da directiva, embora não do seu texto final, devendo, também ela, ser objecto de uma interpretação restritiva teleológica, pois pode tratar-se, embora raramente (o que explicará a excepção), de contratos de adesão[660]. Em pensamento que acompanho inteiramente, sobre a questão escreve Almeno de Sá[661] que "haverá de ler-se com prudência a asserção da parte introdutória [da directiva] que dá como excluídos os contratos relativos a direitos sucessórios ou ao estatuto familiar [...]", acrescentando que "esta restrição, que não encontra acolhimento expresso no texto da directiva, constitui uma

[657] *Tratado...*, cit., p. 429.

[658] "Derivados", *in Direito dos Valores Mobiliários*, vol. IV, 2003, pp. 59-60.

[659] *In www.dgsi.pt.*

[660] Restrição paralela se encontra no art. 4.º da Lei n.º 7/1998 espanhola.

[661] Cit., p. 30. V. também p. 117.

simples refracção da ideia central de que apenas se pretendem regular contratos celebrados entre profissionais e consumidores". A minha discordância respeita, como é claro, ao alegado âmbito de aplicabilidade não do diploma europeu, mas do nacional. Fundadamente diverso é o entendimento de Martin Ebers[662] que refere esta exclusão ao considerando n.º 10 da directiva e justifica-a com o argumento de que é difícil conceber tais contratos como de consumo, argumento que não é aplicável ao Direito português. O autor informa[663] de que, na Roménia, a Lei n.º 193/2000 "não exclui expressamente do seu campo de aplicação os contratos de trabalho, os contratos em matéria de direito das sucessões, de direito da família e os contratos de sociedade". Não acompanho, talvez por incompreensão, C. Ferreira de Almeida[664], quando este escreve que as excepções das als *c)* e *d)* relevam do facto de o diploma ter por objecto "contratos privados de natureza patrimonial", pois não vejo razão para excluir dos contratos patrimoniais todos os que sejam de natureza jurídica familiar ou sucessória, já que há alguns que cumulam as duas características, como, por exemplo, as convenções antenupciais, as doações ou vendas entre cônjuges ou entre ascendentes e descendentes, e os pactos sucessórios. Também Carvalho Fernandes[665] escreve que "as cláusulas contratuais gerais interessam sobretudo aos negócios de conteúdo patrimonial, ou seja à prestação de bens e serviços. [...] Por isso, situam-se fora do seu âmbito os actos próprios das relações jurídicas familiares e sucessórias [...]". Segundo Almeida Costa e Menezes Cordeiro[666], trata-se de cláusulas "respeitantes a específicos domínios da vida colectiva que, mercê da sua natureza, postulam valores sancionados através de normas próprias", seja o que for o que os autores entendam por esta afirmação. Almeida Costa[667] atribui as excepções das alíneas *c), d)* e *e)* à "natureza das matérias consideradas".

Se bem compreendo a razão de ser da excepção e das justificações para ela encontradas pela maioria dos autores, ela está em o diploma continuar a ter uma redacção conforme com o seu objecto primitivo, isto é, com cláusulas contratuais gerais e nestas, de facto, ser remotíssima a hipótese de o respectivo objecto serem relações de natureza familiar e/ou sucessória. Nem a lei foi devidamente

[662] Cit., p. 429.
[663] *Ibidem*, p. 430.
[664] *Contratos I*, cit., p. 181, nota 243.
[665] Cit., p. 223.
[666] Cit., pp. 20-21.
[667] *Direito das Obrigações*, cit., p. 264.

adaptada em 1999, nem a doutrina se conforma ou tem o cuidado de ter em conta o novo objecto do diploma.

Finalmente, a excepção da al. *e)* tem provavelmente como razão de ser a natureza própria do Direito do Trabalho e dos respectivos instrumentos de regulação colectiva[668]. Sousa Ribeiro[669] escreve que se "nega [...] eficácia [de negociação] à negociação colectiva, a que teve lugar entre associações representativas dos interesses de cada um dos contraentes", o que atribui às "debilidades funcionais da «sindicalização dos interesses privados»", usando a expressão de Pietro Barcellona. A excepção não obsta, no entanto e claramente, à submissão a este regime dos contratos de trabalho que não hajam sido corolário ou concretização de regulamentação colectiva, como também escreve Carvalho Fernandes[670]: "[...] no domínio das relações individuais de trabalho, onde os instrumentos de regulamentação colectiva não prevaleçam, é de admitir a formulação de cláusulas contratuais gerais sujeitas ao regime do Decreto-Lei n.º 290/95". E acrescenta, no que está longe de estar isolado: "pensamos ser esse o caso dos chamados regulamentos da empresa".

Quanto aos "instrumentos de regulamentação colectiva de trabalho", têm de ter-se em consideração os arts. 104.º e, sobretudo, 105.º do Código do Trabalho[671]. A subsecção III do Código do Trabalho ocupa-se dos contratos de adesão, dispondo o art. 104.º o seguinte: "1 – A vontade contratual do empregador pode manifestar-se através de regulamento interno de empresa e a do trabalhador pela adesão expressa ou tácita ao mesmo regulamento. 2 – Presume-se a adesão do trabalhador quando este não se opuser por escrito no prazo de 21 dias, a contar do início da execução do contrato ou da divulgação do regulamento, se esta for posterior". Por seu lado, o art. 105.º do mesmo Código tem a epígrafe "Cláusulas contratuais gerais" e o seguinte teor: "O regime das cláusulas contratuais gerais aplica-se aos aspectos essenciais do contrato de trabalho que não resultem de prévia negociação específica, mesmo na parte em que o seu conteúdo se determine por remissão para instrumento de regulamentação colectiva de

[668] Neste sentido, Carvalho Fernandes, cit., p. 223.

[669] "O regime dos contratos de adesão...", cit., pp. 196-197.

[670] *Ibidem.*

[671] Lei n.º 99/2003, de 27 de Agosto, que neste aspecto não sofreu alterações posteriores, designadamente da Lei n.º 7/2009, de 12 de Fevereiro, que aprovou o novo Código do Trabalho.

trabalho". Daqui resulta que, nos "aspectos essenciais do contrato de trabalho", deixou de vigorar a disposição desta al. *e)*.

Por isso e porque este preceito é claro na restrição da excepção aos instrumentos de regulamentação colectiva de trabalho, nela não se contém contrato que tenha sido negociado, por exemplo, entre uma associação empresarial e uma associação de consumidores ou, como diz Yara Miranda[672], entre uma das primeiras entidades e o Instituto do Consumidor. Na verdade, como também escreve a mesma autora[673], "apenas as cláusulas negociadas efectivamente pelas partes contratantes estão excluídas do quadro de previsão da Directiva"; embora se refira ao Direito espanhol, trata-se de consideração extensiva à lei portuguesa nos seus exactos termos.

O Anteprojecto do Código do Consumidor reproduz, no n.º 1 do art. 204.º, este art. 3.º, acrescentando o n.º 2 que "ficam ressalvadas todas as disposições legais que, em concreto, conduzam a soluções mais favoráveis ao aderente que subscreva ou aceite propostas que contenham cláusulas não negociadas individualmente".

Se bem que se trate de leis que se ocupam, tal como a directiva, apenas de contratos concluídos com consumidores – ou por isso mesmo –, os diplomas de transposição daquela não contêm excepções equivalentes às destas alíneas *c)*, *d)* e *e)*[674].

CAPÍTULO II – Inclusão de cláusulas contratuais gerais em contratos singulares

Artigo 4.º – Inclusão em contratos singulares

As cláusulas contratuais gerais inseridas em propostas de contratos singulares incluem-se nos mesmos, para todos os efeitos, pela aceitação, com observância do disposto neste capítulo.

[672] Cit., p. 667, nota 42.

[673] *Ibidem.*

[674] V., p. ex., o n.º 4 do *Unfair Terms in Consumer Contracts Regulations,* em que as excepções correspondem essencialmente às das duas primeiras alíneas deste artigo: "cláusulas que reflictam disposições imperativas ou reguladoras, incluindo tais disposições as do direito de qualquer Estado Membro ou de legislação comunitária que tenham efeitos no Reino Unido sem ulteriores procedimentos" e "disposições ou princípios de convenções internacionais de que os Estados Membros ou a Comunidade sejam partes".

Esta norma (reproduzida pelo art. 205.º do Anteprojecto do Código do Consumidor) que, descontextualizada, parece anódina, ganha o sentido de enfatizar que a declaração negocial do aderente é elemento constitutivo do contrato. O mesmo é dizer que as cláusulas contratuais gerais – para além do aspecto da respectiva fiscalização preventiva através da acção inibitória – não têm relevância autónoma, só a ganhando à medida em que vão sendo aceites, assim se constituindo os contratos singulares com cada um dos aderentes a elas.

Almeida Costa e Menezes Cordeiro[675] escreviam que as cláusulas "em si mesmas, não possuem, obviamente relevância negocial", seguindo "o processo da conclusão dos negócios jurídicos bilaterais: as cláusulas são incluídas nas propostas e, pela aceitação, integram os contratos celebrados [...]". Chamavam, entretanto, a atenção para o facto de, em sede de acção inibitória, as cláusulas contratuais gerais assumirem "uma certa eficácia própria".

O que arrasta consigo que a declaração de aceitação tenha de revestir todos os requisitos de esclarecimento e liberdade que em geral a lei para ela impõe, como pressupostos da aceitação de todas e de cada uma das cláusulas e não apenas do conjunto do clausulado contratual. E também que o negócio assim concluído está submetido ao regime geral, designadamente no que respeita aos requisitos de capacidade, legitimidade e aos vícios da vontade ou da declaração. Este aspecto de caracterização consensual do conteúdo do contrato é sublinhado por Menezes Cordeiro[676] [677]. Não é feliz a formulação de Menezes Leitão[678], nos termos da qual esta disposição "concretiza" o objectivo de não fazer constar do contrato cláusulas de que o aderente não se apercebeu. Não que seja falso: um contrato, uma convenção supõe, evidentemente e no mínimo, conhecimento dos elementos sobre que recai o acordo; e a rejeição das "teorias anti-contratualistas ou mistas", a que se refere o autor, não tem como elemento dominante o conhecimento e consciência do conteúdo clausular, pois para este aspecto há soluções no regime geral.

[675] Cit., p. 23.

[676] *Tratado...*, cit., p. 432; no mesmo sentido, Almeida Costa e Menezes Cordeiro, cit., p. 24.

[677] Também no sentido de que estes são "verdadeiros contratos", citando em seu abono Galvão Telles, Ana Rita Simões Oliveira, A contratação electónica: as cláusulas contratuais gerais (em especial, nas transacções via *Internet*) e outros desafios, *in* https://eg.uc.pt/bitstream/10316/42817/1/Ana%20Rita%20Oliveira.pdf

[678] 7.ª ed., cit., p. 34.

O entendimento de alguns autores, designadamente italianos[679], de que o erro obstativo não poderia ocorrer nestes contratos, porquanto o aderente não emitiria uma declaração de vontade, mas tão-só de conhecimento da cláusula, não foi partilhado pela maioria daquela doutrina, nem, por maioria de razão, o pode ser face ao diploma nacional ou àqueles que transpuseram ou adaptaram a directiva às suas legislações. Por isso se desconsidera aqui o que Massimo Bianca[680] escreve sobre a aceitação (que, tanto quanto posso compreender, corresponde a entendimento que já não é o seu actualmente), cuja função era, aliás, a de insistir na não adequação dos regimes gerais para resolver os problemas que este tipo de contratação coloca.

Sobre a disposição escreve Raúl Ventura[681]: "Não se percebe bem se «a observância do disposto neste capítulo» se reporta à inclusão, aos efeitos ou à aceitação [...]. «Neste capítulo» e não «neste diploma». Ficam, portanto, fora do conteúdo do contrato singular as cláusulas excluídas por força do art. 8.º. Quanto às cláusulas nulas por força do disposto noutros capítulos, na técnica do diploma parece-me que se inserem no contrato singular e depois (se assim pode dizer-se) são nulas". Não creio que a redacção da norma abra grande espaço para dúvidas: o capítulo em que se encontra inserida ocupa-se das obrigações pré-contratuais de comunicação e de informação e contém outras regras atinentes ao conteúdo dos contratos. A aceitação a que este preceito se refere é aquela que for manifestada com conhecimento completo e efectivo da cláusula aceite e que não deva considerar-se excluída do contrato pelos arts. 8.º e 9.º. Naturalmente que só após a verificação de que uma cláusula consta do contrato concluído cabe a apreciação da respectiva validade.

Final e expressamente, a disposição estabelece que as regras dos arts. 5.º a 9.º deste Decreto-Lei são aplicáveis a qualquer contrato singular a que a contraparte tenha dado a sua aceitação. Mais uma vez se verifica aqui uma aparente restrição do âmbito de aplicabilidade das normas constantes do Capítulo II (que tem a enganosa epígrafe "Inclusão de cláusulas contratuais gerais em contratos singulares") aos contratos concluídos com base em cláusulas contratuais gerais. Este é mais um – de muitos – exemplos do carácter apressado e irreflectido da repercussão no contexto deste diploma da alteração do n.º 2 do art. 1.º. Não é da

679 Com relevo para F. Messineo.

680 *Le autorità private*, cit., pp. 67 a 71.

681 Cit., p. 24.

mesma opinião C. Ferreira de Almeida[682], que diz que a norma foi incluída "no texto legal apenas para dissipar dúvidas que [...] [são] exclusiva[s] das cláusulas contratuais gerais", por contrariar "quaisquer tentações normativistas", sendo "portanto inút[il] [...] na aplicação a contratos de adesão individualizados".

É certo que, como disse, este me parece o aspecto mais relevante do sentido do preceito. Porém, a submissão às disposições dos artigos seguintes, constituintes deste Capítulo II, não é – não deveria ser – privativa dos contratos de adesão celebrados com base em cláusulas contratuais gerais. É verdade que é nestes que as questões de percepção do conteúdo mais frequente e agudamente se colocam, mas nem por isso é de excluir do regime dos arts. 5.º e 6.º os contratos de adesão singularmente celebrados, nem, por maioria de razão – pense-se na inclusão de cláusulas depois da assinatura – o do art. 8.º; a razão de ser dos arts. 7.º e 9.º, por sua vez, procede tanto quanto a uns como quanto a outros dos contratos de adesão.

É, pois, uma das muitas normas cuja redacção deveria ter sido alterada, já que não é apenas aplicável a contratos concluídos com base em cláusulas contratuais gerais, mas a qualquer contrato (ou cláusula) de adesão.

O acórdão do STJ de 18 de Abril de 2006 (pr n.º 06A818, Sebastião Póvoas[683]) afirmou que, "nas cláusulas contratuais gerais, por constarem de texto pré-elaborado, a adesão faz-se com a emissão da proposta e aceitação do modelo", seja o que for que se queira significar.

Artigo 5.º – Comunicação

1. As cláusulas contratuais gerais devem ser comunicadas na íntegra aos aderentes que se limitem a subscrevê-las ou a aceitá-las.

2. A comunicação deve ser realizada de modo adequado e com a antecedência necessária para que, tendo em conta a importância do contrato e a extensão e complexidade das cláusulas, se torne possível o seu conhecimento completo e efectivo por quem use de comum diligência.

682 *Contratos I*, cit., pp. 199-200.

683 *In www.dgsi.pt.*

3. O ónus da prova da comunicação adequada e efectiva cabe ao contratante determinado que submeta a outrem as cláusulas contratuais gerais.

Um dos problemas que a formação, em especial dos contratos em massa – mas que não é exclusivo destes, como ficou dito na anotação precedente, pois um contrato de adesão individual pode apresentar características semelhantes e, não podendo o candidato a contraente negociar o seu conteúdo, os riscos de desconhecimento ou de incompreensão daquele são idênticos –, coloca é patentemente o de o aderente poder não conhecer a totalidade do clausulado contratual e isto quer por ele ser muitas vezes extenso e/ou disperso, quer por se apresentar de uma forma gráfica que desincentiva os aderentes a lê-lo, quer por a minuta de contrato reenviar não raramente para anexos que não integram por definição o texto contratual subscrito, quer ainda porque o sentido de algumas das cláusulas só pode ser compreendido se tidas em conta outra ou outras que têm de ser interpretadas em conexão com aquelas, atribuindo-lhes um sentido diverso do que isoladamente elas aparentam ser o seu, ou porque, finalmente, elas implicam conceitos jurídicos que o aderente desconhece por completo. E não se subestime como factor de desmotivação para o conhecimento do conteúdo do contrato a noção de que ele é inegociável. Não é apenas aos contraentes com pouca cultura e/ou escassos conhecimentos de Direito que isso sucede: como reconhece J. M. Grossen[684], ele próprio verificou não ter tomado conhecimento da maior parte dos contratos *standard* que subscrevera, dizendo que "porventura bastaria fazer a pergunta naquela mesma sala [em que decorria o colóquio] para se descobrir que a minha [sua] confiança cega não representa um caso único". Embora tenha dúvidas acerca de que a motivação do desleixo seja a "confiança cega", o mesmo poderia eu afirmar acerca de mim.

Há autores que atribuem o risco de desconhecimento do conteúdo clausular à inexistência de negociações[685]; adiante[686], a formulação de E. Cesarò é corrigida no sentido de o regime especial dos contratos de adesão se justificar "pela exigência de garantir a *contratualidade efectiva* e não apenas formal das concretas cláusulas onerosas". Não me parece que, à uma, inexistam sempre preliminares e, à outra, que seja essa ausência que explica essencialmente o risco de desco-

684 "Introduction...", *in Les Conditions...*, Actes..., cit., p. 9.
685 Assim Ernesto Cesàro, cit., p. 29.
686 *Ibidem*, p. 30.

nhecimento. As negociações pré-contratuais, muitas vezes presentes nos contratos de adesão, têm motivações e objecto que estão longe de ser esclarecedores do conteúdo do contrato, antes se destinando frequentemente a ocultar os seus aspectos mais gravosos para o aderente, a fim de o incentivar a contratar; e, de qualquer modo, a disparidade das posições das partes constitui sempre um factor decisivo de alheamento do aderente do conteúdo clausular.

J. M. Grossen[687] afirma que "a chamada teoria da confiança, que o direito suíço fez sua, não se desviou ela própria do seu sentido [...] quando acaba por admitir a aceitação de condições gerais que, praticamente, não podiam ser compreendidas".

Michael R. Will[688], em texto que exprime sobretudo a sua discordância do regime da *AGB-G*, diz que a obrigação de comunicação não constitui fundamento de grande entusiasmo, pois não é de esperar que "os consumidores comecem sem mais a limpar os seus próprios óculos para controlar letra por letra todas as cláusulas ou que venham a discuti-las".

Referindo-se à directiva, Martin Ebers[689] observa que as exigências de clareza e de compreensibilidade das cláusulas "se completam e são fáceis de distinguir. As cláusulas [...] são redigidas de forma «clara» quando não existe nenhuma ambiguidade, equívoco ou dúvida possível sobre tais cláusulas. Uma cláusula contratual é «compreensível» quando o consumidor está em condições de compreender o conteúdo essencial das regras". E acrescenta: "Entende-se em geral que a exigência de redacção em termos «claros e compreensíveis» remete tanto para uma exigência de forma quanto para uma exigência de fundo: quanto à forma, o redactor da cláusula deve assegurar-se de que o estilo de redacção das cláusulas é tal que o consumidor consegue compreender os direitos e obrigações essenciais. Será dificilmente o caso quando a aparência externa do documento torna difícil uma percepção das cláusulas ou um reconhecimento de uma estrutura (por exemplo no caso de reenvios frequentes), quando o documento se encontra redigido em caracteres difíceis de ler ou é de uma extensão desproporcionada em relação ao sentido da transacção. Há também uma dimensão substancial, linguística, na exigência de uma redacção clara e compreensível.

[687] Cit., p. 10.
[688] Cit., p. 85.
[689] Cit., p. 462.

Deste ponto de vista o jargão técnico, as frases longas e imprecisas, as declarações fragmentárias, devem ser evitadas tanto quanto possível".

O já referido acórdão do TJUE de 30 de Abril de 2014 – *Árpád Kásler e Hajnalka Káslerné Rábai* contra *OTP Jelzálogbank Zrt*, decidiu que a "esta exigência de redação clara e compreensível aplica-se em quaisquer circunstâncias, incluindo quando uma cláusula está abrangida pelo âmbito de aplicação do artigo 4.º, n.º 2, da Diretiva 93/13 e escapa, portanto, à apreciação do seu caráter abusivo referida no artigo 3.º, n.º 1, desta diretiva".

Há autores que indicam a "complexidade" como uma "característica natural" das cláusulas contratuais gerais: neste sentido, por exemplo, Carvalho Fernandes[690] que escreve: "é também corrente o recurso a cláusulas contratuais gerais verificar-se em negócios de grande vulto e complexidade. Se a esta nota se juntar a circunstância de os conjuntos de cláusulas cobrirem, com frequência, com algum pormenor, todo o conteúdo do contrato, logo se compreende ser a sua *complexidade* uma característica natural". Se, com "natural", o autor pretender significar frequente, não é de discordar; porém, como também observa logo de seguida, não deixam "de valer como cláusulas contratuais gerais conjuntos de disposições particulares relativos apenas a certos pontos do negócio, logo, revestidas de menos complexidade".

Este art. 5.º começa por reafirmar a obrigação de comunicação que já decorre do art. 227.º do Código Civil e que, não fora esta norma, sempre se imporia; constituindo o contrato uma convenção, um acordo, é óbvio que o mínimo exigível, para que dele possa falar-se, é que aqueles que nele intervêm conheçam claramente os elementos sobre os quais manifestam o seu consentimento[691]. Diz Sousa Ribeiro[692], a propósito da possibilidade de "tomar conhecimento completo e efectivo das suas consequências vinculativas", que esta concepção – que designa, e bem, por transparência – se filia "no princípio comum da boa fé, de

[690] Cit., p. 221.

[691] Referindo-se não a estes contratos, mas aos negócios jurídicos de consumo, C. Ferreira de Almeida, "Negócio jurídico de consumo...", cit., pp. 22 a 26, escrevia que, "no direito comum, não há qualquer regra geral que imponha deveres de informação. Pelo contrário, o dever de informar só existe quando especialmente determinado por lei"; não desconhece "a «culpa in contrahendo e a boa fé na formação dos contratos»", a que imputa a função de "flexibilizar", mas não de "abalar" as "tendências que a legislação e a prática dos negócios continuam a consagrar".

[692] "O princípio...", cit., p. 89.

que constitui uma derivação concretizadora". Não utilizando a mesma formulação, suponho que o autor quererá significar o que ficou dito e que é que esta obrigação resulta da boa fé pré-contratual. É que, tal como o autor afirma, na frase imediatamente antecedente, "não há contrato digno desse nome se qualquer dos contraentes não tiver, pelo menos, [...] [aquela possibilidade de conhecimento]". É coessencial à noção de contrato, tal como o foi concebido e permanece, o acordo livre e esclarecido; a boa fé só pode ser invocada na medida em que dela resulta, na fase dos preliminares como na da conclusão do contrato, a obrigação de comunicação, clara e suficientemente informativa, por uma das partes à outra, da integralidade dos elementos constantes da proposta contratual. Já C. Ferreira de Almeida[693], parecendo querer chamar a atenção para a diversidade de modos do cumprimento desta obrigação, afirma, em formulação que me parece excessivamente ousada: "[...] entre as situações extremas de uma simples cognoscibilidade acerca de cláusulas contratuais gerais e a sua plena e pormenorizada assimilação, ...] [há] toda uma graduação. Os artigos. 5.º, 6.º e 8.º da lei portuguesa servem como contributos para o ponto de equilíbrio escolhido pelo nosso ordenamento jurídico". Discordo de Menezes Leitão, quando ele afirma que as "exigências" destes preceitos (5.º a 7.º) "constituem apenas ónus cujo não cumprimento, mesmo que não culposo, acarreta sempre a consequência da exclusão das cláusulas [...] do contrato [...]"[694]. Não são meros ónus, mas obrigações: a exclusão dos contratos constitui uma forma de reparação *in natura* e, como o mesmo autor reconhece, em formulação peculiar: "[...] é [...] possível visualizar ainda a possibilidade de a sua violação acarretar danos gerais, pelo que, havendo culpa do utilizador das cláusulas [...], se poderia equacionar a sua constituição no dever de indemnizar. [...] parece, porém, que esse dever de indemnizar terá por fonte apenas [?] a disposição do art. 227.º, e não os arts. 5.º e 6.º da LCCG que têm natureza estruturalmente distinta". Sem, aparentemente, cuidar de se pronunciar sobre a natureza da vinculação a informar, o acórdão do STJ de 15 de Novembro de 2012 (p n.º 246/10.3YRLSB.S1, Granja da Fonseca[695]) declara que "a sanção para a violação do dever de informação, no regime das cláusulas contratuais gerais, afasta o regime da responsabilidade civil, sendo seu

[693] *Texto e Enunciado...*, cit., p. 883.
[694] 13.ª ed., cit., p. 32.
[695] *In www.dgsi.pt.*

substituto"; é certo que a indemnização tinha sido mal peticionada, mas a afirmação feita em abstracto é censurável, em meu entender.

Como observa Jacques Ghestin[696], foi a mais clara percepção da desigualdade das partes, em particular nos contratos de adesão, que fez com que a lei viesse reiterar e enfatizar esta obrigação de informação do conteúdo do contrato por parte do predisponente à contraparte. E acrescenta: "a jurisprudência que aprecia com maior severidade, relativamente ao profissional, a obrigação que vincula as partes de se informarem elas próprias, completa o regime da responsabilidade pré-contratual dos profissionais, que se integra no conjunto das responsabilidades profissionais, cujo desenvolvimento caracteriza o direito contemporâneo". Se é verdade que foi a verificação da inferioridade negocial do aderente que levou a lei a reafirmar a obrigação de comunicação, especificando que ela deve ser cumprida com a antecedência necessária para que a cláusula possa ser compreendida, não pode esquecer-se que se trata de obrigação pré-contratual geral. Daí que não acompanhe o entendimento de C. Ferreira de Almeida[697], quando este afirma que "a mesma oportunidade temporal (particularmente exigente no seu termo *a quo* – «com a antecedência necessária» – quando se pressuponha a vantagem do predisponente, que já não se justifica quando a vantagem seja inversa)". Na verdade, a ênfase na obrigação pré-contratual de informação decorre inegavelmente da presunção de que as cláusulas são de difícil percepção e também não favorecem o aderente, mas a imposição dela e de requisitos que a tornem adequada para a satisfação do seu objectivo, que é o de facultar ao contraente que não foi autor do conteúdo contratual o seu efectivo conhecimento, não corresponde a uma "particular exigência" que se explique apenas por aquele último factor[698]. Também quanto a uma cláusula que atribua um direito ou faculdade ao aderente, impõe-se o seu conhecimento e compreensão para que possa, se for o caso, exercer o direito que lhe cabe.

Poder-se-ia ter adoptado, para a realização deste objectivo, a orientação primitiva do Código Civil italiano que impunha, para um conjunto de cláusulas, uma aceitação específica, isto é, individual. O *comma* 2.º do art. 1341.º deste Código determinava que um conjunto de cláusulas fosse, uma a uma, necessariamente aceite por escrito, podendo sê-lo separadamente do documento contratual, por

[696] *Traité...*, cit., p. 612.
[697] *Texto e Enunciado...*, cit., pp. 921-922.
[698] Prejuízo resultante da cláusula para o aderente.

transcrição ou referência clara ao seu número ou letra identificadora. Impunha, pois, a lei italiana, desde 1942, uma dupla subscrição das cláusulas que considerava abusivas: a do contrato e a da cláusula assim tipificada. A não aceitação nestes termos tinha, e tem, como consequência a sua nulidade. Esta solução, se tem vantagens de certeza, tem deméritos de estreiteza, pela impossibilidade de prever todos os casos em que a aceitação específica se justifica. Nada obstaria, no entanto, a que a lei tivesse acolhido conjuntamente os dois modelos, até porque a obrigação de comunicação não constitui particularidade inerente a estes contratos e nesta sede é tão-só reafirmada reforçadoramente. Outra solução de chamada de atenção para cláusulas especialmente perigosas para o aderente é, como é sabido e referido, por exemplo, por F. M. B. Reynolds[699], a de impor que elas figurem em caracteres vermelhos ("*red hand*") ou em formato destacado[700]. O art. 54.º § 4.º do Código de Defesa do Consumidor brasileiro dispõe que, nos contratos de adesão, "as cláusulas que implicarem limitação de direito do consumidor deverão ser redigidas com destaque, permitindo a sua imediata e fácil compreensão".

Martin Ebers[701] fala de tomada em consideração "das circunstâncias que rodearam a conclusão do contrato", para significar a chamada de atenção para certas cláusulas, seja pela referência expressa a elas, seja pela informação, mesmo oral, do significado de uma ou de várias cláusulas. Porém, o autor opina que estes comportamentos são insuficientes para dar cumprimento à directiva: dado que esta visa "não apenas assegurar a transparência nos negócios individuais, mas também garantir a realização do mercado interno graças à possibilidade de comparar as condições contratuais dos profissionais nacionais e estrangeiros (transparência do mercado)", "os documentos contratuais devem ser intrinsecamente claros e compreensíveis e não devem tornar-se assim depois de explicação do redactor, posteriormente à conclusão do contrato".

O TJCE no referido caso Comissão contra Reino da Suécia, afirma: "Segundo uma jurisprudência constante, é indispensável que a situação jurídica decorrente das medidas nacionais de transposição seja suficientemente precisa e clara e que os beneficiários sejam colocados em situação de conhecer a plenitude dos seus direitos e, sendo caso disso, de os poder invocar perante os órgãos jurisdi-

[699] Cit., p. 26.

[700] Esta última exigência constava já da lei francesa de 13 de Julho de 1930, relativa aos contratos de seguro.

[701] Cit., pp. 464-465.

cionais nacionais (v., designadamente, acórdãos de 23 de Março de 1995, Comissão/Grécia, C-365/93, Colect., p. I-499, n.º 9, e de 10 de Maio de 2001, Comissão/Países Baixos, C-144/99, Colect., p. I-3541, n.º 17)". No entanto, o acórdão do mesmo Tribunal de Justiça (Terceira Secção) de 3 de Outubro de 2019 (pr n.º C-621/17) – Gyula Kiss contra CIB Banz Zrt., Emil Kiss, Gyuláné Kiss[702], em questão prejudicial, decidiu o seguinte: "o artigo 4.º, n.º 2, e o artigo 5.º da Diretiva 93/13 devem ser interpretados no sentido de que a exigência de que uma cláusula contratual deve ser redigida de forma clara e compreensível não impõe que cláusulas contratuais não negociadas individualmente contidas num contrato de mútuo celebrado com consumidores, como as que estão em causa no processo principal, que determinam precisamente o montante dos encargos de gestão e de uma comissão de disponibilização suportados pelo consumidor, o seu método de cálculo e o momento do seu pagamento, devam igualmente indicar todos os serviços prestados em contrapartida dos montantes em causa".

No sentido de que o dever de comunicação aqui imposto já podia ser detectado nos arts. 227.º, n.º 1, e 232.º do Código Civil, o acórdão de 2 de Maio de 2007 do STJ (pr n.º 07A1337, Sebastião Póvoas[703]): "Devem as partes comportar-se de boa fé (cf. M Ianuzzi in "Bona fede e recesso dalle trattative contratuali no foro", 667) sob pena de responsabilidade por «culpa in contraendo». O artigo 232.º impõe a coincidência entre a aceitação e a oferta relativamente aos elementos essenciais do negócio, sob pena de não conclusão do contrato".

Transcreve esta norma bem como a do artigo seguinte o acórdão do STJ de 23 de Outubro de 2008 (pr n.º 08B2977, Salvador da Costa[704]), dizendo: "Resulta, pois, dos mencionados normativos incumbir à recorrida previamente à outorga do contrato de compra e venda a comunicação à recorrente do conteúdo das cláusulas contratuais nele inseridas, designadamente aquela que se reporta à reserva da propriedade em causa". E, adiante: "Alegou a recorrente não ter a recorrida provado ter o contrato havia sido objecto de prévia negociação, nem que a cláusula de reserva de propriedade lhe tenha sido previamente explicada e comunicada pela última. A regra é no sentido de que àquele que invocar um direito cabe fazer a prova dos seus factos constitutivos (artigo 342.º, n.º 1, do Código Civil). Com efeito, os direitos de que umas pessoas são titulares no con-

[702] *In* http://curia.europa.eu/

[703] *In www.dgsi.pt.*

[704] *In www.dgsi.pt.*

fronto de outras têm a sua origem em factos jurídicos que os constituem, pelo que, se elas deles se pretenderem valer em juízo têm, em regra, de os alegar e provar, ou seja, devem demonstrar a sua realidade. Todavia, a referida regra inverte-se quando haja presunção legal, dispensa ou liberação do ónus de prova ou convenção ou disposição legal nesse sentido (artigo 344.°, n.° 1, do Código Civil). No caso vertente, conforme acima se referiu, resulta da lei que o ónus de prova da comunicação adequada e efectiva cabia à recorrida, ou seja, estamos perante uma excepção ao que se prescreve no n.° 1 do artigo 342.°, prevista genericamente no n.° 2 do artigo 344.°, ambos do Código Civil". No acórdão, também do STJ, de 19 de Junho de 2008 (pr n.° 08B1457, Pereira da Silva[705]), apreciou-se um contrato de seguro em que o aderente subscrevera uma declaração de aceitação expressa de parte das "condições gerais", identificadas pelos respectivos números, sendo o problema discutido o de saber se uma daquelas condições, que não constava da listagem das aceites, deveria considerar-se como integrando o contrato; dado que o aresto concluiu pela baixa do processo à Relação, não chegou a pronunciar-se com clareza sobre a questão. A resposta deveria ser negativa, evidentemente.

O acórdão do mesmo STJ de 29 de Abril de 2010 (pr n.° 5477/8TVLSB.L1.S1, Azevedo Ramos[706]), apreciando um contrato de seguro, decidiu: "A sentença da 1.ª instância entendeu que se deve considerar excluída do contrato a referida cláusula 2ª. das Condições Especiais do contrato de seguro, por não ter sido objecto de adequada comunicação e informação ao segurado. Desde já se pode adiantar que a decisão não merece censura. Com efeito, não logrou provar-se que o teor da mencionada cláusula contratual tivesse sido efectivamente comunicado ao autor. Aquando da celebração do contrato, em 31-10-02, não se provou que a ré facultasse as condições gerais, nem especiais, do mesmo contrato, para que este as pudesse analisar. Ao autor apenas foi garantido que a ré pagaria o crédito caso o mesmo autor ficasse com invalidez absoluta e definitiva e que para ser considerado inválido teria de sofrer uma desvalorização igual ou superior a 60%, o que não está conforme com o teor da questionada cláusula, onde se diz que a invalidez absoluta e definitiva implica uma incapacidade para o exercício de qualquer actividade profissional e a indispensabilidade de assistência constante de terceira pessoa. Nem se diga que o autor assinou o boletim de

[705] *In www.dgsi.pt.*
[706] *In www.dgsi.pt.*

adesão ao seguro, donde consta a referida cláusula. Na verdade, o que se mostra é que o autor assinou a proposta de seguro de acordo com factualidade que não lhe foi devidamente explicada. Do verdadeiro contexto da dita cláusula só podia tomar perfeito conhecimento em Outubro de 2005, quando obteve cópia das condições Gerais e Especiais da apólice de seguro. Daí poder afirmar-se que não existiu uma vontade livre e esclarecida, no momento da subscrição do seguro. Ora, é imperioso que os contraentes conheçam com rigor as cláusulas a que se vão vincular, tanto mais que estamos no domínio específico dos apelidados contratos de adesão, ou de modelos negociais a que pessoas indeterminadas se limitam a aderir sem possibilidade de discussão ou de introdução de modificações. Por isso, devem as mesmas, antes da subscrição e outorga do contrato, ser dadas a conhecer aos aderentes. [...] Assim, ao proponente cabe propiciar à contraparte a possibilidade de conhecimento das cláusulas contratuais gerais, em termos tais que este não tenha, para o efeito, que desenvolver mais do que a comum diligência". Nos contratos de seguro, cumulam-se com frequência "Condições Gerais", "Condições Especiais" e "Condições Particulares", não raro contraditórias, invocando as seguradoras a que mais lhe convém no momento do pagamento que lhe cabe; é exemplar dessa situação a julgada no acórdão do STJ de 29 de Março de 2011 (pr n.º 313/07.0TBSJM.P1.S1, Alves Velho[707]), onde bem se deliberou não atender a um conceito de "invalidez absoluta e definitiva" que resultava de um desses textos.

Inscrevendo-se numa orientação (embora não uniforme e creio que não maioritária) do STJ, o acórdão de 28 de Setembro de 2017 (pr n.º 580/13.0TNLSB.L1.S1, Tomé Gomes[708]) decidiu: "previamente à prova de que a comunicação e a informação existiram e foram adequadas, caberia ao A., pretendendo valer-se da violação desses deveres, alegar tal falta de comunicação e informação". Estava em causa uma situação em que o tomador do seguro contestava a interpretação que a seguradora fazia de uma cláusula: este é um problema de incompreensão da cláusula pelo aderente; tivesse essa sido comunicada adequadamente, e ele não se colocaria, em princípio. Trata-se de uma orientação que, com benevolência, se pode considerar discutível. Se for certo que se está perante um contrato concluído com base em cláusulas contratuais gerais, a lei faz impender o ónus da prova da comunicação (e esclarecimento) sobre o respectivo predisponente.

[707] *In www.dgsi.pt.*
[708] *In www.dgsi.pt.*

Estando demonstrado que tal é o caso, vigora esta regra sobre distribuição do ónus da prova, independentemente de o aderente alegar que não teve conhecimento da(s) cláusula(s) controvertida[709]. No mesmo sentido pode ler-se no acórdão de 7 de Dezembro de 2019 (pr n.º 155/16.2.T8PNF.P1.S1, António Magalhães[710]): "[...] sempre recairia sobre a autora o ónus de alegar na petição (e não na resposta aos documentos) que a seguradora não tinha comunicado à autora as condições do contrato. A falta de comunicação da cláusula de exclusão pela seguradora à segurada/aderente deve ser alegada pelo segurado na petição inicial. [...] também é certo que cabe àquele que se quer fazer valer da violação desses deveres de comunicação e informação o ónus da alegação prévia da factualidade respectiva, ou seja, que aderiu ao texto da cláusula sem que o proponente lha tivesse comunicado (Ac. STJ de 25.5.2006, relator Pereira da Silva [...]). Só depois, pode a ré alegar e provar que a comunicação foi adequada."

O acórdão do STJ de 16 de Outubro de 2014 (pr n.º 2476/10.9YXLSB.L1.S1, Lopes do Rego[711]) entendeu que o cumprimento da obrigação de comunicar o conteúdo do contrato só pode ser avaliado em concreto, pelo que uma cláusula contratual geral que remete para um documento não pode ser considerada válida ou nula, por falta de comunicação no âmbito de acção inibitória, nos seguintes termos: "este dever do Banco/mutuante tem de ser cumprido, não no perímetro do regime das cláusulas contratuais gerais, mas antes no âmbito das relações contratuais concretamente celebradas, cabendo aos respectivos funcionários prestarem ao aderente todas as informações [...] A prestação da informação legalmente devida ao aderente terá, deste modo, de resultar, não integralmente do teor e conteúdo auto-suficiente das próprias cláusulas contratuais gerais, mas do concreto e casuístico cumprimento pelos funcionários do R. de um dever de informação, de modo a que, no momento da celebração do contrato, o aderente esteja consciente dos montantes que essencialmente poderão sobre ele ser repercutidos pelo Banco". O pensamento, no essencial, é correcto, parece-me. Mas não exclui a apreciação no âmbito de acção inibitória do problema (da necessidade/insuficiência) da comunicação/esclarecimento de uma cláusula, designamente quando esta não conste do texto do contrato, mas

[709] Não se trata de ignorar que as pessoas dependem da competência dos seus advogados, mas de evitar que se exija delas o que a lei não pede.

[710] *In www.dgsi.pt.*

[711] *In www.dgsi.pt.*

não só: aquela que nele figure de modo que se torne difícil de apreender[712] deve ser excluída em abstracto.

F. M. B. Reynolds[713] coloca como problema de conhecimento das cláusulas contratuais gerais o que resulta das suas sucessivas versões. Se bem que o problema das "sucessivas versões" haja de ser mais raro num contrato de adesão do que em qualquer outro, designadamente se for longamente negociado, pode acontecer – em especial talvez quando se trate de cláusulas contratuais gerais – que haja alterações, colocando-se a questão do seu conhecimento, agravado pelo facto de o aderente poder não ter sabido de alterações entretanto introduzidas. Não que se trate de dificuldade propriamente jurídica: o contrato concluído tê-lo-á sido com base na versão das cláusulas contratuais gerais (se destas se tratar) conhecidas pelo aderente, como é óbvio; mas que a situação pode suscitar difíceis problemas de prova é inegável.

Ficam afastadas do conteúdo contratual – e, quanto a estas, julgo que a melhor solução não é a de as considerar nulas, mas inexistentes enquanto cláusulas – as estipulações de que o aderente só tome conhecimento em momento ulterior ao da celebração do contrato. Aliás, pode acontecer, como observa, por exemplo, F. M. B. Reynolds[714], que todo o conteúdo das cláusulas contratuais gerais apenas seja cognoscível após a conclusão do contrato; este autor invoca a sua experiência para dizer que, em alguns contratos, designadamente os de seguro, acontecia[ce?] que o segurado só tinha acesso à apólice quando a subscrevia, isto é, no próprio momento em que celebrava o contrato.

Fazendo uma análise circunstanciada do momento da conclusão do contrato, em ordem a verificar se as cláusulas foram conhecidas antes ou apenas depois dela, Anteo Genovese[715] observa que o regime primitivo do art. 1360.º, do Código Civil italiano, segundo o qual o momento relevante seria aquele em que o predisponente tivesse conhecimento da aceitação, não poderia aplicar-se se o aderente fosse o proponente das cláusulas.

[712] Por uma das múltiplas razões que já se deixaram referidas: dimensão dos caracteres, localização, contradição entre o conteúdo e a epígrafe, dificuldade generalizada de compreensão técnica (jurídica ou outra).

[713] Cit., pp. 19-20 e 21.

[714] Cit., p. 22.

[715] "Condizioni generali...", cit., pp. 804-805.

Neste ponto, discordo completamente de Renato Scognamiglio[716], que sustenta que podem ser admitidas, se o aderente souber das cláusulas posteriormente conhecidas em tempo de a elas reagir por via de resolução ou por outra forma. O remédio da resolução do contrato – como se refere a propósito de algumas das cláusulas proibidas nesta lei, nas anotações respectivas – não tem aptidão para a tutela do contraente aderente, quer em sede de garantia de um consenso livre e esclarecido, quer na de forma de reacção a cláusulas abusivas. Quando um sujeito celebra um contrato, fá-lo porque entende que ele constitui o instrumento jurídico de satisfação de um interesse ou necessidade. Escolhido o contrato que vai concluir, com os inerentes custos de procura e de selecção no mercado, fica o sujeito fundadamente convencido de que resolveu o problema que o levara a contratar. A descoberta de pretensas cláusulas que não conhecera no momento da celebração do contrato só pode ter como consequência jurídica a sua não inclusão no negócio. Atribuir ao sujeito desconhecedor, sem culpa, das cláusulas a possibilidade de resolver o contrato constitui uma necessária penalização deste, que só poderá ser atenuada em sede de responsabilidade civil obrigacional. De facto, se o sujeito que exerce o direito de resolução fica colocado na indesejável situação de ver frustrada a legítima convicção de que contratara válida e eficazmente nos termos que conhecia, recolocando-o na situação primitiva, de procura no mercado de instrumento contratual substitutivo, criam-se danos que lhe não são ressarcidos. Para além dos *transaction costs*, poderão ainda verificar-se, com grande probabilidade, danos decorrentes do atraso no início de eficácia do contrato que, a final, virá a ser celebrado válida e eficazmente. Além de que, nos termos gerais, a restituição dos quantitativos eventualmente pagos é feita pelo seu valor nominal, o que, não raro, não corresponde ao dispêndio considerado no momento da restituição; só a actualização monetária desses montantes permitirá que o devedor receba o equivalente àquilo que despendeu. Todos estes prejuízos são desconsiderados por posições como aquela a que se faz referência, sendo certo que, por um lado, a sua reparação implicará diligências – em muitos casos, judiciais – que comportam, também elas, custos, patrimoniais e não patrimoniais, e que não raro levarão o aderente a renunciar ao ressarcimento dos prejuízos que já sofreu. Isto para pôr em relevo aspectos de natureza predominantemente económica e social e não salientar que, de um

[716] *Dei contratti in generale, in Tratatto di diritto civile* diretto da Grosso e Santoro-Passarelli, p. 263.

ponto de vista estritamente jurídico, não tem qualquer sentido admitir a existência de consenso relativamente a aspectos que uma das partes desconhecia.

A remissão para anexos coloca problemas suplementares: ainda que estes sejam disponibilizados, será tendencialmente frequente que o aderente, convencido de que o essencial do regulamento contratual se encontra estabelecido, não atente suficientemente nesses documentos autónomos. Por outro lado, sempre que o contrato careça de forma escrita ou a tenha revestido voluntariamente, é, pelo menos, duvidoso que, se esses anexos não estiverem assinados pelas partes, possa considerar-se que os requisitos de forma estão cumpridos[717].

No quadro deste diploma, parece-me que a remissão para documentos autonomizados do contrato e não assinados pelos contraentes deve ter o regime da al. *d)* do art. 8.º, isto é, serem consideradas cláusulas fixadas depois (ou independentemente, o que será equivalente) da assinatura de algum dos contraentes e, por isso, excluídas do contrato. Não creio que seja a solução mais coerente com a teleologia e a letra da lei a de distinguir entre remissões genéricas e específicas para tais anexos, para considerar as cláusulas nele contidas comunicadas suficientemente, de acordo com o preceito agora em análise.

O art. 2:104 dos *PECL* coloca a questão justamente no âmbito da obrigação de dar a conhecer as cláusulas contratuais, estabelecendo que "as cláusulas que não tenham sido objecto de uma negociação individual não podem ser invocadas contra uma parte que não as conhecia, salvo se a parte que as invoca tiver tomado medidas razoáveis para chamar a atenção da outra para elas antes da conclusão do contrato", e que "a mera referência feita a uma cláusula por um documento contratual não chama a atenção da contraparte para ela de forma satisfatória, mesmo quando esta última assinou o documento".

A questão das cláusulas contidas em documentos separados (ou anexos) para que remete o contrato coloca, pois, adicionais dificuldades quanto a saber se delas foi dado suficiente conhecimento ao aderente, isto é, se o disposto neste preceito foi cumprido. Concordo com Raúl Ventura[718], quando escreve: "acrescentar-se-á que o uso indiscriminado de remissões forçará o aderente a buscas e consultas, muitas vezes fora do seu alcance ou demoradas e excessivas». O que

[717] Sobre a questão, no âmbito das convenções de arbitragem, v. Raul Ventura, cit., pp. 18, 19, 23-24 e 38.

[718] *Ibidem*, p. 38.

vale dizer que, frequentemente, as cláusulas constantes de documentos autónomos não poderão considerar-se comunicadas, nos termos deste art. 5.°. Para a cláusula compromissória, afirma Raúl Ventura que se lhe afigura "que o problema não poderá ser solucionado no âmbito do art. 5.°, mas deve ser situado no campo do art. 6.°". Acrescenta, esclarecendo o seu pensamento, que admite "que a comunicação na íntegra, exigida pelo artigo 5.°, é satisfeita se o texto total das condições gerais foi comunicado sem transcrição das regras ou regulamentos de arbitragem para as quais haja remissões. Já, porém, o dever de informar – artigo 6.° – pode existir, «de acordo com as circunstâncias»".

Martin Ebers[719] observa que há poucos Estados em que a apreciação da transparência seja realizada aquando do controlo do conteúdo, dizendo que "o direito ALEMÃO, desde a modernização do direito das obrigações, prevê que um desequilíbrio significativo possa também resultar do facto de a disposição não ser clara e compreensível (§ 307(1), segunda frase do CC). Isto parece significar que, por ocasião do controlo do conteúdo de uma cláusula, as cláusulas obscuras são por esse facto abusivas, sem que seja necessário verificar suplementarmente um desequilíbrio significativo em detrimento da outra parte. As consequências jurídicas de um incumprimento da obrigação de transparência não se limitam pois a uma interpretação favorável ao consumidor e à não-inserção da cláusula no contrato, mas comportam também a ausência de validade da cláusula no momento do controlo do conteúdo". De acordo com a informação do mesmo autor[720], na Áustria, "a doutrina maioritária considera [...] que o consumidor, mesmo em caso de falta de transparência, pode prevalecer-se de uma interpretação a seu favor", não tendo de se conformar, pois, com a ineficácia da cláusula.

Discordo de Noronha Nascimento[721] quando este afirma que "as cláusulas devem ser comunicadas com antecedência ao utilizador que [...] as possa, assim conhecer completamente de modo a obviar a qualquer surpresa inesperada [*sic*] relativa ao seu conteúdo. Com isto, pretende-se evitar as cláusulas-surpresa, ou seja, aquelas que de forma inesperada surgem inopinadamente ou com um teor invulgar ao destinatário a que se dirigem (art. 5.°)". Não se trata exactamente de evitar "surpresas" no sentido de cláusulas-surpresa, mas tão-só, como consta do

[719] Cit., p. 468.

[720] *Ibidem*, pp. 466-467.

[721] Cit., p. 101.

citado acórdão de 24 de Maio de 2007 do STJ: "O dever de comunicação constante do seu artigo 5.º existe para possibilitar ao aderente o conhecimento antecipado da existência de cláusulas contratuais gerais que irão integrar o contrato singular, bem como o conhecimento do seu conteúdo [...]". No mesmo sentido se pronunciam outros acórdãos do mesmo Tribunal, como, por exemplo, o (já referido) de 18 de Abril de 2006 (Sebastião Póvoas), onde se lê: "Este Supremo Tribunal tem julgado uniformemente que o dever de comunicação referido existe para possibilitar ao aderente o conhecimento antecipado da existência de cláusulas contratuais gerais que irão integrar o contrato singular, bem como o conhecimento do seu conteúdo, exigindo-lhe, para esse efeito, também a ele um comportamento diligente (Acórdão de 2 de Novembro de 2004, CJ/STJ, XII, III, 104; cf. ainda o Acórdão de 28 de Junho de 2005, 05B4052). [...] Trata-se de, e ainda na fase de negociação, ou pré-contratual, comunicar quais as cláusulas a inserir no negócio mas, e também, prestar todos os esclarecimentos necessários, designadamente informando o aderente do seu significado e implicações".

Ainda no mesmo sentido se pronunciou o acórdão do STJ de 8 de Abril de 2010 (pr n.º 3501/06.3TLSB.C1.S1, Lopes do Rego[722]), exprimindo-se da seguinte forma: "[...] a entidade que pretenda inserir cláusulas contratuais gerais nos contratos singulares que celebra deve comunicá-las antes da conclusão do negócio, de modo a proporcionar à contraparte a indispensável reflexão e um conhecimento completo e efectivo do clausulado"; e "este **dever de comunicação**, situado na fase de negociação ou pré-contratual, destina-se a que o aderente possa conhecer, com a necessária antecipação relativamente ao momento da consumação do negócio, o respectivo conteúdo contratual, de modo a **poder apreendê-lo**, nas suas efectivas e reais consequências prático-jurídicas, outorgando-lhe, deste modo, um **espaço de reflexão e ponderação** sobre o âmbito e dimensão das vinculações que lhe irão resultar da celebração do negócio". Perante uma cláusula das "condições gerais" de seguro que afastava a responsabilidade da seguradora pelos danos de um acidente no caso de embriaguez do condutor, o acórdão do STJ de 1 de Junho de 2010 (pr 600/05.2TCFUN.L1.S1, João Camilo[723]) decidiu que, não tendo sido comunicada ao segurado, não se encontrava incluída no contrato. Pelas respostas dadas pelo tribunal vale a pena conhecer os argumentos apresentados pela seguradora: o de que tal exclusão

[722] *In www.dgsi.pt.*
[723] *In www.dgsi.pt.*

consta do regime do seguro obrigatório; o de "que as exigências de celeridade da vida actual não permitem o cumprimento do dever de comunicação e de informação tal como acima a definimos, atenta a forma habitual como se celebram este tipo de contratos"; e o de "que a própria recorrente se serve de cláusula de igual teor nos contratos que celebra, como proponente de cláusulas contratuais gerais". Ao 1.º, respondeu o aresto: "nada impedia que não existisse neste concreto tipo de seguro que, neste aspecto, está para além do seguro obrigatório"; ao 2.º: "as práticas negociais usuais devem ser adaptadas aos preceitos legais e não estes se devem submeter a essas práticas que claramente as violem"; e ao último: "existência da cláusula 37 acima referida não é inerente ou obrigatório na celebração deste tipo de contratos, que a pode prever ou não conforme as partes acordarem, ou a proponente assim entender – e o aderente, devidamente informado, o aceite". Seria fastidioso expor todas as decisões que, acertadamente, o STJ tem tomado relativamente à exclusão deste tipo de cláusulas. Deixa-se uma refrência ao acórdão de 2 de Junho de 2015 (pr n.º 109/13.0TBMLD.P1.S1, Helder Roque[724]), e ao de 4 de Maio de 2017 (pr n.º 1961.13.5TVLSB.L1.S1, Lopes do Rego), que qualifica as cláusulas não comunicadas ou não informadas como "totalmente nulas", "por o afastamento ou exclusão da quase totalidade das cláusulas que integravam a disciplina contratual gerar uma indeterminação insuprível dos termos e conteúdo essencial do negócio ou originar um desequilíbrio das prestações gravemente lesivo da boa fé".

Se bem que o conteúdo do aresto encontre fundamento na Lei Uniforme relativa a Letras e Livranças, é difícil concordar com a seguinte formulação do sumário: "As cláusulas contratuais gerais devem ser comunicadas na íntegra, e explicadas quando se justifique a sua aclaração, à parte aderente, já não tendo de o ser aos garantes desta", do acórdão do STJ de 13 de Fevereiro de 2007 (pr n.º 06A4617, Silva Salazar[725]). Na verdade, tendo a garantia de uma obrigação natureza acessória relativamente a ela, à uma, o garante encontra-se, como regra, na posição de aderente que é a do devedor, e, à outra, a exclusão do contrato (ou a nulidade), total ou parcial, da obrigação principal arrasta consigo a mesma consequência jurídica quanto à obrigação de garantia. É esta a solução geral que resulta do art. 311.º do Anteprojecto de Código do Consumidor sempre que o garante não actue no âmbito da sua actividade profissional.

[724] *In www.dgsi.pt.*
[725] *In www.dgsi.pt.*

A Lei de Defesa do Consumidor ocupa-se, também ela, nos seus arts. 8.º e 9.º, da obrigação de comunicação – designada por dever de informação e por dever de protecção dos interesses económicos do consumidor[726].

[726] Dispõe o primeiro daqueles artigos: "1 – O fornecedor de bens ou prestador de serviços deve, tanto na fase de negociações como na celebração de um contrato, informar o consumidor de forma clara, objectiva e adequada, a não ser que essa informação resulte de forma clara e evidente do contexto, nomeadamente, sobre: a) As características principais dos bens ou serviços, tendo em conta o suporte utilizado para o efeito e considerando os bens ou serviços em causa; b) A identidade do fornecedor de bens ou prestador de serviços, nomeadamente o seu nome, firma ou denominação social, endereço geográfico no qual está estabelecido e número de telefone; c) Preço total dos bens ou serviços, incluindo os montantes das taxas e impostos, os encargos suplementares de transporte e as despesas de entrega e postais, quando for o caso; d) Modo de cálculo do preço, nos casos em que, devido à natureza do bem ou serviço, o preço não puder ser calculado antes da celebração do contrato; e) A indicação de que podem ser exigíveis encargos suplementares postais, de transporte ou de entrega e quaisquer outros custos, nos casos em que tais encargos não puderem ser razoavelmente calculados antes da celebração do contrato; f) As modalidades de pagamento, de entrega ou de execução e o prazo de entrega do bem ou da prestação do serviço, quando for o caso; g) Sistema de tratamento de reclamações dos consumidores pelo profissional, bem como, quando for o caso, sobre os centros de arbitragem de conflitos de consumo de que o profissional seja aderente, e sobre a existência de arbitragem necessária; h) Período de vigência do contrato, quando for o caso, ou, se o contrato for de duração indeterminada ou de renovação automática, as condições para a sua denúncia ou não renovação, bem como as respetivas consequências, incluindo, se for o caso, o regime de contrapartidas previstas para a cessação antecipada dos contratos que estabeleçam períodos contratuais mínimos; i) A existência de garantia de conformidade dos bens, com a indicação do respetivo prazo, e, quando for o caso, a existência de serviços pós-venda e de garantias comerciais, com descrição das suas condições; j) A funcionalidade dos conteúdos digitais, nomeadamente o seu modo de utilização e a existência ou inexistência de restrições técnicas, incluindo as medidas de proteção técnica, quando for o caso; k) Qualquer interoperabilidade relevante dos conteúdos digitais, quando for o caso, com equipamentos e programas informáticos de que o fornecedor ou prestador tenha ou possa razoavelmente ter conhecimento, nomeadamente quanto ao sistema operativo, a versão necessária e as características do equipamento; l) As consequências do não pagamento do preço do bem ou serviço. 2 – A obrigação de informar impende também sobre o produtor, o fabricante, o importador, o distribuidor, o embalador e o armazenista, por forma que cada elo do ciclo produção-consumo possa encontrar-se habilitado a cumprir a sua obrigação de informar o elo imediato até ao consumidor, destinatário final da informação. 3 – Os riscos para a saúde e segurança dos consumidores que possam resultar da normal utilização

Tem também oportunidade ter em conta o art. 20.º do Anteprojecto do Código do Consumidor sobre esta matéria (que será citado na anotação ao artigo seguinte), constituindo o seu art. 206.º transcrição deste art. 5.º.

Ignoro se a adopção de orientações político-legislativas impositivas de comportamentos mais especificamente informativos do conteúdo clausular destes modelos contratuais (refiro-me naturalmente em especial aos contratos *standard*) teria a virtualidade de, de um ponto de vista económico de regulação do mercado, contribuir significativamente para o acréscimo do carácter realmente concorrencial deste. Embora haja quem afirme que o aderente não tem em conta as condições dos modelos contratuais de que, em alternativa, dispõe, ao

de bens ou serviços perigosos devem ser comunicados, de modo claro, completo e adequado, pelo fornecedor ou prestador de serviços ao potencial consumidor. 4 – Quando se verifique falta de informação, informação insuficiente, ilegível ou ambígua que comprometa a utilização adequada do bem ou do serviço, o consumidor goza do direito de retractação do contrato relativo à sua aquisição ou prestação, no prazo de sete dias úteis a contar da data de recepção do bem ou da data de celebração do contrato de prestação de serviços. 5 – O fornecedor de bens ou o prestador de serviços que viole o dever de informar responde pelos danos que causar ao consumidor, sendo solidariamente responsáveis os demais intervenientes na cadeia da produção à distribuição que hajam igualmente violado o dever de informação. 6 – O dever de informar não pode ser denegado ou condicionado por invocação de segredo de fabrico não tutelado na lei, nem pode prejudicar o regime jurídico das cláusulas contratuais gerais ou outra legislação mais favorável para o consumidor. 7 – O incumprimento do dever de informação sobre as consequências do não pagamento do preço do bem ou serviço determina a responsabilidade do fornecedor de bens ou prestador de serviços pelo pagamento das custas processuais devidas pela cobrança do crédito. 8 – O disposto no n.º 1 aplica-se também aos contratos de fornecimento de água, gás ou eletricidade, caso não sejam postos à venda em volume ou quantidade limitados, aos de aquecimento urbano ou aos de conteúdos digitais não fornecidos em suporte material".

Do art. 9.º da mencionada Lei são relevantes as seguintes disposições: "1 – O consumidor tem direito à protecção dos seus interesses económicos, impondo-se nas relações jurídicas de consumo a igualdade material dos intervenientes, a lealdade e a boa fé, nos preliminares, na formação e ainda na vigência dos contratos. 2 – Com vista à prevenção de abusos resultantes de contratos pré-elaborados, o fornecedor de bens e o prestador de serviços estão obrigados: *a)* À redacção clara e precisa, em caracteres facilmente legíveis, das cláusulas contratuais gerais, incluindo as inseridas em contratos singulares; *b)* À não inclusão de cláusulas em contratos singulares que originem significativo desequilíbrio em detrimento do consumidor. 3 – A inobservância do disposto no número anterior fica sujeita ao regime das cláusulas contratuais gerais".

decidir da conclusão de contratos, não me parece – salvo estudos sociológicos efectivamente demonstrativos deste desinteresse (ou irremediável ignorância) pelo clausulado que não constitua o essencial económico dos contratos – que assim seja inelutavelmente, nem, sobretudo, que tal circunstância justifique a demissão do poder legislativo de usar todos os instrumentos à sua disposição para, não protegendo as empresas, contribuir para o aumento das condições de concorrência, em particular no quadro de políticas neo-liberais, de cujos fundamentos faz parte a integral transparência[727]. Não pode ignorar-se a verdade do que diz, por exemplo, Verónica Glibota Landrie[728], quando observa que é de fácil comprovação empírica que "os consumidores, mais do que a qualidade do produto, tomam em conta o preço no momento de escolher o que vão adquirir [...] e pouco lhes importam as condições que estes [ofertantes no mercado] lhes imponham», excepto se tais condições respeitarem ao bem e ao preço; aliás, como a autora também diz, seria ineficiente, de um ponto de vista económico, que os consumidores, com os escassíssimos recursos de que dispõem, procurassem comparar as cláusulas contratuais gerais que o mercado lhes oferece, em ordem a escolher as que mais os satisfizessem do ponto de vista económico e jurídico.

Sousa Ribeiro[729] opina que "a concentração do tecido industrial é um dado irreversível, inscrito na lógica objectiva da evolução do processo produtivo", não sendo, "pois, «um mal em si», propiciando, pelo contrário, mais elevados níveis de eficiência e de produtividade". De onde retira a conclusão de que "o modelo ideal da concorrência perfeita, para além de irrealizável [...] não seja sequer desejável", pelo que "a intervenção controladora mais não pode, assim, [?] do que pretender atenuar os efeitos negativos desse fenómeno [...]. A tarefa (oculta ou assumida) daquelas medidas não é, pois, a de preservar ou restaurar o funcionamento em pleno do modelo de concorrência, mas, mais modestamente, a

[727] Exemplo de regime que impõe a prestação de um conjunto de informações aos candidatos a contraentes, especificando que tais informações serão as "necessárias para [o consumidor] comparar diferentes ofertas, a fim de este tomar uma decisão esclarecida e informada" é o do Dec.-Lei n.º 133/2009, de 2 de Junho, alterado, nomeadamente, pelos Decs.-Lei n.ºs. 72-A/2010, de 17 de Junho, 42-A/2013, de 28 de Março, e 74-A/2017, de 23 de Junho, que tem por objecto contratos de crédito a consumidores.

[728] Cit..

[729] [703] *Cláusulas contratuais ...*, cit., p. 192, nota 390.

de garantir a sobrevivência, pelo menos em sectores residuais, de uma *workable competition* [...]".

Alguns aspectos justificam observações suplementares.

O primeiro é que é pena – embora não tenha excessiva esperança na eficácia deste modo de tutela do conhecimento – que não se tivesse aproveitado o ensinamento do então art. 10.º, n.º 1-*b)* da já referida Lei espanhola n.º 26/1984, de 19 de Julho[730], para impor a entrega ao aderente de um exemplar do contrato, quando escrito, devidamente explicado. Este aspecto já se encontra acautelado – se bem que com a limitação do âmbito de aplicabilidade que aquele Código previsivelmente terá – no Anteprojecto do Código do Consumidor, cujo art. 195.º, relativo à forma dos contratos, dispõe, no seu n.º 1-*e)*, que "o profissional deve entregar ao consumidor uma cópia ou um duplicado do documento de onde conste todo o texto contratual", sendo, contudo, a consequência da omissão desta obrigação, para além do direito de resolução do contrato, o "direito à indemnização dos danos sofridos pelo consumidor". Quanto à insuficiência destas consequências, reiteram-se as observações que ficaram feitas *supra*. É de assinalar, porém, que aquele Anteprojecto, ao ocupar-se do regime de viagens turísticas, dispõe, no n.º 2 do seu art. 365.º, que, "quando seja obrigatório contrato escrito, a agência deve ainda informar o cliente de todas as cláusulas a incluir no respectivo documento", sendo, pois, passível de interpretação segundo a qual, se não for imposta a forma escrita para o contrato, pode a "agência" omitir a informação "sobre todas as cláusulas contratuais", o que não pode autorizar-se. No direito vigente, o Dec.-Lei n.º 133/2009, de 2 de Junho, relativo aos contratos de crédito aos consumidores, impõe a entrega de um exemplar do contrato "a todos os contraentes, incluindo os garantes", no momento da assinatura do contrato de crédito", implicando a omissão dessa entrega uma nulidade do contrato (bem como a nulidade da garantia) apenas invocável pelo mutuário[731]. É curioso assinalar que este Dec.-Lei n.º 133/2009 dispõe que, a solicitação do interessado e gratuitamente, antes da conclusão do contrato, lhe seja entregue "uma cópia da minuta do contrato de crédito", medida que pode assumir papel até mais relevante do que a da entrega de exemplar do contrato já feito (embora não se trate de medidas alternativas, como o diploma demonstra).

[730] Entretanto, a matéria foi tratada no art. 63.º, n.º 1, do Real Decreto Legislativo n.º 1/2007, de 16 de Novembro.

[731] Sobre este aspecto, v. ac. do STJ de 7 de Julho de 2009 (João Camilo).

Poderia, pois, a lei ter imposto que – sempre que possível, isto é, pelo menos quando o contrato é escrito – tivesse o predisponente de entregar um exemplar do contrato ao aderente, como o faz, por exemplo, este último diploma. Se essa entrega não garante o efectivo conhecimento do conteúdo contratual, mormente a sua compreensão, ela constitui um contributo relevante nesse sentido, quando suficientemente anterior à conclusão do contrato e, na fase subsequente a ela, tem a vantagem de habilitar o aderente com os elementos que lhe permitem conhecer os seus direitos, especialmente nos casos em que não haja perfeito cumprimento por parte do predisponente das suas obrigações contratuais. Sublinhando a importância desta imposição pelo referido diploma, lê-se no já citado acórdão do STJ de 28 de Abril de 2009 (Fonseca Ramos) que: "Só de posse do exemplar do contrato, no momento da sua perfeição, pode o consumidor inteirar-se do seu conteúdo, sopesar as vantagens e desvantagens do contrato, ajuizar da informação prestada pelo proponente, dissipar dúvidas e assegurar-se da *transparência da negociação*"[732].

Jacques Ghestin[733], depois de expor os regimes de vários contratos com consumidores, opina que "a melhor solução pode talvez ser a inserção literal no contrato de um texto informativo que exponha as disposições tuteladoras, sem que se confunda exactamente com estas".

A redacção do n.º 2 é deliberada e inevitavelmente vaga, porque o conteúdo concreto da obrigação de comunicação depende do tipo de contrato, das circunstâncias da conclusão dele, do seu objecto e conteúdo, da natureza e da preparação das partes que nele intervêm. Trata-se de obrigação de extensão e intensidade variáveis, em função da condição relativa das partes, da complexidade (quer jurídica, quer técnica) do conteúdo contratual, bem como de outras circunstâncias da concreta situação em que o contrato é concluído. Por vezes, é a natureza do objecto que cria a obrigação de comunicação: como observa Muriel Fabre-Magnan[734], se se trata de um bem ou produto novo, é imperioso que o seu vendedor ou fornecedor explique as suas características e modo de utilização ao aderente; esta obrigação atenuar-se-á à medida que o bem começar

[732] Como já ficou referido, Martin Ebers, cit., p. 390, lamenta que a Directiva n.º 93/13/CE "não indique expressamente que o profissional tenha a obrigação de fornecer ou de pôr à disposição o documento que contém as cláusulas nos casos em que o contrato é normalmente escrito".

[733] *Traité...*, cit., p. 604.

[734] *De l'Obligation d'information dans les Contrats*, pp. 414-415.

a ser mais conhecido e divulgado. Nas palavras da mesma autora[735], a obrigação é "personalizada". É curioso observar como o já citado Dec.-Lei n.º 133/2009, de 2 de Junho, impõe, no seu art. 7.º, um "dever de assistência ao consumidor", isto é, que "o credor e, se for o caso, o mediador de crédito" esclareçam "de modo adequado o consumidor, por forma a colocá-lo em posição que lhe permita avaliar se o contrato de crédito proposto se adapta às suas necessidades e à sua situação financeira [...]". Porém, no essencial, não pode discordar-se de Antônio Junqueira de Azevedo[736], quando este escreve: "[...] especialmente na fase pré-contratual dos contratos de aquisição de bens, o dever de informar se limita, a nosso ver, ao conteúdo do contrato, especialmente às qualidades essenciais do objeto, e não à oportunidade ou vantagem do contrato (isto é, se a mercadoria, dentro em pouco, vai ficar mais barata ou se há, no mercado, outra superior pelo mesmo preço); quanto a esses dois pontos, vale a velha máxima *caveat emptor*, «cuide-se o comprador»".

Referindo-se apenas aos contratos com consumidores, pode considerar-se de teor geral a afirmação de Netto Lôbo[737]: "Cumpre-se o dever de informar quando a informação recebida pelo consumidor típico preencha os requisitos de adequação, suficiência e veracidade. Os requisitos devem estar interligados. A ausência de qualquer deles importa descumprimento do dever de informar"[738].

[735] *Ibidem*, pp. 421-422.

[736] "Responsabilidade Pré-contratual no Código de Defesa do Consumidor: Estudo Comparativo com a Responsabilidade Pré-contratual no Direito Comum", *in Revista de Direito do Consumidor*, 18, Abril/Junho-1996, p. 28.

[737] Cit., p. 64.

[738] E continua: "A *adequação* diz com os meios de informação utilizados e com o respectivo conteúdo. Os meios devem ser compatíveis com o produto ou o serviço determinados e com o consumidor destinatário típico. Os signos empregados (imagens, palavras, sons) devem ser claros e precisos, estimulantes do conhecimento e da compreensão. No caso de produtos, a informação deve referir à composição, aos riscos, à periculosidade. [...] A *suficiência* relaciona-se com a completude e integralidade da informação. Antes do advento do direito do consumo, era comum a omissão, a precariedade, a lacuna, quase sempre intencionais, relativamente a dados ou referências não vantajosas ao produto ou serviço. A ausência de informação sobre o prazo de validade de um produto alimentício, por exemplo, gera confiança no consumidor de que possa ainda ser consumido, enquanto a informação suficiente permite-lhe escolher aquele que seja de fabricação mais recente. Situação amplamente divulgada pela imprensa mundial foi a das indústrias de tabaco que sonegaram informação, de seu domínio, acerca dos danos à saúde dos consumidores. Insuficiente é, também, a informação que reduz, de modo proposital,

Embora não se trate de aspecto essencialmente diverso do do regime das obrigações pré-contratuais em geral, sublinha-se com Muriel Fabre-Magnan que a existência de uma relação de confiança entre as partes – resultante, por exemplo, de terem já realizado outros contratos anteriormente – pode levar à extensão da obrigação de comunicação, isto é, a que o predisponente forneça informações que a contraparte poderia, ela própria, obter se se informasse auto-

as conseqüências danosas pelo uso do produto, em virtude do estágio ainda incerto do conhecimento científico ou tecnológico. Problema mais delicado diz respeito ao chamado risco do desenvolvimento. Considera-se assim o lançamento do produto ou do serviço, que posteriormente vem a ser demonstrado inadequado ou inseguro em virtude do desenvolvimento científico ou tecnológico. No momento em que foram concebidos ou desenvolvidos mostravam-se compatíveis com o nível do conhecimento existente. No Brasil, a tendência é desconsiderar o risco do desenvolvimento como excludente de responsabilidade, enquadrando-o nos riscos da atividade do fornecedor. Pessoalmente [...], entendo que, no geral, o risco de desenvolvimento deve ser considerado como exoneratório de responsabilidade. Todavia, a falta de informação suficiente acerca do estágio do conhecimento científico e tecnológico sobre a matéria infringe o dever de informar, pois sonega dados necessários à escolha do consumidor. [...] É de se ter como unívocos os significados de *state of the art* (o produto está de acordo com os padrões correntes na data de seu lançamento) e risco de desenvolvimento (o produto não alcançou o nível de qualidade e segurança que seria lícito esperar, na da de seu lançamento), que a doutrina estrangeira busca distinguir. Exemplifica-se a primeira hipótese com o cinto de segurança nos automóveis que não se tinha como necessário décadas atrás; a segunda, com a inadequação do produto por excessiva toxicidade, apenas mais tarde reconhecida. [...] O Código do Consumidor brasileiro foi omisso a respeito, o que levou parte da doutrina a sustentar a impossibilidade da exoneração da responsabilidade por tal motivo, permanecendo imputável o fornecedor. O principal argumento é que a lei brasileira adota a responsabilidade objetiva, mercê do risco criado pela atividade econômica, não possuindo os consumidores meios de conhecerem os riscos que determinado produto encerra. A *veracidade* é o terceiro dos mais importantes requisitos do dever de informar. Considera-se veraz a informação correspondente às reais caracterísitcas do produto e do serviço, além dos dados corretos acerca de composição, conteúdo, preço, prazos, garantias e riscos" – pp. 64 e 65.

No Direito português, o art. 5.º-*e*), do Dec.-Lei n.º 383/89, de 6 de Novembro, estabelece que o "produtor não é responsável se provar [...] que o estado dos conhecimentos científicos e técnicos, no momento em que pôs o produto em circulação, não permitia detectar a existência do defeito". Esta regra resulta da transposição do art. 7.º-*e*), Directiva 85/374/CEE do Conselho, de 25 de Julho de 1985, relativa à aproximação das disposições legislativas, regulamentares e administrativas dos Estados-Membros em matéria de responsabilidade decorrente dos produtos defeituosos.

nomamente. Atente-se, contudo, em que a existência de anteriores relações entre os mesmos sujeitos pode levar a consequência oposta, isto é, pode resultar dessas relações havidas a desnecessidade de prestação de informações, que, por já serem conhecidas, sejam justificadamente omitidas[739].

Também a ausência de contacto directo entre as partes pode fazer com que as obrigações de comunicação e de informação sejam mais extensas, pois a indeterminação dos possíveis contraentes impõe que, sendo previsível que muitos deles sejam ignorantes dos aspectos jurídicos e/ou materiais dos contratos, seja fornecida toda a informação apta a esclarecer todos os candidatos a aderentes, sejam quais forem as respectivas qualificações. Por certo por apenas se ocupar do dever de informação do fornecedor em relação ao consumidor, Netto Lôbo[740] diz que "o consumidor objetivamente considerado é um tipo ideal, médio, para fins de identificação jurídica, ou seja, é o tipo médio a que se destina o produto ou serviço. O tipo ideal ou médio é transpessoal, ultrapassa os interesses e condições individuais ou subjetivos e envolve o interesse coletivo de todos os destinatários, no tempo e no espaço [...] Em alguns casos, o consumidor típico é qualquer um, inclusive o iletrado, para o qual a informação deve ser a mais simples e acessível possível, como se dá com os produtos alimentícios postos à disposição em supermercados. Em outros casos, certo grau de informação técnica é necessário para o consumidor típico, como se dá com produtos de informática". O mesmo autor[741] entende que o dever de informação só se pode considerar cumprido quando ela for adequada, suficiente e verdadeira, sendo a adequação resultante da compatibilidade dos "meios" "com o produto ou o serviço deter-

[739] Chama a atenção para a importância da "interdependência dos contratos", isto é, para as situações em que o aderente celebra dois contratos, de tal modo que cada um só tem sentido em função do outro – ou seja, em união intrínseca, muito embora não sejam comuns as partes – como acontece, por exemplo, no mútuo para a aquisição de um bem ou de um serviço –, Gilles Paisant, "O Código do Consumo e o Anteprojeto de Reforma do Direito das Obrigações. Que influência e que harmonização?", *in Revista da Faculdade de Direito da Universidade Federal do Rio Grande do Sul*, edição especial, *Homenagem à Cooperação Académica UFRGS-França*, Maio, 2008, p. 72.

[740] Cit., p. 63.

[741] *Ibidem*, pp. 64 e ss..

minados e com o consumidor destinatário típico"[742], e a suficiência relaciona-se "com a completude e integralidade [...]"[743].

Muriel Fabre-Magnan[744] salienta que o predisponente tem de "insistir em todos os riscos criados pelo contrato. Em especial, certas cláusulas podem gerar obrigações particulares a cargo do aderente, impor-lhe por exemplo um comportamento determinado, sob pena de perder uma parte dos seus direitos; [...] O proponente deve assinalar de forma expressa à sua contraparte a presença das cláusulas mais «perigosas», isto é, em especial, daquelas que derrogam o direito comum dos contratos". Embora a autora esteja a pensar em particular nos riscos jurídicos criados pelo próprio contrato, é de assinalar que o aspecto de prevenção de riscos reveste especial relevância em contratos que, pela natureza, tipo ou destino, dos bens ou serviços, são susceptíveis de criar riscos de índole variada – sendo, em certos casos, muito graves, pois podem ser de vida ou de saúde – para o aderente ou pessoas com quem ele partilhe o objecto do contrato ou a quem este se destine. Para além destes, há tipos contratuais a que são inerentes riscos, mais ou menos grandes, de perda de bens, o que também têm de ser objecto de particular esclarecimento por parte do predisponente.

Constituindo a minuta contratual um texto muito extenso, mesmo quando apresentado de modo graficamente uniforme, nos casos em que o aderente não tenha tido o cuidado de o ler na íntegra, saber se o dever de comunicação foi efectivamente cumprido depende, pois, da natureza e importância do contrato, da sua complexidade jurídica ou outra, das circunstâncias em que foi celebrado, da preparação intelectual ou cultural do aderente, entre outros factores[745]. Se pode admitir-se que um destinatário que "use de comum diligência" não se dê

[742] O autor dá o seguinte exemplo: quanto a um medicamento, "a informação pode estar neutralizada pela informação publicitária contida na embalagem ou na bula impressa interna. Nessa hipótese, a informação não será adequada, cabendo ao fornecedor provar o contrário".

[743] "Insuficiente é [...] a informação que reduz, de modo proposital, as consequências danosas pelo uso do produto, em virtude do estágio ainda incerto do conhecimento científico e tecnológico". O autor detém-se, como já se viu, no tratamento do "chamado risco do desenvolvimento" (*ibidem*, p. 65).

[744] *Ibidem*, p. 413.

[745] O já referido ac. do STJ de 8 de Abril de 2010 (Lopes do Rego) contém a seguinte formulação: "Os deveres de comunicação e de informação, estabelecidos nos arts. 5º e 6º, nº 1, do DL 446/85, – cujo âmbito se determina em concreto, perante o nível cultural revelado pelo aderente e a complexidade do negócio e extensão do clausulado [...]"

o tempo e o cuidado de ler atentamente um longo texto contratual relativo a negócio de pouca importância, já será porventura exigível que o faça quando esteja perante a decisão de realizar um contrato de relevância significativa, pelos valores envolvidos, pela duração do vínculo ou pela essencialidade do interesse que visa satisfazer. Como é compreensível que um sujeito, sob pressão da contraparte, aceite o modelo contratual sem o analisar circunstanciadamente, convencido de que, se não fizer, perderá uma grande oportunidade (subjectiva ou objectiva) negocial. Suscitam-me, no mínimo, as maiores dúvidas as seguintes afirmações – sem prejuízo de admitir que tenha sido acertada a decisão no caso concreto – do mencionado acórdão de 24 de Maio de 2007 do STJ: "Remeter a minuta do contrato, com todas as suas cláusulas, ao outro outorgante, dando-lhe, em consequência, tempo para as analisar, «per si», no recato da sua sede, satisfaz plenamente aquele dever já que o declaratário normalmente diligente, ao receber um texto a que se vai vincular, deve fazer a sua leitura, analisando-o «pari passu». E note-se que a protecção daquele diploma – com as alterações dos Decs.-leis nºs. 220/95, de 31 de Agosto e 249/99, de 7 de Julho, em sintonia com as orientações comunitárias da Directiva n.º 93/13/CEE, do Conselho, de 5 de Abril de 1993 – JO, n.º L095, de 21 de Abril de 1993, p. 29 – embora sem proceder a qualquer «distinguo», mais importa para o consumidor individual do que para as sociedades comerciais. [...] uma sociedade comercial (como, aqui, é a única recorrente) tem, em princípio, ao seu dispor toda uma logística e a experiência de uma prática negocial que menos a vulnerabiliza". Não vejo em que medida se possa dizer, em abstracto, que a protecção do aderente, de que constitui instrumento a obrigação de comunicação do conteúdo clausular, se dirige mais ao consumidor do que à contraparte profissional ou societária; como não compreendo que a mera remessa da minuta de contrato possa, sempre em abstracto, considerar-se como cumprimento do dever de comunicação. Como não subscrevo o seguinte passo do acórdão do STJ de 24 de Março de 2011 (pr n.º 1582/07.1TBAMT-B.P1.S1, Granja da Fonseca[746]): "[...] perante actos correntes e em face de aderentes dotados de instrução básica, a presença de formulários assinados pressupõe que eles os entenderam; caberá, então, a estes demonstrar quais os óbices. Já perante um analfabeto, impõe-se um atendimento mais demorado e personalizado". Na verdade, um aderente "dotado de instrução básica", colocado perante um formulário, só muito raramente se aperceberá

[746] *In www.dgsi.pt.*

do seu efectivo conteúdo. Restringir aos analfabetos a dificuldade de conhecimento da extensão das obrigações do fiador em contratos bancários de mútuo é recusar compreender a letra e o espírito deste Decreto-Lei.

Se, como ficou repetidamente acentuado, a pessoa do aderente/declaratário, com os seus conhecimentos, aptidões, instrumentos de apoio e outras características, é um dos factores relevantes para estabelecer a medida da obrigação de informação do predisponente, não pode dizer-se, salvo face à concreta situação, que uma sociedade esteja necessariamente mais bem apetrechada ou em melhores condições para compreender o conteúdo contratual do que um sujeito individual. Por outro lado, se a entrega de um exemplar do modelo contratual impresso ao possível aderente é – como, aliás, também ficou dito – um elemento interessante para a tomada de conhecimento deste, não pode ser considerada suficiente para alcançar a finalidade legal de tornar "possível o seu [do contrato] conhecimento completo e efectivo por quem use de comum diligência"[747].

Por vezes o conteúdo contratual é complexo, não por sê-lo juridicamente, mas, por ser técnica ou tecnologicamente sofisticada a coisa que é objecto do negócio, e uma das partes a conhecer bem e a outra não. Significa isto, por exemplo, que um comprador de um computador, técnico de informática, usando de diligência média, perceberá muito mais depressa, com muito mais facilidade e de uma forma muito mais completa, as características e as potencialidades do aparelho que vai adquirir, do que alguém que seja ignorante na matéria.

A diligência média é, pois, uma diligência que varia, ela própria, em função das características do sujeito, como genericamente acontece com os arquétipos

[747] No ac. do STJ de 8 de Abril de 2010 *supra* referido diz-se: "este (o aderente], ao assinar o **contrato promessa de compra e venda** do veículo, não podia razoavelmente **deixar de se aperceber** que a aquisição da propriedade da viatura estava **diferida** para o termo do pagamento das prestações mensais acordadas (sendo manifesto que qualquer cidadão, mesmo que dotado de um fraco nível cultural, tem seguramente noção do que representa a banal e corrente celebração de uma promessa de venda, não a confundindo seguramente com a realização de um acto **imediatamente translativo** da propriedade). [...] Por estas razões, era conhecido ou cognoscível por um aderente que actuasse com o grau de diligência exigível que o negócio celebrado não implicava a **imediata aquisição da propriedade** da viatura, não se considerando, consequentemente, excluídas do contrato celebrado as cláusulas consubstanciadas, desde logo, no contrato promessa, bem como aquelas que pressupunham que a propriedade do veículo cuja fruição cabia ao locatário permaneceria na esfera jurídica da entidade locadora, até ao momento de realização do contrato prometido, a que se vinculara".

a que a lei recorre, que têm se ser colocados necessariamente nas condições em que o sujeito real se encontra (ou encontrava). O padrão de diligência acolhido pela lei tem de variar em razão da preparação cultural do aderente[748] e da consequente maior ou menor vulnerabilidade dele a argumentos persuasivos do outro contraente – o que é particularmente frequente provindo dos agentes das empresas –, e da sua maior ou menor preparação para compreender a importância do contrato e do seu conteúdo. Se estou de acordo com Muriel Fabre-Magnan[749] na afirmação de que as obrigações de comunicação e de informação não têm de se transformar em obrigação de conselho, não pode deixar de se assinalar como as técnicas de *marketing* transfiguram o apelo à aquisição em conselhos de vantagens daquela. Por outro lado, como aquela autora também assinala[750], "a desigualdade de qualificação entre o credor e o devedor, a complexidade da informação pode efectivamente conduzir à existência de uma obrigação de aconselhamento". A autora informa[751] de que, em França, os tribunais têm considerado que, quando há dever de conselho, este deve muitas vezes ser prestado por escrito. Mariana Fontes da Costa[752] distingue, "dentro do amplo dever de informar", "o dever de informação *stricto sensu,* que corresponde à mera comunicação ao outro contratante das cirunstâncias, condições e alcance do negócio a celebrar...] [,] o <u>dever de conselho</u>, que abrange não só a comunicação, mas também a orientação sobre a melhor conduta a adoptar e o <u>dever de advertência</u> (designado pela doutrina francesa como *'mise en garde'*), que implica a chamada de atenção da contraparte para um perigo material ou jurídico inerente ao negócio (como sejam as cláusulas insólitas inseridas em contratos de adesão). Opina a autora que, "embora tendencialmente os deveres de conselho e advertência surjam como deveres laterais de uma relação contratual, não é de excluir a possibilidade do seu surgimento num contexto pré-contratual". A mesma autora[753]

[748] O já citado acórdão do STJ de 26 de Fevereiro de 2015 (Maria dos Prazeres Pizarro Beleza) diz: "[...] o contraente que as pretenda usar deve ter em conta as circunstâncias concretas do aderente, nomeadamente a capacidade e o nível cultural do interessado – em função do qual se determinará a comum diligência a que identicamente estará vinculado – e a extensão e complexidade das cláusulas contratuais em causa".

[749] Cit., p. 416.

[750] *Ibidem*, pp. 416-417.

[751] P. 418.

[752] "O dever pré-contratual de informação", *in Revista da Faculdade de Direito da Universidade do Porto*, n.º 4, 2007, p. 374.

[753] *Ibidem*, pp. 381 e 382.

observa que "parece ser de recusar a existência de um dever de hetero-informação sempre que existe um «ónus de aut***o-informação***»", esclarecendo que "a parte não tem de a obrigação de se informar, mas se o não fizer, por negligência, não poderá depois aproveitar-se da situação de ignorância em que contratou para invocar violação, pela outra parte, de deveres pré-contratuais". Como regra, esta é, evidentemente, certa: o seu corolário pode ser a exclusão da obrigação de informar (ou a exclusão da ilicitude dessa omissão) como poderá ser, no âmbito da responsabilidade pré-contratual, a aplicabilidade do art. 570.º do Código Civil. Referindo genericamente "a doutrina"[754], M. Fontes da Costa diz que esta "tem colocado como limites ao ónus de auto-informação as situações em que, pelas suas circunstâncias, acarretam uma impossibilidade ou excessiva onerosidade de procura da informação pelo futuro declarante, bem como aquelas situações em que este não se informou por ter legitimamente esperado que, em face da especial relação de confiança que o une à outra parte, esta o informaria. A estas duas situações acresce uma outra, que se prende com a obrigação do contraente que opta por fornecer uma informação a que não estava obrigado, ter de o fazer com verdade"[755]. Acrescenta que, "quanto à impossibilidade ou excessiva onerosidade de se informar, ela pode ser objectiva, quando deriva do desnivelamento de conhecimento dos sujeitos [...] inerente à própria natureza do contrato [...], ou subjectiva, quando resulta do estado de inferioridade de um dos contraentes, seja por causa da sua inexperiência, idade, grau de iliteracia ou até mesmo incapacidade de exercício [?]. O critério que entendemos mais adequado para aferir da existência ou não de uma situação de impossibilidade ou excessiva onerosidade de se informar é o critério do «bom pai de família» [...]. A segunda situação de exclusão do ónus de auto-informação [...] é a existência de uma especial relação de confiança entre as partes, que lhes impõe a obrigação mútua de fornecer informações à contraparte, ainda que não exista qualquer obstáculo à obtenção por esta, da informação. São os casos característicos de negociações entre membros da mesma família e entre contraentes unidos por relações mais amplas de negócios (por exemplo, através de mandato)". A detenção com que se ocupa da exclusão da obrigação de informação não é inocente: ela ganha sentido quando afirma que, por um lado, esta apenas existe "quando

[754] Categoria ilustrada por Christoph Fabian e, talvez, por Vaz Serra, nos trabalhos preparatórios.

[755] Cuidando a autora de ressalvar, sem mais detenção, o *dolus bonus*.

a informação em causa seja essencial para a decisão de contratar ou não contratar da contraparte, ou então de contratar naqueles termos ou em termos diferentes", e quando acrescenta que "é ainda necessário que haja um desnível de conhecimento entre as partes, que justifique a necessidade de **protecção do credor da informação.** Esta assimetria de poder informacional só existe se o devedor da informação conhecia ou devia conhecer o facto sujeito à informação em causa", rematando: "poderá não haver dever de informação pré-contratual quando este é inexigível, em função dos meios utilizados pela contraparte titular da informação [*sic*] a obter. Este critério da **exigibilidade de informar** está fortemente associado à influência da teoria económica do direito e surge como válvula de escape do sistema aos efeitos potencialmente nefastos que uma obrigação lata de informar pode acarretar na pesquisa e inovação no mercado. Parece assim de negar a existência de deveres pré-contratuais de informação sempre que esta tenha sido obtida por meio de uma diligência extraordinária de uma das partes negociais, bem como quando a mesma deriva de segredos protegidos por lei".

Netto Lôbo[756] escreve: "Cumpre-se o dever de informar quando a informação recebida pelo consumidor [só deste se ocupa o autor neste estudo] típico preencha os requisitos de adequação, suficiência e veracidade".

A lei não poderia facilmente estabelecer prazos e formas de comunicação que fossem uniformes para todos os contratos de que se ocupa, como só muito dificilmente poderia, com eficiência, enunciar os elementos que teriam de constar da proposta contratual, em ordem a assegurar que o bem ou serviço a prestar fossem completamente descritos na sua configuração e funcionalidade. Não seria uma impossibilidade como resulta, por exemplo, do conteúdo do Dec.-Lei n.º 24/2014 de 14 de Fevereiro[757], cujo art. 4.º enuncia um conjunto de informações que têm de ser prestadas ao consumidor nos contratos celebrados à distância, e do art. 6.º já referido Dec.-Lei n.º 133/2009, de 2 de Junho, cujos arts. 6.º a 8.º impõem a prestação das informações expressamente enunciadas no diploma, informações que devem ser fornecíddas ao consumidor "em papel ou noutro

[756] Cit., p. 64, sendo tais requisitos objecto de análise nas páginas seguintes.

[757] Alterado pela Lei n.º 47/2014, de 28 de Julho, e pelo Dec.-Lei n.º 78/2018, de 15 de Outubro, que transpôs a Directiva n.º 2011/83/UE, do Parlamento Europeu e do Conselho, de 25 de Outubro, relativa aos direitos dos consumidores quanto a contratos celebrados à distância.

suporte duradouro "[758]. Um, bom embora modesto, exemplo de imposição de conteúdo mínimo da proposta contratual é o art. 31.º do Código de Defesa do Consumidor brasileiro que estabelece que "a oferta e apresentação de produtos ou serviços devem assegurar informações correctas, claras, precisas, ostensivas e em língua portuguesa sobre as suas características, qualidades, quantidade, composição, preço, garantia, prazos de validade e origem, entre outros dados, bem como sobre os riscos que apresentam à saúde e segurança dos consumidores".

Há autores, como, por exemplo, Jean Calais-Auloy[759], que afirmam que, nos chamados contratos de consumo, "é principalmente sobre o profissional que recai o dever de se comportar de boa fé"; e isto tanto no que respeita à definição do conteúdo contratual quanto no que concerne aos deveres de "informar claramente o consumidor", de "não o enganar", de "redigir claramente as condições gerais dos contratos" ou de "dar ao consumidor o tempo de reflectir"[760].

O Anteprojecto do Código do Consumidor contém um preceito – o art. 20.º – que se ocupa em geral da obrigação de informação[761].

[758] Este diploma impõe ainda que, a solicitação e gratuitamente, seja entregue "uma cópia da minuta do contrato", sem prejuízo de impor a entrega "a todos os contraentes, incluindo os garantes" de "um exemplar do contrato de crédito", dispondo o art. 13.º, n.º 1, que "é nulo" o contrato se o exemplar não for entregue. Se esta exigência protege o consumidor primacialmente quanto ao exercício do direito ao arrependimento, liga-se indiscutivelmente – também para o exercício daquele direito – ao conhecimento consciente do conteúdo contratual, como já ficou referido.

[759] Cit., pp. 190 a 193.

[760] Já Martin Ebers, cit., p. 393, como se deixou dito, é de opinião que a directiva deveria conter "regras quanto à obrigação para o profissional de fornecer ou colocar à disposição o documento que contém as cláusulas nos casos em que o contrato é redigido normalmente por escrito".

[761] É o seguinte o seu teor: "1. O consumidor tem direito a que lhe sejam prestadas de forma objectiva, adequada, clara e exacta as informações necessárias ao seu esclarecimento. 2. Nas informações a prestar incluem-se, designadamente, as que se referem aos elementos de identificação do profissional e aos meios de o contactar, às características, composição e preço do produto ou serviço, às contra-indicações e efeitos secundários quando for caso disso, ao período de vigência do contrato, às garantias, aos prazos de entrega ou de prestação do serviço, aos modos de instalação e de utilização e ao âmbito da assistência após a aquisição. 3. As informações devem ser comunicadas previamente à aquisição ou à utilização dos produtos ou serviços, conforme as circunstâncias. 4. As informações respeitantes à assistência devem mencionar o período de tempo mínimo durante o qual as peças indispensáveis à utilização do produto estarão disponíveis no

Neste domínio é de aplaudir a norma constante do art. 24.° do citado Anteprojecto que estabelece que "o dever de informar não pode ser denegado ou condicionado por invocação de segredo de fabrico não tutelado por lei", como também a do art. 25.° que impõe a forma escrita para o cumprimento da obrigação de informação, "quando a sua natureza ou as circunstâncias do caso o justifiquem, bem como quando o consumidor o solicite e isso se afigure razoável", e que dispõe que "o dever de prestar oralmente informações não é afastado pela utilização de outras formas de comunicação[762]. É ainda pertinente observar

mercado", reafirmando o art. 182.°: "O consumidor tem direito a que o outro contraente o informe de modo objectivo, adequado, claro e exacto, nos termos prescritos nos artigos 20° e seguintes deste Código". A omissão ou menção "de forma deficiente, inexacta ou equívoca" dos elementos referidos no artigo 20.° constitui, de acordo com o art. 456.° do mesmo Anteprojecto, contra-ordenação punida com coima até 1.250 euros, tratando-se de pessoa singular, ou até 15.000 euros, tratando-se de pessoa colectiva [...]".

O art. 22.° do Anteprojecto, optou por dispor o seguinte, quanto ao critério de apreciação do cumprimento da obrigação de informação: "a natureza e a extensão das informações avaliam-se em função da sua necessidade ou conveniência para a aquisição ou utilização do produto ou serviço, do interesse manifestado pelo consumidor, do grau de dificuldade em obter a informação, da complexidade inerente ao assunto e da confiança legitimamente depositada no profissional"; esta parece ser uma disposição tão genérica que se duvida da sua utilidade.

O art. 23.° ainda do mesmo Anteprojecto tem o cuidado de, relativamente "a produtos ou serviços [cuja utilização] envolva riscos especiais para a saúde ou segurança", impor que eles sejam objecto de "uma advertência explícita", pormenorizando os dois números seguintes as exigências relativamente a produtos ou serviços considerados mais perigosos, porque susceptíveis de pôr em causa a saúde ou a vida dos destinatários.

[762] Acrescenta ainda o art. 32.°, na secção relativa a "certas informações em particular", que "o profissional deve informar o consumidor sobre a proveniência geográfica ou local de fabrico do produto sempre que, devido à respectiva marca, ao contexto da sua comercialização ou a qualquer outra circunstância, se verifique risco sério de indução em erro do consumidor acerca daqueles elementos", dispondo, por sua vez, o artigo 40.° que "a publicidade que mencione o preço de venda dos produtos ou serviços deve indicar de forma clara e perfeitamente visível o preço expresso em euros, incluindo taxas e impostos" e que "a publicidade escrita ou impressa e os catálogos, quando mencionem o preço de venda, deve indicar igualmente o preço da unidade de medida".

Se bem que já não se reporte apenas à prestação de informações pré-contratuais, é interessante o artigo 42.° do Anteprojecto que tem o seguinte teor: "1. A informação sobre os preços vincula o vendedor ou o prestador de serviços a não praticar preço superior nos contratos que realize durante o período em que a informação subsista. 2. No caso de, no mesmo estabelecimento ou no mesmo suporte de comunicação, constar

que o Anteprojecto do Código do Consumidor proíbe alguns comportamentos persuasivos à contratação[763], aspecto que tem uma directa relação com o conhecimento do conteúdo do contrato. Uma pessoa que seja levada a contratar por ser convencida de que se trata de uma oportunidade única ou dificilmente repetível, porque lhe são feitas promessas ou por ser falsamente persuadido de que o contrato é muito vantajoso, mais facilmente o fará sem atentar cuidadosamente no conteúdo clausular, não constituindo necessariamente omissão da diligência exigível a confiança na palavra daquele com quem faz o negócio, com preterição da leitura do respectivo texto. Como salientam Colin Scott e Julia Black[764], o mais comum é os aderentes, *maxime* os consumidores, "confiarem no que um empregado do profissional diz sem lerem as cláusulas escritas de qualquer acordo [...]"[765]. Do que decorre que, mau grado os problemas de prova – a que se alude nas anotações às als. *a)* e *c)* do art. 21.º –, é essencial conhecer o que

mais de um preço em relação ao mesmo produto ou a produtos e serviços iguais, vale o preço mais baixo. 3. A recusa pelo vendedor ou prestador de celebrar o contrato pelo preço indicado equivale a recusa de venda". A violação da obrigação de indicação de preços de venda de bens de consumo (ou a sua indicação não conforme com os referidos preceitos) ou de serviços constitui contra-ordenação punida "com coima até 1.250 euros, tratando-se de pessoa singular, ou até 15.000 euros, tratando-se de pessoa colectiva [...]".

763 Assim, p. ex., o art. 146.º diz: "1. É proibida toda a promessa que seja válida por um prazo superior a 5 anos, salvo se o profissional contratar seguro para garantir o seu cumprimento e os consumidores receberem documento que lhes permita demandar directamente o segurador. 2. Toda a promessa relativa a actos futuros do profissional, tais como retoma dos bens vendidos ou garantia sobre disponibilidade de bens necessários para completar uma série ou conjunto, é obrigatoriamente consignada em documento escrito que é entregue ao consumidor, do qual constem claramente os seus direitos, eventuais prazos e outras condições de exercício", idêntico sendo o regime aplicável a vales, cupões ou documentos análogos, por força do art. 147.º. Por seu lado, o art. 148.º dispõe: "1. É proibida a oferta de brindes como modo de promoção comercial quando for susceptível de induzir em erro sobre o valor real dos mesmos ou de suscitar confusão sobre o valor ou a qualidade dos bens ou serviços fornecidos. 2. É ainda proibida a oferta de brindes que visem influenciar de modo determinante, por motivos alheios ao produto fornecido ou ao serviço prestado, a escolha de uma categoria de consumidores particularmente influenciáveis. 3. Considera-se como brinde a concessão de descontos na aquisição, presente ou futura, de outro bem ou serviço ou de outras vantagens análogas".

764 Cit., p. 75.

765 O problema talvez se coloque com maior acuidade nos contratos ingleses, em que é frequente a inclusão de uma cláusula segundo a qual o texto subscrito substitui quaisquer acordos verbais anteriores. Sobre a questão, v. *infra*, na parte final desta anota-

foi comunicado ao aderente oralmente, até porque, se tiver havido acordo sobre esse(s) aspecto(s), ele(s) pode(m) prevalecer sobre as cláusulas constantes do modelo contratual subscrito pelo aderente, nos termos do art. 7.º, como na anotação a este se refere.

Poder-se-ia ter previsto expressamente a nulidade de cláusulas que presumam ou declarem que o aderente tem conhecimento ou aceita o conteúdo das cláusulas contratuais ou de uma parte delas, por se tratar de técnica não rara neste tipo de contratos. Não se encontrando tal previsão neste artigo ou na maioria daqueles que cominam com a nulidade conjuntos de cláusulas – à excepção do art. 21.º-*e)* –, não será, porém, difícil concluir pela irrelevância (para usar uma expressão neutra) de uma cláusula dessa natureza.

Almeno de Sá[766] aprecia justamente uma decisão judicial que considerou que uma cláusula pela qual "qualquer serviço contratado envolve sempre aceitação, pelo cliente e pelo transitário, das presentes condições gerais, que prevalecerão sobre as disposições de direito supletivo, incluindo os usos e costumes [...]", tinha o efeito de exprimir a adesão do aderente às cláusulas contratuais gerais do contrato de transporte. A condenação, exaustivamente fundamentada, que o autor faz da decisão é complementada pela observação de que, ainda que a cláusula que chama "de confirmação" pudesse ter o efeito que lhe é atribuído pela sua letra, tal não excluiria a necessidade de apreciação do conteúdo das cláusulas contratuais gerais consideradas aceites, incluída aquela mesma estipulação. Isto é, a disposição mencionada, atinente à forma de conclusão do contrato, é, ela também, uma cláusula contratual geral, não obstante não se vir a incorporar no contrato celebrado, por respeitar à sua conclusão. Na opinião do autor, a cláusula implica, além do mais, "uma *renúncia* aos pressupostos imperativos de inclusão, que o legislador achou por bem consagrar de forma pormenorizada. [...] a conjugação destas circunstâncias legitima que se fale, aqui, de *infracção ao princípio geral de fiscalização do conteúdo*, orientado pelos ditames da boa fé, determinando, em consequência, a nulidade da cláusula em análise". Sempre segundo este autor, caso o contrato fosse de consumo, ser-lhe-ia aplicável o art. 21.º-*g)*, "que veda em absoluto [...] as cláusulas que modifiquem os critérios de repartição do ónus da prova [...]"; é que "é o utilizador quem tem de provar que

ção, referência às cláusulas que dizem que o contrato contém todo o conteúdo acordado (cláusulas de integralidade ou "*four corners clause*").

[766] Cit., pp. 245 a 250.

as cláusulas se tornaram parte integrante do contrato [...]. Com a inserção da cláusula em análise no texto das condições gerais, o utilizador faz decorrer da prática de determinado facto pelo cliente (o acto de «contratar» os serviços da empresa) a sua concordância com a inclusão no contrato dessas mesmas condições gerais, independentemente da observância [...] de qualquer outro requisito. Ora isto teria como consequência a *alteração dos critérios de repartição do ónus da prova* em matéria de integração das cláusulas no contrato [...]".

Há, pois, uma ineliminável margem de indeterminação, que só poderá ser preenchida pelo aplicador do direito, tendo em consideração as circunstâncias concretas do contrato, como se sabe e ficou afirmado e parcialmente ilustrado *supra*. A indeterminação respeita tanto ao conteúdo que tem de ser dado a conhecer com maior cuidado quanto às formas por que tal comunicação é feita. Na falta de indicação legal, subscrevo a afirmação de Muriel Fabre-Magnan[767]: podem figurar as cláusulas em caracteres mais ostensivos do que o restante clausulado, podem ser comunicadas oralmente, apesar de escritas, podem constar de documento autónomo para que o aderente as note destacadamente. Se bem que a comunicação oral – independentemente dos problemas de prova – seja em regra tida como menos eficiente do que a escrita, a verdade é que, quando tem a função de vincar o conteúdo da segunda, tem, em geral, resultados bastantes positivos.

Esta indeterminação, se interpretada e aplicada correctamente a lei, pode evitar resultados contraproducentes, como aquele que A. Pinto Monteiro[768] justificadamente anteviu, de que um excesso de informação se transforme em falta de informação, problema que não é de subestimar[769].

O cumprimento desta obrigação pré-contratual impõe, pois, condutas diferenciadas, qualquer delas tendo de ser adequada ou idónea para proporcionar ao aderente a possibilidade do conhecimento das cláusulas. Como, em formulação feliz, diz Sousa Ribeiro[770], "[...] a natureza do princípio da transparência implica [...] admitir a maleabilidade dos seus critérios de avaliação. Ela assume

[767] Cit., p. 414.

[768] "O novo regime...", cit., pp. 122-123 e nota 6.

[769] Oliveira Ascensão, *Cláusulas contratuais gerais, cláusulas abusivas...*, cit., p. 10, coloca também o problema, dizendo: "Há muitas maneiras de ocultar uma informação; até serve para o efeito o excesso de informação, que disfarce no amontoado de dados a cláusula que é juridicamente relevante".

[770] "O princípio...", cit., p. 92.

diversos graus de exigência, proporcionais aos riscos de incognoscibilidade [?] e à amplitude das suas consequências lesivas para os interesses do sujeito protegido. Quanto maior a disparidade de poder negocial e menores as garantias de efectividade do consentimento de uma das partes, pela configuração técnico-jurídica do objecto do negócio, pela situação real em que ele se celebra e, até, pela especial vulnerabilidade de um certo tipo de contraentes, mais apertados os requisitos de clareza, exactidão e determinabilidade das estipulações. [...] O próprio conteúdo da estipulação influi no grau de transparência exigível. Assim, para as cláusulas inabituais, e, por isso, inesperadas, em função do tipo de contrato ou dos seus fins, deve ser chamada a atenção por forma a que a sua consciencialização por quem use da diligência exigível não deixe dúvidas razoáveis".

Numa análise circunscrita às regras sobre dever de informação prestada aos consumidores – e que por isso, neste contexto, não subscrevo na íntegra –, Netto Lobo[771] opina: "Não se trata de fazer com que o consumidor conheça e compreenda efetivamente a informação, mas de ser desenvolvida uma atividade razoável que o permita e o facilite. É um critério geral de apreciação das condutas em abstrato, levando-se em conta o comportamento esperado do consumidor típico em circunstâncias normais. Ao fornecedor incumbe prover os meios para que a informação seja conhecida e compreendida. A cognoscibilidade abrange não apenas o conhecimento (poder conhecer) mas a compreensão (poder compreender). [...] o consumidor em particular pode ter conhecido e não compreendido, ou ter conhecido e compreendido. Esta situação concreta é irrelevante. O que interessa é ter podido conhecer e podido compreender, ele e qualquer outro consumidor típico destinatário daquele produto ou serviço".

Como resulta do que ficou escrito, discordo de C. Ferreira de Almeida[772], quando este diz que "o ónus da comunicação integral, oportuna e adequada das cláusulas contratuais não negociadas individualmente [...] tem, em contratos de adesão individualizados, a sua eficácia circunscrita aos casos em que a declaração do predisponente remeta para documento separado (sem vocação contratual múltipla)". O facto de o contrato não negociado ser um só pode ser irrelevante do ponto de vista da contraparte – para esta, o contrato que conclui é quase sempre apenas um. Não haver formulário ou modelo contratual predisposto para a conclusão de um número indefinido de contratos pode (pode

[771] Cit., p. 68.
[772] *Contratos I*, cit., p. 200.

apenas) corresponder a um clausulado menos elaborado no sentido de enganar os possíveis aderentes. Mas, mesmo que se trate de proposta contratual menos cuidada na sua preparação, ela não deixa de ter de ser comunicada na íntegra à contraparte – como, aliás, nos contratos negociados – com especial empenhamento no que respeita a cláusulas menos ostensivas ou claras, dada a posição de indiscutibilidade do respectivo conteúdo: o que não é discutível mais facilmente passa desapercebido, como é evidente.

Poderia, no entanto, o texto legal exigir expressamente a formulação clara e compreensível das cláusulas, o que, se, só por si, poderia não ter consequências de grande valor nos modelos existentes no mercado, ajudaria a evitar a formulação de cláusulas incompreensíveis por um aderente arquétipo de sujeito de diligência média, ou permitiria o seu mais fácil controlo judicial, já que, se o fossem, tanto bastaria para declarar a sua exclusão do contrato. Esta conclusão supõe, naturalmente que a ausência destes requisitos não terá apenas a consequência prevista no art. 11.º, relativo à interpretação das cláusulas ambíguas. O que não se me afigura contraditório: não obstante a obrigação de formulação clara e compreensível, sempre haverá cláusulas ambíguas, que já não obscuras, e àquelas, e só a elas, se aplicarão os critérios hermenêuticos do art. 11.º.

Quanto à obrigação de comunicação nestes contratos, entendeu o STJ, no acórdão de 22 de Janeiro de 2009 (pr n.º 08B3301, Santos Bernardino[773]) que é "irrecusável que a conformação destes deveres de informação e esclarecimento – designadamente no respeitante ao conteúdo contratual – ganha particular relevância quando (como no caso em apreço), estamos perante sujeitos com poder contratual desequilibrado, com conhecimentos e experiências negociais e jurídicos desiguais, revestindo maior amplitude, maior intensidade e extensão para a parte que detém a posição negocial mais forte, que lhe permite impor à contraparte, mais inexperiente ou menos esclarecida, cláusulas de que esta, por força dessa sua debilidade contratual, não logra colher o seu verdadeiro significado ou de que, pela mesma razão, nem sequer toma conhecimento". Por seu lado, o acórdão, também do STJ de 30 de Outubro de 2007 (pr n.º 07A3048, Fonseca Ramos[774]) afirma, justificadamente, que a "comunicação deve [...] abranger a totalidade das cláusulas e ser feita de modo adequado e pessoal e com antecedência compatível com a extensão e complexidade do contrato, de modo

[773] *In www.dgsi.pt.*
[774] *In www.dgsi.pt.*

a tornar possível o seu conhecimento *«completo e efectivo por quem use de comum diligência»*", acrescentando que, nos contratos de crédito ao consumo (como era o analisado no aresto), "em que intervêm, além do comprador, o financiador e o vendedor, não sendo simultâneas as assinaturas das três partes contratualmente envolvidas, sai afrontada a defesa do consumidor e o seu direito a ser informado, se o financiador, usando de ccg comete a terceiro (a entidade vendedora do bem) o dever de informação, como que numa *delegação de competência* que viola um seu dever pessoal, mais a mais, sendo o consumidor analfabeto". Já o acórdão do mesmo Tribunal de 8 de Janeiro de 2009 (pr n.° 08B3903, Alberto Sobrinho[775]) decidiu que, "ao celebrar um contrato, é obrigação do segurado não prestar declarações inexactas, assim como não omitir qualquer facto ou circunstância que possam influir na existência ou condições do contrato", "mas [que] apenas relevam aquela inexactidão ou omissão que influam na existência ou condições do contrato, ou seja, que levariam a seguradora a não fazer o seguro ou a fazê-lo em condições manifestamente diferentes".

Por seu lado, o já referido acórdão do STJ de 18 de Novembro de 1999 (Ferreira de Almeida) decidiu que "o direito à informação importa que seja produzida uma informação completa e leal capaz de possibilitar uma decisão consciente e responsável, tudo com vista a habilitar o consumidor a uma decisão de escolha consciente e prudente". Ao que acrescentou que, "perante um cartão de crédito que apresentava as vantagens que usualmente lhe são inerentes, não é de aceitar o entendimento de que era sobre o beneficiário que recairia *«prima facie»* o ***ónus*** de diligenciar no sentido de se informar sobre o exacto conteúdo de cada um dos seguros que lhe eram oferecidos, quando automaticamente a eles teria direito mediante a oferta da entidade fornecedora do cartão", e que "o fornecedor de bens ou serviços é quem tem de informar de forma completa o consumidor dos serviços que presta e dos benefícios que concede, estando o consumidor dispensado do ***ónus*** de tomar as iniciativas necessárias ao seu correcto esclarecimento". Em aditamento relevante, entendeu que "a responsabilidade pelos danos causados pelo fornecedor dos serviços é solidária com o prestador dos mesmos, salvo se aquele não tiver responsabilidade por a violação por este do dever de informar não resultar também de qualquer actuação daquele". Finalmente, o citado acórdão, sempre do STJ, de 20 de Janeiro de 2010 (Alves Velho), decidiu que não basta "a simples informação da existência de cláusulas

[775] *In www.dgsi.pt.*

contratuais gerais, exige-se «que à contraparte do utilizador sejam proporcionadas condições que lhe permitam aceder a um real conhecimento do conteúdo, a fim de, se o quiser, formar adequadamente a sua vontade e medir o alcance das suas decisões. Que o contraente venha a ter, na prática, tal conhecimento, isso já não é exigido, pois bem pode suceder que a sua conduta não se conforme com o grau de diligência legalmente pressuposto (...): aquilo a que o utilizador está vinculado é tão-só proporcionar à contraparte a *razoável possibilidade* de delas tomar conhecimento» (Almeno de Sá, "*Cláusulas Contratuais Gerais e Directiva Sobre Cláusulas Abusivas*", 190/191). Nesta conformidade, vem-se afirmando uniformemente nas decisões deste Tribunal Supremo que o dever de comunicação consagrado no art. 5º da LCCG visa «possibilitar ao aderente o conhecimento antecipado da existência das cláusulas contratuais gerais que irão integrar o contrato singular, bem como o conhecimento do seu conteúdo, exigindo-lhe, para esse efeito também a ele um comportamento diligente» (acs. de 2/11/04, *CJ/STJ* XII-III-104; 28/6/05, 05B4052; e, 18/4/06, Proc. 818/06-1ª.)". A sobrevalorização do ónus de auto-informação é uma das vias mais comuns para se aligeirarem as obrigações de comunicação e informação. Neste contexto, cabe sublinhar o acórdão do STJ de 13 de Setembro de 2016 (pr n.º 1262/14.1T8VCT-B.G1.S1, Alexandre Reis[776]) que foi louvavelmente cuidadoso na apreciação daquele ónus, deste dizendo que a sua existência não pode "levar a admitir que o predisponente fique eximido dos deveres que o oneram, ou a conceber como legítimas uma sua completa passividade na promoção do efectivo conhecimento das cláusulas contratuais gerais e, sobretudo, uma ausência de comunicação destas ao aderente com a antecedência necessária ao conhecimento completo e efectivo, até para que o mesmo possa exercitar aquele seu dever de diligência, nos apontados termos. Uma tal concepção conduziria à inversão não consentida da hierarquia legalmente estatuída entre os deveres do predisponente e do aderente".

Não pode deixar de se censurar a completa omissão, na disposição, do conteúdo da obrigação de comunicação – como da de informação prevista no artigo seguinte, para já não voltar a falar da omissão da obrigação de clareza e de compreensibilidade – de qualquer referência ao preço, remuneração ou custo, para o aderente, da execução do contrato. A falta de clareza de uma cláusula essencial, por ser o seu objecto um destes elementos nucleares do contrato, deveria bastar

[776] *In www.dgsi.pt*.

para a considerar não compreensível (ou, se se preferir, abusiva[777]), com a consequência prevista no art. 8.º, como parece decorrer da directiva transposta[778].

Este aspecto revela-se tanto mais grave nesta lei quanto decorre, designadamente das als. *h)* do art. 19º, *c)*, *d)* e *e)* do art. 22.º, que pode haver alterações unilaterais de preços. Isto para não falar dos casos em que o preço resulta da interpretação combinada de várias cláusulas, quantas vezes situadas em locais inesperados e não lógicos do modelo de proposta, o que representa um obstáculo significativo a que o aderente dele se aperceba. Trata-se de questão essencial não apenas nos contratos com consumidores mas também naqueles em que intervenham sujeitos desconhecedores das formas de cálculo dos encargos que, naquele específico ramo de actividade, são utilizadas. Encontram-se, tipicamente, em alguns tipos contratuais, cláusulas que implicam conhecimentos que, não sendo de direito nem de facto, são adquiridos em áreas em que a maioria dos sujeitos é leigo: assim, por exemplo justamente, como refere Almeno de Sá[779], "as cláusulas que [...] tenham a ver com o modo de determinação dos juros efectivos a pagar pela contraparte do utilizador".

Várias directivas se ocupam da questão – assim, por exemplo, a Directiva n.º 2000/31/CE, do Parlamento Europeu e do Conselho, de 8 de Junho de 2000, transposta pelo Dec.-Lei n.º 7/2004, de 7 de Janeiro[780], cujo art. 25.º, n.º 4, proíbe as cláusulas contratuais gerais que imponham a celebração por via electrónica de contratos com consumidores –, revelando, por um lado, a essencialidade da preocupação em que seja prestada informação deste elemento nuclear do conteúdo contratual e, por outro, a de que sejam criadas condições de clareza, isto é, de real transparência e concorrência no mercado, a fim de que a escolha da empresa, parceiro contratual, possa ser feita com conhecimento das hipóteses alternativas e sua ponderação. E, quanto a este aspecto, essencial para a decisão de contratar, não pode dizer-se que "a mão invisível" do mercado tenha possibilidade de desempenhar a sua pretensa função de protecção dos interesses dos sujeitos, designadamente consumidores ou equiparados, se não houver infor-

[777] À diversidade ou parcial coincidência dos qualificativos se faz referência em especial na anotação ao art. 8.º.

[778] Há, porém, diplomas, como, p. ex., o Código do Trabalho, que enunciam o conjunto de informações que têm de ser prestadas, *in casu*, ao trabalhador (art. 106.º).

[779] Cit., p. 62.

[780] Alterado pelo Dec.-Lei n.º 62/2009, de 10 de Março, e pela Lei n.º 46/2012, de 29 de Agosto.

mação completa e adequada ao conhecimento efectivo do conteúdo económico do contrato.

É igualmente de lamentar que a lei não tenha previsto um prazo – ainda que curto (ou forçosamente curto em alguns deles), dada a necessidade de celeridade na conclusão de muitos destes contratos – para que a adesão tenha o efeito de aperfeiçoar definitivamente o contrato. Gilles Paisant[781], relevando o prazo de arrependimento que se encontra em muitos regimes de contratos, designadamente de consumo, alerta para este aspecto que, a meu ver, tem pertinência não só no direito do consumidor como no regime de todos os contratos de adesão, *maxime* celebrados com base em cláusulas contratuais gerais. Trata-se de problema que tem uma directa relação com o conhecimento consciente do clausulado, pelo que a referência se deixa aqui.

Não subscrevo a observação de Sousa Ribeiro[782] – que não é feita a propósito desta norma do direito português – de que, "no que se refere à comunicação dos direitos de que goza o consumidor ou utente, a transparência releva, não tanto para a decisão de contratar, como para as decisões a tomar, depois da celebração do contrato, no que diz respeito, por exemplo, à manutenção da vinculação (v. a obrigatoriedade da comunicação do direito de rescisão, quando concedido) ou às opções a tomar em caso de inexecução pela contraparte (v. o dever de tornar claro que as garantias, nos contratos de venda de bens de consumo, representam uma tutela suplementar, não afectando os direitos previstos na legislação nacional aplicável) [...]". Sem ignorar a diversidade da relevância do efectivo conhecimento de cláusulas contratuais para a decisão de concluir o contrato e das que respeitam tão-só (?) a fases do seu (in)cumprimento, não creio que seja correcto generalizar (isto é, restringir), como o faz o autor, a importância do conhecimento (e, por isso, da comunicação) "dos direitos de que goza" o aderente às "decisões a tomar, depois da celebração do contrato". Talvez na realidade do mercado assim seja predominantemente, mas essa será justamente uma tendência que este diploma visa contrariar, no sentido em que o conhecimento efectivo da totalidade do clausulado, para a decisão de o aceitar, tem de corresponder ao conhecimento dos direitos que cabem ao aderente, em caso de qualquer tipo de não cumprimento pelo predisponente. Só esse conhecimento assegura que o

[781] "Ensaio sobre o Tempo nos Contratos de Consumo", *in Revista da Faculdade de Direito da Universidade Federal do Rio Grande do Sul*, edição especial, cit., p. 78.

[782] "O princípio da transparência no direito europeu dos contratos", *in Direito dos Contratos...*, cit., p. 85.

aderente saiba qual o conteúdo dos seus direitos, nomeadamente, mas não apenas, de crédito contra a outra parte, o mesmo é dizer que utilidades ou satisfação de interesses pode esperar daquele contrato.

Em ordens jurídicas em que a temática das obrigações – e, inerente ao seu incumprimento, responsabilidade – pré-contratuais não mereceu atenção legislativa, este dever de comunicação (como o de informação) surge ligado à "difusão de documentos pré-contratuais", numa palavra, à generalização de cláusulas contratuais gerais: assim aconteceu em França, onde só as leis n.º 71-556, de 12 de Julho de 1971, e n.º 79-596, de 13 de Julho de 1979, vieram impô-la[783].

Em qualquer caso, o objectivo da norma é claro: a lei determina que o predisponente das cláusulas tem de comunicar à outra parte todas e cada uma das cláusulas que pretende ver integradas no contrato, por forma a possibilitar o seu conhecimento completo e efectivo por quem use de comum diligência. Isto significa que essa comunicação tem de permitir ao bom pai de família – como paradigma da diligência juridicamente exigível – esse conhecimento completo e efectivo. Da norma retira-se que, se bem que não se explicite qualquer elemento do conteúdo da obrigação de comunicação, os elementos contratuais essenciais e todos os outros são objecto dela, pelo que o desconhecimento, a incerteza ou o engano acerca de disposições contratuais por parte do aderente – que não sejam devidos a culpa deste – significam que aquela obrigação não foi pontualmente cumprida. Para usar as palavras de Almeno de Sá[784], "é possível detectar neste pressuposto, aparentemente unitário, duas exigências analiticamente decomponíveis: a *comunicação integral* das cláusulas e a necessidade de proporcionar à contraparte a *possibilidade de uma exigível tomada de conhecimento* do respectivo conteúdo. [...] Não basta, neste contexto, a pura notícia da «existência» de cláusulas contratuais gerais, nem a sua indiferenciada «transmissão». Exige-se ainda que à contraparte do utilizador sejam proporcionadas condições que lhe permitam aceder a um real conhecimento do conteúdo [...]".

Note-se que a obrigação imposta por esta disposição pode ser defraudada por declaração do aderente constante do contrato de que conhece todos os aspectos jurídicos e materiais relevantes para a tomada de decisão de contratar, hipótese que se encontra prevista e proibida no art. 21.º-*e)* – infelizmente

[783] V. Muriel Fabre-Magnan, cit., p. 412.

[784] Cit., p. 234; v. também pp. 240 a 242 e 244.

apenas – nos contratos celebrados com consumidores ou equiparados[785]. São tão frequentes os modelos contratuais de que consta a declaração do aderente de que tomou conhecimento integral e suficiente de todo o conteúdo clausular que, por um lado, a proibição deveria recobrir a totalidade dos contratos regulados por este diploma e, por outro, deveria encontrar-se formulada de modo mais claro. Admitir como boa tal declaração, seja o seu autor consumidor ou não, equivale a permitir que um regime legal de tutela de uma das partes, por se tratar de contraente débil, seja afastado convencional ou, pelo menos, voluntariamente, o que será paradoxalmente quase inevitável.

Problema que pode colocar-se – em particular nas relações contratuais entre "empresários ou entidades equiparadas" – é o de saber se as cláusulas de estilo e aquelas que correspondam a usos negociais de certos sectores económicos prescindem das cautelas de comunicação que esta disposição, em reforço da do art. 227.º do Código Civil, impõe ao predisponente. Creio que a resposta não pode ser uniforme, nem mesmo nos casos em que se reconheça a existência de um uso negocial, e neste aspecto não partilho a opinião de C. M. Bianca[786], segundo o qual devem entender-se inseridas neles as cláusulas que, segura e generalizadamente, são usadas em certos contratos. Já a posição de F. M. B. Reynolds[787], que entende que, em especial nas relações entre comerciantes, desde que exista um "processo transaccional" longo, se pode admitir a incorporação das cláusulas, me parece mais razoável. Gino Gorla[788] defende que se deve distinguir entre as condições gerais [...] usadas comummente num determinado ramo do comércio e as adoptadas apenas por uma empresa", para concluir que, se elas forem "normalmente usadas pelo grupo de vendedores ou pelo de compradores num certo ramo do comércio, o vendedor ou o comprador na prova da existência deste uso geral provará [...] qual é o significado que a sua promessa deveria ter tido para a outra parte, isto é, o significado em que ambas as partes podem confiar". Por

785 Referindo-se à obrigação de informar do fornecedor ao consumidor, escreve Netto Lôbo, cit., p. 68, que "a declaração de ter conhecido ou compreendido as condições gerais ou as cláusulas contratuais gerais não supre a exigência legal e não o impede de pedir judicialmente a ineficácia delas. Ao julgador compete verificar se a conduta concreta guarda conformidade com a conduta abstrata tutelada pelo direito".

786 *Il contratto*, cit., p. 350.

787 Cit., p. 25.

788 Cit., pp. 111 e 122.

mim, estou mais próxima do entendimento de A. Cataudella[789], que diz que "só se as partes operarem no lugar em que se formou a prática se pode reconhecer no seu comportamento a atribuição de efectiva vontade comum dos contraentes ou, pelo menos, imputar-se ao contrato o sentido que ele assume naquele ambiente social". Para adoptar uma posição moderada, relativamente à qual não omito as maiores dúvidas – tanto mais que, como diz Muriel Fabre-Magnan[790], não pode dizer-se que ela tenha sido querida pelas duas partes –, pelo menos nos casos em que os contraentes não operem no mesmo sector de actividade económica, não creio admissível a inclusão de tais cláusulas num contrato, salvo se tiverem sido conhecidas e aceites pelo aderente. Sobre a questão, pronuncia-se A. Genovese[791] no sentido – que se me afigura o melhor – de que só podem ter-se como conhecidas e aceitas as que forem "fruto de um hábito negocial que se tenha formado durante uma prolongada relação de negócios do mesmo género. A sua inclusão no contrato não tem fundamento subjectivo (a vontade presumida das partes), mas objectivo, legal".

O art. 7.°, n.° 3, do Anteprojecto do Código do Consumidor contém a seguinte norma, que se afigura acertada, apesar do seu (inevitável?) âmbito de aplicabilidade: "Os usos e outras práticas a que a lei atribua valor jurídico só são atendíveis se e na medida em que não contrariem as exigências de defesa do consumidor".

Não me parece a melhor – embora esteja longe de ser original nas civilísticas europeias e em especial na italiana – a qualificação desta imposição de comunicação como ónus, que Almeno de Sá[792] [793] adopta, embora, logo adiante, diga que se trata "de uma projecção particular, ainda que com especificidades, do dever pré-contratual de esclarecimento, que a boa fé faz recair, em geral, sobre os contratantes, estando, assim, em perfeita sintonia com o preceito fundamental contido no artigo 227.° do Código Civil". A mesma qualificação é acolhida por C.

[789] *I Contratti, Parte Generale*, pp. 90-91.

[790] Cit., p. 413.

[791] "Condizioni generali...", cit., p. 806.

[792] Cit., p. 61; v. também p. 234.

[793] Netto Lôbo, cit., p. 63, fala em ónus, mas não está a utilizar o termo em sentido técnico, como resulta já do título do texto, já da repetida referência a "dever de informção".

Ferreira de Almeida[794], rejeitando-a em outro estudo[795], com argumentação que não se justifica reproduzir, salvo na medida em que, contraditoriamente, aliás, diz que "o regime de inserção de cláusulas contratuais gerais em contratos singulares só é verdadeiramente especial, enquanto acentua um dever de informação, cuja violação, excedendo o âmbito da «culpa in contrahendo», é equiparada à não inclusão de cláusulas [...]"[796]. Falar de ónus a este propósito é, pelo menos, discutível, já à luz do art. 227.º do Código Civil, já à deste normativo. Menezes Cordeiro, depois de afirmar que se trata da aplicação do "regime comum" que atribui aos arts. 232.º e 236.º do Código Civil, é particularmente enfático na qualificação, rejeitando que se trate de um "dever pré-contratual de comunicação", mas nada do que escreve esclarece a razão de ser das suas afirmações. Porém, na obra que publicou em conjunto com Almeida Costa[797], lê-se que se está perante uma concretização do "dever pré-contratual de comunicação", que "incumbe à pessoa que se prevaleça das cláusulas". Carvalho Fernandes[798] refere-se a "dever de comunicação" e a "dever de informação", não sendo a qualificação leviana, como claramente resulta do texto. Eduardo Polo[799] questiona-se sobre a natureza da imposição nos seguintes termos: "[...] imposição de uma obrigação – ou talvez um mero ónus? – sobre a empresa de fazer chegar as condições gerais ao conhecimento do aderente [...]"[800].

É certo que, se o predisponente não cumprir o dever de comunicação, a consequência é apenas, aparentemente, isto é, no quadro deste regime, a exclusão da cláusula do contrato, nos termos do art. 8.º-*b*). Porém, por um lado, como já ficou referido, este regime não afasta o geral[801], o que implica, ou pode impli-

[794] *Contratos I*, cit., pp. 185, 186 e nota 248. Em estudo anterior, "Negócio jurídico de consumo...", cit., pp. 24 e 25 e nota 26, o autor atribuía à responsabilidade civil papel decisivo na imposição do "dever de informação" aos consumidores.

[795] *Texto e Enunciado...*, cit., pp. 887 e 888.

[796] Usam o mesmo termo, Menezes Leitão, cit., p. 36, Yara Miranda, cit., p. 686, nota 92, falando esta última, logo de seguida (p. 687) de "dever", e Menezes Cordeiro, *Tratado...*, cit., p. 434.

[797] Cit., pp. 24-25; v. também p. 27.

[798] Cit., pp. 227 e 228.

[799] Cit., p. 39.

[800] Referindo-se a ónus de comunicação das cláusulas, v. o referido ac. do STJ de 20 de Janeiro de 2010 (Alves Velho).

[801] E nem sequer por força do art. 37.º deste Decreto-Lei, mas por não haver qualquer incompatibilidade entre ambos, designadamente o do art. 227.º do Código Civil.

car, que esse incumprimento tenha uma sanção indemnizatória, e, por outro, porque, em rigor, no quadro do regime geral, uma cláusula não conhecida ou compreendida por um dos contraentes também não pode considerar-se como integrando o conteúdo contratual.

Talvez seja de lamentar que, diversamente do que acontece, por exemplo, com o Código de Defesa do Consumidor brasileiro, este diploma não reafirme a responsabilidade civil daquele que não fornecer, pelo menos, algumas informações essenciais sobre o contrato a concluir. E é-o por certo que não preveja que tal responsabilidade seja objectiva nos casos em que a omissão da informação respeitar a riscos e perigo dos bens ou serviços a prestar, como no citado diploma brasileiro acontece (art. 14.º).

Tratando-se de uma obrigação, hesitaria em, linearmente, qualificá-la como sendo de meios; é-o, mas há um resultado caracterizado legalmente – a possibilidade de conhecimento –, o que não é comum nas obrigações de mera diligência. Não se impõe que o aderente tenha efectivamente conhecido as cláusulas, mas aquela possibilidade, tendo em conta os dados de facto da concreta situação, tem de ser assegurada. Naturalmente que qualquer obrigação de meios tem em vista o resultado da satisfação do interesse do credor; a peculiaridade desta, relativamente às comuns obrigações de meios, reside no facto de a diligência exigível o ser em função e proporcionalmente ao resultado que tem de ser alcançado. Dito por outras palavras, o devedor só cumprirá a obrigação se proporcionar ao aderente a possibilidade de conhecimento completo e efectivo do contrato. Isto é, não basta ter empregado a diligência medianamente exigível para a obrigação poder considerar-se cumprida; só quando aquela que foi despendida tiver sido suficiente para a obtenção do resultado – a despeito de este não se ter verificado por negligência do credor/aderente, mas só por isso – é que pode falar-se em cumprimento desta obrigação. Qualificando esta como uma obrigação de meios, Almeida Costa e Menezes Cordeiro[802] escrevem que a norma só impõe "uma actividade razoável" no sentido de proporcionar o conhecimento das cláusulas. Também Almeida Costa[803] escreve com simplicidade: "trata-se, portanto de uma simples obrigação de meios"[804].

[802] Cit., p. 25.

[803] *Direito das Obrigações*, cit., p. 265, nota 4.

[804] No mesmo sentido e de modo igualmente sumário e expedito, Ribeiro de Faria, cit., p. 207.

Acolhe este entendimento o acórdão do STJ de 11 de Fevereiro de 2004 (pr n.º 04A3336, Lopes Pinto[805]), onde se lê: "Nessa linha o nº 2 (do artigo 5 do DL nº 446/85) esclarece que o dever de comunicação varia, no modo da sua realização, e na sua antecedência, consoante a importância do contrato e a extensão e complexidade das cláusulas".

Sobre a diligência exigível ao consumidor/aderente na directiva, diz Martin Eber[806] que aquela "não contém qualquer indicação clara sobre este ponto: Não pode afirmar-se que o critério do consumidor médio, razoavelmente informado e razoavelmente observador e circunspecto, desenvolvido pelo TJCE na jurisprudência relativa às liberdades fundamentais e na sua interpretação no domínio das práticas comerciais, seja também pertinente no que respeita ao controlo das cláusulas abusivas. Não é surpreendente que o modelo de referência do consumidor varie consideravelmente de um para outro Estado membro [...]".

Justifica-se alguma detenção na interpretação da expressão "comum diligência" que deve caracterizar a conduta do destinatário da proposta. Se é indiscutível, como ficou dito, que o dever de diligência corresponde sempre a um conceito indeterminado que só pode ser preenchido com os factores da situação concreta, isto é, das características do contrato e das do aderente, pode discutir-se em que medida se pode entender que essa diligência não foi empregada. Tendo em conta o comportamento estatisticamente mais frequente dos sujeitos no mercado – em especial, mas não só –, quando nele intervêm como consumidores, creio poder dizer-se que a "comum diligência" na tomada de conhecimento e compreensão das propostas contratuais é de baixo nível. Os hábitos e o grau de cultura da generalidade das pessoas em Portugal levam a que, na maior parte dos casos, estas se demitam do esforço (que se lhes afigura inglório, até porque, mesmo que percebam, nada podem fazer para obstar ao que não desejam) de compreender efectivamente o conteúdo dos contratos que celebram, em particular quando estão em causa modelos *standard*. Por isso creio justíssimas as seguintes observações de Sousa Ribeiro[807], embora referindo-se apenas às cláusulas contratuais gerais: "ao anuir, sem oposição, às c.c.g. tal como apresentadas, o aderente não dá mostras de uma censurável passividade e negligência, tomando antes uma decisão racional inteiramente acertada. No contexto nego-

[805] *In www.dgsi.pt.*

[806] Cit., pp. 463-464.

[807] *Cláusulas contratuais ...*, cit., p. 201.

cial criado pela preformulação de c.c.g. justifica-se objectivamente que o interesse numa autónoma conformação do conteúdo seja menos fortemente valorado, por parte do seu titular, do que os sacrifícios que a sua realização exigiria".

Michael R. Will[808] acompanha outros autores nas dúvidas quanto ao carácter culposo de uma aceitação de cláusulas contratuais gerais de que o aderente não tenha tido conhecimento ou percepção.

Gino Gorla[809], depois de informar que a maioria da doutrina e a jurisprudência da *Corte di Cassazione* entendem que o aderente tem de se dar ao trabalho de ler todas as cláusulas, e de que estas vigoram ainda que o predisponente saiba que a contraparte não tomou conhecimento delas, dá notícia do entendimento de uma opinião minoritária – de que é expoente Mirabelli – segundo a qual não é exigível ao aderente "a quem se pede que assine o documento de maneira apressada e desleal [...]" que delas tome conhecimento usando da diligência ordinária. Desta posição diz o autor que "se inspira não só na ideia de que o homem comum tem dificuldade em ler as condições gerais ou os formulários, mas também na preocupação de que o mesmo homem comum tenha dificuldade em compreender o seu conteúdo e o seu significado". O autor, mesmo no que designa por "contratos de conclusão rápida", entende, com a maioria da doutrina, que, se o aderente não quer correr o risco de que integre o contrato alguma cláusula inaceitável, tem de se dar ao trabalho de as ler, observando que "isto não é extraordinário, nem contrário ao espírito da lei".

Segundo González Vaqué[810], o TJCE, recorre "ao critério horizontal das expectativas que se presumem num *consumidor médio*, normalmente informado e razoavelmente atento e perspicaz", tendo-se referido a este conceito na sentença "Gut Springenheide, de 16 de Julho de 1988, fazendo alusão às sentenças «GB-Inno-BM», de 7 de Março de 1990"[811], "«Pall», de 13 de Dezembro de 1990"[812] e "«Yves Rocher», de 18 de Maio de 1993"[813]. O autor "sublinha" que "o

[808] Cit., pp. 82 e 83.

Em sentido semelhante, Mario Marsili, cit., p. 142.

[809] Cit., pp. 112-113 e 114.

[810] Cit., pp. 6 a 9.

[811] Relativa a uma proibição nacional de publicar a duração e o preço antigo de uma oferta de venda.

[812] Relativa à possibilidade de confusão sobre marcas.

[813] Relativa a uma norma nacional que proibia uma empresa com sede num Estado membro.

fundamento jurídico n.º 52 da sentença «Toschiba Europe», de 25 de Outubro de 2001 [...] para decidir se os números que permitiam identificar determinados artigos de um fabricante de fotocopiadoras eram signos distintivos para os efeitos do artigo 3 *bis*.1(g) da citada Directiva [n.º 84/450/CEE], teria de tomar-se em consideração a percepção que se presume num *consumidor médio*, normalmente informado e razoavelmente atento e perspicaz".

Ora, visando este Decreto-Lei acautelar a situação dos aderentes e, neste particular, a consciência daquilo a que vão dar o seu acordo, parece-me defensável que se entenda só haver culpa daqueles, quando a negligência tiver sido grave ou grosseira. Sem dizer isto, mas alertando para a necessidade de uma prudente apreciação da diligência, escreve Galvão Telles[814]: "não se diga que o aderente, deixando de ler todas as cláusulas, ou não as meditando com o devido cuidado, revela negligência que o torne desmerecedor de protecção particular: o facto é tão geral que não significa negligência, aferida esta pelo padrão médio de homem"[815]. C. Marco Mazzoni[816] alerta para a rapidez com que muitos destes contratos são concluídos, o que leva "[...] à impossibilidade prática de dar lugar a um procedimento de contrato tendo em vista não apenas o conteúdo das cláusulas, mas mesmo o contrato entendido como acordo entre sujeitos"; e acrescenta[817] que "parece insignificante (não apenas inadequado) o metro da 'diligência ordinária', quando para o efectivo conhecimento seria necessária uma preparação de técnico especializado, para integrar e apreciar, no seu real contexto, cláusulas inumeráveis e já em si invulneráveis, porque resultado de um crivo finíssimo de experiências e de estudos técnicos cuidadosos [...]". Em sentido não surpreendentemente diverso, García-Amigo[818], escreve que, "se o aderente não lê as condições gerais que lhe oferece a empresa pior para ele, já que o tráfico exige uma determinada diligência de todos os que nele intervêm". Não se trata, como refere C. Ferreira de Almeida[819], citando Lindacher, de impor "uma maior exigência [quanto aos deveres de comunicação e de informação] para as cláusulas que afastam o direito supletivo em desfavor do «aderente»", entendi-

[814] *Manual...*, cit., pp. 313-314.

[815] Manifestando preocupação semelhante, se bem o compreendo, Anteo Genovese, "Condizioni generali...", cit., pp. 803 e 804.

[816] Cit., pp. 13 a 15.

[817] *Ibidem*, p. 24.

[818] Cit., p. 32.

[819] *Texto e Enunciado...*, cit., p. 885, nota 22.

mento de que o autor discorda[820], com o discutível fundamento de que "o controlo sobre estas cláusulas opera por proibição (arts. 15 e ss) e não por requisitos específicos de inserção". Se o que ficou dito não tem que ver com esta questão da medida da obrigação de comunicação relativamente a cláusulas desfavoráveis ao aderente, aproveito para dizer que a posição de Lindacher me parece defensável à luz da teleologia do diploma, não se me afigurando que a existência de uma forma de apreciação da validade de cláusulas abusivas ou susceptíveis de o serem seja impeditiva deste entendimento.

Tenho vindo a exprimir o meu pensamento de forma que sei pouco rigorosa, pois não é exigível uma diligência superior à que o aderente médio utilizaria. Uso-a para tornar mais clara a ideia – cujos riscos não ignoro – de que, neste espaço cultural e nesta fase histórica, seria contrário à teleologia da disposição e do diploma exigir diligência semelhante àquela que pode sê-lo em países diferentes, em especial europeus[821]. Referi-me a riscos, porque entendo que esta posição tem de ser administrada com a sensibilidade e o senso que evitem que se promova a ligeireza ou leviandade por parte dos aderentes na conclusão dos contratos que realizam.

Do que ficou dito decorre que – não defendendo que, no quadro dos contratos regidos por este diploma, nem sequer naqueles que com consumidores são celebrados, entenda que possa (ou deva) admitir-se a demissão do aderente do cuidado e da atenção aos negócios que celebra – não subscrevo linearmente a seguinte afirmação de Almeno de Sá[822]: "Tal conduta é aferida segundo o critério abstracto da diligência comum, o que nos reconduz ao cuidado ou zelo normal do tipo médio de agente pressuposto pela ordem jurídica, colocado na situação em causa. Ora, bem pode suceder que o comportamento do cliente não corresponda àquele padrão de diligência, pelo que se abre a possibilidade de este não vir a ter, de facto, conhecimento real das condições negociais gerais, que vão integrar, não obstante, o conteúdo do contrato singular". Para que melhor se compreenda o que pretendo significar, direi que se me afigura acertada a deci-

[820] O que é reafirmado de forma expressa adiante – p. 887.

[821] Embora nada tenha que ver com este tema, parece-me expressiva a seguinte formulação de Patrício Paúl, cit., p. 98: "o critério [...] não é a visão do especialista, que imediatamente se apercebe das diferenças ainda que mínimas, mas sim o olhar distraído do homem comum, incidindo sobre a impressão do conjunto e não analisando os diversos elementos de per si".

[822] Cit., p. 61; v. também pp. 234-235.

são do STJ, no acórdão de 3 de Maio de 2007 (pr n.º 06B1650, Pires da Rosa[823]) de entender que, se o aderente, num contrato de concessão de crédito em que intervinha como fiador, "não procurou saber qual a quantia exacta [...] [da] aquisição e as condições de pagamento, à sua irreflexão o deve e não pode esgrimir essa irreflexão a posteriori contra quem legitimamente se cuidou antes do negócio efectuado [...]. No essencial o réu CC conhecia ou podia conhecer a responsabilidade que assumia ao declarar-se fiador do companheiro de sua prima, o réu BB". O acórdão do STJ de 2 de Dezembro de 2013 (pr n.º 306/10.0TCGMR.G1.S1, Maria Clara Sottomayor[824]) afirma que, para averiguar se o aderente usa da diligência média ou comum para tomar conhecimento das cláusulas destes contratos, importa analisar a postura da generalidade dos cidadãos diante desta forma de tráfego negocial e conhecer a realidade humana e social implícita neste tipo de contratação. Os estudos da análise económica revelam que o aderente, dada a impossibilidade de participação na modelação do conteúdo, não encontra motivação para se deter no estudo das condições gerais do contrato nem para comparar as condições oferecidas pela contraparte com as das empresas concorrentes, o que provoca um nivelamento por baixo do conjunto das condições gerais, não funcionando, neste contexto, o mecanismo individual de autotutela dos interesses nem o mecanismo colectivo da concorrência"[825].

O já referido acórdão do mesmo Tribunal de 29 de Janeiro de 2008 (Santos Bernardino) não revela especial sensibilidade à questão (independentemente do juízo acerca da decisão tomada, que se afigura justíssima, e de a questão primariamente analisada não ser esta), ao afirmar, de acordo com as regras gerais,

[823] *In www.dgsi.pt.*

[824] *In www.dgsi.pt.*

[825] Acrescenta, numa observação muito interessante, que: "A moderna teoria dos contratos defende uma mudança de orientação no direito dos contratos, traduzida na passagem do paradigma do liberalismo económico, em que o contrato era visto como o resultado de interesses antagónicos negociados com dureza e egoísmo, para um nova concepção de contrato baseada num princípio de respeito pelos interesses do outro e numa *ética de cooperação* e de solidariedade. Este novo paradigma, resultante da crise do pensamento liberal sobre o contrato, exige às organizações utilizadoras de cláusulas contratuais gerais novos deveres destinados a suprir a desigualdade estrutural entre as partes dos contratos de adesão, entre os quais se destacam os deveres de comunicação e de informação previstos nos arts. 5.º e 6.º do DL 446/85, de 25 de Outubro e, em geral, o dever de não lesar os interesses da contraparte e os deveres pré-contratuais de lealdade, conselho, correcção, assistência e cooperação, decorrentes do art. 227.º do Código Civil".

que "o sentido da declaração negocial é aquele que seria apreendido por um «declaratário normal», o mesmo é dizer, um declaratário medianamente instruído e diligente, colocado na posição do declaratário real, em face do comportamento do declarante. O sentido juridicamente relevante será, assim, em princípio, o que corresponda à compreensão virtual dessa figura padronizada de declaratário. A «normalidade» deste padronizado declaratário expressa-se não só na *capacidade* para entender o texto ou conteúdo da declaração, mas também na *diligência* para recolher todos os elementos que, coadjuvando a declaração, auxiliem a descoberta da vontade real do declarante [...]. O objectivo perseguido pela regra legal, ao conferir à declaração o sentido que seria razoável presumir em face do comportamento do declarante, e não o sentido que este lhe quis efectivamente atribuir, é, em tese geral, o de assegurar a protecção do declaratário". Acrescenta, porém: "a parte final do preceito releva um aspecto da maior importância: a interpretação deve fazer-se sempre dentro do contexto de cada contrato singular em que se incluam. O que vale dizer que se afasta a possibilidade de interpretação realizada na base exclusiva das próprias cláusulas contratuais gerais, afirmando-se a prevalência de uma justiça individualizadora. Tem-se em conta que as circunstâncias concretas dos contratos singulares podem, de facto, conduzir a resultados interpretativos diferentes dos que resultam da análise de cláusulas abstractas, tomadas em si e por si, assim permitindo uma justiça material mais apurada". Se bem que o que fica transcrito não corresponda ao cuidado que se defende ter de haver em matéria de contratos de adesão, *maxime* quando concluídos com base em cláusulas contratuais gerais, a forma como se convoca a parte final do preceito – que, aliás, é corroborada com o chamamento do princípio do n.º 2 do artigo seguinte – mostra algum cuidado com o entendimento possível do destinatário do clausulado, que é de aplaudir; aliás, a decisão, fundada no princípio *in dubio, contra stipulatorem*, é manifestamente conforme à teleologia deste normativo.

O já referido acórdão do STJ de 28 de Abril de 2009 (Fonseca Ramos), decidiu que, não tendo o predisponente assinado o contrato no momento da respectiva conclusão, tal equivale ao incumprimento da obrigação de informação que sobre ele impende. Muito embora o contrato em causa não fosse apenas um, mas dois (um de financiamento e outro de compra e venda) e de a assinatura omitida ter sido a do financiador, utilizador das cláusulas contratuais gerais, não é evidente o fundamento do raciocínio do tribunal: tanto quanto parece, partiu do princípio de que não interveio na negociação dos contratos, tendo delegado no vendedor a comunicação e informações que as cláusulas contratuais gerais justificassem. Afirmando a infungibilidade destas obrigações, concluiu, pois, pelo não cumprimento delas. Trata-se de uma análise que, se bem que, em concreto, seja sumária, parece interessante e defensável.

Menezes Leitão[826] refere o acórdão do STJ de 11 de Abril de 2000 (Lopes Pinto), em que se considerou "que por omissão do dever de comunicação não se poderia aceitar, num seguro contra o risco de tempestades, uma definição restritiva do conceito de tempestade, constante das condições gerais da apólice", e o acórdão do mesmo tribunal de 20 de Junho de 2003 (Miranda Gusmão), que também negou "a vigência de cláusulas gerais de exclusão da cobertura do seguro não comunicadas".

Situação diversa é a dos contratos internacionais, em que tipicamente intervêm empresas com alguma experiência e em que a *common knowledge through diligence* será em regra critério suficiente para valorar o comportamento do aderente[827]. O que não significa que subscreva globalmente a afirmação de Carneiro da Frada[828], segundo a qual, "estando em causa um aderente que seja uma empresa ou entidade equiparada, não tem sentido que as exigências de controle da inclusão de cláusulas contratuais gerais nos contratos sejam exactamente as mesmas que se justificam quando estão em causa meros consumidores finais". Como já ficou referido, a não caracterização do aderente como consumidor – ou mesmo a sua natureza profissional – não garante, só por si, o conhecimento e a compreensão das cláusulas, havendo que distinguir em função da concreta natureza e situação daquele.

De forma absolutamente correcta e pertinente, C. Ferreira de Almeida[829] observa que a solução do problema da inclusão das cláusulas, pelo seu conhecimento, é independente da "anulabilidade por erro"; isto porque "o problema do erro é *sempre* logicamente posterior ao da determinação do âmbito e sentido da declaração. Por isso, se há cláusulas que o aceitante desconhece, tendo usado de normal diligência, a questão do erro não se chega a colocar, Não haverá erro sobre essas cláusulas, pela razão simples de que as cláusulas não farão parte do texto contratual. Se, pelo contrário, não usou da diligência normal, e atendendo a que a desculpabilidade não é, no direito vigente, requisito

[826] 7.ª ed., cit., p. 35, nota 42.

[827] V. Carneiro da Frada, cit., p. 38, nota 42.

[828] *Ibidem*, pp. 39-40.

[829] *Texto e Enunciado...*, cit., p. 885, nota 22.

da relevância do erro, poderá invocá-lo com êxito, se estiverem verificados os requisitos normais".

O n.º 3 estabelece – tal como o último parágrafo do n.º 2 do art. 3.º da directiva transposta – que o ónus da prova de comunicação adequada e efectiva cabe ao predisponente das cláusulas, significando isto que, se, depois de celebrado um contrato com base em cláusulas contratuais gerais, o aderente vier impugnar o contrato (ou uma parte do seu clausulado), alegando que não o conheceu, não tem ele de provar que lhe não foram concedidas possibilidades de conhecimento. Ao invés, é ao predisponente que cabe a prova de que cumpriu esta obrigação, isto é, de que proporcionou ao aderente as condições para que ele conhecesse completa e efectivamente o regulamento contratual. Se não conseguir produzir tal prova, corre o risco de ver essas cláusulas retiradas do contrato, nos termos do art. 8.º-*a)*. Neste aspecto, o direito português é claramente melhor do que o originário do Código Civil italiano, que consagrava idêntica regra, mas permitiu que ela fosse interpretada no sentido de que o efectivo conhecimento era de presumir sempre que tivesse havido aceitação específica (nos casos em que era exigida) ou, em geral, se o aderente tivesse tido acesso ao clausulado integral antes da conclusão do contrato, por se supor que, com a diligência normal, teria podido conhecê-las[830]. Neste domínio, o referido acórdão do STJ de 18 de Abril de 2006 decidiu que "o ónus da prova da comunicação cabe ao contraente que submete as cláusulas ao outro".

Sublinhe-se que, não obstante os n.ºs. 1 e 3 do artigo se referirem literalmente a cláusulas contratuais gerais, as normas nele contidas são aplicáveis, nos termos do art. 1.º, n.º 2, a quaisquer outros contratos de adesão. Como já ficou dito, se o risco de desconhecimento, em contratos singularmente concluídos, é menos grave, o facto de uma das partes não estar em condições negociais de o discutir potencia a possibilidade de não se aperceber, completa e efectivamente, do seu conteúdo clausular. Isto é, quer do ponto de vista literal quer do teleológico, a disposição deste art. 5.º é aplicável a todos os contratos de adesão, constituindo a expressão "cláusulas contratuais gerais", com grande probabilidade, não tanto uma deliberada referência aos contratos em que, mais premente e frequentemente, a questão se coloca, quanto uma reminiscência da versão primitiva do âmbito de aplicação do Dec.-Lei n.º 446/85.

[830] V. Mario Dossetto, cit., p. 1111.

Quanto a esta regra de distribuição do ónus da prova valem considerações muito semelhantes às que ficaram feitas na anotação ao art. 1.º e relativas a norma da mesma natureza. Se o contrato de adesão for baseado em cláusulas contratuais gerais, o conhecimento de que o é pode constituir facto notório e dele resultar uma presunção de ignorância ou incompreensão que leve o tribunal a ser mais exigente na prova que este n.º 3 impõe ao predisponente. Tratando-se de contrato individual e querendo o aderente impugnar a inclusão de uma cláusula por falta de conhecimento dela, terá ele de provar que o contrato (ou a cláusula) não foi negociado para que se aplique esta norma. Seja a situação a de o predisponente querer fazer valer uma cláusula que a contraparte alegue não ter conhecido ou compreendido, a prova que a esta se impõe será diversa, consoante se trate de contrato de adesão baseado em cláusulas contratuais gerais ou não. Se o for, em princípio, sobre nada terá o aderente de produzir prova, antes incumbindo ao predisponente ilidir a presunção de que não tomou as medidas adequadas para dele dar conhecimento "completo e efectivo" ao aderente. Se se tratar de contrato de adesão singular e se verificar o mesmo quadro, do aderente será exigida a prova do carácter não negociado do contrato (ou da cláusula) para que o predisponente fique submetido à regra sobre ónus probatório aqui contida.

Problema que a directiva não resolve, e este diploma também não, é o relativo à chamada "*four corners clause*", "*merger clause*" ou "*clause d'intégralité*", aquela que, para usar os termos do art. 2:105, n.º 1, dos *PECL*, declara "que o escrito contém todas as condições acordadas". Quanto a uma cláusula destas, dispõe o n.º 2 do mesmo artigo que "a cláusula de integralidade que não tenha sido objecto de uma negociação individual apenas faz presumir que as partes pretendiam que as suas declarações, compromissos ou acordos anteriores não entrem no contrato", acrescentando que esta disposição "não pode ser afastada ou restringida". O n.º 3 estabelece que "as declarações anteriores das partes podem servir para a interpretação do contrato", estabelecendo ainda que esta regra não pode ser afastada ou restringida senão por uma cláusula negociada individualmente. O art. 2.17 dos Princípios UNIDROIT – não tomando em consideração os contratos de adesão – dispõe que "o contrato escrito do qual conste uma cláusula que refira que dele consta tudo quanto foi acordado não pode ser contrariado ou completado pela prova de declarações ou acordos anteriores. Estas declarações ou acordos podem, porém, ser usados para interpretar o documento".

Artigo 6.º – Dever de informação

1. O contratante determinado que recorra a cláusulas contratuais gerais deve informar, de acordo com as circunstâncias, a outra parte dos aspectos nelas compreendidos cuja aclaração se justifique.

2. Devem ainda ser prestados todos os esclarecimentos razoáveis solicitados.

A separação entre a obrigação de comunicação e a de informação é relativamente forçada ou artificial. No modo como o artigo anterior concebe a primeira vão contidas as informações necessárias à compreensão do conteúdo do contrato. A utilidade autónoma deste preceito reside sobretudo no seu n.º 2. Admite-se, todavia, que a lei tenha querido enfatizar a necessidade de cabal esclarecimento das cláusulas contratuais com o n.º 1. Como se diz no acórdão do STJ 4 de Maio de 2017 (pr n.º 1566/15.6T8OAZ.P1.S1, António Piçarra), "trata-se de «dois deveres complementares»", pois que "o objectivo do consentimento esclarecido por parte do aderente só se alcança se as cláusulas lhe tiverem sido adequadamente comunicadas (quanto ao modo e ao tempo da comunicação, por confronto com a complexidade da concreta cláusula, como resulta do disposto no nº 2 do artigo 5º do Decreto-Lei nº 466/85) e acompanhados das informações exigidas pelas circunstâncias (artigos 6º e 8º, b)), solicitadas ou não pelo aderente"[831].

A repetição normativa torna quase inevitável alguma repetição explicativa neste texto – o que se procurará evitar na medida do possível –, sendo certo que, neste, se partirá do princípio de que esta obrigação tem autonomia relativamente à anteriormente prevista.

A obrigação de comunicação é muitas vezes insuficiente para assegurar que o acordo do aderente foi livre e esclarecido. Não raro o mero teor literal das

[831] Já o acórdão de 3 de Outubro de 2017 (pr n.º 569/13.0TBCSC.L1.S19, Henrique de Araújo) diz que "os deveres de comunicação e de informação, que decorrem, respectivamente, dos arts. 5.º e 6.º da LCCG, concretizadores dos deveres pré-contratuais previstos no art. 227.º do CC, são distintos: (i) o dever de comunicar corresponde à obrigação de o predisponente facultar ao aderente, em tempo oportuno, o teor integral das cláusulas contratuais de modo a que este tome conhecimento, completo e efectivo, do seu conteúdo; (ii) o dever de informar dirige-se essencialmente à percepção do conteúdo e corresponde à explicação desse conteúdo quando não seja de esperar o seu conhecimento real pelo aderente."

cláusulas não permite apreender o seu sentido por uma pessoa de diligência razoável. Há cláusulas que, pela sua complexidade e pelo seu significado jurídicos, a generalidade das pessoas – mesmo com alguma preparação jurídica – não compreende, ou não compreende completamente. Há outras que, por terem que ver com a complexidade tecnológica do bem que é objecto do contrato, uma pessoa de preparação e diligência médias não percebe, mesmo conhecendo o seu teor literal. E há ainda cláusulas cujo significado é diverso do aparente, já que carecem de uma interpretação combinada com outras – que podem estar até sistematicamente distantes no texto do clausulado –, não se apercebendo o aderente do seu sentido, salvo se lhe for explicada a articulação que tem de ser feita entre elas[832]. Muitas vezes, estas cláusulas constituirão cláusulas-surpresa[833], pelo que estarão no âmbito da al. *c)* do art. 8.º, mas, em qualquer caso, se o aderente não tiver sido informado da existência de várias disposições sobre a mesma matéria, cujo sentido conjugado resulte ser diverso daquele que uma das cláusulas indiciava, terá de se entender que o dever de informação imposto pelo n.º 1 deste artigo foi incumprido. Há, finalmente, cláusulas que, por respeitarem a questões de especial importância, justificam uma informação, também ela especialmente cuidada e completa. Este último aspecto subjaz às normas do artigo 457.º do Anteprojecto do Código do Consumidor cuja epígrafe é "violação **grave** dos deveres de informação"[834].

[832] O já referido ac. do STJ de 8 de Abril de 2010 (Lopes do Rego) contém a seguinte observação de censura: "Importa começar por salientar que a entidade recorrente parte de uma injustificada visão benevolente acerca do âmbito e extensão de tais deveres que inquestionavelmente a vinculam, bastando-se com a exigência de que tais cláusulas se encontrassem integralmente impressas, constando do contrato singular realizado, não lhe cumprindo ter de ler e explicar aos seus clientes o respectivo teor e alcance, salvo em resposta directa a dúvidas por eles expressamente formuladas".

[833] Para uma concepção ampla daquilo que designa por *cláusulas de surpresa*, Carvalho Fernandes, cit., p. 228.

[834] Que contém o seguinte regime: "1. Quem produzir, armazenar, distribuir, comercializar ou transaccionar por qualquer forma bens ou prestar serviços cuja utilização normal ou previsível envolva riscos para a saúde ou segurança, sem neles fazer constar uma advertência explícita, ou, tendo tido conhecimento de tais riscos após a colocação dos bens no mercado ou a prestação dos serviços, não o comunicar imediatamente ao público e às autoridades competentes, será punido com coima até 3.750 euros, tratando-se de pessoa singular, ou de 3.000 a 45.000 euros, se for pessoa colectiva. 2. Quem, devendo prestar cuidados de saúde através de meios de diagnóstico ou de terapêutica que impliquem riscos para a vida e a saúde do paciente, não o informe de modo ade-

Embora Galvão Telles[835] aponte, como regime geral, de que esta obrigação de informação constituiria afloramento, o art. 573.º do Código Civil, quer-me parecer que se está aqui perante uma obrigação pré-contratual, radicada, no regime geral, no art. 227.º, n.º 1, do Código Civil. Já porque se trata de um dever pré-contratual, já porque ele existe em relação a qualquer contrato, negociado ou não, já porque, finalmente, não me parece tratar-se de um direito (e correlativo dever) de informação do titular de um direito acerca de dúvidas sobre a sua existência ou conteúdo.

Concordo com Muriel Fabre-Magnan[836], quando esta escreve que, "se [...] [o aderente] compreende dificilmente as informações, [...] [o predisponente] está obrigado a fornecer-lhe explicações mais detalhadas: deve por exemplo repetir as suas explicações até que sinta que a informação foi bem compreendida. Do mesmo modo, se o devedor da obrigação de informação é um profissional cuja linguagem é esotérica para o cliente, pode ter de simplificar os termos empregados, mesmo deformando um pouco a informação, na condição, bem entendido, de o fazer de forma leal, e prosseguindo apenas o objectivo de fazer com que o cliente tome consciência do alcance da informação".

Tal obrigação de informação do significado das cláusulas resultaria já, também ela, como regra geral, do princípio da boa fé na fase negociatória, enunciado no art. 227.º do Código Civil[837].

quado sobre a amplitude e a gravidade desses riscos, em ordem a assegurar um consentimento esclarecido, será punido com coima até 3.750 euros, tratando-se de pessoa singular, ou de 3.000 a 45.000 euros, tratando-se de pessoa colectiva. 3. As coimas prescritas no número anterior são correspondentemente aplicáveis ao fabricante, representante do fabricante ou outros profissionais da cadeia de comercialização que, tendo em conta as informações funcionais de que dispõem, saibam ou devam saber que um produto que colocaram no mercado apresenta riscos para as pessoas incompatíveis com a obrigação geral de segurança e não prestem ao Instituto do Consumidor a informação exigida pelo artigo 58º deste diploma". Esta matéria já se encontra actualmente regulada no Dec.-Lei n.º 69/2005, de 17 de Março, alterado pelo Decreto Regulamentar n.º 57/2007, de 27 de Abril, que transpôs para a ordem jurídica nacional a Directiva n.º 2001/95/CE, do Parlamento Europeu e do Conselho, de 3 de Dezembro, relativa à segurança geral dos produtos.

[835] *Manual...*, cit., p. 321.

[836] Cit., p. 419.

[837] Neste sentido, Almeida Costa e Menezes Cordeiro, cit., p. 25.

Porque a lei é clara – e da boa fé pré-contratual já tal emergiria – no sentido da imposição ao predisponente da obrigação de informação do aderente de todos os aspectos "cuja aclaração se justifique", não pode deixar de censurar-se a decisão contida no citado acórdão do STJ de 20 de Janeiro de 2010 (Alves Velho) de que "a prestação de esclarecimentos pressupõe, como é lógico, uma iniciativa do aderente nesse sentido, vale dizer, pode prescindir do direito de os pedir ou exigir, seja por se considerar suficientemente esclarecido, seja por qualquer outro motivo (ac. de 19/01/2006 – 05B4052)" e "[...] perante o invocado pela Ré como fundamento de exclusão das cláusulas, há-de ter-se logo por arredada a violação do dever de informação, demonstrada que está a ausência de qualquer tomada de posição no sentido de ver prestado qualquer esclarecimento [...]". explicação destas afirmações se encontrar nesta outra de que "[...] não se alcança fundamento para a prestação espontânea de esclarecimentos – art. 6º-1 –, ao menos relativamente às cláusulas em questão, tão clara e expressiva se mostra a respectiva redacção, designadamente nos termos e com a completude vertida nas Condições Particulares. Estavam elas ao alcance da compreensão de qualquer cidadão que negoceia com uma seguradora um contrato dos ramos obrigatórios de acidentes de trabalho por conta de outrem e automóvel". Com mais adequada ponderação se pronunciou o acórdão do STJ de 10 de Abril de 2014 (pr n.º 1246/10.9TJLSB.L1.S1, Granja da Fonseca[838]) no sentido da invalidade, também por ausência de informação, das cláusulas em que "«a informação sobre as unidades hoteleiras, seu custo e datas para efectivação de reservas é comunicado anualmente, por email ou outro meio que aquela considere adequado», sem conter um mínimo de concretização das unidades hoteleiras que serão objecto da oferta do proponente, ou da sua localização". É de louvar a decisão do já citado acórdão do STJ de 13 de Setembro de 2016 (Alexandre Reis) no sentido de que, num caso em que "apenas no circunstancialismo da subscrição ou outorga do contrato foram dadas a conhecer à aderente a cláusula contratual geral em discussão, [...] o dever de atempada comunicação, face à sua identificada ratio, também não fica preenchido com as declarações constantes na escritura de que, no dia da sua celebração, esta foi lida aos outorgantes e feita a explicação do seu conteúdo, questão cuja pertinência mais se realça atentando na significativa complexidade do clausulado alusivo à «*renúncia ao benefício da excussão prévia*» e à sua elevada repercussão (importância) para a embargante,

[838] *In www.dgsi.pt.*

para quem, sendo uma funcionária administrativa, aquela é uma expressão de alcance jurídico dificilmente inteligível".

Deste art. 6.º não decorre que o predisponente das cláusulas tenha a obrigação de explicar a cada cliente, uma por uma, cada uma das cláusulas e o seu significado (porventura complexo)[839]. No entanto, quando se trate de cláusulas que, dadas as circunstâncias – isto é, em razão da dificuldade objectiva da compreensão do seu alcance ou/e da impreparação da contraparte que vai aceitá-las, justifiquem uma aclaração, um esclarecimento sobre o seu sentido, o predisponente, independentemente de pedido do aderente, tem de prestar essa informação circunstanciada. Discordo, no essencial, de Raúl Ventura[840], quando o autor – embora a sua observação seja circunscrita às cláusulas compromissórias – afirma: "Suponho que a remissão para um diploma legal português regulador da arbitragem não justifica aclaração e informação e bem assim que não seriam razoáveis pedidos de esclarecimento a tal respeito". O que está em causa é saber se pedidos de informação acerca de regimes jurídicos aplicáveis ao contrato devem ser considerados razoáveis. Não creio que possa afirmar-se – o que, aliás, de algum modo, o autor citado reconhece no seguimento do seu texto – que

[839] Diz o acórdão do STJ de 6 de Junho de 2019 (pr n.º 3416/14.1T8GMR-A.G1.S1, António Joaquim Piçarra) que "não se poderá «obrigar» nestas circunstâncias [os aderentes prescindiram de esclarecimentos] que o predisponente, mesmo ao arrepio de uma vontade expressa dos aderentes, explique uma por uma as cláusulas insertas num contrato de adesão". Era certo que os fiadores não pediram esclarecimentos sobre o conteúdo de um "documento complementar" e, na escritura, declararam ter compreendido tudo (como quase sempre acontece e nada significa muitas vezes senão o acanhamento de declarar a incompreensão). Não creio que a tal declaração aquando da escritura pública possa ser atribuído grande significado, pois. E não atribuo igualmente à função notarial, tal como a lei a caracteriza, a inviabilidade de uma decisão judicial que "coloque em causa, de modo desequilibrado ou pouco exigente, o teor ou o conteúdo do que é atestado quanto à autenticidade e validade do acto praticado (que aqui não está em causa) mas igualmente quanto à representação e compreensão do que aí ocorreu e dos termos em que as partes se vincularam ao contratado", nem creio que "entendimento contrário" fizesse "perigar a segurança e a certeza do comércio jurídico, não sendo compatível com o são desenvolvimento de uma sociedade *justa* nem com a autonomia privada ou os fins do Direito, entender que um acto formal e solene como uma escritura pública, seja posto em causa pelo próprio outorgante, quanto às declarações aí vertidas e atestadas por oficial dotado de poderes públicos, no que se refere a encontrar-se consciente e informado do respectivo conteúdo e alcance"

[840] Cit., pp. 38-39.

pedidos de informação sobre a lei aplicável sejam necessariamente de entender como não razoáveis. Tudo dependerá da condição das partes: seja uma delas um profissional experiente naquela área de contratação e a outra, profissional ou não, mas não habituada a concluir contratos daquele tipo e (quando profissional) não dispondo de uma estrutura organizativa que lhe permita ter acesso às normas aplicáveis, e também as informações jurídicas devem ser prestadas, o que, de resto, não é privativo dos contratos de adesão, antes integra, como se disse, a obrigação de informação pré-contratual imposta pelo art. 227.º, n.º 1, do Código Civil. Neste quadro, julgo completamente correcta a decisão do acórdão do STJ de 30 de Outubro de 2007 (pr n.º 07A3048, Fonseca Ramos[841]), em que se lê: "Não é exigível a pessoa analfabeta, que domine conceitos jurídicos como «mora», «cláusula penal», «rescisão do contrato» e «reserva de propriedade», sobretudo se tais conceitos constaram das «Condições Gerais», sendo, por isso, mais exigente o *dever de informação*". Quiçá não se exigiria para justificar idêntica decisão o analfabetismo do aderente, mas era o que ocorria no caso. Tenho, em contrapartida, grandes dúvidas sobre as seguintes proposições do acórd*ão do* mesmo tribunal de 14 de Julho de 2016 (pr n.º 2100/13.8TJLSB.L1.S1, António da Silva Gonçalves): "Salientemos que os conceitos de "euribor" (european interbank offered rate – taxa interbancária oferecida em euro – é uma das principais taxas de referência do mercado monetário da zona euro; indica a taxa de juro média dos empréstimos interbancários sem garantia da zona euro e o seu cálculo considera as taxas dos 32 principais bancos europeus) e de spread bancário (em termos simplificados é a diferença entre a taxa de juro cobrada aos tomadores de crédito e a taxa de juro paga aos depositantes pelos bancos), constituem realidades bancárias cuja noção, conquanto aproximada, atualmente faz parte do saber da generalidade do comum empresário. [...] Este denotado circunstancialismo sócio-empresarial, em que se processou a assinatura do contrato, não impunha que, na preparação deste delicado negócio se tivesse de prestar a completa e exaustiva informação que a autora agora pretexta, porquanto era de prever que a sociedade mutuária estava em condições de saber as consequências do seu ato – o conceito de «euribor» e de «spread bancário» é acessível ao comum dos empresários". Não só, atentas as condições em que o mútuo foi celebrado, porque a premência da mutuária era dificilmente compatível com uma formação de vontade sem vícios, mas também porque a afirmação da cognoscibilidade

[841] *In www.dgsi.pt.*

pelo "comum dos empresário" se me afigura pouco compatível com a realidade empresarial nacional, não acompanho as conclusões a que o aresto chegou. Formulação ajustada é a do já referido 4 de Maio de 2017 (Lopes do Rego): «[...] o objecto de tal dever de informação, legalmente imposto com base no respeito pelo princípio da boa fé, não é propriamente *cada uma das cláusulas* inseridas no negócio concreto, *atomisticamente* considerada, pressupondo antes uma *explicação consistente acerca da funcionalidade do negócio, como um todo, e o devido esclarecimento da contraparte acerca dos riscos financeiros em que incorre, perante uma alteração significativa do quadro económico, desfazendo o eventual equívoco do outro contraente acerca da real natureza do negócio, face à globalidade do conteúdo respectivo*". Também se afigura pertinente a argumentação do acórdão do STJ de 25 de Outubro de 2018 (pr n.º 85/15.0T8ALJ.G1.S2, Oliveira Abreu[842]), em que se lê: "a mera entrega do documento em questão aos contraentes, pessoas simples e com pouca formação – não mais que a 4ª classe – só por si não demonstra o cumprimento de tal dever. [...] O clausulado [...] será na verdade de fácil leitura, admite-se até nos referidos 5 minutos pela recorrente, para quem se insere no meio jurídico e faz da análise de clausulado contratual e em especial no âmbito dos seguros o seu modo de vida. Manifestamente assim não será para quem tem no máximo a 4.ª classe. O circunstancialismo em que o contrato foi celebrado, num contexto de relação de confiança inerente a quem é cliente há mais de 20 anos; [...] entendemos que à funcionária da GG no mesmo contexto, incumbia-lhe ter averiguado para assim melhor aconselhar os aderentes, em função das cláusulas de exclusão cujo teor tinha a obrigação de conhecer, para além do nível de instrução dos aderentes, o modo de vida dos mesmos – que enforma o circunstancialismo indicado no artigo 6º nº 1 do DL 446/85 – por forma a se inteirar quais as exclusões que em concreto poderiam ser determinantes para a formação da vontade daqueles e que poderiam resultar em prejuízo dos seus interesses, assim podendo atuar em conformidade. [...] mesmo admitindo que a locução "limpeza de árvores" seja, por si só, de compreensão fácil no sentido de alcançar a chamada "poda de limpeza", o que se afigura já de difícil apreensão para uma pessoa com a 4.ª classe, como era o segurado, é surpreender, por via de leitura, num escasso período temporal de 10 a 15 minutos, a inclusão daquela cláusula no universo extenso e diversificado das alíneas constantes do indicado ponto 4.1 da cláusula 2.ª das condições gerais. Impunha-se assim ao predisponente que, pelo menos, adver-

[842] *In www.dgsi.pt.*

tisse o aderente do tipo de riscos excluídos da cobertura do seguro visados com tais exclusões, de modo a orientar a respetiva leitura, o que não se prova que tenha sido feito, salvo quanto à cláusula de exclusão do ponto 4.2."

Para além de ter de prestar espontaneamente informações, tem ainda o predisponente a obrigação de esclarecer o sentido das cláusulas, quando tal lhe seja pedido pelo aderente, desde que esse pedido seja objectivamente justificado, ou seja, quando haja uma razão, enunciada pelo aderente ou até objectivamente perceptível, que justifique o pedido de aclaração. O predisponente das cláusulas não tem de satisfazer todos os pedidos de esclarecimento do aderente ou candidato a tal, designadamente os que correspondam a capricho ou propósito de entretenimento, pois aí estaremos evidentemente no domínio do abuso do direito. Nas palavras de Almeida Costa e Menezes Cordeiro[843], "excluem-se [...], mais uma vez [?], as dúvidas injustificadas ou caprichosas do aderente". Tem, porém, de o fazer relativamente àqueles pedidos que, em razão da complexidade do conteúdo contratual, da sofisticação do respectivo objecto ou de outros factores, sejam razoáveis ou objectivamente fundamentados.

O art. 8.º, na sua al. *b)*, enuncia um critério de apreciação do cumprimento da obrigação de informação imposta por este art. 6.º: ela ter-se-á por cumprida quando «seja de esperar o [...] conhecimento efectivo» da cláusula, nas circunstâncias concretas em que o contrato foi concluído.

Mais uma vez se trata de uma, se bem que pouco típica, obrigação de meios: o utilizador tem de prestar todas as informações que assegurem o resultado de proporcionar a possibilidade de «conhecimento efectivo» do conteúdo clausular.

Mariana Fontes da Costa[844] opina que, enquanto o dever de informar "pressupõe um cumprimento espontâneo por parte do devedor", o de esclarecimento "pressupõe uma pergunta prévia e corresponde à obrigação de prestar as informações requeridas pelo credor das mesmas", citando, em seu abono, Sinde Monteiro que o escrevia em tempos já afastados. Não creio ser esta a melhor interpretação do art. 6.º, pese embora este n.º 2 designar por esclarecimento as respostas às questões colocadas pelo aderente, desde que razoáveis. A distinção realizada pela nomenclatura é frágil e artificial, como já deixei dito. Des-

[843] Cit., p. 26.

[844] Cit., pp. 374-375.

conheço se a autora tem fundamento, quando escreve[845] [846]: "A propósito da obrigatoriedade de fornecer a informação requerida três posições se perfilam: a que entende que existe obrigação de informar sempre que uma das partes questione a outra acerca de uma circunstância de que esta tem conhecimento; a que defende que essa situação em nada se distingue da obrigação de esclarecer espontaneamente; e por fim, a que entende que quando a pergunta é ilícita, a parte pode não só recusar-se a responder, como até mesmo, em dadas circunstâncias, responder de forma inexacta". Trata-se de uma arrumação de entendimentos que é discutível: julgo que, sempre que seja relevante a questão colocada, o parceiro contratual tem de lhe responder, o que não significa que discorde de que há o direito a omitir a informação ou, até, a prestar uma que seja falsa no exemplo dado pela autora (pergunta a uma candidata a um contrato de trabalho sobre estado de gravidez ou possibilidade de vir a existir); está-se, em situações deste género, perante o exercício de um direito fundamental (à não discriminação) que justifica o inadimplemento da obrigação de informar com verdade, segundo entendo[847].

A minha discordância é mais veemente, porém, quando a autora escreve[848] que "impossível se torna ignorar a natureza conflituosa do direito pré-contratual a ser informado, ou, visto do prisma oposto, do dever de fornecer à contraparte conhecimento, cuja exclusividade garantia ao devedor da obrigação de informar uma vantagem comparativa no processo negocial. Na verdade, não podemos esquecer que o dever pré-contratual de informação se, por um lado, promove a formação consciente e esclarecida da vontade da parte informada, por outro lado acarreta, para aquele que tem o dever de informar, uma perda significativa de poder negocial, com consequências potencialmente nefastas para o sistema económico"[849] [850].

[845] Cit., p. 375, nota 20.

[846] Afigura-se-me especiosa e inútil a distinção que a mesma autora faz entre "dever de informação em sentido estrito" e "dever de verdade", não subscrevendo a qualificação do chamado "dever de verdade" como "obrigação de facto negativo, cujo teor impõe ao devedor a obrigação de não comunicar informações inexactas sobre factos essenciais".

[847] Sobre a questão, v. o meu *Responsabilidade Pré-Contratual...*, cit., pp.

[848] *Ibidem*.

[849] Não concordo igualmente com a autora (*ibidem*, p. 376), quando afirma que "a protecção do contraente frágil [...] [também] não é capaz de dar resposta a todo o espectro de actuação dos deveres pré-contratuais [...]: eleger tal critério como fundamento destes deveres implicaria, desde logo, recusar o recurso à boa fé sempre que uma parte

É igualmente relevante o art. 9.º do Dec.-Lei n.º 57/2008, de 26 de Março[851], que contém o regime das práticas comerciais desleais, em especial as omissões enganosas[852].

Este art. 6.º é transcrito no art. 207.º do Anteprojecto do Código do Consumidor. O art. 484.º-*b)* deste Anteprojecto qualifica como contra-ordenção, punível com coima até 1 250 euros, se for pessoa singular, ou até 15 000 euros, se for pessoa colectiva, "o contraente que, tendo recorrido a cláusulas contratuais gerais, não informe a outra parte dos aspectos nelas compreendidos cuja aclaração se justifique".

O acórdão do STJ de 19 de Março de 2002 (pr n.º 02B449, Moitinho de Almeida[853]), decidiu que uma cláusula constante das condições gerais de utilização de um cartão de crédito, que "se reveste de certa ambiguidade" impunha à predisponente "dar cumprimento ao disposto no artigo 6°., n.º 1 do Decreto-Lei n°446/85, de 25 de Outubro", com a consequência, tanto quanto se com-

contratual com idêntico ou até superior poder negocial se visse prejudicada por uma prática desleal, desonesta ou incorrecta da outra parte".

[850] E não enxergo a vantagem suplementar do recurso ao critério da "salvaguarda do *fim do contrato*" (*ibidem*, pp. 376 e 377), menos compreendendo o que queira significar com a seguinte afirmação: "[...] este entendimento tem obviamente de ser entendido [*sic*] cum grano salis, na medida em que nem sempre o fim mediato do contrato será do conhecimento do devedor. Daí que a boa fé no âmbito pré-contratual não tenha em vista a promoção literal do fim mediato do contrato pelo devedor, mas sim garantir que este não adoptará nenhuma conduta deleal, desonesta ou incorrecta, que impeça a outra parte de retirar do contrato os dividendos [*sic*] que este, caso contrário, lhe traria".

[851] Alterado pelo Dec.-Lei n.º 205/2015, de 23 de Setembro.

[852] Que estabelece: "Tendo em conta todas as suas características e circunstâncias e as limitações do meio de comunicação, é enganosa, e portanto conduz ou é susceptível de conduzir o consumidor a tomar uma decisão de transacção que não teria tomado de outro modo, a prática comercial: a) Que omite uma informação com requisitos substanciais para uma decisão negocial esclarecida do consumidor; b) Em que o profissional oculte ou apresente de modo pouco claro, ininteligível ou tardio a informação referida na alínea anterior; c) Em que o profissional não refere a intenção comercial da prática, se tal não se puder depreender do contexto"; "Quando o meio de comunicação utilizado para a prática comercial impuser limitações de espaço ou de tempo, essas limitações e quaisquer medidas tomadas pelo profissional para disponibilizar a informação aos consumidores por outros meios devem ser tomadas em conta para decidir se foi omitida informação"; "São considerados substanciais os requisitos de informação exigidos para as comunicações comerciais na legislação nacional decorrentes de regras comunitárias".

[853] *In www.dgsi.pt.*

preende, de a considerar excluída do contrato por inobservância deste dever de aclaração.

Menezes Leitão[854] dá notícia do acórdão do STJ de 28 de Março de 1995 (pr n.º 086288, Miranda Gusmão), "que considerou ininvocável, por violação do dever de esclarecimento, a cláusula de um seguro de responsabilidade civil por animais que condicionava a cobertura ao facto de o animal estar vacinado e com licença".

Artigo 7.º – Cláusulas prevalentes

As cláusulas especificamente acordadas prevalecem sobre quaisquer cláusulas contratuais gerais, mesmo quando constantes de formulários assinados pelas partes.

Nos termos deste artigo (reproduzido pelo art. 208.º do Anteprojecto do Código do Consumidor e muito semelhante ao art. 2.21 dos Princípios UNIDROIT), sempre que, num contrato celebrado com base em cláusulas contratuais gerais, as partes cheguem a acordo sobre uma ou várias cláusulas, de conteúdo diverso ou, mesmo, contraditório com as cláusulas gerais inseridas no modelo contratual, aquelas cláusulas especificamente acordadas entre as partes prevalecem sobre as que constavam (ou constam) do modelo, ainda que este último tenha sido assinado por ambas as partes. Trata-se de disposição que, a meu ver, se aplica essencialmente, se não apenas, a contratos celebrados com base em cláusulas contratuais gerais, quer em razão do seu teor literal[855] quer do seu sentido, pois só há motivo para fazer prevalecer cláusulas acordadas sobre outras quando outras haja, de conteúdo diverso do das acordadas.

Se não é inconcebível que a situação possa verificar-se num contrato de adesão singularmente celebrado, há de convir-se que a hipótese será muito rara. Exista, porém, e será este o seu regime, quanto mais não seja por aplicação analógica[856].

[854] Cit., 7.ª ed., nota 44; 13.ª ed., p. 32, nota 46.

[855] O que seria o menos, tão deficiente é, neste aspecto, como se tem visto, a versão actual do diploma.

[856] Nos contratos negociados, cláusulas diversas das constantes do contrato, acordadas depois dele – não se coloca o problema da específica negociação, como é evidente – correspondem a alterações do contrato, cuja validade é regulada pelo regime geral.

Para Sousa Ribeiro[857], partindo da distinção entre "acordadas" e "negociadas" ("acordadas são, ao fim e ao cabo, todas as cláusulas, uma vez que todas elas, incluindo as cláusulas contratuais gerais, só vigoram nos contratos singulares pela aceitação"), "não se estranha [...] que se tenha considerado inútil a aplicação do art. 7.º a contratos de adesão individualizados, pois, estando em jogo contratos desta natureza, jamais se poderá verificar a contraposição que a norma prevê". E acrescenta: "[...] ao distinguir entre cláusulas individualizadas negociadas e não negociadas, equiparando estas últimas às cláusulas contratuais gerais, o diploma de transposição abriu espaço para uma outra contraposição relevante. Basta que se admita que, por força dessa equiparação, tais cláusulas, quando em confronto com cláusulas negociadas, sofrem o mesmo destino das cláusulas contratuais gerais, posicionando-se agora ao lado das cláusulas que devem ceder, perdendo a sua eficácia conformadora. A dualidade de natureza estabelece-se aqui no interior das cláusulas individualizadas, contrapondo as negociadas às não negociadas. A prevalência das primeiras, ainda que não directamente prevista no artigo 7.º, resulta, com suficiente clareza, da razão de ser desta norma, em conjugação com o fundamento da extensão aplicativa levada a cabo pelo DL n.º 249/99".

No comentário aos Princípios UNIDROIT[858] diz-se que, se as cláusulas especificamente acordadas constarem do mesmo documento que as restantes, "podem ser facilmente reconhecíveis por serem escritas em caracteres diferentes das cláusulas contratuais gerais"; se se encontrarem em "documento separado", "pode ser mais difícil distinguir entre as que são cláusulas contratuais gerais e as que o não são". "Podem levantar-se alguns problemas específicos quando o acordo sobre as modificações das cláusulas contratuais gerais se faz verbalmente sem que as disposições incompatíveis constantes das cláusulas contratuais gerais tenham sido riscadas e quando consta dessas cláusulas [...] uma disposição que atribui carácter exclusivo ao documento escrito assinado pelas partes, que prevê que qualquer aditamento ou modificação do seu conteúdo deverá ser feita por escrito"[859]. O art. 2.17 dispõe que "o contrato escrito do qual conste uma cláusula que refira que dele consta tudo quanto foi acordado não pode ser contrariado ou

[857] "O regime dos contratos de adesão...", cit., pp. 199 a 201.

[858] Cit., pp. 81-82.

[859] Os "problemas específicos "que poderão verificar-se resultarão sobretudo de existir forma legal ou convencional, e de a forma não ter sido observada nos acordos que deveriam prevalecer", podendo ainda colocar-se questões de dificuldade de prova.

completado pela prova de declarações ou acordos posteriores", estabelecendo, por seu lado, o art. 2.18 que "o contrato escrito do qual conste uma cláusula estipulando que qualquer modificação ou revogação por acordo será feita por escrito não pode ser alterado ou revogado por outra forma. Contudo, a parte que, pela sua conduta, incitar a outra a agir confiando nessa conduta não poderá prevalecer-se dessa estipulação". Parece-me que este regime é um bom exemplo de como a previsão de regras para os contratos de adesão não é acompanhada de uma diferente concepção do contrato, coexistindo, em consequência, regimes que podem revelar-se incompatíveis. No direito português, esta questão de cláusulas acordadas verbalmente, conflituantes com cláusulas contratuais gerais que prevejam uma forma para a sua alteração, tem o regime geral do art. 223.° do Código Civil, que, não simplificando muito a sua solução, é contudo menos rígido do que o dos referidos Princípios.

O art. 5:104 dos *PECL* dispõe que "as cláusulas que tenham sido objecto de uma negociação individual têm preferência sobre aquelas que não o tenham sido", norma que, no essencial, coincide com o sentido da agora comentada.

O art. 1342.° do Código Civil italiano, na sua versão originária, dispunha expressamente que esta prevalência se manteria ainda que as cláusulas constantes do formulário ou minuta subscrita não tivessem sido eliminadas, o que, por exemplo, A. Genovese[860] considerava não ser senão o "corolário dos princípios estabelecidos no art. 1362.° (acerca da intenção comum dos contraentes) e 1366.° (acerca da interpretação segundo a boa fé)", ambos do Código Civil.

Ernesto Cesàro[861] observa que, para que se verifique a prevalência das cláusulas aditadas ao formulário contratual, "é necessário verificar, através do exame global da convenção [...], que tais cláusulas se encontram em contradição irremediável com as que foram predispostas e não desempenham a função de integrar ou especificar o conteúdo negocial predisposto". Mais adiante[862], contudo, dá notícia de uma orientação da jurisprudência segundo a qual o facto de haver cláusulas constantes de um documento após as respectivas assinaturas "não significa que as partes tenham querido excluir a [respectiva] eficácia [...]".

[860] "Condizioni generali...", cit., p. 806.
[861] Cit., pp. 35-36.
[862] *Ibidem*, p. 43.

A referência do texto legal à permanência das cláusulas no formulário constitui um esclarecimento desnecessário, tanto quanto me parece, pois, se tiverem sido eliminadas do "formulário", não se põe qualquer problema de divergência ou contradição de conteúdos clausulares.

Alguns autores italianos abordavam a questão falando de cláusulas manuscritas para significar as especificamente acordadas em contradição das constantes dos modelos [*moduli*] e formulários[863], mas não creio que tal devesse considerar-se como uma tomada de posição quanto à forma que deveriam revestir tais cláusulas; porque as cláusulas contratuais gerais que a lei tomava como referência eram escritas (e, na maior parte dos casos, senão na totalidade, impressas), pensava-se em cláusulas aditadas manualmente a tais impressos.

Almeida Costa e Menezes Cordeiro[864] opinam que "os dispositivos dos artigos 221.º e seguintes do Código Civil permitiriam atingir soluções justas", mas que, "havendo cláusulas contratuais gerais, o legislador entendeu ir mais longe [...] [porque] a experiência ensina [...] que a presença de acordos específicos demonstra a vontade das partes de não subscrever as cláusulas contratuais gerais que se lhes oponham". E acrescentam, numa afirmação que me parece justificada, que as cláusulas gerais se devem considerar "sempre prejudicadas, mesmo quando se apure que o acordo específico é nulo, por falta de forma, o que implica a aplicação do regime geral dos contratos". Embora não me seja completamente claro o que significam com a referência ao regime geral dos contratos, creio que, sendo nulas formalmente (ou substancialmente, acrescento, se bem que a situação haja de ser rara) as cláusulas especificamente acordadas, tendo elas tido o efeito de afastar as cláusulas padronizadas, a situação resolver-se-á pela aplicação das normas supletivas pertinentes e, se necessário, pela integração da lacuna que reste.

Pedrosa Machado[865] escreve, com grande ligeireza, que, "podendo tais acordos individuais [...] ser anteriores, concomitantes ou posteriores à conclusão do contrato, e sendo indiferente que sejam escritos ou verbais, expressos ou tácitos [...], o problema é remetido para o ónus da prova do contrato individual ou singular".

[863] Assim, p. ex., Mario Marsili, cit., p. 142.
[864] Cit., p. 26.
[865] Cit., p. 113, nota 56.

Não pode subscrever-se a seguinte formulação de Noronha Nascimento[866]: "[...] na hipótese de o contrato de adesão conter (além da sua formulação típica e genérica aplicável a todos os utilizadores) cláusulas manuscritas que revelam um acordo concretamente consensualizado [...]". Por que hão-de ser as cláusulas acordadas especificamente manuscritas e por que hão-de cláusulas manuscritas ser sintomáticas de acordo individualizado? Yara Miranda[867] diz que, "se há possibilidade real de a cláusula ser negociada, alterada, embora o aderente não venha a exercer tal faculdade, então estaremos perante uma figura que não pode ser qualificada como ccg".

Neste art. 7.°, consagra-se uma compreensível espécie de presunção inilidível de que as cláusulas negociadas o foram para integrar o contrato, sendo as que integram a minuta uniforme irrelevantes, por terem sido preteridas (isto é, não desejadas e substituídas) pelos contraentes. A norma tem evidente adesão à realidade: se o utilizador do modelo aceitou negociar e acordar alguns pontos do regulamento contratual, pode não ter sido alterado o suporte físico uniformizado deste – será mesmo raro que tal seja feito –, pelo que esse texto é assinado, não obstante conter disposições que foram objecto de discordância e substituídas por aquelas que foram negociadas e acordadas.

Na jurisprudência do STJ, surge, por vezes, manifestação do entendimento de que, num contrato de seguro, as denominadas "condições particulares" prevalecem sobre as "gerais" por força deste preceito[868]. Creio que este não é de aceitar como regra, pois normalmente o tomador ou segurado não negociaram coisa alguma, tanto tendo aceitado umas cláusulas ("condições") como as outras.

Não se me afigura indiscutível – longe disso – que, pelo facto de uma[869] cláusula constar de denominadas "condições particulares", se possa concluir que se trata de cláusulas especificamente acordadas e que, em consequência, hajam de prevalecer sobre as chamadas "condições gerais" sem que tenha sido produzida prova da sua efectiva negociação, como, tanto quanto pode depreender-se da sua leitura, concluiu o acórdão do STJ de 10 de Julho de 2008 (pr n.° 08B1846;

[866] Cit., p. 101.

[867] Cit., p. 679, nota 71.

[868] Tomem-se como exs. os acs. de 7 de Novembro de 2017 (pr n.° 398/16.9T8PVZ.P1.S1, Pedro de Lima Gonçalves) e de 9 de Abril de 2019 (pr n.° 2673/12.2T2AVR.P1.S1, José Rainho).

[869] Ou várias.

João Camilo[870]). Na verdade e independentemente do acerto da decisão, a particularização de cláusulas de um certo contrato (*in casu*, de seguro), se se encontrarem, também elas, predispostas por uma das partes, não perdem a sua natureza de adesão, para o efeito sendo indiferente a designação que lhes tenha sido dada, bem como o facto de o aderente ter remunerado suplementarmente a contraparte, se todos os aderentes, que pretenderem idêntica extensão das obrigações do predisponente, do mesmo modo tiverem de prestar idêntica remuneração. Isto é, se a cláusula(s) "particular(es)" foi(ram) unilateralmente formulada(s), limitando-se a contraparte a aceitá-la(s), está-se perante uma(várias) convenção(ões) de adesão; se a cláusula(s) se destinar(em) a multiplicar-se em contratos individuais, tratar-se-á de cláusula(s) contratual(ais) geral(ais). Seja uma destas a hipótese, e o regime deste diploma – e o desta disposição – ser-lhe-á aplicável.

Não deixa esta regra de poder tendencialmente conflituar nomeadamente com a do art. 222.º do Código Civil, já que, não se ressalvando este regime geral, não há qualquer referência nem à forma adoptada pelas «cláusulas especificamente acordadas» nem ao regime do ónus da prova da sua correspondência com a vontade real das partes. A única crítica implícita nesta observação é a de – como em outros aspectos mais relevantemente – a redacção deste diploma não ter cuidado da articulação dos regimes nele contidos com outros já vigentes, em particular com os regimes gerais, o que abre espaço à doutrina e à jurisprudência para levantarem dúvidas e questionarem-se sobre essa articulação. Creio que o teor deste art. 7.º permite entender claramente como válidas as "cláusulas especificamente acordadas" oralmente, desde que a lei não as "sujeite à forma escrita", admitindo que sejam muito raros – ou, mesmo, inexistentes – os casos em que o contrato seja formal e sejam convencionadas oralmente regras diferentes das do modelo contratual escrito.

Acrescente-se, – por repetição embora – que, mesmo que o contrato seja formal por força de lei, as cláusulas especificamente acordadas que não respeitem tal forma, ainda que, nos termos do art. 221.º do Código Civil, sejam nulas, não deixam de ter o efeito de afastar as que com elas forem incompatíveis. Por outro lado, quanto ao ónus da prova, na falta de disposição especial, aplicar-se-á o regime do art. 342.º do Código Civil, o que tem como consequência que o contraente – tipicamente o aderente – que quiser prevalecer-se da cláusula

870 *In www.dgsi.pt.*

negociada tem de provar que o foi. Se não pode dizer-se que há aqui qualquer presunção de negociação, o exame do concreto contrato pode fundar uma presunção judicial e esta, como fica dito na transcrição dos acórdãos do STJ que se segue, não tem necessariamente de obedecer às regras dos arts. 394.° e 351.° do Código Civil.

Interessante e justificativa de aplauso é a decisão do acórdão do STJ de 13 de Setembro de 2007 (pr n.° 07B1857, Custódio Montes[871]), nos termos da qual o regime do art. 394.° do Código Civil – que exclui a prova testemunhal quando "tiver por objecto convenções contrárias ou adicionais ao conteúdo de documento autêntico ou dos documentos particulares mencionados nos artigos 373.° a 379.° [todos os documentos escritos particulares], quer as convenções sejam anteriores à formação do documento ou contemporâneas dele, quer sejam posteriores" – "apenas pode aplicar-se a contratos negociados, sendo objecto de uma redução teleológica, que admita a produção de prova testemunhal quanto ao teor dos compromissos, pactos e acordos celebrados antes da conclusão do contrato, no decurso da conclusão deste e até após a conclusão do acordo. Na verdade, a «ratio» e a função do art.° 394° do Código Civil não se comunicam aos contratos concluídos por mera adesão, pois que a solução (de favor) contemplada por esse artigo é cativa dos negócios concluídos de preceito com o modo natural de contratação, isto é, por negociação das partes! Acresce que, o artigo 394° do Código Civil não pode ser invocado, e muito menos, aplicado, sempre que contrarie o princípio geral da boa-fé. [...] é a preocupação de "correcção" de injustiças, desequilíbrios e abusos que, no caso concreto, veda a aplicação do artigo 394° do Código Civil, que, a ter lugar, constituiria mais um benefício, mais um artifício ao serviço das RR., e contra o sentimento ético-jurídico dominante".

A solução que tem sido dada à questão pelos tribunais ingleses – se bem compreendo as afirmações de Colin Scott e Julia Black[872], embora os autores se refiram especialmente à prova – é a de não admitirem prova de acordos verbais diversos de cláusulas constantes de formulários escritos. Porém, adiante[873], os autores afirmam que algumas vezes os tribunais "entenderam que as formalidades comuns não foram cumpridas porque um consumidor não tinha sido capaz de ler as cláusulas *standard* antes de celebrar um contrato, ou porque um profis-

[871] *In www.dgsi.pt.*

[872] Cit., p. 75.

[873] P. 79.

sional tinha enganado, mesmo que inocentemente, sobre a verdadeira natureza de uma cláusula. [...] Naquele que é agora o *leading case* [*Interfoto Picture Library Ltd v Stilletto Visual Programmes Ltd* (1989)], o tribunal recusou atribuir efeito contratual a uma cláusula que era apenas uma de um número de quatro colunas em rodapé de um documento de entrega (*delivery note*)".

Quanto à substância, a norma não merece particular censura e até a que se deixou esboçada pode ser facilmente ultrapassada pela identificação da sua *ratio*: na verdade, o que ela visa é assegurar que um conteúdo convencional negociado e acordado não seja prejudicado por um modelo uniforme que foi parcialmente eliminado por aquele acordo. Sendo assim e pondo de lado a questão da forma, a coincidência do conteúdo das cláusulas acordadas com a vontade real das partes não pode ser questionada.

O único aspecto – coincidente, aliás, com o regime geral – que poderia (deveria, mesmo) ter sido claramente acautelado é o de as cláusulas acordadas serem contrárias a proibições absolutas, pelo menos às do regime geral; se, aí, se encontram normas imperativas que, por definição, impedem convenções em contrário, em contratos que se presumem negociados, não pode deixar de entender-se que elas se aplicam em contratos de adesão, ainda que a cláusula tenha sido "especificamente acordada". Creio que esse não esclarecimento expresso não obsta a esta conclusão interpretativa, mas talvez tivesse sido melhor que a lei o dissesse.

Mais duvidosa é a solução do problema a que se refere pertinentemente Michael R. Will[874], quando escreve: "Se [...] o consumidor que ficou atento, por efeito das indicações e avisos, entra em negociações sobre o conteúdo de concretas cláusulas, não conseguirá em regra nenhuma modificação, mas correrá o perigo de perder a protecção oferecida pela lei, porque estas cláusulas são consideradas como «individualmente acordadas»". A questão é a de saber se as proibições do regime deste Decreto-Lei, designadamente as constantes dos arts. 19.º e 21.º, se aplicam também às cláusulas especificamente negociadas e aprovadas. Em sentido afirmativo abona a letra destas disposições e, em especial, a expressão "em absoluto", mas em sentido diverso parece depor a restrição da aplicabilidade das proibições às cláusulas contratuais gerais e/ou às cláusulas de adesão. Porém, a interpretação das normas e, consequentemente, a solução da questão não pode bastar-se com a consideração do elemento literal, em especial quando

[874] Cit., p. 85.

tão frágil. E, dos pontos de vista teleológico e sistemático, isto é, tendo em conta a razão de ser do diploma e a imperatividade de várias disposições gerais relativas a certas convenções – que, em parte, se sobrepõem às deste diploma –, a aplicabilidade destas proibições a quaisquer cláusulas pode ser a solução mais congruente. Longe de mim dar esta conclusão como isenta de dúvidas, pois as proibições deste normativo destinam-se a contratos (ou cláusulas) de adesão e não àqueles que forem negociados; porém, a regra do art. 15.º não me parece privativa deste diploma e a ela, em última análise, se reconduzem muitas das proibições a que se faz referência. Por outro lado, embora seja evidente, sempre se observará que, ainda que exclua totalmente a aplicação deste regime a cláusulas "especificamente acordadas", tal não prejudica a mesma aplicabilidade a todo o restante conteúdo contratual.

A este respeito, a lei italiana passou a determinar que as cláusulas absolutamente proibidas o são sempre, ainda que tenham sido objecto de negociação, solução que se afigura mais – e justificadamente – protectora da posição dos aderentes. Não se trata de norma que decorra da transposição da Directiva n.º 93/13/CEE, antes consagra uma maior tutela do aderente que, apesar de ter aceitado negocialmente uma cláusula, pode tê-lo feito sem clara consciência ou ponderação do seu significado no contexto global do contrato que concluiu, ou por não ver alternativa contratual. Na verdade, são – em especial os consumidores – contraentes muito vulneráveis a técnicas de persuasão dos agentes do contraente empresarial, sendo relativamente fácil convencer alguns deles de que a inclusão de uma cláusula "expressamente elaborada para si" comporta um significado vantajoso em casos em que isso é falso[875].

Artigo 8.º – Cláusulas excluídas dos contratos singulares

Consideram-se excluídas dos contratos singulares:

a) **As cláusulas que não tenham sido comunicadas nos termos do artigo 5.º;**

b) **As cláusulas comunicadas com violação do dever de informação, de molde que não seja de esperar o seu conhecimento efectivo;**

[875] Salienta o papel limitador da liberdade que as "técnicas subtis e ardilosas de persuasão" dos sujeitos a contratar implicam, Pinto Monteiro, "Do Direito do Consumo...", cit., p. 207.

Sempre que for incumprida a obrigação de comunicação ou a de informação, as cláusulas não comunicadas ou esclarecidas consideram-se excluídas do contrato. Há, pois, uma redução *ope legis* do contrato, uma amputação deste das cláusulas, que não são consideradas nele integradas, por violação das obrigações pré-contratuais que a lei enuncia. Não estou certa de que haja de distinguir entre as cláusulas nulas e estas que a lei determina que sejam retiradas do contrato. É verdade que, nesta hipótese, o contraente não tem de arguir e provar a nulidade da cláusula para a ver suprimida do contrato, mas, não estabelecendo a lei o tipo de invalidade de que sofrem, talvez o mais razoável fosse qualificá-la como nulidade, ideia contra a qual milita o facto de não se poder dizer ter havido consenso sobre elas.

A directiva qualifica como não vinculativas as cláusulas que proíbe[876], tendo deixado aos Estados a liberdade de determinar as consequências jurídicas da violação das proibições, pelo que dela não se retira apoio interpretativo algum. É certo que a directiva diz que o "resto" do contrato permanece não afectado pela supressão das cláusulas ineficazes – disposição transposta pelo art. 9.º, embora com referência expressa às regras de integração de lacunas negociais –, mas também desta norma não resulta apoio incontroverso para a qualificação, já que as cláusulas nulas são também suprimidas do negócio em que se encontravam.

Questão que – como de seguida se dá notícia – algumas doutrinas discutem é a de saber se estas cláusulas não comunicadas, não esclarecidas, inseridas no documento contratual após a assinatura das partes, bem como as cláusulas-surpresa, devem ser qualificadas como abusivas ou se sofrem de vício que não conduz a essa qualificação. Não tendo a opção quaisquer efeitos jurídicos, já que, seja qual for a solução que se adopte, estas cláusulas são nulas, senão inexistentes, omite-se aqui a consideração do problema.

Martin Ebers[877] diz que "existem várias possibilidades" nas transposições para os direitos nacionais, dado a directiva não precisar quais são as consequências jurídicas do não cumprimento da obrigação de transparência, tanto sendo admissível que a cláusula seja excluída do contrato como se pode colocar a hipótese de ela "ser objecto de um controlo com fundamento no Art. 3. Se nos fiarmos nesta última abordagem, não está dito se a falta de transparência constitui

[876] Formulação repetida, p. ex., no 8.(2) do *Unfair Terms in Consumer Contracts Regulations* de 1999.

[877] Cit., pp. 453 e 465-466.

em si o carácter abusivo ou a ausência de valor jurídico da cláusula em virtude do Art. 3(1), em ligação como Art. 6(1) da directiva, ou se é necessário que o conteúdo da cláusula seja também desfavorável, isto é, que ela crie um desequilíbrio significativo entre os direitos e obrigações emergentes do contrato, contra a exigência da boa fé". O autor acrescenta que a sentença no processo *Cofidis* entendeu – ao invés da decisão do "Tribunal de instância de Viena" que tinha considerado que "as cláusulas financeiras careciam de legibilidade", o que era de molde a induzir o consumidor em erro – que, "para entrar no campo de aplicação da directiva, as ditas cláusulas têm de não ter sido objecto de uma negociação individual e devem, contra a boa fé, criar em detrimento do consumidor um desequilíbrio significativo entre os direitos e obrigações emergentes do contrato para as partes", observando contudo que, "neste processo, o TJCE só se pronunciou sobre a admissibilidade da queixa e não sobre a questão fundamental das consequências jurídicas decorrentes da falta de transparência".

O autor informa de que a consequência da infracção à exigência de transparência pode ser, "por exemplo", a previsão da "ineficácia ou [d]a nulidade absoluta de conhecimento oficioso", a consideração da cláusula como "não escrita em direito civil (ficção da não-existência)", tendo sido preferido em alguns Estados "um conceito de nulidade relativa", "em virtude do qual a cláusula abusiva permanece vinculativa enquanto a contraparte (geralmente o consumidor) daquele que a utilizou está de acordo, sendo essa contraparte a única com legitimidade para invocar a sua nulidade". Houve ainda Estados que escolheram "outros conceitos de nulidade, no pressuposto de que a nulidade de uma cláusula só pode ser declarada em benefício do consumidor e em que os tribunais podem conhecer oficiosamente a nulidade da cláusula (o que se chama a «nulidade de protecção» – «*nullità di protezione*»)». Afigura-se a Martin Ebers[878] "compatível com a jurisprudência do TJCE, que o consumidor seja também protegido, mesmo que não suscite o carácter abusivo da cláusula, quer por ignorar os seus direitos, quer por ser dissuadido de os fazer valer. Dito de outro modo, as referidas decisões *Océano* Grupo Editorial e Salvat Editores, *Cofidis* e Elisa María Mostanza Claro v. Centro Móvil Milenium não excluem completamente uma decisão do consumidor, quanto à oportunidade, do ponto de vista dos seus interesses, de invocar o carácter abusivo da cláusula abusiva".

[878] *Ibidem*, pp. 458-459.

O mesmo autor[879] dá conta dos Estados em cuja legislação se estabelece a "nulidade absoluta", mas não se fica com a certeza de que a informação seja completamente fidedigna, ou que aquele não esteja a falar, como se de uma única realidade se tratasse, de cláusulas não claras e compreensíveis e de cláusulas abusivas. Sempre segundo o mesmo autor[880], alguns Estados, como, por exemplo, a República Checa, a Letónia, os Países Baixos e a Roménia, "partem do princípio de que as cláusulas abusivas são válidas, a menos que o consumidor invoque o seu carácter abusivo". Na República Checa, o art. 55.º do respectivo Código Civil dispõe que uma cláusula abusiva "é só relativamente ineficaz, isto é, ineficaz se o consumidor suscitar o seu carácter abusivo; na Letónia, as cláusulas são nulas, mas, de acordo com a Lei de Protecção dos Direitos do Consumidor, tem de ser este a pedir a declaração de nulidade; o art. 6:233 do Código Civil holandês "dispõe que uma cláusula abusiva é anulável [...]", o que "está em contradição com a jurisprudência do TJCE".

De seguida[881], o autor dá notícia de ordens jurídicas em que a situação "é incerta". Na Áustria, o carácter abusivo de algumas cláusulas não é em princípio conhecido oficiosamente, mas apenas a pedido do consumidor, pelo que "não é certo que os princípios da jurisprudência *Cofidis* sejam aplicáveis". Na Bélgica, a nulidade é automática depois das alterações da Lei das Práticas Comerciais, mas gerou-se um debate com reflexos na jurisprudência, existindo duas correntes, uma sustentando que, por serem de ordem pública as normas proibitivas, se trata de nulidade, e outra defendendo que este não é o regime de todas as cláusulas abusivas. Tanto em Chipre como na Polónia, as leis respectivas dizem que as cláusulas proibidas não vinculam o consumidor, mas não é enunciada a consequência, pelo que não é possível "determinar claramente se elas privilegiam a nulidade relativa". Também na Grécia, dizendo a lei de protecção do consumidor (Lei n.º 2251/1994) que "o profissional não pode invocar a nulidade do conjunto do contrato se uma ou várias cláusulas forem abusivas e por isso nulas", a doutrina divide-se quanto à natureza da invalidade que as afecta.

"Na Hungria, o legislador modificou as consequências do carácter abusivo das cláusulas em 2006, sem no entanto precisar se o consumidor pode influenciar a validade da cláusula em questão"; se o art. 209a(2) do respectivo Código

[879] *Ibidem*, pp. 456-457.
[880] *Ibidem*, p. 385.
[881] Pp. 457 a 459 e 469-470.

Civil estabelece que as cláusulas abusivas nos contratos com consumidores são nulas, o mesmo artigo, "uma frase adiante, dispõe que o carácter abusivo de uma cláusula apenas pode ser *invocado* a favor do consumidor". Quer na Hungria quer em Itália – onde o Código do Consumo consagra a "nulidade de protecção" –, "no estado actual do direito é [...] difícil determinar [...] se o juiz pode conhecer o carácter abusivo da cláusula, mesmo que o consumidor deseje expressamente ficar vinculado pela cláusula". Em Malta, "não existe qualquer regra específica relativa às consequências da falta de transparência [...]. Todavia, e por força do direito comum, se [essa] falta [...] for tal que revela dolo ou má fé de um dos contraentes, então o outro contraente pode pedir a anulação do contrato. Além disso o Director do Consumo, de acordo com os poderes que lhe atribui o Art. 94 da Lei relativa ao consumo, pode emitir uma decisão normativa ["*ordonnance*"] se considerar que a cláusula utilizada é abusiva para os consumidores e viola o Art. 47 que exige que as cláusulas nos contratos concluídos com os consumidores sejam redigidas de forma clara e compreensível, «podendo ser compreendidas pelos consumidores a quem o contrato se dirige» [...]. [...] parece que o legislador romeno decidiu não regulamentar as consequências de um incumprimento do princípio da transparência quando elas fundamentam uma acção judicial individual. Incumbe às jurisdições judiciárias aplicar o princípio [...] e decretar as sanções idóneas quando este é violado. Do mesmo modo em Espanha, as consequências jurídicas não se encontram claramente determinadas na medida em que o princípio da transparência foi transposto por duas leis com consequências jurídicas diferentes. O Art. 10(1)(a) da Lei 26/1984 (Protecção geral dos consumidores) enuncia de forma muito geral o princípio [...], sem prever consequências precisas. No Art. 5(5) da Lei 7/1998 (cláusulas estandardizadas), as consequências da falta de transparência são reguladas em dois artigos. [...] a sanção prevista no Art. 7(2) contra as cláusulas estandardizadas que sejam «ilegíveis, ambíguas, obscuras e incompreensíveis» é considerar que essas cláusulas não foram inseridas no contrato, enquanto em virtude do Art. 8, as cláusulas estandardizadas que violem qualquer disposição desta lei (designadamente o princípio da transparência) são nulas. As duas leis podem aplicar-se simultaneamente quando uma cláusula abusiva que figure em contratos celebrados com consumidores seja ao mesmo tempo uma cláusula estandardizada. A jurisprudência, numa atitude pragmática (mas sem clarificar a situação), tende a referir-se a uma ou a outra das normas a fim de alcançar um resultado favorável ao consumidor, frequentemente declarando a nulidade da cláusula. No Reino Unido não é certo que uma cláusula possa ser considerada como abusiva *principalmente* ou *pelo mero facto* de ser obscura, mas a *Law Commission* e a *Scottish Law Commission* recomendam no seu relatório final relativo às cláusulas contratuais abusivas que uma cláusula [...] possa ser considerada como abusiva principalmente ou pelo mero facto de ser obscura".

No Direito brasileiro, os arts. 46.º e 54.º do Código de Defesa do Consumidor dispõem, respectivamente, que os contratos não serão eficazes perante os consumidores "se não lhes for dada a oportunidade de tomar conhecimento prévio de seu conteúdo" ou "houver dificuldade para a compreensão de seu sentido e alcance, ou se não forem redigidos em termos claros e com caracteres ostensivos e legíveis, ou se não forem redigidos com destaque, no caso de limitação de direitos"[882].

Sendo este art. 8.º omisso quanto à consequência jurídica da exclusão que impõe e sendo necessariamente um valor negativo da convenção preterida, admito – embora com muitas dúvidas – que talvez se possa considerar que se aplica o regime geral do art. 294.º do Código Civil, nos termos do qual é a nulidade a consequência da inobservância de disposições legais imperativas; neste sentido opina Galvão Telles[883]; porém o mesmo autor, em obra diversa[884], escreve que estas cláusulas se têm "por não *escritas*", acrescentando que: "mais do que simples *nulidade*, afecta-as autêntica *inexistência jurídica*". C. Ferreira de Almeida[885] diz que a lei estabelece "a cominação radical de ineficácia das cláusulas". Almeno de Sá[886] opina que "é radical a solução da nossa lei, pois determina que as cláusulas [...] não chegam sequer a fazer parte do conteúdo do contrato [...] celebrado: pura e simplesmente,[...] se têm *como não escritas*". Almeida Costa e Menezes Cordeiro[887] distinguem o valor negativo das cláusulas aqui referidas do daquelas que são proibidas pelos arts. 15.º, 18.º, 19.º, 21.º e 22.º: as mencionadas nesta disposição "não se incluem nos contratos singulares", sendo as res-

[882] A propósito deste regime, Netto Lobo, cit., p. 68, observa que o problema se situa "no plano da eficácia, vale dizer, sua falta acarreta ineficácia jurídica, ainda que não haja cláusula abusiva (plano da validade). Os contratos existem juridicamente, são válidos mas não são eficazes. O direito do consumidor [...] desenvolveu peculiar modalidade de eficácia jurídica, estranha ao modelo tradicional do contrato".

[883] "Das Condições Gerais...", cit., p. 310-311.

[884] *Manual...*, cit., p. 322.

[885] *Contratos I*, cit., p. 187; v. também pp. 188 e 200.

[886] Cit., pp. 251-252.

[887] Cit., pp. 27 e 28.

tantes nulas. No mesmo sentido, Almeida Costa[888] diz que "o legislador prevê cláusulas *excluídas* dos contratos singulares [...] e cláusulas *nulas*, aquelas cujo conteúdo se veta"; e acrescenta: "As primeiras consideram-se liminarmente afastadas dos acordos efectivos, não produzindo quaisquer efeitos, mesmo provisórios ou secundários, enquanto as segundas se incluem neles e, embora inválidas de direito, têm eficácia prática até à declaração de nulidade". Pinto Monteiro[889] escreve que, "em tais casos, a cláusula [...] *não fará sequer parte do contrato*"[890].

No direito espanhol, referindo-se à Lei Geral da Defesa dos Consumidores e Usuários, opinam L. Díez-Picazo e A. Gullón[891] que as cláusulas nela proibidas são nulas. A solução parece resultar actualmente do art. 83.º do Real Decreto Legislativo n.º 1/2007, de 16 de Novembro.

Não se trata de opinião que considere indiscutível, já que é evidentemente defensável que se trate de estipulações sobre as quais não recaiu o consenso que é caracterizador essencial da própria noção de contrato ou de uma sua cláusula[892][893].

[888] *Direito das Obrigações*, cit., p. 266.

[889] "Cláusulas limitativas...", cit., p. 295.

[890] No mesmo sentido, Oliveira Ascensão, *Cláusulas contratuais gerais, cláusulas abusivas...*, cit., p. 11, escreve: "Daqui resulta que estas cláusulas, sejam genéricas sejam individuais abusivas, devem ser apresentadas ao destinatário previamente à celebração do negócio, em condições de poder ser dele conhecidas. Se o não forem a consequência é radical: não se integram no conteúdo do contrato. Não são sequer inválidas, porque não chegam a ser conteúdo contratual. Na mesma situação devemos considerar as *überraschende Klauseln*, por aparecerem em lugares surpreendentes do contrato. Isto vai contra a fácil apreensão da cláusula que a lei reclama. Em consequência a cláusula de surpresa não é inválida: mais do que isso, não produz efeito algum. Diríamos que é uma cláusula inexistente".

[891] Cit., p. 80.

[892] Neste sentido, Massimo Bianca, *Il contratto*, cit., pp. 346 e 365-366; Guido Alpa, "Il recepimento...", cit., p. 82; Ruben S. Stiglitz, cit., p. 311; F. Llodrà Grimalt, cit., pp. 53 e 54, face à já referida lei espanhola n.º 7/1998, de 13 de Abril (Lei sobre Condições Gerais da Contratação, que procedeu à transposição da Directiva n.º 93/13/CE, tendo alterado a Lei n.º 26/1984, que, no entanto, se manteve parcialmente em vigor); A. M. López y López, cit., p. 335, referindo-se à lei espanhola n.º 26/1984, de 19 de Julho; Jean Calais-Auloy, cit., p. 193, e, em Portugal, além de Pinto Monteiro, cit., p. 121, Sara L. Brandão Dantas, cit., p. 295; Carneiro da Frada, cit., p. 40; Raúl Ventura, cit., p. 37; Menezes Cordeiro, *Tratado...*, cit., pp. 433, 434 a 436; e Noronha Nascimento, cit., p. 101, que diz serem "inexistentes".

[893] Sem demorada análise, como se viu já, Netto Lobo, cit., p. 68, escreve: "Todas essas

Na ordem jurídica portuguesa, o art. 12.º deste diploma, estabelecendo que as cláusulas proibidas são nulas, parece depor no sentido de que estas não o são, embora o argumento seja frágil.

Afastando expressamente a cominação de nulidade para as cláusulas não comunicadas, lê-se no já referido acórdão do STJ de 28 de Abril de 2009 (Fonseca Ramos) que "«as cláusulas inseridas em formulários depois da assinatura dos contratantes que a alínea d) do art. 8º do Dec-lei nº446/85 considera excluídas dos contratos singulares são também aquelas que, construídas antes pelo proponente, são incluídas no formulário apresentado abaixo da assinatura das partes contratantes» – Acórdão deste Supremo Tribunal, de 3.5.2007 – Proc. 06B1650. Assim, sufragando tal entendimento, consideramos que as cláusulas contratuais gerais, constantes do verso do documento assinado pelo Réu, em 28.6.2001, **se têm por excluídas.** A exclusão das cláusulas pré-inseridas no contrato não gera a sua nulidade [...]".

Utilizando uma formulação semelhante, o acórdão do mesmo Tribunal de 11 de Outubro de 2005 (pr n.º 05B2461, Oliveira Barros[894]) diz que, por não se encontrarem subscritas pelos outorgantes, "as estipulações do nº 8, als. b) e c), das condições gerais encontram-se afastadas do consenso contratual, não vinculando validamente o mutuário".

Falando em invalidade e em exclusão, o acórdão do STJ de 15 de Maio de 2008 (pr n.º 08B357, Mota Miranda[895]) diz: "Nos contratos de adesão relativos aos cartões (de crédito e de débito) do banco Y, a assinatura do aderente localiza-se antes das cláusulas contratuais gerais que se encontram apostas em folha imediatamente a seguir; porém, consta dos mesmos contratos em local situado antes da assinatura do aderente, uma declaração em que o aderente afirma ter tomado conhecimento e aceitar as condições de utilização do cartão. [...] A exigência legal de a assinatura se localizar após as cláusulas para que estas sejam relevantes sobrepõe-se ao conhecimento manifestado pelo aderente; daí que tais cláusulas, por localizadas após, para além, a seguir à assinatura do aderente, em violação do art. 8.º, al. d), do DL 446/85, sejam inválidas e excluídas dos

hipóteses legais [falta de requisitos de cognoscibilidade previstos no Código de Defesa do Consumidor] configuram elementos de cognoscibilidade: situando-se no plano da eficácia jurídica, ainda que não haja cláusula abusiva (plano da validade). Os contratos existem juridicamente, são válidos mas não são eficazes".

[894] *In www.dgsi.pt.*

[895] *In www.dgsi.pt.*

contratos, devendo o réu banco Y abster-se da sua futura utilização", acrescentando que se trata de "cláusulas que não constam do documento que é apresentado pelo predisponente para subscrição pelo aderente, cláusulas exteriores, portanto, ao contrato (cf. Acórdão do S.T.J. de 11/9/2007, na Revista 2209/07; de 15/3/2005, na Revista 282/05; e de 3/5/2007, na Revista 1650/06)"; e ainda: "a exigência de que a assinatura deve seguir-se a todas as cláusulas (art. 8.º, al. d) daquele dec.-lei 446/85) está para além do conhecimento efectivo pelo aderente – não é este conhecimento efectivo que aqui releva; o que releva é a localização das cláusulas para evitar adesões impensadas"[896].

No acórdão do STJ de 7 de Janeiro de 2010 (pr n.º 08B3798, Maria dos Prazeres Beleza[897]) lê-se que se têm "como não escritas as cláusulas contratuais que fisicamente se encontram no verso do documento, após as assinaturas dos contraentes, ainda que, antes dessas assinaturas, haja uma cláusula no sentido de que o mutuário declara ter tomado conhecimento e dado o seu acordo às que constam do verso".

No já mencionado acórdão do STJ de 28 de Abril de 2010 (Azevedo Ramos), lê-se: "[...] a consequência imediata da aludida falta de comunicação e de informação é ter-se por *excluída* a referida cláusula 2.ª das Condições Especiais do contrato de seguro, valendo este de acordo com a informação que então foi prestada ao segurado". Usa a seguinte formulação: "o incumprimento de tais deveres implica que as cláusulas não devidamente comunicadas e informadas se devam considerar excluídas dos contratos singulares celebrados com os aderentes", o já referido acórdão do mesmo tribunal de 8 de Abril de 2010 (Lopes do Rego).

A principal consequência que quer Massimo Bianca e Guido Alpa – reconhecendo o primeiro tratar-se de posição resultante de uma interpretação declarativa que não é partilhada pela generalidade da doutrina e da jurisprudência[898] – extraem da sua posição de que as cláusulas são inexistentes, não escritas ou totalmente ineficazes, por não terem chegado a incluir-se no contrato, é a de que o tribunal conhece da inexistência de cláusula *ex officio*, argumento que não se me afigura relevante na nossa ordem jurídica, já que também a nulidade é de conhecimento oficioso do tribunal. G. Alpa acrescenta que é a concepção mais favorável ao consumidor, porque a nulidade poderia levar a uma lacuna

[896] Esta última frase não tem, evidentemente, sentido; se o pressuposto é o de que não foram aceites, não pode falar-se em "adesões", "impensadas" ou não.

[897] *In www.dgsi.pt.*

[898] *Il Contratto*, cit., p. 365, nota 89.

e à sua integração de acordo com as regras gerais na matéria; poderá ser argumento a ponderar face à lei italiana vigente ao tempo da elaboração do estudo[899], mas com as disposições dos arts. 9.º, n.º 2, e, sobretudo, 13.º deste Dec.-Lei n.º 446/85, não creio que seja muito relevante no regime português.

Aliás, se a cláusula for suprimida do contrato, ainda que não seja por ser considerada nula, a questão da lacuna pode igualmente colocar-se. Isto é, se se entender que se está perante uma nulidade, aplicar-se-á o art. 13.º, que, apesar de sediado no capítulo concernente à nulidade das cláusulas proibidas, se encontra formulado em termos amplos, referindo-se a todas as "*cláusulas* [...] *proibidas por disposição deste diploma* [...]". Este regime especial é claramente mais protector do aderente, na medida em que lhe abre a possibilidade de decidir, unilateralmente (com o limite do art. 14.º), se pretende a subsistência do contrato a que foram retiradas as cláusulas nulas, solução mais consentânea com a teleologia do regime em geral e desta norma em particular. Não que este argumento seja determinante para a opção pela nulidade das cláusulas "excluídas dos contratos singulares", já que, foram elas inexistentes e sempre seria defensável a aplicabilidade do regime do art. 13.º, não directamente mas por analogia. É que a razão de ser substancial é idêntica: a protecção do aderente, em geral, a sua defesa de cláusulas que o prejudiquem, em especial. Não se duvidará de que a esmagadora maioria das cláusulas de que não teve, ou não teve cabal, conhecimento respeita a estipulações que lhe são muito desfavoráveis, isto é, abusivas. Por outro lado, como G. Alpa[900] reconhece, não é possível por vezes evitar a nulidade total do contrato, designadamente quando a cláusula retirada tenha por objecto elemento essencial dele (de que dá os exemplos do preço e da contraprestação) que não possa ser integrado *ope judicis*.

O problema não fica mais, ou mais bem, esclarecido no Anteprojecto do Código do Consumidor, pois o respectivo art. 209.º reproduz o teor daquele que agora se analisa, apenas diferindo a sua redacção da deste no aditamento de uma alínea, segundo a qual – acertadamente, mesmo que não seja completamente indispensável a lei dizê-lo – ficam igualmente "excluídas dos contratos singulares" "as cláusulas que, apesar de abrangidas pela proibição judicial do seu

[899] A lei italiana foi objecto de alterações, em razão da transposição da directiva europeia e, em 2005, foi aprovado o *Codice del Consumo*, cujas últimas alterações que conheço são de Abril e Maio de 2019.

[900] "Il recepimento...", cit..

uso ou recomendação, sejam inseridas nos contratos celebrados por quem ficou vencido na acção inibitória respectiva[901].

Como se observou, este regime, acrescentando ao do art. 227.º do Código Civil a nulidade (ou a inexistência) das cláusulas estipuladas com incumprimento das obrigações pré-contratuais de comunicação e de informação, não prejudica a aplicabilidade da responsabilidade *in contrahendo* prevista naquela disposição, se estiverem preenchidos os respectivos pressupostos. Atribuição, pois, de direito indemnizatório por danos resultantes da omissão da obrigação do "fornecedor de bens ou prestador de serviços", bem como "[d]o produtor, [d]o fabricante, [d]o importador, [d]o distribuidor, [d]o embalador e [d]o armazenista" e dos "demais intervenientes na cadeia da produção à distribuição" "de informar o consumidor, tanto na fase de negociações como na fase de celebração de um contrato [...], de forma clara, objectiva e adequada [...]", nomeadamente, sobre características, composição e preço do bem ou serviço, bem como sobre o período de vigência do contrato, garantias, prazos de entrega e assistência após o negócio jurídico, como dispõe o art. 8.º, n.ºs 1 a 3 e 5, da Lei de Defesa do Consumidor.

Aliás, venha ou não o contrato a subsistir, sem as cláusulas dele retiradas, haverá quase inevitavelmente prejuízo para o aderente, quanto mais não seja o de ter recorrido aos tribunais para fazer declarar nula(s) (ou para suprimir) a(s) cláusula(s), e, no caso de invalidade total do negócio, o de ter preterido outras hipóteses contratuais que o mercado lhe oferecia, bem como o de procurar solução de substituição para o contrato declarado nulo.

Embora a hipótese seja bizarra e o problema jurídico decidido não se inscreva no que tem vindo a ser analisado, cabe referir o acórdão do STJ de 8 de Março de 2016 (pr n.º 1786/12.5TVLSB.L1.S1, Helder Roque[902]) que entendeu, depois de demonstrar (?) que, num mútuo bancário para aquisição de habitação, certa(s) cláusula(s) havia(m) sido comunicada(s) aos mutuários, que a(s) compreenderam antes da conclusão do contrato, que não se está, no "contrato de mútuo hipotecário ajuizado, à figura típica de um contrato de adesão [e] não

[901] Este aditamento pode constituir um argumento sistemático no sentido da nulidade, pois as cláusulas proibidas em acção inibitória são maioritariamente aquelas que, em razão do respectivo conteúdo, se encontram feridas de nulidade. Apenas se deixa aqui esta observação para o caso de o legislador pretender adoptar consequência diversa da nulidade para as estipulações que constam deste art. 8.º.

[902] *In www.dgsi.pt.*

se está, portanto, em presença de cláusulas proibidas, abusivas ou nulas que impliquem a sua exclusão do contrato (art 8º., al. c), da LCCG)". Neste caso, o que se discute não é a questão de saber se houve informação da(s) cláusula(s), mas a conclusão de que, porque houve, no entender do tribunal, o contrato não foi de adesão; quando fica claríssimo a partir dos factos que se tratou de contrato celebrado com base em cláusulas contratuais gerais. Não condenar as cláusulas não tinha de pressupor que elas não eram cláusulas contratuais gerais, como o tribunal parece ter acreditado

c) As cláusulas que, pelo contexto em que surjam, pela epígrafe que as precede ou pela sua apresentação gráfica, passem despercebidas a um contratante normal, colocado na posição do contratante real;

Esta norma tem por objecto "cláusulas que, pelo contexto em que surjam, pela epígrafe que as precede ou pela sua apresentação gráfica, passem despercebidas a um contratante normal, colocado na posição do contratante real". Se o predisponente tiver entregado ao aderente um documento, contendo a proposta contratual com todas as cláusulas, destas havendo algumas que, ou pela epígrafe, ou por se encontrarem em nota de rodapé, no verso do documento ou em folha anexa, ou, por outra forma, serem de tal modo apresentadas que o destinatário não se aperceba delas, também tais cláusulas deverão, pois, ser excluídas do contrato. Por motivos que podem ser diversos e que, em regra, não são acidentais – mas resultado da aplicação de elaboradas técnicas enganadoras –, parte do conteúdo clausular não é apercebido por um contraente de diligência razoável. Na verdade, os casos em que a cláusula é dissimulada numa parte do texto contratual cujo objecto é diverso, ou aqueles em que a epígrafe alude a um conteúdo não correspondente ao efectivamente constante da cláusula, podendo ser mesmo com ela contraditória (cláusulas que chamaria paradoxais)[903]. Esta é hipótese expressamente proibida no art. 270.º, n.º 5, do Anteprojecto de Código do Consumidor, cujo art. 490.º determina que "quem fizer uso do termo «garantia» ou expressão análoga, em violação do estabelecido nos nºs. 2, 3 e 5

[903] Assim, para utilizar um dos mais frequentes, uma epígrafe cujo conteúdo dispositivo seja "garantia", contendo a cláusula uma exclusão da responsabilidade do predisponente.

do art. 270.º, será punido com coima até 1.250 euros, se for pessoa singular, ou até 15.000 euros, tratando-se de pessoa colectiva". Situação semelhante é a da concessão de uma garantia em termos mais restritos do que aqueles em que a lei imperativamente a atribui.

Não se esqueça, por outro lado, a famosa e persistente letra miudinha, de difícil percepção e desmotivadora da leitura, e temos apenas algumas das técnicas utilizadas pelos predisponentes de contratos *standard* para fazer passar despercebido o conteúdo contratual que querem ver aceite. Independentemente da utilização destas técnicas específicas, a cláusula pode passar despercebida por não ser expectável naquele tipo de contrato, como assinala, na sequência de alguma doutrina alemã, Menezes Cordeiro[904]. Galvão Telles[905] alerta para um aspecto importante pela sua frequência: os agentes da empresa "dão às cláusulas do contrato interpretação favorável ao cliente, diversa da real".

Noronha Nascimento[906] refere o acórdão do STJ de 2 de Julho (Cura Mariano), em que, entre outros (e porventura mais relevantes juridicamente) argumentos, foi decidido que cláusulas de limitação da responsabilidade de uma empresa integradas em contrato de adesão não eram relevantes por "os dizeres impressos dessas cláusulas [...] [serem] tão reduzidos que se deviam ter por não escritos", nos termos da alínea agora em análise.

No *supra* mencionado acórdão do mesmo Tribunal de 15 de Maio de 2008 (Mota Miranda), entendeu-se: "O banco X utiliza no clausulado dos cartões (de crédito e de débito) uma letra de dimensão reduzida, com um espaço entre as linhas também muito reduzido, formando um texto muito compacto que torna a sua leitura difícil e cansativa mesmo para quem possua uma visão média, dificultando, consequentemente, a compreensão e apreensão do sentido do texto; daí que tal clausulado tenha de ser excluído dos contratos singulares, devendo o banco X abster-se da sua utilização em futuros contratos – arts. 8.º e 9.º, n.º 2, al. a), e n.º 3, da Lei n.º 24/96, de 31-07, e art. 8.º, al. c), do DL n.º 446/85, de 25-10". Acrescenta-se que "daí também que no Aviso n.º 11/2001 de 20/11 do Banco de Portugal se disponha que os contratos «devem dispor de uma apresentação gráfica que permita a sua leitura fácil por um leitor de acuidade média». Essa exigência legal não se contenta com uma mera legibilidade do conteúdo do

[904] *Tratado...*, cit., p. 435.
[905] *Manual...*, cit., p. 314.
[906] Cit., p. 106.

texto; exige-se uma «legibilidade fácil, o que demanda a utilização de caracteres de tamanho tal que se possam ler sem necessidade de um esforço excessivo da visão, sem que provoque cansaço desproporcionado, que não imponham pausas para descanso, retomar o fio perdido ou recentrar a atenção, que não constituam obstáculo a uma leitura integral sem necessidade de paragens» – Acórdão da Relação de Lisboa de 3/5/2001, no Proc. n.º 2861/2001".

O art. 2.20 dos Princípios UNIDROIT tem como epígrafe "Cláusula surpresa" e o conteúdo seguinte: "1) Carece de eficácia a cláusula que reproduza uma cláusula contratual geral quando a sua natureza seja tal que a outra parte não pudesse razoavelmente esperar vê-la incluída no contrato, salvo se esta manifestar expressamente o seu acordo. 2) Para determinar se uma cláusula é desta natureza, ter-se-ão em conta o seu conteúdo, a linguagem utilizada e a sua apresentação». No comentário a esta disposição[907], lê-se que têm esta natureza as "cláusulas que, pelo seu conteúdo, pela linguagem utilizada ou pela sua apresentação, são de natureza tal que a outra parte não podia razoavelmente esperar vê-las incluídas no contrato". Quanto à "surpresa" pelo conteúdo, acrescenta-se: "é o que acontece quando o conteúdo da cláusula em causa é tal que uma pessoa razoável, colocada na mesma posição da parte aderente, não podia esperar vê-la figurar nesse tipo de cláusulas contratuais gerais. Para saber se uma cláusula é ou não insólita, terá de se atender, por um lado, às cláusulas que se podem geralmente encontrar como cláusulas contratuais gerais vulgarmente utilizadas no sector do comércio em causa, e por outro, às negociações individuais havidas entre as partes. Assim, por exemplo, uma cláusula de exclusão ou limitação da responsabilidade contratual do proponente tanto pode constituir uma surpresa e, ser, portanto, ineficaz num determinado caso, como não, estando a eficácia dependente de saber se as cláusulas desse tipo são ou não habituais no sector comercial em causa e se são ou não conformes ao modo como as partes negociaram". Quanto às cláusulas-surpresa em razão do tipo de linguagem, diz-se que um motivo por que uma cláusula pode constituir uma surpresa para o aderente pode ser "a linguagem em que a cláusula está redigida, que pode ser obscura, ou a sua apresentação gráfica, por exemplo, em caracteres minúsculos ou em zona do documento em que não seria de esperar encontrar cláusulas ou, pelo menos, cláusulas relevantes. Para apurar se tal é o caso, terá de se atender não tanto à formulação ou à apresentação normalmente utilizadas para o tipo de cláusulas

[907] Cit., p. 78.

contratuais gerais em causa, mas sobretudo às aptidões profissionais e à experiência das pessoas da mesma categoria que a parte aderente. Assim, a redacção de uma determinada cláusula pode ser simultaneamente obscura e clara, consoante a parte aderente seja ou não da mesma categoria profissional que a parte que usa as cláusulas contratuais gerais. A língua é um elemento que pode desempenhar um papel importante no contexto das transacções internacionais. Se as cláusulas contratuais gerais estiverem redigidas numa língua estrangeira, não se pode excluir que algumas cláusulas, embora muito claras em si mesmas, venham a revelar-se uma surpresa para a parte aderente da qual não era razoável esperar que a entendesse com todas as suas implicações".

Ocupa-se, pois, esta alínea daquilo que vulgar e globalmente as doutrinas designam como "cláusulas-surpresa".

d) As cláusulas inseridas em formulários, depois da assinatura de algum dos contratantes.

O mesmo regime se aplica às cláusulas inseridas em formulários, depois da assinatura de qualquer das partes, pois há como que uma presunção inilidível de que tais pretensas convenções foram aditadas ao contrato sem o conhecimento do aderente. Esta é uma questão que foi considerada pelas jurisprudências, antes de o ser pela lei, como demonstra o estudo de Michel Trochu[908], onde são referida duas decisões judiciais francesas dos anos sessenta neste sentido. Assim sucede, vulgarmente, com a parte do clausulado que se encontre no verso da folha que as partes assinam. Quanto a este último ponto, tenham-se em conta, além dos *supra* citados acórdãos do STJ de 15 de Maio de 2008 e de 29 de Abril de 2009, o acórdão do mesmo Tribunal de 7 de Julho de 2009 (sem número de processo, Oliveira Rocha[909]) que entendeu que, "encontrando-se as assinaturas dos outorgantes apostas na face do documento, que constituiu a proposta contratual impressa e, no verso, as cláusulas gerais, teriam estas, como vem sendo maioritariamente decidido por este Tribunal, de ter-se por excluídas do contrato singular, tudo se passando como se não existissem, a menos que o aderente queira prevalecer-se das mesmas". O já referido acórdão de 3 de Maio de 2007

[908] Cit., p. 31.
[909] *In www.dgsi.pt.*

(Pires da Rosa), decidiu igualmente que "as cláusulas inseridas em formulários depois da assinatura dos contratantes que a alínea d) do artigo 8.º do Dec.lei n.º 446/85 considera excluídas dos contratos singulares são também aquelas que, construídas antes pelo proponente, são incluídas no formulário apresentado abaixo da assinatura das partes contratantes".

Por seu lado, o acórdão *supra* mencionado do mesmo STJ de 16 de Outubro de 2008 (Alves Velho), invocando decisões anteriores, entendeu dever considerar-se excluída do contrato uma cláusula inserta no verso do documento, por se encontrarem na face deste as assinaturas dos contraentes, decidindo – bem, a meu ver – que "a interpretação segundo a qual a alínea d) do artigo 8.º se refere às cláusulas «introduzidas após», por oposição a «constantes», ou seja, já escritas, atribuindo ao advérbio «depois» uma significação temporal e não de lugar, não só é incompatível com o regime da conclusão dos contratos, que o DL 446/85 acolhe, desde logo em seus artigos 1.º, 2.º e 4.º, sem deixar qualquer dúvida sobre a preexistência e elaboração prévia das cláusulas gerais relativamente ao momento da declaração de aceitação ou adesão, como esvaziaria de conteúdo e sentido o dever de comunicação prévia imposto pelo art. 5.º, cuja omissão é cominada, igualmente, com a exclusão das cláusulas (alínea a) do mesmo artigo 8.º)".

Menezes Leitão[910] refere um acórdão do TRL de 8 de Maio de 2003, relatado por Sousa Grandão, que entendeu não ser aplicável este preceito "se o texto do acordo remeter para o formulário colocado depois da assinatura", o que o autor critica, e bem.

Quanto à mesma disposição, decidiu o STJ no acórdão de 12 de Fevereiro de 2009 (pr n.º 08B4052, João Bernardo[911]) que, se as cláusulas inseridas após a assinatura do aderente não prejudicarem este, não devem considerar-se por ele abrangidas. Esta última interpretação só pode admitir-se se se entender que a norma tem como exclusiva *ratio* a protecção da posição contratual deste e já não – ou não apenas – o seu conhecimento das cláusulas. De facto, se a norma visar assegurar o acordo quanto a todos os pontos do contrato, não é de aceitar que – tenha(m) a(s) cláusula(s) conteúdo desfavorável, ou não, ao aderente – ela(s) se tenha(m) por integrante(s) do contrato. No contexto de um artigo que contém uma cominação de exclusão do negócio das cláusulas não conhecidas ou

[910] 7.ª ed., cit., p. 35, nota 43.
[911] *In www.dgsi.pt.*

compreendidas, é, no mínimo, duvidosa a interpretação que o Tribunal faz da alínea ora referida.

O problema de saber se as violações previstas nas als. *c)* e *d)* deste artigo – as restantes têm de ser forçosamente invocadas pelo aderente, atento o seu conteúdo – são de conhecimento oficioso do tribunal é discutível. Creio que, tendo em conta a *ratio* do diploma e a da disposição, indiscutivelmente a melhor solução será a afirmativa, designadamente nos casos em que o vício é patente. Esta posição tem em conta que, face ao direito constituído, é indefensável na nossa ordem jurídica uma solução de "nulidade de protecção", isto é, que faça depender a declaração de nulidade (ou de exclusão do contrato) da cláusula de aceitação ou, pelo menos, de não oposição do aderente[912] [913]; como indefensável é que o tribunal só possa retirar do contrato cláusula que, por desconhecimento ou em razão do seu conteúdo, seja prejudicial ao aderente.

A apreciação do problema feita pelo TJCE fica referida na anotação ao art. 12.°, porquanto se fala sempre da invalidade de cláusulas abusivas; no entanto, porque, como já se viu, há alguma indiferenciação entre as cláusulas que constituem objecto desta disposição e as cláusulas abusivas, penso que a consideração daquela jurisprudência pode ser relevante também para estas últimas estipulações.

O já citado acórdão de 7 de Julho de 2009 (Oliveira Rocha) entendeu que não se trata de questão do conhecimento oficioso do tribunal a de saber se uma cláusula integra o contrato, quando a sua localização é posterior à da assinatura das partes, invocando como justificação: "Basta atentar nas razões que o legislador teve em mente quando consagrou a possibilidade de exclusão dessas cláusulas e a que já nos referimos, sendo certo que o aderente pode, apesar disso, querer vincular-se a essas cláusulas". Também o citado acórdão, sempre

[912] Não é este o regime italiano; mas creio que a exclusiva invocabilidade da nulidade pelo aderente pode ter o efeito perverso de, não a invocando ele, não permitir ao tribunal o seu conhecimento oficioso, com a consequência da permanência da estipulação desconhecida no conteúdo contratual.

[913] Há um regime de invalidade (pois comporta nulidade e anulabilidade, dependentemente dos fundamentos) especialmente tutelador do consumidor no Dec.-Lei n.° 133/2009, de 2 de Junho, alterado pela última vez pelo Dec.-Lei n.° 74-A/2017, de 23 de Junho, (que se ocupa dos contratos de crédito a consumidores), já que o art. 13.° dispõe, no seu n.° 5, que "a inobservância dos requisitos constantes do artigo anterior presume-se imputável ao credor e a invalidade do contrato só pode ser invocada pelo consumidor", e o art. 26.°, n.° 2, que diz que "o consumidor pode optar pela redução do contrato quando alguma das suas cláusulas for nula [...]".

do STJ, de 30 de Outubro de 2007 (Fonseca Ramos), relativo a um contrato de crédito ao consumo, toma clara posição sobre o primeiro problema, aderindo ao entendimento do tribunal da Relação que decidiu que o facto de as "cláusulas pré-determinadas constarem do verso da folha onde foi aposta a assinatura [...], [...] [por não ter sido] alegado" não é relevante para a decisão sobre a inclusão de tais cláusulas no contrato.

Se se entender que a razão de ser da norma é essencialmente a presunção de desconhecimento da cláusula pelo aderente e não apenas a sua protecção contra a sua existência ou o seu conteúdo (o que, na esmagadora maioria dos casos, será igual), o conhecimento oficioso parece dever prevalecer.

Pode, no entanto, defender-se que, se o aderente pretender que a cláusula figure no contrato, estará sempre a tempo de, ou demonstrar que a conhecia e aceitou ou de, em adenda ao contrato, a estipular com o utilizador. A lógica de tutela do aderente – ostensiva no art. 13.º – aponta para esta solução, embora do texto legal ela não decorra linearmente.

Artigo 9.º – Subsistência dos contratos singulares

1. Nos casos previstos no artigo anterior os contratos singulares mantêm-se, vigorando na parte afectada as normas supletivas aplicáveis, com recurso, se necessário, às regras de integração dos negócios jurídicos.

Nos termos do art. 32.º, n.º 1 – que prevê as situações em que o demandado seja vencido na acção inibitória, ficando inibido de utilizar ou de recomendar cláusulas contratuais gerais que foram objecto de proibição definitiva por decisão transitada em julgado –, esta norma é também aplicável às hipóteses nele consideradas.

A "exclusão" de cláusulas nos termos do artigo anterior não conduz à aplicação do regime geral da redução previsto no art. 292.º do Código Civil, já que este preceito impõe uma redução automática (se assim posso exprimir-me) do contrato, compreensível face à *ratio* do diploma: a tutela do aderente que terá, em princípio, vantagem em continuar a ter vigente o contrato despojado das cláusulas em relação às quais não houve aceitação.

Se, por razões de falta de conhecimento ou de percepção, ou de ausência de consentimento do conteúdo contratual, algumas cláusulas deverem ser, nos termos do art. 7.º, excluídas dos contratos singulares, a consequência pode ser a de que passe a haver aspectos desse conteúdo que ficam omissos. O mesmo é dizer que os pontos regulados por cláusulas nulas (ou inexistentes) e retiradas *ope legis* do contrato podem passar a constituir lacunas.

É certo que isso pode não acontecer: como diz Raúl Ventura[914], se uma cláusula compromissória for excluída do contrato, não se estará perante uma omissão que deva encontrar regime em normas supletivas ou por integração do contrato: aplicar-se-á o regime geral de competência dos tribunais judiciais. E o que acontece com estas cláusulas pode ocorrer com outras; basta que se trate de aspectos que não careça de regulação convencional nem se encontrem regidos por disposições legais de natureza supletiva. Repare-se que, em especial nestes casos (mas não só), não se aplicando o regime geral de redução, não pode, em princípio, o predisponente opor-se à redução com a prova de que o contrato não teria sido realizado sem a(s) cláusula(s) excluída(s). Já Pietro Perlingieri[915] alertava para a questão, com os exemplos das cláusulas compromissórias e das de eleição de foro.

As omissões resultantes da supressão de cláusulas são integradas de uma de duas formas sucessivas: por aplicação das normas supletivas pertinentes ou por recurso às regras relativas à integração dos negócios jurídicos.

Só quando o ponto omisso carente de regime não se encontra regulado, nem convencionalmente nem pela lei supletivamente, se colocará o problema da(s) lacuna(s). Se houver disposição supletiva, não há, em rigor, qualquer lacuna; nada disto tem que ver com a interpretação do art. 239.º do Código Civil[916]. Por outro lado, se houver uma disposição especial quanto à integração de lacunas de certos negócios jurídicos, não se aplica aquele art. 239º, mas sim a regra especial, que prevalece sobre a geral.

O mencionado art. 239.º ocupa-se da integração das lacunas negociais, *maxime* contratuais, estabelecendo que, "na falta de disposição especial, a declaração negocial deve ser integrada de harmonia com a vontade que as partes teriam tido se houvessem previsto o ponto omisso, ou de acordo com os ditames da boa fé, quando outra seja a solução por eles imposta". Embora em primeiro lugar, do ponto de vista hierárquico, a solução para a integração de lacunas do negócio jurídico decorra do princípio da boa fé, isto é, por ordem lógica, em

[914] Cit., p. 40.

[915] "Appunti sull'inquadramento della disciplina delle c.d. condizioni generali di contratto", *in Condizioni Generali di Contratti...*, Atti..., cit., pp. 23-24.

[916] Esse é um seu limite negativo.

primeiro lugar se deva recorrer àquele, continuo a pensar que a solução acolhida no regime geral não é a melhor, já ao tenpo da elaboração do Código Civil, pois já há muito se havia abandonado o recurso à vontade hipotética em algumas ordens jurídicas e se colocava o problema da integração independentemente da constação de lacuna[917]. Procura apurar-se a vontade hipotética das partes, verificando-se da conformidade dela com a boa fé: em caso afirmativo, o regulamento negocial será o correspondente a essa vontade; se, pelo contrário, houver desconformidade, a questão omissa é regulada pela boa fé, preterindo-se a vontade conjectural. Há autores, como Oliveira Ascensão[918], que defendem, numa solução que julgo ajustada, que "a cláusula integranda, na dúvida, será a favorável ao aderente. O predisponente teve todas as condições para prever uma solução diferente".

Não subscrevo integralmente a afirmação de Almeida Costa e Menezes Cordeiro[919], segundo a qual disposições como as dos arts. "539.º, 542.º, n.º 2, e 883.º do Código Civil" constituem "critérios específicos" de integração das lacunas contratuais. As duas primeiras disposições parecem-me inocentes normas supletivas; talvez a do art. 883.º possa considerar-se conter uma regra de integração de uma lacuna, mas, mesmo assim, o ponto não é líquido.

Critérios de integração de lacunas diversos dos constantes do Código Civil português encontramo-los, por exemplo, no art. 4.8 dos Princípios UNIDROIT, sendo eles: "*a)* vontade das partes; *b)* natureza e finalidade do contrato; *c)* boa fé; *d)* razoabilidade"; em alguma medida, pode dizer-se que o art. 5.2 do mesmo texto normativo contém também um critério de integração de omissões, ao dispor que "[...] obrigações implícitas decorrem: *a)* da natureza e da finalidade do contrato; *b)* das práticas estabelecidas entre as partes e dos usos; *c)* da boa fé; *d)* da razoabilidade".

Pode, porém, acontecer que, mesmo com recurso àqueles critérios de integração, não seja possível preencher a lacuna resultante da exclusão de cláusulas, por aplicação do art. 8.º.

917 Refiro-me em particular ao Direito alemão, onde parte representativa da doutrina já defendia a legitimidade da interpretação integradora do contrato, sendo representativo o exemplo de Karl Larenz, *Derecho de Obigaciones*, tradução de Jaime Santos Briz, 1958, pp. 117 a 121.

918 *Cláusulas contratuais gerais, cláusulas abusivas...*, cit., p. 14.

919 Cit., p. 28.

Quando tal ocorra num qualquer contrato, deve, nos termos que de seguida se verão, questionar-se a essencialidade ou acessoriedade do conteúdo clausular inválido e a consequente parcialidade ou totalidade da invalidade do contrato. Posto o que se porá a questão da possibilidade de aproveitamento daquele através da redução ou da conversão, consoante o tipo (ou extensão) da invalidade apurada. Curiosamente, parece que a generalidade da doutrina, e desde há muito, ao tratar de cláusulas contratuais gerais inválidas, parte do pressuposto de que a invalidade de uma ou mais cláusulas provoca uma invalidade parcial do contrato, sem discutir a natureza da cláusula(s) inválida(s)[920].

2. Os referidos contratos são, todavia, nulos quando, não obstante a utilização dos elementos indicados no número anterior, ocorra uma indeterminação insuprível de aspectos essenciais ou um desequilíbrio nas prestações gravemente atentatório da boa-fé.

No quadro aqui previsto, todo o contrato é tido como nulo. Isto é, a redução determinada pelo n.º 1 só vale até ao limite e ao momento em que os elementos que ficam omissos e que sejam essenciais puderem ser resolvidos por disposições supletivas ou pelas regras de integração de lacunas. Se se chegar a uma situação de indeterminabilidade, ou se a solução alcançada se traduzir num desequilíbrio das prestações que viole gravemente a boa fé, então a nulidade daquela(s) cláusula(s) arrasta consigo a nulidade de todo o contrato[921].

Uma primeira observação que o texto da lei suscita respeita à desnecessária – e redutora, embora tenha fonte na directiva – referência ao limite da redução que consiste no "desequilíbrio das prestações gravemente atentatório da boa-fé"[922]. À uma, a violação da boa fé pode decorrer de facto diverso do desequilíbrio das prestações e, também nessa hipótese, o contrato não deveria poder ver a sua subsistência admitida. Pronunciando-se sobre os elementos do art. 16.º,

[920] Assim, p. ex. e por todos, A. Genovese, "Condizioni generali...", cit., p. 805.

[921] A consequência da indeterminabilidade encontra-se, aliás, prevista no art. 280.º, n.º 1, do Código Civil.

[922] Pedro Pais de Vasconcelos, *Teoria Geral...*, cit., p. 635, entende que "esta relevância do equilíbrio contratual revela bem a proximidade entre o regime das cláusulas contratuais gerais e o da usura".

diz Almeida Costa[923] que se afigura "preferível a solução da nossa lei, uma vez que os interesses a ponderar podem assumir várias expressões". À outra, sendo a redução (cegamente, porque uniformemente) imposta pela lei, não se compreende a apertada formulação desta – à semelhança da directiva, embora com adjectivo susceptível de interpretação mais restritiva – ao exigir que a violação da boa fé seja "grave", para mais num quadro de *law in action* ainda resistente à aplicação do princípio da boa fé. Ainda quanto ao desequilíbrio: pode o contrato sobrante apresentar-se como rigorosamente equilibrado por ser(em) a(s) cláusula(s) abusiva(s) dele constantes rigorosamente recíprocas. Como ficou dito no texto introdutório, tal reciprocidade, nos contratos de adesão, não prejudica a qualificação de uma cláusula como abusiva face ao aderente, pois basta que ela favoreça injustificadamente o predisponente – a despeito de o mesmo se passar relativamente ao aderente – para que essa qualificação proceda. Seja a boa fé critério adicional e seja ele convenientemente aplicado, e talvez a dificuldade (ou erro) agora assinalada não tenha ocasião de colocar-se. Disso duvido, mas não é este um texto de convicções pessoais ou de prognósticos subjectivos.

A directiva elege como um critério da qualificação de uma cláusula como abusiva que ela tenha a consequência de provocar desequilíbrio significativo entre os direitos e as obrigações das partes, sendo de notar que tais direitos e obrigações não são os essenciais, uma vez que estes estão excluídos da apreciação do seu carácter abusivo. Martin Ebers[924] afirma que "um desequilíbrio pode ser em primeiro lugar caracterizado se as situações respectivas das partes relativamente à mesma questão se encontram diversamente estruturadas pelas cláusulas", acrescentando que "o desequilíbrio não pode todavia ser apreciado independentemente do contexto jurídico que rodeia o contrato", antes, "ao contrário, a situação do consumidor deve ser comparada com aquela em que ele se encontraria sem a cláusula em questão", concluindo que "a cláusula deve ser apreciada no seu quadro regulador, decorrente do direito nacional do Estado membro respectivo" e que, exigindo a directiva que o desequilíbrio viole a boa fé, "não é clara" a "relação entre o princípio da boa fé e o «desequilíbrio»; a formulação da directiva sugere que a cláusula apenas é abusiva se criar um desequilíbrio *e* se este desequilíbrio for contrário ao princípio da boa fé. Em virtude desta perspectiva, uma cláusula poderia causar um desequilíbrio sem por isso

[923] *Direito das Obrigações*, cit., p. 268, nota 4.
[924] Cit., p. 435.

ser contrária ao princípio da boa fé. Há quem entenda porém que qualquer cláusula que crie um desequilíbrio significativo é sempre (automaticamente) contrária à exigência da boa fé".

Por um lado, o critério (da directiva) do desequilíbrio dos direitos e obrigações das partes – além de não esclarecido na sua relação com a infracção à boa fé – é equívoco, senão censurável. O "desequilíbrio" pode existir e justificar o juízo de abusividade, sem que se reflicta nas posições *jurídicas* dos contraentes, mas se projecte na economia do regulamento contratual. Isto para já não referir a indefensável redução das posições jurídicas das partes a "direitos" e "obrigações". Por outro lado e como se disse, uma cláusula pode ser contrária à boa fé, sendo abusiva, sem que o seu efeito se consubstancie em "desequilíbrio" algum, pelo menos aparente. Como ficou visto no texto introdutório, Enzo Roppo[925] demonstra como o equilíbrio traduzido numa redução de preço, como pretensa contrapartida de uma vantagem para o predisponente, não garante a justiça do regulamento do contrato. A alegada "compensação" do aderente tem de ser sindicada caso a caso, só do juízo daí resultante pode retirar-se a qualificação como abusiva, ou não, de cláusula do contrato que favoreça o predisponente[926].

Como se deixou referido na introdução, as questões da relação entre o desequilíbrio e a boa fé, na directiva, estão longe de se encontrar esclarecidas. O qualificativo da lei portuguesa, sendo mais forte, não exclui completamente os problema que, por exemplo, Martin Ebers[927] coloca: "[...] é difícil determinar se este termo [significativo] significa que o desequilíbrio é importante (extremamente significativo de acordo com uma avaliação concreta) ou evidente (conforme uma apreciação da sua percepção externa)"[928]. Diga-se, no entanto, que, no referido processo *Océano*, em que se apreciava uma cláusula de escolha de foro, o TJCE diz: "A título liminar, deve salientar-se que uma cláusula como a que está em causa [...], uma vez que foi inserida sem ter sido objecto de negociação individual num contrato celebrado entre um consumidor e um profissional

[925] Cit., pp. 33 e ss e 65 e ss..

[926] Em paralelo sentido crítico se pronuncia Adolfo di Majo, "Il controllo giudiziale...", cit., p. 203, que analisa (pp. 212-213) a orientação jurisprudencial alemã quanto a esta questão.

[927] Cit., p. 390.

[928] No art. 209.º/1 do Código Civil húngaro, caracteriza-se como abusiva uma cláusula que, em violação da boa fé, crie um desequilíbrio significativo e injustificado em detrimento da outra parte.

na acepção da directiva, reúne todos os requisitos para poder ser qualificada de abusiva à luz desta última", embora se acrescente que a cláusula, "inserida num contrato entre um consumidor e um profissional sem ter sido objecto de negociação individual [...] deva ser considerada abusiva na acepção do artigo 3.º da directiva, na medida em que cria, a despeito da exigência de boa fé e em detrimento do consumidor, um desequilíbrio significativo entre os direitos e as obrigações das partes que decorrem do contrato".

A lei francesa – o *Code de la Consommation*[929], tal como resultou da alteração da Lei n.º 95-96, de 1 de Fevereiro de 1995[930] – "não consagra a infracção à boa fé como critério definitório de cláusula abusiva, sendo suficiente o critério do desequilíbrio entre as posições contratuais". "A doutrina [...] parece apoiar a opção legislativa, pois, na opinião da sua maioria, uma vez verificado o desequilíbrio contratual, torna-se irrelevante saber se esse desequilíbrio resultou ou não da violação da boa fé. O que importa é determinar se a cláusula prejudica, ou não, a posição do consumidor, se desestabiliza ou não a balança contratual, sendo supérfluo questionar o respeito pelas exigências da boa fé"[931].

Esforçando-se por dar conteúdo útil ao conceito, referindo-se embora ao Direito espanhol, Yara Miranda[932] opina que "parece facto assente que não se pretende uma simples comparação das posições jurídicas entre si. Os contratos atribuem às partes direitos de diferentes tipos, por vezes impossíveis de comparar. Por outro lado, uma cláusula que estabelece os mesmos direitos para ambas as partes também pode ser abusiva, se outorgar ao predisponente um direito que, segundo as disposições legais, corresponderia exclusivamente ao consumidor. Neste sentido, [...] a constatação do desequilíbrio passa pela comparação entre os direitos e as obrigações que resultam do contrato e os que decorreriam das disposições legais. Comparam-se os direitos e as obrigações que o consumidor tem à luz das cláusulas contratuais e os direitos e as obrigações que teria se tais cláusulas não fossem «acordadas», procedendo da mesma forma em rela-

[929] Cuja última alteração que conheço é de 11 de Dezembro de 2019, entrada em vigor em Janeiro de 2020.

[930] Deste diz Pinto Monteiro, "Harmonização legislativa...", cit., p. 1451, "que apesar de formalmente ser um código não passa de uma compilação das leis relativas à defesa do consumidor". No mesmo sentido, Menezes Cordeiro, "Da natureza civil...", cit., pp. 705-706, e Cristiano Heineck Scmidtt, cit., p. 119, nota 26.

[931] Yara Miranda, cit., p. 733..

[932] *Ibidem*, p. 727.

ção às posições jurídicas do predisponente. A comparação, como é óbvio, não se resume aos direitos e obrigações, estende-se também aos deveres, poderes, ónus e faculdades, enfim, a todas as posições jurídicas. [...] O desequilíbrio material traduz a valoração incorrecta dos interesses dos contraentes, ou melhor, a afectação e o prejuízo dos interesses relevantes do consumidor. Os casos mais frequentes de desequilíbrio infundado consistem na imposição de limitações ou renúncias dos direitos do consumidor sem uma correspectiva compensação".

Em qualquer caso, cabe observar que julgo estar certo Ruben S. Stiglitz[933] quando diz que o desequilíbrio que caracteriza o carácter abusivo (aqui, a violação da boa fé) não tem de ser necessariamente o que ocorre entre o preço, por um lado, e o bem ou serviço, por outro. Isto é, aliás, o que resulta da directiva transposta, designadamente da al. *l)* do seu anexo.

Não pode ignorar-se também que o art. 9.°, n.° 2-*b)*, da Lei de Defesa do Consumidor dispõe que ficam submetidas ao regime deste Dec.-Lei n.° 446/85 as cláusulas, contidas em "contratos singulares", que dêem origem a um significativo desequilíbrio em detrimento do consumidor, de onde pode retirar-se que o carácter abusivo da cláusula, para esta lei, se consubstancia em tal desequilíbrio.

Mesmo que se considere este critério criticável, não pode, contudo, desconhecer-se que existe, sendo certo que ele é repetido no art. 14.°, a propósito também dos limites à redução por vontade unilateral do aderente.

C. Ferreira de Almeida[934] opina no sentido de que, não subsistindo, "no direito português", "os contratos que, desprovidos de cláusulas projectadas pela parte tendencialmente mais preparada e economicamente mais forte, se venham a configurar como portadoras de «um desequilíbrio nas prestações gravemente atentatórias da boa fé»", constitui "a atenção prestada a um tal desequilíbrio", "em última análise", uma "protecção de quem não sabe comunicar devidamente as cláusulas que pretendia impor ou pressupõe precisamente que as cláusulas não incluídas sejam vantajosas para a outra parte ou, como parece legítimo concluir, confere ao preceito carácter bilateral, funcionando indistintamente a favor de qualquer das partes". Se bem que se trate de opinião, formulada de maneira algo confusa e emitida a propósito da inclusão no contrato de cláusulas favorecedoras do aderente – porque constantes de mensagens publicitárias –, não creio que seja a *ratio* do n.° 2 que agora se analisa a protecção do utilizador das

933 Cit., p. 330.

934 *Texto e Enunciado...*, cit., p. 894.

cláusulas contratuais gerais. E nem o facto de tais cláusulas poderem representar vantagem para o aderente torna muito convincente a argumentação que se deixou exposta[935], pois as cláusulas "excluídas dos contratos singulares" são-no por deficiência de comunicação ou de informação (dever que, por definição, só pode impender sobre o predisponente ou utilizador), pelo facto de passarem "despercebidas a um contratante normal [...]" ou por estarem posicionadas após a assinatura de qualquer das partes, tudo situações em que só por razão que dificilmente se concebe na realidade dos negócios pode estar em causa a protecção de outrem que não seja o aderente. Daí que, em conclusão, não vendo que haja motivo para discordar definitivamente da afirmação de princípio do autor, de que se trata de protecção que funciona "indistintamente a favor de qualquer das partes", se me afigure improvável, para dizer o menos, que haja oportunidade de a fazer funcionar a favor do utilizador.

Por força da directiva, o critério do desequilíbrio tem tido inegável êxito: o art. L-132-1 do *Code de la Consommation* caracteriza, como abusivas, "as cláusulas que têm por objecto ou por efeito, em detrimento do consumidor ou do não-profissional, um desequilíbrio significativo entre os direitos e obrigações das partes do contrato". Os *PECL* dispõem, no respectivo art. 4:110, sob a epígrafe *"Unfair Terms not Individually Negotiated"*, que uma parte pode obter a declaração de invalidade de uma cláusula não individualmente negociada, quando, em seu prejuízo e contrariando as exigências da boa fé, ela provoque um desequilíbrio significativo entre os direitos e as obrigações emergentes do contrato, devendo a apreciação do desequilíbrio ser realizada tendo em conta a natureza da obrigação a cumprir, as restantes cláusulas e todas as circunstâncias existentes ao tempo da conclusão do contrato. A lei espanhola importa essencialmente o conceito da directiva, definindo cláusula abusiva como aquela que, "não tendo sido negociada, provoque, em prejuízo do consumidor, um desequilíbrio importante entre os direitos e as obrigações contratuais das partes".

Vale a pena trazer aqui as palavras de Jean Calais-Auloy[936] quando diz: "O carácter abusivo de uma cláusula é [...], no direito francês, puramente objectivo; não há de julgar o comportamento subjectivo do profissional, fazendo o desequilíbrio significativo presumir, de forma irrefutável, o incumprimento da boa fé". A razão de ser desta citação está em ela chamar a atenção para o facto

[935] Tal como formulada e não como sumariada.

[936] Cit., p. 193.

de a boa fé ser entendida de duas formas caracterizadamente diferentes: como norma de validade e como norma de conduta. É patente que a boa fé a que o direito comunitário faz apelo é do primeiro tipo, enquanto a segunda tem que ver com um juízo sobre o comportamento de um dos sujeitos e com a sua apreciação em função de critérios de lisura, de razoabilidade, de justificabilidade e de respeito pelo outro contraente.

Destas duas concepções se falará adiante.

Embora seja claro que não pode acompanhar-se o pensamento de Oliveira Ascensão[937] [938] – que defende que o recurso à boa fé para apreciar do desequi-

[937] "Cláusulas contratuais gerais...", cit., p. 586. No mesmo sentido embora com outra formulação, a propósito da lei brasileira, o autor, Cláusulas contratuais gerais, cláusulas abusivas..., cit., p. 19, escreve: "Supomos porém que o recurso à boa fé é meramente semântico, e não abrange na realidade esta situação. O critério da boa fé, para cobrir o domínio das cláusulas contratuais gerais, foi adoptado pela jurisprudência alemã, quando não havia lei a que se arrimasse. Procurou-se então o refúgio numa cláusula geral. Tendo-se hesitado entre a boa fé e os bons costumes, acabou por se preferir a boa fé. Quando surgiu depois, a AGBGesetz recolheu estes antecedentes e fixou a boa fé como cláusula geral. O critério irradiou deste modo para outros países europeus. Mais tarde, quando se deu a intervenção comunitária no domínio das cláusulas abusivas, a afinidade de situações levou a que se adoptasse também como critério geral a boa fé. São estes possivelmente os antecedentes da lei brasileira, tal como da portuguesa. Mas não parece serem justificativos. A boa fé pode ser objectiva ou subjectiva. Mas como critério de valoração de cláusulas contratuais, só a boa fé objectiva pode estar em causa. A boa fé objectiva manifesta-se em regras de conduta, que fixem o correcto comportamento inter-relacional. Ora, este esquema é aqui totalmente inaplicável. Não se fixam padrões de conduta, antes se julgam cláusulas objectivas para concluir se elas devem ou não ser rejeitadas perante a ordem jurídica. Que o critério se tivesse desenvolvido na Alemanha antes de haver lei compreende-se, como um mero recurso para suprir justamente essa falha de lei: foi uma entorse científica para obter um resultado prático. Mas o que se não compreende é que o critério tenha subsistido uma vez sobrevinda a lei. E menos ainda, que tenha passado para leis estrangeiras, justamente quando o bordão da boa fé se tornava totalmente dispensável, por haver já lei em que se apoiar. O critério geral estava agora contido na lei: era o da desproporção ou desequilíbrio criado nas situações. Era, em palavras mais simples, a injustiça da situação criada. Por que não se reconheceu então a realidade, e se operou a fuga para a boa fé, apesar do seu carácter falacioso deste recurso? Porque o subjectivismo reinante impunha uma roupagem subjectiva, ainda que a cobrir uma realidade objectiva. [...] Por agora, fica confirmado que o único critério utilizável é o da Justiça, na sua manifestação como equidade".

líbrio é "deslocado", por o domínio daquela cláusula geral ser o da "fixação de comportamentos", sendo aqui chamada a valorar o "conteúdo em si" do contrato sobrante, e, em consequência, que "a substituição da referência a uma valoração objectiva por uma cláusula geral vastíssima, de conteúdo indefinido, não só não esclarece nada como distorce a perspectiva do tema" –, não deixo de criticar a norma, por nela se enunciar um critério de aplicação da boa fé excessivamente restritivo, nem desconheço que este é o critério legalmente acolhido, a que tem o aplicador do Direito de obedecer.

Porém, considerando a disposição do art. 16.º que, distanciando-se da directiva, enuncia critérios bem mais amplos para a valoração da boa fé – no que, aliás, mais não faz do que referir, e modestamente, conteúdos concretizadores daquela *cláusula geral* –, admito que, quer por utilização do elemento sistemático quer, simplesmente, pela apreciação da conformidade/desconformidade com a boa fé, nos termos em que na ordem jurídica nacional ela deve ser feita, possa sustentar-se um alargamento do sentido literal desta norma, como da do art. 14.º. Neste sentido, pode também argumentar-se com a discrepância de formas de transposição da directiva – que, aqui, a seguem e, em outros preceitos, a tomam, tal como é, como mínimo referencial – e com as consequências de desarmonia interior ao diploma que daí advêm e que devem ser, pelo menos, reduzidas na medida do possível[939]. Menezes Cordeiro[940] parece entender que este é o único critério de contrariedade com a boa fé, quando escreve que "resultados contrários à boa fé ocorrem sempre que, na falta da cláusula excluída, o contrato fique de tal modo desarticulado ou desequilibrado que perca o seu sentido útil ou que origine uma grave perturbação no seu equilíbrio interno". Repare-se, no entanto, em que a formulação do autor atribui ao "desequilíbrio" um conteúdo

Como, em citação de Böhmer, diz Anderson Schreiber, Novos Paradigmas da Responsabilidade Civil. Da Erosão dos Filtros..., p. 44 e nota 121, a boa fé objectiva desempenha uma "tríplice função", "a saber: (i) a função de cânone interpretativo dos negócios jurídicos; (ii) a função criadora de deveres anexos ou acessórios à prestação principal; e, por fim, (iii) a função restritiva do exercício de direitos".

[938] Que tem exactamente que ver com a confusão (?; crítica?) entre as duas funções do princípio da boa fé que ficaram referidas.

[939] Em sentido oposto, Almeno de Sá, cit., pp. 70 a 72, embora o que o autor acrescenta não seja unívoco.

[940] *Tratado...*, cit., p. 436.

um pouco mais alargado do que aquele que lhe é vulgarmente imputado, o que é um ponto positivo.

Pronunciando-se sobre a directiva, Almeno de Sá[941] procura alargar o critério do desequilíbrio como único aferidor da contrariedade com a boa fé, escrevendo: "No quadro da avaliação aqui implicada, impõe-se considerar todas as circunstâncias que rodearam a celebração do contrato, bem como as restantes cláusulas que formam o regulamento contratual em causa", chamando a atenção para as cláusulas constantes do anexo, como uma "tentativa de maior concretização", embora reconheça que "a sua força prescritiva acabe por ficar fortemente suavizada, não só porque se recusou conferir-lhe carácter imperativo, mas também porque o juízo de desvalor ínsito em algumas dessas proibições vem afinal a ser afastado relativamente a certos contratos, particularmente do sector financeiro". Já Sousa Ribeiro[942] não é muito claro, concluindo – com uma formulação inteiramente aceitável, em termos de princípio, no seu conteúdo – que, "numa dimensão prescritiva, a boa fé funciona [...] como critério de qualificação e de valoração do desequilíbrio relevante para efeitos de determinação do carácter inequitativo do conteúdo da cláusula. E para emitirmos o juízo de contrariedade à boa fé, o que fundamentalmente se requer, neste plano, é uma comparação entre a disciplina contratual prefixada e a que resultaria da aplicação dos padrões legais por ela afastados".

A propósito da argumentação de Oliveira Ascensão acima sumariada, tenha-se em conta a forma como a boa fé passou de padrão de conduta – e de norma de responsabilidade – a parâmetro de validade do conteúdo dos contratos[943]. Sousa Ribeiro ocupa-se[944] com minúcia da descrição da cláusula geral como regra de validade do acto a norma de disciplina da "actividade em que ele se integra" (do exercício da autonomia privada) "e, o que é mais, a própria disciplina do acto é pensada como instrumento de regulação de um determinado sector da actividade económica, muito especialmente na área da contratação final das empresas com os consumidores. [...] Com o alargamento de perspectiva, passam a ser reflexivamente integrados no campo problemático do contrato as formas organizacionais de produção e de consumo e as condicionantes sistémicas que

[941] *Ibidem*, p. 19; v. também pp. 70 a 74.

[942] "O regime dos contratos de adesão...", cit., p. 204.

[943] Sobre a questão, v. Sousa Ribeiro, "A boa fé como norma...", cit., *passim*, em especial pp. 207 a 243 e 259 a 267.

[944] *Ibidem*, p. 221.

delas resultam para o agir negocial dos privados". E mais adiante[945]: "Dando por insanável a falha dos seus pressupostos de actuação [...], trata-se antes de impedir que contraente em situação de superioridade retire dela vantagens excessivas. O que, naturalmente, leva à fixação de proibições ou à imposição de conteúdos, em directa restrição à liberdade de conformação que o regime comum amplamente admite. [...] O alvo é directamente o conteúdo do acordado, não o acto (e o seu processo formativo) que o pôs em vigor. [...] deparamos hoje, no direito dos contratos, com uma *dualidade de espaços normativos*, diferenciados pelo distinto grau de acolhimento da liberdade contratual. [...] ao lado de uma área em que, dentro dos limites gerais, esse princípio é consagrado com muita amplitude, figura uma outra em que vigoram limites especiais de conteúdo [...]. De tal modo que estipulações perfeitamente válidas em face da disciplina comum são feridas de nulidade quando caem dentro do âmbito de aplicação da disciplina de tutela. [...] Todas as estipulações que regulam a execução do contrato estão potencialmente sujeitas a essa valoração de conteúdo. De tal modo que ganhou foros de cidadania, obtendo, mesmo, assento na lei alemã, a expressão «*controlo do conteúdo*», sem mais qualificativos, para designar a observância dos limites que a todo ele dizem respeito. [...] Não estando em causa a regulação de determinados aspectos da disciplina contratual, mas o controlo do equilíbrio de todo o seu conteúdo [...] só uma cláusula geral poderia fornecer a base de valoração adequada. O «controlo do conteúdo» tem como objectivo a validação ou não da preceptividade jurídica que a cláusula contratual reivindica. O que se visa é fazer o rastreio de possíveis conflitos entre a cláusula e os *standards* normativos que restringem, neste âmbito, a liberdade de conformação de interesses negociais. [...] Não pode, pois, negar-se que a boa fé intervém aqui como *norma de validade*. [...] a cláusula geral de proibição de conteúdos em contratos de adesão tem, inquestionavelmente, esta natureza, pois apresenta-se como uma norma de aferição da eficácia de disposições contratuais"[946].

Para uma clara ilustração do enunciado da boa fé como norma de conduta, v. o art. 1.7 dos Princípios UNIDROIT, que estabelece: "1) As partes devem proceder segundo as regras da boa fé no comércio internacional. 2) As partes não podem excluir nem limitar o alcance deste dever".

[945] Pp. 224, 226, 227, 228, 229 e 231.

[946] A evolução do sentido do conceito na ordem jurídica alemã justifica o percurso descritivo das pp. 232 a 243.

É este o ponto de vista de Renato Scognamiglio[947], que o enuncia para o contrapor a quem entendia que a boa fé poderia constituir instrumento utilizável pelos tribunais para intervir no conteúdo dos contratos *standard*. Já Adolfo di Majo[948] entende que as duas vertentes da boa fé são de utilização indispensável no domínio das cláusulas contratuais gerais.

Ilustrativa, na formulação, de como os tribunais portugueses são, ainda por vezes, parcos na apreciação segundo a boa fé é a seguinte afirmação do já citado acórdão do STJ de 24 de Maio de 2007 (Sebastião Póvoas): "só uma grave distorção lesiva dos princípios da boa fé e lisura contratuais gera a nulidade do contrato nos termos do artigo 9º nº 2 do Dec.-lei nº 446/85".

De salientar que a nulidade total do negócio é necessária consequência da nulidade de uma sua cláusula que, do ponto de vista estrutural ou funcional, tenha carácter essencial e que, por outro lado, aquela nulidade não impede a convertibilidade do contrato, se se encontrarem preenchidos os requisitos do art. 293.º do Código Civil.

Finalmente – embora esta não seja questão final, mas principal –, este artigo coloca dificuldades de compatibilização com os arts. 13.º e 14.º. O n.º 2 do art. 13.º repete, na substância, o n.º 1 da disposição agora em análise. O art. 14.º é parcialmente coincidente com o n.º 2 deste art. 9.º. Foram apenas repetições o que se verificasse, e poder-se-ia criticar a técnica legislativa, mas não haveria dificuldades de interpretação e de consequente articulação das normas referidas. Porém, o art. 13.º, n.º 1[949], permite ao aderente (desde que tal não se revele gravemente contrário à boa fé, na exclusiva (?) perspectiva do "desequilíbrio das prestações") escolher, unilateralmente, a subsistência do contrato. Ora, tal possibilidade parece não se estender aos contratos dos quais tenham sido excluídas, *ope* art. 8.º, cláusulas. E não é claro por quê: em ambos os casos se está perante contratos parcialmente inválidos[950], em ambos podendo o aderente invocar a invalidade e ter de provar os seus pressupostos; em ambos, por fim, pode o contraente protegido pela exclusão da(s) cláusula(s) preferir que o con-

[947] Cit., pp. 66-67.

[948] "Il controllo giudiziale...", cit., pp. 220 a 227.

[949] Que se encontrava em sintonia com o art. 18.º, n.º 2, do Dec.-Lei n.º 359/91, de 21 de Setembro, relativo ao regime do crédito ao consumo, hoje revogado pelo Dec.-Lei n.º 133/2009, de 2 de Junho, alterado, designadamente, pelo Dec.-Lei n.º 74-A/2017, de 23 de Julho.

[950] Independentemente da questão de saber qual o tipo de invalidade de cada um.

trato restante não se mantenha[951]. Não pode dizer-se que, no art. 8.º (melhor, neste art. 9.º que dispõe que os contratos singulares se mantêm), se prevê uma amputação legal das cláusulas contratuais sem mediação judicial: a verificação dos requisitos de exclusão das cláusulas do contrato em que se encontram inseridas é necessariamente cometida aos tribunais. Quanto às cláusulas que o art. 12.º designa por "proibidas" e a que, aparentemente, se aplica o regime dos arts. 13.º e 14.º, com a especialidade não menor do n.º 1 do primeiro deles, também serão os tribunais os órgãos competentes para a apreciação da sua subsunção à proibição invocada e para a consequente declaração de nulidade, com a necessária exclusão do contrato em que se encontravam.

Está-se, pois, perante situações tão semelhantes que não se vê razão para a diversidade de regimes. A conjugação destes parece ter de fazer-se pela prevalência de um deles relativamente ao outro, sob pena de uma desconformidade interior ao diploma que se afigura inaceitável[952].

Deplorável me parece, pois, que o art. 210.º do Anteprojecto do Código do Consumidor reproduza esta disposição, sendo as dos arts. 13.º e 14.º repetidas, naquele Anteprojecto, pelos arts. 213.º e 214.º respectivos.

Sem que tenha certezas sobre a solução, ponderando o disposto no art. 37.º e com apoio sistemático – ainda que parcial, pois se trata de diploma que se ocupa apenas da protecção dos consumidores nos "contratos de crédito" – no mencionado Dec.-Lei n.º 133/2009, de 2 de Junho, que tem por objecto contratos de crédito a consumidores, julgo que a melhor interpretação será a de permitir ao aderente de contrato, de que tenham sido "excluídas" cláusulas nos termos do art. 8.º, que opte pela subsistência do contrato nos exactos termos previstos nos arts. 13º e 14.º, em lugar de se lhe impor essa manutenção. Daí que, como na anotação ao artigo anterior ficou dito, a propósito da decisão do acórdão do STJ de 7 de Julho de 2009, pareça que o conhecimento dos vícios enunciados nas als. *c)* e *d)* do art. 8.º deva ser oficioso, cabendo ao aderente a escolha entre a manutenção do contrato (mesmo com a cláusula presuntivamente desconhecida) ou a sua nulidade integral.

[951] Enquanto o art. 13.º, n.º 1, lhe atribui a faculdade de optar pela manutenção, este art. 9.º, n.º 1, impõe-lha, com os limites do n.º 2, um dos quais – o "desequilíbrio das prestações gravemente atentatório da boa fé" – é comum e o outro dificilmente não o será.

[952] Oliveira Ascensão, "Cláusulas contratuais gerais...", cit., p. 586, analisa duas das disposições – os arts. 9.º e 14.º –, mas não coloca esta questão, dizendo expressamente circunscrever a sua análise à referência ao desequilíbrio das prestações.

Como se disse, se a solução de aplicar aqui o regime do art. 13.º não for entendida como suficientemente justificada, sempre poderá convocar-se a aplicabilidade de tal regime por analogia.

Mas, reafirmo, é problema que deveria ter sido evitado e sobre o qual emito esta como opinião defensável.

CAPÍTULO III - Interpretação e integração das cláusulas contratuais gerais

Artigo 10.º - Princípio geral

As cláusulas contratuais gerais são interpretadas e integradas de harmonia com as regras relativas à interpretação e integração dos negócios jurídicos, mas sempre dentro do contexto de cada contrato singular em que se incluam.

Remete esta disposição para os arts. 236.º a 238.º do Código Civil. Sublinha-se nela que as interpretação e integração devem ser realizadas tendo em conta o concreto contrato, o mesmo é dizer todos os elementos e circunstâncias que caracterizam este e a sua celebração. Se bem que esta não seja uma orientação interpretativa (e/ou integradora) privativa dos contratos regulados por este diploma, a acentuação dela aqui tem a função de chamar à colação todos os elementos que conduzam a um resultado interpretativo adequado à *ratio* da tutela legal da posição do aderente. Optou, pois, a lei pela recusa de "uma interpretação das condições gerais que obedeça a critérios típicos, uniformes ou generalizantes", diversamente do que sucede na ordem jurídica alemã[953].

O que, entre outros (e não menores) méritos, tem o de ser coerente com o âmbito de aplicabilidade da lei que não se circunscreve às cláusulas contratuais gerais. Numa observação que - se compreendo bem, quer censurar o sentido do preceito - Menezes Leitão[954] escreve que "a interpretação e integração das cláusulas contratuais gerais é sujeita a regras especiais, desfavoráveis a quem as predispõe, já que embora lhes sejam aplicáveis as regras gerais relativas à interpretação e integração dos negócios jurídicos, a lei determina que a sua interpretação e integração tem de ocorrer no contexto de cada contrato singular em

[953] Almeno de Sá, cit., pp. 66-67.

[954] 7.ª ed., cit., pp. 36-37; 13.ª ed., cit., pp. 32-33.

que se incluam [...], o qual pode alterar o objectivo de quem procedeu à sua preparação. Por outro lado, para a interpretação das cláusulas contratuais gerais é irrelevante a intenção do seu predisponente, já que o seu conteúdo é determinado com base no critério do contraente indeterminado que se limitasse a subscrevê-las ou a aceitá-las, quando colocado na posição de aderente real [...]".

Numa argumentação dirigida à defesa do entendimento de que a apreciação da validade das cláusulas proibidas nos arts. 19.º e 21.º deve ser feita em abstracto e não em concreto, Oliveira Ascensão[955] observa, a propósito desta norma, que se trata de preceito "sectorial", seja o que for que o autor entende por este qualificativo. Adiante, afirma – e parece esse o sentido "sectorial" que atribui à norma – que este artigo "se limita a regular as relações entre predisponente e aderente", acrescentando que "é uma cláusula [?] indispensável, pois estabelece o regime de contratos que contenham cláusulas contratuais gerais", o que não pode dizer-se que seja nem muito rigoroso de um ponto de vista técnico-jurídico, nem muito claro. Porém, não parece excessivamente importante descobri-lo, já que se está perante uma afirmação que tem em vista desvalorizar uma norma que é claramente contrária à posição que o autor sustenta àquele outro propósito e não mais do que isso. Almeida Costa e Menezes Cordeiro[956] atribuem grande importância à referência ao "contexto de cada contrato singular", dizendo que se deu "prevalência a uma justiça individualizadora"; e acrescentam, com toda a razão na substância: "As circunstâncias concretas dos contratos singulares podem, de facto, levar a resultados interpretativos ou integrativos diferentes dos propiciados por elencos abstractos de cláusulas, permitindo uma justiça material mais apurada".

Galvão Telles[957] opina que é por as cláusulas não terem vida fora de "*determinado contrato singular ou concreto*" que esta é a regra da sua interpretação. Menezes Cordeiro[958] observa que este preceito "impede as próprias cláusulas contratuais gerais de engendrarem outras regras de interpretação", distinguindo o conteúdo normativo deste artigo do da al. *e)* do art. 18.º. Gostaria de subscrever esta posição, mas não estou certa de que este preceito impeça cláusulas consagradoras de regras interpretativas diversas, pois não encontro nela qualquer elemento que torne incontroverso o seu carácter imperativo. O mesmo autor assinala – o que

955 "Cláusulas contratuais gerais...", cit., p. 584.

956 Cit., p. 31.

957 *Manual...*, cit., p. 323.

958 *Tratado...*, cit., p. 437.

nada acrescenta à norma, mas é relevante – que ela "remete para uma interpretação que tenha em conta apenas o contrato".

Creio ter cabimento observar que a opinião acabada de citar não deve ser entendida nos exactos termos em que é expressa, pois o "contexto de cada contrato singular" comporta a tomada em consideração das circunstâncias anteriores à sua celebração, das relações que ele tenha com outro(s) contrato(s) concluídos entre as mesmas partes, desde que entre eles exista uma relação de dependência ou conexão, e, até, com circunstâncias posteriores àquela celebração.

O acórdão do STJ de 20 de Junho de 2002 (pr n.º 02B1814, Abel Freire[959]) decidiu – controversamente, a meu ver – que, num contrato de seguro que, entre outros, cobria os riscos de "tempestades e inundações", "não se pode concluir que os termos da interpretação das partes sobre a inclusão no contrato da combustão lenta por efeito dum pico de tensão induzido por electricidade atmosférica, ocorresse por virtude duma **tempestade**. Um declaratário normal nem sequer sabe em que condições pode ser induzido um pico de tensão por electricidade atmosférica. E a expressão multi-riscos não abrange todo e qualquer risco que ocorresse. Se assim fosse não seria necessária a especificação, designadamente de furto, roubo e danos com água. [...] não se prova que o pico de tensão induzido por electricidade atmosférica na linha telefónica tenha sido provocada por uma **tempestade**. Ou seja, agitação violenta de ar, acompanhada de chuvas e trovões, temporal, em suma".

O já referido acórdão do STJ de 10 de Julho de 2008 (João Camilo) entendeu que, na interpretação das "condições gerais" de um contrato (de seguro, *in casu*), devem ter-se em conta as "condições especiais" do mesmo contrato, com fundamento em geral na *ratio* do diploma e, em especial, nas disposições dos arts. 7.º (prevalência das cláusulas acordadas sobre as de adesão) e 11º, n.º 2 (interpretação de cláusulas ambíguas no sentido mais favorável ao aderente).

[959] *In www.dgsi.pt.*

Já no ac. de 14 de Maio de 2009, do mesmo Tribunal (pr n.º 08A3944, Garcia Calejo), *in www.dgsi.pt,* se refere expressamente esta norma, embora nela não pareça fundamentar-se o essencial da decisão: estando em causa o contrato celebrado com base em cláusulas contratuais gerais entre a IATA e as agências de viagem que com ela se relacionam, o cerne da discussão sobre que se debruça o acórdão tem sobretudo que ver com a questão da existência de representação por parte da autora das agências.

O acórdão do STJ de 27 de Janeiro de 2009 (pr n.º 08B4052, João Bernardo[960]) decidiu não ser de aplicar esta norma quanto a uma cláusula de contrato de seguro, por ser claro que o risco coberto não abrangia os danos ocorridos; é evidente que tal conclusão só numa interpretação da cláusula poderia fundamentar-se, pelo que é de supor que o tribunal quisesse significar que não era aplicável esta norma, mas a do artigo seguinte.

O acórdão, também do STJ, de 9 de Dezembro de 2008 (pr n.º 08A2924, Garcia Calejo[961]) decidiu que, num contrato de mútuo bancário, uma cláusula do seguinte teor: "Sem prejuízo de outros casos previstos na lei ou neste contrato, o Banco AA poderá considerar o presente contrato rescindido, sendo consideradas então imediatamente vencidas todas as obrigações decorrentes para o mutuário do mesmo, exigindo o cumprimento imediato de todos os valores em dívida sempre que se verifique alguma das seguintes situações: a) falta de pagamento pontual de qualquer prestação de capital, juros ou outros encargos previstos neste contrato"; apesar do vencimento antecipado, "não abrange a obrigação de pagamento dos juros remuneratórios nelas incorporados", em seu abono invocando "entre muitos outros Acórdãos, de 7-3-2006, Cons. João Camilo 12-9-2006 relator Cons. Sebastião Póvoas, de 14-11-2006 relator Cons. Moreira Camilo, de 14-11-2006 relator Cons. Bettencourt Faria, de 6-2-2007 relator Cons. Alves Velho, de 24-5-2007 relator Cons. Silva Salazar, de 10-7-2007 relator Cons. Alves Velho, de 6-3-2008 relator Cons. Oliveira Vasconcelos e de 23-9-2008 relator[a] Cons. Maria dos Prazeres Beleza".

O acórdão, igualmente do STJ de 11 de Março de 2010 (pr n.º 697/1999.S1, Maria dos Prazeres Pizarro Beleza[962]) entendeu que, "tratando-se de um contrato formal, aplicam-se à respectiva interpretação as regras definidas pelos artigos 236º e 238º do Código Civil e pelos artigos 10º e 11º do Decreto-Lei nº 446/85, de 25 de Outubro (interpretação das cláusulas contratuais gerais. [...]

[960] *In www.dgsi.pt.*

Não respeitando a um contrato de adesão, decidiu o ac. do STJ de 11 de Fevereiro de 2004 (pr n.º 04A3336, Lopes Pinto), *in www.dgsi.pt*, que, "na interpretação da declaração negocial não se prescinde desse princípio [da boa fé], a menos que haja elementos reveladores de o declarante o ter postergado", ressalva final que suscita dúvidas, embora seja compreensível no caso concreto.

[961] *In www.dgsi.pt.*

[962] *In www.dgsi.pt.*

Tem-se [...] como certo que tal sentido contraria abertamente o respectivo texto, não podendo assim valer (nº 1 do artigo 238º do Código Civil)".

Também justifica menção o acórdão de 19 de Outubro de 2017, (pr n.º 1077/14.7TVLSB.L1.S1, Tomé Gomes[963]), em recurso de acção inibitória, em que, para evitar conhecer da questão de saber qual o sentido da expressão "conta do Cliente", se vem dizer que "a natureza factual ou meramente jurídica (conclusiva ou valorativa) de determinados enunciados linguísticos não deve ser aferida numa base dogmática ou categorial, mas em função das estratégias comunicacionais reveladas pelo contexto alegatório ou probatório em que são produzidos, discutidos e ajuizados".

No comentário aos Princípios UNIDROIT[964] lê-se que os critérios interpretativos do art. 4.1 – "vontade comum das partes" e "em caso de dúvida sobre [...] [ela]", "o sentido que lhe daria um contraente razoável da mesma condição colocado na situação real" – "podem não ser sempre adequados no contexto das cláusulas contratuais gerais. [...] dada a sua especial natureza e finalidade, as cláusulas contratuais gerais devem ser interpretadas, em primeiro lugar, em conformidade com as expectativas razoáveis dos seus utilizadores médios, independentemente da compreensão real que as partes do contrato em causa ou uma pessoa razoável da mesma condição que as partes possam ter tido". A interpretação do contrato é realizada, de acordo com o art. 4.3, com recurso a "todas as circunstâncias", "designadamente: *a)* as negociações preliminares entre as partes; *b)* as práticas estabelecidas entre as partes; *c)* o comportamento das partes posterior à conclusão do contrato; *d)* a natureza e a finalidade do contrato; *e)* o sentido comummente atribuído às cláusulas e expressões no ramo de comércio em causa; *f)* os usos". A opinião sumariada não é linear, porque, depois de afirmar que a interpretação é "independente [...] da compreensão real que as partes do contrato em causa ou uma pessoa razoável da mesma condição que as partes possam ter tido", conclui que ela deve ter em conta "as negociações preliminares", "as práticas estabelecidas entre as partes", todos factores conducentes ao apuramento da "compreensão real" que as partes tiveram ou da que "pessoa razoável da mesma condição" possa ter tido.

A norma deste art. 10.º é reproduzida no art. 211.º do Anteprojecto do Código do Consumidor.

[963] *In www.dgsi.pt.*

[964] Cit., p. 113.

Artigo 11.º – Cláusulas ambíguas

1. As cláusulas contratuais gerais ambíguas têm o sentido que lhes daria o contratante indeterminado normal que se limitasse a subscrevê-las ou a aceitá-las, quando colocado na posição de aderente real.

2. Na dúvida, prevalece o sentido mais favorável ao aderente.

3. O disposto no número anterior não se aplica no âmbito das acções inibitórias.

Quanto à interpretação de cláusulas ambíguas, problema que o Código Civil também regula em termos gerais, estabelecendo regras diferentes consoante o contrato é gratuito ou oneroso, o n.º 1 deste preceito acolhe o essencial da regra interpretativa geral do art. 236.º, n.º 1, do Código Civil. Não é perceptível o motivo da preterição das regras do art. 237.º do mesmo Código, que, a uma primeira vista, parecem – em particular a relativa a contratos onerosos, que serão a esmagadora maioria dos regulados por este diploma – adequadas ao objecto e finalidade do Dec.-Lei n.º 436/85. A benevolente formulação utilizada não pretende esconder a discordância da solução interpretativa adoptada pela norma, tanto menos justificada quanto o diploma apela, por mais de uma vez, ao equilíbrio das prestações[965]. Galvão Telles[966], em entendimento que se me afigura mais ajustado à letra da lei (para mais tendo em conta o afastamento da regra do art. 237.º referido), opina: "verdadeiramente o n.º 1 deste artigo não trata de *cláusulas ambíguas ou duvidosas*; limita-se, pura e simplesmente, a esclarecer como devem ser interpretadas as cláusulas de que se ocupa [...]. Às *cláusulas ambíguas ou duvidosas* refere-se sim, e apenas, o n.º 2 [...]".

Este n.º 2 dispõe uma regra especial, privativa dos contratos regidos por este diploma, que corresponde ao chamado princípio *in dubio contra proferentem* ou *contra stipulatorem*, colhida do originário art. 1370.º do Código Civil italiano e também consagrada em outras legislações, como, por exemplo, no art. 423.º do Código Civil brasileiro para os contratos de adesão, e no art. 47.º do Código

[965] Almeida Costa e Menezes Cordeiro, cit., p. 32, ignoram o art. 237.º do Código Civil e afirmam que se aplica o n.º 2 desta disposição quando se encontrarem "esgotadas todas as hipóteses".

Almeida Costa, *Direito das Obrigações*, cit., pp. 266 e 267, diz – aplaudindo a solução – que "às cláusulas ambíguas atribui-se o entendimento do aderente normal [...]; porém, o risco de uma ambiguidade insanável corre contra a parte que as utiliza".

[966] *Manual...*, cit., p. 324, nota 296.

de Defesa do Consumidor. No direito espanhol, informam L. Díez-Picazo e A. Gullón[967] que a jurisprudência tem utilizado reiteradamente este princípio para evitar o "possível abuso de poder", por uma das partes sobre a outra; é o seguinte o teor do art. 1.288° do Código Civil espanhol: "a interpretação das cláusulas obscuras não deverá favorecer a parte que tenha causado a obscuridade"[968]. Também no direito inglês, dizem Colin Scott e Julia Black[969] que "o uso da regra *contra proferentem* tem possibilitado em certas circunstâncias a interpretação de forma restritiva de cláusulas abusivas", embora os autores manifestem cepticismo quanto à utilidade do uso de técnicas interpretativas, "porque os profissionais devidamente acautelados incorporam nos seus contratos cláusulas de exclusão amplamente elaboradas que cobrem qualquer contingência".

Os *PECL* consagram esta regra no seu art. 5:103 para as cláusulas de contrato que não tenham sido objecto de negociação individual, sendo a sua formulação a de que "se interpretam de preferência contra aquele que as propôs". Também os Princípios UNIDROIT contêm, no seu art. 4.6, idêntica norma: "Em caso de ambiguidade de uma cláusula, dar-se-á preferência à interpretação desfavorável à parte que a propôs».

Como se vê, este princípio, consagrado na nossa ordem jurídica apenas para os contratos de adesão[970], está presente em outros ordenamentos como regra interpretativa geral, o que bem se justifica.

Acerca desta regra na lei italiana, opina A. Genovese[971] que se trata em rigor "de uma regra geral, ainda que a norma esteja formulada com referência a um problema de alcance mais restrito, em aplicação do princípio por que se impõe ao estipulante o ónus de «*clara loqui*» e é uma forma de interpretação objectiva, à qual se recorre uma vez que se tenha recorrido inutilmente à subjectiva".

Martin Ebers[972] salienta que a directiva não se limita a consagrar a regra da interpretação desfavorável ao predisponente, "na medida em que não exige, no seu Art. 5 al. 2, uma mera interpretação favorável ao consumidor, mas a interpretação "mais" favorável". É o que a norma da directiva comentada diz literal-

[967] Cit., p. 78.

[968] V. Eduardo Polo, cit., pp. 36-37.

[969] Cit., p. 80.

[970] E antes para as cláusulas contratuais gerais.

[971] "Condizioni generali...", cit., p. 806.

[972] Cit., pp. 386 e 466-467.

mente: "Em caso de dúvida sobre o significado de uma cláusula, prevalecerá a interpretação mais favorável ao consumidor".

Como já ficou dito, de acordo com a informação do mesmo autor[973], na Áustria, "a doutrina maioritária considera [...] que o consumidor, mesmo em caso de falta de transparência, pode prevalecer-se de uma interpretação a seu favor", não tendo de se conformar com a ineficácia da cláusula.

Trata-se de regra – como qualquer critério de conteúdo indeterminado – cujas consequências implicam a interpretação de uma cláusula não isoladamente, mas no contexto global do contrato a que pertence, pois só dessa forma será possível avaliar a vantagem/desvantagem do resultado interpretativo para o aderente. Cláudia Lima Marques[974] considera esta regra interpretativa como reacção tutelar "para forçar a mudança da visão do direito civil e comercial", estádio que poderia estar actualmente ultrapassado, permitindo o seu acolhimento como norma interpretativa geral.

Esta solução faz recair o risco da ambiguidade da cláusula sobre o respectivo predisponente, nos casos em que aquela não seja susceptível de fixação de um sentido unívoco por um aderente de comum diligência, o mesmo é dizer que faz impender sobre aquele um ónus de clareza[975].

Discordo de C. Ferreira de Almeida[976] quando este afirma que, tratando-se de cláusulas favoráveis no seu conteúdo ao aderente, "alguma cautela deverá haver [...] no uso da regra do art. 11, n.º 2 [...], uma vez que o preceito foi claramente redigido em função de cláusulas tendencialmente desfavoráveis ao contraente-aderente"; estando o autor a analisar o problema da inclusão no contrato de mensagens publicitárias, está-se, por um lado, perante cláusulas contratuais gerais de autoria alheia ao aderente – razão de ser desta disposição, como de todas as que, em legislações estrangeiras, lhe equivalem – e, por outro, considerando a natureza da publicidade e seus conteúdos, quantas vezes vagos, pouco claros ou, por que não dizê-lo, ambíguos, não creio que não tenha razão de ser ou oportunidade a aplicação do princípio *contra stipulatorem*.

[973] *Ibidem*.

[974] "Introdução...", cit., p. 31.

[975] Não impensadamente se qualifica a posição do predisponente das cláusulas gerais como ónus de expressão clara e unívoca, pois que, aqui, diversamente do que sucede no art. 5.º, a consequência é apenas a desvantagem para aquele de uma interpretação mais favorável ao aderente.

[976] *Texto e Enunciado...*, cit., p. 923.

Na jurisprudência italiana, tem sido entendido que a regra *contra stipulatorem* vale não apenas para as hipóteses de a "cláusula ambígua ter sido predisposta para privilegiar a tutela de um interesse do autor dela, contraditório com o do contraente mais débil, mas também quando não se dirige a garantir uma posição de privilégio do contraente mais forte sobre o mais débil, vinculando ambos relativamente a uma mesma disciplina em posição de igualdade"[977].

Noronha Nascimento[978] analisa um acórdão do STJ de 2 de Fevereiro de 1997 (Miranda Gusmão), em que o tribunal, por aplicação deste art. 11.°, entendendo que a cláusula do seguro de vida que se referia a "morte natural" era ambígua ("ambivalente" a qualifica o autor da citação), pelo que a dúvida interpretativa deveria ser resolvida contra a seguradora[979].

O acórdão do mesmo Tribunal de 13 de Março de 2008 (pr n.° 08A369, Sebastião Póvoas[980]) decidiu que, "perante uma cláusula cuja clareza não é total, possibilitando interpretações diversas o que lhe confere certa ambiguidade", "sempre valeria, de acordo com o n.° 2 do artigo 11.° do Dec.-Lei n.° 446/85, de 25 de Outubro, na redacção do Dec.-Lei n.° 249/99 de 7 de Julho, a sua interpretação no sentido mais favorável ao aderente, que é o segurado. (cf. v.g., Acórdão do Supremo Tribunal de Justiça de 29 de Janeiro de 2008 – 07B4422)". Já o acórdão de 4 de Junho de 2009 (pr n.° 09B0529, Álvaro Rodrigues), do mesmo Supremo Tribunal[981], embora não tendo aplicado o princípio, por desnecessidade, afirma que, se estivesse em causa uma cláusula ambígua, "*tal cláusula contratual faria prevalecer, dos possíveis sentidos desta, o que se mostra como mais favorável ao aderente, nos termos do art° 11°, n° 2, do DL n° 4476/85, de 25/10 (Lei das Cláusulas Contratuais Gerais)*".

O referido acórdão, sempre do STJ, de 29 de Outubro de 2009 (Lopes do Rego), procede à seguinte análise: "Resta saber se poderá considerar-se «obscura» ou «ambígua» a cláusula de indexação de 10% incluída no certificado de seguro emitido – em termos de à mesma poder razoavelmente ter o aderente atribuído o sentido de comportar mais do que a mera aplicação de uma taxa de crescimento aritmética de 10% ao ano, incidindo exclusivamente sobre os mon-

[977] Ernesto Cesarò, cit., p. 39.

[978] Cit., pp. 105-106.

[979] O mesmo autor, *ibidem*, p. 106, alude a um outro acórdão do mesmo tribunal, que não identifica, dizendo que se fundou em idêntico raciocínio.

[980] *In www.dgsi.pt.*

[981] *In www.dgsi.pt.*

tantes originariamente acordados: ora, perante a matéria apurada nos autos, entendemos que deverá ser negativa a resposta a esta questão: – em primeiro lugar, importa realçar que era sobre o autor que incidia o ónus de convencer que o sentido esperado e razoavelmente previsível da lacónica estipulação de que se incluía no seguro em causa a «indexação de 10%» era o por ele sustentado na presente acção – invocando, nomeadamente práticas ou hábitos reiterados na actividade seguradora que tornassem expectável a prevalência de tal sentido ou interpretação: não o fez, limitando-se a invocar como base da sua posição, uma mera definição genérica do conceito de «indexação» constante de determinada obra técnica (e sem que, aliás, resultem sequer, com suficiente clareza, as regras de cálculo a adoptar na feitura dos aumentos automáticos, destinados a manter actualizados os valores seguros); – em segundo lugar [...], era à entidade que figurava no contrato como tomador do seguro que incumbia, nos termos da lei, prestar ao segurado individual os esclarecimentos pertinentes sobre as coberturas incluídas e os direitos do interessado, em caso de sinistro; – finalmente, não pode deixar de relevar decisivamente o teor do certificado individual de seguro remetido ao autor em 8 de Junho de 2001, revelando os valores atribuídos aos capitais, aí especificados, ao fim de 10 anos de vigência do contrato, que os mesmos só podiam ter resultado da aplicação da referida indexação aos valores originariamente acordados. [...]".

O único aspecto suplementar a assinalar, por repetição, é que a directiva transposta consagra, no seu art. 5.º, o princípio da interpretação *mais* favorável ao consumidor, regra que é, simultaneamente, mais ampla – na medida em que não se restringe às cláusulas ambíguas – e mais restrita – porquanto não respeita a todos os contratos de adesão, mas apenas àqueles em que intervenha um consumidor[982] – do que a que aqui se analisa.

Cabe, porventura, salientar que da sua efectiva aplicação pode decorrer uma desejável orientação dos operadores económicos no sentido da adopção de modelos contratuais mais claros no seu conteúdo, o que, a ocorrer, constituirá um efeito colateral vantajoso do ponto de vista social.

O n.º 3, aditado em 99, afasta, talvez desnecessariamente, esta regra interpretativa especial no quadro das acções inibitórias, em conformidade com a directiva transposta. Quando se afirma que a norma é provavelmente desnecessária quer-se significar que o seu sentido decorreria de uma interpretação teleológica

[982] Regime que é o objecto da directiva.

da lei, uma vez que, usado aquele critério interpretativo das cláusulas ambíguas aquando da fiscalização abstracta, tal poderia conduzir ao entendimento como admissíveis de cláusulas que prejudicassem o aderente. Explicando: perante um modelo contratual que contivesse uma cláusula ambígua, se o tribunal a interpretasse no sentido mais favorável ao aderente, poderia concluir pela sua admissibilidade, apesar de ela comportar outro (ou outros) sentido(s), esse(s), sim, gravoso(s) para o aderente. A decisão poderia, pois, ser a de admissão do modelo de contrato que, na sua utilização no mercado, teria uma leitura de sentido prejudicial para os destinatários. O que seria evidentemente absurdo.

Galvão Telles[983] entende que, no domínio das acções inibitórias, "se observará o *solução geral do artigo 236.º do Código Civil*", acrescentando que "não pode saber-se, *de antemão*, se será justo, em caso de dúvida, dar prevalência ao interesse do aderente, e daí a solução do Decreto-Lei n.º 294/99". Menezes Cordeiro[984] diz – com fundamento que o próprio conhecerá[985] – que a adição deste n.º 3 constitui uma "manifestação de servilismo perante a burocracia de Bruxelas", pois, pelo artigo 25.º da lei, "a acção inibitória só cabia perante a violação dos artigos 15.º, 16.º, 18.º, 19.º, 21.º e 22.º da LCCG: não para resolver «ambiguidades», à luz do artigo 11.º[986]. A cautela comunitária, necessária perante experiências de outros países era, entre nós, totalmente dispensável".

Almeno de Sá[987] chama a atenção para que a exclusão da regra *contra stipulatorem* da interpretação das cláusulas contratuais gerais em sede de acção inibitória deixa por resolver a questão do critério hermenêutico a utilizar naquele domínio quanto às cláusulas ambíguas. Para que o crivo judicial de apreciação das cláusulas possa desempenhar cabalmente a função que a lei lhe atribui, no quadro da fiscalização abstracta, deve, se a estipulação for obscura ou ambígua, ser-lhe atribuído o sentido mais desfavorável ao aderente – sentido congruente com o seu teor literal e que pode, por isso, ser o que lhe venha a ser imputado no mercado –, decidindo se com esse sentido deve ainda ser considerada admissível. Em formulação menos clara, é também esta a orientação de Almeida Costa[988], escrevendo que "a melhor atitude, em face de uma cláusula ambígua e

[983] *Manual...*, cit., p. 324, nota 297.

[984] *Tratado...*, cit., p. 470.

[985] Não implicará a valoração das cláusulas proibidas uma sua interpretação?

[986] Não alcanço o que significa a referência à acção inibitória.

[987] Cit., pp. 39, 40 e 41.

[988] *Direito das Obrigações*, cit., p. 267.

para o exacto controlo do seu conteúdo, será a de não negligenciar o resultado mais desfavorável aos possíveis aderentes". Creio que este entendimento não é contrário ao que Sousa Ribeiro[989] afirma vir sendo o do *BGH*, de preferir, entre os vários sentidos possíveis de uma cláusula, o "que torne mais perceptível o seu alcance desfavorável para os interesses do aderente". Na verdade, tal orientação merece aplauso em sede de fiscalização concreta e julgo ser a essa que as mencionadas sentenças de *BGH* se reportam. Em sentido contrário opina Oliveira Ascensão[990], com uma perspectiva muito acanhada do que é o sentido da lei em geral, isto é, em sede de interpretação, dizendo que a estipulação "deve ser interpretada na sua objectividade abstracta, sem agravamentos nem abrandamentos, que só poderiam ser resultantes de determinação legal".

O art. 212.º do Anteprojecto do Código do Consumidor repete o que neste artigo está consagrado, à excepção da regra relativa à exclusão da aplicabilidade no âmbito das acções inibitórias. Pelos motivos sumariamente enunciados, a diversidade de redacções – num projecto de texto legal tão decalcador do presente – não se me afigura de aplaudir, bem pelo contrário.

CAPÍTULO IV – Nulidade das cláusulas contratuais gerais

Artigo 12.º – Cláusulas proibidas

As cláusulas contratuais gerais proibidas por disposição deste diploma são nulas nos termos nele previstos.

De forma aparentemente desnecessária, este artigo afirma que as cláusulas proibidas pelo diploma são nulas nos termos nele previstos. E o art. 24.º acrescenta que "as nulidades previstas neste diploma são invocáveis nos termos gerais". Benevolentemente, pode dizer-se que a desnecessidade não é total porque há a especialidade de regime – não propriamente das cláusulas proibidas – consistente na atribuição, pelo art. 13.º, n.º 1, ao aderente da faculdade de escolha da subsistência do contrato parcialmente nulo. Duvida-se de que seja esta a razão por que existe art. 12.º, mas atribui-se-lhe este sentido útil, em obediência ao comando ao intérprete de presumir que a lei consagra as soluções mais

[989] "O princípio...", cit., p. 92.
[990] Cláusulas contratuais gerais...", cit., p. 580, nota 7.

acertadas e se exprime em termos adequados, isto é, de que ela não contém redundâncias.

Problema que pode colocar-se, e que já se deixou aludido na anotação ao art. 8.°, é o de saber por que diverge o regime destas cláusulas "proibidas" do daquelas que a lei determina que fiquem "excluídas dos contratos singulares"; na verdade, estas últimas também são proibidas legalmente nos termos em que figuram nos contratos; só isso explica tal exclusão. Admite-se que deste artigo possa retirar-se um argumento no sentido de que aquelas outras cláusulas não são nulas, mas inexistentes ou, como alguns autores preferem dizer, ineficazes. Porém, quisera a lei dizê-lo e poderia tê-lo feito de forma menos enviesada.

Almeida Costa e Menezes Cordeiro[991] salientam que a norma fixa "inequivocamente o regime da nulidade e não qualquer outro, como, por exemplo, o da ineficácia"; isto não obstante reconhecerem que a nulidade corresponde ao regime geral. Menezes Cordeiro[992] entende que o diploma contém "desvios" ao regime da nulidade que "têm a ver com o princípio [...] do maior aproveitamento dos contratos singulares"; e acrescenta: "O facto de as nulidades previstas no diploma poderem ser invocadas, nos termos gerais e, portanto, sem o perigo de ocorrerem duvidosas «invalidades mistas», não quer dizer que o aderente seja deixado sem uma especial protecção". O autor não explica em que consiste esta "especial protecção"; para além do regime do art. 13.°, n.° 1 – a que já se referira no "maior aproveitamento dos contratos singulares" –, não se vê em que possa traduzir-se, já que ao tribunal não é permitido reduzir cláusulas parcialmente nulas, dependentemente de consentimento do aderente. Esta solução – como ficou observado no texto introdutório – poderia, mau grado os inconvenientes hipotéticos que lhe apontam alguns autores, constituir uma medida paralela à do referido n.° 1 do art. 13.°, autorizando o aderente a escolher a permanência do contrato e da(s) cláusula(s) proibida(s), expurgados ambos dos elementos que os viciam.

Se o regime da nulidade não abre espaço para dúvidas acerca do respectivo conhecimento oficioso pelo tribunal, é de censurar, do meu ponto de vista, que, invocada a nulidade de uma cláusula, o tribunal sobre ela não se pronuncie, a pretexto de que não se coloca, nesse momento, o problema do exercício do direito nela previsto. Foi o que aconteceu com o acórdão do STJ de 28 de Outubro de

[991] Cit., p. 33.

[992] *Tratado...*, cit., p. 438.

2004 (pr n.º 04B1464, Lucas Coelho[993]), em que estava em análise um contrato de locação financeira em que figurava uma cláusula que previa que o locatário, em caso de resolução do contrato, ficava "obrigado a restituir o equipamento, ou seja, os veículos [al. a)]; a solver as rendas vencidas em dívida – não as vincendas –, acrescidas de juros de mora [al. b)]; e, ainda, acrescente-se, a pagar uma indemnização de 20% do resultado da adição das rendas vincendas com o valor residual [al. c)]. O Tribunal não apreciou a cláusula com fundamento no facto de "os contratos de locação financeira que integram a causa de pedir não [...] [terem sido], tanto quanto se sabe, resolvidos, carecendo, por consequência, de aplicação a cláusula sindicada". Ora, se bem que não se tratasse de acção inibitória, encontrando-se a cláusula no contrato em apreciação e tendo sido suscitado o problema da respectiva nulidade, deveria o Tribunal tê-lo apreciado, tanto mais que, não tendo, ao tempo, pretendido a locadora exercer os direitos atribuídos pela cláusula, poderia acontecer que viesse a fazê-lo mais tarde, obrigando o locatário à propositura de nova acção para decidir sobre a validade/nulidade da estipulação. Não é, porém, esta última circunstância que se me afigura decisiva para a censura à decisão. No quadro de controlo judicial das cláusulas de adesão previsto por este diploma, julgo deverem os tribunais, sem alterar as regras substantivas ou processuais aplicáveis, sindicar as cláusulas contratuais cuja apreciação a lei lhes comete; foi isso que não sucedeu.

Bem andou o já referido acórdão do STJ de 10 de Julho de 2008 (João Camilo), ao entender que o problema da nulidade de uma cláusula não ter sido colocado em 1.ª instância não obsta a que ele seja apreciado em recurso, por se tratar de questão de conhecimento oficioso. Aparentemente de forma diversa entendeu o acórdão do mesmo Supremo Tribunal de 14 de Dezembro de 2006 (pr n.º 06A3973; João Camilo[994]); nele se lê: "[...] há que referir que esta questão não foi levantada na 1.ª instância pelo que a sentença ali proferida nada se refere à mesma, tendo sido tal questão levantada apenas na apelação que dela conheceu, por se tratar de questão do conhecimento oficioso" e, ainda, que "os recorrentes não indicam o concreto dispositivo legal que seria violado com esta cláusula ou, por outras palavras, a classificaria como nula por abusiva, apenas referindo genericamente os diplomas legais acima referidos que regulam as cláusulas contratuais gerais e o regime de defesa do consumidor". Ora, sendo

[993] *In www.dgsi.pt.*
[994] *In www.dgsi.pt.*

a nulidade de conhecimento oficioso, não poderia ser a omissão da disposição legal de que ela resulte a justificar a omissão de pronúncia; a lei, essa, presume-se inilidivelmente[995] conhecida pelos tribunais.

A questão do regime de invalidade das cláusulas abusivas não é, todavia, pacífica nas legislações de transposição da directiva dos vários Estados membros. De acordo com as já mencionadas Conclusões do Advogado Geral Paolo Mengozzi apresentadas a 29 de Março de 2007, no processo C-429/05[996], a protecção conferida aos consumidores pela directiva "corre o risco de ser obstruída, se o juiz não puder intervir oficiosamente, quanto a essas mesmas condições particulares relativas à natureza do litígio e ao processo necessário para o decidir que o Tribunal destacou no ponto 26 da decisão *Océano Grupo Editorial* e *Salvat Editores*", continuando: "No que respeita ao artigo 7 da directiva 93/13, é verdade que o Tribunal, nos pontos 27 e 28 dessa decisão, observou que a possibilidade de suscitar oficiosamente o carácter abusivo de uma cláusula contratual constitui também um meio próprio para realizar o objectivo – que os Estados membros devem prosseguir em conformidade com este artigo – de fazer cessar a inserção de cláusulas abusivas nos contratos concluídos com consumidores. [...] solução a que o Tribunal tinha já chegado na sequência do raciocínio exposto no ponto 26 da mesma decisão, unicamente centrado nas circunstâncias de natureza a dissuadir o consumidor de defender em juízo de modo adequado a posição jurídica que a directiva 93/13 entendeu conferir-lhe".

Martin Ebers[997] considera que deveria ser atribuída claramente ao tribunal "a faculdade de [...] apreciar oficiosamente o carácter abusivo de uma cláusula (em conformidade com os processos *Océano, Cofidis* e *Mostanza Claro*)". No primeiro deles, tratava-se de uma cláusula atributiva de jurisdição desfavorável ao consumidor, tendo o TJCE entendido que: "a protecção que a directiva assegura aos consumidores implica que o juiz nacional possa apreciar oficiosamente o carácter abusivo de uma cláusula do contrato que lhe é submetido quando examina a admissibilidade de um pedido feito perante as jurisdições nacionais". No caso *Cofidis*, o tribunal "alargou mais a competência de controlo e declarou que a protecção do consumidor se opõe a *qualquer* disposição nacional que impeça o juiz nacional de conhecer o carácter abusivo de uma cláusula, mesmo se a

995 Se bem que, por vezes, sem fundamento.

996 *In* http://curia.europa.eu/.

997 Cit., pp. 391, 393 e 454-455.

acção caducou. Diferentemente da decisão *Océano*, a sentença do TJCE refere não apenas a possibilidade de o juiz apreciar «oficiosamente» a admissibilidade, mas também a nulidade das cláusulas em geral. Pode considerar-se pois que, em virtude da jurisprudência do TJCE, os juízes nacionais têm o poder de controlar oficiosamente as cláusulas (e não apenas as cláusulas atributivas de jurisdição)". Na sentença *Mostanza Claro*, decidiu o tribunal que o art. 6.º/1 é uma "disposição imperativa que, tendo em conta a inferioridade de uma das partes no contrato, tende a substituir o equilíbrio formal que este estabeleceu entre os direitos e obrigações dos contraentes por um equilíbrio real de natureza a restabelecer a igualdade entre estes últimos". Daqui retira M. Ebers que só a consequência da nulidade que qualifica como absoluta é conforme com a jurisprudência de TJCE, sendo a chamada "nulidade de protecção" conforme com aquela, "desde que o consumidor seja protegido mesmo se não tiver suscitado o carácter abusivo da cláusula, seja porque ignorava os seus direitos seja porque foi dissuadido de os fazer valer". Porém, segundo o autor, estas decisões não esclarecem se os tribunais nacionais devem "procurar as provas do carácter abusivo", utilizando as formulações das leis alemã e francesa, para afirmar que elas sugerem "que o juiz não decide apenas controlar oficiosamente a cláusula mas averiguar oficiosamente dos elementos pertinentes"; a versão inglesa, porém – "*to determine of its own motion*" – parece-lhe mais neutra e não respeitar à prova do carácter abusivo. A sua conclusão é a de que "não é assim seguro que o Art. 6 da Directiva 93/13, lido à luz do princípio do efeito útil, afecte as regras nacionais relativas ao ónus da prova".

Igualmente, no caso *Pannon*[998], o TJCE foi claro na decisão de que: "O artigo 6.º, n.º 1, da Directiva 93/13, relativa às cláusulas abusivas nos contratos celebrados com os consumidores, deve ser interpretado no sentido de que uma cláusula contratual abusiva não vincula o consumidor e que, para o efeito, não é necessário que este impugne previamente e com sucesso essa cláusula. Com efeito, o objectivo prosseguido pelo artigo 6.º da directiva, que é reforçar a protecção dos consumidores, não poderia ser atingido se os consumidores se vissem na obrigação de suscitar eles mesmos a questão do carácter abusivo de uma cláusula contratual. Além disso, só se pode garantir uma protecção efectiva do consumi-

[998] Acórdão do Tribunal de Justiça (Quarta Secção) de 4 de Junho de 2009 – Pannon GSM Zrt. contra Erzsébet Sustikné Győrfi (pr C-243/08), *in* http://curia.europa.eu/.

dor se ao órgão jurisdicional nacional for reconhecida a faculdade de apreciar oficiosamente uma cláusula como essa".

Artigo 13.º – Subsistência dos contratos singulares

1. O aderente que subscreva ou aceite cláusulas contratuais gerais pode optar pela manutenção dos contratos singulares quando algumas dessas cláusulas sejam nulas.

2. A manutenção de tais contratos implica a vigência, na parte afectada, das normas supletivas aplicáveis, com recurso, se necessário, às regras de integração dos negócios jurídicos.

Todos os Estados membros seguiram a orientação, da directiva, de salvaguardar o contrato no caso haver cláusula(s) nula(s), mas, como diz Martin Ebers[999], as técnicas legislativas utilizadas não são completamente coincidentes: enquanto "certos Estados [...] remetem para o direito comum dos contratos", "outros introduziram uma disposição específica na Lei ou no Capítulo respeitante às cláusulas abusivas", tendo havido mesmo alguns – como a Finlândia e a Suécia – que "não regularam expressamente as consequências do carácter abusivo de uma cláusula para o contrato". Na Estónia como na Eslovénia, o regime corresponde ao nosso regime geral da redução; "na Roménia, o consumidor pode pedir que o contrato seja extinto e exercer o seu direito de reparação dos danos, no caso de o contrato já não produzir efeitos após a supressão das cláusulas consideradas abusivas (o Art. 7 da Lei 193/2000)".

O n.º 1 deste artigo confere ao aderente a faculdade de "optar pela manutenção dos contratos singulares quando algumas [...] [das suas] cláusulas sejam nulas". Tal possibilidade – prevista na directiva – concedida unilateralmente a um dos contraentes não é privativa do regime dos contratos regulados por este diploma, pois, por exemplo, o 16.º, n.º 3, da Lei de Defesa do Consumidor dispõe que "o consumidor pode optar pela redução do contrato quando algumas das suas cláusulas forem nulas nos termos do n.º 1"[1000], e o Dec.-Lei n.º133/2009, de

[999] Cit., p. 460.

[1000] Menezes Cordeiro, "Da natureza civil...", cit., p. 688, escreve, a propósito deste n.º 3 do art. 16.º, que, "no silêncio da LDC, haverá, provavelmente, que aplicar, por analogia, o dispositivo previsto no artigo 13.º da Lei sobre cláusulas contratuais gerais (LCCG) [...]".

2 de Junho, que se ocupa do regime dos contratos de crédito aos consumidores, contém um regime paralelo no seu art. 26.º, n.º 2.

Também o art. 199.º, n.º 3, do Anteprojecto do Código do Consumidor afirma que "o consumidor pode optar pela manutenção do contrato quando alguma das suas cláusulas seja nula".

Trata-se de regimes de protecção do contraente fraco que se compreendem, pois, a não existirem, a nulidade da cláusula poderia prejudicar o aderente, já que o regime geral é o de, se não houver acordo dos contraentes, só o tribunal poder decidir, nos termos da lei e da prova por ela imposta, se o contrato pode manter-se, apesar da nulidade de uma ou de várias das suas cláusulas, e se, não se mantendo, pode ser convertido, ou não, em contrato diverso no tipo ou no conteúdo. Em rigor, o que a lei permite ao aderente é que ele realize, unilateralmente, o juízo sobre o carácter essencial ou acessório do elemento contratual nulo. A opção pela manutenção do contrato supõe a consideração de que a(s) cláusula(s) nula(s) era(m) acessória(s) e, consequentemente, parcial a invalidade do negócio, não dependendo a redução de apreciação judicial. O que tem como corolário a privação da contraparte do direito de invocar e provar a essencialidade desse elemento, opondo-se assim à redução. Almeida Costa e Menezes Cordeiro[1001], referindo-se embora, superficialmente, a este conteúdo preceptivo, destacam que a *ratio* da norma foi a prevenção de que os efeitos da nulidade de todo o contrato impusessem ao aderente a restituição de tudo o que recebera, o que poderia conduzir a que um "diploma destinado a defendê-lo" o conduzisse "a situações gravosas".

Com razão, opina Menezes Leitão[1002] que, "sendo manifestamente rara a hipótese de todas as cláusulas contratuais gerais serem nulas, parece que a lei veda ao aderente a possibilidade de anular [*sic*] totalmente o contrato, já que se não optar pela manutenção do contrato vigorará o regime da redução dos negócios jurídicos (a. 14.º LCCG). A opção do aderente não é, assim, entre a nulidade total ou a invalidade parcial do contrato em que foram usadas cláusulas contratuais gerais iníquas ou abusivas, mas entre dois regimes de invalidade parcial. A distinção entre as duas situações é, porém, ténue e de difícil compreensão por leigos, já que a consideração como nula de uma parte do contrato e a manutenção como válida da outra parte, com aplicação das regras supleti-

[1001] Cit., p. 34.
[1002] Cit., p. 47.

vas e do regime de integração negocial à parte nula, representa no fundo uma hipótese de redução do negócio"[1003]. De facto, de acordo com o art. 14.°, se o aderente não optar pela subsistência do contrato, "vigora o regime da redução dos negócios jurídicos", o que não implica necessariamente qualquer solução pré-determinada quanto à manutenção daquele; ela dependerá, no essencial, da prova que o predisponente produza acerca da essencialidade da(s) cláusula(s) nula(s): seja(m) assim considerada(s) e todo o negócio será nulo; não o sejam e a redução será decretada judicialmente.

Vejamos melhor a questão de política legislativa subjacente à posição de Menezes Leitão. Justificar-se-ia um regime especial de nulidade consistente em atribuir ao aderente a faculdade de optar pela manutenção da parte válida do contrato ou pela sua nulidade integral? Tendo este diploma como principal teleologia a tutela do aderente, há-de convir-se que essa tem limites, desde logo os que aquela protecção exige; ora, a lei permite ao aderente que invoque a nulidade de uma ou várias cláusulas[1004] e, sendo aquela(s) declarada(s) nula(s), se a nulidade daí decorrente for parcial, isto é, não atingir um elemento essencial do negócio, este é passível de redução. A lei atribui ao aderente a faculdade de optar por ela discricionariamente, o que é protecção justificada. Mais do que essa, talvez não o fosse. Na verdade, se o aderente já viu o contrato expurgado das cláusulas inválidas, em princípio, quererá mantê-lo, pois ele já não o prejudica. Quem pode sentir-se lesado é o predisponente, dado que a ele não é conferida a possibilidade de se opor à conservação do contrato desejada pelo aderente. A este propósito escreve Menezes Leitão[1005] que, "como [...] a hipótese de não celebração do contrato sem as cláusulas contratuais gerais só se porá, em princípio, para o seu predisponente, ficará quase sempre apenas na mão dele a opção pela invalidade total do contrato, sendo a opção do aderente entre uma

[1003] Refere-se o autor à dificuldade de compreensão "por leigos" deste regime: não alcanço o que signifique esta afirmação; muitas vezes – a maioria delas – os regimes jurídicos são difíceis de compreender por leigos, o que é completamente irrelevante, desde que lhes possa ser acessível o significado prático, isto é, económico ou social deles, o que não é difícil nesta situação.

[1004] Também o permite a outros, de acordo com o regime geral, o que é criticável, mas esse é outro problema, se bem que não de somenos nesta sede, pois é incongruente com a *ratio* da lei que o predisponente ou terceiros possam arguir uma nulidade estabelecida para exclusiva tutela do aderente.

[1005] *Ibidem*, pp. 47-48.

invalidade parcial do contrato e uma outra invalidade parcial do contrato, que a outra parte poderá transformar em invalidade total, através da demonstração de que não celebraria o contrato sem as cláusulas contratuais gerais". Tenho dúvidas sobre se pode exigir-se maior protecção do aderente; se este quiser que todo o contrato soçobre, quase lhe bastará não exercer o direito à sua manutenção. Difícil será que o predisponente pretenda a subsistência sem a(s) cláusula(s) que o beneficiava(m), embora também difícil possa ser que o tribunal considere fundada a sua arguição, certo, como é, que a vontade conjectural a que faz apelo o art. 292.º do Código Civil não é a vontade subjectiva de qualquer das partes, mas a vontade negocial que o contrato consubstancia.

Menezes Leitão[1006] considera, contudo, um outro aspecto do problema, opinando que, "pelo menos no caso em que o uso de cláusulas contratuais gerais conduza a um desequilíbrio das prestações gravemente atentatório da boa fé, deveria permitir-se ao aderente a opção pela invalidade total do contrato, em vez do aproveitamento negocial que a lei lhe impõe". Pondere-se este aspecto. A lei prevê o obstáculo do "desequilíbrio das prestações gravemente atentatório da boa fé" para as hipóteses de o aderente ter optado pela manutenção do contrato; em abstracto, não faz grande sentido que se diga que o aderente que escolheu manter o contrato que o lesa de forma grave contra a boa fé deva poder, afinal, querer a sua nulidade total. Mas pode o aderente ter feito a declaração sem a noção do significado económico do conteúdo do contrato restante, do qual podem ainda constar cláusulas nulas, por razões substanciais, o que ele só vem a detectar mais tarde. Nestas situações, pode o aderente não ter compreendido o sentido dessas cláusulas ou não se ter apercebido da sua repercussão no equilíbrio global do contrato ou na aptidão deste para desempenhar a função para que o celebrara. Diria, embora com dúvidas, que, tendo havido já oportunidade para o aderente de questionar parte do contrato – e, por isso, de o ter analisado pelo menos em parte –, talvez a diligência comum lhe impusesse ter procedido à análise da totalidade do conteúdo, suscitando todas as questões[1007] que ele lhe colocasse. Se tiver de propor nova acção, *sibi imputat*, parece-me. Claro que, se o tribunal tiver apercebido a nulidade de quaisquer outras cláusulas, deve declará-la. Em conclusão (dubitativa, repito): não há motivo para que a lei confira ao

[1006] *Ibidem*, p. 48.

[1007] Incluindo as de conhecimento e de percepção de sentido de estipulações dele constantes.

aderente faculdade suplementar relativamente à de manter o contrato despojado das estipulações cuja inclusão conteste.

A outra hipótese em que aquele desequilíbrio deve ser tomado em consideração é a de o aderente não ter declarado pretender a subsistência do contrato; e, nesse caso, a violação da boa fé abre a porta ao regime geral da redução, e não ao da nulidade total dependente de declaração do aderente. Para tais situações, sugere Menezes Leitão[1008] o recurso ao regime da usura e ele é convocável, naturalmente. Por um lado, há a considerar as hipóteses em que o predisponente pode enfrentar dificuldades de prova de que, sem a(s) cláusula(s) nula(s), o contrato não teria sido concluído, uma vez que tal prova não é a da vontade psicológica ou subjectiva, como já se disse e se repetirá mais detidamente na anotação ao artigo seguinte. Se aquela não convencer o tribunal, o contrato manter-se-á, apesar de o aderente não ter exercido o direito que o n.º 1 lhe confere. Além disso, se a boa fé, prevista como princípio geral de apreciação das cláusulas contratuais gerais no art. 15.º, for efectivamente aplicada, bastará a invocação dela na maior parte dos casos para proteger o aderente de um contrato justificadamente não querido na totalidade. Admito que, se o "desequilíbrio das prestações gravemente atentatório da boa fé" prejudicar o aderente, pudesse a lei ter permitido que este obtivesse a declaração de nulidade total, mas não se me afigura demasiado criticável a não extensão do regime atípico da nulidade em benefício do aderente, deixando ao tribunal a valoração do contrato, face à prova exigida na parte final do art. 292.º do Código Civil, por um lado, e à boa fé, por outro. Só esgotadas estas vias, se pode dizer que não resta senão o regime da usura.

Já o argumento – que o autor utiliza – de que "a solução da nulidade total é [...] admitida no art. 9.º, n.º 2 LCCG, para um caso de menor gravidade, que é a exclusão de cláusulas não comunicadas, ou que não se possam considerar como tendo sido efectivamente conhecidas pelo aderente [...]" não se me afigura decisivo. Nem, em tal hipótese, a integral nulidade depende da vontade do aderente, nem pode dizer-se que as hipóteses previstas no art. 9.º são de maior ou menor gravidade: são situações jurídicas algo diversas e receberam soluções diferentes, o que pode ser criticado por, como se referiu na anotação ao art. 9.º, não se autorizar o aderente a escolher, como neste regime, a manutenção do contrato sem as cláusulas excluídas. A única explicação que encontro para que a lei não autorize, naquele caso, a possibilidade de opção do aderente é a de ela

[1008] *Ibidem*, p. 48, nota 62.

conferir expressamente ao tribunal a apreciação da conformidade do contrato subsistente com a boa fé. Note-se, contudo, que, se não a prevê, também não a afasta, designadamente por aplicação analógica, como se deixou referido na anotação ao art. 8.º. A tal possibilidade poderá opor-se, não o ignoro, a natureza excepcional desta disposição, mas trata-se de qualificação discutível, dado não ser exactamente *contraditório* este regime com o geral. É inegável que o uso de uma expressão idêntica (o "desequilíbrio das prestações gravemente atentatório da boa fé") com consequências diversas não é de louvar, bem pelo contrário. Mas, repito, o facto de a lei não o fazer no art. 13.º, n.º 2, não priva o aderente de invocar a boa fé para obter a declaração de nulidade integral.

Informa Yara Miranda[1009] que "no Direito espanhol estabelece-se que o contrato será considerado inteiramente nulo se, com a exclusão da cláusula proibida e a integração da lacuna resultante, se verificar uma "situação insanável de desigualdade de posição. Se assim não fosse, o consumidor poderia ver-se obrigado a optar entre suportar as cláusulas abusivas ou suportar a ineficácia do contrato e a consequente perda do bem ou serviço. [...]. A lei refere-se a uma situação equitativa das partes, mas certos autores tendem a interpretar restritivamente este preceito, advogando que, se a parte afectada for o predisponente, apenas em casos de grave prejuízo se deverá declarar a ineficácia do contrato. Uma vez que a lei pretende proteger o consumidor, a desigualdade em detrimento do profissional só deverá ser considerada, para efeitos da aplicação da regra excepcional, em casos extremos. Por outro lado [...], o legislador não pretende, por via da nulidade parcial e da integração, impor ao predisponente um contrato excessivamente oneroso nem outorgar benefícios ao aderente com os quais não podia contar. [...] os autores que sustentam tal posição reconhecem que cabe exclusivamente ao juiz valorar, em cada caso concreto, os interesses de cada uma das partes e decidir, de acordo com o quadro factual que lhe é apresentado, se o contrato deverá ou não ser declarado absolutamente nulo".

No regime primitivo do Código Civil italiano, entendia a maioria da doutrina e da jurisprudência que a ineficácia ou nulidade das cláusulas abusivas que não tivessem sido objecto de específica aprovação pelo aderente não impedia este de pedir a sua aplicação, se as considerasse convenientes. Era uma solução diversa, mas de algum modo paralela, à deste art. 13.º, n.º 1, sendo a sua razão de ser a

[1009] Cit., p. 731.

mesma: visando o regime tutelar a posição contratual do aderente, a este é concedida a liberdade de avaliar em que medida tal posição resultou prejudicada[1010].

Sendo esta uma permissão atribuída ao aderente, não é insindicável: a opção pela manutenção é afastada quando "conduzir a um desequilíbrio das prestações gravemente atentatório da boa fé", nos termos do artigo seguinte. Esta é uma cautela elementar, já que aquela faculdade poderá levar a que o aderente, livre de escolher entre a manutenção do contrato ou a sua nulidade, prefira uma ou outra em função de vantagens próprias e em grave detrimento da contraparte, o que a lei não pode sufragar. Aliás, pode ainda o aderente – por impreparação, informação insuficiente ou errada, pressão do predisponente ou outra razão – optar pela subsistência do contrato, apesar de este implicar para si um prejuízo significativo. Também nesta hipótese cabe ao tribunal apreciar o contrato resultante em função do critério enunciado no art. 14.°, decidindo, em razão dele, se a manutenção escolhida deve ou não ser aceite. A cautela aqui contemplada não impedirá, por si só, situações em que o aderente, a pretexto de uma ou algumas cláusulas nulas, se decida pela não subsistência do contrato[1011], apesar de em nada sofrer com a sua manutenção. Porém, em tais casos, pode sempre o predisponente requerer judicialmente a redução do contrato nos termos gerais do art. 292.° do Código Civil, o que, aliás, é afirmado pela norma.

O n.° 2 repete substancialmente a norma do n.° 1 do art. 9.° que nada acrescenta ao regime geral: mantido o contrato parcialmente nulo[1012], a verificar-se a existência de aspectos negociais carecidos de solução, esta é a que resulta das normas supletivas pertinentes. Se houver lacuna negocial, aplica-se o regime do art. 239.° do Código Civil.

Observe-se que não se seguiu aqui a orientação consagrada no art. 16.° da Lei de Defesa do Consumidor, bem como no n.° 2 do art. 199.° do Anteprojecto do Código do Consumidor, que só ao consumidor ou seus representantes confe-

[1010] Em Itália, actualmente, o art. 36.°, n.° 3, do Código do Consumo prevê a chamada *nullità di protezione*, isto é, que apenas o consumidor (ou o tribunal) pode arguir (ou conhecer).

[1011] A forma de expressão utilizada no texto não significa que o aderente possa optar pela nulidade total do contrato, mas apenas que pode decidir não o manter, caso em que é aplicável o regime geral da redução.

[1012] Partindo do princípio – que nem sempre se verificará, mas que a lei toma como inevitável – de que a consequência da nulidade de alguma(s) cláusula(s) é a nulidade parcial do negócio e não a sua total invalidade.

rem legitimidade para invocar a nulidade de cláusulas proibidas, por afectarem direitos consagrados na Lei. Compreende-se que, não tendo este Dec.-Lei n.º 446/85 como exclusivo objecto a protecção de consumidores, tenha preferido uma orientação mais conservadora (ou prudente), mas não teria ficado mal, considerada a sua *ratio*, uma disposição com esse conteúdo, que inviabilizasse a utilização da acção de declaração de nulidade pelo predisponente do contrato em seu benefício, bem como por terceiros; o que, se sempre pode ser evitado, no resultado, pelo recurso à boa fé, excluiria essa discussão, nos casos – que hão-de ser raros, convenha-se, mas não vejo por que mais do que na Lei mencionada e no Anteprojecto referido – em que tal venha a suceder.

O art. 214.º do Anteprojecto do Código do Consumidor transcreve esta disposição.

Artigo 14.º – Redução

Se a faculdade prevista no artigo anterior não for exercida ou, sendo-o, conduzir a um desequilíbrio de prestações gravemente atentatório da boa-fé, vigora o regime da redução dos negócios jurídicos.

Prevê-se aqui a hipótese de o aderente ao contrato – de que parte clausular seja nula[1013] – não optar pela sua subsistência (o que pode traduzir-se – e se traduzirá na quase totalidade dos casos – em nada dizer sobre a manutenção ou insubsistência do contrato) ou de, optando, o regulamento contratual sobrante se revelar desconforme com a boa fé.

O não exercício da faculdade de manter o contrato com o seu conteúdo válido pode corresponder, no essencial, a um de dois comportamentos: pode o aderente não se pronunciar sobre a questão depois da declaração de nulidade da(s) cláusula(s) ou declarar não pretender a manutenção do contrato. Tanto o comportamento omissivo quanto o positivo consubstanciam não exercício do direito a unilateralmente declarar subsistente o contrato a que foi retirada a parte nula. Dado que a lei não lhe confere a faculdade de decidir que o contrato seja considerado completamente nulo, uma sua declaração tem apenas o conteúdo útil de significar que não quer exercer o direito de manter o contrato, desencadeando a aplicação do n.º 2 da disposição.

[1013] Está-se uma vez mais, e sempre, a falar de nulidade parcial.

Na situação em que o aderente opte por aquela manutenção, diz textualmente a lei que o contrato não subsistirá reduzido se apresentar "um desequilíbrio das prestações gravemente atentatório da boa-fé". Afigura-se criticável a letra da lei – como ficou amplamente dito na anotação ao art. 9.° –, que aponta para a restrição da desconformidade do contrato com o princípio da boa fé aos casos em que esta se reflicta num "desequilíbrio das prestações", quando tal incompatibilidade se pode manifestar por formas diversas ou em aspectos diferentes. Melhor seria que a lei tivesse claramente exprimido a sua ideia através de uma formulação mais lata, que julgo corresponder à sua *ratio* e à do diploma em que se inscreve. Daí que defenda uma interpretação teleológica extensiva, no sentido de se entender que o exercício da faculdade conferida pelo art. 13.° é precludido quando o resultado dele for um contrato desconforme com a boa fé, independentemente da forma que essa desconformidade revestir.

Em ambas as hipóteses de insubsistência, dispõe este artigo que ao contrato cuja(s) cláusula(s) foi(ram) considerada(s) nula(s) se aplica o regime da redução dos negócios jurídicos.

Esse regime geral, constante do art. 292.° do Código Civil, é o de que "a nulidade ou anulação parcial não determina a invalidade de todo o negócio, salvo quando se mostre que este não teria sido concluído sem a parte viciada".

Embora a disposição aqui analisada não o diga, dela deriva a necessidade de que as cláusulas nulas sejam acessórias, pois, a assim não ser liminarmente, não teria cabimento a aplicabilidade da redução. Se alguma das cláusulas inválidas for ostensivamente essencial, está afastado este regime, como o está quando tal for invocado e provado.

Observe-se que tanto este art. 14.° como, aliás, o anterior descuidam, embora de formas diversas, a totalidade ou a parcialidade da nulidade do contrato decorrente da supressão de cláusulas nulas, o que, atento o estado da doutrina neste domínio – embora sobretudo a propósito de um problema jurídico relativamente particular –, se afigura censurável.

Assim, se uma ou várias cláusulas (típica, necessariamente mesmo, acessórias) de um contrato forem inválidas, aquele, porque parcialmente inválido, será reduzido, salvo se se provar que a vontade negocial hipotética é desconforme com a redução. Isto é, o contrato será amputado das cláusulas inválidas, permanecendo com o conjunto daquelas que são válidas, salvo se se fizer prova de que as partes não teriam querido celebrar aquele contrato a não ser com a inclusão das cláusulas que se revelaram inválidas; o mesmo é dizer: excepto se se provar que as cláusulas aparentemente acessórias, na verdade, não o são, antes são essenciais à identidade estrutural ou funcional do negócio. Ou, dito ainda por outras palavras, se for feita prova de que a invalidade não é parcial, mas total, pois o(s) elemento(s) de o contrato que ficou privado era(m) conformador(es) essencial(is) dele.

O que significa que a vontade conjectural a que a lei faz referência tem que ver não com a vontade subjectiva de qualquer das partes, mas com a vontade contratual objectivada no instrumento contratual.

Como sucede com todos os anteriores, também este preceito é repetido *ipsis verbis* pelo Anteprojecto do Código do Consumidor, no seu art. 215.º.

CAPÍTULO V – Cláusulas contratuais gerais proibidas

SECÇÃO I – Disposições comuns por natureza

Artigo 15.º – Princípio geral

São proibidas as cláusulas contratuais gerais contrárias à boa-fé.

Esta disposição (reproduzida pelo art. 216.º do Anteprojecto do Código do Consumidor), de conteúdo amplíssimo, poderia, na *law in action* em Portugal, constituir não mais do que uma espécie de profissão de fé. Não o seria se vivêssemos noutro espaço cultural jurídico[1014]. Na análise do § 9, 1ª. frase da versão originária da *AGB-G*, que estabelecia serem inválidas as cláusulas que, em contrariedade com a boa fé, fossem desproporcionadamente desvantajosas para os clientes ou consumidores, depois de referir as orientações que constam da 2.ª

[1014] Atente-se, p. ex., nas consequências que os juristas e os tribunais alemães foram extraindo, ao longo de todo o século XX, do princípio da boa fé, embora aparentemente contrárias à letra do *BGB;* sobre o papel que a boa fé desempenhou no regime dos contratos, na Alemanha, v., entre outros, Ole Lando, cit., pp. 3 a 5, Camille Jauffret-Spinosi, cit., pp. 23-24, 27 e 29, e Peter Schlechtriem, "The Function of General Clauses, Exemplified by Regarding Germanic Laws and Dutch Law", *in General Clauses and Standards...*, cit., *in European Contract Law*, cit., p. 46.

frase do mesmo parágrafo[1015], Michael R. Will[1016] observa que esta era já a orientação consagrada jurisprudencialmente na apreciação da conformidade das cláusulas contratuais gerais com a boa fé. O autor salienta o importante papel conferido ao direito dispositivo como parâmetro de aferição do abuso ou da violação da boa fé, citando duas decisões judiciais exemplares da aplicação deste princípio.

Também, em França, sobretudo a jurisprudência fez utilização da boa fé, se bem que não com esta designação (curiosamente, apesar de, sobretudo durante o século XIX, a jurisprudência francesa ter criado institutos – como o do abuso do direito – com recurso àquilo que se pode designar pela *cláusula geral* da boa fé, é frequente encontrar a afirmação da resistência dela à utilização deste instrumento)[1017].

Em Portugal, foram decalcados os enunciados do princípio, mas – embora felizmente a situação se tenha vindo a alterar paulatinamente nos últimos anos – a jurisprudência e grande parte da doutrina conceberam durante décadas a boa fé como uma espécie de ornamento de que não retiravam efectivas ilações normativas. Se bem que se tenha vindo a verificar uma significativa evolução, continuam a encontrar-se afirmações – já não falo de comportamentos dos operadores do direito – desvalorizadores da boa fé[1018]. Expresso de forma não sumária, este é o entendimento de Oliveira Ascensão[1019] que escreve: "Parece-nos criticável o recurso a cláusulas de tão grande generalidade, que são ainda por cima diversamente entendidas nos vários países da União Europeia. Diríamos até que a remissão para a boa fé é um recurso retórico, que nada adianta àquele dispositivo". E acrescenta: "A boa fé objectiva é uma boa fé normativa. Traduz-

[1015] A desvantagem é desproporcionada se não for compatível com os princípios fundamentais da regulação legal que foi derrogada, ou se limitar direitos ou deveres fundamentais, que resultam da natureza do contrato, de tal modo que ponha em perigo a consecução do objectivo do contrato.

[1016] Cit., pp. 90 e 91.

[1017] V., p. ex., Stefan Grundmann, cit., pp. 4 e 5; em sentido diverso, Camille Jauffret-Spinosi, *ibidem.*, pp. 23, 30, 35 e 36-37, embora reconhecendo que o uso dos chamados princípios gerais não foi feito sobretudo no domínio dos contratos. Já Jacques Ghestin, cit., p. 169, afirma que o abuso do direito é "noção vizinha, embora diferente da boa fé".

[1018] A mero título de exemplo, veja-se Marco Dias, cit., pp. 439 e 444, que dela diz ter "um carácter genérico e demasiado vago para dela se retirarem imediatamente normas jurídicas".

[1019] "Cláusulas contratuais gerais...", cit., pp. 585 a 591.

-se em normas de conduta, quer permitindo formulá-las para além de previsões legais ou cláusulas contratuais gerais, quer condenando tipos de exercício, como os comportamentos contraditórios, que violem uma noção objectiva de boa fé. Mas não é nada disto que surge na apreciação da validade das contratuais gerais, atendendo ao seu conteúdo. Não se criam regras de conduta, antes se valoram, para as condenar, regras formuladas por uma parte". Prosseguindo no propósito de desvalorizar esta norma (o mesmo é dizer a boa fé), mostra o autor que não desconhece que a apreciação dos conteúdos contratuais deste tipo de contratos foi realizada jurisprudencialmente com recurso à boa fé, embora afirme que tal ocorreu apenas na Alemanha, o que está longe de ser certo. Mas, mesmo que alguma civilística portuguesa não tivesse já explorado esta via desde há muito e ainda que se critique o apego legislativo ao Direito alemão na elaboração primitiva deste Decreto-Lei, por que concluir que "simplesmente, não havia em Portugal razões históricas que justificassem um posicionamento neste sentido"?.

Para ilustrar a alteração da tomada em consideração da boa fé pela jurisprudência portuguesa[1020], refere-se o acórdão do STJ de 13 de Setembro de 2007 (pr n.º 07B1857, Custódio Montes[1021]) que declarou nulas várias cláusulas contratuais constantes de um arrendamento de loja em centro comercial, bem como dois artigos do "Regulamento de Funcionamento e Utilização do Centro Comercial", por serem violadores da boa fé; também representativo da atenção dada à boa fé é o acórdão do STJ de 31 de Maio de 2011 (pr n.º 854/10.2TJPRT.

[1020] Seleccionam-se apenas alguns acórdãos, pois a alteração da situação implicaria uma longa exposição. Assim, também, p. ex., os acórdãos do STJ de 26 de Setembro de 2014 (pr n.º 15/10.7TJLSB.L1.S1, Serra Baptista), de 9 de Setembro de 2014 (pr n.º 679/10.5TJLSB.L1.S1, Gabriel Catarino), de 18 de Setembro de 2014 (pr n.º 2334/10.7TBGDM.P1.S1, Granja da Fonseca), de 13 de Novembro de 2014 (pr n.º 2475/10.0YXLSB.L1.S1, Salazar Casanova), de 16 de Outubro de 2014 (Lopes do Rego), de 25 de Junho de 2015 (pr n.º 2482/10.3YXLSB.L1.S1, Helder Roque), de 11 de Junho de 2016 (pr n.º 2683/12.0TJLSB.L1.S1, Helder Roque), de 7 de Dezembro de 2016 (pr n.º 1776/11.5TVLSB.L1.S1, Salazar Casanova), e o já mencionado de 14 de Dezembro de 2016 (Tavares de Paiva). Pode referir-se o acórdão de 30 de Novembro de 2017 (pr n.º 1329/14.6T8LSB.L1S1, Rosa Ribeiro Coelho) mas a consideração dos limites da boa fé, neste, é muito limitada. Já a apreciação constante do mencionado ac. de 18 de Outubro de 2016 (Roque Nogueira) se me afigura interessante e bem fundada. V. ainda os acs. de 8 de Março de 2018 (pr n.º 7397/14.3T8LSB.L1.S1, Maria da Graça Trigo), e de 8 de Outubro de 2015 (pr n.º 2438/10.6YXLSB.L1.S1, Fernanda Isabel Pereira.

[1021] *In www.dgsi.pt.*

Sl; Fonseca Ramos[1022]), numa acção inibitória, em que foi decidido o seguinte: "Nos contratos de financiamento do crédito para habitação de consumidores, a cláusula pré-inserida pelas instituições de crédito que contemplam o arredondamento da taxa de juro para "o quarto percentual superior", exprime uma situação de desproporção e abuso do predisponente que afecta o equilíbrio das posições contratuais e a confiança do aderente, porque introduz um factor não negociado que contende com a taxa nominal de juros, agravando-a em desfavor do consumidor/mutuário aderente, não se justificando ante a patente superioridade contratual da instituição de crédito, e, por isso, sendo lesiva do princípio da boa-fé e da confiança do aderente, viola os arts. 15° e 16° das ccg, sendo nula por força do art. 12° do mesmo diploma" Também interessante é o já referido acórdão do mesmo Tribunal de 20 de Janeiro de 2010 (Salazar Casanova) que, em acção inibitória, considerou nula, por violação da boa fé e por "desrespeitar os valores fundamentais do direito", a seguinte cláusula: "A não restituição do veículo, nos termos do n° anterior, implica que o mesmo passe a ser utilizado ou detido contra a vontade do respectivo proprietário, fazendo incorrer o responsável dessa situação na prática de ilícito criminal, designadamente na prática de crime de "furto de uso de veículo" previsto e punido no artigo 304° do Código Penal Português", incluindo, na fundamentação, que a predisponente, com esta cláusula, "violou os princípios da boa-fé contratual e da legalidade". Também com este fundamento (além do da violação do art. 18.°-*g*)), a decisão considerou nula uma cláusula cujo teor era: "[...] o Locador fica autorizado a retirar a viatura ao locatário sempre que a sua restituição não se efective voluntariamente nos termos do n° 1 da presente cláusula, podendo para o efeito o Locador utilizar os meios que entender adequados e cobrar, ao Locatário, todos os custos em que incorra", subscrevendo a seguinte afirmação do acórdão recorrido: "[...] atenta a forma genérica e pouco clara como está redigida a cláusula contratual em apreço, consagrando-se a possibilidade de o locador [correcção minha], para recuperar o veículo, poder utilizar os meios que entender adequados e cobrar ao locatário os respectivos custos, sem concretização dos mesmos e sem a sua necessária recondução aos meios e mecanismos legalmente previstos, não pode deixar de se considerar, como bem se refere na sentença recorrida, violadora do princípio da legalidade, bem como do princípio da boa-fé contratual, logo, nula, em conformidade com os artigos 12°, 15° a 17° do Decreto-Lei

[1022] *In www.dgsi.pt.*

446/85, de 25 de Outubro". Também o acórdão do STJ de 8 de Maio de 2013 (pr n.º 813/09.8YXLSB.S1, João Bernardo[1023]), decidiu violar o princípio da boa fé, por "desproporcionalidade entre a vantagem auferida pelo titular e o sacrifício imposto pelo exercício a outrem", uma cláusula que permitia ao banco "declarar vencidas todas as obrigações decorrentes do contrato e exigir o pagamento de todos os valores em débito sempre que se verifique", nomeadamente: O não pagamento pontual de qualquer prestação de capital, juro ou outros encargos contratualmente previstos; A inexatidão intencional ou omissão de informação por parte do cliente; O não pagamento por parte do cliente de outros empréstimos junto do AA ou de outras instituições de crédito". De forma paralela, o acórdão do STJ Justiça de 24 de Abril de 2014 (pr nº. 6659/09.6TVLSB.L1.S1, relator Granja da Fonseca[1024]) considerou, num contrato de seguro, nula, por contrariedade à boa fé, uma cláusula que impunha que a "invalidez total ou permanente" fosse reconhecida por médico da seguradora, para além de "relatório médico, onde se descreva com pormenor a data de início, evolução, causas e natureza da invalidez, bem como qual a conclusão clínica, que a segurada teve de obrigatoriamente apresentar à Junta Médica"; "em contrapartida, nenhum médico que seja membro da família do segurado poderá intervir na apreciação da incapacidade deste, conforme resulta da definição de médico que o artigo 2º das condições especiais oferece". Face a esta situação, o aresto declarou: "Não oferece, pois, qualquer dúvida que esta cláusula contratual favorece excessiva ou desproporcionadamente a posição contratual do predisponente e prejudica inequitativa e danosamente a do aderente". Paralelamente, no já referido acórdão de 27 de Setembro de 2016 (José Rainho), diz-se: "no caso vertente estamos perante um seguro de grupo (contributivo, do ramo vida) cujo fim precípuo, no confronto dos aderentes (os Autores), é permitir, substituindo-os ou desonerando-os, o cumprimento (pagamento) do que tiverem em dívida ao Banco mutuante beneficiário [...] na eventualidade de não o poderem fazer. E é isto que também pretende que seja acautelado, a bem dos seus interesses, o Banco mutuante beneficiário. E quando é que essa eventualidade (sinistro ou verificação do risco) ocorre? A resposta antolha-se como óbvia, à luz dos fins que presidem a um seguro como o que está em causa e à luz, na parte aproveitável, da supra transcrita cláusula 7.1: quando os réditos dos devedores (os aderentes)

[1023] *In www.dgsi.pt.*
[1024] *In www.dgsi.pt.*

ficam comprometidos em ordem ao regular reembolso do mútuo, isto em razão de invalidez absoluta e definitiva que os torna total e definitivamente incapazes de exercer qualquer atividade remunerada. Aqui, e só aqui, é que existe razão para o seguro e para a adesão. Aqui, e só aqui, é que existe uma situação negocial séria e equilibrada no confronto dos interesses das partes, tendo em vista precisamente as finalidades ou razão de ser do contrato e das adesões". O acórdão de 10 de Dezembro de 2019 (pr n.º 634/13.3TVPRT.P1.S1, Helder Almeida) diz que: "uma cláusula constante das condições especiais de uma apólice de seguro, como a que está em causa nos autos, na qual se explicita o que deve entender-se por invalidez total e permanente e se definem as condições cumulativas de que depende a indemnização contratada, reconduzindo a mencionada invalidez ao estado daquele que, por força de doença ou acidente, fique total e irreversivelmente incapacitado de exercer a sua profissão ou actividade compatível com as suas habilitações, conhecimentos e experiência, e que, em consequência desse estado, tenha uma perda da capacidade de ganho de, pelo menos, 2/3, deixando, como tal, de poder auferir rendimentos que lhe permitam pagar a dívida, não contraria a boa fé e o princípio da confiança, nem confere à seguradora uma vantagem injustificada e desproporcionada". A exigência de uma redução da "capacidade de ganho de, pelo menos, 2/3" não se afigurou excessiva, pois não se ponderaram as necessidades de subsistência condigna do segurado (e, eventualmente, a sua contribuição para as daqueles que dele dependem).

O acórdão do mesmo tribunal de 17 de Novembro de 2015 (pr n.º 1122.12.0TJPRT.P1.S.1, Nuno Cameira[1025]), em acção inibitória, apreciou um modelo de contrato de locação financeira em que estava previsto que o locador (financeiro) não responderia pelo não cumprimento da entrega do bem e que o locatário não poderia accionar o locador por falta da documentação necessária para gozar o bem locado, decidindo pela nulidade das cláusulas, quer com os fundamentos respectivos quer com o da violação da "boa fé contratual", referida a este preceito. A decisão é, quanto ao Direito, algo confusa.

Já o mesmo se não pode dizer do mais exigido pela referida cláusula – "que o segurado fique na obrigação de recorrer à assistência permanente de uma terceira pessoa para efetuar os atos ordinários da vida corrente. Pois que aqui trata-

[1025] *In www.dgsi.pt.*

-se de uma condição que nada tem a ver com a incapacidade de ganho e de cumprimento que dá razão de ser ou lógica ao seguro e à adesão subsequente"[1026].

Continuam, porém, a surgir decisões em que se recusa relevância à infracção da boa fé[1027], com o argumento, confortado por alguma doutrina, de que tem de se verificar "uma significativa, patente e desajustada desprorção entre a obrigação/sujeição de uma das partes ao arbítrio ou poder negocial do outro (predisponente)". Este fundamento foi invocado no acórdão do STJ de 2 de Junho de 2015 (pr n.º 8969/09.3TBCSC.L1.S1, Mário Mendes[1028]).

Com a importância inerente à sua natureza, o Acórdão Uniformizador de Jurisprudência de 19 de Novembro de 2015 (pr n.º 2864/12.6TBVCD.P1.S1, Lopes do Rego[1029]) decidiu: "É proibida, nos termos do preceituado pelo artº. 15º da LCCG, por contrária à boa-fé, a cláusula contratual geral que autoriza o banco predisponente a compensar o seu crédito sobre um cliente com o saldo de conta colectiva solidária, de que o mesmo cliente seja ou venha a ser contitular".

No já referido acórdão do mesmo Tribunal de 30 de Outubro de 2007 (pr n.º 07A3048, Fonseca Ramos), invoca-se a boa fé, não exactamente para declarar a invalidade uma qualquer cláusula, mas para recusar uma invocação de abuso do direito por parte do aderente. Nele se lê: "Quanto à ponderação de *abuso do direito* por parte do consumidor que invoca vícios do contrato, após o início da sua execução, o Tribunal deve actuar com particular prudência, já que, na relação de financiamento à aquisição de bens de consumo, é patente a desigualdade de meios entre o fornecedor dos bens ou serviços e o consumidor, sendo de equacionar se, ao actuar como actuou, a entidade financiadora da aquisição, prevalecendo-se de superioridade negocial em relação a quem recorreu ao crédito, não infringiu ela mesmo, em termos censuráveis, os deveres de cooperação, de

[1026] Esta cláusula – muito frequente em seguros de saúde – é vulgarmente considerada nula pelos tribunais: como se diz no acórdão de 17 de Outubro de 2019 (pr n.º 2978/15.0T8FAR.E1.S1, Rosa Ribeiro Coelho): "conforme jurisprudência unânime da Relação e do STJ, o sentido atribuído por um declaratário normal à expressão *"«invalidez absoluta e definitiva»* é o de que o *«pagamento antecipado do Capital seguro é devido no caso de a Pessoa Segura se encontrar totalmente incapaz para o exercício de qualquer actividade lucrativa»»*. Este aresto entendeu que, sendo a cláusula parcialmente nula, pode ser reduzida retirando-lhe a referência à necessidade de assistência de terceiros.

[1027] Sem que fique sempre claro se se está a tratar da norma de validade (para usar a formulação de Sousa Ribeiro) ou a apreciar o exercício de um direito subjectivo.

[1028] *In www.dgsi.pt.*

[1029] In *www.dgsi.pt.*

lealdade, e informação, em suma os princípios da boa fé. Se assim tiver acontecido não deve ser paralisado o direito do consumidor".

O acórdão do mesmo STJ de 31 de Janeiro de 2019 (pr n.º 3843/15.7T8CSC. L1.S1, Maria da Graça Trigo) justifica menção por nele se ter procurado uma solução do caso conforme com a boa fé, sem aludir a esta e pondo expressamente de lado este diploma, pelo – se bem percebi – bizarro motivo de ninguém o ter invocado (como se os tribunais estivessem limitados no conhecimento do Direito às alegações das partes). Na pretensa impossibilidade de utilizar este preceito, o tribunal fez uma interpretação de uma cláusula de um contrato de seguro que "não esvazie por inteiro a previsão da cláusula".

Todas as civilísticas europeias, tanto quanto sei, estão de acordo em que a boa fé, a que neste artigo se alude, é a objectiva, constituindo uma excepção a posição de Ruben S. Stiglitz[1030] [1031], que talvez corresponda mais a uma inadvertência do que a uma tomada de posição. Não é, pois, compreensível (ou admissível) o que queira significar Oliveira Ascensão[1032] quando diz que o recurso à boa fé, cujo início imputa à jurisprudência alemã, para apreciação do conteúdo de estipulações contratuais, alterou "o sentido normal da boa fé, empurrando-a para uma função de controlo objectivo do conteúdo de certas cláusulas que não estava no âmbito normal do princípio".

Como explica Sousa Ribeiro[1033], falando do Direito alemão, "a boa fé faz a ponte entre" o que designa por "critério de valoração" e "critério de intervenção", isto é, "a rígida predeterminação unilateral dos termos do contrato justifica restrições à liberdade da sua conformação, de modo a que os interesses desprovidos de tutela autónoma não sejam seriamente lesados. O acatamento dessas restrições corresponde ao correcto exercitar, neste contexto, da liberdade contratual. As exigências da boa fé referem-se aqui, sem mais, ao conteúdo do contrato, e daí a fixação de limites que podem operar por si sós, à margem de quaisquer factores suplementares. O que está em causa, nesta particular valência da boa fé, é a salvaguarda de uma composição de interesses que não seja

[1030] Cit., pp. 325, 326 e nota 26.

[1031] No Brasil, v., p. ex., Anderson Schreiber, cit., p. 6, que escreve que "não resta dúvida de que os mais significativos avanços têm sido promovidos pela boa-fé objetiva, verdadeira tábua de salvação contra as injustiças albergadas pela dogmática tradicional das obrigações".

[1032] "Cláusulas contratuais gerais...", cit., p. 588.

[1033] "A boa fé como norma...", cit., pp. 259 a 267.

excessivamente desequilibrada. [...] O controlo do conteúdo constitui-se, assim, como um puro juízo sobre a razoabilidade dos termos contratuais, ponderando a sua repercussão nos interesses das partes. Juízo que tem um padrão de referência exclusivamente normativa, dada pela posição que caberia ao aderente se a cláusula não existisse. [...] Divergências para além do razoável, que importem, em benefício do predisponente, uma desvirtuação significativa do equilíbrio dos efeitos contratuais, não são admitidas. [...] O controlo do conteúdo mais não é, assim, do que a verificação do modo como esse contraente respeitou, na redacção das cláusulas, o especial dever, que a boa fé lhe impõe, de considerar os interesses dos parceiros contratuais. E, para emitir esse juízo, basta atentar no teor objectivo dos termos contratuais e na forma como eles se projectam na posição do aderente. [...] Não que [...] factores atinentes ao comportamento relacional não relevem, nesta matéria, para efeito de aplicação da boa fé. [...] É patente, nesta construção, que valoração do conteúdo do contrato, à luz dos ditames da boa fé, e identificação e qualificação de um desequilíbrio relevante são uma e a mesma operação. [...] As duas referências interpenetram-se e fundem-se num único parâmetro de valoração: o desequilíbrio normativamente relevante é o que se coloca em contraste com a boa fé. [...] A materialidade da regulação jurídica, apontada como um dos vectores essenciais da boa fé, permite[...]os, na valoração da existência e na qualificação dos desequilíbrios, de uma perspectiva puramente formal, de uma contabilização mecanicista de direitos e deveres que, de cada um dos lados, se dispõem. Se seguíssemos tal perspectiva, estaria, por exemplo, vedado considerar abusivas as cláusulas *bilaterais* ou *recíprocas*, isto é, aquelas que, em abstracto, operam a favor e a cargo de ambas as partes, nos mesmos exactos termos. Mas o que conta, à luz do princípio da boa fé «para além da aparente simetria dos efeitos jurídicos» é «a efectiva incidência da cláusula nos interesses reais das partes»".

Mariana Fontes da Costa[1034] opina que "não é pacífica [...] [a] recondução à responsabilidade pré-contratual por violação de deveres de informação [[1035]] à tutela da confiança e da primazia da materialidade subjacente", citando Carneiro da Frada, que diz que a "*culpa in contrahendo* [...] [abarca] um campo de actuação que, ainda que em alguns casos sobreposto, não é com ela coincidente. [...] [sempre segundo Carneiro da Frada,] a responsabilidade pré-contratual por

[1034] Cit., pp. 379-380.
[1035] O tema de que se ocupa.

violação de deveres de informação não é uma responsabilidade pela confiança, mas quanto muito uma responsabilidade pela «causação indevida de uma confiança alheia». E assim é, na medida em que, desde logo, a violação da confiança não gera por si responsabilidade pré-contratual, sendo necessário que essa violação tenha origem numa conduta desleal, incorrecta ou desonesta", acrescentando o autor citado que "[...] a responsabilidade pré-contratual não visa colocar o sujeito na situação em que estaria caso as suas expectativas não tivessem sido violadas, assegurando a realização da sua confiança. Tal seria contrário à natureza pré-contratual desta modalidade de responsabilidade civil e eliminaria a linha entre a existência de compromisso negocial de cumprimento das expectativas e fase de formação do contrato. [Por isso que] a tónica [...] [tenha] de ser colocada [...] na *causação indevida* dessa confiança. O que se sanciona é, portanto, o desrespeito dos deveres de correcção, lealdade e honestidade que a ordem jurídica impõe a todos[...]". M. Fontes da Costa tende "a concordar com os argumentos apresentados".

São numerosas as disposições – paradigmaticamente as dos arts. 19.° e 22.° – em que o recurso à boa fé se impõe, mas essa necessidade afirma-se de *per se*, independentemente desta norma. Por outro lado, como se irá assinalando, muitas das normas dos arts. 18.° a 21.° seriam dispensáveis se a lei acreditasse que a deste art. 15.° seria tomada na devida conta.

É quanto à utilidade autónoma da consagração do princípio que o meu cepticismo é vincado. Não deixando de entender que a sua explicitação faz todo o sentido, pois não seria de elementar bom senso que a lei supusesse que poderia, ainda que a título exemplificativo, prever todas as cláusulas que os operadores económicos vão introduzindo no mercado – até porque a evolução técnica e tecnológica altera a conformação (e a própria existência) dos bens e serviços prestados –, temo que este crivo se revele relativamente escasso na *law in action*[1036].

O que ficou escrito não significa, porém, que partilhe o entendimento desvalorizador da boa fé, o mesmo é dizer o de que esta norma não deve ter consequências normativas autónomas na avaliação de cláusulas de contratos de adesão que não se encontrem expressamente previstas como inválidas nos arts.

[1036] Alertando para as dificuldades e incertezas que a utilização de *cláusulas gerais* na apreciação do conteúdo destes contratos comporta, mas afirmando que ela é imprescindível, quanto mais não seja pela impossibilidade "de abarcar todos os casos que podem colocar-se em que o usuário ou o consumidor necessite de protecção, e o perigo da aplicação da máxima *inclusio unius, exclusio alteris*", L. Díez-Picazo e A. Gullón, cit., p. 79.

18.º, 19.º, 21.º e 22.º. Se bem que não tenha o propósito de enunciar – nem por aproximação – todas aquelas que, não se encontrando incluídas naquelas normas, devem, por contrariedade com a boa fé, ser tidas como nulas, deixo alguns exemplos, dos quais parte já ficou referida no texto introdutório.

Assim, por exemplo, as cláusulas que reduzam as obrigações do predisponente relativamente àquelas que integram, como regra, o tipo contratual em causa, ou as que façam depender o cumprimento da(s) sua(s) obrigação(ões) de uma condição potestativa do predisponente. Tomando-se posição, a propósito do art. 18.º-*a)* – contra o entendimento defendido por alguma doutrina –, no sentido de que as cláusulas que suprimam obrigações do predisponente não devem ser consideradas proibidas pelas als. *a)* a *d)* desse art. 18.º, podem (devem, em muitos casos) elas vir a ser consideradas nulas nos termos da disposição agora em análise. Na verdade, a técnica, continuadamente utilizada, de reduzir o conteúdo obrigacional caracterizador do contrato pelo predisponente, não se circunscrevendo à limitação da sua responsabilidade[1037], mas tendo como efeito directo a redução dos direitos do aderente relativamente aos que cabem a qualquer contraente naquele tipo de contrato, será, frequentemente, contrária à boa fé. Não se prevendo proibitivamente, como no Código Civil brasileiro resulta do respectivo art. 424.º – relativo aos contratos de adesão – a renúncia do aderente "a direito resultante da natureza do negócio"[1038], será, na maioria dos casos, a boa fé a fundamentar a nulidade dessas cláusulas. Mais latamente ainda do que o brasileiro, o art. 54.º do Código Civil eslovaco dispõe que são nulas as cláusulas pelas quais o consumidor renuncie a direitos que a lei lhe confere[1039].

Tratamento semelhante justifica a convenção que permita a suspensão da execução do contrato pelo predisponente, designadamente quando – ou independentemente de ser aplicável a excepção do não cumprimento – se trate de

[1037] Onde não haja obrigação não pode haver incumprimento e consequente responsabilidade.

[1038] Oliveira Ascensão, *Cláusulas contratuais gerais, cláusulas abusivas...*, cit., p. 14, observa: "O enunciado é difícil de interpretar. Os elementos que pertencem à natureza do negócio são típicos. Quererá dizer que se não pode renunciar antecipadamente a elementos do tipo. Seja qual for a interpretação, o preceito deixa-nos perplexos. São dezenas as previsões de cláusulas proibidas que surgem nas leis modernas. Teremos de concluir que a lei brasileira só encontrou matéria de proibição nesta cláusula singular?".

[1039] Martin Ebers, cit., p. 441.

bens ou serviços essenciais e não haja pré-aviso adequado[1040]. Se se tratar de cláusula de alongamento injustificado de prazos para o exercício de direitos do predisponente ou de previsão de caducidade de direitos do aderente que não caibam, nem por interpretação extensiva, na al. *o)* do art. 22.º[1041], só por esta disposição – tanto quanto posso ver – devem poder considerar-se nulas.

De assinalar que este artigo é inaplicável no domínio das acções inibitórias, em razão da clara redacção do art. 25.º, diversamente do que acontece na lei alemã, o que é de lamentar, nomeadamente porque, como se viu, há cláusulas de surgimento frequente – em especial em contratos padronizados – que deveriam poder ser objecto de apreciação judicial abstracta, por não constarem das listas proibitivas e por apenas pelo recurso à boa fé poderem ser declaradas inadmissíveis em cláusulas contratuais gerais.

Sobre o princípio da boa fé, diz Martin Ebers[1042] que, dado que o TJCE entendeu, no processo C-237/02, de 1 de Abril de 2004, não se pronunciar quanto à contrariedade à boa fé de uma cláusula num concreto negócio, "os profissionais não podem utilizar uma cláusula contratual que seja válida no conjunto do território da UE e têm de ao invés utilizar diferentes cláusulas em função dos Estados membros. Daqui resultam pois consideráveis obstáculos ao funcionamento do mercado interno. Os profissionais têm de suportar custos de transacção muito relevantes quando propõem contratos de adesão para além fronteiras".

Artigo 16.º – Concretização

Na aplicação da norma anterior devem ponderar-se os valores fundamentais do direito, relevantes em face da situação considerada, e, especialmente:

_a)_ A confiança suscitada, nas partes, pelo sentido global das cláusulas contratuais em causa, pelo processo de formação do contrato singular celebrado, pelo teor deste e ainda por quaisquer outros elementos atendíveis;

_b)_ O objectivo que as partes visam atingir negocialmente, procurando-se a sua efectivação à luz do tipo de contrato utilizado.

[1040] Durante o qual o aderente possa purgar a mora, se for esse o caso.

[1041] Ou que integrem contratos de adesão, com base ou não em cláusulas contratuais gerais, em que não seja parte um consumidor ou equiparado.

[1042] Cit., p. 392.

Os elementos de concretização a que o aplicador do Direito deve atender na apreciação das convenções contrárias à boa fé não constituem grande auxiliar, pelo menos relativamente a uma jurisprudência (e/ou doutrina) mais treinada na utilização da cláusula geral da boa fé. "A confiança suscitada, nas partes, pelo sentido global das cláusulas contratuais em causa, pelo processo de formação do contrato singular celebrado, pelo teor deste e ainda por quaisquer outros elementos atendíveis", e "o objectivo que as partes visam atingir negocialmente, procurando-se a sua efectivação à luz do tipo de contrato utilizado" – são expressões quase pueris, pela sua elementaridade. Mas, mais do que isso, são critérios de valoração que tomam o contrato na perspectiva da sua coerência interna, como Sousa Ribeiro[1043] demonstra, ignorando a justiça do regulamento contratual resultante das estipulações.

Almeida Costa e Menezes Cordeiro[1044] escrevem: "Com o objectivo de auxiliar, sem tolher, as tarefas de concretização da boa fé, apontam-se directivas suficientemente elásticas. Não se ultrapassa, todavia, o mínimo indispensável à sua utilidade nas decisões jurídicas". Sousa Ribeiro[1045] opina que "estes dois desenvolvimentos concretizadores utilizam parâmetros valorativos que correspondem ao *modus operandi* normal da boa fé [...], apenas o ajustando à configuração específica dos contratos de adesão e à função de norma de validade que o princípio aqui desempenha. São inteiramente silenciadas as mediações valorativas requeridas pelo controlo do conteúdo em si mesmo considerado. Nesta apreciação [...], o ponto de referência é *externo* ao contrato e à relação concreta estabelecida entre as partes, sendo constituído pelos padrões objectivos de uma justa conformação de interesses. As proibições de conteúdo são proibições de fixar, em contratos de adesão, estipulações que se desviem desses padrões, com prejuízo significativo para o aderente. [...] O escrutínio do conteúdo, em tutela da confiança do aderente, ou em salvaguarda da prossecução do fim contratual, tem outro cariz. O que está aqui em causa é a apreciação de contradições *internas* no seio da relação em que as cláusulas se inserem, de incoerências entre o significado normativo dessas cláusulas e o que resulta de outros factores de conformação, dados pela conduta assumida pelas partes: se o processo de formação ou o teor do contrato singular, ou o tipo contratual escolhido, indiciarem a pro-

1043 "A boa fé como norma...", cit., pp. 267 a 269.
1044 Cit., p. 40.
1045 *Ibidem.*

dução de determinados efeitos contratuais, esses efeitos não podem ser contrariados por cláusulas inseridas por adesão". E continua[1046]: "posto que o princípio geral e as suas concretizações não contenham expressamente nenhuma proibição directa de vantagens excessivas para o predisponente, ou, noutra formulação, de conteúdos excessivamente desequilibrados, em detrimento do aderente, múltiplas razões sustentam, sem margem para dúvidas, a sua consagração, no nosso ordenamento". Mais adiante[1047], diz: "a conclusão a tirar [...] é a de que o princípio geral de proibição de cláusulas contrárias à boa fé [...] se desdobra num *dúplice* e *diferenciado critério de valoração*, podendo a sua inobservância manifestar-se de duas distintas (ainda que complementares) formas. Uma delas traduz-se na violação de expectativas geradas pelo processo de relacionamento e pelos efeitos práticos normais do tipo contratual escolhido. A nulidade das cláusulas [...] [prende-se] com a divergência entre ele e o horizonte de representações e de expectativas do aderente quanto às consequências vinculativas do contrato. [...] Não conta que nas cláusulas pré-elaboradas [...] esteja alguma estipulação com influência restritiva certa na prestação a que tem direito ou turbadora da sua relação com o preço. Não faria sentido, por exemplo, que qualidades contratualmente asseguradas do bem ou do serviço pudessem ser subrepticiamente «minadas» por uma cláusula desoneradora da responsabilidade do fornecedor por vícios da prestação; não faria igualmente sentido que a um preço indicado com relevo viessem acrescer custos adicionais atípicos, dissimuladamente inseridos em condições gerais".

A este propósito, poder-se-ia ter colhido lição no Código de Defesa do Consumidor brasileiro[1048], que, no seu art. 51.º, XVI-§1.º, contém uma presunção de exagero da vantagem obtida por uma cláusula, para adoptar uma presunção, mais ou menos circunstanciada, de contrariedade à boa fé, fundada em factores que a indiciem. Correspondentemente à al. *b)* deste artigo 16.º, o mesmo artigo 51.º, § 1.º, inciso II do Código brasileiro referido presume exagerada a vantagem que "restringe direitos ou obrigações fundamentais inerentes à natureza do contrato, de tal modo a ameaçar seu objeto ou o equilíbrio contratual".

Menezes Cordeiro[1049] – em texto do qual é impossível discordar e com o qual é igualmente impossível concordar, pois reformula o conteúdo deste artigo – diz

[1046] P. 270.

[1047] Pp. 273 e 274.

[1048] Lei n.º 8 078, de 11 de Setembro.

[1049] *Tratado...*, cit., pp. 442-443.

que "[...] a concretização da boa fé passa pelo (re)conhecimento das disposições supletivas que as partes pretenderam afastar e pela ponderação do seu papel concreto à luz do sistema. O art. 16.º, nas suas duas alíneas, sublinha ainda, os princípios mediantes da concretização da boa fé: a tutela da confiança e a primazia da materialidade subjacente. [...] Procurando auxiliar o intérprete-aplicador, a lei explicitou, a título exemplificativo, alguns dos termos geradores da confiança atendível: o sentido global das cláusulas, o processo de formação do contrato singular celebrado e o teor deste. Trata-se de elementos importantes. Mostram que releva a confiança objectiva, alicerçada em elementos susceptíveis de serem partilhados por todos os intervenientes normais e não as meras expectativas subjectivas, eventualmente desenvolvidas pelo aderente. Além disso, recordam a importância do contrato singular concretamente considerado: é evidente, a esta luz, a aproximação ao artigo 10.º da LCCG e ao artigo 4.º/1 da Directriz n.º 93/13. A primazia da materialidade subjacente assume, aqui, a relevância do escopo do contrato, à luz (objectiva) do tipo negocial considerado. Temos de admitir coerência e razoabilidade nos procedimentos contratuais. Um contrato não pode ser neutralizado por cláusulas (gerais) dissimuladas no seu interior. [...]. As referências do artigo 16.º não vedam o recurso directo à boa fé e ao sistema: estamos, de resto, em face duma fórmula mais concreta da boa fé geral".

Discordo completamente de Marco Dias[1050], quando ele escreve que esta disposição "se refere [apenas] à tutela da confiança", pressuposto errado de que retira a conclusão de que ela "não esclarece a questão de saber qual é o critério decorrente da boa fé que permite avaliar as cláusulas dos contratos por adesão". Não é completamente diversa a posição de Almeida Costa e Menezes Cordeiro[1051], embora seja formulada em termos mais prolixos, ao escreverem que "o quadro valorativo expresso pela locução «boa fé» pode reconduzir-se à tutela da confiança legítima e à necessidade de atentar na materialidade da regulação jurídica". E continuam: "Quando tutelada com base na boa fé objectiva, a confiança legítima coloca certas questões de complexidade relativa. Perante a problemática das cláusulas contratuais gerais, o legislador, sempre em termos elásticos, para que não resulte manietada a evolução futura, indicia os factores mais significativos, susceptíveis de criar nas partes situações de confiança [...].

[1050] Cit., pp. 445-446.
[1051] Cit., p. 40.

As cláusulas contratuais gerais que ofendam a confiança legítima – portanto, a confiança não contrária a outros valores jurídicos ou aos deveres de indagação que no caso caibam – provocada pelos referidos factores ou por outros elementos atendíveis não são opostas à boa fé e, como tal, proibidas". Porém, estes últimos autores aditam à confiança "a necessidade de ponderar a materialidade da disciplina jurídica correspondente a outra vertente concretizadora da boa fé. Ela representa um combate antigo do direito contra o formalismo. No domínio contratual, importa que os deveres em jogo sejam efectivamente acatados, de molde a uma prossecução real dos interesses envolvidos. Há que evitar meros desempenhos formais, que apenas exteriormente correspondam aos valores em presença. As cláusulas contratuais gerais, através dos tipos negociais que prefigurem, indiciam, no seu conjunto, os objectivos prosseguidos pelas partes. Esses objectivos devem obter realização prática. Em consequência, são opostas à boa fé e, assim proibidas, as cláusulas que, sem justificação legítima, os contrariem, dificultem ou impeçam"[1052].

Têm os textos citados o mérito de esclarecer que a confiança não é apenas, nem sobretudo talvez, a confiança entre as concretas partes no concreto contrato, mas também a "confiança objectiva". Ora, isto parece – e, em alguns casos, é inequivocamente – não ser compreendido por alguns autores. Por exemplo, Menezes Leitão[1053] refere-se ao critério da confiança escrevendo que "será possível, com base nele, excluir as cláusulas contratuais gerais que ponham em causa uma situação de confiança criada na outra parte"; também Carvalho Fernandes[1054] fala da "confiança criada, entre as partes, relativamente ao sentido global daquelas cláusulas contratuais gerais, *em concreto*", da "confiança criada, entre as partes, pelo processo de formação do correspondente contrato particular" e da "confiança criada, entre as partes, em função do teor do contrato particular", o que aponta para a desconsideração do princípio da confiança como princípio objectivo de valoração. Yara Miranda[1055] formula deste modo: "As cláusulas que frustram a expectativa do aderente, que contrariam o sentido que legitima-

[1052] Formulação que se acompanha, discordando-se de Menezes Leitão, 13.ª ed., cit., p. 34, que apenas refere "o afastamento de todas as cláusulas contratuais gerais que se apresentem como contrárias ao objectivo que as partes visaram com o contrato, o que não pode assim ser afastado através de cláusulas contratuais gerais".

[1053] 7.ª ed., cit., p. 38; 13.ª ed., cit., p. 34.

[1054] Cit., p. 224.

[1055] Cit., p. 711; v. também p. 715.

mente construiu com base no concreto contacto relacional, no teor das cláusulas especificamente acordadas e na sua apresentação formal, são contrárias à boa fé. Por outras palavras, o sentido real de uma cláusula predisposta e os seus efeitos prático-jurídicos não podem ser diferentes daqueles que o aderente é induzido a concluir durante a fase pré-contratual", acrescentando[1056] a seguinte questão, claramente reveladora da incompreensão do conteúdo da confiança: sendo possível uma cláusula contratual geral ser declarada abusiva antes de se encontrar inserida num concreto contrato, "como avaliar se tais ccg são abusivas se ainda não existe uma relação contratual concreta, se ainda não foi possível criar confiança nenhuma?". A solução que encontra para o problema que criou é o da atendibilidade de outros elementos na apreciação segundo a boa fé, designadamente «o objectivo visado com aquele contrato»; este elemento, «ao contrário da confiança», «pressupõe a valoração abstracta de uma cláusula, a apreciação do conteúdo em si, extraído de qualquer relação concreta». Mais adiante[1057] escreve, sem que eu tenha a certeza de que se refere à confiança de que fala esta disposição: "ao consumidor, na medida em que se mostra incapaz de influenciar o conteúdo do contrato, não se pode pedir mais do que a confiança no ordenamento jurídico. A protecção da confiança é indispensável para simplificar o tráfico jurídico, pois a limitação da liberdade contratual do consumidor deve ser compensada pela garantia de que a protecção dos seus interesses não será olvidada. Neste sentido, a contrariedade à boa fé consiste no afastamento da regulamentação legal sem outra razão que não o interesse exclusivo do predisponente. [...] A doutrina salienta que, mais do que a confiança concreta na conduta da outra parte, se protege uma confiança institucional legítima, «a confiança de que a ordem jurídica não abandonará o interesse do consumidor ao arbítrio do predisponente e salvaguardará a necessidade abstracta de o consumidor contratar sem se submeter a regras arbitrárias»".

Por seu lado, Menezes Cordeiro[1058] enuncia quatro pressupostos da tutela da confiança: a) existência de uma situação efectiva de confiança; b) Justificação para essa confiança; c) Investimento do titular do direito às obrigações pré-contratuais nessa confiança; d) Imputação da situação de confiança criada ao devedor da obrigação pré-contratual. O mesmo autor[1059] indica ainda o princípio da

[1056] *Ibidem*, pp. 711-712.
[1057] Pp 726-727.
[1058] *Tratado...*, cit., pp. 411 e ss..
[1059] *Ibidem*, pp. 415 a 417.

materialidade, nos termos do qual existe a obrigação de avaliar a conduta das partes na relação pré-contratual em termos materiais, isto é, de acordo com as consequências que implicam; não basta, pois, a adopção formal dos comportamentos devidos, sendo indispensável que eles realizem os objectivos materiais que as normas lhes imputam.

Para Oliveira Ascensão[1060], "o critério da confiança é também [a acrescer ao da boa fé] de grande vacuidade. Só tem sentido como critério subjectivo. Mas não goza de valia generalizada na ordem jurídica portuguesa"[1061].

Sousa Ribeiro[1062] escreve que "a referência ao «tipo de contrato utilizado» não remete exclusivamente para as indicações fornecidas pelo tipo legal, pois não podemos esquecer que a espécie em causa não se integra, com frequência, em nenhum dos contratos nominados [?]", acrescentando que, quando tal ocorre, o intérprete só pode "socorrer-se de índices de normalidade retirados da *praxis negocial*" e que, "mesmo quando as partes utilizam um tipo legal, esta é apenas uma moldura abstracta dentro da qual cabem composições muito heterogéneas, correspondentes a distintos interesses e finalidades". Daí que conclua – bem, a meu ver – que "não se deva atender tanto às categorias mais genéricas (a compra e venda, a empreitada, etc.) quanto às subespécies e modalidades em que, por força do seu objecto ou contextos económico-sociais, elas se deixam decompor".

Pinto Monteiro[1063] procede a uma detida análise das obrigações que não podem ser retiradas convencionalmente ao contrato, sob pena de frustrar a respectiva finalidade. Refere, em primeiro lugar, as obrigações que, constituindo elementos essenciais do tipo contratual, não podem ser afastadas, "sob pena de total descaracterização do mesmo. Isto é, não poderão afastar-se obrigações que constituam precisamente o *elemento de identificação* do contrato celebrado, a sua causa, ou seja, a função *económico-social* própria desse contrato". Depois, ocupa-se da análise das obrigações que "se apresentam [...] como [...] essenciais na *economia do contrato*, tendo em conta o escopo prosseguido pelas partes. [...] pode acontecer que as obrigações excluídas, embora não afectem a *causa negotii*, obstem, contudo, de forma radical, à obtenção do resultado pretendido, por se tratar de obrigações *essenciais* ao *fim contratual*". O autor dá os exemplos das obri-

[1060] "Cláusulas contratuais gerais...", cit., p. 590.

[1061] Prossegue com considerações que não transcrevo.

[1062] "Responsabilidade e garantia...", cit., p. 131, nota 61.

[1063] "Cláusulas limitativas...", cit., pp. 290 a 293.

gações de "guardar e vigiar os doentes" numa clínica psiquiátrica, situação paralela sendo a que respeite a "uma creche ou infantário, que não poderá excluir a obrigação de guarda e protecção das crianças que o frequentam"; acrescenta um exemplo retirado da jurisprudência francesa, de "uma empresa de transportes por «wagons» frigoríficos [que tinha] inserido nos seus contratos uma cláusula mediante a qual a empresa não garantia o congelamento dos «wagons»". Para concluir, diz que "não será fácil determinar quais sejam as obrigações *essenciais* de um contrato, sendo ineliminável, porventura, uma certa margem de liberdade de apreciação em cada caso concreto e, por isso, uma certa margem de insegurança em decidir quais as obrigações que podem, ou não, excluir-se do contrato"; opina que estas serão as "que se mostrem *imprescindíveis*, quer para que seja realizada [...] a *função económica objectiva correspondente ao tipo contratual*, quer para que seja alcançada, acrescentamos agora, a *intenção prática prosseguida pelas partes*. O *critério* de decisão deverá assentar [...] numa perspectiva do contrato como *unidade*, em que importa tomar em conta não só o *tipo* escolhido pelas partes, mas também o *fim contratual* concretamente pretendido". E conclui: "Obrigações essenciais serão aquelas cujo afastamento comprometerá *decisivamente* o fim contratual, frustrando-se, à partida, o escopo pretendido. Haverá, em suma, uma *contradição* entre o *fim* que se visa alcançar [...] e os *meios* predispostos para o efeito, cuja evidente insuficiência ou impropriedade deverá ressaltar do próprio facto de serem eliminados aqueles que eram *indispensáveis* para tal".

Oliveira Ascensão[1064] observa[1065] que, "quando a lei manda, para a determinação das cláusulas proibidas, ponderar «os valores fundamentais de direito, relevantes em face da situação considerada» [...], há que entender que a «situação considerada» é a situação típica, mas não a situação singular. Perguntar-se-á nomeadamente se certa cláusula é válida nos quadros do contrato de seguro, mas não se é válida perante um concreto contrato de seguro». Acrescenta que a referência ao processo de formação do contrato singular celebrado constitui um «equívoco», pois os aspectos individuais da relação são relevantes no momento da aplicação concreta da cláusula, mas não para efeito da apreciação abstracta»[1066], o mesmo dizendo quanto à referência legal ao teor do contrato singular.

[1064] *Ibidem*, pp. 584, 589, nota 10, e 590.

[1065] Mas trata-se de afirmação com um propósito argumentativo específico, que esta disposição contraria e que, por isso, vale o que vale certo tipo de argumentação.

[1066] Qual seja a "apreciação abstracta" a que se refere é para mim um mistério.

Afigura-se claríssimo que, ao enunciar, como critério de apreciação da conformidade com a boa fé da cláusula, a ponderação dos "valores fundamentais de direito, relevantes em face da situação considerada", só pode estar em causa a concreta situação, o que, se mais não fora, decorre transparentemente da al. *a)* ao referir-se ao "contrato singular celebrado". Qualificar a formulação da lei como "equívoco" quando ela nos desagrada, como se viu que faz Oliveira Ascensão, não é próprio de um jurista.

A referência ao "objectivo que as partes visavam atingir negocialmente", sendo elementar para quem tenha da boa fé uma concepção realmente operativa, implica, também ela, uma apreciação do específico contrato. Neste ponto discordo, mais uma vez e não surpreendentemente, de Oliveira Ascensão[1067] que escreve que "[...] esse objectivo, uma vez que está em causa o julgamento de uma cláusula contratual geral em si, só pode ser um objectivo abstracto, e não o intento das partes em cada contrato singular". Por um lado, insiste o autor, contra o âmbito definido pelo n.º 2 do art. 1.º, em que o diploma se aplica apenas a cláusulas contratuais gerais; por outro, afirma que está em causa a apreciação abstracta, quando aqui se está em sede de fiscalização judicial concreta; finalmente, ignora o texto legal que manda ponderar os valores que refere "em face da situação considerada". Quanto ao primeiro aspecto, afirma o autor[1068] que "a maior parte das regras em vigor referem-se a cláusulas contratuais *gerais* [e que] [...] são simplesmente inaplicáveis a cláusulas constantes de contratos individualizados [dando como exemplo o de que] [...] estas cláusulas não podem ser objecto da acção inibitória, não podem consequentemente ser levadas a registo, e assim por diante"[1069].

Yara Miranda[1070] opina que a al. *b)* deste artigo não é "clara e explícita", e que a Lei de Defesa do Consumidor "procura completar e aclarar o conceito de cláusulas abusivas". "À luz da LDC, as cláusulas predispostas que causam um desequilíbrio significativo em detrimento do consumidor são consideradas abu-

[1067] *Ibidem*, pp. 590-591.

[1068] *Ibidem*, pp. 591-592; v. também pp. 583-584.

[1069] É certo que os contratos que não tenham sido celebrados com base em cláusulas contratuais gerais não podem constituir objecto de acção inibitória e, por isso, não há registo de cláusulas proibidas judicialmente em abstracto. Nada disto adianta ou atrasa um milímetro na discussão para que o autor convoca este argumento; já agora, e para que não fiquem dúvidas, para "diante" não há mais nada, ao invés do que o autor insinua.

[1070] *Ibidem*, pp. 714 e 715.

sivas, pois violam o princípio da boa fé". Deixa-se a citação, se bem que não veja qual a relação entre ela e a alínea que alegadamente esclarece e/ou completa. Ainda na tentativa de melhor caracterização da categoria de cláusula abusiva, escreve, mais adiante[1071]: "Em suma, a lei portuguesa não se limitou ao conceito de cláusula abusiva constante da Directiva, não se restringiu ao critério do desequilíbrio contratual. Estabeleceu um conceito mais amplo, abarcando qualquer cláusula cujo conteúdo viola a boa fé, isto é, viola a confiança ou provoca um desequilíbrio contratual em detrimento do aderente". Fica, assim, tudo muito mais claro e completo: é inegável.

A lei não se limitou aqui – diversamente do que sucede nos arts. 9.º, n.º 2, e 14.º – a acolher, como critério paradigmático de desrespeito pela boa fé, o "desequilíbrio significativo em detrimento do consumidor entre os direitos e obrigações das partes", como dispõe a Directiva n.º 93/13/CEE transposta; a mesma foi a orientação da lei alemã. O acerto da não transcrição tem que ver com duas ordens de motivos:

– de um lado, este diploma não se ocupa apenas, como várias vezes foi dito, dos contratos com consumidores;

– de outro, seja qual for a eficiência deste instrumento de controlo, em abstracto ele será (ou poderá ser) tanto maior quanto menos redutora for a indicação de elementos a ponderar na sua aplicabilidade.

O elemento "desequilíbrio significativo" é característico da valoração de uma cláusula como abusiva nos diplomas que se ocupam da tutela do consumidor, como se colhe, por exemplo, directamente, do estudo de Ruben S. Stiglitz[1072], mas não necessariamente das leis que interditem cláusulas abusivas em geral. Aliás, o autor[1073], ao analisar o preceito da directiva, observa criticamente: "Tal como o texto ficou redigido tem sido motivo para que seja interpretado no sentido de que a cláusula é abusiva apenas quando determina um desequilíbrio significativo que se encontre em contraste com a boa fé, de tal modo que uma cláusula que consagre um desequilíbrio como o referido mas que não infrinja a boa fé não poderia considerar-se abusiva". Se bem o compreendo, o meu ponto de vista não é essencialmente diverso: se a cláusula for violadora da boa fé, ainda que tal violação não se traduza em desequilíbrio das posições jurídicas das par-

[1071] P. 716.

[1072] Cit., *passim*, e, em especial, pp. 321 a 323.

[1073] *Ibidem*, p. 324.

tes, ela terá de ser qualificada como abusiva ou, melhor, como proibida por esta norma; ou seja, desequilíbrio e ofensa à boa fé não são forçosamente coincidentes. Confirmando que esta é também a sua opinião, cite-se a continuação da sua exposição: "Segundo o nosso ponto de vista, a cláusula que infringe a boa fé não requer para ser considerada abusiva, o auxílio que implica que, por acréscimo, consagre um desequilíbrio significativo". E, ainda[1074]: "O que se disse deixa clara a redundância que implica exprimir que o desequilíbrio significativo deve infringir o princípio da boa fé, pois pressupõe-no incontestável e irremediavelmente". Só me faz divergir deste autor o facto de o desequilíbrio ser avaliado em direitos e obrigações, pois, independentemente destas posições jurídicas – que podem ser expressas não apenas em direitos e obrigações, e ser aparentemente rigorosamente simétricas, nos casos de cláusulas reciprocamente abusivas –, a infracção da boa fé acaba por se traduzir sempre (ou quase) num desequilíbrio de vantagens/desvantagens das partes; o que não subscrevo, pois, é a formulação da directiva, quando esta parece exigir que o desequilíbrio se exprima em desigualdade de posições jurídicas formais das partes no contrato.

Não me parece acertada a opinião de Yara Miranda[1075], quando escreve: "[...] o critério do impedimento da concretização do objectivo negocial não é mais do que um subcritério, uma ramificação do critério base – o desequilíbrio significativo, em detrimento do aderente, entre os direitos e as obrigações das partes [...]. É esse desequilíbrio que manieta a realização do objectivo contratual e que justifica o abuso ou a injustiça de outras cláusulas contratuais. [...] defendemos que o segundo vector que informa a boa fé não é apenas o obstáculo à concretização do objectivo negocial, mas sim, em termos mais amplos, o desequilíbrio, em detrimento do aderente, entre os direitos e as obrigações [...] das partes. Só assim haverá uma perfeita sintonia entre o conceito geral e abstracto de cláusula abusiva e as listas de cláusulas elencadas pelos artigos 18.º e segs.. [...] todas elas são cláusulas que, de uma forma ou de outra, outorgam uma vantagem excessiva e injustificada ao predisponente ou restringem os direitos do aderente, sem que haja uma correspectiva compensação".

Não vejo por que há-de a frustração do objectivo económico ou social de cuja consecução o contrato era instrumento ser (necessariamente, para mais) consequência do "desequilíbrio significativo dos direitos e obrigações das par-

[1074] *Ibidem*, p. 327.
[1075] Cit., pp. 713 e 714.

tes". Outras podem ser as razões por que o contrato não é idóneo para satisfazer a função que lhe é cometida: desde logo e em especial, constituir ele um instrumento que não é o apropriado à realização do interesse do credor, que foi convencido de que o seria, por isso o tendo aceitado[1076]. Segundo aquela autora[1077], na doutrina francesa, há quem entenda que "um desequilíbrio significativo em detrimento do consumidor traduz uma vantagem excessiva a favor do profissional"; mas há também quem opine que "uma cláusula que atribui uma vantagem excessiva ao profissional apenas é abusiva quando a vantagem implicar um desequilíbrio significativo entre as posições contratuais, em detrimento do consumidor. E mais, uma cláusula pode ser considerada abusiva ainda que o desequilíbrio não resulte de uma vantagem a favor do profissional. Ou seja, a vantagem não implica necessariamente um desequilíbrio em detrimento do consumidor e nem todo o desequilíbrio traduz uma vantagem imediata a favor do profissional".

Da lei retira-se, contudo, que a questão do desequilíbrio das prestações não é secundária, menos irrelevante, como critério concretizador da boa fé: quer o art. 9.º, n.º 2, *in fine*, quanto o art. 14.º estabelecem a inaplicabilidade de regimes gerais sempre que deles resulte "um desequilíbrio das prestações gravemente atentatório da boa fé". A formulação literal é, aliás, a uma primeira vista, mais redutora do que a da directiva, que apenas exige um "desequilíbrio significativo", o que tem de ser atendido numa interpretação da lei à luz da directiva.

O juízo de proporcionalidade, só realizável perante um modelo contratual ou, até, em alguns casos, perante um concreto contrato, não corresponde *a mais um critério* a adicionar à boa fé, mas a um dos corolários daquela, que não pode ser ignorado na apreciação do conteúdo clausular.

Da directiva retira-se um outro elemento que está longe de ser desinteressante para a avaliação da conformidade com a boa fé de uma dada cláusula: faça ela parte do elenco do anexo de cláusulas proibidas daquela, e dificilmente poderá entender-se que ela é consentânea com a boa fé ou, dito por outras palavras, como não abusiva.

[1076] O objecto vendido não tem as características descritas como existentes; o serviço fornecido não pode proporcionar os resultados prometidos.

[1077] *Ibidem*, p. 734.

São vários os autores que, como Almeno de Sá[1078] ou Sousa Ribeiro[1079], depositam na boa fé a esperança de que ela desempenhe um papel muito relevante quer na identificação de proibições não constantes das listas proibitivas, quer no preenchimento de conceitos indeterminados contidos nos enumerações de convenções interditas, quer ainda na apreciação do comportamento do predisponente, "ajudando a traçar a linha de fronteira, aqui muito fluida, entre exercício legítimo e exercício abusivo da liberdade contratual". O primeiro dos mencionados autores diz que a boa fé "constitui, pela sua própria natureza, um poderoso instrumento nas mãos do julgador em ordem a uma tutela diferenciada, permitindo-lhe contra-pesar a posição isolada e «profana» do consumidor, face à «especialização» e lógica organizatória da empresa, e abrindo caminho, por essa via, a uma potenciação do grau de tutela genericamente instituído"; e acrescenta que "o eixo fulcral do sistema é constituído pela boa fé, surgindo as cláusulas proibidas como simples concretizações, de valor [...] exemplificativo, da intencionalidade valorativa nesse princípio pressuposta. No jogo operativo do modelo, a norma que declara proibidas as cláusulas contrárias à boa fé funciona, assim, como uma espécie de «última rede» em relação a qualquer tipo de cláusulas, incluindo aquelas que não estão de todo abrangidas pelo catálogo de proibições. O mesmo se passa, nesta lógica, quanto às estipulações negociais que, embora previstas na lei, sejam contudo utilizadas fora do âmbito aplicativo pessoal próprio da lista que as proíbe. Assim sucederá, por exemplo, com as cláusulas discriminadas nos artigos 21.º e 22.º [...], quando façam parte de contratos celebrados entre empresários ou profissionais liberais".

Em minha opinião, pode, e deve, a boa fé servir alguns desses propósitos, mas, para que assim seja, não basta a existência destes arts. 15.º e 16.º, nem ela seria indispensável. Quando restrinjo a possibilidade de utilização da boa fé consagrada nestas duas disposições à prossecução de apenas alguns dos propósitos referidos, nomeadamente por Sousa Ribeiro, tenho em vista que a validade/invalidade das estipulações apurada não decorre da forma como qualquer dos contraentes exerce em concreto os direitos (ou cumpre os deveres) que elas lhe conferem; nesse domínio, de valoração das condutas das partes, aplicar-se-á o critério da boa fé não por estar aqui consagrado, mas por força dos regimes gerais dos arts. 334.º e 762.º, n.º 2, do Código Civil.

[1078] Cit., pp. 51-52, 69 e ss..

[1079] "Responsabilidade e garantia...", cit., pp. 103 a 105.

Aliás, se a boa fé for tomada, como deve sê-lo, no regime geral do Código Civil, como princípio jurídico efectivamente operante, quase desnecessária seria a referência a ela como critério geral de interdição de cláusulas. Seja a boa fé realmente usada[1080], e não fará falta aquela norma; não o seja, e não é aquele art. 15.º que terá, por si, a virtualidade de fazer inflectir a situação no Direito tal como ele é aplicado.

O Anteprojecto do Código do Consumidor limita-se a transcrever este texto normativo no seu art. 217.º.

SECÇÃO II – Relações entre empresários ou entidades equiparadas

Artigo 17.º – Âmbito das proibições

Nas relações entre empresários ou os que exerçam profissões liberais, singulares ou colectivos, ou entre uns e outros, quando intervenham apenas nessa qualidade e no âmbito da sua actividade específica, aplicam-se as proibições constantes desta secção e da anterior.

A disposição auto-explica-se e já se deixou referido no texto introdutório que, não se ocupando este diploma, desde a sua origem, apenas da protecção dos consumidores em contratos de adesão, sendo as disposições dos arts. 1.º a 16.º, 24.º e ss. aplicáveis independentemente da qualidade do aderente, e sendo as normas dos 20.º a 23.º privativas dos contratos em que o aderente seja consumidor ou equiparado, as disposições dos arts. 18.º e 19.º têm o seu âmbito de aplicação definido por este art. 17.º, sendo extensivas aos contratos em que seja parte um consumidor, como resulta do art. 20.º.

Menezes Cordeiro[1081] diz que esta protecção extensiva aos aderentes empresariais ou profissionais tem que ver com a situação portuguesa, diversa da alemã[1082], em que os comerciantes se encontram "mais informados [...] [e] podem agir livremente no seio da autonomia privada"; acrescenta que, em Portugal (se bem o entendo), "no domínio comercial, as cláusulas contratuais gerais são, sobretudo, utilizadas por grandes empresas, nas suas relações com

[1080] E não deixa de se repetir que a situação vem conhecendo progresso.

[1081] *Tratado...*, cit., p. 440.

[1082] A que tudo reporta.

pequenos empresários, que merecem uma certa atenção". Não invoca o autor qualquer fundamento para a exclusiva imputação ao mercado alemão da prática que refere; mesmo que faça fé (pois disso se trata) na sua afirmação, como já deixei referido na introdução, são muitos os casos em que nos contratos de adesão entre profissionais se justifica, se não todas, grande parte das cautelas que as ordens jurídicas têm vindo a adoptar para protecção dos consumidores.

Esta norma esclarece claramente (redundância deliberada) que se aplicam as proibições dos artigos seguintes aos contratos de adesão em que sejam partes aqueles que se encontram fora da categoria dos consumidores, designadamente por intervirem no contrato na sua qualidade profissional e "no âmbito da sua actividade específica", característica negativa comum a todas as noções de consumidor. Carvalho Fernandes[1083] salienta este aspecto, escrevendo: "[...] nas relações entre um empresário e o membro de uma profissão liberal, o regime [...] só se aplica quando cada um deles actua nessa qualidade e o contrato em causa respeita à actividade de cada um. Será esse o caso, por exemplo, de um contrato de fornecimento de equipamento médico celebrado entre uma empresa da especialidade e um médico ou uma sociedade dona de um hospital".

Almeida Costa e Menezes Cordeiro[1084] afirmam a propósito desta disposição, em formulação muito afastada dos predicados que anunciam: "Parte-se da noção comum de empresa: consiste na organização de meios dirigida à prossecução de uma finalidade económica. As empresas são individuais ou colectivas, consoante a sua titularidade. O artigo 230.º do Código Comercial oferece um elenco clássico exemplificativo. As empresas [...] celebram negócios jurídicos integrados no seu específico âmbito de acção. A realidade abrange o exercício de profissões liberais que, embora não pressupondo uma caracterizada estrutura empresarial, também efectuam contratos no decurso da sua actuação".

É, pois, claro que, diversamente do que alguns autores entendiam[1085], a questão das cláusulas contratuais gerais – só a estas estou neste momento a referir-me – não é fenómeno privativo da contratação empresarial, já que a disposição que agora se comenta equipara os profissionais liberais aos empresariais.

Segundo Yara Miranda[1086], a razão apontada pela doutrina para que a Lei n.º 7/1998 espanhola tenha substituído o termo empresa por "profissional" releva,

1083 Cit., p. 225.
1084 Cit., pp. 37-38.
1085 V., por todos, Enzo Roppo, cit., pp. 5 a 29.
1086 Cit., pp. 693-694.

por um lado, da "dificuldade apresentada pela noção de empresário, que oferece perfis diferentes em cada um dos ramos de direito (por exemplo, a concepção comercial de empresário é diferente da concepção laboral ou tributária), e, por outro, de o conceito de profissional ser "muito mais amplo, na medida em que permite a aplicação da lei às pessoas jurídicas que, não tendo o ânimo de lucro, levam a cabo uma actividade profissional para alcançar os seus fins institucionais". Segundo a autora[1087], no direito francês, o conceito de profissional era pacífico nas doutrina e jurisprudência respectivas, correspondendo à pessoa, singular ou colectiva, "que actua no âmbito da sua actividade profissional, podendo esta ser relativa à produção, distribuição ou prestação de serviços", e abrangendo tanto as "entidades privadas" quanto as "públicas", "pois a actividade profissional tanto pode ser de cariz privado como de natureza pública"; porém, uma decisão da *Cour de Cassation* de 1995 "veio acrescentar um outro requisito, restringindo e muito o conceito até então adoptado pela jurisprudência. O tribunal passou a considerar que o contrato concluído pelo «não-profissional» não pode ter uma ligação directa com a actividade profissional que exerce. A ausência da relação directa passa a ser o critério determinante da concretização do conceito de «não-profissional», sendo irrelevante questionar se o profissional actua dentro ou fora da sua esfera habitual de competência. A doutrina critica a posição actual da jurisprudência, por ser difícil de determinar na prática quando o contrato não tem uma relação directa com a actividade exercida pelo não-profissional e, consequentemente, porque esta interpretação gera uma insegurança jurídica relativa ao âmbito de aplicação das disposições protectoras do consumidor". Como diz a autora, esta questão tem essencialmente que ver com a compreensão no conceito de não-profissional das pessoas colectivas, sendo certo – ao que diz – que "nenhum jurista parece defender a inclusão das pessoas jurídicas no conceito de «não-profissional»".

Diz também Y. Miranda[1088] que a tutela mais limitada concedida pela lei aos profissionais parte "do pressuposto de que quando os profissionais contratam dentro da esfera da sua competência, no domínio da sua especialidade, não carecem de uma protecção estrita, pois, segundo as regras de normalidade, conhecem bem os cânones sobre os quais se desenrola tal actividade e, consequentemente, mais do que o consumidor final, estão em condições de defender os

[1087] *Ibidem*, p. 705.
[1088] *Ibidem*, pp. 716-717.

seus interesses. Mas, quando actuam fora do âmbito da sua actividade habitual, carecem da mesma protecção que o consumidor final".

A propósito dos contratos concluídos entre empresários, poderá colocar-se o problema de ambos utilizarem cláusulas contratuais gerais e, consequentemente, o de saber com base em quais foi o contrato celebrado, questão que, segundo Carneiro da Frada[1089], surge sobretudo "ao nível do contrato de compra e venda de mercadorias". O autor assinala que esta questão se coloca "num plano de relações entre comerciantes francamente mais avançado – ou não se tratasse de um problema mais comum em países mais industrializados – do que a realidade comercial que subjaz a uma legislação como a portuguesa", explicando por esse motivo que este diploma tenha "equiparado os aderentes-consumidores aos aderentes-comerciantes no que respeita ao *controle da inclusão* de cláusulas contratuais gerais no contrato"[1090]. Mas observa que, no domínio dos contratos internacionais, quando, pelo menos uma das partes envolvidas, se encontre ligada a um ordenamento jurídico de um Estado industrial e comercialmente mais desenvolvido aumenta a probabilidade do aparecimento de casos típicos de «battle of the forms»"[1091].

Deixa-se sem comentário – para não repetir o que já por mais de uma vez ficou dito – a referência à pretensa justificação nacional da tutela dos aderentes não consumidores, considerando-se apenas o problema da dupla utilização de cláusulas contratuais gerais. Creio ser este o problema a que se refere Carvalho Fernandes[1092] quando, depois de dizer que a "indeterminação dos proponentes ou destinatários [...] tem de se verificar sempre quanto a qualquer das referidas categorias de contraentes", escreve que pode "ocorrer simultaneamente quanto a ambas", acrescentando que "é fácil de compreender esta última hipótese ligada à pré-elaboração das cláusulas por terceiros, que as recomendam ou põem à disposição de uma generalidade de proponentes ou destinatários".

Sobre a questão diz Michael R. Will[1093] não ter encontrado, ao tempo em que escrevia, jurisprudência italiana, inclinando-se a alemã para o entendimento que valem as cláusulas sobre as quais haja consenso e aplicando-se à parte res-

[1089] Cit., p. 34.
[1090] O que é, pelo menos, discutível, de acordo com o que ficou dito.
[1091] *Ibidem*, pp. 46 e 47.
[1092] Cit., p. 221.
[1093] Cit., p. 83.

tante do contrato o direito supletivo legal. Massimo Bianca[1094] defende que, na hipótese de haver cláusulas contratuais gerais de ambos os contraentes, deve o contrato ser considerado como concluído com base nas cláusulas contratuais gerais daquele que fez a proposta que foi aceite pela contraparte; em abstracto, tem o autor evidentemente razão face a ordens jurídicas como a italiana ou a portuguesa, mas, por um lado, não raro existirão dificuldades em apurar, nos casos concretos, qual dos dois foi o proponente, isto é, com base em que cláusulas foi o contrato celebrado, e, por outro, o problema tem sido discutido e resolvido juridicamente em termos diversos, pelo que não pode adoptar-se uma solução sem melhor discussão dele[1095]. C. Ferreira de Almeida[1096] ocupa-se do problema, sumariando as soluções que para ele têm sido propostas: a "teoria da «última palavra» ou do *last shot*" – aquela que Bianca defende, como se acabou de ver –, a "teoria conhecida por *first shot* [que] dá prevalência às cláusulas comunicadas ou mencionadas em primeiro lugar, fazendo recair sobre o outro contraente o ónus de as rejeitar e [que] foi adoptada, no essencial, pela secção 2-207 do *Uniform Commercial Code* norte-americano e pelo art. 6:228, n.º 3, do Código Civil holandês"[1097], e "a teoria do *knock out* que, na falta de rejeição expressa das cláusulas contratuais divergentes, resolve o problema pela sua recíproca anulação, [...] [privilegiando] assim a conservação do contrato com base no consenso parcial constituído pelos elementos negociados individualmente, aproveitando das cláusulas gerais apenas aquelas que forem comuns". Nas palavras do autor, esta última é a tese "actualmente dominante na doutrina e na jurisprudência de muitos países [e] foi recebida no artigo 2.22 dos Princípios Unidroit e no artigo 2:209 dos Princípios de Direito Europeu dos Contratos". Segundo o autor que vem sendo citado, se não se entender estar-se perante uma lacuna, a solução decorrente do regime geral do Código Civil será a de a primeira declaração ter natureza de proposta, correspondendo a segunda a uma contraproposta, não havendo por isso contrato concluído; se acontecer, "como é mais provável para que o conflito efectivamente deflagre, que, após troca de declarações, uma das partes tenha iniciado a execução do contrato, valendo este seu comportamento,

[1094] *Il contratto*, cit., p. 345, nota 82.

[1095] A questão é também colocada por A. Genovese, "Condizioni generali...", cit., p. 803, que não a analisa.

[1096] *Contratos I*, cit., pp. 188 a 192.

[1097] Quanto a estas soluções, afirma o autor que qualquer delas "pressupõe a necessidade de um consenso que reflecte na íntegra uma das declarações contratuais".

nos termos dos artigos 233.º e 234.º do mesmo Código, como aceitação tácita da contraproposta. Nestas circunstâncias e considerando também os ditames da boa [fé], será difícil sustentar o dissenso. O contrato ter-se-á por isso formado, prevalecendo as cláusulas predispostas em último lugar".

Ferreira de Almeida observa que esta solução coincide com a chamada teoria da última palavra, que "vem sendo criticada por conduzir a resultados aleatórios e pouco ajustados à vida dos negócios", e que não pode ignorar-se "a coincidente evolução a favor das teorias que admitem o consenso parcial, especialmente depois de ter sido consagrada em textos de *lex mercatoria* [...] que pretendem reproduzir o direito comum europeu e universal em matéria de contratos". Considerando que a posição de Carneiro da Frada conduz a resultados "demasiado dependente[s] de avaliação casuística em matérias em que a certeza é muito importante", Ferreira de Almeida diz ser "preferível" "admitir abertamente que os citados artigos 232.º e 233.º, concebidos para a negociação individual, são inaplicáveis, directa ou analogicamente, à inserção de cláusulas contratuais gerais", e que, "perante esta lacuna da lei portuguesa, insusceptível de integração por analogia, justificar-se-á recorrer à «norma que o próprio intérprete criaria se houvesse de legislar dentro do espírito do sistema» [...]", concluindo que, "sendo de prever que as regras convergentes adoptadas nos Princípios Unidroit e Europeus sirvam de guia num eventual preenchimento legislativo desta lacuna, nesse sentido se deverá orientar a norma criada pelo intérprete", e que "não é [...] nada de extraordinário que, na resolução dos casos difíceis [...] se faça apelo à *lex mercatoria*, mesmo quando estejam em causa contratos domésticos". Já para os contratos que entende não se formarem por proposta e aceitação, mas por "declarações escritas conjuntas", opina que "não se suscita [...] qualquer dúvida sobre a inexistência de consenso final, seja porque a lei exige ou as partes decidiram adoptar forma mais solene do que a forma do acordo pré-contratual seja porque o contrato se vai formando pela redacção de sucessivos projectos escritos ou minutados [...]", concluindo que "nenhuma das partes poderá [...] sustentar com êxito que algum contrato se tenha formado" [...]. O eventual litígio consiste antes em saber que cláusulas contratuais gerais, se algumas, devem ser inseridas, por inclusão ou remissão, no texto contratual quando no acordo pré-contratual nada se tenha estabelecido a tal respeito". E, aqui, conclui que: "então, sim, a solução depende apenas de critérios de boa fé, nos termos do artigo 227.º do Código Civil". E ainda que: "a eventual falta de celebração de um contrato válido constitui um caso particular de ruptura de negociações susceptível de gerar responsabilidade civil pré-contratual. Perante situações em que, quanto a este ponto, não se verifique forte desequilíbrio entre o grau de diligência imputável [?] a ambas as partes, a recusa por uma delas em aceitar a inserção no contrato de cláusulas contratuais gerais comuns, e só destas, constitui, com elevada probabilidade, fundamento justificado para a ruptura".

Não ouso comentar este raciocínio, por não compreender o que tem de particular a conclusão dos contratos – que refere como resultando de "declarações escritas conjuntas" e em que há preliminares negociatórios "sobre aspectos essenciais" – que justifique solução diferenciada.

O art. 2.22 dos Princípios UNIDROIT tem o seguinte teor: "Quando ambas as partes utilizem cláusulas contratuais gerais e cheguem a acordo excepto quanto a estas, o contrato tem-se por concluído com base nas cláusulas negociadas e nas cláusulas contratuais gerais que sejam substancialmente comuns às duas partes, salvo se uma delas comunicar à outra, antecipadamente ou em data posterior mas sem atraso justificado, que não pretende ficar vinculada por esse contrato". No comentário a este texto[1098], lê-se que "a teoria do *last shot* pode ser adequada se as partes indicarem claramente que a adopção das suas próprias cláusulas é uma condição essencial à conclusão do contrato. Quando, pelo contrário, as partes, como frequentemente acontece na prática, se referem às suas cláusulas contratuais gerais de modo mais ou menos automático, por exemplo, através de troca de formulários de encomenda e de confirmação de encomenda com as cláusulas respectivas no verso, normalmente nem se dão conta do conflito entre as respectivas cláusulas contratuais gerais. Neste tipo de casos, nada justifica que se permita às partes que ponham posteriormente em causa a própria existência do contrato ou, quando já há início de execução, que venham insistir na aplicação das cláusulas enviadas em último lugar. É por esta razão que o presente artigo prevê, não obstante as regras gerais sobre proposta e aceitação, que, se as partes chegam a acordo salvo em relação às suas cláusulas contratuais gerais, o contrato se tem por concluído com base nos termos acordados e nas cláusulas contratuais gerais que sejam substancialmente comuns a ambas as partes (teoria do *knock-out*). [...] Uma parte pode sempre, porém, excluir a aplicação da teoria do *knock-out* indicando de modo claro antecipadamente ou *a posteriori*, [...] que não pretende vincular-se por um contrato que não se baseie nas suas próprias cláusulas contratuais gerais. Em que é que consiste, na prática, essa indicação «clara» é algo que não pode ser definido em termos absolutos, mas a inclusão de

[1098] *Princípios...*, cit., pp. 83 e 84.

uma cláusula deste tipo nas próprias cláusulas contratuais gerais normalmente não será suficiente, porque o que é necessário é uma declaração específica da parte em causa na sua proposta ou na declaração de aceitação".

O art. 2:209 dos Princípios de Direito Europeu dos Contratos começa por dispor, no seu n.º 1, que, "quando as partes chegam a um acordo mas a proposta e a aceitação remetem para condições gerais incompatíveis, o contrato é ainda assim celebrado. As condições gerais fazem parte do contrato na medida em que sejam no essencial comuns às partes"; e o n.º 2 diz que o contrato não fica formado "se uma parte: a) indicou previamente, explicitamente e não nas suas condições gerais, que não deseja ficar vinculada por contrato nos termos do número 1, b) ou informa ulteriormente e sem atraso a outra parte que não se considera vinculada por contrato".

O estudo mais completo da questão, na literatura jurídica portuguesa, continua a ser o de Carneiro da Frada, na obra citada, que afirma que, "em termos práticos, são [...] poucos os casos em que alguma das partes põe em causa a existência de um contrato concluído, na medida em que ambos os contraentes dão início à sua execução apesar das diferenças existentes entre clausulados"[1099]. Chama também o autor a atenção para a frequência com que surgem nesses clausulados gerais cláusulas designadas por "defensivas", isto é, "afirmações através das quais se estabelece que determinado clausulado prevalecerá sobre qualquer outro apresentado pela contraparte que com ele conflitue"[1100] [1101].

[1099] *Ibidem*, p. 34.

[1100] *Ibidem*, pp. 34-35.

[1101] Depois de expor e analisar, incluindo no direito norte-americano, a teoria da última palavra (pp. 50 a 53 e 79 a 93), e as críticas de que tem sido objecto (pp. 53 a 56), distingue entre as situações "em que não há actos de execução do contrato" e em que assumiu relevância a distinção entre elementos essenciais e acessórios do contrato (pp. 56 a 63), e aqueles em que, por haver tais actos, se lhes atribui um significado de aceitação da conclusão do contrato (pp. 63 a 67), analisa o sentido atribuído às "cartas de confirmação comerciais" (pp. 67 a 77); expõe de seguida as "soluções neutrais" que têm sido adoptadas, também no direito norte-americano (pp. 93 a 106), a "teoria do dissenso parcial" e seus ajustamentos jurisprudenciais (pp. 107 a 122 e 125 a 128), a que "passa por uma espécie de divisão das diferenças entre os clausulados", solução que reconhece ser "impraticável em certos casos" (pp. 124-125), a orientação doutrinária maioritária em Espanha de considerar parcialmente nulo o contrato (na medida do dissenso) e de o completar com recurso ao direito supletivo (pp. 128-129), a posição inglesa e escocesa – enunciada inicialmente por Lord Denning – de distinguir entre a conclusão do contrato

A exposição das soluções normativas e doutrinárias prossegue com a consideração dos Princípios UNIDROIT, designadamente o seu art. 2.22., passando o autor à apreciação crítica dos entendimentos expostos e concluindo que "como princípio geral é preferível defender-se que – nos casos típicos de «*battle of the forms*», isto é, naqueles em que não é legítimo afirmar-se que um dos contraentes aceitou claramente submeter-se ao clausulado apresentado pela contraparte – os aspectos em relação aos quais os clausulados conflituam devem ser regulados pelas normas supletivas da ordem jurídica aplicável ao contrato"[1102]. Quanto aos casos de conflito de clausulados interno na ordem jurídica portuguesa, opina que "serão aplicáveis as normas supletivas do ordenamento português às questões relativamente às quais os clausulados das partes apresentem regulamentações divergentes, com fundamento na aplicação analógica do art. 9.º do Dec. Lei 446/85", observando que "esta solução não será praticável, no entanto, na falta de norma supletiva que permita integrar esta lacuna contratual", devendo, no entanto e em seu entender, retirar-se a solução do referido art. 9.º[1103].

Carneiro da Frada qualifica como "autênticas lacunas de colisão" "o que existe no campo da «batalha de clausulados", mas entende que a boa fé impõe que sejam tomados em conta os interesses económico-comerciais das partes, aceitando-se "que o dissenso e o consenso (em relação aos elementos «mais essenciais» do contrato) convivam, excepcionalmente, nos casos de conflito [...]. Na falta de disposições supletivas que versem sobre o aspecto regulado nas cláusulas contraditórias dos contraentes, devem apreciar-se, não as suas vontades presumidas, mas sim as suas declarações de vontade conflituantes". E prossegue, conclusivamente: "conciliá-las de acordo com o princípio da boa fé, chamado a actuar pelo art. 239.º, significa apenas encontrar uma saída compromissória entre ambas através da criação de uma espécie de cláusula *ad hoc* elaborada a partir de um esforço de adaptação das soluções contidas nessas cláusulas divergentes. [...] parece-nos mesmo não ser de recusar terminantemente que – mesmo havendo uma norma supletiva relativa ao aspecto sobre o qual incidem as cláusulas conflituantes apresentadas pelos contraentes – se deva dar preferência à solução compromissória *ad hoc* resultante da adaptação das duas declarações de vontade das partes divergentes. Uma solução deste tipo justificar-se-ia quando a

e a determinação do respectivo conteúdo (pp. 129 a 132), e a solução legal canadiana de 1979, que tem semelhanças com a espanhola (pp. 133-134).

[1102] P. 146.

[1103] *Ibidem*, pp. 147-148, nota 263.

aplicação da solução proposta pelo direito supletivo acarretasse um maior sacrifício e violência em relação a qualquer uma das declarações de vontade manifestadas pelos contraentes nas suas cláusulas divergentes, do que a contradição que a elaboração de uma cláusula *ad hoc* compromissória, a partir do conteúdo das cláusulas conflituantes, acarretaria em relação à vontade manifestada por cada um dos contraentes nessas cláusulas. Uma consideração deste tipo assenta no próprio carácter original das lacunas existentes no domínio da «batalha de clausulados». Não pode esquecer-se que aqui «não se joga» com vontades presumidas mas sim com efectivas declarações de vontade que, apesar de divergentes, podem ter muito mais pontos de proximidade entre si do que em relação à disposição supletiva que pretendiam exactamente afastar, a qual, no entanto, pela anulação mútua das cláusulas, será sempre, volta a sublinhar-se, o ponto de partida para a solução deste conflito peculiar. O que mais possa dizer-se a este respeito depende da casuística, não cabendo aqui enveredar por esse caminho".

Muito embora tenda a concordar com a crítica que C. Ferreira de Almeida faz ao entendimento sustentado por Carneiro da Frada, a ela se somando a dúvida sobre a justeza da defesa de soluções *ad hoc* em nome do respeito das vontades declaradas, com preterição das soluções normativas supletivas, em domínio tão sensível como é o dos contratos concluídos com base em cláusulas contratuais gerais, prefiro abster-me de emitir opinião sobre um tema que não estudei suficientemente[1104].

Esta norma é – tal como as dos arts. 18.º e 19.º –, também ela, transportada para o Anteprojecto do Código do Consumidor, onde figura no respectivo art. 218.º. Aparece como bizarro, a uma primeira vista, que num Código do Consumidor tenham lugar disposições que visam expressa e inequivocamente contratos concluídos entre profissionais.

Não se recua em quanto se disse acerca da necessidade de protecção dos aderentes profissionais, muitas vezes próxima da que é concedida aos consumidores, mas do diploma diz, autorizadamente, Pinto Monteiro[1105] que o Código tem como objectivo unificar, sistematizar e racionalizar "o direito do consumo". Se assim for, é de questionar que no diploma caiba esse objecto de protecção.

[1104] É também esse o motivo por que alonguei a citação do autor que dele se ocupou expressamente em Portugal.

[1105] "Do Direito do Consumo...", cit., p. 212. V. também "Harmonização legislativa...", cit., pp. 1466 e ss..

É certo que o autor afirma[1106] que "a elaboração de um código permite *intervir normativamente* na realidade jurídica existente, *eliminando* disposições repetidas [...]". Ora, atentando melhor, pode explicar-se parcialmente tal opção pela necessidade de levar para o Código todos os regimes vigentes que não podem considerar-se como sendo-lhe completamente estranhos e que permitem a extensão dos regimes de tutela do consumidor às "pessoas singulares que actuem para a prossecução de fins que pertençam ao âmbito da sua actividade profissional" (art. 11.º, n.º 2). Não fica, ainda assim, completamente esclarecida a razão por que o Anteprojecto inclui os contratos entre profissionais no seu objecto, mas alguma existirá, sem dúvida.

Artigo 18.º – Cláusulas absolutamente proibidas

São em absoluto proibidas, designadamente, as cláusulas contratuais gerais que:

***a)* Excluam ou limitem, de modo directo ou indirecto, a responsabilidade por danos causados à vida, à integridade moral ou física, ou à saúde das pessoas;**

As cláusulas de exclusão e de limitação da responsabilidade – independentemente dos danos a que respeitam – constituem um exemplo clássico de convenções consideradas tendencialmente abusivas, como o demonstra a milenar – e sempre actual – discussão doutrinária e jurisprudencial sobre elas e, na lei, por exemplo, o primitivo art. 1341.º, *comma* 2.º do Código Civil italiano, e os arts. 1.º e 3.º do referido Decreto n.º 78-464 francês. No direito inglês, de acordo com F. M. Reynolds[1107], desde 1950, têm os tribunais sido particularmente atentos e restritivos na apreciação destas cláusulas, recorrendo à teoria do *fundamental breach of the contract*; aliás, o *Unfair Contract Terms Act* de 1977 inglês "abrange apenas as cláusulas exoneratórias e limitativas de responsabilidade e as cláusulas relativas à indemnização", tendo existido uma Comissão de direito inglês e escocês sobre as cláusulas exoneratórias[1108].

[1106] *Ibidem*, p. 213.

[1107] Cit., p. 18.

[1108] V. Martin Ebers, cit., p. 425; W. Freiherr von Marschall, cit., p. 41; e Eduardo Polo, cit., p. 62.

Stefano Rodotà[1109], numa afirmação original, diz que estas cláusulas "servem por vezes para colocar a empresa a salvo de um tipo de controvérsia que poderia ser prejudicial para o segredo de procedimentos produtivos (e são, pois, destinadas a operar, na realidade, relativamente às empresas concorrentes)", embora reconhecendo que elas *também* podem "permitir um mais preciso cálculo dos custos (o que pode traduzir-se numa diminuição do preço unitário dos produtos)".

Enzo Roppo[1110], escrevendo que "não menos do que as modalidades de realização da relação contratual, as consequências da sua não execução envolvem [...] aspectos economicamente relevantes, integrando [...] um componente frequentemente não descurável [...] dos custos de empresa", ocupa-se das cláusulas sobre responsabilidade e garantias, que considera indissociavelmente ligadas à problemática dos contratos *standard*, chamando a atenção para que foram aquelas que levaram algumas jurisprudências e doutrinas a atentar nas condições gerais de contratos. O autor sublinha a relação entre preço e riscos de incumprimento imputável (em qualquer das suas modalidades), expondo a abordagem que nos EUA foi feita destas cláusulas tendo em conta os *reduced rates*; analisa criticamente o entendimento de admissibilidade delas com fundamento numa "escolha de preços" (ou tarifas) que, tendo constituído inicialmente argumento no Direito norte-americano, se estendeu a outros espaços, como o inglês ou o alemão. Analisando as posições de quem considera estas cláusulas como vantajosas, o autor retoma a apreciação do argumento de que elas correspondem a uma redução de preços com vantagem para os adquirentes ou utentes. Valendo-se do estudo de Kliege, afirma ter "escassa verosimilhança" a associação entre tais cláusulas e a redução de preços, acrescentando que "não há na verdade razão para acreditar que – em regime de livre economia de mercado – o empresário liberto convencionalmente da responsabilidade que o direito dispositivo lhe imputa só por isso deva, na ausência de outras solicitações (provenientes do mercado ou do poder público ou de qualquer outra fonte) externas, voluntariamente reduzir [...] as margens do seu lucro. Seja como for, a impossibilidade prática de definir os critérios objectivos e [...] necessariamente quantitativos com base nos quais se pudesse verificar em concreto em quanto (relativamente ao preço-base) o preço dos bens ou serviços deveria, no caso concreto, ser reduzido para «justificar» [...] condições como as consagradas no contrato suscitaria dificuldades de

[1109] Cit., p. 82.
[1110] Cit., pp. 33 a 42 e 65 a 70.

ordem probatória quase insuperáveis. E é justamente na perspectiva aberta por esta consideração que se compreendem o sentido e a razão da regra (do direito norte-americano) que – com a subordinação da validade das cláusulas de exoneração socialmente mais perigosas ao requisito de uma «dupla tarifa» (*choice of rates*) – visa justamente pré-constituir um elemento objectivo para a apreciação da adequação da relação preço-cláusula, sem conseguir mesmo assim – por esta via apenas – solução definitiva do problema".

O autor passa depois à exposição dos entendimentos congéneres na Alemanha, dizendo que "os sectores mais evoluídos do pensamento alemão são concordantes em contestar que – para o efeito de uma apreciação da licitude jurídica das cláusulas uniformes – «a questão do correspectivo possa desempenhar algum papel» [...] e em afirmar portanto de modo claro que «um preço reduzido não pode constituir Äquivalent da restrição arbitrária dos direitos do aderente». [...] estas tomadas de posição merecem consenso seguramente, pela razão elementar de que a licitude jurídica dos actos de autonomia privada não pode ser «monetarizada», por assim dizer [...]. Mesmo na experiência do direito norte-americano, o elemento constituído pela redução do correspectivo tem [...] um alcance muito circunscrito. Não apenas [...] uma redução dessas deve, para resultar juridicamente valorável, assumir a (mais complexa) forma de uma alternativa entre preços, mas – e isto é o que mais importa – uma tal *choice of rates* não serve seja como for para legitimar cláusulas de exoneração que sob outros pontos de vista (e designadamente por contrariedade com os princípios de *public policy* ou pela *unconscionability* do seu conteúdo e dos seus efeitos) merecem censura".

Roppo examina também[1111] a questão da justificação das cláusulas de exoneração e de limitação da responsabilidade do ponto de vista argumentativo do seguro. Numa sua primeira versão, trata-se do seguinte raciocínio: o aderente não fica exposto a nenhum risco, pois pode preveni-lo através de um contrato de seguro; "e, ligando argumento-seguro e argumento-preço, observou-se também que esta perspectiva não comporta para quem sofre a cláusula [...] uma mera perda correspondente ao prémio que paga (e evitável na falta de exoneração da responsabilidade da contraparte): a inserção no contrato da cláusula (e a consequente necessidade, para o aderente, de fazer o seguro) constituem de facto uma vantagem objectiva (na forma de redução dos custos) para a parte a que ela aproveita, e um correlativo agravamento dos custos para a parte que a

[1111] *Ibidem*, pp. 71 a 74.

suporta, que não podem deixar de influir no contexto definitivo do negócio e [...] na determinação do *price of contract*. Deste ponto de vista, os pactos de exoneração deveriam ser considerados realistamente nada mais do que instrumentos de uma não reprovável nem irracional *allocation of risks between the parties* que – em regime de economia de mercado livre e de *freedom of contract* – não cabe ao juiz sindicar". O autor prossegue explicando que, se este entendimento pretende apresentar as cláusulas exoneratórias como neutras, também há quem tenha tentado demonstrar que a sua proibição resultaria em prejuízo para o mercado e para os próprios aderentes, de tal forma que resultaria "danosa também de um ponto de vista «social». Introduz-se aqui o argumento do «duplo seguro». Referido [...] à prática dos tráfegos marítimos, ele parte da constatação de que – em regime de proibição das cláusulas de exoneração – aquele que oferece o serviço [...] providenciará pelo seguro relativamente a uma responsabilidade de que não pode subtrair-se por via convencional [...], enquanto o cliente-aderente pelo seu lado fará seguro de qualquer maneira contra certos riscos de dano, não excluindo o dano causado pelo incumprimento ou retardamento do transportador". A experiência demonstraria, pois, o desperdício resultante de o transportador ter de pagar um seguro que a contraparte também paga. E "ao verificar-se o incumprimento – diz-se por fim – os problemas de repartição do ónus ressarcitório entre as duas companhias seguradoras geram inevitavelmente [...] um desperdício objectivo de recursos (e, neste sentido, um dano «social») que poderia evitar-se se – admitida a exoneração convencional e dispensada a exigência para o predisponente de celebrar seguro relativamente à sua própria responsabilidade – fosse apenas o aderente a procurar cobertura de seguro".

Roppo critica[1112] esta posição, chamando a atenção para quão raro é que os aderentes contratem seguros para as compras ou aquisições de serviços e repete que a ligação "mecânica" entre redução de preço e exoneração de responsabilidade é difícil de provar, se a houver; quanto à danosidade social do duplo seguro – se o houvesse –, contrapõe-lhe o autor a perigosidade da prática social das cláusulas exoneratórias. Acrescenta que deslocar para um sujeito alheio à relação contratual os riscos de inexecução da obrigação, mesmo prescindindo "dos seus intrínsecos conteúdos de «justiça» ou «injustiça»", tem um resultado "casual e arbitrário (e, neste sentido, pouco racional) como aquele que – confiado às escolhas decididas de cada vez pelos concretos operadores – não parece

[1112] *Ibidem*, pp. 74 a 80.

controlável e previsível, por assim dizer, pelo sistema no seu conjunto". Por outro lado, encontrando-se o devedor certo de não responder pelo seu incumprimento, "as cláusulas de exoneração e de limitação da responsabilidade correm o risco de constituir incentivo a condutas negligentes e a atitudes de desatenção a cujas consequências ficam imunes, assim levando objectivamente à probabilidade de incumprimento. Mas quanto mais repetidos os incumprimentos, tanto mais relevante [...] o desperdício de recursos. E quanto mais largamente admitidas e difundidas as cláusulas de exoneração, tanto mais elevado, verosimilmente, o risco de incumprimentos [...]. Na perspectiva aberta por estas considerações, uma técnica de administração das relações que – como aquela que se funda na inserção de cláusulas de exoneração e limitação da responsabilidade nos formulários e nos modelos contratuais *standard* – permite substancialmente às empresas propagar danos na sociedade sem obrigação de os ressarcir, opera como fonte típica de «custos sociais» [...]. E é caso para dizer como [...] acaba por impedir o correcto funcionamento do próprio mecanismo do mercado e a distribuição óptima dos recursos que se diz ser a sua «natural» consequência. [...] Mesmo descontando a impossibilidade de proceder a uma rigorosa quantificação dos «custos» e dos «benefícios» induzidos por cada uma das soluções consideradas, em meu entender deve privilegiar-se sem mais o segundo aspecto do dilema [a gravosidade para a colectividade das consequências da generalização destas cláusulas]"[1113].

A caracterização das cláusulas exoneratórias não suscita, em regra, grandes dificuldades ou divergências e, face ao direito português, embora não fosse pacífica a interpretação dos termos em que o art. 809.º do Código Civil as proíbe, não se discutia a sua submissão àquele regime, embora haja (e sempre tenha havido) quem defenda que a proibição das cláusulas limitativas é mais restrita

[1113] Roppo continua a sua análise, de que aqui se deixou grande parte citada, não tanto por se referir às cláusulas de exclusão e limitação da responsabilidade mas porque ela tem por base raciocínios que, em relação a outras cláusulas abusivas, são tidos por evidentes, nomeadamente o da contrapartida em preços da exclusão de direitos do aderente.

Por outro lado, tendo a análise realizada pelo autor sobretudo como objecto as cláusulas de irresponsabilidade previstas nas alíneas c) e d), ficou ela aqui sumariada, por se tratar da primeira disposição que se ocupa do afastamento ou da limitação convencional da responsabilidade debitória.

do que as de exoneração total[1114]. Orienta-se esta corrente no sentido de que a proibição do art. 809.º do Código Civil só atinge as cláusulas limitativas da responsabilidade quando tiver havido dolo ou culpa grave. Os argumentos da diferenciação de regimes são vários, não sendo esta a sede própria para a sua exposição e análise. Destaca-se, no estudo de Pinto Oliveira, o da permissão da cláusula penal, já por não ser o mais comum, já por radicar numa semelhança de "efeitos práticos" do dois tipos de cláusulas, que deixa muito a desejar do ponto de vista dogmático; o autor atribui, todavia, grande importância ao argumento, pois entende e afirma reiteradamente que a cláusula penal tem "uma função de limitação da responsabilidade do devedor, que retira, nomeadamente do princípio de não indemnização do dano excedente[1115][1116].

Este Dec.-Lei n.º 246/85 proíbe as cláusulas de irresponsabilidade em quatro als. deste art. 18.º (as *a), b), c) e e)*), na al. *b)* do art. 19.º, na *d)* do art. 21.º e na *g)* do art. 22.º, com consequente dispersão e sobreposição de regimes, cuja razão de ser não é facilmente compreensível.

A interdição contida nesta alínea corresponde à tradição do *Unfair Contract Terms Act* inglês na matéria, enquanto as das alíneas *c)* e *d)* reproduzem as proibições da *AGB-G* em matéria de cláusulas exoneratórias da responsabilidade obrigacional, ao limitar a interdição às hipóteses de incumprimentos dolosos ou gravemente culposos.

Centrando-me nesta al. *a)*, a primeira questão que ela coloca, quanto às cláusulas afastadoras da responsabilidade pelos danos que enuncia, é a de saber se podem, ou devem, considerar-se cláusulas exoneratórias as que, não tendo como objecto aparente o afastamento da responsabilidade debitória, excluem do conteúdo obrigacional característico do tipo contratual uma ou várias obrigações que impenderiam sobre o predisponente. O problema põe-se pertinentemente por três motivos essenciais. À uma, essa é uma técnica comummente usada – em especial em cláusulas contratuais gerais – para obter o efeito do afastamento da eventual responsabilidade do predisponente pelo incumprimento das obrigações excluídas. À outra, a letra do preceito (como as das alíneas seguintes) – refe-

[1114] Neste sentido, v, por todos, Nuno Pinto Oliveira, *Cláusulas Acessórias ao Contrato. Cláusulas de Exclusão e de Limitação do Dever de Indemnizar e Cláusulas Penais*, 3ª. ed., pp. 41 a 46, e autores aí citados.

[1115] *Ibidem*, pp. 94 a 101.

[1116] Não se discutirá este entendimento aqui, por razões óbvias de propósito deste trabalho.

rindo-se a cláusulas que, "de modo directo ou indirecto", afastem a responsabilidade pelos danos previstos – é claramente compatível como uma interpretação que englobe nelas as que indirectamente, por retirarem do contrato obrigações características deste, exonerem o predisponente da responsabilidade que emergiria do respectivo incumprimento. Ainda pode argumentar-se com o facto de, por vezes, cláusulas aparentemente exoneratórias serem, na realidade, afastadoras de obrigações. Sobre este aspecto, é indispensável ter em conta o estudo de Pinto Monteiro[1117] que, chamando a atenção para que "muitas vezes as partes acordam no afastamento de determinada obrigação, ainda que, para o efeito, utilizem impropriamente o termo «responsabilidade»", dá exemplos, como o do "aviso ou letreiro", colocado numa "oficina de reparação de automóveis (de um hotel, por exemplo) ou num qualquer parque de estacionamento (no interior da cidade, num aeroporto, num centro comercial, etc.)" em que se "declara [...] que «*não se responsabiliza pelo desaparecimento de objectos deixados no interior dos veículos*»; ou que «*não responde pelo furto dos veículos*»; ou, ainda, de um modo mais explícito, que «*a empresa não assume a obrigação de vigilância*», que «*a empresa limita-se a proporcionar um espaço para estacionamento da viatura*», que «*não há contrato de depósito*», etc.". Porém, a eventual dificuldade em identificar o conteúdo da cláusula, se é significativa de como é ténue, por vezes, a fronteira entre um e outro tipo de estipulações, não pode constituir factor decisivo na solução desta questão, antes impondo que a interpretação do contrato e da cláusula nela inserida seja feita com cuidado. Finalmente, a teleologia do diploma pode, também ela, justificar esta interpretação[1118].

Não acompanho, todavia, Sousa Ribeiro, que defende esta interpretação, pois tenho dúvidas sobre a correcção dela: dúvidas que derivam de não ser este o sentido atribuído histórica e legislativamente a tais cláusulas, mas, também e sobretudo, do facto de, no regime dos contratos com consumidores, o art. 21.º-*a)* proibir as cláusulas que "limitem ou de qualquer modo alterem obrigações assumidas, na contratação, por quem as predisponha ou pelo seu representante". Se bem que, por um lado, o âmbito da interdição seja diverso quanto aos contratos – estes últimos são apenas os celebrados com consumidores ou equiparados – e não possa afirmar-se que inclua quaisquer cláusulas que excluam obrigações

[1117] "Cláusulas limitativas...", cit., pp. 282 e ss..

[1118] Neste sentido se pronuncia Sousa Ribeiro, "Responsabilidade e garantia...", cit., pp. 109, 123 a 126.

contratuais, pois a norma apenas se refere às obrigações assumidas durante a contratação, trata-se de um elemento sistemático que aponta para que a lei não teve em vista, ao regular a limitação convencional da responsabilidade debitória, estas cláusulas.

Não implica esta tomada de posição – que não é isenta de dúvidas – que não hajam de ser qualificadas como cláusulas exoneratórias ou limitativas da responsabilidade algumas que, aparentemente, têm diverso objecto. Assim, para me ficar por alguns exemplos apenas, aquela que estabeleça que o predisponente não incorre em mora se não cumprir dentro do prazo, a que estipule que não haverá incumprimento definitivo se o aderente/credor perder o interesse que tinha na prestação[1119], a que imponha ao aderente a conclusão de um contrato de seguro que abranja incumprimentos (de qualquer, ou de certo, tipo) da contraparte, como a que estabeleça um valor máximo para os bens ou serviços a prestar ou a realizar que seja inferior ao seu valor real.

Do que ficou dito resulta que a argumentação suplementar de Sousa Ribeiro[1120], que, recorrendo à boa fé (em cuja aplicação "relevam as particularidades singulares, o contexto individualizado da relação controvertida"), defende que "uma cláusula exoneratória, que tenha escapado incólume às proibições do artigo 18.º, por se conter dentro dos limites aí estabelecidos, de igual sorte possa não gozar, quando confrontada com as imposições da boa fé", pois, para esta valoração, são vários "os padrões valorativos" a considerar, um deles sendo "o papel e significado do dever violado para a prossecução do fim contratual", embora não seja em sede de interpretação desta e das disposições seguintes do art. 18.º que tem pertinência, merece especial atenção. Defende aquele que, "do conjunto de vínculos que compõem a estrutura complexa da relação, destacam-se deveres de cujo cumprimento depende tão estreitamente a realização efectiva daquele objectivo que, sem eles, a vinculação perde o seu sentido. Trata-se, nessa medida, de *deveres essenciais* pelo que não é concebível o seu directo afastamento do conteúdo do contrato, nem sequer o enfraquecimento das correspondentes posições creditórias que resultaria da perda do seu principal (e por vezes único) meio de tutela: a obrigação de indemnizar – e daí a incidência desta directriz concretizadora da boa fé na apreciação da validade de

[1119] Como qualquer outra que restrinja os fundamentos legais do direito à indemnização ou, dito de outro modo, a que exigir uma qualificação restritiva de qualquer dos factos constitutivos desse direito.

[1120] *Ibidem*, pp. 131 a 134.

cláusulas exoneratórias"[1121]. Esta linha de argumentação, colhida na jurisprudência alemã, é exposta recorrendo à descrição do respectivo pensamento; segundo este, "a área de actuação, por excelência, deste critério limitativo tem sido a de certos tipos contratuais que se caracterizam por a prestação a cargo do devedor só poder ser levada a cabo mediante o ingresso, na sua esfera de actividade, de bens pertencentes ao devedor (contrato de transporte, de depósito, determinadas modalidades da empreitada, certos contratos de prestação de serviço). [...] A satisfação do interesse do credor na integridade desses bens é então, verdadeiramente, um pressuposto da satisfação do próprio interesse no cumprimento, e condição primeira da consecução dos objectivos que o levaram a contratar. Daí que a sua tutela não dispense a ameaça do dever de indemnizar, sendo contrária à natureza e ao fim do contrato qualquer cláusula de irresponsabilidade, ainda que restrita aos casos de negligência ligeira". E o autor dá o seguinte exemplo[1122]: "a celebração de um contrato de transporte de coisas [...] é funcionalmente determinada pelo intento da sua futura utilização no local do destino. Daí que o interesse do credor só se satisfaça, e a prestação só se cumpra, não apenas com a chegada dos bens a esse local, mas também com a ausência de danos de deslocação que possam impedir ou dificultar aquele objectivo".

Esta linha de raciocínio tem todo o sentido, apenas incompreendendo eu a sua restrição aos contratos mencionados: na verdade, sempre que a obrigação principal do devedor tem fonte contratual, o interesse do credor, por definição, só será satisfeito se a prestação for realizada, pelo que a dispensa da obrigação de indemnizar, seja qual for o grau de culpa, corresponde a uma restrição daquela obrigação que compromete o fim do contrato. Partilhando, pois, o pensamento exposto por Sousa Ribeiro, dois são os reparos que me ocorrem a seu propósito: por um lado, é ele que justamente fundamenta a interdição das cláusulas de exoneração de responsabilidade em geral, e, por outro, no contexto deste diploma, é de lamentar que, existindo várias normas proibitivas de exclusão ou de limitação clausular da responsabilidade, seja por recurso a outra disposição

[1121] Também Pinto Monteiro, cit., pp. 284 e 285, chama a atenção para que retirar do contrato uma obrigação que lhe seja co-essencial constitui uma forma de afastar clausularmente a responsabilidade debitória, afirmando que estas cláusulas são mais perigosas do que as de exclusão da responsabilidade, pois os seus efeitos não se limitam à supressão da obrigação de indemnizar, acrescentando que "se deve ser especialmente rigoroso na apreciação da validade de tais cláusulas".

[1122] *Ibidem*, p. 133, nota 66.

que se defenda o afastamento destas cláusulas em situações em que aqui são (ou se afiguram ser, pelo menos) permitidas.

Também não partilho a opinião de Sousa Ribeiro[1123], quando o autor inclui nas cláusulas sobre responsabilidade as respeitantes à distribuição do ónus da prova, à limitação do direito a interpelar, à faculdade de interpretar unilateralmente uma qualquer cláusula, à que permite modificação unilateral das prestações ou alteração das obrigações assumidas, à relativa à alteração das regras sobre risco ou às que se ocupam de reparações ou fornecimentos por terceiros, por me parecer que tais cláusulas, ainda quando têm implicações no regime da obrigação de indemnizar, não cabem no núcleo daquelas que a doutrina e as leis têm pacificamente qualificado como de exclusão ou de limitação da responsabilidade. Aliás, algumas destas cláusulas constam expressamente das listas de cláusulas proibidas: é o que acontece com as que autorizem a alteração unilateral das prestações ou obrigações assumidas, interditadas pelos arts. 19.°-*h)* e 22.°-*c)*, as que limitem o direito de interpelação, previstas pela al. *i)* do art. 19.°, as que modifiquem o regime do risco, proibidas – se bem que apenas nos contratos com consumidores ou equiparados – pelo art. 21.°-*f)*, o mesmo regime se aplicando às convenções sobre prova nos termos da al. *g)* do art. 21.°, bem como às que "se ocupam de reparações ou fornecimentos por terceiros", repetidamente referidas proibitivamente nos arts. 19.°-*e)* e 22.°-*j)*[1124]. Finalmente, sendo eu menos confiante do que o autor citado quanto à utilização da boa fé como parâmetro de avaliação das cláusulas, não esqueço (ou desvalorizo) o art. 15.°, que permitirá, se efectivamente usado, declarar nulas cláusulas não expressamente previstas neste diploma ou em outros mais protectores da justiça contratual.

O conceito de limitação convencional da responsabilidade foi, desde sempre, menos claro do que o da sua exclusão. Em regra, entende-se por cláusula limitativa aquela que reduz o montante da indemnização, por fixação de um valor indemnizatório global máximo, por indicação de uma percentagem máxima dos danos sofridos, ou por referência ao tipo de danos ressarcíveis. A aceitar-se a posição do autor *supra* citado, não se operando com aquele que é o conceito corrente e mais frequente no tráfego contratual, amplia-se o âmbito proibitivo da norma. Daí que, muito embora não seja esta a noção usualmente considerada pela maioria dos autores que do tema da limitação convencional da responsa-

[1123] *Ibidem*, pp. 109-110 e nota 15.

[1124] Se se desconsiderar o art. 21.°-*b)*.

bilidade se têm ocupado – nem a mais rigorosa, já que cláusulas que limitem o dever de prestar não podem, em rigor e como ficou dito, qualificar-se como limitativas da responsabilidade, como o não podem as que restrinjam o património garante do devedor, isto é, as cláusulas de limitação da garantia patrimonial –, não me incline[1125] para uma interpretação da norma que faça reentrar na exoneração ou na limitação da responsabilidade quaisquer cláusulas que tenham esse efeito final para o predisponente, pelos motivos que ficaram enunciados e que não excluem as dúvidas que mantenho sobre esta posição.

Isto não prejudica, porém, que julgue poderem considerar-se cláusulas de limitação da responsabilidade algumas cujo objecto não é o montante da indemnização devida: assim, por exemplo, as que limitem o período de internamento hospitalar do lesado independentemente de quais sejam as recomendações médicas *in casu*.

A jurisprudência italiana[1126] tem entendido que "uma cláusula é [...] *limitativa da responsabilidade contratual* quando estabeleça que o contraente, se não cumprir pontualmente a prestação devida, [...] incorrerá apenas limitadamente nas sanções consequentes ao seu incumprimento", o que implica que o conceito de limitação da responsabilidade exceda o da privação parcial do direito à indemnização pelos danos sofridos; e, mesmo quanto a este, são qualificadas como limitativas da responsabilidade aquelas que estabelecerem que o direito depende de verificações periciais ou das partes em dado momento do cumprimento da obrigação[1127].

O elenco das cláusulas proibidas por este artigo começa com as que tenham por objecto a exclusão ou limitação, "de modo directo ou indirecto", da responsabilidade extraobrigacional ou obrigacional por danos causados à vida, à integridade moral ou física ou à saúde das pessoas.

Uma observação que se impõe – embora repetitivamente – é a de que, não obstante a letra da disposição permitir uma interpretação declarativa segundo a qual as proibições aqui contidas se referem tanto às cláusulas que excluam ou limitem a responsabilidade do predisponente quanto às que beneficiem o aderente, apenas as primeiras devem considerar-se interditadas.

1125 Como Sousa Ribeiro, *ibidem*, pp. 125-126.

1126 Expressa particularmente, mas não só, a propósito de contratos de seguro.

1127 V. Ernesto Cesarò, cit., pp. 49 a 60 e 72.

Numa formulação coerente com a Constituição da República[1128] e com os conhecimentos científicos entretanto adquiridos, autonomiza-se o direito à protecção da saúde daquele que tem por objecto a integridade física e moral, o que significa que ele compreende necessariamente a saúde mental. Importa ainda salientar que a interdição aqui consagrada tanto pode referir-se a danos patrimoniais como a não patrimoniais. Dado que apenas são mencionadas as cláusulas referentes a estes direitos de personalidade, a limitação ou exclusão convencional de responsabilidade por violação dos restantes direitos de personalidade, designadamente os consagrados nos arts. 70.º a 80.º do Código Civil, só poderão ser compreendidas nesta proibição na medida em que a sua afectação constitua uma ofensa à integridade moral, o que, aliás, numa leitura conforme com a *ratio* da norma, só raramente não acontecerá. O mesmo se diga de outros danos pessoais, mesmo quando não directamente causados pela violação de direitos de personalidade.

Calvão da Silva[1129] chama a atenção para a coerência desta disposição com o artigo 8.º do regime da responsabilidade do produtor[1130], nos termos do qual "são ressarcíeis os danos resultantes de morte ou lesão pessoal e os danos em coisa diversa do produto defeituoso, desde que seja normalmente destinada ao uso ou consumo privado e o lesado lhe tenha dado principalmente este destino". Alerta o autor – e bem – para que os danos indemnizáveis são tanto os patrimoniais quanto os não patrimoniais, aspecto que tem importância na interpretação da alínea seguinte, como se verá[1131].

Alcance importante e congruente com a finalidade deste regime é o da proibição de cláusulas de afastamento ou de limitação da responsabilidade obrigacional, quando esta não se funde em culpa, antes seja objectiva. A lei contém

[1128] Art. 64.º designadamente.

[1129] Cit., pp. 215 a 217.

[1130] Dec.-Lei n.º 383/89, de 6 de Novembro com as alterações do Dec.-Lei n.º 131/2001, de 24 de Abril.

[1131] Outra questão analisada por este último autor, *ibidem*, pp. 218-219, é a da extensão dos danos compreendidos na norma, designadamente do chamado "dano biológico", pronunciando-se contra a tendência de certo sector da doutrina e da jurisprudência italianas – explicável pelo facto de essa ordem jurídica apenas admitir o ressarcimento de danos não patrimoniais nos casos determinados por lei (art. 2059.º do respectivo Código Civil) – no sentido da ampliação do conceito de dano patrimonial, atribuindo um "preço" a cada lesão da integridade humana.

uma deliberada formulação ampla, o que se retira das referências ao dolo e culpa nas restantes proibições de cláusulas sobre responsabilidade.

Quanto às convenções relativas a responsabilidade extraobrigacional, se a referência se poderia compreender ao tempo da elaboração inicial da lei, pois, designadamente no regime da responsabilidade objectiva, seria legítima a discutibilidade da sua validade face aos regimes existentes na ordem jurídica portuguesa, depois da alteração do art. 504.º do Código Civil, pelo aditamento do n.º 4 realizado pelo Dec.-Lei n.º 14/96, de 6 de Março, já a utilidade da proibição é, pelo menos, duvidosa, senão mesmo censurável. Na verdade, trata-se de uma proibição, que, no quadro da responsabilidade subjectiva, se configura como mais restrita do que aquela que uma parte da doutrina[1132] defendia existir na ordem jurídica portuguesa, que abrangeria todas as convenções de exclusão da responsabilidade por danos pessoais e não apenas aquelas que se refiram à vida, integridade moral e física e saúde das pessoas. E, no da responsabilidade objectiva, fica aquém da do mencionado art. 504.º, n.º 4, do Código Civil[1133].

Numa orientação que, infelizmente, não é única, vem este regime limitar as regras proibitivas gerais, podendo fundamentar o entendimento de que ficam prejudicadas – em virtude do elemento sistemático – as interpretações que lhes atribuíam conteúdo mais extenso. Como já foi observado, relativamente ao n.º 4 do art. 504.º, a regra nele contida prevalece sobre a aqui enunciada, nos termos do art. 37.º deste Dec.-Lei n.º 446/85; mas, como também ficou dito, é lamentável que este normativo inclua disposições menos restritivas do que as já vigentes no regime geral, o que só pode explicar-se, parece-me, por desatenção a estas últimas.

Última questão a colocar-se é a de saber se estas cláusulas devem considerar-se também proibidas quando tenham sido objecto de negociação entre as partes. Como disse, a propósito do art. 7.º, inclino-me para o entendimento afirmativo. Propriamente quanto a convenções exoneratórias ou limitativas da responsabilidade, considerando a existência de regimes proibitivos mais extensos, é muito defensável que, sendo as cláusulas negociadas e ainda que fiquem, por isso, fora do âmbito de aplicação deste diploma, a sua submissão aos regimes gerais terá como consequência a sua nulidade num maior número de hipóteses

[1132] Como Pires de Lima e Antunes Varela, *Código Civil anotado*, Vol. II, 3ª. ed., p. 73, e eu própria, *Cláusulas de limitação e exclusão da responsabilidade contratual*, reimpressão, 2005, pp. 572 a 579.

[1133] Norma que prevalece sobre esta por força do artigo 37.º deste diploma.

do que as aqui previstas. De onde decorre que a solução do problema que foi levantado não seja muito relevante quanto a estas cláusulas.

Indiferente às dúvidas e/ou reparos que esta disposição suscita, o Anteprojecto do Código do Consumidor repete-a textualmente na al. *a)* do n.º 1 do seu art. 219.º.

_b)_ Excluam ou limitem, de modo directo ou indirecto, a responsabilidade por danos patrimoniais extracontratuais, causados na esfera da contraparte ou de terceiros;

O segundo conjunto, muito amplo e relativo a cláusulas para que o Direito português não contém regime geral, é objecto de proibição que é independente da existência de culpa, menos do seu grau.

A primeira perplexidade que esta al. *b)* provoca releva da restrição a danos patrimoniais, que só pode ser justificadamente compreendida, em especial na sequência da alínea anterior, como significativa de que a lei, nesta última falando de "danos causados à vida, à integridade moral ou física ou à saúde das pessoas", supôs que esses fossem necessariamente não patrimoniais, o que, a ser certo, seria deplorável[1134].

Creio que melhor será entender a norma agora em análise como esclarecedora de que os danos patrimoniais que se fundem em responsabilidade extraobrigacional, sejam pessoais sejam materiais, são sempre indemnizáveis no quadro contratual que é objecto deste diploma.

Mas, ocupando-se justamente este último dos contratos, e suas cláusulas, enunciados nos arts. 1.º e 2.º, coloca-se a questão de saber qual o exacto objecto da proibição que atinge as convenções contratuais que excluam ou limitem a responsabilidade extraobrigacional de qualquer dos contraentes face a terceiros. Pode entender-se que a interdição respeita a convenções de afastamento ou de limitação da responsabilidade extraobrigacional em geral, já que o ilícito obrigacional pode configurar simultaneamente um ilícito extraobrigacional. Menos fácil se afigura perceber quais as convenções visadas, quando elas são integrantes de um contrato entre dois sujeitos e têm como objecto danos sofri-

[1134] Porém neste sentido aponta parcialmente, p. ex., Sousa Ribeiro, "Responsabilidade e garantia...", cit., p. 113, nota 20, e Menezes Leitão, cit., p. 39.

dos por terceiros. Não havendo proibição do afastamento – total ou parcial – da responsabilidade por danos patrimoniais no âmbito da responsabilidade civil extraobrigacional, qual a utilidade da aqui consagrada? Constituirá ela a proibição, que o regime da responsabilidade extraobrigacional omite, de convenções que a excluam? O credor de indemnização, terceiro em relação ao contrato, parece que não pode ser afectado nesse seu direito por uma cláusula do mesmo; mas, a ser assim, é para ele irrelevante que uma tal cláusula seja válida ou não.

O mais provável é que o preceito tenha em vista contratos de seguro de responsabilidade por danos provocados a terceiros. A ser assim, será neste contexto que se inserirá o já referido acórdão do STJ de 28 de Março de 1995 (Miranda Gusmão), em que se discutia a obrigação de uma empresa seguradora de responder pelos danos provocados por um cão a um terceiro. Este aresto realizou uma interessante interpretação do âmbito de uma cláusula de exclusão da responsabilidade, entendendo que, por aquela, apenas podiam considerar-se afastadas as situações constitutivas de responsabilidade em que os danos tivessem conexão causal com o facto convencionalmente afastador da responsabilidade[1135]. Em quadro idêntico se inscreve o já citado acórdão de 7 de Dezembro de 2016 (Salazar Casanova), em que se declarou inválida uma cláusula pela qual uma seguradora, que assume o risco perante terceiros em razão de uma empreitada, limita a sua responsabilidade "por via da qual a seguradora não se responsabiliza pelos danos causados "por ou em consequência de vibrações, utilização de explosivos, remoção ou enfraquecimento de fundações, alterações do nível freático e outros trabalhos que envolvam elementos de suporte ou subsolo, quando diretamente resultantes da execução destes trabalhos", designadamente o invocado «enfraquecimento de fundações», considerando que o enfraquecimento de fundações dos prédios vizinhos àquele onde se procedem a escavações constitui o principal risco que decorre precisamente das escavações em subsolo". Num texto dogmaticamente confuso, o acórdão do STJ de 24 de Janeiro de 2018 (pr n.º 534/15.2T8VCT.G1.S1, Graça Amaral) fundamenta (também) neste preceito o juízo de nulidade sobre uma cláusula num contrato de seguro que excluía a responsabilidade da seguradora pelos danos mais típicos que o mesmo contrato visava prever.

[1135] Esta orientação tem sido maioritariamente seguida por aquele tribunal nos contratos de seguro de responsabilidade por acidentes rodoviários, segundo Noronha Nascimento, cit., pp. 107 e 108.

Sem considerar os credores da indemnização nem o tipo de prejuízos, o acórdão do STJ de 14 de Dezembro de 2016 (pr n.º 20054/10.0T2SNT.L2.S1, Fonseca Ramos) decidiu ser nula por força deste preceito a seguinte cláusula: "*Na situação de eventual incumprimento imputável à AA é expressamente aceite que a AA apenas responderá até à concorrência do valor de três meses de facturação AA do presente contrato, como máximo de indemnização a pagar ao cliente*", dizendo que "encerra uma cláusula de (auto)limitação de responsabilidade, para o eventual incumprimento pela AA, estabelecendo que a indemnização máxima se limita ao valor correspondente a três meses de facturação", justificando o fundamento com o facto de ser "consabida a fronteira, cada vez mais ténue entre responsabilidade contratual e delitual, e podendo até o incumprimento contratual despoletar responsabilidade concorrente extracontratual, não se vislumbra critério que justifique que sem qualquer ponderação casuística os danos sejam indemnizados por uma quantia pré-fixada."

A propósito desta norma, coloca-se o seguinte problema adicional: não se referindo a al. *a)* a uma espécie de danos, por que proibir apenas a convenção de exclusão da responsabilidade por prejuízos patrimoniais sofridos pela contraparte ou por terceiros e não já a que tenha por objecto danos não patrimoniais? Se bem que a exclusão destes últimos prejuízos do âmbito proibitivo da norma se afigure injustificada e, por isso, censurável, não creio que possa aceitar-se uma interpretação correctiva do seu sentido literal. A clareza da letra do preceito dificilmente autoriza uma interpretação, como parece ser a solução[1136] (de Sousa Ribeiro[1137]), no sentido de não distinguir prejuízos patrimoniais e não patrimoniais, sempre que a cláusula exoneratória ou limitativa os não distinga, considerando-a nula na totalidade. Enquanto cláusula genérica, ela poderá ser considerada proibida, mas, a verificar-se que os danos ocorridos são (apenas ou também) não patrimoniais, parece que[1138] ela terá de ser considerada válida total ou parcialmente.

[1136] No mesmo sentido, o ac. do STJ de 15 de Fevereiro de 2017 (pr n.º 1776/11.5TVLSB.L1.S1, Salazar Casanova).

Meritória, do ponto de vista teleológico, mas que não se me afigura ter na lei o mínimo de correspondência verbal exigido hermeneuticamente.

[1137] "Responsabilidade e garantia...", cit., p. 113, nota 20.

[1138] Embora o ponto seja discutível.

Considerando o teor do preceito, creio que não será abusiva a interpretação que nele faça reentrar a proibição de cláusula de renúncia a indemnização por benfeitorias realizadas na coisa objecto do contrato pelo aderente.

A questão da invalidade destas convenções, mesmo quando objecto de negociação, coloca-se como já foi referido na anotação ao art. 7.º e à alínea anterior.

Também esta norma é reproduzida pelo Anteprojecto do Código do Consumidor, com inconsciência ou sobranceria pelas críticas que pode fundar.

c) Excluam ou limitem, de modo directo ou indirecto, a responsabilidade por não cumprimento definitivo, mora ou cumprimento defeituoso, em caso de dolo ou de culpa grave;

Esta alínea constitui inevitável incongruência no regime da lei portuguesa. Nesta se encontra, desde 1966, o art. 809.º do Código Civil que – na interpretação de grande parte da doutrina como da jurisprudência – comina com a nulidade as cláusulas de exclusão e limitação da responsabilidade obrigacional, se o não cumprimento, em qualquer das suas modalidades, for realizado com dolo ou culpa grave do devedor. Ainda que se prescinda de qualquer outra hipótese interpretativa, em especial mais lata quanto ao âmbito da proibição –, como, por exemplo, a de Antunes Varela[1139], que considera que a norma do Código Civil proíbe a exclusão ou limitação convencional da responsabilidade, qualquer que seja o grau de culpa do devedor –, não deixa de ser no mínimo estranho que este diploma, à uma, tenha sentido a necessidade de repetir a disposição geral daquele art. 809.º e, à outra, em contratos para os quais estabelece um regime compreensivelmente mais restritivo da liberdade de estipulação, se fique pela reafirmação do regime geral das cláusulas de irresponsabilidade total ou parcial. Como já ficou observado no texto introdutório e na anotação à al. *a)*, a única explicação que se encontra para esta opção legislativa está no decalque da *AGB-G* alemã, o que não é meritório como justificação. Ainda mais bizarro do que a cópia do original alemão é que o Anteprojecto do Código do Consumidor continue a consagrar exactamente este mesmo regime no seu art. 219.º, n.º 1-*c)*.

[1139] *Das Obrigações...*, cit., p. 249.

Pinto Oliveira[1140] escreve: "entre o art. 809.° do Código Civil e a al. c) do art. 18.° da LCCG há uma clara contradição de valores: enquanto no art. 809.° do Código Civil, a ordem jurídica associa às cláusulas de exclusão da responsabilidade por culpa leve a consequência jurídica «invalidade» (nulidade), na al. c) do art. 18.° da LCCG associa-lhes a consequência jurídica «validade». As duas previsões devem considerar-se como valorativamente semelhantes no essencial: a cláusula de irresponsabilidade por culpa leve implicará a diminuição da eficácia preventiva do direito do não cumprimento [*sic*], esteja ela inserida num contrato negociado, esteja ela integrada num contrato por adesão. [...] diríamos que a ratio legis do art. 809.° do Código Civil atende ao caso dos contratos por adesão ainda em maior medida; se nos contratos negociados, cuja disciplina assenta no pressuposto da *igualdade* dos contraentes e em que, por isso, os perigos de abuso das cláusulas de irresponsabilidade por culpa leve são normalmente menores, o legislador as proíbe [...], nos contratos por adesão, cuja disciplina assenta no pressuposto da *desigualdade* dos contraentes e em que, por isso, os perigos do abuso de cláusulas de irresponsabilidade por culpa leve são normalmente *maiores*, o legislador teria duas alternativas [*sic*] – confirmar a doutrina geral, proibindo as cláusulas de irresponsabilidade por culpa leve ou contradizer essa doutrina geral, permitindo-as [...]. A al. c) do art. 18.° da LCCG exprime a opção pelo segundo termo da alternativa". O autor continua: "a contradição entre as decisões de valor da al. c) do art. 18.° da LCCG e do art. 809.° do Código Civil conflitua com os ideais de «adequação interior» e de unidade de sentido do sistema jurídico, devendo atenuar-se ou eliminar-se na medida – em toda a medida – do possível. [...] A interpretação «criativa» – mais rigorosamente: a interpretação sistemática – do art. 809.° do Código Civil dirigida a obter uma concordância material com a al. c) do art. 18.° da LCCG impele-nos a uma interpretação restritiva: o art. 809.° proibirá a inclusão de cláusulas de irresponsabilidade por dolo ou por culpa grave em contratos negociados, não proibirá a inclusão neles de cláusulas de irresponsabilidade *por culpa leve*".

Sendo evidente a minha concordância com o raciocínio do autor nos seus pressupostos prolixamente expostos, discordo da sua conclusão: não há motivo para restringir o âmbito proibitivo geral na matéria, devendo a unidade sistemática do Direito ser obtida por outra forma, que a lei, aliás, prevê. Refiro-me naturalmente à aplicabilidade neste domínio do princípio contido no art. 37.°,

[1140] Cit., pp. 38 a 40.

nos termos do qual será o regime geral mais protector do credor/aderente o aplicável. Não que esta solução torne menos estranha – dizendo-o benevolentemente – esta solução legal especial.

Não deixa de se notar, contudo, que, mesmo diplomas que conferem uma ampla protecção ao consumidor, como o Código de Defesa do Consumidor brasileiro, admitem a limitação da responsabilidade debitória do predisponente "em situações justificáveis", o que não pode deixar de fazer pensar no poder que as empresas têm na sociedade e, por consequência, sobre os órgãos legiferantes. Esta formulação da lei brasileira tem paralelo com a do *Unfair Contract Terms Act* inglês, que, fora do quadro dos danos à vida e à integridade física, condiciona a validade das cláusulas exoneratórias e limitativas da responsabilidade ao seu carácter "razoável"[1141].

Por se tratar justamente de um regime compromissório, o art. 8:109 dos *PECL* estabelece que "os meios atribuídos em caso de inexecução podem ser excluídos ou limitados salvo se isso for contrário às exigências da boa fé". O art. 7.1.6 dos Princípios UNIDROIT também é bastante permissivo, ao estabelecer: "Uma parte não pode prevalecer-se de uma cláusula de limitação ou exclusão de responsabilidade em caso de incumprimento de uma obrigação [...] se, à luz da finalidade do contrato, tal for manifestamente injusto". O art. 106.º, n.º 3, do Anteprojecto de Código Europeu dos Contratos, citado por Pinto Oliveira[1142], declara nulas as cláusulas de exclusão e de limitação da responsabilidade, "independentemente do grau de culpa por que o incumprimento é imputável ao devedor, «se a responsabilidade decorre de uma actividade profissional ou de uma actividade empresarial exercida em regime de monopólio em virtude

[1141] A propósito desta última ponderação, observa W. Freiherr von Marschall, cit., p. 43, que "se justifica por vezes em certos casos dar a escolher entre, por um lado, certas garantias e um preço elevado dos bens ou serviços fornecidos e, por outro lado, garantias inferiores para os mesmos bens ou serviços, correspondendo-lhes um preço inferior". E o autor prossegue dizendo que "nem sempre é possível à outra parte fazer esta escolha pois ela supõe um conhecimento e uma avaliação correcta dos riscos corridos. O consumidor, designadamente, raramente estará em condições de apreciar correctamente os riscos e, por consequência, de fazer uma escolha correcta a partir desta apreciação". Já ficou sumariada, na anotação à al. *a)*, a análise de Enzo Roppo deste ponto de vista, para ela se remetendo aqui.

[1142] Cit., p. 69.

de uma autorização concedida pelas autoridades públicas", permitindo-as, em outros casos, se respeitarem a incumprimentos levemente culposos[1143].

A propósito das proibições de exclusão e limitação da responsabilidade por via clausular, depois de darem conta da controvérsia interpretativa acerca do art. 809.° do Código Civil, proferem Almeida Costa e Menezes Cordeiro[1144] estas extraordinárias afirmações: "não competia ao legislador, de forma alguma, a propósito da disciplina do tráfico negocial de massas, intervir numa polémica que pertence à ciência do direito. Por isso, independentemente de saber se duplica, reforça, especifica ou contraria o regime geral, confinou-se a fixar as regras mais adequadas, em seu critério, para prevenir abusos através da utilização de cláusulas contratuais gerais". Se a lei[1145] não tem competência para partir de uma interpretação de normas intimamente relacionadas, como se garantirá a harmonia sistemática?; desde quando a interpretação de uma disposição legal é tarefa que pertença (exclusivamente?) "à ciência do direito"?; se se ignora deliberadamente o regime geral, a pretexto de ser controverso interpretativamente, onde se vão colher os critérios para formular "as regras mais adequadas"? Tudo resulta misterioso, salvo o que a lei alemã dispunha.

Restrição suplementar à desta alínea encontra-se contida na al. *a)*, proibitiva de cláusulas de exclusão ou de limitação da responsabilidade pelos danos pessoais aí referidos. Mas até essa se poderia retirar do regime geral do Código Civil.

Significa esta regra, pois, que a interpretação do art. 809.° segundo a qual seriam nulas as convenções afastadoras ou limitadoras da responsabilidade obrigacional, qualquer que fosse o grau de culpa do devedor, parece estar hoje posta

[1143] Já Pietro Perlingieri, cit., p. 26, defendia que "o juízo sobre a licitude da cláusula e da sua utilização deve ser particularmente rigoroso quando as condições gerais surgem em regime de monopólio de direito ou de facto. Aqui, de facto, os termos do problema tornam-se dramáticos: à obrigação de contratar deve corresponder uma clara determinação das condições gerais do contrato, de modo que o contraente que não tem escolha, titular do direito a contratar, possa pretender não tanto e não só a conclusão do contrato, quanto a determinação do seu conteúdo. Aqui, de facto, não deveria haver espaço para cláusulas ditas abusivas [*vessatorie*], salvo se estas se justificarem não apenas no interesse exclusivo da parte predisponente, quanto no interesse do serviço objectivamente considerado".

[1144] Cit. p. 43.

[1145] Ou o legislador, como preferem dizer.

em causa[1146], o que Sousa Ribeiro[1147] assinala, embora mais adiante[1148] afirme de modo aparentemente inexplicável que, encontrando-se uma cláusula destas proibida no contrato, "a consequência será a nulidade total da cláusula (art. 12.º), passando o seu utilizador a responder segundo o regime legal (art. 13.º, n.º 2), ou seja, *qualquer que seja o grau de culpa*" (sublinhado meu). A explicação é que, segundo o autor[1149], as cláusulas exoneratórias de incumprimentos dolosos ou gravemente culposos não são as únicas proibidas, por não ser a gravidade da culpa "o único critério atendível, nesta matéria", isto é, que, "pelo facto de não serem sempre proibidas [as que se refiram a incumprimentos levemente culposos], não se poderá concluir, *a contrario*, que elas sejam sempre permitidas. Subtraindo-se à previsão do artigo 18.º, alíneas *c)* e *d)* (e às proibições absolutas nelas cominadas), essas cláusulas poderão chocar com as interdições constantes de outros dispositivos eventualmente aplicáveis, à luz dos quais terão, pois, de ser examinadas, para uma resposta definitiva à questão da sua legitimidade". O autor apela à boa fé, dizendo que, "na apreciação da validade de uma cláusula, como questão incidental de um litígio em torno da execução de um contrato singular, cumpre sempre atender, para além dos específicos limites de conteúdo traçados pelas normas de proibição, às exigências directamente decorrentes daquele princípio normativo. Funcionando como instância «de recolha» e afirmação dos critérios e pontos de vista inconsiderados no quadro do artigo 18.º, alíneas *c)* e *d)*, a boa fé poderá desvendar razões justificativas da nulidade de uma cláusula de irresponsabilidade circunscrita à culpa leve". Como já ficou referido na anotação à al. *a)*, é assim que "se explica", segundo o autor, "que uma cláusula exoneratória, que tenha escapado incólume às proibições do artigo 18.º, por se conter dentro dos limites aí estabelecidos, de igual sorte possa não gozar, quando confrontada com as imposições da boa fé".

Continuando na sua misericordiosa tarefa de salvar a lei de si própria, acrescenta o seguinte: não pode deixar de se ponderar, "na valoração de uma cláusula de exoneração por culpa leve", "a consideração dos efeitos da sua eventual validade", do que retira que, à luz de tal valoração, ela terá de ser proibida nos casos "em que a denegação ao aderente de qualquer crédito indemnizatório por culpa leve o deixaria inteiramente desprotegido, por não dispor de outro meio

[1146] É a posição de Pinto Oliveira, como se viu.

[1147] "Responsabilidade e garantia...", cit., pp. 118-119, nota 33.

[1148] P. 120.

[1149] *Ibidem*, pp. 129 a 136.

de tutela eficaz". E ainda: quando os "meios de controlo da situação potencialmente lesiva" "estão sob o domínio do utilizador das cláusulas, a ele competindo tomar as medidas preventivas capazes de evitar o prejuízo, a transferência, para a esfera do aderente, do risco de perdas imputáveis à omissão desses cuidados constituiria uma desoneração injustificada do predisponente, desequilibradora, em excesso, das posições das partes", ao que adita a função da protecção da confiança, critério, também ele, enunciado no art. 16.° como instrumento da apreciação segundo a boa fé.

O pensamento do autor é laborioso e inteligente, mas não logra esconder a deficiência legal, valendo, aliás, o seu essencial tanto para os contratos de adesão quanto para quaisquer outros, pelo que, continuando a censurar a lei, não deixe de louvar a difícil busca de uma solução que, mesmo à sua revelia, seja de proibição de todas as cláusulas exoneratórias, qualquer que seja o grau de culpa do devedor.

Poderá ser também esta a conclusão de Calvão da Silva[1150] que, depois de referir este regime do art. 18.°, escreve que são "em absoluto proibidas" as que se refiram ao incumprimento "em caso de mera culpa ou culpa leve, por força do art. 809.° do Código Civil, na interpretação de que este proíbe todas as cláusulas de exclusão ou limitação da responsabilidade, dada a ressalva das disposições legais que, em concreto, se mostrem mais favoráveis ao aderente (artigo 37.° do Dec.-Lei n.° 446/85; artigo 8.° da Directiva 93/13/CEE)"[1151].

Já o sentido que Menezes Cordeiro[1152] atribui à sua afirmação seguinte é difícil de alcançar: "Boa parte das regras agora firmadas transcende o domínio das cláusulas contratuais gerais, aplicando-se a todos os contratos, independentemente do seu modo de celebração. Vejam-se, neste sentido, os artigos 809.° e seguintes do Código Civil".

Por seu lado, Menezes Leitão[1153] sustenta – sem que se compreenda com que base, pois a lei não as distingue[1154] – que são válidas as cláusulas contratuais

[1150] Cit., p. 137.

[1151] É esta a minha posição , como resulta, quanto ao art. 809.°, de *Cláusulas...*, cit., pp. 541 e ss., e, quanto a este normativo, do que ficou dito *supra*.

[1152] *Tratado...*, cit., p. 445.

[1153] Cit., p. 39.

[1154] E a distinção que foi inventada a propósito do art. 809.° mais dificilmente se pode reproduzir aqui, já que aquele não se refere a estas cláusulas, mas, genericamente, à renúncia do credor a direitos conferidos pela lei.

gerais que limitem a responsabilidade por culpa leve, mas que "já se colocam alguns obstáculos às cláusulas de exclusão da responsabilidade". E continua, em texto que não entendo bem: "se elas são permitidas em relação à responsabilidade por actos de auxiliares ou representantes, atento o que se dispõe no artigo 800.º, n.º 2, já parece haver obstáculos à sua aplicação à responsabilidade pessoal do devedor, uma vez que o artigo 809.º proíbe qualquer cláusula de exclusão directa da responsabilidade obrigacional nos contratos singulares e seria uma absurda contradição valorativa que fossem permitidas, nas cláusulas contratuais gerais, disposições que são proibidas nos contratos singulares. Por outro lado, o carácter especial da LCCG não permite considerar derrogado o Código Civil nesta matéria". E conclui: "entendemos assim que, por força do artigo 809.º, qualquer cláusula de exclusão directa da responsabilidade pessoal do devedor, mesmo que baseada em culpa leve, continua a ser proibida".

Almeno de Sá[1155] retira a conclusão de que esta disposição, na sua aplicação, abrangerá qualquer grau de culpa do seguinte raciocínio: estando-se perante uma cláusula exoneratória ou limitativa da responsabilidade do devedor formulada – como o será o mais das vezes – em termos gerais, não é possível operar-se "uma *redução conservadora da validade da cláusula*". Isto é, não tem o tribunal poder para "encontrar uma formulação da cláusula que, por um lado, *favoreça o mais possível* o utilizador e, por outro, *se contenha ainda dentro dos limites do admissível*". Significa o autor – bem, a meu ver – que preservar a validade da cláusula, formulada genericamente, relativa ao incumprimento levemente culposo, traduzindo-se na preservação da validade da cláusula *tout court*, corresponderá a um entendimento de protecção do utilizador incompatível com o teor, literal e racional, da lei, pois se traduzirá num "estímulo para [o utilizador] inserir, nas suas condições gerais, cláusulas claramente contrárias à lei, pois saberia de antemão que, uma vez reduzida a cláusula, se manteria, de qualquer modo, numa posição mais benéfica do que aquela que em princípio resultaria da aplicação do direito dispositivo". Esta última afirmação parece decorrer do entendimento de que o regime geral proíbe qualquer cláusula de irresponsabilidade, seja qual for o grau de culpa, mas não é claro, pois o autor não o afirma. Àquele argumento adita o seguinte[1156]: a salvação da cláusula implicaria uma sua apreciação posterior à avaliação do grau de culpa no incumprimento; ou seja, o que estaria em

[1155] Cit., pp. 264 a 271.
[1156] Que não é, em rigor, diverso.

apreciação não seria a "cláusula *em si mesma*", mas o uso que dela fosse feito. E, quanto a este ponto, escreve: "Não parece que deva aceitar-se esta concepção de um controlo *ex post* do conteúdo. Trata-se, em rigor, de uma outra modelação da ideia de fundo da redução conservadora da validade [...]. Tal construção acaba por confundir problemas de interpretação das cláusulas com questões directamente atinentes ao controlo do conteúdo. Como argumento fundamental, não pode deixar de acentuar-se que aquilo que a lei reprova é logo o emprego, *em si próprio*, de condições gerais iníquas, não apenas o uso incorrecto de uma dada cláusula num concreto caso singular. Na prática, esta teoria está ao serviço dos interesses do utilizador, em contradição directa com o escopo da lei, que pretende tutelar os legítimos interesses do cliente e defender a própria correcção do tráfego em geral. [...] O mesmo se diga da preocupação fundamental [...] de proporcionar ao cliente a possibilidade de obter *informação objectiva* sobre os direitos e deveres que para ele resultam das condições gerais. Também aqui o escopo se frustrará, se for concedida ao utilizador a *chance* de esperar pelas contingências do caso singular, com o que pura e simplesmente se permitirá a indefinida manutenção, no tráfico empresarial, de uma cláusula que, na sua essência, se apresenta como iníqua, sem que, simultaneamente, o cliente tenha real possibilidade de saber que direitos e obrigações para ele decorrem, afinal, do regulamento predisposto". Em abono do seu pensamento, invoca ainda a letra da lei, "pois a parte introdutória dos preceitos [...] designa directamente como objecto de fiscalização a «cláusula» em si mesma, não o seu desempenho ou efeitos no caso concreto". Se não subscrevo incondicionalmente o pensamento do autor, estou longe de o rejeitar ou, sequer, de o questionar, muito convincente se me afigurando a sua argumentação. Não o bastante para eliminar todas as dúvidas que a questão me suscita; apenas isso[1157].

O Tribunal Constitucional, no acórdão n.º 153/90, de 3 de Maio (Bravo Serra[1158]), julgou inconstitucional a primeira parte do n.º 3 do art. 53.º do Dec.-Lei n.º 46 638, de 10 de Novembro, por nela se limitar a responsabilidade dos Correios de Portugal (CTT), devida a prejuízos decorrentes do extravio de vales

[1157] Desde logo, se a cláusula excluir ou limitar a responsabilidade a incumprimentos levemente culposos, ela não só se contém no âmbito autorizado pela lei como a sua aplicação impõe uma apreciação da gravidade da culpa no inadimplemento.

Não que o problema me pareça muito relevante, pois o regime do art. 809.º do Código Civil prevalecerá sobre o deste diploma, como deixei dito.

[1158] *In* http://www.tribunalconstitucional.pt/tc/acordaos/.

postais, aos danos emergentes. Segundo o Tribunal, a regra de que a limitação da responsabilidade por culpa leve é lícita não teria pertinência no caso, por estarem em causa "razões de protecção social, postuladas pelo que se exige a um Estado de direito social" e, quanto a consumidores, há de os defender "de clausulados contratuais, muitas vezes desconhecidos daquele[s]". O principal fundamento da decisão encontra-se formulado nos seguintes termos: "nos casos em que da falta de cumprimento, cumprimento defeituoso ou retardamento do cumprimento *tão só resultem* lucros cessantes [...], ver-se-á o utente (consumidor) desprovido da garantia jurídica de ressarcimento pela conduta inadimplente do devedor, [o que], na prática, torna esvaziado de conteúdo o direito a ver reparado o dano sofrido, direito esse imposto pelo n.º 1 do art. 60.º da lei fundamental". Pinto Monteiro[1159] e Pinto Oliveira[1160] referem o acórdão do mesmo Tribunal n.º 650/2004, de 16 de Novembro, cujo relator foi o mesmo Conselheiro, que entendeu não retirar do art. 60.º da Constituição fundamento para declarar inconstitucionais "actos normativos públicos restritivos do direito do consumidor à reparação dos danos decorrentes do não cumprimento de um contrato", nele se escrevendo: "«do direito constitucional em causa, dada a forma como se encontra consagrado, não resulta que seja vedado ao legislador ordinário efectuar modelações do regime ao mesmo atinente, por sorte que, necessariamente, t[ivessem] de ficar prescritas regras de acordo com as quais a totalidade dos danos sofridos pelo consumidor lesado t[ivesse] de ser ressarcida, quer do ponto de vista quantitativo, quer do ponto de vista qualitativo»". Os princípios e as regras do direito constitucional português enunciariam, em todo o caso, três condições de restrição do direito dos consumidores à reparação dos danos: por um lado, o acto normativo em causa (legislativo ou regulamentar) não deveria apagar ou eliminar o direito do consumidor à reparação dos prejuízos; por outro lado, não deveria comprimi-lo excessivamente, convertendo a reparação ou o ressarcimento em algo de "desprezível" ou "irrisório"; por último, as limitações à regra da reparação integral dos prejuízos deveriam ser justificadas pelos interesses em presença. Face aos critérios expostos, o Tribunal Constitucional concluiu que as disposições legais pelas quais se limitava a responsabilidade dos correios pelos danos decorrentes do extravio de correspondência não eram inconstitucionais: "as regras estabelecidas das indemnizações [...] não deixariam de apon-

1159 "Harmonização legislativa...", cit., pp. 1459-1460.

1160) Cit., pp. 66.-67.

tar para quantitativos que ainda se revest[iriam] de razoabilidade, não podendo ser considerados irrisórios ou como correspondentes, na prática, à não dação de qualquer indemnização". Pinto Oliveira critica esta decisão, subscrevendo, no essencial, o entendimento expresso no voto do Conselheiro Mário Torres, que é o seguinte: "o acto normativo [...] por que se limita o dever de indemnizar os danos decorrentes do não cumprimento imputável a título de dolo ou de culpa grave colidiria com o princípio constitucional da protecção do consumidor, por distribuir de forma gravemente desequilibrada os riscos do contrato. O fornecedor de bens ou de serviços arriscar-se-ia, tão-só, a entregar uma quantia pré-fixada; o consumidor arriscar-se-ia a receber uma quantia inferior aos danos ou prejuízos por si sofridos, provocados por uma conduta intencional ou quase-intencional do fornecedor"[1161].

Neste domínio, não pode deixar de se ter em conta o regime estabelecido na Lei de Defesa do Consumidor, cujos arts. 4.º e 12.º garantem, imperativamente, embora apenas nos contratos com consumidores (mas, dentro destes, em todos, independentemente da forma como tenham sido celebrados), quer o direito à prestação pontual, quer aquele que se refere à indemnização pelos danos resultantes do incumprimento do primeiro, este último sem restrição quanto ao grau de culpa do devedor, regime que prevalece, no seu âmbito de aplicabilidade, sobre o desta disposição, por força do art. 37.º. Tem igualmente pertinência considerar a este propósito – mas também aos das alíneas anteriores e da seguinte – o regime de responsabilidade objectiva consagrado no Dec.-Lei n.º 383/89, de 6 de Novembro, alterado pelo Dec.-Lei n.º 131/2001, de 24 de Abril, que determina, no seu art. 1.º, que "o produtor é responsável, independentemente de culpa, pelos danos causados por defeitos dos produtos que põe em circulação".

É ainda de observar que a proibição, no quadro interior do diploma, se afigura parcialmente redundante com a da al. *d)* do art. 21.º, na parte em que este último interdita cláusulas que afastem ou limitem a obrigação de indemnizar para as hipóteses de cumprimento defeituoso, como a seu propósito melhor se explicará.

Por outro lado, a directiva, limitada embora aos direitos do consumidores, inclui na lista de cláusulas consideradas abusivas as que tenham como efeito

[1161] Não me deterei na análise do pensamento aqui expresso, mas não posso deixar de salientar a deplorável – se bem que vulgar – ideia de que o acto doloso é «intencional», isto é, que o circunscreve ao dolo directo.

"excluir ou limitar de forma inadequada os direitos legais do consumidor em relação ao profissional ou a uma outra parte, em caso de não execução total ou parcial ou de execução defeituosa pelo profissional de qualquer das obrigações contratuais". Também, pois, pelo que concerne à transposição, não pode dizer-se que a lei seja de aplaudir, quando apenas proíbe as cláusulas limitativas ou exclusivas da responsabilidade obrigacional em caso de dolo ou de culpa grave. A menos que se queira entender que esta restrição, constante do diploma, corresponde à "forma adequada" a que a letra do anexo da directiva faz referência – hipótese que se me afigura remotíssima, para dizer o menos –, a lei portuguesa não respeitou o conteúdo mínimo da directiva que foi transposta. Nem se diga, como o faz Carla Borges[1162], que esta al. *c)* "parece estar dentro do espírito de protecção da directiva, pois nesses casos [de culpa leve] não se verificará um desequilíbrio significativo entre os direitos e obrigações das partes, em detrimento do consumidor, visto apenas estarem contempladas situações em que existe uma culpa diminuta, em que a exoneração não é atentatória dos limites da boa fé". Misturam-se nesta asserção vários argumentos: o de que um incumprimento levemente culposo não conduzirá a um desequilíbrio das posições jurídicas das partes, o que é incompreensível para mim; o de que a exoneração do devedor, se o não cumprimento tiver sido levemente culposo, não viola a boa fé, o que é, no mínimo, discutível, e que, aliás, não consta directamente da cláusula abusiva enunciada no anexo, embora se admita que tenha de ser tomado em consideração na transposição[1163].

Contudo, correspondendo as cláusulas listadas no anexo a conteúdos mínimos proibidos, sempre será, pelo menos, de duvidar que os legisladores nacionais possam restringi-las na sua conformação, a pretexto de uma sua interpretação restritiva, em função da boa fé ou de outro elemento.

Também não se acompanha a tentativa de incluir o cumprimento defeituoso no quadro da transferência de riscos, realizada por Sousa Ribeiro[1164], já que se trata de fenómeno que não é novo na realidade empresarial nem na sua

[1162] "Exclusão e limitação da responsabilidade em contratos de adesão", *in Sub judice*, 2007, cit., p. 36.

[1163] Isto para não analisar a qualificação como "diminuta" da culpa leve, o que, só por si, justificaria gasto de muita tinta.

[1164] *Ibidem*, pp. 158-159.

consideração pelos juristas, mesmo em Portugal[1165]. Não se nega que a questão do cumprimento defeituoso constitua[1166] uma *categoria* nuclear dentro do não cumprimento por parte de devedores empresariais. Se este problema, no quadro da gestão empresarial, pode ser colocado como tendo por objecto um risco que dificilmente poderá ser suprimido, em termos jurídicos, pode sustentar-se a existência de uma culpa objectiva (ou culpa da organização), isto é, de uma deficiência organizativa e/ou humana da empresa ou das empresas de cujas prestações depende o pontual cumprimento das suas obrigações, por que esta responde subjectiva ou objectivamente. Sabe-se como o acréscimo de eficiência na gestão empresarial implica a adopção de rotinas, mas também a atribuição de mais poder discricionário a empregados em certos escalões, bem como a diminuição do controlo das tarefas básicas e intermédias, com os riscos que tudo isso acarreta para a qualidade do resultado final da actividade[1167]. E nem se diga que o credor terá grande dificuldade, quando não lhe seja impossível, produzir prova da culpa debitória, certo como é que, no âmbito da responsabilidade obrigacional, a culpa do devedor se encontra legalmente presumida.

Pelo que respeita ao carácter culposo do não cumprimento – designadamente na modalidade de cumprimento defeituoso –, tem de tomar-se em consideração o que diz C. Ferreira de Almeida[1168], a propósito das situações em que o contrato contém cláusulas contratuais gerais "por remissão para enunciados gerais (vg. rótulos e outros enunciados promocionais) de que o declarante não seja autor ou que, embora tenha subscrito, como autor ou co-autor, não esteja em condições de controlar quanto à correspondência efectiva com a realidade dos bens a que se referem. É o caso típico dos contratos de compra e venda a retalho, na sua relação com rótulos, anúncios e publicações emitidas e/ou concebidas pelo produtor. Uma apreciação apressada levaria à conclusão de que,

[1165] Assim, p. ex., já Azeredo Perdigão, "O princípio da autonomia da vontade e as cláusulas limitativas da responsabilidade", *in Revista da Ordem dos Advogados*, ano 10.°, n°s. 3 e 4, Eike von Hippel, cit., pp. 9 a 12, Clóvis do Couto e Silva, *Príncipes fondamentaux de la responsabilité civile en droit brésilien er comparé, Cours fait à la Faculté de Droit et de Sciences Politiques de St. Maur (Paris) XII)*, pp. 127-128, e eu, *Cláusulas...*, cit., em particular p. 577.

[1166] O fenómeno, característico de uma economia mercado, está longe de ser novo.

[1167] Em formulação que, formal mas sobretudo substancialmente, prefiro – embora não possa defender face ao direito constituído – desde há muito falar numa responsabilidade por "risco da empresa". Sobre a questão, também Fernando Noronha, cit., pp. 340 e 341.

[1168] *Texto e Enunciado...*, cit., pp. 954 a 957.

por falta de culpa do vendedor, este nunca seria responsabilizado pela eventual desconformidade, ficando absolutamente inoperante todo o esforço [...] desenvolvido para demonstrar a possibilidade e o modo de inserção, nesses contratos, de enunciados gerais de autoria e/ou concepção alheias ao declarante. Uma tal conclusão não seria exacta. Em primeiro lugar, a referência a qualidades enunciadas por outrem pode ser o meio escolhido pelo vendedor para garantir o bom funcionamento da coisa vendida, pelo qual responderá independentemente de culpa (artigo 921, n.º 1). Em segundo lugar, o contraente, que remete, expressa ou tacitamente, para um enunciado promocional alheio ou que se limita a subscrevê-lo, pode, apesar disso, ter contribuído culposamente para a desconformidade entre a descrição do objecto, tal como é publicitado, e o objecto, tal como é na realidade da prestação efectuada. A sua influência recai sobre o primeiro dos termos da relação, isto é, sobre a referência constante do enunciado geral, se o contraente se não informa, de modo adequado e razoável, sobre o material publicitário utilizado nos seus próprios anúncios ou sobre o conteúdo de outros em que o seu nome figura conjuntamente com o de quem os concebeu ou ainda afixa cartazes ou distribui publicações fora do contexto recomendado pelo produtor. A sua influência recai sobre o segundo dos termos da relação, isto é, sobre o objecto prestado, se o contraente se desvia de directivas específicas ou de normas apropriadas à sua conservação ou fabrico ou ainda se omite, ou transmite incorrectamente, instruções de utilização pelo adquirente, indispensáveis à efectiva verificação das qualidades escritas. Em terceiro lugar, mesmo quando lhe não seja imputável a desconformidade em si mesma, o devedor é ainda responsável por defeitos que conhecia ou que não devia ignorar. [...] Circunstâncias [para apreciação da culpa] aqui relevantes serão, por exemplo, a preexistência de reclamações frequentes para produtos da mesma série, bem como a detecção de indícios de inadequação ou de incoerência de informações, perceptíveis segundo os conhecimentos técnicos normais de um vendedor profissional, mas inacessíveis à compreensão de um comprador leigo. Por último, se o devedor provar que o incumprimento ou o cumprimento defeituoso lhe não são imputáveis, nem por isso fica numa situação equivalente à do cumprimento. [...] mantêm-se consequências jurídicas tão importantes como, conforme as circunstâncias, a *perpetuatio obligationis*, a perda do direito à contraprestação e a resolubilidade do contrato sinalagmático". O autor acrescenta que "a responsabilidade do contraente pela desconformidade do objecto com a sua descrição em cláusulas contratuais gerais que ele próprio predispôs ou que assumiu não é a única nem é geralmente a mais eficaz das soluções, sempre que o contrato em causa seja apenas um entre muitos de uma série e o último de uma cadeia em que o protagonista económica e juridicamente mais forte é um produtor, ou outro distribuidor, que não têm relações contratuais directas com o utente lesado. Lesado pode ser também o outro contraente, que, de modos diferenciados, acaba por arcar com as consequências de uma desconformidade que, no todo ou em parte, ultrapassa o seu próprio controlo. Em aberto fica a possibilidade de repercutir, para montante, através de sucessivas pretensões, o déficit patrimonial aberto a jusante, até alcançar o topo da pirâmide".

A colocação do problema numa perspectiva de análise económica[1169] não conduz a soluções lineares, pois, se é certo que a absorção pelos utentes e consumidores dos danos conexos com a actividade empresarial dispersa as perdas, também o é que não é solução que contribua para incentivar a racionalização das empresas e, sobretudo, conduz muitas vezes a custos sociais que não devem ser admitidos. Por outro lado, como Eike von Hippel[1170] salienta, comentando a jurisprudência norte-americana, à empresa fornecedora do bem é possível fazer

[1169] Cristian Ricardo Piris, "Defensa del consumidor y análisis económico del derecho", *in* http://www.estig.ipbeja.pt/~ac_direito/Piris.pdf, escreve que "a análise económica do direito e o direito do consumidor apoiam-se em pressupostos diferentes". "Tanto a análise económica do direito como o direito do consumidor são susceptíveis de [...] críticas, Na análise económica do direito afirma-se que «...não se justifica contrapor a eficiência à exigência de proteger o consumidor», porque logrando um mercado eficiente estaremos a alcançar a melhor defesa possível do consumidor. Ou que é verdade que o mercado tem falhas, mas recorrer sem mais às regulações estatais (Direito) para as solucionar é como recorrer à magia para curar as doenças, principalmente porque um direito intervencionista como o DC [direito do consumidor] tem «custos» que não são tomados em conta na altura de legislar [...]". Referindo Dworkin, o autor assinala que "a afirmação de que a eficiência ou a maximização da riqueza não constituem valores sociais desejáveis, nem em si mesmos, nem de maneira instrumental. Finalmente, as normas jurídicas não podem ter como único fundamento o objectivo da eficiência na atribuição de recursos ou a maximização de riquezas, mas sim o objectivo do ideal de justiça. [...] No âmbito da defesa do consumidor isto soluciona-se na medida em que a **inviolabilidade do consumidor** é um princípio de justiça particular que informa todo o microsistema do Direito do Consumidor. Por outras palavras, deve-se assegurar que o consumidor não se veja afectado negativamente nos seus interesses económicos, saúde, segurança pessoal e dignidade pelo acto de consumo, visto que na actualidade este é o único meio através do qual pode satisfazer as suas necessidades materiais".

[1170] Cit..

seguros dos danos causados pela sua actividade, repercutindo as respectivas remunerações nos preços dos bens.

Almeida Costa e Menezes Cordeiro[1171], referindo-se ao regime desta alínea e das anteriores, dizem que "o teor das restrições [delas constantes] não veda a estipulação de cláusulas penais". Mas acrescentam: "estas devem, todavia, ser concebidas em termos de não excluírem a responsabilidade, nem tão-pouco a limitarem". O esclarecimento inicial é enigmático: por que haveria a proibição (e a inerente permissão) de cláusulas de exclusão e de limitação de responsabilidade de afastar a possibilidade de estabelecer cláusulas penais? A afirmação seguinte é também pouco clara: por que razão e com que fundamento (nesta ou noutra lei) não podem as cláusulas penais limitar a responsabilidade debitória[1172]?

Noronha Nascimento[1173] refere o acórdão do STJ de 2 de Julho de 1991 (Cura Mariano) em que foi decidido que as cláusulas de limitação da responsabilidade de um transitário por culpa grave eram nulas, nos termos desta disposição. O mesmo autor[1174] ocupa-se de uma cláusula que "isentava a «Essogás» de qualquer responsabilidade em caso de acidente provocado pelo gás por si fornecido", que foi declarada nula em acção inibitória, por violação do artigo 18.º "*a) b), c) d)*", no acórdão do STJ de 6 de Maio de 1993 (Figueiredo de Sousa), observando o autor que "o exemplo descrito é sintomático porque das soluções aí defendidas é possível extrapolar para o fornecimento de outros serviços essenciais (água, telefone, electricidade) em casos análogos. Menezes Leitão[1175] dá notícia do mesmo acórdão, proferido em acção inibitória e que condenou a «companhia de gás a abster-se de utilizar uma cláusula que estabelecia um reconhecimento pelo consumidor de que não cabia à companhia qualquer responsabilidade por acidentes causados pelo fornecimento do gás, tendo o tribunal considerado que tal implicava uma exclusão indirecta [?] de responsabilidade". O mesmo autor[1176]

[1171] Cit. p. 43.

[1172] Não se ignora a discussão que tem sido – e é – travada sobre as fronteiras entre cláusula penal e cláusula de limitação da responsabilidade, associada em geral às funções (ou modalidades, para quem assim o entende) que a cláusula penal pode desempenhar. Lamento não poder abordar este ponto nesta ocasião.

[1173] Cit., p. 106.

[1174] *Ibidem*, p. 115.

[1175] Cit., p. 39, nota 50.

[1176] *Ibidem*, p. 42, nota 54.

refere um acórdão do mesmo tribunal, de 27 de Abril de 1999 (Lopes Pinto), em que "foi considerada ilegal por violação do art. 19.º c) da LCCG e art. 809.º do Código Civil a denominada «cláusula Kodak», através da qual uma empresa de revelação de fotografias limitava a sua responsabilidade pelo extravio dos negativos à entrega de filme de película virgem".

O já mencionado acórdão do STJ de 19 de Setembro de 2006 (João Camilo) apreciou, num contrato de aluguer de longa duração e à luz desta norma, a validade da seguinte cláusula: "A imobilização da viatura, seja por acidente, necessidade de revisão, reparação, ou qualquer outra causa, não dispensa o locatário do pagamento pontual dos alugueres, nem vincula o locador à substituição, temporária ou definitiva, do veículo", concluindo: "Tal como entendeu a sentença de 1.ª instância, pensamos que o carácter abrangente da previsão da causa de imobilização da viatura pode incluir uma causa de incumprimento imputável ao locador a título de dolo ou de culpa grave, o que leva a que a cláusula possa, desta maneira, fazer excluir ou limitar a responsabilidade do locador naquelas condições no cumprimento da sua obrigação contratual de proporcionar o gozo da viatura ao locatário. Por isso, também entendemos que a referida cláusula viola a referida proibição da alínea c)".

No referido acórdão do mesmo Tribunal de 15 de Maio de 2008 (Mota Miranda) foi apreciada a seguinte cláusula: "A CGD, sem prejuízo de adoptar as medidas que entender convenientes, não pode, em circunstância alguma, ser responsabilizada pela não aceitação do cartão nem pelas deficiências de atendimento ou má qualidade dos bens e serviços obtidos por seu intermédio". Entendeu o Tribunal que tal cláusula "consagra um regime de irresponsabilidade" proibido, "dado que o banco não pode, sem mais, ficar alheio a essas relações entre o titular do cartão e o terceiro comerciante ou prestador de bens ou serviços, sob pena de se excluir a responsabilidade do banco, mesmo nos casos em que uma sua actuação danosa lhe fosse imputada a título de dolo ou culpa grave". Julgo que o problema não é tão linear como o Tribunal o equacionou; é raro (se existente) que haja qualquer relação directa entre o banco e os comerciantes que, aceitando o pagamento por cartões, prestam serviços ou vendem coisas. Mesmo nos casos em que tal contrato exista, sempre seria de duvidar de que os comerciantes actuassem como representantes ou auxiliares do banco, fazendo-o incorrer em responsabilidade. Talvez não seja esta, porém, a hipótese que o tribunal configurou, já porque a nulidade é declarada com fundamento nesta alínea e não na seguinte, já porque se refere a "uma sua [do banco] actuação danosa". Mas, se pensava numa conduta (positiva ou negativa) própria do banco, a que propósito vem a referência à alienidade (ou não) das relações entre o titular do cartão e os terceiros cujos bens e/ou serviços são pagos por aquele cartão? Admita-se[1177] que o banco se obriga perante os seus clientes a que certos terceiros aceitem o cartão como meio de pagamento; a recusa do cartão por esses terceiros configuraria um incumprimento da obrigação assumida pelo banco; apesar de o facto obstaculizador do cumprimento não ser próprio, pode admitir-se que o banco assumiu uma obrigação de facto de terceiros, pelo seu não cumprimento respondendo directamente. Talvez[1178]. Se se teve em conta as hipóteses de não aceitação do cartão como meio de pagamento, por deficiência deste imputável ao banco, a decisão tem sentido, mas teria sido melhor explicá-la, o que o teor literal da cláusula não faz.

Ainda naquele acórdão de 15 de Maio de 2008 (Mota Miranda) entendeu-se ser válida, por se limitar a impor uma obrigação ao titular de um cartão de crédito – apenas se excluindo "a responsabilidade da CGD por uma utilização contratualmente ilícita do titular do cartão, quer a CGD a tenha quer a não tenha inviabilizado, o que se encontra em consonância com o princípio geral de que a responsabilidade recai sobre o incumpridor" –, não excluindo ou limitando a responsabilidade do banco, a cláusula que dizia: "O titular obriga-se a utilizar sempre o MBNet em todas e quaisquer operações que venha a efectuar em ambientes abertos, podendo a Caixa inviabilizar as operações em que o referido Serviço não seja utilizado, não sendo, em qualquer caso, responsável por eventuais prejuízos sofridos pelo titular".

E o acórdão do STJ de 15 de Outubro de 2009 (pr n.º 29368/03.5TJLSB.S1, Alberto Sobrinho[1179]), considerando esta cláusula ("*O titular, ao assinar uma factura ou introduzir o PIN, confirma a respectiva transacção e aceita o débito do seu valor, permanecendo o Banco alheio a qualquer incidente ou litígio que ocorra entre o titular*

[1177] Como hipótese teórica.

[1178] Isso não explica a nulidade da cláusula – face a esta norma –, quando ela irresponsabiliza o banco "pelas deficiências de atendimento ou má qualidade dos bens e serviços" dos comerciantes. Não se vê de onde fosse uma alegada responsabilidade do banco por estes factos retirar fundamento. A sensação com que se fica é a de que a cláusula, sendo absolutamente supérflua, veio criar um problema que não existia e que o tribunal, nele acreditando, procurou resolvê-lo a favor dos clientes. Louva-se a intenção, mas não se percebe qual o papel do Direito em tudo isto. Uma explicação possível para a existência desta cláusula é a de que ela tenha sido copiada de um modelo estrangeiro, de país em que a questão se coloque.

[1179] *In www.dgsi.pt*.

e o estabelecimento; O titular em caso algum pode exigir ao Banco a revogação de uma ordem sua dada através do cartão, sem prejuízo de, sempre que ocorra tal solicitação revogatória, poder o Banco analisar a viabilidade da respectiva execução"), entendeu que dela "decorre uma evidente irresponsabilização genérica previamente fixada pelo banco, que possa resultar das operações realizadas entre o titular do cartão e terceiros, mesmo em caso de dolo ou culpa grave. Mas o banco emissor dos cartões não é totalmente alheio às relações estabelecidas entre o titular do cartão e esses terceiros, prestadores de serviços, porquanto, e desde logo, com eles acordou a aceitação do cartão como meio de pagamento [...] uma cláusula deste teor afrontaria o normativo regulador das vendas à distância, um comércio em franco desenvolvimento com utilização do cartão como meio privilegiado de pagamento, em que o consumidor pode, em determinadas circunstâncias, resolver livremente o contrato no prazo de 14 dias (arts. 6° do Dec-Lei 143/2001, de 26 Abril, 8° e 16° de Lei 24/96, de 31 Julho). O banco, ao pôr-se à margem, de um modo genérico, de todo e qualquer conflito que possa surgir entre o titular do cartão e o terceiro prestador do serviço, está a eximir-se a qualquer responsabilidade decorrente das operações realizadas com o cartão, mesmo que ocorresse uma sua actuação dolosa ou gravemente culposa. Esta cláusula genérica excludente de responsabilidade em tais situações viola frontalmente o estatuído na al. c) do citado art. 18°, cláusula absolutamente proibida e, como tal, nula".

A questão da validade/invalidade destas cláusulas quando tenham sido negociadas ficou abordada no art. 7.° e na al. *a)* desta disposição.

d) Excluam ou limitem, de modo directo ou indirecto, a responsabilidade por actos de representantes ou auxiliares, em caso de dolo ou de culpa grave;

Esta alínea é passível de observações idênticas às que ficaram feitas a propósito da alínea anterior, quando considerado o regime do n.° 2 do art. 800.° do Código Civil e a quase pacífica interpretação de que é desde há muito objecto. Não há, nem havia, significativas divergências interpretativas no sentido de que a proibição constante do regime geral tem o conteúdo desta disposição – salvo a de Antunes Varela[1180] e alguns mais[1181] que consideram que a norma proíbe a

[1180] *Das Obrigações em geral*, cit., p. 249.

[1181] Eu própria, *Cláusulas*..., cit. e Pinto Oliveira, cit..

exclusão ou limitação convencional da responsabilidade, qualquer que seja o grau de culpa –, o que torna esta incompreensível: se se tratava de não alterar aquele regime no âmbito dos contratos de adesão, para quê repetir a norma?; e, se estes contratos justificam regime mais restritivo da liberdade contratual, por quê manter o regime já existente?

E por quê propor a sua manutenção inalterada, como o faz a al. *d)* do n.º 1 do art. 219.º do Anteprojecto do Código do Consumidor?

Sousa Ribeiro[1182] atribui "enorme alcance prático" à norma, salientando que o regime das cláusulas exoneratórias ou limitativas da responsabilidade obrigacional no Código Civil é diverso, consoante se trate de actos do próprio devedor ou de terceiro, seu representante ou auxiliar, ignorando a interpretação do art. 800.º, n.º 2, do Código Civil que lhe atribui este exacto conteúdo proibitivo, ao afirmar que esta alínea "contém uma disciplina especial mais restritiva do que a estabelecida no art. 800.º, n.º 2, do Código Civil" (ressalvando apenas a posição de Galvão Telles). Almeida Costa e Menezes Cordeiro[1183] entendem que esta alínea "introduz uma excepção aos arts. 800.º, n.º 2, e 809.º, *in fine*, do Código Civil. A exclusão ou limitação da responsabilidade por actos de representantes ou auxiliares, expressamente permitida nessas disposições [?], constituiria um processo de, na prática, contornar a proibição das cláusulas que excluam ou limitem a responsabilidade dos que deles se aproveitem", acrescentando a seguinte evidência: "hoje em dia, as entidades que recorrem a cláusulas contratuais gerais são, em regra, pessoas colectivas que actuam através de representantes e auxiliares, cuja responsabilização exclusiva esvaziaria, não raro, de conteúdo efectivo o ressarcimento dos danos".

Quanto ao âmbito do conceito de auxiliares e representantes, Sousa Ribeiro[1184] sublinha que "a substituição [do devedor] só produzirá efeitos exoneratórios quando se tratar de uma substituição jurídica, envolvendo a saída da relação do devedor originário e a assunção da posição debitória, em exclusivo, por um novo obrigado", e que "também não haverá, em rigor, recurso a um substituto quando, por força do próprio programa contratual, a prestação do devedor se esgote na escolha e contratação de um terceiro, cuja actividade, essa sim, satisfará, em termos finais, o interesse do credor. Do próprio conteúdo da rela-

1182 "Responsabilidade e garantia...", cit., pp. 126-127.

1183 Cit., p. 43.

1184 *Ibidem*, pp. 128-129.

ção jurídica resulta então que ele age como um simples mediador com mandato para celebrar com outrem um contrato por conta do representado".

Quer por força do regime geral quer pela deste, cláusulas com este conteúdo, ainda que tenham sido especificamente acordadas, devem considerar-se nulas, como ficou referido na anotação ao art. 7.º.

No *supra* citado acórdão do STJ de 15 de Maio de 2008 (Mota Miranda), entendeu-se serem nulas as seguintes cláusulas:

a) "O Banco não é responsável pela não aceitação por terceiros do cartão TottaGold, por deficiências de atendimento ou por qualquer vício dos bens ou serviços obtidos através do cartão";

b) "O Banco é terceiro em todos os incidentes ou questões que se possam suscitar entre o Titular do cartão TottaGold e o Comerciante/Prestador de Serviços";

c) "A resolução, revogação ou incumprimento de qualquer contrato ou acordo estabelecido pelo Titular do cartão TottaGold com terceiros não é oponível ao Banco";

d) "O Banco não é responsável pela não aceitação por terceiros do cartão Super Satisfação, por deficiências de atendimento ou por qualquer vício dos bens ou serviços obtidos através do cartão";

e) "O Banco é terceiro em todos os incidentes ou questões que se possam suscitar entre o Titular do cartão Super Satisfação e o Comerciante/Prestador de Serviços";

f) "A resolução, revogação ou incumprimento de qualquer contrato ou acordo estabelecido pelo Titular do cartão Super Satisfação com terceiros não é oponível ao Banco";

g) "O Banco não é responsável pela não aceitação por terceiros do cartão Classic, por deficiências de atendimento ou por qualquer vício dos bens ou serviços obtidos através do cartão";

h) "O Banco é terceiro em todos os incidentes ou questões que se possam suscitar entre o Titular do cartão Classic e o Comerciante/Prestador de Serviços";

i) "A resolução, revogação ou incumprimento de qualquer contrato ou acordo estabelecido pelo Titular do cartão Classic com terceiros não é oponível ao Banco";

j) "O Banco não é responsável pela não aceitação por terceiros do cartão + Casa, por deficiências de atendimento ou por qualquer vício dos bens ou serviços obtidos através do cartão";

l) "O Banco é terceiro em todos os incidentes ou questões que se possam suscitar entre o Titular do cartão + Casa e o Comerciante/Prestador de Serviços";

m) "A resolução, revogação ou incumprimento de qualquer contrato ou acordo estabelecido pelo Titular do cartão + Casa com terceiros não é oponível ao Banco",

com a seguinte argumentação: "De tais cláusulas, de conteúdo semelhante naqueles cartões, resulta que o Banco se exclui de qualquer responsabilidade que possa resultar das operações realizadas, com os cartões, entre o aderente, titular do cartão e terceiros. Ora, o banco emissor dos cartões não é de todo alheio a essas relações entre o titular do cartão e o terceiro, comerciante ou prestador de serviços – há aqui uma interligação entre o banco e o aderente/utilizador do cartão, entre esse titular do cartão e o terceiro, comerciante ou prestador de serviços, e entre o banco emissor do cartão e esses terceiros com quem o banco acordou a aceitação do cartão como meio de pagamento. Esta tríplice relação interpenetra-se, não podendo, sem mais, ser dissociada uma da outra, excluindo-se o banco de toda e qualquer responsabilidade por eventuais danos, designadamente, resultantes de vícios da sua prestação. Por isso, dispondo-se no art. 18º, al. c) daquele dec.-lei [446/85] que são proibidas as cláusulas que excluam ou limitem de modo directo ou indirecto a responsabilidade por não cumprimento definitivo, mora ou cumprimento defeituoso, em caso de dolo ou de culpa grave, e determinando-se no artigo 21.º, al. d) do mesmo dec.-lei que são proibidas as cláusulas que excluam os deveres que recaiam sobre o predisponente, em resultado de vícios da prestação ou estabeleçam nesse âmbito reparações ou indemnizações pecuniárias pré-determinadas, tem de se concluir pela sua proibição e consequente nulidade (art. 2º do dec.-lei 446/85). De outro modo estar-se-ia a excluir o banco de responsabilidade, mesmo nos casos em que uma sua actuação danosa lhe fosse imputada a título de dolo ou culpa grave".

Como já se disse, a propósito da alínea anterior, não é habitual que exista, como é afirmado no acórdão, um acordo entre o banco e os terceiros, pelo qual estes se obriguem a aceitar o cartão[1185]. Mas, a havê-lo – ou quando o haja –, o banco pode responder pelo incumprimento dessa obrigação dos terceiros: a de

[1185] Tipicamente, os cartões de cada sistema (por exemplo, VISA ou Multibanco) são emitidos por mais do que um banco; assim, apenas por coincidência o banco que emitiu o cartão e o que forneceu ao comerciante o terminal de pagamento serão um único e o mesmo.

aceitação do cartão. Já pelas "deficiências de atendimento ou por qualquer vício dos bens ou serviços prestados *através do cartão*" (sublinhado meu, pois a formulação parece inculcar a ideia de que os bens ou serviços são adquiridos pelo cartão e não pelos contratos com os terceiros que os prestam), não se vê como é que – salvo pela existência destas previsões clausulares – se poderia configurar qualquer responsabilidade do banco por actos de representantes ou auxiliares. O mesmo se diga quanto à maioria – salvo os que respeitem à recusa do cartão (sempre no pressuposto de que o banco se obriga perante o cliente a que este seja aceite e os comerciantes tenham realizado um qualquer acordo com o banco pelo qual se obrigavam a aceitá-lo) – dos "incidentes ou questões que se possam suscitar entre o Titular do cartão [...] e o Comerciante/Prestador dos Serviços".

A última cláusula – que exclui a oponibilidade ao banco de resolução, revogação ou incumprimentos "de qualquer contrato ou acordo estabelecido pelo titular do cartão [...] com terceiros" – parece ter conteúdo útil, mas não se afigura consubstanciar uma cláusula de afastamento ou de limitação da responsabilidade do banco por actos de terceiro[1186].

Em conclusão: se bem compreendi os factos a que se aplicam (?) estas cláusulas, em muitos deles elas não têm objecto[1187]; existindo as estipulações, como que fica constituído o respectivo objecto, e o tribunal toma-o como existente.

O acórdão do STJ de 2 de Março de 2010 (p n.º 29371/03.5TJLSB.S1, Urbano Dias[1188]), perante uma cláusula de teor semelhante a algumas das anteriores[1189], diz o seguinte: "situando-se a exclusão de responsabilidade fora do âmbito da sua natural acção (a actuação dos comerciantes não pode responsabilizar o Banco, nem este pode garantir o produto), não vemos como se possa sustentar a nulidade de tal cláusula: é que o que ela estabelece resulta da aplicação prática dos princípios informadores do instituto da responsabilidade civil. Temos, pois, como válida a aludida cláusula". O mesmo aresto apreciou ainda uma outra estipulação: "O que acontece caso o Cartão não funcione? O DD não será res-

[1186] Nem próprios, já agora.

[1187] Não se percebendo por que foram formuladas, não encontro explicação, para além da que já aventei, de que tenham sido decalcadas de contratos existentes alhures, em que talvez tenham conteúdo.

[1188] *In www.dgsi.pt.*

[1189] "O AA não poderá ser responsabilizado pela não-aceitação do cartão em qualquer estabelecimento, por deficiência ou anomalia no atendimento, pela deficiente qualidade dos bens ou serviços obtidos por intermédio do cartão".

ponsável por quaisquer incidentes ocorridos entre o Titular e o estabelecimento comercial ou proprietário do terminal ou por qualquer anomalia técnica que ocorra nas Caixas Automáticas. Se os problemas persistirem, o Titular deverá contactar de imediato o DD", dizendo que, "de acordo com as regras e princípios que norteiam o instituto da responsabilidade civil, não podemos deixar de considerar como alheio à acção do Banco emissor do cartão tudo o que, eventualmente, se passe de anormal no funcionamento das caixas automáticas. A responsabilidade que a A./recorrida pretendeu ver, neste caso concreto, alargada ao banco emissor vai além do que se pode considerar como sendo o círculo normal de responsabilidade. Fora do mesmo, por a ele ser estranho, não tem cabimento assacar-lhe responsabilidades. Não vemos, pois, na exclusão de responsabilidade assinalada no segmento da cláusula em apreciação, qualquer violação dos normativos convocados pelo tribunal recorrido para o considerar nulo".

e) Confiram, de modo directo ou indirecto, a quem as predisponha, a faculdade exclusiva de interpretar qualquer cláusula do contrato;

Contém esta alínea uma disposição que tenderia a considerar inútil, se acreditasse na do art. 15.º, já que dificilmente uma convenção com este conteúdo passaria o crivo da conformidade com a boa fé. Na verdade, uma cláusula que atribua a faculdade a um dos contraentes de, unilateral e discricionariamente, interpretar parte ou a totalidade do contrato terá de ser – será, independentemente do tipo de negócio de que conste ou das circunstâncias da sua celebração – incompatível com a boa fé[1190].

Menezes Cordeiro, na obra conjunta com Almeida Costa[1191], parece imputar a este preceito a proibição de uma cláusula destas, ainda que o contrato não seja de adesão; é o seguinte o texto: "proíbe a alínea *e)* as cláusulas contratuais gerais que confiram, unicamente, a quem as predisponha a faculdade de interpretar qualquer preceito contratual – e provenha ele, ou não, de simples adesão. A hermenêutica dos contratos rege-se por regras próprias. Não havendo acordo entre as partes [?], resta o recurso a instâncias judiciais".

[1190] Não afirmando isto, mas opinando que a disposição "tem a ver com a interpretação de qualquer regra contratual, provenha ela, ou não, de adesão a cláusulas predispostas", Menezes Cordeiro, *Tratado...*, cit., p. 445.

[1191] Cit., p. 43.

Atribuir um conteúdo autonomamente útil à norma supõe entender que um "modo indirecto" de facultar a possibilidade de interpretação de cláusula(s) contratual(is) pode consistir na alteração unilateral do conteúdo clausular do contrato, designadamente através da redução das obrigações do predisponente ou do agravamento das do aderente. Sejam, porém, hipóteses deste tipo as que a lei visa, e melhor teria sido que as enunciasse claramente, pelo menos nos casos em que elas são conhecidas como frequentes em contratos predispostos, reservando previsões ambíguas deste género para aquelas que pudessem vir a surgir no mercado e que, por inultrapassável desconhecimento, não pudessem ser objecto de previsão específica. O que significa que – partindo do discutível pressuposto de que este é o sentido da norma –, mesmo em relação a elas, teria sido possível prevê-las genericamente em formulação semanticamente menos enigmática e, por isso, menos geradora de incertezas interpretativas.

O Anteprojecto do Código do Consumidor propõe, não inesperadamente, a sua manutenção, na al. *e)* do seu art. 219.°, n.° 1.

f) Excluam a excepção de não cumprimento do contrato ou a resolução por incumprimento;

Proíbe-se, na parte inicial do preceito, o afastamento convencional da excepção de não cumprimento – cláusula que é habitualmente incluída no conjunto daquelas que visam retirar ao devedor a possibilidade de se eximir do cumprimento ou de o retardar, pela invocação de excepções, e que são cobertas pela designação genérica de *solve et repete*[1192].

Se bem que não se esteja nesta hipótese perante uma norma abertamente redundante com outra integradora do regime geral dos contratos, é antiga e numerosa a corrente doutrinária que sustenta a sua nulidade em geral[1193].

1192 O art. 1341.° do Código Civil italiano de 1942 qualificava como *vessatorie* e carecidas de específica aceitação por escrito todas as estipulações que contivessem limites à faculdade de opor excepções por parte do aderente, isto é, de todas as cláusulas *solve et repete*.

1193 V., p. ex., José João Abrantes, *A excepção de não cumprimento do contrato no Direito Civil Português*, p. 211, e doutrina aí indicada, tendo a referida Resolução do Conselho da Europa de 16 de Novembro de 1976 condenado como abusiva a cláusula que tenha

A disposição é transcrita na al. *f)* do art. 219.º, n.º 1, do Anteprojecto do Código do Consumidor.

Se se tratar de cláusula que preveja o afastamento da *exceptio* mediante a prestação de garantias pela outra parte, hipótese excluída pelo n.º 2 do art. 408.º do Código Civil, que dizer? Embora a proibição desta al. *f)* não se detenha em circunstâncias condicionadoras – ou até também por isso –, considerando a razão por que aquela disposição do Código Civil afasta esta possibilidade, a de ela não preservar o sinalagma que existe entre as obrigações, entendo que deve ser considerada incluída no âmbito proibitivo desta disposição. Do mesmo modo o deve aquela que previr que a *exceptio* só é invocável se o incumprimento da obrigação da contraparte for culposo ou que, de outro modo, condicione ou limite a invocação da excepção pelo aderente, incluídas as que estabelecerem o afastamento das regras dos arts. 430.º[1194] e 431.º[1195], ambos do Código Civil.

Se a cláusula impedir o aderente de suspender total ou parcialmente o pagamento das retribuições devidas, nos casos em que o fornecedor de bens ou serviços não cumprir as suas obrigações, estar-se-á também, em princípio, perante uma exclusão proibida da *exceptio*.

Não cabe analisar aqui todas as hipóteses em que a *exceptio* é invocável, pois em todas elas se aplicará o preceito. Daí que não se refira a chamada *exceptio non rite adimpleti contractus*, cujos termos de admissibilidade são conhecidos.

Questão que justifica referência é a colocada por Joana Farrajota[1196] de saber se uma convenção – ou declaração do aderente – de que a coisa (ou outra prestação) que lhe foi entregue não tem defeitos, isto é, corresponde a um cumprimento pontual, deve considerar-se abrangida na proibição, problema a que dá expedita resposta afirmativa. Não creio que a solução possa ser em abstracto linear. Em primeiro lugar, tem de se considerar esta hipótese tomando em conta outras proibições constantes deste normativo, designadamente as da al. *d)* do artigo seguinte, e as das als, *b)* e *e)* do art. 21.º.

como objecto afastar, em benefício do fornecedor, as consequências do sinalagma entre as obrigações nos contratos bilaterais.

[1194] Que dispõe que a prescrição, que não seja presuntiva, do direito do excipiente não obsta à invocação por ele da *exceptio.*

[1195] Que, desnecessariamente aliás, estabelece que a *exceptio* é invocável contra qualquer sujeito que substitua a parte originária no contrato.

[1196] "A Exclusão da Excepção de Não Cumprimento no Regime das Cláusulas Contratuais Gerais", *in Sub judice*, 2007, cit., pp. 81-82.

Na primeira das referidas normas, proíbem-se "ficções de [...] aceitação [...] com base em factos para tal insuficientes". Daqui decorre – o que poderia alcançar-se mesmo sem esta disposição – que pode haver declarações de aceitação, entendidas no amplo sentido de declarações de conformidade, eficazes, desde que tenham por base factos que as fundamentem. Não pode, pois, afirmar-se, indiscriminadamente, que a declaração de que a prestação não sofre de incompletudes, vícios ou defeitos, seja sempre destituída de base ou fundamento, correspondendo a uma – entre outras – renúncia ao direito à invocação da excepção de não cumprimento. Quando, no âmbito dos contratos em que uma das partes seja consumidor ou equiparado, se interdita a cláusula que confira, "de modo directo ou indirecto, a quem as predisponha a faculdade exclusiva de verificar e estabelecer a qualidade das coisas ou serviços fornecidos", parte-se do evidente princípio de que o aderente (consumidor também neste caso) tem a faculdade de verificar aquela qualidade ou conformidade, o que pode efectivamente suceder. Finalmente, a al. *e)* do mesmo art. 21.°, proibindo as cláusulas pelas quais o consumidor/aderente ateste conhecimentos relativos a aspectos materiais do contrato, é bastante, embora apenas no quadro dos contratos em que for parte um consumidor ou equiparado, para impedir a relevância jurídica da declaração de conformidade destituída de fundamento, isto é, não precedida de verificação suficiente.

Tudo isto tem o propósito de dizer algo de elementar: pode a declaração (ou convenção) em causa não ter qualquer base, correspondendo, além do mais (porque constituirá também convenção de irresponsabilização do fornecedor do bem ou serviço), a uma renúncia proibida à invocação da excepção; mas pode não ser esse o caso.

Utilizando um exemplo retirado do mercado, Joana Farrajota afirma que "a exigência da fundamentação escrita pode constituir um encargo para o aderente de tal ordem que este desista de exercer o respectivo direito". Não discordando da conclusão, e sem deixar de tomar em conta que se está no quadro de contratos concluídos entre empresários e/ou profissionais liberais – o que não é secundário para a avaliação do esforço –, propendo para o entendimento de que a nulidade de uma cláusula que condicione à forma escrita a reclamação contra uma prestação não se retirará exclusivamente desta al. *f)*, mas, se for esse o caso, considerada a cláusula no contrato em que se insere, do art. 15.° em conjugação com a norma agora em análise. Quanto aos contratos em que seja parte um consumidor, a proibição decorre directamente da al. *o)* do art. 22.°, pelo que, nesse âmbito, a solução do problema prescinde quer da norma desta al. *f)* quer do art. 15.º.

Outra hipótese considerada por Joana Farrajota respeita às chamadas cláusulas de compensação cruzada, frequentes nos contratos de abertura de conta de depósito à ordem, "que permitem ao banco compensar determinados créditos com quantias que detenha do cliente, sem necessidade de verificação dos requisitos legais da compensação, nomeadamente a inexistência de qualquer excepção dilatória ou peremptória material contra o crédito, entre as quais se inclui a excepção de não cumprimento". Perante um exemplo de cláusula deste tipo, conclui que ela "impede na prática o exercício da excepção [...] pelo aderente, encontrando-se assim, naturalmente, no âmbito de aplicação da alínea *f)* do artigo 18.º da LCCG". Na grande maioria das hipóteses de aplicação das cláusulas de compensação cruzada, não há lugar à oponibilidade de qualquer excepção, seja a de não cumprimento ou outra, tanto quanto creio. Para que a houvesse, seria necessário que existissem obrigações sinalagmáticas entre o banco e o cliente, o que terá[1197] rara oportunidade de suceder. A havê-las e a entender-se que deve ser proibida uma cláusula num concreto contrato, mesmo que neste não se verifique a situação interditada pela estipulação, terá então razão a autora. Não se me afigura tão natural a conclusão, sobre a qual tenho dúvidas. Mais uma vez, apreciando uma cláusula desse tipo em função da boa fé, não raro se poderá concluir pela sua nulidade, não por violação desta al. *f)*, antes por caber na previsão do art. 15.º.

O, por várias vezes mencionado, acórdão de 15 de Maio de 2008 (Mota Miranda) pronunciou-se sobre cláusula, incluída em vários contratos bancários (cartão de crédito), nos termos da qual o banco ficaria "desde já autorizado a debitar qualquer conta do titular do Cartão [...], existente no Banco e por este movimentável, pelas importâncias não pagas nos respectivos vencimentos e a compensar o respectivo montante com débitos de igual valor e independentemente da verificação dos requisitos da compensação legal". A cláusula tinha sido "declarada nula no acórdão recorrido por violação do disposto no art. 19.º, al. d) do dec.-lei 446/85 [...] com a invocação de que tal cláusula permite compensar dívidas através de contas de que o titular do cartão, embora as possa movimentar, não é titular, como por exemplo, quando se trata de procurador". Após longa análise, o aresto conclui: "Porém, tal cláusula – ao autorizar o Banco a proceder a

[1197] A ter.

compensação, debitando qualquer conta do titular do cartão pelas quantias não pagas – permite que o Banco também debite e proceda a essa compensação com contas de que o titular do cartão não é o único titular da conta, com contas conjuntas ou solidárias. Ora, sendo vários os titulares da conta, presume-se que as suas quotas sejam iguais (art. 516.º do C.C. e Acórdãos do S.T.J. de 27/1/98 e de 17/6/99, na *C.J.* - S.T.J. - 1998-1-42 e 1999-2-152). Daí que, com tal autorização, o Banco está a impor ao titular do cartão a aceitação de débitos e compensação com créditos de terceiro, com créditos de quem não é titular do cartão, o que não pode aceitar-se. E não justifica essa imposição o facto de o titular do cartão e contitular da conta poder movimentar a totalidade do depósito – é que não há que confundir as relações do Banco com o titular do cartão e contitular da conta com as relações entre os diversos contitulares de uma conta de depósito. Acresce que também se impõe ao titular do cartão a compensação independentemente da verificação dos requisitos legais sem se indicar concretamente quais sejam então os requisitos exigíveis. Daí que tal cláusula [...], como foi decidido, no acórdão recorrido, se deva considerar proibida". Sempre no mesmo acórdão, foi declarada nula uma cláusula que autorizava o banco "a debitar a quantia em dívida em qualquer outra conta de depósito de que aquele seja titular ou co-titular solidário, podendo ainda proceder à compensação nos termos legais". Nenhum dos acórdãos menciona esta proibição, como se vê.

Joana Farrajota aprecia também a estipulação de prazos diversos para o cumprimento de obrigações sinalagmáticas, em ordem a questionar se o estabelecimento do dever de cumprir em primeiro lugar ao aderente é razoável, em especial tendo em vista a exclusão da *exceptio* para este. E conclui: "caso funcione como meio de afastar a excepção, entendemos que a mesma se encontrará dentro do âmbito de aplicação da norma em análise, beneficiando assim da tutela que tal norma encerra". Se posso compreender o entusiasmo da autora, concentrada no estudo da norma desta al. *f)*, mais uma vez não a acompanho na conclusão sumária, antes creio que a apreciação tem de ser feita, primacialmente, em função do parâmetro da boa fé.

Por um lado, pode suceder que, no contrato em causa, seja razoável a estipulação de prazos diversos de cumprimento das obrigações impendentes sobre as duas partes, também o sendo que a do aderente seja executada, total ou parcialmente, em primeiro lugar; esta é valoração que só face ao contrato concluído poderá ter lugar. Por outro, se essa estipulação pode afastar – não necessariamente na totalidade, se o cumprimento inicial pelo aderente não for completo – a invocabilidade por este da *exceptio*, não pode afirmar-se que tenha exactamente esse objecto. Só a sua apreciação no quadro contratual estabelecido pode suportar a conclusão de que esse é um efeito inadmissível, por conflituar com a proibição desta al. *f)*, tendo em consideração a boa fé.

Aliás – embora este não seja argumento decisivo, pois a norma tem o seu âmbito de aplicação circunscrito aos contratos concluídos com consumidores ou equiparados –, se aquela posição fosse certa, perderia sentido a al. *l)* do art. 22.º que proíbe imposições de "antecipações de cumprimento exageradas". É evidente que esta última proibição, referindo-se a antecipações do cumprimento por parte do aderente, compreende todos os cumprimentos – totais ou parciais – prévios aos da contraparte, neles incluídos os que tenham de ocorrer já após a celebração do contrato[1198].

Já uma cláusula que proíba ao aderente a propositura de acção de cumprimento enquanto não tiver cumprido ele a sua obrigação se me afigura em princípio como violadora da proibição constante desta disposição. O mesmo sucederá com cláusula que faça depender a interpelação do predisponente pelo aderente do cumprimento de obrigação própria sinalagmática da obrigação daquele.

Finalmente, são pertinentemente analisadas pela autora as cláusulas, frequentes nos contratos de fornecimento de alguns bens ou serviços, pelas quais se estipula que certos incumprimentos não permitirão a invocação da excepção. O exemplo dado é de um contrato de prestação de serviço de telefone em que se estabelece que a "interrupção do serviço [...] por períodos ininterruptos superiores a 48 hrs [...]" terá como consequência o desconto proporcional à duração do tempo de interrupção ao preço de assinatura, caso exista. A este propósito, afirma, e bem, Joana Farrajota[1199] que a possibilidade de invocação da *exceptio* não pode, nos termos desta norma, ser circunscrita convencionalmente a períodos que excedam as 48 horas ininterruptas. Ao que acrescenta, igualmente bem, que essa invocação tem de ser admitida, apesar da cláusula, se os incumprimentos temporários (ou parciais) o justificarem, nos termos gerais da *exceptio non rite*

[1198] Não é indiscutida a questão de saber se pode falar-se de antecipação de cumprimento quando se preveja o cumprimento de uma obrigação já existente, mas que normalmente só deveria ser cumprida em momento ulterior, mas o artigo 440.º do Código Civil aponta para uma noção de antecipação que não respeita a obrigações futuras (ou não necessariamente), pois assim designa os cumprimentos coexistentes temporariamente com a conclusão do contrato ou posteriores a ela.

[1199] *Ibidem*, p. 85.

adimpleti contractus. Acrescenta[1200] que é indispensável o recurso à boa fé, consagrada no art. 762.º, n.º 2, do Código Civil, e no art. 15.º deste diploma. E ainda: "as cláusulas que abranjam simultaneamente situações susceptíveis de criar um desequilíbrio intolerável das prestações e outras em que tal não suceda serão sempre proibidas, nos termos da alínea *f)* do artigo 18.º da LCCG. De facto, bastará que a cláusula não negociada individualmente proposta seja susceptível de, pelo afastamento de exercício da excepção pelo aderente, criar uma situação de desequilíbrio entre as prestações das partes, em detrimento do aderente, intolerável para a ordem jurídica, para que seja proibida. A tutela da situação precária em que o aderente se encontra impõe tal solução. Nestes casos, as situações de exercício abusivo da excepção pelo aderente serão corrigidas *a posteriori*, através da aplicação do princípio geral de controlo do exercício de direitos, constante do artigo 762.º, n.º 2". Estas últimas afirmações não me são claras: por um lado, parece a autora fazer depender a nulidade (isto é, a verificação da estipulação proibida) de a cláusula excluidora da invocação da *exceptio* "criar uma situação de desequilíbrio entre as prestações das partes [...]", o que representa uma restrição da norma cujo teor literal não justificaria, nem a teleologia autoriza, e que é abertamente divergente da interpretação extensiva que da mesma faz na parte restante do seu estudo. Por outro lado, preocupa-se com o exercício "abusivo da excepção pelo aderente", problema cuja pertinência neste contexto não é evidente e cuja solução decorrerá evidentemente dos regimes gerais do Código Civil[1201].

Uma situação que julgo dever considerar-se contida na interdição de afastamento da *exceptio* pelo aderente é a prevista no art. 843.º do Código Civil: caso o aderente consigne em depósito a sua prestação, sendo esta objecto de obrigação sinalagmática de uma do predisponente, não pode clausularmente ser afastado o direito, conferido por aquela norma, de exigir que a coisa consignada não seja entregue ao credor enquanto este não efectuar aquela prestação. Mau grado a disposição surgir no regime da consignação em depósito, parece indiscutível que ela releva da sinalagmaticidade das obrigações e consiste na directa aplicação da excepção do não cumprimento.

[1200] P. 86.

[1201] Em primeiro lugar, o art. 334.º e, depois, do invocado 762.º, n.º 2.

Esta mesma alínea repete parcialmente o art. 809.º do Código Civil, enquanto proíbe a exclusão convencional do direito de resolução do contrato por incumprimento culposo, conteúdo proibitivo contido indiscutidamente naquela norma. Pode colocar-se o problema de saber se reentra no conteúdo proibido a cláusula que caracterize o incumprimento justificativo da resolução, designadamente de forma mais restritiva do que a lei o faz. Interditando-se cláusula pela qual se exclua "a resolução do contrato por incumprimento", parece inequívoco que o sentido da norma é o de proibir qualquer convenção que afaste o direito de resolução com este fundamento, tal como a lei geral – arts. 801.º, n.º 2, e 802.º, n.º 1, do Código Civil – o atribui, pelo que se afigura não caber dúvida sobre a nulidade de tal cláusula. Noutra formulação, parece ser próximo[1202] o pensamento de Menezes Leitão[1203], quando escreve que o afastamento deste instituto "colocaria uma das partes na posição de não poder coagir a outra a cumprir e continuar vinculada ao cumprimento da obrigação, mesmo quando, por factos imputáveis à outra parte, se justificasse outra via de proceder à sua extinção. É, por isso, duvidosa a possibilidade de afastar este [...] instituto [...], mesmo perante contratos singulares [...]".

Porém, prevendo o preceito as cláusulas que afastem a resolução por incumprimento sem qualificação do fundamento deste, há um conteúdo preceptivo autónomo dele relativamente ao do art. 809.º: a proibição de convenção que exclua o direito de resolução que ao aderente caiba por incumprimento não culposo. Se bem que só no art. 793.º, n.º 2, do Código Civil se refira a resolução do contrato por cumprimento parcial ou imperfeito não culposo, pode entender-se que ele se encontra igualmente presente, embora com um regime especial, nos arts. 795.º, n.º 1, e 796.º, também do Código Civil. Admita-se que, se bem que não se trate – na formulação literal da lei – tecnicamente de resolução do contrato, também estas hipóteses são contempladas pela proibição desta norma.

Conclui-se, então, que, na parte em que interdita o afastamento clausular do direito de resolução por incumprimento, a disposição proíbe qualquer estipulação que exclua o direito de resolução por incumprimento – quer parcial quer total – devido a facto não culposo do devedor/predisponente.

[1202] A não coincidência resulta sobretudo das dúvidas que o autor exprime sobre a proibição no regime geral, onde se encontra no art. 809.º do Código Civil.

[1203] Cit., p. 40.

g) Excluam ou limitem o direito de retenção;

A cláusula aqui proibida, relativa ao direito de retenção, é, também ela, em regra integrada no conjunto nomeado por cláusulas *solve et repete*.

A disposição é, tal como as anteriores, reproduzida no Anteprojecto do Código do Consumidor – art. 219.°, n.° 1-*g)*.

Trata-se de convenção, tal como a proibida na primeira parte da alínea anterior, que vem a traduzir-se num agravamento da responsabilidade do aderente, já que, se o devedor da entrega da coisa não pode invocar, para justificar a não entrega – o incumprimento da sua obrigação –, o direito de retenção que a lei lhe confere, esse incumprimento será ilícito e, se culposo e danoso, gerador da obrigação de indemnizar.

A este propósito, nem cabe grande controvérsia quanto aos termos da cláusula nula, já que a lei é clara ao explicitar que tanto o é aquela que afastar o direito de retenção quanto a que o limitar.

Menezes Leitão[1204] diz que o direito de retenção é um "meio [...] indispensáv[el] para compelir a outra parte ao cumprimento das suas obrigações", assimilando-o funcionalmente à excepção do não cumprimento e encontrando para as proibições de cláusulas que os excluam a mesma explicação.

Em acção inibitória intentada pelo Ministério Público, este alegou ser violadora desta proibição a cláusula, inserta em contrato de aluguer de longa duração, com o seguinte conteúdo: "o locatário reconhece ao locador o direito de este recuperar o veículo, no local onde ele se encontrar, no fim do contrato e independentemente do motivo da cessação". O STJ, no referido acórdão de 19 de Setembro de 2006 (João Camilo), entendeu ser válida a cláusula, justificando assim: "Num contrato de locação, findo o mesmo, tem o locador o direito de recuperar o bem locado – art. 1038°, al. i) do Cód. Civil. Porém tal direito pode ser imobilizado pela existência de um outro direito de que o locatário seja beneficiário, como seja, o direito de retenção, previsto nos arts. 754° e segs. do Cód. Civil. Este direito de retenção pode ser exercido quer o locador pretenda a recuperação do veículo judicial ou extrajudicialmente, obstaculando, de igual modo, o exercício do mesmo direito de retenção a que o locador recupere o veículo. A cláusula em causa não elimina ou limita o citado direito de retenção que pode ser sempre usado contra uma pretensão do locador de recuperação do veículo,

1204 Cit., p. 40.

judicial ou extrajudicialmente. Aliás [...], o texto da cláusula apenas reproduz substancialmente, o preceituado no n.º 4 do art. 17.º do Dec-Lei n.º 354/86 de 23/10, diploma este que regula o exercício da indústria de aluguer de veículos sem condutor. Também pensamos [...] que a cláusula foi inserida para desfazer a dúvida sobre se a recuperação do veículo, findo o contrato em causa por resolução, se teria de fazer mediante acção judicial, em obediência à regra geral da locação do art. 1047.º do Cód. Civil, opinião que nos parece já estar abandonada".

Também em recurso de uma acção inibitória, no referido acórdão do STJ de 20 de Janeiro de 2010 (Salazar Casanova), foi decidido ser nula, por força deste preceito e por violar o princípio da legalidade e da boa fé por parte do locatário, a seguinte cláusula: "Sem prejuízo do estipulado no nº anterior, o Locador fica autorizado a retirar a viatura ao locatário sempre que a sua restituição não se efective voluntariamente nos termos do nº 1 da presente cláusula, podendo para o efeito o Locador utilizar os meios que entender adequados e cobrar, ao Locatário, todos os custos em que incorra".

h) Excluam a faculdade de compensação, quando admitida na lei;

A interdição legal de cláusula que exclua ao direito de compensação legal, prevista nesta alínea, reporta-se, também ela, ao afastamento de um meio de defesa que pode entender-se como abrangido pela designação *solve et repete*.

Na verdade, se o aderente não puder livrar-se (total ou parcialmente) da sua própria obrigação por compensação, terá de a cumprir e exigir, judicialmente se for o caso, o cumprimento da da contraparte, com todas as consequências de dilação, onerosidade e risco de insatisfação do seu direito que tal situação envolve. Não cumprindo, sem invocação da compensação, a sua conduta constituirá um ilícito obrigacional, com os corolários da sua constituição em mora (ou em incumprimento definitivo) e da aplicabilidade do respectivo regime.

Na ausência de disposição legal que proibisse qualquer cláusula *solve et repete*, a nulidade de uma cláusula afastadora do direito à compensação legal para o aderente decorreria, como regra, do princípio da boa fé. Não que com esta afirmação queira censurar a oportunidade e utilidade da norma proibitiva aqui analisada, pois, como já sobejamente disse, num ambiente doutrinário e jurisprudencial como o existente em Portugal, melhor parece que a lei preveja clara e expressamente as hipóteses conhecidas ou previsíveis de contrariedade com aquele princípio do que confie na sua aplicação pelos tribunais. O que significa, dizendo-o por outras palavras, que muito embora tanto em parte da al. *f)* quanto nas duas seguintes se prevejam cláusulas que prejudicam processualmente o aderente, por lhe retirarem direitos que, procedentemente invocados, lhe permitiriam não cumprir licitamente a sua própria obrigação, no todo ou em parte, não se afigura censurável – pelo contrário – que a lei as não tenha previsto genericamente[1205]. Tal previsão abriria espaço de discussão quanto à inclusão de uma cláusula na categoria *solve et repete*, com todas as desvantagens que as incertezas comportam, em particular em domínios que se querem claros e seguros, como o da protecção do aderente.

Menezes Leitão[1206] considera que o afastamento convencional da compensação "colocaria uma das partes na posição de não poder coagir a outra a cumprir e continuar vinculada ao cumprimento da obrigação, mesmo quando, por factos imputáveis à outra parte se justificasse outra via de proceder à sua extinção", acrescentando que "é duvidosa a possibilidade de afastar" este instituto "mesmo perante contratos singulares". Não é muito claro o que o autor significa, salvo quando diz ser duvidosa a possibilidade de afastar convencionalmente a compensação no regime geral, opinião com que concordo.

Poderá, talvez, lamentar-se que não tenham sido previstas – e proibidas – cláusulas que visem impedir o aderente de invocar nulidades, anulabilidades, prescrições ou outras excepções, se bem que estas tenham de ser consideradas nulas nos termos gerais, já pelo carácter não taxativo das enumerações deste diploma, já pela cláusula geral do art. 15.°, já pela ressalva do art. 37.°.

O acórdão do STJ de 2 de Março de 2010 (pr n.° 29371/03.5TJLSB.S1, Urbano Dias) decidiu, quanto a uma cláusula que dizia que "o Titular autoriza, desde já, o Banco a proceder subsidiariamente, em caso de insuficiência, total ou parcial, de fundos na Conta associada, e se assim o entender, ao débito de qualquer quantia ao abrigo desse contrato em qualquer outra Conta de depósito de que o Titular seja ou venha a ser Titular ou co-Titular, conjunta ou solidária, no próprio Banco, bem como a proceder à compensação dessas quantias com quaisquer créditos do Titular sobre o Banco ou terceiros", e que fora considerada nula pela Relação, assim não ser, argumentando: "Do que se trata é de compensar com contas de que o titular do cartão seja dono, podendo sê-lo, no caso, em

[1205] Como acontecia, conforme ficou mencionado, na versão primitiva do Código Civil italiano.

[1206] Cit., p. 40.

solidariedade com outrem, não sendo este facto impeditivo da mesma. E, nesta precisa medida, não vemos onde esteja a impossibilidade legal de compensação, desde que o titular do cartão seja também titular da conta, ainda que não exclusivo". Já ficou referido, na anotação à al. *f)* deste artigo, o acórdão do mesmo tribunal de 15 de Maio de 2008 (Mota Miranda), cuja fundamentação (correcta) é incompatível com a deste aresto.

O Anteprojecto do Código do Consumidor limita-se, uma vez mais, a transcrever esta disposição no art. 219.º, n.º 1-*h)*.

i) Limitem, a qualquer título, a faculdade de consignação em depósito, nos casos e condições legalmente previstos;

A propósito desta norma, diga-se que, fosse a possibilidade de exoneração do devedor entendida como um direito deste[1207], seria ela desnecessária. Constituindo pressuposto da consignação em depósito, nos termos do art. 841.º, n.º 1, do Código Civil, a mora do credor ou a impossibilidade de realizar a prestação debitória ou de o fazer em segurança, sem culpa do devedor e por facto atinente à pessoa do credor, só a obstinação no entendimento de que o devedor não tem o direito de se livrar da sua obrigação, quando quer cumprir e, por razões a que não só é alheio mas respeitam ao credor, não lhe é possível fazê-lo, explica a necessidade desta proibição, que, aliás, deveria ter carácter geral.

Mais uma vez aqui, Menezes Leitão[1208] considera que o afastamento convencional da consignação em depósito "colocaria uma das partes na posição de não poder coagir a outra a cumprir e continuar vinculada ao cumprimento da obrigação, mesmo quando, por factos imputáveis à outra parte se justificasse outra via de proceder à sua extinção", acrescentando que "é duvidosa a possibilidade de afastar" este instituto "mesmo perante contratos singulares". Não me é claro o pensamento do autor, pois, por um lado, a impossibilidade clausular (a admitir-se) de extinguir uma obrigação por este meio nada tem que ver com a coacção do devedor ao cumprimento, nem com a permanência de uma contra-obrigação, e, por outro, a faculdade de extinguir uma obrigação por consignação em

[1207] Como já há muito foi justificadamente defendido, designadamente por Fernando Cunha de Sá, *Direito ao cumprimento e direito a cumprir*, reimp., 1997.

[1208] Cit., p. 40.

depósito não tem de ter como pressuposto factos "imputáveis" ao credor. Creio que o autor generaliza impensadamente o que quer afirmar a propósito da resolução do contrato por incumprimento. Já quanto à opinião de que a proibição deveria ser regime geral, estou inteiramente de acordo com ela.

Não se afigura questionável que nesta proibição vai contida a de a consignação ser realizada por "terceiro a quem seja lícito efectuar o cumprimento", prevista no art. 842.° de Código Civil, dado que tal possibilidade, se pode ter vantagens para o terceiro *solvens*, tem-nas inegavelmente para o devedor, e para este face ao credor essencialmente as mesmas que a consignação realizada por si próprio.

Pronunciando-se sobre as regras das als. *f)* a *i)*, Menezes Cordeiro[1209] escreve que elas se referem a "institutos que garantem ou reforçam o cumprimento das obrigações. A sua manutenção – com proibição, pois, de cláusulas que pretendem excluí-las – impõe-se pela mesma ordem de ideias que levou a vedar a eliminação da responsabilidade. [...] deve ter[-se] em conta que a possibilidade de excluir estes institutos é, no mínimo, duvidosa já perante as próprias regras gerais. O legislador pretendeu, contudo, evitar esse ponto sensível".

De igual forma se prepara para o fazer, se o Anteprojecto do Código do Consumidor for aprovado tal como se encontra redigido, pois a norma aí aparece tal qual, no respectivo art. 219.°, n.° 1-*i)*.

j) Estabeleçam obrigações duradouras perpétuas ou cujo tempo de vigência dependa, apenas, da vontade de quem as predisponha;

Cláusulas que "estabeleçam obrigações duradouras perpétuas [...]" são contrárias ao princípio, generalizadamente aceite, de que ninguém deve poder ficar vinculado indefinidamente[1210].

Daí que, compreendendo-se a razão de ser da disposição, não se lhe veja grande valor preceptivo autónomo; aliás, a proibição, limitada a obrigações perpétuas, pode inculcar a ideia de que são permitidas obrigações de duração indefinida, tendencialmente vitalícias, o que está longe de ser incontroverso,

[1209] *Tratado...*, cit., pp. 445-446.

[1210] Para o Direito francês, v. Gilles Paisant, "Ensaio sobre o Tempo...", cit., p. 77.

se assim me posso exprimir. Menezes Leitão[1211] salienta também este aspecto, acrescentando, porém, que esta proibição "vem impedir a celebração, através de cláusulas contratuais gerais, de contratos de renda perpétua (cfr. art. 1231.º), o que não se justifica, atenta a possibilidade neles existente de remição da renda pelo devedor, instituída injuntivamente (art. 1236.º)". E o autor conclui que entende, "por isso, que o que esta norma visa proibir é a exclusão, através de cláusulas contratuais gerais, das formas de extinção das obrigações duradouras, como a remição, a denúncia do contrato ou da oposição à renovação, designadamente a colocação dessa extinção nas mãos apenas de uma das partes". Tem esta posição o mérito de tentar atribuir um sentido útil à disposição, mas não pode esquecer-se que este diploma é pródigo em referências a uma das formas de extinção, a denúncia. É verdade, como se irá dizendo nas anotações respectivas, que nem todas elas respeitam à denúncia como forma de extinção unilateral e discricionária de contratos duradouros sem termo, também o sendo que, em algumas das previsões, se condiciona inexplicavelmente o direito de denunciar tais contratos. Creio, em conclusão, que tem razão Menezes Leitão, quando afirma que a esta alínea[1212] deve ser atribuído o sentido de proibir que o aderente – e não apenas em cláusulas contratuais gerais – fique contratualmente impedido de extinguir um contrato de duração indeterminada.

Porém, tal como todas as anteriores, o Anteprojecto do Código do Consumidor prevê a sua manutenção inalterada (art. 219.º, n.º 1-*j*)).

Também quanto a este preceito, reconhece Menezes Cordeiro[1213] que "pode sustentar-se – há, aliás, boas razões nesse sentido – que só são viáveis obrigações perpétuas quando a lei o permita ou o imponha: de outro modo, as partes estariam a despojar-se da sua liberdade". Mas acrescenta: "a lei esclareceu em definitivo esse ponto, no campo das cláusulas". Almeida Costa e Menezes Cordeiro[1214] afirmam que "as obrigações duradouras perpétuas contrariam a regra segundo a qual ninguém pode permanecer indefinidamente vinculado, salvo nos casos previstos na lei. Trata-se de um princípio que, embora aflore diversas vezes em preceitos específicos, não tem uma consagração geral expressa. A sua formulação inequívoca, na alínea *j*), evita dúvidas. Também se proíbem cláusulas que tornem a vigência de obrigações duradouras dependente, apenas, da vontade de

[1211] Cit., pp. 40-41.
[1212] Desastradamente redigida.
[1213] *Tratado...*, cit., p. 446.
[1214] Cit., p. 44.

quem as predisponha, pois delas resultavam, até por maioria de razão, situações desfavoráveis aos aderentes".

Aqui, como nas alíneas anteriores, creio que teria sido melhor que a lei tivesse sido menos esclarecedora, pois faz crer, com bons motivos, que a proibição neste domínio supõe a autorização geral que, nunca tendo sido admitida, pode vir a sê-lo ou, pelo menos, a questionar-se se o será.

Mais nitidamente porventura do que em outros casos, incompatíveis com a boa fé são as cláusulas que estipulem que o tempo de duração da vinculação seja deixado ao arbítrio de uma das partes – e, atrevo-me a dizer –, seja esta o predisponente ou a contraparte.

Sem infirmar o que já deixei repetidamente dito, isto é, que todas as proibições constantes do presente diploma se dirigem a cláusulas que, ainda que genericamente formuladas, prejudiquem o aderente, esta constitui uma hipótese em que, seja qual for o contraente beneficiado, a consequência tem de ser a nulidade. Não esqueço com isto que a probabilidade de uma cláusula atribuir ao aderente a decisão do tempo de duração do contrato – e respectivas obrigações – é virtualmente inexistente, pelo que a sua aplicação terá inevitavelmente (ou quase, se se quiser admitir todas as hipóteses, mesmo as mais remotas) por objecto cláusula que confira ao predisponente tal faculdade.

l) Consagrem, a favor de quem as predisponha, a possibilidade de cessão da posição contratual, de transmissão de dívidas ou de subcontratar, sem o acordo da contraparte, salvo se a identidade do terceiro constar do contrato inicial.

A proibição – que é repetida na al. *l)* do art. 219.º, n.º 1, do Anteprojecto do Código do Consumidor – constante desta alínea tem, em primeiro lugar, o sentido de evitar que, se, antes da cessão da posição contratual, ela for autorizada[1215], possa vir o aderente a achar-se com uma contraparte no contrato que não conhece. E a autorização para a cessão da posição contratual é a que mais perigos parece comportar, já que o credor/devedor originário deixa a sua posi-

[1215] E pode sê-lo, nos termos do art. 424.º, n.º 1, do Código Civil, embora a sua eficácia em relação ao cedido fique dependente de notificação ou do reconhecimento da cessão por ele, de acordo com o n.º 2 do mesmo artigo.

ção de parte no contrato, não garantindo o cumprimento das obrigações nem respondendo pelo incumprimento delas pelo cessionário, nos termos dos arts. 426.º, n.º 2, e 800.º, n.º 1, do Código Civil, respectivamente.

Já quanto à transmissão de obrigações, é menos claro o conteúdo útil da norma, pois o regime geral – que é, tanto quanto sei, considerado imperativo pela doutrina[1216] – impõe sempre a intervenção do credor após a transmissão, através daquilo que os arts. 595.º, n.º 1-*a)* e 596.º do Código Civil designam por "ratificação". A assim ser, a disposição é, nesta parte, a uma primeira vista, não apenas inútil como inexplicavelmente inconciliável com aquele regime, já que as cláusulas só são aqui expressamente proibidas quando beneficiem quem as predispôs. Claro que se compreende que, atento o objecto do regime legal, seja proibida apenas a convenção que confira tal direito ao predisponente, pois tendencialmente inexistentes serão as que os atribuam ao aderente. Também, com boa vontade, se pode aceitar a necessidade de reafirmar nesta sede a proibição deste regime, sublinhando o que poderia não ser tido como característica incontroversa deles: a sua imperatividade.

O já citado acórdão do STJ de 13 de Setembro de 2007 (Custódio Montes) decidiu ser nula uma cláusula, num contrato de arrendamento, que permitia a cessão da posição contratual sem consentimento do aderente, fundando a sua decisão no regime geral sem referência, senão muito sumária, a esta disposição, o que bem se compreende por ela ser, como se disse, redundante com aquele.

Na transmissão de obrigações, a norma do n.º 2 do art. 595.º do Código Civil acautela razoavelmente a posição do cedido, embora tivesse sido prudente que nesta sede a lei tivesse proibido a exoneração pelo aderente do devedor originário.

Sobre esta disposição diz Menezes Cordeiro[1217] que ela "pretende [...] prevenir que, a coberto de esquemas de transmissão do contrato [*sic*], se venha limitar, de facto, a responsabilidade: bastaria, na verdade, transferir a posição para uma entidade que não tenha adequada cobertura patrimonial para, na prática, esvaziar o conteúdo de qualquer imputação de danos". Também Menezes Leitão[1218] escreve que se trata "de uma norma que visa impedir a exoneração das obrigações do predisponente, através do esquema da transferência das suas obrigações

[1216] V. Tiago Azevedo Ramalho, *Código Civil Anotado*, coord. Ana Prata, Vol. I, 2.ª ed., p. 807.

[1217] *Tratado...*, cit., p. 446.

[1218] Cit., p. 41.

para terceira entidade, que poderia não ter capacidade de cumprimento". Há, na verdade, ordens jurídicas em que a proibição equivalente à desta al. *l)* tem como finalidade declarada a de evitar que a transmissão de posições jurídicas contratuais "possa servir para reduzir as garantias" do aderente[1219].

É um entendimento da norma que tem interesse, mas que não me parece esgotar o seu sentido útil. Tendo como objecto apenas aquele, de modo mais singelo, o art. 51.º inciso III do Código de Defesa do Consumidor brasileiro dispõe que são nulas as cláusulas que "transfiram responsabilidades a terceiros".

Resta, como conteúdo proibitivo inequivocamente autónomo, o da cláusula que permita subcontratar pelo predisponente sem assentimento do outro contraente, convenção que, em alguns casos pelo menos, poderia ser considerada válida, se o contrato ou a obrigação dele emergente para o contraente que subcontrata não fossem, respectivamente, *intuitu personae* ou infungível[1220].

Dada a natureza empresarial dos contraentes – e, na medida em que a interdição vale também para os contratos com consumidores, na quase totalidade dos casos, a de um deles, o predisponente –, não será rara a subcontratação, pelo que a proibição tem uma evidente utilidade, só podendo ser criticável por timidez. Na verdade, o facto de a(s) identidade(s) do(s) terceiro(s) subcontratante(s) constar(em) do contrato de adesão pode ser cautela muito insuficiente para assegurar ao aderente a qualidade das prestações ou actividades a realizar por estes, sendo certo que, mais do que indemnização, o que o credor pretende é o cumprimento pontual[1221].

A autorização para a subcontratação, com o acordo sobre a identidade do subcontraente, não pode, em regra, entender-se como uma convenção exoneratória do contraente primitivo face ao credor/aderente quanto à responsabilidade por incumprimentos decorrentes dos comportamentos, positivos ou omis-

[1219] Assim, o 1.(p) do Capítulo II, Parte II, do *Unfair Terms in Consumer Contracts Regulations* de 1999.

[1220] Veja-se o regime de substituição do mandatário consagrado nos arts. 1165.º e 264.º do Código Civil. Embora seja de duvidar de que o contrato de locação possa continuar a ser considerado *intuitu personae*, para a subcontratação nele vale a regra do art. 1038.º-*f)*, também do Código Civil.

[1221] Isto sem esquecer que se trata de um aspecto em que a obrigação de prestar espontaneamente informações sobre esse(s) terceiro(s), decorrente do n.º 1 do art. 6.º, será de cumprimento muito frequentemente indispensável, em especial – mas não forçosamente apenas – quando estejam em causa contratos com consumidores ou equiparados.

sivos, do subcontraente, nos termos do art. 800.º, n.º 1, do Código Civil[1222], mas, quando tal seja considerado, é de prevenir a possibilidade de o subcontraente indemnizar o aderente pelos prejuízos que cause, isto é, a sua solvabilidade.

Noronha Nascimento[1223] refere uma cláusula que "permitia a subcontratação possibilitando que o fornecedor de gás utilizasse um terceiro por si designado para o fornecimento ao consumidor", que foi declarada nula em acção inibitória, por violação da disposição agora em apreciação, no acórdão do STJ de 6 de Maio de 1993 (Figueiredo de Sousa), observando que "o exemplo descrito é sintomático porque das soluções aí defendidas é possível extrapolar para o fornecimento de outros serviços essenciais (água, telefone, electricidade) em casos análogos".

Em recurso de acção inibitória, o referido acórdão do STJ de 2 de Março de 2010 (Urbano Dias) julgou uma cláusula segundo a qual "o «Citibank» pode ceder a sua posição contratual, desde que para outra entidade do «Citigroup», a qual será eficaz, a partir da data da sua comunicação", dizendo: "É, realmente, proibida a cessão sem o acordo da contraparte, a menos que do contrato conste a identificação do terceiro. É isso mesmo que acontece: a cessão, a verificar-se, será para uma entidade do «Citigroup»". É um entendimento no mínimo controverso.

Artigo 19.º – Cláusulas relativamente proibidas

São proibidas, consoante o quadro negocial padronizado, designadamente, as cláusulas contratuais gerais que:

***a)* Estabeleçam, a favor de quem as predisponha, prazos excessivos para a aceitação ou rejeição de propostas;**

Como se disse, a propósito do art. 2.º, esta norma pode ser útil designadamente nos casos em que o aderente subscreva o modelo contratual como se fosse o seu proponente, ficando o predisponente, na posição formal de destinatário da proposta, livre de a aceitar ou rejeitar – isto é, de concluir ou não o contrato – durante o prazo fixado por ele próprio. Sendo, como regra,

1222 Deve, na verdade, entender-se que, mesmo que ele tenha consentido na subcontratação com conhecimento da identidade do subcontratado, tal não exclui a responsabilidade do outro contraente face ao credor pelos actos daquele. Neste sentido, pedindo desculpa pela auto-citação, o meu *Cláusulas...*, cit., pp. 706, 708 e 709.

1223 Cit., p. 115.

estabelecida no art. 228.º, n.º 1-*a)*, do Código Civil, livre o proponente de um contrato de fixar o prazo para a aceitação do respectivo destinatário, a situação não é, nem aproximadamente, a mesma quando o proponente só nominalmente o é, não sendo essa estipulação unilateral sua, por um lado e, por outro, porque, sendo um proponente apenas aparente, mas sendo tratado juridicamente como tal, a fixação de prazo "excessivo" para a aceitação do predisponente só a ele prejudica, já que, ficando em estado de sujeição durante toda a duração desse prazo, fica impedido de realizar com outro agente económico o contrato que tem em vista. Este impedimento será, na quase totalidade dos casos, mais económico do que jurídico, pois só raramente se tratará de contratos de celebração cumulativa incompatível. Sendo, todavia, o contrato visto pelo aderente como instrumento de satisfação de necessidade ou interesse seu, será para ele economicamente incomportável – e, em qualquer caso, um desperdício de recursos – a realização de mais do que um contrato para satisfação de uma única necessidade.

Este regime não constituirá acautelamento suficiente da posição do aderente que figure como proponente do contrato quanto à decisão de contratar – e de o fazer naquelas condições –, pois que, aplicando-se o regime geral, que a norma deixa intocado, ele fica desde logo sujeito à conclusão do negócio com aquele conteúdo, enquanto a contraparte é livre quanto à decisão contratual[1224].

Em qualquer caso, o regime atenua a situação de gravosidade da posição do aderente enquanto limita o tempo em que ele pode ficar na situação de incerteza sobre a conclusão do contrato, que ele se dispõe a concluir sem discussão de conteúdo, o que é revelador da necessidade (subjectiva ou objectiva) que sente do recurso àquele instrumento jurídico.

Efeito semelhante poderá ser obtido por "cláusula de irrevogabilidade da proposta do cliente", relativamente à qual a doutrina italiana[1225] se questionava sobre a sua inclusão no regime do art. 1341.º do Código Civil na sua versão primitiva, por interpretarão extensiva. Por essa razão, justifica-se interpretação que inclua tal cláusula nas proibidas por esta alínea.

[1224] Este o aspecto a que C. Ferreira de Almeida, *Contratos I*, cit., p. 184, se refere, com carácter geral, como ficou referido no texto introdutório.

[1225] V., p. ex., Gino Gorla, cit., p. 117.

b) Estabeleçam, a favor de quem as predisponha, prazos excessivos para o cumprimento, sem mora, das obrigações assumidas;

Não se me afigura imediatamente claro que cláusula tem em vista esta alínea: a expressão "sem mora" suscita-me dificuldades interpretativas, pois uma estipulação que estabeleça um prazo excessivo para o cumprimento de obrigações contratuais para o utilizador das cláusulas será quase, se não sempre, abusiva. Neste contexto, a referência à ausência de mora tem um significado que não é imediatamente apreensível, pois parece evidente que, se o prazo de cumprimento está estipulado (sendo excessivo ou não), não haverá mora antes que ele se esgote.

Numa afirmação cujo sentido útil – relativamente ao teor da norma – não apreendo, Almeida Costa e Menezes Cordeiro[1226] escrevem que esta alínea proíbe prazos excessivos, "a favor de quem se prevaleça de cláusulas contratuais gerais, [...] para o cumprimento, sem mora, das obrigações assumidas".

Porém, como ficou referido a propósito da al. *a)* do artigo anterior, se a cláusula estipular que o predisponente que não cumprir dentro do prazo contratualmente fixado não incorrerá em mora, então estar-se-á perante uma cláusula de exclusão da responsabilidade por mora no cumprimento. Seja esta a interpretação da norma e melhor teria sido que ela se encontrasse, em formulação mais clara, em sede de proibição – com carácter absoluto – das cláusulas exoneratórias e limitativas da responsabilidade.

Se se trata de interditar cláusula que estabeleça que o momento do cumprimento pelo predisponente tem carácter puramente indicativo, de tal modo que o atraso não implica qualquer responsabilidade[1227], embora seja indubitável que a proibição aqui formulada a abrange, poderia tê-lo expressado de forma mais clara. A cláusula pode ainda violar a proibição da invocação da excepção do não cumprimento pelo aderente.

Na proibição vai contida, por maioria de razão, a das cláusulas que permitam ao predisponente fixar unilateralmente o momento do cumprimento da(s) sua(s) obrigação(ões), como as previstas proibitivamente no art. 39.º inciso XII do Código de Defesa do Consumidor brasileiro: "deixar de estipular prazo para

[1226] Cit. p. 46.

[1227] Cláusula que já era enunciada como típica das cláusulas abusivas pela Câmara de comércio e indústria de Paris em 1976 – v. Jacques Ghestin, *Traité...*, cit., p. 78.

o cumprimento de sua obrigação ou deixar a fixação de seu termo inicial a seu exclusivo critério".

O art. 77.º do Anteprojecto do Código do Consumidor, quanto ao aspecto da duração do prazo de cumprimento da obrigação, nada acrescenta à desta alínea que se encontra reproduzida na al. *b)* do respectivo art. 220.º.

c) Consagrem cláusulas penais desproporcionadas aos danos a ressarcir;

As cláusulas penais são quase inevitavelmente – excluídas as hipóteses de fraude à lei, isto é, de cláusulas penais que constituam cláusulas de exclusão ou de limitação da responsabilidade – vantajosas para o credor, uma vez que, fixando antecipadamente o montante indemnizatório em caso de incumprimento, dispensam-no da prova de qualquer dos pressupostos do direito à indemnização que não seja o não cumprimento obrigacional[1228][1229].

Embora incidentalmente e apenas porque a questão poderá relevar no quadro de aplicabilidade deste diploma, esclareço que discordo inteiramente de Maria Ângela Bento Soares e Rui Manuel Moura Ramos[1230], quando estes admitem que, no regime geral, a existência de "conexão entre a exigibilidade da cláusula penal e a responsabilidade pelo incumprimento" seja regra supletiva. Na verdade, a lei não o diz expressamente, pois fica suficientemente esclarecido

[1228] Neste sentido, p. ex., Sílvio Rodrigues, *Direito Civil, Parte Geral das Obrigações*, Vol. 2, 30.ª ed., 264 a 269 e nota 336, citando Pothier.

V. Sousa Ribeiro, "Responsabilidade e garantia...", cit., p. 137, que chama a atenção para o papel "de programação e de uniformização [...], exigências indeclináveis da contratação em série".

[1229] Sem se pronunciar sobre o pressuposto da exigibilidade da cláusula penal, diz Antônio Junqueira de Azevedo, "Inexistência de erro quanto ao motivo determinante. Inaplicabilidade do princípio da contagiação a contratos com conexidade fraca. Cláusula penal como limite às perdas e danos", *in Novos Estudos e Pareceres de Direito Privado*, 2009, p. 81, que "a principal função da cláusula penal é **predeterminar as perdas e danos**", acrescentando (p. 82) que "a cláusula penal é desvinculada do valor do efetivo prejuízo" e que, "para exigir a pena convencional, não é necessário que o credor alegue prejuízo".

[1230] *Contratos internacionais*, p. 314.

que a cláusula penal só é exigível em caso de incumprimento constitutivo de responsabilidade pelo art. 810.º, n.º 1, do Código Civil[1231].

Compreende-se, também pelas vantagens que estas cláusulas têm para o credor, que sejam soluções gratas às empresas, pela economia de tempo e de litigiosidade que comportam[1232]. Segundo F. M. B. Reynolds[1233], elas são desde há muitas décadas objecto de um controlo especialmente atento pelos tribunais ingleses[1234]. Michel Trochu[1235] observa que o domínio de eleição da imposição destas cláusulas é o do *leasing*.

Se elevadas, as penas convencionais têm ainda a vantagem de, compelindo o devedor ao cumprimento, proporcionarem, em princípio (dada a regra da redutibilidade consagrada no art. 812.º do Código Civil), uma indemnização mais alta do que a resultante da aplicação das regras gerais[1236].

No direito italiano, a jurisprudência considerava – ainda na vigência do regime primitivo do respectivo Código Civil – abusivas as cláusulas penais favoráveis ao predisponente, porquanto elas implicam sempre a exclusão, para o devedor, da invocação da inexistência de prejuízo ou de que este foi inferior

[1231] No mesmo sentido, face ao Direito brasileiro, Gustavo Tepedino e Anderson Schreiber, *Código Civil comentado, Direito das Obrigações*, Vol. IV (Coordenador Álvaro Villaça Azevedo), 2008, p. 392, dizendo que "a cláusula penal [...] somente pode ter lugar naqueles casos em que o descumprimento da obrigação tenha decorrido de fato imputável ao devedor"; os autores não colocam a hipótese de incumprimento não imputável constitutivo de responsabilidade obrigacional.

[1232] Philippe Malaurie, Laurent Aynès e Philippe Stoffel-Munck, *Les Obligations*, 3.ª ed., p. 542, sublinham a "simplicidade".

[1233] Cit., p. 18.

[1234] V. também Sousa Ribeiro, *ibidem*, p. 137.

[1235] Cit., p. 35.

[1236] Philippe Malaurie, Laurent Aynès e Philippe Stoffel-Munck, cit., pp. 542 e 543, dizem que "a sua mera ameaça desempenha um papela profiláctico, incitando o devedor a executar, pois se não o fizer, será atingido na sua parte sensível, os seus interesses pecuniários". Referem-se ao seu "carácter punitivo" decorrente de ser devida ainda que o credor não tenha sofrido prejuízos; acrescentam que a hipótese "mais corrente" é a de ela consistir num montante superior ao dos danos previstos e verificados. Adiante (p. 543), observam que "durante muito tempo foi afirmada a intangibilidade da cláusula penal [...]. Graves abusos resultavam daí, quer quando a pena era irrisória, quer e sobretudo quando era excessiva".

ao valor da pena convencional, o que equivale à privação do faculdade de opor excepções[1237].

Não se adopta aqui distinção entre cláusulas penais de pré-liquidação dos danos e cláusulas penais compulsórias[1238], porque, podendo as partes atribuir-lhes a segunda função, o Código Civil não as contempla, directa ou indirectamente, o que resulta da noção do art. 810.°, n.° 1[1239]. Daí que, sem prejuízo, como se referiu, de os contraentes a fixarem em montante previsivelmente mais elevado do que o dos danos decorrentes do incumprimento da obrigação de que ela constitui cláusula acessória, a fim de por ela o credor dispor de instrumento de compulsão do devedor ao cumprimento[1240], não julgue que a identificação de tal função convencionalmente atribuída tenha grande relevância no respectivo regime geral, à excepção eventualmente dos critérios do exercício do poder de redução judicial que ao tribunal é cometido pelo art. 812.°. Já para os efeitos do diploma e da norma agora em análise, a distinção funcional não deverá ter, como de seguida se explica, reflexos de regime. Discordo, pois, de Maria Ângela Soares e Rui Moura Ramos[1241] – embora citando as Regras Uniformes relativas às Cláusulas Contratuais, aprovadas pela CNUDCI – quando estes dizem que poderá (também face ao regime geral do Código Civil, dada a argumentação, se bem que os autores reconheçam que, *de iure constituto*, tal não é possível, o que deploram[1242]) cumular o credor o exercício do direito ao cumprimento com a pena convencional, se esta, em razão da interpretação da convenção das partes, tiver finalidade diversa da de pré-liquidação da indemnização.

A proibição desta alínea não parece, em parte, de evidente conciliabilidade, por redundância e por contrariedade, com o regime da parte final do n.° 1 do art. 812.° do Código Civil. Por contrariedade, na medida em que a renúncia con-

1237 Ernesto Cesarò, cit., p. 76.

1238 Divulgada, que não criada, em Portugal por Pinto Monteiro, *Cláusula penal e indemnização, passim.*

1239 Neste sentido, Pinto Oliveira, cit., p. 75, embora discordando do entendimento de que o Código Civil não acolha a distinção (em especial pp. 76 a 78). Assim, também Calvão da Silva, *Cumprimento e sanção pecuniária compulsória*, p. 275.

1240 Sousa Ribeiro, "Responsabilidade e garantia...", cit., pp. 137-138, observa que as vantagens que ela comporta, que designa por "ganhos de transparência", "poderão até funcionar, de certo modo, como um incentivo ao cumprimento, ainda que a cláusula não tenha assumido autonomamente funções coercitivas".

1241 Cit., pp. 301 e 302.

1242 *Ibidem*, pp. 302 e 303.

vencional à redução de cláusula penal excessiva é nula, seja ela beneficiadora de um ou de outro dos obrigados. É certo que a disposição geral que ficou referida proíbe a convenção pela qual haja renúncia ao direito à redução da cláusula penal "manifestamente excessiva" e aqui se interdita directamente a que preveja montante de pena convencional "desproporcionado" relativamente aos danos a ressarcir. Como, porém, a apreciação da desproporcionalidade não será realizada sem intervenção do tribunal, não me parece existir significativa diferença procedimental nas situações em que este seja chamado a apreciar a proporcionalidade da cláusula e aquelas em que o seja para a reduzir. Contra, Menezes Cordeiro[1243] afirma que a solução do art. 812.º "não é imaginável perante o tráfego negocial de massas; aí, a pura e simples nulidade das cláusulas com recurso subsequente às regras legais supletivas permite uma solução directa, clara, fácil e justa, em cada situação". Refere-se o autor à diferença de regimes que reside na possibilidade de reduzir a cláusula penal excessiva prevista no Código Civil, e à declaração da sua nulidade, de acordo com esta regra. Também Almeida Costa e Menezes Cordeiro[1244] dizem que a redutibilidade da cláusula penal prevista no Código Civil é uma "solução [que], no seu modo de operar, revela-se um tanto incompatível com o tráfico contratual de massas", opinando ser por isso que "a alínea *c)* proíbe as cláusulas penais excessivas, quando fixadas através do recurso à mera adesão".

Continuo a não ver por que, havendo que ponderar judicialmente a excessividade ou a desproporção, seja tão diversa a morosidade decorrente da realização da redução, por um lado, e da declaração de nulidade, por outro. Claro que a decisão de declaração de nulidade é, em si mesma, mais expedita do que a de redução, mas não creio que a diferença seja muito significativa. Além de que, se a cláusula penal favorecer o aderente – o que será raro, mas pode acontecer por motivos não antecipados na formulação das cláusulas contratuais gerais, designadamente "por causa superveniente", como diz o n.º 1 do art. 812.º –, me parece preferível a solução da sua redutibilidade à da declaração nulidade. Por um lado, a redução impõe ao predisponente a prova dos prejuízos e da não manifesta excessividade da pena, enquanto a nulidade deixa ao aderente o ónus de provar danos e nexo causal, o que nem sempre é fácil de satisfazer[1245]. E, ainda

[1243] *Tratado...*, cit., pp. 446-447.

[1244] Cit. p. 47.

[1245] Parto do pressuposto – que não é o comum na doutrina portuguesa – de que a desproporcionalidade da pena convencional é, o mais das vezes, apreciada tendo em conta os "danos ressarcíveis" no caso concreto.

no mesmo quadro, se for manifestamente insuficiente (e, por isso, desproporcionada), porque a mera declaração de nulidade se traduz, uma vez mais, em impor ao aderente o ónus da prova dos danos e do nexo causal, solução também gravosa para ele.

Menezes Leitão[1246] opina o seguinte: "a lei permite considerar nulas as cláusulas contratuais gerais que estabeleçam cláusulas penais desproporcionadas em relação aos danos sofridos pela parte lesada, dispensando assim a *reductio ad aequitatem*, prevista no art. 812.°, no caso de os danos serem muito inferiores à cláusula penal, e funcionando como derrogação da limitação do art. 811.°, n.° 2, quando os danos sejam muito superiores".

Não julgo de grande utilidade a análise da diferença de regime consubstanciada no conhecimento oficioso de uma destas características (a desproporcionalidade), por contraposição à necessidade de ter de ser arguida pela parte lesada a manifesta excessividade. Embora o problema do conhecimento oficioso do carácter excessivo da pena esteja longe de solução pacífica, já sobre ele escrevi[1247], não sendo este o momento e lugar próprio para a ele voltar[1248] [1249]. Para quem entenda que a manifesta excessividade da cláusula é de conhecimento oficioso do tribunal, não haverá diferença deste ponto de vista, já que a pena desproporcionada, gerando a nulidade, é-o indiscutivelmente. Para quem não partilhe aquela posição acerca do carácter "manifestamente excessivo", este será um (outro) aspecto de regime diverso nas duas hipóteses.

Sousa Ribeiro[1250], pronunciando-se sobre o regime do art. 812.°, escreve que, na redução, "está [...] em causa, não (ou não exclusivamente) a convenção em si, mas numa valoração *ex post*, os seus efeitos na concreta situação a que vai aplicar-

[1246] 7.ª ed., cit., pp. 41-42.

[1247] *Cláusulas...*, cit., p. 642, nota 1157.

[1248] Sobre a questão, v. estado da doutrina e análise de Pinto Oliveira, cit., pp. 132 a 171. Para o Direito brasileiro, Antônio Junqueira de Azevedo, "Inexistência de erro...", cit., p. 81, defende que, sendo a função da cláusula penal a pré-liquidação da indemnização, "daí decorre que o credor não pode pleitear valor superior àquele nela previsto".

[1249] Sobre a lei francesa de 9 de Julho de 1975, que atribui ao tribunal o poder de alterar as cláusulas penais excessivas ou insignificantes, v. Philippe Malaurie, Laurent Aynès e Philippe Stoffel-Munck, cit., pp. 543 e 544, que sublinham que a intervenção judicial "moderadora" é oficiosa, apesar de o Tribunal da Cassação fazer uma interpretação restritiva da lei quanto à competência de intervenção do tribunal nestas cláusulas, entendendo que "a intangibilidade [...] é o princípio [...], a revisão judiciária a excepção".

[1250] "A boa fé como norma...", cit., pp. 218-219.

-se. Trata-se, numa palavra de um controlo do exercício de um direito (o direito resultante da pena fixada), não de um controlo directamente limitativo da autonomia privada na sua estipulação". Porém, o autor[1251] reconhece que, na jurisprudência e em alguma doutrina italianas recentes, se "esfuma" "a diferença de planos entre a valoração da conduta das partes, na fase de execução do contrato, e a limitação da autonomia privada na fase de formação".

Sem maior detenção do que se justifica neste momento, direi contudo que a desproporção, tal como a manifesta excessividade, só devem ser avaliadas *ex post*, face à comparação do valor da pena convencionalmente fixada com o dos danos efectivamente sofridos[1252], pelo que, em ambas as normas, o juízo acerca da validade (integral) da cláusula releva de uma valoração que pode ser[1253] imputada ao exercício do direito. Sousa Ribeiro[1254], sem referir a cláusula penal, distingue – e bem – a cláusula abusiva do "desempenho contratual no exercício de uma posição activa que dela resulte", acrescentando que "não se trata, como no campo do *abuso do direito*, propriamente dito, de considerar inadmissível o exercício de um direito reconhecido por uma estipulação contratual em si eficaz, mas de negar eficácia à própria estipulação. [...] para o «controlo do conteúdo» conta apenas o resultado, uma dada conformação negocial e os seus reflexos lesivos nos interesses do aderente.". Ora, há normas proibitivas de conteúdo que só podem ser aplicadas quando considerados os "reflexos lesivos nos interesses do aderente", para usar as palavras do autor. A disposição que agora se analisa é uma delas, segundo me parece.

[1251] *Ibidem*, nota 19.

[1252] Se bem o compreendo, o ac. do STJ de 25 de Outubro de 2011 (pr n.º 1320/08.1YXLSB.L1.S1, Alves Velho) não chegou a apreciar uma cláusula penal em contrato de "ADL", por, considerando a "inaplicabilidade ao quadro contratual constituído pelo clausulado em causa, de regime diverso do do contrato de locação em geral, desde logo por não se configurar o contrato de crédito denominado de «aluguer de longa duração», fica prejudicada a apreciação da validade das cláusulas 12ª e 16ª à luz da rejeição das normas imperativas daquele tipo contratual e da pretendida aplicabilidade das normas e princípios que regem o também típico contrato de locação financeira", o que, não sendo fácil de entender, poderá atribuir-se a não ter considerado possível analisá-la à luz do "quadro negocial padronizado".

[1253] Mas não tem de ser.

[1254] *Ibidem*, p. 230.

Não que seja indiferente ao argumento, também utilizado por Pinto Oliveira[1255], de que, estando aqui em questão uma nulidade, o vício que lhe dá causa deverá encontrar-se, em princípio, na génese do negócio jurídico, enquanto o carácter excessivo, "ainda que por causa superveniente", tem de ser apreciado *ex post*. Trata-se de um aspecto que, não devendo ser desconsiderado, tem, porém, os limites que a lei lhe fixar. E esta, mandando atender aos "danos a ressarcir", se não é definitiva, é razoavelmente clara no sentido de que a desproporcionalidade deve ser avaliada face a estes danos, que, como regra, só podem conhecer-se *ex post*. Teria sido fácil, se outra fosse a intenção da lei, encontrar formulação que o significasse, como "danos previsíveis", por exemplo. Aliás, Pinto Oliveira[1256] também não parece convencido pelo argumento que invoca, pois, em defesa da tese da apreciação da desproporção, aduz o carácter "relativamente proibido" da cláusula penal e propõe uma interpretação "restritiva" desta norma – que tem por si o facto de "não colidir" com a directiva[1257] –, "atribuindo à expressão «danos a ressarcir» o sentido de «prejuízos que são de prever de acordo com o normal decurso das coisas»", além de chamar o regime alemão a corroborar o entendimento que sustenta da lei portuguesa.

A jurisprudência do STJ tem, maioritariamente, apreciado a desproporcionalidade em abstracto: como se ilustra *infra*, tal apreciação não tem tido a maior parte das vezes reais cláusulas penais, mas estipulações penalizadoras da cessação lícita de contratos por parte dos aderentes.

Partilhadas pelos dois regimes são as cláusulas penais compensatórias, moratórias ou previstas para o cumprimento defeituoso. Acompanho Maria Ângela Soares e Rui Moura Ramos[1258] quando estes defendem "que o regime da cláusula penal previsto para o incumprimento definitivo se devia estender ao cumprimento defeituoso", mas talvez não tanto "porque esta hipótese se aproxima mais na sua configuração da do incumprimento do que da da mora", mas porque o n.º 2 do art. 812.º prevê expressamente a redução da pena estipulada para o incumprimento quando este seja parcial. Sendo o cumprimento defeituoso uma modalidade de cumprimento parcial (qualitativo), afigura-se que o único elemento que pode extrair-se da lei acerca de cláusulas penais para cumprimento defeituoso se encontra naquela disposição, que, não se ignora, prevê uma pena

1255 Cit., pp. 174 a 177.

1256 *Ibidem*, pp. 178 a 180.

1257 *Ibidem*, p. 182.

1258 Cit., p. 302, nota 43.

convencionada para o incumprimento total e admite a sua redução se aquele não for de tal extensão[1259].

A diferença existente entre os dois regimes estará, para além das consequências de uma apreciação positiva pelo tribunal (redução ou declaração de nulidade), nos critérios a utilizar para concluir pela "manifesta excessividade" e/ou pela "desproporção". Trata-se de formulações não só literalmente diversas como, não sendo a primeira acompanhada de qualquer critério a utilizar para o juízo a formular, a segunda reporta directamente a desproporção aos "danos a ressarcir". Almeida Costa e Menezes Cordeiro[1260] escrevem: "Com vista a facilitar a tarefa concretizadora, a lei fornece o critério para a determinação da natureza excessiva das cláusulas penais: a desproporção entre as reparações que elas imponham e os danos a ressarcir. Observe-se, porém, que o qualificativo «desproporcionadas» não aponta para uma pura e simples superioridade das penas preestabelecidas em relação aos danos. Pelo contrário, deve entender-se, de harmonia com as exigências do tráfico e segundo um juízo de razoabilidade, que a hipótese em análise só ficará preenchida quando se detectar uma desproporção sensível".

Como direi de seguida, creio que uma cláusula penal "desproporcionada aos danos a ressarcir" pode não ser "manifestamente excessiva", desde logo se a desproporção se consubstanciar no seu carácter reduzido em relação aos danos, hipótese em que ela poderá ser nula por força do preceito em análise, mas não evidentemente passível de redução face ao art. 812.º. Por outro lado, uma pena convencional que seja "manifestamente excessiva" só raramente não será "desproporcionada aos danos", mas, tendo em conta os critérios que a doutrina e a jurisprudência têm proposto e/ou usado para a avaliação da manifesta excessividade, não está definitivamente afastada a hipótese de que tal possa suceder. Finalmente, não qualificando este preceito a "desproporção" que refere, não vejo razão para – como ficou visto que fazem, por exemplo, Almeida Costa e Menezes Cordeiro – lhe imputar qualquer qualificação, como a de "sensível". Basta a "desproporção" para significar que uma reduzida diferença (para mais ou para menos) do valor da pena convencional, relativamente aos danos verificados, não cabe na previsão normativa. Devendo a "excessividade" a que o Código

[1259] É também este o entendimento maioritário no Direito Brasileiro, como revelam, p. ex., as opiniões de Sílvio Rodrigues, cit., p. 271, e de G. Tepedino e A. Schreiber, cit., pp. 391-392.

[1260] *Ibidem*, p. 47.

Civil se refere ser "manifesta", é de admitir a existência de hipóteses de desproporção[1261] sem "manifesta excessividade"[1262]. Mas, dada a diversidade de critérios para avaliar de uma ou outra das hipóteses, também não pode excluir-se que uma cláusula penal "manifestamente excessiva"[1263] não seja passível de qualificação como «desproporcionada» em relação aos danos a ressarcir. Se ocorrer esta última hipótese, a decisão de que a cláusula penal não é desproporcionada não impedirá o aderente de se socorrer do instrumento da redução previsto no art. 812.°. Como a existência desta al. *c)* não precludirá o direito à redução – se existente –, se o aderente o preferir, ou por inadvertência a ele recorrer em vez de invocar esta proibição.

Solução em que, como deixei dito, acompanho Sousa Ribeiro[1264] é a do entendimento de que a desproporção não tem de ser qualificada, isto é, não tem de ser sensível, excessiva, manifesta, grave... A argumentação do autor afigura-se-me igualmente pertinente, tal como a conclusão: "não será de estranhar que um desvio, mesmo não especialmente gravoso, à medida [...] do dano possa fundar um juízo negativo e a oposição do legislador".

Ponto é que, todavia, exista desproporção e esta não é uma simples não coincidência entre a cláusula penal e o valor dos danos; quero com isto dizer que, se a desproporção não tem de ter gravidade[1265], bastando a indicação da necessidade de desproporção para apontar para uma não coincidência entre os dois valores que tenha de revestir uma dimensão que justifique o qualificativo de "desproporcionada" que a lei emprega. Pelo que, se discordo dos autores *supra* citados, na afirmação da exigência de uma especial qualidade da desproporção, creio que estes têm razão na afirmação, que também ficou mencionada, de que não é suficiente uma qualquer superioridade da pena relativamente aos danos para se justificar o juízo de *desproporção*. Não julgo que este seja o pensamento de Sousa Ribeiro[1266] quando escreve que "uma pena superior aos danos a ressarcir"

1261 Entre o valor da cláusula penal e o (inferior) dos danos.

1262 Trata-se de ponto duvidoso que uma formulação mais clara desta norma – que tivesse tido em conta aquela outra, do regime geral – poderia ter evitado.

1263 Tendo em conta não apenas o valor dos prejuízos, mas o grau de culpa do devedor, a situação económica relativa das partes e outros factores.

1264 *Ibidem*, pp. 142-143.

1265 Como acontece com o pressuposto da pena excessiva do art. 812.° do Código Civil.

1266 *Ibidem*, p. 143.

importa um "valor adicional" que representa "um ganho, já não «processual», de simplificação e economia de gestão, mas uma mais-valia substancial que o predisponente arrecadaria à custa dos que tiveram de aderir aos termos contratuais por si impostos", concluindo[1267] que estão assim inviabilizadas, "na prática, a utilização, no âmbito das c. c. g. (sem prejuízo, pois, da sua contratação negociada), [...] cláusulas penais com finalidade predominantemente coerciva". Reconheço que o autor tem alguma razão, mas a lei não parece permitir inequivocamente esta interpretação.

Quanto aos critérios de redução, nos termos do Código Civil, entende a generalidade da doutrina e, com ela, a jurisprudência, que, para usar as palavras de Maria Ângela o Soares e Rui Moura Ramos[1268], a formulação do Código Civil "permite fazer apelo a ingredientes subjectivos", sendo a "presença destes ingredientes [...] bem nítida quando o legislador subordina todo o funcionamento do mecanismo da redução a considerações de equidade, assim exigindo, para além da estrita atenção à relação entre o valor dos danos causados pela inexecução e o montante da cláusula penal, a apreciação geral da situação patrimonial das partes"[1269].

Esta norma suscita directamente a questão – que ficou abordada no texto introdutório e já foi enunciada nesta anotação – de saber se a apreciação da validade/invalidade da cláusula poderá ser realizada em abstracto ou se pode, ou deve, sê-lo perante o concreto contrato de que faça parte. Saber se a pena convencional é "desproporcionada aos danos a ressarcir" parece impor o conhecimento do valor destes últimos, tal como sucede na situação prevista no art. 812.º do Código Civil. Mas, a assim ser, não pode afirmar-se que esta apreciação possa ser feita em abstracto, isto é, com independência do conhecimento do contrato de que consta a cláusula cuja validade é questionada. Claro que pode dizer-se que a desproporção aqui referida se reporta aos danos previsíveis e não aos que efectivamente tiveram lugar. Não aponta a redacção da norma para esta interpretação nem nesse sentido depõe o lugar paralelo daquele art. 812.º. Escreve Sousa Ribeiro[1270] que, sendo os riscos da fixação de cláusulas penais acrescidos

[1267] *Ibidem*, nota 95.

[1268] Cit., p. 308.

[1269] Julgo – mas não é esta a sede para o explicar – que não devem confundir-se os critérios para a formulação do juízo de manifesta excessividade com o da equidade, que, nos termos da lei, apenas preside à redução da cláusula penal estabelecida.

[1270] "Responsabilidade e garantia...", cit., pp. 138 a 142.

nestes contratos, mormente nos *standard*, este artigo contém uma restrição maior da "liberdade de conformação do predisponente" relativamente às que resultam do regime geral indicado ou dos arts 935.° e 1146.°, n.° 2, do Código Civil. Justifica-o com a opinião de que "os prejuízos a considerar não são os efectivamente suportados, no caso concreto, pelo contraente singular, antes porém os que normal e tipicamente resultam, dentro do «quadro negocial padronizado» em que o contrato se integra, da insatisfação do direito do credor. Ou seja, no cômputo dos danos deverá seguir-se critérios objectivos, numa avaliação prospectiva guiada por cálculos de probabilidade e por valores médios e usuais, tendo em conta os factores que, em casos daquele género, habitualmente relevam na produção e na medida dos prejuízos". Este entendimento, com o vaguíssimo apoio da expressão "quadro negocial padronizado", releva da lei alemã, que se refere aos "danos que são de prever de acordo com o normal decurso das coisas". Apesar de não haver qualquer correspondência do texto legal em análise com o alemão, o autor afirma que "não pode ser outro o alcance da disposição", já que só ela corresponde "à visão generalizadora, desligada do circunstancialismo específico do contrato *sub judice* e das resultantes concretas da inexecução", implicada pelo "quadro negocial padronizado", *a priori* dogmático indiscutido. Realmente, em abono da sua tese, há dois argumentos. O primeiro – já mencionado – de que uma estipulação nula sofre de um vício que, como regra, lhe é contemporâneo, isto é, existe quando ela nasce, e não provém de uma circunstância ulterior ou relativa ao comportamento de uma das partes. Repita-se: o elemento que vicia a cláusula é indicado pela lei, a qual, neste caso, o identifica como a desproporção "aos danos a ressarcir". Não está em causa qualquer apreciação da forma por que o credor exerce o seu direito à pena, antes a questão de saber se lhe cabe algum direito a ela, nos termos da lei. O segundo argumento invocado é o da aplicabilidade da norma em sede de fiscalização abstracta e este, sim, é pertinente. Mas isto só revela que, como ficou assinalado no texto introdutório, este regime foi pensado para as cláusulas contratuais gerais e não foi objecto de adaptação aquando da modificação do âmbito de aplicabilidade da lei. Creio[1271] que, na apreciação concreta seja de contratos de adesão individuais, seja de contratos concluídos com base em cláusulas contratuais gerais, se deve considerar o concreto contrato, apenas nas acções inibitórias se podendo – e devendo, por falta de outro critério – recorrer aos danos previsíveis. A utilização

[1271] Mas já o deixei dito.

que os profissionais têm feito de pretensas cláusulas penais tornou, entretanto, a tarefa da apreciação abstracta menos difícil.

Na verdade, passou a surgir como cláusula penal uma imposição de pagamento pelo aderente de um período relativamente longo, no caso de a vigência do contrato cessar por vontade do aderente ou por causa a ela imputável, isto é, a cláusula de fidelização aparece qualificada como penal. Como expressamente diz o já citado acórdão de 5 de Maio de 2016 (Salazar Casanova): "A A. de uma forma indireta, por via desta cláusula, impõe uma cláusula de fidelização não expressa, limitando o direito de denúncia num contrato de execução continuada [...] porque, embora admitindo a denúncia do contrato, acaba por retirar ao aderente interesse na sua efetivação, o que até nos levaria à consideração da violação das regras da boa fé que devem presidir à elaboração de cláusulas contratuais".

Os tribunais têm não raro apreciado essa cláusulas à luz deste preceito, embora não preterindo a sua consideração tendo em vista extensão do prazo que ela visa impor. Exemplos[1272] desta abordagem são os dos acórdãos do STJ de 14 de Novembro de 2013 (pr n.º 122/09.2TJLSB.L1.S1, João Trindade) que, em acção inibitória, decidiu ser desproporcionada uma cláusula penal de fidelização que é justificada "pelos custos incorridos com as infraestruturas para prestação do serviço e com os equipamentos entregues ao cliente", "é [...] desproporcionada se abarca, não apenas o período de fidelização inicial, em que tais custos foram recuperados, mas também o período de renovação automática subsequente"; a do de 9 de Dezembro de 2014 (pr n.º 1004/12.6TJLSB.L1.S1, Martins de Sousa), que, também em acção inibitória, entendeu ser proibida uma cláusula do seguinte teor: "A rescisão antecipada por parte do Cliente, obrigará o mesmo ao pagamento imediato dos meses em falta até ao seu termo, multiplicados pelo valor mensal do serviço de manutenção em vigor à data da rescisão.

[1272] Muitos outros surgem em apreciação no STJ. Assim, o já referido de 5 de Maio de 2016 (Salazar Casanova), em que estava em causa uma cláusula que impunha ao cliente de uma empresa de assistência a elevadores o pagamento da "totalidade das prestações do preço até ao termo do prazo contratado para contratos com duração até 5 anos"; foi decidido ser "manifestamente desproporcionado [...] suportar o custo integral a título de indemnização seja qual for o momento em que proceda à denúncia. [...] Valendo a cláusula para contratos individualizados, a cláusula penal, quando tem em vista o ressarcimento de um período até 5 anos para contratos celebrados pelo período máximo previsto, parece fundar-se num exclusivo interesse macroempresarial". V. também o acórdão de 9 de Novembro de 2017 (pr n.º 26399/09.5T2SNT.L1.S1, Rosa Tching).

Esta indemnização terá lugar se não houver lugar à resolução antecipada fundamentada no incumprimento ou cumprimento defeituoso do Contrato imputável à AA –..., Lda.", e outra com a seguinte redacção: "Este contrato pressupõe a existência de uma estrutura de meios humanos e stock de peças dedicados à sua execução durante o seu período de vigência, a rescisão antecipada por parte do Cliente, obrigará o mesmo ao pagamento imediato dos meses em falta até ao seu termo, multiplicados pelo valor mensal do serviço de manutenção em vigor à data da rescisão". Colocando-se numa perspectiva paralela é a cláusula ("penal") de um contrato de fornecimento de bebidas para revenda entre duas sociedades comerciais com o seguinte teor: "Se no termo do prazo referido na cláusula terceira o REVENDEDOR não tiver efectuado o volume de compras aqui estabelecido, a AA poderá exigir uma indemnização, pelo incumprimento, que por acordo, se estipula ser igual ao valor das bebidas não adquiridas, considerando-se, para o efeito, o P.V.R. praticado pela AA à data do incumprimento para a cerveja Sagres de barril"; perante ela o STJ, no acórdão de 16 de Março de 2017 (pr n.º 2042/13.7TVLSB.L.1.S1, Nunes Ribeiro[1273]), considerou não ter elementos para ajuizar da sua proporcionalidade/desproporcionalidade, mas poder conhecer da sua manifesta excessividade face ao art. 812.º supra referido, porque o "funcionamento da sanção prevista em tal cláusula – unilateralmente estabelecida pela autora ora recorrida – proporciona-lhe proveito francamente superior ao cumprimento do contrato, pois lhe permite receber o correspondente ao preço total dos 150 000 litros de cerveja objecto do contrato, sem os correspondentes custos designadamente de produção e de transporte. E, para além disso, ficar com 109 257 litros do total da cerveja negociada, que pode vender a terceiro". Em contrato semelhante, o já referido acórdão de 16 de Março de 2017 (Roque Nogueira), partindo do discutibilíssimo princípio de que é da natureza da cláusula penal, "tal como ela é legalmente disciplinada", o desempenho de "uma função ressarcidora como coercitiva", afirma que "o contrato em questão prevê uma verdadeira cláusula penal" e que, quanto a ela, "é incontroversa a sua utilidade, quer para o predisponente, quer para o aderente". Prossegue, citando o seguinte passo de Sousa Ribeiro: "nos contratos de de fornecimento em massa de bens ou serviços, esses danos corresponderão, grosso modo, aos lucros cessantes, aos ganhos médios que o predisponente normalmente obtém com aquele tipo de transacções, cifrados numa certa percentagem do preço do objecto da

[1273] *In www.dgsi.pt.*

prestação. É o valor assim obtido que, constituindo um limite do conteúdo da cláusula, deverá ser com ele cotejado, para nos permitir ajuizar da sua validade", para concluir que "só é de afirmar a desproporção quando a pena atinge um montante que ultrapassa tudo o que ainda corresponde, minimamente, a um cálculo baseado em índices de tipicidade e normalidade. Na fixação da indemnização deverão ser contabilizados os gastos que o predisponente poupou". Decide, considerando que a parte ficaria, "injustificada e manifestamente, em melhor situação do que a que teria se o contrato fosse integralmente cumprido" e, embora afirme que, "tratando-se de uma cláusula penal, não será de admirar que a autora possa ficar em melhor situação, atenta a função coercitiva daquela cláusula", conclui que "estamos perante uma desproporção sensível e flagrante entre o montante da pena e o montante dos danos previsíveis a reparar, tendo em conta que os ganhos médios se traduzem numa certa percentagem do preço do objecto da prestação, fazendo com que haja um notório abuso da posição dominante da recorrente exacerbado pelo forte desequilíbrio entre situações idênticas de incumprimento".

Sousa Ribeiro[1274] opina que "*o único* [sublinhado meu] objectivo da norma é o de estabelecer um limite de conteúdo para as cláusulas penais", incidindo "o controlo [...] apenas sobre o montante da pena fixada, nada nos dizendo, pois, quanto à questão prévia do nascimento e subsistência do crédito que ela intenta qualificar. O preceito não prejudica, assim [...], a acção de outros dispositivos legais que, sob os pontos de vista que lhes dizem respeito, poderão tolher a admissibilidade da cláusula, independentemente do valor da prestação nela cominada. É o que se passará por exemplo com a exigência de uma contrapartida monetária para o exercício da faculdade de resolução do contrato, sempre que a lei [...] a queira manter livre de qualquer penalização; é o caso, de igual modo, de uma cláusula penal associada a um dever de indemnizar do aderente submetido a requisitos menos rigorosos do que os legalmente fixados". Estou de acordo com o autor em ambos os aspectos.

Noronha Nascimento[1275] refere existir uma jurisprudência do Supremo Tribunal de Justiça "relativamente homogénea no seu conteúdo decisório", entre outros, nos casos de venda de veículos com reserva de propriedade e de locação financeira, dizendo que, nos contratos de compra e venda com reserva de

[1274] "Responsabilidade e garantia...", cit., pp. 138 e 139.
[1275] Cit., pp. 112-113.

propriedade, "surgem, com alguma insistência, dois tipos de cláusulas [...] [[1276]]; outro, segundo o qual, resolvido o contrato pelo vendedor por incumprimento do comprador, a indemnização a pagar por este será igual pelo menos a 50% do preço total ajustado. O Supremo não tem dado luz verde a estes dois tipos de cláusulas". E o autor continua: "o segundo contém uma cláusula penal desproporcionada aos danos ressarcíveis que é relativamente proibida [...] pelo artigo 19 *c)*. Sendo [...] nula esta cláusula, o S. T. J. decidiu, no caso concreto sobre que se debruçou, que os danos indemnizáveis sofridos pelo vendedor – já que havia efectivo incumprimento da contraparte – deviam ser quantificados de acordo com as regras gerais aplicáveis (cfr. o Ac. de 4/1/97, Nascimento Costa)".

Quanto à locação financeira, informa o autor[1277] que nas cláusulas contratuais gerais há dois tipos de cláusulas recorrentes: "um, de natureza penal [?], que fixa em termos abstractos a indemnização a pagar pelo locatário (quando o contrato é resolvido por culpa deste) quantificada em função de certa percentagem das rendas vincendas e do valor residual; outro que – se o locatário incumprir – permite ao locador a resolução contratual acrescida da subsequente indemnização correspondente ao montante das rendas vencidas, vincendas e do valor residual. Estes dois tipos de c. c. g. são sempre da iniciativa do locador-ofertante; e a visão jurídica do Supremo revela uma uniformidade apreciativa constante. No primeiro tipo de cláusulas a solução tem sido a seguinte: se a cláusula penal fixa em abstracto uma indemnização que vai até 20% das rendas vincendas e do valor residual, ela é válida porque não é desproporcionada; se ultrapassa essa quota (se a fixa em 50%, 75% ou até 100%) é nula por violação do [...] art.º 19 *c)* (cfr., por todos, Acs. 16/5/00, relatado por Ferreira de Almeida; de 15/12/98, relatado por Garcia Marques; de 9/2/99, relatado por Lopes Pinto)".

Informa no mesmo texto este autor[1278] que, nos contratos de seguro que qualifica como facultativos, se encontram cláusulas que "permitem à seguradora – no caso de resolução do contrato pelo tomador do seguro – reter 50% do prémio correspondente ao período de tempo não decorrido", as quais têm sido declaradas nulas pelo Supremo Tribunal de Justiça, "por violarem o art.º 19 c) [...] (cfr., por todos, os Acs. de 17/2/00, Herculano Namora e de 15/5/01, Reis Figueira)".

[1276] A apreciação do valor negativo que Noronha Nascimento faz do segundo tipo de cláusulas que menciona já nada tem que ver com o regime do DL n.º 446/85, menos deste seu preceito, pelo que se omite aqui.

[1277] *Ibidem*, p. 113.

[1278] Pp. 114-115.

O acórdão do STJ de 11 de Outubro de 2005 (pr n.º 04B1685, Lucas Coelho[1279]) entendeu que, em contrato de seguro, "a retenção de 50% do prémio quanto ao período de tempo não decorrido se apresent[...][a] manifestamente excessiva para fazer face a custos fixos da apólice", decidindo que a cláusula penal era desproporcionada, "tanto mais que a resolução «prematura» do contrato, se pode acarretar custos, decerto implicará outrossim poupança de gastos"; "parece, bem ao invés, que competia à ré a prova da existência de um excesso de custos concretos – parafraseando o libelado da conclusão 7.ª – que permitisse concluir pela proporcionalidade da cláusula". Neste último aresto só se estranha – por se tratar de acção inibitória – a referência aos *custos concretos*.

No acórdão do mesmo Supremo Tribunal de 2 de Março de 2009 (pr n.º 08B0207, Maria dos Prazeres Pizarro Beleza[1280]), entendeu-se que a cláusula – constante de "proposta de contrato para ingresso" com vista "a futura celebração de um contrato através do qual a Ré permitiria o gozo e utilização de espaços" num centro comercial, que o tribunal considerou integrar um contrato de reserva – que prevê que a desistência do proponente, nomeadamente por se recusar a celebrar o contrato de utilização, *"acarreta a perda de 100% das importâncias* [por ele] *entregues", é insusceptível de apreciação face a esta norma, por não se poder* «comparar o montante concretamente perdido com os prejuízos efectivamente sofridos pela ré", o que, apesar da não decisão (ou pela fundamentação desta), significa que a apreciação da desproporcionalidade imporia, no entender do tribunal, o conhecimento do valor concreto da cláusula e dos danos.

No já citado acórdão do STJ de 13 de Setembro de 2007 (Custódio Montes), consideram-se nulas duas cláusulas que "fixam sanções pecuniárias [...] [que] variam entre 2 (duas) e 12 (doze) vezes o valor da renda mínima mensal", já por violarem a boa fé, já por tal ser o resultado da aplicação desta al. *c)*. No mencionado acórdão do STJ de 19 de Setembro de 2006 (João Camilo), decidiu o Tribunal – em contrato de aluguer de longa duração – que a seguinte cláusula: "Nos casos de destruição ou desaparecimento do veículo, ainda que não imputáveis ao locatário, deverá este pagar ao locador a totalidade dos alugueres vencidos e vincendos até ao final do contrato, bem como o valor residual estabelecido nas condições particulares, com a dedução de indemnizações da Companhia Segu-

[1279] *In www.dgsi.pt.*
[1280] *In www.dgsi.pt.*

radora, da caução e dos custos financeiros que o locador determinar", deveria ser considerada nula ora por violação desta proibição ora da do art. 21.º-*f*).

No acórdão de 12 de Junho de 2007 (pr 07A1701, João Camilo[1281]), decidiu o STJ que "a cláusula penal estabelecida num contrato de locação financeira segundo a qual, em caso de resolução do contrato por incumprimento do locatário, a locadora tem direito a receber do locatário o correspondente ao montante da última renda estipulada por cada mês, ou fracção deste, de mora do locatário na restituição dos equipamentos locados, não é nula nos termos do art. 19°, al. *c)* do Dec.-Lei n° 446/85 de 25/10", por "a valoração a fazer [dever] [...] ter como referente, não o contrato singular ou as circunstâncias do caso, mas o tipo de negócio em causa e os elementos que normativamente o caracterizam, no interior de todo o regulamento contratual genericamente predisposto. [...] Daqui resulta que poderá haver cláusulas iguais que apostas num contrato sejam consideradas válidas e quando apostas noutro contrato possam ser julgadas abusivas e como tal nulas no termos da referida alínea c). [...] No caso dos autos a cláusula penal tem natureza compulsória, porque visa compelir ao cumprimento de uma obrigação contratual decorrente da resolução da mesma convenção – de restituir os equipamentos locados –, além de visar também a reparação do dano decorrente da mora no cumprimento daquela obrigação. Neste caso, o valor da cláusula deve ser, em regra, de valor superior aos danos a ressarcir, sob pena de frustrar a finalidade compulsória referida. [...] o legislador sentiu a necessidade de instituir uma proibição genérica como a da alínea c) citada, estabelecendo um limite ao conteúdo das cláusulas penais. Para aferir da adequação do conteúdo da concreta cláusula penal com a citada norma da al. c), há que estabelecer uma relação entre o montante dos danos a reparar e a pena fixada contratualmente, de modo a que se possa dizer que há uma equivalência entre os dois valores. Porém, tal como dissemos, essa aferição não se pode fazer quanto aos danos concretos do contrato em apreço, mas aos que normal e tipicamente resultam, dentro do quadro negocial padronizado, em que o contrato se integra. E diremos, em síntese [...], que no cômputo dos danos deverão seguir-se critérios objectivos, numa avaliação prospectiva guiada por cálculos de probabilidade e por valores médios e usuais, tendo em conta factores que, em casos daquele género, habitualmente relevam na produção e na medida dos prejuízos, ficando inatendíveis todas as circunstâncias incomuns e anómalas que,

[1281] *In www.dgsi.pt.*

no caso em litígio, contribuíram para os danos especialmente avultados ou, ao invés, particularmente diminuídos. O douto acórdão entende que a desproporção exigível na alínea c), ao contrário da desproporção prevista no art. 812.º do Cód. Civil, não tem de ser manifesta, apontando como argumento o que resulta da diferença de redacção dos dois preceitos legais. Pensamos que pese embora a diferença de redacção, tal como entendeu o acórdão deste Supremo Tribunal de 29-01-2003, proferido no recurso n.º 4467/02 – 2.ª secção, a desproporção tem de ser sensível. É o que resulta, por um lado, da comparação com o conceito de abuso de direito segundo o qual a violação das regras da boa fé para o instituto funcionar exige que haja uma violação manifesta, sendo que [...] a boa fé está subjacente à introdução das proibições do tipo da aqui em apreço. Por outro lado a finalidade compulsória inerente à fixação da cláusula penal exige a existência de um certo grau de desproporção, sob pena de inviabilizar os referidos fins compulsórios. Além disso, estando em causa a regulação do comércio jurídico entre particulares, o princípio da liberdade contratual fixado no art. 405.º, n.º 1 do Cód. Civil não deve ceder senão quando se levantaram razões com um certo grau de relevância social, o que nos não parece [verificar-se] no caso de a cláusula contratual geral apenas permitir uma pequena desproporção entre o dano a reparar e a pena fixada – avaliando o dano em moldes objectivos, como dissemos acima. De qualquer modo, no caso em apreço aferido pelo método objectivo acima referido, como deve ser o dano calculado, não descortinámos a existência de qualquer desproporção e sobretudo uma desproporção sensível. Com efeito, a referida cláusula visa ressarcir a mora na restituição dos equipamentos locados financeiramente, em caso de resolução do contrato pela locadora por incumprimento dos locatários. Segundo os termos do contrato em caso de resolução, o locatário deve restituir imediatamente os equipamentos locados à locadora [...]. Para o caso de os locatários não fazerem a restituição, segundo a cláusula em causa, a locadora terá direito ao montante correspondente à última renda por cada mês ou fracção de mora na restituição. Ora neste tipo de contratos a demora na restituição dos equipamentos móveis locados envolve razoavelmente para a locadora os danos seguintes:

- Impossibilidade daquela vender, locar ou dar em locação financeira os equipamentos em causa;
- A rápida degradação que os equipamentos sofrem quer devido à mesma demora na entrega e à sua natureza de equipamentos de desgaste rápido, quer por o locatário neste caso, sabendo que vai, em breve, ser desapossado

dos mesmos, poder descurar a sua manutenção ou proceder a uma utilização menos prudente.

A penalidade contratada refere-se ao correspondente à última renda vencida. Parece-nos haver proporção. A referida penalidade tem natureza compulsória, finalidade que se não satisfará com uma sanção insignificante ou inferior ao dano causado. Além disso, estando os locatários a usufruir do gozo dos equipamentos, em infracção ao acordado, é razoável que sejam compelidos a pagar o valor que acordaram, em regime de liberdade contratual, para o mesmo gozo. Poder-se-á objectar que, assim, a locadora está a obter aquilo a que teria direito se não tivesse resolvido o contrato, o que é contrário à finalidade da resolução. Porém, terá de ser desta forma, dando-se como que uma, de certa maneira, vigência anómala e temporária do contrato, como meio de satisfazer as finalidades compulsória e reparadora inerentes ao estabelecimento da cláusula penal, vigência essa, porém, cuja extinção está na plena e fácil disponibilidade dos devedores, através da cessação da mora na restituição dos equipamentos locados. Por último diremos que a comparação rejeitada nas instâncias com o disposto no art. 1045.º do Cód. Civil, para a locação em geral, na fixação do valor da renda como indemnização para o gozo do bem locado após a cessação dos efeitos do contrato de locação, tal como bem refere a recorrente, não está bem efectuada. Assim, concordamos que a renda estipulada num vulgar contrato de locação visa retribuir o gozo da coisa locada, enquanto que na locação financeira a renda estipulada tem finalidade diversa na qual se inclui a amortização fraccionada do valor da coisa locada financeiramente, o risco do locador e os custos de gestão deste. Mas o art. 1045.º citado, no seu n.º 2, para o caso de mora na restituição pelo locatário do bem locado, finda a locação, não fixa a indemnização correspondente à renda estipulada, mas fixa o **dobro** daquela renda contratual".

A longa citação revela como o tribunal, além de utilizar, no quadro deste regime, a categoria (convencional, que não legal) da cláusula penal compulsória, o que é mais do que discutível para a apreciação da desproporção a que se refere a norma, mistura elementos do concreto contrato com outros, relevantes do dogma de que os danos a considerar são "abstractos". Repare-se, ainda, nos argumentos utilizados para defender que a desproporção tem de ser

"sensível": *a)* por um lado, a "comparação com o conceito de abuso do direito segundo o qual a violação das regras da boa fé para o instituto funcionar exige que haja uma violação "manifesta"; *b)* por outro, a invocada "finalidade compulsória inerente à fixação da cláusula penal [que] exige a existência de um certo grau de desproporção, sob pena de inviabilizar os referidos fins compulsórios"; *c)* finalmente, "o princípio da liberdade contratual [...] [que] não deve ceder senão quando se levantaram razões com um certo grau de relevância social, o que nos não parece verificar[-se] no caso de a cláusula contratual geral apenas permitir uma pequena desproporção entre o dano a reparar e a pena fixada".

Analisem-se. É difícil compreender ao que vem o abuso do direito, como expressão do princípio da boa fé, num texto (num raciocínio) que recusa que a apreciação seja feita face ao caso concreto. Aliás, ainda que não se tomasse tal posição, nunca se trataria da avaliação do comportamento do titular do alegado direito e, consequentemente, nunca o instituto teria aqui cabimento. A atribuição de natureza "compulsória" à cláusula penal não é suportada em qualquer fundamento interpretativo da cláusula contratual, antes aparece como um *a priori* dogmático, carecido de justificação legal ou contratual. Por fim, surge o inevitável princípio da autonomia privada com a sua intangibilidade – mesmo em contratos de adesão e mesmo quando estes tenham sido concluídos com base em cláusulas contratuais gerais, o que é um dado de facto da decisão –, salvo se dele resultarem consequências de gravidade ostensiva. Julgo ser desperdício maior detenção em qualquer dos invocados argumentos, pelo que sigo adiante.

Diversa é a fundamentação do já citado acórdão do STJ de 11 de Outubro de 2005 (Lucas Coelho) para considerar desproporcionada a cláusula penal fixada num contrato de seguro. Aí se diz que é "da experiência comum que os custos fixos representam uma pequena percentagem do prémio total, destinando-se a parte mais substancial do prémio à cobertura do risco de sinistro. Por isso justamente que a retenção de 50% do prémio quanto ao período de tempo não decorrido se apresente manifestamente excessiva para fazer face a custos fixos da apólice. Tanto mais que a resolução «prematura» do contrato, se pode acarretar custos, decerto implicará outrossim poupança de gastos". E acrescenta, numa consideração em que os danos efectivamente sofridos são relevantes para o juízo de proporcionalidade: "competia à ré a prova da existência de um excesso de custos concretos [...] que permitisse concluir pela proporcionalidade da cláusula [...] incumbe ao réu a prova dos factos constitutivos do direito que se arroga (art. 343.º, n.º 1, do Código Civil), ou seja, no nosso caso, a prova dos factos reveladores ou integradores da proporcionalidade da cláusula, isto é, custos acrescidos relativamente aos apontados pelo autor como fazendo parte do prémio do seguro, os quais exactamente não foram provados pela ré, em termos de possibilitarem qualquer quantificação que lhe seja favorável".

Bem andou o STJ no já referido acórdão de 13 de Março de 2008 (Sebastião Póvoas) ao entender que, num contrato de arrendamento resolvido por falta de pagamento da renda, não se mostrava excessiva uma cláusula penal correspondente a 20% das rendas vincendas. Apesar de, neste como na maioria dos arestos que têm decidido deste problema, não se ter averiguado do montante dos prejuízos efectivamente sofridos pelo credor, julgo que o montante da pena convencional, salvo prova do devedor em contrário, não se afigura desproporcionado, seja em abstracto seja em concreto, considerando também a indemnização moratória fixada legalmente.

O já mencionado acórdão do STJ de 20 de Janeiro de 2010 (Salazar Casanova) entendeu ser nula a seguinte cláusula inserta em cláusulas contratuais gerais de contrato de aluguer de veículo sem condutor: "A indemnização referida no artigo anterior destinada a ressarcir o Locador – que fará sempre suas todas as importâncias pagas até então nos termos deste contrato – dos prejuízos resultantes da desvalorização do veículo e do próprio incumprimento em si do contrato pelo Locatário – não sendo nunca inferior a 50% do total do valor dos alugueres referidos nas Condições Particulares". Aí se lê: "[...] a tal cláusula são cometidas duas finalidades: de ressarcimento do locador do desgaste (e desvalorização) da viatura resultante do seu uso normal (uma vez que nenhuma outra especificação é referida), e penalizar (desincentivando) o incumprimento (que a R. designa por «agravamento de responsabilidade», figura que apenas em alguma doutrina é referida). Por outro lado, na sua contestação, a R. sublinha que tal cláusula não estabelece o montante de indemnização no caso de incumprimento pelo locatário, mas fixa um mínimo indemnizatório para ressarcimento dos prejuízos resultantes de tal incumprimento e da desvalorização do veículo objecto do contrato de ALD em causa", opinião que o acórdão subscreve, pois "da aplicação conjugada das normas contratuais referidas, resulta que, no caso de incumprimento do contrato de aluguer pelo locatário, após decorrido, por exemplo, 50% do tempo de aluguer do veículo, a Locadora teria direito a: – fazer seus os alugueres já recebidos, correspondentes ao tempo do aluguer decorrido, ou seja, correspondentes a 50% do prazo de duração estabelecido para o contrato (alugueres que, como, aliás, a própria R. refere, contemplam o ressarcimento do valor de custo total do veículo acrescido da remuneração da locadora pelo aluguer); – receber uma indemnização igual a *50% do total do valor dos alugueres referidos nas Condições Particulares*, isto é, um montante igual aos restantes 50% do tempo do aluguer que faltava decorrer até final do contrato, para ressarcir o locador «dos prejuízos resultantes da desvalorização do veículo» [qual desvalorização?] e do «incumprimento em si do contrato pelo locatário» [qual incumprimento se o locatário acaba por pagar tudo e ainda antecipadamente, sob pena de pagar juros?]; – receber ainda o que corresponder à «reparação dos danos que o veículo apresente»; – fazer seu o valor recebido como caução a título de «garantia do bom cumprimento das cláusulas pecuniárias do contrato» e que deveria entrar na prestação final de contas, com a devolução ao locatário da quantia eventualmente remanescente, mas que, no caso de incumprimento, a R. converte em mais uma indemnização/penalização, montante que poderá ir até 15% do preço inicial de venda do veículo; – finalmente, receber de volta o veículo após o decurso de apenas 50% do tempo de aluguer contratado, podendo a R. dele dispor para o voltar a alugar (a opção de alugar apenas ou não veículos novos será sua) ou para o vender, fazendo seu o produto da venda". E acrescenta: "[...] efectivamente, no quadro contratual global delineado e proposto pela R. aos seus clientes, no conjunto das cláusulas contratuais gerais que integram o presente tipo de contrato, manifestamente os 50% de indemnização é «um mínimo». Mas um «mínimo» a que, apesar de já de si abusivo, acresce a cumulação com outros valores igualmente indemnizatórios e com idêntica finalidade, sem qualquer critério de razoabilidade, a não ser, como a R. indica na cláusula 8ª já apreciada, obter «o maior dos valores» e a maximização de indemnizações e penalizações, resultante do somatório de tudo o que resulta das diversas cláusulas de carácter indemnizatório e penal. A desproporção e desequilíbrio manifestamente resultantes da situação referida, a título de exemplo, não seria menos evidente em qualquer situação de rescisão por incumprimento, e, concretamente, no caso de a rescisão ocorrer logo no início do contrato, ficando o veículo, em estado praticamente novo, disponível para ser comercializado pela R., recebendo contrapartidas indemnizatórias a título de «prejuízos» que, nos termos definidos, não careceram de ser verificados e avaliados para serem ressarcidos. Isto é, o contrato estabelece uma estrutura de cláusulas indemnizatórias e penais que tornaria significativamente mais vantajosa para a R. a situação de rescisão antecipada do contrato pela locadora, por incumprimento do R., do que o seu cumprimento regular até final do mesmo".

No já citado acórdão de 14 de Dezembro de 2016 (Fonseca Ramos), estavam em causa duas cláusulas (aparentemente) penais: "i) Para caso de incumprimento do cliente/aderente, mormente, em caso de mora no pagamento de quaisquer quantias dívidas à AA, por mais de trinta dias, conferindo a esta o direito a resolver o contrato, estipulando a indemnização por danos, *no valor da totalidade das prestações do preço previstas até ao termo do prazo contratado.* ii) para o caso de denúncia antecipada do contrato por parte do cliente, tendo a AA direito a uma indemnização por danos que será imediatamente facturada *no valor da totalidade das prestações do preço devidas até ao termo do prazo contratado.* iii) para o caso de incumprimento pela AA prevendo que a AA apenas responderá até à concorrência do valor de três meses de facturação AA do presente contrato, como máximo de indemnização a pagar ao cliente". Como se observa, "de comum a fixação, a forfait, das indemnizações cabíveis às hipóteses previstas. Nas duas primeiras cláusulas, por violação do contrato por facto imputável ao cliente (mora e denúncia do contrato) e, no terceiro em caso de incumprimento pela AA. As duas primeiras prevêem cláusulas penais indemnizatórias e a terceira uma cláusula de limitação de responsabilidade". E, depois de rejeitar que, no regime geral da cláusula penal, caiba aquela que, segundo Pinto Monteiro[1282], tem um "escopo [...] *puramente coercitivo* e [...] índole, por isso, exclusivamente *compulsivo-sancionatória*", diz-se, com todo o acerto: "As cláusulas, se valessem, fariam equivaler para a AA o cumprimento integral ao incumprimento, o que é desproporcional e lesivo da boa fé".

Este relance pela jurisprudência na matéria revela que os tribunais se têm orientado maioritariamente, na apreciação da desproporção relativamente aos danos, por critérios que não têm, tanto quanto se pode ver, qualquer relação entre os montantes das penas convencionais e o dos danos – sejam eles os sofridos ou os previsíveis –, antes se orientam pelo estabelecimento de uma relação entre o valor da cláusula penal e o de uma das principais[1283] prestações pecuniárias dos contratos em que aquela está contida. Não se vê em que medida o montante dos danos prováveis (pois, se de alguns se ocupa, só destes poderá sê-lo) tem de apresentar directa relação com o valor da – ou de uma das – prestação(ões) pecuniária(s) contratual(is). Ainda que se admitisse que o valor dos prejuízos previsíveis tem uma relação com o valor económico do contrato, este não se exprime necessariamente apenas pelo montante da(s) obrigação(ões) pecuniária(s) que dele emergem.

Se esta constitui uma orientação jurisprudencial frequente ou mesmo consolidada, lamenta-se que o seja, pois corresponde a uma visão simplista da realidade económica e a uma interpretação da lei que não parece ter nela correspondência

[1282] *Cláusula Penal e Indemnização*, pp. 604 e 605.

[1283] Ou da prestação pecuniária do aderente.

alguma, seja literal seja outra. Não se nega que há casos em que a desproporção do quantitativo da cláusula, relativamente ao dos prejuízos, resulte ostensivamente do contrato, considerado o valor deste e o das obrigações que dele decorrem. Sempre que assim for, mas apenas quando o seja, pode o tribunal declarar a nulidade sem mais averiguações acerca dos danos efectivamente ocorridos. Isto será porventura mais frequente nas hipóteses em que a cláusula penal – seja por virtude da posição contratualmente forte do predisponente, seja por lhe ter sido atribuída função compulsória[1284] – tenha sido prevista em valor claramente excedente ao dos prejuízos que podem constituir consequência do incumprimento debitório.

Daí que julgue que, como ficou dito na nota anterior, nos contratos de adesão, estarão, em princípio, vedadas cláusulas com função compulsória, salvo para o predisponente, hipótese que não é factualmente concebível.

Sousa Ribeiro[1285] manifesta o seu desacordo com a orientação da jurisprudência em termos e por motivos bem diversos, como é de intuir – mas que também acompanho, se bem que não na fundamentação: "Diga-se que não nos parece utilizável como critério geral, nem sequer a título orientativo, o limite da metade do preço, fixado no art. 935.º, n.º 1, do Código Civil, para a cláusula penal das vendas a prestações. Cremos que esse limite ultrapassará, em muitos ramos negociais, a margem de lucro com que as empresas habitualmente operam". Problema que o mesmo autor coloca é o de saber se o limite legal de juros moratórios ou o do da cláusula penal do art. 935.º precludem a aplicação da disposição agora em análise, dando-lhe pronta resposta negativa. Na verdade, não vejo grande pertinência no problema, pois se me afigura que se trata de normas de tutela de qualquer devedor[1286], pelo que não contêm nem afastam as que têm a finalidade de proteger o aderente. Sousa Ribeiro conclui – bem, a meu ver – que "uma cláusula penal contida dentro daqueles limites pode ser nula por desproporcionada, nos termos do art. 19.º al *c)*". Um dos motivos que poderá levar à conclusão da desproporção da pena convencional, apesar de contida dentro dos limites legais do regime geral e do do especial da compra e venda

[1284] Que sempre terá de ser demonstrada pela interpretação do contrato e que, considerando a natureza dos contratos regidos por este diploma e a disposição agora em apreço, não deve ser admitida em tais contratos.

[1285] "Responsabilidade e garantia..., cit., p. 141, nota 91.

[1286] A do 935.º a do devedor a prestações numa compra e venda ou contrato semelhante.

a prestações (ou de outros contratos com função equivalente), é justamente a verificação da inexistência ou do valor muito reduzido dos prejuízos sofridos com o incumprimento[1287]. Por outro lado, conclui o autor que, "quando (o que decerto será excepcional) uma pena em correlação com os danos ultrapassar a metade do preço ou a percentagem máxima de juros admitidos deverá ser reduzida para esses valores – redução que, neste caso, não contende com a natureza das c.c.g., dado que actua ope legis, por um critério e por uma medida prefixadas, sejam quais forem as circunstâncias". Também aqui estou de acordo com este entendimento.

A utilidade autónoma da proibição constante desta alínea pode ainda encontrar-se quanto a cláusulas penais claramente insuficientes para a indemnização dos danos, o que não é, longe disso, de somenos. Não admitindo a maioria da doutrina portuguesa[1288] o aumento judicial da pena convencional manifestamente exígua, tem esta disposição o claro mérito de o permitir, mesmo para além dos casos em que aquela é meramente simbólica, isto é, uma cláusula de irresponsabilidade. Dito por outras palavras: seja a pena convencional prevista para o inadimplemento do predisponente – temporário ou definitivo – claramente inferior à extensão dos danos sofridos pelo aderente, e ela será nula, aplicando-se o regime dos arts 562.º e ss do Código Civil quanto ao direito à indemnização. E, para que este regime se aplique, não é indispensável, como prevêem as Regras Uniformes relativas às Cláusulas Contratuais, que a desproporção seja "significativa"[1289], antes sendo suficiente que exista desproporção. Maria Ângela Soares e Rui Moura Ramos defendiam[1290] a solução do aumento da pena convencional "sempre que ocorr[esse] uma flagrante desproporção entre os danos efectivamente sofridos pelo credor e a quantia prevista como objecto da cláusula penal". No entendimento dos autores e na letra da lei que agora se analisa, a desproporção existe entre o valor da cláusula e o dos danos sofridos. Os primeiros, não se referindo a este preceito, dizem claramente, como parece evidente que deva ser, que a apreciação comparativa se faz entre os danos "efectivamente

[1287] Repare-se como aqui o autor fala de danos "sofridos com o incumprimento", diversamente da posição que defendeu sobre a forma de apurar da desprporção.

[1288] Diversamente do que acontece mesmo em alguns Códigos Civis estrangeiros, como, por exemplo, o *BGB*, o *Code Civil* e as Regra Uniformes relativas às Cláusulas Contratuais.

[1289] V. Maria Ângela Soares e Rui Moura Ramos, cit., p. 304.

[1290] *Ibidem*, pp. 305 a 307.

sofridos pelo credor" e o quantitativo clausularmente previsto, sendo a *ratio* da solução – tanto a da redução como a da elevação – evitar "um injustificado enriquecimento" de uma das partes à custa da outra. Não enxergo, porém, razão para exigir que a desproporção seja "flagrante", como já antes referi repetidamente.

Julgo não ter razão Sousa Ribeiro[1291] quando afasta, em razão do elemento racional, a interpretação da norma que nela compreenda as cláusulas penais desproporcionais aos danos, por serem de montante reduzido. O que o autor tem em vista são sempre, e apenas, as cláusulas penais que liquidem a indemnização a pagar pelo aderente. Ora, o que a teleologia da lei impõe que se entenda é que a disposição proteja o aderente: se a cláusula penal respeitar aos incumprimentos do predisponente, ela, se reduzida, beneficiá-lo-á e será abusiva por prejuízo do aderente, que vê o montante indemnizatório a que tem direito fixado em montante (muito) inferior aos prejuízos que sofreu.

Sousa Ribeiro[1292] entende que esta proibição "é de aplicação geral, não só às cláusulas penais por incumprimento do contrato, como ainda à prévia estipulação das quantias devidas por factos extintivos lícitos, admitidos por lei ou pelo programa relacional, mas impositivos da obrigação de indemnizar", escrevendo que "é pela alínea *c)* do artigo 19.º que deverá ser medida a predeterminação, em caso de revogação, denúncia antecipada ou desistência de um contrato, das prestações a efectuar ou a reter, como pagamento de despesas ou trabalho já realizados, como retribuição do uso de uma coisa, ou como compensação de desvalorizações sofridas ou de lucros cessantes". E acrescenta que, "nestes casos, na fixação da indemnização deverão ser contabilizados os gastos que o predisponente poupou com a extinção antecipada do contrato". Se bem que compreenda a intenção do autor, creio que o seu pensamento sofre de duas vulnerabilidades: à uma, mistura casos em que o montante previsto na cláusula é muito próximo de uma indemnização com outros em que o não é, e, à outra, esquece quanto disse sobre a apreciação dos danos para apurar da desproporção com a prevista clausularmente, remetendo para a averiguação dos "gastos que o predisponente poupou com a extinção antecipada do contrato".

Em minha opinião, todas as quantias estipuladas que desempenhem uma função penal, isto é, ressarcitória de prejuízos sofridos com a extinção do contrato, devem inequivocamente ter o tratamento que esta disposição prevê para

[1291] *Ibidem*, pp. 148-149, nota 108.
[1292] *Ibidem*, pp. 144 a 146.

as cláusulas penais. Admito que os montantes previstos como multas penitenciais – preços de arrependimentos lícitos – possam, quando efectivamente permitidos, submeter-se a este mesmo regime, devendo, contudo, a sua apreciação ser mais restritiva do que a das cláusulas penais: se o arrependimento do aderente é legal ou convencionalmente admitido, deverá restringir-se a previsão clausular de preço dele, não existindo aliás, na maior parte desses casos, prejuízos face aos quais avaliar da desproporção. Quanto à última observação de Sousa Ribeiro transcrita, estou completamente de acordo com ela, não apenas nos casos de cessação do contrato, mas em todos, pois o princípio da *compensatio lucri cum damno* é inafastável em matéria de cálculo indemnizatório.

d) Imponham ficções de recepção, de aceitação ou de outras manifestações de vontade com base em factos para tal insuficientes;

Esta norma tem a utilidade de retirar valor declarativo ao silêncio, quando ele lhe tenha sido atribuído convencionalmente, o que não é secundário no tipo de contratos a que se refere. Reafirma-se – isto é, enfatiza-se – do mesmo passo a norma do art. 217.°, n.° 1, *in fine*, do Código Civil, que exige, para que haja declaração tácita, "factos que, com toda a probabilidade a revelem". Na opinião de Menezes Leitão[1293], o sentido de afastar o valor declarativo do silêncio "parece" poder concluir-se "*a fortiori*", o que creio, como disse, certo.

Almeida Costa e Menezes Cordeiro[1294], depois de dizerem que "o tráfico negocial de massas tem exigências de celeridade" e que, em razão disso, se compreende "que se dispensem, algumas vezes, declarações formais de vontade, substituindo-as por comportamentos que, claramente, lhes correspondam", concluem que se "impõe afastar essa solução, quando, perante o quadro negocial padronizado, os factos a que se associem resultados conexos, em princípio, com declarações de vontade se mostrem insuficientes". Não compreendo o que sejam as declarações *formais* dispensáveis nem o que há de particular no afastamento da atribuição de sentido declarativo a factos que não sejam suficientes para o significar, e estranho que não haja referência à exclusão clausular de conteúdo declarativo ao silêncio.

[1293] Cit., p. 42.
[1294] Cit., p. 47.

Segundo Almeno de Sá[1295], no quadro da apreciação de uma estipulação atributiva do valor de aceitação das cláusulas contratuais gerais a um comportamento do aderente, "esta norma [...] parece ter manifestamente em vista ficções de declaração no âmbito da execução do contrato e não no que concerne à respectiva conclusão ou incorporação de cláusulas no contrato singular". Tenho dificuldade (para dizer o menos) em acompanhar o raciocínio do autor, pois a própria letra do preceito refere, entre outras declarações, "ficções de aceitação", de que não vejo por que excluir a de aceitação do conteúdo do contrato, mesmo que este se traduza em acto(s) de execução do mesmo.

Menezes Cordeiro[1296] escreve que "a rapidez do tráfego de massas justifica que, por vezes, se dispensem formais declarações de vontade, substituindo-as por outros indícios. Os comportamentos concludentes têm aqui particular relevo. Mas a situação torna-se inadmissível quando se recorra a factos insuficientes para alicerçar a autonomia privada. Caso a caso será necessário indagar dessa suficiência: tal o sentido da alínea *d)*". Não vejo qual a especialidade que o "tráfego de massas" aqui introduz ou justifica, embora seja evidente que o autor se encontra deslumbrado com os comportamentos concludentes; a pura frequência estatística em nada altera a natureza das declarações (neste caso, segundo o autor, apenas tácitas, pois ignora o silêncio que está na norma inequivocamente compreendido), sendo as regras gerais bastantes para alcançar a conclusão que refere.

Noronha Nascimento[1297] diz que, "relativamente aos denominados cartões «Electron» «Eurocheque» e «Multibes» foram declaradas nulas [pelo STJ e em acções inibitórias, tanto quanto compreendo] as c. c. g. constantes dos contratos de adesão que os sustentavam e que: *c)* permitiam ao banco alterar unilateralmente as cláusulas do contrato e considerar aceites aquelas que, comunicadas à contraparte, não merecessem desta qualquer reacção em 15 dias" [...] cfr. Ac. de 11/10/01, relatado por Silva Paixão", por contrariedade com esta disposição.

O acórdão do STJ de 14 de Fevereiro de 2002 (pr n.º 01B4301, Ferreira de Almeida[1298]), decidiu pela validade de uma cláusula que fixava "o prazo de 15 dias, para aceitação ou rejeição, da alteração negocial e, tal, porque o silêncio vale, como declaração negocial, quando esse valor lhe seja atribuído por lei, uso

[1295] Cit., pp. 250-251.

[1296] *Tratado...*, cit., p. 447.

[1297] Cit., p. 116.

[1298] *In www.dgsi.pt.*

ou convenção, no âmbito do artigo 218.°, do CC". Parece indiscutível que a decisão, proferida no âmbito de uma acção inibitória, é errada, pois esta al. *d)* proíbe a atribuição convencional de valor declarativo ao silêncio, como ficou dito e se afigura inquestionável.

O já citado acórdão, também do STJ, de 15 de Maio de 2008 (Mota Miranda) foi chamado a apreciar a validade de cláusula do seguinte teor: "A CGD reserva-se o direito de alterar, unilateralmente, as presentes Condições Gerais de Utilização. A alteração produzirá efeito se o titular, no prazo de quinze dias, a contar da informação da alteração, não resolver o presente contrato. Em caso de resolução, o titular terá o direito de reaver a anuidade paga na parte proporcional ao período não decorrido". Sobre ela considerou: "Com esta cláusula, a CGD parece estabelecer duas presunções, das quais retira consequências que podem atentar contra os interesses do titular do cartão, impondo-lhe regras com que pode não contar. Efectivamente, poderá dizer-se que a CGD pressupõe que a informação, que foi prestada ao titular do cartão, chegou ao seu conhecimento e que a CGD retira do silêncio do titular do cartão a conclusão de aceitação das alterações que, unilateralmente, introduziu. Todavia, o seu conteúdo não pode ser considerado, como o foi na decisão recorrida, violador da regra estabelecida no art. 19.°, al. d) do dec.-lei 446/85 que proíbe a ficção de recepção ou de aceitação com base em factos insuficientes. Na verdade, segundo o art. 224.°, n.° 1 do C.C., a declaração que tem um determinado destinatário só se torna eficaz quando chega ao seu poder ou é dele conhecida. Daí que a informação referida na cláusula se tenha de entender no sentido de ter sido do conhecimento do titular do cartão; só há informação quando ela chega ao conhecimento do interessado; antes não se pode afirmar ter ocorrido informação do banco ao titular do cartão. E é este conhecimento efectivo que marca o início do prazo para a aceitação ou resolução. Por outro lado, e quanto ao silêncio, tem de se atentar que o silêncio não é de todo irrelevante no nosso ordenamento jurídico. O silêncio assume relevância nos termos do art. 218.° do C.C.. E no caso concreto, o titular do cartão teve a possibilidade de, conhecendo a cláusula, se determinar pela sua aceitação, no uso da sua liberdade de vinculação. Não pode, por isso, a cláusula [...] considerar-se proibida, como o fora no acórdão recorrido, por violação do disposto no art. 19.°, al. d) daquele dec.-lei 446/85 (cf. no mesmo sentido da sua validade, o que fora decidido neste S.T.J., em idêntica cláusula, no Acórdão de 3/12/98, na C.J. – STJ – 1998-3-144 e no Acórdão de 14/2/2002, proferido no Processo n.° 4301/01)". Esta decisão afigura-se longe de linearmente conforme com a alínea em apreço, já que entende ser permitido que, por cláusula contida em contrato de adesão, se atribua ao silêncio o sentido declarativo de aceitação da alteração dos termos contratuais, o que é proibido, como deixei dito, pela norma.

Uma cláusula segundo a qual "o extracto será enviado para a morada do titular indicada na proposta de adesão, considerando-se a dívida reconhecida por ele se não for recebida pela CGD qualquer reclamação por escrito no prazo de sete dias seguidos, contados da data da recepção do extracto na referida morada", foi, ela, declarada nula ainda pelo mesmo acórdão, por nela se estabelecer "a presunção de que o titular do cartão recebeu, na morada indicada, o extracto e [...] [se impor] ao titular do cartão o reconhecimento da dívida se não houver reclamação no prazo de 15 dias", com o fundamento de que "não se pode extrair do facto de a remessa do extracto ter sido remetida [*sic*] para a morada acordada, a conclusão de que o titular do cartão o recebeu e deu o seu acordo. Aqui ficciona-se uma recepção (o recebimento do extracto) e consagra-se uma aceitação (o reconhecimento da dívida). Ora, o silêncio, com força vinculativa (nada dizendo, considera-se a dívida reconhecida pelo titular do cartão) tem aqui como pressuposto um facto presumido (o de que o titular do cartão recebeu o extracto por ter sido remetido para a sua morada) facto que se não pode inferir (nem sempre a correspondência é entregue a quem o devia ser) sendo que é desta recepção na morada que a CGD faz decorrer o prazo para o reconhecimento da dívida ou para reclamação". Tal como antes, o aresto, questionando – bem – a ficção de recepção de uma comunicação postal, não põe, todavia, em causa o valor de reconhecimento da dívida imputado ao silêncio do destinatário, o que é, no mínimo, estranho.

Já o mencionado acórdão do STJ de 2 de Março de 2010 (Urbano Dias), apreciando, em recurso de acção inibitória, a seguinte cláusula: "Se o titular não aceder ou receber um extracto até ao dia 10 de um determinado mês deve informar o Banco de imediato até dezassete desse mês, sob pena de o Banco presumir o acesso ou a recepção do extracto pelo Titular. A aceitação pelo Titular dos dados das transacções registados em extracto subsequentemente àquele que o Titular venha, posteriormente àquela aceitação, alegar não ter recebido ou não ter tido acesso, faz presumir a aceitação pelo Titular das transacções constantes deste extracto e inverter o ónus da prova pelo Banco dos factos com estas relacionados", entendeu que "não restam dúvidas que a 1ª. parte da cláusula em apreciação cria uma ficção de recepção do extracto, de todo injustificada, na justa medida em que nada permite, do ponto de vista da verdade e da boa fé, tirar a presunção em causa" e que, "na linha lógica, do que se acaba de referir, também não restam dúvidas de que a segunda parte da mesma cláusula consagra, de modo ilegítimo, ficções, proibidas, como vimos, e, ainda, faz com que haja uma inversão de ónus da prova a favor do Banco, inadmissível, à luz do art. 21°, alínea g) do Decreto-Lei n° 446/85", pelo que declarou – muito bem – a cláusula nula.

Em acção inibitória, foram consideradas nulas, por imporem ao mutuário a aceitação de dívidas a vários títulos ("despesas, encargos e impostos") "que o Banco venha a realizar para garantia e cobrança dos seus créditos", por terem redacção muito vaga que não esclarece cabalmente o aderente/cliente, não resultando claro o que cabe nas despesas e encargos devidas pelo cumprimento das ordens do cliente de aplicação de capitais, bem como da utilização do crédito concedido e as despesas que o banco venha a realizar para garantia e cobrança dos seus créditos", por violarem o princípio da boa fé e este preceito. A decisão da Relação foi censurada pelo acórdão do STJ de 14 de Março de 2017 (pr n.° 7599/14.2T8LSB.L.1.S1, Ana Paula Boularot[1299]), sem análise da argumentação e com este extraordinário fundamento: "Ponderando os interesses em jogo, não cremos que se esteja perante uma situação em que a situação do depositante/aderente, fique agravada e/ou desprotegida, ou que determine um desequilíbrio antinatural das posições negociais"

Não é imediatamente evidente, perante esta disposição, o sentido autónomo da norma inserta na al. *h)* do art. 22.°, que proíbe as convenções de "renovação automática de contratos através do silêncio da contraparte", pois, pese embora a diversa formulação literal, parece que tais convenções se poderiam enquadrar no âmbito de aplicabilidade desta al. *d)*, uma vez que a vontade de renovação do contrato (ou de não oposição à sua renovação) constitui uma declaração negocial ou a omissão dela. Admite-se, contudo, que se tenha querido clarificar, expressa e especificamente, a questão das renovações do contrato. Assim sendo, incompreende-se, todavia, por que é que, ocupando-se o art. 22.° de cláusulas contidas em contratos de adesão com consumidores e equiparados e, sendo de esperar, por isso, que o seu teor fosse tendencialmente mais restritivo do que o deste art. 19.°, se admite a cláusula que atribua ao silêncio o valor declarativo de renovação do contrato, "sempre que a data limite fixada para a manifestação de

[1299] *In www.dgsi.pt.*

vontade contrária a essa renovação [não] se encontre excessivamente distante do termo do contrato".

Existe, pois, em alguma medida, contrariedade entre estas duas normas, o que é tanto mais inexplicável quanto o sentido proibitivo da do art. 22.º-*h)* é menos apertado do que o desta disposição[1300]. Porque se trata de normas proibitivas, tem de entender-se que a mais restritiva consome a outra; ou seja, aplica-se esta disposição – nos termos da qual a omissão da declaração deve ser considerada irrelevante para o consentimento na renovação do contrato[1301] –, quando ela resultar num sentido mais extensamente proibitivo e, portanto, mais favorável ao aderente.

Não por atribuir valor declarativo ao silêncio, mas por estar em causa uma "confissão de dívida" baseada em factos insuficientes[1302], o Ministério Público pedia a supressão de uma cláusula de contrato em que os clientes de um banco reconheciam ser devedores da "totalidade da quantia mutuado, dos juros e demais encargos contratualmente previstos", designadamente quanto aos "encargos". O STJ no já referido acórdão de 16 de Outubro de 2014 (Lopes do Rego) entendeu que "não parece [...] que tal cláusula, devidamente interpretada, envolva violação da norma constante dos arts. 19ºd) e 21º g) da Lei da Cláusulas Contratuais Gerais. [...] [pois trata-se] apenas [d]os encargos especificadamente previstos nas condições gerais e particulares [...] podendo naturalmente o mutuário questionar, nos termos gerais de direito, quer a responsabilidade pelos encargos que, porventura, lhe sejam exigidos, quer os respectivos montantes"[1303]. O argumento de que o devedor que confessa uma dívida pode questioná-la não se me afigura persuasivo. O que se pretende com a acção inibitória

[1300] Não obstante o que se diz, acerca da renovação de alguns contratos duradouros, na anotação ao art. 22.º-*h)*.

[1301] A este problema se voltará na anotação ao art. 22.º-*h)*.

[1302] E também por violar a al. *g)* do art. 21.º, por inverter o ónus da prova.

[1303] Decisão idêntica adoptou o aresto quanto à cláusula, também questionada, de responsabilização pelo aderente, "sem limitação, [pel]as despesas de formalização do contrato especificadas nas Condições Particulares, bem como pelos encargos tributários aplicáveis", nele se escrevendo: "a circunstância de a cláusula contratual geral remeter a concretização ou liquidação dos encargos e despesas postas contratualmente a cargo do mutuário para o dito preçário não representa, só por si, estando este facilmente acessível aos interessados, uma aceitação fictícia e em branco de responsabilidade pelo aderente, com base em factos insuficientemente determinados".

é justamente colocar o aderente na posição de não ter de pôr em causa factos aceites em abstracto e sem fundamento.

e) Façam depender a garantia das qualidades da coisa cedida ou dos serviços prestados, injustificadamente, do não recurso a terceiros;

Não se tratando da previsão caricatural – embora real – da dependência da garantia da coisa do seu não desempacotamento ou abertura, quando o aviso está dentro do objecto, esta disposição refere-se a cláusulas que, além do mais, proíbam o aderente de fazer verificar a idoneidade, estrutural ou funcional, do bem por técnico habilitado. Trata-se de disposição que, não sendo abertamente inútil, seria porventura dispensável, se a boa fé fosse critério de apreciação da validade do conteúdo contratual realmente operante. Quanto a ela, pode dizer-se, contudo, que *quod abundat non nocet.* E isto porque são consabidamente frequentes no mercado cláusulas deste género que, desde logo em sede de apreciação abstracta, devem ser excluídas dos modelos contratuais.

Ocupa-se a disposição, na verdade, de qualquer intervenção de terceiros, em especial – dado o teor da norma, que se refere à preclusão da "garantia das qualidades da coisa ou dos serviços prestados" – das que ocorram antes da verificação de defeito ou imperfeição da prestação, como, por exemplo, a montagem da coisa ou a contratação de assistência para a manutenção dela.

Diz, e com razão, Menezes Cordeiro[1304] que cláusulas deste tipo equivalerão "a um meio oblíquo de limitar [diria mesmo mais: de excluir em certos casos] a responsabilidade. Menezes Leitão[1305] considera que se trata de "disposição que se explica, atenta a restrição à garantia que essa proibição poderia implicar", o que, não adiantando, é certo. Almeida Costa e Menezes Cordeiro[1306] dizem que, se "razões de ordem técnica ou similares" não justificarem a exclusão do recurso a terceiros, "ocorreria uma exclusão inadmissível da responsabilidade".

Muito embora as normas não tenham conteúdos coincidentes, esta não pode deixar de evocar a da al. *j)* do art. 22.°, que interdita as convenções que "impeçam, injustificadamente, reparações ou fornecimentos por terceiros". Mais clara

[1304] *Tratado...*, cit., p. 447.
[1305] Cit., p. 42.
[1306] Cit., p. 47.

e coerente teria sido a solução de integrar o conteúdo normativo das duas disposições numa única. Acrescentaria que, atento o conteúdo da al. *j)* do art. 22.º, bem poderia a proibição única ficar neste art. 19.º, dado o seu âmbito de aplicabilidade ser mais amplo.

***f)* Coloquem na disponibilidade de uma das partes a possibilidade de denúncia, imediata ou com pré-aviso insuficiente, sem compensação adequada, do contrato, quando este tenha exigido à contraparte investimentos ou outros dispêndios consideráveis;**

Dada a incerteza terminológica da lei portuguesa e, mesmo, no interior deste diploma, o primeiro problema que esta norma coloca é o de saber o que nela significa "denúncia" do contrato.

Galvão Telles[1307] escreve que "é frequente autonomizar, como modo específico de cessação do contrato, a denúncia – declaração dirigida por uma das partes à outra com vista a pôr termo a um contrato de duração indeterminada ou a evitar a renovação de um contrato que sem ela se operaria", dando como exemplo de norma que utiliza o termo no primeiro sentido justamente esta al. *f)*.

Sabe-se como, para grande parte da doutrina e para muitas disposições da lei nacional, "denúncia" é a extinção de contrato de duração indeterminada, operada discricionariamente por um dos contraentes, desde que comunicada com pré-aviso razoável. Neste sentido usa o termo A. Vaz Serra[1308], citando[1309] o art. 1750.º do Código Civil italiano que "dispõe que, se o contrato é por tempo indeterminado, qualquer das partes pode rescindi-lo, dando pré-aviso disso à outra no prazo estabelecido pelas normas corporativas ou pelos usos, podendo o prazo de pré-aviso ser substituído pelo pagamento de uma competente indemnização". É também este o sentido que lhe atribui Antônio Junqueira de Azevedo[1310]

[1307] *Manual...*, cit., p. 383, nota 357.

[1308] "Anotação ao Acórdão do Supremo Tribunal de Justiça de 7 de Março de 1969", *in Revista de Legislação e de Jurisprudência*, Ano 103.º, nºs. 3418-3419-3420, 1, 10 e 20 de Setembro de 1970, p. 223.

[1309] Pp. 224-225.

[1310] "Natureza jurídica da renúncia no quadro do negócio jurídico. A renúncia a direitos contratuais. Coligação por dependência entre a denúncia a direitos contratuais e o contrato fonte desses direitos", *in Novos Estudos...*, cit., p. 151.

quando escreve: "Os contratos com prazo indeterminado necessitam de modo de extinção que permita às partes, nos limites da boa-fé, [...] se desvincularem quando não mais tiverem interesse no acordo. Desse modo, vigora o princípio de que **os contratos com prazo indeterminado podem ser denunciados a qualquer tempo, independentemente de justa causa, sempre mediante aviso prévio à contraparte e com respeito à boa-fé** (cf. a. 473 do Código Civil de 2002). A eficácia própria da **denúncia** é a resiliação da relação contratual, isto é, ela põe termo a uma relação estabelecida **por prazo indeterminado**. Trata-se de resiliação unilateral".

É este o sentido que os *PECL* dão a denúncia no seu art. 6:109 que, sob a epígrafe "Contrato de duração indeterminada", dispõe: "cada uma das partes pode denunciar [*résilier*] um contrato de duração indeterminada avisando com um pré-aviso de uma duração razoável".

No acórdão do STJ de 21 de Outubro de 2008 (pr n.º 08A2933, Alves Velho[1311]) lê-se: "Sendo a denúncia juridicamente definível como a declaração mediante a qual um dos contraentes declara ao outro que põe fim à relação contratual para o termo do prazo ou da sua renovação ou, não havendo prazo determinado, para certo momento futuro, em qualquer caso com certa antecedência (pré-aviso), ora fixada na lei, ora tida como razoável em razão da natureza, objecto e fins contratuais", noção que não coincide com a anterior, pois, seguindo Galvão Telles, nela faz reentrar a oposição à renovação do contrato.

Esta alínea não faz referência ao tipo de contratos cuja denúncia convencional prevê proibitivamente em dadas condições, o que, confrontando-a, por exemplo, com a disposição da al. *i)* do art. 22.º, reforça as dúvidas quanto à natureza daqueles contratos, já que esta última, sem se referir a denúncia, proíbe as cláusulas que "confiram a uma das partes o direito de pôr termo a um contrato de duração indeterminada, sem pré-aviso razoável, excepto nos casos em que estejam presentes razões sérias capazes de justificar semelhante atitude".

Mau grado a incerteza de qualificativos – veja-se neste diploma também, por exemplo, o art. 22.º-*a), b)* e *f)* –, parece-me que não teria sentido que, neste contexto normativo de tutela do aderente, se referisse a lei a denúncias que pudessem ter lugar em contratos não duradouros, o que, aliás, é de algum modo confirmado pelo art. 22.º-*b)* a que se fez referência.

[1311] *In www.dgsi.pt.*

A dúvida circunscreve-se, pois, ao apuramento, dentro dos contratos de execução duradoura, da questão de saber se são tidos em vista apenas aqueles que não tenham duração previamente estabelecida – seja por termo certo ou incerto – ou se se abrangem também os contratos que, tendo prazo, se renovam automaticamente por força de lei ou de convenção das partes[1312].

Nada dizendo a norma, creio que a proibição deve incluir qualquer destas formas de cessação, por ser idêntica a razão de protecção do aderente, neste sentido depondo o elemento sistemático, pois, como já se viu, dentro do Dec.-Lei n.º 446/85, a "denúncia" não constitui conceito unívoco.

Por outro lado, o objecto da disposição não é o direito de denúncia como regra associado normativamente aos contratos duradouros sem prazo, mas aquele que seja previsto clausularmente. O que depõe igualmente no sentido de atribuir à denúncia aqui referida um conteúdo amplo, uma vez que as partes (melhor, o predisponente) podem tê-la configurado dos mais diversos modos.

Qualquer cláusula que preveja a destruição voluntária, unilateral e discricionária, de contrato que não seja duradouro não deve, porém, entender-se regida por esta norma, antes pelo art. 406.º, n.º 1, do Código Civil, que proíbe a extinção por vontade de um dos contraentes, salvo quando a lei excepcionalmente a permitir[1313].

Pelo menos em parte, ao mesmo tipo de cláusulas se refere o art. 22.º-*b)* e *i)*, nestas disposições se proibindo a que preveja a denúncia "livre" "sem pré-aviso adequado", e a que confira "a uma das partes o direito de pôr termo a um contrato de duração indeterminada, sem pré-aviso razoável [...]". É incompreensível a multiplicação de previsões proibitivas de convenções de previsão de denúncia. As enunciadas no art. 22.º são: a primeira, inútil, pois nunca se admitiu a extinção unilateral e discricionária de um contrato sem pré-aviso adequado; a segunda permite tal forma de cessação quando "estejam presentes razões sérias capazes de justificar semelhante atitude", isto é, abre a possibilidade de uma excepção à regra geral, em função dos motivos que fundamentem a cessação, pelo que parece ocupar-se não da denúncia, mas da resolução. Mas, se o for, não

[1312] Nestes últimos, a chamada "denúncia" constitui em rigor uma oposição à sua renovação.

[1313] E, se a lei permite a extinção unilateral de um contrato com fundamento em cláusula dele, não parece que aqui possa estar em causa a resolução, já porque a lei fala de denúncia, já porque se entende que a resolução tem de ter fundamento convencional, não podendo constituir uma decisão discricionária, ainda que tal tenha sido estipulado.

fica claro por que limita a apreciação do fundamento da extinção contratual aos contratos de duração indeterminada.

O confronto da disposição deste artigo com as do art. 22.º – para além de outras, não menores, perplexidades que gera – poderia suscitar a dúvida sobre qual das partes é a titular do direito de denúncia que se regula, não fora, como já sobejamente ficou assinalado, as restrições só respeitarem, em princípio, a direitos conferidos clausularmente ao predisponente. Seja como for, à técnica legislativa falta rigor: à uma, a al. *b)* do art. 22.º esclarece que trata do direito de fazer cessar o contrato pelo predisponente, o que poderá fazer supor que, nesta al. *f)*, é indiferente legalmente a qual das partes seja conferido pela cláusula o direito de denúncia, entendimento que surge reforçado pela utilização da expressão "uma das partes". Porém, a al. *i)* daquele art. 22.º utiliza, tal como esta, a formulação "uma das partes", quando a sua *ratio* é indiscutidamente a tutela do contraente consumidor, pelo que se conclui que as formulações literais são pouco eloquentes na identificação do contraente que se protege, como genérica e repetidamente ficou já dito.

De tudo quanto ficou escrito se retira que concordo com Filipe Vaz Pinto[1314] que defende esta interpretação restritiva da lei, acrescentando que, se fosse o predisponente a invocar a nulidade da cláusula, quando o direito fosse exercido pelo aderente, se estaria perante um *venire contra factum proprium*.

Almeida Costa e Menezes Cordeiro[1315] dizem expeditamente, como se não se colocasse qualquer problema interpretativo: "a pessoa que, em virtude da celebração de um contrato, realiza investimentos ou outros dispêndios de vulto confia, por certo, numa vigência negocial suficientemente prolongada que lhe permita obter as amortizações ou vantagens correspondentes aos valores adiantados. Se a contraparte pudesse, sem compensação adequada, denunciar o contrato, de imediato ou com pré-aviso insuficiente, toda essa confiança seria atingida". E concluem desta forma: "justifica-se, portanto, a solução da alínea f), que mais não faz, aliás, do que expressar um regime que já resultava do princípio da boa fé". Menezes Cordeiro[1316] escreve que este preceito "trata da denúncia, isto é, da faculdade de, unilateralmente, e sem necessidade de justificação, se pôr termo a uma situação duradoura. Esta faculdade, quando a outra parte tenha

[1314] "Os limites à liberdade estipulação em matéria de denúncia", *in Sub judice*, cit., p. 64.

[1315] Cit., p. 47.

[1316] *Tratado...*, cit., p. 447.

feito investimentos ainda não amortizados, pode colocá-la nas mãos da primeira. Assim, quando seja injusta, é nula".

São observações extraordinárias, se cuidadosamente analisadas: dão por adquirido que de denúncia, em sentido estrito, se ocupa a disposição; consideram que os "investimentos ou outros dispêndios consideráveis" são sinónimos de investimentos "ainda não amortizados"; concluem que a norma visa evitar que a parte contra quem a denúncia é exercida fique "nas mãos da primeira"; e terminam dizendo que, quando a cláusula seja "injusta, é nula". A norma tem deficiências, mas o que a doutrina dela pretende fazer por via interpretativa está para além da minha capacidade de apreciação.

As limitações consagradas na disposição desta al. *f)* são, a uma primeira vista, mais amplas do que as toleradas em regra pela lei e pela doutrina. Na verdade, entendendo muitos autores, como, por exemplo, Vaz Serra[1317] ou Baptista Machado[1318], que o direito de denunciar o contrato de duração indeterminada é imperativo, por ser a sua supressão convencional contrária à ordem pública, nunca se admitiu a validade e eficácia de uma denúncia feita sem pré-aviso razoável.

Daí que a interdição de cláusula que preveja uma denúncia "imediata ou com pré-aviso insuficiente" não se afigure ter conteúdo preceptivo autónomo. Ao invés, esta proibição, tal como formulada, parece permitir mais do que os princípios comummente aceites na matéria. Na verdade, proibir tal convenção apenas quando "não tenha compensação adequada" e o contrato "tenha exigido à contraparte investimentos ou outros dispêndios consideráveis" traduz-se em permiti-la se tiver compensação adequada e o contrato não tiver envolvido despesas "consideráveis" para a contraparte, o que é muito mais do que se admite como regra.

E, neste domínio, não existindo disposição genérica que consagre o direito de denúncia nos contratos duradouros sem termo, impondo ao contraente que pretenda exercê-lo a sua comunicação à contraparte com um período de pré-aviso razoável, difícil é sustentar que o entendimento, comum e pacificamente aceite, prevalece sobre a regra aqui contida, nos termos do art. 37.º. Difícil, mas não impossível, pois que a referência a "disposições legais" constante do art. 37.º

[1317] Cit., pp. 232 a 234; v. também citação de Larenz, no mesmo sentido, na nota 2.

[1318] "Parecer sobre Denúncia e Direito de Resolução de Contrato de Locação de Estabelecimento Comercial", *in Obra Dispersa*, Vol. I, pp. 650 a 652.

pode ser objecto de interpretação extensiva que nela entenda compreendidas as normas de fonte não imediatamente legal[1319]. Daqui decorre que, se se entender que o direito de denúncia dos contratos duradouros sem termo constitui um corolário da ordem pública, sendo o pré-aviso razoável imposto pela boa fé, seja fácil sustentar que este regime geral prevalece, nos termos daquele art. 37.º, sobre o consagrado nesta al. *f)* do art. 19.º.

Outro foi, tanto quanto pode perceber-se, o entendimento do acórdão do STJ de 17 de Maio de 2007, (pr n.º 07B1295, Oliveira Rocha[1320]): considerou-se nele que os contratos a que se refere este preceito são[1321] os que, sendo duradouros, tenham termo de duração, isto é, que a "denúncia" a que a lei se refere é uma oposição à renovação. Não é inequívoco que tenha sido este o entendimento do tribunal, pois decide que a faculdade de extinção do contrato atribuída clausularmente ao predisponente deve considerar-se uma resolução, proibida pelo art. 22.º-*b)*, se não se fundar na lei ou no próprio contrato, com o argumento de que "a cláusula [...], não obstante prever um pré-aviso de 15 dias para aquilo a que chama «denúncia», acaba por conduzir ao mesmo resultado; ou seja, os titulares dos cartões podem ver-se deles privados, dentro do prazo de vigência do contrato, sem qualquer justificação, com a inerente frustração da legítima expectativa de crédito que a sua utilização implica". O acerto da conclusão não permite desconhecer a confusão da argumentação.

O problema da conjugação das normas não perturbou o STJ, que, em recurso de acção inibitória[1322], declarou interditada uma cláusula que permitia que o predisponente pudesse "denunciar livremente o contrato sem justificação, o que é expressamente proibido pelos arts. 19°, al. f), e 22°., n.º 1, al. b), do DL. nº 446/85, de 25.10", acrescentando que "a proibição contida nos arts. 19°., al. f), e 22.°, n.º 1, al. b), do DL. n.º 446/85, abrange não só a falta de pré-aviso adequado para a denúncia, mas também as situações em que tal denúncia possa ser imotivada, pelo que a alteração da redacção da referida cláusula 5.2, por continuar a

[1319] E isto porque, de um ponto de vista sistemático, o ordenamento jurídico nacional em geral e, em particular, os arts 1.º a 4.º do Código Civil, cujo objecto é o enunciado das fontes de direito, não contêm "disposições legais" de conteúdo preceptivo indiscutível – e indiscutido –, no que toca à afirmação da lei como exclusiva fonte de normas jurídicas vigentes e nele integradas.

[1320] *In www.dgsi.pt.*

[1321] Ou são também.

[1322] Mencionado acórdão de 17 de Maio de 2007 (pr n.º 7B1295, Oliveira Rocha).

não prever qualquer motivação para a efectivação da denúncia, viola o decidido nos presentes autos, justificando, assim, a aplicação à requerida de uma sanção pecuniária compulsória"[1323].

Por outro lado, se acompanhasse a doutrina dominante, que entende que a apreciação a que este art. 19.º manda atender é não a do concreto contrato e das respectivas posições das partes, não teria cabimento a utilização dos critérios de que, em regra, o aplicador do direito se socorre para julgar da suficiência do pré-aviso, mas apenas aqueles que esta alínea refere: a existência de compensação adequada e os "investimentos e outros dispêndios consideráveis" realizados para a conclusão ou execução do contrato. E, ainda assim, dado que a suficiência, ou não, do pré-aviso dependeria da adequação da compensação e de serem "consideráveis" os "investimentos ou outros dispêndios" exigidos à contraparte, difícil, senão impossível, seria ajuizar dela em abstracto. De fora ficaria – mal – a consideração da duração do contrato, do tempo necessário para que, tendo em conta o interesse que ele satisfazia, a contraparte encontre solução contratual substitutiva, entre outros factores.

Como já disse, creio não ser esta, face ao actual texto legal, a solução interpretativa mais adequada teleologicamente. Daí que pense que os critérios enunciados nesta alínea mais não são do que exemplos de elementos a ponderar na apreciação da "suficiência" ou razoabilidade do período de pré-aviso. Neste contexto, assume particular relevância a hipótese de se ter convencionado uma retribuição – ou compensação – para a falta de pré-aviso suficiente, para que a outra parte possa ver reparados os danos decorrentes de uma cessação abrupta do contrato. Também esta apreciação melhor poderá ser realizada face ao concreto contrato em que a extinção unilateral, discricionária e brusca, ocorre. Aliás, não é fácil entender a última parte da norma, ao dizer que devem considerar-se os investimentos ou outros dispêndios que o contrato *tenha exigido* à contraparte. Não que a letra da lei seja, só por si, decisiva, mas, como repetidamente disse, num regime que não é apenas o das cláusulas contratuais gerais, mas o de quaisquer contratos de adesão, avaliar em função dos investimentos que o contrato tenha exigido parece apontar claramente (e não se trata, longe disso, de uma interpretação com um apoio na letra imperfeitamente expresso) para o dispêndio exigido por aquele concreto contrato. E este elemento, longe de ser secundário, é decisivo para averiguar designadamente da suficiência da

[1323] Poupo – a mim e ao leitor – o comentário a este fraseado.

compensação convencionalmente prevista. Isto é, dentro dos factores que a lei diz deverem ser considerados – e que não são os únicos, qualquer que seja o entendimento defendido, já que a boa fé sempre imporia a tomada em conta de outros –, o primeiro só pode ser correctamente avaliado quando se conheça e pondere o segundo.

Preferível teria sido que a lei tivesse seguido o modelo italiano, em que o primitivo art. 1341.º do respectivo Código Civil enunciava como abusivas, genericamente e sem condicionantes, as cláusulas que atribuíssem ao predisponente a faculdade de pôr fim unilateralmente ao contrato, nestas incluindo a doutrina e a jurisprudência as que conferiam direito de denúncia ou de resolução do contrato.

g) Estabeleçam um foro competente que envolva graves inconvenientes para uma das partes, sem que os interesses da outra o justifiquem;

As cláusulas de atribuição de competência vantajosas para os predisponentes constituem, também elas, um exemplo clássico de cláusulas inseridas em contratos de adesão e, em especial, nos concluídos com consumidores, como era salientado, por exemplo, por Michel Trochu[1324] que, a seu propósito, dizia que "elas obrigam a pleitear, por vezes, longe do seu [do consumidor] domicílio, o que funciona de modo a desencorajá-lo de iniciar um processo". Este foi problema que o Código de Processo Civil alemão preveniu desde 1974, antes pois e independentemente da *AGB-G*, como informa Eike von Hippel[1325], embora não se encontre entre as cláusulas enunciadas na directiva. Porém, na apreciação de uma cláusula destas, o TJCE, no processo *Océano*, considerou-a abusiva, dizendo: "Tal cláusula, que tem por objectivo atribuir competência, para todos os litígios decorrentes do contrato, ao órgão jurisdicional do foro onde está situada a sede do profissional, faz pesar sobre o consumidor a obrigação de se submeter à competência exclusiva de um tribunal que pode estar afastado do foro do seu domicílio, o que pode dificultar a sua comparência em juízo. Nos casos de litígios relativos a valores reduzidos, as despesas em que o consumidor incorre para comparecer poderiam revelar-se dissuasivas e levar este último a

[1324] Cit., pp. 30-31.
[1325] Cit., p. 31 e nota 79.

renunciar a qualquer acção judicial ou a qualquer defesa. Essa cláusula insere-se, assim, na categoria das que têm por objectivo ou efeito suprimir ou entravar a possibilidade de instaurar acções judiciais por parte do consumidor, categoria esta visada no ponto 1, alínea q), do anexo da directiva"[1326].

Enzo Roppo[1327] realça a vantagem, conexa com a utilização de cláusulas contratuais gerais, de estabelecimento de "cláusula de derrogação da competência territorial", por com esta o utilizador obter que "todas as controvérsias judiciais ligadas a uma determinada classe de operações e de relações acabem por se radicar junto de um único foro (para isso pré-estabelecido), evitando a disseminação das causas nos foros mais díspares que o puro e simples reenvio das normas gerais [*codicistiche*] sobre a competência em função do território poderia determinar", e acrescenta que "a concentração das questões legais numa só sede implica para a empresa uma poupança de recursos, contribuindo assim para tornar o seu *management* (mais racional e por isso) só por si menos custoso".

Cláudia Lima Marques[1328] afirma: "[...] as cláusulas de eleição de foro são consideradas abusivas contra os consumidores, pois visam dispor sobre este novo direito (privilégio) de foro dos consumidores em desacordo com o sistema de protecção dos consumidores imposto pelo CDC (a. 51, I e XV)". Gustavo Tepedino[1329] dá notícia de duas decisões do Supremo Tribunal de Justiça brasileiro, que determinaram "que empresas com filiais em diversos pontos do país devem entrar com acções judiciais no local da ocorrência do fato controverso, e não na cidade onde se localiza a sua matriz. Consider[...][aram], também, abusiva a cláusula de eleição de foro prejudicial ao consumidor, mesmo em se tratando de contratos bancários".

A proibição de cláusulas de escolha de foro encontra-se aqui formulada, mais uma vez, de forma genérica, o que não prejudica o entendimento de que a sua nulidade depende da vantagem que ela comporte para o predisponente.

[1326] Esta cláusula constitui um paradigma de estipulação que não tem em vista prejudicar o aderente, mas tão-só beneficiar o predisponente, sem ter em conta os interesses daquele; como o TJCE, no caso referido, observa, "[...] esta cláusula permite ao profissional reunir o conjunto do contencioso relativo à sua actividade profissional no tribunal do foro da sua sede, o que, simultaneamente, facilita a organização da sua comparência em juízo e torna esta menos onerosa".

[1327] Cit., pp. 31-32.

[1328] "A Lei 8.078/90...", *in Manual*, cit., p. 51.

[1329] "Dez Anos de Protecção do Consumidor", cit., p. 352.

Se bem que a interpretação, como já ficou repetidamente assinalado, tendo em conta a *ratio* da norma e do diploma em que se insere, imponha que a apreciação dos inconvenientes seja feita exclusivamente em relação ao aderente, poderia ter sido mais cuidadosa a redacção, não utilizando a formulação "uma das partes" que pode induzir a convicção de que qualquer delas tem de ser acautelada quanto aos inconvenientes da cláusula.

Porque se trata de cláusula que constitui uma quase inevitabilidade em parte dos contratos que este Dec.-Lei n.º 446/85 regula, preferível teria sido proibi-la claramente sempre, e apenas quando, em benefício do predisponente[1330]. Se é certo que, actualmente, o Código de Processo Civil resolve grande parte dos problemas que estas cláusulas colocam, assinala-se que a jurisprudência do Supremo tem vindo a uniformizar-se no sentido de as considerar nulas[1331].

Menezes Leitão[1332] opina que se trata "de disposição que se justifica em virtude da estipulação de um foro gravemente inconveniente representar uma séria limitação à faculdade de a outra parte recorrer a tribunal". Estando de acordo com o autor, e por isso mesmo, creio que a apreciação da "gravidade" dos inconvenientes deve ser realizada com grande maleabilidade, já porque vivemos num ambiente social resistente ao recurso aos tribunais, já porque, sendo esta norma aplicável também a não profissionais, mais motivo existe para evitar obstáculos acrescidos a esse recurso.

Os inconvenientes – que têm de ser "graves"[1333] – decorrentes destes pactos podem consistir na distância do tribunal, na maior onerosidade, desconforto ou dificuldade do recurso ao estabelecido (independentemente da localização espacial), em risco de hostilidade do foro escolhido às pretensões dos aderentes em geral ou daquele em particular, ou em factores de diversa índole.

A cláusula de eleição de foro pode surgir na formulação de estabelecimento de domicílio electivo, pelo que o regime desta al. *g)* será de aplicar a esta última, desde que seja esse o seu único efeito jurídico.

[1330] Ou proibi-las em geral, pois só em benefício daquele podem estar estipuladas, valendo para isso o exemplo da lei italiana de 42 e quanto já disse a propósito das cláusulas que aparentemente beneficiam qualquer dos contraentes.

[1331] V. acórdãos já citados de 16 de Outubro de 2014 (Lopes do Rego), de 25 de Junho de 2015 (Helder Roque) e de 14 de Dezembro de 2016 (Fonseca Ramos).

[1332] Cit., pp. 42-43.

[1333] Desnecessariamente, a meu ver.

Já não será tão claro que reentre no âmbito proibitivo da norma a cláusula que fixe um lugar de cumprimento não adequado à realidade que o contrato regula; são indiscutivelmente livres os contraentes de estabelecer o lugar do cumprimento das obrigações, com a limitação da al. *n)* do art. 22.º, apenas aplicável nos contratos com consumidores (ou equiparados). Se a interpretação da cláusula permitir concluir que ela apenas visou a preterição das regras sobre competência territorial em prejuízo do aderente, deverá aplicar-se-lhe a proibição enunciada nesta alínea. Fora destas hipóteses, vejo como difícil uma interpretação que impeça a eficácia da cláusula, até porque as regras do Código de Processo Civil relativas à competência territorial dos tribunais muitas vezes impedirão que a finalidade – que é a do preceito – de evitar que o aderente tenha de se dirigir a um tribunal distante do da sua residência se realize.

Menezes Cordeiro[1334] dá o bom exemplo da língua como «inconveniente grave» e cita concordantemente Miguel Teixeira de Sousa no entendimento de que a proibição é extensiva ao tribunal arbitral, acrescentando que "esta solução é, por razões paralelas, aplicável ao Direito estrangeiro".

A aplicabilidade desta proibição ao tribunais arbitrais é expressamente analisada por Raúl Ventura[1335] que se pronuncia "no sentido de uma interpretação lata de «foro competente», pois afigura-se-[...][lhe] a expressão bastante ampla para compreender as duas hipóteses [tribunal ordinário e tribunal arbitral]". Acrescenta o autor que, "na hipótese de esta interpretação extensiva não ser admitida, a cláusula compromissória causadora dos inconvenientes previstos na alínea *g)* poderá também ser relativamente proibida, visto que a enumeração feita no artigo 19.º não é taxativa e a analogia imporia a mesma solução». Observa ainda que uma outra dúvida que a norma suscita «respeita ao próprio tribunal arbitral como foro competente que, apenas pela sua natureza, possa causar graves inconvenientes. Em teoria – quero dizer, se as vantagens atribuídas aos tribunais arbitrais correspondessem à prática – a substituição da jurisdição ordinária por um tribunal arbitral só traria vantagens às partes». Não concluindo Raul Ventura o seu pensamento, acrescento eu: os tribunais arbitrais são quase sempre onerosos, muito mais do que o recurso aos tribunais comuns; as decisões dependem da competência e probidade dos árbitros, que, não sendo questionável (nem afirmável) em geral, é menos garantida do que a dos magistrados judiciais; a

[1334] *Tratado...*, cit., p. 447.

[1335] Cit., pp. 44-45.

escolha dos árbitros depende, em grande medida, da capacidade económica e de informação das partes, o que, em regra, beneficia o contraente economicamente mais forte e/ou mais bem apetrechado de assessoria[1336].

Nos Princípios UNIDROIT, o respectivo art. 1.10 esclarece expressamente que "o termo «tribunal» abrange o tribunal arbitral". Também o art. 1:301, n.º 2, dos *PECL* contém regra semelhante.

De lamentar que não tenham sido proibidas as convenções de arbitragem – salvo nos termos da al. *h)* do art. 21.º –, pois, como observa Raúl Ventura[1337], "a experiência mostra que, muito frequentemente, convenções de arbitragem (cláusulas compromissórias) figuram entre as condições gerais de contratos. A prática estrangeira e internacional mostra que esse relacionamento tem suscitado numerosos e importantes problemas". Porém, o autor[1338] observa que, "nas legislações que examin[ou], quer directamente, quer pelos referidos relatórios, só encontr[ou] menção expressa de convenções de arbitragem contidas em cláusulas gerais de contratos no art. 471.º do Código de Processo Civil da Jugoslávia [...] e no Código Civil italiano". O mesmo autor[1339] entende, contudo, que a cláusula compromissória não coloca problemas de abuso, observando que, em Itália, é do facto "de essa cláusula dever conter, por força do artigo 809.º Cod. Proc. Civ. a nomeação dos árbitros ou o modo de os nomear [...] que [pode] ser criado um favor para um contraente e desfavor para o outro".

Se bem que no direito português não seja necessária a nomeação do(s) árbitro(s) na cláusula compromissória, é indiscutível que, no momento da nomeação, o contraente profissional e predisponente dispõe de conhecimentos, poder de influência e meios remuneratórios que deixam quase inevitavelmente a contraparte em situação de desvantagem. Aliás, se há quem sustente que a cláusula compromissória tem vantagens, designadamente de celeridade na tomada de decisão, para ambas as partes, não é de subestimar o carácter sempre menos público da sentença arbitral e da vantagem que esse aspecto tem para o predisponente, mesmo nos casos – que serão a maioria – em que aquela lhe seja

1336 António Marques dos Santos, cit., p. 285, apenas refere os custos do recurso à "arbitragem *ad hoc*" como factor de afastamento dos consumidores, dizendo, como ficou assinalado no texto introdutório, que "é mais natural [...] o recurso à arbitragem institucionalizada".

1337 Cit., p. 6.

1338 *Ibidem*, p. 16.

1339 *Ibidem*, p. 17.

favorável, pois a própria existência do processo é menos publicitada (ou publicitável) do que as dos que correm nos tribunais comuns. É bom ter presente que, como diz Jacques Ghestin[1340] – embora numa perspectiva restrita –, a boa fé em sentido objectivo tem um valor económico; desde logo, o valor da imagem da empresa no mercado, que não é possível subestimar. O que significa que poucos factos serão tão indesejáveis para ela como o de que se saiba que foi processada por utilização de cláusulas proibidas ou por qualquer outra prática condenável juridicamente.

Incompreende-se como podem ser avaliados os "graves inconvenientes para uma das partes", bem como a "justificação" constituída pelos "interesses da outra" em abstracto. Que assim deve ser feita a apreciação foi, porém e não surpreendentemente, atendendo ao estado da doutrina e à orientação habitual da jurisprudência, a decisão do acórdão do STJ de 27 de Maio de 2008 (pr n.º 08B278, Santos Bernardino[1341]).

De acordo com as *supra* citadas Conclusões do Advogado Geral Paolo Mengozzi apresentadas a 29 de Março de 2007, no pr C-429/05, "na decisão Océano Grupo Editorial e Salvat Editores, o Tribunal [de Justiça] [...] entendeu[-se], a propósito de uma cláusula atributiva de jurisdição inserida num contrato concluído entre um consumidor e um profissional que, para os efeitos da directiva 93/13, não pode ser obtida uma protecção efectiva senão se ao juiz nacional se reconhecer a faculdade de apreciar oficiosamente o carácter abusivo [...] de uma tal cláusula [...]". E adiante: "o Tribunal retirou [...] a necessidade de permitir uma intervenção oficiosa do juiz, a fim de garantir a efectividade da protecção do consumidor querida pela directiva 93/13, do facto de que a desproporção entre o valor do litígio e os honorários a pagar ao advogado pode levar o consumidor a abster-se de defender os seus direitos em juízo ou, quando se encontra habilitado pelo direito nacional, a defender-se só, e por isso de forma inadequada".

O acórdão do STJ de 23 de Novembro de 2000 (Sousa Inês[1342]), decidiu serem "proibidas por esta disposição as cláusulas contratuais gerais de cartões de crédito que impusessem a todo o país o foro da comarca de Lisboa", o que é de aplaudir naturalmente. No mesmo sentido se pronunciou o STJ no referido acórdão de 20 de Janeiro de 2010 (Salazar Casanova), aí se lendo que, "reco-

1340 "L'analyse économique...", cit., pp. 167-168.

1341 *In www.dgsi.pt.*

1342 Citado por Menezes Leitão, cit., p. 43, nota 55.

nhecendo-se que a referida cláusula tem actualmente um âmbito muito reduzido considerada a nova redacção dada ao art. 74.º/1 e à alínea a) do artigo 110.º ambos do C.P.C. e atenta ainda a prolação do acórdão de uniformização de jurisprudência de 18-10-2007 – tal cláusula será aplicável a situações em que a resolução se fundamenta na alteração das circunstâncias ou nas acções de anulação ou de declaração de nulidade que a ré possa intentar".

O já citado acórdão do STJ de 27 de Maio de 2008 (Santos Bernardino) considerou, num contrato de concessão comercial, válido um pacto atributivo de jurisdição aos tribunais espanhóis, por entender ser-lhe aplicável o Regulamento (CE) n.º 44/2001, de 22 de Dezembro de 2000, do Conselho[1343], cujas normas prevalecem sobre o direito nacional[1344]; não é especialmente clara a razão do afastamento da aplicabilidade da norma desta alínea, que é imputada ao art. 33.º do Dec.-Lei n.º 446/85. O referido acórdão do STJ de 21 de Abril de 2016 (pr n.º 538/14.2TVLSB.L1.S1, António Silva Gonçalves[1345]) afirma: "O que o Regulamento (CE) n.º 44/2001 de 16-01 quis apadrinhar foi a ideia de que, circunscrevendo-se o litígio a cidadãos de cada um dos Estados-Membros, nada há que estorve que os subscritores de assinalado contrato confiram a competência para julgar os eventuais futuros litígios a um Estado-Membro diferente

[1343] Que substituiu a Convenção de Bruxelas de 27 de Setembro de 1968.

[1344] O entendimento "há muito pacificamente estabelecido" de que, "no seu campo de aplicação, o regime estabelecido no Regulamento CE 44/2001 prevalece sobre as disposições de direito interno que regulam os pactos ou convenções acerca da competência internacional, contendo uma disciplina exaustiva da validade e admissibilidade destes, insusceptível de ser complementada com outras e adicionais exigências, previstas no regime adjectivo da competência internacional no direito interno" é afirmado, nesta formulação, no ac. do STJ de 19 de Novembro de 2015 (pr n.º 2864/12.6TBVCD.P1.S1, Lopes do Rego); este invoca o acórdão de 11 de Fevereiro de 2015, que diz "a validade do pacto de jurisdição, constante de uma cláusula contratual geral, integrada num contrato celebrado entre um empresário ou entidade equiparada, é analisada, exclusivamente, segundo o disposto no art. 23.º, do Regulamento n.º 44/2001, sendo inaplicável o regime jurídico interno das cláusulas contratuais gerais", e várias decisões do TJUE (p. ex., acórdão do Tribunal de Justiça (Primeira Secção) de 7 de Fevereiro de 2013 – Refcomp SpA v. Axa Corporate Solutions Assurance S.A. e outros [(processo n.º C-543/10), in http://curia.europa.eu/).

V. também os ac. do STJ de 16 de Fevereiro de 2016 (pr n.º 135/12.7TCFUN.L1.S1, Gabriel Catarino), de 17 de Março de 2016 (pr n.º 588/13.6TVPRT.P1.S1, Ana Paula Boularot).

[1345] *In www.dgsi.pt.*

daquele em que ambas as partes estão domiciliadas, para tanto bastando que os interesses no contrato protegido se não contenham completamente cingidos ao espaço territorial do Estado-Membro em que as partes movimentem as suas conveniências patrimoniais"[1346].

Em acção inibitória, defendeu o Ministério Público a nulidade da seguinte cláusula (contida em contrato de aluguer de longa duração): "os litígios emergentes da execução deste contrato serão da exclusiva competência do Tribunal da Comarca de Lisboa, com a expressa renúncia a qualquer outro". No já citado acórdão de 19 de Setembro de 2006 (João Camilo), que decidiu esta questão, lê-se: "Pensamos tal como entendeu a douta sentença de 1.ª instância, que a referida cláusula podendo em concreto vir a revelar-se violadora da disposição legal da citada alínea g) – por análise dos dados de factos apurados –, não pode ser declarada [nula] em termos gerais. Com efeito, a mencionada alínea prevê a proibição da cláusula se esta envolver graves inconvenientes para uma das partes sem que os interesses da outra o justifiquem. Daqui que só se sabe se a fixação do foro constante da mesma cláusula envolve graves inconvenientes para uma parte quando se estiver em conta com um concreto contrato firmado e só então se poderá avaliar da existência de concretos interesses da outra parte que possam justificar ou não a fixação daquele foro. Por outras palavras diremos que se num contrato for fixado aquele foro e as partes tiverem as duas residências ou sede e centro de actividade na área da grande Lisboa, é pouco previsível o preenchimento da previsão legal da citada alínea g), por aquela fixação muito dificilmente poder provocar graves inconvenientes numa parte. Daí que, repetimos, podendo a citada cláusula em determinados contratos firmados vir a revelar-se proibida, não pode, em abstracto, ser considerada como proibida por aquele dispositivo".

[1346] O acórdão do Tribunal de Justiça, segunda secção, (pr n.º C-222/15) de 7 de Julho de 2016 decidiu: "O artigo 23., n.º 1, do Regulamento (CE) n.º 44/2001 do Conselho, de 22 de dezembro de 2000, relativo à competência judiciária, ao reconhecimento e à execução de decisões em matéria civil e comercial, deve ser interpretado no sentido de que uma cláusula atributiva de jurisdição, como a que está em causa no processo principal, que, por um lado, está estipulada nas cláusulas contratuais gerais do comitente, mencionadas nos instrumentos que constituem os contratos entre as partes e que foram comunicadas quando da sua celebração, e, por outro, designa como órgãos jurisdicionais competentes os tribunais de uma cidade de um Estado-Membro, cumpre os requisitos desta disposição relativos ao consentimento das partes e à precisão do conteúdo dessa cláusula".

Como em outra decisão do mesmo acórdão, penso que, se se admite que certa cláusula possa vir, em concreto, a ser nula, ela deveria ser banida do formulário contratual, em sede de fiscalização abstracta. Como se vê, este acórdão, confrontado com uma cláusula de eleição de foro, esquece, por uma vez, a opinião dominante na doutrina e remete a sua apreciação para a do concreto contrato. Ora, se, como já nesta anotação repeti, se estou de acordo com esta abordagem em sede de fiscalização concreta, creio que, tratando-se de fiscalização abstracta, como era o caso, o tribunal tem de formular um juízo de probabilidade, de forma a poder pronunciar-se sobre a validade da cláusula. Dizendo por outras palavras: na generalidade das situações (ou dos contratos) a que esta cláusula se destina, encontrar-se-ão, com grande probabilidade, compreendidas algumas, em que a atribuição de exclusiva competência a tribunal da comarca de Lisboa, com as consequentes dificuldades e dispêndios, nunca podem ser justificados pelas vantagens do predisponente. Para este juízo e a inerente conclusão, deve considerar-se que aquelas dificuldades, acrescendo aos factores gerais dissuasores do recurso aos tribunais pelos aderentes, constituem obstáculo suplementar ao exercício dos direitos que a lei confere aos contraentes que celebrem contratos por adesão; está-se perante um custo pessoal e também social que uma lei como esta não pode autorizar.

Nesta matéria, o Anteprojecto de Código do Consumidor contém regras claras, embora não especialmente louváveis; omite referência às convenções de arbitragem e, quanto às cláusulas de escolha de foro, se bem que seja mais restritivo na sua admissibilidade, não me parece sê-lo suficientemente, como resulta da transcrição que segue. O seu art. 538.° dispõe que "as convenções que visam modificar as regras de competência territorial apenas são válidas se delas resultar a possibilidade de o consumidor optar por outros tribunais, além dos referidos na primeira parte do n.° 1 do artigo 536.° ["o consumidor pode intentar a acção, em alternativa, no tribunal do seu domicílio ou no tribunal que seja competente segundo as regras gerais"]. Para além dos requisitos formais – aliás, pouco exigentes, pois a imposição de documento escrito e assinado por ambas as partes entende-se estar cumprida "quando o texto assinado pelas partes remeta explicitamente para documento onde estejam contidos os elementos referidos no número anterior" –, apenas se exige, para a validade dos referidos acordos, que eles indiquem "as questões concretas nele[s] abrangidas e o tribunal que fica dotado de competência para o seu julgamento".

***h)* Consagrem, a favor de quem as predisponha, a faculdade de modificar as prestações, sem compensação correspondente às alterações de valor verificadas;**

Estipulações deste tipo são características dos contratos unilateralmente definidos no seu conteúdo por agentes empresariais, por corresponderem a um comportamento redutor de custos de previsão de alterações de mercado e fazerem recair os riscos dessas alterações sobre a contraparte. Designadamente quando não existe necessidade de uma relação de interdependência continuada dos dois contraentes, é preferível, para o que tem objectivos económicos a prazo, deslocar os custos para o eventual parceiro contratual. A menos que esse comportamento acarrete uma sanção. E não o é a que seja de natureza financeira não significativa ou ocasional, desde que, feitas as contas, seja economicamente preferível manter a conduta a preteri-la. Já o será aquela que tiver como consequência a diminuição da confiança naquele agente no mercado por parte dos outros sujeitos, seus potenciais clientes. Porque a confiança no sector económico e no agente em concreto constituem condições de sobrevivência da empresa[1347]. Se, usando a citação de Trévor Brown que faz Jacques Ghestin[1348], é verdade que "o objecto de um contrato é prevenir os riscos que podem surgir e decidir antecipadamente quem suportará as suas consequências e em que proporções", neste tipo de contratos, é desnecessário proceder à sua redacção procurando "imaginar todos os cenários possíveis". Mais fácil, expedito e barato, é desviar antecipadamente, em toda a medida do autorizado – que é muito, nesta lei e na directiva que inspirou as suas alterações –, esses custos para a contraparte.

A estipulação prevista nesta al. *h)*, como qualquer cláusula de *ius variandi*, de que se ocupam também as als. *c)*, *d)* e *e)* do art. 22.º, é, por natureza, perigosa[1349] e, do ponto de vista estritamente jurídico, violadora do princípio da determinabilidade da prestação. Quanto ao primeiro aspecto, a mera existência da cláusula constitui um desvalor para o aderente, já que o coloca numa situação de incerteza quanto ao conteúdo do(s) seu(s) direito(s) relativamente à contraparte. Fica à mercê de decisões unilaterais desta, que só podem naturalmente bene-

[1347] Sobre esta dimensão da confiança, v. Jacques Ghestin, "L'analyse...", cit., pp. 186-187.

[1348] *Ibidem*.

[1349] Almeida Costa e Menezes Cordeiro, cit., p. 48, consideram-na, em princípio, "justificada", embora não digam por quê, salvo na sua frequência.

ficiá-la. Não me parece suficiente, para acautelar a sua posição, a possibilidade de recorrer ao tribunal para apreciar da proporcionalidade da compensação. Daí que tenda para uma interpretação segundo a qual, para que, independentemente de apreciação judicial de conteúdo, a validade em abstracto da cláusula dependa de, no contrato, estarem enunciados os índices ou critérios de fixação da "compensação". É o mínimo para a admissão de uma cláusula deste tipo, atentos o objecto e a *ratio* do diploma.

Melhor fora que se fixassem prazos dentro dos quais as modificações podem ter lugar e os critérios de realização dessas alterações.

É, aliás, de ponderar que estas cláusulas de *ius variandi* podem travestir cláusulas de exclusão ou limitação da responsabilidade: se o predisponente decidir incumprir uma ou várias das suas obrigações, bastar-lhe-á alterar o objecto dela(s) para, com «compensação», se furtar ao cumprimento, sem indemnizar o aderente. Por isso que tenham os aplicadores do Direito, *maxime* os tribunais, de ter especial atenção relativamente a estas estipulações, a fim de evitar a fraude à lei que elas podem comportar, o que, tanto quanto posso ver, só face ao concreto contrato pode ser apreciado, pois apenas tendo em consideração a modificação – ou modificações – realizada(s) pode (quando for possível) permitir detectar a fraude à lei.

A ausência de critérios – nem sequer na formulação nada ambiciosa[1350] da al. *c)* do art. 22.º[1351] – justifica que se entenda que a prestação (ou prestações) é indeterminável, mau grado a abertura do art. 400.º do Código Civil que, como se sabe, restringe o requisito da determinabilidade relativamente ao preceito do art. 280.º, n.º 1, do mesmo Código. É que, se, no regime geral, já não parece feliz a solução de apenas exigir que esteja identificado o sujeito que procederá à determinação, num quadro de regime especial para contratos de adesão – e, em particular, quando celebrados com base em cláusulas contratuais gerais –, é muitíssimo censurável, senão inaceitável juridicamente, que uma convenção permissiva de alteração das prestações pelo predisponente seja considerada compatível com a determinabilidade da prestação. Aliás, embora em momento anterior ao do início de vigência do actual Código Civil, Galvão Telles e Manuel de Andrade sustentavam que uma cláusula essencial (*in casu*, o preço) de um contrato não poderia ser deixada, na determinação do seu conteúdo, ao arbí-

[1350] Para utilizar um qualificativo eufemístico.

[1351] Como se dirá, a propósito da als. *d)* e *e)* do artigo referido.

trio de uma das partes. Esta posição foi a acolhida no acórdão do STJ, de 17 de Fevereiro de 2009 (pr n.º 09A141, Salazar Casanova[1352]), do qual constam as citações dos dois autores referidos. Tal entendimento parece incontestavelmente correcto para os contratos em geral e, por maioria de razão, para aqueles que constituem objecto deste Decreto-Lei.

O acautelamento da posição do aderente (consumidor ou não) quanto a estas cláusulas de modificação unilateral do conteúdo, mormente obrigacional, do contrato constitui um aspecto recorrente e não recente das orientações legislativas de protecção do contraente débil nos contratos de adesão em geral e, em especial, naqueles que são concluídos com base em modelos ou formulários. Era o que se verificava, por exemplo, na lei francesa de 1978[1353], cujo art. 35.º considerava "não escritas" – entre outras, constantes de uma enumeração taxativa – "as cláusulas relativas ao carácter determinado ou determinável do preço assim como ao seu pagamento, à consistência da coisa ou à sua entrega, [...] às condições de execução [...] das convenções, quando tais cláusulas sur[gissem] como impostas aos não-profissionais ou consumidores por um abuso do poder económico da outra parte e confer[iss]em a esta uma vantagem excessiva". E o Decreto n.º 78-464, de 24 de Março do mesmo ano, que regulamentava esta lei[1354], dispunha, no seu art. 3.º, que – salvo as alterações que dependam de evoluções técnicas e "desde que delas não resulte aumento de preço nem alteração da qualidade e que a cláusula reserve ao não-profissional ou consumidor a possibilidade de mencionar as características a que ele subordina o seu consentimento" – "é interdita a cláusula que tenha por objecto ou por efeito reservar para o profissional o direito de modificar unilateralmente as características dos bens a entregar ou do serviço a prestar". No direito francês, parece ser orientação uniforme a de entender que são nulas, por indeterminabilidade do objecto, as cláusulas que prevejam que a fixação do conteúdo da prestação – *maxime* o preço – será feito unilateralmente por um dos contraentes, e isto não apenas nos contratos de adesão, mas na generalidade dos contratos e independentemente de quaisquer outras considerações[1355].

Por força desta alínea, poderão revelar-se inoperantes as regras do art. 22.º, als. *c)* a *e)*, bem como a excepção consagrada no n.º 2-*b)* do mesmo artigo. Na

[1352] *In www.dgsi.pt.*

[1353] A já mencionada Lei n.º 78-23, de 10 de Janeiro.

[1354] Em Fevereiro de 1995, foi publicada a lei que transpôs a Directiva n.º 93/13/CEE.

[1355] V. Jacques Ghestin, *Traité...*, cit., pp. 686 e ss., em especial 693 e ss..

verdade, não se prevendo naquelas normas a atribuição de "compensação correspondente às alterações de valor verificadas", pode dizer-se que, nos termos do art. 37.º, deverá esta disposição, neste aspecto mais favorável ao aderente, prevalecer sobre aquelas, se a vantagem do aderente na aplicação deste regime existir.

Em conclusão: esta, como as alíneas do art. 22.º *supra* referidas, afiguram-se perigosas, na medida em que autorizam cláusulas que serão não raro inválidas por aplicação das regras gerais. Se bem que através do princípio da boa fé, autonomamente considerado, possam tais cláusulas ser frequentemente tidas por nulas, é pouco provável que, dado o teor destes preceitos, tal venha a acontecer. Subscrevo, quanto a este aspecto, inteiramente na substância, a seguinte afirmação de Sousa Ribeiro[1356]: "Sobretudo quando o utilizador se reserva um poder inabitual, em desvio ao regime comum, à contraparte tem de ser cognoscível, com exactidão, *ex ante*, aquilo com que pode contar, para não ficar sujeita, na fase de execução, ao arbítrio do titular. Pode-se objectar que a atribuição de poderes com um conteúdo não suficientemente determinado representa já um «desequilíbrio significativo» de direitos e deveres das partes, já sendo, por isso, abusiva e ineficaz, por força do art. 3.º, n.º 1, da Directiva n.º 93/13/CEE. Mas, neste domínio, é vantajoso um grau elevado de concretização das indicações normativas, até pelo papel preventivo que elas podem ter".

Acrescento que as minhas expectativas na aplicação dos corolários normativos da boa fé pelos tribunais em Portugal não são altas[1357] e que, por outro lado, se a lei portuguesa o não diz – antes pelo contrário –, julgo que, infelizmente, não será por qualquer disposição da directiva transposta que as cláusulas serão tidas por inválidas nos tribunais nacionais.

A consequência da verificação de que a cláusula está dentro da previsão da disposição é a de que ela seja nula, com consequente aplicabilidade do sobrante regime contratual e das normas supletivas – se for o caso – quanto à medida das prestações, e não a possibilidade da sua modificação.

A este propósito, é interessante observar que o art. 6.º inciso V do Código de Defesa do Consumidor brasileiro, mais do que excluir a validade de cláusulas de alteração unilateral do contrato pelo predisponente, consagra, como "direito

[1356] "O princípio...", cit., pp. 97-98.

[1357] Apesar da alteração de orientação que se tem verificado na jurisprudência do STJ e de que se deu conta *sup.* (v. nota 1020).

básico do consumidor", "a modificação de cláusulas contratuais que estabeleçam prestações desproporcionais ou a sua revisão em razão de fatos supervenientes que as tornem excessivamente onerosas".

Trata-se de norma que se dirige em particular aos contratos de execução duradoura e que tornaria em grande medida supérfluas as das als. *a)* e *h)* do art. 22.º.

Por fim, designadamente nas relações contratuais entre profissionais, teria sido avisado prever as cláusulas de exclusividade, que comportam frequentemente obrigações de contratos futuros, relativamente aos quais nem sempre – para dizer o menos – estão acordados os termos essenciais, designadamente o preço ou a remuneração devida pelo aderente. Na verdade, uma cláusula que imponha o dever de contratar a uma das partes, sem que o conteúdo essencial do(s) contrato(s) prometido(s) esteja determinado, será nula nos termos gerais. Porém, disposições como a presente podem conduzir ao (que deveria ser) inaceitável entendimento de que é admissível.

i) Limitem, sem justificação, a faculdade de interpelar.

Constituindo a interpelação o instrumento de que dispõe o credor de uma obrigação pura para a fazer vencer, parece óbvio que uma cláusula que retire este direito ao credor/aderente é abusiva. Em última análise, traduz-se numa estipulação de irresponsabilidade, já que o não cumprimento de uma obrigação ainda não vencida não constitui ilícito obrigacional. Mas, além disso, e sobretudo, deixa o aderente à mercê da contraparte quanto ao tempo de cumprimento da obrigação desta última e, portanto, da satisfação do direito do primeiro[1358].

A disposição refere-se expressamente apenas à limitação da "faculdade de interpelação" e não à sua exclusão; esta última terá de ser proibida incondicionadamente, por maioria de razão.

[1358] Pode estabelece-se uma relação entre esta proibição e a da al. *b)* do art. 19.º: lapsos temporais excessivamente longos para não cumprimento sem mora podem justamente decorrer de, numa obrigação sem termo, estar clausularmente condicionado o respectivo vencimento. Seria possível e talvez de bom aviso que ambas as proibições fossem concentradas numa só disposição de teor claro, que abrangesse todas as cláusulas abusivas que podem proporcionar ao predisponente um cumprimento tardio sem consequências indemnizatórias. Veja-se a opinião citada no texto, de Menezes Leitão, que poderia estar inequivocamente contemplada em tal proibição.

Menezes Leitão[1359] escreve que esta proibição "inclui a [...] de estipular que as obrigações sejam *cum potuerit* [...] ou *cum voluerit* [...]", entendimento que corresponde a uma interpretação extensiva da norma – se não a uma sua extensão teleológica – que se me afigura correcta.

A limitação pode revestir diversas modalidades, de que procurarei dar alguns exemplos, mas sabe-se como mesmo uma imaginação fértil fica muito aquém das técnicas criadas pelas empresas para enunciar conteúdos clausulares que as beneficiem em detrimento das suas contrapartes. Por exemplo, pode estar previsto um período, mais ou menos longo, subsequente à conclusão do contrato para que o credor/aderente possa interpelar; pode a interpelação encontrar-se condicionada a factos de natureza vária, como, por exemplo, o cumprimento da própria obrigação por parte do credor/aderente, a verificação de qualquer outro facto ou acto atinente ao predisponente ou a terceiro[1360]. Pode a sua realização ter de revestir forma documental, ter de ser judicial ou feita por qualquer outro modo oneroso, demorado ou dificultador para o credor; pode ter de ser realizada em pessoa designada pelo predisponente, cujo domicílio seja longínquo ou de acesso difícil ou oneroso. Partindo destes exemplos – na ignorância de outros[1361] modos de limitação correntes ou constantes dos contratos-modelo existentes no mercado –, poder-se-á, pela sua análise, verificar que alguns deles são objecto de proibições autónomas. Assim, se a interpelação se encontrar dependente do cumprimento de obrigação própria, sinalagmática da do predisponente, a cláusula constitui um instrumento de exclusão da invocação da *exceptio* proibido pelo art. 18.º-*f)*, como a seu propósito ficou referido. No âmbito dos contratos de adesão em que o aderente seja um consumidor (ou outro previsto no art. 20.º), a exigência de formalidades não previstas legalmente ou de "comportamentos supérfluos" para a sua efectivação encontra-se proibida na al. *o)* do art. 22.º. A maioria dos restantes, também nos contratos concluídos com consumidores (ou equiparados), representarão limitações ou alterações da obrigação (pura) do predisponente previstas no art. 21.º-*a)*.

Quanto às formas de limitação sobre que não recaiam proibições autónomas – ou na medida em que não existam –, coloca-se a questão da permissividade da norma: isto é, proibindo esta a limitação da faculdade de interpelar, "sem justifi-

[1359] Cit., p. 42.

[1360] Ou até a facto natural, subtraído ao controlo das partes.

[1361] E muitos haverá seguramente.

cação", autorizada está a cláusula que limite a possibilidade de interpelação com justificação. Podendo a "limitação" ter como consequência a real exclusão do direito de interpelação, com as consequências já referidas, a alusão legal à justificação tem de se consubstanciar em facto objectivamente apto ou idóneo para fundamentar essa limitação. Tem, por outro lado, de se encontrar enunciada na própria cláusula, por forma a poder ser conhecida pelo aderente aquando da aceitação do contrato, e pelo tribunal, designadamente em sede de apreciação abstracta, quando – sendo o conteúdo constituído por cláusulas contratuais gerais – for intentada acção inibitória para apreciação da validade da cláusula.

SECÇÃO III -Relações com consumidores finais

Artigo 20.º - Âmbito das proibições

Nas relações com os consumidores finais e, genericamente, em todas as não abrangidas pelo artigo 17.º, aplicam-se as proibições das secções anteriores e as constantes desta secção.

São suplementarmente proibidas, relativamente às enunciadas nos arts. 18.º e 19.º, "nas relações com consumidores e, genericamente, em todas as não abrangidas pelo art. 17.º", as cláusulas enunciadas nos arts. 21.º e 22.º, cláusulas absoluta e relativamente proibidas, respectivamente.

Esta norma e as que se lhe seguem constituem a expressão da especial preocupação do diploma com a protecção do consumidor, enquanto aderente a um contrato.

A noção de consumidor[1362] [1363] não consta deste Decreto-Lei, para ela apenas podendo ser retirados elementos negativos do art. 17.º que regula os con-

[1362] Para uma análise da noção de consumidor, defendo que "a expressão técnica preferível deveria ser consumador", Menezes Cordeiro, "Da natureza civil...", cit., pp. 676 e 677, 708 e ss..

[1363] C. Ferreira de Almeida, "Negócio jurídico de consumo....", cit., pp. 11 a 13, analisa a noção de consumidor, dizendo que se trata de "qualificativo derivado de uma relação intersubjectiva, que é, por sua vez, a expressão ou o efeito de um acto gerador da relação: [...] o contrato de consumo". O autor ocupa-se, de seguida (pp. 13 a 18; v. também pp. 34 a 37), da análise do conceito de contrato de consumo, caracterizando-o pelo seu objecto (bens de consumo), pelas suas partes ("as relações jurídicas entre particulares não assu-

tratos "entre empresários ou os que exerçam profissões liberais, singulares ou colectivos [...], quando intervenham nessa qualidade e no âmbito da sua actividade específica". Esses elementos esclarecem apenas que não são consumidores "empresários ou os que exerçam profissões liberais", "quando intervenham no âmbito da sua actividade específica", deixando por resolver a questão, discutida pelas doutrinas e jurisprudências, de saber se só integram a categoria dos consumidores pessoas singulares ou se nela também se incluem pessoas colectivas, designadamente as que têm um objecto social sem fim lucrativo.

O art. 2.° da Lei de Defesa do Consumidor contém a seguinte noção: "considera-se consumidor todo aquele a quem sejam fornecidos bens, prestados serviços ou transmitidos quaisquer direitos, destinados a uso não profissional, por pessoa que exerça com carácter profissional uma actividade económica que vise a obtenção de benefícios", estendendo o n.° 2 do mesmo artigo o conceito aos utentes de "bens, serviços e direitos fornecidos, prestados e transmitidos pelos organismos da Administração Pública, por pessoas coletivas públicas, por empresas de capitais públicos ou detidos maioritariamente pelo Estado, pelas regiões autónomas ou pelas autarquias locais e por empresas concessionárias de serviços públicos". Acerca desta noção opina Menezes Cordeiro[1364] que ela é "indevidamente estreita, uma vez que os consumidores devem ser protegidos perante entidades que forneçam bens ou serviços «sem carácter profissional» ou sem visar «a obtenção de benefícios»", observação que me parece acertada.

Na norma definitória da Lei de Defesa do Consumidor, também não se contém, pois, qualquer tomada de posição acerca do problema da inclusão das pessoas colectivas[1365]. Calvão da Silva[1366] diz "que é a consagração da noção de

mem nunca a natureza de relações de consumo") e pela sua função económico-social (esta "é a satisfação das necessidades pessoais dos consumidores").

[1364] *Tratado...*, cit. p. 462. O mesmo autor, com idêntica formulação, *in* "Da natureza civil...", cit., p. 685, acrescenta que "nenhuma razão existe para se limitar a tutela às pessoas singulares"; diz ainda (pp. 709 e 710) que "a actual doutrina da personalidade colectiva explica que os destinatários das normas de conduta [...] são, sempre e exclusivamente, os seres humanos. [...] A pessoa tutelada – singular ou colectiva – sê-lo-á na medida em que, no caso considerado, opere como elo final do circuito económico. Se agir profissionalmente, seja a título empresarial seja como profissional livre, não se justifica este tipo de tutela".

[1365] Não é esta a opinião de Adelaide Menezes Leitão, cit., p. 1476, que escreve que "o artigo 2.°, n.° 1 [da Lei], permite abranger as pessoas singulares e colectivas".

[1366] Cit., p. 122.

consumidor em sentido estrito, a mais *corrente e generalizada na doutrina europeia e nas Directivas comunitárias*: pessoa que adquire um bem ou serviço para uso privado – uso pessoal, familiar ou doméstico, na fórmula da alínea *a)* do artigo 2.º da Convenção de Viena de 1980 [...]", acrescentando, mais adiante[1367]: "[esta] opção afigura-se-nos justificada, no sentido e *ratio essendi* do direito do consumo: proteger os mais fracos, os particulares [?] ou não profissionais, contra os mais poderosos, os profissionais, pois «entre o fraco e o forte é a lei que liberta e a liberdade que oprime» (Lacordaire)". Yara Miranda[1368] escreve, a propósito do art. 2.º da Lei de Defesa do Consumidor que ficou citado, que "vários são os indícios que apontam para a inclusão das pessoas colectivas no conceito legal de «consumidor». Por um lado, a expressão «todo aquele a quem» é flexível, não sendo de todo disparatado defender que se reporta tanto às pessoas singulares como às pessoas jurídicas. Por outro, a substituição do critério «uso privado» pelo «uso não profissional» pode apontar para o alargamento subjectivo do conceito". Almeida Costa[1369] afirma que "não se alcança razão para que a tutela do consumidor se restrinja a pessoas singulares e não possa ser alargada, em determinadas circunstâncias, igualmente a pessoas colectivas que actuem em tal veste"[1370].

Outros diplomas nacionais omitem igualmente indicação sobre as fronteiras do conceito[1371]. Alguns, como o Dec.-Lei n.º 133/2009, de 2 de Junho, muito alterado, designadamente, pelo Dec.-Lei n.º 74-A/2017, de 23 de Junho (art. 4.º, n.º 1-*a)*)[1372], o Dec.-Lei n.º 24/2014, de 14 de Fevereiro[1373], o Dec.-Lei n.º 95/2006, de 29 de Maio, alterado, designadamente, pelo Dec.-Lei n.º 317/2009, de 30 de Outubro, pelas Leis n.ºs 46/2011, de 24 de Junho, e 14/2012, de 26 de Março,

1367 P. 144.

1368 Cit., p. 718.

1369 *Das Obrigações em geral*, cit., p. 279.

1370 Antunes Varela, *Direito das Obrigações*, cit., p. 266, opina no mesmo sentido.

1371 Assim acontecia, p. ex., com o Dec.-Lei n.º 67/2003, de 8 de Abril, alterado pelo Dec.-Lei n.º 84/2008, de 21 de Maio, que transpôs a Directiva n.º 1999/44/CE, sobre certos aspectos da venda de bens de consumo e das garantias a ela relativas. O Dec.-Lei n.º 84/2008 aditou um novo art. 1.º-B, consagrando expressamente a definição de consumidor da Lei de Defesa do Consumidor.

1372 Na transposição da Directiva n.º 2008/48/CE, de 23 de Abril, relativa a contratos de crédito aos consumidores.

1373 Que transpôs a Directiva n.º 2011/83/UE, e relativo aos contratos celebrados à distância e fora do estabelecimento comercial.

e pelo Dec.-Lei n.º 242/2012, de 7 de Novembro[1374], caracterizam consumidor como pessoa necessariamente singular. No referido DL n.º 24/2014, consumidor é definido, no seu art. 3.º-*c)*, como "a pessoa singular que actue com fins que não se integrem no âmbito da sua actividade comercial, industrial, artesanal ou profissional"; o citado DL n.º 133/2009, de 2 de Junho, caracteriza consumidor como "a pessoa singular que, nos negócios jurídicos abrangidos pelo presente decreto-lei, actua com objectivos alheios à sua actividade comercial ou profissional". Embora não faça parte do seu conteúdo decisório, o Acórdão Uniformizador de Jurisprudência de 20 de Março de 2014, diz ser consumidor o "utilizador final com o significado comum do termo, que utiliza os andares para seu uso próprio e não com escopo de revenda". Jorge Morais Carvalho[1375], observando que "a jurisprudência posterior aponta no sentido de que este entendimento se insere na noção de consumidor consagrada na LDC", afirma que lhe "parece boa ideia". O autor analisa o conceito, pronunciando-se sobre a qualificação do condomínio, no sentido de que este deve ser tido como consumidor "se pelo menos uma fracção se destinar a uso não profissional" e "sempre que, numa perspectiva objectiva, o bem ou o serviço possa ser considerado um bem ou um serviço de consumo para uma das pessoas que o condomínio representa"[1376]. Quanto ao problema da natureza jurídica do sujeito, opina que se incluem "no conceito as pessoas coletivas que não destinem o bem a uma atividade profissional, como as associações ou fundações[1377]".

Na jurisprudência do TJEU, entendeu-se[1378] que "o artigo 2.°, alínea b), da Diretiva 93/13/CEE do Conselho, de 5 de abril de 1993, relativa às cláusulas abusivas nos contratos celebrados com os consumidores, deve ser interpretado no sentido de que uma pessoa singular que exerce a profissão de advogado, que celebra um contrato de crédito com um banco, sem que a finalidade do crédito

[1374] Que transpôs a Directiva n.º 2002/65/CE, do Parlamento Europeu e do Conselho, de 23 de Setembro, que tem por objecto a comercialização à distância de serviços financeiros prestados a consumidores.

[1375] *Manual de Direito do Consumo*, 7.ª ed., p. 31.

[1376] *Manual...*, cit., p. 33.

[1377] *Ibidem*, p. 37. Acrescenta (p. 38), porém, que se "tem assistido, em alguns domínios, a um fenómeno de equiparação das empresas, nomeadamente as microempresas, aos consumidores para efeito de proteção", não devendo "essas pessoas" ser "qualificadas como consumidores".

[1378] Ac. de 3 de Setembro de 2015, pr C-110 – *Horatiu Costea* contra *SC Volksbank România* – (pr C-110/14), *in* http://curia.europa.eu/.

seja precisada nesse contrato, pode ser considerada um «consumidor», na aceção desta disposição, quando o referido contrato não esteja ligado à atividade profissional desse advogado. A circunstância de o crédito nascido do referido contrato ser garantido por uma hipoteca constituída por essa pessoa na qualidade de representante do seu escritório de advogados e que tem por objeto bens destinados ao exercício da atividade profissional da referida pessoa, como um imóvel pertencente a esse escritório, não é pertinente a tal respeito". E, no acórdão de 25 de Janeiro de 2018 (Terceira Secção) – Oberster Gerichtshof – Áustria – Maximilian Schrems/Facebook Ireland Limited, pr C-498/16 (pr C-498/16), na interpretação do Regulamento (CE) n.º 44/2001, de 22 de Dezembro de 2000, diz o TJUE: "uma vez que o conceito de «consumidor» é definido por oposição ao de «operador económico» (v., neste sentido, acórdãos de 3 de julho de 1997, Benincasa, C-269/95, EU:C:1997:337, n.º 16, e de 20 de janeiro de 2005, Gruber, C-464/01, EU:C:2005:32, n.º 36) e que é independente dos conhecimentos e das informações de que a pessoa em questão realmente dispõe (acórdão de 3 de setembro de 2015, Costea, C-110/14, EU:C:2015:538, n.º 21), nem a experiência que essa pessoa pode adquirir no domínio em que se inserem os referidos serviços nem o seu compromisso para efeitos da representação dos direitos e dos interesses dos utilizadores desses serviços lhe retiram a qualidade de «consumidor», na aceção do artigo 15.º do Regulamento n.º 44/2001"; "o artigo 15.º do Regulamento n.º 44/2001 deve ser interpretado no sentido de que um utilizador de uma conta privada Facebook não perde a qualidade de «consumidor», na aceção deste artigo, quando publica livros, faz conferências, gere sítios web, recolhe donativos e obtém a cedência dos direitos de vários consumidores para os exercer em justiça".

Guido Alpa[1379] escreve que "a definição corrente de consumidor, acreditada pelos resultados recolhidos no *Molony Report on Consumer Protection* e por alguns documentos programáticos das Comunidades europeias é [...] a de «um sujeito que adquire ou frui de serviços para uso pessoal".

Enrico Gabrielli[1380] parte da definição da lei italiana do consumidor como pessoa singular para dizer que esta abriu um debate doutrinário acerca da pos-

1379 *Tutela del consumatore...*, p. 13.
O autor procede a uma análise circunstanciada do significado de consumidor nos vários ramos do saber e, dentro do Direito, nas suas várias áreas (pp. 12 e ss.).

1380 "Sulla nozione di consumatore", *in* http://www.judicium.it/news/ins_20_02_03/gabrielli_enrico_consumatore.HTM.

sibilidade de "extensão analógica" da tutela às pessoas colectivas que podem encontrar-se em igual situação de debilidade na contratação[1381]. E coloca, como plausível, a hipótese de a protecção ter em vista não o consumidor em sentido estrito, mas o sujeito que adere a condições gerais de contrato, atendendo em especial ao facto de a noção de consumidor se extrair frequente e crescentemente do negócio de consumo. Também Paolo Amato[1382] observa que "é provável [...] a afirmação de uma tendência para a dilatação jurisprudencial da esfera dos destinatários da disciplina especial, de tal modo que as regras dos contratos dos consumidores poderão referir-se progressivamente também a outras categorias consideradas «débeis» nas suas relações contratuais com as grandes empresas, como, por exemplo, os pequenos empresários, sobretudo se considerados à luz da disciplina adoptada para a protecção dos subfornecedores (lei n. 192/1998)".

O art. 2.° da directiva diz que se entende por consumidor qualquer pessoa singular que actue com fins que não caibam no âmbito da sua actividade profissional. No caso *Cape Snc* contra *Idealservice Srl*[1383], em que o Governo espanhol defendera que, "embora o direito comunitário considere que, em princípio, as pessoas colectivas não são consumidores na acepção da directiva, não exclui uma interpretação que confira tal qualidade a estas últimas" e "com o Governo francês, invoca que a definição do consumidor que dá a directiva não exclui que os direitos internos dos Estados-Membros possam, aquando da sua transposição, considerar uma sociedade como um consumidor", o TJCE declarou: "A noção de «consumidor», como definida no artigo 2.°, alínea b), da Directiva 93/13/CEE do Conselho, de 5 de Abril de 1993, relativa às cláusulas abusivas nos contratos

[1381] O autor, *ibidem*, opina "que existem outras «categorias» de sujeitos [...] que, embora não reentrando na definição de consumidores e, portanto, não encontrando protecção na disciplina, se caracterizam por uma situação de debilidade – apreciada, naturalmente, em abstracto, de acordo com o mesmo paradigma adoptado pela disciplina dedicada ao consumidor [...] – igual senão maior relativamente àquela em que se encontram os consumidores face aos profissionais". Esta constatação leva a considerar, alternativamente, "ou que a *ratio* da disciplina não deve procurar-se na mera reacção a situações de debilidade sócio-económica, ou, se essa deve ser entendida como escopo das normas, que elas são injustificadamente discriminatórias e, com grande probabilidade, também constitucionalmente suspeitas".

[1382] Cit..

[1383] Acórdão do Tribunal de Justiça (Terceira Secção) de 22 de Novembro de 2001 Cape Snc contra Idealservice Srl (pr n.° C-541/99), e Idealservice MN RE Sãs contra OMAI Srl (pr n.° C-542/99), in http://curia.europa.eu/.

celebrados com os consumidores, deve ser interpretada no sentido de que visa exclusivamente as pessoas singulares".

A propósito desta caracterização, diz Martin Ebers[1384] que ela deveria ser esclarecida, "muito particularmente nos casos de uso misto".

Profissional é a pessoa singular ou colectiva que, nos contratos abrangidos pela directiva, actua no domínio da sua actividade profissional, independentemente de esta ser regida pelo direito privado ou pelo público. Pronunciando-se sobre a directiva, escreve Almeno de Sá[1385]: "A actuação negocial do consumidor deve estar em conexão com aqueles contratos que a directiva pretende regular, o mesmo é dizer que tal actuação se define, para este efeito, por contraposição com a actividade económico-lucrativa do profissional. Por outro lado, a orientação finalística da conduta do consumidor deve inferir-se das circunstâncias objectivas globais que se verificam na conclusão do contrato, e não do puro escopo do tipo de negócio em causa".

Na Convenção de Roma sobre Consumidor de 19 de Junho de 1980, consumidor é caracterizado negativamente como aquele que actua com uma finalidade alheia à sua actividade profissional; trata-se de uma noção autónoma que não supõe a remissão para o Direito interno de qualquer dos Estados-membros. Observa Luís Lima Pinheiro[1386] que a definição da Convenção de Roma "corresponde à empregue no art. 13.º da Convenção de Bruxelas relativa à Competência Judiciária e Execução de Decisões em Matéria Civil e Comercial, e deve ser interpretada do mesmo modo, à luz da finalidade de protecção da parte mais fraca".

O Anteprojecto do Código do Consumidor, no art. 10.º, n.º 1, caracteriza o consumidor como "a pessoa singular que actue para a prossecução de fins alheios ao âmbito da sua actividade profissional, através do estabelecimento de relações jurídicas com quem, pessoa singular ou colectiva, se apresenta como profissional". O art. 11.º do mesmo Anteprojecto matiza, porém, a noção, ao estabelecer que: "1. As pessoas colectivas só beneficiam do regime que este diploma reserva ao consumidor se provarem que não dispõem nem devem dispor de competência específica para a transacção em causa e desde que a solução se mostre de

[1384] Cit., p. 392.

[1385] Cit., p. 26.

[1386] "Direito aplicável aos contratos com consumidores", *in Estudos do Instituto do Direito de Consumo*, Vol. I, p. 97.

acordo com a equidade". Desta solução diz Pinto Monteiro[1387] que ela mantém, "no essencial, o que vem de trás – na linha de que o consumidor é um conceito *relacional*, de alguém que se relaciona com um *profissional* para *fins privados*", não coincidindo "exactamente com a que vem prevalecendo no *direito comunitário*". Embora restrinja a noção às pessoas singulares, estende, através do art. 11.°, a protecção, dando o autor a seguinte explicação: "as pessoas colectivas *não são consumidores*, mas, em certos casos, se provarem que não dispõem nem devem dispor de competência específica para a transacção em causa e que a solução está de acordo com a equidade, podem beneficiar do *regime* que a lei reserva ao consumidor". E o autor continua, referindo-se ao n.° 2 do art. 11.° do Anteprojecto – que estabelece: "O disposto no número anterior aplica-se também às pessoas singulares que actuem para a prossecução de fins que pertençam ao âmbito da sua actividade profissional" –, que "o mesmo princípio leva a que se estenda também *a pessoas singulares que não sejam consumidores* – por actuarem para a prossecução de fins que pertencem ao âmbito da sua actividade profissional – o *regime* que o *Anteprojecto* reserva aos consumidores, uma vez preenchidos os pressupostos acima referidos [...]". Diz, por fim, Pinto Monteiro, que, "nos casos em que alguém é considerado *consumidor*, em face do disposto no artigo 10.°, mas disponha ou deva dispor, em virtude da sua actividade e experiência profissional, de competência específica para a transacção em causa –, o *Anteprojecto* permite que o tribunal pondere, de acordo com a equidade, se será de aplicar, em tal situação, o regime mais favorável de defesa do consumidor"; e, quanto a este aspecto, observa: "o ponto é duvidoso [...] e porventura polémico"[1388].

Adelaide Menezes Leitão[1389], em crítica ao Anteprojecto do Código do Consumidor, neste ponto, argumentando com o facto de, "no domínio das relações entre particulares as pessoas singulares e colectivas [...] [se moverem] no quadro da autonomia privada, isto é, em termos de uma liberdade genérica de agir, não estando a sua actuação limitada por normas de competência", escreve que "não pode deixar de se discordar da diferenciação que é estabelecida em relação às pessoas colectivas no que concerne à aplicação da legislação do Consumidor".

1387 "Harmonização legislativa...", cit., pp. 1461 e 1462.

1388 É, na verdade, o mínimo que pode dizer-se, pois o regime contém aspectos suficientes que permitem adaptar as normas às características do caso concreto – e, por isso, também à condição das partes –, que tornam dispensável esta restrição, que apresenta perigos.

1389 Cit., pp. 1475-1476.

Do que ficou referido – deliberadamente muito sumário – decorre que tem razão Lima Pinheiro[1390] quando diz que, mesmo no interior de uma ordem jurídica, o conceito pode variar de diploma para diploma e que, por maioria de razão, ele está longe de ser unitário nos vários ordenamentos jurídicos. O autor caracteriza-o como "aquele que adquire um bem ou serviço para uma finalidade que não caia no âmbito de uma actividade económica independente", dizendo que este conceito "permite abranger os casos em que se desenvolveram soluções especiais de Direito Internacional Privado destinadas à protecção do consumidor vigentes na ordem jurídica portuguesa". Rejeita[1391] que a categoria inclua pessoas colectivas, embora, tanto quanto pode compreender-se, apenas no âmbito da interpretação da Convenção de Roma que analisa e no quadro da qual, defende, o regime de protecção do consumidor deve estender-se às situações em que a contraparte do consumidor "actua fora do âmbito da sua actividade e o consumidor não está nem deveria estar ao corrente deste facto", solução que é a de alguns autores ingleses que cita, e que se afigura de acolher em geral e não apenas para os efeitos daquela Convenção.

Em outros sistemas jurídicos, também o problema tem sido objecto de discussão, tendo optado a lei italiana[1392], a alemã (§ 13 do *BGB*) e a inglesa[1393], bem como o direito francês, pela restrição às pessoas singulares. Já a lei espanhola[1394], a checa[1395], a dinamarquesa (desde que a pessoa colectiva actue fora do âmbito da sua actividade profissional), a Lei de Protecção dos Direitos do Consumidor da Letónia (desde que se trate de contratos não directamente ligados à sua actividade profissional), optam pela inclusão de pessoas colectivas. Como informa Ruben S. Stiglitz[1396], é também assim na Lei n.º 24240 argentina; o mesmo acontece nas leis austríaca, polaca e grega[1397]. No direito brasileiro, o Código de

[1390] "Direito aplicável...", cit., pp. 93-94.

[1391] *Ibidem*, p. 98.

[1392] Art. 3.º-*a)* do *Codice del Consumo* – Decreto Legislativo de 6 de Setembro de 2005 com alterações posteriores.

[1393] *Interpretation* 3.– (1) do *Unfair Terms in Consumer Contracts Regulations* de 22 de Julho de 1999, entrado em vigor em 1 de Outubro do mesmo ano.

[1394] Art. 3.º do Real Decreto Legislativo n.º 1/2007, de 16 de Novembro, que aprovou o texto refundido da Lei Geral da Defesa dos Consumidores e Usuários e outras leis complementares.

[1395] Art. 52.º, n.º 3, do respectivo Código Civil.

[1396] Cit., pp. 307 e 308.

[1397] V. Martin Ebers, cit., p. 412, 416 e 427.

Defesa do Consumidor inclui na categoria «toda a pessoa física ou jurídica que adquire ou utiliza produto ou serviço como destinatário final», não recorrendo à condição em que actua a contraparte. Porém, o § único da disposição "equipara" "a consumidor a colectividade de pessoas, ainda que indeterminadas, que haja intervindo nas relações de consumo" (art. 2.º)[1398].

Para o direito comunitário, diz Ana M. Guerra Martins[1399] que é relevante uma noção de consumidor "independente dos direitos nacionais dos Estados membros [...]", e, reconhecendo que as fontes comunitárias não contêm "uma definição inequívoca de consumidor", afirma que "sempre se poderá dizer que, para o direito comunitário, o consumidor é qualquer pessoa singular que age com fins que podem ser considerados como alheios à sua actividade profissional".

Se bem que o art. 2.º-*b)* da Directiva n.º 93/13/CEE caracterize o consumidor como pessoa singular – o que, como ficou visto, é orientação da jurisprudência do TJUE –, em algumas ordens jurídicas nacionais em que a caracterização foi acolhida tal qual – como na italiana –, esse facto não obstou a que tenha havido e se mantenha uma ampla discussão acerca dos contornos da figura. O âmbito de protecção, esse, pode sempre ser ampliado pelos Direitos nacionais.

Yara Miranda[1400] diz que "a Comissão, assim como a *generalidade da doutrina* [sublinhado meu], apenas discute a possibilidade de um profissional, pessoa singular, ser ou não tutelado pelo regime. A questão não se coloca quanto ao profissional-pessoa colectiva". Logo de seguida, observa que "alguns tribunais franceses têm admitido [...] que certas entidades sem escopo lucrativo, nomeadamente uma associação, um condomínio ou uma união sindical, invoquem a legislação sobre as cláusulas abusivas". Não estou segura de que exista uma ligação indissociável ente actividade profissional e "escopo lucrativo", de um lado, nem, de outro, é verdade que a "generalidade da doutrina" (de onde?) não discuta quer a

[1398] Sobre o debate, na doutrina brasileira, entre as chamadas correntes "maximalista" ("que pretende estender a proteção contratual dos consumidores a toda a contratação de serviços ou produtos em que o adquirente possa ser considerado como destinatário fático do produto, pessoa física ou jurídica, que retira do mercado o produto e o consome") e "finalista" ("para a qual a definição de consumidor associa-se à sua posição de vulnerabilidade, a sugerir interpretação restritiva do conceito"), v. Gustavo Tepedino, "Os contratos de consumo...", cit., p. 127; *idem*, "Código de Defesa do Consumidor, Código Civil e complexidade do ordenamento", *in Temas*, II, pp. 405 a 407. V. também Cristiano Heineck Scmidtt, cit., pp. 65 a 67.

[1399] Cit., p. 67.

[1400] Cit., p. 708.

integração na categoria dos consumidores de pessoas colectivas, quer a inclusão nos protegidos por estes regimes de profissionais que actuam com vista a obter remuneração, com ou sem escopo lucrativo (pois não são sinónimos).

É que há não só pessoas colectivas cujo objecto social as coloca em situação muito semelhante à de um consumidor, podendo pôr-se a questão da violação do princípio constitucional da igualdade, como ocorreu em Itália, segundo informa Guido Alpa[1401].

Na lei portuguesa agora em análise, as regras de especial tutela dos consumidores estendem-se a todos os que, ainda que não sejam consumidores, não se encontrem a intervir no contrato nos termos do art. 17.º: os "meros particulares", para usar a bizarra, embora não original, designação de Menezes Cordeiro[1402]. Quer isto dizer que as normas constantes dos arts. 21.º a 23.º são aplicáveis a qualquer contrato de adesão, ainda que singularmente celebrado, com um sujeito (singular ou colectivo), qualquer que seja o tipo contratual e a qualidade (excluídas as mencionadas no art. 17.º) em que predisponente e aderente intervenham no negócio. O que se ajusta àquela que é considerada a posição negocialmente mais fraca nestes contratos. Fraca, porque, por definição, o contraente não tem possibilidade de negociar e contribuir para a alteração do conteúdo do contrato; fraca ainda, porque, não sendo ele um profissional, se encontrará em situação de maior debilidade em matéria de informação e de inferior condição de escolha do modelo contratual que vai aceitar; fraca também, porque se encontra tipicamente isolado face a uma contraparte que tem uma organização e técnicos, quando não pertence a uma associação profissional; fraca, finalmente, por ter, muitas vezes, necessidade de concluir o contrato para satisfazer necessidades essenciais.

A debilidade não é, contudo, necessariamente económica ou social – como dizem C. Ferreira de Almeida[1403], Sara L. Branco Dantas[1404], Menezes Leitão[1405], Yara Miranda[1406], acrescentando esta entretanto[1407] a "inferioridade intelectual",

[1401] "Il recepimento...", cit., pp. 75 a 76.
[1402] *Tratado...*, cit., p. 440.
[1403] *Os Direitos...*, cit., pp. 95 e 96.
[1404] Cit., pp. 274 e 275.
[1405] Cit., p. 33.
[1406] Cit., pp. 677 e 716.
[1407] P. 703.

e Ana M. Guerra Martins[1408]; também, embora sem ênfase, Anteo Genovese[1409], Giovanni M. Armone[1410], Gustavo Tepedino[1411], Adolfo di Majo[1412], W. Freiherr von Marschall[1413], Eduardo Polo[1414] e Cristiano Heineck Schmidtt[1415].

Afirmando que a supremacia de que se fala nos contratos, em especial nos massificados, é de natureza não económica, Roberto Wider[1416], que usa o adjectivo, de origem brasileira, "hipossuficiente" que "tem o sentido de uma reduzida suficiência ou incapacidade". E o autor explica melhor: "uma pessoa, mesmo que ostente condição financeira excelente e cultura superior (falemos por exemplo de um professor, de um advogado, de um juiz ou de um engenheiro), trava relações contratuais onde ocorre a prestação de serviços ou oferta de produtos, em relação aos quais ele, tecnicamente, tem, objectivamente, uma condição de inferioridade para a necessária compreensão e adequado consentimento"; e acrescenta: "um exemplo paradigmático é o das pessoas citadas frente às informações e tratamento procedido por um médico (ainda que se trate de contrato negociado)"[1417]. Massimo Bianca[1418] alerta também para que a superioridade/inferioridade negocial "não pode[m] ser referida[s] a uma pré-concebida e abstracta identificação de categorias superiores e inferiores desde logo pela consideração de que a situação de mercado incide sobre a formação dessas categorias e sobre as suas relações de força. A própria noção de categoria, de resto, deve ser tratada, mais do que a partir da busca de conotações económicas objectivas, a partir da posição fixada pela contratação uniforme. Neste sentido a categoria contratual é dada apenas pela generalidade dos destinatários de um regulamento contratual

[1408] Cit., p. 66.

[1409] "Condizioni generali...", cit., p. 804.

[1410] Cit., p. 297.

[1411] "As Relações de Consumo...", cit., p. 232.

[1412] "Il controllo giudiziale...", cit., p. 206; v. também "Condizioni generali...", cit., *passim*.

[1413] Cit., *passim*, e em particular pp. 33, 34 e 36-37.

[1414] Cit., pp. 26 e 30.

[1415] *Cláusulas Abusivas nas Relações de Consumo*, cit., pp. 32 e 81.

[1416] Cit., pp. 333, e 341-342 a 344.

[1417] Sobre a noção de hipossuficiente, v. também Cláudia Lima Marques, "A Lei 8.078/90...", cit., p. 61, e Gustavo Tepedino, "Os contratos de consumo...", cit., p. 131. Este último autor esclarece: "A hipossuficiência traduz um aspecto particular da vulnerabilidade, relacionada à incapacidade de produção de provas na instrução processual".

[1418] *Le autorità...*, cit., pp. 65-66.

uniforme". Enrico Gabrielli[1419], seguindo a lição de Bianca, escreve: "a questão da presumida «debilidade» do consumidor [...] deveria ser encarada mediante a distinção entre debilidade sócio-económica, que caracteriza estruturalmente um sujeito ou uma classe de sujeitos, e a debilidade contratual, sobretudo do ponto de vista da assimetria informativa, em que pode encontrar-se qualquer sujeito relativamente a certos actos e em relação a determinadas contrapartes, mesmo prescindindo do seu *status* sócio-económico". García-Amigo[1420] observa que a pretensa superioridade económica nem sempre existe, dizendo que "claro que pode haver, e de facto há muitos casos em que o aderente tem maior poder económico do que o predisponente", lembrando, ainda, as situações em que as condições gerais provêm de ambas as partes empresariais, e terminando com a seguinte afirmação: "é facto de que a diferença económica entre os contraentes carece de qualquer relevância do ponto de vista jurídico – em nenhum preceito do nosso ordenamento positivo se exige como requisito de validade do contrato que as partes tenham o mesmo poder económico ao celebrar os seus contratos".

Sousa Ribeiro[1421] analisa vários aspectos "em que se manifesta a superioridade da posição contratual do predisponente": "do ponto de vista organizatório", com o corolário da supremacia técnica e jurídica (também designada por "superioridade intelectual"); os "efeitos acumulados no sentido da sua [das cláusulas contratuais gerais] aceitação, criando «dependências por força da institucionalização»"; "o uso generalizado conjuntamente com a forma externa de apresentação [...] desencadeiam automáticas associações de objectividade, imodificabilidade e validade prescritiva no espírito do aderente", o que provoca "um efeito *psicológico* de legitimação". Acrescenta que "a inferioridade do aderente é também de ordem motivacional, decorrendo da objectiva falta de interesse em investir tempo e dinheiro numa cuidadosa análise das cláusulas apresentadas, e num eventual estudo de alternativas", ao contrário do predisponente, a quem vale a pena investir na elaboração das cláusulas contratuais gerais, que, reproduzidas numa série incomensurável de negócios, compensam o investimento".

Ana M. Guerra Martins[1422] diz que a protecção do consumidor pode circunscrever-se a certas categorias de pessoas – como jovens, carentes de educação, de domínio da língua, pobres –, deixando-se os restantes ao abrigo dos princípios

[1419] Cit..

[1420] Cit., pp. 92-93.

[1421] *Cláusulas contratuais...*, cit., pp. 198 a 202.

[1422] *Ibidem.*

gerais de direito, por se entender que "têm obrigação de zelar pelos seus interesses". Creio eu, na minha ignorância, que a protecção de algumas das categorias de pessoas que enuncia dispõem, ou deverão vir a dispor, de protecção própria que nada tem que ver com a sua situação de consumidores, mas com a condição pessoal/negocial em que intervêm no contrato. Tanto carece de protecção o consumidor rico como o pobre, aquele que, socialmente é considerado importante como o que o não é. A diferença, tanto quanto a aderentes como a aderentes/consumidores, reside na inexistência de soluções contratuais alternativas no mercado (ou no desconhecimento delas, quando existam) e na impossibilidade material de exercer o seu direito à negociação dos termos do contrato que concluem. Refira-se que a Lei n.º 78-23 francesa caracterizava as cláusulas como abusivas quando se verificassem cumulativamente vários factores, um deles sendo o abuso da posição económica dominante por parte do profissional, entendendo a jurisprudência, segundo informa Yara Miranda[1423], que o abuso de posição dominante era uma característica inerente aos contratos de adesão.

Da norma agora em análise retira Oliveira Ascensão[1424] a conclusão, que não comento por incompreensão[1425], de que "o regime das relações com os consumidores finais é afinal o regime comum".

A equiparação realizada por este preceito é, de algum modo embora tímido, paralela à que o art. 2.º, § único do Código de Defesa do Consumidor brasileiro faz a consumidor, para efeitos dos seus Capítulos V e VI, da "coletividade de pessoas, ainda que indetermináveis, que haja intervindo nas relações de consumo", de "todas as pessoas determináveis ou não, expostas às práticas [comerciais abusivas] nele previstas" (art. 29.º), a que há de aditar a extensão que o art. 17.º do mesmo diploma realiza, para efeitos de "responsabilidade pelo fato do produto ou do serviço", a "todas as vítimas do evento"[1426]. Escrevendo sobre a norma referida em primeiro lugar, observa certeiramente Oliveira Ascensão[1427] que se trata de uma extensão "vastíssima", mas que "há ainda uma restrição: tem de haver uma situação de vulnerabilidade, que é expressa pela palavra *expostas*".

[1423] Cit., p. 733, nota 224.

[1424] "Cláusulas contratuais gerais...", cit., p. 582.

[1425] Talvez se refira à maioria estatística, para o que teria podido escolher mais adequada expressão verbal.

[1426] Sobre este regime, v. Gustavo Tepedino, "Os contratos de consumo...", cit., pp. 133-134.

[1427] "Direito europeu do consumidor...", cit., p. 185.

Pode dizer-se que esta equiparação a consumidor, para efeitos de protecção, de todos os sujeitos não compreendidos no art. 17.º corresponde essencialmente à noção de não-profissional, acolhida por algumas ordens jurídicas e por alguma doutrina, como categoria, mais ampla, cumulativa (com a) ou substitutiva da de consumidor. Ela permite conceder a algumas pessoas colectivas a tutela que seria privativa de pessoas singulares, nos sistemas em que os consumidores são sujeitos desta natureza, como autoriza a mesma extensão relativamente a sujeitos que, embora contratem no âmbito de uma actividade profissional, celebram o contrato fora do quadro da actividade que lhes é própria, isto é, fora da sua esfera de competência ou especialidade.

Como escreve Gustavo Tepedino[1428], "pode ser considerada relação de consumo, por exemplo, o serviço de dedetização nas instalações de uma indústria. Os insumos que esta mesma indústria compra, ou os equipamentos de informática que um profissional liberal adquire, para a prestação de serviços, não se constituem em objeto de relação de consumo".

A extensão referida neste artigo pode constituir um argumento no sentido de excluir da categoria dos consumidores – para os efeitos deste diploma – as pessoas colectivas, dado que estas, quando não caracterizadas nos termos do art. 17.º na sua intervenção no contrato, beneficiam do regime de protecção previsto para os consumidores, a partir daqui enunciado.

O Anteprojecto de Código do Consumidor reproduz, no seu art. 221.º, o essencial desta disposição, alargando, pois, a sua tutela a relações diversas das de consumo.

Artigo 21.º – Cláusulas absolutamente proibidas

São em absoluto proibidas, designadamente, as cláusulas contratuais gerais que:

***a)* Limitem ou de qualquer modo alterem obrigações assumidas, na contratação, directamente por quem as predisponha ou pelo seu representante;**

Embora o texto legal não seja claro, supõe-se que o termo "contratação"[1429] – convicção que é reforçada pelo teor da al. *c)*, em que o sentido é inequivoca-

[1428] *Ibidem*, p. 127.

[1429] Desconhecido, tanto quanto sei, da terminologia legal portuguesa.

mente esse – queira significar o período preliminar à conclusão do negócio, pois parece não fazer sentido, seja em que contrato for, que uma convenção incluída num negócio altere obrigações dele constantes.

Em alguma[1430] medida, esta norma, como a da al. *c)* seguinte, pode constituir uma reafirmação da necessidade de o aderente ter conhecimento do conteúdo contratual que aceita no momento da conclusão do contrato. Se as obrigações de comunicação e de informação constantes dos arts. 5.º e 6.º tiverem sido cabalmente cumpridas, pouco frequentes serão as hipóteses em que o aderente tenha aceitado conscientemente cláusulas que alterem as obrigações do predisponente quanto às características que lhe foram anunciadas, ou prometidas, no período prévio à conclusão do contrato e como forma de incentivo a essa celebração. Como já ficou referido no texto introdutório, tem esta norma o sentido, designadamente, de fazer incluir no conteúdo contratual as promessas publicitárias – individuais ou colectivas – que antecederam a celebração do contrato. A este propósito, há a ter em conta o n.º 5 do art. 7.º da Lei de Defesa do Consumidor, cujo teor é o seguinte: "As informações concretas e objectivas contidas nas mensagens publicitárias de determinado bem, serviço ou direito consideram-se integradas no conteúdo dos contratos que se venham a celebrar após a sua emissão, tendo-se por não escritas as cláusulas contratuais em contrário". Neste sentido dispõem designadamente os arts. 30.º e 35.º do Código de Defesa do Consumidor brasileiro, o que Cláudia Lima Marques[1431] considera uma decorrência da boa fé pré-contratual. O art. 48.º do mesmo Código dispõe que "as declarações de vontade constantes de escritos particulares, recibos e pré-contratos relativos às relações de consumo vinculam o fornecedor, ensejando inclusive execução específica [...]"[1432].

Almeida Costa e Menezes Cordeiro[1433] dizem singelamente que "as proibições das alíneas *a)*, *b)* e *c)* procuram assegurar que os bens ou serviços pretendidos pelo consumidor final sejam, de facto, os que ele vai alcançar através do funcionamento do contrato". A. Pinto Monteiro[1434], analisando as cláusulas que limitam o conteúdo contratual, estranhamente não se refere às previstas nesta

[1430] Grande, tanto quanto posso avaliar.

[1431] "A Lei 8.078/... ", cit., p. 57.

[1432] Sobre esta norma, G. Tepedino, "Os contratos de consumo...", cit., p. 129.

[1433] Cit., pp. 50-51.

[1434] "Cláusulas limitativas...", cit., pp. 293 a 295.

norma, pelo que só considera a questão da respectiva nulidade face aos arts. 15.º e 16.º, por um lado, e 18.º, als. *a)* a *d)*, deste diploma, por outro.

O Dec.-Lei n.º 57/2008, de 6 de Março[1435], que contém o regime das práticas comerciais desleais, estabelece, no seu art. 8.º-*f)*, *g)* e *h)*, que é proibido "propor a aquisição de bens ou de serviços a um determinado preço e, com a intenção de promover um bem ou serviço diferente, recusar posteriormente apresentar aos consumidores o bem ou o serviço publicitado"; "propor a aquisição de bens ou de serviços a um determinado preço e, com a intenção de promover um bem ou serviço diferente, recusar as encomendas relativas a este bem ou serviço ou a sua entrega ou o fornecimento num prazo razoável"; ou "propor a aquisição de bens ou de serviços a um determinado preço e, com a intenção de promover um bem ou serviço diferente, apresentar uma amostra defeituosa do produto"[1436].

A proibição desta al. *a)*, que se aplaude, pode suscitar dificuldades, em particular de prova, uma vez que, não tendo a maioria[1437] dos contratos a que este diploma se refere sido negociada, quanto tenha sido assegurado pelo predisponente (ou, mais frequentemente, por quem o tenha representado) ao aderente antes da conclusão do contrato – salvo quando se tratar de publicidade –, será de prova difícil.

A norma é repetida *ipsis verbis* no art. 222.º-*a)* do Anteprojecto de Código do Consumidor.

Mau grado a pouca clareza da decisão, porquanto não transcreve as cláusulas que qualifica como nulas por violação deste preceito, refere-se o acórdão do STJ de 11 de Fevereiro de 2004 (pr n.º 03S1708, Mário Pereira[1438]) em que, estando em causa a responsabilidade de uma empresa seguradora pelas consequências

[1435] Alterado Pelo Dec.-Lei n.º 205/2015, de 23 de Setembro.

[1436] Tem oportunidade mencionar aqui o art. 146.º do Anteprojecto de Código do Consumidor, cujo teor é o seguinte: "1. É proibida toda a promessa que seja válida por um prazo superior a 5 anos, salvo se o profissional contratar seguro para garantir o seu cumprimento e os consumidores receberem documento que lhes permita demandar directamente o segurador. 2. Toda a promessa relativa a actos futuros do profissional, tais como retoma dos bens vendidos ou garantia sobre disponibilidade de bens necessários para completar uma série ou conjunto, é obrigatoriamente consignada em documento escrito que é entregue ao consumidor, do qual constem claramente os seus direitos, eventuais prazos e outras condições de exercício".

[1437] Pode haver em alguns, raros, casos negociação relativa a parte do conteúdo, mas não mais.

[1438] *In www.dgsi.pt.*

danosas de um acidente de trabalho, admite-se que a limitação ou alteração das obrigações em causa respeitasse ao valor coberto pelo contrato, dado que a seguradora alegava que a "sua eventual responsabilidade estar[...][ia] limitada ao salário efectivamente transferido"; se o acórdão não se dá ao trabalho de citar as cláusulas declaradas nulas, menos, evidentemente, invoca a limitação ou alteração das obrigações "assumidas na contratação". Justifica-se mencionar (de novo) o acórdão de 14 de Dezembro de 2016 (Tavares de Paiva) que fez suas as seguintes considerações do TRL: "*O controlo da natureza abusiva de uma cláusula deve ser objectivamente e em concreto, considerando-se quaisquer elementos atendíveis, que incluem as circunstâncias que rodearam a celebração do contrato, no momento que se invoca nulidade da cláusula, na perspectiva de um observador razoável, ponderando-se a finalidade do contrato, mormente quando se trata de cláusulas de exclusão ou limitativas (excessivamente) da cobertura do contrato de seguro (art. 21 nº al. a) do regime das CCG) e das quais resulte que a mesma fique aquém daquilo que o tomador ou o segurado pudessem de boa fé contar, devendo as mesmas serem consideradas nulas", a que acrescenta:* "A cláusula em apreço parte precisamente desse pressuposto quando exige que o segurado, em consequência de acidente ou sinistro, fique total e definitivamente incapacitado de exercer qualquer atividade remunerada. Porém, se em relação à incapacidade igual ou superior a 85% nenhum outro requisito estabelece, já para as incapacidades abaixo desse patamar, igualmente incapacitantes do segurado desenvolver qualquer atividade remunerada, impõe um conjunto de requisitos concomitantes – necessidade de assistência de terceira pessoa para efetuar, cumulativamente, os atos elementares da vida corrente: lavar-se, alimentar-se, vestir-se e deslocar-se no local de residência habitual – que, no seu conjunto, são extremamente e penalizantes e indiciam um situação potencialmente tão incapacitante como a verificada em relação a situações em que a incapacidade é igual ou superior a 85%. Na verdade, plausivelmente e em termos de experiência comum, pode dizer-se que a necessidade de terceira pessoa para a realização de todos os atos elementares da vida corrente nos termos definidos na cláusula, dificilmente é compatível com incapacidade absoluta e definitivas de grau inferior a 85%, o que indicia a falta de razoabilidade da cumulação daqueles requisitos com graus de incapacidade que não atinjam esse patamar. Evidencia-se, assim, um desequilíbrio na correlação dos pressupostos atinentes às duas situações previstas na cláusula, que se afiguram desproporcionais e injustificados, suscetíveis de integrarem o conceito de estipulação abusiva. Mas para além disso, mesmo no que concerne apenas à hipótese de o segurado sofrer de uma incapacidade inferior a 85%, não se considera como equilibrada e proporcional ao risco prevenido, exigir-se cumulativamente que o mesmo careça de ajuda de terceira pessoa para realizar, sem exceção, todos os atos elementares da vida corrente previstos na cláusula. Parece efetivamente desequilibrado em função da finalidade da cláusula – que como acima se disse, é o de prevenir o risco de incumprimento por parte do segurado por incapacidade de desenvolver uma atividade remunerada que permita custar o empréstimo – excluir a cobertura num caso em que o segurado não pode exercer qualquer atividade remunerada e até necessita de ajuda de terceira pessoa para algumas dos atos de gestão da sua vida pessoal e financeira [...]".

Singela, mas eficientemente, tanto quanto pode compreender-se, o art. 51.º inciso XIII do Código de Defesa do Consumidor brasileiro considera nulas as cláusulas que "autorizem o fornecedor a modificar unilateralmente o conteúdo ou a qualidade do contrato, após a sua celebração".

b) Confiram, de modo directo ou indirecto, a quem as predisponha, a faculdade exclusiva de verificar e estabelecer a qualidade das coisas ou serviços fornecidos;

Esta proibição tem directa relação com a da al. *e)* do art. 19.º. Como é claríssimo, pode o aderente – e, por maioria de razão, quando é um consumidor – ter de socorrer-se do contributo de terceiros, técnicos ou peritos, para verificar a qualidade da(s) prestação(ões). A norma tem, porém, um conteúdo proibitivo mais amplo do que aquele que se refere ao recurso a terceiros: impede a relevância jurídica das declarações unilaterais de qualidade ou conformidade das prestações, quando provenham do predisponente, sem que o aderente tenha podido verificar – ou fazer verificar – a idoneidade da(s) prestação(ões) da outra parte. Quanto a este aspecto, a disposição tem de relacionar-se com a da al. *e)* deste mesmo artigo, pois não raramente as declarações de qualidade e/ou de conformidade das prestações do predisponente serão nominalmente provindas do aderente, sendo o mais das vezes preparadas pelo predisponente para aquele as subscrever.

Por motivos que em grande medida me escapam, Menezes Cordeiro[1439] opina que esta disposição visa "assegurar que os bens ou serviços pretendidos pelo consumidor final sejam, de facto, os que ele vai alcançar"[1440].

[1439] *Tratado...*, cit., p. 448.

[1440] Almeida Costa e Menezes Cordeiro, cit., p. 50, fazem afirmação idêntica.

Noronha Nascimento[1441] diz que, "relativamente aos denominados cartões «Electron» «Eurocheque» e «Multibes» foram declaradas nulas [pelo STJ e em acções inibitórias, ao que compreendo] as c. c. g. constantes dos contratos de adesão que os sustentavam e que: *b)* permitiam ao banco exigir a devolução do cartão, e também que o retivesse sempre que houvesse utilização indevida do cartão e sem que a contraparte pudesse peticionar qualquer indemnização", por violação desta al. *b)*. O texto do autor não permite compreender a relação entre esta disposição e as cláusulas que são referidas como nulas com fundamento nela.

Também esta disposição é reproduzida no art. 222.º-*b)* do Anteprojecto de Código do Consumidor.

c) Permitam a não correspondência entre as prestações a efectuar e as indicações, especificações ou amostras feitas ou exibidas na contratação;

Esta alínea constitui, em certa medida, uma excepção relativamente ao art. 919.º do Código Civil, que permite que a coisa vendida não tenha as qualidades da amostra, se tal for estipulado pelas partes, isto é, se for convencionado que a amostra "serve somente para indicar de modo aproximado as qualidades do objecto". Nessa medida, ela é de louvar, pois procura assegurar que o aderente/consumidor não seja enganado no período pré-contratual, com descrição ou exibição de qualidades de bens ou serviços que não têm correspondência com os que vai obter através do contrato[1442].

A norma justifica reparos semelhantes aos que ficaram feitos a propósito da al. *a)* em matéria de prova. Embora – designadamente nos contratos *standard* – a prova de que, no período anterior à celebração do contrato, os representantes ou agentes do predisponente (se se tratar de um sujeito organizado empresarialmente) enunciaram um conjunto de qualidades ou aptidões dos bens ou serviços ou exibiram amostras ou simulações daqueles, que não encontram

[1441] Cit., p. 116.

[1442] Não significa este aplauso que se recue em relação à concordância que se exprimiu, na anotação ao art. 1.º, com C. Ferreira de Almeida, no sentido de atribuir às promessas pré-contratuais, designadamente às constantes de publicidade, o sentido positivo de as considerar, sempre que possível, incluídas no conteúdo do contrato. Há, porém, inúmeros casos em que tal não é possível.

correspondência com os que vêm a ser efectivamente objecto das obrigações do predisponente, seja mais fácil, será sempre difícil para o aderente produzi--la. Isto porque teria de recorrer a outros aderentes, cuja identidade na maior parte dos casos ignorará, e que, quando conheça, só muito raramente estarão dispostos a depor em processo judicial, conhecedores, como todos somos, das perdas de tempo e dispêndios que tal colaboração envolve. Estas dificuldades encontrar-se-ão atenuadas, como se assinalou a propósito da al. *a)*, quando as "indicações, especificações ou amostras" constem da publicidade dos bens ou serviços, ou de descrições ou informações contidas em escritos (ou outras formas de comunicação susceptíveis de serem impressas, como as que se contêm páginas da internet ou em mensagens de correio electrónico), pois, nessas hipóteses, mais facilmente, em princípio, estará ao alcance do aderente a produção da respectiva prova.

Almeida Costa e Menezes Cordeiro[1443] explicam a disposição, tal como a anterior, com a finalidade de assegurar que "os bens ou serviços pretendidos pelo consumidor final sejam os que ele, de facto, vai alcançar através do funcionamento do contrato".

d) Excluam os deveres que recaem sobre o predisponente, em resultado de vícios da prestação, ou estabeleçam, nesse âmbito, reparações ou indemnizações pecuniárias predeterminadas;

Esta norma, como já se deixou assinalado, afigura-se em parte repetitiva da das als. *c)* e *d)* do art. 18.º, que proíbem as convenções de exclusão ou de limitação da responsabilidade obrigacional por cumprimento defeituoso. Ideia que surge reforçada – se tal fosse necessário – pela referência a "indemnizações pecuniárias", que se encontra na sua parte final.

Pode, no entanto, pensar-se que aqui se tem em vista a obrigação de reparar a prestação defeituosa ou de completar a prestação parcial, ainda que o não cumprimento pontual tenha sido não culposo, hipótese em que não seria a responsabilidade obrigacional e sua regulação convencional o objecto normativo. Estas obrigações são, na verdade, ainda elementos constitutivos da obrigação de

[1443] Cit., p. 50.

prestar e, se a elas se refere a primeira parte desta disposição, melhor fora não a misturar com obrigações de indemnizar.

Admita-se, a bem da coerência do diploma, que se trata da proibição de excluir convencionalmente o dever de reparar a prestação que sofra de falta, defeitos ou vícios, de prestar a parte em falta ou, mesmo, a de realizar nova prestação, se a que foi feita não for corrigível. Caso esta interpretação proceda, não se está aqui perante norma que se refira à responsabilidade debitória por incumprimento, pelo que a redundância com o art. 18.º não se verifica. Porém, atentos os arts. 4.º e 16.º da Lei de Defesa do Consumidor, e os arts. 2.º, 3.º, 4.º e 10.º do Dec.-Lei n.º 67/2003, de 8 de Abril, alterado pelo Dec.-Lei n.º 84/2008, de 21 de Maio[1444], a utilidade ou conteúdo autónomo da proibição aqui contida parecem muito reduzidos. Isto porque esta disposição não tem como objecto apenas contratos celebrados com consumidores, antes se estendendo a todos os aderentes que não estejam caracterizados no art. 17.º.

Por outro lado, dada a ineliminável referência da parte final da norma a "reparações ou indemnizações pecuniárias predeterminadas", "nesse âmbito", se se entender que aqui se incluem os direitos indemnizatórios que ao credor/consumidor cabem, em razão do não cumprimento pontual, ela contém um regime diverso do do art. 18.º-*c)*, que poderia compreender-se – mau grado as críticas que se deixaram feitas quanto à relação entre aquela alínea do art. 18.º e o regime geral do art. 809.º –, dado estar aqui em causa a tutela dos contraentes que são consumidores (ou a eles equiparados), não fora a excepção respeitar apenas ao cumprimento defeituoso e já não a outras formas de incumprimento, por um lado, e, por outro, referir-se tão-só a "indemnizações pecuniárias predeterminadas". Nada explica, no entanto, nesse âmbito, a redundância deste com os regimes especiais de protecção do consumidor da Lei de Defesa do Consumidor e do Dec.-Lei n.º 67/2003, de 8 de Abril, alterado pelo Dec.-Lei n.º 84/2008, de 21 de Maio. E, se, quanto ao último diploma, porque ele lhe é superveniente, esse poderia ser argumento justificativo – frágil, tão expedito se revela o legislador nacional na alteração de diplomas vigentes –, quanto ao primeiro, o argumento não colhe, porque ele é anterior à última alteração do Dec.-Lei n.º 446/85, que, lembre-se, é de Dezembro de 2001.

[1444] Relativo à conformidade dos bens de consumo fornecidos, vendidos ou locados.

Menezes Leitão[1445], depois de assinalar "que a proibição da exclusão da responsabilidade já resultaria do artigo 18.º c) LCCG, ainda que limitada, em contrariedade ao artigo 809.º aos casos de dolo ou culpa grave", diz que "esta norma visa, por isso, as cláusulas que excluam todo e qualquer dever do prestador em caso de vícios da prestação ou afastem as possibilidades de opção da outra parte pelo exercício dos direitos legalmente previstos, em caso de cumprimento defeituoso"[1446].

Almeida Costa e Menezes Cordeiro[1447] dão a seguinte explicação: "as proibições de cláusulas que excluam ou limitem a responsabilidade, fixadas no art. 18.º, podem, em concreto, manifestar-se insuficientes: outros dispositivos, não limitativos em abstracto, são susceptíveis de dificultar ou impedir a exacta concretização do bem ou serviço pretendido. [...] [esta alínea], que proíbe as cláusulas que circunscrevam a responsabilidade do predisponente, por vício da prestação, a reparações ou indemnizações pecuniárias predeterminadas, assegura, através da execução específica, a satisfação integral do interesse dos consumidores finais". Não é fácil comentar esta opinião: a proibição do afastamento convencional do direito à execução específica decorre do regime geral[1448]. Nem faria sentido repetir essa proibição, nem, o que é o mais, se fosse esse o sentido da norma, ela se apresentaria formulada nos termos em que o está, pois, em casos em que este diploma repete regimes gerais, fá-lo, em regra, claramente do ponto de vista literal.

A interdição, que surge autonomizada aqui, de cláusulas que pré-determinem quantitativos indemnizatórios, se tomada à letra, proíbe cláusulas penais, o que não é compreensível, em especial se se tiver em conta a norma da al. *c)* do art. 19.º. Por isso se admite que, numa redacção pouco inspirada, se pretenda dizer que são proibidas as convenções que limitem a responsabilidade debitória do predisponente por cumprimento defeituoso. A ser esse o seu sentido, toda a disposição seria redundante com as das referidas als. *c)* e *d)* do art. 18.º. Se, finalmente, o objectivo da lei for o da interdição de penas convencionais inalteráveis e insuficientes para o ressarcimento dos prejuízos, já a al. *c)* do art. 19.º, na interpretação que dela se deixou enunciada, a continha.

[1445] Cit., p. 43, nota 56.

[1446] Não vejo que esta interpretação atribua à norma grande sentido útil.

[1447] Cit., p. 53.

[1448] Com a lamentável exclusão da obrigação de contratar em alguns casos.

Põe-se deliberadamente de lado a ideia de Pinto Monteiro[1449] de que aqui a lei se ocuparia das cláusulas de fixação antecipada da indemnização, que não se confundiriam com as cláusulas penais em sentido próprio, estas com função compulsória. A razão do afastamento desta posição releva da indemonstração de que haja mais de um tipo funcional de cláusula penal previsto na lei portuguesa (sem prejuízo da(s) função(ões) que, dentro dos limites legais, as partes queiram atribuir-lhe), mais indemonstrado – se possível – se afigurando qualificar como pena convencional *em sentido próprio* aquela que tenha função compulsória[1450]. Também a opinião daquele autor não é partilhada por Sousa Ribeiro[1451] – mau grado ser a da lei alemã – não apenas porque ela parte de uma noção de pena convencional que não encontra expressão na lei portuguesa, mas também com o argumento suplementar de que a proporcionalidade exigida para a cláusula penal pela al. *c)* do art. 19.º não se aplicaria neste caso, o que seria injustificável.

Sousa Ribeiro[1452], procurando um sentido normativo para este preceito, opina que ele se refere às cláusulas penais devidas pelo predisponente em razão de "vícios da prestação", "dispondo então a lei, com idêntica intenção tuteladora, que ela não poderá ser limitada a reparações ou indemnizações pecuniárias predeterminadas. Como se vê, o que distingue, desde logo, os dois preceitos, é a titularidade passiva da obrigação de indemnizar que neles se contempla: no quadro do artigo 19.º, alínea *c)*, o devedor é o aderente; no âmbito do artigo 21.º, alínea *d)* [correcção minha], é o predisponente quem assume essa posição. Por isso é que, neste caso, é à limitação da responsabilidade que a lei se opõe porque só dela pode advir, neste contexto, o prejuízo do aderente. E esta observação abre-nos caminho ao entendimento da verdadeira natureza das cláusulas proibidas na parte final do artigo 21.º, alínea *d)* [correcção minha]. De facto [...], o efeito útil que o predisponente parcialmente tem em vista, ao incluí-las nas suas c.c.g. não corresponde a nenhuma das funções típicas da cláusula penal. [...] o que singulariza estas cláusulas não é o facto de o valor da prestação se revelar inferior ao montante dos danos (o que sempre poderá acontecer com qualquer cláusula penal [...] – e daí a válvula de segurança que o artigo 811.º, n.º 2, do Código Civil, oferece) [...] [mas] a circunstância de essa diferença se ficar a

[1449] *Apud* Sousa Ribeiro, "Responsabilidade e garantia...", cit., p. 146.

[1450] Não se discutem aqui, por razões óbvias, estas questões, apenas se deixando a justificação sumária da desconsideração do entendimento proposto por Pinto Monteiro.

[1451] *Ibidem*, pp. 146 a 148 e nota 107.

[1452] *Ibidem*, pp. 148 a 151.

dever a uma pré-ordenada intenção conformadora do predisponente, visando, em último termo, a redução dos seus custos adicionais. Trata-se, pois, no fundo, de cláusulas limitativas [...]. E compreende-se o recurso a esta técnica de atenuação da responsabilidade, pois assim garantindo aquele escopo, o utilizador da cláusula consegue simultaneamente não abrir mão das vantagens associadas à uniformização das condições que regem os seus contratos".

Esta interpretação, se bem que não encontre na letra da lei grande suporte – mas qual o encontraria? –, explica-se pela tentativa de alcançar o difícil resultado de atribuir à norma sentido útil e compatível com as restantes disposições do diploma. Ora, deste ponto de vista, ela depara com o obstáculo da redundância com a al. *c)* do art. 18.º. A esta questão dá o autor a seguinte resposta: "Cremos que o tratamento à parte das cláusulas limitativas da responsabilidade por vício da prestação se ficou a dever à consciência de que, neste âmbito restrito, emergem riscos peculiares que aconselham a adopção de novos critérios valorativos e, consequentemente, de uma solução diferenciada". E continua dizendo, embora em parcial contradição do que escrevera a propósito da al. *c)* daquele art. 18.º, que, no quadro daquele, "o único factor de apreciação é o grau de censurabilidade da conduta do agente, o que conduz à admissão, como válidas, das cláusulas exoneratórias ou restritivas em caso de culpa leve. É outro o plano de relevância em que se coloca a alínea *d)* do artigo 21.º [correcção minha]. O que avulta agora é o dado objectivo da turbação, por força do cumprimento inexacto, da equivalência entre as prestações. Preocupação primeira é então a de restabelecer o sinalagma inicial, através da imposição do dever de rectificar a prestação defeituosa – sem dependência, em regra, de culpa – e, também a de assegurar uma compensação integral dos danos causados por esta forma de incumprimento"[1453]. Sousa Ribeiro[1454] continua, reiterando a ideia já expressa: "enquanto o artigo 19.º, alínea *c)* visa as disposições penalizadoras do aderente da obrigação de indemnizar que sobre o aderente recai, a alínea *d)* [correcção minha] do artigo 21.º [também corrigido por mim], pelo contrário, tem por objecto as cláusulas que restringem esse dever, quando a cargo do predisponente. Ou seja, no primeiro caso, a hipótese que a lei prevê é a do incumprimento imputável ao

[1453] A continuação do raciocínio de Sousa Ribeiro, porque tem que ver, em grande medida, com a compra e venda de coisas defeituosas, matéria que tem actualmente a sua sede de regime no já referido Dec.-Lei n.º 67/2003, de 8 de Abril, relativo à conformidade na compra e venda de bens de consumo, não se afigura tão pertinente nesta sede.

[1454] *Ibidem*, pp. 148-149.

aderente, estatuindo então, em tutela dos seus interesses, que o correspondente crédito indemnizatório do utilizador da cláusula deverá ser proporcionado aos danos a ressarcir; no segundo, é a responsabilidade deste último, por vício da prestação que lhe incumbia realizar, que está em jogo, dispondo então a lei, com idêntica intenção tuteladora, que ela não poderá ser limitada a reparações ou a indemnizações pecuniárias predeterminadas".

Se bem que não possa afirmar que, no seu conjunto, se trate de interpretação inaceitável, pois inaceitável é o teor normativo, creio, como disse, a propósito da al. *c)* do art. 19.º, que a insuficiência da cláusula penal que vincule o predisponente encontra sede de solução naquele preceito; pelo que este teria de ter outro conteúdo preceptivo.

O raciocínio de Sousa Ribeiro não tem, na verdade, em conta que, enquanto o art. 19.º-*c)* se refere a todas as cláusulas penais[1455], a alínea agora em análise respeita apenas às que se reportem a prestações defeituosas. Por outro lado, a interpretação que propõe afastaria necessariamente a possibilidade de aumento da cláusula penal insuficiente, com fundamento naquele art. 19.º[1456], o que se afigura constituir supressão de uma previsão, diversa da do regime geral, e mais justificada ainda do que naquele. Finalmente, como o mesmo autor reconhece[1457], este entendimento parte do pressuposto (de difícil demonstração, para dizer o menos) de que o predisponente, ao incluir cláusulas penais no conteúdo contratual, não pretende que elas desempenhem qualquer das funções que lhes são próprias, mas antes que elas (e apenas quanto a cumprimentos defeituosos) reduzam a sua obrigação de indemnizar, a fim de obter "uma redução dos seus custos contratuais".

O autor acrescenta[1458] que a prática de mercado de algumas empresas de atribuírem aparentes benefícios aos aderentes, que, na verdade, "ficam aquém dos legalmente previstos" é que explica que se tenha optado pela interdição de "reparações ou indemnizações pecuniárias predeterminadas, mas não [pelo] afastamento, puro e simples, dessas duas medidas (convenção que, à partida e em abstracto, se diria mais prejudicial aos interesses do credor). [...] Todavia, e apesar de não expressamente contemplada, a exclusão de reparações ou indem-

[1455] Não há, de facto, qualquer fundamento para restingir a disposição anterior à previsão de cláusulas penais relativas a incumprimentos do aderente.

[1456] Como claramente assume na nota (108) do mesmo texto.

[1457] *Ibidem*, pp. 149-150.

[1458] *Ibidem*, pp. 152-153, nota 111.

nizações deve ser considerada abrangida pela previsão da alínea *d)* [correcção minha] do artigo 21.º [correcção minha de novo], por um argumento *a minori ad maius*". "O que se visa aqui é, em última análise, garantir ao aderente que não terá de se conformar com uma coisa ou um serviço defeituoso, ou com uma indemnização que não cubra todos os danos correspondentes ao vício da prestação. [...] Ora, nem isso ele poderia, ao fim e ao cabo, vir a alcançar, se se admitisse a predeterminação da reparação, limitando-a a certos vícios ou a certas componentes do objecto. [...] Está aqui em causa, pois, o direito ao cumprimento exacto da prestação devida, cuja garantia, no caso de imperfeição da inicialmente efectuada, implica naturalmente o dever de integral reparação, ou o dever de renovar o cumprimento, em termos conformes ao estipulado. Por força [...] desta proibição, o aderente, em face de vícios da prestação originária, conserva intacto o direito de exigir uma outra que a rectifique ou substitua, sem novos encargos da sua parte. [...] E é essa razão de ser que justifica o restrito âmbito de aplicação da norma, tanto do ponto de vista subjectivo (apenas nas relações com consumidores finais), como objectivo (apenas uma certa forma de incumprimento). [...] o intento de assegurar a total conformidade do objecto da prestação principal com o estipulado, como condição básica da consecução do fim contratual, contenta-se com a proibição de cláusulas limitativas das reparações indispensáveis à eliminação dos defeitos. Daí que essa proibição não se não estenda a toda a área do cumprimento defeituoso, nem sequer, parece-nos, a todos os danos que a imperfeição possa ocasionar, mas apenas à responsabilidade pelos próprios vícios da prestação". Depois de tecer breves considerações sobre o tipo de bens e de serviços que o mercado actualmente oferece, observa Sousa Ribeiro que "não é tanto a recusa em cumprir que o consumidor-aderente tem a recear por parte do fornecedor-predisponente (interessado que este está no maior número possível de realizações negociais), mas a indevida transferência de riscos ligados a (estatisticamente previsíveis) falhas de qualidade". E ainda[1459]: "Ligadas pelo objectivo unitário de obstar à atenuação das obrigações postas a cargo do predisponente em resultado de um vício da prestação, o preceito refere-se a duas medidas distintas – a reparação e a indemnização – predispostas para tutela de distintos interesses: o interesse no cumprimento, por um lado, e o interesse na reparação de danos, por outro. Com a primeira, visa-se o cumprimento exacto do dever de prestar, pondo termo, com a remoção do vício,

[1459] P. 160.

à situação de incumprimento. A responsabilidade civil, pelo contrário, destina-se a ressarcir os danos [...] dessa situação resultantes. A proibição do artigo 21.°, alínea *d)* [corrigidos por mim], tem, pois, carácter bidireccional, estendendo-se a duas prestações de natureza e funções diversas. Ora, e não obstante esse duplo alcance, a disposição abre com a indicação de que são proibidas as cláusulas que «limitem a responsabilidade (...)», instituto onde não cabe, em rigor, a garantia de realização cabal da prestação a que o credor tem direito. Sendo assim, como conciliar duas referências aparentemente contraditórias?"

Não se acompanha o autor – que, aliás, esquece que havia defendido que a proibição do art. 18.° se refere a quaisquer incumprimentos, independentemente do grau de culpa como ficou assinalado na anotação à al. *c)* daquele artigo – porque, além do que já ficou dito, não se vê, nesta disposição, o apoio literal mínimo (ainda que imperfeitamente expresso) à interpretação defendida. Aliás, o autor reconhece[1460] que a formulação da norma dificilmente é compatibilizável com a sua interpretação, dificuldade que afirma estar na previsão paralela de restrições à «realização cabal da prestação» com as que se referem à indemnização. A esta objecção – que não se me afigura a principal – responde que "a distinção [...] é, em termos prático-funcionais, e do ponto de vista do interesse do credor, evanescente [?][[1461]]. Na verdade, deparamos aqui com a exigência de uma prestação secundária de *facere*, por força do cumprimento defeituoso da prestação primária, que poderá não ter a mesma natureza desta, e que, mesmo quando a tem, não coincide inteiramente com ela (pois trata-se de uma correcção parcial, e não da sua renovação *in toto*). É patente a similitude, quanto ao modo de actuar, com a restauração em forma específica, em que uma prestação de carácter repristinatório procura «reconstituir a situação que existiria se não se tivesse verificado o evento que obriga à reparação» (artigo 562.° do Código Civil). É patente a similitude [da execução em espécie], quanto ao modo de actuar, com a restauração em forma específica [...]. O espaço para a actuação da reconstituição natural como medida repristinatória é aberto mais pela inviabilidade da reposição da licitude, por força da própria natureza do dever violado, do que pela especificidade de fins [...]. No caso de cumprimento defeituoso de uma obrigação, por vício da prestação, e pressupondo que se mantém o interesse do credor, o cumprimento ainda é possível, e por isso (independentemente do

[1460] *Ibidem*, pp. 159 e ss., em especial pp. 164 a 166.

[1461] Comenta-se o texto legal, convém não o esquecer.

ressarcimento dos que já se tenham produzido), é dada ao devedor uma nova oportunidade de execução correcta da prestação, através da eliminação dos defeitos da inicial. Desse modo, pela satisfação plena do interesse creditório, se impede a verificação futura [...] de prejuízos na esfera da contraparte". E o autor prossegue na[1462] demonstração das semelhanças entre indemnização em espécie e execução específica. Em exclusivo diálogo com Pinto Monteiro, procura demolir moinhos de vento, reafirmando que as "indemnizações pecuniárias predeterminadas" são cláusulas limitativas da responsabilidade, que, talvez[1463] por já se encontrarem previstas, devem ser objecto de "correcção teleologicamente fundamentada", "fazendo-o significar os deveres que recaem sobre o predisponente, em resultado do cumprimento imperfeito, sejam de reparação, sejam de indemnização".

A longuíssima citação resultou da dificuldade de compreender a necessidade do autor de contrariar ideias cuja procedência me escapa e de construir uma interpretação que negue a – para mim – evidente redundância parcial desta disposição com as que já se encontram no diploma, em matéria de cumprimento imperfeito[1464].

Outra hipótese interpretativa que corresponderia a um conteúdo normativo autónomo parcial e carecido de regulação seria o de entender que estão aqui previstas cláusulas – frequentes, designadamente em contratos com agências de viagens turísticas – que impõem ao aderente a perda do montante entregue aquando da conclusão do contrato, nos casos em que este seja forçado a desistir dos efeitos (activos) jurídicos e económicos daquele por motivos imprevisíveis e razoavelmente justificativos. A entender-se deste modo a norma, ela tem correspondência com realidades de mercado justificativas de previsão proibitiva, só podendo lamentar-se a deficiente formulação em que se encontra vertida, que está longe de tornar claro o seu sentido normativo. Sucede, todavia, que, actualmente, os contratos de viagem organizada estão regulados em diploma próprio: o Dec.-Lei n.º 17/2018, de 8 de Março.

[1462] Inútil, a meu ver, já que a norma tem que ver com direitos do aderente – nos quais se incluem, como se viu, os indemnizatórios – e indemnizações pecuniárias.

[1463] Não me é claro.

[1464] Não fiquei mais esclarecida, ainda menos convencida, mas desejo que o pensamento deste autor não seja desconsiderado.

Não pode deixar de se lamentar que o Anteprojecto de Código do Consumidor reproduza o preceito, tanto no seu conteúdo quanto na sua sede (art. 222.º-*d*)).

e) Atestem conhecimentos das partes relativos ao contrato, quer em aspectos jurídicos, quer em questões materiais;

Esta é uma disposição que não revela imediatamente o seu amplo e relevante conteúdo preceptivo.

Apesar da formulação genérica[1465], é inequívoco que apenas se proíbem as cláusulas que atestem conhecimentos por parte do aderente.

Já se referiu, a propósito da al. *d)* do art. 19.º, que nas "declarações ficcionadas com base em factos para tal insuficientes" podem compreender-se as previstas nesta disposição. É certo que naquele art. 19.º se referem literalmente "manifestações de vontade" enquanto aqui parecem estar em causa declarações de ciência. Porém, se se entender por "manifestações de vontade" declarações negociais, e se se considerar que as declarações que "atestem conhecimentos das partes relativos ao contrato" têm efeitos jurídicos directamente incidentes sobre os direitos e obrigações dos contraentes, não parece despropositado defender a sobreposição parcial das proibições.

Não é, contudo, esta crítica que deva sobrevalorizar-se. Pode lamentar-se que não se tenham reunido ambas as disposições numa única, aplicável a todos os contratos de adesão regulados pelo diploma (isto é, também àqueles em que intervêm os sujeitos referidos no art. 17.º), mas esta última é uma opção de política legislativa, que, se bem que contestável, é respeitável.

Face a esta norma[1466], em primeiro lugar, a declaração de conhecimentos do aderente relativos a aspectos materiais ou jurídicos do contrato pode constituir uma forma fraudulenta de assegurar que foram cumpridas as obrigações de comunicação e de informação previstas nos arts. 5.º e 6.º. Fazer com que o aderente declare que conhece aspectos jurídicos e materiais do contrato, na ausência desses conhecimentos, é uma forma habilidosa, mas patentemente

[1465] Ainda mais censurável nesta previsão do que em outras.

[1466] Talvez o fosse sem ela, mas é inquestionavelmente preferível que a lei o diga claramente.

falsa, de obter dele a declaração de que tomou conhecimento efectivo e de que foi cabalmente informado de todos os elementos relevantes para a decisão de contratar.

Por outro lado, podem tais declarações consubstanciar renúncia a direitos contratuais, como a excepção do não cumprimento, a resolução do contrato ou a indemnização de prejuízos decorrentes de qualquer forma de incumprimento culposo pelo predisponente.

Se o aderente atestar a correspondência dos seus direitos (e, portanto, das obrigações da contraparte) com o que lhe foi anunciado ou prometido antes da conclusão do contrato, está – ou pode estar – em causa a violação da al. *l)* do art. 18.º: o aderente declara que sabe quem é o terceiro a quem a posição contratual pode ser cedida, a obrigação do predisponente transmitida ou o subcontrato celebrado; das als. *h)* e *i)* do art. 19.º: atesta o aderente que há compensação sua conhecida e suficiente para as modificações das prestações do predisponente ou que há justificação bastante para a limitação da faculdade de interpelar; das als. *a)* e *c)* deste artigo: o aderente declara que as obrigações do predisponente são conformes ao que lhe foi anunciado ou prometido no período antecedente à celebração do contrato; da al. *b)* desta mesma disposição e, do mesmo passo, das als. *a)* a *d)* e *f)* do art. 18.º: o aderente atesta a qualidade dos bens ou serviços, que desconhece, ficando preterida a possibilidade de invocação da *exceptio non rite adimpleti contractus*, o direito à indemnização por incumprimento ou a resolução com esse fundamento. Se o aderente declarar que as obrigações contratuais da contraparte correspondem às necessárias e suficientes para alcançar o fim contratual pretendido, pode – se não for feito um escrutínio rigoroso do conteúdo obrigacional, em ordem à prossecução da finalidade a que o contrato se dirige – estar a avalizar cláusula(s) de limitação das obrigações do predisponente que, face ao art. 16.º-*b*), deve(m) ser considerada(s) nula(s).

Já se deixou referência, na anotação ao art. 1.º, às hipóteses, não raras em contratos financeiros, em que o cliente declara ter o *know-how* para compreender cabalmente os riscos contratuais ou ter qualificações técnicas que o habilitam a tal, mais declarando serem verdadeiras as declarações que fez. O facto de a declaração de conhecimentos se desdobrar em duas declarações, a segunda corroboradora da primeira, em nada altera a sua submissão a este regime, pois ambas as declarações foram predispostas para adesão, sem que a tal possa recusar-se o consumidor (ou equiparado), razão da proibição dele constante.

Almeida Costa e Menezes Cordeiro[1467] dizem apenas que "a obtenção efectiva do bem ou serviço que o consumidor prossiga, mediante o negócio, pode, ainda, ser entravada pela ficção de conhecimentos das partes, tanto em aspectos jurídicos relativos ao contrato, como em questões materiais com ele conexas".

Menezes Cordeiro[1468] afirma que esta norma foi "particularmente visada [*sic*] por cláusulas contratuais gerais relativas a eurocheques ou à emissão de cartões bancários".

Por seu lado, Menezes Leitão[1469] limita o alcance da disposição à prevenção da "derrogação das garantias contra defeitos ocultos".

Curiosamente, a jurisprudência do STJ parece ignorar esta norma. Assim, por exemplo na situação analisada no já referido acórdão de 25 de Outubro de 2018 (Oliveira Abreu), havia uma "declaração impressa" assinada pelo tomador do seguro e segurado "donde constava que lhe «foram prestados todos os esclarecimentos de que necessitava para a compreensão do contrato, nomeadamente sobre as garantias e exclusões, sobre cujo âmbito e conteúdo ficara esclarecido», o aresto, decidindo, bem, que "tal «declaração impressa» foi assinada pelo aderente sem atentar minimamente no teor do documento que lhe foi então entregue", ocupa-se da diligência do aderente, mas nunca menciona este preceito.

f) Alterem as regras respeitantes à distribuição do risco;

Esta disposição, que vem da versão originária, não tendo sofrido qualquer alteração, não foi inspirada na *AGB-G* nem faz parte do rol de cláusulas abusivas do anexo da directiva. Tem, no entanto, antecessora na referida lei francesa de 1978, embora Patrícia Guia Pereira[1470] diga que "semelhante proibição das regras respeitantes à distribuição do risco não existe nos diplomas que regulam a matéria das cláusulas contratuais gerais nas ordens jurídicas que nos são mais próximas", indicando a autora[1471] os diplomas que consultou, de que não faz parte a lei francesa, por já não estar em vigor ao tempo da elaboração do estudo,

[1467] Cit., p. 51.

[1468] *Tratado...*, cit., p. 448, nota 996.

[1469] Cit., pp. 43-44.

[1470] "Cláusulas Contratuais Abusivas e Distribuição do Risco", *in Sub judice* n.º 39, cit., p. 94.

[1471] *Ibidem*, nota 20.

suponho. Também no direito italiano se discutia se estas estipulações deveriam fazer parte das cláusulas onerosas ou *vessatorie*, por interpretação extensiva do art. 1341.º do respectivo Código Civil, na sua versão originária, como informa Gino Gorla[1472].

A norma proíbe a alteração convencional das regras que constam dos arts. 790.º a 795.º, 796.º, 797.º, 807.º e 815.º do Código Civil, e é de grande utilidade, já que é entendimento pacífico o de que o regime do risco contratual é de natureza supletiva.

Patrícia G. Pereira[1473] admite que uma proibição parcialmente coincidente com a desta alínea se possa encontrar na al. *b)* do art. 1.º do anexo à directiva, que "sugere a proibição de cláusulas que tenham como efeito excluir ou limitar de forma inadequada os direitos do consumidor em caso de inexecução total ou parcial ou de execução defeituosa de qualquer das obrigações contratuais". Diz Patrícia G. Pereira que, "se se entender que esta inexecução respeita ao não cumprimento em geral, incluindo a impossibilidade superveniente não culposa (não se vendo, à partida, motivos para restringir esta inexecução aos casos de incumprimento culposo), e na medida em que o n.º 1 do artigo 795.º atribui à contraparte, nos contratos sinalagmáticos, um direito de exoneração da contraprestação ou, se esta já tiver sido realizada, o direito à sua restituição, pode considerar-se que a Directiva inclui, na sua previsão de cláusulas abusivas, aquelas que alterem a distribuição do risco da contraprestação, mediante uma referência geral aos direitos decorrentes de uma situação de inexecução".

Procedendo a uma análise positiva do âmbito de aplicação da norma, escreve[1474] que "o problema do risco para os efeitos da proibição [...] consiste, em nossa opinião, na determinação do efeito liberatório da perturbação fortuita da prestação na própria prestação perturbada, e sobretudo na prestação da contraparte. A questão do risco será, assim, essencialmente, a do risco da contraprestação. É esta acepção que nos parece, não obstante a flutuação terminológica do Código Civil no que respeita à enunciação do problema do risco, revelar uma certa coesão que serve os propósitos e se adequa à finalidade perseguida pela referida alínea *f)*". Reconhece[1475], se bem que imputando este entendimento apenas aos contratos bilaterais, que "alguma doutrina considera que se resolve

[1472] Cit., p. 117.
[1473] *Ibidem*, p. 95.
[1474] *Ibidem*, pp. 100-101.
[1475] P. 101.

num problema de risco a própria liberação do devedor em consequência da impossibilitação da prestação", pois, "quando a prestação se torna[r][...] impossível por causa não imputável a qualquer dos contraentes, extingu[e] [...]-se, sendo o risco dessa extinção [...] suportado pelo credor. [...] O art. 795.° é, visto deste prisma, uma decorrência do próprio art. 790.°, atribuindo, por sua vez, o risco da contraprestação. O risco da prestação seria, então, a suportação da eficácia liberatória do devedor de uma prestação, tenha ela correspectivo ou não". Continua dizendo que, "neste sentido, o problema do risco não se resume aos contratos bilaterais", mas que "é na manutenção da contraprestação que a questão do risco se coloca com maior pertinência na generalidade dos casos e será, porventura, a regulação convencional da sua exigibilidade que constituirá uma maior «tentação» do predisponente". Prossegue[1476] com a análise do regime do art. 796.°, dele dizendo que o seu "propósito essencial é [...] a regulação do risco da prestação", pois o problema a ele "subjacente [...] é fundamentalmente o de saber se o devedor deve considerar-se liberado da sua obrigação perante o perecimento ou deterioração da coisa a prestar, determinando, por sua vez, se o adquirente permanece, ou não adstrito à contraprestação, *maxime*, ao pagamento do preço". Acrescenta que "o perecimento ou deterioração da coisa podem não constituir, em rigor, um caso de impossibilidade da prestação. Todavia, como veremos a propósito do art. 815.°, a lei refere-se ao risco da impossibilidade da prestação querendo também abranger os casos em que o problema se prende com o perecimento ou deterioração da coisa, ainda que não exista impossibilidade nos termos em que ela é habitualmente referida". E conclui que "o escopo dos dois preceitos é idêntico: disciplinar a eficácia liberatória da perturbação não imputável da prestação, seja quando esta consubstancia uma verdadeira impossibilidade da prestação, seja quando decorre do perecimento ou deterioração da coisa a prestar". Reconhecendo que existe "diferença entre as soluções do art. 795.° e do art. 796.°", afirma que "ambos os preceitos são chamados a resolver o mesmo problema: a exoneração do devedor face ao evento fortuito e a consequente manutenção (ou não) da exigibilidade da contraprestação"[1477].

A verdade é que o problema do risco da contraprestação não esgota a questão da distribuição do risco nas obrigações, *maxime* contratuais, pois, como, por

[1476] Pp. 101 a 103.
[1477] V. também pp. 106 a 108.

exemplo, Maria de Lurdes Pereira[1478] mostra, o regime do risco coloca-se em relações obrigacionais não sinalagmáticas. Aliás, não se trata de uma demonstração que não tivesse sido já realizada, designadamente por Baptista Machado[1479], que defendera que "o «risco de prestação» onera o devedor, o «risco de utilização» onera o credor", recorrendo aos arts. 1045.º e 1040.º do Código Civil para apoiar o seu entendimento. E este autor escreve: "se a doutrina do artigo 1045.º confirma a tese de que a perda do valor-útil da prestação durante a impossibilidade temporária é risco do devedor, o artigo 1040.º comprova que a mesma perda é risco do credor quando a não transferência efectiva do gozo da coisa ou o não aproveitamento dessa capacidade de uso é devido a motivos relativos à pessoa do credor ou dos seus familiares". Maria de Lurdes Pereira[1480] discorda de Baptista Machado, não sendo este o lugar próprio para proceder a uma análise desta problemática, relativamente à qual apenas quis salientar a existência, em ordem a refutar a posição simplista que ficara referida.

A necessidade da inclusão destas cláusulas no regime de tutela do aderente foi afirmada, como se referiu, perante o regime originário do Código Civil, por autores italianos – como afloramento da censura do regime de enumeração taxativa das cláusulas abusivas da versão originária do *Codice Civile* –, dada a frequência da sua inclusão em contratos de adesão[1481]. Informa Ernesto Cesarò[1482] que, na jurisprudência italiana, no domínio da redacção originária do respectivo Código Civil, era considerada abusiva a cláusula que precludisse a exoneração do devedor, por extinção da obrigação, quando o cumprimento se impossibilitasse por caso fortuito.

O reconhecimento da natureza abusiva das cláusulas que regulem o risco constitui um corolário da verificação da sua frequência, mas é também – conscientemente ou não – uma importante alteração no paradigma do direito da responsabilidade civil (obrigacional, neste particular), assente na culpa como seu pressuposto necessário. No domínio contratual, a atribuição pela empresa dos riscos à contraparte mais não é do que uma forma de alienar[1483] custos que lhe caberiam no regime geral.

[1478] *Conceito de prestação e destino da contraprestação*, em especial pp. 99 e ss..

[1479] "Risco contratual e mora do credor", *in Obra Dispersa*, pp. 288 a 299.

[1480] Cit., pp. 102 a 109.

[1481] Assim, por todos, Bianca, *Il contratto*, cit., p. 368.

[1482] Cit., pp. 89-90.

[1483] Externalizar, se se preferir o anglicismo.

No que respeita à delimitação do risco cujo regime legal a norma proíbe que seja afastado, Patrícia G. Pereira[1484] afirma que os riscos visados são "somente aqueles cuja distribuição esteja legalmente prevista", afastando – e bem – aqueles a que se refere o artigo 437.° do Código Civil, embora alertando para que "cláusulas que afastem ou limitem os direitos decorrentes da verificação de uma situação de alteração das circunstâncias" podem ser proibidas por este diploma, se colidirem com a boa fé. Prosseguindo[1485], escreve que "o risco relevante para os efeitos da alínea *f)* do artigo 21.° da LCCG parece-nos ser o risco pertencente à esfera do dever de prestar e não o risco no âmbito do dever de indemnizar".

Sublinhe-se que a maioria das vezes a alteração do regime do risco é conseguida contratualmente pela imposição ao aderente da celebração de contrato de seguro, pelo que, suportando aquele os custos desse contrato, indirectamente assume o risco do não cumprimento pontual que não lhe caberia por força do regime geral. Daí que, em meu entender, devam considerar-se incluídas nesta proibição as cláusulas que obriguem – ou façam depender a celebração do contrato ou o cumprimento de todo ou parte dele pelo predisponente – o aderente a realizar um seguro com terceiro, pelo qual ele assuma o encargo económico dos riscos de não cumprimento que não lhe sejam atribuídos no regime geral.

Importa assinalar que, para quem entenda que a responsabilidade pela desconformidade da prestação – de coisa para consumo, vendida, locada ou fornecida – imposta pelo art. 3.°, n.° 1, do Dec.-Lei n.° 67/2003, de 8 de Abril[1486], inclui as situações em que a falta de conformidade não resulta de culpa do devedor, o mesmo é dizer que esta última norma é excepcional relativamente à do art. 796.°, n.° 1, do Código Civil, ocupando-se de um regime de risco, também a esses contratos se aplicará a disposição. Sem discutir aqui o problema da excepcionalidade daquela disposição do DL n.° 67/2003 – que julgo não existir, mas que justificaria uma análise desenvolvida, pois não se trata, tanto quanto me parece, de questão, tal como ela é colocada no texto e por alguns autores, cuja exposição tenha oportunidade neste contexto[1487] –, sempre se dirá que, para o efeito da interpretação da disposição agora em análise, é essencialmente irrelevante

[1484] Cit., pp. 96 a 99.

[1485] Pp. 99-100.

[1486] "O vendedor responde perante o consumidor por qualquer falta de conformidade que exista no momento em que o bem lhe é entregue".

[1487] V. exposição de alguns pontos de vista em Patrícia G. Pereira, *ibidem*, pp. 103 a 106.

a solução a que se chegue, já que o art. 10.º, n.º 1, daquele Dec.-Lei n.º 67/2003 declara imperativas as suas normas que atribuem direitos ao consumidor, e que, embora nesta alínea a proibição surja sem referência à parte que beneficia da alteração proibida, como sobejamente ficou referido, a *ratio* só pode autorizar a interpretação de que ela visa (e visa apenas) vedar a modificação convencional nestes contratos, quando ela favorecer o predisponente. Nas hipóteses (que serão muito raras, convenha-se) em que é o aderente a ser beneficiado com a alteração, não se identifica a *ratio* da proibição no contexto normativo em que se inscreve.

Os direitos irrenunciáveis, em caso de impossibilitação não culposa do cumprimento são, desde logo, a exoneração do devedor em razão da extinção da obrigação, o do afastamento de qualquer responsabilidade pelo atraso não culposo no cumprimento, a possibilidade de exoneração do devedor pela prestação do que for possível, o direito do credor de resolução do contrato quando a prestação possível já não tenha justificadamente interesse para si, o *commodum* de representação, a exoneração do outro devedor quando a obrigação impossibilitada for sinalagmática da sua, e o direito deste a obter a restituição do que houver prestado nos termos do enriquecimento sem causa.

Por outro lado, se houver mora do credor, o risco corre por conta deste, nos termos do art. 815.º do Código Civil, sendo, pois, também direito irrenunciável o da liberação do devedor, cujo cumprimento se tenha impossibilitado sem culpa sua, bem como o direito à contraprestação, se houver sido realizada[1488].

Apesar de estar convencida de que o problema de que trata o art. 807.º do Código Civil não é, em rigor, de risco, mas de responsabilidade pelo risco[1489], também o direito do credor à indemnização nas hipóteses ali previstas deve considerar-se incluído naqueles que, por força desta norma, são irrenunciáveis, parte em que ela é inútil, porque a proibição, aliás geral, já decorre do art. 809.º do Código Civil. Sendo repetitiva, neste aspecto, é tanto mais incompreensível a repetição quanto o seu âmbito de aplicação é aqui triplamente limitado relativamente àquele regime geral:

[1488] Numa análise que não posso subscrever na íntegra, por afirmar, com a maioria da doutrina, que se trata de preceito "semelhante" ao do art. 807.º, v., sobre este regime, Patrícia G. Pereira, *ibidem*, pp. 110 e 111.

[1489] O que aqui não analisarei, mas sobre o qual, sustentando com a generalidade da doutrina, que está em causa um problema de risco, pode ver-se Patrícia G. Pereira, *ibidem*, pp. 108 a 110.

a) limitado a contratos em que um dos contraentes seja um consumidor ou um sujeito que não conste do art. 17.º;
b) limitado a contratos celebrados sem prévia negociação, isto é, de adesão;
c) limitado às cláusulas que tenham como conteúdo a preclusão de direitos de uma das partes, o consumidor ou equiparado.

Nos contratos de alienação – nacionais, ou internacionais a que seja aplicável a lei portuguesa – que envolvam transporte do bem alienado, desta disposição pode resultar, embora a hipótese haja de ser rara, a interdição de parte dos *Incoterms*, designadamente das cláusulas *FAS, FAR, FOR* e *CIF*, dado que o art. 797.º do Código Civil[1490] determina que a transferência do risco ocorre com a entrega ao transportador e não em momento anterior ou ulterior. Reafirma-se que a hipótese de preclusão da utilização destes *Incoterms* será rara, pois é muito pouco provável que seja o aderente a, nos termos deles, suportar o risco do bem a transportar, isto é, a ser o seu fornecedor. Porém, se se tratar de cláusula *CIF*, a modificação do regime do risco por ela introduzida será válida, como sempre sucede quando se está perante uma proibição legal protectora de uma das partes no contrato; essas proibições atingem as cláusulas que prejudiquem o contraente tutelado, mas não as que lhe trazem vantagem.

Na opinião, incompreensível na sua singeleza e linearidade, de Menezes Cordeiro[1491], o preceito visa "garantir esse mesmo objectivo ["que os bens ou serviços pretendidos pelo consumidor final sejam, de facto, os que ele vai alcançar"], cortando agora a possibilidade de recurso a vias oblíquas para defraudar a lei". O mesmo autor[1492] afirma que esta norma foi "particularmente visada[s] [*sic*] por cláusulas contratuais gerais relativas a eurocheques ou à emissão de cartões bancários". Almeida Costa e Menezes Cordeiro[1493] explicam também a norma dizendo: "[...] alterações ao regime geral [...] da distribuição do risco são susceptíveis de introduzir, no percurso do contrato, dificuldades acentuadas para a obtenção dos bens ou serviços nele compreendidos".

Em observação cuja conclusão é evidentemente correcta, Patrícia G. Pereira[1494] diz que "pode acontecer que, por razões de concorrência, haja pre-

[1490] Cuja análise justifica detenção, mas não nesta sede.
[1491] *Tratado...*, cit., p. 448.
[1492] *Ibidem*, nota 996.
[1493] Cit., p. 51.
[1494] *Ibidem*, pp. 11 e 112.

disponentes dispostos a regular contratualmente o problema do risco de uma forma mais favorável ao aderente do que aquela que resultaria da aplicação do regime legalmente previsto" e que, em tais hipóteses (a existirem, naturalmente), a cláusula relativa ao risco deve ser considerada válida, dada a *ratio* da proibição em análise, isto é, para usar as suas palavras: "a alínea f) do artigo 21.º consagra um imperativo mínimo, admitindo modificações quando em sentido mais favorável à parte que visa proteger".

Um domínio em que os tribunais têm sido chamados a apreciar cláusulas definidoras do regime do risco contratual é da utilização abusiva ou fraudulenta de cartões de crédito. Noronha Nascimento[1495] informa que têm sido consideradas nulas pelo STJ (se bem compreendo o texto, em acções inibitórias) as cláusulas que "fazem correr por conta do aderente o risco de utilização do cartão [multibanco] nas 48 horas seguintes à comunicação do seu extravio, já que infringem o art.º 21 *f)*"[1496][1497].

O acórdão do STJ de 23 de Novembro de 1999 (pr n.º 99A796, Garcia Marques[1498]) entendeu ser válida, à luz desta alínea, num contrato "de utilização" de cartão de débito, "uma cláusula que prevê que, «provando o titular o extravio, furto, roubo, ou falsificação do cartão, correm por sua conta os prejuízos sofridos em virtude da utilização abusiva do cartão, no período anterior à comunicação» desses factos ao banco emissor «até ao montante correspondente ao contravalor em escudos de 150 ECU por ocorrência (...)», com fundamento em que, para além de ter em conta as recomendações emanadas da Comissão Europeia, não vinculativas, opera uma distribuição equitativa de responsabilidades, e é conforme aos ditames da boa fé [...]". Em rigor, a razão por que o aresto decidiu não violar esta norma a cláusula em análise é a de que entendeu que "a questão da validade de uma cláusula respeitante à repartição de risco entre o titular do cartão e o banco emissor, pela utilização fraudulenta do cartão de débito por um terceiro, não pode ser respondida com fundamento no brocardo «res suo

[1495] Cit., p. 116.

[1496] Idêntica informação se encontra em Menezes Leitão, cit., p. 44, nota 57, que cita um acórdão de 11 de Outubro de 2001, em que foi relator Silva Paixão.

[1497] Joana Vasconcelos, "Sobre a repartição entre titular e emitente do risco de utilização abusiva do cartão de crédito no direito português", *in Estudos em Homenagem ao Professor Doutor Inocêncio Galvão Telles*, Vol. II, *Direito Bancário*, pp. 511 e ss, analisa criticamente esta orientação jurisprudencial.

[1498] *In www.dgsi.pt.*

domino perit» ou no disposto no artigo 796°, n° 1, do CC", por um lado porque tal pressupõe a qualificação do depósito bancário como depósito irregular, o que constitui questão muito discutida, e, por outro lado, porque "tal construção ignora em absoluto a realidade jurídica decorrente da conclusão do contrato de utilização".

Não me é claro que, dizendo a cláusula inequivocamente respeito a questão de risco contratual, a sua apreciação, à luz da norma agora em questão, passe pela sua subsunção ao art. 796.°, n.° 1, do Código Civil[1499], por um lado, nem, por outro, por que, se o tivesse, tal comportaria necessariamente "a qualificação do depósito bancário como depósito irregular". Independentemente da configuração jurídica deste contrato bancário, é-me evidente que a questão que a cláusula regula respeita – pelo menos, também – ao risco de indevida utilização do cartão por terceiros, porquanto nela não se distingue entre as situações em que o extravio, furto, roubo, ou falsificação do cartão, resultem de acção ou omissão culposa do respectivo titular, e aquelas em tais factos ocorram sem culpa sua[1500]. A redacção da cláusula, se interpretada nos termos do art. 10.° deste diploma, conduz à conclusão de que o risco da ocorrência daqueles factos e da consequente utilização abusiva do cartão por sujeito diverso do seu titular corre por conta deste entre o momento da verificação do facto e o da comunicação dele ao banco. Poder-se-ia entender que não se está, em rigor, perante um problema de risco, mas de omissão da comunicação do facto ao banco, mas tal entendimento não encontra na cláusula apoio literal, dado que, factualmente, é impossível que não exista um lapso temporal – por diminuto que seja – entre a ocorrência do facto e a sua participação ao banco, não havendo diligência que possa obviar a essa realidade. Partindo desta constatação sumária, de nada adianta dizer que o banco só pode tomar providências quando conhecer o facto que cria o risco de indevida utilização do cartão. Isto é certo; como o é que o titular do cartão só pode comunicar o facto ao banco quando ele tiver ocorrido e dele se aperceber. Não me parece, por isso, que possa subscrever-se a seguinte afirmação contida no acórdão: "É que o problema não consiste em o titular do cartão poder não ter tido qualquer culpa no extravio, furto, roubo ou falsificação do mesmo. Residirá antes na negligência que, em regra, resulta de ter omitido fazer a comunicação

[1499] Aspecto em que tem razão Joana Vasconcelos, *ibidem*, pp. 513 e ss..

[1500] Sendo certo que não está excluída a hipótese de a "falsificação" ser imputável ao banco emitente do cartão, na medida em que aquela seja passível de prevenção por processos técnicos ou outros.

da ocorrência com a prontidão imposta pela cláusula 6.2. das condições gerais de utilização. Comunicação que decorre do dever acessório de colaboração, por sua vez decorrente do princípio da boa fé, nos termos do artigo 762.º, n.º 2".

Sendo, pois, de risco que a cláusula se ocupa, toda a questão está em saber se existem regras jurídicas sobre risco neste tipo de contratos. Aí, sim, parece ter o acórdão razão – embora não o afirme de tal modo, antes confunda, como se viu, risco e responsabilidade[1501] – em entender que, não sendo líquida a qualificação do contrato, também não pode afirmar-se que para ele exista inequívoco regime de risco, pelo que a validade/invalidade da cláusula depende da sua apreciação à luz da boa fé. O contrato em causa tem vantagens para ambas as partes: para o banco, a de economizar meios, designadamente humanos; para o cliente, a de poder aceder aos montantes disponíveis na sua conta em qualquer momento e em qualquer lugar. Discordo, pois, de Joana Vasconcelos[1502] que considera que o risco "corre por conta de quem detém e utiliza a coisa, seja ele ou não o seu proprietário [...]", citando em seu abono Manuel Gomes da Silva, numa afirmação que não corrobora inequivocamente o seu entendimento, pois atribui o risco de coisa alheia a quem "em seu proveito" a tiver.

Tendo em conta a repartição de vantagens entre as duas partes proporcionadas por este contrato, parece certa a conclusão de que uma repartição de riscos associados ao contrato seja conforme com a boa fé, conclusão reforçada pelo facto de a cláusula não atribuir todo o risco de abusiva utilização ao seu titular, mas o fazer apenas até um montante que não se afigura exagerado. No sentido da razoabilidade do quantitativo, poder-se-á argumentar, como o faz o acórdão, com o teor do n.º 8.3. da Recomendação 88/590/CEE, que cita e que, justamente, fixa nesse montante o máximo dos prejuízos a suportar pelo titular do cartão, em caso de verificação de algum daqueles factos, entre o momento dessa verificação e o da notificação dele ao banco, embora este argumento não seja decisivo, já que a disposição respeita, pelo menos também, aos casos em que o facto resultou de culpa leve do titular, uma vez que excepciona daquele limite as situações em que "o titular agiu com extrema negligência ou fraudulentamente".

Em sentido paralelo se pronunciou o STJ no já mencionado acórdão de 14 de Fevereiro de 2002 (Ferreira de Almeida), decidindo ser válida uma cláusula que impute ao titular do cartão o risco, durante o período decorrido entre o

[1501] No mesmo sentido, se bem a compreendo, Joana Vasconcelos, *ibidem*, p. 516.
[1502] *Ibidem*, p. 515 e nota 72.

seu extravio, furto, roubo ou falsificação, e a comunicação à entidade emitente, até certo montante, pelos prejuízos sofridos em consequência da sua utilização abusiva.

Em recurso de acção inibitória proposta pela DECO, considerou o STJ, no acórdão já referido, de 15 de Maio de 2008 (Mota Miranda), ser nula cláusula do seguinte teor: "*Com excepção dos casos em que as ocorrências sejam devidas a culpa ou negligência do Banco e dos débitos por uso abusivo ou fraudulento do cartão que sejam posteriores à comunicação ao Banco que é prevista nos números seguintes ou, se anteriores, que ultrapassem o limite de responsabilidade fixado em 22, o titular do cartão Classic assume-se como devedor perante o Banco de todas as importâncias levantadas ou transferidas em ATM ou levantadas em Bancos, bem como das importâncias resultantes da aquisição de bens ou serviços obtidos em estabelecimentos aderentes às redes Visa Internacional e Multibanco. Em caso de diferendo relativamente a operação electrónica não autorizada pelo Titular, o ónus da prova é do Banco, sendo bastante que demonstre que a operação está evidenciada nos registos informáticos e mecanográficos do sistema operativo do uso do cartão Classic e que não foi afectada por falha técnica ou outra deficiência*". A referida cláusula 22 tinha a seguinte redacção: "*A responsabilidade global do Titular do cartão Classic perante o Crédito Predial Português, decorrente das utilizações do cartão devidas a furto, roubo, perda ou falsificação, verificadas antes da comunicação a que se alude na cláusula anterior, não pode ultrapassar o valor, à data da primeira operação considerada irregular, do saldo disponível face ao limite de crédito da conta cartão que seja do conhecimento do titular*". O STJ entendeu: "Com tal cláusula [...] estabelece-se na 1ª. parte uma confissão de dívida do titular do cartão"; "[...] essa responsabilidade também recai sobre o titular do cartão nos casos de uso indevido antes da comunicação ao banco e desde que não sejam devidos a culpa ou negligência do banco. Só que aqui a responsabilidade do titular do cartão encontra-se limitada – não pode ultrapassar o limite estabelecido na cláusula 22, o que faz recair sobre o banco a responsabilidade pelo excedente. Estabelece-se, assim, aqui uma repartição de responsabilidade [[1503]] em casos em que não existe culpa, nem do titular do cartão nem do banco. [...] esta repartição de responsabilidade entre banco e titular do cartão justifica-se porquanto sendo certo que o banco só estará em condições de impedir o uso indevido do cartão após a comunicação do seu titular, se bem que a ele caiba providenciar pela segurança do sistema, também não é menos certo

[1503] O termo "responsabilidade" é sempre utilizado com evidente impropriedade, embora não afecte a compreensão dos fundamentos da decisão.

que o titular do cartão pode não ter conhecimento prévio da utilização abusiva e pode nem ter tido qualquer responsabilidade nessa utilização, certo ainda que o conhecimento dessa utilização só lhe pode advir após os actos ilícitos de terceiro sem qualquer violação dos deveres de diligência". A primeira conclusão do acórdão é a de não haver razão para declarar "proibida e nula essa cláusula 17, 1.ª parte, por violação do disposto no artigo 21.º, alínea f) do dec.-lei 446/85". Quanto à cláusula 22, decidiu que o "Banco BA fixa, ao titular do cartão, um máximo de responsabilidade nos casos de furto, roubo, perda ou falsificação do cartão e antes da sua comunicação ao banco. Aqui não se estabelece ou se impõe a responsabilidade do titular do cartão antes da sua comunicação ao banco nos casos de furto, roubo, perda ou falsificação, nem se fixa o montante de responsabilidade do titular do cartão – determina-se apenas que essa responsabilidade, a existir, não pode exceder determinada quantia; limita-se a responsabilidade do titular perante o banco. E este limite de responsabilidade, donde resulta caber ao banco suportar a restante responsabilidade, mostra-se equilibrado e razoável. Com efeito, não havendo culpa do titular do cartão nem do banco, nos casos de furto, roubo, perda ou falsificação e antes de comunicação ao banco e tendo de ser repartida entre o banco e o titular do cartão essa responsabilidade pelo uso indevido do cartão, o limite estabelecido não se mostra desrazoável, desequilibrado, ofensivo das regras da boa fé. Assim [...], não ocorre violação do disposto no artigo 21.º, alíneas f) e g) do decreto-lei 446/85 (tais normas prevêem a modificação das regras de distribuição do risco e dos critérios de repartição do ónus de prova ou restrição dos meios de prova legais e aqui, nesta cláusula, não se trata de qualquer modificação desse tipo ou natureza; nesta cláusula 22, limita-se a responsabilidade do titular do cartão, fixando-lhe uma responsabilidade máxima, naqueles casos em que não ocorre culpa, nem do banco nem do titular). Conclui-se, portanto, não ser proibida a cláusula 22".

O mesmo acórdão apreciou ainda uma cláusula que dispunha: "*O titular continuará, no entanto, a ser responsável pelas dívidas e encargos emergentes da eventual utilização do cartão após a extinção do contrato, e até à efectiva devolução do cartão, nos mesmos termos em que o era anteriormente*", sobre ela dizendo: "Esta cláusula mantém a responsabilidade do titular do cartão, findo o contrato, até à efectiva devolução do cartão. Há aqui um prolongamento da responsabilidade para além da vigência do contrato – o titular é responsável nos mesmos termos em que o era enquanto vigorou o contrato. [...] tal cláusula não mereceria certamente qualquer controvérsia sobre a sua validade se a responsabilidade do titular do cartão se reconduzisse apenas aos casos em que o titular, apesar da extinção do contrato, mantém a utilização do cartão. Todavia, o cartão pode ser abusivamente utilizado, sem qualquer culpa do titular, não sendo aceitável que o risco por essa utilização recaia sobre o titular do cartão, certo que o Banco tem possibilidades de proceder, de imediato, ao cancelamento do cartão. Tem, assim, de se afirmar a nulidade da cláusula [...], confirmando o decidido pela Relação". Também em recurso de acção inibitória o mencionado acórdão do STJ de 15 de Outubro de 2009 (Alberto Sobrinho) afirmou que "com esta determinação legal pretende-se, no caso de ocorrer alguma anormalidade no desenrolar do contrato, nomeadamente a verificação de danos, que as consequências nefastas daí decorrentes sejam distribuídas equitativamente por ambas as partes" e, em análise das seguintes cláusulas – "*Quanto aos movimentos efectuados antes da data desta comunicação, salvo actuação com dolo ou negligência grosseira do Titular, o Banco garante: – No caso dos cartões de crédito, o reembolso, à data da primeira operação considerada irregular, do valor que exceda o saldo disponível face ao limite de crédito que seja do conhecimento do Titular; – No caso dos cartões de débito, o reembolso do valor que exceda o saldo disponível, na conta associada ao cartão, também à data da primeira operação considerada irregular que seja igualmente do conhecimento do Titular. Paralelamente, e por apólice de seguro contratada pelo banco, e salvo actuação com dolo ou negligencia grosseira do Titular, o Banco garante: – No caso dos cartões de crédito, o reembolso dos pagamentos que, por utilização fraudulenta ou não autorizada do cartão, sejam efectuados por terceiros nas 48 horas imediatamente anteriores à comunicação ao Banco, aplicando-se uma franquia de € 500,00; – No caso dos cartões de débito, o reembolso dos pagamentos que, por utilização fraudulenta ou não autorizada do Cartão, aplicando-se uma franquia de € 249,00. Antes do período das 48 horas imediatamente anteriores à comunicação ao Banco, garante o reembolso das transacções que excedam € 2.493,00* –, que "este clausulado não fere o equilíbrio contratual, estabelecendo uma distribuição do risco que se não configura desproporcionada, antes se apresentando como equitativa e, por outro lado, respeita as orientações emanadas do Banco de Portugal através do Aviso nº 11/2001. Assim como está em consonância com as orientações comunitárias neste campo que preconizam a repartição do risco de utilizações abusivas entre o emitente do cartão e o seu titular. E a distribuição do risco clausulada não conflitua com os princípios que emanam do n.º 1 do art. 796.º C.Civil, ao determinar que o risco corre por conta do dono da coisa, ou transposto este princípio para o depósito bancário, depositado o dinheiro a sua propriedade transfere-se para o depositário e o risco pelo seu desaparecimento corre por conta do banco. Isto por que, ao lado do contrato de depósito, há um contrato de emissão e utilização do cartão, verdadeiro contrato autónomo. Se o banco é dono do dinheiro depositado, também é verdade que o titular do cartão passa a poder dispor do dinheiro a todo o momento, como se estivesse directamente na sua disponibilidade, sem intervenção do banco. O risco não tem, pois, que ser suportado apenas pelo banco, assim como não tem de ser unicamente pelo titular do cartão. Se alguém tira proveito de uma coisa, sob tutela jurídica, justifica-se, por equitativo, que suporte os prejuízos que a sua utilização acarreta. Se é certo que só o banco está em condições de impedir o uso indevido do cartão após comunicação do seu titular, também é verdade que este até pode não ter tomado prévio conhecimento da sua utilização abusiva e nem ter qualquer responsabilidade nessa indevida utilização. As vantagens do contrato, que são mútuas, e o princípio da boa fé, que deve nortear a actuação dos contraentes, justifica a distribuição do risco nos termos em que se encontra exarado nesta cláusula".

A DECO defendera serem nulas as cláusulas pelas quais se estabelecia que, "com excepção dos casos em que as ocorrências sejam devidas a culpa ou negligência do Banco e dos débitos por uso abusivo ou fraudulento do cartão que sejam posteriores à comunicação ao Banco que é prevista nos números seguintes ou, se anteriores, que ultrapassem o limite de responsabilidade fixado em 22, o titular do cartão [...] assume-se como devedor perante o Banco de todas as importâncias levantadas ou transferidas em ATM ou levantadas em Bancos, bem como das importâncias resultantes da aquisição de bens ou serviços obtidos em estabelecimentos aderentes às redes Eurocard/Mastercard, Multibanco e Redunicre", dizendo que "nem tais cláusulas procedem a uma justa repartição do risco – o consumidor não se apercebe nas actuais fraudes de que o seu PIN foi copiado ou o cartão «clonado», ao contrário do Banco, uma vez que estas fraudes abrangem habitualmente um número significativo de cartões e de vários Bancos alertando o sistema – nem os Bancos estão totalmente isentos de culpa nas situações em causa – na verdade são os Bancos que controlam as condições de segurança dos cartões que disponibilizam aos seus clientes e, apesar de se saber há muito que os cartões com banda magnética não são seguros, só muito recentemente foram disponibilizados os cartões com chip – nem a comunicação ao Banco é o momento adequado para terminar a responsabilidade do consumidor – quando o consumidor se apercebe da fraude (no extracto de conta) e, portanto, pode comunicá-la, já o prejuízo é efectivo. Pelo contrário, o critério aferidor da responsabilidade do consumidor tem que ser a sua actuação negligente ou culposa". Este entendimento foi rejeitado pelo STJ, que entendeu – como ficou dito – que se estabelece uma "responsabilidade" repartida nos casos em que não há culpa de qualquer das partes (isto é, nas hipóteses de risco), o que "se justifica", "porquanto sendo certo que o banco só estará em condições de impedir o uso indevido do cartão após a comunicação do seu titular, se bem que a ele caiba providenciar pela segurança do sistema, também não é menos certo que o titular do cartão pode não ter conhecimento prévio da utilização abusiva e pode nem ter tido qualquer responsabilidade nessa utilização, certo ainda que o conhecimento dessa utilização só lhe pode advir após os actos ilícitos de terceiro sem qualquer violação dos deveres de diligência. Daí não se mostrar justo, segundo critérios de boa fé, fazer recair sobre o utilizador a responsabilidade exclusiva pelo uso indevido [...]". Como se vê, não foi apreciada a cláusula segundo esta norma, afirmando-se a sua conformidade com a boa fé com base em considerações porventura sensatas economicamente, mas que nada têm que ver com a aplicação da disposição agora em análise.

O citado acórdão do STJ de 2 de Março de 2010 (Urbano Dias) apreciou, em recurso de acção inibitória, uma cláusula com a seguinte redacção: "Os danos patrimoniais decorrentes, quer para o Banco, quer para o Titular, da utilização ilícita ou deficiente do cartão, ou efectuada em desconformidade com o disposto nas presentes condições gerais são da responsabilidade do Titular, excepto quando forem imputáveis por disposição legal ou contratual ao Banco ou ao sistema de pagamento em que o cartão opere". Sobre ela se pronunciou pela nulidade, dizendo: "Não resistimos, insistindo na bondade de tal posição, em pôr em destaque a posição perfilhada no Acórdão deste Supremo Tribunal de Justiça, de 19/11/200, relatado pelo Conselheiro Azevedo Ramos, citado no aresto impugnado, que firma a ideia, que temos como certa, de que «o titular do cartão será responsável na medida do cumprimento das suas obrigações relativas à segurança desse cartão e do código de acesso que lhe foi atribuído, sendo que tal responsabilidade se estende até ao momento em que comunicar ao banco o extravio ou furto do cartão». Da mesma forma, a instituição bancária responde pelos prejuízos causados, posteriormente, quando já podia e devia ter accionado todos os mecanismos necessários, de modo a evitar novas utilizações". Idêntica – e com fundamento paralelo – foi a decisão do aresto acerca de cláusula que estabelecia: "O titular é responsável pelo pagamento ao Banco de todas as despesas e encargos, devidamente justificados, que este tenha de suportar para tornar efectiva a impossibilidade do cartão, nos casos de cancelamento, por qualquer causa, extravio, furto ou roubo, bem como para a cobrança judicial ou extrajudicial das quantias devidas, autorizando, desde já, o Banco a proceder ao débito em conta associada ou outra, dos respectivos valores".

Uma outra cláusula foi apreciada por este acórdão face a esta norma. Dizia ela: "Uma vez cessado o contrato de utilização do cartão, o utilizador perderá todos os direitos inerentes à respectiva posse e uso, devendo promover a devolução imediata do cartão ao AA/BB, sendo da responsabilidade do Titular todas as transacções efectuadas com o mesmo, até que a devolução se torne efectiva. O AA/BB reserva-se o direito de reter ou destruir o cartão directamente ou através de terceiros, nomeadamente de uma entidade creditada como aceitante de cartões VISA". O Tribunal entendeu o seguinte: "[...] não podemos deixar de dizer que o risco da utilização do cartão não pode deixar de ser da conta do utente, não obstante a propriedade do mesmo ser do banco emitente. Defender o contrário é, salvo o devido respeito, andar fora do mundo, não compreendendo que é aquele que acaba por o grande beneficiário do cartão emitido. Nesta conformidade, entendemos que o risco deve correr por conta do possuidor e não por conta do proprietário. E se isso é assim, sai reforçada a ideia de que a responsabilidade, pelo que aconteça, após a vigência do contrato, é do utente, que deverá proceder à imediata entrega do cartão ao Banco emissor, logo que isso se verifique. É esta ideia, aqui resumidamente vertida, que a recorrente, doutamente, deixou expressa na sua minuta e com a qual, inteiramente, concordamos: não vemos, pois, como, à luz das mesmas, se possa julgar nula a dita cláusula". E acrescentou: "E, do mesmo modo, consideramos perfeitamente válida a cláusula 7.2 do "BB" («Caso não sejam tidas em consideração as precauções mencionadas no ponto 7.1 o Titular será sempre responsável pelas transacções ocorridas naquelas condições»): também aqui não está em causa uma inversão do ónus probatório, mas, antes, uma assumpção de risco que deve correr por conta do possuidor (precário)/utente. E a ideia repete-se, necessariamente, a respeito das cláusulas 15ª, § 2º das Condições Gerais do AA e 4.3, § 2º do BB («O Titular será igualmente responsável pelos valores lançados na sua conta de Depósito à Ordem, até ao momento que se prove eventual incorrecção do seu lançamento/débito»). E subjacente à ideia de que o risco corre por conta do possuidor (precário)/utente (e não por conta do proprietário), não podemos, do mesmo modo, deixar de considerar como válida a cláusula 9.4 das Condições Gerais do «BB» («As transacções efectuadas com o Número Individual de Segurança – PIN – serão, no entanto, sempre da responsabilidade do Titular, até à notificação acima referida»). E a mesma sai, até, reforçada se nos lembrarmos que as instâncias consideraram – e bem – válida a cláusula 9.3, na parte em que responsabiliza o titular, caso se prove a perda, roubo ou extravio do cartão, por dolo ou negligência grave do mesmo". Relativamente a esta decisão, votou vencido o Conselheiro Garcia

Calejo, justificando-se, creio, a transcrição do respectivo voto: "Votei vencido, por comungar do entendimento das instâncias que julgaram inválido o segmento da cláusula 5.2 do Citybank «pressupondo-se existir a referida negligência, caso tal utilização tenha sido feita com recurso ao PIN do Cartão». Com efeito, se o titular refere que o cartão lhe foi furtado e foi coagido a revelar o PIN, carece de justificação que se presuma a sua culpa, se invoca o referido circunstancialismo e não há razões para duvidar dessas afirmações (repare-se que o sistema tem formas de controlar o invocado furto do cartão e apropriação ilícita do PIN, desde logo as câmaras de vigilâncias instaladas nos diversos ATM). Neste caso, o que é lógico é que se recorra à responsabilização pelo risco, distribuindo-o de forma equitativa e não continuar a situar a responsabilidade no âmbito contratual e a obrigar o titular a afastar a presunção de culpa, mesmo quando o banco tem elementos de confirmação sobre o roubo do cartão e sob a coacção. Tal segmento impõe ao titular um ónus de prova agravado, inaceitável, nos termos do artigo 21.°, al. g), do Dec. Lei n.° 446/85, sendo certo que a cláusula até se apresenta como eivada de má-fé, porquanto parece excluir qualquer responsabilidade do titular, salvo provando-se má-fé ou negligência, quando afinal a responsabilidade será toda sua, se não conseguir provar que não teve culpa na utilização abusiva do PIN. Cremos que o exemplo referido por Menezes Cordeiro, citado no acórdão nada contribui para o esclarecimento da questão que se nos coloca, porquanto quem traz o PIN numa agenda acessível a qualquer pessoa que a leia infringe de forma grave um dever contratual, pelo que a que imputação da culpa do titular nos parece incontroversa. Do mesmo modo, não fazemos do acórdão citado de 15.5.2008 a mesma leitura que se faz no acórdão, sobretudo se confrontarmos o que nele se diz sobre as cláusulas relativas a furto, roubo, perda ou falsificação do cartão. Pensamos encontrar expresso apoio para a posição que defendemos em Maria Raquel Guimarães (*As Transferências electrónicas de fundos e os cartões de débito*, Almedina, Coimbra, designadamente a pp. 121 a 125, mas, também, a pp. 216, 225 e 231) e em Amável Raposo («Alguns Aspectos Jurídicos dos Pagamentos através das Caixas Automáticas: Responsabilidade e Prova», *BMJ* n.° 377, pp. 19 e 20), não se tendo encontrado jurisprudência ou doutrina que sustente inequivocamente a tese que fez vencimento".

É pelo menos muito duvidoso que a cláusula de imposição de prazo exíguo para a comunicação da ocorrência do sinistro à empresa seguradora, para que o segurado obtenha a respectiva indemnização, constitua disposição contratual abrangida por esta proibição – pese embora a aparente semelhança com as situações que ficaram referidas quanto aos cartões de débito e/ou de crédito.

Na verdade, é difícil, embora não impossível, conceber tal cláusula como tendo por objecto a distribuição do risco, antes parecendo que se trata de disposição clausular impositiva de regras injustificadas para o exercício dos direitos do aderente/consumidor, cuja proibição se encontra na al. *o)* do art. 22.º.

Curioso é o citado acórdão do STJ de 19 de Setembro de 2006 (João Camilo) que, em contrato de aluguer de longa duração, apreciava a seguinte cláusula: "Nos casos de destruição ou desaparecimento do veículo, ainda que não imputáveis ao locatário, deverá este pagar ao locador a totalidade dos alugueres vencidos e vincendos até ao final do contrato, bem como o valor residual estabelecido nas condições particulares, com a dedução de indemnizações da Companhia Seguradora, da caução e dos custos financeiros que o locador determinar". O Tribunal entendeu ser a cláusula nula, talvez pela proibição do art. 19.º-*c)*, como era alegado pelo Ministério Público, autor na acção inibitória, suscitando, porém, a dúvida (inclinando-se mais para este entendimento) sobre se o fundamento da nulidade não seria antes este preceito. Lê-se no acórdão: "Pensamos que a mencionada cláusula além de poder ser incluída na proibição da alínea c) do artigo 19.º referido, é de igual modo e de forma mais inequívoca, proibida por violar a regra da alínea f) do artigo 21º do decreto-lei referido. Com efeito, esta alínea prevê a proibição absoluta das cláusulas contratuais gerais que alterem as regras respeitantes à distribuição do risco. Ora a cláusula aqui em causa altera a distribuição do risco da perda da viatura que o artigo 1044.º do Cód. Civil fixa. Segundo este dispositivo, o locatário, em caso de perda da viatura locada, responde pela mesma perda salvo se provar que a perda lhe não é imputável nem a terceiro a quem tenha permitido a utilização daquela. E a referida cláusula responsabiliza o locatário pela perda da coisa – ao onerá-lo com o pagamento das rendas vencidas e vincendas e do valor residual, quantitativos estes que representam o valor do veículo por ser através deles que o locatário pode adquirir o gozo e a propriedade do veículo – sem possibilidade de o mesmo se desonerar com a prova de que a perda se lhe não poder imputar, o que altera a distribuição do risco do citado artigo 1044.º. Daí que quer pelo fundamento encontrado pelas instâncias, mas sobretudo pela violação da alínea f) do artigo 21.º mencionada, a cláusula em causa é proibida e, por isso, nula".

Já o mencionado acórdão daquele mesmo Tribunal de 20 de Janeiro de 2010 (Salazar Casanova) apreciara e considerara nulas, por violação da disposição agora em apreciação, em recurso de acção inibitória, as seguintes cláusulas constantes de modelo contratual de "contrato de aluguer de veículo automóvel sem condutor": *a)* "O locatário é, em qualquer caso, sempre responsável por qualquer prejuízo e/ou dano que o veículo referido sofra e/ou seja responsável, desde que consequência de evento ocorrido durante o período que medeia desde a data de celebração deste contrato até à restituição efectiva do veículo ao Locador, mesmo que havido como de força maior"; *b)* "Caso a caducidade resulte de perda total do veículo, o locatário indemnizará o Locador no maior dos seguintes valores: o valor dos alugueres vincendos e/ou dos alugueres vencidos e não pagos deduzido da caução ou o valor de mercado do bem".

Acrescenta a decisão que são aplicáveis as regras dos arts. 1043.º e 1044.º do Código Civil, pelo que "[...] o locatário é obrigado a manter e restituir a coisa no estado em que a recebeu, ressalvadas as deteriorações inerentes a uma prudente utilização, em conformidade com os fins do contrato", e "o locatário responde pela perda ou deteriorações da coisa, não exceptuadas no artigo anterior, salvo se resultarem de causa que lhe não seja imputável nem a terceiro a quem tenha permitido a utilização dela".

Com independência das conclusões, o fundamento invocado nos arestos é, no mínimo, contestável: aplicar, sem mais, ao aluguer de longa duração[1504] o regime da locação – no caso, em matéria de risco – está longe de ser linear, se for defensável, do que duvido [1505].

Num instrumento designado por "Contrato de Aluguer Operacional a Consumidor (Select)", em que uma das partes (plural) se dedica, "com carácter profissional e intuito lucrativo à actividade de aluguer e comércio de veículos e à actividade de celebração de contratos de crédito para aquisição de bens, respectivamente", o STJ apreciou, em recurso de acção inibitória (acórdão de 27 de Abril de 2017 – pr n.º 300/14.2TBOER.L.2.S1, Alexandre Reis), uma cláusula de um contrato de locação financeira que estabelecia que o risco do bem corria por conta do locatário, entendendo que a mesma deveria ser interpretada restritivamente "de modo a considerar-se que o risco de perda ou deterioração do bem corre por conta do locatário em todas as situações, exceptuadas as devidas a caso fortuito ou de força maior", com o fundamento de que o "conceito de "causa de força maior", uma causa exterior independente da utilização da coisa pelo locatário, emerge de o mesmo ser excludente da responsabilidade civil, contratual ou extracontratual, justamente, por ser idóneo a romper o nexo de

[1504] Não obstante não assumir sempre a mesma configuração.

[1505] Por evidentes razões de inoportunidade, não se discutirá aqui a questão, que respeita à natureza e ao regime do aluguer de longa duração, limitando-me a deixar esta observação.

causalidade adequada, sendo certo que, como tal, só se verifica se se tratar de um facto (necessário) que "não se pode evitar, nem em si mesmo nem nas suas consequências" e de que "conceber que o âmbito do preceito abarcaria o sentido de que correria (apenas) pelo locatário financeiro também o risco ao mesmo relativo, seria alcançar um resultado interpretativo absolutamente indiferente à boa-fé e à proporcionalidade, mas também ao equilíbrio das prestações. O balanceamento da repartição das consequências desse risco, mesmo que se ponderasse a invocada perda dos juros remuneratórios – aliás, suficientemente justificada pelo imediato recebimento do capital – não ficaria adequadamente assegurado, pois a empresa que continua a ser a proprietária do bem (veículo) e que colhe as (legítimas) «commoda» da sua actividade – globalmente considerada – e em cujo seio tal risco é gerado ficaria, no essencial, desonerada das «incommoda» ao mesmo correspondentes. A responsabilização, unicamente, do locatário financeiro (também) nos casos em que se prescinde de nexo de causalidade de espécie alguma entre o dano e uma qualquer conduta do mesmo seria iníqua ou, no mínimo, afrontaria o equitativo princípio do risco". Conclui – muito bem, em minha opinião – que "é, pois, desequilibrada, injusta e desajustada, ou desligada dos acima enunciados valores fundamentais, a cláusula que estabelece que o risco corre exclusivamente por conta do locatário, sem excluir, ou, pelo menos, sem cuidar de uma mais equilibrada repartição das consequências desse risco, nos casos de perda do bem em virtude de caso fortuito ou de força maior".

g) Modifiquem os critérios de repartição do ónus da prova ou restrinjam a utilização de meios probatórios legalmente admitidos;

Esta é proibição de utilidade discutível, na parte em que se refere à restrição de meios legais de prova, pois o art. 345.º do Código Civil, interditando convenções que excluam os meios de prova consagrados por lei ou admitam meios diversos daqueles, poderia ser interpretado neste mesmo sentido.

Não creio, porém, que a repetição seja criticável, tendo em conta a justificada preocupação de acautelar – mesmo pela reafirmação – a proibição de estipulações abusivas. E sempre se poderá alegar que o regime do Código Civil se refere à exclusão de meios de prova, enquanto este respeita à restrição da sua utilização[1506].

[1506] Interpretativamente, talvez se pudesse alcançar idêntica conclusão, mas fica esclarecido.

Não é, pois, admissível a cláusula que, por exemplo, exija prova documental para facto que possa ser objecto de presunção judicial, de prova pericial ou testemunhal, como não o é a que imponha prova pericial para facto que admita outro tipo de prova mais simples e menos oneroso, ou a que imponha certo tipo de documento para fins probatórios quando a lei não o exige.

Já a modificação dos critérios de distribuição do ónus da prova tem conteúdo próprio, pois o n.º 1 daquele art. 345.º do Código Civil é claramente menos amplo na proibição do que esta norma. Proíbe-se aqui qualquer alteração convencional dos critérios de distribuição do ónus da prova, independentemente dos respectivos efeitos na dificultação que ela acarrete para o aderente/consumidor na respectiva produção. Existe – e justificadamente do ponto de vista sociológico – como que uma presunção inilidível de que qualquer cláusula que tenha esse conteúdo, quando elaborada pelo predisponente, tem forçosamente o efeito de dificultação da prova, o que representa uma acrescida tutela do aderente.

Tal como nas duas anteriores alíneas, Menezes Cordeiro[1507] afirma que esta norma foi "particularmente visada[s] [*sic*] por cláusulas contratuais gerais relativas a eurocheques ou à emissão de cartões bancários". Supõe-se que o autor queira dizer que o preceito teve como motivação principal (ou visou essencialmente) as cláusulas contratuais gerais que refere, o que de nada adianta para a sua interpretação, mas é um elemento histórico de que o autor entende relevante dar testemunho. Tal como em relação à disposição anterior, Almeida Costa e Menezes Cordeiro[1508] dão a seguinte explicação para a norma: "[...] alterações ao regime geral do ónus da prova [...] são susceptíveis de introduzir, no percurso do contrato, dificuldades acentuadas para a obtenção dos bens ou serviços nele compreendidos".

Noronha Nascimento[1509] informa que – ao que entendo em acções inibitórias – têm sido consideradas nulas pelo STJ as cláusulas que "dão valor probatório bastante ao registo informático bancário das operações entretanto realizadas e dos levantamentos efectivados [em caso de extravio comunicado do cartão "multibanco"] já que violam o art.º 21 *g)* – cfr. o Ac. de 20/6/95, relatado por Pais de Sousa". O mesmo autor diz também que, "relativamente aos denominados cartões «Electron» «Eurocheque» e «Multibes» foram declaradas nulas

[1507] *Tratado...*, cit., p. 448, nota 996.

[1508] Cit., p. 51.

[1509] Cit., p. 116.

[pelo STJ, em acções inibitórias, ao que compreendo] as c. c. g. constantes dos contratos de adesão que os sustentavam e que: a) permitiam à entidade bancária – ofertante contratual – abrir os envelopes com valores depositados e, em caso de divergência entre o montante indicado pelo titular e o apurado pelo banco, fazer prevalecer a sua posição", por violação desta disposição.

Em acção inibitória, o Ministério Público veio sustentar a nulidade, por violação deste preceito, de uma cláusula de contrato de aluguer de longa duração que dispunha: "Contudo, a falta de assinatura do cônjuge do locatário, não significará, em caso algum que o contrato não tenha sido feito em proveito comum do casal". O STJ, no referido acórdão de 19 de Setembro de 2006 (João Camilo), decidiu[1510] pela validade da estipulação, dizendo que, "por um lado, o texto da cláusula, em nossa opinião, não tem o significado que o recorrente lhe dá, no sentido de que estabelece uma presunção de que o contrato em causa, sendo o locatário casado, apesar da falta de assinatura do cônjuge, foi celebrado em proveito comum do casal. Pensamos que o texto da cláusula em causa apenas diz que no mesmo contrato, se o locatário for casado, a falta de assinatura do cônjuge não significa que não foi contraído em proveito comum do casal, ou seja, sem a tal assinatura, o contrato pode ter sido ou não contraído em proveito comum do casal, nada apontando daquela falta no sentido de ser excluído o proveito comum, mas também não diz que este se verifica. Assim, daqui se não estabelece qualquer presunção de proveito comum, mas apenas o afastamento de um entendimento de não haver o mesmo proveito. Ora o art. 1691.º, n.º 3 do Cód. Civil prescreve que o proveito comum do casal se não presume, salvo quando a lei o estipular. Daqui resulta que num contrato com aquela cláusula, terá a parte interessada de alegar e provar o mesmo proveito comum – salvo se a lei o dispensar de tal –, não significando a mesma falta de assinatura o afastamento do proveito, mas também não o fazendo presumir". Daí resulta que a cláusula é inócua para a decisão de ter havido ou não o proveito comum do casal e, por isso, em nada afecta a repartição do ónus de prova ou restringe a utilização dos meios de prova legalmente admitidos.

O referido acórdão de 15 de Maio de 2008 (Mota Miranda), face a uma cláusula do seguinte teor: "Com excepção dos casos em que as ocorrências sejam devidas a culpa ou negligência do Banco e dos débitos por uso abusivo ou fraudulento do cartão que sejam posteriores à comunicação ao Banco que é

[1510] Aparentemente bem, embora não de forma indiscutível.

prevista nos números seguintes ou, se anteriores, que ultrapassem o limite de responsabilidade fixado em 22, o titular do cartão TottaGold assume-se como devedor perante o Banco de todas as importâncias levantadas ou transferidas em ATM ou levantadas em Bancos, bem como das importâncias resultantes da aquisição de bens ou serviços obtidos em estabelecimentos aderentes às redes Eurocard/Mastercard, Multibanco e Redunicre. Em caso de diferendo relativamente a operação electrónica não autorizada pelo Portador, o ónus da prova é do Banco, sendo bastante que demonstre que a operação está evidenciada nos registos informáticos e mecanográficos do sistema operativo do uso do cartão TottaGold e que não foi afectada por falha técnica ou outra deficiência". Sobre ela concluiu: "Quanto à 2ª parte da cláusula 17, cria-se ali um meio de prova bastante – os registos informáticos – atribuindo-se-lhe uma força probatória em contrário do que resultaria da utilização de meios legais de prova admissíveis em direito, excluindo-o do âmbito do princípio geral de livre apreciação dos meios de prova (art. 655°, n.° 1 do C.P.C.). Com esta cláusula, ao banco não se atribui o dever de provar que a operação registada corresponde à realidade, que se encontra correcta, que não enferma de qualquer erro ou vício, mas apenas provar que a operação está nos registos informáticos. E assim sendo, o banco pouco ou nada tem de provar, impondo ao titular do cartão um meio de prova por si elaborado, com valor de prova favorável ao seu autor (contra o que resulta do princípio da força probatória dos documentos – artigos 374.° e 376.° do C.C.) e que o titular do cartão não pode controlar e dificilmente contestar. Ora, determina-se no artigo 21.°, alínea g) do decreto-lei 446/85 que são nulas as cláusulas que modifiquem os critérios de repartição do ónus de prova ou restrinjam a utilização de meios probatórios legalmente admitidos. Daí que tratando-se de uma cláusula que estabelece um critério de repartição do ónus de prova, que também restringe a utilização e valoração dos meios de prova, tem de se declarar a sua nulidade. Conclui-se, portanto, pela nulidade da cláusula 17, 2.ª parte".

Uma cláusula – segundo a qual "A abertura dos envelopes e a conferência dos valores depositados será feita por dois empregados do Banco. Havendo divergência entre os valores conferidos e os digitados, o ónus da prova é do depositante" – foi considerada válida, pois: "aqui não se inverte o ónus de prova – a prova do valor do depósito cabe ao depositante – este é que invocará o direito a uma quantia que o banco se recusa a conferir-lhe direito. E quem invoca o direito cabe provar os factos constitutivos desse direito (art. 342.°, n.° 1 do C.C.). Por isso, não havendo qualquer inversão do ónus de prova, não se pode declarar nula essa cláusula com base em violação daquele art. 21.º, al. g) que proíbe a inversão do ónus de prova. Por outro lado, ao contrário do que se disse no acórdão recorrido, entende-se que com esta cláusula não se dá qualquer prevalência a qualquer meio de prova, valorando, em caso de divergência, a prova do banco em detrimento da prova do titular do cartão. Os meios de prova que cada um, banco ou titular do cartão, poderá apresentar não estão aqui hierarquizados – daqui não se infere que vale mais a prova dos empregados do que a prova da digitação, o que afasta a violação do princípio da livre apreciação da prova. Conclui-se, portanto, ao contrário do decidido no acórdão recorrido, pela validade da referida cláusula [...]". A decisão demonstra como a aplicação do regime legal sobre ónus da prova pode constituir, mais do que uma dificuldade, um obstáculo a que o aderente exerça um seu direito. Pergunta-se: como pode, em regra, o cliente depositante em aparelho ATM provar o quantitativo depositado senão pela exibição do talão comprovativo daquele que digitou ou pelo registo dessa digitalização (a que, dos dois, só o banco terá acesso)? Este exemplo torna evidente o fundamento da disposição do artigo 6.º inciso VII do Código de Defesa do Consumidor brasileiro[1511], segundo o qual se permite ao tribunal, para facilitação do exercício dos direitos do consumidor, a "inversão do ônus da prova, a seu favor, no processo civil, quando, a critério do juiz, for verosímil a alegação ou quando for ele hipossuficiente, segundo as regras ordinárias da experiência"[1512][1513].

O mesmo aresto, apreciando duas cláusulas dos mesmos contratos (*"Sempre que o cartão tiver sido utilizado com correcta digitação do NIP, presume-se que o foi pelo titular"; e "Se o cartão for utilizado por terceiro, presume-se que tal utilização foi consentida ou culposamente facilitada pelo titular"*), que a autora havia considerado nulas, "por modificarem o critério de repartição do ónus de prova, violando o disposto no artigo 21.º, alínea g) do decreto-lei 446/85", entendeu: "Em tais cláusulas estabelece-se uma presunção – presunção de uso do cartão; presunção de que foi utilizado pelo titular quando for correcta a digitação do NIP e presunção de que o uso foi consentido ou facilitado culposamente pelo titular quando for

[1511] Incluído no capítulo dos "direitos básicos do consumidor".

[1512] O art. 51.º inciso VI do mesmo Código comina com a nulidade as cláusulas que "estabeleçam inversão do ônus da prova em prejuízo do consumidor".

[1513] Como demonstra que os regimes gerais – que não foram concebidos para estas realidades de mercado – nem sempre representam as soluções adequadas à regulação dos problemas delas emergentes.

usado por terceiro. Com esta dupla presunção faz-se recair sobre o aderente a prova de que o cartão não foi por si usado ou de que não consentiu ou facilitou culposamente o seu uso a terceiro. Simplesmente, esta presunção encontra-se em consonância com as regras que estabelecem os princípios que norteiam as normas de distribuição do ónus de prova (art. 342.º e segs. do C.C.). Efectivamente, a atribuição do cartão é pessoal, cabendo ao seu titular a obrigação de manter secreto o PIN que lhe foi atribuído. Daí que o uso por terceiro ou o conhecimento por terceiro desse PIN, pela ordem natural das coisas, resulte de incumprimento dessas obrigações do titular do cartão. E assim sendo, ao titular do cartão caberá fazer a prova de que o cartão não foi por si usado, nem que consentiu no seu uso, fazendo a prova da factualidade contrária; o banco não estaria em condições de provar que não foi o titular que o usou – é esta a regra que, de boa fé, deve presidir às relações entre o Banco e o titular do cartão. Por isso, não há aqui qualquer inversão do ónus de prova, retirando-a do banco e fazendo-a recair sobre o titular do cartão".

O já referido acórdão do STJ de 15 de Outubro de 2009 (Alberto Sobrinho) decidiu que a cláusula do seguinte teor: "*o titular se compromete a, após a sua adesão ao serviço de pagamentos MBNet, utilizar esse serviço [...] e, ao fazê-lo reconhece-se devedor ao Banco dos valores registados electronicamente*", "ao estabelecer uma presunção de dívida do titular do cartão nos termos apontados e ao conceder um valor absoluto ao registo electrónico, está a alterar os critérios de repartição do ónus da prova e a subtrair ao juiz a livre apreciação de um documento particular, o que a torna absolutamente proibida".

O citado acórdão do STJ de 2 de Março de 2010 (Urbano Dias) apreciou a seguinte cláusula: "Sem prejuízo do ponto 9.2, no caso de operações efectuadas com meios ou dispositivos electrónicos, o registo em suporte informático das operações efectuadas, constitui prova suficiente, para todos os efeitos deste Acordo, da realização válida e regular dessas operações pelo Titular, sem prejuízo de poder, fazer contraprova". Sobre ela, opinou do seguinte modo: "Apoiada em boa doutrina, a decisão da 1ª. instância mereceu, a este respeito, inteira concordância da Relação, ao sublinhar que a cláusula em apreciação dispensa o banco da demonstração do acerto das operações invocadas, o que lhe compete, constituindo uma valoração antecipada de um meio de prova, violando, por um lado, o princípio da livre apreciação deste tipo de prova, por parte do julgador, e, por outro, liberta o banco do ónus de prova, alterando os critérios consagrados nos artigos 342.º e seguintes do Código Civil. Não podemos, pois, perante uma tão acertada análise, deixar de concordar com o que foi julgado pelas instâncias, a este respeito".

O mesmo acórdão apreciou uma cláusula alegadamente violadora deste preceito, com o seguinte teor: "Uma vez cessado o contrato de utilização do cartão, o utilizador perderá todos os direitos inerentes à respectiva posse e uso, devendo promover a devolução imediata do cartão ao AA/BB, sendo da responsabilidade do Titular todas as transacções efectuadas com o mesmo, até que a devolução se torne efectiva. O AA/BB reserva-se o direito de reter ou destruir o cartão directamente ou através de terceiros, nomeadamente de uma entidade creditada como aceitante de cartões VISA", tendo decidido ser ela válida, nos termos desta disposição, porque: "Temos, porém, como certo que, em causa, não está uma inversão ou alteração do ónus probatório, mas sim uma ideia clarificadora sobre quem deve assumir os riscos pela utilização do cartão, a partir do momento em que o contrato cessa".

Face a uma estipulação segundo a qual "[...] em caso de roubo ou perda, o Titular ficará isento de quaisquer responsabilidades relacionadas com a utilização do Cartão, salvo quando se demonstre que agiu de má fé ou negligência grave, pressupondo-se existir a referida negligência, caso tal utilização tenha sido feita com recurso ao PIN do Cartão", entendeu que ela não implicava "alteração dos critérios de repartição do ónus probatório", com a seguinte argumentação: "O uso do PIN é pessoal: só o próprio o deve saber. Como assim, faz todo o sentido que se pressuponha que tenha havido negligência do possuidor (precário)/utente quando, nas circunstâncias previstas na cláusula, o uso do cartão tenha sido levado a cabo com recurso ao PIN. Com efeito, se só o próprio possuidor (precário) /utente deverá ser o depositário de tal número (secreto), não vemos como se possa deixar de considerar, na hipótese em análise, como sendo sua – e apenas sua – a responsabilidade pelo uso do cartão, precisamente através do conhecimento do PIN. Se tal uso se verifica, nessas condições, temos como verificada uma violação do programa contratual estabelecido entre o Banco emissor e o utente, e, como consequência, a vir à tona a culpa presumida do possuidor/utente, por mor do preceituado no artigo 799.º do Código Civil. [...] Neste caso, como dito, compreende-se que seja sobre o próprio utente que recaia o ónus de provar que, apesar do furto, não houve da sua parte negligência, o que significa que é ele que tem o encargo de ilidir a presunção (natural) de culpa.

E referimo-nos a presunção natural, atenta a natureza do PIN, a sua relação íntima com o utente: é que, como faz notar o A. [Menezes Cordeiro] acabado de citar, «o PIN, constante de quatro dígitos, só é do conhecimento do utente, que deverá tê-lo memorizado» (obra citada, página 515)"[1514].

Embora não se trate de questão clausular de inversão do ónus da prova, porque essa é uma interpretação que os tribunais de algum modo dela fazem, deixa-se aqui menção ao problema. É jurisprudência praticamente pacífica do STJ a de que uma cláusula constante de seguro de responsabilidade civil por acidente de viação que "exclui a responsabilidade da seguradora nos casos de

[1514] Ao que acrescenta: "Ainda não há muito tempo, este Supremo Tribunal de Justiça, perante um caso assaz semelhante, decidiu de igual forma. Lê-se, com efeito, no acórdão de 15/05/2008, lavrado no processo nº 08B357, relatado pelo Cons. Mota Miranda: «Em tais cláusulas estabelece-se uma presunção – presunção de uso do cartão; presunção de que foi utilizado pelo titular quando for correcta a digitalização do PIN e presunção de que o uso foi consentido ou facilitado culposamente pelo titular quando usado por terceiro. Com esta dupla presunção faz-se recair sobre o aderente a prova de que o cartão não foi por si usado ou de que consentiu ou facilitou culposamente o seu uso a terceiro. Simplesmente, esta presunção encontra-se em consonância com as regras que estabelecem os princípios que norteiam as normas de distribuição do ónus de prova (artigo 342.º e seguintes)». A justificação dada para a solução encontrada foi esta: «Efectivamente, a atribuição do cartão é pessoal, cabendo ao seu titular a obrigação de manter secreto o PIN que lhe foi atribuído. Daí que o uso por terceiro ou o conhecimento por terceiro desse PIN, pela ordem natural das coisas, resulte de incumprimento dessas obrigações do titular do cartão. E assim sendo, ao titular do cartão caberá fazer a prova de que o cartão não foi usado, nem que não consentiu no seu uso, fazendo a prova da factualidade contrária; o banco não estaria em condições de provar que não foi o titular que o usou – é esta a regra que, de boa fé, deve presidir às relações entre o Banco e o titular do cartão. Por isso, não há qualquer inversão do ónus de prova, retirando-a do banco e fazendo-a recair sobre o titular do cartão». Para cabal compreensão do que ficou dito, transcreve-se, como não podia deixar de ser, a cláusula que motivou a decisão: «Cláusula 12 – Sempre que o cartão tiver sido utilizado com correcta digitação do PIN, presume-se que o foi pelo titular». «Cláusula 12.1 – Se o cartão for utilizado por terceiro, presume-se que tal utilização foi consentida ou culposamente facilitada pelo titular». "A terminar este capítulo, não podemos deixar de citar, em reforço do que ficou dito, o que consta do ponto 15 do quadro factual dado como provado: «Aquando do envio do PIN, o Citibank adverte o titular do cartão da necessidade de destruição imediata do documento do qual aquele consta», o que traduz perfeitamente a nota de pessoalidade vincada e, com ela, a inerente presunção de que só o utente sabe, exactamente, os dígitos que o compõem. Daí que sobre ele exista a tal presunção natural, que, nas condições excepcionais mencionadas, de uso indevido por outrem, lhe caberá ilidir. O que fica dito, é o suficiente para certificarmos a nossa discordância com a posição assumida pelas instâncias a este respeito".

«sinistros ocorridos quando o condutor apresente uma taxa de álcool no sangue igual ou superior à legalmente permitida ...»" dispensa a seguradora de qualquer prova de nexo causal entre a taxa de alcoolemia e os danos. Apenas em casos em que é provada a intervenção de um facto causal completamente alheio ao segurado se reconhece a responsabilidade da seguradora. Ora, a cláusula parece-me significativa do afastamento da responsabilidade da seguradora nos casos em que ao estado do aderente, pela sua taxa de álcool, foi causa (ou concausa) dos prejuízos. Reclamada a indemnização destes, caberia à predisponente, para afastar a sua obrigação, provar a verificação da taxa de álcool e a sua contribuição causal para os danos. Valham como exemplos do entendimento da alteração do ónus da prova os acórdãos de 27 de Novembro de 2018 (pr n.º 3158/16.3T8LSB.L1.S1, Roque Nogueira[1515]) e de 7 de Abril de 2019 (pr n.º 332/17.9T8MCN.P1.S1, Olindo Geraldes).

Do mesmo tipo é o entendimento do STJ nos contratos de seguro por acidente de viação. Dá-se o exemplo do acórdão de 12 de Outubro de 2019 (pr n.º 20183/17.0T8LSB.L1.S2, Fátima Gomes) – em que o seguro era de riscos profissionais e extraprofissionais – que analisou a exclusão da responsabilidade da seguradora quando o acidente ocorre com veículo de duas rodas. O acórdão faz sua a seguinte argumentação do acórdão recorrido: "***O que se encontra excluído é o risco inerente à utilização de veículos motorizados de duas rodas.*** *Donde, se o segurado utilizar um tal veículo e, ao fazê-lo, vier a sofrer (mesmo que não se verifique acidente) lesões corporais que lhe causem morte ou invalidez permanente, é irrelevante apurar se teve ou não culpa nesse desenlace. É suficiente, para efeitos do contrato, a mera utilização de veículos motorizados de duas rodas para excluir a cobertura do seguro*". Note-se como o trecho transcrito é, de agum modo, contraditório no seu interior: a exclusão releva do "risco inerente à utilização de veículos motorizados de duas rodas", mas é indiferente que tenha existido tal risco ou que este tenha contribuído causalmente para os prejuízos; a seguradora prova esse facto e tal basta para excluir a sua responsabilidade, neste caso nem sequer tendo ficado claro se a prova de que essa circunstância foi irrelevante para os danos seria suficiente para a obtenção da indemnização. Não só o facto não foi considerado, como se acrescenta o seguinte: "mediante o pagamento de prémio acrescido teria sido possível incluir o indicado risco no contrato, faculdade que resulta inequívoca da documentação subscrita. Não se afigura razoável – ante a possibilidade indi-

[1515] *In www.dgsi.pt.*

cada de incluir esse risco – impor ao segurador que cubra o risco de utilização de veículo motorizado de duas rodas apenas pela circunstância do segurado ter sofrido o acidente quando utilizava a motorizada nas mesmas circunstâncias em que o podia ter sofrido se se deslocasse a pé, já que a simples utilização de uma motorizada envolve um risco acrescido que, a ser coberto, deve ter a correspondente contrapartida no prémio cobrado".

h) Excluam ou limitem de antemão a possibilidade de requerer tutela judicial para situações litigiosas que surjam entre os contratantes ou prevejam modalidades de arbitragem que não assegurem as garantias de procedimento estabelecidas na lei.

Elementarmente redundante parece a interdição de cláusulas que "excluam ou limitem de antemão a possibilidade de requerer tutela judicial para situações litigiosas que surjam entre os contraentes", excepcionadas as convenções de arbitragem.

Bem considera acórdão do STJ de 8 de Maio de 2013 (João Bernardo) que a renúncia à tutela jurisdicional é, desde logo, inconstitucional, "por violação do artigo 20.º, n.º 1 da CRP", acrescentando: "o que vem sendo dito valeria também – se necessário fosse – relativamente à violação do artigo 6.º da Convenção Europeia dos Direitos do Homem que encerra o «Direito a um Tribunal»".

É, por um lado, incompreensível o que possam ser, no regime geral, válidas convenções de previsão de arbitragem que não garantam os procedimentos legalmente previstos[1516]. A equivocidade da norma deriva do texto da al. *q)* do anexo da directiva. Mesmo assim, aquele considera proibidas as cláusulas que visem obrigar o consumidor a submeter-se "exclusivamente a uma jurisdição de arbitragem não regulada por normas jurídicas [...]". Também o *Unfair Terms in Consumer Contracts Regulations* de 1999 contém uma norma – a do 1.(q) do Capítulo II, da Parte II – em que é reconhecível a mera tradução da má formulação do texto da directiva. Se a disposição da directiva não tem uma redacção muito afortunada, a não reprodução do advérbio "exclusivamente" torna o texto legal ainda menos compreensível.

[1516] Nesta incompreensão não estou isolada, como se vê em vários autores, dos quais refiro, por todos, Guido Alpa, "Il recepimento...", cit., pp. 79-80.

Pode entender-se que o objectivo da directiva é o de não forçar o consumidor a dirigir-se a um tribunal arbitral (que não assegure as garantias de procedimento estabelecidas na lei), isto é, proporcionar-lhe a possibilidade de, seja qual for o teor da cláusula, escolher entre o recurso aos tribunais comuns e ao tribunal arbitral. Se assim for, não é esse sentido o que encontra expressão no texto desta al. *h)*, o que a torna literalmente de interpretação muito duvidosa. Se a disposição visa a interdição de cláusulas compromissórias em que a designação do árbitro ou árbitros que formarão a maioria será feita pela empresa predisponente do contrato, com as evidentes consequências daí resultantes nas decisões finais de tais tribunais, poderia tê-lo dito com maior clareza, justificando-se a proibição não apenas nas relações com consumidores, mas na generalidade dos contratos objecto deste Decreto-Lei.

Melhor teria sido, creio, a interdição de convenções de arbitragem e, em especial, de cláusulas compromissórias nos contratos de adesão em geral ou, pelo menos, naqueles em que o aderente seja consumidor ou equiparado, dado que elas implicam a renúncia parcial à tutela judicial, o que envolve óbvios riscos na apreciação da regularidade da celebração do contrato e da validade do conteúdo contratual. Foi, numa das suas possíveis interpretações, esta a escolha legislativa italiana, em cuja lei se proíbem as cláusulas que afastem a competência dos tribunais ordinários para dirimir litígios surgidos no âmbito dos contratos a que se refere a directiva. É também a solução do art. 51.º inciso VII do Código de Defesa do Consumidor brasileiro que comina com a nulidade cláusulas que "determinem a utilização compulsória de arbitragem".

Existem, no entanto, arbitragens institucionalizadas, cuja intervenção em processos deste tipo não só não desprotegerá o aderente – em especial consumidor – como, tendencialmente, tutelará os seus direitos e posições jurídico-económicas de forma mais cuidada.

Por outro lado, não se prevê aqui a hipótese de intervenção de entidades de mediação, que vêm ganhando maior importância nos últimos anos e que, se não estão compreendidas no âmbito da norma – pois, as mais das vezes, não têm como função decidir definitivamente os litígios –, melhor fora talvez que se encontrassem expressamente salvaguardadas.

O acórdão do STJ de 13 de Outubro de 2011 (pr n.º 851/09.0TJLSB.L1.S1, Oliveira Vasconcelos[1517]) considerou nulas com fundamento neste preceito,

[1517] *In www.dgsi.pt*

num contrato de locação financeira, as seguintes cláusulas: "O locatário renuncia expressamente a qualquer acção contra o locador, ficando este exonerado quanto à construção, instalação, funcionamento ou rendimento do bem locado"; e "Encontrando-se o Locatário impossibilitado de utilizar o bem locado por qualquer razão alheia à vontade e/ou responsabilidade do Locador, não poderá exigir deste qualquer indemnização ou redução das prestações contratuais".

Reproduzindo esta norma, no seu art. 222.º-*h)*, o Anteprojecto de Código do Consumidor faz seu este deficiente texto legal.

Artigo 22.º – Cláusulas relativamente proibidas

São proibidas, consoante o quadro negocial padronizado, designadamente, as cláusulas contratuais gerais que:

***a)* Prevejam prazos excessivos para a vigência do contrato ou para a sua denúncia;**

A duração do contrato constitui um dos expedientes mais frequentemente utilizados para os operadores económicos restringirem, *soit-disant* convencionalmente, a liberdade contratual dos consumidores. Em particular nos contratos de prestação de serviços, são tão frequentes, que quase diria inevitáveis, as chamadas *cláusulas de fidelização,* isto é, que impõem durações mínimas dos contratos por períodos que, atentos o tipo e a natureza dos serviços prestados, têm de ser considerados excessivos.

Sublinhe-se que o carácter excessivo do prazo de vigência do contrato não implica uma sua duração temporal extremamente prolongada. Por um lado, o consumidor só se apercebe da qualidade dos serviços após o início da sua prestação, pelo que, ainda que não se possa em rigor considerar a prestação defeituosa, só então pode realmente apreciar a utilidade do instrumento contratual para a satisfação da sua necessidade ou interesse, isto é, só então está em condições de poder querer fazer cessar o contrato, em ordem a procurar no mercado soluções que satisfaçam mais adequadamente esse interesse. Por outro, porque as limitações de informação que caracterizam tipicamente a posição do aderente/consumidor têm não raro como consequência a de que ele não se aperceba de que existem outras empresas a fornecer idênticos serviços em condições mais vantajosas, designadamente do ponto de vista remuneratório, pelo que tem todo o interesse em fazer terminar aquele contrato e celebrar outro em melhores condições.

A tomada em consideração destas – e de outras – circunstâncias, em que o aderente/consumidor pode querer ver cessar em prazo curto o contrato que concluiu, não significa, naturalmente, que os contratos, designadamente de prestação de serviços ou de fornecimento de bens, hajam de ter prazos de duração tão breves que os tornem instrumentos inapropriados para os fornecimentos das empresas que prestam os serviços ou os bens. Quer-se apenas, através de situações exemplificativas, dar conta de que a situação dos consumidores impõe que a apreciação judicial de um prazo de duração contratual, para o qualificar (ou não) como "excessivo", tem de tomar em consideração, à luz da boa fé, o tipo de contrato e, dentro deste, o seu objecto, de forma a – sem inviabilizar a actividade económica das empresas que os celebram – acautelar as deficiências de informação e outras debilidades da posição dos consumidores.

Melhor fora que, em particular em sede de fiscalização abstracta, o tribunal pudesse alterar o prazo contratual inicial, introduzindo uma espécie de período experimental e deixando o prazo estipulado – salvo se efectivamente excessivo – para a duração do contrato que não fosse terminado durante esse prazo inicial. Mas essa possibilidade de introdução judicial de alterações no conteúdo contratual não se encontra admitida na lei, pelo que a avaliação da razoabilidade da duração do contrato tem de ser realizada pelo tribunal com atenção, entre outros, aos factores que ficaram mencionados.

Identificar as cláusulas aqui interditadas implica colocar mais do que uma hipótese. O prolongamento da vigência do contrato pode resultar de estipulação que exclua o direito de resolução pelo aderente: se for assim, a hipótese reentrará, pelo menos nos casos em que o tal direito se funde em incumprimento, na proibição da al. *f)* do art. 18.º.

Esta disposição refere-se à denúncia[1518], mas apenas para proibir que o prazo mínimo de vigência do contrato seja excessivo como condição da denúncia. Ora, se o contrato tiver prazo – que terá de ser apreciado em função da boa fé aplicada ao contrato celebrado, tendo em conta, como ficou referido, o seu tipo, objecto e outros elementos clausulares, como critério da razoabilidade para apreciar do seu carácter excessivo –, a questão da denúncia[1519] não se coloca[1520].

1518 Vocábulo muito do agrado do legislador material desta Lei.

1519 Considerada como forma de extinção de um contrato de execução duradoura sem termo, por declaração unilateral e discricionária de um dos contraentes, feita com pré-aviso adequado.

1520 Ou não deveria colocar-se.

Ela pôr-se-á, para os efeitos desta norma, somente quando o contrato for de execução duradoura, não tendo prazo e o direito de o denunciar pelo aderente estiver condicionado ao decurso de um período mínimo que haja de ser considerado excessivo, tendo em consideração os elementos *supra* indicados. Ela pôr-se-á, para os efeitos desta norma, somente quando o contrato for de execução duradoura, não tendo prazo e o direito de o denunciar pelo aderente estiver condicionado ao decurso de um período mínimo que haja de ser considerado excessivo, tendo em consideração os elementos supra indicados. Pode a lei estar a referir-se à oposição à renovação de um contrato que tenha prazo. Assim foi entendido no já citado acórdão do STJ 9 de Dezembro de 2014 (Martins de Sousa), que não julgou nulas duas cláusulas de teor semelhante: "O presente contrato terá início em xx/xx/xxxx e manter-se-á válido por 5 (cinco) anos, considerando-se tacitamente renovado por iguais períodos desde que não seja denunciado por qualquer das partes, com pelo menos 90 dias de antecedência do seu termo através de carta registada", fundamentando do seguinte modo: "a excessividade do prazo da denúncia terá de ter como parâmetro de comparação, única e exclusivamente, o prazo da duração do contrato, e temos para nós – contrariamente ao decidido no acórdão recorrido – que num contrato de dois anos ou de cinco anos de duração, um prazo de denúncia de noventa dias se afigura razoável, não criando um desequilíbrio contratual nitidamente em desfavor do aderente/cliente que denuncia o contrato, e por um período demasiado longo".

Claro que esta norma, na sua referência à denúncia, não rima, por exemplo, com a da al. *f)* deste mesmo artigo, mas, tendo presente a ligeireza com que o diploma utiliza a figura da denúncia[1521], pode optar-se por deixar de lado a questão, como minudência a dispensar mais palavras.

Menezes Leitão[1522] limita-se a dizer que, após a proibição de cláusulas de exclusão "das formas de extinção das obrigações duradouras", aqui se visa "proibir qualquer estipulação de duração excessiva do contrato".

Escrevem Almeida Costa e Menezes Cordeiro[1523] que "cada modelo contratual, quer esteja regulado na lei, quer advenha do exercício da autonomia privada das partes, tem uma duração natural ou, pelo menos, limites máximos e mínimos, fora dos quais não permite a obtenção dos seus objectivos próprios».

[1521] Ou, para ser mais precisa, este termo.
[1522] Cit., p. 44.
[1523] Cit., p. 53.

Se a questão fosse tão linear, bastaria o art. 15.º, com a especificação da al. *b)* do art. 16.º.

***b)* Permitam, a quem as predisponha, denunciar livremente o contrato, sem pré-aviso adequado, ou resolvê-lo sem motivo justificativo, fundado na lei ou em convenção;**

Na sua primeira parte, consagra-se aquela que é doutrina pacífica fundada na boa fé, mesmo em autores que desta *cláusula geral* não fazem uso habitual; a segunda reafirma a imperatividade do art. 432.º do Código Civil que nunca foi questionada, que eu saiba.

Já se referiu, a propósito, por exemplo, da al. *f)* do art. 19.º, a desnecessidade e a frequente contraprodução da reprodução de regimes imperativos gerais neste quadro normativo.

Admitir-se-ia que, em vista da permissão, que aquela norma consagra, de denúncia de um contrato sem pré-aviso razoável, considerados vários elementos, se tivesse sentido a necessidade de, a propósito do regime mais estrito de controlo de conteúdo nos contratos celebrados com consumidores ou equiparados, vir esclarecer que, nestes, não se autoriza qualquer convenção que limite, menos elimine, o tempo de pré-aviso.

Poder-se-ia ter obtido resultado idêntico de forma menos confusa e geradora de dúvidas: já não juntando nesta norma a proibição de resolução sem fundamento legal ou convencional, já, e sobretudo, não retomando na al. *i)* a questão, aí permitindo afinal, em dadas circunstâncias, o que nesta se interdita em absoluto. Como se dirá, a propósito daquela al. *i)*, a contradição normativa deve ser resolvida pela prevalência do estabelecido nesta disposição sobre o daquela alínea, se se entender que ambas se ocupam da mesma forma de extinção dos contratos[1524]. Menezes Leitão[1525] considera que não há contradição, falando de "repetição desnecessária", mas mais não explica; a propósito da relação entre esta disposição e a do art. 19.º-*f)*, escreve que a última "apenas proibia a denúncia sem pré-aviso adequado, quando não fosse atribuída uma compensação à

[1524] A dúvida é pertinente, pois naquela a "denúncia" é autorizada quando se funde em "razões sérias", o que aponta para uma resolução do contrato.

[1525] Cit., p. 45.

outra parte. No âmbito das relações com os consumidores ela é assim proibida em qualquer caso".

Bem decidiu o referido acórdão do STJ de 23 de Novembro de 1999 (Garcia Marques) ao entender que um prazo de três dias para a denúncia de um contrato concluído entre um banco e o seu cliente "é claramente insuficiente", quando a denúncia provenha do banco, por violação do disposto neste preceito.

O já referido acórdão do STJ de 11 de Outubro de 2005 (Lucas Coelho) invoca esta norma para decretar a proibição de uma cláusula que permitia "à predisponente a resolução do contrato independentemente de qualquer violação contratual". No mesmo sentido e igualmente bem, entendeu o acórdão do STJ de 12 de Outubro de 2010 (pr n.º 133/2002.L1.S1, Alves Velho[1526]): "É inválida a cláusula inserida em apólice de seguro que preveja a resolução do contrato, a todo o tempo, independentemente da invocação de qualquer violação contratual ou motivo justificativo em concreto fundado na lei ou previsto no contrato, caindo no âmbito de proibição do art. 22º-1-b) do DL n.º 446/85". Note-se, porém, que neste aresto se lê: "A declaração que vem qualificada como de resolução contratual, por a Ré ter convocado (art. 30º da contestação) o art. 9º-1 das CGA, apesar de o escrito se referir a «contrato como Nulo e de Nenhum Efeito», revela manifestamente a vontade de extinção do contrato. Constasse dela a expressão «denúncia» e, certamente, ninguém poria em causa a sua validade e produção de efeitos para o fim do prazo contratual em curso, impedindo a renovação. Aqui haveria apenas que fazer a comunicação com antecedência razoável relativamente ao termo de vigência, o que realmente aconteceu". A decisão apoia-se numa vontade de extinguir o contrato que atribui à resolução do mesmo, como se a denúncia não provocasse semelhante extinção. Discorre também sobre este aspecto, sem grande rigor (como a doutrina que segue, aliás), sendo a conclusão acertada, considerando o teor da cláusula, mas demonstrando que a lei carece de propriedade na sua letra.

O acórdão do STJ de 17 de Maio de 2007 (pr n.º 07B1295, Oliveira Rocha[1527]) entendeu, e bem, que, num contrato de utilização de cartão de crédito ("contrato acessório instrumental, em relação ao contrato de depósito bancário ou ao de abertura de crédito em conta corrente, acessoriedade revelada não apenas pela função do próprio contrato, mas também pelo seu destino, dependente

[1526] *In www.dgsi.pt.*
[1527] *In www.dgsi.pt.*

das vicissitudes daqueles tipos contratuais"), contrato duradouro com prazo, "a denúncia deve fazer-se para o termo do prazo da sua renovação, não se justificando falar em falta de motivo justificado", o que significa não se tratar de "verdadeira denúncia, mas antes uma resolução, permitindo à requerida destruir o vínculo contratual, em plena vigência deste, sem necessidade de invocar qualquer motivo para tal. Estabelece-se, no fim de contas, uma verdadeira resolução *ad nutum*". Observa que "a resolução tem de ser motivada, só sendo legítima, pois, quando verificado o pressuposto, o evento, erigido em causa de resolução". Concluiu que a cláusula em apreço, "não obstante prever um pré-aviso de 15 dias para aquilo a que chama «denúncia», acaba por conduzir ao mesmo resultado; ou seja, os titulares dos cartões podem ver-se deles privados, dentro do prazo de vigência do contrato, sem qualquer justificação, com a inerente frustração da legítima expectativa de crédito que a sua utilização implica", pelo que é nula.

O citado acórdão do STJ de 21 de Outubro de 2008 (Alves Velho) confirmou a proibição da seguinte cláusula: "O Banco pode, a todo o momento, retirar ao Cliente sem direito a Indemnização a possibilidade de utilizar o Cartão Nova Rede sem prevenir ou justificar o motivo, devendo o utente restituir de imediato o Cartão ao Banco", considerando como sendo-lhe substancialmente equiparada a seguinte: "O Banco poderá cancelar o cartão dentro do período de validade e proceder à denúncia, do presente contrato desde que comunique essa intenção ao Titular com pré-aviso de 15 dias relativamente à data em que pretende proceder ao cancelamento. Decorrido o prazo de pré-aviso, o Banco fica autorizado a impedir a utilização do cartão", sendo a argumentação a que segue: "A Relação julgou que a nova cláusula não contém uma verdadeira denúncia, mas antes uma resolução, «ao viabilizar que o R. destrua o vínculo contratual, em plena vigência deste, sem necessidade de invocar qualquer motivo para tal», estabelecendo, «no fim de contas, uma verdadeira resolução *ad nutum*». Assim é, efectivamente. O contrato de utilização do cartão de crédito/débito é um contrato de prestação continuada, por tempo determinado, que é o correspondente ao da validade do cartão. [...] No caso, sendo, como dito, o contrato de duração limitada, a denúncia deve ter lugar para o fim do prazo convencionado (o de validade do cartão), não merecendo tutela, por se lhe não vislumbrar fundamento, o acolhimento de uma denúncia eficaz sem justa causa. [...] À luz destes conceitos, o que na cláusula surge com o *nomen juris* de denúncia não é na realidade mais que uma resolução sem fundamento legal ou convencional – destruição unilateral do contrato com prazo determinado antes do termo acordado, sem fundamento pré-acordado pelas partes ou justa causa –, com total irresponsabilização do contraente que põe unilateralmente termo ao vínculo. Com efeito, temos como inegável que a mera estipulação de um prazo de pré-aviso para a denominada «denúncia», não impede os titulares dos cartões de, sem necessidade de qualquer justificação, na vigência do contrato, serem privados da sua utilização, com frustração dos respectivos direitos e expectativas, que integram a prestação da entidade emitente (cfr., neste sentido, o ac. STJ, de 17/5/2007, *proc. 07B1295, ITIJ*). De resto, mesmo que de denúncia se tratasse, o prazo de pré-aviso de 15 dias relativamente à data de cancelamento, por manifestamente insuficiente, em termos de normalidade, para abertura de conta em outra instituição e obtenção dos correspondentes meios de disposição dos fundos, sempre seria abusivo e contrário à boa fé (art. 16º do DL 446/85)".

Discordo de Filipe Vaz Pinto[1528] quando este diz que a única consequência do exercício do direito de denúncia aqui proibido é a obrigação de indemnizar. Não: o exercício do direito de denúncia aqui vedado é totalmente ineficaz, pois o direito é nulo, por nula ser a cláusula que o atribui. O teor da lei não é de aplaudir; perante ele, o mínimo é evitar que, sem qualquer fundamento jurídico, ele seja tornado pior do que já o é.

Quanto ao direito de resolução, é (ou poderá ser) útil a disposição aqui enunciada, pois, não impondo o regime geral qualquer limite ao fundamento contratual da resolução, o entendimento é o de que só a boa fé poderá constituir critério limitador de cláusula resolutiva inserta no contrato. O preceito é (para dizer o menos) tímido na sua formulação, pois, dele se retirando que é nula a cláusula que permita ao predisponente resolver o contrato "sem motivo justificativo, fundado na lei ou em convenção", tal seria compatível com uma interpretação segundo a qual, havendo cláusula que preveja fundamento de resolução, esta não constitui uma resolução "livre", nem, por isso, proibida[1529].

Aliás, ainda que, se a interpretação for – como se afigura inquestionável – a de que o fundamento convencional tem de consubstanciar "motivo justificativo", não trará a norma grande valor acrescentado à apreciação feita de acordo com a boa fé. Porém, não é de somenos que a necessidade de tal apreciação seja enfatizada.

[1528] Cit., p. 64.

[1529] Para a análise da questão de saber em que medida uma cláusula resolutiva *ad nutum* deve ser valorada negativamente, isto é, considerada inadmissível, v. Baptista Machado, "A cláusula do razoável", *in Obra Dispersa*, Vol. I, *passim*, em especial pp. 470 a 472 e 479-480.

No direito italiano, tem-se entendido que a cláusula resolutiva expressa, que se funde em incumprimento parcial da obrigação do devedor, independentemente de se tratar de incumprimento culposo, é abusiva[1530]. Em meu entender, este é apenas um exemplo de cláusula resolutiva que não deveria ser admitida, por o fundamento clausular do direito à resolução ser claramente inadequado para a fundamentar.

A propósito desta disposição, dizem simplistamente – tal como na anotação à norma da alínea anterior – Almeida Costa e Menezes Cordeiro[1531] que "cada modelo contratual, quer esteja regulado na lei, quer advenha do exercício da autonomia privada das partes, tem uma duração natural ou, pelo menos, limites máximos e mínimos, fora dos quais não permite a obtenção dos seus objectivos próprios"[1532].

As decisões judicias na matéria não são esclarecedoras, digamos assim, do proveito da norma. Noronha Nascimento[1533] refere existir uma jurisprudência "relativamente homogénea no seu conteúdo decisório" do STJ, entre outros, nos casos de venda de veículos com reserva de propriedade e de locação financeira. No primeiro tipo de contratos, "surgem, com alguma insistência, dois tipos de cláusulas: um segundo o qual o vendedor pode ir buscar o veículo onde quer que ele se encontre, caso o comprador não pague uma só prestação; [...]. O Supremo não tem dado luz verde a estes dois tipos de cláusulas". E o autor continua[1534], ignorando eu se o que diz é lapso seu ou erro das decisões que refere: "O primeiro é nulo porque viola não só a norma imperativa do art.º 934 do C. Civil como também a do art.º 19 *c)* já que atinge os interesses da parte negocialmente mais fraca (cfr. o Ac. de 2/3/94, relatado por Rosa Raposo)"[1535].

[1530] V. Ernesto Cesarò, cit., p. 68.

[1531] Cit., p. 53.

[1532] Dispenso-me de comentários.

[1533] Cit., p. 112.

[1534] *Ibidem*, p. 113.

[1535] Na verdade, para concluir pela nulidade da resolução, nas hipóteses em causa, é totalmente irrelevante o diploma agora em análise, pois ela decorre do regime especial da compra e venda a prestações com reserva de propriedade constante do mencionado art. 934.º do Código Civil; e, para tal, em nada concorre a citada al. *c)* do art. 19.º, que se ocupa da nulidade de cláusulas penais desproporcionadas. Admito que se trate de um lapso de escrita do autor.

Surpreendendo pelo carácter ostensivamente abusivo e, consequentemente, nulo, mesmo à luz do regime geral, informa, no mesmo texto, este autor[1536] que, nos contratos de seguro que qualifica como facultativos, se encontram cláusulas que "permitem à seguradora a resolução do contrato quando e como quiserem, sem a existência de qualquer motivo justificativo", cláusulas que o STJ tem declarado nulas, por violação do art. 22°, n.° 1-*b)*.

O *supra* citado acórdão do STJ de 23 de Novembro de 1999 (Garcia Marques) decidiu – tanto quanto pode ver-se, bem – que uma cláusula em contrato bancário atípico, cujo conteúdo seja o de conferir a qualquer das partes o direito de resolver o contrato com fundamento em incumprimento das obrigações contratuais, deve considerar-se válida. A única hesitação que a conclusão pode justificar é a de este direito de resolução – se bem que atribuído paritariamente a qualquer dos contraentes – se destinar privilegiadamente ao predisponente, e de, sendo tão insuficientemente caracterizado o incumprimento que constitui seu fundamento, este poder consubstanciar-se no de uma obrigação tão secundária que irrelevante para a manutenção do vínculo jurídico, ou num não-cumprimento não culposo, qualquer que seja a sua modalidade ou objecto. Entendendo, com boa parte da doutrina, que o fundamento convencional da resolução do contrato tem de revestir o mínimo de gravidade que justifique, face à boa fé, a destruição do contrato, admito que o previsto nesta cláusula possa não obedecer a esse requisito. Mas esta é apenas uma nota de dúvida e não uma afirmação de discordância com a decisão judicial. Embora pouco claro neste ponto, o acórdão subscreve o recorrido na parte em que este afirma que "o princípio da boa fé não permitiria que a B declarasse resolvido o contrato por violação insignificante de uma das cláusulas" e que "isso acontece com qualquer contrato em que se acorde a possibilidade de resolução e não só em relação aos contratos de adesão". Esta posição, concordante com a sustentada nesta anotação, suporia necessariamente que o tribunal apreciasse o incumprimento invocado, para decidir, com base nessa valoração, da procedência, ou não, da resolução contratualmente prevista.

Por seu lado, o acórdão do mesmo tribunal de 15 de Abril de 1999 (pr n.° 99A736, Ferreira Ramos[1537]) entendeu que "uma cláusula onde se prevê que «qualquer das partes pode, a todo o tempo, optar pela resolução do contrato de

[1536] Pp. 114-115.
[1537] *In www.dgsi.pt.*

seguro, devendo comunicá-lo à outra parte (...), com a antecedência mínima de 30 dias», é proibida, nos termos do artigo 22.º, n.º 1, alínea b), do DL 446/85 e, consequentemente, nula, na medida em que permite a resolução do contrato, a todo o tempo, independentemente de qualquer violação contratual, sem alegação de motivo justificativo, em concreto fundado na lei ou previsto no contrato".

O já citado acórdão do STJ de 11 de Outubro de 2005 (Lucas Coelho) – em recurso de acção inibitória –, entendeu que "é nula a cláusula contratual geral constante das apólices de seguros facultativos comercializados pela ré referidos nos autos – assim concebida: «Qualquer das partes pode, a todo o tempo, reduzir ou resolver o contrato, mediante aviso registado, ou por outro meio do qual fique registo escrito, à outra parte, com antecedência mínima de 30 dias em relação à data em que a redução ou resolução produz efeitos.» –, por verificar uma das hipóteses desenhadas na alínea b) do n.º 1 do artigo 22.º do Dec.-Lei n.º 446/85, de 25 de Outubro, ao permitir à predisponente a resolução do contrato independentemente de qualquer violação do mesmo pelo segurado".

Não ignoro – antes pelo contrário, tomo estes como exemplos ilustrativos da justeza da opinião contrária à maioritária – que esta orientação implicará a adesão à que defendo, em princípio, de que a apreciação das proibições relativas implica, muitas vezes, a consideração do concreto contrato em que a cláusula está inserta, supondo também que o entendimento das cláusulas recíprocas como abusivas é o adoptado.

A disposição é intocadamente reproduzida na al. *b)* do art. 223.º do Anteprojecto do Código do Consumidor.

c) Atribuam a quem as predisponha o direito de alterar unilateralmente os termos do contrato, excepto se existir razão atendível que as partes tenham convencionado;

As cláusulas de *ius variandi* não são aqui proibidas em geral, mas apenas quando o exercício do direito delas decorrente não se fundamente em "razão atendível". A referência ao acordo desta razão, ou fundamento, da alterabilidade impõe que ela – ou elas – se encontre(m) enunciada(s) na cláusula. Não cabe no âmbito permissivo desta norma cláusula que atribua o direito a alterar unilateralmente o contrato face a ocorrências que qualifique como graves, inesperadas, imprevisíveis ou de teor equivalente, mas que não diga quais são. O enunciado muito geral – ou, até, apenas geral – da razão atendível é insuficiente para ser considerado "razão atendível que as partes tenham convencionado". A convenção a que a norma se refere tem por objecto a "razão atendível", o que é confirmado pela teleologia do artigo em que se inscreve. Creio que uma cláusula que não especifique a chamada razão atendível não deve considerar-se apenas ambígua, mas não incluída na permissão que esta norma contém.

Para avaliar do fundamento e da razoabilidade da alteração introduzida, é necessário – mas, quiçá, insuficiente – o recurso à boa fé. Parte da doutrina tem defendido que a boa fé não constitui critério bastante para qualificar como atendível, ou não, o fundamento previsto contratualmente, preferindo, por exemplo, André Figueiredo[1538], seguindo os ensinamentos de alguma doutrina italiana, o princípio da proporcionalidade, segundo o qual será "*atendível* apenas a *razão* que, por não permitir ao predisponente alterar de forma arbitrária e abusiva, as disposições contratuais inicialmente acordadas, não conduza a uma vantagem desproporcionada daquele sobre o consumidor". A caracterização da proporcionalidade e os corolários da sua aplicação não parecem demonstrar que se trate de ponderação e de resultados que a boa fé não pudesse alcançar, sem grande esforço. Talvez por isso, A. Figueiredo, sempre no seguimento da doutrina italiana, faça apelo a outros dois critérios: o da gravidade justificativa da alteração, e o da existência de uma relação causal entre o facto invocado e a alteração prevista. Quanto à gravidade, entende que o seu conteúdo pode ser preenchido com recurso à noção de justa causa, tal como previsto no art. 1170.°, n.° 2, do Código Civil. Reconhece, porém, não o dizendo, que também a noção de justa causa se socorre, ela, da boa fé como parâmetro de preenchimento. O segundo critério adicional proposto (a exigência de uma relação de causalidade adequada entre o facto invocado como razão atendível e a alteração introduzida) tem, em meu entender, utilidade como elemento concretizador da boa fé, pelo que julgo dever acolher-se.

Defende o autor a invalidade de cláusula que "preveja que a ocorrência de um determinado evento – que até legitimaria ao banco o exercício de *ius variandi* quanto a determinados aspectos do contrato (*v.g.* quanto às condições financeiras) –, porque conduz a um poder genérico de alteração do contrato, mesmo em relação a disposições contratuais que em nada foram afectadas pelo evento em causa. Não se verificando este requisito de causalidade, o desequilíbrio na relação contratual colocará o consumidor à mercê do arbítrio do predisponente".

[1538] "O Poder de Alteração Unilateral nos Contratos Bancários Celebrados com Consumidores", *in Sub judice*, 2007, cit., pp. 12-13.

Ora, este resultado é em rigor corolário de apreciação feita pela boa fé, mas mediada por um elemento concretizador que pode servir como útil instrumento de aplicação daquela.

Menezes Leitão[1539] observa que, "dado que o artigo 21.º a) LCCG já proíbe a limitação ou alteração das obrigações assumidas na contratação, parece que o artigo 22.º, n.º 1 c) LCCG visará alterações não abrangidas por aquela disposição". Creio que as previsões normativas são, na verdade, diversas: o artigo 21.º-*a)* proíbe ao predisponente alterar no contrato o conteúdo das obrigações prometidas na fase dos preliminares, enquanto esta norma interdita cláusula que o autorize a modificar os termos do contrato já celebrado, salvo se "existir razão atendível que as partes tenham convencionado".

Michael R. Will[1540] refere-se às estipulações de reserva de modificação da prestação, que "se encontram frequentemente nos contratos de venda de automóveis, coisas móveis, casas pré-fabricadas, contratos relativos a viagens [...]", considerando-as nulas face à versão originária da *AGB-G*, "se a convenção de modificação não for exigível ["*non è pretendibile*"] pela outra parte tendo em conta os interesses do utilizador". Acrescenta que "em regra não são exigíveis quanto ao consumidor as prestações diversas, como por exemplo: linóleo em vez de tapete, 14 dias em Roma em vez de três semanas em Santo Stefano, dois quartos individuais em vez de um duplo. Inexigíveis são também as modificações que respeitam ao material ou à cor: um Fiat cinzento em vez de um amarelo (escolha por razões de visibilidade)".

Poderia admitir-se que esta norma contemplasse também as *hardship clauses*; porém, diversamente do que sucede, por exemplo, nos Princípios UNIDROIT – cujo art. 6.2.2 contém uma caracterização de *hardship* –, nada nesta alínea aponta para uma previsão legal de circunstâncias que assim possam qualificar-se, pelo que, salvo o disposto no art. 437.º do Código Civil, a lei não supre a previsão clausular da "razão atendível", cuja apreciação cabe ao tribunal.

Não parecem colocar-se, face a este preceito as dúvidas quanto ao ónus da prova a que faz referência Michael R. Will[1541], antes parecendo claro que é ao utilizador que cabe demonstrar a existência de razão convencionada e do seu carácter atendível.

[1539] Cit., p. 45.
[1540] Cit., pp. 88 e 89.
[1541] *Ibidem*, p. 88.

No que respeita a contratos de seguro de saúde ou de vida, uma cláusula deste género não pode autorizar a alteração do montante do prémio a pagar pelo aderente em razão da ultrapassagem de certa idade ou da contracção de uma determinada enfermidade. Nesses contratos, julgo não dever poder ser considerada "razão atendível" qualquer previsão daquele género: é da natureza do seguro acautelar a posição do segurado no que respeita aos riscos do avanço da idade ou àqueles que provenham de doença de que padecesse sem o saber ou que venha a contrair. Não seria conforme com a boa fé admitir a alteração do montante da remuneração quando qualquer destas situações viesse a ocorrer. Pelas mesmas razões, não podem considerar-se válidas cláusulas que prevejam a exclusão da cobertura do contrato de certos tratamentos médicos que se mostrem recomendados em razão da doença ou lesão de saúde sofrida pelo segurado.

Remete-se aqui para o que ficou escrito na anotação ao art. 19.º-*h)* acerca da utilização de uma cláusula deste tipo como forma de iludir a proibição de exclusões ou limitações de responsabilidade obrigacional proibidas, em particular pelo art. 18.º, als. *a)*, *c)* e *d)*.

De salientar que, em consonância com a directiva – aspecto em que esta teve o[1542] efeito de restringir a tutela que a lei nacional providenciava –, o n.º 2-*a)* determina que esta norma não implica a proibição de cláusulas que "concedam ao fornecedor de serviços financeiros o direito de alterar a taxa de juro ou o montante de quaisquer outros encargos aplicáveis, desde que correspondam a variações do mercado e sejam comunicadas de imediato, por escrito, à contraparte, podendo esta resolver o contrato com fundamento na mencionada alteração". O n.º 2, ao excepcionar esta al. *c)* de certos contratos, acrescenta um elemento que poderia ser-se tentado a incluir na apreciação da "razão atendível": as variações de mercado. Não parece que assim deva ser: este último factor é condição da excepção aberta relativamente a esta alínea e não elemento integrador dela.

A al. *b)* do n.º 2 alarga a excepção às cláusulas que "atribuam a quem as predisponha o direito de alterar unilateralmente o conteúdo de um contrato de duração indeterminada, contanto que se preveja o dever de informar a contraparte com pré-aviso razoável e se lhe dê a faculdade de resolver o contrato".

Não se aplica ainda a proibição – agora por força do n.º 3 – "às transacções referentes a valores mobiliários ou a produtos e serviços cujo preço dependa da flutuação de taxas formadas nos mercados financeiros", nem também "aos con-

[1542] Embora não necessário.

tratos de compra e venda de divisas, de cheques de viagem ou de vales postais internacionais expressos em divisas", nem, finalmente, a "cláusulas de indexação, quando o seu emprego se mostre compatível com o tipo contratual onde se encontram inseridas e o mecanismo de variação do preço esteja explicitamente descrito".

Também esta disposição é transcrita no Anteprojecto do Código do Consumidor (art. 223.º-*c*)).

O já várias vezes mencionado acórdão do STJ de 15 de Maio de 2008 (Mota Miranda), proferido em recurso de acção inibitória intentada pela DECO, pronunciou-se sobre a validade das seguintes cláusulas: *a)* "Por cada cartão será cobrada uma anuidade, actualizável pela CGD mediante prévia comunicação ao titular"; *b)* "A CGD fixará um limite de crédito que será comunicado confidencialmente ao titular. O referido limite poderá ser alterado pela CGD por sua iniciativa ou a solicitação do titular".

A decisão foi a de confirmar o acórdão da Relação recorrido, que as declarara nulas, por violação desta alínea, fundamentando assim, respectivamente: "Estabelece-se, nesta [primeira] cláusula [...], para além da obrigação de pagamento, pelo aderente à CGD, de uma quantia por ano, a possibilidade de alteração unilateral pela CGD, mediante prévia comunicação ao titular do cartão. Nela não se indica o seu montante, nem o critério para a sua actualização, nem o prazo para que a comunicação de alteração possa produzir efeitos, nem ainda quais os meios de que dispõe o titular do cartão para reagir, aceitando ou resolvendo o contrato". E: "Com efeito, embora seja de admitir a possibilidade de a CGD proceder a alteração unilateral da anuidade e do limite de crédito (tem de se atentar que o contrato é de execução continuada, podendo prolongar-se por vários anos, logo sujeito a alterações das condições de utilização e de capacidade económica do titular do cartão) essas alterações têm de salvaguardar a posição do aderente titular do cartão, com a concessão de prazo razoável para, conhecendo-as, se poder determinar, aceitando-as ou resolvendo o contrato. Por isso, não estando clausuladas as razões para essas alterações e sem a garantia de conhecimento atempado das alterações e da possibilidade de aceitação ou resolução, gera-se uma situação de desigualdade entre as partes e uma violação do princípio de confiança que as deve orientar"[1543].

[1543] Como de vê, não obstante a decisão de nulidade ter-se fundamentado na norma agora em análise, a argumentação – fazendo apelo reiterado à inexistência de pré-aviso

***d)* Estipulem a fixação do preço de bens na data da entrega, sem que se dê à contraparte o direito de resolver o contrato, se o preço final for excessivamente elevado em relação ao valor subjacente às negociações;**

Não é claro se se adopta nesta sede a designação corrente de "negociações" para referir os preliminares, ou se tem em vista a descrição do mercado ao tempo da fixação de preço. Supõe-se que se trate da primeira hipótese, o que implica uma errância de nomenclatura difícil de entender.

Esta proibição, pelo modo como se encontra formulada, colocará os problemas de prova que já antes foram assinalados, designadamente nas anotações às als. *a)* e *c)* do art. 21.º.

Em qualquer caso, a disposição suscita perplexidade, uma vez que, tendo como objecto cláusula que estabeleça que o preço dos bens será fixado – sem que se aluda sequer a um qualquer critério de determinação – na data da respectiva entrega, a consequência deveria ser, nos termos gerais do art. 400.º do Código Civil, a nulidade, por indeterminabilidade da prestação. E, ainda que assim não fosse, por se encontrar identificado o sujeito que a ela procederá, é de estranhar que, num contrato de compra e venda ou de fornecimento, se admita a determinação de um dos elementos essenciais por vontade unilateral e discricionária de um dos contraentes, para mais num contrato concluído com consumidores (ou equiparados), pelo predisponente. Não pode, no mínimo, dizer-se que há acordo das partes sobre esse elemento do contrato, constituindo, por isso, remédio insuficiente a atribuição do direito de resolução, sobretudo quando condicionado a "excessiva elevação" do preço "em relação ao valor subjacente às negociações".

Cláusulas segundo as quais a fixação do preço do bem ou do serviço será feita unilateralmente pelo respectivo fornecedor são paradigmáticas dos contratos de que se ocupa este diploma, em geral, e dos concluídos com consumidores, em especial. Jacques Ghestin[1544] dá notícia de cláusulas destas nas que foram incluídas como cláusulas abusivas típicas de contratos massificados pela Câmara de Comércio e de Indústria de Paris na sua sessão geral de 8 de Abril de 1976.

"razoável" como da possibilidade de o aderente resolver o contrato – parece fundar-se na al. *b)* do n.º 2 do art. 22.º.

[1544] *Traité...*, cit., p. 78.

Também Michael R. Will[1545] refere as cláusulas de "preço não vinculante" ou de "cálculo do preço na base de índices do dia da entrega", proibidas pela *AGB-G*.

Seria de esperar que a sua interdição assumisse carácter mais estrito, isto é, que não se compadecesse com a sua aceitação, desde que atribuído um direito de resolução ao consumidor. Esta é uma solução decepcionante num diploma desta natureza, o mesmo é dizer com a função que é a sua.

Sem que se pronuncie sobre esta disposição, mas sobre o conteúdo da directiva relativa às cláusulas abusivas, observa, com inteira razão, Sousa Ribeiro[1546] que uma norma relativa a cláusulas de reserva ou de aumento de preço (alínea *m)* do anexo) "parece insuficientemente restritiva, pois não fixa nenhum prazo para a alteração, não delimita o âmbito dessa faculdade unilateral aos contratos duradouros e considera esse direito suficientemente contrabalançado pelo direito de desvinculação da contraparte".

Esta al. *d)* mais não é do que uma espécie de concretização da alínea anterior e, relativamente a essa, prescinde, por um lado, de fundamento para a alteração e, por outro, não comina com a nulidade, antes admite a cláusula, quando se tenha previsto convencionalmente o direito de resolução "se o preço final for excessivamente elevado [...]".

Se bem que possa dizer-se que, no quadro da protecção do contraente dela carecido – o consumidor/aderente –, esta é uma norma incongruente com a finalidade da lei, há que ter-se em conta que o direito de resolução aqui consagrado talvez possa desempenhar uma função em alguma medida semelhante à que tem o direito ao arrependimento[1547] [1548].

Se o direito de resolução aqui previsto fosse completamente autónomo de qualquer apreciação da medida do preço unilateralmente estabelecido pelo utilizador ou predisponente das cláusulas, isto é, se constituísse um efeito automá-

[1545] Cit., pp. 87-88.

[1546] "O princípio da transparência...", cit., p. 83.

[1547] Consagrado, entre outros, nos contratos celebrados à distância ou fora do estabelecimento (o já citado Dec.-Lei n.º 24/2014, de 14 de Fevereiro, e nos contratos-promessa de transmissão de direitos reais de habitação periódica (arts. 17.º, n.º 3, e 19.º do Dec.-Lei n.º 275/93, de 5 de Agosto, alterado, designadamente, pelos Decs.-Leis n.ºs. 180/99, de 22 de Maio, 22/2002, de 31 de Janeiro, 76-A/2006, de 29 de Março, 116/2008, de 4 de Julho, 37/2011, de 10 de Março, e 245/2015, de 20 de Outubro).

[1548] A propósito do direito de arrependimento, v. os arts. 187.º a 193.º do Anteprojecto do Código do Consumidor, que o consagra como direito de exercício discricionário e extrajudicial.

tico daquela estipulação, estar-se-ia claramente perante uma espécie de direito de arrependimento, decorrente de reflexão ponderada do consumidor dos termos essenciais do negócio celebrado. Assim não sendo, julgo que a melhor interpretação desta al. *d)* é a de considerar que o preço é "excessivamente elevado" sempre que a sua não correspondência com o prometido e, por isso, expectável pelo aderente/consumidor for algo mais do que o resultado de um acerto diminuto, e que o direito de resolução não pressupõe necessário exercício judicial, antes é susceptível de exercício extrajudicial, como o é no regime geral (art. 346.°, Código Civil) e nos diplomas referidos na nota anterior[1549].

Menezes Leitão[1550] dá notícia do acórdão do STJ de 6 de Maio de 1993, de que foi relator Figueiredo de Sousa, em acção inibitória, que condenou uma "companhia de gás a abster-se de utilizar uma cláusula que lhe permitia alterar o preço a qualquer momento [...]".

Tal como a anterior, a proibição não se aplica "às transacções referentes a valores mobiliários ou a produtos e serviços cujo preço dependa da flutuação de taxas formadas nos mercados financeiros", nem "aos contratos de compra e venda de divisas, de cheques de viagem ou de vales postais internacionais expressos em divisas", nem ainda a "cláusulas de indexação, quando o seu emprego se mostre compatível com o tipo contratual onde se encontram inseridas e o mecanismo de variação do preço esteja explicitamente descrito", o que pode compreender-se, não deixando de comportar riscos.

Tal como as anteriores e as seguintes, esta norma é transcrita no Anteprojecto do Código do Consumidor (art. 223.°-*d)*).

e) Permitam elevações de preços, em contratos de prestações sucessivas, dentro de prazos manifestamente curtos, ou, para além desse limite, elevações exageradas, sem prejuízo do que dispõe o artigo 437.° do Código Civil;

Tanto quanto – ou mais do que – a anterior, esta alínea permite a alteração unilateral e discricionária do contrato pelo predisponente, ao total arrepio não

[1549] O que ficou dito não é, no essencial – isto é, no que respeita à função deste direito de resolução –, contraditório com a opinião expressa por Sousa Ribeiro, "O princípio...", cit., p. 98.

[1550] Cit., p. 45, nota 60.

apenas da *ratio* do diploma mas, até, do regime geral. Se bem que ela provenha directamente da directiva transposta, não só a sua consagração não era necessária como deveria ter sido evitada num quadro jurídico que providenciava maior protecção ao aderente, em geral, e ao consumidor, em especial. É fácil reconhecer o poder de influência que as grandes empresas, em especial em países economicamente mais desenvolvidos, moveram. Nem o legislador nacional teria de ser permeável a esse poder, nem ele se terá manifestado, como no sector da banca e instituições financeiras, com idêntica força.

Dela se pode dizer que, ainda mais do que outras – designadamente deste artigo –, constitui uma norma-surpresa: no quadro de um regime de protecção do aderente/consumidor, a autorização de uma cláusula que permita ao predisponente, na vigência de um contrato de execução duradoura, o aumento unilateral e incontrolado do preço, com o único limite de aviso da contraparte em prazo que não seja "manifestamente curto", constitui, inequivocamente, uma disposição com que o aplicador do Direito não poderia razoavelmente contar.

Pressupostos da admissibilidade são, pois, apenas o de se tratar de contrato de execução duradoura sucessiva e aviso da alteração em prazo que não seja "excessivamente curto", ou, sem dependência da duração do prazo de aviso (o que autoriza alterações com efeitos imediatos), o de a elevação não ser "exagerada". E, ainda, para que mais claro fique o amplo âmbito permissivo, se esclarece que a disposição não prejudica a aplicabilidade do regime do art. 437.º do Código Civil. Isto é, se ocorrer uma alteração anormal das circunstâncias supervenientes ao contrato, acompanhada da verificação dos restantes requisitos daquela disposição, a modificação ou resolução do contrato pode ser obtida pelo predisponente, com fundamento naquele regime geral. Não sendo inequívoco o sentido da ressalva da parte final desta al. *e)*, poderia admitir-se que ela visasse salvaguardar o direito do consumidor/aderente a resolver o contrato, se a elevação de preço fosse realizada pela contraparte "dentro de prazo[s] manifestamente curto[s]" ou se, não o sendo, fosse "exagerada". Não que esta hipótese interpretativa tenha grande plausibilidade: o remédio do art. 437.º não tem qualquer relação com alterações contratuais introduzidas por uma das partes.

Esta norma afigura-se em parte, pelo menos, contraditória com a do art. 19.º-*h)*, pois nada aqui indica que à alteração de preço tenha de corresponder uma "compensação adequada". No entendimento de que o art. 37.º tem também por objecto os regimes interiores ao Dec.-Lei n.º 446/85, dir-se-ia que aquela alínea do art. 19.º deveria prevalecer sobre esta permissão genérica, de modo que as elevações de preços só pudessem considerar-se admitidas quando ao aderente/

consumidor fosse proporcionada aquela compensação. Contra esta interpretação depõe, contudo, não apenas a letra da alínea em análise, mas, sobretudo, a sua inserção sistemática, numa sequência de disposições que se ocupam de alterações dos termos contratuais[1551]. Daí que não tenha grande esperança em tal hipótese interpretativa.

Pode, no entanto, argumentar-se que aquela proibição, sendo mais ampla do que esta e tendo, em parte o mesmo âmbito de aplicabilidade subjectiva, sobre esta prevalece, independentemente do recurso ao art. 37.º.

A permissividade de uma cláusula de alteração unilateral de um elemento essencial do contrato é de tal modo inesperada, numa lei com o objecto desta, que a análise das suas condicionantes até parece desinteressante.

Em contratos duradouros de prestações sucessivas, autoriza-se a elevação do preço, desde que o prazo para a entrada em vigor da alteração não seja "manifestamente curto"; caso o prazo seja "manifestamente curto", admite-se uma elevação do preço que não seja "exagerada". Nestes contratos, permite-se, pois, que o predisponente aumente unilateralmente o preço sem limite, desde que o faça dentro de um prazo que não seja considerado como "manifestamente curto"; pode também ele elevar o preço, desde que não "exageradamente", independentemente do prazo em que o faça.

Numa norma tão despudoradamente tuteladora do contraente forte (isto é, empresarial, em regra), resta pensar, por um lado, no que pode ser um prazo "manifestamente curto" e uma elevação "exagerada" e, por outro, em que soluções tem o aderente ao seu dispor para se libertar de um contrato em que o preço por ele devido subiu, em exclusiva razão dos interesses da contraparte e por única decisão dela. É-se tentado a ponderar o que – e em que medida – visa a lei proteger, mas os elementos disponíveis são inexistentes. Não havendo qualquer referência a uma causa – ainda que genérica – da elevação do preço, pode esta ser decidida, aparentemente, por qualquer motivo, incluídos aqueles que respeitem apenas ao predisponente: aumentar receitas em função de um projecto empresarial ou aumentá-las por si mesmas. Não se atribuindo aqui o (reiterado, mas insuficiente) direito de resolução pelo aderente/consumidor (ou equiparado) e prolongando-se os contratos por prazo que pode ser longo (desde que não "excessivo", por força da al. *a)*), nem sequer parece poder dizer-se que

[1551] Por mais inexplicável que seja esta permissão em contratos com consumidores ou equiparados.

a liberdade de alteração unilateral é atenuada pelas regras do mercado, isto é, que a contraparte insatisfeita poderá desvincular-se desse contrato e procurar outro operador económico que lhe ofereça, à partida (pois pode, também ele, vir a realizar as alterações que entender), melhores condições remuneratórias.

Como se verá de seguida, um preceito de qualidade técnico-jurídica muito duvidosa, a alínea seguinte, parece ter o sentido preceptivo útil de autorizar a extinção do contrato pelo aderente que viu o preço inesperadamente aumentado.

Para quem não crê[1552] na "mão", visível ou não, do mercado, como panaceia para a sua disciplina, não se vê que justificados interesses empresariais está a norma a tutelar proporcionalmente à desprotecção do aderente. As avaliações de duração de prazo ou de volume do aumento, na falta de um critério justificativo da permissão, far-se-ão naturalmente por recurso à boa fé, mas, aqui, desacompanhada de qualquer critério caracterizador, tenderão a ser crescentemente arbitrárias.

Porém, Almeida Costa e Menezes Cordeiro[1553] opinam que, "em contratos de prestações sucessivas, compreendem-se cláusulas que permitam elevações de preços, designadamente quando os aumentos dos custos o justifiquem". Em jeito de comentário, ocorre perguntar por que, se se tratava de providenciar medidas para fazer face a "aumentos dos custos", tal não ficou expresso na norma; ou, se as circunstâncias justificativas da intolerável manutenção inalterada do contrato pelo utilizador fossem (também) outras – difíceis de enumerar – por que não se previu a possibilidade de o utilizador pôr termo ao contrato com esse fundamento[1554].

Resta concluir vendo como pode o aderente reagir às elevações de preços permitidas clausularmente. Poderá, como em qualquer contrato de execução duradoura, se não tiver termo, denunciá-lo, com pré-aviso. Se o contrato tiver prazo, já este recurso, salvo se lançar mão da al. *f)*, que parece estar lá exactamente para essa hipótese, não é viável.

Noronha Nascimento[1555] refere uma cláusula que "permitia ao fornecedor alterar unilateralmente os preços de aluguer do contador sempre que o preten-

[1552] E a questão, mais do que racional, é de crença, o mesmo é dizer ideológica.

[1553] Cit., p. 53.

[1554] A bem dizer, o que intriga é por que não é o regime do art. 437.º do Código Civil suficiente para resolver tão intoleráveis situações.

[1555] Cit., p. 115.

desse", que foi declarada nula em acção inibitória, por violação da disposição agora em apreciação, no acórdão do STJ de 6 de Maio de 1993 (Figueiredo de Sousa), observando que "o exemplo descrito é sintomático porque das soluções aí defendidas é possível extrapolar para o fornecimento de outros serviços essenciais (água, telefone, electricidade) em casos análogos".

Se bem que não tenha fundamento legal claro, é de aplaudir a recusa de cláusula de alteração de preços em contratos de prestação de bens ou serviços essenciais.

Quanto ficou dito sobre o preceito não se funda na ignorância de que, em legislações em que a protecção do consumidor pode considerar-se, nos tempos que correm, quase exemplar, como a brasileira, também se encontram disposições permissivas da alteração de preços pelo fornecedor. O Código de Defesa do Consumidor brasileiro proíbe, no art. 39.º inciso X, a elevação "do preço de produtos ou serviços" "sem justa causa", e o inciso XI do mesmo artigo a aplicação de "fórmula ou índice de reajuste diverso do legal ou contratualmente estabelecido", o que contém a permissão de elevações unilaterais de preços com "justa causa", bem como a aplicação de fórmulas de "reajuste" clausularmente estabelecidas, mau grado os perigos para o consumidor que ambas as autorizações comportam. Em disposição cuja interpretação carece de detenção que nesta sede não se pode permitir, o art. 51.º inciso X do mesmo Código comina com a nulidade cláusulas que "permitam ao fornecedor, direta ou indiretamente, variação do preço de maneira unilateral". O mesmo diploma veda as elevações de preço que tenham constituído objecto de orçamento – obrigatório nos casos e termos do art. 40.º –, determinando o § 2.º do mesmo artigo que, "uma vez aprovado pelo consumidor, o orçamento obriga os contraentes e somente pode ser alterado mediante livre negociação das partes", e o § 3.º que "o consumidor não responde por quaisquer ônus ou acréscimos decorrentes da contratação de serviços de terceiros, não previstos no orçamento prévio".

Compreende-se que, num sistema de mercado, seja difícil resistir às exigências empresariais de alterações de preços em momento subsequente à celebração do contrato, quando este for duradouro ou implicar a realização de actos de cumprimento por terceiros, mas supõe-se que seria possível admiti-las em termos mais facilmente susceptíveis de controlo judicial, atenta a impossibilidade fáctica de o aderente recusar a cláusula que as prevê e a dificuldade de apreciação que formulações amplas como a de "justa causa" fundadamente suscitam.

f) Impeçam a denúncia imediata do contrato quando as elevações dos preços a justifiquem;

Numa orientação que já por várias vezes se censurou, adopta-se aqui, mais uma vez, uma noção de denúncia que não corresponde àquela que é a maioritária e que está subjacente a esta lei em outros preceitos.

Como instrumento de reacção a elevações unilaterais de preços, admite-se o exercício do direito de "denúncia", proibindo-se a sua exclusão convencional. Embora o âmbito permissivo da disposição não seja linear, a sua interpretação, em articulação com a anterior, parece revelar que os aumentos proibidos de preços podem ter como consequência a denúncia do contrato e não a mera e óbvia nulidade associada à proibição legal.

Fica sem ser claro se a denúncia aqui referida é, também ela, clausularmente prevista, embora pareça que não, antes tratar-se de direito por esta disposição conferido, como forma de defesa do aderente/consumidor perante as elevações de preços, proibidas ou permitidas. A assim ser, o conteúdo mais interessante da norma é o da atribuição de um direito a extinguir imediatamente o contrato quando o predisponente tenha aumentado o preço.

Seja qual for, porém, o sentido exacto da norma, se ela representar, como tudo indica, um instrumento de reacção ao dispor do aderente/consumidor a uma das iniciativas do predisponente autorizadas na alínea anterior, melhor fora que nessa mesma tivesse ficado consagrado.

O problema seguinte é evidentemente o de tentar apurar o que são "elevações de preços" que "justifiquem" a "denúncia". Duas hipóteses se colocam do ponto de vista interpretativo:

– a de entender que essas são apenas aquelas que a alínea anterior proíbe;

– ou a de admitir que também o são quaisquer outras que não sejam expectáveis pelo aderente, ou que não tenham fundamento ou volume justificado.

Cumprindo, na medida do possível que é escassa, o mandamento da lei e presumindo, por isso, que o legislador consagrou as soluções mais acertadas, preferir-se-á uma leitura desta alínea que – com todas as críticas que ela justifica – signifique que o consumidor/aderente não pode renunciar ao direito de denúncia do contrato nos casos de elevações de preços legalmente permitidas, mas que tornem o contrato, de forma objectiva, justificadamente desinteressante.

Sublinha-se que o Anteprojecto do Código do Consumidor transcreve, no seu art. 223.º-*f)*, esta norma.

_g)_ Afastem, injustificadamente, as regras relativas ao cumprimento defeituoso ou aos prazos para denúncia dos vícios da prestação;

Numa interpretação benevolente, é de entender que a norma não se ocupa do direito à indemnização, salvo quanto aos prazos para a denúncia dos defeitos da prestação, pois a questão do afastamento convencional da responsabilidade obrigacional está copiosamente prevista. Trata-se de interpretação longe de declarativa, já que a norma proíbe tanto as cláusulas que "afastem, injustificadamente, as regras relativas ao cumprimento defeituoso" como as que respeitem ao afastamento injustificado dos "prazos para denúncia dos vícios da prestação". Cumprindo o n.º 3 do art. 9.º do Código Civil, parece-me, contudo, a melhor solução interpretativa, uma vez que entender que aqui se proíbem cláusulas modificadoras do regime do cumprimento defeituoso seria, à uma, parcialmente redundante com o art. 18.º-*c)* e *d)* e com o art. 21.º-*d)*, e, à outra, com eles contraditório.

Sendo uma das consequências do cumprimento defeituoso – não única, mas importante, sobretudo se se tiver em consideração que a indemnização deve primordialmente ser específica – a obrigação de indemnizar do devedor ao credor, esta não pode ser excluída, de acordo com as primeiras das mencionadas disposições, se o não-cumprimento pontual for doloso ou gravemente culposo, ou, como se viu, na anotação à al. *c)* do art. 18.º, independentemente do grau de culpa, para muitos autores. Do meu ponto de vista, designadamente por força do art. 809.º do Código Civil, prevalecente sobre a citada disposição deste diploma, em razão do respectivo art. 37.º.

Para todos os deveres que impendem sobre o devedor/predisponente em casos de cumprimento defeituoso – no quadro dos contratos objecto desta alínea –, determina o art. 21.º-*d)* a proibição de cláusula que os exclua. A entender-se que, na norma agora em análise, está previsto proibitivamente o afastamento convencional do regime geral do cumprimento defeituoso, na medida em que proteja o credor/aderente, tal teria de significar que se admitem cláusulas afastadoras daquele regime de tutela do credor, desde que o afastamento fosse considerado justificado, o que não é concebível, e, se se tivesse de admitir, seria prejudicada, em última instância, pelo art. 37.º deste Decreto-Lei.

Destas reflexões decorreria, pois, uma interpretação restritiva desta al. *g)* às cláusulas que "afastem, injustificadamente, as regras relativas [...] aos prazos para denúncia dos vícios da prestação". Parece-me, porém, convincente a solução de Sousa Ribeiro[1556] de entender que, "muito embora se mencionem apenas os prazos de denúncia, cremos que o controlo deve ser extensivamente aplicável a todos os prazos que condicionam o exercício dos direitos decorrentes daqueles vícios". Não obstante o autor ter em vista sobretudo os "prazos extremamente curtos, submetidos, a mais disso, a um regime em que os traços característicos jogam, todos eles, em desfavor do adquirente", não tendo em conta o regime do Dec.-Lei n.º 67/2003, de 8 de Abril[1557], creio que a extensão interpretativa é admissível e desejável, já que, tendo algum apoio na letra da lei, permite tutelar o aderente, quando ele não seja um consumidor no sentido daquele diploma, por se aplicar a disposição agora em análise a outros sujeitos que não sejam consumidores em sentido estrito.

Não sendo esta sede própria, não justifico a discordância do autor citado, quando afirma[1558] que "as «regras relativas ao cumprimento defeituoso» apontadas como padrão de referência só podem ser, na ausência, na parte geral do direito das obrigações, de normas especificamente atinentes a esta forma de incumprimento, as que, em certos tipos legais de contrato, disciplinam os vícios da prestação". O que não impede que esteja de acordo com ele, quando escreve[1559] que, "como a grande maioria [...] [das] disposições tem carácter imperativo, tudo parece apontar, levando ainda em conta a regulação, na 2ª. parte, das convenções sobre prazos, para uma muito diminuta margem de actuação da 1ª. parte do art. 22.º, al. *g)* [corrigido por mim]".

Já Menezes Leitão[1560], depois de assinalar que "esta norma tem de ser conjugada com o art. 18.º c) LCCG, bem como com o art. 21.º d) LCCG, já que proíbem tanto a exclusão da responsabilidade como o afastamento dos deveres impostos em caso de cumprimento defeituoso da obrigação", conclui que ela "apenas pode respeitar às regras instrumentais relativas ao cumprimento defeituoso, como são os prazos relativos ao exercício de direitos".

Almeida Costa e Menezes Cordeiro[1561] limitam-se a escrever que "o cumprimento defeituoso é objecto, no direito comum, de várias normas, gerais ou especiais. Essas normas traduzem o que ao legislador pareceu mais equilibrado.

1556 "Responsabilidade e garantia...", cit., pp. 174 a 179.
1557 Alterado pelo Dec.-Lei n.º 84/2008, de 21 de Maio.
1558 *Ibidem*, p. 170.
1559 Pp. 170-171.
1560 Cit., p. 46.
1561 Cit., p. 53.

Compreende-se, pois, que a alínea [...] [*g)*] se oponha ao afastamento injustificado dos referidos preceitos". À uma, a proliferação de normas acerca do cumprimento defeituoso é mais característica deste diploma do que do "regime comum". À outra, as disposições do chamado regime comum são, pelo menos na sua grande maioria, imperativas, pelo que, a ser a atribuição desse carácter a tais preceitos, esta alínea seria inútil e, além disso, deficientemente redigida. Finalmente, ainda que no quadro deste regime não existissem outras disposições atinentes ao cumprimento defeituoso, sempre seria pelo menos muito discutível que se viesse neste contexto, permitir o afastamento da tutela do credor/consumidor quando "justificado" (por quê?) quando, no regime geral, tal não se autoriza.

Fixando imperativamente o referido Dec.-Lei n.º 67/2003, de 8 de Abril, regras para a compra e venda, fornecimento e locação de bens de consumo, o âmbito de aplicação da norma que agora se analisa estará circunscrito, quanto aos tipos contratuais, no essencial, à prestação de serviços e, subjectivamente, como se disse, aos aderentes não consumidores, tal como caracterizados naquele diploma.

E, quanto a estes contratos, comina-se com a nulidade cláusulas que imponham, por exemplo, prazo mais curto do que o geral para a denúncia do vício da prestação, forma especial para essa denúncia[1562], bem como qualquer outra que altere, em prejuízo do aderente/consumidor, o regime geral do cumprimento defeituoso em qualquer subtipo contratual, como, por exemplo, a empreitada.

Sousa Ribeiro[1563], considerando que as partes são livres na conformação da prestação, diz que, "nessa medida, nada obsta a que os contraentes, na prossecução de interesses particulares, afastem esses critérios [os legais], estabelecendo um padrão de qualidade superior ao normal ou, inversamente, inferior [...]. Para além das estipulações expressas, nesse sentido, uma cláusula de não-garantia está mesmo implicitamente contida na conformação típica de transacções muito usuais no tráfico, como, por exemplo, na venda de bens em segunda mão [...] ou outras semelhantes. Mas reconhecer, nessas condições, uma tal faculdade exoneratória ao predisponente não significa admitir, sem mais, que «a cláusula de não-garantia tenda a escapar ao controlo da Lei das Cláusulas Contratuais Gerais

[1562] Trata-se de um esforço de imputar sentido útil à norma, pois a hipótese de forma especial para a denúncia sempre pode considerar-se vedada pela al. o) deste mesmo artigo.

[1563] "Responsabilidade e garantia...", cit., pp. 171 a 173.

por dizer respeito à autonomia que as partes possuem (aí incluído o utilizador desse processo de contratação) de definirem o âmbito das suas vinculações». [...] Entre [os] [...] limites [à liberdade contratual], e dos mais significativos, contam-se justamente os traçados pelo DL n.º 446/85, com destaque para os que visam assegurar a efectiva materialização das legítimas expectativas do aderente na integridade e aptidão funcional do objecto da prestação". E o autor[1564], utilizando a expressão "quadro negocial padronizado", defende que as "consequências obrigacionais típicas" deste, "juntamente com o conteúdo do acordo singular, fornecem ao aderente a base da sua confiança em que a prestação a que tem direito corresponde à pretendida, não podem ser injustificadamente contrariadas por restrições anómalas previstas em c.c.g.. [...] Daí que, e em homologia com o explicitamente disposto em matéria de responsabilidade contratual [...], nem só a directa exclusão de garantia, como também a modificação do conteúdo do contrato de que ela indirectamente resulte, deverão ser medidas e valoradas com o critério apontado pelo art. 22.º, al. *g)* [correcção minha]".

Tal como disse na anotação ao art. 18.º-*a)*, e pelas mesmas razões, não partilho esta opinião, se bem que tenha pena de não o poder fazer, pois ela daria um sentido à disposição, de que assim se vê privada.

Pelo que respeita ao afastamento do direito à reparação ou à substituição da prestação, tenho muitas dúvidas sobre a possibilidade de o considerar compreendido nesta proibição e não nas anteriormente referidas, porquanto é defensável que ou se trata do originário direito de crédito, que não pode ser modificado, ou de forma de indemnização em espécie, incluída portanto nos direitos indemnizatórios.

Apesar das dificuldades que a interpretação da disposição comporta, também ela é reproduzida no art. 223.º-*g)* do Anteprojecto do Código do Consumidor.

h) Imponham a renovação automática de contratos através do silêncio da contraparte, sempre que a data limite fixada para a manifestação de vontade contrária a essa renovação se encontre excessivamente distante do termo do contrato;

Contém-se aqui uma proibição excessiva e duplamente tímida, a meu ver, de atribuição de valor declarativo ao silêncio. Por que não proibir cláusulas

[1564] *Ibidem*, pp. 173-174.

que confiram ao silêncio do aderente qualquer conteúdo declarativo? Justifica-se, esclareceria definitivamente esse sentido na al. *d)* do art. 19.° e tornaria esta norma mais acertada; além de que evitaria outras hipóteses clausulares do mesmo género.

Por outro lado, as cláusulas que prevejam a renovação do contrato – independentemente de operaram através do silêncio (embora seja essa a forma por que tipicamente operam) –, mesmo que o prevejam a partir de declarações tácitas, por exemplo, são paradigmáticas de cláusulas onerosas para o aderente, justificando a sua proibição, *maxime* quando em contratos com consumidores. A. Genovese[1565] utiliza o exemplo dos contratos de seguro, para mostrar como a obtenção de prazos de duração muito longos para tais contratos correspondem ao interesse das empresas seguradoras sem que tal tenha qualquer contrapartida para os segurados que podem ter – e muitas vezes têm – interesse em fazer terminar tais contratos, substituindo-os por outros mais vantajosos. Gino Gorla[1566] coloca o problema de saber se as cláusulas de renovação tácita devem, por interpretação extensiva, ser incluídas nas *vessatorie*, dizendo que "a opinião prevalente parece ser a de que tais cláusulas reentram na previsão do art. 1341 cpv, se operam só a favor de uma das partes, ou ainda, no caso de cláusulas recíprocas, se as condições gerais foram predispostas por uma só das partes".

Teria sido porventura preferível que se tivessem juntado numa só norma esta e a proibição da al. *a)*, pois ambas têm o escopo de evitar que o aderente fique vinculado negocialmente à contraparte por tempo excessivamente longo. Explico-me. Na doutrina italiana, ordem jurídica em que são, desde o Código Civil, proibidas as cláusulas de renovação tácita ou de prorrogação do contrato, mesmo quando bilaterais, elas são consideradas como limitativas do estabelecimento de relações contratuais do aderente com terceiros, o que é certo e não apenas para os aderentes profissionais. Se um consumidor tiver de ficar ligado contratualmente durante período muito longo a um profissional, seja por ser excessivo o prazo do contrato (hipótese prevista na al. *a)* deste artigo), seja porque o contrato se renova ou prorroga, salvo se ele se opuser expressamente a tal, fica realmente impedido de procurar no mercado operador preferível para contratar com vista à satisfação do mesmo interesse, pois não faz sentido que tenha em vigor dois contratos para resolver a mesma necessidade.

[1565] "Le condizioni generali...", cit., p. 668.
[1566] Cit., pp. 117-118.

A renovação automática do contrato pode violar a boa fé, independentemente de a oposição a ela ter de ser realizada com grande antecipação relativamente ao termo do contrato. Espera-se que a boa fé seja, a este propósito, utilizada autonomamente para apreciar da validade da cláusula, fora do estreito contexto literal da disposição. A inexplicável[1567] permissividade deste preceito, se comparado com o do art. 19.º-*d)*, tem de ser superada pela prevalência desta última disposição, dado que esta a consome, por assim dizer. Na verdade, está-se nesta norma perante uma ficção de "manifestação de vontade" baseada no silêncio: esta é proibida por aquele art. 19.º-*d)*. E, para os contratos a que esta al. *h)* se destina, justifica-se um regime mais restritivo da previsão clausular de atribuição de valor declarativo ao silêncio, tendo em conta a comummente reconhecida maior necessidade de protecção do contraente-aderente que neles é parte. É admissível que a lei tenha pretendido esclarecer a questão específica da cessação de contratos com prazo, renováveis automaticamente, por força de cláusula nesse sentido. O que não pode aceitar-se é que o faça em termos tão respeitadores do conteúdo clausular a que o consumidorficou contratualmente submetido. Não se enxerga motivo para que, prevista a renovação por cláusula nesse sentido, se haja que admitir que a convenção de que o silêncio do aderente/consumidor valha para que a renovação opere, se o momento para a oposição à renovação não estiver "excessivamente distante do termo do contrato".

A mera existência de duas cláusulas (: a que prevê a renovação automática e a que atribui ao silêncio o sentido de concordância com aquela renovação) não se afigura – nem de longe – bastante para afastar o regime proibitivo do art. 19.º-*d)*, para mais – repete-se – em contratos com consumidores ou equiparados.

Realce-se que a norma não se refere a contratos renováveis por força de lei, isto é, a oposições à renovação legal automática, mas àqueles que são renováveis clausularmente. Por ser esse o seu conteúdo me parece criticável o condicionamento da nulidade da cláusula à previsão de que o prazo para obstar à renovação tenha de ser "excessivamente distante do termo do contrato". Em última análise, o que aqui se previne é a cláusula que, no essencial, permita a prorrogação ou renovação do contrato por decisão unilateral do predisponente.

[1567] É explicável pelo decalque da cláusula prevista na al. *h)* do anexo da directiva, mas isto não é explicação aceitável num diploma que já existia e manteve normas mais tuteladoras do aderente em geral, e do consumidor em particular.

Circunscrevendo-me ao teor literal da norma, é minha opinião que, nos conteúdos contratuais previstos por este diploma, a atribuição de valor declarativo ao silêncio deveria ser, se não sempre[1568], como já disse, quase sempre vedada.

Observe-se – por repetição – que o facto de a lei não distinguir entre as partes, na regulação do valor do respectivo silêncio para a renovação do contrato é irrelevante, do ponto de vista da tutela do aderente/consumidor, pois só esta está em causa, quer teleológica quer sociologicamente.

Recorde-se ainda, repetindo, o que, a propósito da al. *d)* do art. 19.º, ficou escrito: aí se proibindo quaisquer ficções de manifestações de vontade "com base em factos para tal insuficientes", por maioria de razão, se encontram proibidas as cláusulas de renovação do contrato em razão do silêncio do aderente/consumidor.

Repare-se que "a renovação automática de contratos" por disposição clausular tem – para além do insuficientíssimo preceito agora em causa – de ser avaliada à luz da al. *a)* deste art. 22.º, pois dela pode decorrer (decorrerá, por vezes, supõe-se) que o prazo total de vigência do contrato seja excessivo.

Observe-se ainda que esta norma é também tímida num outro aspecto: só proíbe a renovação do contrato por silêncio do consumidor ou equiparado, quando já o Código Civil italiano determinava, no seu art. 1469.º bis, que não se fixasse contratualmente um prazo excessivamente antecipado relativamente ao termo do contrato para a oposição à renovação (não o silêncio) daquele.

Problema que tem pertinência é o de saber se este preceito não interdita igualmente as cláusulas que prevejam a prorrogação do termo do contrato; embora a letra se refira apenas à "renovação", constituindo a prorrogação automática do tempo de duração do contrato um regime de efeitos praticamente idênticos aos das cláusulas aqui proibidas, creio que é muito defensável uma interpretação extensiva dele no sentido de a proibição compreender tanto a "renovação" como a prorrogação do contrato. Como ficou dito no texto introdutório, no direito italiano, o regime aplicável a ambas era o mesmo e mais proibitivo do que o nacional, porquanto como *vessatorie* eram qualificadas estas cláusulas, sempre que o efeito de extensão temporal do contrato resultasse de declarações tácitas.

Da reprodução do preceito no Anteprojecto do Código do Consumidor nada se diz, por completa – embora não isolada – incompreensão.

[1568] Creio que o deveria ser sempre.

Neste contexto, não é admissível a omissão da referência a uma questão muito relevante, designadamente em contratos de fornecimento de bens ou serviços essenciais[1569]: a da necessidade da sua renovação automática, por forma a não privar o aderente[1570] desses bens ou serviços de forma inopinada, por inesperada[1571]. Nesses contratos, a renovação deverá ser imposta por lei, sem que se prive o adquirente da possibilidade de terminar o contrato, por oposição à renovação, com pré-aviso razoável.

***i)* Confiram a uma das partes o direito de pôr termo a um contrato de duração indeterminada sem pré-aviso razoável, excepto nos casos em que estejam presentes razões sérias capazes de justificar semelhante atitude;**

Norma aditada pelo Dec.-Lei n.º 220/95, que visou introduzir neste diploma a al. *g)* do n.º 1 do anexo da directiva, que estabelece que pode ser considerada abusiva a cláusula que tenha como objecto ou como efeito "autorizar o profissional a pôr termo a um contrato de duração indeterminada sem um pré-aviso razoável, excepto por motivo grave".

Existindo no Dec.-Lei n.º 446/85 a al. *b)* deste mesmo artigo, não se justificava, julgo, a inclusão desta disposição. Existia, e persiste, um regime mais protector do consumidor, coerente aliás com o regime geral[1572], pelo que o acolhimento de outro, em parte desconforme com o primeiro, só pode gerar confusão.

Incompreendo inteiramente este regime. Ou ele adopta uma noção de denúncia diversa da de outras disposições do diploma – já que implica, na sua aplicabilidade, uma apreciação dos motivos que a fundamentam –, ou repete posição acolhida unanimemente em matéria de denúncia, com uma excepção

[1569] Estes contratos são designados por uma corrente da doutrina brasileira por "contratos cativos de longa duração" – v. Heineck Scmidtt, *Cláusulas Abusivas...*, cit., pp. 77 a 79.

[1570] E tal justifica-se quanto aos consumidores como quanto a outros aderentes, mesmo profissionais.

[1571] Usa-se o padrão da diligência exigível, pois é sabido como a generalidade das pessoas não cuida de saber qual o prazo de duração do contrato de fornecimento de electricidade, de água, de gás, de serviço telefónico...

[1572] Como de diz na anotação à al. *b)*, ela repete os regimes gerais já existentes.

que lhe é desconhecida e que é incongruente com a al. *b)*, hipótese que se me afigura, do ponto de vista interpretativo, mais plausível.

A desconformidade desta norma com a da al. *b)* manifesta-se, por um lado, no facto de a primeira, em coerência com a teleologia do artigo, apenas proibir a cláusula quando ela beneficiar o predisponente, sendo aqui, segundo a letra, indiferente a parte a que se atribua o direito de extinguir o contrato[1573]. Mas o aspecto mais significativo da diversidade deste preceito relativamente ao daquela al. *b)* encontra-se no facto de este exigir, como condição da proibição, que inexistam "razões sérias capazes de justificar semelhante atitude", isto é, a extinção do contrato duradouro sem termo.

Das duas, uma: ou se está perante uma denúncia, o que parece indiciado pela natureza dos contratos a que se aplica e pela referência à necessidade de "pré-aviso razoável"; ou se está perante uma resolução, que, como qualquer resolução, tem de ter fundamento legal ou convencional, mas dispensa pré-aviso e não tem um campo de aplicação restringido aos contratos "de duração indeterminada". Qualifique-se como se qualificar[1574], admite-se aqui uma estipulação que outorgue ao predisponente o direito de extinguir discricionariamente "um contrato de duração indeterminada", desde que o faça com pré-aviso razoável. Muito bem: é este o regime geral e já se encontrava reafirmado na al. *b)*. Mas esta norma permite mais: que o mesmo contraente provoque a extinção do contrato duradouro, sem prevenir com antecipação razoável o aderente/consumidor, desde que se verifiquem "razões sérias" consideradas justificativas desse comportamento. A que corresponde esta permissão? À consagração de um fundamento legal de resolução: "razões sérias"? Parece ser o caso: estabelece-se aqui, na forma de conceito indeterminado, um fundamento de resolução restrito aos contratos duradouros sem termo.

A norma transforma o "motivo grave" da disposição comunitária em "razões sérias", expressão literalmente mais permissiva, na aparência pelo menos, do que a da directiva. Quanto a este aspecto, é indiscutível que a interpretação

[1573] Como ficou dito na introdução e já foi repetido em várias anotações, sempre que uma cláusula proibida favoreça ambas as partes, deve entender-se que a sua proibição só a visa na medida em que beneficie o predisponente. Deveriam, contudo, ter sido evitadas estas formulações que podem comportar interpretações desconformes com a teleologia da lei.

[1574] Parece ser esse o pressuposto do legislador.

deverá ser, de acordo com a directiva, no sentido da exigência de gravidade da razão ou motivo invocados.

O aspecto em que a norma se revela mais censurável é, contudo, o de lançar o intérprete em situação de dificuldade: perante uma cláusula que preveja a denúncia de um contrato de duração indeterminada sem pré-aviso – ou sem que ele tenha uma medida razoável –, verificados certos factos que podem ser reputados de sérios, que dizer da cláusula? Válida nos termos desta alínea ou nula nos da al. *b)*?

Num domínio em que se impõem acrescidos motivos de acautelamento, contendo a lei uma previsão reforçada relativamente à da directiva, por que introduzir a dela, quando a nada obrigava aquela?

Não que não seja compreensível o regime da directiva: sendo os contratos duradouros, podem as condições de fornecimento dos bens ou dos serviços ter-se alterado de tal forma que seja considerado justificadamente inexigível que o profissional[1575] continue a realizar a prestação a que se obrigou. Dir-se-á: mas, para tal quadro, além do regime geral do art. 437.º do Código Civil, dispõe ainda o predisponente da autorização de elevação de preço constante da al. *e)* do mesmo número deste artigo. E não poderá objectar-se que haverá situações em que, mais do que uma alteração de preços, ao predisponente convenha a extinção do contrato, pois, para tal objectivo, dispõe justamente do regime do art. 437.º. Se este último remédio foi considerado insuficiente[1576], daí só pode extrair-se a conclusão de que se quis facultar ao predisponente a possibilidade de fazer cessar o contrato em condições menos restritas ou difíceis do que as daquele dispositivo legal. As "razões sérias" não têm de constituir consequência de alteração das circunstâncias ou não têm de consubstanciar afectação do princípio da boa fé na exigência da continuação do cumprimento pontual, ou, ainda, podem encontrar-se compreendidas dentro dos riscos próprios do contrato? Ou nada disto é assim, mas quis autorizar-se uma cessação do contrato por via extrajudicial, poupando ao predisponente o tempo, os custos e a incerteza de uma decisão judicial, proporcionando-lhe um meio mais expedito e certo de extinguir o contrato que deixou de lhe interessar?

Percebe-se, como ficou dito, os interesses que a disposição da directiva visa proteger: são conveniências empresariais e não as dos consumidores. É uma

[1575] Nas hipóteses mais frequentes.

[1576] Por, implicando o recurso aos tribunais, ser oneroso e moroso,designadamente.

opção legislativa de que discordo, mas que, num quadro[1577] de protecção e preterição de interesses, tem fundamento perceptível. O que já é mais difícil de justificar é a opção legislativa nacional quando, no âmbito do mesmo diploma e do mesmo artigo, justapõe duas normas divergentes.

A única saída para este imbróglio estará em entender prevalecente a al. *b)*, se for o predisponente do contrato a invocar o direito conferido pela cláusula, atento o motivo da inserção desta, a *ratio* da directiva transposta e a do diploma em que a norma foi incluída; aplicar-se-á apenas esta alínea se for o aderente a pretender prevalecer-se do direito. No que discordo por completo de Filipe Vaz Pinto[1578] que toma posição sobretudo em razão de uma alegada anterioridade da al. *b)* relativamente a esta e de uma vontade legislativa de alterar o regime anterior. Não há qualquer alteração, pois os dois regimes mantêm-se e *no mesmo diploma*. Há uma divergência que tem de ser – e pode sê-lo – resolvida em termos interpretativos que não impliquem qualquer diminuição da protecção do consumidor.

Não se ignora que, na interpretação que se deixou proposta, há uma redundância: a de que a proibição só respeita[1579] ao predisponente. Mas, num texto legal deste teor, não pode exigir-se total coerência ao intérprete.

Pode configurar-se uma última hipótese interpretativa: tendo a norma em vista as cláusulas resolutivas, para que alguma coerência legislativa interna seja preservada, terá ela de ser interpretada no sentido da nulidade de convenção que confira ao predisponente o direito a resolver fora das hipóteses – *maxime* a de incumprimento definitivo culposo[1580] – previstas no regime geral, salvo se o fundamento da resolução for convencional e revestir determinação de conteúdo e gravidade que a justifiquem. Seja esta a (ou uma das) interpretação da lei, e melhor teria sido inquestionavelmente que o tivesse previsto de forma explícita, por um lado, e, por outro, que não restringisse a nulidade da cláusula aos contratos duradouros e não referisse, como fundamento do direito, o conceito indeterminado de "razões sérias capazes de justificar semelhante atitude", formulação de rigor técnico mais do que duvidoso.

[1577] Como é o de todo o Direito, mormente o privado.

[1578] Cit., p. 66.

[1579] As proibições respeitam, todas e sempre, aos direitos conferidos voluntariamente aos predisponentes/utilizadores.

[1580] Ou a de alteração das circunstâncias ou qualquer outra contida, designadamente, no regime especial do tipo contratual que esteja em causa.

Tem de reconhecer-se que a referência a contratos de execução duradoura sem termo constitui um significativo elemento teleológico no sentido de fazer prevalecer este regime relativamente ao da al. *b)* nesses contratos. Como se deixou referido, a razão por que a directiva previu estas situações pode ter sido – mais do que a proibição – a de admitir a extinção destes contratos pelo predisponente, quando, em razão das circunstâncias entretanto sobrevindas durante o período temporal de duração do contrato, este tenha deixado de lhe interessar por "motivo grave"[1581].

Nada do que ficou observado foi considerado relevante pelo legislador do Anteprojecto do Código do Consumidor, em que a norma se encontra transcrita.

j) Impeçam, injustificadamente, reparações ou fornecimentos por terceiros;

Esta disposição tem um conteúdo que, pelo menos em alguma parte, se confunde com o do art. 19.º-*e)*: com teores literais diferentes, o que se visa é permitir, designadamente ao adquirente de bens, mau grado cláusula em contrário, que se socorra de terceiros para serviços de assistência ou de reparação dos bens ou para a aquisição de peças para eles, sem que esse recurso precluda a responsabilidade[1582] do fornecedor pelos respectivos defeitos. Isto, salvo, obviamente, quando a intervenção dos terceiros tiver constituído causa ou contribuído causalmente para o defeito ou avaria. Só nestas hipóteses haverá justificação para que a intervenção de terceiros seja afastada ou para que, tendo ela tido lugar, precluda – na medida da causalidade do prejuízo – o direito do aderente à reparação ou substituição do bem e à indemnização, pelo fornecedor, dos danos sofridos.

No sentido de que as duas normas visam as cláusulas que tenham por objecto "a interdição do recurso a terceiros [...] como condição de subsistência da garantia" e no de que "o que, no fundamental, preocupa o predisponente é a susceptibilidade de ser chamado à responsabilidade por força de deficiências ou imperfeições do objecto da prestação por si efectuada, provocadas (ou agravadas) por

[1581] Que tanto pode dizer respeito ao mercado como à empresa fornecedora.

[1582] O termo é aqui utilizado num sentido mais amplo do que aquele que é o seu técnico-jurídico.

uma inadequada intervenção de terceiro", opinando que a norma do art. 19.º-*e)* "é inteiramente dispensável nas relações com consumidores finais [...], pois o seu dispositivo tutelador está contido no âmbito um pouco mais lato do art. 22.º, al. *j)* [correcção minha]", e que "o seu conteúdo poderia vir expresso apenas num único preceito, atribuindo-se-lhe então alcance geral (o que implicaria a sua colocação no art. 19.º) [...] [pois este] abrange, em rigor, toda e qualquer intervenção destes na área funcional do contrato, e não apenas a actividade que se mostre necessária à eliminação dos defeitos da prestação inicial. Estão, assim, contempladas, para além das reparações, certas prestações auxiliares que não pressupõem um cumprimento imperfeito (a montagem de peças fornecidas em separado, a assistência em determinado período pós-venda, para fins de manutenção, por exemplo)", Sousa Ribeiro[1583]. O autor observa ainda[1584] que se poderá "notar, ainda assim, que o art. 22.º, al. *j)* [corrigido por mim] é, sob este aspecto, um pouco mais restritivo do que o art. 19.º, al. *e)*, pois não abrange prestações de *facere* que não constituam reparações (do tipo das prestações auxiliares exemplificadas em texto)". Trata-se de opinião que subscrevo. Creio que uma redacção re-elaborada do preceito, a ficar colocado no art. 19.º, seria a solução preferível.

Sousa Ribeiro[1585] observa que, "à partida, não pode negar-se, sem mais, o reconhecimento de um interesse legítimo do predisponente em querer assegurar ele próprio as reparações ou fornecimentos que se mostrem indispensáveis" e que "esse exclusivo de intervenção é, em princípio, o justo contrapólo da responsabilidade que ele assume: aos riscos ligados a essas prestações (o seu insucesso, a produção de novos danos, etc.) deve corresponder uma esfera de actuação livre da intromissão de terceiros, quanto mais não seja para se furtar às dificuldades (de índole probatória, sobretudo) de destrinça de responsabilidades. Só quando o impedimento do recurso a terceiros se filie em razões arbitrárias, ou o predisponente queira retirar da sua inobservância consequências indevidas ["«suspeito» não é tanto, na verdade, o impedimento em si (fundado, como pode estar, em boas razões), mas a sua estipulação como causa justificativa de uma total isenção de responsabilidade, em caso de desrespeito"], é que a proibição actua, tornando ineficaz a cláusula que o estipule".

[1583] "Responsabilidade e garantia...", cit., pp. 167 e 168.

[1584] *Ibidem*, p. 167, nota 134.

[1585] *Ibidem*, pp. 168 e 169.

Para além das hipóteses de "suspeição" identificadas pelo autor, uma outra, e diversa razão, se me afigura existir: a de o fornecedor do bem querer garantir a exclusividade da prestação de serviços ou da venda de peças relacionadas com a coisa fornecida, assegurando injustificadamente uma área de actividade e, não raras vezes, a preços superiores aos dos concorrentes. Como será difícil produzir prova acerca desta motivação da cláusula, julgo que, embora sem o apoio literal que, por exemplo, o Código de Defesa do Consumidor brasileiro fornece, no seu art. 6.º, inciso VII, será defensável exigir do predisponente a prova do carácter justificado da proibição do recurso a terceiros, não exigindo a inversa do consumidor.

Almeida Costa e Menezes Cordeiro[1586] explicam a disposição assim[1587]: "As cláusulas contratuais gerais podem impedir reparações ou fornecimentos efectuados por terceiros: assim sucederá, particularmente, nos casos em que tais intervenções sejam de molde a prejudicar os bens ou serviços prestados aos consumidores, implicando a possível responsabilidade do fornecedor, ou quando poderosos factores de mercado a tanto conduzam. Mas uma exclusão injustificada dessas intervenções de terceiros, que restrinja em excesso a liberdade das pessoas, é vedada pela alínea [...] [(*j*)]".

Parece-me interessante a alegação do Ministério Público – em acção inibitória – de violação desta norma, num contrato de aluguer de longa duração, por cláusula que impunha ao aderente "o monopólio das reparações centradas na obrigação da utilização de uma única oficina designada pelo locador, e em casos excepcionais, um oligopólio para o mesmo fim, constituído pelas oficinas dos representantes da marca, sem que em contrapartida tenha sido alegado um interesse do locador atendível e suficientemente ponderoso que o justifique, em detrimento da opção do cliente por um serviço de mecânica de qualidade e mais perto da sua residência". A questão foi objecto de análise pelo STJ – no já referido acórdão de 19 de Setembro de 2006 (João Camilo) – que começa por atribuir a esta alínea o conteúdo proibitivo da al. *n)* deste mesmo artigo e, depois, conclui pela validade da cláusula com os seguintes argumentos: "Por um lado, está provado que a ré usava apenas viaturas novas nos contratos em causa, pelo que, como locadora, tinha natural interesse na manutenção e reparação daquelas por oficinas credenciadas e não por qualquer «biscateiro» que pudesse

[1586] Cit., pp. 53-54.

[1587] Seja o que for que tal explicação signifique.

utilizar peças de substituição desadequadas, nomeadamente, por não serem da marca em causa, e por isso, passíveis de lesar a durabilidade e até a segurança dos veículos. Por outro lado, tendo-se provado que a ré tem uma rede de largas dezenas de oficinas oficiais, nas quais trabalham técnicos e mecânicos que recebem periodicamente formação profissional especializada para as viaturas da marca Citröen, não restam dúvidas que a ré como locadora e, por isso, proprietária das viaturas locadas, tenha legítimo interesse em que a manutenção ou reparação das mesmas se faça apenas nas oficinas oficiais da marca respectiva. É do conhecimento público que quem estiver mais familiarizado com as máquinas – sejam elas de que tipo for –, é que poderá dar a assistência às mesmas em melhores condições. E tendo em conta a distribuição das referidas oficinas pelo país, como é do conhecimento geral, não nos parece que aquela exigência, correspondendo a um atendível interesse da ré, importe um encargo inconveniente ou desproporcionado para os clientes-aderentes, antes sendo-lhes até favorável esta exigência, pois a manutenção ou reparação efectuada pelas oficinas oficiais da marca irá presuntivamente permitir-lhe um usufruto da viatura em condições mais favoráveis de segurança e de comodidade. Não podemos teoricamente afastar a possibilidade de, em determinados casos concretos, a mesma cláusula vir a revelar-se proibida, se o circunstancialismo concreto vier a revelar um pesado ou desproporcionado encargo para o aderente, nomeadamente, no caso de não haver oficina da marca respectiva num raio muito alargado da zona de residência ou da actividade do aderente, mas só em concreto é que poderá vir a revelar-se preenchida a previsão legal. Por isso, em acção inibitória, não descortinámos natureza proibida naquela cláusula geral, soçobrando este fundamento do recurso".

Não se pode ignorar que a qualificação da cláusula para efeitos de aplicação deste art. 22.º justificava dúvidas; não é aceitável, porém, que o tribunal confunda (reiteradamente, pelo que não parece lapso) o conteúdo normativo de duas disposições legais. Finalmente, se admite que a cláusula pode vir "a revelar-se proibida, se o circunstancialismo concreto vier a revelar um pesado ou desproporcionado encargo para o aderente, nomeadamente, no caso de não haver oficina da marca respectiva num raio muito alargado da zona de residência ou da actividade do aderente", é defensável que tal justificasse a proscrição da cláusula do modelo contratual, de modo a evitar a sua utilização em contratos em que ela haja de ser considerada proibida. Como se verá, na anotação ao art. 25.º, a *ratio* da acção inibitória é justamente a de prevenir ou impedir a utilização no mercado de cláusulas susceptíveis de serem consideradas inválidas por este diploma.

l) **Imponham antecipações de cumprimento exageradas;**

Esta proibição, que vem do texto inicial e que também se encontra na directiva, deve ser conjugada com a da al. *f)* do art. 18.º, pois, se não tem como objecto apenas as cláusulas que, pela estipulação de um prazo de cumprimento para a obrigação do aderente, o impeçam de invocar a excepção do não cumprimento da contraparte, também com elas tem relação. A previsão de antecipação de cumprimento pelo aderente comporta sempre a exclusão, pelo menos parcial, da invocação útil da *exceptio* nos contratos bilaterais, como o são a maioria daqueles que constituem objecto da lei. Desse ponto de vista, a exigência de que a antecipação não seja "exagerada" pode corresponder à preservação parcial daquela invocabilidade.

A interdição tem o autónomo conteúdo e a finalidade de evitar que ao aderente sejam exigidos cumprimentos precoces, porque anteriores à execução do contrato pelo predisponente. Procura-se, pois, prevenir a situação de o aderente ter já cumprido parte significativa da(s) sua(s) obrigação(ões), correndo o risco de ver incumprida(s) a(s) da contraparte, não lhe restando, então, senão o recurso aos tribunais para obter a(s) prestação(ões) em mora e respectiva indemnização, ou para exigir esta, resolvendo o contrato (se for bilateral e o incumprimento definitivo).

Em qualquer caso, isto é, sejam quais forem os termos em que o negócio se concluiu e sejam quem forem as suas partes – em especial, mas também naqueles em que haja obrigações para ambas as partes, ainda que não sinalagmáticas[1588] –, o não cumprimento da própria obrigação até ao cumprimento da da contraparte constitui um instrumento de pressão ao cumprimento da do outro contraente. Isto é, quando se está fora do quadro da invocabilidade da *exceptio*, o não cumprimento pelo destinatário do bem ou serviço da sua obrigação antes do pontual cumprimento das obrigações do fornecedor é um meio conhecido para evitar ficar colocado na delicada posição de esperar indefinidamente por uma satisfação de crédito que pode conseguir tardia ou defeituodamente ou, até, nunca vir a obter. E, ainda, para além destas situações, podem estar em causa cláusulas suspensivas das obrigações do predisponente ou condições de início

[1588] Mesmo sendo-o, o estabelecimento de prazos diversos para o cumprimento preclude a invocação da excepção de não cumprimento pelo contraente obrigado a cumprir mais tarde.

da execução das obrigações contratuais daquele, como acontece não raro nos contratos de prestação de serviços de ensino, seja qual for o objecto deste.

Visa-se, pois, por um lado, evitar algo que é do conhecimento empírico de qualquer agente no mercado: que o princípio de cumprimento realizado pelo aderente não o prive do instrumento de compulsão da contraparte ao cumprimento integral e pontual das suas obrigações, constituído pela exigência de cumprimento da(s) sua(s) própria(s) obrigação(ões), sejam elas sinalagmáticas ou não. Daí que o qualificativo "exagerada" utilizado pela lei tenha de ser entendido para o desempenho desta função. Por outro lado, quer prevenir-se a imposição ao aderente do desembolso de quantias injustificadas para que as obrigações do predisponente se considerem constituídas e/ou vencidas.

No essencial, pode dizer-se que esta norma contém um regime que, se bem aplicado, previne mais amplamente – pois não se circunscreve a contratos de fornecimento de serviços públicos essenciais – a questão de que o art. 318.º do Anteprojecto de Código do Consumidor se ocupa, ao proibir a exigência de "prestação de caução, sob qualquer forma ou denominação, para garantir o cumprimento de obrigações decorrentes do fornecimento dos serviços públicos essenciais [...]". Esta matéria já se encontra tratada no Dec.-Lei n.º 195/99, de 8 de Junho, alterado pela Lei n.º 5/2004, de 10 de Fevereiro, e pelo Dec.-Lei 100/2007, de 2 de Abril, que estabelece o regime aplicável às cauções nos contratos de fornecimento aos consumidores dos serviços públicos essenciais previstos na Lei n.º 23/96, de 26 de Julho[1589].

É, pois, de salientar que as antecipações de cumprimento aqui referidas nada têm que ver com a possibilidade que o contraente, mutuário num contrato de concessão de crédito, tem de antecipar o cumprimento da sua obrigação, com ou sem obrigação de integral pagamento dos juros.

Almeida Costa e Menezes Cordeiro[1590] escrevem que "os contratos podem estabelecer antecipações de cumprimento, a fim de assegurar a posição do credor [...]", acrescentando o teor da norma em análise.

Hans Schulte-Nölke, Andreas Börger e Sandra Fischer[1591], no quadro dos regimes de que tratam, entendem que o art. 6.º da directiva de que se ocupam – a proibição de qualquer pagamento antecipado – se refere ao período durante

[1589] Muito alterada, designadamente pelas Leis n.ºs 12/2008, de 26 de Fevereiro, 6/2011, de 10 de Março, 10/2013, de 28 de Janeiro, e 51/2019, de 29 de Julho.

[1590] Cit., p. 54.

[1591] "Directive sur les droits d'utilisation à temps parciel de biens immobiliers

o qual o consumidor pode exercer o seu direito de arrependimento, o que, no âmbito da Directiva n.º 93/13, como no do presente diploma, não tem evidentemente sentido, pois não está previsto genericamente qualquer direito de retractação. Deixa-se a referência, uma vez que ela poderá ganhar sentido útil num quadro de regime – como o do Anteprojecto do Código do Consumidor – em que o direito de arrependimento se encontre consagrado para a generalidade dos contratos aí regulados. Anoto, porém, que se trata de entendimento muito estreito das antecipações ou princípios de cumprimento, que não se ocupa da questão que esta norma visa tratar, e que, consequentemente, abrange qualquer antecipação, independentemente do seu volume, extensão ou montante.

No referido caso *Freiburger Kommunalbauten GmbH*, o TJCE afirmou que "compete ao órgão jurisdicional nacional determinar se uma cláusula de um contrato de construção que exige a totalidade do preço antes da execução pelo profissional das suas obrigações [...] preenche os critérios exigidos para ser qualificada de abusiva na acepção do art. 3.º, n.º 1, da Directiva 93/13, relativa às cláusulas abusivas nos contratos celebrados com os consumidores".

Antes da publicação do Decreto-Lei n.º 24/2014, de 14 de Fevereiro[1592], existia a seguinte regra, de acordo com a ressalva do art.20.º, n.º 1, do Dec.-Lei n.º 143/2001, de 26 de Abril, que se ocupava do regime da protecção dos consumidores quanto a contratos celebrados à distância: nos chamados contratos ao domicílio, "não pode ser exigido ao consumidor qualquer pagamento antes da recepção dos bens ou da prestação do serviço[1593]. Actualmente, não se encontra regra equivalente.

O art. 197.º do Anteprojecto do Código do Consumidor, não se referindo ao volume das antecipações de cumprimento, dispõe que "nos contratos em que seja parte um consumidor presume-se que tem carácter de sinal toda a quantia entregue por este ao profissional, ainda que a título de antecipação ou princípio de pagamento do preço, desde que tal entrega não seja vedada por lei", esclare-

(94/47)", *in Compendium CE de Droit de la consommation*, cit., pp. 542 e 543, *in* http://www.eu-consumer-law.org/consumerstudy_part2d_fr.pdf.

1592 Este foi alterado pela Lei n.º 47/2014, de 28 de Julho de 2014, e pelo Dec.-Lei n.º 78/2018, de 15 de Outubro.

1593 Nos contratos celebrados à distância bem como nos contratos ao domicílio, os arts. 237.º e 246.º do Anteprojecto do Código do Consumidor determinam que não possa "ser exigido ao consumidor qualquer pagamento antes da recepção do bem ou do início da prestação do serviço", o que corresponde ao regime vigente.

cendo, no número seguinte, que este sinal tem natureza penal e não penitencial, ao estabelecer que "a existência de sinal ou de cláusula penal não prejudica o direito do credor à execução específica". Não parece, pois, que a norma tenha objecto ou finalidade idêntica à que agora se analisa, embora trate de uma questão importante e que respeita também a antecipações de cumprimento, embora sem dependência do montante destas. Talvez[1594] porque assim é, o art. 223.º-*l)* desse Anteprojecto reproduz na íntegra a disposição desta alínea.

m) Estabeleçam garantias demasiado elevadas ou excessivamente onerosas em face do valor a assegurar;

A proibição aqui contida tem directa, embora não exclusiva, relação com a da al. *f)* do art. 21.º. É que é, frequentemente, pela exigência de prestação de garantias, entendidas em sentido amplo, que se modificam contratualmente as regras legais atinentes ao risco. Na verdade, são muito comuns as cláusulas que impõem às contrapartes das empresas a celebração de contratos de seguro que, não constituindo garantias em sentido técnico-jurídico, são indubitavelmente formas de garantir o ressarcimento dos danos resultantes dos incumprimentos da contraparte, incluídos os não culposos. Quanto aos incumprimentos culposos, e dependentemente do grau de culpa do inadimplente[1595], da natureza dos prejuízos ou do tipo de responsabilidade, as cláusulas impositivas de garantias devem ser consideradas nulas por força do art. 18.º-*a), b), c)* e *d)*.

O que se deixa dito parte do princípio – que me parece admissível, atento o teor literal global da norma e, designadamente, a sua parte final – de que o termo "garantias" não se encontra aqui utilizado no seu sentido técnico-jurídico estrito, e considera a vulgar imposição clausular ao aderente a um contrato da celebração de um contrato de seguro do bem que é seu objecto, não obstante não correr por sua conta o risco respectivo (nos termos legais gerais). Em qualquer caso, esta norma proíbe também – embora apenas e, nessa medida, sobre ela deve considerar-se prevalecente a do art. 21.º-*f)* – a cláusula que imponha a

[1594] A formulação dubitativa resulta de as proibições existentes neste Decreto-Lei serem, todas elas, reproduzidas inalteradamente naquele Anteprojecto.

[1595] Esta referência ao grau de culpa do inadimplemento tem que ver com a responsabilidade por actos de terceiros, representantes ou auxiliares, prevista na al. *d)*.

celebração de contrato de seguro por valor superior ao do bem objecto do contrato em que está contida.

Aliás, se este for, também, o sentido da norma, ela terá um âmbito de aplicabilidade que excede o dos contratos que tenham por objecto coisas, já que a obrigação de concluir contrato de seguro de vida é quase inevitável nos mútuos para aquisição de imóveis urbanos ou suas fracções autónomas, quando o mutuante é um banco ou uma outra instituição financeira. Este entendimento é claramente conforme com a letra da disposição que não se refere a coisas.

Quanto às garantias em sentido próprio, se parece mais fácil a apreciação do valor das impostas pela cláusula, quando se trate de garantias reais, a desproporção da sua onerosidade relativamente ao valor a garantir pode também ocorrer quanto às pessoais. Assim, por exemplo, exigir um fiador que disponha de um activo patrimonial mínimo desrazoavelmente elevado ou – hipótese porventura mais frequente, sobretudo nos contratos de adesão em que o aderente seja uma empresa, ainda que unipessoal[1596] [1597], se a exigência respeitar a uma garantia bancária sempre onerosa e de obtenção frequentemente difícil.

Sobre a disposição, Almeida Costa e Menezes Cordeiro[1598] escrevem que "os contratos podem estabelecer antecipações de cumprimento, a fim de assegurar a posição do credor, ou, ainda, garantias diversas para esse mesmo cumprimento", acrescentando o teor da norma em análise.

n) Fixem locais, horários ou modos de cumprimento despropositados ou inconvenientes;

Proíbem-se aqui cláusulas que prejudiquem o aderente/consumidor quer no cumprimento das próprias obrigações quer na recepção das prestações do predisponente. Isto é, a previsão de um local ou horário de cumprimento para a(s) obrigação(ões) do predisponente pode constituir para o credor (consumidor ou equiparado) um sacrifício, encargo ou inconveniência, caso em que a cláusula será nula, não tendo de ser forçosamente o local, horário ou modo de cum-

[1596] Mas não necessariamente apenas nesses.

[1597] A que lamentavelmente a norma não é aplicável em princípio.

[1598] Cit., p. 54.

primento imposto ao aderente a representar o despropósito ou inconveniência aqui previstos.

Pode a cláusula que fixe local de cumprimento "despropositado", violando esta proibição, violar igualmente a da al. *g)* do art. 19.°, como a seu propósito foi observado, mas, em tal caso, a interdição daquela norma será bastante para tornar nula a cláusula, o que tem a relevância autónoma de o ser tanto em contratos com consumidores como em quaisquer outros dos previstos neste Dec.-Lei n.° 446/85. Quando tal não acontece, a nulidade relevará da apreciação da situação das partes no contrato, pois só ela poderá revelar se o local, o horário ou o modo de cumprimento é "despropositado" ou "inconveniente" para o aderente. Trata-se de uma proibição relativa – relativa também ao contrato – que não pode ser valorada em abstracto com rigor: ser o local do cumprimento o da sede do predisponente, por exemplo, não é necessariamente prejudicial para o aderente, pois, se o domicílio deste for próximo daquela sede, não lhe imporá sacrifício. O mesmo se diga do horário de cumprimento: caso este, sendo estreito, se situar em fase do dia em que ao aderente seja fácil realizá-lo, tendo em conta as condições da sua vida profissional e pessoal, em especial familiar, a cláusula deve ser admitida.

As considerações que se deixaram feitas partem evidentemente do princípio de que a apreciação das cláusulas previstas neste art. 22.° será feita perante o concreto contrato em que se encontrem inseridas e não em abstracto, excepto evidentemente em acção inibitória[1599].

Já quanto ao "modo de cumprimento", diria que, por exemplo, a imposição de que ele tenha de ser realizado pessoalmente, nos casos em que – como é regra – a prestação seja fungível por natureza, deve considerar-se sempre interdita. O mesmo é dizer que se proíbe convenção de infungibilidade da prestação, salvo se tiver algum fundamento objectivo no concreto contrato, suas partes ou seu objecto.

Almeida Costa e Menezes Cordeiro[1600] limitam-se a observar que esta alínea, como, aliás, a seguinte, "é, afinal, uma nova confirmação ou explicitação do princípio da boa fé quanto ao exercício dos direitos e ao cumprimento das obrigações, salientado pelo art. 762, n.° 2, do Código Civil"[1601]. Creio que, se bem

[1599] Como já se disse e se verá na anotação ao art. 25.°.

[1600] Cit., p. 54.

[1601] Afirmação contraditória com o pensamento que ambos os autores exprimem a propósito da apreciação das cláusulas proibidas neste artigo, que é o de que ela deve ser realizada em abstracto, face ao tipo negocial e não ao concreto contrato.

que defendendo a apreciação da validade da cláusula no contrato em que ela se encontra, aquela não releva – ou não releva necessariamente – da boa fé, tal como é pressuposta pelo art. 762.º, n.º 2, do Código Civil. Julgo, na verdade, que a cláusula deve ser considerada nula, ou não, dependentemente do sacrifício ou inconveniência que a sua aplicação representar para o aderente, independentemente do resultado da apreciação da conduta do predisponente que exerça o direito conferido pela estipulação. O que significa que, mesmo em casos em que não possa dizer-se que o exercício do direito clausularmente atribuído ao predisponente representa um abuso do direito (por violação da boa fé)[1602], ela pode ter de ser considerada nula face a este preceito, por impor ao aderente uma dificuldade ou encargo "despropositado" ou "inconveniente", adjectivos que estão longe de significar uma violação do princípio da boa fé, entendido como o é para os efeitos do referido art. 762.º, n.º 2.

o) Exijam, para a prática de actos na vigência do contrato, formalidades que a lei não prevê ou vinculem as partes a comportamentos supérfluos, para o exercício dos seus direitos contratuais.

A redacção desta alínea só poderia suscitar reparos na referência às "partes", pois é evidente que o utilizador do modelo contratual dificilmente ou nunca se imporá a si próprio "formalidades que a lei não prevê" ou a adopção de "comportamentos supérfluos" "para o exercício dos seus direitos contratuais". Trata-se, mais uma vez, de proibição que só pode ter em vista as cláusulas que beneficiem o predisponente, não apenas por ser praticamente inédita, em contratos de adesão, qualquer uma que beneficie o aderente, mas porque, mesmo que, na aparência, assim seja, o que realmente importa é a vantagem que dela retira o utilizador do modelo contratual.

A imposição de qualquer forma para o exercício de um direito ou faculdade, nos casos em que, nos termos gerais, há liberdade formal deve considerar-se sempre proibida; isto vale, como ficou visto na anotação à al. *f)* do art. 18.º para a invocação da excepção do não cumprimento, para a denúncia ou a resolução do contrato (como se deixou dito na mesma anotação ao art. 18.º-*f)*), para a realiza-

[1602] O art. 762.º, n.º 2, do Código Civil não é mais do que a concretização, quanto ao direito de crédito, do princípio do art. 334.º do Código Civil.

ção da interpelação (como referido na anotação ao art. 19.°-*i*)), para a denúncia de vícios, defeitos ou incompletudes da prestação ou para outros actos que o aderente possa e queira praticar.

O que fica dito quanto à forma aplica-se igualmente a outros modos de prática dos actos que os tornem mais difíceis ou onerosos, como, por exemplo, o recurso ao tribunal, incluindo o arbitral, ou à intervenção de terceiros, quando a lei geral o não imponha e o acto não o justifique.

Como ficou escrito, a propósito da al. *f*) do art. 21.°, creio que este preceito justifica uma interpretação extensiva que nele faça reentrar as hipóteses em que uma cláusula imponha um curto prazo de informação (ou de denúncia) de um facto, de que dependa o direito do aderente. É uma situação frequente em contratos de seguro a do estabelecimento de prazos muito curtos de comunicação do sinistro à empresa seguradora, como condição do exercício do direito à indemnização que cabe ao segurado. Creio, pois, que estas cláusulas se devem considerar proibidas por força deste preceito, uma vez que se traduzem num obstáculo injustificado e não imposto legalmente ao exercício dos direitos do consumidor ou equiparado, em tudo semelhante à exigência da prática de um acto ou à observância de formalidades não exigidas legalmente.

Também nesta proibição se incluirão as cláusulas que "imponham representante para concluir ou realizar outro negócio jurídico" com o aderente[1603].

Como ficou referido na anotação ao preceito anterior, Almeida Costa e Menezes Cordeiro[1604] limitam-se a observar que esta alínea "é, afinal, uma nova confirmação ou explicitação do princípio da boa fé quanto ao exercício dos direitos e ao cumprimento das obrigações, salientado pelo art. 762.°, n.° 2, do Código Civil"[1605].

Não se confunde com esta proibição a do art. 12.°-*d*) do Dec.-Lei n.° 57/2008, de 26 de Março, que transpôs a Directiva n.° 2005/29/CE, do Parlamento Europeu e do Conselho, de 11 de Maio, relativa às práticas comerciais desleais das empresas nas relações com os consumidores no mercado interno: é proibido "obrigar o consumidor, que pretenda solicitar indemnização ao abrigo de uma apólice de seguro, a apresentar documentos que, de acordo com os critérios de razoabilidade, não possam ser considerados relevantes para estabelecer a vali-

[1603] V. art. 51.° inciso VIII do Código de Defesa do Consumidor brasileiro.

[1604] Cit., p. 54.

[1605] Também aqui tendo pertinência o que ficou dito na anotação e na nota respectivas.

dade do pedido, ou deixar sistematicamente sem resposta a correspondência pertinente, com o objectivo de dissuadir o consumidor do exercício dos seus direitos contratuais".

O art. 60.º do Anteprojecto de Código do Consumidor reproduz esta disposição em termos muito próximos..

2. O disposto na alínea *c)* do número anterior não determina a proibição de cláusulas contratuais gerais que:

***a)* Concedam ao fornecedor de serviços financeiros o direito de alterar a taxa de juro ou o montante de quaisquer outros encargos aplicáveis, desde que correspondam a variações do mercado e sejam comunicadas de imediato, por escrito, à contraparte, podendo esta resolver o contrato com fundamento na mencionada alteração;**

Sobre a excepção aqui contida, escreve singelamente Menezes Leitão[1606] que são "permitidas as cláusulas de alteração da taxa de juro e encargos, em função do mercado".

Uma primeira ordem de problemas que esta excepção suscita é a de identificação da taxa de juros cuja alteração convencionalmente prevista pode ocorrer. Uma leitura, designadamente realizada à luz do anexo da directiva, poderia levar ao entendimento de que se têm em vista apenas as taxas de juros devidas pelos destinatários de serviços financeiros. Ora, estando aqui em causa a tutela destes contraentes, ela tanto é reclamada nos casos em que, por força da alteração contratual unilateral, tenham de pagar mais a título de juros como naqueles em que hajam de passar a receber menos, enquanto credores deles. A interpretação da lei portuguesa deve, pois, fazer-se neste sentido, mais amplo do que o previsto na directiva, aspecto que não é singular neste diploma.

Dentro ainda do mesmo tipo de questões está a de saber o que devem ser considerados "outros encargos aplicáveis", fórmula demasiado ampla para ser precisa. Pode afirmar-se que neles não se contêm cláusulas de indexação, já que essas estão previstas no n.º 4 da disposição. Parece acertado entender que as alterações de preços de serviços prestados pelo banco (ou outra instituição financeira) estão contidas nestes encargos, pelo que a sua aplicação a um contrato com um consumidor (ou equiparado) impõe que elas estejam previstas na

1606 Cit., p. 45.

al. *c)* do n.º 1 e nesta al. *a)* do n.º 2. Outros alegados encargos serão quase inevitavelmente objecto de divergências e litígios, evitáveis se a lei fosse mais precisa, o que seria mero corolário da sua *ratio*.

A referência, como condicionante da excepção, à necessidade de a alteração corresponder a variações do mercado, se, por um lado, aponta para a necessidade de uma justificação externa às partes para que a alteração se considere compreendida na excepção, por outro, estreita claramente o âmbito da proibição (alargando a extensão da excepção), já que parece dispensar a indicação dos factos que fundamentam a alteração contratual. É defensável que assim não seja; isto é, que a letra desta al. *a)* apenas pretenda significar que o exercício do direito clausularmente consagrado de alteração unilateral do contrato não pode ser arbitrário, antes tem de encontrar correspondência objectiva com variações do mercado. Não parece possível sustentar que as "variações do mercado" de que dependem as alterações aqui autorizadas tenham de se encontrar descriminadas na cláusula. Mas aquela dessas "variações" que tenha, em concreto, constituído (alegado) fundamento para a alteração terá de ser indicada na comunicação da mesma alteração.

A imposição pelos bancos de encargos que não existiam antes, isto é, a sua criação unilateral não está incluída na permissão deste preceito. Nele apenas cabem "o direito de alterar [...] o montante de [...] encargos aplicáveis" e não o de os estabelecer *ex novo*. Veremos que essa possibilidade não está vedada, dado teor da alínea seguinte.

Condição de validade do exercício do *ius variandi*, permitido excepcionalmente nesta disposição, é a imediata comunicação escrita. Esta imposição tem como razão de ser a de que o aderente, conhecendo a alteração, possa resolver o contrato ou impugnar a alteração pretendida. De acordo com as regras gerais, decorrentes do art. 224.º do Código Civil, a alteração só produz, pois, efeitos a partir da recepção da comunicação pelo destinatário do serviço. A lei prevê imperativamente a atribuição a este último do direito de resolver o contrato alterado. Este direito de resolução, se constar das cláusulas contratuais, nunca pode, por força delas, ter de ser exercido em espaço temporal insuficiente para que a parte, tendo tomado conhecimento da modificação contratual, avalie ponderadamente a sua decisão de o exercer.

A verificaçãoda existência destas comunicações e do seu teor tem de ser realizada também (e talvez maioritariamente) pelas associações de defesa do consumidor, pois estes, em regra, desconhecem que deveriam ter sido avisados pela entidade bancária, não reclamando se o não tiverem sido.

Observe-se que o direito de resolução será frequentemente insuficiente para proteger a posição do consumidor (ou equiparado), que terá de suportar os danos decorrentes da perda daquele instrumento contratual de satisfação de uma necessidade e os *transaction costs* associados à obtenção da sua substituição, o que são custos não menores, em especial nos contratos de mútuo cujo fim seja a aquisição de bens de primeira necessidade. De igual modo, não pode o direito de resolução ser condicionado nem pelo conteúdo da modificação introduzida nem pela sua ligação a uma qualquer obrigação de pagamento de encargos que o tornem nominal.

Estas excepções têm especialmente em vista contratos celebrados com instituições financeiras, domínio em que as cláusulas de *ius variandi* são muito frequentemente utilizadas, quer atribuindo àquelas o direito de alterar as condições financeiras de contratos de depósito a prazo, de abertura de crédito e, sobretudo, de mútuo, como comissões, taxas de juros e outros encargos. As excepções só podem compreender-se pelo poder de *lobying* daquelas instituições[1607].

Embora não pareça haver grande espaço para dúvidas, sempre se sublinhará que o preceito prevê excepções à nulidade de cláusulas e não mais do que isso – o que é já muito. Não consagra esta norma a possibilidade de alteração do contrato pela instituição financeira fora dos elementos contratuais nela indicados nem se ela não estiver prevista no contrato.

Talvez pudesse estranhar-se – se, na matéria, houvesse lugar para estranheza – que o Anteprojecto do Código do Consumidor reproduza esta excepção, tal como as seguintes, nos nºs. 2, 3 e 4 do seu art. 223.º.

b) Atribuam a quem as predisponha o direito de alterar unilateralmente o conteúdo de um contrato de duração indeterminada, contanto que se preveja o dever de informar a contraparte com pré-aviso razoável e se lhe dê a faculdade de resolver o contrato;

Este conteúdo normativo excepcional tem como âmbito de aplicabilidade os contratos duradouros sem prazo, independentemente do seu objecto. Se se

[1607] Segundo Almeno de Sá, cit., p. 21, este favorecimento terá decorrido da "pressão dos bancos alemães junto das instâncias comunitárias"; Menezes Cordeiro, *Tratado...*, cit., p. 448, fala em "exigência comunitária" – o que não deixa de revelar uma, não surpreendente mas preocupante, vulnerabilidade legislativa a esse poder.

compreende que, nestes contratos, haja uma especial atenção às posições das partes, que não podem ficar eternamente vinculadas, ou ficá-lo nas condições inicialmente estipuladas, não é imediatamente compreensível por que motivo não se bastou a lei com o instrumento que desde há tanto – embora não sem oscilações de designação até ou, sobretudo, nos (e neste) textos legais – tem sido considerado para obstar à vinculação indefinida aos termos de um contrato duradouro sem limite de duração previsto: a sua denúncia.

Esta tem de considerar-se aplicável – independentemente do princípio geral acolhido no domínio dos contratos duradouros sem prazo – por força do art. 18.º-*j)*, do art. 22.º, als. *b)* (*a contrario*), e *i)* (também *a contrario*), a todos os contratos de duração indeterminada.

Ignorar a possibilidade de utilização deste instrumento pelo contraente a quem as condições contratuais deixem de satisfazer pelo decurso do tempo e das inerentes evoluções no mercado, das condições de actuação da própria empresa ou de outras circunstâncias, só pode ser explicado pelo tipo de actividade desenvolvida pelo predisponente; sendo esta uma actividade profissional, a solução para uma relação contratual que, pela duração, já não corresponde à satisfação do seu interesse não está em terminar o contrato, pois terá de celebrar outros[1608]. O que lhe interessa é poder alterar aquele. É uma solução mais expedita e mais económica do que fazer cessar contratos para procurar clientes substitutos.

Porém, num diploma que protege o aderente e, em especial, numa norma que tutela o consumidor (ou equiparado), é de estranhar que tanto cuidado tenha havido com o interesse económico do predisponente, autorizando-o, sem condições, a modificar o contrato, com a atribuição ao outro contraente do único meio de defesa que é a resolução do contrato que, porque alterado unilateralmente pela contraparte, tenha deixado de lhe interessar. A excepção é tanto mais espantosa quanto a alteração, além de dispensar "razão atendível" convencionada – por definição –, é considerada legislativamente justificada, apesar da al. *e)* do n.º 1 deste artigo. Isto é, não foi considerado mecanismo bastante de salvaguarda do interesse empresarial a faculdade de elevar preços, nestes contratos, "dentro de prazos [não] manifestamente curtos", ou, independentemente do prazo, de proceder a "elevações [de preços não] exageradas".

Esta norma excepcional não impõe forma para a comunicação. O que não significa que ela não tenha de ser feita individualmente à contraparte, como

[1608] O contrato é apenas um instrumento jurídico da sua actividade.

decorre da letra e da *ratio* da lei. E não se traduz, ou pode traduzir, essa ausência de forma em menor acautelamento da posição do consumidor. Na verdade, as alterações a introduzir têm de ser comunicadas com um período de pré-aviso razoável relativamente ao momento em que o predisponente pretende que venham a vigorar. A razoabilidade deste pré-aviso releva para efeitos de tomada de decisão, por parte do aderente/consumidor, quanto à manutenção do contrato ou à sua resolução, pelo que a respectiva duração tem de ser avaliada em função deste objectivo.

Por outro lado, do conteúdo da comunicação tem de fazer parte, além da alteração contratual pretendida, a informação de que o destinatário pode resolver o contrato. Ainda que essa possibilidade esteja contratualmente prevista, a sua comunicação ao aderente deve considerar-se imposta pela boa fé contratual, atenta a posição do aderente/consumidor.

Mais uma vez se deixa observado que este direito de resolução do contrato é instrumento pouco adequado à salvaguarda do aderente/consumidor, porque a procura de instrumento contratual substitutivo é tarefa com elevados custos, especialmente para quem, como ele, não celebra, habitual e profissionalmente, contratos do mesmo género.

Almeno de Sá[1609] observa que, "embora se trate de uma excepção de âmbito genérico, que potencialmente qualquer utilizador pode aproveitar, haverá de convir-se que ela é particularmente ajustada ao contrato bancário, pela sua natureza de acordo negocial que tipicamente se prolonga no tempo". Este argumento não me parece, só por si, convincente, pois muitos outros contratos duradouros existem no âmbito dos negócios com consumidores. Porém, o elemento sistemático parece apontar no sentido preconizado por Almeno de Sá. Diria que, embora lamente não me parecer poder acompanhar sem dúvidas a interpretação restritiva proposta, por ausência de apoio literal mínimo, admito que ela seja defensável, em razão da teleologia do diploma e das suas proibições, e do âmbito das excepções contidas no número anterior e nos seguintes.

A inusitada permissão aqui prevista diz respeito indiscriminadamente à alteração do conteúdo contratual de negócio duradouro sem prazo, abarcando – esta sim, desgraçadamente – a possibilidade da criação de encargos não existentes anteriormente. O aviso exigido ao predisponente pode não ser realizado por – como já ficou observado na anotação ao preceito anterior – este desconhecer

[1609] Cit., pp. 21-22; v. também pp. 88 a 91.

que tinha o direito de ser informado, "com pré-aviso razoável", e de resolver o contrato.

3. As proibições constantes das alíneas *c)* e *d)* do n.º 1 não se aplicam:
***a)* Às transacções referentes a valores mobiliários ou a produtos e serviços cujo preço dependa da flutuação de taxas formadas no mercado financeiro;**
***b)* Aos contratos de compra e venda de divisas, de cheques de viagem ou de vales postais internacionais expressos em divisas.**

Este número não justifica observações, pois o seu conteúdo preceptivo é claro. E, relativamente às excepções contidas nas alíneas deste n.º 3, a censura que as disposições dos números anteriores justifica não procede igualmente aqui.

4. As alíneas *c)* e *d)* do n.º 1 não implicam a proibição das cláusulas de indexação, quando o seu emprego se mostre compatível com o tipo contratual onde se encontram inseridas e o mecanismo de variação do preço esteja explicitamente descrito.

Estas excepções, se bem que mais compreensíveis, atenta a realidade dos mercados financeiros, não deixam de ser perigosas, designadamente em países de baixa cultura como Portugal, pois não será raro que o consumidor não se aperceba do seu significado e, apesar das cautelas legais na formação do contrato, poderá o tribunal considerar provado que um declaratário de diligência média a teria compreendido, quando o aderente/consumidor não teve de facto percepção do seu alcance. Na verdade, impor, como condição da validade de cláusulas de indexação, que "o mecanismo de variação do preço esteja explicitamente descrito", se parece, a uma primeira vista, suficiente para garantir que o outro contraente compreende esse "mecanismo", pode não o ser frequentemente na realidade económica e social. A percepção destas realidades financeiras é difícil para grande percentagem da população portuguesa, pelo que os tribunais devem ser particularmente cuidadosos na avaliação da compreensibilidade pelo aderente/consumidor daquele "mecanismo", como forma de evitar que – através de uma excepção já de si de fundamento discutível – se autorizem alterações unilaterais e sucessivas dos termos do contrato.

Os riscos destas excepções não se me afiguram supridos pelo regime do Dec.-Lei n.º 95/2006, de 29 de Maio[1610] [1611], cujos arts. 19.º a 25.º prevêem o direito de retractação ou arrependimento, direito irrenunciável pelo consumidor, de acordo com o art. 5.º, que o regula com grande minúcia. É que, desde logo, este regime só se aplica a contratos de prestação de serviços financeiros através de meios de comunicação à distância e não à generalidade deles.

Estas excepções, para além dos seus riscos próprios, induzem um outro: o de que os tribunais admitam, sem mais controlo de conteúdo, as cláusulas deste tipo.

Artigo 23.º – Direito aplicável

1. Independentemente da lei escolhida pelas partes para regular o contrato, as normas desta secção aplicam-se sempre que o mesmo apresente uma conexão estreita com o território português.

2. No caso de o contrato apresentar uma conexão estreita com o território de outro Estado membro da Comunidade Europeia aplicam-se as disposições correspondentes desse país na medida em que este determine a sua aplicação.

A importância do regime resulta, como assinala Lima Pinheiro[1612], de serem "cada vez mais frequentes [...] os contratos com consumidores que transcendem a esfera social de um Estado, designadamente em razão da residência habitual, sede ou estabelecimento das partes. Por exemplo, a venda de uma colecção de discos compactos realizada através da Internet, em que o vendedor é uma sociedade estabelecida em Otava e o comprador tem residência habitual em Lisboa".

Acentuando a importância dos regimes de protecção do contraente débil nos contratos internacionais, W. Freiherr von Marschall[1613] diz que – ao tempo

[1610] Alterado, sucessiva e designadamente, pelos Decs.-Leis n.º 317/2009, de 30 de Outubro, 46/2011, de 24 de Junho, 14/2012, de 26 de Março, e 242/2012, de 7 de Novembro.

[1611] Que transpôs a Directiva n.º 2002/65/CE, do Parlamento Europeu e do Conselho, de 23 de Setembro, que se ocupa da informação pré-contratual e dos contratos à distância relativos a serviços financeiros prestados a consumidores.

[1612] "Direito aplicável...", cit., p. 93.

[1613] Cit., p. 38.

em que fala – "os contratos internacionais para o fornecimento de bens e serviços a consumidores que residam noutros países europeus são ainda bastante raros, mas os contratos celebrados entre exportadores e grossistas, ou até retalhistas estrangeiros, são cada vez mais numerosos". Também García-Amigo[1614] observa que "o campo de aplicação de determinados modelos de condições gerais é de âmbito internacional, sendo utilizadas por sujeitos jurídicos que pertencem a diferentes Estados ou por súbditos de um Estado diferente daquele a cuja nacionalidade pertence o que as redigiu; e isto por diversas razões: ou porque a empresa redactora das condições gerais dos contratos estende a sua actividade para além das fronteiras do Estado da sua nacionalidade, mediante a exportação dos seus produtos para o estrangeiro [...] ou porque as empresas dos diversos Estados que se dedicam a uma actividade similar se põem de acordo em utilizar uns modelos de condições gerais de contratos idênticos [...], ou porque as condições gerais dos contratos são redigidas por organismos de carácter internacional [...], ou porque, enfim, delas se faz um uso comum ou geral pelos empresários de todos os países [...]".

Como é patente e usando a formulação de J. M. Grossen[1615], "a internacionalização da indústria e do comércio faz com que o problema das condições gerais do contrato [aquele de que o autor especificamente se ocupa] não possa colocar-se apenas a nível dos sistemas jurídicos nacionais". E acrescenta: "na falta de uma certa harmonização que respeite quer ao direito substantivo, quer ao direito internacional privado, os futuros progressos serão necessariamente limitados".

O problema não é, evidentemente, muito recente, dele se tendo ocupado, por exemplo, o *Unfair Contract Terms Act* de 1977, cujo art. 27.° dispunha: "As disposições da presente lei aplicam-se apesar de qualquer cláusula contratual que aplique ou vise aplicar o direito de país diverso do Reino Unido, sempre que [...] o tribunal ou o tribunal arbitral entendam que essa cláusula foi integral ou principalmente imposta com o fim de permitir à parte iludir a aplicação da presente lei".

É de assinalar – apesar de a ressalva respeitar sobretudo a sujeitos empresariais e este artigo ter como objecto os contratos com consumidores ou equiparados – que, havendo convenção de arbitragem ou devendo o litígio ser sub-

[1614] Cit., pp. 22-23.
[1615] "Introduction Générale", cit., p. 11.

metido a arbitragem institucionalizada, como diz Lima Pinheiro[1616], "segundo a opinião largamente dominante, os tribunais arbitrais, mesmo que funcionem em Portugal ou noutro Estado contratante, não estão vinculados à aplicação do Direito de Conflitos em geral e, em particular, da Convenção de Roma [...] ou do Regulamento Roma I [[1617]]. Os tribunais arbitrais dispõem de um Direito de Conflitos especial para a determinação do Direito aplicável ao mérito da causa nas relações entre empresas e entes equiparados, que resulta de uma conjugação de fontes autónomas (costume jurisprudencial arbitral e regulamentos dos centros institucionalizados de arbitragem) com directrizes estaduais (na ordem jurídica portuguesa o art. 52.º da Lei de Arbitragem Voluntária[1618])".

Ocupando-se dos litígios transfronteiriços na área do consumo[1619], A. Marques dos Santos[1620] escreve: "Como quer que seja, entendemos que, independentemente do direito que for aplicável, as regras de protecção do consumidor constantes da Lei n.º 24/96, de 31 de Julho – rectificada pela Declaração de rectificação n.º 16/96, de 13 de Novembro –, alterada pela Lei n.º 85/98, de 16 de Dezembro, e pelo Dec.-Lei n.º 67/2003, de 8 de Abril (Lei de Defesa do Consumidor), são, em princípio, aplicáveis, conforme os casos, sempre que o consumidor tenha residência habitual em território português ou se o negócio de consumo tiver sido celebrado em Portugal, como normas de aplicação imediata ou necessária, a menos que a lei (estrangeira) que for competente contenha disposições que lhe sejam mais favoráveis".

1616 "O Novo Regulamento Comunitário sobre a Lei aplicável às Obrigações Contratuais (Roma I) – Uma introdução", *in Revista da Ordem dos Advogados*, Ano 68, Setembro/Dezembro 2008, p. 579.

1617 Trata-se do Regulamento (CE) n.º 593/2008, de 17 de Junho, sobre a Lei Aplicável às Obrigações Contratuais (Roma I).

1618 Lei n.º 63/2011, de 14 de Dezembro.

1619 Assinale-se que o texto é anterior à Lei n.º 25/2004, de 8 de Julho –, que transpôs a Directiva n.º 98/27/CE, do Parlamento Europeu e do Conselho, de 19 de Maio, relativa às acções inibitórias em matéria de protecção dos interesses dos consumidores –, à Lei n.º 34/2004, de 29 de Julho –, que aprovou o regime de acesso ao direito e aos tribunais e transpôs a Directiva n.º 2003/8/CE, do Conselho, de 27 de Janeiro, tendo sido alterada pela Lei n.º 47/2007, de 28 de Agosto, 40/2018, de 8 de Agosto, e pelo Dec.-Lei n.º 120/2018, de 27 de Dezembro –, e ao Dec.-Lei n.º 71/2005, de 17 de Março –, que completou a transposição da mencionada directiva.

1620 Cit., p. 293.

Trata-se de norma que foi sucessivamente alterada em 95 e em 99. Na sua versão originária, encontrava-se no art. 33.º e dispunha que o "presente diploma" era aplicável: "aos contratos regidos pela lei portuguesa" e "aos demais contratos celebrados a partir de propostas ou solicitações feitas ao público em Portugal, quando o aderente resida habitualmente no País e nele tenha emitido a sua declaração de vontade". Já no art. 23.º, em 1995, independentemente da lei escolhida pelas partes, aplicava-se aos contratos com consumidores o diploma, desde que o contrato revelasse "ligação estreita ao território dos Estados membros da União Europeia".

Almeida Costa[1621] escreve que o "preceito [eliminado pelo Dec.-Lei n.º 220/95] tornou-se, entretanto, desnecessário em face das regras de conflitos introduzidas pela Convenção sobre a Lei Aplicável às Obrigações Contratuais [...]".

Nesta matéria, adoptou finalmente o Dec.-Lei n.º 446/85, na redacção do Dec.-Lei n.º 249/99, o entendimento – que parece corresponder ao da directiva transposta – de que, na ausência de escolha, ao consumidor está reservada a tutela da própria directiva, na medida em que dispõe que aos contratos que conclua é aplicável a lei de um dos Estados membros: o português, se o contrato apresentar uma conexão estreita com o território nacional; o de outro Estado membro da União Europeia, se a conexão verificada for com o território desse Estado. Trata-se de "evitar [...] que o consumidor, por via da escolha do direito de um país terceiro como direito aplicável ao contrato, venha a ser privado do nível de protecção acolhido nas respectivas normas"[1622]. Almeno de Sá[1623] exprime, contudo, a opinião de que, "independentemente do mérito intrínseco desta [solução do n.º 2 deste artigo], assenta num equívoco. Não é exacto que a protecção mínima que a directiva pretende assegurar aos consumidores deva ser dada, na lógica do diploma comunitário, «pela lei com a qual o contrato apresente uma conexão estreita». [...] a directiva pura e simplesmente não se pronuncia sobre a questão da lei aplicável, competindo a cada Estado optar pela via que lhe pareça mais adequada para cumprir o desiderato comunitário". E acrescenta[1624]: "escopo da directiva é o de evitar que o consumidor, por via da escolha do direito de um país terceiro como direito aplicável ao contrato, seja privado

[1621] *Direito das Obrigações*, cit., p. 274.

[1622] Almeno de Sá, cit., p. 41.

[1623] *Ibidem*, pp. 42-43.

[1624] *Ibidem*, pp. 126 e 128.

do nível de protecção acolhido nas suas normas. [...] [...] está exclusivamente em causa a escolha da lei de um Estado que *não faça parte da União Europeia*, pois se pressupõe que todos os Estados-membros transpõem correctamente [...] as normas tuteladoras da directiva, assim ficando assegurada a vigência do nível mínimo de protecção visado pelo diploma comunitário".

Sobre o regime deste preceito diz Almeida Costa[1625] que ele representa um "entendimento diverso, estabelecendo uma solução menos voltada para o direito do foro. Assim, no actual n.º 2 do art. 23.º, faz-se uma remissão condicionada para a lei do Estado com o qual o contrato apresente uma conexão estreita. Esta lei será aplicável se o seu próprio direito de conflitos o determinar".

A disposição deste art. 23.º tem um âmbito de aplicabilidade não geral, antes circunscrito aos contratos celebrados com consumidores ou equiparados, o que se explica, creio, pela preocupação de harmonizar o regime aqui consagrado com o constante da Convenção de Roma de 19 de Junho de 1980, entrada em vigor a 1 de Abril de 1991 e, em Portugal, a 1 de Setembro de 1994. Não deixa, por isso, de ser criticável que, num diploma cujo objecto excede em muito o regime dos contratos com consumidores, a eles se limite a única regra de direito internacional privado aí consagrada[1626]. Não é, porém, caso único, uma vez que vem sendo uma técnica comummente utilizada pelo legislador comunitário a de utilizar regras de direito internacional privado não para uma verdadeira definição da lei aplicável a determinada matéria, mas antes para garantir que certas normas materiais, que repute de especialmente relevantes, sejam aplicáveis sempre que haja uma "conexão estreita" com o espaço da União.

Comentando o preceito deste art. 23.º, escreve Lima Pinheiro[1627] que "a intenção do legislador deste diploma, ainda que baseada numa interpretação incorrecta do artigo 6.º/2 da directiva, vai claramente no sentido de atribuir às normas contidas nos artigos 20.º e segs. do Decreto-Lei n.º 446/85 o carácter de normas de aplicação necessária", opção que tem a seu favor o argumento de que "a apli-

[1625] "Síntese do Regime Jurídico...", cit., p. 271.

[1626] Tecnicamente, este art. 23.º não é propriamente uma regra de conflitos, antes uma regra que está a delimitar o âmbito material de aplicação de um dado regime – «as normas desta secção»: arts. 20.º e ss.. É uma norma que esclarece, expressamente, que as normas materiais a que se refere são de aplicação necessária e imediata (v., em texto, o parágrafo seguinte). Mas é uma regra de direito internacional privado circunscrita a consumidores.

[1627] "Direito aplicável...", cit., p. 106.

cação das normas que proíbem certas cláusulas contratuais gerais nos contratos celebrados com consumidores finais se justifica sempre que estes apresentem uma conexão estreita com o território de um Estado-Membro, mesmo que esta conexão não fundamente a competência do direito deste estado nos termos dos arts. 5.°/2 ou 4.° da Convenção de Roma". Objecta, entretanto, o autor que, "por um lado, não deveria bastar uma qualquer conexão estreita entre o contrato e o território de um Estado-Membro e, por outro, não se deveria excluir a relevância de normas equivalentes contidas no Direito de terceiros Estados (i. e., de Estados estrangeiros que não sejam membros da União Europeia)". Também Almeno de Sá[1628] observa, criticando a solução legal, que "o preceito [...] refere-se *indiferenciadamente* à lei que as partes hajam escolhido para reger o contrato, no que vai compreendida a hipótese de a escolha ter recaído sobre o direito de outro Estado-membro, o que vai para além das exigências comunitárias. O direito português prevalecerá, assim, não apenas contra países terceiros, mas também contra países membros da União Europeia".

Considerando a importância que reveste o Regulamento Roma I, enuncia-se sumariamente, de seguida, o seu regime, e não apenas na parte relativa aos contratos com consumidores, porquanto o objecto do Dec.-Lei n.° 446/85 excede tais contratos. Procura-se, até para que o texto resulte legível, indicar muito brevemente aspectos do regime que o antecede e que o Regulamento segue de perto: isto é, o prescrito na Convenção de Roma de 1980, sobre a mesma matéria. No que toca aos respectivos âmbitos temporais de aplicação, ao passo que, conforme referido, a Convenção de Roma entrou em vigor em Portugal a 1 de Setembro de 1994, o Regulamento Roma I "é aplicável aos contratos celebrados a partir de 17 de Dezembro de 2009", nos termos do seu art. 28.°[1629].

Começa-se por assinalar que se encontram fora do âmbito daquele Regulamento, de acordo com o respectivo art. 1.°, n.° 2 – com poucas diferenças em face da Convenção –, as regras relativas a:

a) Capacidade das pessoas singulares. Visa-se com isto excluir os regimes das obrigações do estatuto pessoal, com uma importante ressalva quanto à invocação da incapacidade, decorrente do art. 13.°: num contrato celebrado entre sujeitos que se encontrem no mesmo país, uma pessoa singular, que seja consi-

[1628] Cit., pp. 129 e 130.

[1629] "*A partir de*" essa data, e não "*após*" a mesma, conforme a rectificação ao Regulamento Roma I que foi publicada em *JOUE* de 24 de Novembro de 2009 (L 309/87).

derada capaz segundo a lei desse país, só pode invocar a sua incapacidade resultante de outra ordem jurídica se, quando concluiu o contrato, a contraparte a conhecia ou devia conhecê-la usando a diligência exigível[1630]. A propósito destes regimes, diz Lima Pinheiro[1631] que, "num contrato obrigacional entre presentes, a parte que seja capaz segundo a lei do lugar da celebração não pode invocar a incapacidade determinada pela sua lei pessoal. Também não pode invocar a incapacidade determinada por qualquer outra lei que seja aplicável à capacidade. Estabelece-se aqui uma conexão especial com a lei do lugar da celebração [...]. Este limite à competência da lei pessoal fundamenta-se na protecção da confiança da contraparte e na segurança do comércio jurídico local".

b) Relações jurídicas familiares e equiparáveis, designadamente as obrigações de alimentos[1632].

c) Obrigações decorrentes dos regimes de bens do casamento[1633][1634].

d) Obrigações derivadas de letras, livranças, cheques e outros títulos negociáveis, "na medida em que as obrigações decorrentes desses outros títulos resultem do seu carácter negociável"[1635].

e) Convenções de arbitragem (incluindo, pois, o compromisso arbitral e a cláusula compromissória) e de eleição do foro[1636].

f) Questões relativas ao direito das sociedades e de outras entidades (como, por exemplo, associações), não necessariamente dotadas de personalidade jurí-

[1630] Regime semelhante era o consagrado no art. 11.º da Convenção de Roma (com a diferença de que aí, *in fine*, se falava em "imprudência", termo que agora foi substituído pelo equivalente "negligência").

[1631] "O Novo Regulamento...", cit., p. 634.

[1632] Estas últimas serão objecto de regras de conflitos especiais (por remissão para o Protocolo da Haia de 2007), nos termos do art. 15.º do Regulamento (CE) n.º 4/2009, de 18 de Dezembro de 2008, relativo à competência, à lei aplicável, ao reconhecimento e à execução das decisões e à cooperação em matéria de obrigações alimentares).

[1633] O que pode ter que ver com convenções antenupciais, doações e compras e vendas entre cônjuges, bem como outros contratos que definam ou alterem aquele regime de bens.

[1634] Da Convenção de Roma estão também afastados os regimes das obrigações contratuais emergentes de testamentos e de sucessões por morte.

[1635] Regime igual ao da Convenção de Roma.

[1636] Igual ao regime da Convenção de Roma.

dica, incluindo as da responsabilidade legal dos associados e dos órgãos pelas dívidas daquelas[1637].

g) Problemas de representação orgânica e de representação voluntária, sem discriminação, quanto à última, da existência de legitimidade representativa, isto é, da existência, ou não, de poderes de representação[1638].

h) Questões respeitantes a *trusts*[1639].

i) Obrigações decorrentes de negociações realizadas antes da celebração do contrato. Esta é uma novidade do Regulamento Roma I, e justifica-se porque, como explica o seu considerando (10), se entende estarem sujeitas à lei designada pelo art. 12.º do Regulamento Roma II[1640] [1641].

j) Contratos de seguro que cubram riscos situados nos territórios dos Estados membros da União Europeia, salvo se se tratar de contratos de resseguro[1642]. No Regulamento Roma I excluem-se, usando a formulação de Lima Pinheiro[1643], "os contratos de seguro decorrentes de actividades levadas a efeito por organismos que não as empresas referidas no art. 2.º da Directiva 2002/83/CE relativa aos Seguros de Vida cujo objectivo consista em fornecer prestações a assalariados ou a trabalhadores não assalariados que façam parte de uma empresa ou grupo de empresas, a um ramo comercial ou grupo comercial, em caso de morte ou sobrevivência, de cessação ou redução de actividades, em caso de doença profissional ou de acidente de trabalho".

Nos termos do art. 1.º, n.º 3, excluem-se ainda as convenções sobre prova e sobre processo[1644], excepto quanto às regras sobre presunções legais, ónus da prova e meios de prova admissíveis[1645].

[1637] Muito semelhante ao regime da Convenção de Roma.

[1638] Igual ao o regime da Convenção de Roma.

[1639] Igual ao o regime da Convenção de Roma.

[1640] Isto é, o Regulamento (CE) n.º 864/2007, de 11 de Julho de 2007, relativo à lei aplicável às obrigações extracontratuais, que é aplicável aos factos danosos ocorridos a partir de 11 de Janeiro de 2009 (v. os seus arts. 31.º e 32.º).

[1641] Não obstante os inevitáveis problemas de fronteira que aqui surgirão.

[1642] Esta exclusão resultou de, ao tempo, estarem em curso trabalhos de preparação de regime de seguros de riscos nos territórios dos Estados-membros da Comunidade.

[1643] "O Novo Regulamento..., cit., p. 587.

[1644] Quanto à prova, tenha-se em conta, porém, que o Direito que regula o contrato se aplica em matéria de presunções e de distribuição do ónus da prova, e que os actos jurídicos podem ser provados por qualquer dos meios admitidos pelo Direito segundo o qual o contrato seja considerado válido – seja o do foro, o do Estado em que foi cele-

Do âmbito do Regulamento Roma I ficam ainda afastadas as "matérias fiscais, aduaneiras e administrativas" (art. 1.º, n.º 1), à semelhança do que sucedia já na Convenção[1646].

O princípio geral, decorrente do art. 3.º, n.º 1, é o de que o Direito aplicável a um contrato[1647] é o escolhido pelas partes de forma expressa ou tácita[1648] [1649].

brado, os daqueles em que se encontrem as partes (se em países diferentes) ou o daquele que seja o regulador da sua substância –, desde que essa prova possa ser feita no tribunal em que a acção corre.

[1645] Nos termos do art. 18.º, n.º 2, "os contratos e outros actos jurídicos podem ser provados por qualquer meio de prova admitido, quer pela lei do foro, quer por uma das leis a que se refere o artigo 11.º, ao abrigo do qual o acto seja formalmente válido, desde que esse meio de prova possa ser produzido no tribunal do foro".

[1646] Ainda quanto ao âmbito de aplicabilidade do Regulamento, diz Lima Pinheiro, "O Novo Regulamento...", cit., pp. 582 e 583, que "o conceito de «obrigação contratual» deve ser entendido em sentido amplo, por forma a incluir as obrigações resultantes de negócios unilaterais", abrangendo "a generalidade das obrigações voluntárias".

[1647] A todo ou apenas a algumas das suas cláusulas.

[1648] Na Convenção de Roma, este princípio estava também consagrado no respectivo art. 3.º, n.º 1.

[1649] Se se tratar de acordo tácito, este tem de "resultar de forma clara das disposições do contrato, ou das circunstâncias do caso" (na Convenção de Roma, a formulação era aparentemente mais exigente, determinando que a escolha haveria de "resultar de modo inequívoco das disposições do contrato ou das circunstâncias da causa", tendo a actual corrigido as grandes disparidades linguísticas que existiam entre as diversas versões oficiais da Convenção). Parece estar implicada uma exigência superior de segurança ou certeza sobre a vontade do que a vulgarmente requerida para as declarações tácitas. Entende grande parte da doutrina que elementos a considerar são a referência existente no contrato a disposições de certa ordem jurídica, a adopção de um contrato-tipo ou a cláusulas contratuais gerais elaboradas segundo certo Direito, a ligação do contrato a outro anteriormente celebrado entre as mesmas partes que contivesse cláusula de escolha de Direito, se puder entender-se que não houve alteração de vontade das partes (o que me parece discutível, em especial se se tiver em consideração a maior exigência de certeza nas declarações tácitas que a Convenção consagra), ainda que seja o Direito de um Estado que não seja Parte na Convenção; pode, pois, a escolha recair sobre uma ordem jurídica (necessariamente estadual) que não tenha qualquer ligação com o contrato.

Lima Pinheiro, "O Novo Regulamento...", cit., p. 597, tece algumas considerações sobre a convenção tácita; esclarece que, "na maioria dos casos em que as partes designam o direito aplicável, tal estipulação é feita no momento da celebração do contrato, como

O princípio da autonomia da vontade pressupõe, como observa Lima Pinheiro[1650], "que as partes estão colocadas numa posição de igualdade". Daí que a liberdade de escolha tenha limites:

- por um lado, nos termos do n.º 3 do art. 3.º, se se tratar de um contrato que não tenha qualquer vinculação com o Direito de outro Estado (um contrato puramente interno), a escolha pelas partes de um Direito estrangeiro, acompanhada ou não de escolha de foro estrangeiro, não prejudica a aplicação das normas imperativas do Direito com o qual o contrato tem relação exclusiva;
- por outro, nos termos do n.º 4 do mesmo artigo (novidade do Regulamento Roma I), se se tratar de um contrato que apenas apresente ligações relevantes a Estados-membros, a escolha, pelas partes, da lei de um outro Estado "não prejudica a aplicação, se for caso disso, das disposições de direito comunitário não derrogáveis por acordo, tal como aplicadas pelo Estado-membro do foro";
- por fim, as mais relevantes[1651] resultam do n.º 2 do art. 6.º, e respeitam a alguns contratos com consumidores. E, se na Convenção de Roma se fazia uma restrição material a alienações onerosas[1652] e fornecimento de coisas móveis corpóreas, ou prestação de serviços[1653] [1654], já no Regulamento Roma I esta desapareceu, com a consequência relevante de que o campo de aplicação material desta norma especial de protecção dos consumidores é

cláusula acessória [...]. Mas não é necessário que assim suceda: *a designação do Direito competente pode ser anterior ou posterior à celebração do contrato*".

[1650] "Direito aplicável...", cit., p. 95.

[1651] Designadamente para o tema agora em análise.

[1652] Compra e venda e locação financeira designadamente.

[1653] Salvo, quanto a estes, se os serviços devidos ao consumidor devessem ser prestados exclusivamente num país diverso do da sua residência, ou se se tratasse de contrato de transporte; quanto a este último, se tivesse sido convencionado um preço global por transporte e alojamento, já se aplicaria o art. 5.º, n.º 2, da Convenção, ou, ainda, de financiamento ao consumidor para o fornecimento dos bens ou dos serviços.

No que respeita a contratos de transporte em geral, surgem autonomizadas as respectivas regras de conflitos no art. 5.º do Regulamento Roma I.

[1654] Estando-se, neste momento, a analisar o regime do Regulamento e da Convenção, não se refere a limitação da autonomia das partes na escolha da lei que decorre deste artigo 23.º do Dec.-Lei n.º 446/85.

assim alargado (e colocado em linha com o da paralela regra de conflitos de jurisdições constante do art. 15.º do Regulamento Bruxelas I[1655].

Nestes contratos, nos termos do art. 5.º da Convenção de Roma, a convenção sobre o Direito aplicável não pode privar o consumidor da tutela que lhe é garantida por normas imperativas do país em que tenha residência habitual, se a celebração do contrato tiver sido precedida nesse país de uma proposta a ele dirigida ou de anúncio publicitário e se o consumidor tiver realizado nesse país todos os actos da conclusão do contrato, ou, se a contraparte ou o seu representante tiver recebido o pedido do consumidor nesse país, ou, ainda, se o contrato for de compra e venda de mercadorias, e o consumidor se tiver deslocado desse país para outro, aí tendo feito o pedido, desde que a viagem tenha sido organizada pelo vendedor com o fim de incitar o consumidor a comprar[1656].

Esta restrição ao princípio da liberdade de escolha não constitui uma excepção em sentido estrito, pois permite a aplicação combinada dos dois Direitos: o escolhido convencionalmente e as normas de protecção do consumidor do Estado da sua residência. Dada a *ratio* do preceito, julgo defensável uma sua extensão teleológica, no sentido da aplicabilidade das regras que forem mais protectoras do consumidor, isto é, do afastamento do Direito da sua residência

[1655] Isto é, o Regulamento (UE) n.º 1215/2012, de 12 de Dezembro de 2012, relativo à competência judiciária, ao reconhecimento e à execução de decisões em matéria civil e comercial.

[1656] O Dec.-Lei n.º 133/2009, de 2 de Junho, sucessiva e designadamente, alterado pelos Decs-Leis n.ºs 72-A/2010, de 17 de Junho, 42-A/2013, de 28 de Março, e 74-A/2017, de 23 de Junho (relativo a contratos de crédito a consumidores) determina, no seu art. 35.º, que "o disposto no presente decreto-lei aplica-se, seja qual for a lei reguladora do contrato, se o consumidor tiver a sua residência habitual em Portugal, desde que a celebração do contrato tenha sido precedida de uma oferta ou de publicidade feita na União Europeia e o consumidor tenha emitido a sua declaração negocial dentro deste espaço comunitário", dispondo o respectivo art. 27.º que "são nulas as situações criadas com o intuito fraudulento de evitar a aplicação" das disposições do presente decreto-lei, e que "configuram [...], nomeadamente, casos [...] de fraude à lei": "a escolha do direito de um pais terceiro aplicável ao contrato de crédito, se esse contrato apresentar uma relação estreita com o território português ou de um outro Estado membro da União Europeia".

habitual, se o escolhido contiver normas de tutela do consumidor mais favoráveis a este[1657].

Nos termos do art. 6.º do Regulamento Roma I, como se disse, o seu âmbito de aplicação é alargado. Tal sucede na medida em que idêntica protecção é conferida – isto é, a aplicabilidade das normas não derrogáveis por acordo do país da residência habitual do consumidor (art. 6.º, n.º 2) – sempre que o profissional: *a*) exerça as suas actividades comerciais ou profissionais no país em que o consumidor tem a sua residência habitual, ou *b*) por qualquer meio dirija essas actividades para este ou vários países, incluindo aquele país; e, em qualquer caso, o contrato seja abrangido pelo âmbito dessas actividades (art. 6.º, n.º 1). Não se verificando estas condições, são aplicáveis as regras de conflitos "gerais", isto é, os arts. 3.º e 4.º (art. 6.º, n.º 3). Por fim, o art. 6.º, n.º 4, ocupa-se de uma delimitação que exclui determinadas hipóteses do âmbito desta norma especial de protecção dos consumidores, mas que também nela inclui expressamente outras, como é o caso, na sua al. *c*), dos "contratos que têm por objecto um direito de utilização de bens imóveis a tempo parcial, na acepção da Directiva 94/47/CE". Este é um exemplo, a par, designadamente, de contratos de aquisição de licenças de *software* (aqui pela exclusão da circunscrição aos "bens móveis *corpóreos*"), em que a formulação do art. 6.º do Regulamento permite abranger matérias que estavam excluídas, ou que cuja inclusão era pelo menos duvidosa, no objecto da conexão do art. 5.º da Convenção de Roma.

O Regulamento Roma I também contém outros limites à liberdade de escolha do direito aplicável ao contrato: assim, no art. 8.º, quanto aos contratos de trabalho[1658]. Existem igualmente (art. 5.º, n.º 2, § 2) restrições à escolha de lei aplicável aos contratos de transporte de passageiros e (art. 7.º, n.º 3) a alguns contratos de seguro.

Segundo o art. 3.º, n.º 3, se "todos os outros elementos relevantes da situação se situ[arem], no momento da escolha, num país que não seja o país da lei escolhida, a escolha das partes não prejudica a aplicação das disposições da lei desse outro país não derrogáveis por acordo". O Regulamento Roma I estabelece, inovadoramente relativamente à Convenção, que, se todos os outros ele-

[1657] Recorrendo a raciocínio diverso, idêntica parece ser a conclusão de Almeno de Sá, *ibidem*, pp. 136 e 137, por referência à norma da Convenção de Roma.

[1658] O art 9.º, nºs. 2 e 3, impõe a aplicação das normas de aplicação necessária do Estado do foro e de algumas de aplicação necessária do Estado em que as obrigações devam ser ou tenham sido cumpridas.

mentos relevantes se situarem, no momento da escolha, num ou em vários Estados-membros, a cláusula de *electio iuris* não impede a aplicação, se for caso disso, das regras de direito comunitário não afastáveis convencionalmente, tal como aplicadas pelo Estado-membro do foro. Por outro lado, se a cláusula de escolha de lei for uma cláusula contratual geral, a sua inclusão no contrato será apreciada de acordo com a lei escolhida, podendo, caso a conclusão seja positiva, o aderente invocar a lei da sua residência habitual para demonstrar que não deu o seu consentimento, caso seja razoável entender, em face das circunstâncias, que ele não pudesse determinar os efeitos da sua aceitação face à lei escolhida.

Na ausência de cláusula de *electio iuris*, a estes contratos com consumidores é aplicável a lei do Estado em que o consumidor tiver a sua residência habitual, desde que se tenham verificado as circunstâncias já enunciadas[1659].

[1659] O regime fixado tem como consequência, como observa L. Lima Pinheiro, "Direito aplicável...", cit., p. 99, em face da Convenção de Roma, que seja frequentemente aplicável a "lei do país em que o fornecedor de bens ou serviços tem o seu estabelecimento", dada a presunção constante do n.º 2 do art. 4.º da existência de conexão mais estreita "com o país onde a parte que está obrigada a fornecer a prestação característica do contrato tem, no momento da celebração do contrato, a sua residência habitual ou, se se tratar de uma sociedade, associação ou pessoa colectiva, a sua administração central". Já se o contrato for celebrado no exercício da actividade económica ou profissional dessa parte, o país a considerar será aquele "em que se situa o seu estabelecimento principal ou, se, nos termos do contrato, a prestação deve ser fornecida por estabelecimento diverso do estabelecimento principal, o da situação desse estabelecimento". O corolário da aplicação conjugada das disposições dos arts. 4.º, n.º 2, e 5.º, nºs. 2 e 3, da Convenção de Roma (que hoje tem paralelo, no que toca aos tipos contratuais mais importantes na relação com os consumidores – a saber, compra e venda e prestação de serviços –, nos arts. 4.º, n.º 1, *a)* e *b)*, e n.º 2, e 6.º n.ºs 1 e 2), na medida em que não confere suficiente protecção ao consumidor quanto à lei aplicável ao contrato, é justificadamente criticado por Lima Pinheiro, *ibidem*, pp. 100-101, que observa que, "por um lado, o conceito de contrato celebrado por consumidor é demasiado restrito, excluindo a protecção [...] [deste] na cessão do uso de bens e no fornecimento de serviços de bens incorpóreos", dando o exemplo de um "contrato de licença de programa de computador". O autor afirmava, contudo, que "a aplicação analógica das regras especiais do artigo 5.º a casos em que se verifica a mesma necessidade de protecção não está, porém, excluída". Repete-se, como ficou dito no texto, que os casos duvidosos (como p. ex. os das referidas licenças) serão menos frequentes na vigência do Regulamento Roma I, uma vez que o seu art. 6.º abandonou aquela delimitação do âmbito de aplicação da regra de conflitos sobre contratos com consumidores ("contratos que tenham por objecto o fornecimento de bens móveis corpóreos ou de serviços"), que consta do art. 5.º da Convenção.

No seu art. 6.º, n.º 2, o Regulamento Roma I dispõe, quanto aos contratos celebrados com consumidores[1660] – não apenas com os objectos enunciados pela Convenção, mas da sua generalidade –, à excepção (nos termos do n.º 4) dos "contratos de transporte diferentes dos contratos relativos a uma viagem organizada na acepção da Directiva 90/314/CEE do Conselho, de 13 de Junho de 1990, relativa às viagens organizadas, férias organizadas e circuitos organizados", dos de prestação de serviços quando estes devam ser prestados ao consumidor exclusivamente num país diferente daquele em que este tem residência habitual, dos contratos relativos a direitos reais sobre imóveis ou de arrendamento, da maioria dos contratos relativos a produtos financeiros e daqueles que se concluam num mercado regulamentado ou num sistema de negociação multilateral de instrumentos financeiros –, que a cláusula de escolha do direito aplicável não pode ter como consequência privar o consumidor da tutela que lhe proporcionam as normas imperativas do Direito do país em que tenha a sua residência habitual[1661].

[1660] Pessoas singulares que contratam tendo em vista uma finalidade estranha à sua actividade profissional ou comercial.

[1661] De salientar o disposto no art. 7.º da Convenção, cujo n.º 1 estabelece que, "ao aplicar-se, por força da presente Convenção, a lei de um determinado país, pode ser dada prevalência às disposições imperativas da lei de outro país com o qual a situação apresente uma conexão estreita se, e na medida em que, de acordo com o direito deste último país, essas disposições sejam aplicáveis, qualquer que seja a lei reguladora do contrato. Para se decidir se deve ser dada prevalência a estas disposições imperativas, ter-se-á em conta a sua natureza e o seu objecto, bem como "as consequências que resultariam da sua aplicação ou da sua não aplicação". Sublinhe-se a importância do n.º 2, que determina que "o disposto na presente Convenção não pode prejudicar a aplicação das regras do país do foro que regulem imperativamente o caso concreto, independentemente da lei aplicável ao contrato". Esta última disposição constitui, no interior da Convenção, um elemento de acréscimo da tutela dos consumidores nos contratos em que intervenham, pois que, dada a sua natureza geral, não se restringe aos contratos referidos no art. 5.º. Recorrendo à formulação de Lima Pinheiro, "Direito aplicável...", cit., p. 102, "ao abrigo do art. 7.º os consumidores podem beneficiar da protecção de *certas* normas imperativas contidas numa ordem jurídica que não é chamada a reger o contrato, quer seja ou não a da sua residência habitual e independentemente de o contrato ser abrangido pelo art. 5.º". Almeno de Sá, cit., pp. 135 e 136, opina que não é "inteiramente pacífico" o entendimento de que as regras nacionais imperativas de tutela do consumidor (que não constituam preceitos de transposição de direito comunitário) do país do foro devam ser consideradas como "verdadeiras «normas de intervenção» no sentido do [...] artigo 7.º, n.º 2".

Como diz Lima Pinheiro[1662], "estas disposições veiculam uma ideia de alternatividade: aplicar-se-ão as disposições imperativas da lei da residência habitual que sejam mais favoráveis ao consumidor que as regras da lei escolhida". Ou em outra formulação do mesmo autor: "[...] a lei da residência habitual fornece o padrão mínimo de protecção. [...] O consumidor tem um interesse conflitual na sua aplicação, por ser a lei com que está mais familiarizado".

Lima Pinheiro[1663] observa pertinentemente: "O art. 4.º da Convenção de Roma e, reforçadamente, o art. 4.º do Regulamento Roma I conduzem frequentemente à aplicação da lei do país em que o fornecedor de bens ou serviços tem o seu estabelecimento". "Por força do art. 6.º/1 do Regulamento e do art. 5.º/3 da Convenção de Roma o contrato com consumidor será regulado pela lei do país em que o consumidor tenha a sua residência habitual".

Em qualquer momento, podem as partes alterar convencionalmente o Direito aplicável ao contrato, aplicando-se retroactivamente esse Direito, não podendo, contudo, a retroactividade afectar a validade formal do contrato, nem prejudicar os direitos de terceiros. O acordo sobre a lei aplicável é regulado pelos arts. 10.º, 11.º e 13.º, por remissão do n.º 5 do art. 3.º[1664]. É permitida a modificação do Direito aplicável[1665], quer escolhendo uma lei, quer alterando cláusula de escolha anterior; neste último caso, a convenção das partes pode estabelecer se os seus efeitos são *ex tunc* ou *ex nunc*, sendo preservados os direitos de terceiros e a validade formal do negócio em caso de atribuição de eficácia retroactiva[1666].

Quando as partes não tenham decidido convencionalmente sobre a lei aplicável, o n.º 1 do art. 4.º do Regulamento Roma I estabelece um conjunto de regras de conflitos especiais para diversas categorias de contratos (de compra e venda de mercadorias; de prestação de serviços; que tenham por objecto direitos reais sobre bens imóveis ou o seu arrendamento; de franquia; de distribuição; de compra e venda de mercadorias em hasta pública; e celebrados no âmbito de um sistema multilateral). Estas, no essencial, não são mais do que concretizações do princípio que constava do art. 4.º, n.º 1, da Convenção, e que continua a surgir como guia no caso de não ser possível subsumir o contrato a uma destas alíneas

[1662] "O Novo Regulamento...", cit., pp. 619 e 620.

[1663] *Ibidem*, p. 620.

[1664] Na Convenção de Roma, havia uma remissão do n.º 4 do art. 3.º para os arts. 8.º, 9.º e 11.º.

[1665] Tal como na Convenção de Roma.

[1666] Como na Convenção de Roma.

(do n.º 1), nem tão-pouco identificar uma "prestação característica do contrato"[1667] [1668]: ou seja, nessa hipótese, a lei aplicável é aquela com a qual o contrato tiver uma conexão mais estreita (n.º 4). O mesmo vale na eventualidade de, não obstante serem mobilizáveis com êxito as regras dos nºs. 1 ou 2, resultar do conjunto das circunstâncias do caso que o contrato apresenta uma "conexão manifestamente mais estreita" com um outro país: será, nesses casos, competente a lei desse país, em face desta *cláusula de excepção* expressa no art. 4.º, n.º 3.

Uma vez que o conceito de conexão estreita é utilizado neste art. 23.º, justifica-se alguma (breve) detenção nessa noção. Isto apesar de autores, como Almeno de Sá[1669], entenderem que a omissão de critérios na directiva "que permitam afirmar a existência de uma «conexão estreita» com o território dos Estados-membros [...] pode originar não apenas pontos de tensão com as regras da Convenção de Roma, como acentuadas divergências entre os diversos direitos nacionais. Surge, neste contexto, como particularmente relevante, a questão de saber se a exigência de assegurar a tutela mínima da directiva deve ser concretizada através da *lex fori* ou através do direito de outro Estado-membro, bem como o problema da interpretação do critério da «conexão estreita», em articulação com o artigo 5.º da Convenção de Roma. A generalidade dos Estados designa como lei aplicável a *lex fori*. Ora, esta aplicação imperativa da lei do foro vai para além daquilo que a disciplina comunitária directamente impõe [...]".

Como ficou assinalado no texto introdutório, um dos aspectos que, na opinião de Martin Ebers[1670], carece de aclaração é "a definição da noção de «conexão estreita com o território de um Estado membro»". De assinalar que, embora com carácter excepcional, podem ser aplicados a um só contrato Direitos de vários Estados, se eles contiverem componentes autonomizáveis e uma delas tiver conexão mais estreita com o Direito de Estado diferente daquele com que a parte restante do contrato tiver mais estreita conexão.

O conceito de conexão mais estreita inspira-se nos Direitos inglês e norte-americano (*most significant relationship*) e, se tem a vantagem da sua flexibilidade, permitindo a aplicação do Direito mais adequado às circunstâncias de cada caso, comporta a inerente desvantagem de não garantir a certeza, e a decorrente uniformidade – ou previsibilidade – das decisões dos tribunais nos vários Esta-

[1667] V. n.º 2.

[1668] Sobre esta noção, v. *infra*.

[1669] Cit., p. 153.

[1670] Cit., pp. 391 e 393.

dos. Para o seu preenchimento, devem ser tomados em conta todos os factores de conexão, quer jurídicos quer sociológicos ou económicos. Segundo Lima Pinheiro[1671], "o critério da conexão mais estreita permite *atender a laços de qualquer natureza*. Em primeira linha relevam os laços de natureza objectiva e espacial, principalmente elementos de conexão tais como o lugar da residência, da sede ou do estabelecimento das partes, e o lugar onde se situa a coisa corpórea que seja objecto mediato do contrato [...] e ainda o lugar da execução do contrato e a nacionalidade das partes". E acrescenta[1672]: "também parece defensável que os laços que traduzem uma efectiva ligação à esfera económico-social de um país tenham maior peso na determinação da conexão mais estreita que as ligações visíveis e palpáveis". E que: "a cláusula geral de conexão mais estreita também permitirá ter em conta os laços objectivos de outra natureza tais como, por exemplo, o idioma do contrato, a referência a disposições de uma determinada ordem jurídica ou o emprego de termos e expressões característicos desta ordem jurídica (que contudo não permitam inferir uma designação tácita) e o nexo funcional que o contrato estabeleça com outro contrato regido por certo Direito. Subsidiariamente, poderão ainda ser tomados em consideração elementos subjectivos, como as representações e as expectativas justificadas das partes"[1673].

Na Convenção de Roma, presumia-se a existência de conexão mais estreita com o país em que a parte obrigada a fornecer a prestação característica do contrato tem residência habitual (ao tempo da conclusão dele) ou, se se tratar de pessoa colectiva, com a daquele em que tem a sua administração central[1674]. Esta presunção assenta na noção de prestação característica, que continua a ser útil, designadamente para efeitos do art. 4.º, n.º 2, do Regulamento Roma I, mas nem sempre é de fácil identificação, nomeadamente nos contratos sinalagmáticos. Ideia pacífica na doutrina é a de que, nos contratos onerosos, a prestação característica nunca é a pecuniária. Por esse motivo, em Portugal, foi defendido

[1671] "Direito aplicável...", cit., p. 96.

[1672] *Ibidem*, pp. 96-97.

[1673] O autor volta ao tema em "O Novo Regulamento...", cit., pp. 599 a 603.

[1674] Salvo quanto ao contrato de transporte de mercadorias: contrato de fretamento relativo a uma só viagem ou outros que tenham por objecto principal o transporte de mercadorias, em que se presume a conexão mais estreita com o país em que, no momento da celebração, o transportador tem o seu estabelecimento principal, se este for o mesmo do local de carga ou descarga ou o do estabelecimento principal do expedidor.

que, na compra e venda, a prestação característica é a do vendedor[1675] – o que tem hoje consagração expressa no art. 4.º, n.º 1, *a)*. A razão que é habitualmente apontada para a opção deste elemento orientador quanto ao Direito aplicável é a de, em regra, a prestação característica ser aquela que envolve maior complexidade e que implica a assunção de maiores riscos, pelo que será do interesse do seu devedor a aplicação do Direito que lhe seja mais próximo, interesse que é reforçado quando o devedor seja uma empresa que actua contratualmente, situação em que celebrará vários contratos de conteúdo idêntico, pois ser-lhe-á vantajoso ver as múltiplas relações reguladas de forma idêntica. Nem sempre se pode dizer que a noção de prestação característica é susceptível de identificação e, por outro lado, a forma como é defendido o seu preenchimento leva a uma maior tutela do contraente mais forte[1676] [1677].

Quanto à existência e validade substancial do contrato ou de uma sua cláusula, elas são reguladas pelo direito que seria hipoteticamente competente, de acordo com a Convenção ou o Regulamento. Admite-se, contudo, que um contraente prove que não deu o seu acordo, invocando a lei do país em que tenha residência habitual, se for razoável entender que o valor do comportamento declarativo dessa parte fosse apreciado nos termos desta última lei (arts. 8.º e 10.º, respectivamente). Quanto à forma, segundo o art. 11.º, o Direito aplicável a contratos celebrados entre pessoas (ou seus representantes) sediadas num mesmo país é o que regula a substância ou o do Estado em que tiver sido celebrado. Sendo o contrato concluído entre sujeitos (ou seus representantes) que se encontrem em Estados diferentes, a forma é regulada também pelo Direito aplicável à substância ou pelo de um dos países em que as partes se encontravam.

[1675] Este é um contrato que, na ordem jurídica portuguesa, tem eficácia real (também assim, nas francesa, belga e italiana, p. ex., mas já não nas espanhola ou alemã), constituindo a entrega da coisa o cumprimento de uma obrigação do vendedor. Afirmar que a prestação característica da compra e venda é a do vendedor, neste quadro jurídico, é, no mínimo, questionável, pois, se tomada "prestação" em sentido literal, não se vê que neste contrato seja a entrega da coisa vendida a que caracteriza identificadoramente o contrato, cujo elemento essencial de identificação consiste na transmissão onerosa de um direito da esfera jurídica do alienante para a do adquirente.

[1676] Sobre o conceito de prestação característica, v. Lima Pinheiro, "O Novo Regulamento...", cit., pp. 606 e 607.

[1677] O n.º 5 do art. 4.º da Convenção dispõe que, quando a prestação característica não puder ser determinada, não se aplica a presunção do n.º 2 (a de que o contrato tem conexão mais estreita com o país em que a parte está obrigada a fornecê-la).

Pretende-se, sobretudo, favorecer a validade formal do contrato (*favor negotii*). Se estiver em causa contrato que tenha por objecto um direito real sobre imóvel ou o seu arrendamento, a respectiva forma rege-se pelas disposições imperativas do Direito do Estado em que ele se encontre, "desde que, nos termos desta lei: *a)* esses requisitos sejam impostos, independentemente do país em que o contrato seja celebrado e da lei que o regular; e *b)* esses requisitos não sejam derrogáveis por acordo" (art. 11.º, n.º 5). Este art. 11.º, que se ocupa da forma, dispõe, no seu n.º 3, que "um acto jurídico unilateral relativo a um contrato celebrado ou a celebrar é formalmente válido, se preencher os requisitos de forma prescritos pela lei reguladora da substância do contrato, determinada nos termos do presente regulamento, ou pela lei do país em que esse acto é praticado ou pela lei do país em que a pessoa que o praticou tenha a sua residência habitual nessa data"[1678][1679].

O Direito aplicável ao contrato é-o também – di-lo inutilmente, pelo menos, em parte, parece-me, o n.º 1 do art. 12.º, do Regulamento[1680] – à sua interpretação, ao cumprimento das obrigações dele emergentes, às consequências dessas obrigações, às causas de extinção delas, à prescrição e caducidade e às consequências da invalidade do negócio. O n.º 2 desta disposição manda aplicar o Direito do Estado em que for cumprida a obrigação ao modo de cumprimento e "às medidas que o credor deve tomar no caso de cumprimento defeituoso"[1681].

[1678] Esta disposição, tendo um âmbito de aplicabilidade que dificilmente pode ser enunciado em abstracto, tem, desde logo, relevância no quadro da formação do contrato – visto que tanto a proposta quanto a aceitação são actos unilaterais (prescinde-se, julgo que justificadamente, da discussão acerca de saber se se trata de negócios jurídicos ou de puros actos jurídicos) – e no da respectiva vida: pense-se, exemplificativamente, na interpelação do credor ao devedor ou na declaração de denúncia ou de resolução do contrato.

[1679] Disposição praticamente igual à do art. 9.º, n.º 3, da Convenção de Roma.

[1680] Norma idêntica à do art. 10.º, n.º. 1, da Convenção de Roma.

[1681] Esta norma não é de fácil compatibilização com a do n.º 1, já que "os modos de cumprimento" regem-se pelo direito aplicável ao cumprimento obrigacional, e as consequências do cumprimento defeituoso são de não cumprimento total (qualitativamente). De todo o modo, ao cotejar o relatório Giuliano/Lagarde, "Rapport concernant la convention sur la loi applicable aux obligations contractuelles», *in Journal Officiel des Communautés Européennes* (C) n.º 282, 31.10.1980, anotação 3 ao art. 10.º, verifica-se que a intenção foi a de que a concretização deste conceito ficasse a cargo de cada juiz do foro, dando-se como exemplos do que se pretendeu por "modos de cumprimento": a regulamentação dos dias feriados; as modalidades de exame das mercadorias e as medidas a tomar no caso da sua recusa.

O n.º 1 do art. 23.º do diploma em análise auto-explica-se. O n.º 2 também não suscita dificuldades interpretativas, dele resultando que pode ser aplicável a um contrato dos que constituem objecto deste Decreto-Lei direito diverso do português – o de outro Estado-membro –, se o contrato "apresentar uma conexão estreita com o território" desse Estado e este determinar a sua aplicação.

De salientar que o Anteprojecto do Código do Consumidor contém, neste domínio, o seguinte regime, no seu art. 14.º:

> "1. Salvo disposição em contrário, às relações abrangidas por este Código que apresentem ligação estreita ao território do Estado português só será aplicável legislação diversa da portuguesa se a mesma se revelar mais vantajosa para o consumidor.
>
> 2. Essa ligação estreita existe, designadamente, quando o consumidor tenha residência habitual em território português e aí haja emitido ou recebido uma declaração relevante ou ocorrido o facto que serve de fundamento à acção.
>
> 3. O disposto nos números anteriores não prejudica a aplicação dos instrumentos normativos internacionais ou comunitários pertinentes, designadamente a Convenção de Roma de 19 de Junho de 1980".

Por seu lado, o art. 201.º do mesmo Anteprojecto dispõe que: "1. Sem prejuízo do disposto no art. 14.º, a escolha, pelas partes, para reger o contrato, da lei de um Estado que não seja membro da União Europeia não pode ter como efeito excluir a protecção garantida ao consumidor pelas disposições desta secção e da seguinte sempre que o contrato apresente ligação estreita ao território de algum Estado-Membro. 2. No caso previsto no número anterior, aplicam-se as disposições da presente secção e da seguinte sempre que o contrato apresente ligação estreita ao território português, ou, se esta ligação for inexistente, as disposições correspondentes da lei do Estado-Membro com o território do qual o contrato apresente a ligação mais estreita. 3. Tratando-se de direitos de habitação periódica, considera-se, designadamente, que existe uma ligação estreita com o território de um Estado-Membro sempre que o imóvel aí fique situado".

CAPÍTULO VI – Disposições processuais

Artigo 24.º – Declaração de nulidade

As nulidades previstas neste diploma são invocáveis nos termos gerais.

Não é evidente o alcance ou conteúdo preceptivo autónomo desta norma. Necessária seria uma, se o regime das nulidades fosse especial ou excepcional.

Poderia pensar-se que a existência da disposição tivesse resultado das dúvidas que a directiva gerou quanto à necessidade de invocação da nulidade ou ao prazo para o fazer – e que foram objecto de decisões do TJCE[1682], mas isso não é certo, pois ela vem da redacção originária do diploma.

Segundo Menezes Leitão[1683] – em opinião que subscrevo inteiramente –, esta solução "suscita algumas perplexidades pois permite a invocação da nulidade por parte do próprio utilizador das cláusulas contratuais gerais (cfr. artigo 286.º), ou pelos credores de qualquer das partes (cfr. artigo 605.º)". E acrescenta: "pareceria, por isso, mais adequado que se tivesse previsto antes uma invalidade mista, apenas invocável pelo aderente, em lugar de uma nulidade, que qualquer interessado pode invocar". Já as considerações que o autor tece de seguida[1684] têm um sentido menos claro: «Há, no entanto, um regime especial para esta invalidade previsto nos artigos 12.º e seguintes LCCG, normas que suscitam algumas dúvidas quanto ao seu verdadeiro alcance"[1685].

Existindo a norma, não se compreende o que queira dizer Carvalho Fernandes[1686] quando afirma: "a sua [da nulidade] eficácia depende, por outro lado, da invocação da nulidade, podendo, na prática, ter lugar a aplicação de cláusulas proibidas"[1687]. Yara Miranda[1688] refere a decisão do TJCE de 27 de Junho de 2000, que entendeu que a tutela conferida pela directiva implica necessariamente a faculdade de o juiz apreciar o carácter abusivo de uma cláusula, ao que a autora observa que, para "atingir uma protecção efectiva do consumidor", só esta solução tem sentido, "pois existe um risco não negligenciável de o consumidor, por ignorância, não invocar o carácter abusivo de uma cláusula que lhe é oposta". Tem razão a autora. Não pode, no entanto, esquecer-se que, como ficou referido,

[1682] De 27 de Junho de 2000 e de 21 de Novembro de 2002.

[1683] Cit., p. 46.

[1684] *Ibidem*, pp. 46-47.

[1685] No que se reporta aos regimes dos arts. 13.º e 14.º, remete-se para as anotações a essas disposições.

[1686] Cit., p. 225.

[1687] Claro que, como em qualquer nulidade, se o contrato nunca for submetido ao tribunal, não sendo a nulidade invocada nem tendo o tribunal oportunidade de dela conhecer, tudo se passará como se a invalidade não existisse. Este é regime geral que, neste ponto, não sofre qualquer desvio.

[1688] Cit., p. 671.

esta não é uma boa solução – nem a solução legal típica do regime de nulidade que tenha como exclusiva *ratio* a protecção de uma das partes – que tanto o predisponente quanto terceiros a possam invocar. Por circunstâncias muito variadas – a principal das quais o contrato ter deixado de interessar ao predisponente[1689] –, pode a este interessar invocar a nulidade de alguma(s) sua(s) cláusula(s), sem a qual(ais) o contrato não possa subsistir por irremediável indeterminabilidade do respectivo objecto.

A solução preferível seria a de conferir legitimidade para arguir a nulidade apenas ao aderente, mantendo-se a regra do seu conhecimento oficioso, mas ficando a declaração de nulidade por esta última via dependente do assentimento do aderente. Na impossibilidade de adopção deste regime, especialmente protector do aderente, restringir-se-ia a legitimidade para a invocação àquele, deixando-se ao tribunal o seu conhecimento oficioso.

Artigo 25.º – Acção inibitória

As cláusulas contratuais gerais, elaboradas para utilização futura, quando contrariem o disposto nos artigos 18.º, 19.º, 21.º e 22.º podem ser proibidas por decisão judicial, independentemente da sua inclusão efectiva em contratos singulares.

A partir desta disposição e até ao art. 35.º, a lei apenas é aplicável a cláusulas contratuais gerais em sentido próprio. Estas normas são, na verdade, as únicas que tomam as cláusulas contratuais gerais como realidade jurídica própria e autónoma dos contratos que com base nelas se formam. Como escrevia Adolfo di Majo[1690], "[...] o fenómeno da predisposição de c.g.c., destinadas a valer para uma série de hipóteses homogéneas, apresenta motivos de consonância muito fortes com a actividade de produção de normas jurídicas, de que resulta a necessidade de um controlo que se exprima de formas diversas daquelas por que se tem exercido o controlo sobre o contrato individual. [...] Querendo ser coeren-

[1689] Apesar dos termos amplíssimos em que as als. *c), d)* e *e)* do n.º 1 do art. 22.º autorizam a alteração unilateral dos termos contratuais, e daqueles em que a al. *i)* da mesma disposição lhe permite a cessação do contrato.

[1690] "Il controllo giudiziale...", cit., p. 198.

tes [...] seria necessário afirmar que o controlo poderia ter lugar *num momento anterior* àquele que assinala a inscrição das c.g.c. numa relação individual [...]"[1691].

O art. 7.º, nºs. 1 e 2, da directiva deixou aos Estados a opção pela forma de fiscalização abstracta das cláusulas contratuais gerais abusivas. Diz Martin Ebers[1692] que "todos os Estados membros permitem acções judiciárias por organizações que tenham em vista fazer proibir a utilização ou a recomendação de cláusulas abusivas nas transacções jurídicas. Em certos Estados [...], acentuam-se os procedimentos administrativos [...] e em quase todos [...] é também possível propor uma acção colectiva a fim de lutar contra as cláusulas abusivas. Alguns Estados [...], como por exemplo a FRANÇA e a ESLOVÁQUIA, também adoptaram acções penais visando interditar as cláusulas abusivas. [...] Para certos tipos de contratos, designadamente os contratos de serviços financeiros no sector bancário e no sector dos seguros assim como os contratos respeitantes a valores de bolsa e acções, encontra-se em numerosos Estados membros, ao lado das acções colectivas referidas, um sistema de controlo desses sectores que releva do direito público. A utilização e a recomendação de cláusulas abusivas pode também em alguns casos respeitar ao direito da concorrência".

Optou a lei por uma fiscalização abstracta judicial que ultrapassasse as limitações ou deficiências do controlo *a posteriori*, dependente da iniciativa do aderente e circunscrito, quanto aos efeitos, ao concreto litígio.

Fiscalização confiada aos tribunais, o que, diz-se, se tem as desvantagens de a iniciativa depender de sujeitos privados[1693], e da morosidade, tem as contrapartidas de isenção, de adaptabilidade às realidades de mercado que vão surgindo[1694]

[1691] O autor duvidava (se não mais do que isso), porém, de que tal controlo pudesse ser cometido aos tribunais, isto é, de que estes tivessem legitimidade para tal função.

[1692] Cit., p. 472.

[1693] Mesmo que se trate de pessoas colectivas, como associações de defesa de consumidor, "associações sindicais, profissionais ou de interesses económicos". A iniciativa processual do Ministério Público, admitida pela al. *c)* do n.º 1 do art. 26.º, só raramente não dependerá de "solicitação de qualquer interessado" ou de "indicação do provedor de Justiça", que, por sua vez, só raríssimamente a fará sem petição de um sujeito privado, seja ele pessoa singular ou colectiva.

[1694] Adolfo di Majo, "Condizioni generali di contrato...", cit., p. 70, chama a atenção para a vantagem de "mediação" entre o "carácter *generalizado* e *uniforme* do regulamento unilateralmente predisposto [...] com a *fattispecie concreta* ou seja com os aspectos concretos que apresenta a relação existente entre empresa e utentes singulares [...]".

e de independência que estes garantem relativamente a qualquer órgão administrativo[1695] [1696].

Mario Marsili[1697], em coerência com a concepção que tem das condições gerais de contratação, defende que o controlo administrativo é o único instrumento eficaz, mas observa que ele faz correr "o perigo de uma rigidez burocrática"; considera, no entanto, que "este é um perigo que vale bem a pena correr", pois as vantagens serão sempre superiores às desvantagens". Menezes Cordeiro[1698] opina que este tipo de controlo "conduz, com facilidade, a uma administrativação dos negócios jurídicos, dependentes, na sua concreta configuração, de mais uma instância de controlo do Estado, o qual já está, aliás, bem provido de esquemas de intervenção". Já Eike von Hippel[1699] defendia que "um serviço público central está em melhores condições do que um conjunto heterogéneo de associações de consumidores para desenvolver uma actuação uniforme de controle e disciplina [...]. [...] a fiscalização repressiva pontual dos métodos de venda ilícita é substituída por uma (muitíssimo mais radical e efectiva) fiscalização preventiva global. Acresce que a actividade dos serviços públicos para a protecção do consumidor está menos sujeita a riscos de encargos e de responsabilidade [...]".

Naturalmente que, em sistemas jurídicos em que não haja, ou não houvesse, normas jurídicas aplicáveis, apenas o controlo administrativo poderia ser encarado[1700].

[1695] Sem – tanto quanto compreendo – pôr em causa o controlo judicial, João P. Cardoso Alves, cit., escreve que "é urgente alterar os estatutos de entidades reguladoras que, apesar de possuírem capacidade humana e financeira não consagram nas suas atribuições e na prática, de forma directa, a defesa dos consumidores".

[1696] Sobre as desvantagens do puro controlo administrativo, escrevia Massimo Bianca, *Le autorità...*, cit., p. 76, que este implica a atribuição de "um poder que, se se quiser eficaz, se torna excessivamente discricionário relativamente à disciplina de relações privatísticas".

[1697] Cit., p. 138.

[1698] *Tratado...*, cit., pp. 42-422.

[1699] Cit., pp. 18 a 21.

[1700] Era o que F. M. B. Reynolds, cit., p. 20, dizia, quanto ao Direito inglês, antes de existir solução normativa ou para as situações que escapavam ao âmbito de aplicabilidade do *Unfair Contract Terms Act* de 1977. Também Jan Hellner, cit., p. 44, opina que "diversos argumentos militam a favor do controlo extra-judicial: a supressão das condições gerais manifestamente feridas de nulidade é mais completa quando os meios de a obter não repousam exclusivamente nas mãos dos tribunais; por outro lado, existem cláusulas que se prestam a um controlo, se bem que não sejam invalidadas por nenhuma

Como exemplo de controlo administrativo costuma apontar-se o Direito de Israel. Aqui, a *Law of Standard Contracts* instituiu em 1964 um sistema de controlo administrativo, nos termos do qual os profissionais podiam submeter à aprovação do Conselho sobre as Práticas Comerciais Restritivas as condições que inserissem nos seus contratos e constassem da lista de cláusulas qualificadas como "restritivas" no estatuto daquele órgão; qualquer dessas cláusulas podia ser posta em causa perante o Conselho que ou a aprovava – caso em que nenhum tribunal a poderia declarar nula – ou a recusava, hipótese em que ela seria considerada nula em qualquer contrato, mesmo nos que já tivessem sido concluídos ao tempo da apreciação pelo Conselho; também o Procurador Geral ou uma associação de consumidores podia pedir ao Conselho a supressão de cláusula restritiva num contrato *standard*[1701]. Em 1983, o Direito israelita instituiu "um controlo judicial, que inclui a possibilidade de sentenças com eficácia geral"[1702].

Embora a informação dada seja escassa e não completamente fiável[1703], Martin Ebers[1704], observando que os poderes destes órgãos administrativos são variados, em alguns casos se limitando a ter legitimidade para propor acções judiciais, diz que na Bulgária, a "Comissão de Protecção dos Consumidores, assim como as instituições encarregadas de autorizar certas actividades comerciais, as comissões de conciliação em caso de diferendos entre comerciantes e consumidores e as comissões regionais" são os organismos a que foi confiado o controlo[1705]. Em Chipre, este cabe ao "Director do Serviço da Concorrência e da

lei e não possam ser atacadas judicialmente; por fim, o controlo extra-judicial cria maior certeza jurídica, designadamente na medida em que as condições gerais que o tenham satisfeito são quase sempre reconhecidas como válidas pelos tribunais". O autor reconhece, porém, as desvantagens que tal controlo implica e afirma que "o controlo judiciário constitui desde sempre o principal meio de combater as condições gerais abusivas, e o controlo extra-judiciário é a excepção e não a regra".

1701 V. Jan Hellner, *ibidem*, pp. 45 e 46, que também aprecia criticamente este sistema e diz que (ao tempo da comunicação), "a crer em certas informações, o sistema [...] não é muito eficaz, em particular se for considerado como um meio de proteger os interesses dos consumidores e outros clientes". No mesmo sentido, Eduardo Polo, cit., pp. 46-47.

1702 Sousa Ribeiro, *Cláusulas contratuais...*, cit., p. 121.

1703 Já que, quanto a Portugal, é indicado o Ministério Público como instituição administrativa a que compete o controlo ou a iniciativa dele.

1704 Cit., pp. 473 e 474.

1705 Na Bulgária, o art. 148.º da Lei de Protecção dos Consumidores dispõe que a Comissão de Protecção dos Consumidores deve elaborar directivas ou recomendações

Protecção dos Consumidores"; na Hungria, à "Inspecção Geral para a Protecção dos Consumidores"[1706]; na Irlanda, ao "Director do Consumo"; na Estónia, ao "Gabinete de Protecção dos Consumidores"; na Letónia, ao "Centro de Protecção dos Direitos dos Consumidores"; na Lituânia, ao "Gabinete Nacional de Protecção dos Direitos dos Consumidores"; em Malta, ao "Director dos Assuntos do Consumo"; na Polónia, ao "Gabinete de Protecção da Concorrência e dos Consumidores"; na Roménia, ao "Gabinete de Protecção do Consumidos"; na Eslováquia, à "Inspecção Eslovaca do Comércio".

Não é, no entanto, a alternativa que se deixou indicada a única possível, antes se tendo também recorrido a soluções mistas. Assim, na Suécia, Dinamarca e Finlândia, onde o *Consumer Ombudsman* – que, além da competência de emitir decisões normativas ("*ordonnances*") sobre as condutas que violem a Lei sobre as Práticas Comerciais, tem a de procurar obter condições contratuais aceitáveis através da negociação – é complementado pela actuação dos tribunais, sendo, na Dinamarca, a infracção de uma interdição ou de uma injunção daqueles punível criminalmente. No Reino Unido, o *Unfair Terms in Consumer Contracts Regulations* de 1999 prevê um *Office of Fair Trading*, que se ocupa das queixas relativas a cláusulas abusivas pela negociação com o profissional que as predispôs, obtendo muitas vezes a sua alteração, e publicando um Boletim intitulado "Cláusulas Contratuais Abusivas", em que noticia informações sobre as cláusulas de que se ocupa, havendo também um *Restrictive Practices Court* criado em 1956. Na Bélgica, além do controlo judicial da aplicação das leis pertinentes, o Rei tem o poder de, após consulta da Comissão das cláusulas contratuais abusivas (criada em 1993), do Conselho superior dos independentes e das PME, emitir uma decisão ("*arrêté*") impositiva ou proibitiva de certas cláusulas "nos contratos aplicáveis a certos sectores comerciais ou a certos produtos ou serviços", podendo aquela Comissão emitir pareceres quando lhe são solicitados, a fim de submeter propostas ao ministro dos Assuntos Económicos.

relativas às cláusulas contratuais abusivas, recomendar a utilização de cláusulas e manter negociações com os representantes das associações de comerciantes a respeito da elaboração de contratos *standard*, o que não impede a possibilidade de recurso aos tribunais.

[1706] Na Hungria, a Inspecção Geral para a Protecção dos Consumidores tem o poder de emitir uma decisão para fazer cessar uma situação ilícita, proibindo a sua continuação, podendo mesmo impor sanções pecuniárias ("multa de protecção dos consumidores"), estando o recurso aos tribunais também salvaguardado.

Por outro lado, há ordens jurídicas em que o controlo começou por ser de um tipo tendo evoluído para outro: assim, em França, em que, à margem do sistema de controlo consagrado pela Lei n.º 78-23, "o Tribunal de Cassação admitiu em 1991 o princípio do controlo judicial das cláusulas contratuais a fim de o alargar", existindo um "órgão administrativo específico, a Comissão das Cláusulas Abusivas", com "o poder de adoptar recomendações relativas às cláusulas nos contratos de adesão, ainda que essas recomendações não sejam imperativas"[1707]. Porém, o art. 132.º do *Code de la Consommation* de 26 de Julho de 1993, inspirado na anterior Lei n.º 78-23, de 10 de Janeiro de 1978, que ficou referida, institui um sistema de controlo administrativo[1708]. Desta natureza é o sistema argentino, segundo informa Ruben S. Stiglitz[1709], ou o da Letónia[1710].

Não é certo, como afirma Prado Klein[1711], que a acção inibitória prevista neste 25.º e regulada nos seguintes tenha "por escopo a condenação na realização de uma prestação de fato positivo ou negativo e/ou indenização dos danos eventualmente sofridos e resultantes da acção ou omissão do demandado"[1712].

Como escreve, singela e acertadamente, Jorge Ribeiro de Faria[1713], a acção aqui prevista é "uma acção condenatória numa «prestação de facto negativa», em suma, na não utilização de cláusulas contratuais gerais proibidas"[1714].

Pode lamentar-se que, neste capítulo, não se tenha colhido inspiração no Código de Defesa do Consumidor brasileiro[1715], cujos arts. 91.º e ss. se ocupam do regime das "acções colectivas para defesa de interesses individuais homo-

[1707] Martin Ebers, cit., pp. 406 e 473.

[1708] Actualmente, vigora o *Code de la Consommation* de 14 de Março de 2016.

[1709] Cit., p. 334.

[1710] V. Martin Ebers, *ibidem*, p. 412.

[1711] "Acção inibitória – Considerações gerais e legitimidade no âmbito da lei das cláusulas contratuais gerais", *in Revista Portuguesa de Direito do Consumo* n.º 54, Junho de 2008, p. 44.

[1712] Tão claramente errónea é a afirmação do autor que se admite que possa estar a referir-se ao Código de Defesa do Consumidor brasileiro, cujos arts. 81.º.e ss. consagram esta forma de tutela.

[1713] Cit., p. 210.

[1714] Neste sentido também Almeida Costa e Menezes Cordeiro, cit., p. 57.

[1715] Tanto mais quanto a Constituição da República prevê, no seu art. 52.º, n.º 3-*a)*, o direito de acção popular, atribuído individualmente ou através de associações de defesa dos interesses em causa, para "promover a prevenção, a cessação ou a perseguição judicial das infracções contra [...] os direitos dos consumidores [...]".

géneos", com a consequência, prevista no respectivo art. 103.°, do alcance *erga omnes* do caso julgado, nos termos dos seus incisos I e III[1716]. Quanto a esta última disposição, se não é isenta de reparos, como observa Giuseppe Tarzia[1717], a sua vigência permitiu justamente que ela fosse analisada e avaliada, pelo que se poderia ter acolhido regime semelhante, isento das críticas mais evidentes que aquela vigência demonstrou pertinentes.

Andrea Sirotti Gaudenzi[1718] afirma, de acordo com Ernesto Cesarò, que "a função da inibitória colectiva é a de prevenir a «danosidade social» de certas cláusulas contratuais, impedindo que o «profissional» as reproduza em novas operações contratuais", acrescentando que "só se a jurisprudência [italiana, pois é da situação em Itália que trata] se orientar nesta direcção, fazendo suas as conclusões dos melhores intérpretes da reforma, será possível reconhecer um papel preciso à acção inibitória [...] superando o caos interpretativo, de que o legislador [...] é o prinicipal artífice".

Martin Ebers[1719] deplora que, dado o que considera o lamentável silêncio da directiva, "na grande maioria dos Estados membros, as decisões dos tribunais no quadro das acções colectivas não vinculem senão o profissional que tenha sido parte na instância» e que "para mais os efeitos das decisões no quadro das acções colectivas se encontrem em geral limitados à cláusula em questão, na sua particular formulação", tendo estes aspectos "consequências jurídicas [que] são especialmente desfavoráveis nos Estados membros que não conhecem processo administrativo destinado a controlar as cláusulas abusivas", sendo, portanto, "oportuno determinar de que modo estes Estados membros poderiam evitar as consequências negativas do caso julgado".

[1716] O § 3.° do art. 51.° e o §5.° do art. 54.° do Código de Defesa do Consumidor brasileiro – que atribuíam ao Ministério Público competência para o controlo prévio de cláusulas abusivas – foram vetados, o que não inibe alguns autores, como Cristiano Heineck Scmidtt, cit., pp. 147 a 156, de defenderem que a fiscalização administrativa prévia continua a poder ser realizada.

[1717] "La tutela inibitoria contro le clausole vessatorie", *in Rivista di Diritto Processuale*, 1997, p. 642.

[1718] "Azione inibitoria ai sensi dell'artigo 1469-Sexies. Tra disputa accademiche e problemi pratici", *in* http://notiziariogiuridico.it.inibitoria.html.

[1719] Cit., pp. 391-392.

A coordenação das normas deste capítulo com o regime da Lei n.º 25/2004, de 8 de Julho[1720], teria sido porventura aconselhável, pois, por um lado, alguns dos problemas que o regime contido neste Dec.-Lei n.º 446/85 suscita encontram solução naquele outro diploma e, por outro, o regime deste último aplica-se, nos termos do n.º 2 do art. 2.º da Lei, às acções que visem impedir ou cessar a utilização de cláusulas contratuais gerais ou decretar a nulidade daquelas que estejam em utilização.

A verificação de situações que este diploma não contempla acontece, desde logo, com as questões de cessação, preventiva ou sucessiva, de utilização de cláusulas contratuais gerais provindas de um sujeito de um dos Estados da União Europeia que afecte sujeitos residentes em outro desses Estados; o art. 3.º, n.º 1, da Lei n.º 25/2004 dispõe que, "quando a prática lesiva que se pretende fazer cessar tenha origem em Portugal, mas afecte interesses localizados noutro Estado membro da União Europeia, a correspondente acção inibitória pode ser directamente intentada por entidade deste último Estado que consta da lista actualizada das entidades competentes, relativa às acções inibitórias em matéria de protecção dos interesses dos consumidores, elaborada pela Comissão Europeia e publicada no Jornal Oficial da União Europeia". O n.º 2 acrescenta que "as entidades referidas no número anterior estão obrigadas a apresentar, em anexo à petição inicial, cópia do Jornal Oficial da União Europeia contendo a publicação mais recente da lista onde se encontram inscritas". E o n.º 3 esclarece que "o disposto no número anterior não prejudica a possibilidade de o tribunal averiguar se, no caso concreto, existe justificação atendível para o pedido formulado".

Prevê-se neste artigo não apenas fiscalização abstracta sucessiva, mas também preventiva, isto é, que pode ser desencadeada antes mesmo de as cláusulas terem começado a ser utilizadas. Não se trata de uma *class action* no sentido do Direito norte-americano, não estando prevista a possibilidade de impor sanções pecuniárias ou *punitive damages* – nem sempre para os consumidores lesados, já que, tipicamente, como resulta deste preceito, a acção nele prevista é (ou pode ser) anterior à utilização das cláusulas – de que beneficiassem as associações de consumidores ou, mesmo, estes últimos, quando lesados[1721]. Guido

[1720] Que transpôs a já referida Directiva n.º 98/27/CE, do Parlamento Europeu e do Conselho, de 19 de Maio, relativa às acções inibitórias em matéria de protecção dos interesses dos consumidores.

[1721] As *class actions* constituem um instrumento com grandes vantagens, como resulta

Alpa[1722] escreve, a propósito da acção inibitória, que se está perante "uma espécie de «class action» ainda não acolhida na nossa experiência". Já Giovanni M. Armone[1723], falando dos sujeitos com legitimidade para a propositura da acção, realça a resistência de alguns autores à "transformação da inibitória colectiva numa *class action* de contornos incertos", com os inerentes "riscos", e a preferência dos mesmos pela existência de critérios normativos pré-definidos a que o tribunal tenha de se ater. O mesmo autor[1724] observa que a acção inibitória constitui uma medida "que em certo sentido compensa a colectividade dos consumidores pela falta de participação na redacção das condições gerais", dado "intervir antes da celebração de contratos individuais".

Como já ficou referido, na anotação ao art. 15.°, nesta forma de controlo, a boa fé não é autonomamente utilizável para declarar uma cláusula inválida, diversamente do que sucede na lei alemã. Tal exclusão talvez não tenha, na aplicabilidade do diploma no contexto da acção inibitória na realidade judiciária portuguesa, grande importância, mas, se a boa fé tiver no controlo concreto e sucessivo, também aqui poderia desempenhar um papel significativo. Julgo não ser, porém, ocasional que ela tenha sido afastada deste âmbito, antes revelando a pouca importância que a tal *cláusula geral* é atribuída, também pelo legislador.

Na interpretação de uma cláusula neste quadro, como ficou referido a propósito do art. 11.°, julgo que, na dúvida, deve o tribunal optar pelo sentido que se mostre menos favorável ao aderente, de modo a excluí-la, se ela admitir tal interpretação e, com ela, a cláusula não dever ser admitida.

Por outro lado, sempre que admita que uma cláusula pode, em situações concretas, vir a ser tida como nula, deve excluí-la, pois a finalidade deste mecanismo judicial é a de evitar que venham – ou continuem – a ser utilizadas cláusulas contratuais gerais inválidas. Como se viu, designadamente na anotação à al. *j)* do art. 22.°, tem havido acórdãos que, apesar de reconhecerem que certa cláusula pode vir a preencher a previsão de um preceito proibitivo, não a proíbem, a pretexto de haver situações em que ela pode ser tida como válida.

da prática judicial norte-americana, mas a que as legislações europeias se têm mostrado resistentes.

1722 "La proposta di direttiva...", cit., p. 155.

1723 Cit., p. 292.

1724 *Ibidem*, p. 294.

Pinto Monteiro[1725], seguindo G. Alpa[1726], chama, justificadamente, a atenção para uma insuficiência deste regime: se um operador utilizar cláusulas idênticas às proibidas em acção inibitória, não lhe pode ser oposta sentença proferida naquela contra outra empresa. Aliás, como observa Alpa, se um utilizador, a quem tenha sido interditado o uso de uma cláusula, a substituir por outra de teor (ou efeito, acrescento eu) semelhante, desde que literalmente um pouco diferente da proibida, não é completamente indiscutível que se possa continuar a celebrar contratos contendo-a[1727].

Apesar do acerto e justificação dos reparos referidos, diria que, permitindo o n.º 2 do art. 27.º a coligação de réus "que utilizem ou recomendem as mesmas cláusulas contratuais gerais, ou cláusulas substancialmente idênticas [...]", seria, desde logo, pelo menos discutível se não poderia daqui retirar-se um elemento interpretativo sistemático para, pelo menos, obviar à dificuldade, suscitada por Alpa, de um utilizador continuar a usar modelos contratuais com cláusulas idênticas no conteúdo às que foram judicialmente proibidas. Isto é, parece-me que a sentença que interdite a utilização de uma (ou várias) cláusula(s) tem o efeito de a proibir não apenas na sua formulação literal, mas no seu conteúdo ou substância; ponto é que a decisão judicial seja clara no seu conteúdo proibitivo. Almeno de Sá[1728], reportando-se não à directiva, mas falando do diploma nacional, pronuncia-se claramente no mesmo sentido[1729]. Melhor é a solução do direito inglês, em que o 12.(4) do *Unfair Terms in Consumer Contracts Regulations* de 1999 expressamente determina que a proibição "pode referir-se não apenas a uma cláusula contratual particular [...] mas a uma cláusula semelhante, ou a uma cláusula que tenha efeito idêntico [...]"[1730][1731].

Claro que, ainda que seja aceite a hipótese interpretativa que se deixou enunciada, o problema essencial não fica necessariamente resolvido, porquanto

[1725] "O novo regime...", cit., p. 127.

[1726] "Il recepimento...", cit., pp. 82-83.

[1727] V. a anotação ao art. 32.º.

[1728] Cit., p. 25.

[1729] *Ibidem*, p. 78.

[1730] Também em Chipre, como informa Martin Ebers, cit., p. 482, o sistema não permite que os profissionais "possam contornar uma decisão substituindo a cláusula abusiva por cláusulas que tenham o mesmo efeito".

[1731] Como acontecia (acontece?) com o n.º 1 do art. 32.º deste Decreto-Lei. V. a respectiva anotação.

poderá haver necessidade de propor nova acção, porventura de mera apreciação, que declare que a nova cláusula é substancialmente idêntica à proibida e que, em consequência, se encontra, também ela, interditada. Obtido vencimento nesta acção, poderá o utilizador ser condenado em sanção pecuniária compulsória, nos termos do art. 33.°, se persitir no uso da(s) cláusula(s).

Almeida Costa[1732] atribui, tanto quanto se compreende do seu lacónico texto, o "alcance [de a proibição] abranger as que substancialmente se equiparem às cláusulas proibidas" ao art. 32.°.

Nesta problemática, reveste particular interesse o acórdão do STJ de 21 de Outubro de 2008 (pr n.° 08A2933, Alves Velho) em que se entendeu: "São de considerar abrangidas no campo de proibição de inclusão em contratos que o demandado condenado em acção inibitória venha a celebrar, como objecto da obrigação de abstenção ao utilizador de tais cláusulas, as cláusulas que se equiparem substancialmente às definitivamente proibidas na decisão proferida naquela acção. [...] O juízo de equiparação, em concreto, entre as cláusulas efectivamente proibidas e as que lhes equiparam substancialmente reconduz-se à interpretação da declaração negocial a que são aplicáveis as normas dos arts. 236° e ss. do Código Civil". Sem se alongar na justificação, no mesmo sentido – de a proibição visar certas cláusulas e aquelas que lhe sejam equiparáveis ou equivalentes – decidiu o já citado acórdão do STJ de 17 de Maio de 2007 (Oliveira Rocha).

O que não fica solucionado, em qualquer caso, é o problema da interdição da utilização de cláusula idêntica por outra empresa, já que a sentença – salvo coligação de réus – só vale em relação à empresa ou entidade que nela tenha sido parte. Se se tratar de cláusula cuja formulação provenha de entidade condenada na acção, por o seu uso ter sido recomendado por ela, a proibição abrange todos os formulários que a contenham, seja qual for a empresa a utilizá-los. Mas, se se tratar de modelo elaborado por uma empresa, qualquer outra que não tenha intervindo na acção pode continuar a utilizar a cláusula ou outra substancialmente idêntica. Poderia e dever-se-ia ter ido (ou ir) mais longe no alcance do caso julgado nestas acções, por forma a prosseguir com maior eficiência o objectivo de erradicar do mercado cláusulas contratuais gerais proibidas. E esta possibilidade seria tanto mais justificada quanto, quase desde a sua origem, este limite da *AGB-G* era criticado pela doutrina, como é, por exemplo, demons-

[1732] *Direito das Obrigações*, cit., p. 273.

trado pelo citado estudo de Michael R. Will[1733]. Além de, como observa Prado Klein[1734], se realizar um fim de economia processual e de certeza e segurança, pois, com uma única acção, se evitaria a necessidade da proliferação delas, com o mesmo objecto e o risco de decisões diversas, se não contraditórias, acerca da mesma cláusula.

Diz Martin Ebers[1735] que, na grande maioria dos ordenamentos europeus, a decisão (judicial, mas também a administrativa, quando é esse o caso) só tem efeitos relativamente às partes que intervieram na instância. Excepção é a Polónia, em que o registo da decisão de interdição de uma cláusula confere àquela "um efeito erga omnes em virtude do Art. 479 das normas de processo civil – consequência jurídica, mesmo se é pertinente interrogarmo-nos sobre a constitucionalidade desta disposição [...]. Na Hungria, na base do Art. 209/B do CC, as decisões judiciais proferidas no quadro de uma *actio popularis* têm também um efeito *erga omnes*; apenas os contratos que foram cumpridos antes da propositura da acção se encontram excluídos". O autor refere o regime esloveno, em que a eficácia *erga omnes* "se manifesta no sentido em que qualquer pessoa pode referir-se a uma decisão definitiva na qual certos contratos, disposições específicas desses contratos ou as condições gerais de um profissional inseridas nesses contratos foram declaradas nulas", mas este regime não parece ter efeitos de alargamento do caso julgado que vão para além do nosso.

Se bem que a lei o não diga, creio que será indiscutível que a propositura (de) ou a sentença em acção inibitória não preclude o direito de acção de que dispõem os aderentes com um dos fundamentos deste diploma, de qualquer outro que lhes seja mais favorável ou do regime geral dos contratos, quando aplicável[1736].

A acção inibitória encontra-se também prevista – e, embora em termos diversos, em alguma medida redundantemente com esta norma – no n.º 1 do art. 10.º da Lei de Defesa do Consumidor, cujo teor é o seguinte: "É assegurado o direito de acção inibitória destinada a prevenir, corrigir ou fazer cessar práticas lesivas dos direitos do consumidor consignados na presente lei, que, nomeada-

[1733] Cit., p. 92.

[1734] Cit., p. 57.

[1735] Cit., pp. 481 e 482.

[1736] Penso especialmente na acção de indemnização por responsabilidade pré-contratual, mas poderá ser outro o fundamento, como, p. ex., o erro, simples ou qualificado por dolo.

mente: *a)* Atentem contra a sua saúde e segurança física; *b) Se traduzam no uso de cláusulas gerais proibidas; c)* Consistam em práticas comerciais expressamente proibidas por lei".

A disposição paralela do Anteprojecto do Código do Consumidor é o art. 224.° cujo teor é o seguinte: "O uso ou a recomendação de cláusulas contratuais gerais elaboradas para utilização futura, quando contrariem o disposto nos arts. 216°, 217°, 219°, 220°, 222° e 223°, podem ser proibidos através de acção inibitória"[1737]. Neste Anteprojecto encontra-se, na subsecção relativa à "proibição de cláusulas contratuais gerais", o art. 571.° que dispõe: "1. Sempre que existam cláusulas contratuais gerais, elaboradas para utilização futura, que contrariem o disposto nos preceitos legais referidos no artigo 224.° deste Código, podem o respectivo uso ou recomendação ser proibidos por decisão judicial, independentemente da sua inclusão efectiva em contratos singulares. 2. A acção inibitória prevista nesta subsecção está isenta de custas".

O acórdão do STJ de 23 de Abril de 2002 (pr n.° 01A3417, Alípio Calheiros[1738]) entendeu que "no domínio da acção inibitória impõe-se a existência de cláusulas contratuais gerais «elaboradas para utilização futura» e será intentada contra quem «predispondo cláusulas contratuais gerais» proponha contratos que as incluam ou aceite propostas feitas nos seus termos ou contra quem, independentemente da sua predisposição ou utilização em concreto, as recomende a terceiros", formulação pouco feliz para caracterizar o âmbito da acção. Isto sem prejuízo do acerto da decisão, pois as cláusulas cuja validade era questionada já haviam sido retiradas dos contratos em que se incluíam, em consequência da emissão de norma regulamentar do Instituto de Seguros de Portugal, não sendo admissível a sua proibição com fundamento na alegação de que, no futuro, as mesmas poderiam vir a ser retomadas. De referir o acórdão do STJ de 5 de Dezembro de 2011 (pr n.° 1593.08.0TJLSB.LL. S1, Silva Gonçalves[1739]) que, em recurso excepcional, entendeu que "ao Ministério Público deixou de assistir legitimidade para insistir que o Banco/recorrente seja condenado a preterir um acto que, realmente, já não comete e, em consequência deve o Banco demandado ser absolvido da instância". O tribunal considerou provado que o banco deixara de usar uma cláusula de arredondamento por excesso nos contratos de

[1737] Esta acção tem o regime previsto na subsecção II da secção III (relativa à acção inibitória) e rege-se, subsidiariamente, pelo disposto na subsecção anterior.

[1738] *In www.dgsi.pt.*

[1739] *In www.dgsi.pt.*

financiamento para aquisição a crédito e, apesar de as instâncias terem entendido proibir a (re)utilização dela, foi sensível à argumentação do recorrente, preocupado com a sua imagem[1740]. O mesmo relator, no acórdão de 12 de Maio de 2011 (pr n.º 1593.08.0TJLSB.LL.S1) entendeu que "tendo na devida conta o real interesse que a acção inibitória demarca *-**fazer proibir para o futuro o uso de cláusulas contratuais gerais que atentem contra a boa-fé*** – havemos de concluir que, porque o Banco demandado não pratica agora essa apregoada infracção, se não justifica que seja condenado a omitir a prática de uma acção que ele efectivamente não está a executar. Vale isto por dizer que ao Ministério público deixou de assistir legitimidade para insistir que o Banco/recorrente seja condenado a preterir um acto que, realmente, já não comete e, em consequência deve o Banco demandado ser absolvido da instância". Merece citação o acórdão do mesmo Tribunal de 8 de Maio de 2013 (pr n.º 813/09.8YXLSB.S1, João Bernardo), onde se observa que "*a lei processual geral não deve, todavia, ser entendida como impedidora de que leis especiais admitam a tutela judicial relativamente a obrigações futuras nela previstas*", como é o caso do artigo 25.º da LCCG", e se conclui que não se verifica falta de interesse em agir nem inutilidade superveniente da lide numa situação em que o proponente teria deixado de utilizar as cláusulas proibidas. É o seguinte o sumário[1741] do acórdão do STJ de 16 de Outubro de 2018 (pr n.º 3082/05.5TJLSB.S1, Pedro de Lima Gonçalves): " Em acção inibitória proposta ao abrigo do art. 25.º do D.L. n.º 446/85, de 25-10, a prova eventual de que o predisponente, voluntariamente, alterou ou deixou de utilizar cláusulas cuja declaração de nulidade vem pedida não determina a inutilidade superveniente da lide".

[1740] Em acórdão de 21 de Fevereiro de 2013 (pr n.º 2839/08.0YXLSB.L1.S1, João Bernardo), o mesmo tribunal decidiu da mesma forma absolver da instância o banco, réu, em acção inibitória, mas argumentando melhor: "Visando a ação inibitória a proibição de cláusulas contratuais gerais relativas a arredondamento dos juros que uma entidade bancária inseriu em contratos, o disposto nos artigos 32.º e 33.º da LCCG determina a existência sempre de alguma utilidade, pelo que fica afastada a extinção da instância por inutilidade superveniente da lide" e "[...] tendo vindo a lume disposições legais que proíbem tal arredondamento, sancionando-o mesmo contra-ordenacionalmente, tendo-se provado que a entidade bancária abandonou tais cláusulas nos contratos a celebrar e considerando-se, em interpretação daquele artigo 32.º, que eventual decisão de proibição não alcançava os contratos já findos, deve-se considerar que não existe interesse em agir por parte do autor, com a consequente absolvição do réu da instância"

[1741] É eloquente por si só.

Artigo 26.º – Legitimidade activa

1. A acção destinada a obter a condenação na abstenção do uso ou da recomendação de cláusulas contratuais gerais só pode ser intentada:

a) **Por associações de defesa do consumidor dotadas de representatividade, no âmbito previsto na legislação respectiva;**

b) **Por associações sindicais, profissionais ou de interesses económicos legalmente constituídas, actuando no âmbito das suas atribuições;**

c) **Pelo Ministério Público, oficiosamente, por indicação do Provedor de Justiça ou quando entenda fundamentada a solicitação de qualquer interessado.**

2. As entidades referidas no número anterior actuam no processo em nome próprio, embora façam valer um direito alheio pertencente, em conjunto, aos consumidores susceptíveis de virem a ser atingidos pelas cláusulas cuja proibição é solicitada.

A acção aqui regulada é declarativa de condenação[1742], tendo para ela legitimidade as pessoas indicadas nas als. *a)* e *b)* do n.º 1 e ainda o Ministério Público, actuando este último oficiosamente, "por indicação do Provedor de Justiça" ou a solicitação de qualquer interessado. Por razões que não compreendo inteiramente, o Provedor de Justiça não pode desencadear este processo. Desta entidade dizem Almeida Costa e Menezes Cordeiro[1743] que "a protecção dos consumidores é um domínio onde ele pode desempenhar um papel muito significativo [...]. Contudo, perante as atribuições que caracterizam esse órgão, entendeu o legislador que, em vez de lhe reconhecer competência directa para intentar a acção inibitória, o sistema conveniente seria o de definir a referida forma de colaboração com o Ministério Público". É certo que não se encontra tipicamente dentro das atribuições do Provedor de Justiça a de propor acções, mas também o é que, neste domínio – que não é apenas o da tutela dos consumidores, mas de todas as pessoas que contratam nos termos definidos pelo diploma –, a solução adoptada cria um percurso excessivamente longo para ser eficaz: o aderente queixa-se ao Provedor de Justiça; este, se considerar o pedido fundamentado,

[1742] P. ex., acórdão do STJ de 5 de Fevereiro de 2013 (pr n.º 684/10.1YXSB.S1, Moreira Alves) *in www.dgsi.pt.* O citado acórdão do mesmo Tribunal de 14 de Novembro de 2013 (João Trindade) qualifica-a como de declaração negativa.

[1743] Cit., p. 58.

comunica ao Ministério Público e este último, por sua vez e finalmente, propõe a acção.

É de estranhar – embora processos desencadeados por eles houvessem de ser raros (e também por isso) – que não se tenha atribuído legitimidade activa aos consumidores/aderentes presentes ou futuros, pessoas singulares, apenas se permitindo que "qualquer interessado" "solicite" ao Ministério Público a propositura da acção, ou tome a iniciativa de colocar a questão ao Provedor de Justiça ou a uma associação de consumidores. Já a referida Resolução do Conselho da Europa de 1976 preconizava um exame – judicial ou outro – dos modelos de documentos contratuais, a requerimento das pessoas interessadas, individualmente consideradas.

Se bem que na versão originária da Constituição da República a acção popular não se encontrasse prevista para tutela dos consumidores, a Lei de Defesa do Consumidor de 1981[1744] concedia legitimidade ao Ministério Público para a propositura dessas acções, remetendo as associações de consumidores para uma posição subalterna, já que apenas podiam intervir como assistentes, sendo certo que, como assinala Lebre de Freitas[1745], "a norma constitucional conferia já o direito de acção, não só às associações de protecção dos interesses em causa, mas também pessoalmente a qualquer cidadão"[1746].

O art. 3º da directiva transposta atribui legitimidade activa a quem tenha interesse legítimo na protecção dos aderentes, o que, como Guido Alpa[1747] observa, deve ser interpretado, lógica e sistematicamente, no sentido de que essa legitimidade deve ser conferida aos sujeitos directamente interessados[1748]. Não me é muito evidente que o sentido do citado preceito da directiva tenha em vista pessoas singulares, já que fala em "organismos[s] ou organização[ões]", mas

[1744] Arts. 10.º, n.º 3, e 13.º-*h)* da Lei n.º 29/81, de 22 de Agosto.

[1745] "A acção popular do direito português", *in Sub judice*, n.º 24, Janeiro/Março 2003, p. 15.

[1746] O mesmo autor observa que só em 1987, com as Leis nºs. 10/87 e 11/87, em matéria de protecção do ambiente, se deu "cumprimento à norma constitucional na parte em que conferia igual legitimidade aos cidadãos".

[1747] "Il recepimento...", cit., p. 83.

[1748] Porém, a lei italiana só atribui legitimidade activa a associações (de consumidores ou de profissionais) e a câmaras de comércio, indústria, artesanato e agricultura.

isso, em princípio, não seria impeditivo de que as legislações nacionais tivessem conferido um âmbito mais lato de legitimidade activa para a acção inibitória[1749].

Martin Ebers[1750] entende que, sobre a directiva, que se[1751] deveria "determinar se as associações de consumidores têm em qualquer circunstância legitimidade para agir e se uma só pessoa ou um grupo de pessoas não constituídas em associação podem agir [...]". O autor[1752] informa que, "na Roménia, o consumidor pode intentar uma acção perante os tribunais judiciais ou perante os órgãos administrativos que poderão depois propor, eles próprios, a acção perante os tribunais", e que, na Polónia, "o consumidor tem o direito de pedir, a título individual, uma injunção".

E, se os consumidores podem dirigir-se a uma associação de consumidores para que desencadeie o processo, já outros sujeitos também protegidos pelo diploma (designadamente aqueles que são visados pelo art. 17.º) não têm essa possibilidade, por não serem consumidores[1753].

Não ignoro que haveriam de ser poucas as acções inibitórias desencadeadas por sujeitos singulares – dados os seus custos, álea e demora[1754] –, mas não é um adquirido que as não houvesse e, em qualquer caso, não creio ser essa a justificação político-legislativa para não atribuir tal legitimidade aos consumidores individualmente considerados.

Almeida Costa[1755] entende que a enumeração das entidades feita neste artigo é "taxativa", opinando que se "compreende" a preterição dos "consumidores individualmente considerados", porquanto "as associações detentoras da legitimidade processual activa agem «nomine proprio», no exercício de uma função estatutária, com vista à defesa de interesses específicos dos consumidores",

[1749] Como ficou dito, a lei italiana não atribui legitimidade activa aos consumidores, mas apenas às respectivas associações, bem como às câmaras de comércio, indústria, artesanato e agricultura, e às associações de profissionais: v. Paolo Amato, cit., e Alberto Alemanno, cit..

[1750] Cit., pp. 391 e 393.

[1751] A jurisprudência.

[1752] *Ibidem*, p. 481.

[1753] Estes podem dirigir-se à Provedora de Justiça que, se o entender, alerta o Ministério Público para desencadear a acção.

[1754] Aliado ao facto de que "os direitos tendem a deixar de ser exercidos individualmente para passarem a ser exercidos em função da pertença a um grupo autonómico [...]" – Mário Reis Marques, cit., p. 67.

[1755] *Direito das Obrigações*, cit., p. 272.

acrescentando[1756] que se inclina "para que a atribuição desta legitimidade processual aos «consumidores directamente lesados» [citação da Lei de Defesa do Consumidor] não abranja a acção inibitória respeitante às cláusulas contratuais gerais, pois a sua natureza cautelar destina-se precisamente a prevenir lesões futuras".

Embora o texto se refira à versão originária da lei – anterior, portanto, à directiva –, não subscrevo a posição de Almeida Costa e Menezes Cordeiro[1757] de que, "para além deste limite, *naturalmente* [sublinhado meu], não se justificaria a atribuição de legitimidade activa".

Por um lado, o art. 52º, n.º 3, da Constituição confere legitimidade para a acção popular neste domínio também a sujeitos singulares e, por outro, e em sua decorrência, a Lei de Defesa do Consumidor – que igualmente prevê uma acção inibitória – atribui, no seu art. 13.º, legitimidade para esta aos "consumidores directamente lesados; [e aos] [...] consumidores e [às] [...] associações de consumidores ainda que não directamente lesados, nos termos da Lei n.º 83/95, de 31 de Agosto".

Almeno de Sá[1758] manifesta opinião contrária à aqui defendida, dizendo que a atribuição, pela Lei de Defesa do Consumidor, de legitimidade para a acção inibitória aos consumidores é "uma regra de duvidoso alcance prático, e mesmo questionável, no seu princípio, não só face ao amplo e criterioso círculo de entidades para tanto já legitimadas por aquela primeira lei, como também por não parecer adequado erigir o consumidor singular numa espécie de curador de interesses supra-individuais". Incompreendo, no essencial, a última objecção do autor, pois não enxergo como é que (por que é que) a propositura de acção inibitória por um consumidor mais atento ou empenhado teria o efeito de o tornar num "curador", nem, se assim se entendesse, qual o motivo para, não estimulando o zelo e a atenção dos consumidores individualmente considerados, os impedir de intervir no mercado em defesa de interesses difusos que também lhes respeitam.

Se o propósito da acção inibitória é – como é indiscutidamente afirmado – o de erradicar do mercado formulários contratuais com conteúdos proibidos, por que impedir que os principais agentes interessados nessa eliminação (os con-

[1756] *Ibidem*, p. 274, nota 4.

[1757] Cit., p. 58.

[1758] Cit., p. 80.

sumidores) tomem a iniciativa de a promover? Compreende-se – como já ficou dito – que fossem escassos os processos intentados por consumidores individuais; o mesmo não pode dizer-se – nem do ponto de vista jurídico da tutela de interesses difusos, nem da especial finalidade deste instrumento processual – da colocação de entraves à consecução da finalidade da lei[1759].

Não se vê, no Decreto-Lei que agora se analisa, disposição susceptível de fundar a afirmação de Prado Klein[1760] de que o consumidor se encontra legitimado, nos termos dele, para a acção inibitória[1761].

É curioso assinalar que, inutilmente tanto quanto posso ver, o Anteprojecto do Código do Consumidor prevê, no respectivo art. 664.°, que "os consumidores, individual ou colectivamente", possam "apresentar queixas ao Provedor de Justiça por acções ou omissões dos poderes públicos em matéria de defesa dos seus direitos, que as aprecia sem poder decisório, dirigindo aos órgãos competentes as recomendações necessárias para prevenir ou reparar injustiças". Acrescenta-se – e talvez tenha sido este o pretexto para a inclusão da primeira norma – que as queixas podem incidir ainda "sobre situações emergentes de relações entre particulares, desde que impliquem uma especial relação de domínio". De novo inúteis são, parece-me, as disposições do n°s. 3 e 4 que estabelecem, respectivamente, que "os consumidores podem, individual ou colectivamente, solicitar ao Provedor de Justiça que requeira ao Tribunal Constitucional a verificação do não cumprimento da Constituição por omissão de medidas legislativas necessárias à exequibilidade das normas que garantem os seus direitos ou a declaração de inconstitucionalidade, com força obrigatória geral, de norma legal que viole, directa ou indirectamente, os seus direitos fundamentais", e que "os consumidores podem ainda solicitar, individual ou colectivamente, ao Provedor de Justiça que requeira ao Tribunal Constitucional a declaração, com força obrigatória geral, de ilegalidade de norma constante de diploma regional,

[1759] V. *supra* a posição de Lebre de Freitas, que subscrevo, podendo ainda acrescentar que a referida Lei n.° 83/95 atribui o direito de acção a qualquer cidadão no gozo dos seus direitos civis e políticos, independentemente da titularidade de interesse directo na demanda.

[1760] Cit., pp. 58-59.

[1761] É de ter em conta, porém, que as considerações do citado autor são confusas, misturando as regras da Lei de Defesa do Consumidor, as da acção popular com as deste diploma relativas à publicitação e registo das cláusulas proibidas, pelo que não pode sequer analisar-se com seriedade o pensamento que exprime.

com fundamento em violação do estatuto da região ou de lei geral da República, enquanto consagram os seus direitos".

A legitimidade das associações de consumidores é um directo corolário do art. 60.º da Constituição da República, cujo n.º 3 lhes reconhece "legitimidade processual para defesa dos seus associados ou de interesses colectivos difusos". Embora a afirmação seja antiga, não creio que a situação actual, pelo menos em Portugal, seja tão diferente que não se justifique citar a este propósito Eike von Hippel[1762] que escreve: "a atribuição às associações dos consumidores do direito de acção dificilmente bastará para a resolução adequada do problema. Uma actividade intensa dessas associações pressuporia, além do mais, que elas, até agora pouco activas, fossem impulsionadas, mais fortemente do que até agora, através de meios públicos".

A legitimidade das associações profissionais é justificada por Alberto Alemanno[1763] "com base em motivos «concorrenciais»: de facto o emprego generalizado de condições gerais de contrato presumivelmente abusivas constitui uma ameaça não apenas para os consumidores, mas também para os concorrentes, dado que a inserção de cláusulas que criam um desequilíbrio no interior do contrato é compensada pelos profissionais com uma redução do preço".

Martin Ebers[1764] observa que os Estados "que privilegiam os controlos administrativos [...] habilitam os órgãos administrativos competentes para agir judicialmente". Em quase todos os Estados, as associações de consumidores têm legitimidade para "acções colectivas". As excepções são a Lituânia, onde só os consumidores individualmente podem recorrer ao "Gabinete Nacional de Protecção dos Direitos dos Consumidores" para que este proponha uma "acção individual", e Malta, em que as associações apenas "podem pedir por escrito ao director do Conselho do Consumo a emissão de uma injunção e, caso este a recuse, pode "o órgão competente recorrer à jurisdição civil a fim de obter uma decisão que imponha ao Director a emissão da injunção", no prazo de quinze dias contados da notificação da recusa e dos respectivos fundamentos.

Lebre de Freitas[1765] analisa historicamente a colocação do problema da legitimidade activa para a acção popular, explicando como a doutrina "mais arreigada às concepções clássicas [...], num primeiro momento, defendeu que só cada um

[1762] Cit., pp. 16 e 26.
[1763] Cit..
[1764] Cit., pp. 480 e 481.
[1765] "A acção popular...", cit., pp. 18 e 19.

dos membros do grupo [...] pode recorrer ao tribunal, enquanto titular individual, embora com outros, do interesse em causa. Radicando esse interesse nos vários membros da comunidade, aquele que propõe a acção [...] está fazendo valer um direito próprio, ainda que não exclusivo. Embora todos os membros do grupo beneficiem desta actuação, ela é possibilitada pela radicação do interesse em cada um deles, com a consequente possibilidade de iniciativa processual individual. Mas a opção de atribuir o direito de acção a associações de defesa dos interesses colectivos e difusos, sem prejuízo de continuarem a tê-lo também os vários membros da comunidade, levou a doutrina clássica a outras posições. Eis então que, num segundo momento, [essa] doutrina entrou a defender que, quando tal acontece, o grupo organizado (associação) é legitimado a actuar um *direito próprio*, coincidente com o interesse colectivo ou difuso em causa. O interesse colectivo ou difuso aparece, assim, configurado, tal como nos casos de contitularidade de direitos, como igual à pluralidade dos interesses individuais dos membros da comunidade [...], radicando na associação mediante a atribuição dum direito subjectivo". E continua: "o artifício de tal concepção é manifesto: consistindo na situação favorável resultante da afectação dum bem à realização de fins de pessoas individualmente consideradas, o direito subjectivo não se compadece com a sua atribuição a uma pessoa jurídica para satisfação de interesses exclusivamente alheios. Lançou então mão a doutrina da ideia da representação: a associação representa todos os interessados individuais, ainda que não seus associados, nestes continuando a radicar o direito subjectivo que a associação, em seu nome, exerce. Próxima desta, outra posição doutrinária recorre ao conceito de substituição: o interesse colectivo subjectiva-se na colectividade e à associação cabe, por via da atribuição duma legitimidade processual extraordinária, actuar por conta dela, substituindo-se-lhe na prossecução desse interesse. Todas estas concepções partem duma visão individualista do direito, que nada consegue conceber fora do campo da relação jurídica e das situações subjectivas. Ora a consagração da protecção dos interesses colectivos e difusos [...] faz antes apelo a uma *concepção objectiva do direito*, em que nem tudo são situações subjectivas [...]. Estas constatações têm levado a perfilhar a ideia de que as associações que actuam em defesa dos interesses colectivos e difusos fazem valer uma *legitimidade originária específica* quando propõem acções para tutela de tais interesses, legitimidade [...] baseada numa norma jurídica que a atribui independentemente da radicação dum direito subjectivo material (que não têm) ou dum interesse material, ainda que dependente dum interesse principal alheio (que tão-pouco têm). Consequentemente, na falta duma disposição em contrário, proposta uma acção de tutela dum interesse colectivo ou difuso por uma associação [...], poderá uma outra associação ou um particular directamente interessado vir a propor outra acção com o mesmo objecto, sem que seja invocável a *litispendência* ou, proferida uma decisão absolutória, a excepção do *caso julgado* [...], sem prejuízo de se dever lançar mão do mecanismo da *apensação* dos vários processos num só [...], e de se poder, alternativamente, *suspender* alguma das instâncias [...]. Consequentemente ainda, podem duas ou mais associações, ou uma associação (ou associações) e particulares interessados mover conjuntamente acções de tutela de interesses colectivos e difusos, em situação de *litisconsórcio activo*, só diferindo da figura geral do litisconsórcio, definida no art. 27 do Código de Processo Civil português, na mesma medida em que o conceito de legitimidade oferece especialidades relativamente à legitimidade em geral, isto é, na medida em que os vários autores, actuando embora em próprio nome, não fazem valer um direito subjectivo ou interesse próprio, ainda que dependente dum interesse alheio"[1766].

No que se refere às associações de consumidores, tem de se considerar a exigência da parte final do n.º 1 de que sejam "dotadas de representatividade, no âmbito previsto na legislação respectiva"[1767]; trata-se de remissão para a Lei n.º 24/96, de 31 de Julho (Lei de Defesa do Consumidor). Lebre de Freitas[1768] analisa a questão da respectiva capacidade judiciária – que foi suscitada em acção proposta pela DECO em 1993 –, dizendo: "não se deve confundir a capacidade com a legitimidade judiciária; as associações têm personalidade e capacidade judiciárias, designadamente para defesa dos seus direitos e interesses próprios;

[1766] A atribuição de legitimidade processual para tutela dos chamados interesses difusos implica uma, embora brevíssima, detenção na caracterização destes. Pinto Monteiro, "Do Direito do Consumo...", cit., p. 21, opina que "o «interesse difuso», embora por vezes coincida, em extensão, com o interesse geral, apresenta a peculiaridade de se fragmentar, como sucede relativamente aos consumidores, numa pluralidade de situações subjectivas, por tal forma que se tornam inoperantes os mecanismos de tutela assentes na titularidade individual de direitos ou de interesses legítimos". Prado Klein, cit., pp. 45 e ss., dedica uma parte do seu texto à noção de interesse difuso, distinguindo-a de interesse público, de direitos colectivos e de direitos individuais homogéneos (tal como caracterizados pelo Código de Defesa do Consumidor brasileiro).

[1767] Sobre a questão da representatividade, em Itália, v. Alberto Alemanno, cit..

[1768] "Os meios processuais à disposição dos pleiteantes em sede de condições gerais dos contratos", *in BMJ* n.º 146, Maio, 1993, pp. 12-13.

a atribuição, para além disso, de legitimidade para a defesa de certos interesses colectivos nada acrescenta à sua capacidade".

Muitas das leis de transposição da directiva enunciam expressamente as câmaras de comércio e de indústria como sujeitos com legitimidade processual activa para a acção inibitória, o que não sucede neste artigo[1769]. Tanto quanto pode deduzir-se da literatura consultada sobre o tema, não têm sido inactivas estas entidades noutros Estados europeus, pelo que a chamada de atenção para a possibilidade de desencadearem estes processos talvez possa servir de recordatória da responsabilidade em fazê-lo que lhe está associada.

Menezes Cordeiro[1770] informa que "o Ministério Público tem sido, na prática, o grande motor das acções inibitórias", embora refira algumas acções propostas por associações de consumidores. Esta afirmação é, de algum modo, contraditada pela de Prado Klein[1771] – embora o autor se refira em especial às acções no quadro de defesa do consumidor –, suportada em texto de João Alves, segundo a qual "a atuação do Ministério Público, nesta área do consumo, não é das mais produtivas". Almeno de Sá[1772] entende que a atribuição de legitimidade activa do Ministério Público "mais de que um avanço, representa um outro «olhar» sobre o problema: trata-se de uma solução que, ultrapassando o puro domínio associativo, inscreve a luta contras as cláusulas abusivas numa lógica de «coisa pública»".

Do n.º 2 diz Menezes Cordeiro que "não tem preocupações doutrinárias: visa, sim, regular a extensão do caso julgado".

Almeida Costa e Menezes Cordeiro[1773] dizem que o n.º 2 "procura [...] dar um adequado enquadramento técnico à posição das entidades dotadas de legitimidade activa, através da criação de um caso de substituição processual. O autor, exercendo em nome próprio direitos alheios, tem legitimidade para accionar em

[1769] Porque elas se encontram compreendidas entre as "associações de interesses económicos", chama-se aqui a atenção para este aspecto, que alguns autores, como, p. ex., Giuseppe Tarzia, cit., p. 635, se preocupam em evidenciar. Alberto Alemanno, cit., entende que a legitimidade das câmaras de comércio... tem que ver com o seu interesse em "exercer uma actividade de estímulo e controlo sobre o desenvolvimento das relações concorrenciais".

[1770] *Tratado...*, cit., p. 449.

[1771] Cit., p. 64.

[1772] *Ibidem*, p. 93.

[1773] Cit., p. 58.

nome de todos os atingidos, mesmo que pertençam a outras associações ou não estejam integrados em nenhuma. Assim, deve concluir-se que, proposta uma acção inibitória contra alguém que se prevaleça de cláusulas pretensamente abusivas, não pode outra associação ou o próprio Ministério Público pedir em nova acção contra esse demandado a condenação no não uso ou na cessação da recomendação das mesmas cláusulas. Verificar-se-ia, na acção intentada em segundo lugar, consoante as situações, a excepção dilatória de litispendência ou, havendo já decisão transitada, a excepção peremptória do caso julgado, ambas de conhecimento oficioso, o que pode conduzir ao indeferimento liminar ou, tendo havido citação, à absolvição da instância ou à absolvição do pedido, conforme se trate, respectivamente, de litispendência ou de caso julgado".

Sobre a questão, quanto à acção popular, depois da descrição e apreciação do estado da doutrina que se deixaram citadas, diz Lebre de Freitas[1774] que, na Lei n.º 83/95, "o autor é dito *representar* todos os demais titulares dos direitos e interesses em causa, com excepção daqueles que a ele se associem em litisconsórcio sucessivo ou que, pelo contrário, declarem expressamente querer ficar excluídos da representação [...]. Consequentemente, é atribuída *eficácia geral* à sentença que venha a ser proferida, seja em acção do foro cível ou administrativo, seja em recurso administrativo. Esta extensão do caso julgado aos interessados ditos representados pelo autor cessa nos casos de improcedência por *insuficiência de provas* e quando o julgador deva decidir por forma diversa, fundado em *motivações próprias do caso concreto*." Depois[1775] de observar que este regime "pode revelar-se extremamente gravoso para o titular do interesse colectivo ou sobretudo difuso, que, não exercendo o direito de acção, *ab initio* ou por recurso à intervenção como terceiro, não se tenha excluído da representação", já que aquele, em caso de absolvição do réu do pedido, ficará impedido de propor nova acção com o mesmo objecto, sustenta que, não podendo a lei ordinária excluir direitos atribuídos pela Constituição e não podendo a citação edital ou feita através dos meios de comunicação social "constituir presunção *inilidível* do conhecimento da acção por todos os interessados nem a flutuação da titularidade do interesse difuso, e mesmo do interesse colectivo, e portanto da própria existência ou do grau da sua violação, se coaduna com a ideia de perda do direito processual de o fazer valer, por via de um comportamento omisso". Não é "admissível que, por

1774 "A acção popular...", cit., p. 19.
1775 P. 20.

via da consagração do direito de acção popular, [...] princípios possam ser subvertidos e que um cidadão que, antes da Lei 83/95, era livre de propor uma nova acção para tutela do seu direito ou interesse legítimo [...], veja este seu direito fundamental suprimido". O autor critica[1776] as excepções à extensão do caso julgado previstas no art. 19.º da Lei n.º 83/95.

Analisando expressamente a acção inibitória prevista neste diploma, Lebre de Freitas[1777] opina fundadamente que uma das importantes especialidades de realçar é a de que, em sede de legitimidade activa, a tese da representação tenha sido "directamente afastada pelo dispositivo do art. 25-2 do DL 446/85", sendo a outra a de que o artigo 32.º, n.º 2, tenha vindo "dispor que, quando a parte que as [cláusulas contratuais gerais] tiver predisposto for vencida na acção inibitória da sua utilização, pode a sua contraparte num contrato celebrado invocar a todo o tempo, em seu benefício, «a declaração de nulidade contida na decisão inibitória». Daqui se retira que as decisões de condenação da empresa predisponente duma cláusula ilícita formam caso julgado, contra ela invocável em outras acções, independentemente de quem as proponha; mas as decisões que a absolvam, por não considerarem que a cláusula seja ilícita, já não constituem caso julgado invocável em acções contra ela propostas por pessoas diversas de quem propôs a primeira acção, podendo assim ser repetidas causas com o mesmo objecto. Trata-se dum regime de caso julgado *secundum eventum litis*, paralelo ao que, fora do campo dos interesses colectivos e difusos, vigora em sede de obrigações solidárias (arts. 522 CC e 531 CC), de obrigações indivisíveis (art. 538-2 CC), de certas obrigações dependentes (fiança e direito real de garantia: art. 635 CC), de impugnação de deliberações sociais (art. 61-1 CSC), e de impugnação do acto administrativo: o caso julgado favorável aproveita ao terceiro; o caso julgado desfavorável é-lhe inoponível".

Apreciando[1778] a situação jurídica em que intervêm na acção os sujeitos indicados no n.º 1, com base no entendimento que já ficou exposto, Lebre de Freitas diz que eles, em particular "as associações a que se referem as alíneas *a)* e *b)* [...], fazem valer uma legitimidade originária específica quando propõem a acção inibitória da utilização duma cláusula contratual geral, legitimidade essa independente da radicação dum direito material (que não têm) ou dum interesse

[1776] *Ibidem*, pp. 20-21.

[1777] "A acção popular...", cit., p. 24.

[1778] Em estudo diverso, "Os meios processuais...", cit., pp. 6 e ss., em especial 8 a 11.

material, ainda que dependente dum interesse principal alheio (que tão-pouco têm). Com esta construção [...] já se compadece a definição do âmbito de eficácia subjectiva do caso julgado, baseada em considerações funcionais respeitadoras dos direitos alheios (não propriamente «feitos valer», como, numa visão ainda impregnada de subjectivismo, diz o artigo 26°, n.º 2 [correcção minha, dada a desactualização do estudo relativamente à versão actual do diploma] [...], mas reflexamente protegidos num momento, aliás, em que ainda não se relativizaram)". E o autor continua: "E compadece-se igualmente com esta construção, na falta duma disposição em contrário, a ideia de que, proposta uma acção inibitória por uma associação, poderá uma outra, ou o Ministério Público, vir a propor outra acção com o mesmo objecto, sem que seja invocável a litispendência ou, proferida uma decisão absolutória, a excepção do caso julgado [...], sem prejuízo de se dever lançar mão do mecanismo da apensação consentido pelo artigo 275.º do Código de Processo Civil e de se poder, alternativamente, suspender a instância nos termos do artigo 97.º do mesmo código. Acarreta ainda a construção de legitimidade que perfilhamos a consequência de poderem várias associações ou uma associação (ou associações) e o Ministério Público mover conjuntamente a acção inibitória, em situação de litisconsórcio activo, só diferindo da figura geral do litisconsórcio na mesma medida em que o conceito de legitimidade oferece especialidades relativamente à legitimidade em geral, isto é, na medida em que os vários autores, actuando embora em próprio nome, não fazem valer um direito subjectivo ou interesse próprio, ainda que dependente dum interesse alheio".

Como explica Lebre de Freitas, este preceito consagra a tese da substituição processual, mas sem a consequência que Almeida Costa e Menezes Cordeiro pretendem retirar, como se vê no art. 32.º, n.º 2: só a decisão favorável ao demandante constitui caso julgado; a desfavorável não impede nova acção proposta por outro contraente. O regime diverge do geral da acção popular, e só este teria a consequência que os citados autores apontam. Acrescenta que a substituição processual usa fazer caso julgado contra o substituído, mas no pressuposto da citação pessoal deste. Da conjugação deste artigo com a referida norma do art. 32.º decorre que o caso julgado desfavorável é subjectivamente limitado, pelo que a ideia de substituição não vai além do que se passa nos casos clássicos de solidariedade.

É de assinalar que, sob a epígrafe «Âmbito do caso julgado», o art. 567.º do Anteprojecto do Código do Consumidor estabelece: "1. Sempre que a acção proceda, a ilicitude da conduta proibida pode ser invocada contra o mesmo infractor em nova acção destinada a impedir comportamentos análogos aos que foram objecto da acção anterior, ainda que o autor seja diferente. 2. Se a acção for julgada improcedente, salvo quando o seja por insuficiência de prova, o demandado pode invocar o caso julgado perante terceiros". O art. 578.º determina, porém: "1. Existe litispendência se, após a proposição da acção inibitória por associação de consumidores ou pelo Ministério Público, outra associação propuser acção idêntica à anterior. 2. A decisão proferida em acção inibitória proposta por associação de consumidores ou pelo Ministério Público impede, após o trânsito em julgado, a proposição de acção idêntica àquela que foi objecto de julgamento de mérito". O mesmo Anteprojecto prevê, no artigo seguinte (568.º), que, "se estiverem pendentes em simultâneo acções dirigidas à proibição de comportamentos substancialmente análogos, deve ordenar-se a apensação delas ao processo onde se revele mais conveniente o respectivo julgamento conjunto, aplicando-se com as adaptações necessárias o disposto no artigo 275.º do Código de Processo Civil".

Não pode deixar de se dar razão a F. Nicolau Santos Silva, citado por Prado Klein[1779], que, além de discorrer sobre a posição dos legitimados activamente para o processo, critica o facto de o caso julgado não afectar "os contratos já celebrados, tendo os lesados nesses contratos que intentar acções singulares para obter a declaração de nulidade em relação às cláusulas abusivas neles corporizadas [...]". Porventura não poderia exigir-se que a lei tivesse previsto a exclusão das cláusulas proibidas em acção inibitória em contratos a ela anteriores, sem mediação judicial; talvez não devesse a lei impor que, sem controlo de identidade ou substancial equivalência de uma cláusula constante de anterior contrato, esta fosse retirada automaticamente dele, em particular se utilizada por diverso operador económico.

Mas poderia, isso sim, ter-se admitido tal supressão nos modelos contratuais da mesma empresa, por um lado, e simplificado substancialmente o processo dessa verificação quanto àqueles que sejam usados por diverso agente económico, tanto mais que as cláusulas definitivamente proibidas neste quadro processual são objecto de registo, o que facilita o respectivo conhecimento[1780].

[1779] *Ibidem*, pp. 51-52 e 57.

[1780] O que significa que, neste aspecto, tendo a concordar com Prado Klein, *ibidem*, pp. 65-66, que, citando de novo F. Nicolau Santos Silva, defende que "o legislador «considerasse excluídas dos contratos singulares as cláusulas declaradas abusivas» tão logo efetuado o registro no serviço respectivo".

O art. 551.º do Anteprojecto do Código do Consumidor atribui legitimidade activa para a acção popular: "*a)* A qualquer particular que demonstre ter interesse objectivo e sério na proposição da acção [[1781]]; *b)* Às associações de defesa do consumidor que preencham os requisitos indicados no artigo seguinte"[1782].

Para a acção inibitória, que também prevê, com um objecto mais vasto do que a que este diploma regula, que a legitimidade activa pertence, nos termos do respectivo art. 559.º, "*a)* Às associações de consumidores; *b)* Ao Ministério Público; *c)* A qualquer consumidor, quando exerça o direito de acção popular; *d)* A qualquer profissional e às organizações representativas dos seus interesses, quando a acção se destine a impedir alguma das práticas comerciais desleais previstas nos arts. 129.º e seguintes[1783].

Reconhece-se, pois, como, aliás, já o faz a Lei de Defesa do Consumidor, legitimidade às pessoas singulares; restringe-se, nos termos do n.º 2 deste art. 559.º, a legitimidade das associações de consumidores àquelas que se encontrem inscritas no registo elaborado pelo Instituto do Consumidor.

[1781] Na ponderação deste interesse, diz o n.º 2 do mesmo artigo que "o tribunal deve tomar em consideração os motivos e as finalidades subjacentes à proposição da acção".

[1782] "1. Sem prejuízo do direito de associação, a acção popular só pode ser intentada por entidades que reúnam cumulativamente os requisitos seguintes, comprovados por registo no Instituto do Consumidor: *a)* Tenham como principal objecto estatutário a protecção dos direitos e interesses dos consumidores; *b)* Contem entre os seus associados efectivos pelo menos 100 pessoas singulares; *c)* Exerçam actividade contínua há mais de um ano; *c)* Às fundações cujo fim estatutário consista na defesa dos direitos dos consumidores ou de outros beneficiários dos diferentes tipos de tutela conferidos por este Código 2. O exercício da acção popular pelas fundações referidas na alínea *c)* do n.º 1 do artigo anterior depende da existência de registo da autora no Instituto do Consumidor".

[1783] Alberto Alemanno, cit., diz que a "legitimação destas entidades é justificável na base de motivações «concorrenciais»: de facto o emprego generalizado de condições de contrato presumivelmente abusivas constitui uma ameaça não apenas para os consumidores, mas também para os concorrentes, dado que a inserção de cláusulas que criam um desequilíbrio no interior do contrato é compensada pelos profissionais com uma redução do preço. Portanto, o interesse das associações de categorias é o de obterem a cessação de actos de concorrência desleal, enquanto o das câmaras de comércio é o de exercerem uma actividade de estímulo e controlo sobre o desenvolvimento das relações concorrenciais".

Artigo 27.º – Legitimidade passiva

1. A acção referida no artigo anterior pode ser intentada:

***a)* Contra quem, predispondo cláusulas contratuais gerais, proponha contratos que as incluam ou aceite propostas feitas nos seus termos;**

O reconhecimento de legitimidade passiva para a acção inibitória aqui consagrado constitui um corolário directo das disposições do art. 30.º do Código de Processo Civil, nada lhes acrescentando ou esclarecendo.

Assinale-se que a formulação da lei reitera a natureza contratual dos instrumentos jurídicos resultantes da adesão a cláusulas contratuais gerais, como é afirmado pelo art. 4.º deste diploma.

Sobre a legitimidade passiva, diz Alberto Alemanno[1784] que, "nos hoje difundidos contratos de venda de produtos através de cadeias de distribuição organizada ou integrada (por ex. mediante franchising, concessionários, etc.), a acção inibitória é exercitável não só contra o vendedor, que representa o elo terminal da cadeia distributiva, mas também contra o fabricante que tenha imposto a adopção dos modelos ou formulários contratuais predispostos com o fim de uniformizar a actidade negocial da própria rede"; e acrescenta que tanto um sector da doutrina quanto da jurisprudência italianas é de opinião que a acção pode ser proposta contra o profissional fabricante e contra os concessionários, enquanto utilizadores directos.

O art. 575.º-*a)* do Anteprojecto do Código do Consumidor reproduz esta disposição.

***b)* Contra quem, independentemente da sua predisposição e utilização em concreto, as recomende a terceiros.**

Esta norma[1785] reveste significativa importância, já que permite que a acção inibitória seja proposta contra quem não seja, actual ou futuro, utilizador e, portanto, beneficiário das cláusulas contratuais gerais.

[1784] Cit..

[1785] Enquanto tal, pois, quanto à sua utilidade efectiva, nada posso dizer, por não conhecer suficientemente a realidade judicial.

Nos seus termos, é parte legítima na acção qualquer sujeito – associações profissionais designadamente, mas também, como observa Almeno de Sá[1786], câmaras de comércio – que "recomende" a adopção dos modelos contratuais a "terceiros", em regra empresas do sector. Julgo que, para que a disposição tenha o alcance mais adequado à sua teleologia, o verbo nela utilizado deve ser entendido em sentido amplo. O mesmo é dizer que a "recomendação" pode consubstanciar qualquer forma de incentivo ou, mesmo, de facilitação da adopção das cláusulas contratuais gerais. Neste sentido, a disposição será aplicável às entidades que as tenham elaborado e posto à disposição dos seus associados, ainda que não tenha havido propriamente "recomendação" da sua adopção ou utilização.

Observa Noronha Nascimento[1787], encontrando aqui a *ratio* do regime de "legitimidade processual passiva" desta disposição, que "o reagrupamento empresarial que a evolução económica provocou, permite-nos perceber, hoje, que os contratos de adesão não partem tão-só do contraente fornecedor; podem ser (e são-no as mais das vezes) elaborados por associações empresariais segundo a óptica dos interesses dos associados para, no fim da linha, serem propostos uniformemente para todo o sector aos utilizadores que o demandam".

Questão que é processual – mas com incidência substantiva não menor – é a colocada por Giuseppe Tarzia[1788] acerca da possibilidade da intervenção de terceiros (como intervenção espontânea ou provocada) na acção inibitória. Tratando-se de intervenção, espontânea ou provocada de outrem como autor, pode este último suscitar a questão da validade de cláusulas que não fora colocada pela parte inicial ou trazer ao conhecimento do tribunal elementos que lhe permitam decidir, com maior segurança, no sentido da proibição das cláusulas impugnadas. Sendo a intervenção de terceiro como réu[1789], os limites subjectivos do caso julgado estendem-se, conferindo à decisão uma importância e eficácia mais ampla do que a que teria inicialmente, não fora a intervenção. A possibilidade da intervenção, espontânea ou provocada, na qualidade de autor tem a evidente vantagem de economia processual, pois, se houver vários processos pendentes contra a mesma empresa para fazer proibir a(s) mesma(s) cláusula(s), é preferível a junção dos vários pedidos num único processo. Giuseppe Tarzia[1790]

[1786] Cit., p. 78.
[1787] Cit., pp. 100-101.
[1788] Cit., pp. 637 a 639.
[1789] Esta, a verificar-se, será em regra provocada.
[1790] *Ibidem*, p. 640.

valoriza um outro aspecto: o de a acção proposta por uma das entidades legitimadas para tal ser considerada improcedente e de, na sequência dessa decisão, "não deixar o «profissional» exposto a uma série de acções por parte de outros legitimados [...], e de reunir num único processo todas as iniciativas judiciárias", o que lhe parece relevante, "com especial importância no campo da tutela dos interesses colectivos ou difusos, e ainda mais perante uma acção inibitória com carácter preventivo e geral".

Este é problema diverso do resolvido pelo número seguinte, pois não se coloca aquando da propositura da acção, mas em momento posterior – embora com os limites temporais do art. 318.º do Código de Processo Civil, quanto à intervenção provocada.

O n.º 1 do art. 561.º do Anteprojecto do Código do Consumidor dispõe que a acção inibitória "deve ser instaurada contra o profissional, ou entidade equiparada, que esteja na origem de comportamentos que causem ameaça actual e séria de lesão dos direitos referidos no art. 558.º", e o art. 575.º-*b)* reproduz esta disposição, quanto às acções que visem a proibição de cláusulas contratuais gerais.

2. A acção pode ser intentada, em conjunto, contra várias entidades que predisponham e utilizem ou recomendem as mesmas cláusulas contratuais gerais, ou cláusulas substancialmente idênticas, ainda que a coligação importe ofensa do disposto no artigo seguinte.

Esta norma permite a coligação de réus (ou o litisconsórcio passivo), mesmo que aquela importe infracção dos limites do art. 37.º do Código de Processo Civil, isto é, designadamente, quando haja diversidade de competência territorial dos tribunais.

Dizem Almeida Costa e Menezes Cordeiro[1791] que com este preceito se "facilita a coligação de demandados, dispensando, para isso, a observância da competência territorial definida no artigo 28.º [correcção minha]. O legislador foi sensível à vantagem resultante da propositura de acções em conjunto contra várias entidades abrangidas no preceito, a fim de reduzir-se o risco de decisões

[1791] Cit., p. 59.

contraditórias. A última parte no n.º 2 limita-se a seguir a regra geral consagrada pelo artigo 31.º, n.º 1, do Código de Processo Civil".

O n.º 2 do art. 575.º do Anteprojecto do Código do Consumidor tem a seguinte redacção: "A acção pode ser intentada, em conjunto, contra várias entidades que predisponham e utilizem ou recomendem as mesmas cláusulas contratuais gerais, ou cláusulas substancialmente idênticas, cabendo ao autor escolher entre os foros indicados no artigo seguinte"[1792].

Artigo 28.º - Tribunal competente

Para a acção inibitória é competente o tribunal da comarca onde se localiza o centro da actividade principal do demandado ou, não se situando ele em território nacional, o da comarca da sua residência ou sede; se estas se localizarem no estrangeiro, será competente o tribunal do lugar em que as cláusulas contratuais gerais foram propostas ou recomendadas.

A atribuição de competência territorial realizada por este artigo não facilita o recurso à acção inibitória. Se bem que a legitimidade activa não seja conferida a pessoas singulares e que, segundo a informação de que disponho, seja o Ministério Público o principal promotor delas, afigura-se que, prosseguindo o objectivo de banir do mercado as cláusulas contratuais gerais nulas, o mesmo é dizer alargar as possibilidades de propositura de acções inibitórias, esta regra não é ajustada.

Adoptando orientação idêntica quanto à definição da competência territorial, o art. 562.º do Anteprojecto do Código do Consumidor dispõe que "para a acção inibitória é competente o tribunal da comarca onde se localiza o centro da actividade principal do demandado ou, não se situando ele em território nacional, o da comarca do seu domicílio ou sede", admitindo o n.º 2 do art. 561.º que, "se o comportamento cuja proibição se pretende alcançar provier de vários profissionais, a acção pode ser intentada em conjunto contra todos eles, cabendo ao autor escolher entre os foros indicados no artigo seguinte".

[1792] "Se os factores de conexão referidos no artigo 562º se situarem no estrangeiro, será competente o tribunal do lugar em que as cláusulas contratuais gerais foram propostas ou recomendadas, se este se situar em território português".

Artigo 29.º – Forma de processo e isenções

1. A acção destinada a proibir o uso ou a recomendação de cláusulas contratuais gerais que se considerem abusivas segue os termos do processo sumário de declaração e está isenta de custas.

2. O valor das acções referidas no número anterior excede € 0,01 ao fixado para a alçada da Relação.

É evidente finalidade desta disposição facilitar o exercício do direito de acção e tornar esta mais expedita, sem prejuízo da possibilidade de recurso para o STJ, o que cumpre a orientação do art. 2.º, n.º 1-*a*), da Directiva n.º 98/27/CE e que não encontrou expressão – nem tinha de a ter, desde que o respectivo objectivo esteja assegurado – na Lei n.º 25/2004 que a transpõe.

A disposição é parcialmente idêntica à do art. 11.º, n.º 1, da Lei de Defesa do Consumidor[1793].

O art. 565.º do Anteprojecto do Código do Consumidor, depois de, no n.º 1, estabelecer, quanto ao valor da acção, norma semelhante à do n.º 2 deste preceito, diz, nos números seguintes, que: "As associações de consumidores estão isentas de custas, tanto no que respeita à acção inibitória propriamente dita como aos seus incidentes e recursos", e que: "Os membros das associações de consumidores estatutariamente incumbidos da respectiva representação em juízo são pessoal e solidariamente responsáveis pelo pagamento das custas, quando a acção improceda e se mostre que actuaram no processo por interesses ou motivos estranhos às suas funções".

Nos termos do art. 25.º, n.º 1, do Dec.-Lei n.º 34/2008, de 26 de Fevereiro[1794], que aprovou o Regulamento das Custas Processuais, "são revogadas as isenções de custas previstas em qualquer lei, regulamento ou portaria e conferidas a quaisquer entidades públicas ou privadas, que não estejam previstas no presente decreto-lei". Trata-se de uma revogação genérica – opção criticável por

[1793] "A acção inibitória tem o valor equivalente ao da alçada da Relação mais 0.01 €, segue os termos do processo sumário e está isenta de custas".

[1794] Muito alterado, sucessiva e designadamente, pela Lei n.º 43/2008, de 27 de Agosto, pelo Dec.-Lei n.º 181/2008, de 28 de Agosto, e pelas Leis n.ºs 64-A/2008, de 31 de Dezembro, 3-B/2010, de 28 de Abril, 52/2011, de 13 de Abril, 7/2012, de 13 de Fevereiro, 126/2013, de 30 de Agosto, 72/2014, de 2 de Setembro, 7-A/2016, de 30 de Março, 42/2016, de 28 de Dezembro, 49/2018, de 14 de Agosto, e 27/2019, de 28 de Março.

não ter em conta as especificidades de cada isenção –, que não atinje essencialmente esta isenção, dado o teor do respectivo art. 4.º-*a)* e *f)*.

Artigo 30.º – Parte decisória da sentença

1. A decisão que proíba as cláusulas contratuais gerais especificará o âmbito da proibição, designadamente através da referência concreta do seu teor e a indicação do tipo de contratos a que a proibição se reporta.

2. A pedido do autor, pode ainda o vencido ser condenado a dar publicidade à proibição, pelo modo e durante o tempo que o tribunal determine.

Dizem Almeida Costa e Menezes Cordeiro[1795] que "a proibição de determinadas cláusulas contratuais gerais deve ser concretizada. Por isso, o n.º 1 determina que a decisão condenatória especifique o âmbito da proibição, designadamente através da referência concreta do seu teor e da indicação do tipo de contrato a que a proibição se reporta. Este último aspecto tem relevância, sobretudo, nas cláusulas relativamente proibidas, dependentes de juízos de valor formulados no quadro negocial padronizado [...]".

Como deixei dito, em especial a propósito do acórdão do STJ de 19 de Setembro de 2006 (João Camilo), designadamente nas anotações aos arts. 19.º-*g)* e 22.º-*j)*, creio que a melhor solução é, no quadro da apreciação em abstracto, declarar nulas cláusulas que, embora no caso concreto não se mostrem justificativas de proibição, o podem ser em outros contratos celebrados com base nas mesmas cláusulas contratuais gerais.

Considerando ainda o mesmo acórdão, julgo que bem decidiu pela nulidade, com o seguinte argumento: "[...] apesar de se haver provado que desde 7/04/94 a recorrente já não celebra contratos com conteúdo idêntico ao aqui em causa e que já não existiam contratos celebrados com aquele conteúdo ainda por cumprir, à data da propositura da presente acção, tal não obsta teoricamente a que a ré possa voltar a celebrar contratos com aquele conteúdo, se a presente instância se extinguir, pois sem a condenação nesta acção, nada a inibe legalmente a fazê-lo. É que só com a decisão judicial decretadora da inibição, transitada em

1795 Cit., p. 61.

julgado, é que é possível garantir que a ré não voltará a inserir tais cláusulas em contratos futuros. Daí que a presente acção mantenha interesse, não tendo desaparecido o interesse da pretensão do autor, de modo a fazer extinguir a instância nos termos do artigo 287º alínea e)".

Não obstante tal não resultar da mera letra do preceito, já se viu, na anotação ao art. 25.º, como parte da doutrina e da jurisprudência têm entendido que a proibição tem como objecto não só uma cláusula mas também qualquer outra que tenha sentido substancialmente idêntico, ainda que formulada de forma diversa. Trata-se de entendimento, correspondente a uma interpretação extensiva do preceito justificada sistemática (art. 27.º, n.º 2) e teleologicamente, que só pode aplaudir-se e que confere à acção inibitória um alcance um pouco mais vasto do que uma interpretação declarativa desta norma autorizaria.

A publicitação da decisão judicial é um instrumento que pode ter grande impacte no mercado, quer na sua função dissuasora da utilização de cláusulas nulas, quer na vertente pedagógica e de informação dos sujeitos que recorrem a empresas para satisfação de necessidades. G. Alpa[1796] acrescenta uma outra vantagem: a de dar a conhecer aos outros tribunais a orientação adoptada quanto a cada cláusula pelo tribunal encarregado da acção, o que promoverá a uniformização jurisprudencial, em princípio em sentido favorável ao aderente (já que as decisões publicitadas serão necessariamente proibitivas, acrescento eu)[1797].

Ilustrativo, na sua fundamentação das vantagens de publicitação das decisões proibitivas em acções inibitórias é o já mencionado acórdão do STJ de 13 de Outubro de 2001 (Oliveira Vasconcelos), onde, além do mais (pormenorizadas considerações sobre a função da acção inibitória e publicação das prespectivas decisões) e perante a alegação de danos à sua imagem pelo predisponente de cláusulas nulas, se lê: "O interesse geral reflectido na publicitação não pode deixar de ter preponderância em relação ao interesse meramente particular do demandado na acção inibitória, de preservação da sua imagem". Ainda mais incisivo é o já referido acórdão do STJ de de 25 de Junho de 2015 (Helder Roque), onde se lê: "A condenação do vencido a dar publicidade à sentença que proíba a inclusão, em contratos de adesão, de claúsulas contratuais gerais, representando um facto negativo para a imagem e bom-nome da pessoa condenada, sendo, por-

[1796] "Il recepimento...", cit., p. 83.

[1797] A esta publicitação (facultativa) acresce – se efectivamente funcionar – a resultante do registo das cláusulas contratuais gerais proibidas, nos termos dos arts. 34.º e 35.º.

tanto, susceptível de lhe causar prejuízos, nalguns casos, significativos, constitui uma censura adicional pelo facto cometido pelo agente, revestindo a natureza de uma verdadeira pena acessória, indissoluvelmente, ligada ao facto praticado e à culpa do agente, servindo, também, outras finalidades de prevenção. [...] A publicação da decisão, em meios de comunicação social de maior expansão nacional, de natureza não obrigatória, porquanto depende de requerimento do autor, tem objectivos e subjacente uma filosofia diversa do instituto do registo, este de natureza vinculada para os tribunais, sempre que se esteja perante decisões que, por aplicação dos princípios e das normas constantes do RCCG, tenham proibido o uso ou a recomendação de cláusulas contratuais gerais ou declarem a nulidade de cláusulas inseridas em contratos singulares". Também interessante é o já citado acórdão de 14 de Dezembro de 2016 (Fonseca Ramos), onde se lê: "A publicidade da decisão que proíbe cláusulas em acção inibitória tem uma *função cívica*, informativa, dirigida à protecção dos consumidores, pelo que só razões muito excepcionais – (não se conhecem em decisões judiciais nesse sentido) – determinariam que se omitisse a publicidade". Em sentido bem diverso se pronunciou o já referido acórdão de 16 de Outubro de 2014 (Lopes do Rego): "Como é evidente, esta divulgação pública não tem qualquer carácter sancionatório, não visando naturalmente penalizar a imagem pública da entidade condenada, mas apenas e tão somente transmitir à generalidade dos consumidores/interessados o resultado objectivo da acção e a disciplina jurídica a que passarão a estar inelutavelmente submetidos os contratos de adesão celebrados, mostrando-se plenamente adequada à vertente cívico/social da própria acção inibitória, direccionada para a protecção dos interesses difusos da generalidade dos consumidores/aderentes, informados precisamente dos seus direitos através da publicitação em órgãos de comunicação social, a todos os cidadãos plenamente acessíveis, do resultado final da causa".

Não se ignora o quanto a publicação de informações deste tipo influencia o mercado. Talvez tivesse sido preferível conferir ao tribunal competência oficiosa para a iniciativa de dar publicidade às decisões, não tendo restringido a lei a decisão ao pedido do autor. Isto, acompanhado da indicação dos órgãos através dos quais essa publicidade seria veiculada, poderia constituir um instrumento importante de acatamento do regime deste diploma. Os investimentos empresariais em publicidade são bem demonstrativos de quanto as empresas se esforçarão por evitar esta que lhes é desfavorável.

De lamentar é, pois, que a publicitação, por um lado, fique dependente de pedido do autor e, por outro, que o tribunal possa não o atender. Tem, contudo, de ter-se em consideração o art. 11.º, n.º 3, da Lei de Defesa do Consumidor, que estabelece, no quadro da acção inibitória nela prevista: "Transitada em julgado, a decisão condenatória será publicitada a expensas do infractor, nos termos fixados pelo juiz, e será registada em serviço a designar nos termos da legislação regulamentar da presente lei". A disposição torna, parece[1798], obrigatória, no seu âmbito de aplicabilidade, a publicidade das sentenças condenatórias, incluindo aquelas que forem proferidas nos termos dos arts. 25.º e segs. deste Dec.-Lei n.º 446/85, a que aquele artigo 11.º se refere, dizendo que, tratando-se de cláusulas contratuais gerais, são ainda aplicáveis "os artigos 31.º e 32.º [...], com as alterações introduzidas pelo Decretos-Leis n.ºs 220/95, de 31 de Agosto, 249/99, de 7 de Julho e 323/2001, de 17 de Dezembro" do diploma agora em análise.

Mais sucinto é, na matéria, o art. 566.º do Anteprojecto do Código do Consumidor, cujo teor é o seguinte: "A decisão que julgue procedente a acção especificará o âmbito da proibição, concretizando os comportamentos visados e descrevendo o tipo de situações a que se reporta". Porém, o seu art. 570.º dispõe: "Quando o tribunal considere conveniente, pode o vencido ser condenado a dar publicidade, a expensas suas, à proibição imposta, mediante a publicação integral ou parcial da decisão ou de uma mera declaração rectificativa, conforme se revele mais adequado para eliminar os efeitos persistentes da infracção".

Artigo 31.º – Proibição provisória

1. Quando haja receio fundado de virem a ser incluídas em contratos singulares cláusulas gerais incompatíveis com o disposto no presente diploma, podem as entidades referidas no artigo 26.º requerer provisoriamente a sua proibição.

2. A proibição provisória segue, com as devidas adaptações, os termos fixados pela lei processual para os procedimentos cautelares não especificados.

As regras deste artigo têm, entre outras, a vantagem de tornar expedito o processo de avaliação das cláusulas consideradas como devendo ser objecto de declaração de proibição pelo autor na acção, por força do diploma, dada a aplicação dos termos dos procedimentos cautelares. Neste ponto, ainda mais do que

[1798] Neste sentido, Almeno de Sá, cit., p. 120, nota 170.

no art. 29.º, o objectivo é o de prever "um processo expedito" para fazer cessar ou proibir qualquer infracção, para usar os termos do art. 2.º, n.º 1-*a)*, da Directiva n.º 98/27/CE.

Creio que a remissão do n.º 2 deste artigo para o regime dos procedimentos cautelares tem evidentemente de ser entendida nos seus exactos termos literais, isto é, como uma remissão para a tramitação processual e não para os pressupostos da sua admissibilidade, pois, quanto a estes, encontram-se claramente enunciados no nº 1 do preceito. Trata-se de uma opção legislativa que está longe de ser desprovida de consequências, pois implica, designadamente, que seja desnecessário demonstrar "fundado receio de que [...] [seja causada] lesão grave e dificilmente reparável ao seu direito", como consta do n.º 1 do art. 362.º do Código de Processo Civil. A probabilidade de lesão grave e dificilmente reparável encontra-se, e bem, como que presumida no n.º 1 deste artigo. Na verdade, a verificação da existência de um modelo contratual que contém cláusulas legalmente proibidas basta para concluir que há o perigo sério de, vindo a ser utilizado em contratos singulares, ter consequências lesivas das partes que vierem a aderir a esse modelo. E essas lesões são sérias, na medida em que a própria lei, ao intrometer-se na liberdade contratual, proibindo as cláusulas, assim as considera, sendo a reparabilidade dos danos provocados – até porque, ou também porque, incidentes sobre um número extenso e tendencialmente ilimitado de sujeitos – quase impossível.

Mas há requisitos dos procedimentos cautelares que este preceito encerra, ainda que não expressamente. Por um lado, embora com peculiaridade, o *periculum in mora,* que aqui consiste no "receio fundado de virem a ser incluídas em contratos singulares cláusulas gerais incompatíveis com o disposto no presente diploma", antes de ser proferida decisão de proibição definitiva. Muito embora a norma o não diga expressamente, é claro que a providência de proibição provisória apenas se justifica porque existe probabilidade de inclusão das cláusulas em contratos singulares, o que só pode suceder antes de ser decretada proibição definitiva. E, também este pressuposto foi presumido legalmente, não tendo de ser demonstrado o "fundado receio" de que essa situação se venha a verificar. Significa isto que acompanho Giovanni M. Armone[1799] quando este, ao analisar o regime italiano, escreve que se deve compreender "o remédio do artigo 1469 *sexies,* 2.º *comma,* na perspectiva de uma acção na qual o *periculum in mora*

[1799] Cit., pp. 296 e 297.

se encontra ínsito no próprio fenómeno cuja existência a norma é chamada a regular e cuja existência foi, portanto, já apreciada positivamente pelo legislador através da tipificação de uma medida cautelar autónoma". E também quando acrescenta que o *periculum in mora* está pressuposto em qualquer procedimento cautelar, pois que, não sendo falsa esta asserção, tal não liberta o requerente da providência do ónus da prova do "fundado receio" (nas palavras da lei portuguesa, tanto nesta disposição quanto no Código de Processo Civil) da iminência do facto que cautelarmente se pretende prevenir. Também em Itália, Alberto Alemanno[1800] diz que o "parâmetro ao qual se tem de referir para apreciar «os justos motivos de urgência» é representado pelo interesse colectivo", criticando as decisões judiciais que não consideraram que a larguíssima difusão possível das cláusulas contratuais gerais fossem suficientes para justificar o procedimento cautelar, pois elas fazem correr o risco de o tornar inútil. Daí que, segundo ele, um sector da doutrina – de que faz parte, entre outros[1801], Armone – "tenha avançado uma interpretação correctiva do 2.° comma do art. 1469 – *sexies* c.c.. O remédio inibitório deve ser configurado como acção na qual o *periculum in mora* se encontra no próprio fenómeno que a norma é chamada a regular e cuja existência já foi avaliada positivamente pelo legislador, através da tipificação de uma medida cautelar autónoma. O procedimento em causa seria assim assimilado àqueles procedimentos cautelares nos quais o legislador permite que o juiz emita uma providência cautelar prescindindo de qualquer indagação acerca da existência do *periculum*, pois que foi o próprio legislador a ter avaliado, a nível legislativo, da existência de um *periculum*, isto é, da oportunidade da concessão da tutela urgente". E conclui: "segundo esta interpretação o juiz deverá, na emanação de uma providência inibitória, apreciar não o *periculum*, julgado elemento intrínseco, mas o *fumus boni iuris*; será de facto a verificação desse elemento que poderá justificar o recurso a um procedimento urgente". Diversa é a opinião de Giuseppe Tarzia[1802][1803], que diz que é inaceitável o entendimento, que se deixou aludido, de que "a existência do *periculum in mora* «já foi apreciada positivamente pelo legislador através da tipificação de uma acção cautelar autónoma», de tal modo que o juiz deveria prescindir «de qualquer indagação sobre a subsistência do requisito do *periculum*»», por se tratar de posição frontalmente contraditória

[1800] Cit..

[1801] Ao lado de M. Bin e de M. Libertini.

[1802] Cit., pp. 644 a 645.

[1803] Sobre a discussão em Itália, v. A. Sirotti Gaudenzi, cit., *passim*.

com a letra da lei italiana, que exige que haja «motivos de urgência» neste procedimento inibitório provisório, diversamente do que são os requisitos gerais dos procedimentos cautelares. Segundo o autor, a diversidade de formulações legais tem fundamento, pois a previsão desta nova providência «deixa aberta a tutela cautelar ordinária, mesmo a antecipatória *ex* 700 c.p.c., ao consumidor na acção individual"[1804].

Sobre a norma, diz Lebre de Freitas[1805] que "segue os termos da providência cautelar não especificada, como aí se diz. Sem especialidades relevantes a ter em conta".

Não cabe, na nossa ordem jurídica, a discussão – a que se fará referência de seguida –, que teve lugar em Itália, acerca da natureza do bem que pode ser violado pela adopção das cláusulas contratuais gerais e a consequente distinção entre aqueles que, «pela sua natureza, possam considerar-se «relativos a interesses essenciais e primários dos consumidores ou [...] [a] interesses que viriam, de outro modo, a ser irreversivelmente ou irreparavelmente prejudicados"[1806].

A diversidade da previsão legal deste procedimento, em Itália, constituiu pretexto para que, em certos casos, os tribunais – com o aplauso de alguma doutrina – recusassem liminarmente (ou quase) a procedência do pedido de pro-

[1804] A. Sirotti Gaudenzi, cit., diz que "é necessário [...] determinar quais são as situações de urgência que legitimam a entidade qualificada para obter uma tutela antecipatória dos efeitos da sucessiva decisão de mérito, tendo necessariamente de identificar uma diferença relativamente à tutela ordinária, a fim de evitar que o recurso à tutela cautelar se torne o instrumento típico através do qual as associações profissionais podem exercitar a sua tutela geral-preventiva".

[1805] "Os meios processuais...", cit., p. 13.

[1806] Sobre esta problemática, v. Giovanni M. Armone, cit., pp. 295-296, em comentário a uma decisão judicial, em que também chama a atenção para o facto de o interesse colectivo dos consumidores não se consubstanciar na soma dos interesses individuais de cada um, antes ter autonomia e importância que justificam o instrumento da acção inibitória e da proibição provisória. Sobre a questão, também se pronuncia Giuseppe Tarzia, *ibidem*, pp. 644-645, e Alberto Alemanno, cit., entendendo este último que a exigência da demonstração de que "o bem objecto das condições gerais de contrato seja essencial" ou de que "o dano produzido aos consumidores, por efeito da difusão de tais condições, seja imediato e não susceptível de reparação por equivalente" tem o efeito de que "o remédio inibitório, designado pela directiva como abstracto, colectivo e preventivo, se transforma num remédio concreto, individual e sucessivo e que vai sobrepor-se inevitavelmente à acção individual de ineficácia que pode ser proposta por cada consumidor".

vidência, por não estar demonstrado o risco de lesão de um direito[1807]. Há-de reconhecer-se, contudo, que, para além do que é explicável pelas normas processuais próprias – particularmente restritivas – da lei italiana, a controvérsia, no essencial, demonstra como alguns sectores continuam a resistir à introdução de medidas que possam vir a ter um efectivo impacte nas práticas comerciais empresariais. Daí que, em comentário a esta orientação, Giovanni M. Armone diga que, mais do que uma disposição excepcional, a orientação adoptada a "transformaria numa norma não escrita".

Pode lamentar-se que não se tenha atribuído ao tribunal competência para propor ou decidir a reformulação da(s) cláusula(s) não admitida(s), designadamente nos casos em que esta(s) se mostre(m) obscura(s) ou incompreensível(eis). A questão tem relevância nas hipóteses em que o controlo abstracto não é totalmente preventivo, isto é, o modelo contratual parcialmente posto em causa está em utilização no mercado; nesses casos, se a(s) cláusula(s) proibida(s) foi(orem) essencial(is), a sua reformulação permitiria a subsistência dos contratos celebrados em que ela(s) se encontre(m) incluída(s); sempre, natural e, como já disse, dependentemente do assentimento do aderente em cada contrato.

Não ignoro que, mais do que em sede de fiscalização sucessiva, essa possibilidade atribuída aos tribunais pode constituir argumento no sentido do desleixo ou da deliberada aposta na formulação de modelos com conteúdo proibido, cuidando que – a serem contestados – os tribunais se encarregariam da sua adaptação por forma a serem admitidos. Por isso que, na ausência de estudos (actuais ou futuros) que esclareçam os efeitos da solução existente e da que avento, exprima esta opinião com muitas dúvidas.

O art. 577.º do Anteprojecto do Código do Consumidor reproduz quase inalteradamente este artigo.

Artigo 32.º – Consequências da proibição definitiva

1. As cláusulas contratuais gerais objecto de proibição definitiva por decisão transitada em julgado, ou outras cláusulas que se lhe equiparem substancialmente, não podem ser incluídas em contratos que o demandado venha a celebrar, nem continuar a ser recomendadas.

[1807] Sobre este debate é especialmente ilustrativo o texto já citado de Giovanni M. Armone, *passim*, em especial pp. 294 e ss..

2. Aquele que seja parte, juntamente com o demandado vencido na acção inibitória, em contratos onde se incluam cláusulas gerais proibidas, nos termos referidos no número anterior, pode invocar a todo o tempo, em seu benefício, a declaração incidental de nulidade contida na decisão inibitória.

3. A inobservância do preceituado no n.º 1 tem como consequência a aplicação do artigo 9.º

O n.º 1 contém, em primeiro lugar, o efeito óbvio da procedência da acção inibitória: a proibição de utilização das cláusulas contratuais gerais proibidas, bem como da recomendação delas. O aspecto mais interessante do preceito está na assimilação do efeito proibitivo da sentença às "cláusulas que se [...] equipar[e]m substancialmente" às apreciadas naquela acção.

Segundo Almeida Costa e Menezes Cordeiro[1808], no intuito de impedir formas directas ou indirectas de contornar as proibições, "o legislador deixou claro deverem elas entender-se em termos materiais. São abrangidas, deste modo, as cláusulas que, substancialmente, se equiparem às proibidas por decisão judicial".

O já referido acórdão do STJ de 17 de Maio de 2007 (Oliveira Rocha) discutiu o problema de saber se uma cláusula "incluída em contratos que a requerida celebrou depois do trânsito em julgado da decisão que proibiu definitivamente a cláusula nº 5.2, e que é formalmente diferente desta, se lhe equipara substancialmente e se, por isso, não podia ser incluída nos aludidos contratos, nos termos do disposto no art. 32°, n.º 1, do DL. nº 446/85, de 25/10", concluindo pela equivalência substancial e decidindo que "essa cláusula não poderia ser incluída nos contratos que a requerida celebrou depois do trânsito em julgado da decisão que proibiu, definitivamente, a cláusula 5.2".

O n.º 2 contém uma norma útil, na medida em que confere ao aderente de um qualquer contrato em que se incluam cláusulas de utilização judicialmente proibida que invoque, "a todo o tempo, em seu benefício, a declaração incidental de nulidade contida na acção inibitória". Poder-se-ia ter ido mais longe, mas, seja como for, quando tal ocorra, não tem o aderente, na acção de fiscalização concreta, de alegar e provar o que quer que seja para ver declarar inválida(s) a(s) cláusula(s) impugnadas, já que basta a declaração de proibição obtida na acção inibitória.

[1808] Cit., pp. 62-63.

Lebre de Freitas[1809] alerta para o seguinte problema: "os particulares que tenham celebrado um contrato em que tenha sido inserta uma cláusula contratual cuja ilegalidade seja reconhecida em acção inibitória terão de invocar a nulidade, nos termos do artigo 32.°, n.° 2 [correcção minha, dada a alteração da lei], sem que essa invocação possa ser feita, com a vantagem da aglutinação dos vários casos particulares numa mesma acção, por uma associação de defesa do consumidor". Desta disposição dizem Almeida Costa e Menezes Cordeiro[1810] que se procura "facilitar aos interessados a utilização da acção meramente declarativa, admitida pelo artigo 24.°, pois ficam dispensados da demonstração do carácter ilícito ou abusivo, nos termos do presente diploma, das cláusulas contratuais gerais. Se o proponente, apesar da proibição, persistir no emprego das cláusulas visadas na acção inibitória, a contraparte pode obter a declaração da nulidade dessas cláusulas, invocando a decisão incidental sobre a questão prévia da nulidade, contida, necessariamente, na sentença condenatória. Alude-se a declaração incidental de nulidade, uma vez que esta é mero pressuposto ou antecedente da condenação no não uso ou recomendação das cláusulas gerais proibidas, formando-se o caso julgado material apenas sobre a parte decisória da sentença".

Como ficou referido na anotação ao art. 26.°, Lebre de Freitas[1811] escreve, de forma clara e incontestável, que uma das importantes especialidades que é de realçar é a de que o art. 32.°, n.° 2, tenha vindo "dispor que, quando a parte que as [cláusulas contratuais gerais] tiver predisposto for vencida na acção inibitória da sua utilização, pode a sua contraparte num contrato celebrado invocar a todo o tempo, em seu benefício, «a declaração de nulidade contida na decisão inibitória». Daqui se retira que as decisões de condenação da empresa predisponente duma cláusula ilícita formam caso julgado, contra ela invocável em outras acções, independentemente de quem as proponha; mas as decisões que a absolvam, por não considerarem que a cláusula seja ilícita, já não constituem caso julgado invocável em acções contra ela propostas por pessoas diversas de quem propôs a primeira acção, podendo assim ser repetidas causas com o mesmo objecto. Trata-se dum regime de caso julgado *secundum eventum litis*, paralelo ao que, fora do campo dos interesses colectivos e difusos, vigora em sede de obri-

[1809] "Os meios processuais...", cit., p. 14.
[1810] Cit., p. 63.
[1811] "A acção popular...", cit., p. 24.

gações solidárias (arts. 522 CC e 531 CC), de obrigações indivisíveis (art. 538-2 CC), de certas obrigações dependentes (fiança e direito real de garantia: art. 635 CC [...]: o caso julgado favorável aproveita ao terceiro; o caso julgado desfavorável é-lhe inoponível".

No direito italiano, Giuseppe Tarzia[1812], criticando a solução daquele, opina no sentido de a sentença inibitória não ter "efeitos sobre os contratos individuais", dizendo: "O remédio colectivo e o individual operam pois em planos diferentes e a diversidade de *thema decidendum*, para além da das partes, impede que se delineie um nexo de prejudicialidade – dependência entre a acção inibitória e a acção individual: um remédio, o primeiro, preventivo do uso ou do ulterior uso de cláusulas abusivas, que podem autonomamente ser propostas e munido de sanções próprias; um remédio, o segundo, sucessivo e repressivo, que introduz um juízo objectiva para além de que subjectivamente diverso".

O n.º 3 remete para o art. 9.º, dele dizendo Almeida Costa e Menezes Cordeiro[1813] que "pode haver interesse, por parte do aderente, em salvaguardar o contrato [...]. Alternativa plausível consistiria em aceitar aqui a disciplina dos artigos 13.º e 14.º. Escolhendo a primeira via, o legislador preferiu um regime menos flexível, pois evita que se opere a redução, o que parece certo. Na verdade, uma vez que tal figura aproveitaria também ao predisponente [...], não seria razoável admitir este a invocá-la, pois a sua conduta revela-se bem mais digna de censura quando insista em cláusulas judicialmente proibidas. Poderia pensar-se na solução de, afastando o regime comum, reservar apenas ao aderente a faculdade de invocar a redução. Em contrário, dir-se-á que a situação do n.º 1 do artigo 32.º apresenta maior similitude com a do artigo 8.º, dado que, declarada a proibição judicial das cláusulas, já não é tanto o problema da sua nulidade que se levanta [...], mas o da inadmissibilidade da respectiva inclusão nos contratos singulares. Consideração que vale, aliás, a respeito do predisponente e do aderente".

Apesar de terem, formalmente, razão os autores na definição da questão jurídica das cláusulas proibidas preventivamente, continuo a duvidar de que não fosse preferível, para os aderentes/consumidores, poderem optar pela subsistência do contrato com novo teor da(s) cláusula(s) proibida(s).

[1812] Cit., pp. 643-644.
[1813] *Ibidem*, p. 63.

Pronunciando-se sobre a alegação de inutilidade superveniente da lide numa acção inibitória com fundamento em que as cláusulas em apreciação haviam sido retiradas das cláusulas contratuais gerais do predisponente, o já referido acórdão do STJ de 31 de Maio de 2011 (Fonseca Ramos) entendeu muito bem: "O caso julgado que se formar na acção inibitória pode ser invocado por terceiros alheios à concreta acção inibitória para obstar ao uso da cláusula declarada inválida, ou outras que se lhe equiparem substancialmente, nos termos do nº 1 do art. 32º, do DL. 446/85, de 25.10, por isso, não ocorre inutilidade superveniente com a expurgação voluntária pelo proponente das cláusulas contratuais gerais proibidas, objecto da acção inibitória, porque o interesse social deste tipo de acções transcende o mero interesse do caso litigado para poder ser invocado por terceiros; de outro modo, pouco seria o alcance de uma acção que visa a protecção indeterminada de consumidores/aderentes que possam ser afectados pela utilização das ccg que se pretendem eliminar".

Martin Ebers[1814] informa de que – diferentemente do que acontece na nossa ordem jurídica – "em França, as associações de consumidores têm o direito de obter a reparação dos danos causados ao interesse colectivo dos consumidores pela utilização de cláusulas contratuais gerais (Artigo L. 422-1 e s. do Código do Consumo), semelhante sendo a situação na Grécia, onde o montante indemnizatório "se destina à colectividade"; também na Bulgária, "as associações de consumidores podem pedir reparação dos danos infligidos aos interesses colectivos dos consumidores", sendo o quantitativo fixado segundo a equidade; em Espanha, as associações de consumidores têm também o direito de pedir indemnização dos prejuízos "em nome de classes não identificadas de consumidores".

Esta foi solução arredada pela lei portuguesa, mas que se justifica seja ponderada em ocasião da sua alteração, designadamente no quadro do projecto do Código do Consumidor

Artigo 33.º – Sanção pecuniária compulsória

1. Se o demandado, vencido na acção inibitória, infringir a obrigação de se abster de utilizar ou de recomendar cláusulas contratuais gerais que foram objecto de proibição definitiva por decisão transi-

[1814] Cit. pp. 478 e 479.

tada em julgado, incorre numa sanção pecuniária compulsória que não pode ultrapassar o dobro da alçada da Relação, por cada infracção.

2. A sanção prevista no número anterior é aplicada pelo tribunal que apreciar a causa em primeira instância, a requerimento de quem possa prevalecer-se da decisão proferida, devendo facultar-se ao infractor a oportunidade de ser previamente ouvido.

Esta disposição vem da versão originária do diploma, tendo sido alterada não substancialmente em 95.

Se bem que corresponda ao estabelecido na directiva 98/27/CE do Parlamento e do Conselho de 19 de Maio de 1998, que enuncia, entre as medidas que podem e/ou devem ser adoptadas, pela autoridade competente em cada Estado membro, a de condenar "a parte vencida [...] no pagamento ao erário público, ou a qualquer beneficiário designado ou previsto na legislação nacional, de um montante fixo por cada dia de atraso ou de qualquer outro montante previsto na legislação nacional para garantir a execução das decisões", não foi, pois, dela que resultou.

O preceito tem paralelo no art. 10.º, n.º 2, da Lei de Defesa do Consumidor, que estabelece: "A sentença proferida em acção inibitória pode ser acompanhada de sanção pecuniária compulsória, prevista no artigo 829.º-A do Código Civil, sem prejuízo da indemnização a que houver lugar". E o Anteprojecto do Código do Consumidor dispõe, no seu art. 569.º, que, "na sentença que julgue procedente o pedido, o tribunal pode fixar, oficiosamente ou a solicitação do autor, a sanção pecuniária compulsória adequada a assegurar o acatamento da proibição imposta, aplicando-se o artigo 829.º-A do Código Civil com as adaptações necessárias".

Sobre esta norma[1815], diz Almeida Costa[1816] que "teria sido, porventura, preferível idêntica [à da Lei de Defesa do Consumidor] remissão para o art. 829.º-A do Cód. Civ., embora se desse ao tribunal o poder de fixar oficiosamente a sanção pecuniária compulsória adequada a assegurar o acatamento da proibição imposta", acrescentando que "não falta, aliás, quem considere que esse art. 33.º do Dec-Lei n.º 446/85 se encontra revogado pelos arts. 10.º, n.º 2, e 11.º, n.º 4, da Lei de Defesa do Consumidor", fazendo alusão à posição de Calvão da

[1815] Apesar de o autor se referir à anterior, é esta que comenta, como resulta do texto.
[1816] *Direito das Obrigações*, cit., p. 274, nota 4.

Silva[1817] – da qual discorda –, em que este último autor sustenta que nesta sede não está prevista uma sanção pecuniária compulsória, mas sim "uma verdadeira *multa, sanção pecuniária repressiva* que tem por fim, marcadamente e *principaliter*, reprimir o comportamento ilícito tido no passado – se bem que, indirectamente, como toda a ameaça de sanção, tenda também a prevenir a renovação ou a prática de outros (ilícitos) no futuro". Calvão da Silva acrescenta adiante: "[...] *o art. 33.º do Decreto-Lei n.º 446/85 deve ter-se por revogado pelos arts. 10.º, n.º 2, e 11.º, n.º 4, da Lei n.º* 24/96 – a lei posterior derroga a lei anterior". Neste excerto, é – julgo – incontroverso não ter o autor razão, pois se está perante um texto legal cuja última redacção nominal é de 2001[1818]; e nem é desculpável pela anterioridade do texto opinativo citado, que é de 2008. Creio que também não tem razão Calvão da Silva quanto à qualificação da sanção pecuniária compulsória, mas, dadas as alterações do texto legal e a forma por que foram realizadas e a que se deixou referência, essa é questão cuja apreciação creio não caber neste momento ou local.

Justificam-na assim Almeida Costa e Menezes Cordeiro[1819]: a proibição decidida judicialmente em acção inibitória "é, na prática, um tanto insuficiente para tutela da posição dos aderentes. Dificuldades de conhecimento, ou mesmo a insistência, dos que se prevalecem de cláusulas contratuais gerais, em aceitar a contratação, apenas, na base das cláusulas proibidas, podem conduzir à manutenção efectiva de esquemas negociais iníquos. [...] Existe um paralelismo manifesto com as obrigações infungíveis previstas no art. 829.º-A do Código Civil. Em ambos os casos, só é possível uma coacção indirecta, afirmando-se plenamente o princípio *nemo ad faciendum praecise cogi potest*. Acolhe-se a tendência de reforçar o cumprimento dos deveres resultantes de imposições ou proibições com a utilização de sanções pecuniárias compulsórias". E acrescentam[1820]: "Porém, verificam-se especialidades. Como a aplicação da providência pode vir a encontrar-se dependente da resposta prévia à questão de saber se a cláusula usada ou recomendada é ou não substancialmente idêntica à que se encontra especificada na sentença [...], o legislador formula a exigência de que o decretamento da sanção seja precedido do contraditório do infractor. [...] Basta o chamado «contraditório virtual», isto é, torna-se suficiente que o interessado haja sido posto em

[1817] Cit., pp. 140-141.
[1818] E a real de 1999.
[1819] Cit., p. 64.
[1820] Pp. 64-65.

condições que lhe permitam o exercício do contraditório; se, apesar disso, não chega a ter qualquer intervenção, tal não afectará a regularidade da aplicação da medida". E, quanto ao montante, dizem[1821]: "A lei limitou-se [...] a fixar um valor máximo. Dado o fim que se visa, o julgador poderá, na fixação do montante concreto da sanção, ir além do quantitativo proposto no requerimento do interessado [...]. Seria despropositado fazer intervir aqui o limite resultante da observância do princípio do pedido [...], pois, nesta fase, o que está em causa é o problema da própria efectividade prática da decisão judicial já proferida".

Como se vê, entendem os autores – compreensivelmente – que a imposição de prévia audição do infractor tem como *ratio* a condenação na abstenção da utilização de cláusulas substancialmente equivalentes às proibidas. Mesmo que se entenda – como parece preferível – que tal efeito continua a verificar-se, é claro que esta norma pressupõe o n.º 1 do art. 32.º. O já referido acórdão do STJ de 21 de Outubro de 2008 (Alves Velho) entendeu que "a sanção pecuniária compulsória destina-se a forçar o demandado resistente a abster-se de um comportamento que lhe está proibido. Não se tratando de uma medida executiva, não se está a coagir o condenado a cumprir uma obrigação, executando-a, mas a constrangê-lo a realizar o cumprimento devido, impondo-lhe o cumprimento de uma nova obrigação, agora pecuniária, subsidiária da inicial e principal de prestação de facto". E acrescenta: "[...] afigura-se-nos não ser necessário grande esforço interpretativo para que, lançando mão dos elementos literal, lógico e sistemático – art. 9º C. Civil –, em sede de mera interpretação declarativa, isto é, sem alargamento da letra da lei (interpretação extensiva) ou recurso à analogia, se terem como abrangidas pelo sentido e alcance da previsão do art. 33º-1 as cláusulas que se equiparem substancialmente às definitivamente proibidas na decisão proferida na acção inibitória. Com efeito, este n.º 1 do art. 33º, inserido na regulação do regime da acção inibitória e respectiva decisão quanto à proibição de cláusulas contratuais gerais, nomeadamente quanto à sua concretização (art. 30º-1), prevê a aplicação da sanção pecuniária compulsória ao demandado que viole a obrigação de se abster de utilizar as cláusulas «que foram objecto de proibição definitiva»."

O acórdão proferido em recurso ampliado de revista do Supremo Tribunal de Justiça de 19 de Março de 2002 (pr n.º 00S3720, Azambuja Fonseca[1822])

[1821] P. 65.
[1822] *In www.dgsi.pt.*

entendeu que o falecimento do réu numa acção em que se pedia a condenação em sanção pecuniária compulsória determinou a a inutilidade superveniente da lide[1823], dada a sua função preventiva, "visando compelir o obrigado ao cumprimento, sendo por isso a sua função a de prevenir, no futuro, o incumprimento violador da ordem jurídica. Este meio de constrangimento judicial assume a natureza de medida coerciva, uma vez que constitui uma forma de pressão (psicológica) sobre a vontade do devedor, intimidando-o, sob a ameaça de condenação pecuniária, a realizar a prestação a que o mesmo se acha obrigado. [...] Encontrando-se desta forma legalmente caracterizada a função da figura em causa parece não ser possível ultrapassar a sua natureza de condenatória e, nessa medida a mesma só poderia produzir efeitos na esfera do devedor após decretada. Aliás todo o regime legal da sanção aponta indubitavelmente para a sua eficácia ex nunc.". E conclui "Nestes termos, produzindo a sanção pecuniária compulsória apenas efeitos para futuro e uma vez que só pode ser imposta e só é devida se o cumprimento a que constrange ainda for possível, atendendo a que na situação sub judice a mesma não foi decretada durante o período temporal em que era possível o cumprimento da prestação de facto (ou seja, até ao falecimento de AA), carece de qualquer efeito útil a presente oposição dado que, com a morte da exequente, a acção executiva ficou sem objecto". Se se compreende o raciocínio – que, aliás, não é exactamente este –, dada a natureza pessoal e infungível da obrigação de facto para que o instituto é destinado no art. 829.º-A do Código Civil, não é líquido, no caso em apreço, o sentido da decisão. Tem ela interesse neste domínio, pois, se se extinguir a entidade que utilizava as cláusulas contratuais gerais proibidas, coloca-se também a questão da permanência, ou não, da possibilidade de condenação em sanção pecuniária compulsória. Julgo que a questão não deve ter resposta única: se aquela empresa se extinguiu, é mister verificar se não foi sucedida por outra que continue a operar com as mesmas cláusulas. Se o foi, a sanção poderá, a meu ver, ser aplicada a esta, se tiver havido transmissão de direitos e obrigações da extinta para esta, já porque nessa sucessão vai compreendida a da proibição decretada, já porque o risco de infracção persiste. Verifique-se que ele não se concretiza, e a aplicação da sanção cessa, como cessaria para o primeiro obrigado (e condenado). Pelo que respeita

[1823] A questão jurídica essencial era a de saber se a condenação na sanção pecuniária compulsória podia "ser pedida e aplicada no âmbito da execução, sendo certo que a mesma não consta[va] do título executivo que lhe est[...][ava] subjacente", tendo a decisão sido no sentido de que a mesma teria de ser pedida na acção de condenação.

à questão de saber se a condenação na sanção pode ser pedida e decrretada em sede de acção executiva, não se vê na argumentação expendida nada que a isso obste. Pelo contrário: só depois da condenação é possível saber se o réu acatou a decisão ou a infringiu, só então havendo dados para fundamentar este pedido.

Artigo 34.º – Comunicação das decisões judiciais para efeito de registo

Os tribunais devem remeter, no prazo de 30 dias, ao serviço previsto no artigo seguinte, cópia das decisões transitadas em julgado que, por aplicação dos princípios e das normas constantes do presente diploma, tenham proibido o uso ou a recomendação de cláusulas contratuais gerais ou declarem a nulidade de cláusulas inseridas em contratos singulares.

Esta disposição é parcialmente semelhante à do art. 11.º, n.º 3, da Lei de Defesa do Consumidor[1824]. É o seguinte o teor daquele n.º 3: "Transitada em julgado, a decisão condenatória é publicitada a expensas do infractor, nos termos fixados pelo juiz, e é registada em serviço a designar nos termos da legislação regulamentar da presente lei". Quanto ao registo, a diversidade reside, no essencial, em que o que é previsto neste Decreto-Lei tem por objecto directo as cláusulas proibidas e não as decisões que as proibiram.

Saliente-se que o preceito determina o registo tanto das cláusulas cujo uso é proibido em acção inibitória quanto o daquelas que tenham sido julgadas nulas em acções que tenham tido por objecto a apreciação de cláusulas singulares, ou, dito por outras palavras, tanto daquelas cuja proibição tenha resultado de sentença em acção inibitória quanto das que tenham sido judicialmente proibidas em sede de fiscalização concreta.

Se bem que não se ponha em causa o cumprimento da disposição por parte dos tribunais, teria sido avisado permitir aos autores na acção o envio das decisões para registo, a fim de obviar a omissão daquele pelo tribunal.

A ideia de registar as cláusulas contratuais gerais é já antiga, tendo sido proposta, segundo Eike von Hippel[1825], por Peter Ulmer "num relatório apresentado no Dia Alemão dos Juristas", publicado em 1974: tratava-se, nesta proposta

[1824] Cujo n.º 4 ressalva a aplicabilidade dos arts. 31.º e 32.º deste diploma.
[1825] Cit., p. 24, nota (63).

de um registo para que pudessem ser fiscalizadas pelos serviços competentes. Como se refere na anotação ao artigo seguinte, o propósito da criação de um serviço dessa natureza foi ponderado aquando da publicação deste Dec.-Lei n.º 446/85, se bem que só tenha vindo a ser efectivamente criado em 1995, quando da primeira alteração do diploma.

O art. 2.º, n.º 1-*b*), da Directiva n.º 98/27/CE dispõe que, "sempre que tal se justifique, sejam determinadas medidas como por exemplo a publicação integral ou parcial da decisão, na forma considerada adequada, e/ou a publicação de uma declaração rectificativa tendo em vista eliminar os efeitos persistentes da infracção", mas não veio deste normativo a inspiração do artigo agora em análise[1826].

O art. 580.º do Anteprojecto do Código do Consumidor determina que a comunicação, feita nos mesmos termos e prazo aqui previstos, seja dirigida ao Instituto do Consumidor que "deve facilitar o conhecimento das cláusulas que estejam nas condições referidas no número anterior, cabendo-lhe organizar e manter actualizado o registo das mesmas".

CAPÍTULO VII – Disposições finais e transitórias

Artigo 35.º – Serviço de registo

1. Mediante portaria do Ministério da Justiça, a publicar dentro de seis meses subsequentes à entrada em vigor do presente diploma, será designado o serviço que fica incumbido de organizar e manter actualizado o registo das cláusulas contratuais gerais abusivas que lhe sejam comunicadas, nos termos do artigo anterior.

2. O serviço referido no número anterior deve criar condições que facilitem o conhecimento das cláusulas contratuais gerais consideradas abusivas por decisão judicial e prestar os esclarecimentos que lhe sejam solicitados dentro do âmbito das respectivas atribuições.

[1826] Na Bulgária, foi publicada a Lei relativa à protecção dos consumidores, por representantes da administração, por juristas "qualificados em matéria de direito ou de técnica dos contratos", por representantes das associações de defesa dos consumidores e das associações profissionais, sendo a sua competência a de "recomendar" ao ministro – que também pode[ia] tomar oficiosamente a decisão – que desse publicidade "às recomendações de supressão ou de alteração das cláusulas que tenham carácter abusivo".

Desde a publicação do Dec.-Lei n.º 446/85 se ponderara a criação de um serviço de registo das cláusulas contratuais gerais proibidas. No preâmbulo do diploma, dizia-se que ele se destinaria "a assegurar a publicidade das que forem elaboradas, alteradas ou proibidas por decisão transitada em julgado".

O registo das cláusulas contratuais gerais consideradas judicialmente nulas foi cometido pela Portaria n.º 1093/95, de 6 de Setembro, ao Gabinete de Direito Europeu do Ministério da Justiça, organismo cuja designação foi alterada em 2000 para Gabinete para as Relações Internacionais, Europeias e de Cooperação, tendo este organismo sido abolido em 2006, e criada, para assegurar as atribuições da sua competência, a Direcção-Geral da Política da Justiça pelo Dec.-Lei n.º 123/2001, de 29 de Dezembro[1827].

Se bem que a letra deste preceito e a do anterior sejam claras no sentido de que os tribunais têm de enviar ao serviço de registo a "cópia das decisões transitadas em julgado que [...] tenham proibido o uso ou a recomendação de cláusulas contratuais gerais ou declarem a nulidade de cláusulas inseridas em contratos singulares", o objecto de registo são as cláusulas e não as decisões judiciais. Ao serviço de registo caberá, pois, a tarefa de, das decisões, extrair a(s) cláusula(s) cuja utilização fora interditada. Já não se mantém pertinente a observação que Assunção Cristas[1828] fazia de que "não é isto que existe, de momento, entre nós. O registo existente limita-se a tornar disponível um resumo das decisões judiciais e tem de ser o próprio utilizador a trabalhar a informação para retirar conclusões [...]". Actualmente, o registo está organizado de forma a permitir, com facilidade, o conhecimento das cláusulas.

Abster-me-ei, por razões que se me afiguram justificativas num texto com o propósito deste, de analisar o entendimento que aquela autora expõe quanto aos destinatários típicos deste registo[1829], pois a ideia de que integram essa categoria, designada por "público-alvo do registo", "os magistrados quando procuram conhecer decisões anteriores (particularmente dos tribunais superiores) no domínio relevante para um caso que tenham para decidir" implicaria uma discussão do papel da jurisprudência na ordem jurídica portuguesa que nestas anotações não cabe.

[1827] Alterado mais recentemente pela Lei n.º 89/2017, de 21 de Agosto.

[1828] "Registo Nacional de Cláusulas Abusivas", *in Revista Portuguesa de Direito do Consumo*, n.º 54, Junho de 2008, p. 113.

[1829] *Ibidem*, pp. 114-115.

Há muito que urgia um serviço com as funções de um serviço de registo das cláusulas, pois era esperançosamente aguardado. Para dar apenas um exemplo, cita-se Almeno de Sá[1830], que escreve sobre o tema: "a importância prática desta inovação [...] é manifesta. Trata-se de um instrumento destinado a assegurar um conhecimento fidedigno e acessível das cláusulas proibidas, sendo que a publicidade assim conseguida contribuirá decisivamente para a erradicação, no interior do mundo dos negócios, de condições gerais iníquas ou desrazoáveis. Não só as entidades com legitimidade para instaurar a acção inibitória, como os particulares, como ainda a generalidade dos agentes jurídicos terão ao seu dispor uma forma fácil de conhecer as cláusulas que os tribunais vêm declarando como contrárias à lei. Por outro lado, é de crer que as próprias empresas, para evitar os incómodos de uma acção inibitória ou a publicidade negativa que dela possa resultar, tendam a adaptar as suas condições gerais, passando a analisar e a ter em conta os termos das diversas proibições que vão sendo decretadas pelas instâncias julgadoras. Se aliarmos esta institucionalização do registo de cláusulas proibidas à *publicitação* da sentença condenatória, nos termos fixados pelo tribunal, pode dizer-se que se cria uma espécie de «efeito de precedente», que vai conferir, de facto, a cada uma das decisões uma força irradiante sobre a globalidade do fenómeno das condições gerais de contrato – não só sobre a fiscalização, em si mesma, das cláusulas, mas também sobre a própria conformação futura das condições que circularão no mercado, independentemente de qualquer «passagem» por um concreto processo judicial. [...] face ao receio da publicidade negativa que sempre resultará da publicação de uma sentença condenatória, as empresas tenderão, em regra, a corrigir ou a ajustar as suas condições gerais, tendo em conta as decisões entretanto proferidas contra outras empresas, eventualmente já publicadas e remetidas ao competente serviço de registo [...]".

Martin Ebers[1831] diz que, além de Portugal, a Polónia e a Espanha instituíram um serviço de registo das cláusulas judicialmente consideradas abusivas.

[1830] Cit., pp. 118 a 120.
[1831] Cit., pp. 389, 416 e 421.

Artigo 36.º – Aplicação no tempo

O presente diploma aplica-se também às cláusulas contratuais gerais existentes à data da sua entrada em vigor, exceptuando-se, todavia, os contratos singulares já celebrados com base nelas.

É esta uma norma de aplicação da lei no tempo, cujo conteúdo poderia não suscitar dúvidas e de cuja necessidade poderia por isso duvidar-se. O mesmo é dizer que não é linear que o seu conteúdo represente alguma especialidade relativamente ao regime geral do art. 12.º do Código Civil. Porém, ainda que assim não aconteça, como creio, tem a vantagem de esclarecer as consequências da aplicação daquele regime neste domínio.

E, de facto, este texto legal, na sua singeleza, não é forçosamente conforme com as regras daquele art. 12.º. Vejamos: o "contrato singular", de acordo com o regime geral, tem os seus requisitos de validade substancial ou formal regidos pela lei vigente ao tempo da sua celebração; mas tal não compreende, por exemplo, as regras interpretativas que se lhe aplicam, a que se refere ao ónus da prova do cumprimento da obrigação pré-contratual de informação relativa ao conteúdo do contrato, a da prevalência de cláusulas especificamente acordadas sobre as constantes do formulário a que foi dada a adesão, para me ficar apenas por alguns exemplos. As dúvidas podem colocar-se, pois. E, se se tratava de as evitar, melhor teria sido a omissão desta disposição.

Por outro lado, como observa Gustavo Tepedino[1832], está longe de ser inquestionável a orientação adoptada: as imposições e proibições deste diploma "exprimem um juízo de reprovação em face de certo comportamento ou atividade, revelam a incompatibilidade deste mesmo comportamento ou atividade com a ordem pública atual, a reclamar, com urgência, sejam tais práticas efetivamente banidas do convívio social". De onde retira o autor que "é imperioso interpretar restritivamente a noção de direito adquirido de modo a não abranger os efeitos futuros de negócios jurídicos que, posto que praticados legalmente no passado, são hostilizados pela lei nova. [...] Cuidando-se, entretanto, de relações de trato sucessivo, pretender fazer prevalecer por anos a fio, projetada para o futuro, a produção de efeitos e a incorporação de novos efeitos no património individual, por força de comportamento ou atividade que a sociedade considera nocivo ao convívio social, parece-me excessivo. Mais que excessivo, parece-me deliberada

[1832] "As Relações de Consumo...", cit., pp. 248-249.

subversão da vontade constitucional. [...] Parece-me justa a antiga lição de hermenêutica segundo a qual a interpretação não pode levar ao absurdo. A garantia do direito adquirido pretende trazer estabilidade ao sistema, não podendo ser tolerada a interpretação que, a pretexto de prestigiar tais garantias constitucionais, engessa o ordenamento, veda as reformas legislativas, impede o mecanismo democrático de transformação pelo processo legislativo. Tenho para mim que, nos contratos de trato sucessivo, o direito adquirido é aquele relativo aos efeitos já produzidos e incorporados ao património do contratante no momento em que entra em vigor a nova lei, devendo prevalecer sob a incidência da lei antiga apenas os efeitos da prestação e da contraprestação correspondentes ao módulo temporal (caracterizador da periodicidade do negócio) em curso. À consecução da prestação periódica parece ter direito adquirido o titular da correspondente contraprestação. Não posso concordar, portanto, com a jurisprudência que se recusa a aplicar o Código do Consumidor em relações continuativas, ao argumento de que haveria direito adquirido do contratante ao regulamento contratual estabelecido pela lei antiga.".

Deste preceito diz Almeida Costa[1833] que a disposição estabelece, "para além das regras transitórias do art. 12.º do Cód. Civ., uma norma especial que exceptua os contratos singulares anteriormente celebrados com base nas cláusulas contratuais gerais já existentes e abrangidas pela nova disciplina". Almeida Costa e Menezes Cordeiro[1834] escrevem: "[...] enquanto dispõe sobre cláusulas contratuais gerais – isto é, sobre os seus requisitos de validade substancial e formal para que, em concreto, produzam efeitos de direito –, a nova lei aplicar-se-á, nos termos do n.º 2 do [...] artigo 12.º do Código Civil, aos contratos já celebrados à data do início da sua vigência. Introduziu-se, porém, uma regra transitória própria. Ponderou o legislador que a nova disciplina se destina ao tráfico negocial de massas, uma zona económica e socialmente melindrosa, onde as expectativas e as previsões devem ser acauteladas. Parece justificar-se, portanto, a solução resultante do artigo analisado: o regime agora estabelecido aplica-se às cláusulas contratuais gerais já existentes aquando da sua entrada em vigor, mas ficam ressalvados todos os contratos singulares celebrados com base nelas, os quais se regem, consequentemente, pela lei antiga".

[1833] *Direito das Obrigações*, cit., p. 275.

[1834] Cit., pp. 68-69.

Estas interpretações justificam plenamente as críticas de G. Tepedino que ficaram citadas. O teor da segunda parte do n.º 2 do art. 12.º, CC, poderia, no entanto, permitir a apreciação negativa de cláusulas que viessem entretanto a ser legalmente proibidas.

Em acórdão do STJ de 30 de Março de 1989 (processo n.º 76324, Meneres Pimentel[1835]), decidiu-se que "um contrato de seguro celebrado antes da entrada em vigor do Decreto-Lei n.º 446/85 não pode reger-se por este diploma, dado o que resulta da conjugação do seu artigo 36.º [correcção minha] e do n.º 2 do artigo 12.º do Código Civil", o que, face a esta norma, embora não sendo inevitável, se admite.

Em conclusão: se o objectivo foi esclarecer, creio que não foi conseguido; se foi o de adoptar uma orientação de política legislativa nesta matéria, é de duvidar que tenha sido a mais acertada.

Artigo 37.º – Direito ressalvado

Ficam ressalvadas todas as disposições legais que, em concreto, se mostrem mais favoráveis ao aderente que subscreva ou aceite propostas que contenham cláusulas não negociadas individualmente.

Esta norma visa evitar que o aderente de um contrato seja prejudicado pelo presente diploma quando, num outro, se encontrem disposições que lhe atribuam maior protecção ou, em geral, prevejam regime mais favorável para ele.

Almeida Costa e Menezes Cordeiro[1836] chamam a atenção para que a disposição "salienta[...] a prevalência dos interesses dos aderentes [...]", excepcionando os preceitos "que, em concreto, se lhes mostrem mais favoráveis". E acrescentam: "deixa-se ainda expressa uma intenção inequívoca da maior importância, perante o regime do artigo 7.º, n.º 3, do Código Civil: a de, com a ressalva nela contida, revogar as normas especiais".

Há quem, como, por exemplo, Sousa Ribeiro[1837], interprete o artigo no sentido de ele ter por objecto as normas internas do Dec.-Lei n.º 446/85, isto é, como tendo o sentido de o aplicador do Direito dever preferir as disposições

1835 *In www.dgsi.pt.*
1836 Cit., p. 71.
1837 "Responsabilidade e garantia...", cit., p. 117.

deste diploma que sejam mais favoráveis ao aderente, quando no mesmo se encontrem outras, também (ou, diria eu, mais evidentemente) aplicáveis ao caso. Muito embora esta interpretação não seja propriamente canónica, já que tem o intérprete de presumir que a lei consagra as soluções mais acertadas e se exprime da forma mais adequada, considerando os defeitos do diploma, tomado no seu todo, creio ser teleologicamente aceitável.

BIBLIOGRAFIA CITADA

Abrantes, José João – A Excepção de Não Cumprimento do Contrato no Direito Civil Português, Coimbra, Almedina, 1986

Afonso, Isabel – "Cláusulas contratuais gerais", in Estudos de Direito do Consumidor, n.º 1, Coimbra, Almedina, 1999, pp. 465 e ss.

Alemanno, Alberto – "L'azione inibitoria nei contratti dei consumatori", in http://www.jus.unitn.it/cardozo/Obiter_dictum/allem1.htm

Almeida, Carlos Ferreira de – v. Ferreira de Almeida, Carlos

Almeida Costa, Mário Júlio de – Síntese do Regime Jurídico Vigente das Cláusulas Contratuais Gerais, 2.ª edição revista e actualizada, Lisboa, Universidade Católica Editora, 1999

— Direito das Obrigações, 7.ª edição, Coimbra, Almedina, 1998

— Direito das Obrigações, 11.ª edição revista e actualizada, Coimbra, Almedina, 2008

e António Menezes Cordeiro, – Cláusulas Contratuais Gerais, Anotação ao Decreto-Lei n.º 446/85, de 25 de Outubro, Coimbra, Almedina, 1986

Almeno de Sá – Cláusulas Contratuais Gerais e Directiva Sobre Cláusulas Abusivas, 2.ª edição revista e aumentada, Coimbra, Almedina, 2005

Alpa, Guido – "Il recepimento della direttiva comunitaria sulle clausole abusive nei contratti dei consumatori", in Estudos de Direito do Consumidor, n.º 1, Coimbra, Almedina, 1999, pp. 69 e ss.

— Tutela del consumatore e controlli sull'impresa, Bologna, Società editrice Il Mulino, 1977

— "La proposta di direttiva sulla azione inibitoria promossa dalle associazioni dei consumatori", in Giurisprudenza Italiana, Utet, 1996-IV, pp. 153 e ss.

ALVES, João Pires Cardoso – "O Instituto de Seguros de Portugal e a defesa dos consumidores (um caso concreto)", in Verbo Jurídico, 2006, in http://www.verbojuridico.com/doutrina/consumidor/isp.html

AMARAL CABRAL, Rita – v. GOMES DA SILVA, Manuel e Rita Amaral Cabral

AMATO, Paolo – "I contratti del consumatore e le clausole vessatorie", 16 Setembro 2002, XVII Corso di Perfezionamento per Giuristi d'Impresa, in http://www.tidona.com/pubblicazioni/settembre02_4.htm

ANTUNES VARELA, J. M. – "Direito do Consumo", in Estudos de Direito do Consumidor, n.º 1, Coimbra, Almedina, 1999, pp. 391 e ss.

— Das Obrigações em geral, Volume I, 10.ª edição revista e actualizada, Coimbra, Almedina, 2000

e PIRES DE LIMA – Código Civil anotado, Volume II, 3.ª edição, Coimbra, Coimbra Editora, 1986

ARMONE, Giovanni M. – "Inibitoria collettiva e clausole vessatorie: prime disavventure applicative dell'art. 1469 sexies c. c., in Il Foro Italiano, I, Bologna, Zanichelli Editore, 1997, pp. 290 e ss.

ASCENSÃO, José de Oliveira – "Cláusulas contratuais gerais, cláusulas abusivas e boa fé", in Revista da Ordem dos Advogados, Ano 60, II, Abril 2000, pp. 573 e ss.

— "Direito europeu do consumidor e direito brasileiro", in Revista Trimestral de Direito Civil, Ano 8, Volume 32, Editora Padma, Out/Dez 2007, pp. 179 e ss.

— "Derivados" in Direito dos Valores Mobiliários, Volume IV, Coimbra, Coimbra Editora, 2003, pp. 41 e ss.

— Cláusulas contratuais gerais, cláusulas abusivas e o novo Código Civil, in http://www.fd.ul.pt/Portals/0/Docs/Institutos/ICJ/LusCommune/AscensaoJoseOliveira6.pdf

AYNÈS, Laurent – V. MALAURIE, Philippe, Laurent Aynès e Philippe Stoffel-Munck

AZEREDO PERDIGÃO – "O princípio da autonomia da vontade e as cláusulas limitativas da responsabilidade", in Revista da Ordem dos Advogados, ano 10.º, n.ºs 3 e 4

AZEVEDO, Álvaro Villaça – Código Civil Comentado. Negócio jurídico. Atos jurídicos lícitos. Atos ilícitos, Volume II, São Paulo, Editora Atlas S.A., 2003

AZEVEDO, Antonio Junqueira de – v. JUNQUEIRA DE AZEVEDO, Antonio

AZEVEDO RAMALHO, Tiago – Código Civil Anotado, coord. Ana Prata, Vol. I, 2.ª edição, Almedina, Coimbra, 2019

Baptista Machado, João – "Parecer sobre Denúncia e Direito de Resolução de Contrato de Locação de Estabelecimento Comercial", in Obra Dispersa, Volume I, Braga, Scientia Iuridica, 1991, pp. 647 e ss.

— "Risco contratual e mora do credor", in Obra Dispersa, Volume I, Braga, Scientia Iuridica, 1991, pp. 257 e ss.

— "A cláusula do razoável", in Obra Dispersa, Volume I, Braga, Scientia Iuridica, 1991, pp. 457 e ss.

Barcellona, Pietro – "Condizioni generali di contratto e tutela del contraente debole", in Condizioni Generali di Contratti e Tutela del Contraente Debole, Atti della Tavola Rotonda tenuta presso l'Istituto di Diritto Privato dell'Università di Catania, 17-18 Maggio 1969, Milano, Giuffrè Editore, 1970, pp. 109 e ss.

Benjamin, António Herman V. – v. Lima Marques, Cláudia, António Herman V. Benjamim e Leonardo Roscoe Bessa

Berlioz, Georges – Le Contrat d'Adhésion, Paris, LGDJ, 1973

Bessa, Leonardo Roscoe – v. Lima Marques, Cláudia, António Herman V. Benjamim e Leonardo Roscoe Bessa

Bessone, Mario – "Condizioni generali di contratto, «potere normativo d'impresa» e problemi de *democratic control*", in Rivista Trimestrale di Diritto Pubblico, 1973, n.º 4, Milano, Giuffrè, pp. 2027 e ss.

— "Economia de mercato e controllo amministrativo degli standards dei contratti d'impresa", in Rivista delle Società, anno 24.º, Novembro/Dezembro 1979, facicolo 6.º, Milano, Giuffrè, pp. 1296 e ss.

Bianca, C. Massimo – "Condizioni generali di contratto usi negoziali e principio di effettività", in Condizioni Generali di Contratti e Tutela del Contraente Debole, Atti della Tavola Rotonda tenuta presso l'Istituto di Diritto Privato dell'Università di Catania, 17-18 Maggio 1969, Milano, Giuffrè Editore, 1970, pp. 31 e ss.

— Le autorità private, Napoli, Jovene, 1977

— Diritto Civile, III – Il Contratto, reedição actualizada, Milano, Giuffrè, 1987

Bin, Roberto – Relazione al Convegno Diritti dell'individuo e diritti del consumatore, Milano, 14 dicembre 2007, *in* http://www.estig.ipbeja.pt/~ac_direito/ConsumatoriRelazione.pdf

Black, Julia – v. Scott, Collin e Julia Black

Börger, Andreas – v. Schulte-Nölke, Hans Andreas Börger e Sandra Fischer

Borges, Carla Gonçalves – "Exclusão e Limitação da Responsabilidade em Contratos de Adesão", in Sub judice n.º 39, Abril-Junho, 2007, pp. 27 e ss.

BRICKS, Hélène – Les Clauses Abusives, Paris, LGDJ, 1982

BUONO Giorgio – EC Commission Presents a Proposal for a Directive on Consumer Rigts, in http://conflictoflaws.net/2008/ec-commission-presents-a-proposal-for-a-directive-on-consumer-rights/

CALAIS-AULOY, Jean – «Le devoir de se comporter de bonne foi dans les contrats de consommation», in General Clauses and Standards in European Contract Law, edited by Stefan Grundmann and Denis Mazeaud, Kluwer Law International, 2006, pp. 189 e ss.

CALVÃO DA SILVA, João – Compra e Venda de Coisas Defeituosas (Conformidade e segurança), 5.ª edição, Coimbra, Almedina, 2008

— Cumprimento e sanção pecuniária compulsória, 2.ª edição, Suplemento ao Boletim da Faculdade de Direito da Universidade de Coimbra, Coimbra, 1987

CARNEIRO DA FRADA, A. – Conflito de Clausulados e Consenso nos Contratos Internacionais, Coimbra, Coimbra Editora, 1999

CARVALHO, Jorge Morais – Manual de Direito do consumo, 7.ª edição, Coimbra, Almedina, 2020

CARVALHO FERNANDES, Luís A. – Teoria Geral do Direito Civil, Volume II, 2.ª edição, Lisboa, Universidade Católica, 1996

CATAUDELLA, Antonino – "Condizioni generali e procedimento di formazione del contratto", in Condizioni Generali di Contratti e Tutela del Contraente Debole, Atti della Tavola Rotonda tenuta presso l'Istituto di Diritto Privato dell'Università di Catania, 17-18 Maggio 1969, Milano, Giuffrè Editore, 1970, pp. 11 e ss.

— I Contratti, Parte Generale, Torino, Utet, 1990

CESÀRO, Ernesto (a cura di) – Le Condizioni Generali di Contratto nella Guirisprudenza, Volume I, Padova, Cedam, 1989

CORDEIRO, António Menezes – v. MENEZES CORDEIRO, António

CORREIA, José Manuel Sérvulo – v. SÉRVULO CORREIA, José Manuel

COSTA, Mariana Fontes da – "O dever pré-contratual de informação", in Revista da Faculdade de Direito da Universidade do Porto, n.º 4, 2007, pp. 367 e ss.

COSTA, Mário Júlio de Almeida – v. ALMEIDA COSTA, Mário Júlio

COUTO E SILVA, Clóvis do – Principes fondamentaux de la responsabilité civile en droit brésilien er comparé, Cours fait à la Faculté de Droit et de Sciences Politiques de St. Maur (Paris) XII), sem data

CRISTAS, Assunção – "Registo Nacional de Cláusulas Abusivas", in Revista Portuguesa de Direito do Consumo, n.º 54, Junho de 2008, Coimbra, pp. 110 e ss.

CUNHA DE SÁ, Fernando – Direito ao Cumprimento e Direito a Cumprir, reimpressão, Coimbra, Almedina, 1997

DANTAS, Sara Luísa Branco – "As cláusulas contratuais gerais", in Estudos de Direito do Consumidor, n.º 4, Coimbra, Almedina, 2002, pp. 273 e ss.

DEREUX, Georges – "De la nature juridique des «contrats d'ahésion»", in Revue Trimestrielle de Droit Civil, Ano IX (1910), pp. 503 e ss.

DI MAJO, Adolfo – "Condizioni generali di contratto e diritto dispositivo", in Condizioni Generali di Contratti e Tutela del Contraente Debole, Atti della Tavola Rotonda tenuta presso l'Istituto di Diritto Privato dell'Università di Catania, 17-18 Maggio 1969, Milano, Giuffrè Editore, 1970, pp. 65 e ss.

— "Il controllo giudiziale delle condizioni generali di contratto", in Rivista del Diritto Commerciale, Anno LXIII(1970), Parte prima, pp. 192 e ss.

DIAS, Marco – "O critério da boa fé no D. L. n.º 446/85", in Estudos de Direito do Consumidor, n.º 6, Coimbra, 2006, pp. 437 e ss.

DÍEZ-PICAZO, Luis e Antonio Gullón – Sistema de Derecho Civil, Volume II, sétima edição, Tecnos, sem data

DOSSETTO, Mario – «Condizioni generali di contratto», in Novissimo Digesto Italiano, Volume III, Torino, Utet, pp. 1109 e ss.

EBERS, Martin – "Directive relative aux clauses contractuelles abusives (93/13)", in Hans Schulte-Nölke, (coordenador-geral), Christian Twigg-Flesner e Martin Ebers, Compendium CE de Droit de la consommation, 2008, pp. 385 e ss, in http://ec.europa.eu/consumers/rights/docs/consumer_law_compendium_comparative_analysis_fr_final.pdf

FABRE-MAGNAN, Muriel – De l'Obligation d'Information dans les Contrats, Paris, PUF, 1992

FARIA, Jorge Leite Areias Ribeiro de – v. RIBEIRO DE FARIA, Jorge Leite Areias

FARRAJOTA, Joana – "A Exclusão da Excepção de Não Cumprimento no Regime das Cláusulas Contratuais Gerais", in Sub judice n.º 39, Abril/Junho, 2007, pp. 69 e ss.

FERNANDES, Luís A. Carvalho – v. CARVALHO FERNANDES, Luís A.

FERREIRA DE ALMEIDA, Carlos – Os Direitos dos Consumidores, Coimbra, Almedina, 1982

— "Negócio jurídico de consumo. Caracterização, fundamentação e regime jurídico", in Boletim do Ministério da Justiça n.º 347, Junho-1985, pp. 11 e ss.

— Contratos I, 4.ª edição, Coimbra, Almedina, 2008

— Texto e Enunciado na Teoria do Negocio Jurídico, III, Lisboa, 1990

Ferri, Giovanni B. – "Condizioni generali di contratto, diritto dispositivo e ordine pubblico", in Condizioni Generali di Contratti e Tutela del Contraente Debole, Atti della Tavola Rotonda tenuta presso l'Istituto di Diritto Privato dell'Università di Catania, 17-18 Maggio 1969, Milano, Giuffrè Editore, 1970, pp. 47 e ss

Ferrier, Didier – "Les dispositions d'ordre public visant à préserver la réflexion des contractants", in Recueil Dalloz Sirey, 24.° cahier, 18 de Junho de 1980, Paris, Jurisprudence Générale Dalloz, pp. 177 e ss.

Figueiredo, André – "O Poder de Alteração Unilateral nos Contratos Bancários Celebrados com Consumidores", in Sub judice n.° 39, Abril/Junho, 2007, pp. 9 e ss.

Fior, Mirella Cristina – "A Responsabilidade Civil Pré-Contratual", in Revista do Curso de Direito da Faculdade de Humanidades e Direito , Vol. 9, n.° 9, 2012, pp. 127 e ss.

Fischer, Sandra, Hans Schulte-Nölke e Andreas Börger – v. Schulte-Nölke, Hans Andreas Börger e Sandra Fischer

Freitas, José Lebre de – v. Lebre de Freitas, José

Gabrielli, Enrico – "Sulla nozione di consumatore", in http://www.judicium.it/news/ins_20_02_03/gabrielli_enrico_consumatore.HTM

Galvão Telles, Inocêncio – "Das Condições Gerais dos Contratos e da Directiva Europeia sobre as Cláusulas Abusivas", in O Direito, Ano 127.°, 1995, III-IV (Novembro-Dezembro), pp. 297 e ss.

— Manual dos Contratos em geral, 4.ª edição, Coimbra, Coimbra Editora, 2002

García-Amigo, M. – Condiciones generales de los contratos (Civiles y Mercantiles), Madrid, Editorial Revista de Derecho Privado, 1969

Garrigues, Joaquin – Contratos Bancarios, Madrid, edição de autor, 1958

Gaudenzi, Andrea Sirotti – "Azione inibitoria ai sensi dell'artigo 1469-Sexies. Tra disputa accademiche e problemi pratici", in http://notiziariogiuridico.it.inibitoria.html

Genovese, Anteo – "Condizioni generali di contratto", in Enciclopedia del Diritto, Vol. VIII, 1961, Giuffrè Editore, pp. 802 e ss.

— "Le condizioni generali di contratto reciproche onerose per l'aderente", in Rivista di Diritto Civile, Anno VII-1961, Parte seconda, Padova, Cedam, pp. 665 e ss.

— "Osservazioni «de iure condendo» circa le condizioni generali del contratto", in Studi in memoria di Tullio Ascarelli, Volume III, Milano, Giuffrè Editore, 1969, pp. 869 e ss.

GHESTIN, Jacques – "L'analyse économique de la clause générale", in General Clauses and Standards in European Contract Law, edited by Stefan Grundmann and Denis Mazeaud, Kluwer Law International, 2006, pp. 165 e ss.

— Traité de Droit Civil, La Formation du Contrat, 3.ª edição, Paris, LGDJ, 1993

GIULIANO e Lagarde – "Rapport concernant la convention sur la loi applicable aux obligations contractuelles", in Journal Officiel des Communautés Européens © n.° 282, 31.10.1980

GLIBOTA LANDRIEL, Verónica M. L. – "Condiciones generales de la contratación", Comunicaciones Científicas y Tecnológicas, Universidade Nacional del Nordeste, Departamento de Derecho, Argentina, 2003, in http://www.estig.ipbeja.pt/~ac_dirito/Glibota.pdf

GOMES DA SILVA, Manuel e Rita Amaral Cabral – "Responsabilidade pré-contratual", in O Direito, Ano 127.°, 1995, III-IV (Julho-Dezembro), pp. 439 e ss.

GONÇALVES, Maria Eduarda, Maria Manuel Leitão Marques e António Carlos dos Santos – v. SANTOS, António Carlos dos, Maria Eduarda Gonçalves e Maria Manuel Leitão Marques

GONZÁLEZ VAQUÉ, Luis – "El Derecho del Consumo en la Unión Europea: la problemática planteada por la *armonización mínima* en las normativas comunitarias relativas a la protección de los consumidores", in Diritto & Diritti – Rivista giuridica elettronica pubblicata su Internet, http://www.estig.ipbeja.pt/~ac_direito/armonmin.pdf

GORLA, Gino – "Condizioni generali di contratto e contratti conclusi mediante formulari nel diritto italiano", in Rivista del Diritto Commerciale, Ano LXI (1963), Parte prima, Casa Editrice Dr. Francesco Vallardi, pp. 108 e ss.

GRIMALT, Francisca Llodrà – v. LLODRÀ GRIMALT, Francisca

GROSSEN, J. M. – "Introduction Générale", in Les Conditions Génerales du Contrat, Actes du 8e Colloque de Droit Européen, texto policopiado, Strasbourg, 1979, pp. 9 e ss.

GRUNDMANN, Stefan – "General Standards and Principles, Clauses Générales and Generalklauseln in European Contract Law – A Survey", in General Clauses and Standards in European Contract Law, edited by Stefan Grundmann and Denis Mazeaud, Kluwer Law International, 2006, pp. 1 e ss.

GULLÓN, Antonio e Luis Díez-Picazo – v. DÍEZ-PICAZO, Luis e António Gullón

HELLNER, Jan – "Le contrôle extra-judiciaire des conditions générales", in Les Conditions Génerales du Contrat, Actes du 8e Colloque de Droit Européen, texto policopiado, Strasbourg, 1979, pp. 44 e ss.

HESSELINK, Martijn W. – "The Principles Of European Contract Law: Some Choices Made By The Lando Commission", in Global Jurist Frontiers, in http://www.bepress.com/gj/frontiers/vol1/iss1/art4/

JAUFFRET-SPINOSI, Camille – "Théorie et Pratique de la Clause Générale en Droit Français et dans les Autres Systèmes Juridiques Romanistes", in General Clauses and Standards in European Contract Law, edited by Stefan Grundmann and Denis Mazeaud, Kluwer Law International, 2006, pp. 23 e ss.

JENICHEN FILHO, Artur – "Os Direitos dos Consumidores e a Constituição da República Portuguesa", in ESMERC, n.º 19, 2006, pp. 142 e ss, in http://www.estig.ipbeja.pt/~ac_direito/Jenichen.pdf

JUNQUEIRA DE AZEVEDO, Antônio – "Inexistência de erro quanto ao motivo determinante. Inaplicabilidade do princípio da contagiação a contratos com conexidade fraca. Cláusula penal como limite às perdas e danos", in Novos Estudos e Pareceres de Direito Privado, São Paulo, Editora Saraiva, 2009, pp. 63 e ss.

— "Natureza jurídica da renúncia no quadro do negócio jurídico. A renúncia a direitos contratuais. Coligação por dependência entre a denúncia a direitos contratuais e o contrato fonte desses direitos", in Novos Estudos e Pareceres de Direito Privado, São Paulo, Editora Saraiva, 2009, pp. 91 e ss.

— "Responsabilidade Pré-contratual no Código de Defesa do Consumidor: Estudo Comparativo com a Responsabilidade Pré-contratual no Direito Comum", in Revista de Direito do Consumidor, 18, Abril/Junho-1996, pp. 23 e ss.

JUSEFOVICZ, Eliseu – Contratos: Protecção contra Cláusulas Abusivas, 1.ª edição, 4.ª tiragem, Curitiba, Juruá Editora, 2008

KLEIN, Prado – "Acção inibitória – Considerações gerais e legitimidade no âmbito da lei das cláusulas contratuais gerais", in Revista Portuguesa de Direito do Consumo n.º 54, Junho de 2008, pp. 41 e ss.

KLEINER Caroline, "Unfair arbitration clause before the ECJ", in Journal of Private International Law, in http://conflictoflaws.net/2009/unfair-arbitration-clause-before-the-ecj/

LAGARDE – v. GIULIANO e Lagarde

LANDO, Ole – Principles of European Contract Law, in http://www.kclc.or.jp/english/sympo/EUDialogue/lando.htm

LARENZ, Karl – Derecho de Obigaciones, tradução de Jaime Santos Briz, Madrid, Editorial Revista de Derecho Privado, 1958

LEBRE DE FREITAS, José – "Os meios processuais à disposição dos pleiteantes em sede de condições gerais dos contratos", in Boletim do Ministério da Justiça n.º 146, Maio, 1993, pp. 5 e ss.

— "A acção popular do direito português", in Sub judice, n.º 24, Janeiro/Março 2003, pp. 15 e ss.

LEITÃO, Luís Teles de Menezes – v. MENEZES LEITÃO, Luís Teles de

LEITÃO MARQUES, Maria Manuel, António Carlos dos Santos e Maria Eduarda Gonçalves – v. SANTOS, António Carlos dos, Maria Eduarda Gonçalves e Maria Manuel Leitão Marques

LIMA MARQUES, Cláudia, – "A Lei 8.078/90 e os Direitos Básicos do Consumidor", in Manual de Direito do Consumidor, São Paulo, Revista dos Tribunais, 2008, pp. 44 e ss.

e António Herman V. Benjamim e Leonardo Roscoe Bessa – "Introdução ao Direito do Consumidor", in Manual de Direito do Consumidor, São Paulo, Revista dos Tribunais, 2008, pp. 23 e ss

LIMA PINHEIRO, Luís – "Direito aplicável aos contratos com consumidores", in Estudos do Instituto do Direito de Consumo, Volume I, Coimbra, Almedina, pp. 93 e ss.

— "O Novo Regulamento Comunitário sobre a Lei aplicável às Obrigações Contratuais (Roma I) – Uma Introdução", in Revista da Ordem dos Advogados, Ano 68, Setembro/Dezembro 2008, pp. 575 e ss.

LIPARI, Nicolò – "Condizioni generali di contratto e principio d'effettività", in Condizioni Generali di Contratti e Tutela del Contraente Debole, Atti della Tavola Rotonda tenuta presso l'Istituto di Diritto Privato dell'Università di Catania, 17-18 Maggio 1969, Milano, Giuffrè Editore, 1970, pp. 37 e ss.

LLODRÀ GRIMALT, Francisca – El Contrato Celebrado bajo Condiciones Generales, Valencia, Editorial Tirant lo Blanch, 2002

LÔBO, Paulo Luiz Netto – v. Netto Lôbo, Paulo Luiz

LÓPEZ Y LÓPEZ, A. M. – "El Contrato", in Derecho de Obligaciones y Contratos, coordenado por Mª. R. Valpuesta Fernandez, 2.ª edição, Valencia, Editorial Tirant lo Blanch, 1995

MACHADO, João Baptista – v. BAPTISTA MACHADO, João

MACHADO, Miguel Nuno Pedrosa – "Sobre cláusulas contratuais gerais e conceito de risco", in Revista da Faculdade de Direito da Universidade de Lisboa, Vol. XXIX-1988, pp. 89 e ss.

MALAURIE, Philippe, Laurent Aynès e Philippe Stoffel-Munck – Les Obligations, 3ª. edição, Paris, Defrénois, sem data, mas 2007

Marques, Cláudia Lima – V. Lima Marques, Cláudia, António Herman V. Benjamim e Leonardo Roscoe Bessa

Marques dos Santos, António – "Arbitragem no direito do consumo", in Estudos do Instituto do Direito de Consumo, Volume I, Coimbra, Almedina, pp. 281 e ss.

Marques, Maria Manuel Leitão, António Carlos dos Santos e Maria Eduarda Gonçalves – v. Santos, António Carlos dos, Maria Eduarda Gonçalves e Maria Manuel Leitão Marques

Marques, Mário Reis – v. Reis Marques, Mário

Marsili, Mario – "Le condizioni generali di contratto", in Nuova Rivista de Diritto Commerciale, Diritto dell'Economia, Diritto Sociale, Volume quarto (1951), Padova, Cedam, pp. 124 e ss.

Martinez, Pedro Romano – v. Romano Martinez, Pedro

Martins, Ana M. Guerra – "O Direito Comunitário do Consumo", in Estudos do Instituto do Direito de Consumo, Volume I, Coimbra, Almedina, pp. 63 e ss.

Massimo Bianca – V. Bianca, C. Massimo

Mazzoni, Cosimo Marco – Contratti di massa e controlli nel diritto privato, Napoli, Jovene, 1975

Menezes Cordeiro, António – Tratado de Direito Civil Português I, Parte geral, Tomo I, 2.ª edição, Coimbra, Almedina, 2000

e Mário Júlio de Almeida Costa – v. Almeida Costa, Mário Júlio de e António Menezes Cordeiro

— "Da natureza civil do direito do consumo", in Estudos em Memória do Professor Doutor António Marques dos Santos, Volume I, Coimbra, Almedina, sem data, mas 2005, pp. 675 e ss.

Menezes Leitão, Adelaide – "As Reclamações no Direito do Consumo. Análise da Actual Legislação e Apreciação do Anteprojecto do Código do Consumidor", in Estudos em Honra do Professor Doutor José de Oliveira Ascenção, Volume III, pp. 1477 e ss.

Menezes Leitão, Luís Teles de – Direito das Obrigações, Volume I, 7ª. edição, Coimbra, Almedina, 2008

— Direito das Obrigações, Volume I, 13.ª edição, Coimbra, Almedina, 2019

Miranda, Yara – "As cláusulas contratuais abusivas em matéria de relações de consumo", in Direito Privado e Direito Comunitário. Alguns ensaios, Faculdade de Direito da Universidade Nova de Lisboa, Lisboa, Âncora Editora, 2007, pp. 643 e ss.

Moreau-Margeve, Irma – "Les conditions générales de vente", in Rennaissance du Phénomène Contractuel, Séminaire organisé à Liège, les 22, 23 et 24 Octobre, 1970, La Haye, sem indicação de editor, 1971, pp. 278 e ss.

Mota Pinto, Carlos Aberto da – "Contratos de adesão. Uma manifestação jurídica da moderna vida económica", in Revista de Direito e de Estudos Sociais, XX, 1973, pp. 199 e ss.

— Direito Civil, segundo as lições do Prof. Doutor Mota Pinto, em 1979-1980, ao curso complementar da Faculdade de Direito da Universidade de Coimbra, texto policopiado

Moura Ramos, Rui Manuel e Maria Ângela Bento Soares – Contratos Internacionais, Coimbra, Almedina, 1986

Nascimento, Luís Noronha – V. Noronha Nascimento, Luís

Netto Lôbo, Paulo Luiz – "A informação como direito fundamental do consumidor", in Revista de Direito do Consumidor, Volume 37, Jan/Março 2001, pp. 59 e ss.

Niglia, Leone – The Transformation of Contract in Europe, The Hague, London, New York, Kluwer Law International, 2003

Noronha, Fernando – Direito das Obrigações, Volume I, 2.ª edição revista e actualizada, São Paulo, Editora Saraiva, 2007

— Direito do Consumidor: Contratos de Consumo, Cláusulas Abusivas e Responsabilidade do Fornecedor, Florianópolis, 2002

— Direito das Obrigações, Volume I, 2.ª edição, São Paulo, Saraiva Educação S.A.

Noronha Nascimento, Luís – "As cláusulas contratuais gerais na jurisprudência do Supremo Tribunal de Justiça", in Estudos de Direito do Consumidor, n.º 5, Coimbra, Almedina, 2003, pp. 99 e ss.

Oliveira, Ana Rita Simões – v. Simões Oliveira, Ana Rita

Oliveira, Nuno Manuel Pinto – v. Pinto Oliveira, Nuno Manuel

Oliveira Ascensão, José de – V. Ascensão, José de Oliveira

Pais de Vasconcelos, Pedro – Teoria Geral do Direito Civil, 5.ª edição, Coimbra, Almedina, 2008

Paisant, Gilles – "O Código do Consumo e o Anteprojeto de Reforma do Direito das Obrigações. Que influência e que harmonização?", in Revista da Faculdade de Direito da Universidade Federal do Rio Grande do Sul, edição especial, Homenagem à Cooperação Académica UFRGS-França, Maio, 2008, pp. 70 e ss.

— "Ensaio sobre o Tempo nos Contratos de Consumo", in Revista da Faculdade de Direito da Universidade Federal do Rio Grande do Sul, edição especial, Homenagem à Cooperação Académica UFRGS-França, Maio, 2008, pp. 76 e ss.

PATRÍCIO PAÚL, Jorge – "Concorrência desleal e direito do consumidor", in Revista da Ordem dos Advogados, Ano 65, Junho 2005-I, pp. 89 e ss.

PAÚL, Jorge Patrício – v. PATRÍCIO PAÚL, Jorge

PÉCASTAING, Pierre – "La conclusion du contrat de consommation", in Le Contrat de Consommation. Contribution à l'étude de la condition juridique du consommateur, Paris, LGDJ, 1974, pp. 15 e ss.

PEREIRA, Maria de Lurdes – Conceito de Prestação e Destino da Contraprestação, Coimbra, Almedina, 2001

PEREIRA, Patrícia Guia – "Cláusulas Contratuais Abusivas e Distribuição do Risco", in Sub judice n.º 39, Abril/Junho 2007, pp. 91 e ss.

PERLINGIERI, Pietro – "Appunti sull'inquadramento della disciplina delle c.d. condizioni generali di contratto", in Condizioni Generali di Contratti e Tutela del Contraente Debole, Atti della Tavola Rotonda tenuta presso l'Istituto di Diritto Privato dell'Università di Catania, 17-18 Maggio 1969, Milano, Giuffrè Editore, 1970, pp. 21 e ss.

PINHEIRO, Luís Lima – v. LIMA PINHEIRO, Luís

PINTO, Carlos Alberto da Mota – v. MOTA PINTO, Carlos Aberto da

PINTO, Filipe Vaz – "Os Limites à Liberdade de Estipulação em Matéria de Denúncia", in Sub judice n.º 39, Abril/Junho 2007, pp. 45 e ss.

PINTO MONTEIRO, António – "O novo regime dos contratos de adesão", in Revista da Ordem dos Advogados, Ano 62, Janeiro, 2002, pp. 111 e ss.

— "Do Direito do Consumo ao Código do Consumidor", in Estudos de Direito do Consumidor, n.º 1, Coimbra, Almedina, 1999, pp. 203 e ss.

— Cláusula penal e indemnização, Coimbra, Almedina, 1990

— "Cláusulas limitativas do conteúdo contratual", in Estudos dedicados ao Prof. Doutor Mário Júlio de Almeida Costa, 1.ª edição, Lisboa, Universidade Católica Editora, 2002, pp. 281 e ss.

— "Harmonização legislativa e protecção do consumidor (A propósito do Código do Consumidor Português)", in Estudos em Honra do Professor Doutor José de Oliveira Ascensão, Volume II, Coimbra, Almedina, 2008, pp. 1447 e ss.

PINTO OLIVEIRA, Nuno Manuel – Cláusulas Acessórias ao Contrato. Cláusulas de Exclusão e de Limitação do Dever de Indemnizar e Cláusulas Penais, 3.ª edição, Coimbra, Almedina, 2008

PIRES DE LIMA e ANTUNES VARELA – Código Civil anotado, Volume II, 3.ª edição, Coimbra, Coimbra Editora, 1986

PIRIS, Cristian Ricardo – Comunicação, in Comunicaciones Científicas e Tecnológicas 2000, in http://www.estig.ipbeja.pt/~ac_direito/Piris2.pdf

— "Defensa del consumidor y análisis económico del derecho", in http://www.estig.ipbeja.pt/~ac_direito/Piris.pdf

POLO, Eduardo – Protección del Contratante Débil y Condiciones Generales de los Contratos, Madrid, Editorial Civitas, 1990

PRATA, Ana – A tutela constitucional da autonomia privada, Coimbra, Almedina, 1982

Notas sobre responsabilidade pré-contratual, 2.ª reimpressão, Coimbra, Almedina, 2005

— Das limitações à autonomia privada e da funcionalização do contrato de arrendamento, Relatório apresentado no curso de pós-graduação em Ciências Jurídicas na Faculdade de Direito de Lisboa, texto dactilografado, Lisboa, 1978

— Cláusulas de limitação e exclusão da responsabilidade contratual, reimpressão, Coimbra, Almedina, 2005

— Responsabilidade Pré-Contratual: Uma Perspectiva Comparada dos Direitos Brasileiro e Português, Coimbra, Almedina, 2018

PRAUSNITZ, Otto – "The standardisation of commercial contracts in english and continental law", in Harvard Law Review, Volume 52, N.º 4 (Feb., 1939, pp. 700 e ss.

PRINCÍPIOS relativos aos Contratos Comerciais Internacionais, versão provisória em língua portuguesa, UNIDROIT, Roma, 1995

RAMALHO, Tiago Azevedo – v. AZEVEDO RAMALHO, Tiago

RAMOS, Rui Manuel Moura – v. MOURA RAMOS, Rui Manuel e Maria Ângela Bento Soares

RAMPION, Max e Marie-Jeanne Godard – CONCLUSIONS DE L'AVOCAT GÉNÉRAL M. Paolo Mengozzi présentées le 29 mars 2007 Affaire C-429/05, in http://curia.europa.eu/

REIS MARQUES, Mário – Introdução ao Direito I, Programa, conteúdos e métodos de ensino, Coimbra, Almedina, 2009

REYNOLDS, F. M. B. – "La formulation des conditions générales et leur incorporation aux contrats", in Les Conditions Générales du Contrat, Actes du 8e Colloque de Droit Européen, texto policopiado, Strasbourg, 1979, pp. 13 e ss.

RIBEIRO DE FARIA, Jorge Leite Areias – Direito das Obrigações, Volume I, Coimbra, Almedina, sem data, mas 1990

RIBEIRO, Joaquim de Sousa – v. SOUSA RIBEIRO, Joaquim de

RODOTÀ, Stefano – "Condizioni generali di contratto, buona fede e poteri del guidice", in Condizioni Generali di Contratti e Tutela del Contraente Debole, Atti della Tavola Rotonda tenuta presso l'Istituto di Diritto Privato dell'Università di Catania, 17-18 Maggio 1969, Milano, Giuffrè Editore, 1970, pp. 79 e ss.

RODRIGUES, Sílvio – Direito Civil, Parte Geral das Obrigações, Volume 2, 30.ª edição actualizada, 9.ª tiragem, Editora Saraiva, 2008

ROMANO MARTINEZ, Pedro – Direito das Obrigações, Programa 2004/2005, Apontamentos, 2.ª edição, com a colaboração de Pedro Ferreira Múrias e Pedro Paes de Vasconcelos, Lisboa, Associação Académica da Faculdade de Direito de Lisboa, 2004

ROPPO, Enzo – Contratti Standard, Milano, Giuffrè, 1975

SÁ, Almeno de – V. ALMENO DE SÁ

SÁ, Fernando Cunha de – v. CUNHA DE SÁ, Fernando

SALANDRA, Vittorio – "I contratti di adesione", in Rivista del Diritto Commerciale, Volume XXVI (1928), Parte prima, pp. 507 e ss.

SALLEILLES, Raymond – De la déclaration de volonté. Contribution à l'étude de l'acte juridique dans le Code Civil allemand, reimpressão, Paris, 1929

SANTOS, António Carlos dos, Maria Eduarda Gonçalves e Maria Manuel Leitão Marques – Direito Económico, 2.ª edição, Coimbra, Almedina, 1995

SANTOS, António Marques dos – v. MARQUES DOS SANTOS, António

SCHLECHTRIEM, Peter – "The Function of General Clauses, Exemplified by Regarding Germanic Laws and Dutch Law", in General Clauses and Standards in European Contract Law, edited by Stefan Grundmann and Denis Mazeaud, Kluwer Law International, 2006, pp. 41 e ss.

SCHMIDTT, Cristiano Heineck – Cláusulas Abusivas nas Relações de Consumo, São Paulo, Editora Revista dos Tribunais, 2006

SCHREIBER, Anderson – "A tríplice transformação do adimplemento. Adimplemento substancial, inadimplemento antecipado e outras figuras", in Revista Trimestral de Direito Civil, Ano 8, Volume 32, Out/Dez 2007, pp. 3 e ss.

— Novos Paradigmas da Responsabilidade Civil. Da Erosão dos Filtros da Reparação à Diluição dos Danos, São Paulo, Editora Atlas S. A., 2007

— v. Tepedino, Gustavo e Anderson Schreiber

Schulte-Nölke, Hans (coordenador-geral), Christian Twigg-Flesner e Martin Ebers – Compendium CE de Droit de la consommation, 2008, in http://ec.europa.eu/consumers/rights/docs/consumer_law_compendium_comparative_analysis_fr_final.pdf

com Andreas Börger e Sandra Fischer – Directive sur les droits d'utilisation à temps parciel de biens immobiliers (94/47)", in Compendium CE de Droit de la consommation, pp. 488 e ss., in http://www.eu-consumer-law.org/consumerstudy_part2d_fr.pdf

Scialoja, Vittorio Simoncelli – "Il c. d. contratto per adesione e gli art. 1341 e 1342 cod. civile", in Il Foro Italiano, Volume LXXII, Anno 1949, Roma, Società editrice "Foro Italiano", pp. 33 e ss.

Scozzafava, Oberdan Tommaso – "La «natura» dei contratti standard: un problema di metodo", in Rivista Trimestrale di Diritto e Procedura Civile, Anno XXXIII, n.º 3, Setembro 1979, pp. 960 e ss.

Scognamiglio, Renato – Dei Contratti in generale, in Tratatto di Diritto Civile diretto da Grosso e Santoro-Passarelli, Milano, Utet, 1980

— "Le contrôle judiciaire des conditions genérales", in Les Conditions Générales du Contrat, Actes du 8e Colloque de Droit Européen, texto policopiado, Strasbourg, 1979, pp. 59 e ss.

Scott, Collin e Julia Black – Cranston's Consumers and the Law, 3.ª edição, London-Edinburgh-Dublin, Butterworths, 2000

Serra, Adriano Vaz – v. Vaz Serra, Adriano

Sérvulo Correia, José Manuel – Legalidade e autonomia contratual nos contratos administrativos, Reimpressão, Coimbra, Almedina, 2003

Silva, Clóvis do Couto e – V. Couto e Silva, Clóvis do

Silva, João Calvão da – v. Calvão da Silva, João

Silva, Manuel Gomes da – v. Gomes da Silva, Manuel e Rita Amaral Cabral

Simões Oliveira, Ana Rita – A contratação electónica: as cláusulas contratuais gerais (em especial, nas transacções via Internet) e outros desafios, in https://eg.uc.pt/bitstream/10316/42817/1/Ana%20Rita%20Oliveira.pdf

Soares, Maria Ângela Bento – v. Moura Ramos, Rui Manuel e Maria Ângela Bento Soares

Sousa, A. Carneiro da Frada de – v. Carneiro da Frada de Sousa, A.

Sousa Ribeiro, Joaquim de – "Responsabilidade e garantia em cláusulas contratuais gerais", in Direito dos Contratos. Estudos, Coimbra, Coimbra Editora, 2007, pp. 101 e ss.

— "O princípio da transparência no direito europeu dos contratos", in Direito dos Contratos. Estudos, Coimbra, Coimbra Editora, 2007, pp. 75 e ss.

— "O regime dos contratos de adesão: algumas questões decorrentes da transposição da directiva sobre as cláusulas abusivas", in Direito do Contratos. Estudos, Coimbra, Coimbra Editora, 2007, pp. 182 e ss.

— "A boa fé como norma de validade", in Direito dos Contratos. Estudos, Coimbra, Coimbra Editora, 2007, pp. 207 e ss.

— Cláusulas contratuais gerais e o paradigma do contrato, Separata do volume XXXV do Suplemento ao Boletim da Faculdade de Direito de Coimbra, Coimbra, 1990

Stiglitz, Ruben S. – "Contrato de consumo y clausulas abusivas", in Estudos de Direito do Consumidor, n.º 1 – Coimbra, Almedina, 1999, pp. 307 e ss.

Stoffel-Munck, Philippe – v. Malaurie, Philippe, Laurent Aynès e Philippe Stoffel-Munck

Tarzia, Giuseppe – "La tutela inibitoria contro le clausole vessatorie", in Rivista di Diritto Processuale, 1997, pp. 629 e ss.

Telles, Inocêncio Galvão – v. Galvão Telles, Inocêncio

Tepedino, Gustavo – "Direitos Humanos e Relações Jurídicas Privadas", in Temas de Direito Civil, 4.ª Edição Revista e Atualizada, Rio de Janeiro, Renovar, 2008, pp. 63 e ss.

— "As Relações de Consumo e a Nova Teoria Contratual", in Temas de Direito Civil, 4ª. Edição Revista e Atualizada, Rio de Janeiro, Renovar, 2008, pp. 229 e ss.

e Anderson Schreiber – Código Civil comentado, Direito das Obrigações, Volume IV (Coordenador Álvaro Villaça Azevedo), São Paulo, Editora Atlas, 2008

— "Os contratos de consumo no Brasil", in Temas de Direito Civil, Tomo II, Rio de Janeiro, Renovar, 2006, pp. 123 e ss.

— "Dez Anos de Protecção do Consumidor", in Temas de Direito Civil, Tomo II, Rio de Janeiro, Renovar, 2006, pp. 350 e ss.

— "Código de Defesa do Consumidor, Código Civil e complexidade do ordenamento", in Temas de Direito Civil, Tomo II, Rio de Janeiro, Renovar, 2006, pp. 405 e ss.

Trochu, Michel – "Les silences de l'adhésion", in Le Contrat de Consommation. Contribution à l'étude de la condition juridique du consommateur, Paris, LGDJ, 1974, pp. 21 e ss.

Twigg-Flesner, Christian e Martin Ebers – V. Ebers, Martin

Vaqué, Luis González – V. González Vaqué, Luis

Varela, J. M. Antunes – v. Antunes Varela, J. M.

Vasconcelos, Joana – "Sobre a repartição entre titular e emitente do risco de utilização abusiva do cartão de crédito no direito português", in Estudos em Homenagem ao Professor Doutor Inocêncio Galvão Telles, Volume II, Direito Bancário, Coimbra, Almedina, sem data, pp. 487 e ss.

Vasconcelos, Pedro Pais – v. Pais de Vasconcelos, Pedro

Vaz Pinto, Filipe – V. Pinto, Filipe Vaz

Vaz Serra, Adriano – "Anotação ao Acórdão do Supremo Tribunal de Justiça de 7 de Março de 1969", in Revista de Legislação e de Jurisprudência, Ano 103.°, n°s. 3418-3419-3420, Coimbra, 1, 10 e 20 de Setembro de 1970, pp. 222 e ss.

— "Fontes das Obrigações. O contrato e o negócio jurídico unilateral como fontes de obrigações", in Boletim do Ministério da Justiça n.° 77, Junho de 1958, pp. 162 e ss.

— "Culpa do devedor ou do agente", in Boletim do Ministério da Justiça n.° 68 – Julho – 1957, pp. 13 e ss.

Ventura, Raúl – "Convenção de arbitragem e cláusulas contratuais gerais", in Revista da Ordem dos Advogados, Ano 46, Abril 1986, pp. 6 e ss.

Von Hippel, Eike – "Defesa do consumidor", in Boletim do Ministério da Justiça n.° 273, Fevereiro 1978, pp. 5 e ss.

Von Marschal, W. Freiherr – "Contenu, portée et critères d'évaluation des conditions générales", in Les Conditions Générales du Contrat, Actes du 8e Colloque de Droit Européen, texto policopiado, Strasbourg, 1979, pp. 33 e ss.

Wider, Roberto – "O Direito dos contratos e a autonomia da vontade. A protecção especial dos consumidores", in Estudos de Direito do Consumidor, n.° 5, Coimbra, Almedina, 2003, pp. 323 e ss.

Whittaker, Simon – "Theory and Practice of 'General Clause' in English Law: General Normas and the Struturing of Judicial Discretion", in General Clauses and Standards in European Contract Law, edited by Stefan Grundmann and Denis Mazeaud, Kluwer Law International, 2006, pp. 57 e ss.

Will, Michael R. – "Le condizioni generali di contratto secondo la nuova guirisprudenza tedesca: la loro disciplina nei rapporti interni e internazionali", in Rivista del Diritto Commerciale, Anno LXXVII (1979), Parte prima, pp. 77 e ss.

ZOPPINI, Andrea – Il contratto asimmetrico tra parte generale, contratti di impresa e disciplina della concorrenza, in http://judicium.it/news/ins_05_03_08/zoppini%20nuovi%20saggi.pdf

JURISPRUDÊNCIA NACIONAL:

Acórdão do Supremo Tribunal de Justiça de 30 de Março de 1989 (processo n.º 76324), relator Meneres Pimentel, in *www.dgsi.pt;*

Acórdão do Tribunal Constitucional n.º 153/90, de 3 de Maio, relator Bravo Serra, in http://www.tribunalconstitucional.pt/tc/acordaos/;

Acórdão do Supremo Tribunal de Justiça de 5 de Julho de 1994, in Boletim do Ministério da Justiça n.º 493, pp. 517 e ss.

Acórdão do Supremo Tribunal de Justiça de 28 de Março de 1995, (processo n.º 086288), relator Miranda Gusmão, in *www.dgsi.pt;*

Acórdão do Supremo Tribunal de Justiça de 18 de Fevereiro de 1997 (processo n.º 96A757), relator Cardona Ferreira, in *www.dgsi.pt;*

Acórdão do Supremo Tribunal de Justiça de 15 de Abril de 1999 (processo n.º 99A736), relator Fonseca Ramos, in *www.dgsi.pt;*

Acórdão de 18 de Novembro de 1999 (processo n.º 99B869), relator Ferreira de Almeida, *in www.dgsi.pt;*

Acórdão do Supremo Tribunal de Justiça de 23 de Novembro de 1999 (processo n.º 99A796), relator Garcia Marques, in *www.dgsi.pt;*

Acórdão do Supremo Tribunal de Justiça de 14 de Fevereiro de 2002 (processo n.º 01B4301), relator Ferreira de Almeida, in *www.dgsi.pt;*

Acórdão do Supremo Tribunal de Justiça de 19 de Março de 2002 (processo n.º 02B449), relator Moitinho de Almeida, in *www.dgsi.pt;*

Acórdão uniformizador de jurisprudência do Supremo Tribunal de Justiça de 19 de Março de 2002 (processo n.º 00S3720), relator Azambuja Fonseca, in *www.dgsi.pt;*

Acórdão do Supremo Tribunal de Justiça de 23 de Abril de 2002 (processo n.º 01A3417), relator Alípio Calheiros, in *www.dgsi.pt;*

Acórdão do Supremo Tribunal de Justiça de 20 de Junho de 2002 (processo n.º 02B1814), relator Abel Freire, in *www.dgsi.pt;*

Acórdão do Supremo Tribunal de Justiça de 11 de Fevereiro de 2004 (processo n.º 04A3336), relator Lopes Pinto, in *www.dgsi.pt;*

Acórdão do Supremo Tribunal de Justiça de 11 de Fevereiro de 2004 (processo n.º 03S1708), relator Mário Pereira, in *www.dgsi.pt;*
Acórdão do Supremo Tribunal de Justiça de 19 de Fevereiro de 2004 (processo n.º 03B4155), relator Duarte Soares, in *www.dgsi.pt;*
Acórdão do Supremo Tribunal de Justiça de 28 de Outubro de 2004 (processo n.º 04B1464), relator Lucas Coelho, in *www.dgsi.pt;*
Acórdão do Supremo Tribunal de Justiça de 11 de Outubro de 2005 (processo n.º O4B1685), relator Lucas Coelho, in *www.dgsi.pt;*
Acórdão do Supremo Tribunal de Justiça de 11 de Outubro de 2005 (processo n.º 08B357), relator Mota Miranda, in *www.dgsi.pt;*
Acórdão do Supremo Tribunal de Justiça de 18 de Abril de 2006 (processo n.º 06A818), relator Sebastião Póvoas, in *www.dgsi.pt;*
Acórdão do Supremo Tribunal de Justiça de 19 de Setembro de 2006 (processo n.º 06A3973), relator João Camilo, in *www.dgsi.pt;*
Acórdão do Supremo Tribunal de Justiça de 24 de Outubro de 2006 (processo n.º 06A2978), relator João Camilo, in *www.dgsi.pt;*
Acórdão de Supremo Tribunal de Justiça de 14 de Dezembro de 2006 (processo n.º 06A3973), relator João Camilo, in *www.dgsi.pt;*
Acórdão do Supremo Tribunal de Justiça de 13 de Fevereiro de 2007 (processo n.º 06A4617), relator Silva Salazar, in *www.dgsi.pt;*
Acórdão do Supremo Tribunal de Justiça de 3 de Maio de 2007 (processo n.º 06B1650), relator Pires da Rosa, in *www.dgsi.pt;*
Acórdão do Supremo Tribunal de Justiça de 10 de Maio de 2007 (processo n.º 07B841), relator João Bernardo, in *www.dgsi.pt;*
Acórdão do Supremo Tribunal de Justiça de 17 de Maio de 2007 (processo n.º 07B1295), relator Oliveira Rocha, in *www.dgsi.pt;*
Acórdão do Supremo Tribunal de Justiça de 24 de Maio de 2007 (processo n.º 07A1337), relator Sebastião Póvoas, in *www.dgsi.pt;*
Acórdão do Supremo Tribunal de Justiça de 12 de Junho de 2007 (processo n.º 07A1701), relator João Camilo, in *www.dgsi.pt;*
Acórdão do Supremo Tribunal de Justiça de 13 de Setembro de 2007 (processo n.º 07B1857), relator Custódio Montes, in *www.dgsi.pt;*
Acórdão do Supremo Tribunal de Justiça de 30 de Outubro de 2007 (processo n.º 07A3048), relator Fonseca Ramos, in *www.dgsi.pt;*
Acórdão do Supremo Tribunal de Justiça de 29 de Janeiro de 2008 (processo n.º 07B4422), relator Santos Bernardino, in *www.dgsi.pt;*

Acórdão do Supremo Tribunal de Justiça de 13 de Março de 2008 (processo n.º 08A369), relator Sebastião Póvoas, in *www.dgsi.pt;*

Acórdão do Supremo Tribunal de Justiça de 15 de Maio de 2008 (processo n.º 08B357), relator Mota Miranda, in *www.dgsi.pt;*

Acórdão do Supremo Tribunal de Justiça de 27 de Maio de 2008 (processo n.º 08B278), relator Santos Bernardino, in *www.dgsi.pt;*

Acórdão do Supremo Tribunal de Justiça de 19 de Junho de 2008 (processo n.º 08B1457), relator Ferreira da Silva, in *www.dgsi.pt;*

Acórdão do Supremo Tribunal de Justiça de 10 de Julho de 2008 (processo n.º 08B1846), relator João Camilo, in *www.dgsi.pt;*

Acórdão do Acórdão do Supremo Tribunal de Justiça de 16 de Outubro de 2008 (processo n.º 08A343), relator Alves Velho, in *www.dgsi.pt;*

Acórdão do Supremo Tribunal de Justiça de 21 de Outubro de 2008 (processo n.º 08A2933), relator Alves Velho, in *www.dgsi.pt;*

Acórdão do Supremo Tribunal de Justiça de 23 de Outubro de 2008 (processo n.º 08B2977), relator Salvador da Costa, in *www.dgsi.pt;*

Acórdão do Supremo Tribunal de Justiça de 9 de Dezembro de 2008 (processo n.º 08A2924), relator Garcia Calejo, in *www.dgsi.pt;*

Acórdão do Supremo Tribunal de Justiça de 8 de Janeiro de 2009 (processo n.º 08B3722), relator João Bernardo, in *www.dgsi.pt;*

Acórdão do Supremo Tribunal de Justiça de 8 de Janeiro de 2009 (processo n.º 08B3903), relator Alberto Sobrinho, in *www.dgsi.pt;*

Acórdão do Supremo Tribunal de Justiça de 22 de Janeiro de 2009 (processo n.º 08B3301), relator Santos Bernardino, in *www.dgsi.pt;*

Acórdão do Supremo Tribunal de Justiça de 22 de Janeiro de 2009 (processo n.º 08B4049), relator Custódio Montes, in *www.dgsi.pt;*

Acórdão do Supremo Tribunal de Justiça de 27 de Janeiro de 2009 (processo n.º 08B3988), relator João Bernardo, in *www.dgsi.pt;*

Acórdão do Supremo Tribunal de Justiça de 12 de Fevereiro de 2009 (processo n.º 08B4052) relator João Bernardo, in *www.dgsi.pt;*

Acórdão do Supremo Tribunal de Justiça de 17 de Fevereiro de 2009 (processo n.º 09A141), relator Salazar Casanova, in *www.dgsi.pt;*

Acórdão do Supremo Tribunal de Justiça de 25 de Março de 2009 (processo n.º 08B0207), relatora Maria dos Prazeres Pizarro Beleza, in *www.dgsi.pt;*

Acórdão do Supremo Tribunal de Justiça de 28 de Abril de 2009, relator Fonseca Ramos, *in www.dgsi.pt;*

Acórdão do Supremo Tribunal de Justiça de 14 de Maio de 2009, (processo n.º 08A3944), relator Garcia Calejo, in *www.dgsi.pt*;
Acórdão do Supremo Tribunal de Justiça de 7 de Julho de 2009, relator Oliveira Rocha, in *www.dgsi.pt;*
Acórdão do Supremo Tribunal de Justiça de 1 de Agosto de 2009 (processo n.º 08B3722), relator João Bernardo, in *www.dgsi.pt;*
Acórdão do Supremo Tribunal de Justiça de 15 de Outubro de 2009 (processo n.º 29368/03.5TJLSB.S1), relator Alberto Sobrinho, in *www.dgsi.pt;*
Acórdão do Supremo Tribunal de Justiça de 29 de Outubro de 2009 (processo n.º 2157/06.8TVLSB.S1), relator Lopes do Rego, in *www.dgsi.pt;*
Acórdão do Supremo Tribunal de Justiça de 7 de Janeiro de 2010 (processo n.º 08B3798), relatora Maria dos Prazeres Pizarro Beleza, in *www.dgsi.pt;*
Acórdão do Supremo Tribunal de Justiça de 20 de Janeiro de 2010 (processo n.º 0362/05.0TMSNT.L1.S1), relator Salazar Casanova, in *www.dgsi.pt;*
Acórdão do Supremo Tribunal de Justiça de 20 de Janeiro de 2010 (processo n.º 2963/07.6TVLSB.L1.S1), relator Alves Velho, in *www.dgsi.pt;*
Acórdão do Supremo Tribunal de Justiça de 2 de Março de 2010 (processo n.º 29371/03.5TJLSB.S1), relator Urbano Dias, in *www.dgsi.pt;*
Acórdão do Supremo Tribunal de Justiça de 11 de Março de 2010 (processo n.º 1860/07.0TVLSB.S1), relator Santos Bernardino, in *www.dgsi.pt;*
Acórdão do Supremo Tribunal de Justiça de 11 de Março de 2010 (processo n.º 697/1999.S1), relatora Maria dos Prazeres Pizarro Beleza, in *www.dgsi.pt;*
Acórdão do Supremo Tribunal de Justiça de 8 de Abril de 2010 (processo n.º 3501/06.3TLSB.C1.S1.), relator Lopes do Rego, in *www.dgsi.pt;*
Acórdão do Supremo Tribunal de Justiça de 29 de Abril de 2010 (processo n.º 5477/8TVLSB.L1.S1.), relator Azevedo Ramos, in *www.dgsi.pt;*
Acórdão do Supremo Tribunal de Justiça de 1 de Junho de 2010 (processo n.º 600/05.2TCFUN.L1.S1), relator João Camilo, in *www.dgsi.pt;*
Acórdão do Supremo Tribunal de Justiça de 12 de Outubro de 2010 (processo n.º 133/2002.L1.S1), relator Alves Velho, in *www.dgsi.pt;*
Acórdão do Supremo Tribunal de Justiça de 17 de Fevereiro de 2011 (processo n.º 1458/056.7TBVFR-A.P.S1), relator Távora Víctor, in *www.dgsi.pt;*
Acórdão do Supremo Tribunal de Justiça de 24 de Março de 2011 (processo n.º 1582/07.1TBAMT-B.P1.S1), relator Granja da Fonseca, in *www.dgsi.pt;*
Acórdão do Supremo Tribunal de Justiça de 29 de Março de 2011 (processo n.º 313/07.0TBSJM.P1.S1), relator Alves Velho, in *www.dgsi.pt;*

Acórdão do Supremo Tribunal de Justiça de 12 de Maio de 2011 (processo n.º 1593.08.0TJLSB.LL.S1), relator Silva Gonçalves, in *www.dgsi.pt;*

Acórdão do Supremo Tribunal de Justiça de 31 de Maio de 2011 (processo n.º 854/10.2TJPRT.S1), relator Fonseca Ramos, in *www.dgsi.pt;*

Acórdão do Supremo Tribunal de Justiça de 13 de Outubro de 2011 (processo n.º 851/09.0TJLSB.L1.S1), relator Oliveira Vasconcelos, in *www.dgsi.pt;*

Acórdão do Supremo Tribunal de Justiça de 25 de Outubro de 2011 (processo n.º 1320/08.1YXLSB.L1.S1), relator Alves Velho, in *www.dgsi.pt;*

Acórdão do Supremo Tribunal de Justiça de 5 de Dezembro de 2011 (processo n.º 1593.08.0TJLSB.LL. S1), relator Silva Gonçalves, in *www.dgsi.pt;*

Acórdão do Supremo Tribunal de Justiça de 15 de Novembro de 2012 (processo n.º 246/10.3YRLSB.S1) relator Granja da Fonseca, in *www.dgsi.pt;*

Acórdão do Supremo Tribunal de Justiça 21 de Fevereiro de 2013 (processo n.º 2839/08.0YXLSB.L1.S1), relator João Bernardo, in *www.dgsi.pt;*

Acórdão do Supremo Tribunal de Justiça de 21 de Fevereiro de 2013 (processo n.º 267/10.6TBBCL.G1.S1.), relator Silva Gonçalves, in *www.dgsi.pt;*

Acórdão do Supremo Tribunal de Justiça de 8 de Maio de 2013 (processo n.º 813/09.8YXLSB.S), relator João Bernardo, in *www.dgsi.pt;*

Acórdão do Supremo Tribunal de Justiça de 25 de Junho de 2013 (processo n.º 24/10.0TBVNG.P1.S1), relator Lopes do Rego, in *www.dgsi.pt;*

Acórdão do Supremo Tribunal de Justiça de 14 de Novembro de 2013 (processo n.º 122/09.2TJLSB.L1.S1), relator João Trindade, in *www.dgsi.pt;*

Acórdão do Supremo Tribunal de Justiça de 2 de Dezembro de 2013 (processo n.º 306/10.0TCGMR.G1.S1), relatora Maria Clara Sottomayor, in *www.dgsi.pt;*

Acórdão do Supremo Tribunal de Justiça de 10 de Abril de 2014 (pr n.º 1246/10.9TJLSB.L1.S1), relator Granja da Fonseca, in *www.dgsi.pt;*

Acórdão do Supremo Tribunal de Justiça de 24 de Abril de 2014 (processo nº. 6659/09.6TVLSB.L1.S1), relator Granja da Fonseca, in *www.dgsi.pt;*

Acórdão do Supremo Tribunal de Justiça de 29 de Maio de 2014 (processo n.º 933/07.3TBILH.C1.S1), relator Távora Victor, in *www.dgsi.pt;*

Acórdão do Supremo Tribunal de Justiça de 9 de Julho de 2014 (processo n.º 841/10.0TVPRT.L1.S1), relator Moreira Alves, in *www.dgsi.pt;*

Acórdão do Supremo Tribunal de Justiça de 9 de Setembro de 2014 (processo n.º 679/10.5TJLSB.L1.S1), relator Gabriel Catarino, in *www.dgsi.pt;*

Acórdão do Supremo Tribunal de Justiça de 18 de Setembro de 2014 (processo n.º 2334/10.7TBGDM.P1.S1), relator Granja da Fonseca, in *www.dgsi.pt;*

Acórdão do Supremo Tribunal de Justiça de 26 de Setembro de 2014 (pr n.º 15/10.7TJLSB.L1.S1), relator Serra Baptista, in *www.dgsi.pt;*
Acórdão do Supremo Tribunal de Justiça de 16 de Outubro de 2014 (processo n.º 2476/10.9YXLSB.L1.S1), relator Lopes do Rego, in *www.dgsi.pt;*
Acórdão do Supremo Tribunal de Justiça de 13 de Novembro de 2014 (processo n.º 2475/10.0YXLSB.L1.S1), relator Salazar Casanova, in *www.dgsi.pt;*
Acórdão do Supremo Tribunal de Justiça de 9 de Dezembro de 2014 (processo n.º 1004/12.6TJLSB.L1.S1), relator Martins de Sousa, in *www.dgsi.pt;*
Acórdão do Supremo Tribunal de Justiça de 11 de Fevereiro de 2015 (processo n.º 877/12.7TVLSB.L1-A.S1), relator Gregório Silva Jesus, in *www.dgsi.pt;*
Acórdão do Supremo Tribunal de Justiça de 26 de Fevereiro de 2015 (processo n.º 738/12.0TBCVL.C1.S1), relatora Maria dos Prazeres Pizarro Beleza, in *www.dgsi.pt;*
Acórdão do Supremo Tribunal de Justiça de 14 de Abril de 2015 (processo n.º 294/2002.E1.S1), relatora Maria Clara Sottomayor, in www.dgsi.pt;
Acórdão do Supremo Tribunal de Justiça de 15 de Abril de 2015 (processo n.º 385/12.6TBBRG.G1.S), relatora Maria dos Prazeres Pizarro Beleza, in www.dgsi.pt;
Acórdão do Supremo Tribunal de Justiça de 15 de Abril de 2015 (processo n.º 235/11.0TBFVN.C1.S1), relator Pires da Rosa, in *www.dgsi.pt;*
Acórdão do Supremo Tribunal de Justiça de 20 de Maio de 2015 (processo n.º 17/13.5TCGMR.G1.S1), relator Tomé Gomes, in *www.dgsi.pt;*
Acórdão do Supremo Tribunal de Justiça de 28 de Maio de 2015 (processo n.º 2040/13.0TVLSB.L1.S1), relator João Bernardo, in *www.dgsi.pt;*
Acórdão do Supremo Tribunal de Justiça de 2 de Junho de 2015 (processo n.º 8969/09.3TBCSC.L1.S1), relator Mário Mendes, in *www.dgsi.pt;*
Acórdão do Supremo Tribunal de Justiça de 2 de Junho de 2015 (processo n.º 109/13.0TBMLD.P1.S1), relator Helder Roque, in *www.dgsi.pt;*
Acórdão do Supremo Tribunal de Justiça de 25 de Junho de 2015 (processo n.º 2482/10.3YXLSB.L1.S1), relator Helder Roque, in www.dgsi.pt;
Acórdão do Supremo Tribunal de Justiça de 9 de Julho de 2015 (processo n.º 36/14.4YRLSB.S1), relator Salazar Casanova, in *www.dgsi.pt;*
Acórdão do Supremo Tribunal de Justiça de 8 de Outubro de 2015 (processo n.º 2438/10.6YXLSB.L1.S1), relatora Fernanda Isabel Pereira, in *www.dgsi.pt;*
Acórdão do Supremo Tribunal de Justiça de 13 de Novembro de 2015 (processo n.º 2475/10.0YXLSB.L1.S1-A), relator Salreta Pereira, in *www.dgsi.pt;*

Acórdão do Supremo Tribunal de Justiça de 17 de Novembro de 2015 (pr n.º 1122.12.0TJPRT.P1.S.1), relator Nuno Cameira, in *www.dgsi.pt;*

Acórdão Uniformizador de Jurisprudência de 19 de Novembro de 2015 (processo n.º 2864/12.6TBVCD.P1.S1), relator Lopes do Rego, in *www.dgsi.pt;*

Acórdão do Supremo Tribunal de Justiça de 16 de Fevereiro de 2016 (processo n.º 135/12.7TCFUN.L1.S1), relator Gabriel Catarino, in *www.dgsi.pt;*

Acórdão do Supremo Tribunal de Justiça de 8 de Março de 2016 (processo n.º 1786/12.5TVLSB.L1.S1), relator Helder Roque, in *www.dgsi.pt;*

Acórdão do Supremo Tribunal de Justiça de 10 de Março de 2016 (processo n.º 137/11.0TBALD.C1.S1), relator Tavares de Paiva, in *www.dgsi.pt;*

Acórdão do Supremo Tribunal de Justiça de 17 de Março de 2016 (processo n.º 588/13.6TVPRT.P1.S1), relatora Ana Paula Boularot, in *www.dgsi.pt;*

Acórdão do Supremo Tribunal de Justiça de 5 de Abril de 2016 (processo n.º 36/12.9TBALD.C1-A.S1), relator José Rainho, in *www.dgsi.pt;*

Acórdão do Supremo Tribunal de Justiça de 21 de Abril de 2016 (processo n.º 538/14.2TVLSB.L1.S1, António Silva Gonçalves, in *www.dgsi.pt;*

Acórdão do Supremo Tribunal de Justiça de 21 de Abril de 2016 (processo n.º 3314/07.5TBVCT.G3.S1), relator Tavares de Paiva, in *www.dgsi.pt;*

Acórdão do Supremo Tribunal de Justiça de 5 de Maio de 2016 (processo n.º 13161/14.2T2SNT.L1.S1), relator Salazar Casanova, in *www.dgsi.pt;*

Acórdão do Supremo Tribunal de Justiça de 5 de Maio de 2016 (processo n.º 690/13.4TVPRT.P1.S1), relator Sebastião Póvoas, in *www.dgsi.pt;*

Acórdão do Supremo Tribunal de Justiça de 11 de Junho de 2016 (processo n.º 2683/12.0TJLSB.L1.S1), relator Helder Roque, in *www.dgsi.pt;*

Acórdão do Supremo Tribunal de Justiça de 14 de Julho de 2016 (processo n.º 2100/13.8TJLSB.L1.S1), relator António da Silva Gonçalves, in *www.dgsi.pt;*

Acórdão do Supremo Tribunal de Justiça de 13 de Setembro de 2016 (processo n.º 1262/14.1T8VCT-B.G1.S1), relator Alexandre Reis, in *www.dgsi.pt;*

Acórdão do Supremo Tribunal de Justiça de 27 de Setembro de 2016 (processo n.º 240/11.7TBVRM.G1.S1), relator José Rainho, in *www.dgsi.pt;*

Acórdão do Supremo Tribunal de Justiça de 18 de Outubro de 2016 (processo n.º º183/14.2T8AGD.P1.S1), relator Roque Nogueira, in *www.dgsi.pt;*

Acórdão do Supremo Tribunal de Justiça de 7 de Dezembro de 2016 (processo n.º 1776/11.5TVLSB.L1.S1), relator Salazar Casanova, in *www.dgsi.pt;*

Acórdão do Supremo Tribunal de Justiça de 14 de Dezembro de 2016 (processo n.º 20054/10.0T2SNT.L2.S1), relator Fonseca Ramos, in *www.dgsi.pt;*

Acórdão do Supremo Tribunal de Justiça de 14 de Dezembro de 2016 (processo n.º 1724/11.2TVLSB.L1.S1), relator Tavares de Paiva, in *www.dgsi.pt;*
Acórdão do Supremo Tribunal de Justiça de 17 de Janeiro de 2017 (processo n.º 317/14.7TBEVR.E1.S1), relator José Rainho, in *www.dgsi.pt;*
Acórdão do Supremo Tribunal de Justiça de 15 de Fevereiro de 2017 (processo n.º 1776/11.5TVLSB.L1.S1), relator Salazar Casanova, in www.dgsi.pt;
Acórdão do Supremo Tribunal de Justiça de 14 de Março de 2017 (processo n.º 7599/14.2T8LSB.L.1.S1), relatora Ana Paula Boularot, in *www.dgsi.pt;*
Acórdão do Supremo Tribunal de Justiça de 14 de Março de 2017 (processo n.º 3615/14.6TBCS.L.1.S1), relator Garcia Calejo, in *www.dgsi.pt;*
Acórdão do Supremo Tribunal de Justiça de 16 de Março de 2017 (processo n.º 2042/13.7TVLSB.L.1.S1), relator Nunes Ribeiro, in *www.dgsi.pt;*
Acórdão do Supremo Tribunal de Justiça de 16 de Março de 2017 (processo n.º 2041/13.9TVLSB.L1.S1), relator Roque Nogueira, in *www.dgsi.pt;*
Acórdão do Supremo Tribunal de Justiça de 30 de Março de 2017 (processo n.º 4267/12.3TBBG.L1.G1), relator João Trindade, in in *www.dgsi.pt;*
Acórdão do Supremo Tribunal de Justiça de 27 de Abril de 2017 (processo n.º 300/14.2TBOER.L.2.S1), relator Alexandre Reis, in *www.dgsi.pt;*
Acórdão do Supremo Tribunal de Justiça de 4 de Maio de 2017 (processo n.º 1961.13.5TVLSB.L1.S1), relator Lopes do Rego, in *www.dgsi.pt;*
Acórdão do Supremo Tribunal de Justiça de 4 de Maio de 2017 (processo n.º 1566/15.6T8OAZ. P1.S1), relator António Piçarra, in *www.dgsi.pt;*
Acórdão do Supremo Tribunal de Justiça de 8 de Junho de 2017 (processo n.º 2112/10.2TVLSB.L1.S1), relatora Maria dos Prazeres Pizarro Beleza, in *www.dgsi.pt;*
Acórdão do Supremo Tribunal de Justiça de 26 de Junho de 2017 (processo n.º 1709/13.4TBFLG.P1.S1), relator Júlio Gomes, in *www.dgsi.pt;*
Acórdão do Supremo Tribunal de Justiça de 28 de Setembro de 2017 (processo n.º 580/13.0TNLSB.L1.S1), relator Tomé Gomes, in *www.dgsi.pt;*
Acórdão do Supremo Tribunal de Justiça de 3 de Outubro de 2017 (processo n.º 569/13.0TBCSC.L1.S19), relator Henrique de Araújo, in *www.dgsi.pt;*
Acórdão do Supremo Tribunal de Justiça de 19 de Outubro de 2017 (processo n.º 1077/14.7TVLSB.L1.S1), relator Tomé Gomes, in *www.dgsi.pt;*
Acórdão do Supremo Tribunal de Justiça de 7 de Novembro de 2017 (processo n.º 398/16.9T8PVZ.P1.S1), relator Pedro de Lima Gonçalves, in *www.dgsi.pt;*
Acórdão do Supremo Tribunal de Justiça de 9 de Novembro de 2017 (processo n.º 26399/09.5T2SNT.L1.S1), relatora Rosa Tching, in *www.dgsi.pt;*

Acórdão do Supremo Tribunal de Justiça de 30 de Novembro de 2017 (processo n.º 1329/14.6T8LSB.L1S1), relatora Rosa Ribeiro Coelho, in *www.dgsi.pt;*
Acórdão do Supremo Tribunal de Justiça de 24 de Janeiro de 2018 (processo n.º 534/15.2T8VCT.G1.S1), relatora Graça Amaral, in *www.dgsi.pt;*
Acórdão do Supremo Tribunal de Justiça de 8 de Março de 2018 (processo n.º 907/15.0T8PTG.E1.S1), relator Tomé Gomes, in *www.dgsi.pt;*
Acórdão do Supremo Tribunal de Justiça de 8 de Março de 2018 (processo n.º 7397/14.3T8LSB.L1.S1), relatora Maria da Graça Trigo, in *www.dgsi.pt;*
Acórdão do Supremo Tribunal de Justiça de 7 de Junho de 2018 (processo n.º 6155/15.2T8GMR.G1.S2), relator Tomé Gomes, in *www.dgsi.pt;*
Acórdão do Supremo Tribunal de Justiça de 12 de Julho de 2018 (processo n.º 3016/15.9T8CSC.L1.S1), relator Paulo Sá, in *www.dgsi.pt;*
Acórdão do Supremo Tribunal de Justiça de 18 de Setembro de 2018 (processo n.º 838/15.4T8VRL.G1.S1), relator Fonseca Ramos, in *www.dgsi.pt;*
Acórdão do Supremo Tribunal de Justiça de 16 de Outubro de 2018 (processo n.º 3082/05.5TJLSB.S1), relator Pedro de Lima Gonçalves, in *www.dgsi.pt;*
Acórdão do Supremo Tribunal de Justiça de 25 de Outubro de 2018 (processo n.º 85/15.0T8ALJ.G1.S2), relator Oliveira Abreu, in *www.dgsi.pt;*
Acórdão do Supremo Tribunal de Justiça de 27 de Novembro de 2018 (processo n.º 3158/16.3T8LSB.L1.S1), relator Roque Nogueira, in *www.dgsi.pt;*
Acórdão do Supremo Tribunal de Justiça de 19 de Dezembro de 2018 (processo n.º 857/08.7TVLSB.L1.S2), relatora Maria do Rosário Morgado, in *www.dgsi.pt;*
Acórdão do Supremo Tribunal de Justiça de 31 de Janeiro de 2019 (processo n.º 3843/15.7T8CSC.L1.S1), relatora Maria da Graça Trigo, in *www.dgsi.pt;*
Acórdão do Supremo Tribunal de Justiça de 7 de Abril de 2019 (processo n.º 332/17.9T8MCN.P1.S1), relator Olindo Geraldes, in *www.dgsi.pt;*
Acórdão do Supremo Tribunal de Justiça de 9 de Abril de 2019 (processo n.º 2673/12.2T2AVR.P1.S1), relator José Rainho, in *www.dgsi.pt;*
Acórdão do Supremo Tribunal de Justiça de 6 de Junho de 2019 (processo n.º 3416/14.1T8GMR-A.G1.S1), relator António Joaquim Piçarra, in *www.dgsi.pt;*
Acórdão do Supremo Tribunal de Justiça de 12 de Outubro de 2019 (processo n.º 20183/17.0T8LSB.L1.S2), relatora Fátima Gomes, in *www.dgsi.pt;*
Acórdão do Supremo Tribunal de Justiça de 17 de Outubro de 2019 (processo n.º 2978/15.0T8FAR.E1.S1), relatora Rosa Ribeiro Coelho, in *www.dgsi.pt;*
Acórdão do Supremo Tribunal de Justiça de 7 de Dezembro de 2019 (processo n.º 155/16.2.T8PNF.P1.S1), relator António Magalhães, in *www.dgsi.pt;*

Acórdão do Supremo Tribunal de Justiça de 10 de Dezembro de 2019 (processo n.º 634/13.3TVPRT.P1.S1), relator Helder Almeida, in *www.dgsi.pt;*

JURISPRUDÊNCIA EUROPEIA:

Acórdão do Tribunal de Justiça de 27 de Junho de 2000 – Océano Grupo Editorial SA contra Rocion Murciano Quintero (processo n.º C-240/98) e Salvat Editores SA contra José M. Sánchez Alcón Prades (processo n.º C-241/98), José Luis Copano Badillo (processo n.º C-242/98), Mohammed Berroane (processo n.º C-243/98) e Emilio Viñas Feliu (processo n.º C-244/98), in http://curia.europa.eu/;

Acórdão do Tribunal de Justiça (Terceira Secção) de 22 de Novembro de 2001 – Cape Snc contra Idealservice Srl (processo n.º C-541/99), e Idealservice MN RE Sãs contra OMAI Srl (processo n.º C-542.ª/99), in http://curia.europa.eu/;

Acórdão do Tribunal de Justiça (Quinta Secção) de 7 de Maio de 2002 – Comissão das Comunidades Europeias contra Reino da Suécia (processo n.º C-478/99), in http://curia.europa.eu/;

Acórdão do Tribunal de Justiça (Terceira Secção) de 21 de Novembro de 2002 – Freiburger Kommunalbauten GmbH Baugesellschaft & Co. KG contra Ludger Hofstetter e Ulrike Hofstetter (processo n.º C-237/02), in http://curia.europa.eu/;

Acórdão do Tribunal de Justiça (Quinta Secção) de 2.ª1 de Novembro de 2002 – Cofidis SA contra Jean-Louis Fredout (processo n.º C-473/00), in http://curia.europa.eu/;

Acórdão do Tribunal de Justiça (Primeira Secção) de 26 de Outubro de 2006 – Eliza María Mostanza Claro contra Centro Móvil Milenium SL (processo n.º C-168/05), in http://curia.europa.eu/;

Acórdão do Tribunal de Justiça (Primeira Secção) de 4 de Outubro de 2007 – Max Rampion e Marie-Jeanne Godard, por casamento Rampion contra Franfinance SA e K par K SAS (processo n.º C-42.ª9/05), in http://curia.europa.eu/

Acórdão do Tribunal de Justiça (Quarta Secção) de 4 de Junho de 2009 – Pannon GSM Zrt. contra Erzsébet Sustikné Győrfi (processo C-243/08), in http://curia.europa.eu/;

Acórdão do Tribunal de Justiça (Primeira Secção) de 6 de Outubro de 2009 – Asturcom Telecomunicaciones SL contra Cristina Rodríguez Nogueira (processo n.º C-40/08), in http://curia.europa.eu/

Acórdão do Tribunal de Justiça (Quarta Secção) de 30 de Abril de 2014 – Árpád Kásler e Hajnalka Káslerné Rábai contra OTP Jelzálogbank Zrt (processo C-26/13), in http://curia.europa.eu/

Acórdão do Tribunal de Justiça de 3 de Setembro de 2015 – Horatiu Costea contra SC Volksbank România SA (pr C-110/14), in http://curia.europa.eu/

Acórdão do Tribunal de Justiça (Segunda Secção) (processo n.º C-222/15) de 7 de Julho de 2016, in http://curia.europa.eu/

Acórdão do Tribunal de Justiça (Terceira Secção) de 25 de Janeiro de 2018 – Oberster Gerichtshof – Áustria) – Maximilian Schrems / Facebook Ireland Limited, pr C-498/16, in http://curia.europa.eu/

Acórdão do Tribunal de Justiça (Terceira Secção) de 3 de Outubro de 2019 (processo n.º C-621/17) – Gyula Kiss contra CIB Banz Zrt., Emil Kiss, Gyuláné Kiss, in http://curia.europa.eu/

ÍNDICE ANALÍTICO

ÍNDICE GERAL